Administración
Décima edición

Stephen P. Robbins
San Diego State University

Mary Coulter
Missouri State University

TRADUCCIÓN

Laura Fernández Enríquez
Universidad Autónoma Metropolitana
Campus Iztapalapa

Verónica del Carmen Alba Ramírez
Traductora profesional
Especialista en temas de administración

REVISIÓN TÉCNICA

Enrique Benjamín Franklin Fincowsky
Universidad Nacional Autónoma de México

María Eloísa Treviño Ayala
Rosa Guadalupe Muñoz Rodríguez
Universidad de Monterrey, México

Miguel Gutiérrez Alfaro
Universidad Estatal a Distancia – UNED,
Costa Rica

Margarita Bárcenas Salas
Alma Delia Pérez Otero
Tecnológico de Monterrey,
Campus Ciudad de México

Prentice-Hall

México • Argentina • Brasil • Colombia • Costa Rica • Chile • Ecuador
España • Guatemala • Panamá • Perú • Puerto Rico • Uruguay • Venezuela

Datos de catalogación bibliográfica

ROBBINS, STEPHEN P. y MARY COULTER

Administración.
Décima edición

PEARSON EDUCACIÓN, México, 2010
ISBN: 978-607-442-388-4
Área: Administración

Formato: 21 × 27 cm   Páginas: 584

Authorized translation from the English language edition entitled *Management*, 10th edition, by *Stephen P. Robbins* and *Mary Coulter*, published by Pearson Education, Inc., publishing as PRENTICE HALL, INC., Copyright © 2009. All rights reserved. ISBN 9780132090711.

Traducción autorizada de la edición en idioma inglés titulada *Management*, 10ª edición, por *Stephen P. Robbins* y *Mary Coulter*, publicada por Pearson Education, Inc., publicada como PRENTICE HALL, INC., Copyright © 2009. Todos los derechos reservados.

Esta edición en español es la única autorizada.

Edición en español
Editor: Pablo Miguel Guerrero Rosas
     e-mail: pablo.guerrero@pearsoned.com
Editor de desarrollo: Bernardino Gutiérrez Hernández
Supervisor de producción: Rodrigo Romero Villalobos

DÉCIMA EDICIÓN VERSIÓN IMPRESA, 2010
DÉCIMA EDICIÓN E-BOOK, 2010

D.R. © 2010 por Pearson Educación de México, S.A. de C.V.
    Atlacomulco 500-5o. piso
    Col. Industrial Atoto
    53519, Naucalpan de Juárez, Estado de México

Cámara Nacional de la Industria Editorial Mexicana. Reg. núm. 1031.

Prentice Hall es una marca registrada de Pearson Educación de México, S.A. de C.V.

ISBN VERSIÓN IMPRESA: 978-607-442-388-4
ISBN E-BOOK: 978-607-442-420-1

PRIMERA IMPRESIÓN
Impreso en México. *Printed in Mexico.*
1 2 3 4 5 6 7 8 9 0 - 12 11 10 09

Prentice Hall
es una marca de

PEARSON

www.pearsoneducacion.net   ISBN: 978-607-442-388-4

■

A mi esposa, Laura —SPR

A mi esposo, Ron —MC

Acerca de los autores

Stephen P. Robbins (Doctor en filosofía, University of Arizona). Es profesor emérito en administración en San Diego State University, y es autor de libros de texto que han sido Best-Seller, sobre administración y comportamiento organizacional. Sus libros son usados en más de mil escuelas de nivel superior y universidades de Estados Unidos; han sido traducidos a 19 idiomas y se han adaptado ediciones para Canadá, Australia, Sudáfrica e India. Entre los Best-Seller del Dr. Robbins se encuentran *The Truth About Managing People*, 2a. ed. (Financial Times/Prentice Hall, 2008) y *Decide & Conquer* (Financial Times/Prentice Hall, 2004).

En su "otra vida" el Dr. Robbins participa activamente en competencias profesionales de pista. Desde que cumplió los 50 años, en 1993, ha ganado 18 campeonatos nacionales, 12 títulos mundiales y ha batido numerosos récords estadounidenses y mundiales en su categoría, en 60, 100, 200 y 400 metros planos. En 2005, el Dr. Robins ingresó al salón de la fama de pista y campo de los EUA, en su categoría.

Mary Coulter Recibió su doctorado en administración en la University of Arkansas, en Fayetteville. Antes de concluir sus estudios de posgrado ocupó diversos puestos, como maestra de preparatoria, asistente legal y encargada de planeación de programas gubernamentales. Impartió clases en Drury University, University of Arkansas y Trinity University, y desde 1983 es catedrática de la Missouri State University. Los intereses de investigación de la doctora Coulter se enfocan en las estrategias competitivas para organizaciones artísticas sin fines de lucro y el aprovechamiento de los nuevos medios en los procesos educativos. Sus investigaciones en éstos y otros temas han aparecido en publicaciones como *International Journal of Business Disciplines, Journal of Business Strategies, Journal of Business Research, Journal of Nonprofit and Public Sector Marketing* y *Case Research Journal*. Además de éste, la doctora Coulter ha publicado los siguientes libros en Prentice Hall: *Strategic Managing in Action*, que se encuentra ya en su cuarta edición en inglés, y *Entrepreneurship in Action*, en su segunda edición. Cuando no la absorben la enseñanza o la escritura, le gusta distraerse con las flores de sus jardines, probar nuevas recetas, leer libros de todos los géneros y disfrutar diferentes actividades con Ron, Sarah y James, y Katie y Matt.

Resumen de contenido

Contenido

Recuadros de aprendizaje

Capítulo Catorce   Los gerentes y la comunicación   313

Recuadros de aprendizaje

Capítulo Quince   Cómo motivar a los empleados   339

Recuadros de aprendizaje

Capítulo Dieciséis   Los gerentes como líderes   369

Prefacio

¡Ha tomado una buena decisión! Está en un curso universitario… tal vez más de uno. Aunque es probable que algunas veces sienta que está perdiendo su tiempo al estar en la universidad, no es así. Sí, es costoso; algunas veces incluso resulta arduo; pero lo que está haciendo ahora, a la larga valdrá la pena. En una encuesta reciente aplicada a quienes buscan trabajo, casi el 92 por ciento expresó que una desventaja importante al competir por algún empleo era el no haber tomado cursos universitarios. Pero no es eso lo que usted enfrenta, ya que usted está inscrito en un curso universitario, el curso para el que adquirió este libro.

De qué trata este curso y por qué es importante

Este curso y este libro tratan sobre administración y gerentes. Los gerentes son algo que todas las organizaciones necesitan, sin importar su tamaño, tipo o ubicación. Y no hay duda alguna de que el mundo que enfrentan los gerentes ha cambiado, está cambiando y continuará modificándose. La naturaleza dinámica de las organizaciones actuales implica *tanto* reconocimientos *como* retos para los individuos que administrarán dichas empresas. La administración es un tema dinámico, y un libro de texto que trate sobre esto debe reflejar dichos cambios para ayudarle a prepararse para que se desarrolle bajo las condiciones actuales. Por lo tanto, hemos escrito esta décima edición de *Administración* para que comprenda de la mejor manera lo que significa ser un gerente que enfrenta el cambio.

Nuestro enfoque

Nuestro enfoque sobre la administración es sencillo: la administración trata sobre personas. Los gerentes manejan personas, por lo tanto, le presentamos gerentes reales, que manejan personas reales. Hablamos con estos gerentes reales y les pedimos que compartieran sus experiencias. Verá lo que es ser un gerente, los problemas que ellos han enfrentado y cómo los han resuelto. No sólo se beneficiará de la experiencia y el conocimiento de su profesor, sino también tendrá acceso a su propio equipo de consejeros y mentores.

Qué esperamos de usted en este curso

Es sencillo: venga a clases, lea el libro, haga sus tareas y… estudie para sus exámenes. Si desea recuperar el dinero que ha invertido en este curso y en este libro, necesita hacer todo eso. Además de escribir este libro, nosotros damos clases, y eso es lo que esperamos de nuestros alumnos.

Guía del usuario

Su curso sobre administración podría describirse como un curso "general", ya que se cubren muchos temas en poco tiempo, y en ninguno de ellos se profundiza demasiado. ¡En ocasiones puede resultar apabullante! Su profesor es su fuente principal de información y le dará una guía de lo que espera que usted haga durante el curso. También es quien evaluará su trabajo y le asignará una calificación, por lo tanto, ¡esté atento a lo que espera de usted! Consúltenos a nosotros, a los autores de su libro, como si fuéramos sus profesores adjuntos. Como sus compañeros en este reto, le hemos procurado la mejor información posible tanto en el libro como en el material que se encuentra en *mymanagementlab.com* para ayudarle a tener éxito en este curso. ¡Ahora depende de usted utilizarlos!

Cómo aprovechar su libro de la mejor forma posible: cómo obtener una buena calificación en este curso

Los profesores utilizan un libro de texto porque representa una fuente compacta de información muy útil sobre los temas del curso. A los profesores les gusta este libro en particular porque presenta la administración desde la perspectiva de la gente que realmente *hace* administración: gerentes reales. Aprovéchelo y lea lo que estos gerentes reales tienen que decir. Vea cómo han manejado los problemas gerenciales. Aprenda sobre sus estilos directivos y piense cómo lo haría usted.

Además de lo que puede aprender de estos gerentes reales, le proporcionamos diversas vías para ayudarle a obtener una buena calificación en este curso. Utilice los repasos rápidos que están distribuidos a lo largo de los capítulos. Ésta es una gran vía para ver si comprendió el material que acaba de leer.

También revise el material que se encuentra en *mymanagementlab*, una poderosa herramienta en línea que combina evaluaciones, reportes y lecciones personalizadas que le ayudarán a tener éxito; y le da la oportunidad de autoevaluarse con respecto a conceptos clave y habilidades, dar seguimiento a su progreso a lo largo del curso y a utilizar las actividades correspondientes a las lecciones personalizadas de estudio, todo con el objetivo de ayudarle a alcanzar el éxito en el salón de clases.

Por último, tanto en el texto como en *mymanagementlab* incluimos una amplia gama de experiencias docentes muy útiles. Hemos incluido una gran variedad de elementos para hacer su curso de administración divertido y provechoso, desde dilemas éticos y módulos interactivos para desarrollar habilidades hasta el análisis de casos y tareas prácticas gerenciales. Su profesor le indicará cuáles tendrá que realizar, aunque le sugerimos no limitarse únicamente a esas sugerencias docentes. Intente realizar algunas de las demás actividades aunque no le hayan sido asignadas. ¡No se decepcionará!

Para obtener información sobre estos recursos, contacte a su representante local de Pearson.

Agradecimientos

Todo autor confía en los comentarios de sus revisores; y los nuestros han sido de gran ayuda. Queremos agradecer a las siguientes personas por sus sugerencias y comentarios oportunos para mejorar esta décima edición de *Administración* y otras anteriores:

Suhail Abboushi, *Duquesne State*

Aline Arnold, *Eastern Illinois University*

Joseph Atallah, *DeVry Institute of Technology*

Robb Bay, *Community College of Southern Nevada*

Henry C. Bohleke, *San Juan College*

Ernest Bourgeois, *Castleton State College*

Jenell Bramlage, *University of Northwestern Ohio*

Jacqueline H. Bull, *Immaculata University*

James F. Cashman, *The University of Alabama*

Rick Castaldi, *San Francisco State University*

Bobbie Chan, *Open University of Hong Kong*

Jay Christensen-Szalanski, *University of Iowa*

Thomas Clark, *Xavier University*

Sharon Clinebell, *University of North Colorado*

Daniel Cochran, *Mississippi State University*

Augustus B. Colangelo, *Penn State*

Donald Conlon, *University of Delaware*

Roy Cook, *Fort Lewis College*

Anne C. Cowden, *California State University, Sacramento*

Claudia Daumer, *California State University, Chico*

Thomas Deckleman, *Owens Community College*

Mary Ann Edwards, *College of Mount St. Joseph*

Tan Eng, *Ngee Ann Polytechnic*

Allen D. Engle, Sr., *Eastern Kentucky University*

Judson C. Faurer, *Metro State College*

Dale M. Feinauer, *University of Wisconsin, Oshkosh*

Janice Feldbauer, *Austin Community College*

Diane L. Ferry, *University of Delaware*

Louis Firenze, *Northwood University*

Bruce Fischer, *Elmhurst College*

Phillip Flamm, *Angelo State University*

Barbara Foltz, *Clemson University*

June Freund, *Pittsburgh State University*

Michele Fritz, *DeAnza College*

Charles V. Goodman, *Texas A&M University*

H. Gregg Hamby, *University of Houston*

Frank Hamilton, *University of South Florida*

Robert W. Hanna, *California State University, Northridge*

James C. Hayton, *Utah State University*

Wei He, *Indiana State University*

Phyllis G. Holland, *Valdosta State College*

Henry Jackson, *Delaware County Community College*

Jim Jones, *University of Nebraska, Omaha*

Kathleen Jones, *University of North Dakota*

Marvin Karlins, *University of South Florida*

Andy Kein, *Keller Graduate School of Management*

David Kennedy, *Berkeley School of Business*

Russell Kent, *Georgia Southern University*

William H. Kirchman, *Fayetteville Technical Community College*

John L. Kmetz, *University of Delaware*

Gary Kohut, *University of North Carolina en Charlotte*

William Laing, *Anderson College*

Gary M. Lande, *Montana State University*

Ellis L. Langston, *Texas Tech University*

Les Ledger, *Central Texas College*

W. L. Loh, *Mohawk Valley Community College*

Susan D. Looney, *Delaware Technical and Community College*

James Mazza, *Middlesex Community College*

James McElroy, *Iowa State University*

Joseph F. Michlitsch, *Southern Illinois University–Edwardsville*

Sandy J. Miles, *Murray State University*

Lavelle Mills, *West Texas A&M University*

Corey Moore, *Angelo State University*

Rick Moron, *University of California, Berkeley*

Don C. Mosley, Jr., *University of South Alabama*

Anne M. O'Leary-Kelly, *Texas A&M University*

Rhonda Palladi, *Georgia State University*

Shelia Pechinski, *University of Maine*

Victor Preisser, *Golden Gate University*

Michelle Reavis, *University of Alabama, Huntsville*

Clint Relyea, *Arkansas State University, University of Arkansas*

James Robinson, *The College of New Jersey*

Patrick Rogers, *North Carolina A&T University*

James Salvucci, *Curry College*

Elliot M. Ser, *Barry University*

Tracy Huneycutt Sigler, *Western Washington University*

Eva Smith, *Spartanburg Technical College*

James Spee, *The Claremont Graduate School*

Roger R. Stanton, *California State University*

Dena M. Stephenson, *Calhoun Community College*

Charles Stubbart, *Southern Illinois University*

Ram Subramanian, *Grand Valley State University*

Thomas G. Thompson, *University of Maryland, University College*

Frank Tomassi, *Johnson & Wales University*

Isaiah O. Ugboro, *North Carolina A&T State University*

Philip M. VanAuken, *Baylor University*

Carolyn Waits, *Cincinnati State University*

Bill Walsh, *University of Illinois*

Emilia S. Westney, *Texas Tech University*

Gary L. Whaley, *Norfolk State University*

Bobbie Williams, *Georgia Southern University*

Wendy Wysocki, *Monroe Community College*

¡Ha sido increíble trabajar con nuestro equipo de Prentice Hall! Este equipo de editores, expertos en producción, gurús en tecnología, diseñadores, especialistas en marketing y representantes de ventas trabaja arduamente para convertir nuestros archivos digitales en un libro empastado y ver que llegue al profesorado y a los estudiantes. ¡No hubiésemos podido hacer esto sin todos ustedes! Nuestro agradecimiento a las personas que hicieron que este libro "saliera", incluidos Kim Norbuta, Nikki Jones, Judy Leale, Claudia Fernandes, Ana Jankowski, Ben Paris, Elisa Adams, Ann Courtney, Kitty Wilson, Steve Frim, Kristine Carney, Janet Slowik, Wendy Craven y Sally Yagan.

Un reconocimiento especial para Anita Looney, quien trabajó arduamente para coordinar todo el material y las respuestas de nuestros gerentes "reales". Anita, ¡lo hiciste sensacional! Unas cuantas palabras no pueden expresar todo nuestro agradecimiento a los gerentes "reales", quienes gentilmente nos brindaron su tiempo para ayudarnos a elaborar un libro de texto sin igual en el mercado. Sin sus contribuciones, nuestra intención de mostrar a los gerentes como personas reales hubiese sido muy difícil de lograr. ¡Gracias, gracias, gracias! Mary también desea agradecer a su decano, Ron Bottin; a su jefe de departamento, Barry Wisdom; y a la secretaria de su departamento, Carole Hale, por todo su apoyo y estímulo.

Por último, Steve desea agradecer a su esposa, Laura, por su impulso y apoyo. Mary quiere agradecer a su esposo, Ron, por ser comprensivo y por apoyarla, y quiere decirle a Ron, a sus hijas y a sus "nuevos" hijos, Sarah y James, y Katie y Matt, que ¡los ama!

Pearson Educación agradece a los centros de estudio y profesores usuarios de esta obra por su apoyo y retroali-mentación, elemento fundamental para esta nueva edición de *Administración*.

ARGENTINA

UCES-Ciencias Empresariales, Buenos Aires
Fernando Raúl Martínez Cuerda

Universidad Abierta Interamericana UAI, Buenos Aires
Aldo Enrique Scagni
Guillermo Grosso

Universidad Austral de Rosario, Ciencias Empresariales, Buenos Aires
María Florencia Giacomino

Universidad Nacional de Rosario UNR, Ciencias Económicas y Estadísticas, Buenos Aires
Cristian Alfredo Gentile
Marcelo Marchetti
María Cristina Arriaga
Marisa Andrea Parolin
Rubén Rodríguez Garay
Verónica Calvo

Universidad Virtual de Quilmes, Buenos Aires
Amanda Mirta Tartabini
Andrés Lefkovics
Germán Alfredo Ricci
Gustavo Sebastián Torre
Leonardo Darío Bertolino
Marcelo Zalesnick
Ricardo Daniel Pardo

CHILE

U. Adolfo Ibáñez, Sede Peñalolén Postgrados, Santiago
Harry Havraneg
Lorna Cortés

U. de Santiago, Facultad de Administración y Economía, Santiago
Carlos Gómez
Eduardo Berrios
Julia Lohan
Sergio López

Universidad Andrés Bello, Santiago
Cristóbal Schilling
Kamel Lahsen

Universidad Católica, Santiago
Juan Pablo Subercaseaux

Universidad Católica del Norte, Coquimbo
Paulina Gutiérrez

Universidad de Antofagasta, Antofagasta
Ricardo Gaete

Universidad de Chile, Santiago
Erick Spencer Ruff

Universidad de Concepción, Concepción
Carlos Baquedano

Universidad de Talca, Talca
Sonlin Urra

Universidad del Bío – Bío, Concepción
Margarita Chiang

Universidad del Desarrollo, Santiago
Ernesto Amoros

Universidad Mayor, Santiago
Edmundo Durán

COLOMBIA

Pontificia Universidad Javeriana, Bogotá
Carolina Otalora Luna
Humberto Valero Cárdenas
Jesús Perdomo Ortiz
María Fernanda Cabal Escandón
Patricia Chacón Navas
Rómulo Campo Victoria
Yuri Gorbaneff

Universidad de La Sabana, Bogotá
Gonzalo Trujillo
Isabel Cristina Jaramillo
Jorge Ochoa
Juan Carlos Guevara
María Consuelo Torres
Rodrigo Mondragón

Universidad Santo Tomás, Bogotá
Gina Bonilla De Cáseres
Luisa Inés Rojas

COSTA RICA

Universidad de Costa Rica, San José
Luis Ángel Arroyo Venegas

Universidad Estatal a Distancia (UNED), San José
Gerardo Ortega Aguilar

Universidad Interamericana Laureate International Universities, Heredia
Elvis Fernández Rivera
Floribeth Solís Fernández
Luis Cordero Araya

EL SALVADOR

Escuela Superior de Economía y Negocios, San Salvador
Esteban Ibarra

Universidad Católica de Occidente, Santa Ana
Carlos Salles

Universidad Centroamericana José Simeón Cañas, San Salvador
Celinda Roldán

Universidad Matías Delgado, San Salvador
Eduardo Paiz Colorado

Universidad Nacional de El Salvador, San Miguel
Dinora Reyes
Lisseth Saleh
Mario Eugenio Romero
Mario Adalberto Machón

Universidad Tecnológica de El Salvador, San Salvador
Blanca Ruth Gálvez
Noris de Castañeda
Salomón Ruiz

GUATEMALA

Universidad de San Carlos de Guatemala, Guatemala
Rodolfo Molina

Universidad Galileo, Guatemala
Jorge Ovalle

Universidad Mariano Gálvez, Guatemala
Julio Fuentes

Universidad Rafael Landívar, Guatemala
Pamela Sagastume
Patricia Rosada
Silvia de Giraldo

HONDURAS

Universidad Católica de Honduras, Tegucigalpa
Heddy Núñez
Rossanna Córdova

Universidad Católica de Honduras, San Pedro Sula
Johana Mancía

Universidad de San Pedro Sula, San Pedro Sula
Magda Portillo
Matilde Bonilla

Universidad Nacional Autónoma de Honduras, Tegucigalpa
Antonio Caso Pasareal

Universidad Pedagógica Nacional Francisco Morazán, Tegucigalpa
Osman Martínez Padilla

Universidad Tecnológica Centroamericana Laureate International Universities, Tegucigalpa
Ana Lourdes Riera
Yésica Goti

Universidad Tecnológica de Honduras, San Pedro Sula
Javier Mejía

Universidad Tecnológica de Honduras, Tegucigalpa
Marcio Bulnes

MÉXICO

Centro Universitario de Ciencias Económico Administrativas, Jalisco
Adriana Cordero
Alfonso Cortés
Ernesto Raúl González
José Huerta
Lourdes Balpuesta Pérez
Luz Amparo Delgado
María Teresa Carrillo
Miriam del Carmen Vargas

Escuela Superior de Comercio y Administración, Unidad Tepepan, IPN, México
David Rodríguez Jiménez
Jesús Martines Mata
María Elena Morales Rodríguez
María Laura Flores
Roberto García Ramírez

Facultad de Ingeniería Química, Quintana Roo
Gilberto Mireles Contreras
Jesús Francisco Escalante Euan

Instituto Tecnológico de Celaya, Guanajuato
María Eloísa Álvarez Hernández
María Guadalupe Sarmiento Toache

Instituto Tecnológico de Culiacán, Sinaloa
Leticia Ruiz

Instituto Tecnológico de Ensenada, Baja California Norte
Armida Ávalos García

Instituto Tecnológico de Oaxaca, Oaxaca
Araceli Lázaro Ruiz

Instituto Tecnológico de Puebla, Puebla
Rosa Bautista Sánchez

Instituto Tecnológico de Zacatepec, Morelos
Diana Mayra Chavarría Estudillo
José Altamirano Zúñiga
Lamberto Flores Sandoval
Martha Elena Olmedo Vázquez
Pedro Rueda Rodríguez
Silvia Martínez Burgos

Instituto Tecnológico Superior de Sinaloa, Sinaloa
Carolina Armendáriz

Instituto Tecnológico y de Estudios Superiores de Occidente, Sonora
Francisco Jesús de la Maza Martínez de Pinillos
Jaime Borrego Navarro
Mirna L. López Torres
Norma Yolanda Aguilar López

ISU, Instituto Suizo de Gastronomía y Hotelería, Puebla
Gabriela Ortiz Gaytán

Tecnológico de Estudios Superiores de Ecatepec, Estado de México
Alejandra Karina Martínez Medina
Antonio Ramírez Amador
Rebeca García Ponce
Ricardo Ochoa Irizann

Tecnológico de Monterrey, campus Cuernavaca, Morelos
Alejandra Caballero
Dora Emilia González

Tecnológico de Monterrey, campus Ciudad de México, México
Lauren Bruett Mabbs Britt

Tecnológico de Monterrey, campus Chiapas, Chiapas
Judith Gutiérrez Espanda

Universidad Anáhuac del Sur, México
Carlos Barber Kuri
Laura Alicia Calleros

Universidad Anáhuac Mayab, Quintana Roo
Marisol Cen Caamal
J. Octavio A. Pérez y Priego
Judith Towle

Universidad Anáhuac Oaxaca, Oaxaca
Guillermo Monzón Guzmán

Universidad Autónoma de Baja California, Baja California Norte
Blanca Estela Berbal Escoto
Fermín Guevara de la Rosa
Rodolfo Martínez Gutiérrez

Universidad Autónoma de Ciudad Juárez, Chihuahua
Eduardo Arturo Lara Hernández
Felipe Ángel Aguirre
Francisco Manuel Solórzano Chavira

Universidad Autónoma de Chihuahua, Chihuahua
Alejandra María Carrillo García

Elva Norma Martínez Murillo
Eva Guadalupe Anchondo Aguirre
José Luis Coronado Quintana
Luz Ernestina Fierro Murga
Mercedes Ogaz Alamillo
Teresa de Jesús Pérez Chávez

Universidad Autónoma de Nuevo León, Nuevo León
Jorge Castillo Villarreal
María Eugenia García de la Peña
Norma Miriam González Salazar
Pedro Cantú Elizondo

Universidad Autónoma de Tamaulipas, Tamaulipas
Alfonso Cortés Ávila
Homero Aguirre Milling
María de Lourdes Castillo Carrillo
Mario Alberto Villarreal Álvarez

Universidad Cristóbal Colón, México
Rita Temprana Cano

Universidad de las Américas Puebla (UDLAP), Puebla
Fernando Inchaurregui Saldívar
Rafael Idoyagabeitia

Universidad de Monterrey, Nuevo León
Guillermo Garza Sepúlveda

Universidad del Caribe, Quintana Roo
Elda Leticia León Vite

Universidad Iberoamericana, Puebla
Elizabeth Bonifaz Sánchez
María Margarita Victoria Romano Rodríguez

Universidad Interamericana para el Desarrollo, Quintana Roo
Bertha Josefina Aldana Guillermo

Universidad Interamericana para el Desarrollo, UNID, Hidalgo
María Teresa Tovar Aguilar

Universidad La Salle Bajío, Guanajuato
Alejandro Usabiaga Sashida
Juan Ignacio Patiño Esparza
Karen Gutiérrez Michel
Karina Guzmán Juárez
Rafael Anaya

Universidad La Salle Cuernavaca, Morelos
Iliana Martínez Sánchez
José Manuel Mayorga Pascual
Norma Patricia Chávez
Yolanda Zamora Mariaca

Universidad Latina de América, México
Carmelina Castillo García

Universidad Mesoamericana de San Agustín, Quintana Roo
Tatiana Isabel Cáceres Romero

Universidad Modelo, Quintana Roo
Cecilia Eugenia Rihani Castilla
Elsi Gabriela González Cicero

Universidad Nacional Autónoma de México,
Facultad de Contaduría y Administración, México
Adriana José Valenzuela
Carlos Ruiz Díaz
Sonia Vital Bori
Zoila Astocondor Ortiz

Universidad Popular Autónoma del Estado de Puebla (UPAEP),
Puebla
Estela Vera Arenas

Universidad Regiomontana, Nuevo León
Mayela Terán Cázares
Óscar Huerta Granados
Pablo Flores Rodríguez
Rigoberto Vargas Manzo

Universidad Tecnológica de León, Guanajuato
Efrén Ortiz Torres

UPIICSA IPN, México
Daniel Almanza Salas
Eduardo Gutiérrez
Felipe de Jesús Zamora Goido
Fernando Cerón Martínez
Jaime Arturo Meneses
María Guadalupe Bocanegra
Mario Beltrán García
Mónica Mendoza
Ofir Ramírez
Patricia Carrillo Salcedo
Roberto Pérez Tenorio
Rusalia Blásquez Pico

URSE, Facultad de Contaduría y Administración, Oaxaca
Elizabeth Vázquez Niño

PANAMÁ

Universidad Americana, Panamá
Alberto García
Magda de Quiroz
Dalys Kaa

Universidad Latina, Panamá
Gladis de Hermosilla

Universidad Santa María La Antigua, Panamá
Ariel Córdoba

Universidad Tecnológica de Panamá, Panamá
Delia de Benítez
Edith de Rivera
Elis Vargas

Marga Graell
Noris de Ramos
Ramón Constable
Sonia de Sevilla

PERÚ

Centrum Centro de Negocios PUCP, Lima
César Ferradas Zegarra
José Carlos Veliz Palomino

Universidad Católica San Pablo, Arequipa
Jorge Angulo Paulet

Universidad de Lima, Lima
Marco Henrich Saavedra
María del Pilar Palacios Matos
Yolanda Valle Velasco

Universidad Peruana de Ciencias Aplicadas, Lima
Daniel Dávila Revoredo
Viviana Peña Cavassa

Universidad Privada del Norte, Trujillo
Dan Inolopu Alemán
María Del Carmen D´Angelo Panizo
María Eugenia Alfaro Sánchez

VENEZUELA

Universidad Católica Andrés Bello (UCAB), Caracas
Freddy Martín
Luis Gutiérrez
María Centeno
Marmelys Ramos
Pedro Carranza

Universidad Centro Occidental Lisandro Alvarado (UCLA),
Barquisimeto
Joel Torres

Universidad de Carabobo (UC), Valencia
Gladys Pérez
Yenitza Poriet

Universidad Metropolitana (UNIMET), Caracas
Clariandis Ribera
Eduardo Font
Zulay Rodríguez
Yolanda Pérez

Universidad Nacional Experimental Guayana (UNEG),
Pto. Ordaz
Lexter Marrero

Universidad Simón Bolívar (USB), Caracas
Guillermo Álvarez

Parte Uno

Cómo definir el terreno de los gerentes

▷ **¡Bienvenido al mundo de la administración!** Una cosa es segura: las organizaciones necesitan gerentes. Buenos gerentes. No, no sólo buenos gerentes, ¡necesitan *grandes* gerentes! Requieren personas que puedan *establecer objetivos y planear* lo que debe realizarse para lograr esos objetivos. Las empresas necesitan personas que puedan *organizar y encargarse* de las cosas para que los objetivos se cumplan. Requieren personas que puedan *dirigir y motivar* a otros a que trabajen por los objetivos; aquellos que puedan impulsar sus planes y colaborar cuando sea necesario. Y necesitan personas que puedan *evaluar* si los objetivos se lograron de forma eficiente y eficaz y que puedan cambiar las cosas cuando sea necesario. Estas "personas" son gerentes, y los grandes gerentes son esenciales para las grandes organizaciones. Queremos iniciarle en el camino que le llevará a convertirse en un *gran* gerente. ¿Qué implica ser un gerente en la actualidad?

En la Parte Uno tratamos el entorno que enfrentan los gerentes. El capítulo 1 presenta una introducción a la administración y las organizaciones. Cada vez que enfrenta algo nuevo, necesita acostumbrarse a ello, y eso es lo que hacemos en este capítulo, acostumbrarlo a la administración. En el capítulo 2 analizamos cómo ha cambiado la práctica de la administración con el tiempo. En el capítulo 3 abordamos dos limitaciones sobre cómo dirigen los gerentes: la cultura de la organización y el entorno externo. El capítulo 4 nos muestra los aspectos globales que enfrentan las organizaciones actuales. Por último, en el capítulo 5 estudiamos los retos que enfrentan los gerentes para ser socialmente responsables y éticos.

¿Quiénes son?

Conozca al gerente

Rosita Nunez

**Gerente de Marketing
Lonza Inc.
Allendale, New Jersey**

MI TRABAJO: Soy gerente de desarrollo comercial de productos químicos para el mercado del cuidado personal (champús, desodorantes, filtros solares).

LA MEJOR PARTE DE MI TRABAJO: Trabajar con nuestros clientes, quienes fabrican los productos que se utilizan alrededor del mundo para hacer que la gente se vea y se sienta mejor.

LA PEOR PARTE DE MI TRABAJO: No poder entregarle un producto a un cliente debido a costos que están fuera de mi control, como los costos de la materia prima.

EL MEJOR CONSEJO GERENCIAL RECIBIDO: Utiliza todos los recursos, en especial a la gente, de forma respetuosa y eficiente. Trata bien a las personas, exactamente como quisieras que te trataran.

A lo largo del capítulo sabrá más sobre esta gerente real.

Capítulo 1

Introducción a la administración y las organizaciones

En este capítulo presentaremos a los gerentes y lo que hacen. Algo que descubrirá es que el trabajo de los gerentes es de vital importancia para las organizaciones, pero también verá que ser un gerente, un buen gerente, no es fácil. Enfóquese en los siguientes objetivos de aprendizaje conforme lea y estudie este capítulo.

OBJETIVOS DE APRENDIZAJE

El dilema de un gerente

Allyson Koteski ama su trabajo como gerente de la tienda Toys R Us en Annapolis, Maryland.[1] Adora los juguetes, el caos y el ruido que hacen muchísimos niños. Incluso ama las largas e intensas horas de las agotadoras temporadas de vacaciones. Debido a que la rotación de personal es un asunto importante en el mundo de las ventas al detalle, Allyson también disfruta el reto de mantener motivados y comprometidos a sus empleados para que no renuncien; y los clientes que ocasionalmente se disgustan tampoco la perturban. Escucha con paciencia sus problemas y trata de resolverlos de manera satisfactoria. Así es la vida de Allyson como gerente. Sin embargo, los minoristas saben que personas con las habilidades y el entusiasmo de Allyson para administrar una tienda son pocas y difíciles de encontrar. A pesar de que el salario promedio anual estimado por el Bureau of Labor Statistics es de aproximadamente $84,000, manejar una tienda minorista no es la carrera a la que aspiran la mayoría de los graduados universitarios. Atraer y mantener gerentes talentosos sigue siendo un reto para Toys R Us y otros minoristas. Suponga que está a cargo del reclutamiento de personal para una gran cadena de tiendas minoristas y quisiera lograr que graduados universitarios consideraran la administración de tiendas como una opción de carrera.

H. Darr Beiser © 2007 USA Today. Reimpreso con autorización.

¿Usted qué haría?

Allyson Koteski es un buen ejemplo de cómo son los gerentes exitosos actuales y de las habilidades que deben tener para lidiar con los problemas y retos gerenciales del siglo XXI. Este libro trata sobre el importante trabajo directivo que Allyson y millones de gerentes como ella realizan. La realidad que enfrentan los gerentes de hoy en día es que el mundo ha cambiado. En centros de trabajo de todo tipo, oficinas, restaurantes, tiendas minoristas, fábricas, etcétera, los gerentes deben lidiar con nuevas formas de organizar el trabajo. En este capítulo le presentamos gerentes y a la administración por medio de un análisis de quiénes son los gerentes, qué hacen y qué es una organización. Por último, concluimos el capítulo con una explicación de por qué es importante estudiar administración.

OBJETIVO DE APRENDIZAJE 1.1 ▷ ## ¿QUIÉNES SON LOS GERENTES?

Es posible que los gerentes no resulten lo que usted esperaba. Sus edades varían entre los 18 y los 80 años de edad. Dirigen tanto grandes empresas como aquellas que apenas empiezan. Se encuentran en departamentos de gobierno, hospitales, pequeños negocios, agencias no lucrativas, museos, escuelas e incluso en organizaciones no tradicionales como campañas políticas y cooperativas de consumo. También es posible encontrar gerentes desempeñando funciones directivas en cualquier país del mundo. Además, algunos gerentes son de alto nivel, mientras que otros son de primera línea. Y en la actualidad, los gerentes pueden ser tanto hombres como mujeres, aunque el número de mujeres que son gerentes de alto nivel aún es bajo (vea la figura 1-1). En 2007 solo había 12 mujeres presidentas dirigiendo empresas importantes en Estados Unidos.[2] Pero sin importar dónde se encuentren o el género de los gerentes, el hecho es que tienen trabajos apasionantes y desafiantes, y las organizaciones más que nunca necesitan gerentes en estos

Figura 1–1

Mujeres en posiciones gerenciales alrededor del mundo

	Mujeres en la administración	Mujeres en trabajos gerenciales de alto nivel
Australia	41.9 por ciento	3.0 por ciento
Canadá	36.3 por ciento	4.2 por ciento
Alemania	35.6 por ciento	N/R
Japón	10.1 por ciento	N/R
Filipinas	57.8 por ciento	N/R
Estados Unidos	50.6 por ciento	2.6 por ciento

Fuentes: Metrics Pyramid Catalyst, www.catalyst.org/knowledge/metricspyramid, 12 de febrero de 2008; M.Fackler, "Career Women in Japan Find a Blocked Path", *New York Times* online, www.nytimes.com, 6 de agosto de 2007; "2006 Australian Census of Women in Leadership", Equal Opportunity for Women in the Workplace Agency, www.eowa.gov. au/Australian_Women_in_Leadership_Census.asp.

tiempos inciertos, complejos y caóticos. *¡Los gerentes importan!* ¿Cómo lo sabemos? Gallup Organization, que ha encuestado a millones de empleados y decenas de miles de gerentes, encontró que la variable más importante relacionada con la productividad y lealtad de los empleados no son el salario, las prestaciones o el ambiente de trabajo; es la calidad de la relación entre los empleados y sus jefes directos.[3] Además, la empresa de consultoría global Watson Wyatt Worldwide encontró que la forma en que una empresa dirige a su personar puede incidir significativamente en su rendimiento financiero.[4] De tales reportes concluimos que ¡los gerentes *importan*!

Solía ser muy sencillo definir quiénes eran los gerentes: eran los miembros administrativos que les decían a otros qué hacer y cómo hacerlo. Era simple diferenciar a *gerentes* de *empleados sin una posición gerencial.* Pero ya no es tan sencillo. En muchas organizaciones, la naturaleza cambiante del trabajo ha atenuado la diferencia entre gerentes y empleados sin una posición gerencial. Muchos trabajos de carácter operativo ahora incluyen actividades gerenciales.[5] Por ejemplo, en las instalaciones de General Cable Corporation en Moose Jaw, Saskatchewan, Canadá, las responsabilidades directivas se comparten entre gerentes y miembros del equipo. La mayoría de los empleados en Moose Jaw están capacitados en varias disciplinas y cuentan con diversas habilidades. En un solo turno un empleado puede ser líder de un equipo, operador de maquinaria, técnico de mantenimiento, inspector de calidad y planificador de mejoras.[6]

Entonces, ¿*cómo* definimos quiénes son los gerentes? Un **gerente** es alguien que coordina y supervisa el trabajo de otras personas para que se logren los objetivos de la organización. El trabajo de un gerente no tiene que ver con logros *personales*, sino con ayudar a *otros* a realizar su trabajo. Esto puede significar la coordinación del trabajo de un departamento o supervisar a una sola persona. Podría involucrar la coordinación de las actividades de un equipo de personas de distintos departamentos o incluso de personas ajenas a la organización, como empleados temporales o empleados que trabajan con proveedores de la organización. También tenga presente que los gerentes pueden realizar labores no relacionadas con coordinar y supervisar el trabajo de otros. Por ejemplo, un supervisor de reclamaciones de seguros también puede procesar las reclamaciones además de coordinar las actividades laborales de otros empleados de reclamaciones.

¿Existe alguna forma de clasificar a los gerentes de una empresa? En organizaciones estructuradas de forma tradicional (las cuales se dice tienen forma de pirámide, debido a que hay más empleados en los niveles organizacionales más bajos que en los niveles superiores), suele suceder que se clasifique a los gerentes como de primera línea, gerentes de nivel medio y gerentes de nivel alto (vea la figura 1-2). En el nivel más bajo de la administración, los **gerentes de primera línea** dirigen el trabajo del personal que por lo general está involucrado con la producción de la organización o con el servicio a los clientes de la empresa. Los gerentes de primera línea con frecuencia se conocen como *supervisores* pero también pueden recibir el nombre de *gerentes de turno, gerentes de distrito, gerentes de departamento* o *gerentes de oficina.* Los **gerentes de nivel medio** son aquellos que

gerente
Alguien que coordina y supervisa el trabajo de otras personas para lograr los objetivos de la empresa.

gerentes de primera línea
Nivel más bajo de la administración que dirige el trabajo del personal, y que por lo general está involucrado directa o indirectamente con la producción de la organización o con el servicio a los clientes de la empresa.

Figura 1–2

Niveles de administración

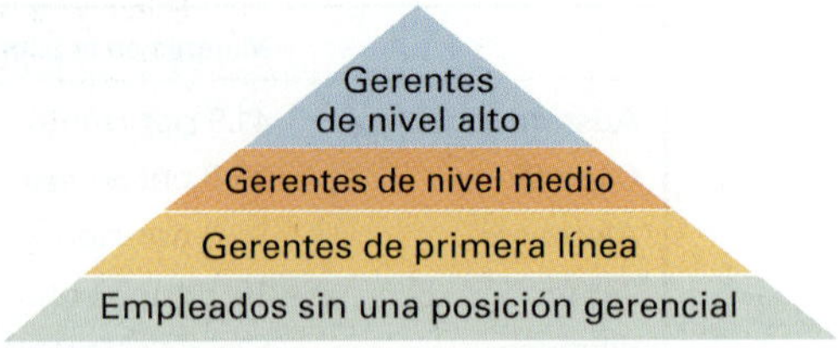

se encuentran entre el nivel más bajo y el más alto de la organización. Estos gerentes dirigen el trabajo de los gerentes de primera línea y pueden ostentar títulos como *gerente regional, líder de proyecto, gerente de tienda* o *gerente de división*. En los niveles superiores de la organización se encuentran los **gerentes de nivel alto**, quienes son responsables de tomar las decisiones de la empresa y de establecer los planes y objetivos que afectan a toda la organización. Estos individuos por lo general se conocen como *vicepresidente ejecutivo, presidente, director administrativo, director de operaciones, director ejecutivo* o también como *CEO*. En el dilema del principio de este capítulo, Allyson Koteski es una gerente de nivel medio. Como gerente de tienda es responsable del desempeño de ésta, pero también es una de los aproximadamente 1,500 gerentes de tienda de toda la empresa y le reporta a alguien de la oficina central del corporativo.

Sin embargo, no todas las organizaciones trabajan con esta forma piramidal tradicional. Por ejemplo, algunas empresas están configuradas de manera más general y realizan el trabajo por medio de equipos de empleados en constante cambio, los cuales pasan de un proyecto a otro según lo demande el trabajo. Aunque no es tan fácil decir quiénes son los gerentes en estas organizaciones, sabemos que alguien debe desempeñar esa función; es decir, debe haber alguien que coordine y supervise el trabajo de otros, incluso si ese "alguien" cambia conforme cambian las tareas o proyectos laborales.

REPASO RÁPIDO:
OBJETIVO DE APRENDIZAJE 1.1

- Explique en qué se diferencian los gerentes y los empleados sin una posición gerencial.

- Describa cómo clasificar a los gerentes de las organizaciones.

Vaya a la página 18 para ver qué tan bien maneja este material.

OBJETIVO DE APRENDIZAJE 1.2 ▷ ## ¿QUÉ ES LA ADMINISTRACIÓN?

En pocas palabras, la administración es a lo que se dedican los gerentes. Pero esta sencilla afirmación no nos dice mucho, ¿o sí? Una mejor explicación es que la **administración** involucra la coordinación y supervisión de las actividades de otros, de tal forma que éstas se lleven a cabo de forma eficiente y eficaz. Ya sabemos que coordinar y supervisar el trabajo de otros es lo que distingue una posición gerencial de una que no lo es. Sin embargo, esto no significa que los gerentes puedan hacer lo que quieran en cualquier momento, en cualquier lugar o de cualquier forma. Por el contrario, la administración implica garantizar

Razonamiento crítico sobre Ética

¿Qué tan rápido deben lograr los gerentes la eficiencia o la eficacia? Cada vez más y más municipios utilizan sistemas de posicionamiento global (GPS) para rastrear el uso —y el mal uso— de vehículos oficiales.[7] Por ejemplo, en Islip, New York, los dispositivos GPS instalados en vehículos gubernamentales ahorraron alrededor de 14,000 galones de combustible en un periodo de tres meses, comparado con el año anterior. Un ejecutivo del gobierno de Islip expresó que los empleados saben que están siendo observados y no utilizan los vehículos oficiales para cuestiones personales. Aunque la mayoría de las entidades gubernamentales que han instalado estos dispositivos GPS dicen que el propósito es mejorar el mantenimiento y despliegue de vehículos y no atrapar a la gente holgazaneando, algunos empleados piensan lo contrario. ¿Qué opina al respecto? ¿El ser eficiente y eficaz vale más que el hecho de que los empleados piensen que los gerentes los están "vigilando"?

Figura 1–3

Eficiencia y eficacia en la administración

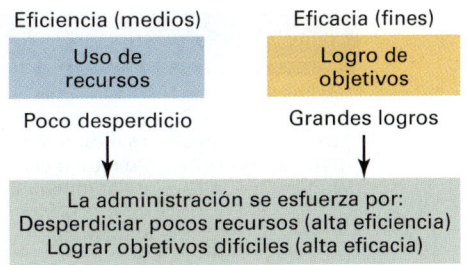

Eficiencia (medios)	Eficacia (fines)
Uso de recursos	Logro de objetivos
Poco desperdicio	Grandes logros

La administración se esfuerza por:
Desperdiciar pocos recursos (alta eficiencia)
Lograr objetivos difíciles (alta eficacia)

¿Quiénes son?

CARA A CARA

¿CONSIDERA QUE LAS INICIATIVAS PARA LOGRAR LA EFICIENCIA QUE ESTÁN RELACIONADAS CON "VIGILAR" A LOS EMPLEADOS SON ÉTICAS?

No, ya que socavan la confianza. Si los empleados van a ser "vigilados", comuní- queselos claramente.

que la gente responsable de realizar actividades laborales las realice de forma eficiente y eficaz, o al menos es a lo que aspiran los gerentes.

La **eficiencia** se refiere a obtener los mejores resultados a partir de la menor cantidad de recursos. Debido a que los gerentes cuentan con escasos recursos (incluidos personal, dinero y equipo), se encargan de utilizar eficientemente dichos recursos. Con frecuencia a esto se le conoce como "hacer bien las cosas", es decir, no desperdiciar recursos. Por ejemplo, en la planta de HON Company en Cedartown, Georgia, donde los empleados fabrican y ensamblan muebles de oficina, se implementaron técnicas eficientes de manufactura a través de medidas como reducción de los niveles de inventario, disminución del tiempo de fabricación de productos y disminución de las tasas de productos defectuosos. Estas prácticas de trabajo eficiente representaron para la planta una reducción de costos de aproximadamente \$7 millones en un año.[8]

Sin embargo, no basta el simple hecho de ser eficiente. La administración también se ocupa de ser eficaz, realizar actividades tales que se logren los objetivos organizacionales. La **eficacia** se suele describir como "hacer las cosas correctas"; es decir, realizar aquellas actividades que ayudarán a la organización a alcanzar sus metas. Por ejemplo, en la fábrica HON, los objetivos incluyen satisfacer las rigurosas demandas de los clientes, ejecutar estrategias de manufactura de clase mundial y hacer que el trabajo de los empleados sea más sencillo y seguro. Por medio de diversas iniciativas se plantearon estos objetivos y se lograron. Mientras que la eficiencia tiene que ver con los *medios* para que las cosas se hagan, la eficacia tiene que ver con los *fines* o los logros de los objetivos de la organización (vea la figura 1-3). En organizaciones exitosas, la alta eficiencia y la alta eficacia por lo general van de la mano. Una mala administración (la cual da pie a un bajo rendimiento) generalmente implica ser ineficiente e ineficaz o ser eficaz pero ineficiente.

REPASO RÁPIDO:

OBJETIVO DE APRENDIZAJE 1.2

- Defina qué es la administración.

- Explique por qué la eficiencia y la eficacia son importantes en la administración.

Vaya a la página 18 para ver qué tan bien maneja este material.

OBJETIVO DE
APRENDIZAJE 1.3 ▷   ¿QUÉ HACEN LOS GERENTES?

Describir lo que hacen los gerentes no es fácil. Así como no hay dos organizaciones iguales, no hay dos trabajos gerenciales iguales. A pesar de esto, investigadores en administración han desarrollado tres enfoques para describir lo que hacen los gerentes: funciones, roles y habilidades. En esta sección analizaremos cada enfoque y veremos cómo cambia el trabajo de un gerente.

---

gerentes de nivel medio
Gerentes que se encuentran entre el nivel más bajo y los más altos de la organización; son quienes dirigen el trabajo de los gerentes de primera línea.

gerentes de nivel alto
Gerentes que se encuentran cerca o en los niveles más altos de la estructura organizacional; son los responsables de tomar las decisiones de la empresa y de establecer los objetivos y planes que afectan a toda la organización.

administración
Coordinación y supervisión de las actividades laborales de otras personas de tal manera que se realicen de forma eficiente y eficaz.

eficiencia
Hacer bien las cosas o lograr los mejores resultados a partir de la menor cantidad de recursos.

eficacia
Hacer las cosas correctas o realizar actividades de tal forma que se logren los objetivos de la organización.

Figura 1–4

Funciones de la administración

Planeación	Organización	Dirección	Control
Definir objetivos, establecer estrategias y desarrollar planes para coordinar actividades	Determinar lo que es necesario realizar, cómo llevarlo a cabo y con quién se cuenta para hacerlo	Motivar, dirigir y cualesquier otras acciones involucradas con dirigir al personal	Dar seguimiento a las actividades para garantizar que se logren conforme a lo planeado

Dirige a

Alcanzar los propósitos establecidos por la organización

FUNCIONES DE LA ADMINISTRACIÓN

De acuerdo con el enfoque de las funciones, los gerentes realizan ciertas actividades o funciones mientras coordinan eficiente y eficazmente el trabajo de otros. ¿Cuáles son estas funciones? A principios del siglo veinte, Henri Fayol, un empresario francés, propuso por primera vez que todos los gerentes ejecutan cinco funciones: planear, organizar, mandar, coordinar y controlar.[9] Hoy en día estas funciones se han resumido a cuatro: planeación, organización, dirección y control (vea la figura 1-4). Veamos brevemente cada una de estas funciones.

Si no tiene un destino específico en mente, entonces bastará cualquier camino. Sin embargo, si quiere llegar a algún lado en particular, necesita planear la mejor ruta para llegar ahí. Como una organización existe con el fin de lograr algún propósito en particular, alguien debe definir dicho propósito y los medios para lograrlo. La administración es ese alguien. Como los gerentes se ocupan de la **planeación**, definen objetivos, establecen estrategias para lograrlos y desarrollan planes para integrar y coordinar las actividades.

Los gerentes también son responsables de acordar y estructurar el trabajo para cumplir con las metas de la empresa. A esta función la llamamos **organización**. Cuando los gerentes organizan, determinan las tareas por realizar, quién las llevará a cabo, cómo se agruparán, quién le reportará a quién y dónde se tomarán las decisiones.

Toda empresa cuenta con personal, y el trabajo de un gerente es trabajar con personas y a través de ellas cumplir con los objetivos. Ésta es la función de **dirección**. Cuando los gerentes motivan a sus subordinados, ayudan a resolver conflictos en los grupos de trabajo, influyen en los individuos o equipos cuando trabajan, seleccionan el canal de comunicación más efectivo o lidian de cualquier forma con asuntos relacionados con el comportamiento del personal, están dirigiendo.

La función final de la administración es el **control**. Una vez que los objetivos y planes están establecidos (planeación), las tareas y acuerdos estructurales dispuestos (organización), y la gente contratada, entrenada y motivada (dirección), debe haber alguna evaluación para ver si las cosas marchan según lo planeado. Para asegurarse de que los objetivos se están cumpliendo y que el trabajo se está llevando a cabo como debe ser, los gerentes deben dar seguimiento y evaluar el rendimiento. El rendimiento real debe compararse con los objetivos establecidos. Si dichos objetivos no se están logrando, es trabajo del gerente reajustar el trabajo. Este proceso de seguimiento, comparación y corrección es la función de control.

¿Qué tan bien describe el enfoque de las funciones lo que hacen los gerentes? ¿Los gerentes siempre planean, organizan, dirigen y luego controlan? En realidad, es probable que lo que un gerente hace no siempre ocurra en esta secuencia. Sin importar el orden en que se ejecuten estas funciones, el hecho es que los gerentes sí planean, organizan, dirigen y controlan cuando trabajan. Para ilustrar lo anterior, vuelva a leer la historia que inicia este capítulo. ¿Qué ejemplos de funciones gerenciales observa? Cuando Allyson trabaja para mantener motivados y comprometidos a sus empleados, eso es dirigir. Cuando trata con clientes no satisfechos, tiene que controlar, dirigir y tal vez incluso planear.

Aunque el enfoque de las funciones se utiliza mucho para describir lo que hacen los gerentes, algunos argumentan que no es importante.[10] Veamos otra perspectiva.

ROLES GERENCIALES

Henry Mintzberg, un investigador de administración muy conocido, estudió a gerentes reales en sus centros de trabajo y concluyó que lo que hacen puede describirse mejor si observamos los roles que desempeñan en el trabajo.[11] El término **roles gerenciales** se refiere a acciones o comportamientos específicos que se esperan de un gerente. (Piense en los diferentes roles que desempeña como estudiante, empleado, miembro de una organización estudiantil, voluntario, hermano, etc., y en las distintas cosas que se esperan de usted en estos roles). Como muestra la figura 1-5, los 10 roles de Mintzberg están agrupados en torno a relaciones interpersonales, la transferencia de información y la toma de decisiones.

Los **roles interpersonales** son aquellos que involucran personas (subordinados y personas ajenas a la organización) y otros deberes que son de naturaleza ceremonial y simbólica. Los tres roles interpersonales son representante, líder y enlace. Los **roles informativos** involucran reunir, recibir y transmitir información. Los tres roles informativos son monitor, difusor y portavoz. Por último, los **roles decisorios** conllevan la toma de decisiones o elecciones. Los cuatro roles decisorios son emprendedor, manejador de problemas, asignador de recursos y negociador.

Como los gerentes desempeñan estos roles, Mintzberg propuso que sus actividades incluían tanto la reflexión (razonamiento) como la acción (ejecución).[12] Podemos apreciar ambos roles al principio del capítulo. La reflexión se aprecia cuando Allyson escucha pacientemente los problemas de los clientes, y la acción ocurre cuando Allyson resuelve dichos problemas.

Varios estudios posteriores han demostrado la validez de las categorías de roles de Mintzberg, y las pruebas en general apoyan la idea de que los gerentes, sin importar el tipo

Figura 1–5

Roles de los gerentes según Mintzberg

Adaptado de Mintzberg, Henry, The Nature of Managerial Work, 1ª Edición, © 1980, pp. 93-94.

Roles gerenciales según Mintzberg

Roles interpersonales

- Representante
- Líder
- Enlace

Roles informativos

- Monitor
- Difusor
- Portavoz

Roles decisorios

- Emprendedor
- Manejador de problemas
- Asignador de recursos
- Negociador

---

planeación
Función administrativa que involucra definir objetivos, establecer estrategias para lograr dichos objetivos, y desarrollar planes para integrar y coordinar actividades.

organización
Función administrativa que involucra acordar y estructurar el trabajo para cumplir los objetivos de la organización.

dirección
Función administrativa que involucra trabajar con personas y a través de ellas cumplir los objetivos organizacionales.

control
Función administrativa que implica dar seguimiento, comparar y corregir el rendimiento laboral.

roles gerenciales
Categorías específicas del comportamiento gerencial.

roles interpersonales
Roles de los gerentes que involucran personas y otros deberes que son de naturaleza ceremonial y simbólica.

roles informativos
Roles de los gerentes que implican reunir, recibir y transmitir información.

roles decisorios
Roles de los gerentes que conllevan la toma de decisiones.

De acuerdo con Henry Mintzberg, los gerentes desempeñan varios roles, uno de los cuales nombró como rol interpersonal. En esta función el gerente depende en gran medida de sus habilidades con las personas para ser tanto un líder que motive a sus subordinados, como un enlace que mantiene una red de contactos externos que ayudan a mantener el flujo de información. El rol interpersonal también implica que el gerente realice ciertos deberes simbólicos como firmar documentos legales y de la empresa.

de organización o nivel en la organización, desempeñan roles parecidos.[13] Sin embargo, el énfasis que los gerentes dan a los diferentes roles parece cambiar con el nivel en la organización.[14] En niveles más altos de la empresa, los roles de difusor, representante, negociador, enlace y portavoz son más importantes, mientras que el rol de líder (como Mintzberg lo definió) es más importante para los gerentes de menor nivel que para los de nivel medio o alto.

¿Entonces cuál enfoque es mejor, el de funciones o el de roles? Aunque cada uno describe lo que hacen los gerentes, el enfoque de funciones parece ser la mejor forma de describir el trabajo de un gerente. "Las funciones clásicas proporcionan métodos claros y discretos para clasificar las miles de actividades que realizan los gerentes y las técnicas que utilizan en términos de las funciones que llevan a cabo para lograr los objetivos".[15] Sin embargo, el enfoque de roles de Mintzberg ofrece otra visión con respecto al trabajo de un gerente.

HABILIDADES DE LOS GERENTES

Dell Inc. es una empresa que comprende la importancia de las habilidades de los gerentes.[16] Dicha compañía inició un programa intensivo de cinco días de entrenamiento externo para los gerentes de primera línea como una forma de mejorar sus operaciones. Uno de los directores de capacitación y desarrollo de Dell pensó que éste era el mejor camino para formar "líderes que pudieran desarrollar una sólida relación con sus empleados de primera línea". ¿Qué aprendieron los supervisores de la capacitación de habilidades? Entre las cosas que mencionaron destacan que aprendieron a comunicarse de forma más efectiva y a abstenerse de sacar conclusiones precipitadas al tratar un problema con un empleado.

¿Qué tipo de habilidades necesitan los gerentes? Robert L. Katz desarrolló un enfoque para describir las habilidades gerenciales; concluyó que los gerentes necesitan tres habilidades básicas: técnicas, humanas y conceptuales. La figura 1-6 muestra la relación entre estas habilidades y los niveles de administración.[17] Las **habilidades técnicas** son el conocimiento específico del trabajo y las técnicas necesarias para realizar competentemente las tareas laborales. Estas habilidades suelen ser más importante en el caso de los gerentes de primera línea, ya que por lo general manejan empleados que utilizan herramientas y técnicas para manufacturar los productos de la empresa o para dar servicio a los clientes. Con frecuencia, los empleados con excelentes habilidades técnicas son promovidos a posiciones de gerentes de primera línea. Por ejemplo, Mark Ryan de Verizon Communications maneja aproximadamente 100 técnicos que dan servicio a medio millón de clientes de la empresa. Sin embargo, antes de convertirse en gerente, Ryan era un técnico de telefonía. Ryan dice que "el lado técnico del negocio es importante, pero el manejo de las personas y el reconocimiento de la gente que hace un trabajo excepcional es lo que nos [Verizon] va a llevar al éxito".[18] Ryan es un gerente que tiene habilidades técnicas y que también reconoce

Figura 1–6

Habilidades necesarias en los distintos niveles gerenciales

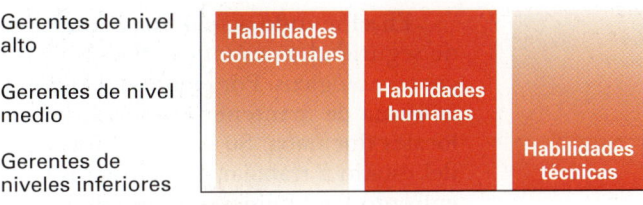

Gerentes de nivel alto

Gerentes de nivel medio

Gerentes de niveles inferiores

Importancia

¿Quiénes son?

CARA A CARA

HABILIDADES QUE SON IMPORTANTES PARA MÍ COMO GERENTE:
Administración del tiempo, habilidades humanas y capacidad de escuchar
PUEDES DESARROLLAR TUS HABILIDADES…
Leyendo material ajeno a tu negocio y a tu área geográfica.

la importancia de las **habilidades humanas**, las cuales involucran la capacidad de trabajar bien con otras personas, tanto de manera individual como en grupo. Debido a que todos los gerentes tienen que ver con personas, estas habilidades son igualmente importantes en todos los niveles de la administración. Los gerentes con buenas habilidades humanas obtienen lo mejor de su gente. Ellos saben cómo comunicarse, motivar, dirigir e inspirar entusiasmo y confianza. Por último, las **habilidades conceptuales** son las habilidades que los gerentes utilizan para pensar y conceptualizar situaciones abstractas y complejas. A través de estas habilidades, los gerentes ven la organización como un todo, comprenden la relación entre diversas subunidades y visualizan cómo encaja la organización en su entorno general. Estas habilidades son las más importantes para gerentes de alto nivel.

En la figura 1-7 aparecen algunas otras habilidades gerenciales importantes que se han identificado en varios estudios. En los centros de trabajo actuales, demandantes y dinámicos, los empleados que desean ser activos valiosos deben actualizar constantemente sus habilidades y realizar esfuerzos adicionales en otras áreas distintas a sus campos específicos de trabajo. Como pensamos que comprender y desarrollar habilidades gerenciales es muy importante, hemos incluido un acceso a la red sobre habilidades en mymanagementlab. Ahí encontrará material sobre desarrollo de habilidades así como diversos ejercicios interactivos relacionados. Conforme estudie las cuatro funciones gerenciales a lo largo del libro, podrá practicar algunas habilidades clave de un gerente. Aunque un simple ejercicio para el desarrollo de habilidades no lo hará un experto en un instante, le dará una comprensión inicial de algunas de las habilidades que deberá dominar para ser un gerente eficaz.

CÓMO ESTÁ CAMBIANDO EL TRABAJO DE UN GERENTE

"En las oficinas centrales de Best Buy, más del 60 por ciento de los 4,000 empleados ahora son evaluados únicamente de acuerdo con tareas o resultados. Las personas asalariadas invierten el tiempo necesario para realizar su trabajo. Dichos empleados presentan mejores relaciones con sus familiares y amigos, más lealtad con la empresa y más concentración y energía. La productividad ha aumentado un 35 por ciento. Los empleados dicen que no saben si trabajan menos horas; han dejado de contar. Tal vez lo más importante sea que han encontrado nuevas formas para ser eficientes".[19] ¡Bienvenido al nuevo mundo de la administración!

Figura 1–7

Habilidades gerenciales importantes

- Delegar eficazmente (asegurarse de que el trabajo se hace bien).
- Ser un comunicador eficaz.
- Razonar críticamente.
- Administrar la carga de trabajo/tiempo.
- Identificar claramente los roles de los empleados.
- Crear un entorno de apertura, confianza y reto.

Fuentes: Basado en "Management Practices That Work", *McKinsey Quarterly Chart Focus Newsletter*, www.mckinsey-quarterly.com/newsletters/chartfocus, septiembre de 2007; P. Korkki, "Young Workers: U Nd 2 Improve Ur Writing Skills", *New York Times* online, www.nytimes.com, 26 de agosto de 2007; y J. Jenkins, "The Bottom Line on Improperly Trained Leaders", *AMA Leader's EDGE*, www.amanet.org/LeadersEdge, diciembre de 2005.

---

habilidades técnicas
Conocimiento específico del trabajo y de las técnicas necesarias para realizar competentemente tareas laborales.

habilidades humanas
Capacidad de trabajar bien con otras personas tanto individualmente como en grupo.

habilidades conceptuales
Capacidad de pensar y conceptualizar situaciones abstractas y complejas.

En el mundo actual, los gerentes lidian con centros de trabajo dinámicos, amenazas de seguridad, cuestiones éticas, incertidumbres económicas y políticas globales, y avances tecnológicos. Por ejemplo, el gerente de A&R Welding en Atlanta tuvo que encontrar la forma de mantener empleados a sus soldadores mientras la demanda de los clientes locales fluctuaba. Su solución: formar equipos especiales de soldadores y enviarlos fuera del estado a trabajar en proyectos contratados.[20] O considere los retos gerenciales que enfrentó Paul Raines, gerente de la división sur de Home Depot, después de que el huracán Katrina golpeó Nueva Orleans, Biloxi, Gulfport y otras comunidades de la Costa del Golfo. Expresó que "ubicada la compañía en Atlanta, en el centro del huracán, el personal de diferentes divisiones (mantenimiento, HR [recursos humanos], logística) trabajó 18 horas diarias para superar obstáculos y llevar las cosas donde debían estar". Las acciones de la empresa antes, durante y después de la tormenta dieron como resultado que sólo 10 de las 33 tiendas de la compañía que estuvieron en la trayectoria de Katrina no reabrieran al siguiente día.[21] Aunque es probable que la mayoría de los gerentes no tengan que trabajar bajo tales circunstancias extremas, el hecho es que la *forma* en que los gerentes dirigen está cambiando. La figura 1-8 muestra algunos de los cambios más importantes que enfrentan los gerentes. A través del libro explicaremos éstos y otros cambios y cómo afectan la forma en que los gerentes planean, organizan, dirigen y controlan. Queremos resaltar dos de estos cambios: la creciente importancia de los clientes y la innovación.

Importancia de los clientes para el trabajo de los gerentes John Chambers, presidente de Cisco Systems, gusta de escuchar los mensajes de voz que le envían clientes insatisfechos. Él dice, "los correos electrónicos resultarían más eficientes, pero quiero escuchar la emoción, oír la frustración, percibir el nivel de satisfacción de quien llama con respecto a la estrategia que estamos empleando. Eso no puedo obtenerlo a través de un correo electrónico".[22] Éste es un gerente que comprende la importancia de los clientes. Usted necesita clientes. Sin ellos, la mayoría de las empresas dejarían de existir. Sin embargo, durante mucho tiempo se ha pensado que enfocarse en el cliente es responsabilidad de las personas de marketing. "Dejemos que los de marketing se ocupen de los clientes" es lo que expresaban muchos gerentes. Sin embargo, estamos descubriendo que las actitudes y el comportamiento de los empleados tienen un papel impor-

Figura 1–8

Cambios que afectan el trabajo de los gerentes

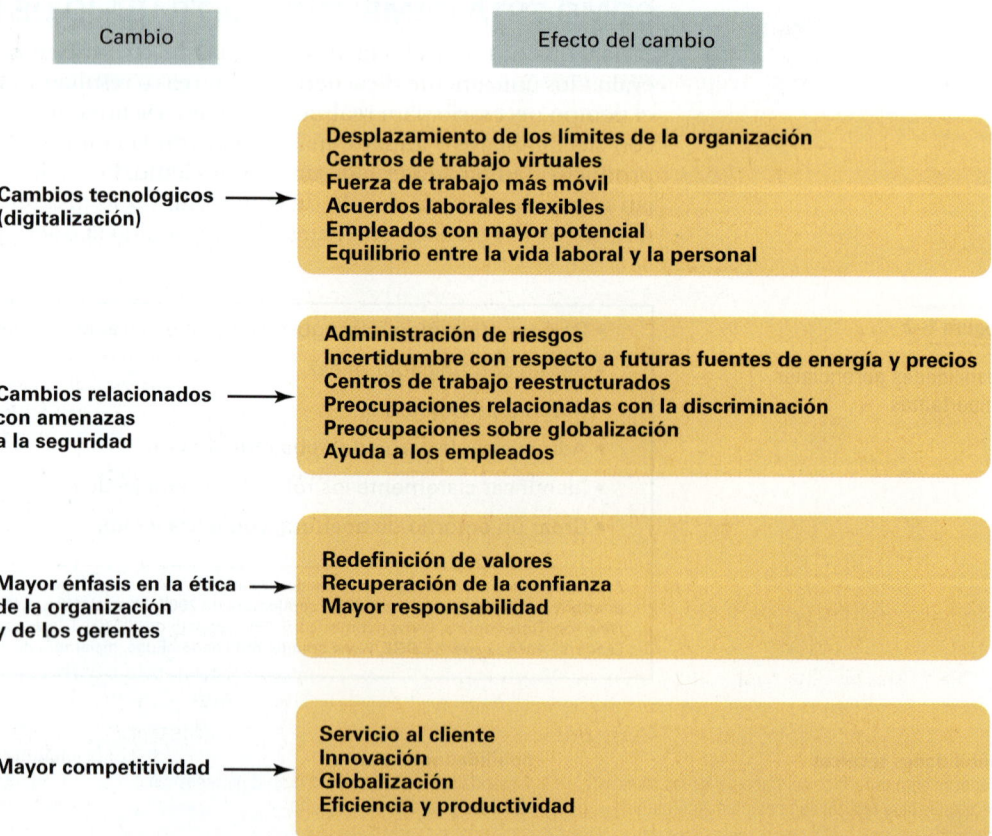

Cambio	Efecto del cambio
Cambios tecnológicos (digitalización)	**Desplazamiento de los límites de la organización** **Centros de trabajo virtuales** **Fuerza de trabajo más móvil** **Acuerdos laborales flexibles** **Empleados con mayor potencial** **Equilibrio entre la vida laboral y la personal**
Cambios relacionados con amenazas a la seguridad	**Administración de riesgos** **Incertidumbre con respecto a futuras fuentes de energía y precios** **Centros de trabajo reestructurados** **Preocupaciones relacionadas con la discriminación** **Preocupaciones sobre globalización** **Ayuda a los empleados**
Mayor énfasis en la ética de la organización y de los gerentes	**Redefinición de valores** **Recuperación de la confianza** **Mayor responsabilidad**
Mayor competitividad	**Servicio al cliente** **Innovación** **Globalización** **Eficiencia y productividad**

En sus tiendas, Apple proporciona servicio al cliente con el mismo alto nivel que con el que cuentan sus legendarios productos de cómputo. Aquí, en Genius Bar, una de las tiendas de la empresa en Nueva York, un técnico calificado da asesoría y ayuda a un cliente. En Genius Bar no sólo hay personal experto para la detección y solución de problemas en los muchos productos de Apple, sino que la tienda ofrece citas para servicio al cliente y un sofisticado sistema de registro para atender a los clientes y minimizar el tiempo de espera.

tante en la satisfacción del cliente. Por ejemplo, a los pasajeros de Qantas Airways se les pidió que opinaran sobre sus "necesidades básicas" en los viajes aéreos. Casi todos los factores mencionados tenían que ver con las acciones de los empleados de la compañía, desde la pronta entrega del equipaje, la cortesía y eficiencia de la tripulación, la ayuda con las conexiones, hasta el registro rápido y amable.[23] En la actualidad, la mayoría de los empleados de los países desarrollados se desenvuelven en empleos de servicio. Por ejemplo, casi el 79 por ciento de la fuerza laboral de Estados Unidos se encuentra en la industria de servicios. En Australia, el 71 por ciento trabaja en esta misma industria; en el Reino Unido, Alemania y Japón, los porcentajes son 76, 70 y 73, respectivamente.[24] Ejemplos de empleos de servicio incluyen a representantes de soporte técnico, empleados de mostrador de restaurantes de comida rápida, representantes de ventas, maestros, meseros, enfermeras, técnicos en reparación de computadoras, oficinistas de atención al público, consultores, agentes de compras, representantes de créditos, asesores financieros y cajeros de bancos. Los gerentes están aceptando que proporcionar de forma sistemática un servicio de alta calidad al cliente es básico para la supervivencia y el éxito en el competitivo entorno actual, y que los empleados son una parte importante de esa ecuación.[25] La implicación es clara: los gerentes deben crear una organización sensible al cliente, en la que los empleados sean amistosos, amables, accesibles, preparados, listos para responder a las necesidades de los clientes y dispuestos a hacer lo necesario para satisfacerlos.[26] En varios capítulos analizaremos la administración del servicio al cliente.

Importancia de la innovación en el trabajo de los gerentes. "Nada es más riesgoso que no innovar".[27] La innovación significa hacer las cosas de modo distinto, explorar nuevos territorios y tomar riesgos. Y la innovación no es sólo para organizaciones de alta o sofisticada tecnología. Podemos encontrar ejemplos de innovación en todo tipo de organizaciones. Por ejemplo, el gerente de la tienda Best Buy en Manchester, Connecticut, entiende claramente la importancia de hacer que sus empleados sean innovadores, una tarea que particularmente representa un reto, ya que la tienda promedio Best Buy cuenta con personal joven que sólo ha tenido uno o dos empleos. "La complejidad de los productos demanda un alto nivel de entrenamiento, pero las diversas distracciones que tientan a los empleados en edad universitaria mantienen elevado el potencial de rotación". Sin embargo, el gerente abordó el problema haciendo que sus empleados propusieran nuevas ideas. Una idea, un "equipo de cierre", en el que los empleados programaban trabajar a la hora del cierre de la tienda, cerraban juntos la tienda y se iban juntos como un equipo, tuvo un efecto notable en la actitud y compromiso de los empleados.[28] En varios capítulos estudiaremos la innovación.

REPASO RÁPIDO:
OBJETIVO DE APRENDIZAJE 1.3

- Describa las cuatro funciones de los gerentes.
- Explique los roles gerenciales de Mintzberg.
- Describa las tres habilidades gerenciales básicas de Katz y cómo la importancia de estas habilidades cambia de acuerdo con el nivel de los gerentes.

- Analice los cambios que están afectando los trabajos de los gerentes.
- Explique por qué el servicio al cliente y la innovación son importantes en el trabajo de los gerentes.

Vaya a la página 18 para ver qué tan bien maneja este material.

OBJETIVO DE
APRENDIZAJE 1.4 ▷ ## ¿QUÉ ES UNA ORGANIZACIÓN?

Los gerentes trabajan en organizaciones. Pero, ¿qué es una **organización**? Es un acuerdo deliberado de personas para llevar a cabo un propósito específico. Su escuela o universidad es una organización; también lo son las fraternidades y hermandades, departamentos de gobierno, iglesias, Amazon.com, la tienda de videos de su vecindario, United Way, el equipo de béisbol Colorado Rockies y la Clínica Mayo. Todas son consideradas organizaciones, ya que todas tienen tres características en común (vea la figura 1-9).

Primero, una organización tiene un propósito definido. Este propósito generalmente se expresa a través de objetivos que la organización espera cumplir. Segundo, cada organización está formada por personas. Cuenta con ellas para realizar el trabajo necesario para que la organización logre sus metas. Tercero, todas las organizaciones crean una estructura deliberada dentro de la cual los miembros realizan su trabajo. Esa estructura puede ser abierta y flexible, sin deberes laborales específicos o un estricto apego a acuerdos de trabajo explícitos. Por ejemplo, en Google la mayoría de los grandes proyectos, de los cuales cientos se realizan al mismo tiempo, son llevados a cabo por pequeños equipos de empleados que se forman en un instante y completan el trabajo rápidamente.[29] O la estructura puede ser más tradicional, como la de Procter & Gamble o General Motors, con reglas, normas, descripciones de funciones claramente definidas y algunos miembros identificados como "jefes", quienes tienen autoridad sobre otros miembros.

Muchas de las organizaciones actuales están estructuradas de forma más parecida a Google, con acuerdos laborales flexibles, equipos de trabajo, sistemas abiertos de comunicación y alianzas de proveedores. En estas organizaciones el trabajo se define en términos de tareas por realizar. Y los días hábiles no tienen límite de tiempo ya que el trabajo puede hacerse, y se hace, en cualquier parte y a cualquier hora. Sin embargo, sin importar el tipo de enfoque que utilice una organización, se necesita cierta estructura deliberada para que el trabajo pueda realizarse eficiente y eficazmente.

REPASO RÁPIDO:
OBJETIVO DE APRENDIZAJE 1.4
- Explique las características de una organización.
- Describa cómo están estructuradas las organizaciones actuales.

Vaya a la página 18 para ver qué tan bien maneja este material.

OBJETIVO DE
APRENDIZAJE 1.5 ▷ ## ¿POR QUÉ ESTUDIAR ADMINISTRACIÓN?

Tal vez se pregunte por qué necesita estudiar administración. Si se especializa en contabilidad o marketing o en cualquier otro campo distinto a la administración, tal vez no comprenda cómo es que estudiar administración le ayudará en su carrera. Podemos explicar el valor de estudiar administración analizando tres cosas: la universalidad de la administración, la realidad del trabajo y las recompensas y retos de ser un gerente.

LA UNIVERSALIDAD DE LA ADMINISTRACIÓN

¿Exactamente qué tan universal es la necesidad de la administración para las organizaciones? Podemos decir con absoluta certeza que la administración es necesaria en organizaciones de todo tipo y tamaño, en todos los niveles y en todas las áreas de trabajo, sin importar dónde se localicen. A esto se le conoce como la **universalidad de la administración** (vea

Figura 1–9

Características
de las organizaciones

Figura 1–10

Necesidad universal
de la administración

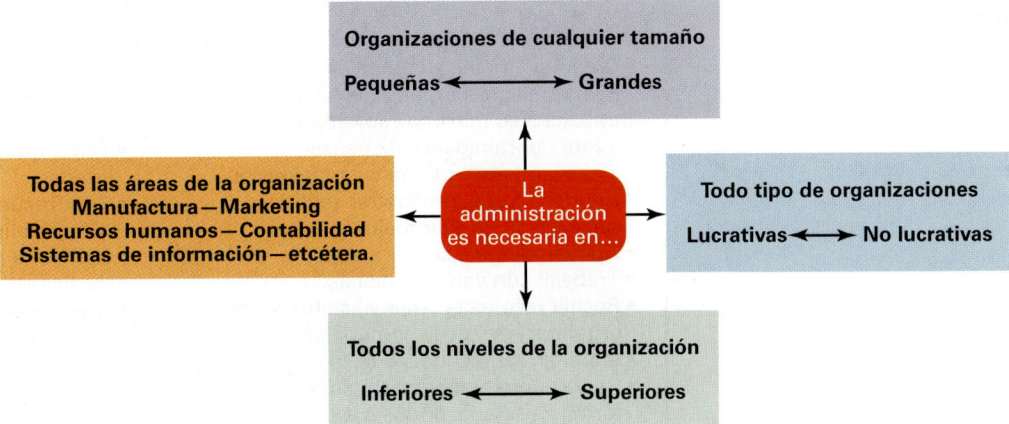

la figura 1-10). En todas estas organizaciones los gerentes deben planear, organizar, dirigir y controlar. Sin embargo, eso no quiere decir que la administración se haga de la misma manera. Lo que hace un supervisor en las instalaciones de prueba de aplicaciones de software en Microsoft comparado con lo que hace el presidente de Microsoft es cuestión de grado y énfasis, no de función. Debido a que ambos son gerentes, los dos planean, organizan, dirigen y controlan, aunque qué tanto hacen y cómo lo hacen es diferente.

La administración es universalmente necesaria en todas las organizaciones, por lo que necesitamos encontrar nuevas vías para mejorar la forma de administrarlas. ¿Por qué? Porque interactuamos con ellas cada día. ¿Se siente frustrado cuando desperdicia dos horas en una oficina de gobierno para renovar su licencia de manejo? ¿Se irrita cuando ningún vendedor de una tienda minorista parece interesado en ayudarle? ¿Le resulta molesto cuando llama a una aerolínea en tres ocasiones y los representantes de ventas le cotizan tres diferentes precios para el mismo vuelo? Éstos son ejemplos de problemas creados por una mala administración. Las organizaciones bien administradas, y le daremos muchos ejemplos de ellas a lo largo del libro, generan una cartera de clientes leales, crecen y prosperan. Aquellas que son mal administradas se enfrentan a la pérdida de clientes y de utilidades. Al estudiar administración, podrá reconocer y apoyar una buena administración, ya sea en una organización con la que simplemente interactúa o en una organización en la que trabaja.

LA REALIDAD DEL TRABAJO

Además de la universalidad de la administración, otra razón para estudiar administración es que en realidad la mayoría de ustedes, una vez que se gradúen de la universidad y comiencen su carrera, van a administrar o a ser administrados. Para aquellos que planean ser gerentes, comprender la administración es la base en que desarrollarán sus habilidades gerenciales. Aquellos que no se visualizan como gerentes, también es probable que tengan que trabajar con gerentes. Además, si asumimos que tendrán que trabajar para vivir y reconocemos que es muy probable que trabajen en una organización, tal vez tengan responsabilidades gerenciales incluso si no son gerentes. Nuestra experiencia nos dice que puede aprender mucho sobre el comportamiento de su jefe (y compañeros de trabajo) y sobre cómo funcionan las organizaciones, si estudia administración. Nuestro punto es que no tiene que aspirar a ser un gerente para obtener algo valioso de un curso en administración.

organización
Acuerdo deliberado de personas para llevar a cabo un propósito específico.

universalidad de la administración
Realidad de que la administración es necesaria en organizaciones de todo tipo y tamaño, en todos los niveles y en todas las áreas de trabajo, sin importar dónde se localicen.

Figura 1–11

Recompensas y retos de ser
un gerente

Recompensas	Retos
• Crear un ambiente laboral en el que los miembros de la organización pueden trabajar a su máxima capacidad.	• Trabajar arduamente.
• Tener oportunidades de pensar creativamente y utilizar su imaginación.	• Quizá tener labores más de oficinista que gerenciales.
• Ayudar a otros a encontrar sentido y satisfacción en su trabajo.	• Tener que lidiar con distintas personalidades.
• Apoyar, dirigir y cuidar a otros.	• Con frecuencia tener que trabajar con recursos limitados.
• Trabajar con varias personas.	• Motivar a los trabajadores en situaciones caóticas e inciertas
• Recibir reconocimiento y estatus en la organización y en la comunidad.	• Combinar conocimientos, habilidades, ambiciones y experiencias de un grupo de trabajo heterogéneo.
• Influir en los resultados de la empresa.	• El éxito depende del desempeño laboral de otros.
• Recibir una remuneración adecuada en forma de salario, bonos o acciones.	
• Los buenos gerentes son necesarios para las compañías.	

RECOMPENSAS Y RETOS DE SER GERENTE

No podemos concluir nuestra exposición sobre el valor de estudiar administración sin tocar el tema de las recompensas y los retos de ser gerente (vea la figura 1-11). ¿Qué significa *ser* gerente en el entorno laboral actual?

Primero, hay muchos retos. El empleo de un gerente puede considerarse duro y en ocasiones ingrato. Además, parte del trabajo de un gerente (en especial en niveles inferiores de la organización) puede incluir labores que frecuentemente son más de oficinista (recopilar y llenar reportes, tratar con procedimientos burocráticos o hacer papeleo) que gerenciales.[30] Los gerentes a menudo tienen que lidiar con diversas personalidades y trabajar con recursos limitados. Puede resultar un reto el motivar a los trabajadores en medio de la incertidumbre y el caos. Y los gerentes pueden encontrar difícil el combinar exitosamente los conocimientos, habilidades, ambiciones y experiencias de un grupo de trabajo heterogéneo. Por último, como gerente, no tiene el control total de su destino; por lo general, su éxito depende del desempeño laboral de otros.

Sin embargo, a pesar de los retos, ser un gerente *puede resultar* gratificante. Como tal, usted es responsable de crear un ambiente laboral en el que los miembros de la organización puedan hacer su trabajo aprovechando al máximo sus capacidades, y así ayudar a la compañía a lograr sus objetivos. Usted ayuda a otros a encontrar sentido y realización en su trabajo; tiene que apoyar, dirigir y cuidar a otros, y ayudarlos a tomar buenas decisiones. Además, como gerente, con frecuencia tiene la oportunidad de pensar creativamente y utilizar su imaginación. Conocerá y trabajará con muchas personas, tanto dentro como fuera de la organización. Otras recompensas podrían incluir el recibir reconocimiento y estatus en su empresa y en la comunidad, influir en los resultados de la compañía y recibir compensaciones atractivas en forma de salario, bonos o acciones. Por último, las organizaciones necesitan buenos gerentes. La organización logra sus metas a través de la combinación de esfuerzos de personas motivadas y vehementes que trabajan juntas. Como gerente, puede tener la certeza de que sus esfuerzos, habilidades y capacidades son necesarios.

REPASO RÁPIDO:
OBJETIVO DE APRENDIZAJE 1.5

- Explique por qué es importante estudiar administración.
- Explique el concepto de universalidad de la administración.
- Describa las recompensas y retos de ser gerente.

Vaya a la página 18 para ver qué tan bien maneja este material.

¿Quiénes son?
Mi turno

Rosita Nunez

**Gerente de marketing
Lonza Inc.
Allendale, New Jersey**

Algunas sugerencias:
- Contrate graduados universitarios de disciplinas distintas a la administración (como educadores de niños en la primera infancia, psicólogos infantiles, o diseñadores industriales) o graduados con dos especialidades.
- Ofrezca un programa de capacitación en administración que alterne entre graduados de diferentes áreas como marketing o recursos humanos.
- Aplique encuestas de opinión a los clientes para identificar aspectos de la administración minorista que tengan efectos positivos en el negocio, y utilice dichos aspectos como una guía para contratar a las personas adecuadas.
- Ofrezca ventajas laborales como tiempo libre flexible, tareas compartidas o educación continua. Algunas veces, no se trata sólo de salario.
- Desarrolle un plan de carrera que muestre a los graduados otras posiciones en la empresa que van más allá de la administración de la tienda.

OBJETIVOS DE APRENDIZAJE
RESUMEN

1.1 ▷ ¿QUIÉNES SON LOS GERENTES?

- Explique en qué se diferencian los gerentes y los empleados sin una posición gerencial.
- Describa cómo clasificar a los gerentes de las organizaciones.

Los gerentes coordinan y supervisan el trabajo de otras personas de tal forma que se logren los objetivos de la organización. Los empleados no administrativos trabajan directamente en una labor o tarea y no tienen a alguien que les reporte. Las organizaciones estructuradas tradicionalmente tienen gerentes de primera línea, gerentes de nivel medio y de nivel alto. En otras organizaciones de configuraciones más generales, los gerentes pueden no ser identificables fácilmente, aunque alguien debe desempeñar esa función.

1.2 ▷ ¿QUÉ ES LA ADMINISTRACIÓN?

- Defina la administración.
- Explique por qué la eficiencia y la eficacia son importantes en la administración.

La administración involucra la coordinación y supervisión de las actividades de otros, de tal forma que éstas se lleven a cabo de forma eficiente y eficaz. La eficiencia significa hacer bien las cosas; la eficacia significa hacer las cosas correctas.

1.3 ▷ ¿QUÉ HACEN LOS GERENTES?

- Describa las cuatro funciones de los gerentes.
- Explique los roles gerenciales de Mintzberg.
- Describa las tres habilidades gerenciales básicas de Katz y cómo la importancia de estas habilidades cambia de acuerdo con el nivel de los gerentes.
- Analice los cambios que están afectando los trabajos de los gerentes.
- Explique por qué el servicio al cliente y la innovación son importantes en el trabajo de los gerentes.

Las cuatro funciones de la administración son planeación (definir objetivos, establecer estrategias y desarrollar planes), organización (acordar y estructurar el trabajo), dirección (trabajar con personas y a través de ellas) y control (seguimiento, comparación y corrección del desempeño laboral). Los roles gerenciales de Mintzberg incluyen los interpersonales, los cuales involucran personas y otros deberes ceremoniales y simbólicos (representante, líder y enlace); los informativos, los cuales implican la reunión, recepción y transmisión de información (monitor, difusor y portavoz), y los decisorios, los cuales conllevan la toma de decisiones (emprendedor, manejador de problemas, asignador de recursos y negociador). Las habilidades gerenciales de Katz incluyen las técnicas (conocimiento y técnicas específicas del trabajo), las humanas (capacidad de trabajar bien con personas) y las conceptuales (habilidad de pensar y conceptualizar). Las habilidades técnicas son más importantes para gerentes de niveles inferiores, mientras que las habilidades conceptuales son más importantes para los gerentes de alto nivel. Las habilidades humanas son igualmente importantes para todos los gerentes. Los cambios que afectan los trabajos de los gerentes incluyen los tecnológicos (digitalización), el aumento en las amenazas a la seguridad, un mayor énfasis en la ética y una mayor competitividad. Los gerentes deben ocuparse del servicio al cliente debido a que las actitudes y comportamientos de los empleados influyen de manera importante en la satisfacción del cliente. Los gerentes también deben ocuparse de la innovación, ya que resulta importante para que las empresas sean competitivas.

1.4 ▷ ¿QUÉ ES UNA ORGANIZACIÓN?

- Explique las características de una organización.
- Describa cómo están estructuradas las organizaciones actuales.

Una organización tiene tres características: un propósito definido, está formada por personas y tiene una estructura deliberada. Muchas de las organizaciones actuales son más abiertas, flexibles y sensibles a los cambios que las organizaciones del pasado.

1.5 ▷ ¿POR QUÉ ESTUDIAR ADMINISTRACIÓN?

- Explique por qué es importante estudiar administración.
- Explique el concepto de universalidad de la administración.
- Describa las recompensas y retos de ser gerente.

Es importante estudiar administración por tres razones: (1) la universalidad de la administración, lo que se refiere al hecho de que los gerentes son necesarios en organizaciones de todo tipo y tamaño, en todos los niveles y áreas de trabajo y en cualquier ubicación global; (2) la realidad del trabajo; es decir, usted administrará o será administrado; y (3) la conciencia de que hay importantes recompensas (como generar ambientes laborales para ayudar a la gente a trabajar con todo su potencial, apoyar e impulsar a otros, ayudar a otros a encontrar sentido y satisfacción en su trabajo, etcétera) y retos (como trabajo arduo, probablemente tener tareas más de oficinista que gerenciales, tener que lidiar con distintas personalidades, etcétera) cuando se es gerente.

PENSEMOS EN CUESTIONES ADMINISTRATIVAS

1. ¿Su profesor es un gerente? Analice en términos de funciones gerenciales, roles gerenciales y habilidades.
2. "La principal responsabilidad de un gerente es enfocar a las personas en el desempeño de sus actividades laborales para lograr los objetivos deseados". ¿Cómo interpreta esta afirmación? ¿Está de acuerdo con ella? ¿Por qué sí o por qué no?
3. ¿La administración de empresas es una profesión? ¿Por qué sí o por qué no? Investigue en fuentes externas para responder a esta pregunta.
4. ¿Existe un mejor "estilo" de administración? ¿Por qué sí o por qué no?
5. ¿Le atrae la forma como están estructuradas las organizaciones contemporáneas? ¿Por qué sí o por qué no?
6. En el entorno actual, ¿qué es más importante para las organizaciones, la eficiencia o la eficacia? Explique su respuesta.
7. Los investigadores de Harvard Business School encontraron que las actitudes gerenciales más importantes implican dos cosas fundamentales: permitir que las personas avancen en sus trabajos y tratarlas de forma decente, como seres humanos. ¿Qué opina sobre estas dos actitudes gerenciales? ¿Cuáles son las implicaciones para alguien, como usted mismo, que está estudiando administración?
8. "La administración fue, es y siempre será lo mismo: el arte de hacer que las cosas se hagan". ¿Está de acuerdo? ¿Por qué sí o por qué no?

SU TURNO de ser gerente

- Utilice el *Occupational Outlook Handbook* más actualizado (U.S. Department of Labor, Bureau of Labor Statistics) para investigar tres categorías distintas de gerentes. Para cada una, prepare una lista que describa lo siguiente: la naturaleza del trabajo, preparación y otros requisitos necesarios, ingresos, y perspectivas laborales y estadísticas.

- Desarrolle el hábito de leer al menos un periódico de actualidad sobre negocios (*Wall Street Journal, BusinessWeek, Fortune, Fast Company, Forbes,* etcétera). Lleve un registro de información interesante que encuentre sobre gerentes o administración.

- Utilice revistas de actualidad sobre negocios y encuentre 10 ejemplos de gerentes a los que describiría como *gerentes modelo*. Escriba un artículo que describa a estos individuos como gerentes y por qué piensa que merecen este título.

- Lecturas sugeridas por Steve y Mary: Stephen P. Robbins, *The Truth About Managing People,* 2ª ed. (Financial Times/Prentice Hall, 2007); Gary Hamel, *The Future of Management* (Harvard Business School, 2007); Rod Wagner y James K. Harter, *12 Elements of Great Managing* (Gallup Press, 2006); Marcus Buckingham, *First Break All the Rules: What the World's Greatest Managers Do Differently* (Simon & Schuster, 1999), y Peter F. Drucker, *The Executive in Action* (Harper Business, 1985 y 1964).

- Entreviste a dos gerentes distintos y hágales al menos tres de las preguntas que aparecen en los cuadros *¿Quiénes son?: Conozca a los gerentes* y *¿Quiénes son?: CARA A CARA.* Escriba las preguntas y las respuestas y entréguelas a su profesor.

- Los contadores y otros profesionales tienen programas de certificación para comprobar sus habilidades, conocimientos y profesionalismo. ¿Qué hay de los gerentes? Dos programas de certificación para gerentes son el Certified Manager (Institute of Certified Professional Managers) y el Certified Business Manager (Association of Professional in Business Management). Investigue cada uno de estos programas. Prepare una lista de lo que contiene cada uno.

- Con sus propias palabras, escriba tres cosas que aprendió en este capítulo sobre ser un buen gerente.

- Si pertenece a alguna organización estudiantil, ofrézcase como voluntario en roles de líder o en proyectos donde pueda practicar la planeación, organización, dirección y control de diferentes proyectos y actividades. También puede adquirir experiencia valiosa si asume un papel de líder en proyectos de clase en equipo.

- La autoevaluación puede resultar una poderosa herramienta de aprendizaje. Vaya a mymanagementlab y complete cualquiera de estos ejercicios de autoevaluación: How Motivated Am I to Manage? (¿Qué tan motivado estoy para dirigir?), How Well Do I Handle Ambiguity? (¿Qué tan bien manejo la ambigüedad?), How Confident Am I in My Abilities to Succeed (¿Qué tan seguro estoy de mis habilidades para triunfar?) o What's My Attitude Toward Achievement? (¿Cuál es mi actitud frente al éxito?). Con los resultados de sus evaluaciones, identifique fortalezas y debilidades personales. ¿Qué haría para reforzar sus fortalezas y para mejorar sus debilidades?

mymanagementlab   Para más recursos, visite www.mymanagementlab.com

CASO
PRÁCTICO

Cómo dirigir a los cazadores de virus

"Imagine cómo sería la vida si su producto nunca estuviera terminado, si nunca completara su trabajo, si su mercado cambiara 30 veces al día. Los cazadores de virus de computadoras de Symantec Corp. no tienen que imaginarlo". Ésa es la realidad de su vida laboral diaria. En el Laboratorio de Respuesta de la compañía en Santa Mónica, California, descrito como la "más sucia de todas nuestras redes Symantec", los analistas de software recolectan virus y otros códigos sospechosos e intentan averiguar cómo funcionan para que la empresa pueda proporcionar actualizaciones de seguridad a sus clientes. Incluso hay un cuadro de materiales peligrosos en la puerta del laboratorio, marcado como PELIGRO, donde colocan todos los discos, cintas y discos duros con los desagradables virus que tienen que eliminar por completo. La situación de Symantec podría parecer única, pero la empresa, la cual produce contenido y software de seguridad para redes tanto para consumidores como para negocios, refleja la realidad que enfrentan muchas organizaciones actuales: el rápido cambio de las expectativas del cliente y el surgimiento continuo de competidores globales que han acortado drásticamente los ciclos de vida de los productos. Dirigir a personas talentosas en tales entornos puede resultar otro reto enorme.

Vincent Weafer, originario de Irlanda, ha sido el líder del equipo de cazadores de virus de Symantec desde 1999. Retrocediendo a ese entonces expresó, "había menos de dos docenas de personas y… realmente nada pasaba. Veíamos tal vez cinco nuevos virus al día, y se dispersaban en cuestión de meses, no de minutos". Ahora los cazadores de virus de Symantec alrededor del mundo lidian con aproximadamente 20,000 muestras de virus cada mes, y no todos son virus únicos y autónomos. Para hacer el trabajo de los cazadores aún más interesante, los ataques a computadoras se están esparciendo cada vez más gracias a criminales que quieren robar información corporativa o personal de los usuarios para cometer fraudes. Para lidiar con estos asun-

Vincent Weafer, líder de los perseguidores de virus, en el Laboratorio de Respuesta de la compañía.

tos críticos y sensibles al tiempo se requiere de talentos especiales. El equipo del centro de respuesta es un grupo diverso cuyos miembros no fueron fáciles de encontrar. Weafer decía "no se trata de que las universidades cada año estén formando expertos en seguridad o en *anti-malware* para que podamos contratarlos. Si los encuentras en cualquier parte del mundo, simplemente ve por ellos". El carácter del equipo del centro de respuesta refleja eso. Por ejemplo, uno de los investigadores más antiguos es originario de Hungría, otro de Islandia y otro más trabaja desde su casa en Melbourne, Florida. Pero todos ellos comparten algo en común: todos se motivan resolviendo problemas.

El lanzamiento del gusano Blaster-B cambió el enfoque de la compañía para manejar virus. El efecto dominó del Blaster-B y otros brotes de virus provocaron que los analistas de software de primera línea estuvieran trabajando contra reloj por casi dos semanas. Que los "empleados se quemaran" hizo que la compañía se diera cuenta de que su equipo de cazadores de virus ahora tenía que ser mucho más fuerte, más talentoso. Ahora, el equipo del centro de respuesta es de cientos, y los gerentes pueden rotar personal de las primeras líneas, que son responsables de responder a las nuevas amenazas de seguridad que surgen, en grupos donde pueden ayudar con el desarrollo de nuevos productos. Otros escriben artículos internos de investigación y otros son asignados al desarrollo de nuevas herramientas que ayudarán a sus colegas a repeler la siguiente ola de amenazas. Hay incluso un individuo que trata de averiguar lo que motiva a los creadores de virus; y el día nunca termina para estos cazadores de virus. Cuando el equipo de Santa Mónica termina su día, los colegas en Tokio los relevan. Cuando el equipo japonés termina su día, entra el equipo de Dublín, al cual luego releva el de Santa Mónica para un nuevo día. Es un entorno laboral frenético, caótico y de reto que se dispersa por todo el mundo. Pero Weafer decía que sus objetivos eran "tratar de eliminar el caos, para hacer de lo excitante algo aburrido", para tener un proceso bien definido y predecible, lidiar con las amenazas de virus y distribuir el trabajo equitativamente en las oficinas de la compañía en todo el mundo. Éste es un reto gerencial que Weafer ha adoptado.

Preguntas de análisis

1. Mantener a los profesionales entusiasmados con el trabajo que es rutinario, estandarizado *y* caótico es un reto importante para Vincent Weafer. ¿Cómo podría utilizar las habilidades técnicas, humanas y conceptuales para mantener un entorno que impulse la innovación y el profesionalismo entre los cazadores de virus?

2. ¿Qué roles gerenciales desempeñaría Vincent al (a) atender reuniones informativas de seguridad semanales vía llamadas en conferencia con compañeros de trabajo de todo el mundo, (b) evaluar la factibilidad de agregar un nuevo servicio de consultoría de seguridad de redes, y (c) mantener a los empleados enfocados en los compromisos de la compañía con los clientes?

3. Vaya al sitio Web de Symantec, www.symantec.com, y busque información sobre la empresa. ¿Qué puede decir sobre su énfasis en el servicio al cliente y a la innovación? ¿De qué forma la organización apoya a sus empleados para que den servicio al cliente y para que sean innovadores?

4. ¿Qué podrían aprender otros gerentes de Vincent Weafer y del enfoque de Symantec?

Fuentes: Sitio Web de Symantec, www.symantec.com, 23 de febrero de 2008; J.Cox, "Cyber Threats Get Personal", *CNNMoney.com*, 18 de septiembre de 2007; N. Rothbaum, "The Virtual Battlefield", *Smart Money*, enero de 2006, pp. 76-80; S.H. Wildstrom, "Viruses Get Smarter-And Greedy", *BusinessWeek* online, 22 de noviembre de 2005, y S. Kirsner, "Sweating in the Hot Zone", *Fast Company*, octubre de 2005, pp. 60-65.

¿Quiénes son?

Conozca al gerente

Dickie Townley

Gerente de salud ambiental y seguridad
Holly Energy Partners, LP
Artesia, New Mexico

MI TRABAJO: Soy el gerente de salud ambiental y seguridad de Holly Energy Partners, LP, una empresa que opera oleoductos y terminales de combustible en Artesia, New Mexico.

LA MEJOR PARTE DE MI TRABAJO: Me importa lo que hago y las personas con quienes lo hago.

LA PEOR PARTE DE MI TRABAJO: Las interpretaciones erróneas sobre la industria petrolera como un todo.

EL MEJOR CONSEJO GERENCIAL RECIBIDO: Se espera que los gerentes dirijan. Para dirigir se debe ser competente, comprender el negocio y ser capaz de comunicarse. Un buen líder no siempre es gerente, pero un buen gerente siempre es un líder.

A lo largo del capítulo sabrá más sobre este gerente real.

Capítulo 2

Historia de la administración

En este capítulo nos remontaremos en el tiempo para ver cómo ha evolucionado el campo de estudio llamado administración. Lo que encontrará es que los gerentes actuales aún utilizan muchos elementos de los enfoques históricos para administrar. Conforme lea y estudie este capítulo, concéntrese en los siguientes objetivos de aprendizaje.

OBJETIVOS DE APRENDIZAJE

El dilema de un gerente

Como salido de una novela de ficción, con cables por fuera, electrodos y transmisores, un trabajador de la línea de ensamble de automóviles se acerca a la parte inferior de un automóvil Honda para asegurar la tubería del sistema de frenos... al menos cinco veces.[1] No, no es terriblemente ineficiente; está participando en una investigación de Ohio State University (OSU's) Center for Occupational Health in Automotive Manufacturing. Aquí, "los ingenieros utilizan lo último en tecnología biomecánica" para encontrar la forma de hacer las cosas más fáciles y seguras para los trabajadores de la línea de ensamble. Una empresa que se beneficia de tales investigaciones es Honda. Ésta se asoció con OSU para encontrar la manera de reducir el número de lesiones y enfermedades que ocasionan que los empleados pierdan valioso tiempo ausentándose del trabajo. Al utilizar los resultados en ayudar a los trabajadores a moverse y levantarse con más eficiencia y eficacia, Honda ha podido disminuir en un 70 por ciento el número de accidentes que resultaban en pérdida de tiempo laboral; con certeza un resultado deseable para la compañía. ¿Qué sucede con los empleados? ¿Cómo puede asegurarse de que comprenden que los esfuerzos para encontrar mejores formas para que realicen su trabajo son importantes? Suponga que es un gerente de la planta de Honda en East Liberty.

¿Usted qué haría?

Los esfuerzos de Honda para encontrar la manera de que el trabajo de sus empleados sea más seguro y mejor no son los únicos. Muchas organizaciones hacen lo mismo. ¿Por qué? Para ayudar a los empleados a ser eficientes y eficaces, en especial en el entorno actual, global y competitivo. Como verá en este capítulo, investigar cómo apoyar a los trabajadores a realizar un mejor trabajo no es algo nuevo. Los gerentes siempre han buscado ideas que los ayuden a hacer un mejor trabajo gerencial. De hecho, la historia de la administración está llena de ideas de desarrollo y cambio, y muchas que aparentemente son "nuevas", tienen su base en el pasado.

OBJETIVO DE
APRENDIZAJE 2.1 ▷ ## ANTECEDENTES HISTÓRICOS DE LA ADMINISTRACIÓN

Aunque es probable que estudiar historia no se encuentre en su lista de cosas emocionantes por hacer, le ayudará a comprender las teorías y prácticas actuales, y podrá ver qué ha funcionado y qué no. Lo que es interesante, desde nuestro punto de vista, es que la administración se ha practicado durante mucho tiempo. Esfuerzos realizados por las personas responsables de planear, organizar, dirigir y controlar actividades han existido durante miles de años. Por ejemplo, las pirámides de Egipto y la Gran Muralla China son evidencias tangibles de que proyectos de gran alcance, que emplearon a decenas de miles de personas, se realizaron en la antigüedad. Las pirámides son un ejemplo particularmente notable. La construcción de una sola pirámide requirió más de 100,000 trabajadores durante 20 años.[2] ¿Quién le dijo a cada trabajador lo que debía hacer? ¿Quién se encargó de que hubiese piedras suficientes en el lugar para mantener ocupados a los trabajadores? La respuesta es *gerentes*. Sin importar cómo se convocaba a estos individuos, alguien tuvo que planear lo que se tenía que hacer, organizar a la gente y los materiales para hacerlo, ordenar y dirigir a los trabajadores, e imponer algunos controles para garantizar que todo se realizara según lo planeado.

Otro ejemplo de las primeras administraciones es la ciudad de Venecia del siglo XV, un importante centro económico y comercial. Los venecianos desarrollaron una de las primeras formas de empresa y participaron en diversas actividades comunes a las organizaciones actuales. Por ejemplo, en el arsenal de Venecia, los buques de guerra flotaban a lo largo de los canales y en cada parada se le añadían materiales y partes a las embarcaciones. ¿No suena eso muy parecido a un automóvil que "flota" en una línea de ensamble de automóviles y a componentes que se le agregan? Además, los venecianos utilizaban sistemas de almacenamiento y de inventario para dar seguimiento a los materiales, funciones de administración de recursos humanos para controlar la fuerza laboral y un sistema contable para llevar la cuenta de ingresos y costos.[3]

En la historia de la administración hay dos hechos particularmente importantes. Primero, en 1776, Adam Smith publicó *La riqueza de las naciones (The Wealth of Nations)*, donde planteó las ventajas económicas que las organizaciones y la sociedad obtendrían a partir de la **división del trabajo** (o **especialización laboral**), es decir, la separación de los trabajos en tareas específicas y repetitivas. Con la industria de los alfileres como ejemplo, Smith explicó que 10 individuos, cada uno con una tarea especializada, producían aproximadamente 48,000 alfileres por día. Sin embargo, si cada persona trabajara sola, realizando cada tarea de forma individual, sería todo un logro producir incluso ¡10 alfileres diarios! Smith concluyó que la división del trabajo aumentaba la productividad, ya que se mejoraba la habilidad y destreza de cada trabajador, se evitaba la pérdida de tiempo en el cambio entre una tarea y otra, y con inventos y maquinaria se ahorraba en mano de obra. La especialización laboral sigue siendo popular. Por ejemplo, piense en las tareas especializadas que realizan los miembros de un equipo de cirugía en un hospital, las labores que llevan a cabo los empleados de cocina de los restaurantes o las posiciones de los jugadores de un equipo de fútbol.

El segundo hecho importante es la **revolución industrial**, la cual inició a finales del siglo XVIII cuando el poder de las máquinas sustituyó a la fuerza humana y se volvió más económico manufacturar los productos en las fábricas que en los hogares. Estas grandes y eficientes fábricas necesitaban a alguien que previera la demanda, que garantizara que los materiales necesarios para la fabricación de productos estuvieran disponibles, que asignara tareas a la gente, que dirigiera actividades diarias, etcétera. Ese "alguien" era un gerente, y ese gerente necesitaría teorías formales para poder dirigir estas grandes organizaciones. Sin embargo, los primeros pasos para desarrollar tales teorías se dieron a principios del siglo XX.

En este capítulo analizaremos los cuatro enfoques principales de la teoría de la administración: clásico, cuantitativo, conductual y contemporáneo (vea la figura 2-1). Recuerde

Figura 2–1

Enfoques principales de la administración

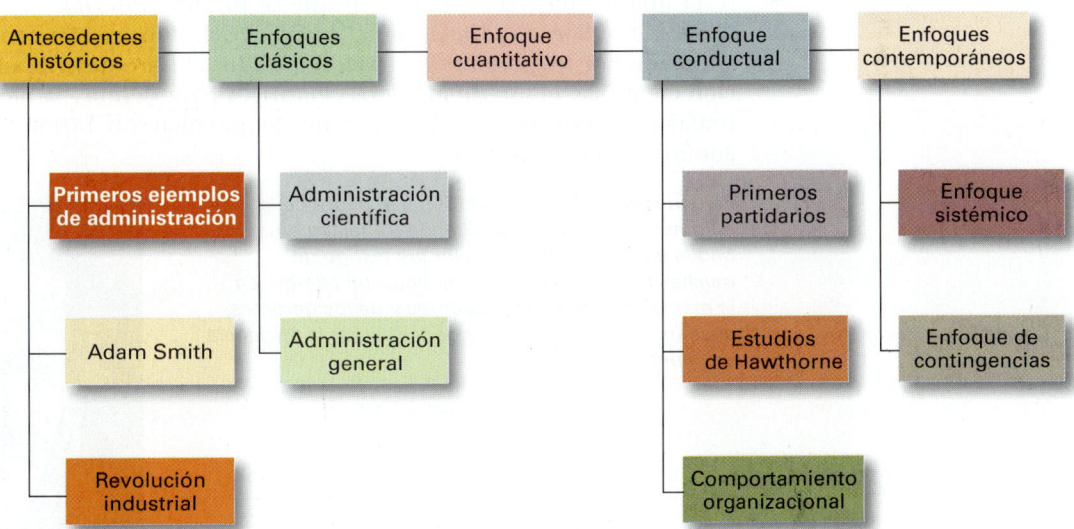

---

división del trabajo (o **especialización laboral)**
Separación de los trabajos en tareas específicas y repetitivas.

revolución industrial
Periodo de finales del siglo XVIII cuando el poder de las máquinas sustituyó a la fuerza humana y se volvió más económico manufacturar los productos en las fábricas que en los hogares.

que cada enfoque tiene que ver con el mismo "animal"; las diferencias reflejan la formación y los intereses de cada autor. Una analogía importante es la historia clásica de los hombres con los ojos vendados y el elefante, en la que cada uno describe al elefante según la parte que siente. El primer hombre, que toca el costado del animal, dice que es como una pared; el segundo le toca la trompa y dice que es como una serpiente; el tercero toca uno de los colmillos y lo describe como una lanza; el cuarto toma una pierna y dice que es como un árbol, y el quinto agarra la cola del animal y concluye que éste es como una cuerda. Cada uno estuvo con el mismo elefante, pero lo que expresaron dependió de lo que percibieron. De igual forma, cada uno de los cuatro enfoques contribuye a una comprensión general de la administración, pero también cada uno es una visión limitada de un animal más grande.

REPASO RÁPIDO:

OBJETIVO DE APRENDIZAJE 2.1

- Explique por qué es importante estudiar la historia de la administración.
- Describa algunas de las primeras evidencias sobre la práctica de la administración.

- Describa dos hechos históricos importantes que son significativos para el estudio de la administración.

Vaya a la página 38 para ver qué tan bien maneja este material.

OBJETIVO DE
APRENDIZAJE 2.2 ▷ ENFOQUE CLÁSICO

Aunque hemos visto cómo desde la antigüedad se ha utilizado la administración en tareas organizadas, el estudio formal de la administración comenzó a principios del siglo XX. Estos primeros estudios, descritos como el **enfoque clásico**, enfatizaron tanto la racionalidad como el hacer que las organizaciones y los trabajadores fuesen lo más eficientes posible. Dos teorías principales constituyen el enfoque clásico: la administración científica y la administración general.

ADMINISTRACIÓN CIENTÍFICA

Si tuviera que precisar cuándo nació la teoría de la administración moderna, tal vez 1911 sería una buena elección, año en que se publicó *Principios de la administración científica (Principles of Scientific Management)* de Frederick Winslow. Su contenido fue extensamente adoptado por los gerentes de todo el mundo. El libro describía la teoría de la **administración científica**: el uso de métodos científicos para definir "la mejor forma" de realizar un trabajo. Veamos con más detenimiento lo que hicieron Taylor y otros investigadores de la administración científica.

Frederick W. Taylor (1856-1915) fue el padre de la administración científica. Cuando trabajaba en Midvale Steel Company, Taylor fue testigo de muchas ineficiencias. Buscó generar un cambio en la mentalidad de los trabajadores y de los gerentes, al definir parámetros claros para mejorar la eficiencia en la producción.

Collection, Frederick Winslow Taylor, Library, Samuel C. Williams Stevens Institute of Technology, Hoboken, NJ.

Frederick W. Taylor.   Taylor trabajó en las empresas Midvale y Bethlehem Steel en Pennsylvania. Como ingeniero mecánico con una formación cuáquera y puritana, continuamente se horrorizaba con las ineficiencias de los trabajadores. Los empleados utilizaban técnicas muy diferentes para realizar el mismo trabajo. Con frecuencia "tomaban con calma" el trabajo, y Taylor creía que sólo producían alrededor de un tercio de lo que en realidad se podía lograr. Prácticamente no había estándares laborales. A los empleados se les asignaban tareas sin importar que tuvieran o no las habilidades y aptitudes para realizarlas. Taylor se propuso remediar lo anterior aplicando el método científico al trabajo de los obreros. Pasó más de dos décadas buscando intensamente la "mejor forma" de realizar dichos trabajos.

Las experiencias de Taylor en Midvale lo llevaron a definir parámetros claros para mejorar la eficiencia en la producción. Afirmó que estos cuatro principios de administración (vea la figura 2-2) darían como resultado la prosperidad tanto de los trabajadores como de los gerentes.[4] ¿Cómo funcionaban realmente estos principios científicos? Veamos un ejemplo.

Es probable que el ejemplo más conocido sobre la administración científica de Taylor sea el experimento con lingotes de hierro. Los trabajadores cargaban "lingotes" de hierro (cada uno con un peso de 92 libras) en vagones de ferrocarril. Su producción promedio era de 12.5 toneladas diarias. Sin embargo, Taylor creía que si analizaba científicamente el trabajo para determinar "la mejor forma" de cargar los lingotes de hierro, la producción podría aumentar a 47 o 48 toneladas diarias. Después de aplicar de manera científica distintas combinaciones de procedimientos, técnicas y herramientas, Taylor logró obtener ese nivel de productividad. ¿Cómo? Asignó a la persona correcta el trabajo, le proporcionó las herramientas y el equipo adecuados, hizo que el trabajador siguiera exactamente sus instrucciones y lo motivó con un incentivo económico que representaba un aumento importante en su paga diaria. Con métodos parecidos en los otros trabajos, Taylor pudo definir "la mejor forma" de realizar cada trabajo. En general, Taylor logró mejoras constantes en la productividad del orden de 200 por ciento o más. Basándose en sus estudios vanguardistas sobre el trabajo manual, en los que aplicaba principios científicos, Taylor se ganó el título de "padre" de la administración científica. Sus ideas se difundieron por Estados Unidos y otros países y motivó a otros a estudiar y desarrollar métodos de administración científica. Sus seguidores más prominentes fueron Frank y Lillian Gilbreth.

Frank y Lillian Gilbreth.   Frank Gilbreth, contratista experto en materia de construcción, abandonó dicha carrera para estudiar administración científica cuando escuchó a Taylor hablar en una reunión profesional. Frank y su esposa, Lillian, psicóloga de profesión, estudiaron el trabajo para eliminar movimientos manuales y corporales ineficientes. Los Gilbreth también experimentaron con el diseño y uso de herramientas y equipo adecuados para optimizar el rendimiento laboral.[5]

Frank es quizá más conocido por sus experimentos en albañilería. Al analizar cuidadosamente el trabajo de los albañiles, redujo el número de movimientos para colocar ladrillos en muros exteriores de 18 a alrededor de 5, y para colocarlos en muros interiores de 18 a 2. Con las técnicas de Gilbreth, un albañil producía más y terminaba menos cansado al final del día. Los Gilbreth fueron de los primeros investigadores en utilizar películas para estudiar movimientos manuales y corporales. Inventaron un dispositivo llamado microcronómetro

Figura 2–2

Principios de la administración científica de Taylor

1. Desarrolle una ciencia para cada elemento del trabajo de un individuo para remplazar el antiguo método de la regla del dedo pulgar.

2. Seleccione científicamente y luego capacite, enseñe y perfeccione al trabajador.

3. Coopere efusivamente con los empleados para asegurarse de que todo el trabajo se haga de acuerdo con los principios de la ciencia que ha desarrollado.

4. Divida el trabajo y las responsabilidades de forma casi equitativa entre la administración y los trabajadores. La administración realiza todo el trabajo para el que está mejor capacitada que los trabajadores.

enfoque clásico
Primeros estudios de la administración, los cuales enfatizaron la racionalidad y el hacer que las organizaciones y los trabajadores fuesen lo más eficientes posible.

administración científica
Método que involucra el uso del método científico para determinar la "mejor forma" de realizar un trabajo.

Frank y Lillian Gilbreth, padres de 12 niños, hacían funcionar su casa utilizando los principios y técnicas de la administración científica. Dos de sus hijos escribieron un libro, Cheaper by the Dozen (más barato por docena), el cual describe la vida con los dos maestros de la eficiencia.

que grababa los movimientos de un trabajador y la cantidad de tiempo invertido en cada movimiento. De esta manera se podían identificar los movimientos inútiles que el ojo no percibía, y eliminarlos. También idearon un esquema de clasificación que catalogaba 17 movimientos manuales básicos (como revisar, agarrar, sostener), a los cuales llamaron **therbligs** (Gilbreth escrito al revés). Este esquema dio a los Gilbreth una forma más precisa de analizar los movimientos manuales exactos de un trabajador.

¿Cómo utilizan los gerentes actuales la administración científica? Muchos de los parámetros y técnicas que idearon Taylor y los Gilbreth para mejorar la eficiencia en la producción aún se utilizan en las organizaciones actuales. Cuando los gerentes analizan las tareas básicas que deben realizarse, utilizan un estudio de tiempos y movimientos para eliminar movimientos inútiles, contratan a los empleados más calificados para un trabajo, o diseñan sistemas de incentivos basados en resultados, están empleando los principios de la administración científica.

TEORÍA GENERAL DE LA ADMINISTRACIÓN

Un grupo de escritores analizaron el tema de la administración desde la perspectiva de la organización como un todo. Este enfoque, conocido como **teoría general de la administración**, se centra más en lo que hacen los gerentes y en lo que constituye una buena práctica de administración. Los dos individuos más prominentes detrás de la teoría general de la administración fueron Henri Fayol y Max Weber.

Henri Fayol. En el capítulo 1 hablamos de Fayol debido a que fue el primero en identificar cinco funciones que desempeñan los gerentes: planean, organizan, mandan, coordinan y controlan. Debido a que sus ideas fueron importantes, analicemos más detalladamente lo que expresó.[6]

Fayol escribió en la misma época que Taylor. Mientras Taylor se centraba en los gerentes de primera línea y el método científico, la atención de Fayol se dirigía hacia las actividades de *todos* los gerentes. Escribía partiendo de su experiencia personal como director general de una gran empresa francesa de minas de carbón.

Fayol describió la práctica de la administración como algo diferente a la contabilidad, finanzas, producción, distribución y otras funciones típicas de un negocio. Su creencia de que la administración es una actividad común para todos los negocios, gobiernos e incluso hogares, lo llevaron a desarrollar 14 **principios de la administración**; reglas fundamentales de administración que podían aplicarse a todas las situaciones de una organización y enseñarse en las escuelas. Estos principios aparecen en la figura 2-3.

Max Weber. El sociólogo alemán Max Weber se dedicó al estudio de las organizaciones.[7] En sus artículos de principios del siglo XX desarrolló una teoría de estructuras de autoridad y relaciones basadas en un tipo ideal de organización a la cual llamó **burocracia**; una forma de organización caracterizada por la división del trabajo, una jerarquía claramente definida, normas y reglamentos detallados y relaciones impersonales (vea la figura 2-4).

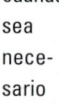

Figura 2–3

Los 14 principios de Fayol de la administración

1. *División del trabajo.* La especialización aumenta el rendimiento al hacer más eficientes a los empleados.

2. *Autoridad.* Los gerentes deben poder dar órdenes y la autoridad les da este derecho.

3. *Disciplina.* Los empleados deben obedecer y respetar las reglas que rigen a la organización.

4. *Unidad de mando.* Todo empleado debe recibir órdenes de un solo superior.

5. *Unidad de dirección.* La organización debe tener un solo plan de acción para guiar a gerentes y trabajadores.

6. *Subordinación de los intereses individuales al interés general.* Los intereses de cualquier empleado o grupo de empleados no deben tener prioridad sobre los intereses de la organización como un todo.

7. *Remuneración.* Los empleados deben recibir un pago justo por sus servicios.

8. *Centralización.* Este término se refiere al grado en que los empleados se involucran en la toma de decisiones.

9. *Escalafón.* Línea de autoridad desde el gerente de nivel más alto hasta los niveles inferiores.

10. *Orden.* Las personas y los materiales deben estar en el lugar y momento adecuados.

11. *Equidad.* Los gerentes deben ser amables y justos con sus subordinados.

12. *Estabilidad en los puestos del personal.* La administración debe realizar una planeación ordenada del personal y garantizar que hay reemplazos disponibles para las vacantes.

13. *Iniciativa.* Los empleados que tengan permitido originar y llevar a cabo planes, tendrán un mayor nivel de esfuerzo.

14. *Espíritu de grupo.* Promover el espíritu de equipo generará armonía y unidad dentro de la organización.

Figura 2–4

Burocracia de Weber

---

therbligs
Esquema de clasificación que cataloga 17 movimientos manuales básicos.

teoría general de la administración
Enfoque de administración que se centra en lo que hacen los gerentes y en lo que constituye una buena práctica de administración.

principios de administración
Reglas fundamentales de administración que podrían aplicarse a todas las situaciones de una organización y enseñarse en las escuelas.

burocracia
Forma de organización caracterizada por la división del trabajo, una jerarquía claramente definida, normas y reglamentos detallados y relaciones impersonales.

Weber reconoció que esta "burocracia ideal" en realidad no existía, sino que pretendía que fuera la base para teorizar sobre cómo se podría realizar un trabajo en grupos grandes. Su teoría se volvió el diseño estructural de muchas organizaciones grandes actuales.

La burocracia, como la describió Weber, es muy parecida a la administración científica en cuanto a su ideología. Ambas enfatizan la racionalidad, previsibilidad, impersonalidad, competencia técnica y autoritarismo. Aunque las ideas de Weber eran menos prácticas que las de Taylor, el hecho de que su "tipo ideal" aún describe a muchas empresas contemporáneas, avala la importancia de las ideas de Weber.

Cómo utilizan los gerentes actuales la teoría general de la administración. Muchas de nuestras ideas y prácticas actuales sobre administración pueden atribuirse directamente a las contribuciones de la teoría general de la administración. Por ejemplo, el punto de vista funcional del trabajo de un gerente puede atribuirse a Fayol. Además, sus 14 principios sirven como marco de referencia a partir del cual muchos conceptos de administración de hoy en día, como autoridad gerencial, toma de decisiones centralizada, reportar a un solo jefe, etcétera, han evolucionado.

La burocracia de Weber fue un intento de formular un prototipo ideal para las organizaciones. Aunque muchas de las características de la burocracia de Weber aún son evidentes en organizaciones grandes, actualmente su modelo no es tan popular como lo fue en el siglo XX. Muchos gerentes creen que una estructura burocrática dificulta la creatividad individual de los empleados y limita la capacidad de una organización para responder rápidamente a un entorno cada vez más dinámico. Sin embargo, incluso en organizaciones flexibles de profesionales creativos, como Microsoft, Samsung, General Electric y Cisco Systems, se necesitan mecanismos burocráticos para garantizar que los recursos se utilicen eficiente y eficazmente.

REPASO RÁPIDO:
OBJETIVO DE APRENDIZAJE 2.2

- Describa las importantes contribuciones de Frederick W. Taylor, y Frank y Lillian Gilbreth.
- Analice las contribuciones de Fayol y Weber a la teoría de la administración.

- Explique cómo utilizan los gerentes actuales la administración científica y la teoría general de la administración .

Vaya a la página 39 para ver qué tan bien maneja este material.

OBJETIVO DE
APRENDIZAJE 2.3 ▷ ENFOQUE CUANTITATIVO

Aunque los tropiezos de los pasajeros que intentan encontrar sus asientos en un avión pueden ser un motivo de enfado para ellos, éste resulta un problema mayor para las aerolíneas ya que los pasillos se congestionan, y esto hace que el avión tarde más en volver al aire. Basándose en investigaciones sobre geometría del espacio-tiempo, American West Airlines innovó con un proceso único de abordaje llamado "pirámide invertida" que ha ahorrado al menos dos minutos en tiempo de abordaje.[8] Éste es un ejemplo del **enfoque cuantitativo**, el cual es el uso de técnicas cuantitativas para mejorar la toma de decisiones. Este enfoque también se conoce como **ciencia de la administración**.

CONTRIBUCIONES IMPORTANTES

El enfoque cuantitativo evolucionó de soluciones matemáticas y estadísticas desarrolladas para problemas militares durante la Segunda Guerra Mundial. Una vez concluida la guerra, muchas de las técnicas utilizadas para problemas militares se aplicaron a los negocios. Por ejemplo, un grupo de oficiales, apodados los "Whiz Kids" (Chicos computarizados) se unieron a Ford Motor Company a mediados de la década de 1940 e inmediatamente comenzaron a utilizar métodos estadísticos y modelos cuantitativos para mejorar la toma de decisiones.

¿Qué es exactamente el enfoque cuantitativo? Éste consiste en la aplicación de la estadística, de modelos de optimización y de información, de simulación por computadora y de otras técnicas cuantitativas a actividades de administración. Por ejemplo, la programación lineal es una técnica que utilizan los gerentes para mejorar las decisiones de asignación de recursos. La planeación del trabajo puede ser más eficiente si resulta del análisis de la programación de la ruta crítica. El análisis de la programación de la ruta crítica ayuda a los

Después de que Marla (derecha) y Bonnie Schaefer, directoras ejecutivas asociadas y miembros del consejo, heredaron de su padre la cadena de tiendas de joyería y accesorios para jovencitas, Claires's Stores, Inc., rápidamente cambiaron las estrategias de compra de la empresa. Las utilidades casi se duplicaron gracias a que confiaron en los métodos cuantitativos, como investigación de mercado para saber las tendencias de las jóvenes, para guiar a sus compradores en lugar de confiar en sus gustos personales, como hiciera su padre. Las hermanas, quienes luego vendieron la empresa, también estudiaron los márgenes de utilidad de muchas líneas de productos de Claire y cambiaron los métodos para vender más joyería, lo cual tiene márgenes más elevados.

gerentes a determinar los niveles óptimos de inventario. Cada uno de éstos es un ejemplo de técnicas cuantitativas que se aplican para mejorar la toma de decisiones gerenciales. Otra área en la que se utilizan técnicas cuantitativas se conoce como administración de la calidad total.

ADMINISTRACIÓN DE LA CALIDAD TOTAL

En las décadas de 1980 y 1990 la revolución en la calidad se extendió por los sectores privado y público.[10] Ésta fue impulsada por un pequeño grupo de expertos en calidad, cuyos miembros más famosos fueron W. Edwards Deming y Joseph M. Juran. Las ideas y técnicas que defendieron durante la década de 1950 tuvieron algunos seguidores en Estados Unidos, pero fueron recibidas con entusiasmo por organizaciones japonesas. Sin embargo, cuando los fabricantes japoneses comenzaron a superar a sus competidores estadounidenses en comparaciones de calidad, los gerentes occidentales pronto tomaron con más seriedad las ideas de Deming y Juran; ideas que se convirtieron en la base de los programas actuales de administración de la calidad.

La administración de la calidad total (ACT) es una filosofía de administración comprometida con la mejora continua para responder a las necesidades y expectativas del cliente (vea la figura 2-5). El término *cliente* incluye a cualquiera que interactúe con los productos o servicios de la empresa, ya sea de manera interna o externa; abarca a empleados y pro-

Razonamiento crítico sobre Ética

¿Cuándo sobrepasa la tecnología los límites?[9] Un escáner de aeropuerto que hizo su aparición en el aeropuerto de Phoenix a principios de 2007 utiliza "tecnología de retrodispersión" para producir una imagen que ve a través de la ropa y muestra los contornos del cuerpo. En Japón, la Agencia Nacional de Policía utiliza una especie de software de reconocimiento facial para identificar a criminales cuyas imágenes han sido capturadas en videos de vigilancia. Un investigador canadiense desarrolló un sistema portátil que puede rastrear los movimientos de los ojos de personas que consultan una cartelera, una pantalla electrónica o un televisor; y los casinos de Macao utilizan software de reconocimiento facial para identificar a estafadores de casinos. ¿Qué opina sobre estas situaciones? ¿Qué problemas relacionados con la ética podrían surgir? ¿Algunos están bien y otros no? ¿Existe alguna circunstancia en la que dichas tecnologías podrían ser apropiadas (y éticas) para que las organizaciones las utilicen con sus empleados? Explique.

---

enfoque cuantitativo (o ciencia de la administración)
Uso de técnicas cuantitativas para mejorar la toma de decisiones.

administración de la calidad total (ACT)
Filosofía de administración encaminada hacia la mejora continua para responder a las necesidades y expectativas del cliente.

Figura 2–5

¿Qué es la administración de la calidad?

1. Intensificar la atención al *cliente*. El cliente incluye a las personas externas que compran los productos o servicios de la organización, así como clientes internos que interactúan y sirven a otros en la empresa.

2. Ocuparse de la *mejora continua*. La administración de la calidad es un compromiso a nunca estar satisfecho. "Muy bien" no es suficiente. La calidad siempre puede mejorarse.

3. *Enfocarse en los procesos*. La administración de la calidad se centra en los procesos de trabajo mientras la calidad de los bienes y servicios mejora continuamente.

4. Mejorar *la calidad de todo* lo que hace la organización. Esto se relaciona con el producto final, con cómo maneja la organización sus entregas, qué tan rápido responde a las quejas, qué tan amablemente se responde a los telefonemas, etcétera.

5. *Mediciones precisas*. La administración de la calidad utiliza técnicas estadísticas para medir cada variable crítica de las operaciones de la empresa. Éstas se comparan con los estándares para identificar problemas, ubicar sus raíces y eliminar lo que los ocasiona.

6. *Fortalecimiento de los empleados*. La administración de la calidad involucra a la gente de la línea del proceso de mejoramiento. Los equipos se utilizan ampliamente en programas de administración de la calidad como medio para fortalecer la búsqueda y resolución de problemas.

veedores, así como a la gente que compra bienes o servicios de la organización. La *mejora continua* no es posible sin mediciones precisas, lo que requiere de técnicas estadísticas que miden cada variable crítica de los procesos de trabajo de la empresa. Estas mediciones se comparan con los estándares para identificar y corregir problemas.

La ACT fue una variante de los primeros enfoques de la administración que se basaban en la creencia de que mantener costos bajos era la única forma de aumentar la productividad. La industria automotriz de Estados Unidos se utiliza frecuentemente como un ejemplo de lo que puede salir mal cuando los gerentes se centran sólo en tratar de bajar los costos. A finales de la década de 1970, General Motors, Ford y Chrysler fabricaron automóviles que muchos consumidores rechazaron. El segundo autor recuerda haber comprado un Pontiac Grand Prix de General Motors a finales de dicha década, haberlo sacado del lote, llevado hasta una gasolinera y haber visto cómo se derramaba la gasolina en el suelo ¡debido a un agujero en el tanque del automóvil! Si consideramos los costos por defectos, las reparaciones de trabajos de muy mala calidad, los retiros de productos y los costosos controles para identificar problemas de calidad, en realidad los fabricantes estadounidenses fueron *menos* productivos que muchos competidores extranjeros. Los japoneses demostraron que *era* posible que los fabricantes de más alta calidad estuvieran entre los productores con más bajos costos. Los fabricantes de muchas industrias ahora reconocen la importancia de la administración de la calidad e implementan muchos de sus componentes básicos.

¿CÓMO UTILIZAN LOS GERENTES ACTUALES EL ENFOQUE CUANTITATIVO?

A ninguna persona le agradan las filas largas, en especial a los residentes de la ciudad de Nueva York. Si ven una larga fila para pagar, con frecuencia se van a otro lado. Sin embargo, en los primeros supermercados gourmet Whole Foods en Manhatan, los clientes han descubierto algo diferente; esto es, cuanto más larga es la fila, más corta resulta la espera. Cuando están listos para pagar, los clientes se dirigen hacia una sola fila en zigzag que alimenta a varias cajas de pago. Whole Foods, muy conocida por su surtido en alimentos orgánicos, puede cobrar cargos adicionales, lo que les permite darse el lujo de tener personal en todas las cajas de pago, y los clientes descubren que sus tiempos de espera son menores.[11] La ciencia de mantener las filas en movimiento se conoce como *teoría de colas*. Para Whole Foods, esta técnica cuantitativa se ha traducido en mayores ventas en sus tiendas de Manhattan.

El enfoque cuantitativo contribuye directamente al manejo de la toma de decisiones en las áreas de planeación y control. Por ejemplo, cuando los gerentes toman decisiones con respecto al presupuesto, prioridades, planeación, control de calidad y otras similares, generalmente se basan en técnicas cuantitativas. El software especializado ha hecho que el uso de estas técnicas sea menos intimidante para los gerentes, aunque muchos aún se muestran cautelosos con respecto a su uso.

REPASO RÁPIDO:
OBJETIVO DE APRENDIZAJE 2.3

- Explique cuál ha sido la contribución del enfoque cuantitativo al campo de la administración.
- Describa la administración de la calidad total.

- Analice cómo utilizan los gerentes actuales el enfoque cuantitativo.

Vaya a la página 39 para ver qué tan bien maneja este material.

OBJETIVO DE
APRENDIZAJE 2.4 ▷ ENFOQUE CONDUCTUAL

Como sabemos, los gerentes logran que las cosas se hagan, trabajando con personas. Esto explica por qué algunos autores han elegido analizar la administración enfocándose en la gente de una organización. Al campo de estudio que investiga las acciones (comportamiento) de la gente en el trabajo se le conoce como **comportamiento organizacional** (**CO**). Mucho de lo que hacen los gerentes hoy en día cuando manejan personas (motivar, ordenar, dar confianza, trabajar con un equipo, manejo de conflictos, etcétera), ha surgido de la investigación del CO.

PRIMEROS PARTIDARIOS DEL COMPORTAMIENTO ORGANIZACIONAL

Aunque algunos individuos de principios del siglo XX reconocieron la importancia de la gente para el éxito de una organización, cuatro sobresalieron como los primeros partidarios del enfoque del CO: Robert Owen, Hugo Munsterberg, Mary Parker Follett, y Chester Barnard. Sus contribuciones fueron diversas y distintas, aun cuando todos creían que la gente era el activo más importante de la organización y debía manejarse como tal. Sus ideas fueron la base para prácticas de administración tales como procedimientos de selección de empleados, programas de motivación y equipos de trabajo. La figura 2-6 resume sus ideas más importantes.

Figura 2–6

Primeros partidarios del CO

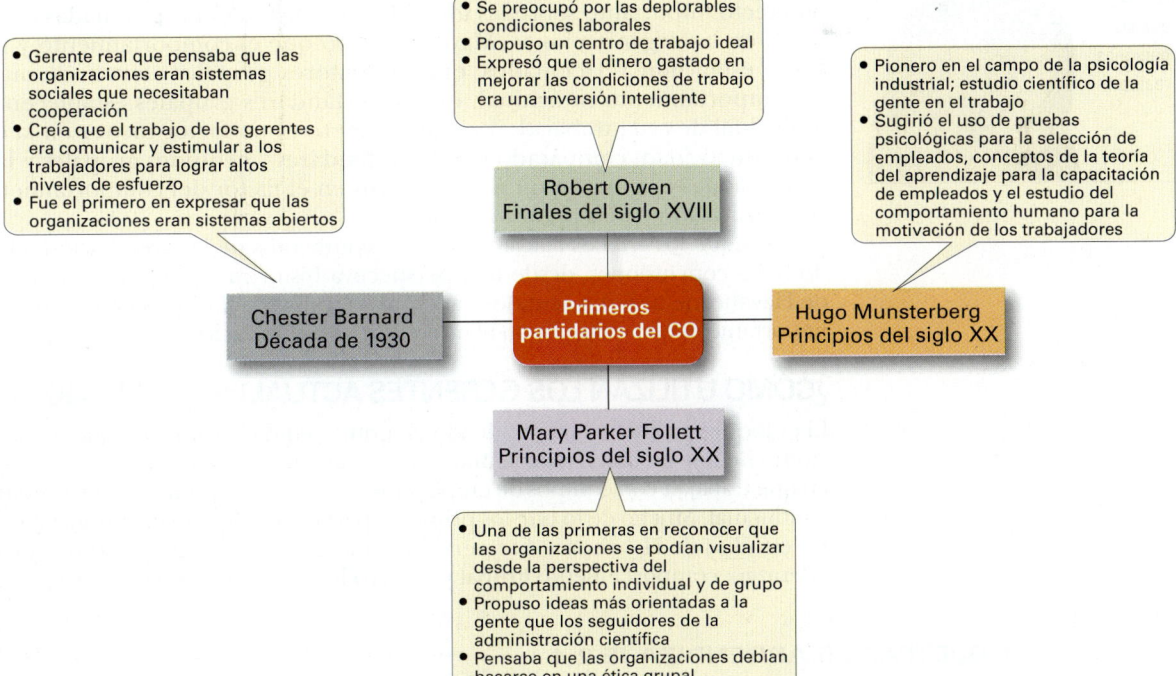

comportamiento organizacional
Campo de estudio que investiga las acciones (comportamiento) de la gente en el trabajo.

LOS ESTUDIOS DE HAWTHORNE

Sin duda alguna, la contribución más importante al campo del CO provino de los **estudios de Hawthorne**, una serie de estudios llevados a cabo en Western Electric Company Works, en Cicero, Illinois. Estos estudios, los cuales iniciaron en 1924, fueron diseñados en un principio por ingenieros de la industria Western Electric como un experimento de la administración científica. Querían analizar el efecto de varios niveles de iluminación sobre la productividad de los trabajadores. Como en cualquier buen experimento científico, se establecieron grupos de control y de experimentación. Se expuso al grupo de experimentación a distintas intensidades de iluminación y el grupo de control trabajó bajo una intensidad constante. Si fuera uno de los ingenieros industriales a cargo de este experimento, ¿que hubiera esperado que ocurriera? Es lógico pensar que la producción individual del grupo de experimentación estaría directamente relacionada con la intensidad de la luz. Sin embargo, encontraron que cuando la intensidad de la luz aumentaba en el grupo de experimentación, la producción de ambos grupos aumentaba. Luego, para sorpresa de los ingenieros, cuando la intensidad de la luz bajaba en el grupo de experimentación, la productividad seguía en aumento en ambos grupos. De hecho, *únicamente* se observó una disminución en la productividad del grupo de experimentación cuando la intensidad de la luz se redujo al nivel de luz de luna. ¿Qué explicaría estos resultados inesperados? Los ingenieros no estaban seguros, pero concluyeron que la intensidad de la iluminación no estaba directamente relacionada con la productividad del grupo y que algo más había contribuido a los resultados. Sin embargo, no pudieron precisar que era ese "algo más".

En 1927 los ingenieros de Western Electric invitaron al profesor de Harvard, Elton Mayo, y sus colaboradores, a que se unieran al estudio como consultores. Así comenzó una relación que duraría hasta 1932 y que abarcó muchos experimentos sobre el rediseño de trabajos, cambios en la duración de la jornada diaria y semanal, la introducción de periodos de descanso y planes de pago individuales y grupales.[12] Por ejemplo, se diseñó un experimento para evaluar el efecto de un sistema de pago de incentivos por el trabajo a destajo de un grupo según su productividad. Los resultados indicaron que el plan de incentivos tuvo menos efecto sobre la productividad de los trabajadores que la presión, aceptación y seguridad del grupo. Los investigadores concluyeron que las normas sociales o estándares grupales eran los factores clave del comportamiento laboral individual.

Los académicos generalmente coinciden en que los estudios de Hawthorne tuvieron un efecto importante sobre las ideas de administración relacionadas con el rol de las personas en las organizaciones. Mayo concluyó que el comportamiento y las actitudes de la gente están muy relacionados, que los factores grupales afectan de manera significativa el comportamiento individual, que los estándares grupales establecen la productividad individual de cada trabajador, y que el dinero es un factor menor en la determinación de la productividad, comparado con los estándares y actitudes grupales y la seguridad. Estas conclusiones originaron un nuevo énfasis en el factor del comportamiento humano en la administración de las organizaciones.

Aunque los críticos atacaron los procedimientos de la investigación, el análisis de resultados y las conclusiones, desde una perspectiva histórica tiene poca importancia si los estudios de Hawthorne tuvieron sentido académico o si sus conclusiones eran justificadas.[13] Lo que *sí* es importante es que estimularon el interés de las organizaciones en el comportamiento humano.

¿CÓMO UTILIZAN LOS GERENTES ACTUALES EL ENFOQUE CONDUCTUAL?

El enfoque conductual ha moldeado en gran medida la forma en que se manejan las organizaciones de hoy en día. Desde la manera en que los gerentes diseñan los trabajos, hasta la forma en que trabajan con equipos de empleados y cómo se comunican, vemos elementos del enfoque conductual. Mucho de lo que los primeros partidarios del CO propusieron y las conclusiones de los estudios de Hawthorne han servido como base de nuestras teorías actuales de motivación, liderazgo, comportamiento grupal y desarrollo, y de muchos otros enfoques conductuales.

¿Quiénes son?

CARA A CARA

¿LAS TÉCNICAS CUANTITATIVAS PUEDEN AYUDAR A RESOLVER UN PROBLEMA DE "PERSONAS"?
Sí, al cuantificar las tareas que las personas realizan.

REPASO RÁPIDO:

OBJETIVO DE APRENDIZAJE 2.4

- Describa las contribuciones de los primeros partidarios del CO.
- Explique las contribuciones de los estudios de Hawthorne al campo de la administración.

- Analice cómo utilizan los gerentes actuales el enfoque conductual.

Vaya a la página 39 para ver qué tan bien maneja este material.

OBJETIVO DE
APRENDIZAJE 2.5 ▷ ENFOQUE CONTEMPORÁNEO

Como hemos visto, muchos elementos de los primeros enfoques de la teoría de la administración aún influyen en la forma de dirigir de los gerentes. En su mayoría, los primeros enfoques se centraban en las preocupaciones de los gerentes *al interior* de la organización. A principios de la década de 1960, los investigadores en administración comenzaron a analizar lo que ocurría en el entorno que estaba *fuera* de los límites de la organización. Dos perspectivas contemporáneas de administración forman parte de este enfoque: la de sistemas y la de contingencias. Analicemos cada una.

TEORÍA DE SISTEMAS

La teoría de sistemas es una teoría básica en las ciencias físicas, pero nunca se había aplicado a los esfuerzos humanos organizados. En 1938, Chester Barnard, un ejecutivo de una compañía telefónica, escribió por primera vez en su libro, *Las funciones del ejecutivo (The Functions of an Executive)*, que una organización funcionaba como un sistema cooperativo. Sin embargo, fue en la década de 1960 cuando los investigadores en administración comenzaron a analizar más cuidadosamente la teoría de sistemas y cómo se relacionaba con las organizaciones.

Un **sistema** es un conjunto de partes interrelacionadas e interdependientes dispuestas de tal forma que se produce un todo unificado. Los dos tipos básicos de sistemas son cerrados y abiertos. Los **sistemas cerrados** no reciben influencia de su entorno ni interactúan con él. Por el contrario, los **sistemas abiertos** se ven influenciados por su entorno e interactúan con él. Hoy en día, cuando describimos a las organizaciones como sistemas, nos referimos a sistemas abiertos. La figura 2-7 muestra el diagrama de una organización desde la perspectiva de sistemas abiertos. Como puede ver, una organización toma elementos (recursos) de su entorno y los transforma o procesa como productos que se distribuyen nuevamente en el entorno. La organización está "abierta" al entorno e interactúa con él.

El enfoque sistémico y los gerentes. ¿De qué manera el enfoque sistémico contribuye a nuestra comprensión de la administración? Los investigadores visualizan una organización como si estuviera formada por "factores interdependientes que incluyen individuos, grupos, actitudes, motivos, estructura formal, interacciones, objetivos, estatus y autoridad".[14] Lo que esto significa es que los gerentes coordinan actividades laborales en las distintas

Figura 2–7

La organización como un sistema abierto

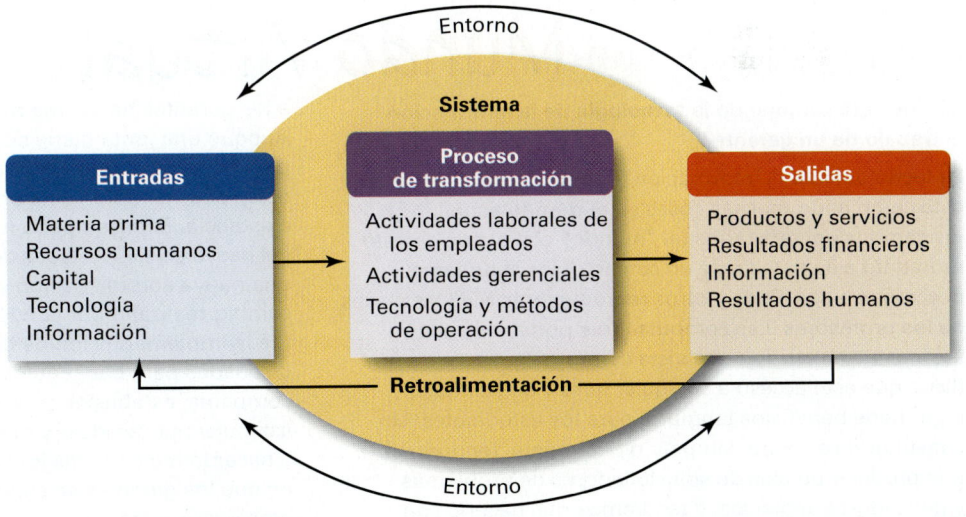

estudios de Hawthorne
Serie de estudios realizados durante las décadas de 1920 y 1930, que proporcionaron nuevas ideas sobre el comportamiento individual y grupal.

sistema
Conjunto de partes interrelacionadas e interdependientes, dispuestas de tal forma que se produce un todo unificado.

sistemas cerrados
Sistemas que no reciben influencia del entorno y no interactúan con él.

sistemas abiertos
Sistemas que interactúan con su entorno.

partes de la organización y se aseguran de que todas estas partes funcionen juntas para que los objetivos de la empresa puedan lograrse. Por ejemplo, el enfoque sistémico reconoce que, no importa qué tan eficiente pueda ser el departamento de producción, si el departamento de marketing no se anticipa a los cambios en los gustos del cliente y trabaja con el departamento de desarrollo de productos para producir lo que los clientes desean, el desempeño global de la organización sentirá las consecuencias.

Además, el enfoque sistémico implica que las decisiones y acciones de un área de la organización afectarán a otras áreas. Por ejemplo, si el departamento de compras no adquiere la cantidad correcta de insumos de calidad, el departamento de producción no podrá hacer su trabajo.

Por último, el enfoque sistémico reconoce que las organizaciones no están aisladas. Dependen del entorno para obtener sus recursos y para que éste absorba sus productos. Ninguna organización puede sobrevivir durante mucho tiempo si ignora los reglamentos gubernamentales, las relaciones con proveedores o de las diversas entidades de las que depende. (En el capítulo 3 estudiaremos estas fuerzas ambientales externas.).

¿Qué tan importante es el enfoque sistémico para la administración? Lo es, y en gran manera. Por ejemplo, considere a un gerente de turno de uno de los restaurantes Wendy, el cual debe coordinar el trabajo de los empleados que toman las órdenes de los clientes en el mostrador y de las que son para llevar, dirigir la entrega y descarga de provisiones, así como resolver cualquier problema que surja con los clientes. Este gerente "maneja" todas las partes del "sistema" para que el restaurante logre sus metas diarias de ventas.

ENFOQUE DE CONTINGENCIAS

Los primeros teóricos de la administración nos presentaron principios de administración que, en general, asumieron que eran aplicables de manera universal. Investigaciones posteriores encontraron excepciones a muchos de estos principios. Por ejemplo, la división del trabajo es valiosa y se utiliza mucho, pero las tareas pueden volverse *demasiado* especializadas. La burocracia es deseable en muchas situaciones, pero en otras circunstancias, otros diseños estructurales son más efectivos. La administración no se basa (y no puede hacerlo) en principios simplistas que puedan aplicarse en todas las situaciones. Situaciones cambiantes y diferentes requieren que los gerentes utilicen enfoques y técnicas distintas. El **enfoque de contingencias** (algunas veces llamado **enfoque de situaciones** o **situacional**) plantea que las organizaciones no son iguales, enfrentan situaciones distintas (contingencias) y requieren diferentes formas de dirección.

Cómo dirigir en un Mundo Virtual

¿Cómo está cambiando la tecnología de la información el trabajo de un gerente?

La tecnología de la información (IT, por sus siglas en inglés) está cambiando muchas cosas en el mundo actual.[15] En los campus universitarios (el "mundo" con el que en este momento está usted más en contacto) los estudiantes descargan a sus iPods y otros reproductores MP3 las clases de los profesores. Las computadoras portátiles en los salones de clases son una vista común. Algunos expertos dicen que este acceso a cualquier hora y en cualquier lugar tiene beneficios tangibles para los estudiantes. Un consultor dice: "Para competir globalmente, tendremos que producir un país de solucionadores de problemas y pensadores analíticos, y tendremos que hacerlo con herramientas del siglo XXI". Pero la IT no sólo está cambiando de manera drástica el mundo educativo, sino que tiene un efecto importante sobre los negocios y en cómo hacen su trabajo los gerentes. Por ejemplo, en la sucursal de Springfield, Missouri, del UMB Bank cuya casa matriz está en la ciudad de Kansas, los empleados se reúnen diariamente en una junta de ventas y escuchan a los gerentes hacer una mezcla de elogios y exhortos. Aunque una junta diaria como ésta puede no parecer gran cosa, es un indicador de los cambios masivos que están ocurriendo en esta organización de casi un siglo de existencia. El desempeño mediocre de las sucursales del banco en siete estados del centro provocó la llegada de una nueva administración para "replantear las cosas". Un cambio realizado por el nuevo equipo de administración fue la implementación de tarjetas de puntos electrónicos diseñadas para dar seguimiento al rendimiento de la compañía, establecer objetivos por unidad de negocio, estimular nuevas ideas y motivar a los gerentes y empleados a hacer lo mejor. Estas juntas de ventas son una forma en que los gerentes se conectan personalmente con los empleados y los mantienen enfocados en el cumplimiento de las referencias cuantitativas de las tarjetas de puntos.

Las tarjetas electrónicas de puntos son tan sólo un ejemplo de la forma en que los gerentes están utilizando la IT para manejar sus organizaciones con más eficiencia y eficacia. Debido a que los gerentes planean, organizan, dirigen y controlan, pueden considerar a la IT como una herramienta que les ayuda a recabar y utilizar información.

Figura 2–8

Variables generales de contingencia

> **Tamaño de la organización.** Cuando el tamaño aumenta también lo hacen los problemas de coordinación. Por ejemplo, es probable que el tipo de estructura organizacional adecuada para una empresa de 50,000 empleados sea ineficiente para una de 50.
>
> **Tecnología para tareas rutinarias.** Para lograr sus metas, una organización utiliza tecnología. Las tecnologías de rutina requieren estructuras organizacionales, estilos de liderazgo y sistemas de control que difieren de lo que necesitan las tecnologías personalizadas o que no son de rutina.
>
> **Incertidumbre ambiental.** El grado de incertidumbre ocasionado por cambios ambientales influye en el proceso de administración. Lo que funciona bien en un entorno estable y predecible puede ser totalmente inapropiado en un ambiente muy cambiante e impredecible.
>
> **Diferencias individuales.** Los individuos difieren en términos de sus deseos de crecimiento, autonomía, tolerancia a la ambigüedad y expectativas. Éstas y otras diferencias individuales son particularmente importantes cuando los gerentes seleccionan técnicas de motivación, estilos de liderazgo y diseños de labores.

El enfoque de contingencias y los gerentes. Una buena manera de describir contingencia es "si, entonces": *Si* es la forma en que se encuentra mi situación, *entonces* es la mejor forma que tengo para manejar esta situación. Este enfoque es intuitivamente lógico debido a que las organizaciones, e incluso las unidades de la misma organización, son diferentes en términos de tamaño, objetivos, actividades laborales, etcétera. Sería sorprendente encontrar reglas de administración que fueran aplicables de manera universal y que funcionaran en *todas* las situaciones. Pero, por supuesto, una cosa es decir que la forma de dirigir "depende de la situación" y otra es decir que la situación depende de la forma de dirigir. Los investigadores en administración siguen trabajando para identificar estas variables situacionales. La figura 2-8 describe cuatro variables generales de contingencia. Aunque la lista no es exhaustiva en modo alguno (se han identificado más de 100 variables diferentes), ésta presenta a aquellas que se utilizan más comúnmente y le da una idea de lo que queremos decir con el término *variable de contingencia*. El valor principal del enfoque de contingencias es que enfatiza que no existen reglas simplistas o universales que los gerentes deban seguir.

REPASO RÁPIDO:

OBJETIVO DE APRENDIZAJE 2.5

- Describa una organización por medio del enfoque sistémico.
- Analice cómo nos ayuda el enfoque sistémico a comprender la administración.

- Explique por qué el enfoque de contingencias es apropiado para estudiar administración.

Vaya a la página 39 para ver qué tan bien maneja este material.

enfoque de contingencias (o **enfoque de situaciones o situacional**)
Enfoque gerencial que plantea que las organizaciones no son iguales, enfrentan situaciones distintas (contingencias) y requieren diferentes formas de dirección.

¿Quiénes son?
Mi turno

Dickie Townley

**Gerente de salud ambiental y seguridad
Holly Energy Partners, LP
Artesia, New Mexico**

El compromiso de los empleados es una necesidad. Los empleados son los que tienen el *poder* de hacer las cosas en la compañía. Para lograr que un empleado se comprometa, los gerentes deben creer en el mensaje. Aquí hay algunas cosas que yo haría para asegurarme de que los empleados comprenden por qué estas mejoras son importantes:

- No utilice un memorándum que diga que "hay nuevos procedimientos para que sea más eficiente y eficaz…"
- Organice una reunión a la que asistan todos los miembros de la empresa para analizar las iniciativas.
- Cuando se presente el mensaje a los empleados sobre los nuevos métodos, recuerde captar la atención de los trabajadores comenzando fuerte: apéguese al mensaje por medio de un solo tema; utilice buenos ejemplos y conozca los hechos; utilice lenguaje convencional, de tal manera que los empleados sientan que se dirige a ellos de forma personal, y termine con fuerza llevando el mensaje a casa.
- Además, sea breve (utilice menos de 18 minutos), o se arriesga a perder la atención de los empleados.

OBJETIVOS DE APRENDIZAJE
RESUMEN

2.1 ▷ ANTECEDENTES HISTÓRICOS DE LA ADMINISTRACIÓN

- Explique por qué es importante estudiar la historia de la administración.
- Describa algunas de las primeras evidencias sobre la práctica de la administración.
- Describa dos hechos históricos importantes que son significativos para el estudio de la administración.

Estudiar historia resulta importante ya que nos ayuda a ver los orígenes de las prácticas actuales de la administración y nos ayuda a apreciar lo que ha funcionado y lo que no. Podemos observar los primeros ejemplos de la práctica de la administración en la construcción de las pirámides de Egipto y en el arsenal de Venecia. Un hecho histórico importante fue la publicación de *La riqueza de las naciones* (*The Wealth of Nations)* de Adam Smith, en el que expresó los beneficios de la división del trabajo (especialización laboral). El segundo fue la revolución industrial, cuando fue más económico manufacturar los productos en las fábricas que en los hogares. Los gerentes necesitaban dirigir estas fábricas, y estos gerentes necesitaban teorías formales de administración que los guiaran.

2.2 ▷ ENFOQUE CLÁSICO

- Describa las importantes contribuciones que hicieron Frederick W. Taylor y Frank y Lillian Gilbreth.
- Analice las contribuciones de Fayol y Weber a la teoría de la administración.
- Explique cómo utilizan los gerentes actuales la administración científica y la teoría general de la administración.

Taylor, conocido como el "padre" de la administración científica, estudió el trabajo manual utilizando principios científicos; es decir, parámetros para mejorar la eficiencia en la producción, para descubrir "la mejor forma" de realizar esos trabajos. La contribución principal de los Gilbreth fue encontrar movimientos manuales y corporales eficientes y diseñar herramientas y equipo adecuados para optimizar el desempeño laboral. Fayol creía que las funciones de la administración eran comunes en todos los negocios, pero también eran distintas de otras funciones del negocio. Desarrolló 14 principios de administración, a partir de los cuales muchos conceptos gerenciales de hoy en día han evolucionado. Weber describió un tipo ideal de organización al que llamó burocracia, el cual aún utilizan muchas organizaciones actuales importantes. Los gerentes de hoy aplican los conceptos de la administración científica cuando analizan las tareas laborales básicas por realizar, utilizan un estudio de tiempos y movimientos para eliminar movimientos inútiles, contratan a los trabajadores más calificados para un trabajo y diseñan sistemas de incentivos basados en resultados. Utilizan la teoría general de la administración cuando desempeñan las funciones gerenciales y estructuran sus organizaciones de tal forma que los recursos se utilicen con eficiencia y eficacia.

2.3 ▷ ENFOQUE CUANTITATIVO

- Explique cuál ha sido la contribución del enfoque cuantitativo al campo de la administración.
- Describa la administración de la calidad total.
- Analice cómo utilizan los gerentes actuales el enfoque cuantitativo.

El enfoque cuantitativo involucra la aplicación de la estadística, modelos de optimización e información y simulaciones por computadora a actividades gerenciales. La administración de la calidad total es una filosofía de administración comprometida con la mejora continua para responder a las necesidades y expectativas del cliente. Los gerentes actuales utilizan el enfoque cuantitativo en especial cuando toman decisiones relacionadas con la planeación y el control de actividades de trabajo tales como asignación de recursos, mejoramiento de la calidad, programación del trabajo o la determinación de los niveles óptimos de inventario.

2.4 ▷ ENFOQUE CONDUCTUAL

- Describa las contribuciones de los primeros partidarios del CO.
- Explique las contribuciones de los estudios de Hawthorne al campo de la administración.
- Analice cómo utilizan los gerentes actuales el enfoque conductual.

Los primeros partidarios del comportamiento organizacional (Robert Owen, Hugo Munsterberg, Mary Parker Follett y Chester Barnard) contribuyeron con diversas ideas, pero todos creían que las personas eran el activo más importante de una organización y debían ser tratadas como tal. Los estudios de Hawthorne afectaron de forma importante las ideas sobre administración con respecto al rol de la gente en las organizaciones, lo cual derivó en un nuevo énfasis en el factor del comportamiento humano sobre la administración. El enfoque conductual ha moldeado notoriamente cómo se manejan las organizaciones actuales. Muchas de las teorías de hoy en día de motivación, liderazgo, comportamiento grupal y desarrollo, así como otras cuestiones conductuales, tienen sus orígenes en las propuestas de los primeros partidarios del CO y en las conclusiones de los estudios de Hawthorne.

2.5 ▷ ENFOQUE CONTEMPORÁNEO

- Describa una organización por medio del enfoque sistémico.
- Analice cómo el enfoque sistémico nos ayuda a comprender la administración.
- Explique por qué el enfoque de contingencias es apropiado para estudiar administración.

El enfoque sistémico plantea que una organización toma elementos (recursos) de su entorno y los transforma o procesa como productos que se distribuyen nuevamente en el entorno. Éste nos ayuda a comprender la administración debido a que los gerentes deben garantizar que todas las unidades interdependientes funcionen juntas para lograr los objetivos de la empresa, ayuda a los gerentes a darse cuenta de que las decisiones y acciones realizadas en un área de la organización afectará a otras y los ayuda a reconocer que las organizaciones no están aisladas, sino que dependen del entorno para obtener sus recursos esenciales y para que absorba sus productos. El enfoque de contingencias dice que las organizaciones no son iguales, enfrentan situaciones distintas y requieren diferentes formas de administración. Éste nos ayuda a comprender la administración debido a que resalta que no existen reglas simplistas o universales a seguir por los gerentes. En cambio, los gerentes deben analizar sus situaciones y determinar *si* es la forma en que se encuentra mi situación, *entonces* es la mejor forma que tengo para manejarla.

PENSEMOS EN CUESTIONES ADMINISTRATIVAS

1. ¿Qué tipo de centro de trabajo crearía Henry Fayol? ¿Y Mary Parker Follett? ¿Y Frederick W. Taylor?

2. ¿Una técnica matemática (cuantitativa) puede ayudar a un gerente a resolver un problema de "personas", por ejemplo cómo motivar a los empleados o cómo distribuir equitativamente el trabajo? Explique su respuesta.

3. ¿Cómo influyen las tendencias sociales a la práctica de la administración? ¿Cuáles son las implicaciones para alguien que estudia administración?

4. La mejora continua es una piedra angular de la ATC. ¿La mejora continua es posible? ¿Qué retos enfrentan las organizaciones al buscar vías para mejorar continuamente? ¿Cómo pueden lidiar los gerentes con estos retos?

5. ¿Cómo puede ser útil para los gerentes un enfoque en el que decimos "depende de la situación"? Analice.

SU TURNO de ser gerente

- Elija dos cursos en los que esté inscrito actualmente, diferentes al de administración, o que haya tomado con anterioridad. Describa tres ideas y conceptos de esas áreas que podrían ayudarle a ser un mejor gerente.

- Lea al menos un artículo reciente sobre negocios de cualquiera de los periódicos más reconocidos cada semana, durante cuatro semanas. Tome uno de esos artículos y describa de lo que trata y cómo se relaciona con cualquiera (o todos) de los cuatro enfoques de administración.

- Elija una empresa con la que esté familiarizado y describa la especialización de labores que se utiliza ahí. ¿Es eficiente y eficaz? ¿Por qué? ¿Cómo podría mejorarse?

- ¿Los principios de la administración científica le ayudan a ser más eficiente? Elija una tarea que hace regularmente (como lavar, preparar la cena, hacer compras, estudiar para exámenes, etcétera). Analícela y escriba los pasos involucrados para completar dicha tarea. Vea si hay actividades que podrían combinarse o ser eliminadas. Encuentre la "mejor forma" de realizarla. La próxima vez que tenga que realizar esa tarea, trate de manejarla científicamente y vea si se volvió más eficiente (recuerde que cambiar los hábitos no es algo fácil).

- ¿Cómo sobreviven las organizaciones de negocios con más de 100 años? ¡Obviamente, han visto ir y venir una gran cantidad de hechos históricos! Elija una de estas empresas (por ejemplo, Coca-Cola, Procter & Gamble, Avon, General Electric) e investigue su historia. ¿Cómo ha cambiado la compañía a través del tiempo? A partir de su investigación a esta empresa, ¿qué aprendió que podría ayudarle a ser un mejor gerente?

- Busqué los cinco libros de administración más vendidos actualmente. Lea la reseña de cada libro, las portadas (o incluso lea los libros). Escriba un párrafo breve que describa de lo que trata cada libro. También escriba sobre los enfoques históricos de la administración que piense que se ajustan al libro y por qué cree que encajan con dicho enfoque.

- Elija un hecho histórico de este siglo e investigue sobre él. Escriba un artículo en el que describa el efecto que este hecho podría tener sobre cómo se están manejando los centros de trabajo.

- Lecturas sugeridas por Steve y Mary: Gary Hamel, *The Future of Management* (Harvard Business School Press, 2007); Malcolm Gladwell, *Blink* (Little, Brown and Company, 2005); James C. Collins, *Good to Great: Why Some Companies Make the Leap... and Others Don't* (Harper Business, 2001); Matthew J. Kiernan, *The Eleven Commandments of 21st Century Management* (Prentice Hall, 1996), y James C. Collins y Jerry I. Porras, *Built to Last: Successful Habits of Visionary Companies* (Harper Business, 1994).

- Vamos, admítalo. Usted es multitareas, ¿o no? Si no lo es, probablemente conozca a personas que sí lo son. Realizar diversas tareas es algo común en los centros de trabajo. Pero, ¿esto hace que los empleados sean más eficientes y eficaces? Imagine que es el gerente a cargo del departamento de procesamiento de préstamos. Describa cómo investigaría este tema, utilizando cada uno de los siguientes enfoques o teorías de administración: administración científica, teoría general de la administración, enfoque cuantitativo, enfoque conductual, teoría de sistemas y enfoque de contingencias.

- Con sus propias palabras, escriba tres cosas que aprendió en este capítulo sobre ser un buen gerente.

- La autoevaluación puede resultar una poderosa herramienta de aprendizaje. Vaya a mymanagementlab y complete cualquiera de estos ejercicios de autoevaluación: How Well Do I Respond to Turbulent Change? (¿Qué tan bien respondo ante un cambio turbulento?), How Well Do I Handle Ambiguity? (¿Qué tan bien manejo la ambigüedad?), y What Do I Value? (¿Qué valoro?). Con los resultados de sus evaluaciones, identifique fortalezas y debilidades personales. ¿Qué hará para reforzar sus fortalezas y superar sus debilidades?

Para más recursos, visite www.mymanagementlab.com

CASO PRÁCTICO

Rápido cambio a Blockbuster

¿Qué nombres le vienen a la mente cuando piensa en rentar películas el fin de semana? Tal vez Blockbuster. Si es así, no es el único. Aunque Blockbuster todavía es la compañía de renta de videos más grande del mundo, con más de 5,000 tiendas en Estados Unidos, los últimos cinco años no han sido buenos para esta empresa. Blockbuster ha contabilizado pérdidas en 9 de los últimos 11 años, ha cerrado cientos de tiendas y ha perdido muchos clientes ante Netflix. Todo el negocio de renta de DVDs está cambiando, y Blockbuster está haciendo cambios para seguir siendo competitivo.

Uno de los cambios más importantes fue la contratación de un nuevo director ejecutivo, James W. Keyes. Como ex presidente de las tiendas 7-Eleven, Keyes enfrentó situaciones parecidas cuando la industria de las tiendas de conveniencia atravesó por una difícil transición en las décadas de 1980 y 1990. En 1990, 7-Eleven estaba en bancarrota. Sin embargo, para 2004, su compañía había logrado 36 trimestres consecutivos de ingresos crecientes y una utilidad de $106 millones. ¿Cómo? Lo que Keyes hizo en 7-Eleven fue confiar en los números. Implementó un método en el que los datos cuantitativos recabados por cada tienda dictaban la mezcla de productos existentes en esa tienda. Por ejemplo, una tienda en un vecindario podría tener más Corona, en comparación con otra tienda de la ciudad que almacena más Coors Lite. Keyes, un entusiasta creyente en el poder de los datos, tomó en cuenta toda clase de factores; por ejemplo, calculó cuáles rosquillas se vendían mejor en climas calurosos y cuáles en climas fríos.

Ahora Keyes está haciendo lo mismo para Blockbuster. Entre otras cosas, espera personalizar los títulos de cada tienda de acuerdo con los patrones de renta. Aunque vender rentas de video puede ser diferente a vender regalos, Keyes no se preocupa. Dice: "Pienso que una compañía de Internet, incluso si vende un servicio, es otra forma de hacer ventas al detalle. Se trata de la capacidad de comprender las necesidades de los clientes y satisfacerlas de tal forma que sea mejor y diferente a los competidores".

Preguntas de análisis

1. El señor Keyes es, obviamente, un gran fan del enfoque cuantitativo. ¿Cómo podrían ser útiles para Blockbuster los principios de la administración científica?

El presidente de Blockbuster, James W. Keyes, debe enfrentar la competencia de Netflix, servicios de video-on-demand, y TiVo.

2. ¿Cómo podría el conocimiento del comportamiento organizacional ayudar a los supervisores de primera línea de las tiendas de la empresa a manejar a sus empleados? El señor Keyes y otros gerentes de nivel alto, ¿tendrían que comprender el CO? ¿Por qué?

3. Con los datos de la figura 2-7, describa a Blockbuster como un sistema.

4. De acuerdo con la información que aparece en el sitio Web de Blockbuster (www.blockbuster.com), ¿con qué valores está comprometida la empresa que pudieran ser importantes para organizaciones exitosas del siglo XXI? (Tip: consulte *Careers*, en la parte inferior del menú en la página Web, y luego haga clic en los vínculos *About Us* y *Culture*).

5. ¿Qué opina sobre la cita del señor Keyes (último enunciado del último párrafo)? ¿Coincide con esta afirmación? Explique su respuesta.

Fuentes: sitio Web de Blockbuster, www.blockbuster.com, 28 de febrero de 2008; A. Adam Newman, "New Boss Aims to Apply Some 7-Eleven Tactics to Blockbuster", *New York Times* online, www.nytimes.com, 17 de julio de 2007; y M. Herbst, "Blockbuster Gives a Say on Pay", *BusinessWeek* online, www.businessweek.com, 11 de mayo de 2007

¿Quiénes son?

Conozca a los gerentes

Robert Foley

Old Mill Inn Bed & Breakfast, Neshobe River Winery, Brandon, Vermont

MI TRABAJO: Soy el propietario de una hostería en Vermont y de una pequeña bodega. Me considero un presidente que trabaja.

LA MEJOR PARTE DE MI TRABAJO: Crear una ideología y emplear a otros que puedan compartirla y apegarse a ella.

LA PEOR PARTE DE MI TRABAJO: Todos los pequeños detalles, el papeleo, y que no haya alguien a quien delegárselos.

EL MEJOR CONSEJO GERENCIAL RECIBIDO: Aprovecha el caos… es cuando surge el verdadero gerente. Puedes tomar riesgos y no necesariamente estar sujeto al fracaso.

Chris Zavodsky

Gerente de operaciones, Dairy Queen, Wyckoff, New Jersey

MI TRABAJO: Gerente de operaciones diarias del restaurante Dairy Queen.

LA MEJOR PARTE DE MI TRABAJO: Conocer y tratar a un gran número de nuevas personas cada día.

LA PEOR PARTE DE MI TRABAJO: Los clientes que reclaman groseramente. Estoy convencido de que mis empleados trabajan mucho y de manera eficiente, y pido que los traten con respeto.

EL MEJOR CONSEJO GERENCIAL RECIBIDO: Siempre haz algo. Debes estar dispuesto a "ensuciarte las manos", para dar un buen ejemplo a tus empleados.

A lo largo del capítulo sabrá más sobre estos gerentes reales.

Capítulo 3

La cultura organizacional y el entorno

¿Los gerentes tienen la libertad de hacer lo que quieran? En este capítulo veremos los factores que limitan las facultades que tienen los gerentes para hacer su trabajo. Estos factores son tanto internos (la cultura de la organización) como externos (el entorno de la organización). Concéntrese en los siguientes objetivos de aprendizaje conforme lea y estudie este capítulo.

OBJETIVOS DE APRENDIZAJE

El dilema de un gerente

Comenzó en 1950 con la intención de servir "una hamburguesa tan buena que siempre que alguien la probara, se recostara y dijera: ¡qué hamburguesa!"[1] Actualmente Whataburger tiene casi 700 puntos de venta en Texas y otros estados. A pesar de sus clientes extremadamente fieles y de su estatus icónico, Whataburger sufre de un alto índice de rotación de personal en la industria de comida rápida. En un intento por mejorar la retención de su personal, en 1996 la empresa decidió comenzar con eventos de competencia para los empleados: los WhataGames, con la idea de que una mejor capacitación podría ayudar a retener el personal. Mediante formatos de programas de concurso, juegos de coincidencia de cartas y una competencia llamada "What's cooking?" ("¿Qué es cocinar?"), los concursos WhataGames, los cuales se llevan a cabo cada dos años, refuerzan exactamente lo que la empresa desea… hacer las cosas a la manera de la compañía. El presidente de la empresa, Tom Dobson, dice que "los juegos capturan la esencia de lo que es importante en Whataburger: conducirse con honestidad y respeto en un día de trabajo. No queremos perder esa cultura". En la ceremonia de premiación de WhataGames, resulta obvio que a los empleados les importan estas cosas. Para no decepcionar a sus compañeros de trabajo (su "familia"), ellos entregan todo durante la competencia. Cuando la empresa crece ¿cómo se aseguran los gerentes de que su cultura permanezca?

¿Usted qué haría?

Los gerentes de Whataburger reconocen la importancia de la cultura organizacional para su compañía. La empresa ha creado una cultura en la que los empleados son tratados con respeto y como miembros de la familia; disfrutan estar unos con otros y se apoyan entre sí. También disfrutan un poco de competencia amistosa, como muestran los WhataGames; sin embargo, los gerentes de la empresa también reconocen los retos involucrados en tratar de manejar la cultura, en especial cuando la organización crece. ¿Cuánto efecto tienen en realidad los gerentes sobre el éxito o fracaso de una organización? En la siguiente sección analizaremos esta importante pregunta.

OBJETIVO DE APRENDIZAJE 3.1 ▷ ## EL GERENTE: ¿OMNIPOTENTE O SIMBÓLICO?

¿Qué diferencia hace un gerente en el desempeño de una organización? La visión dominante en la teoría de la administración y de la sociedad en general es que los gerentes son responsables directos del éxito o fracaso de una organización. A esta perspectiva la llamaremos **visión omnipotente de la administración**. Por otra parte, otros han dicho que parte del éxito o del fracaso de una organización se debe a factores externos que están fuera del control de los gerentes. A esta perspectiva se le llama **visión simbólica de la administración**. Analicemos cada perspectiva para tratar de clarificar exactamente qué tanto crédito o culpa tienen los gerentes por el desempeño de sus organizaciones.

VISIÓN OMNIPOTENTE

En el capítulo 1 resaltamos la importancia de los gerentes para las organizaciones. Se supone que las diferencias en el desempeño de una organización se deben a las decisiones y acciones de sus gerentes. Los buenos gerentes se anticipan al cambio, aprovechan oportunidades, corrigen desempeños deficientes y dirigen sus organizaciones. Cuando las utilidades aumentan, los gerentes obtienen reconocimiento y recompensas en forma de bonos, acciones, etcétera. Cuando las utilidades bajan, con frecuencia los gerentes de nivel alto son despedidos por la creencia de que "sangre nueva" traerá mejores resultados. Por ejemplo, Cott Corporation, un productor de refrescos de marca propia, despidió a su presidente debido a que el precio de sus acciones había bajado notoriamente y la empresa enfrentaba la posible pérdida de sus principales clientes.[2] Desde el punto de vista omnipotente, alguien debe hacerse responsable cuando el desempeño de las organizaciones es deficiente, sin importar las razones, y ese "alguien" es el gerente. Por supuesto, cuando las cosas van bien, los gerentes también se llevan el crédito, incluso si tuvieron poco que ver con el logro de los resultados positivos.

La visión de gerentes como personajes omnipotentes es consistente con la imagen estereotipada de un ejecutivo a cargo de un negocio que supera cualquier obstáculo al buscar que se logren los objetivos de la organización, y esta visión no está limitada a las organizaciones de negocio. También explica el alto índice de rotación de personal entre entrenadores deportivos en el nivel profesional y colegial, quienes son considerados los "gerentes" de sus equipos. Los entrenadores que pierden más juegos que los que ganan son despedidos y reemplazados por nuevos entrenadores, de quienes se espera que corrijan el bajo rendimiento.

VISIÓN SIMBÓLICA

En la década de 1990 Cisco Systems era la imagen del éxito. Debido a su rápido crecimiento, fue muy elogiada por los analistas por su "brillante estrategia, una genial administración de adquisiciones y un espléndido enfoque en los clientes".[3] Luego la burbuja de la tecnología se reventó. Cuando el rendimiento de Cisco bajó, los analistas dijeron que su estrategia estaba equivocada, que su método de adquisiciones no era coherente y que su servicio al cliente era deficiente. ¿La disminución del rendimiento se debió a las decisiones y acciones de los gerentes, o fue algo fuera de su control? El punto de vista simbólico sugeriría esto último.

La visión simbólica dice que la capacidad de un gerente de afectar los resultados está influenciada y restringida por factores externos.[4] De acuerdo con esta visión, no es razonable esperar que los gerentes afecten significativamente el desempeño de una organización. En su lugar, el desempeño se ve influenciado por factores que los gerentes no controlan, como la economía, los clientes, las políticas gubernamentales, las acciones de los competidores, condiciones de la industria y decisiones tomadas por gerentes anteriores.

A esta visión se le conoce como "simbólica" debido a que se basa en la creencia de que los gerentes simbolizan el control y la influencia.[5] ¿Cómo? Ellos desarrollan planes, toman decisiones y se comprometen con otras actividades gerenciales para que lo aleatorio, confuso y ambiguo se transforme en algo que tenga sentido. Sin embargo, según esta visión, la parte que a los gerentes realmente les toca del éxito o fracaso de la organización es limitada.

LA REALIDAD SUGIERE UNA SÍNTESIS

En realidad, los gerentes no son todopoderosos, pero tampoco están indefensos; sin embargo, sus opciones para actuar y decidir están restringidas. Las restricciones internas provienen de la cultura de la organización y las externas del entorno de la organización (vea la figura 3-1). En el transcurso de este capítulo analizaremos ambas.

Figura 3–1

Restricciones al criterio de los gerentes

Entorno de la organización — Criterio de un gerente — Cultura organizacional

visión omnipotente de la administración
Visión de que los gerentes son directamente responsables del éxito o fracaso de la organización.

visión simbólica de la administración
Visión de que mucho del éxito o fracaso de una organización se debe a fuerzas externas que salen del control de los gerentes.

REPASO RÁPIDO:
OBJETIVO DE APRENDIZAJE 3.1

- Compare las acciones de los gerentes de acuerdo con las visiones omnipotente y simbólica.

- Identifique las dos restricciones del criterio de un gerente.

Vaya a la página 65 para ver qué tan bien maneja este material.

OBJETIVO DE
APRENDIZAJE 3.2 ▷ CULTURA ORGANIZACIONAL

Cada uno de nosotros tiene una personalidad única; rasgos y características que influyen en la forma en que actuamos e interactuamos con los demás. Cuando describimos a alguien como cálido, abierto, relajado, tímido o agresivo, describimos los rasgos de su personalidad. Una organización también tiene personalidad y es lo que conocemos como su *cultura*.

¿QUÉ ES CULTURA ORGANIZACIONAL?

W.L. Gore & Associates, una empresa conocida por su ropa de calle innovadora y de alta calidad, comprende la importancia de la cultura organizacional. Desde que se fundó en 1958, Gore ha utilizado equipos de empleados en una estructura organizacional flexible y no jerárquica para desarrollar sus productos. Los asociados (empleados) de Gore están comprometidos con cuatro principios básicos planteados por Bill Gore, el fundador de la empresa: igualdad entre todos y cada uno de los empleados y con quienes entren en contacto; libertad para alentar, ayudar y permitir a otros asociados aumentar sus conocimientos, habilidades y nivel de responsabilidad; capacidad de hacer compromisos y cumplirlos; y consultar con otros asociados antes de realizar acciones que pudieran afectar la reputación de la empresa. La cultura de Gore orientada a la gente le ha valido una posición en la lista de *Fortune* sobre "las 100 mejores empresas para trabajar", cada año desde que la lista comenzó en 1998; sólo una de tres empresas han logrado tal distinción.[6]

La **cultura organizacional** se ha descrito como los valores, principios, tradiciones y formas de hacer las cosas que influyen en la forma en que actúan los miembros de la organización. En la mayoría de las organizaciones, estos valores y prácticas compartidos han evolucionado con el tiempo y determinan en gran medida cómo se hacen las cosas en la organización.[7]

Nuestra definición de cultura implica tres cosas. Primero, es una *percepción*. No es algo que pueda tocarse o verse físicamente, pero los empleados la perciben según lo que experimentan dentro de la organización. Segundo, la cultura organizacional es *descriptiva*. Tiene que ver con cómo perciben los miembros la cultura, no con si les gusta. Por último, aunque los individuos pueden tener distintas experiencias, o trabajar en niveles diferentes de la organización, tienden a describir la cultura de la organización en términos similares. Ése es el aspecto *compartido* de la cultura.

Las investigaciones sugieren que hay siete dimensiones que describen la cultura de una organización.[8] Cada una de ellas (las cuales aparecen en la figura 3-2) va de menos a más, lo que significa que no es muy típica de la cultura (menos) o que es muy típica (más). Describir una organización mediante estas siete dimensiones nos da una idea general de la cultura de la organización. Con frecuencia, en muchas de ellas una dimensión cultural se enfatiza más que las otras y básicamente forma la personalidad de la compañía y cómo trabajan sus miembros. Por ejemplo, en Sony Corporation, el enfoque está en la innovación de productos (innovar y arriesgarse). La empresa "vive y respira" el desarrollo de nuevos productos, y el comportamiento de los empleados apoya ese objetivo. Por el contrario, Southwest Airlines ha hecho que sus empleados sean la parte central de su cultura (orientación a la gente). La figura 3-3 describe cómo las dimensiones pueden crear culturas significativamente diferentes.

CULTURAS FUERTES

Todas las organizaciones tienen culturas, pero no todas las culturas influyen en el comportamiento y acciones de los empleados. Las **culturas fuertes**, aquellas en las que los valores fundamentales están profundamente arraigados y son muy compartidos, tienen mayor influencia sobre los empleados que las culturas débiles. (La figura 3-4 compara

¿Quiénes son?
CARA A CARA

PARA MÍ, LA CULTURA ORGANIZACIONAL ES:
El ambiente que creo como gerente para mis empleados y clientes.

NUESTRA CULTURA:
Adoptamos la calidad y el respeto para el bienestar de otros.

Figura 3–2

Dimensiones de la cultura organizacional

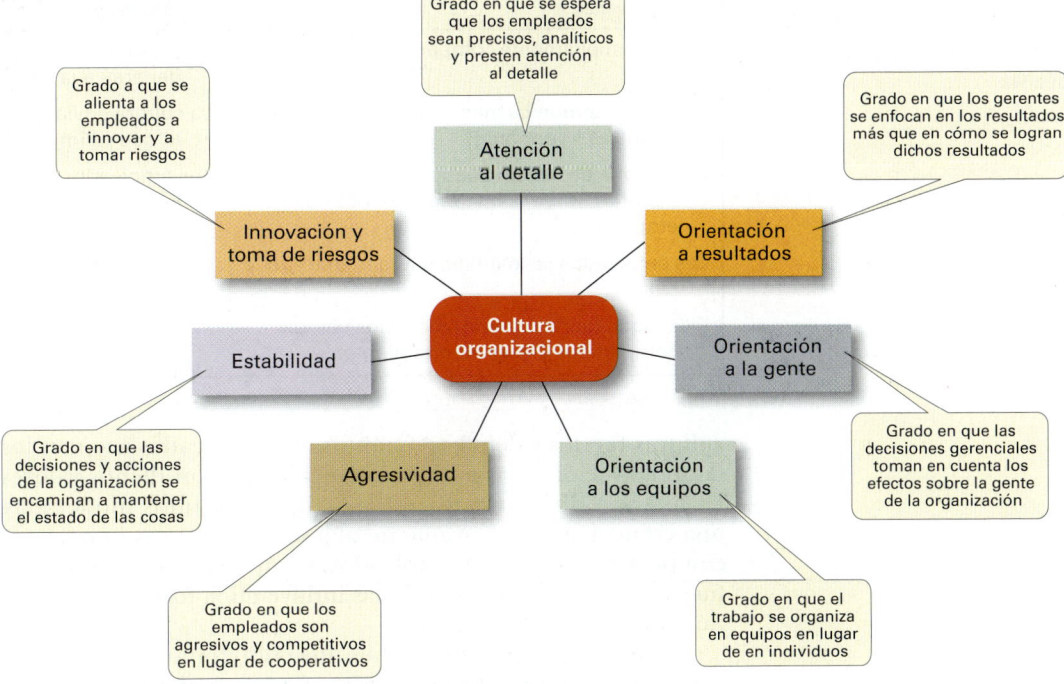

Figura 3–3 Comparación de culturas organizacionales

Organización A

Esta organización es una compañía manufacturera. Se espera que los gerentes documenten por completo todas las decisiones, y "los buenos gerentes" son aquellos que pueden proporcionar información detallada que respalde sus recomendaciones. Las decisiones creativas que representan muchos cambios o demasiado riesgo no son apoyadas. Como los gerentes de proyectos fallidos son abiertamente criticados y penalizados, los gerentes tratan de no implementar ideas que cambien mucho el estado de las cosas. Un gerente de nivel bajo citó una frase frecuentemente utilizada en la compañía: "si algo funciona bien, no lo modifiques".

En esta organización se pide que los empleados sigan diversas reglas y normas. Los gerentes supervisan de cerca a los empleados para asegurarse de que no se desvíen. La administración se preocupa por la alta productividad, sin importar el efecto sobre la moral o la rotación del personal.

Las actividades laborales se diseñan en torno a los individuos. Existen distintos departamentos y líneas de autoridad, y se espera que los empleados tengan contacto mínimo con otros empleados de diferentes áreas o líneas de mando. Las evaluaciones de desempeño y reconocimientos enfatizan los esfuerzos individuales, aunque la antigüedad tiende a ser el factor principal para determinar aumentos de sueldo y ascensos.

Organización B

Esta organización también es una compañía manufacturera. Sin embargo, en ésta, la administración alienta y recompensa la toma de riesgos y los cambios. Las decisiones basadas en la intuición son valoradas tanto como las bien racionalizadas. La administración se enorgullece de su propia historia de experimentos con nuevas tecnologías, y tiene éxito con regularidad al presentar productos innovadores. Los gerentes o empleados que tienen una buena idea son alentados a "llevarla a cabo", y los fracasos se tratan como "experiencias de aprendizaje". La compañía se enorgullece de ser una guía de mercado y de responder rápidamente a las necesidades cambiantes de sus clientes.

Hay pocas reglas y normas que los empleados deben seguir y la supervisión es relajada, ya que la administración cree que sus empleados trabajan arduamente y son confiables. La administración se preocupa por la alta productividad, pero cree que ésta se genera tratando bien a la gente. La compañía está orgullosa de su reputación, de ser un buen lugar para trabajar.

Las actividades laborales se diseñan en torno a equipos, y los miembros de los equipos son alentados a interactuar con personas que realizan otras funciones y con otros niveles de autoridad. Los empleados hablan positivamente sobre la competencia entre equipos. Los individuos y equipos tienen objetivos, y los bonos se basan en el logro de resultados. Los empleados tienen un buen nivel de autonomía para elegir los medios por los cuales lograr los objetivos.

cultura organizacional
Valores, principios y tradiciones compartidos, y formas de hacer las cosas que influyen en la forma en que actúan los miembros de una organización.

culturas fuertes
Culturas organizacionales en las que los valores fundamentales están profundamente arraigados y son muy compartidos.

Figura 3–4

Culturas fuertes frente a débiles

Culturas fuertes	Culturas débiles
Valores ampliamente compartidos.	Valores limitados a unas cuantas personas; por lo general, a la alta administración.
La cultura comunica mensajes coherentes sobre lo que es importante.	La cultura envía mensajes contradictorios sobre lo que es importante.
La mayoría de los empleados puede contar historias sobre la historia o héroes de la empresa.	Los empleados saben poco sobre la historia o héroes de la empresa.
Los empleados se identifican totalmente con la cultura.	Los empleados se identifican poco con la cultura.
Existe una fuerte conexión entre los valores compartidos y el comportamiento.	Existe muy poca conexión entre los valores compartidos y el comportamiento.

culturas fuertes y débiles.) Cuantos más empleados aceptan los valores fundamentales de la organización y mayor es su compromiso con dichos valores, más fuerte es la cultura. La mayoría de las organizaciones tienen culturas moderadas a fuertes, es decir, existe una coincidencia relativamente alta sobre lo que es importante, lo que define un "buen" comportamiento de los empleados, lo que representa ir a la cabeza, etcétera. Cuanto más fuerte se vuelve una cultura, más influye en la forma en que los gerentes planean, organizan, dirigen y controlan.[9]

¿Por qué es importante tener una cultura fuerte? Por una razón: en las organizaciones con culturas fuertes los empleados son más leales que los de organizaciones con culturas débiles.[10] Las investigaciones también sugieren que las culturas fuertes están asociadas con el alto desempeño organizacional.[11] Y es fácil comprender por qué. Después de todo, si los valores son claros y ampliamente aceptados, los empleados saben lo que deben hacer y lo que se espera de ellos, por tanto pueden actuar rápidamente para encarar los problemas. Sin embargo, la desventaja es que una cultura fuerte también puede evitar que los empleados busquen nuevos enfoques, en especial cuando las condiciones cambian rápidamente.[12]

DE DÓNDE PROVIENE LA CULTURA Y CÓMO CONTINÚA

La figura 3-5 ilustra cómo se establece y se mantiene la cultura de una organización. En general, la fuente original de la cultura refleja la visión de los fundadores. Por ejemplo, como mencionamos antes, la cultura de W.L. Gore refleja los valores del fundador Bill Gore. Los fundadores de la empresa no están restringidos por clientes o enfoques anteriores y pueden establecer la primera cultura formando una imagen de lo que quieren que sea la organización. El tamaño pequeño de la mayoría de las nuevas organizaciones facilita inculcar esa imagen a todos los miembros de la organización.

Cuando la cultura está establecida, ciertas prácticas organizacionales ayudan a mantenerla. Por ejemplo, durante el proceso de selección de empleados, los gerentes normalmente juzgan a los candidatos no sólo por los requerimientos del empleo, sino también por qué tan bien se adaptarán a la organización. Al mismo tiempo, los candidatos obtienen información sobre la organización y determinan si se sienten cómodos con lo que ven.

Las acciones de los gerentes de nivel alto también tienen un efecto importante sobre la cultura de la organización. Cuando Sears y Kmart se fusionaron por primera vez, el

Figura 3–5   Cómo establecer y mantener una cultura

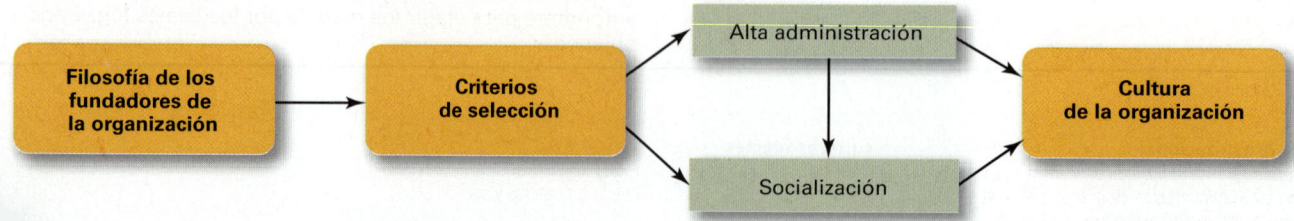

ex presidente Aylwin B. Lewis se dirigió a un grupo de gerentes de Kmart en una cena de negocios gritándoles ¡"nuestras peores tiendas son mazmorras"! Bueno, ¿quién quiere trabajar o comprar en una mazmorra?, ¿quién quiere caminar en un entorno gris y sin vida que te saca el aire del cuerpo?" Lewis sabía que tenía que transmitir la importancia de cambiar la cultura introvertida de la empresa para hacer que se enfocara más en el cliente, si ésta quería tener una esperanza de sobrevivir en el difícil entorno minorista. En lugar de sentirse insultados y desmoralizados, los gerentes respondieron con una gran algarabía y le ovacionaron de pie.[13] A través de lo que dicen y de cómo se comportan, los gerentes de nivel alto establecen normas que se filtran hacia los niveles de abajo de la organización y pueden tener un efecto positivo sobre el comportamiento de los empleados. Por ejemplo, el presidente de IBM, Sam Palmisano, quería que los empleados valoraran el trabajo en equipo, por lo que decidió tomar varios millones de dólares de su bono anual y dárselos a sus ejecutivos de nivel alto, de acuerdo con su trabajo en equipo. Les dijo, "Si dices que eres de un equipo, tú tienes que ser el equipo. Hay que predicar con el ejemplo, ¿no?"[14] Sin embargo, como hemos visto en varios escándalos corporativos por falta de ética, las acciones de los gerentes de nivel alto también pueden llevar a resultados indeseables.

Por último, las organizaciones ayudan a los empleados a adaptarse a la cultura a través de la **socialización**, un proceso que ayuda a los nuevos empleados a aprender la forma en que la empresa hace las cosas. Por ejemplo, los nuevos empleados de Starbucks pasan por un entrenamiento intensivo de 24 horas para ayudarles a convertirse en expertos en la preparación de café; aprenden la filosofía y la jerga de la empresa, y cómo asesorar a los clientes con decisiones sobre granos, molido y máquinas para café expreso. Uno de los beneficios de esta socialización es que ayuda a los empleados a comprender la cultura, a ser entusiastas y a tener conocimientos para los clientes.[15] Otro beneficio es que minimiza la probabilidad de que nuevos empleados que no están familiarizados con la cultura de la organización puedan afectar las ideas y costumbres actuales.

CÓMO APRENDEN LOS EMPLEADOS LA CULTURA

Los empleados "aprenden" la cultura de una organización de diversas maneras. Las más comunes son a través de historias, rituales, símbolos materiales y lenguaje.

Historias. Las "historias" de la organización generalmente son narraciones sobre eventos o personas importantes, incluso sobre los fundadores de la compañía, violación de reglas y reacciones ante errores pasados.[16] Por ejemplo, los gerentes de Nike creen que las historias sobre el pasado de la empresa ayudan a darle forma al futuro. Siempre que es posible, los "narradores" corporativos (ejecutivos de nivel alto) explican la herencia de la compañía y cuentan historias que celebran a la gente que tuvo logros. Cuando cuentan la historia de cómo el cofundador de la empresa Bill Bowerman (finado) se dirigió a su taller y vació caucho en la waflera de su esposa para crear un mejor tenis para correr, están celebrando y promoviendo el espíritu de innovación de Nike. Estas historias corporativas son ejemplos de los que la gente puede aprender.[17] En 3M Company, las historias sobre innovación de

Una de las áreas donde la cultura organizacional influye en el comportamiento de los empleados es en cómo se visten para ir a trabajar. Observe lo que usa cada uno de estos individuos. ¿En qué tipo de organizaciones cree que son adecuados estos estilos de ropa para ir a trabajar? ¿Cómo se imagina que podrían ser las culturas de las organizaciones en las que cada uno de ellos trabaja?

socialización
Proceso que ayuda a los empleados a adaptarse a la cultura de la organización.

productos son legendarias. Está la historia sobre la científica de 3M que derramó productos químicos sobre sus tenis y descubrió Scotchgard. También está la historia de Art Fry, un investigador de 3M que necesitaba una mejor forma de marcar las páginas de su libro de himnos de la iglesia e inventó las notas adhesivas Post-it. Estas historias reflejan lo que hizo grande a 3M y lo que necesita para continuar con su éxito.[18] Para ayudar a los empleados a aprender la cultura, las historias sobre la organización ligan el presente con el pasado, proporcionan explicaciones y legitiman las prácticas actuales; ejemplifican lo que es importante para la organización y proporcionan ideas convincentes de sus objetivos.[19]

Rituales. "Pasar los Pilares" es un ritual importante en las instalaciones de Boston Scientific, cerca de Minneapolis. Cuando alguien tiene una asignación difícil, se le "premia" con un pilar de yeso de 2 pies de altura para demostrarle que cuenta con todo el apoyo de sus colegas. Los rituales corporativos son secuencias repetitivas de actividades que expresan y refuerzan los valores importantes y objetivos de la organización.[20] Uno de los rituales corporativos más conocidos es la ceremonia anual de premiación de Mary Kay Cosmetics para sus representantes de ventas. La ceremonia parece una combinación entre un circo y un concurso de Miss América, la cual se lleva a cabo en un gran auditorio, en un escenario frente a una gran y animada audiencia, con todos los participantes ataviados con glamorosas ropas de noche. Los vendedores son premiados por lograr sus metas de ventas con regalos caros que incluyen prendedores de oro y diamantes, pieles y Cadillacs de color de rosa. Este "espectáculo" resulta motivador ya que se reconocen públicamente los logros de los representantes de ventas. Además, el aspecto ritual refuerza la determinación y optimismo de la extinta fundadora Mary Kay, lo que le permitió superar sus problemas personales, iniciar su propia empresa y alcanzar el éxito material. Este ritual transmite al personal de ventas de la compañía que alcanzar sus objetivos de ventas es importante y que a través del trabajo duro y determinación también pueden lograr el éxito. La coautora de este libro tuvo la experiencia de volar a Dallas con un grupo de vendedores de Mary Kay que volvía a casa después de la ceremonia anual de premiación. Su entusiasmo y ánimo eran contagiosos y resultaba obvio que este "ritual" anual tenía una función importante para establecer los niveles deseados de motivación y expectativas conductuales, lo cual es, después de todo, lo que la cultura de una organización debe hacer.

Símbolos materiales. Cuando anda por distintos negocios, ¿percibe qué tipo de ambiente de trabajo se respira ahí?, ¿es formal, casual, divertido, serio, etcétera? Estas reacciones demuestran el poder de los símbolos materiales u objetos para generar la personalidad de la organización.[21] La distribución de las oficinas, cómo visten los empleados, el tipo de automóviles proporcionados a los ejecutivos de nivel alto, y si se cuenta con aeronaves propias de la compañía, son ejemplos de símbolos materiales. Otros son el tamaño de las oficinas, la elegancia de los muebles, "gratificaciones" para los ejecutivos (beneficios adicionales otorgados a los gerentes, como membresías a clubes deportivos, uso de instalaciones propias de la empresa, etcétera), lugares para que los empleados se ejerciten, comedores, y espacios de estacionamiento reservados para ciertos empleados. En WorldNow, un símbolo material importante es un viejo taladro dentado que los fundadores compraron por $2 en una tienda de descuentos. El taladro simboliza la cultura de la organización de "profundizar para resolver los problemas". Cuando un empleado es presentado con el taladro como un reconocimiento de su sobresaliente trabajo, se espera que lo personalice de alguna manera y que invente una nueva regla para obtenerlo. Un empleado le instaló un gatillo de Bart Simpson y otro lo volvió inalámbrico añadiéndole una antena. El "icono" de la organización representa la cultura, incluso cuando la organización evoluciona y cambia.[22]

Los símbolos materiales transmiten a los empleados quién es importante y el tipo de comportamiento apropiado y qué se espera de ellos (por ejemplo, arriesgado, conservador, autoritario, participativo, individualista).

Lenguaje. Muchas organizaciones y unidades dentro de ellas utilizan el lenguaje como una forma de identificar y unificar a los miembros de una cultura. Al aprender este lenguaje, los miembros avalan su aceptación a la cultura y su disposición para conservarla. En Cranium, una empresa que produce tableros de juegos en Seattle, se utiliza la palabra "chiff" para recordar a los empleados la necesidad de innovar constantemente en todo lo que hacen. "Chiff" es un acrónimo de "clever, high-quality, innovative, friendly, fun (inteligente, de alta calidad, innovador, amigable, divertido)".[23] En otra compañía de Seattle, Microsoft, los empleados tienen su propio vocabulario: *judo laboral* (pasarle el trabajo a alguien más, sin que parezca que uno lo está evitando), *comerse su propia comida de perro* (utilizar sus propios programas o productos de software en las primeras etapas, como una forma de probarlo, incluso si el proceso es desagradable), *comida desabrida* (golosinas de la máquina expendedora que pueden pasarse por debajo de la puerta a un colega que está trabajando con una fecha límite muy apretada), *correo de frente* (hablar con alguien cara a cara), *marcha fúnebre* (cuenta regresiva para liberar un nuevo producto), etcétera.[24]

Con el tiempo, las organizaciones frecuentemente crean términos únicos para describir al equipo, personal clave, proveedores, clientes, procesos o productos relacionados con sus negocios. Los nuevos empleados con frecuencia se sienten abrumados por los acrónimos y la jerga que, después de cierto periodo, se vuelve una parte natural de su lenguaje. Una vez aprendido, este lenguaje actúa como un común denominador que une a los miembros.

CÓMO AFECTA LA CULTURA A LOS GERENTES

Apache Corp. con sede en Houston se ha vuelto uno de los mejores desarrolladores del negocio independiente de perforación de pozos petroleros, debido a que tiene una cultura novedosa que valora los riesgos y la toma rápida de decisiones. Las contrataciones potenciales se califican según la iniciativa que hayan demostrado en lograr proyectos en otras empresas, y los empleados de la compañía son maravillosamente recompensados si cumplen con los objetivos de producción y utilidades.[25]

Dado que la cultura de una organización limita lo que pueden y no pueden hacer, es particularmente importante para los gerentes. Tales restricciones rara vez son explícitas; no están escritas y es poco probable que sean habladas, pero ahí están y todos los gerentes aprenden rápidamente qué hacer y qué no hacer en su organización. Por ejemplo, no se encontrarán los siguientes valores escritos, pero cada uno corresponde a una organización real:

- Debe parecer ocupado, aun cuando no lo esté.
- Si toma riesgos y falla en alguno, pagará caro por ello.
- Antes de tomar una decisión, hágaselo saber a su jefe, para que nunca se vea sorprendido.
- Fabricamos nuestros productos tan buenos como la competencia nos obliga.
- Lo que nos hizo triunfar en el pasado, nos hará triunfar en el futuro.
- Si quiere llegar a la cima, debe trabajar en equipo.

La relación entre valores como éstos y el comportamiento de los gerentes es bastante directa. Por ejemplo, considere la cultura de "investigo y luego actúo". En una organización de este tipo, los gerentes estudian y analizan a fondo los proyectos propuestos antes de aceptarlos. Por otra parte, en una cultura de "actúo y luego investigo", los gerentes entran en acción y luego analizan lo que se ha hecho. O bien, digamos que la cultura de una organización apoya la creencia de que las utilidades deben aumentar a través de la reducción de costos y que lo mejor para los intereses de la compañía es lograr un aumento lento pero constante en las ganancias trimestrales. Es poco probable que los gerentes impulsen programas innovadores, arriesgados, de largo plazo o de expansión. En una organización cuya cultura transmite una desconfianza permanente hacia los empleados, es más probable que los gerentes apliquen un estilo de liderazgo autoritario que uno democrático. ¿Por qué? Porque la cultura establece el comportamiento adecuado y esperado de los gerentes. Por ejemplo, en la agencia de publicidad londinense St. Luke, una cultura formada por el valor que se basa en la libertad de expresión, la ausencia de coerción y miedo, y la determinación de hacer divertido el trabajo, influye la forma de trabajar de los empleados y la manera en que los gerentes planean, organizan, dirigen y controlan. La cultura de la organización es reforzada incluso por el ambiente de la oficina, el cual es abierto, versátil y creativo.[26]

Como muestra la figura 3-6, las decisiones de un gerente se ven influenciadas por la cultura en que opera. La cultura de una organización, especialmente una fuerte, influye y condiciona la forma en que los gerentes planean, organizan, dirigen y controlan.

Figura 3–6

Decisiones gerenciales que se ven afectadas por la cultura

Planeación

- Grado de riesgo que debe considerarse en los planes.
- Si los planes deben ser desarrollados por individuos o equipos.
- Grado de supervisión del ambiente en que participará la administración.

Organización

- Cuánta autonomía debe darse a cada puesto de los empleados.
- Si las labores deben ser realizadas por individuos o equipos.
- Grado en que los gerentes de departamento interactúan entre sí.

Dirección

- Grado hasta el que los gerentes se ocupan de aumentar la satisfacción laboral de los empleados.
- Qué estilos de liderazgo son adecuados.
- Establecer si es necesario eliminar todos los desacuerdos, incluso si algunos son constructivos.

Control

- Definir si hay que establecer controles externos o permitir que los empleados controlen sus propias acciones.
- Qué criterios deben resaltarse al aplicar evaluaciones al desempeño de los empleados.
- Qué repercusiones tendrá exceder el presupuesto propio.

REPASO RÁPIDO:
OBJETIVO DE APRENDIZAJE 3.2

- Identifique las siete dimensiones de la cultura organizacional.
- Analice el efecto de una cultura fuerte sobre las organizaciones y los gerentes.

- Explique cómo se forma y se mantiene una cultura.
- Describa cómo afecta la cultura a los gerentes.

Vaya a la página 65 para ver qué tan bien maneja este material.

OBJETIVO DE
APRENDIZAJE 3.3 ▷ TEMAS ACTUALES DE LA CULTURA ORGANIZACIONAL

Nordstrom, la cadena especialista en ventas al detalle, es célebre por su atención a los clientes. Las innovaciones de Nike en los zapatos para correr son legendarias. Tom's of Maine es conocida por su compromiso de hacer las cosas con ética y espiritualidad. Una

Razonamiento crítico sobre Ética

¿Cuándo se vuelve el éxito algo desagradable? EMC Corporation se enorgullece de su equipo de ventas extremadamente hábil y exitoso.[27] El director de marketing se jacta de que contrató vendedores "con la pasión de derribar obstáculos y capaces de adaptarse a una cultura de hacer lo que sea necesario". El equipo de ventas se considera a sí mismo como un grupo de elite que ha convertido a la empresa en una líder en el mercado. Sin embargo, tras bambalinas había un lado muy oscuro y ofensivo: "una atmósfera machista de unión de hombres que era intimidante y, en ocasiones, discriminatoria hacia las mujeres". En entrevistas con ex vendedores, tanto mujeres como hombres, describieron "bromas de mal gusto en los vestidores, visitas pagadas por la compañía a clubes nudistas, comentarios sexuales humillantes, o represalias contra las mujeres que se quejaban de este ambiente". Aun cuando tal comportamiento es ilegal, la cuestión ética es crítica precisamente. ¿Qué haría usted al respecto? ¿Piensa que esta cultura podría cambiar? ¿Qué tendría que hacer para cambiarla? ¿Qué lecciones hay aquí para otras organizaciones y gerentes?

vez superada la demanda legal por discriminación racial más importante en la historia de Estados Unidos (con un acuerdo por $192.5 millones), Coca-Cola Company se ha vuelto una de las compañías más importantes por su diversidad. ¿Cómo han conseguido estas organizaciones tales reputaciones? Sus culturas organizacionales han desempeñado un papel crucial. Veamos cinco temas culturales de actualidad: creación de una cultura ética, creación de una cultura de innovación, creación de una cultura sensible al cliente, creación de una cultura en el centro de trabajo que apoye la diversidad, y la espiritualidad en la procuración de relaciones en el centro de trabajo.

CREACIÓN DE UNA CULTURA ÉTICA

Andrew Fastow es un nombre que siempre será vinculado con el escándalo de ética de Enron. El ex director de finanzas de Enron Corporation (fue encontrado culpable y se le sentenció a seis años de prisión por transferencia y fraude de valores) tenía un cubo de acrílico sobre su escritorio que mostraba los valores de la compañía. Éste incluía la siguiente inscripción: "Cuando Enron dice que te va a arrancar la cara, te la va a arrancar".[28] Otros empleados de Enron describieron una cultura en la que la ambición personal se valoraba más que el trabajo en equipo, la juventud por encima de la sabiduría, y que las ganancias aumentaran a cualquier costo.[29]

El contenido y fuerza de la cultura de una organización influye en su ambiente y en el comportamiento ético de sus miembros.[30] Si la cultura es fuerte y mantiene estándares éticos elevados, debe tener una positiva y poderosa influencia sobre el comportamiento del personal. Por ejemplo, Alfred P. West, fundador y presidente de la empresa de servicios financieros SEI Investments Company, invierte mucho tiempo en enfatizar su visión de la compañía ante los empleados; una cultura abierta de integridad, pertenencia y responsabilidad. Señala: "Le decimos a nuestros empleados muchas cosas sobre hacia dónde se dirige la compañía. Repetimos mucho la visión y estrategia, y continuamente reforzamos la cultura".[31]

Una cultura organizacional que tiene más posibilidades de establecer estándares éticos elevados es aquella que es más tolerante ante los riesgos, poco tolerante ante la agresividad y se enfoca tanto en medios como en resultados. Los gerentes de tales culturas son alentados a tomar riesgos e innovar, no se les apoya cuando se trata de competir desenfrenadamente, y se presta atención a *cómo* se logran los objetivos así como a *qué* metas se alcanzaron. La figura 3-7 presenta algunas sugerencias para crear una cultura más ética.

CREACIÓN DE UNA CULTURA DE INNOVACIÓN

Tal vez no reconozca el nombre IDEO, pero probablemente ha utilizado varios de sus productos. Como una compañía de diseño de productos, ésta toma las ideas que las corporaciones le llevan y las vuelve realidad. Algunas de sus creaciones van desde el primer ratón comercial (para Apple Computer), el primer tubo rígido de pasta dental (para Procter & Gamble), hasta el organizador personal de mano (para Palm). Resulta crucial que la cultura de IDEO apoye la creatividad y la innovación.[32] Otra organización innovadora es Cirque du Soleil, creador del espectáculo circense con sede en Montreal. Sus gerentes afirman que la cultura se basa en la participación, comunicación, creatividad y diversidad, lo que se considera clave para la innovación.[33] Aunque estas dos compañías pertenecen a industrias donde la innovación es importante (diseño de productos y entretenimiento), el hecho es que cualquier organización exitosa necesita una cultura que apoye la innovación. ¿Qué tan importante es la cultura para la innovación? En una encuesta reciente a ejecutivos de nivel alto, más de la mitad dijo que para las empresas el medio más importante para la innovación era una cultura corporativa de apoyo.[34]

Figura 3–7

Creación de una cultura ética

- Sea un *ejemplo visible*.
- Transmita las *expectativas sobre cuestiones éticas*.
- Proporcione *capacitación sobre ética*.
- *Reconozca visiblemente los actos éticos y castigue los no éticos*.
- Proporcione *mecanismos de protección* de tal manera que los empleados puedan expresar dilemas sobre ética y denunciar sin miedo los comportamientos poco éticos.

La cultura de toma de riesgos de Apple le ha ayudado a crear innovaciones que han cambiado la industria, tales como el iPod y el iPhone, y la volvieron la número uno de la lista de las 50 Compañías más innovadoras del mundo en 2007 y la Compañía más admirada de América en 2008. Su presidente, Steve Jobs (fotografía), ha sido el catalizador detrás de la cultura de toma de riesgos de la empresa.

¿Cómo es una cultura de innovación? Según el investigador sueco Goran Ekvall, se caracterizaría por lo siguiente:

- **Desafíos y participación**. ¿Los empleados están involucrados, motivados y comprometidos con los objetivos de largo plazo y el éxito de la organización?
- **Libertad**. ¿Los empleados pueden, de manera independiente, definir su trabajo, aplicar sus criterios y tomar la iniciativa en sus actividades cotidianas?
- **Confianza y sinceridad**. ¿Los empleados se apoyan y respetan entre sí?
- **Tiempo de ideas**. ¿Los individuos tienen tiempo de pensar en nuevas ideas antes de actuar?
- **Alegría/sentido del humor**. ¿En el centro de trabajo se percibe espontaneidad y alegría?
- **Solución de conflictos**. ¿Los individuos toman decisiones y resuelven asuntos basándose en el bien de la organización o en los intereses personales?
- **Debates**. ¿Se permite a los empleados expresar opiniones e ideas para que se consideren y revisen?
- **Toma de riesgos**. ¿Los gerentes toleran la incertidumbre y la ambigüedad, y los empleados son reconocidos por tomar riesgos?[35]

CREACIÓN DE UNA CULTURA SENSIBLE AL CLIENTE

Harrah's Entertainment, la empresa de juegos más grande del mundo, es fanática del servicio al cliente, y por una buena razón. Una investigación de la empresa mostró que los clientes satisfechos con el servicio recibido en el casino de Harrah aumentaban sus gastos de juego en 10 por ciento, y aquellos que quedaban extremadamente satisfechos aumentaban sus gastos en 24 por ciento. Cuando el servicio al cliente se traduce en este tipo de resultados, ¡por supuesto que los gerentes quieren crear una cultura sensible al cliente![36]

¿Cómo es una cultura sensible al cliente?[37] La figura 3-8 describe cinco características de las culturas sensibles al cliente y presenta sugerencias para que los gerentes puedan crear este tipo de cultura.

CREACIÓN DE UNA CULTURA QUE APOYA LA DIVERSIDAD

Las organizaciones actuales se caracterizan por la **diversidad de la fuerza de trabajo**, una fuerza que es heterogénea en términos de género, raza, etnia, edad y otras características que reflejan diferencias. Los gerentes deben analizar mucho y concienzudamente su cultura para ver si los propósitos y creencias compartidos que fueron adecuados para un centro de trabajo homogéneo aceptarán y promoverán otros puntos de vista. Los esfuerzos de las organizaciones a favor de la diversidad ya no son impulsados únicamente por mandato federal. En cambio, las organizaciones ahora reconocen que las culturas que apoyan la diversidad son buenas para los negocios. Entre otras cosas, la diversidad contribuye a

Figura 3–8

Creación de una cultura
sensible al cliente

Características de la cultura sensible al cliente	Sugerencias para los gerentes
Tipo de empleado	Contrate personas con personalidades y actitudes congruentes con el servicio al cliente: amigables, atentas, entusiastas, pacientes, buenas habilidades para escuchar.
Tipo del entorno de trabajo	Diseñe trabajos tales que los empleados tengan el mayor control posible para satisfacer a los clientes, sin normas y procedimientos rígidos.
Facultades de decisión	Confíe en el criterio de los empleados de las áreas de servicio para que tomen las decisiones cotidianas relacionadas con sus actividades laborales.
Claridad de roles	Reduzca la incertidumbre relacionada con lo que los empleados de áreas de servicio pueden y no pueden hacer, por medio de capacitación continua sobre el conocimiento de los productos, saber escuchar y otras habilidades conductuales.
Un deseo constante de satisfacer y agradar a los clientes	Clarifique el compromiso de la organización para hacer lo que se deba hacer, aun cuando esté fuera de los requerimientos normales del trabajo del empleado.

¿Quiénes son?

CARA A CARA

APOYAMOS LA DIVERSIDAD
MEDIANTE:
La satisfacción de los clientes; todos
los empleados
hacen lo que
deben hacer.

soluciones más creativas y mejora el ánimo de los empleados. Pero, ¿cómo pueden fomentarse culturas como ésta? El recuadro titulado Cómo manejar una fuerza de trabajo diversa explica lo que los gerentes pueden hacer.

ESPIRITUALIDAD Y CULTURA ORGANIZACIONAL

¿Qué tienen en común Southwest Airlines, Timberland y Hewlett-Packard? Éstas se encuentran entre un número creciente de organizaciones que han adoptado la espiritualidad en los centros de trabajo. ¿Qué es la **espiritualidad en el centro de trabajo**? Es una característica de las culturas en las cuales los valores organizacionales promueven un sentido del propósito a través del trabajo significativo realizado en el contexto de la comunidad.[39] Las organizaciones con una cultura espiritual aceptan que la gente tiene una mente y un espíritu, buscan el sentido y el propósito en su trabajo y desean relacionarse con otros seres humanos y ser parte de una comunidad. Y tales deseos no están limitados a los centros de trabajo; un estudio reciente mostró que los estudiantes universitarios también están buscando el sentido y el propósito de la vida.[40]

La espiritualidad en el centro de trabajo ahora parece ser importante por varias razones. Los empleados buscan formas para manejar el estrés y las presiones de una vida tur-

Cómo manejar una fuerza de trabajo **Diversa**

Creación de una cultura de trabajo incluyente

Crear una cultura en el centro de trabajo que apoye y fomente la inclusión de individuos y puntos de vista diversos es un desafío organizacional importante. ¿Cómo pueden los gerentes crear una cultura que permita el florecimiento de la diversidad?[38] Hay dos cosas que pueden hacer. Primero, los gerentes deben mostrar que valoran la diversidad a través de sus decisiones y acciones. Cuando planeen, organicen, dirijan y controlen, deben reconocer y adoptar perspectivas diversas. Por ejemplo, los gerentes del Hotel Marriott Marquis que se encuentra en Times Square en Nueva York, tuvieron una capacitación obligatoria sobre diversidad, y aprendieron que la mejor forma de lidiar con conflictos relacionados con la diversidad es enfocarse en

el desempeño y no en definir los problemas en términos de género, cultura, raza o discapacidades. En Prudential, el proceso de planeación anual incluye objetivos clave de desempeño en un entorno diverso que son medidos y relacionados con las compensaciones de los gerentes. Lo segundo que pueden hacer es buscar vías para reforzar el comportamiento de los empleados que ejemplifiquen la inclusión. Algunas sugerencias son fomentar en los individuos el hecho de que valoren y defiendan visiones diversas, crear tradiciones y ceremonias que celebren la diversidad, recompensar a los "héroes y heroínas" que acepten y promuevan la inclusión, y comunicar de manera formal e informal sobre empleados que defiendan cuestiones de diversidad.

espiritualidad en el centro de trabajo
Característica de las culturas en las cuales los valores organizacionales
promueven un sentido del propósito a través del trabajo significativo
realizado en el contexto de la comunidad.

bulenta. Los estilos de vida contemporáneos (familias con sólo padre o madre, movilidad geográfica, trabajos temporales, tecnología que genera distancia entre la gente) resaltan la falta de integración que mucha gente siente. Como seres humanos, queremos involucrarnos y relacionarnos. Además, cuando los baby boomers llegan a una mediana edad, buscan algo significativo, algo más allá del trabajo. Otros desean integrar los valores de su vida personal a su vida profesional. En el caso de otros, la religión formal no ha funcionado y continúan buscando otros recursos para sustituir la falta de fe y para eliminar la sensación de vacío cada vez mayor. ¿Qué tipo de cultura puede hacer todo esto? ¿Qué diferencia a las organizaciones espirituales de las no espirituales? Investigaciones muestran que las organizaciones espirituales generalmente tienen cinco características culturales.[41]

Fuerte sentido del propósito. Una organización espiritual construye su cultura alrededor de un propósito significativo. Aunque las utilidades son importantes, no son los valores principales de la organización. Por ejemplo, el lema de Timberland es "Botas, estilo, confianza", lo que expresa la idea de la compañía de utilizar sus "recursos, energía y ganancias, como una empresa de calzado y ropa que cotiza en la bolsa para combatir males sociales, ayudar al ambiente y mejorar las condiciones de los obreros alrededor del mundo… y crear una plantilla laboral más productiva, eficiente, leal y comprometida".[42]

Enfoque en el desarrollo individual. Las organizaciones espirituales reconocen la riqueza y el valor de los individuos. No simplemente generan empleos; buscan crear culturas en las cuales los empleados puedan crecer y aprender continuamente.

Confianza y sinceridad. Las organizaciones espirituales se caracterizan por la confianza mutua, honestidad y sinceridad. Los gerentes no temen admitir errores y tienden a ser sinceros con los empleados, clientes y proveedores. El presidente de Wetherill Associates, un distribuidor de autopartes dice, "Aquí no decimos mentiras y todo el mundo lo sabe. Somos claros y honestos sobre la calidad y adaptabilidad del producto a las necesidades de nuestros clientes, incluso si sabemos que no podrían detectar problema alguno".[43]

Otorgamiento de facultades de decisión a los empleados. Los gerentes confían en que sus empleados tomen decisiones bien pensadas y conscientes. Por ejemplo, en Southwest Airlines, a los empleados, incluidos los sobrecargos, maleteros, agentes de acceso y representantes del servicio a clientes, se les anima a hacer lo necesario para satisfacer las necesidades de los clientes o para ayudar a sus compañeros de trabajo, aun cuando esto signifique ir contra las políticas de la empresa.

Tolerancia frente a la expresión de los empleados. La última característica que distingue a las organizaciones basadas en la espiritualidad es que no reprimen las emociones de los empleados; permiten que las personas sean ellas mismas, que expresen sus estados de ánimo y sentimientos, sin culpa y sin temor a ser reprendidas.

Los críticos del movimiento de la espiritualidad se han enfocado en dos puntos: la cuestión de la legitimidad (¿las organizaciones tienen el derecho de imponer valores espirituales a sus empleados?) y la cuestión económica (¿la espiritualidad y las utilidades son compatibles?).

El énfasis en la espiritualidad tiene claramente el potencial de hacer que algunos empleados se sientan incómodos. Los críticos podrían argumentar que las instituciones seculares, en especial los negocios, no deben imponer valores espirituales a sus empleados. Esta crítica probablemente es válida cuando la espiritualidad se define como llevar la religión al centro de trabajo.[44] Sin embargo, es menos válida cuando el objetivo es ayudar a los empleados a encontrar el sentido a su trabajo, si las inquietudes sobre los estilos de vida y las presiones actuales en realidad caracterizan a un número creciente de trabajadores; entonces, tal vez es tiempo de que las organizaciones ayuden a los empleados a encontrar el sentido y el propósito de su trabajo y utilizar el centro de trabajo para crear una sensación de comunidad.

El tema de si la espiritualidad y las utilidades son compatibles ciertamente es importante. Poca evidencia sugiere que las dos puedan ser compatibles. Un estudio encontró que las compañías que introducían técnicas basadas en la espiritualidad mejoraban la productividad y reducían de manera significativa la rotación de personal.[45] Otro estudio descubrió que las organizaciones que daban oportunidad a sus empleados de un desarrollo espiritual se desempeñaban mejor que aquellos a los que no se les daba dicha oportunidad.[46] Otros estudios arrojaron que la espiritualidad en las organizaciones se relacionó de manera positiva con la creatividad, satisfacción de los empleados, desempeño en equipo y compromiso organizacional.[47]

REPASO RÁPIDO:

OBJETIVO DE APRENDIZAJE 3.3

- Describa las características de una cultura ética, una de innovación, una sensible al cliente y una que apoye la diversidad.
- Explique por qué la espiritualidad en el centro de trabajo parece ser un asunto importante.

- Describa las características de una organización espiritual.

Vaya a la página 65 para ver qué tan bien maneja este material.

OBJETIVO DE
APRENDIZAJE 3.4 ▷ EL ENTORNO

Nuestra exposición en el capítulo 2 sobre la organización como un sistema abierto planteó que una organización interactúa con su entorno debido a que toma recursos de él y los transforma en productos que luego se distribuyen nuevamente al entorno. Cualquiera que cuestione el efecto que tiene el ambiente externo sobre la administración debe considerar lo siguiente:

- El aumento desmesurado de los costos de los alimentos alrededor del mundo ha provocado que los economistas estudien con urgencia el asunto. Aunque muchos factores contribuyen a este aumento, el factor principal es la incontrolable demanda.
- El Congreso de Estados Unidos ordenó que para 2012 los focos debían ser al menos 25 por ciento más eficientes.
- Aunque los sistemas para automatizar tareas y procesos han existido durante mucho tiempo, ahora se están interconectando a través de estándares comunes para el intercambio de datos y para representar procesos de negocios en bits y bytes.[48]

Como muestran estos ejemplos, las fuerzas ambientales representan un papel importante al moldear las acciones de los gerentes. En esta sección identificaremos algunas de estas fuerzas que afectan a los gerentes y muestran cómo limitan sus criterios.

CÓMO DEFINIR EL AMBIENTE EXTERNO

El término **ambiente externo** se refiere a los factores y fuerzas de fuera de la organización que afectan su desempeño. Como muestra la figura 3-9, éste incluye dos componentes: el entorno específico y el entorno general.

Figura 3–9

El ambiente externo

ambiente externo
Factores y fuerzas de fuera de la organización que afectan su desempeño.

El entorno específico. El **entorno específico** incluye fuerzas externas que afectan directamente las decisiones y acciones de los gerentes y tienen importancia directa para el logro de los objetivos de la organización. El entorno específico de una organización es único. Por ejemplo, Timex y Rolex fabrican relojes, pero sus entornos específicos difieren debido a que operan en nichos de mercado totalmente diferentes. Las principales fuerzas que conforman el ambiente son los clientes, proveedores, competidores y grupos de presión.

Clientes Una organización existe para satisfacer las necesidades de los clientes que utilizan sus productos. Los clientes representan cierta incertidumbre para una organización debido a que sus gustos pueden cambiar o pueden quedar insatisfechos con los productos o servicios de la organización. Por ejemplo, los compradores se confunden por los distintos sistemas de clasificación de alimentos, "opciones inteligentes", "soluciones sensibles", "mejor vida", etcétera. Las cadenas de supermercados han implantado medidas para ayudarles, como –por ejemplo– la creación de formas más sencillas de evaluar los alimentos que compran.[49]

Proveedores Los gerentes buscan garantizar un flujo estable de recursos necesarios (suministros) al precio más bajo posible. Cuando los suministros de una organización están limitados o su entrega se retrasa, las decisiones y acciones de los gerentes pueden inhibirse. Por ejemplo, Disney World debe garantizar que cuenta con suministros de bebidas gaseosas, computadoras, alimentos, flores y otros productos infantiles, productos de papel, etcétera. Los proveedores también brindan recursos financieros y laborales. Por ejemplo, la falta de enfermeras calificadas sigue siendo un serio problema para los profesionales de la salud, lo que afecta su capacidad de satisfacer la demanda y de mantener altos niveles de servicio.

Competidores Todas las organizaciones, con o sin fines de lucro, tienen competidores. Los gerentes no pueden darse el lujo de ignorar la competencia. Por ejemplo, las tres principales cadenas de comunicación (ABC, CBS y NBC) acostumbraban controlar lo que veía en su televisión. Ahora enfrentan la competencia del cable digital, satélite, DVDs e Internet, los cuales ofrecen a los clientes una gama mucho más amplia.

Grupos de presión Los gerentes deben reconocer los grupos de intereses especiales que intentan influir en las acciones de las organizaciones. Por ejemplo, la presión de PETA (acrónimo inglés de Gente para el Tratamiento Ético de los Animales) sobre McDonald's con respecto al manejo de los animales al sacrificarlos, llevó a la compañía a detener la compra de carne a uno de sus proveedores hasta que éste cumpliera con estándares más elevados en el procesamiento de la carne de res. Y sería una semana rara si no leyéramos sobre ambientalistas o activistas por los derechos humanos que se manifiestan, boicotean o amenazan a alguna organización para hacer que sus directivos modifiquen ciertas decisiones o acciones.

El entorno general. Las amplias condiciones económicas, político-legales, socioculturales, demográficas, tecnológicas y globales que afectan a una organización se incluyen en el **entorno general.** Aunque estos factores externos no afectan a las organizaciones hasta el grado en que lo hacen los cambios en su entorno específico, los gerentes deben considerarlos cuando planean, organizan, dirigen y controlan.

Condiciones económicas. Las tasas de interés, la inflación, los cambios en el ingreso disponible, las fluctuaciones en el mercado y el estado del ciclo general del negocio son algunos factores económicos que pueden afectar las prácticas gerenciales de una organización. Por ejemplo, muchos minoristas de especialidades, como IKEA, Gap, y Williams-Sonoma, están muy conscientes del efecto que el ingreso disponible de los consumidores tiene sobre sus ventas. Cuando los ingresos de los consumidores bajan o cuando su confianza en la seguridad de sus empleos disminuye, pospondrán cualquier compra que no sea necesaria.

Condiciones político-legales. Las leyes federales, estatales y locales, así como las normas globales y las leyes y reglamentos de otros países, influyen en lo que las organizaciones pueden y no pueden hacer. Ciertas legislaciones federales tienen implicaciones importantes. Por ejemplo, la Ley de Estadounidenses con Discapacidades (ADA) de 1990 hace necesario que los trabajos y las instalaciones sean más accesibles para la gente con discapacidades, ya sean clientes o empleados. La figura 3-10 presenta algunas de las legislaciones estadounidenses más importantes que afectan a los negocios de ese país.

Aunque las organizaciones invierten mucho tiempo y dinero en cumplir las normas gubernamentales, los efectos van más allá del tiempo y del dinero; reducen las posibilidades

Figura 3–10   Leyes importantes

Ley	Propósito
Ley de Seguridad y Salud Ocupacional de 1970 (Occupational Safety and Health Act of 1970)	Establece que el empleador debe proporcionar un entorno laboral libre de peligros para la salud.
Ley de Seguridad a los Productos de Consumo de 1972 (Consumer Product Safety Act of 1972)	Establece estándares sobre productos seleccionados, exige etiquetas de advertencia y ordena el retiro de productos.
Ley de Igualdad de Oportunidad de Empleo de 1972 (Equal Employment Opportunity Act of 1972)	Prohíbe la discriminación en todos los ámbitos de la relación entre empleador y empleado.
Ley de Notificación de Ajustes y Capacitación del Trabajador de 1988 (Worker Adjustment and Retraining Notification Act of 1988)	Exige a los empleadores con 100 o más empleados que notifiquen con 60 días de anticipación acerca del cierre de la empresa o de un despido masivo.
Ley de Estadounidenses con Discapacidades (ADA)de 1990 (Americans with Disabilities Act of 1990)	Prohíbe que los empleadores discriminen a individuos con discapacidades físicas o mentales, o enfermedades crónicas; incluso, exige a las organizaciones que ubiquen de manera razonable a estas personas.
Ley de los Derechos Civiles de 1991 (Civil Rights Act of 1991)	Reafirma y fortalece la prohibición de la discriminación; permite que los individuos demanden castigos en caso de discriminación intencional.
Ley de Licencia Familiar y Médica de 1993 (Family and Medical Leave Act of 1993)	Otorga a los empleados una licencia de 12 semanas al año sin goce de sueldo por el nacimiento o adopción de un hijo o para atender al cónyuge o padres en estado grave de salud; comprende organizaciones con 50 o más empleados.
Ley de Protección y Seguridad Infantil de 1994 (Child Safty Protection Act of 1994)	Establece los requerimientos de etiquetado en ciertos juguetes que contienen partes o empaques que pudieran dañar a los niños y exige a los fabricantes de tales juguetes informar a la Comisión de Seguridad de Productos de Consumo cualquier accidente grave o muerte de niños.
Ley de Espionaje Económico en Estados Unidos de 1996 (U.S. Economic Espionage Act of 1996)	Cataloga como delito federal al robo o la posesión de mala fe de secretos comerciales.
Ley de Firmas Electrónicas en el Comercio Mundial y Nacional de 2000 (Electronic Signatures in Global and National Commerce Act of 2000)	Concede a los contratos en línea (los firmados por computadora) la misma fuerza legal que sus equivalentes en papel.
Ley de Sarbanes-Oxley de 2002 (Sarbanes-Oxley Act of 2002)	Impone a las empresas altos estándares de divulgación y gobierno corporativo.
Ley de Transacciones Crediticias Justas y Precisas de 2003 (Fair and Accurate Credit Transactions Act of 2003)	Establece que los empleadores deben "destruir" la información personal sobre sus empleados antes de decidir su destino, si obtuvieron la información de un reporte de crédito.

de los gerentes al limitar las opciones disponibles. Considere la decisión de despedir a un empleado.[50] Históricamente, los empleados eran libres de renunciar a una compañía en cualquier momento, y los patrones tenían el derecho de despedir a un empleado en cualquier momento, con o sin razón. Sin embargo, las leyes y las decisiones de los tribunales han limitado lo que pueden hacer los patrones. Se espera que los empleadores se relacionen con los empleados apegándose a los principios de buena fe y trato justo. Los empleados que creen que fueron despedidos injustamente pueden llevar su caso a la corte, donde el jurado decide lo que es "justo". Esta tendencia ha dificultado que los gerentes despidan a empleados con mal desempeño o que presenten conductas inapropiadas fuera del trabajo.

Otros aspectos político-legales son las condiciones políticas y la estabilidad de un país donde opera una organización, así como las posturas que los oficiales del gobierno en funciones presenten ante un negocio. Por ejemplo, en Estados Unidos, las organizaciones generalmente operan en un ambiente político estable. Sin embargo, la administración es una actividad global, y los gerentes deben estar conscientes de los cambios políticos en los países en que trabajan, ya que estos cambios pueden afectar sus decisiones y acciones.[51]

entorno específico
Fuerzas externas que afectan directamente las decisiones y acciones de los gerentes y tienen importancia directa para el logro de los objetivos de la organización.

entorno general
Amplias condiciones externas que pueden afectar a una organización.

Una encuesta reciente encontró que el salario, el poder y el prestigio que motivaron las carreras de muchos baby boomers, se encontraban casi al final de la lista de cosas que los miembros de la generación X esperaban de sus trabajos. Ellos prefieren relaciones positivas, trabajos interesantes y oportunidades constantes de aprender. ¿Qué atraerá y motivará a los miembros de la generación Y, como la joven mujer de la fotografía?

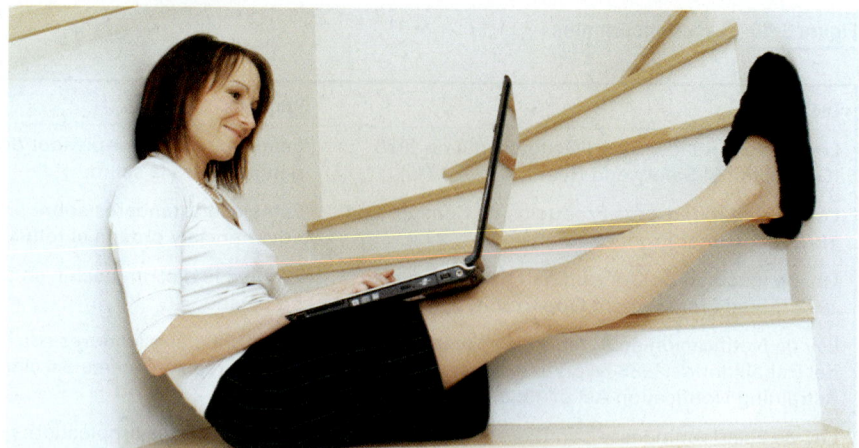

Condiciones socioculturales. Kraft Foods y otros productores de alimentos han respondido a los cambiantes gustos alimentarios de los clientes, ofreciéndoles versiones más sanas de sus bocadillos favoritos. Los gerentes deben adaptar sus prácticas a las expectativas cambiantes de la sociedad en la que operan. Conforme cambien estos valores, costumbres y gustos, los gerentes también deben cambiar. Por ejemplo, como los trabajadores han comenzado a buscar formas de vida más equilibradas, las organizaciones han tenido que ajustarse, ofreciendo políticas de permisos por cuestiones familiares, horarios de trabajo más flexibles e incluso guarderías en las mismas instalaciones de la compañía. Las tendencias socioculturales pueden limitar potencialmente las decisiones y acciones de los gerentes.

Condiciones demográficas. Las condiciones demográficas abarcan tendencias en las características de la población como género, edad, nivel de educación, ubicación geográfica, ingresos, y composición familiar. Los cambios en estas características puede afectar la forma en que los gerentes planean, organizan, dirigen y controlan. Por ejemplo, los investigadores en población han identificado grupos específicos de edad en Estados Unidos: el grupo de la depresión (nacidos entre 1912 y 1921), el grupo de la Segunda Guerra Mundial (nacidos entre 1922 y 1927), el grupo de la posguerra (nacidos entre 1928 y 1945), los baby boomers (nacidos entre 1946 y 1964), la generación X (nacidos entre 1965 y 1977), y la generación Y (nacidos entre 1978 y 1994). Aunque cada grupo tiene características propias, la generación Y es de particular interés, ya que sus miembros aprenden, trabajan, compran y juegan de maneras fundamentalmente diferentes que están comenzando a afectar la forma en que las organizaciones son dirigidas. En el capítulo 13 explicaremos algunos de los desafíos de manejar diferencias generacionales.

Condiciones tecnológicas. En términos del entorno general, los cambios más rápidos han ocurrido en la tecnología. Por ejemplo, el código genético humano ha sido descifrado. ¡Sólo piense en las implicaciones de tal conocimiento! Los aparatos de información cada vez son más pequeños y más poderosos. Tenemos oficinas automatizadas, reuniones vía electrónica, manufactura robotizada, el láser, circuitos integrados, microprocesadores más rápidos y potentes, combustibles sintéticos y modelos completamente nuevos para hacer negocios en una era electrónica. Las compañías que aprovechan la tecnología, como General Electric, eBay y Google, prosperan. Además, muchas tiendas minoristas, como Wal-Mart, utilizan sistemas de información sofisticados para mantenerse a la cabeza de las tendencias en las ventas. La tecnología ha cambiado las formas básicas en que las organizaciones están estructuradas y las formas en que los gerentes dirigen.

Condiciones globales. Al terminar esta década, Nigeria tendrá más población que Rusia, Etiopía tendrá más gente que Alemania, y Marruecos estará más poblado que Canadá.[52] ¿Estos hechos le sorprenden? No deberían. Esto simplemente refleja que la globalización es uno de los factores principales que afectan a los gerentes y a las organizaciones. Los gerentes enfrentan el reto de un número creciente de competidores y mercados globales como parte del ambiente externo. En el capítulo 4 abordaremos con detalle este componente del ambiente externo.

CÓMO AFECTA EL ENTORNO A LOS GERENTES

Saber *cuáles* son los diversos componentes del entorno es importante para los gerentes. Sin embargo, comprender *cómo* afecta el entorno a los gerentes tiene la misma importancia. Hay dos formas en las que el ambiente afecta a los gerentes: primero, a través del grado de incertidumbre ambiental presente, y, segundo, a través de las relaciones entre la organización y sus partes interesadas externas.

Evaluación de la incertidumbre ambiental. Los entornos difieren en términos de lo que llamamos **incertidumbre ambiental**, la cual es el grado de cambio y complejidad del entorno de la organización (vea la figura 3-11).

La primera dimensión de incertidumbre es el grado de cambio. Si los componentes del entorno de una organización cambian frecuentemente, lo llamamos entorno *dinámico*. Si el cambio es mínimo, lo llamamos entorno *estable*. Un entorno estable podría ser uno en el que no hay competidores nuevos, pocos avances tecnológicos de los competidores actuales, poca actividad por parte de los grupos de presión para influir en la organización, etcétera. Por ejemplo, Zippo Manufacturing, mejor conocido por sus encendedores Zippo, enfrenta un entorno relativamente estable. Hay pocos competidores y poco cambio tecnológico. Es probable que la principal inquietud ambiental para la compañía sea la tendencia a la disminución de los fumadores de tabaco, aunque los encendedores tienen otros usos y los mercados globales siguen siendo atractivos.

En cambio, la industria de la música grabada enfrenta un entorno dinámico (muy incierto e impredecible). Los formatos digitales y los sitios de descarga de música han puesto de cabeza a la industria y han traído incertidumbre. Si el cambio es predecible, ¿se considera dinámico? No. Piense en tiendas departamentales que generalmente realizan de un cuarto a un tercio de sus ventas en diciembre. La caída de diciembre a enero es significativa; sin embargo, como el cambio es predecible, no consideramos que el entorno sea dinámico. Cuando hablamos de grado de cambio, queremos decir que el cambio no es predecible. Si el cambio puede anticiparse con exactitud, no es incertidumbre lo que los gerentes deben enfrentar.

La otra dimensión de incertidumbre describe el grado de **complejidad ambiental**. El grado de complejidad se refiere al número de componentes en el entorno de una organización y el grado de conocimiento que la organización tiene sobre dichos componentes. Por ejemplo, Hasbro Toy Company, la segunda fabricante de juguetes más grande (después de Mattel), simplificó su entorno al comprar a muchos de sus competidores.

Figura 3–11

Matriz de incertidumbre ambiental

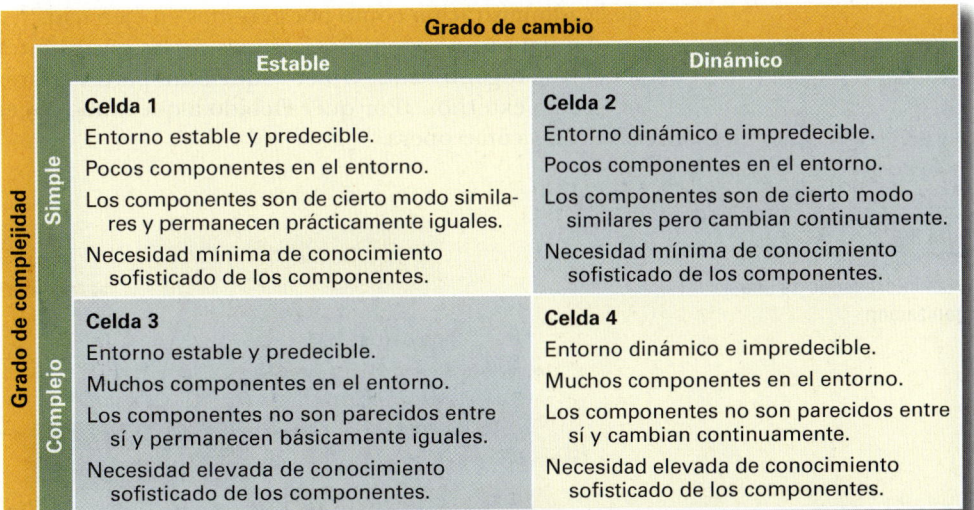

		Grado de cambio	
		Estable	**Dinámico**
Grado de complejidad	**Simple**	**Celda 1** Entorno estable y predecible. Pocos componentes en el entorno. Los componentes son de cierto modo similares y permanecen prácticamente iguales. Necesidad mínima de conocimiento sofisticado de los componentes.	**Celda 2** Entorno dinámico e impredecible. Pocos componentes en el entorno. Los componentes son de cierto modo similares pero cambian continuamente. Necesidad mínima de conocimiento sofisticado de los componentes.
	Complejo	**Celda 3** Entorno estable y predecible. Muchos componentes en el entorno. Los componentes no son parecidos entre sí y permanecen básicamente iguales. Necesidad elevada de conocimiento sofisticado de los componentes.	**Celda 4** Entorno dinámico e impredecible. Muchos componentes en el entorno. Los componentes no son parecidos entre sí y cambian continuamente. Necesidad elevada de conocimiento sofisticado de los componentes.

incertidumbre ambiental
Grado de cambio y complejidad del entorno de una organización.

complejidad ambiental
Número de componentes en el entorno de una organización y el grado de conocimiento de la organización sobre dichos componentes.

Cuanto menos competidores, clientes, proveedores, agencias gubernamentales, etcétera, tiene una organización, menos complejo e incierto es su entorno.

La complejidad también se mide en términos del conocimiento que una organización necesita sobre su entorno. Por ejemplo, los gerentes de E*TRADE deben saber mucho sobre las operaciones de sus proveedores de Internet, si quieren garantizar que su sitio Web esté disponible y sea confiable y seguro para sus clientes. Por otra parte, los gerentes de las librerías universitarias necesitan conocimientos sofisticados mínimos sobre sus proveedores.

¿Cómo influye en los gerentes el concepto de incertidumbre ambiental? De nuevo revise la figura 3-11; cada una de las celdas representa combinaciones diferentes del grado de complejidad y de cambio. La celda 1 (entorno estable y simple) representa el nivel más bajo de incertidumbre ambiental, y la celda 4 (entorno dinámico y complejo) el más elevado. No sorprende que los gerentes tengan mayor influencia sobre los resultados de la organización en la celda 1 que en la 4. Debido a que la incertidumbre es una amenaza para la efectividad de una compañía, los gerentes tratan de minimizarla. Si existe la opción, los gerentes preferirían operar en entornos de menor incertidumbre. Sin embargo, rara vez controlan esa opción. Además, la mayoría de las industrias actuales enfrentan cambios más dinámicos, lo que hace que sus entornos sean más inciertos.

Administración de las relaciones entre las partes interesadas. ¿Qué hizo que VH1 se convirtiera en *el* canal de cable para los baby boomers melómanos? Una razón es que detectó la importancia de construir relaciones entre las diversas partes interesadas: espectadores, celebridades de la música, anunciantes, estaciones afiliadas de TV, grupos de servicio público, entre otros. La naturaleza de las relaciones entre las partes interesadas es otra forma en la que el entorno influye a los gerentes. Cuanto más abiertas y seguras sean estas relaciones, más influencia tendrán los gerentes sobre los resultados organizacionales.

Las **partes interesadas** son todos los elementos del entorno de una organización que se ven afectados por sus decisiones y acciones. Estos grupos tienen interés en la organización o se ven significativamente influenciados por ella. A su vez, pueden influir en la organización. Por ejemplo, piense en los grupos que pueden verse afectados por las decisiones y acciones de Starbucks: cafetaleros, empleados, competidores especializados en café, comunidades locales, etcétera. Algunas de estas partes interesadas, a su vez, pueden influir en las decisiones y acciones de los gerentes de Starbucks. La idea de que las organizaciones tienen partes interesadas ahora es ampliamente aceptada tanto por académicos de la administración como por gerentes en ejercicio.[53]

La figura 3-12 identifica algunas de las partes interesadas más comunes que puede tener una organización. Observe que estas partes interesadas incluyen tanto grupos internos como externos. ¿Por qué? Debido a que ambos pueden afectar lo que hace una organización y cómo opera.

Figura 3–12

Partes interesadas de una organización

¿Por qué a los gerentes debe interesarles la administración de las relaciones con las partes interesadas?[54] Por una razón: hacerlo puede conducir a resultados deseables para la organización, como mejorar las predicciones en los cambios ambientales, innovaciones más exitosas, mayor grado de confianza entre las partes interesadas y mayor flexibilidad organizacional para reducir el efecto del cambio. Pero, ¿afecta el desempeño organizacional? La respuesta es ¡sí! Los investigadores en administración que han analizado este asunto han encontrado que los gerentes de las compañías de alto rendimiento tienden a considerar los intereses de las principales partes interesadas al tomar decisiones.[55]

Otra razón para administrar las relaciones con las partes interesadas externas es que es lo "correcto" por hacer. Como una organización depende de estos grupos externos como fuentes de ingresos (recursos) y como receptores de resultados (bienes y servicios), los gerentes deben considerar sus intereses cuando tomen decisiones. Abordaremos con más detalle este asunto en el capítulo 5, cuando veamos los conceptos de ética gerencial y responsabilidad social corporativa.

¿Cómo pueden los gerentes administrar las relaciones con las partes interesadas? Primero, necesitan identificar las partes interesadas de la organización. Los grupos que probablemente reciban y ejerzan influencia de las decisiones organizacionales son las partes interesadas de la organización. Segundo, necesitan determinar cuáles son los intereses o inquietudes que pueden tener las partes interesadas: calidad del producto, cuestiones financieras, condiciones de trabajo seguras, protección al ambiente, etcétera. Después, necesitan decidir qué tan crucial resulta cada parte interesada para la toma de decisiones y acciones de la organización. En otras palabras, ¿qué tan decisivo es para el gerente considerar las inquietudes de una parte interesada en particular, cuando planea, organiza, dirige y controla? La simple idea de una parte interesada (un grupo que tiene un "interés" en lo que hace la organización) significa que es importante. Pero algunas partes interesadas resultan más críticas para la toma de decisiones y acciones de la organización que otras. El último paso es determinar cómo administrar las relaciones con las partes interesadas externas. Esta decisión depende de qué tan crucial es una parte interesada externa para la organización y qué tan incierto es el entorno.[56] Cuanto más importante sea una parte interesada y más incierto el entorno, más tendrán que confiar los gerentes en establecer sociedades con esa parte, y no sólo reconocer su existencia.

REPASO RÁPIDO:

OBJETIVO DE APRENDIZAJE 3.4

- Mencione los componentes de los entornos específico y general.
- Explique las dos dimensiones de la incertidumbre ambiental.
- Identifique las partes interesadas más comunes de una organización.
- Mencione los cuatro pasos de la administración de relaciones con partes interesadas externas.

Vaya a la página 65 para ver qué tan bien maneja este material.

partes interesadas
Todos los elementos del entorno de una organización que se ven afectados por sus decisiones y acciones.

¿Quiénes son?
Nuestro turno

Robert Foley

**Old Mill Inn Bed & Breakfast, Neshobe River Winery,
Brandon, Vermont**

En épocas de cambio es importante mantener un ambiente positivo
y garantizar que los empleados participen, sean reconocidos y
premiados. Mis empleados son una parte integral de la operación,
por lo que buscaría su aportación. Tal vez haya creado la visión de
mi compañía y establecido una cultura, pero los empleados ayudan
a mantenerla. Al involucrarlos se sienten parte de la "familia", y
espero que esto inspire un sentido de pertenencia y motivación.
Los premios y los reconocimientos son variados: bonos, días de
vacaciones, recompensas, cenas, etcétera. Incluso un simple
"gracias" cada día puede significar mucho.

Chris Zavodsky

**Gerente de operaciones, Dairy Queen,
Wyckoff, New Jersey**

Existen muchas maneras para mantener esta cultura única. Tal vez podrían obtener más
ganancias ofreciendo un menú más saludable y por lo tanto ser capaces de ofrecer
mejores sueldos para convencer a los empleados de quedarse. Los
What-a-Games deben continuar. Esta "excursión laboral" mejora el
ánimo y hace que los gerentes y los empleados pasen un buen rato
con sus compañeros en un ambiente no laboral. Además, tal vez
podrían intentar cambiar las cosas para que las tareas no se vuelvan
monótonas. Pequeños cambios pueden animar a la gente a quedarse y a
trabajar más arduamente. Por último, una cosa que tenemos son los
"martes de reforzamiento positivo", durante los cuales al empleado
que es más amable con los clientes, trabaja más duro y anima
a sus compañeros, se le da la mayor parte de las propinas.
Es competitivo, pero mejora el ánimo de los empleados y la
satisfacción del cliente.

OBJETIVOS DE APRENDIZAJE
RESUMEN

3.1 ▷ EL GERENTE: ¿OMNIPOTENTE O SIMBÓLICO?

- Compare las acciones de los gerentes de acuerdo con las visiones omnipotente y simbólica.
- Identifique las dos restricciones del criterio de un gerente.

De acuerdo con la visión omnipotente, los gerentes son directamente responsables del éxito o fracaso de una organización. La visión simbólica argumenta que gran parte del éxito o fracaso de una organización se debe a fuerzas externas que salen del control de los gerentes. Las dos restricciones al criterio de los gerentes son la cultura de la organización (interna) y el entorno (externa). Los gerentes no están totalmente restringidos por estos dos factores, ya que pueden influenciar, y lo hacen, su cultura y entorno.

3.2 ▷ CULTURA ORGANIZACIONAL

- Identifique las siete dimensiones de la cultura organizacional.
- Analice el efecto de una cultura fuerte sobre las organizaciones y los gerentes.
- Explique cómo se forma y se mantiene una cultura.
- Describa cómo afecta la cultura a los gerentes.

Las siete dimensiones de la cultura son atención al detalle, orientación a resultados, orientación a la gente, orientación a los equipos, agresividad, estabilidad e innovación y toma de riesgos. En organizaciones con culturas fuertes, los empleados son más leales y sus tendencias al desempeño son más altas. Entre más fuerte se vuelve una cultura, más afecta la forma en que los gerentes planean, organizan, dirigen y controlan. El origen de una cultura refleja la visión de los fundadores de la organización. Una cultura se mantiene por medio de prácticas de selección de empleados, las acciones de los gerentes de nivel alto y los procesos de socialización. Además, la cultura se transmite a los empleados a través de historias, rituales, símbolos materiales y lenguaje. Estos elementos ayudan a los empleados a "aprender" qué valores y comportamientos son importantes, así como quién ejemplifica dichos valores. La cultura afecta la forma de planear, organizar, dirigir y controlar de los gerentes.

3.3 ▷ TEMAS ACTUALES DE LA CULTURA ORGANIZACIONAL

- Describa las características de una cultura ética, una de innovación, una sensible al cliente y una que apoye la diversidad.
- Explique por qué la espiritualidad en el centro de trabajo parece ser un asunto importante.
- Describa las características de una organización espiritual.

Una cultura ética es muy tolerante ante el riesgo y poco tolerante ante la agresividad, y se enfoca tanto en los medios como en los resultados. Una cultura de innovación favorece el cambio y la participación, la libertad, confianza y sinceridad, el tiempo de ideas, la alegría y el humor, la solución de conflictos, los debates y la toma de riesgos. Una cultura sensible al cliente tiene: empleados sociables y amigables; trabajos con reglas, procedimientos y regulaciones poco rígidos; otorgamiento de facultades de decisión; roles y expectativas claros; y empleados conscientes de su deseo de satisfacer al cliente. Una cultura que apoya la diversidad cuenta con gerentes que muestran a través de sus decisiones y acciones que valoran la diversidad y esto refuerza el comportamiento de los empleados para que ejemplifiquen la inclusión. La espiritualidad del centro de trabajo es importante debido a que los empleados buscan contrarrestar el estrés y las presiones de sus turbulentas vidas; también buscan involucrarse y relacionarse, ya que esto frecuentemente se pierde en el estilo de vida contemporáneo. La religión organizada ha fallado en satisfacer las necesidades de algunas personas, y particularmente los baby boomers buscan algo significativo en sus vidas. Las organizaciones espirituales tienden a presentar cinco características: fuerte sentido del propósito, se enfocan en el desarrollo individual, confianza y sinceridad, dar facultades de decisión a los empleados y tolerancia a la expresión del personal.

3.4 ▷ EL ENTORNO

- Mencione los componentes de los entornos específico y general.
- Explique las dos dimensiones de la incertidumbre ambiental.
- Identifique las partes interesadas más comunes de una organización.
- Mencione los cuatro pasos de la administración de relaciones con partes interesadas externas.

El entorno específico incluye clientes, proveedores, competidores y grupos de presión. El entorno general incluye condiciones económicas, político-legales, socioculturales, demográficas, tecnológicas y globales. Las dos dimensiones de la incertidumbre ambiental son el grado de cambio (estable o dinámico) y el grado de complejidad (simple o complejo). Las partes interesadas más comunes son clientes, grupos de acción social y política, competidores, asociaciones comerciales y de industria, gobiernos, medios, proveedores, comunidades, accionistas, uniones y empleados. Los cuatro pasos para administrar las relaciones con las partes interesadas son: identificar estas partes, determinar los intereses o inquietudes de las partes interesadas, determinar qué tan crucial resulta cada parte interesada para la toma de decisiones y acciones de la organización, y determinar cómo manejar a las partes interesadas.

PENSEMOS EN CUESTIONES ADMINISTRATIVAS

1. Consulte la figura 3-3. ¿Cómo diferiría el trabajo de un gerente de primera línea en estas dos organizaciones? ¿Y el trabajo de un gerente de nivel alto?
2. Describa una cultura efectiva para (a) un entorno relativamente estable y (b) un entorno dinámico. Explique sus opciones.
3. Los salones de clases tienen culturas. Describa la cultura del suyo, utilizando las siete dimensiones de la cultura organizacional. ¿La cultura limita a su profesor? ¿De qué manera?
4. ¿La cultura puede ser una responsabilidad para una organización? Explique su respuesta.
5. ¿Por qué es importante para los gerentes comprender las fuerzas externas que actúan sobre ellos y sus organizaciones?
6. "Los negocios se basan en relaciones". ¿Qué opina sobre esta afirmación? ¿Cuáles son las implicaciones de manejar el ambiente externo?
7. ¿Cuáles serían las desventajas de manejar las relaciones con las partes interesadas?

SU TURNO de ser gerente

- Encuentre en cualquiera de los periódicos de negocios más conocidos dos ejemplos actuales de las visiones omnipotente y simbólica de la administración. Redacte un artículo que describa lo que encontró y de qué manera los dos ejemplos que halló representan las visiones de la administración.

- Elija dos organizaciones con las que interactúe frecuentemente (como empleado o como cliente) y evalúe su cultura, analizando los siguientes aspectos:

  Diseño físico (edificios, muebles, estacionamiento, diseño de la oficina o tienda). ¿Dónde se ubican y por qué? ¿Dónde se estacionan los clientes y los empleados? ¿Cómo es la disposición de la oficina o tienda? ¿Qué actividades son promovidas o no promovidas por la disposición física? ¿Qué indican estas cosas sobre los valores de la organización?

  Símbolos (logotipos, códigos de vestimenta, lemas, filosofía). ¿Qué valores se resaltan? ¿Dónde aparecen los logotipos? ¿Las necesidades de quién se enfatizan? ¿En qué conceptos se pone énfasis? ¿Qué acciones están prohibidas? ¿Qué acciones se promueven? ¿Está en exhibición algún objeto prominente? ¿Qué simbolizan dichos objetos? ¿Qué indican estas cosas sobre los valores de la organización?

  Palabras (historias, lenguaje, nombres de puestos). ¿Qué historias se cuentan una y otra vez? ¿Cómo son abordados los empleados? ¿Qué dicen de la organización los nombres de los puestos? ¿Se utilizan chistes o anécdotas en una conversación? ¿Estas cosas le dicen algo sobre los valores de la empresa?

  Políticas y actividades (rituales, ceremonias, recompensas económicas, políticas que indican cómo tratar a los clientes o a los empleados). (Nota: sólo podrá evaluar estos aspectos si es un empleado o conoce muy bien a la organización.) ¿Qué actividades son reconocidas? ¿Cuáles son ignoradas? ¿Qué tipo de personas tienen éxito? ¿Quiénes fracasan? ¿Qué rituales son importantes? ¿Por qué? ¿Qué eventos se conmemoran? ¿Por qué? ¿Qué le dicen estas cosas sobre los valores de la compañía?

- Si pertenece a una organización estudiantil, evalúe su cultura. ¿Cómo la describiría? ¿Cómo aprenden esta cultura los nuevos miembros? ¿Cómo se mantiene la cultura? Si no pertenece a una organización estudiantil, platique con otro estudiante que sí pertenezca y evalúela utilizando las mismas preguntas.

- Lecturas sugeridas por Steve y Mary: Terrence E. Deal y Allan A. Kennedy, *Corporate Culture: The Rites and Rituals of Corporate Life* (Perseus Books Group, 2000); Edgar H. Schein, *The Corporate Culture Survival Guide* (Jossey-Bass, 1999), y Kim S. Cameron y Robert E. Quinn, *Diagnosing and Changing Organizational Culture* (Jossey-Bass, 2005).

- Elija tres compañías que le interesen. Identifique las partes interesadas que serían las más importantes para estas empresas. Describa por qué estas partes interesadas son importantes para ellas.

- Encuentre un ejemplo de una empresa que represente cada uno de los temas actuales de la cultura organizacional. Describa qué está haciendo la compañía que refleje su compromiso con esta cultura.

- Describa los entornos general y específico de McDonald's y Anheuser-Busch. ¿En qué se parecen? ¿En qué difieren?
- Con sus propias palabras, escriba tres cosas que aprendió en este capítulo sobre ser un buen gerente.
- La autoevaluación puede resultar una poderosa herramienta de aprendizaje. Vaya a mymanagementlab y complete cualquiera de estos ejercicios de autoevaluación: What´s the Right Organizational Culture for Me? (¿Cuál es la cultura organizacional adecuada para mí?), How Well Do I Respond to Turbulent Change? (¿Qué tan bien respondo ante un cambio turbulento?), y Am I Experiencing Work/Family Conflict? (¿Estoy experimentando algún conflicto laboral o familiar?). Con los resultados de sus evaluaciones, identifique fortalezas y debilidades personales. ¿Qué hará para reforzar sus fortalezas y superar sus debilidades?

Para más recursos, visite www.mymanagementlab.com

CASO PRÁCTICO

Para que diga guau

Cuando escucha el nombre The Ritz-Carlton Hotels, ¿qué palabras le vienen a la mente? ¿Lujo? ¿Elegancia? ¿Formal o tal vez incluso pesado? ¿Más allá de mis posibilidades económicas? Las palabras que la empresa espera le vengan a la mente son *servicio ejemplar al cliente*. Ritz-Carlton tiene el compromiso de tratar a sus huéspedes como a la realeza. Tiene una de las culturas corporativas más distintivas de la industria del alojamiento, y a los empleados se les habla en términos de "damas y caballeros". Su lema está impreso en una tarjeta que los empleados portan: "somos damas y caballeros sirviendo a damas y caballeros". Y estas damas y caballeros del Ritz han sido capacitados con estándares y especificaciones muy precisos para tratar a los clientes. Estos estándares los establecieron hace más de un siglo los fundadores, Caesar Ritz y August Escoffier. Los empleados del Ritz son continuamente preparados en las tradiciones y valores de la compañía. Todos los días, en sesiones de 15 minutos "formados" en cada hotel, los gerentes refuerzan los valores de la empresa y revisan las técnicas de servicio. Estos valores son la base de la capacitación y reconocimiento de todos los empleados. Nada se deja a la suerte cuando se trata de proporcionar un servicio ejemplar al cliente. Las contrataciones potenciales son evaluadas en cuanto a la adaptación cultural y a los rasgos asociados con la pasión innata de servir. Un ejecutivo de la compañía dice que "la sonrisa debe salir de forma natural". Aunque se espera que el personal sea cálido y comprensivo, su comportamiento frente a los huéspedes debe ser extremadamente detallista y programado. Por eso la nueva filosofía de servicio al cliente, implementada a mediados de 2006, fue un cambio tan radical de lo que se había estado haciendo en Ritz.

El nuevo enfoque de la empresa es casi lo opuesto de lo que se había hecho: no hay que decirle a los empleados cómo hacer que los huéspedes estén felices. Ahora se espera que ellos lo deduzcan. Diana Oreck, la vicepresidenta, dice "cambiamos del enfoque pesadamente preceptivo y preescrito hacia una administración enfocada en resultados". Sin embargo, los resultados no cambiaron. El objetivo aún es la felicidad del huésped y que éste diga guau por el servicio recibido. Sin embargo, bajo el nuevo enfoque, las interacciones entre los miembros del personal y los huéspedes son más naturales, relajadas y auténticas, en lugar de sonar como si estuvieran leyendo líneas de un manual.

Un portero de pie frente a la entrada principal de The Ritz-Carlton de Tokio, Japón.

Preguntas de análisis

1. Consulte la figura 3-2 y la información de este caso y describa la cultura de The Ritz-Carlton. ¿Por qué piensa que este tipo de cultura podría ser importante para un hotel de lujo? ¿Cuáles podrían ser las desventajas de una cultura como ésta?

2. ¿Qué desafíos cree que la compañía enfrentó al cambiar su cultura? ¿Qué está haciendo The Ritz-Carlton para mantener esta nueva cultura?

3. ¿Qué tipo de persona cree usted que se sentiría más feliz y triunfaría en esta cultura? ¿Cómo cree que los nuevos empleados "aprenden" la cultura?

4. ¿Qué podría aprender otra organización de The Ritz-Carlton sobre la importancia de la cultura organizacional?

Fuentes: The Ritz-Carlton, http://corporate.ritzcarlton.com, 10 de marzo de 2008; R. Reppa y E. Hirsh, "The Luxury Touch", *Strategy & Business*, primavera de 2007, pp. 32-37, y J. Gordon, "Redefining Elegance", *Training*, marzo de 2007, pp. 14-20.

¿Quiénes son?

Conozca al gerente

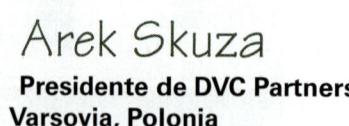

Arek Skuza

Presidente de DVC Partners
Varsovia, Polonia

MI TRABAJO: Desarrollar y ejecutar las estrategias de la compañía.

LA MEJOR Y PEOR PARTE DE MI TRABAJO: Hacer que la gente se "adhiera" a la estrategia.

EL MEJOR CONSEJO GERENCIAL RECIBIDO: Encuentra "gente de clase A". Contratar únicamente al mejor personal es la principal garantía de éxito.

A lo largo del capítulo sabrá más sobre este gerente real.

Capítulo 4

La administración en un entorno global

Todas las organizaciones se han visto afectadas de alguna manera por la globalización. En este capítulo veremos qué es lo que los administradores necesitan saber acerca de la administración global, como las alianzas comerciales regionales, la manera en que las empresas se internacionalizan y las diferencias interculturales. Conforme lea y estudie este capítulo, concéntrese en los siguientes objetivos de aprendizaje.

OBJETIVOS DE APRENDIZAJE

El dilema de un gerente

El *Hombre borrador rosa*.[1] Se diseñó una mascota en caricatura para transmitir un sencillo mensaje a los empleados: "borre" el desperdicio. Sin embargo, los gerentes de W. R. Grace & Company pronto descubrieron que su truco para promover globalmente la eficiencia (conocida como manufactura esbelta) en toda la empresa no era tan inofensiva como originalmente pensaron que sería. Cuando se presentó el *Hombre borrador* al personal de Asia durante una reunión de trabajo en China, los asistentes se mostraron perplejos e incluso algo frustrados. El vicepresidente de recursos humanos recuerda que dijeron, "¿En verdad desean que el programa sea invisible?", ya que eso es lo que el concepto "borrar" significa en China... invisible. El otro problema era el color del *Hombre borrador*: rosa. Aunque muchos empleados no hubiesen tenido problema respecto al borrador rosa, sencillamente "no es un color aceptable en China; es femenino. Ningún hombre que se respete querría estar asociado con un programa identificado con el color rosa". Este obstáculo intercultural se corrigió fácilmente; el *Hombre borrador* es ahora de color canela, y a los empleados de China se les impulsa a "simplificar" o "reducir" en lugar de borrar. Pero, ¿cómo se pueden evitar esos problemas en el futuro?

Cortesía de W. R. Grace & Co.

¿Usted qué haría?

La historia del *Hombre borrador* muestra algunas de las dificultades gerenciales del ambiente global actual. Incluso empresas grandes y exitosas que cuentan con talentosos gerentes (como W.R. Grace & Company) pueden equivocarse. A pesar de estos desafíos, la globalización es algo que la mayoría de las empresas quieren hacer. Un estudio de las compañías de manufactura en Estados Unidos descubrió que las empresas que operan en distintos países tienen el doble de crecimiento en ventas y una rentabilidad mucho más alta que las empresas estrictamente locales.[2] Sin embargo, si los gerentes no vigilan de cerca los cambios en su ambiente global o no toman en cuenta las características especiales de cada localidad al planear, organizar, dirigir y controlar, podrían tener un éxito global limitado. En este capítulo analizaremos los riesgos que enfrentan los gerentes al administrar en un entorno global.

¿QUIÉN POSEE QUÉ?

Una manera de percibir de qué manera se ha globalizado el mercado es considerar el país de origen de algunos productos comunes. Le sorprendería descubrir que muchos productos que pensaba que eran fabricados por empresas de Estados Unidos en ¡realidad no lo son! Responda el siguiente cuestionario[3] y verifique sus respuestas al final del capítulo, en la página 89.

1. La empresa propietaria de los helados Ben & Jerry's se encuentra en:
   a. México.   b. Arabia Saudita.   c. Reino Unido   d. Estados Unidos

2. La empresa propietaria de los jugos Lebedyamsky se encuentra en:
   a. Japón   b. Reino Unido   c. Estados Unidos   d. Rusia

3. Las especias y condimentos Rajah son productos de una empresa establecida en:
   a. Brasil   b. Suiza   c. Estados Unidos   d. India

4. Tetley Tea pertenece a una empresa localizada en:
    a. Gran Bretaña   b. India   c. Japón   d. España

5. La marca de mantequilla de maní Skippy es un producto de una empresa localizada en:
    a. Estados Unidos   b. Canadá   c. Venezuela   d. Reino Unido

6. Las más de 6,000 tiendas 7-Eleven son propiedad de una empresa localizada en:
    a. Japón   b. Estados Unidos   c. Canadá   d. Reino Unido

7. La empresa que produce Boboli Pizza Crust se localiza en:
    a. Estados Unidos   b. México   c. Italia   d. España

8. La empresa creadora de las rasuradoras eléctricas Braun se encuentra en:
    a. Suiza   b. Alemania   c. Estados Unidos   d. Japón

9. La empresa a que pertenecen las tiendas de cosméticos Sephora se encuentra en:
    a. Alemania   b. Canadá   c. Francia   d. Estados Unidos

10. Los productos Gerber para bebé pertenecen a una empresa establecida en:
    a. Estados Unidos   b. Alemania   c. Japón   d. Suiza

11. Los alimentos congelados Lean Cuisine son productos de una empresa localizada en:
    a. Alemania   b. Estados Unidos   c. Suiza   d. Brasil

12. Dr. Pepper y 7-Up son productos de una empresa que se encuentra en:
    a. Estados Unidos   b. Japón   c. Canadá   d. Reino Unido

13. La empresa que comercializa el té Lipton se localiza en:
    a. China   b. Reino Unido   c. Japón   d. Estados Unidos

14. El café Eight O'CLock pertenece a una empresa localizada en:
    a. India   b. Costa Rica   c. Estados Unidos   d. Canadá

15. Los productos Frédéric Fekkai para el cuidado del cabello son comercializados por una empresa que se encuentra en:
    a. Estados Unidos   b. Suiza   c. Francia   d. Italia

¿Cómo le fue? ¿Se dio cuenta de que una gran cantidad de productos que utilizamos en nuestra vida diaria son elaborados por empresas que *no* se encuentran en Estados Unidos? ¡Probablemente no! La mayoría no nos damos cuenta del todo de la verdadera naturaleza global del mercado actual.

OBJETIVO DE
APRENDIZAJE 4.1 ▷

¿CUÁL ES SU PERSPECTIVA CON RESPECTO A LA GLOBALIZACIÓN?

No es extraño que los alemanes, italianos o indonesios hablen tres o cuatro idiomas. "Hoy en día más de la mitad de los alumnos de escuela primaria en China aprenden inglés y el número de angloparlantes en India y China (500 millones) excede al total de angloparlantes nativos de cualquier otra parte del mundo". Por otro lado, la mayoría de los estudiantes en Estados Unidos sólo estudian inglés en las escuelas; únicamente 24,000 estudian chino. Y sólo 22 por ciento de la población de Estados Unidos habla otra lengua además del inglés.[4] Los norteamericanos tienden a pensar en el inglés como el único lenguaje internacional de negocios y no ven la necesidad de estudiar otros idiomas. Esto podría provocar problemas en el futuro, ya que un importante reporte de investigación emitido por el Consejo Británico dice que "la competitividad tanto de Gran Bretaña como de los Estados Unidos se ha visto disminuida" al solamente hablar Inglés.[5]

El monolingüismo es un signo de que el país sufre de **provincialismo;** es decir, una visión del mundo que sólo considera perspectivas y convicciones propias.[6] La gente que tiene una actitud provincial no reconoce que otros tienen maneras diferentes de vivir y

provincialismo
Visión del mundo que sólo considera perspectivas y convicciones propias y no reconoce que otros tienen maneras diferentes de vivir y de trabajar. El provincialismo provoca una incapacidad de reconocer las diferencias entre la gente.

Reto Wittwer es el presidente y director ejecutivo de Hoteles Kempinsky. Nacido en Suiza y educado en escuelas católicas de Francia, se hizo budista cuando se enamoró y se casó con una mujer vietnamita después de vivir en Asia durante muchos años. Wittwer es un buen ejemplo de un director geocéntrico; además de hablar alemán, francés, italiano, y un idioma basado en el latín, llamado Romanche, habla otros ocho idiomas.

de trabajar; ignoran los valores y costumbres de los demás, y tienen una actitud rígida de "lo nuestro es mejor que lo de ellos" frente a las culturas extranjeras. Este tipo de actitud estrecha y estricta es una de las tres posturas posibles que puede tomar un gerente frente a la globalización, pero no es la única.[7] Revisemos con mayor detalle cada una de ellas.

Primero, una **postura etnocéntrica** es la creencia provincial de que las mejores prácticas y métodos de trabajo son los del país de *origen* (el país donde se localizan las oficinas centrales). Los gerentes con una postura etnocéntrica creen que las personas de otros países no tienen las habilidades, pericia, conocimiento o experiencia necesarios para tomar las mejores decisiones de negocios, como el caso de la gente de su país natal. No confían en los empleados extranjeros para decisiones clave o cuestiones de tecnología.

Después, una **postura policéntrica** es la visión de que la gente del país *huésped* (el país extranjero en el cual la empresa hace negocios) conoce los mejores métodos y prácticas de trabajo para operar sus negocios. Los gerentes con esta postura visualizan cada operación en el extranjero muy diferente y difícil de comprender. De esta manera, es muy probable que dejen que los empleados del país huésped se las arreglen para hacer las cosas a su manera.

El último tipo de postura que pueden tener los gerentes ante la globalización es la **postura geocéntrica**, un punto de vista *orientado al mundo*, que se enfoca en emplear los mejores métodos y gente de todo el mundo. Los gerentes con este tipo de postura tienen una visión global y buscan los mejores métodos y gente, sin importar su origen. Por ejemplo, el presidente de una de las empresas fabricantes de productos para el hogar con mayor crecimiento, es un inmigrante chino que describe las estrategias de la empresa como "la combinación de los costos de China con la calidad japonesa, el diseño europeo, y el marketing estadounidense".[8] Una postura geocéntrica requiere eliminar actitudes provinciales y desarrollar el entendimiento de las diferencias interculturales. Ese es el tipo de método que los gerentes exitosos necesitarán en el entorno global actual.

REPASO RÁPIDO:
OBJETIVO DE APRENDIZAJE 4.1

- Defina el provincialismo.

- Compare las posturas etnocéntrica, policéntrica y geocéntrica en las empresas globales.

Vaya a la página 86 para ver qué tan bien maneja este material.

OBJETIVO DE
APRENDIZAJE 4.2 ▷ COMPRENSIÓN DEL ENTORNO GLOBAL

Una de las características del entorno globalizado actual es el comercio global, el cual, recordará de sus clases de historia, no es nuevo. Los países y las empresas han realizado comercio entre ellos durante siglos.[9] Y continúa hasta nuestros días, como vimos en el cuestionario al principio del capítulo. El comercio global actual está formado por dos fuerzas: las alianzas comerciales regionales y los tratados comerciales negociados a través de la Organización Mundial de Comercio.

ALIANZAS COMERCIALES REGIONALES

Alguna vez se consideró a la competencia global como si se tratara de país contra país; Estados Unidos contra Japón, Francia contra Alemania, México contra Canadá, etcétera. Ahora, la competencia global está formada por los acuerdos comerciales regionales, que incluyen la Unión Europea (UE), el Tratado de Libre Comercio de América del Norte (TLCAN), la Asociación de Naciones del Sureste Asiático (ASEAN), entre otros.

La Unión Europea.   27 países democráticos europeos integran la **Unión Europea (UE)**, que es una asociación económica y política. Tres países más (Croacia, Macedonia y Turquía) ya han solicitado su membresía (vea la figura 4-1). Cuando los 12 miembros originales formaron la UE en 1992, la motivación principal fue la de reposicionar la economía de la región frente a Estados Unidos y Japón. Antes, cada país europeo tenía sus propios controles fronterizos, impuestos y subsidios; políticas nacionales e industrias protegidas. Estas barreras para viajar, trabajar, invertir y comerciar evitaban que las empresas europeas desarrollaran su eficiencia económica. Ahora estas barreras se han eliminado y el poder económico que representa la UE es considerable. Su afiliación actual abarca una población de alrededor de quinientos mil millones de personas, y representa casi el 31 por ciento de la economía mundial total.[10]

Otro paso hacia la unificación ocurrió cuando los 15 países miembros adoptaron una moneda común, el **euro**. Además, todos los nuevos países miembros deben adoptar el euro; sólo a Dinamarca, el Reino Unido y Suecia se les permitió optar por no utilizarlo.[11] Los intentos para desarrollar una constitución común no han tenido resultados. Sin embargo, en diciembre de 2007, el Tratado de Lisboa (o Tratado de Reforma), firmado por los 27

Figura 4–1

Unión Europea

postura etnocéntrica
Creencia provincial de que los mejores métodos y prácticas de trabajo son los del país de origen.

postura policéntrica
Visión de que la gente del país huésped conoce los mejores métodos y prácticas para la operación de su negocio.

postura geocéntrica
Punto de vista orientado al mundo, que se enfoca en emplear los mejores métodos y gente de todo el mundo.

Unión Europea (UE)
Asociación económica y política que agrupa 27 países democráticos europeos creada como una unidad económica y entidad de negocios. Tres países adicionales están en espera de convertirse en miembros.

euro
Tipo de moneda europea única y común.

jefes de estado de todos los países miembros, parece ser un primer paso.[12] Este tratado proporciona a la UE un marco legal común y las herramientas para cumplir las metas de los desafíos de un mundo cambiante, incluidos los cambios climáticos y demográficos, globalización, seguridad y energía. La UE continuará en evolución y refirmará su poder económico como uno de los mercados más ricos, y los negocios europeos continuarán desempeñando un papel importante en la economía global.

El Tratado de Libre Comercio de América del Norte (TLCAN) y otros tratados de Latinoamérica.

Cuando se lograron acuerdos para asuntos clave por medio del **Tratado de Libre Comercio de América del Norte** entre los gobiernos de México, Canadá y Estados Unidos en 1992, se creó un vasto bloque económico. Hasta 2008 permanecía como el bloque económico más grande del mundo en términos del producto interno bruto (PIB) de sus miembros. Entre 1994, cuando entró en vigor el TLCAN, y 2006 (el año más reciente con estadísticas completas), el comercio total de bienes entre Estados Unidos, Canadá y México se incrementó 198 por ciento.[13] Canadá sigue siendo el mayor socio comercial de Estados Unidos, con México en el número tres (China es el segundo). La eliminación de barreras para el libre comercio (aranceles, requisitos de licencias de importación, y cuotas aduanales) ha dado como resultado un fortalecimiento del poder económico de los tres países.

Otros países latinoamericanos se han encaminado para formar parte de bloques de libre comercio. Colombia, México y Venezuela dieron la pauta cuando los tres firmaron en 1994 un pacto económico para eliminar los aranceles e impuestos de importación. Otro acuerdo, el Tratado de Libre Comercio de América Central (TLCAC), promueve la liberalización del comercio entre Estados Unidos y cinco países de Centroamérica: Costa Rica, El Salvador, Guatemala, Honduras y Nicaragua. Sin embargo, solamente El Salvador y Costa Rica se han integrado. Los demás países tienen aún que modificar sus leyes para alinear-las con el acuerdo.[14] Estados Unidos firmó también un tratado comercial con Colombia, del cual se dice es el "más grande que Washington ha firmado con algún país latinoamericano desde la firma del TLCAN".[15] Además, negociadores de 34 países en el hemisferio occidental continúan trabajando en el acuerdo para el Área de Libre Comercio de las Américas (ALCA), el cual tendría que estar en operación a partir de 2005. Sin embargo, los líderes de estos países no han llegado aún a un acuerdo, lo que deja el futuro del ALCA en el aire.[16] También ya existe otro bloque de libre comercio de 10 países sudamericanos conocidos como el Mercado Común Sudamericano (Mercosur). Algunos sudamericanos ven al Mercosur como una manera efectiva de combinar los recursos para competir de mejor manera en contra de los poderes económicos mundiales, especialmente con la UE y el TLCAN. Y con el futuro del ALCA en duda, esta alianza regional podría adquirir mayor relevancia.

Figura 4–2

Miembros de la Asociación de Naciones del Sureste Asiático (ASEAN)

Fuente: Basado en J. McClenahen y T. Clark, "ASEAN at Work", IW, 19 de mayo de 1997, p. 42.

Asociación de Naciones del Sureste Asiático (ASEAN). La **Asociación de Naciones del Sureste Asiático (ASEAN)**, es una alianza comercial de naciones (vea la figura 4-2). La región de la ASEAN tiene una población de alrededor de 566 millones de habitantes, con un PIB combinado de 737 mil millones de dólares.[17] Esta región de rápido crecimiento implica que la ASEAN tendrá cada vez mayor importancia regional tanto económica como políticamente, y cuyo efecto rivalizará con el TLCAN y la UE.

Otras alianzas comerciales. Otras regiones alrededor del mundo continúan desarrollando alianzas comerciales regionales. Por ejemplo, la Unión Africana (UA) formada por 53 países nació en 2002, con la visión de "construir un África integrada, próspera y pacífica".[18] Los miembros de esta alianza planean crear un plan de desarrollo económico para alcanzar una mayor unidad entre las naciones de África. Como los miembros de otras alianzas comerciales, estos países tienen la esperanza de alcanzar beneficios económicos, sociales, culturales y comerciales a partir de su asociación.

También la Asociación Sudasiática para la Cooperación Regional (SAARC), compuesta por ocho estados miembros (India, Pakistán, Sri Lanka, Bangladesh, Bhután, Nepal, las Maldivas y Afganistán), comenzó en 2006[19] a eliminar los aranceles. Su objetivo, como la de todas las demás alianzas regionales, es promover el libre tránsito de bienes y servicios.

LA ORGANIZACIÓN MUNDIAL DE COMERCIO

El comercio global entre las naciones no sucede de manera espontánea. Existen sistemas de comercio global para garantizar que el comercio continúe de manera eficiente y eficaz cuando surgen problemas comerciales. Sin duda, una de las realidades de la globalización es la interdependencia entre los países, esto es, lo que sucede en uno puede afectar a otros, para bien o para mal. Por ejemplo, la crisis financiera de Estados Unidos en 2008 tenía el potencial para interrumpir el crecimiento económico alrededor del mundo, pero el efecto no fue tan devastador. ¿Por qué? Porque los mecanismos financieros y comerciales ayudaron a impedir una crisis potencial. Uno de estos mecanismos es un sistema de comercio multilateral llamado la **Organización Mundial de Comercio (OMC)**.[20]

Formada en 1995, la OMC evolucionó a partir del Acuerdo General sobre Aranceles Aduaneros y Comercio (GATT), un acuerdo comercial en funcionamiento desde la Segunda Guerra Mundial. Actualmente, la OMC es la única organización *global* que lidia con reglas de comercio entre las naciones. Agrupa como miembros a 153 países (hasta el 23 de julio de 2008) y 30 gobiernos observadores (los cuales tienen un límite de tiempo específico dentro del cual deben aplicar para ser miembros). El objetivo de la OMC es ayudar a los países a llevar a cabo el comercio a través de un sistema de reglas comerciales. Aunque los críticos han lanzado protestas verbales en su contra, alegando que el comercio global elimina las fuentes de empleo y destruye el medio ambiente, la OMC desempeña un papel importante en el seguimiento y promoción del comercio mundial.

REPASO RÁPIDO:
OBJETIVO DE APRENDIZAJE 4.2
- Describa el estado actual de la Unión Europea, el TLCAN, la ASEAN y otras alianzas comerciales regionales.
- Analice el papel de la OMC.

Vaya a la página 86 para ver qué tan bien maneja este material

OBJETIVO DE
APRENDIZAJE 4.3 ▷ CÓMO HACER NEGOCIOS DE MANERA GLOBAL

A las 2:00 P.M. de un sábado en Bucarest, Rumania, un hipermercado operado por el grupo de ventas al detalle Auchan se encuentra repleto de compradores. McDonald's dice que está en camino para continuar su agresiva expansión en China, aun cuando ya tiene

---

Tratado de Libre Comercio de América del Norte (TLCAN)
Acuerdo entre los gobiernos de México, Estados Unidos y Canadá que elimina las barreras comerciales.

Asociación de Naciones del Sureste Asiático (ASEAN)
Alianza comercial entre 10 naciones del sur de Asia.

Organización Mundial de Comercio (OMC)
Organización global de 153 países que establece las reglas para el comercio entre las naciones.

más de 1,000 establecimientos ahí. Fabián Gómez, un socio auditor de la firma en México de Deloitte Touche Tohmatsu, una empresa global de contabilidad y servicios financieros, dice, "muchos de nuestros negocios consisten en servir a subsidiarias mexicanas de empresas internacionales, y por lo general los ejecutivos provienen de otros lugares".[21] Y los dos fabricantes asiáticos de automóviles, Toyota (Japón) y Kia (Corea del Sur) invierten en plantas de manufactura en dos estados de la Unión Americana (Indiana y Georgia) que los fabricantes estadounidenses no han tomado en cuenta. Como muestran estos ejemplos, las empresas de diferentes industrias y de diferentes países persiguen oportunidades globales. Pero, ¿cómo *hacen* las empresas negocios de manera global?

DIFERENTES TIPOS DE ORGANIZACIONES INTERNACIONALES

Las empresas que hacen negocios de manera global no son nuevas. DuPont comenzó a hacer negocios con China desde 1863. La empresa Heinz ya fabricaba productos alimenticios en 1905. Ford Motor Company estableció su primera marca al otro lado del océano en Francia en 1908. Para la década de 1920 otras empresas, incluidas Fiat, Unilever y Royal Dutch/Shell, se hicieron internacionales. Pero a mediados de la década de 1960 las empresas internacionales se hicieron muy comunes. Hoy en día son pocas las empresas que no hacen negocios internacionalmente. Sin embargo, no existe un método aceptado en general para describir los diferentes tipos de empresas internacionales, distintos autores las llaman de diversas maneras. Nosotros utilizamos los términos *multinacional, multidoméstica, global* y *transnacional*.[22] Una **empresa multinacional (MNC)** es cualquier tipo de empresa internacional que tiene operaciones en distintos países.

Un tipo de MNC es una **empresa multidoméstica**, la cual descentraliza la administración y otras decisiones en el país local. Este tipo de globalización refleja una postura policéntrica. Una empresa multidoméstica no intenta replicar sus éxitos locales mediante la administración de las operaciones extranjeras desde el país de origen. En lugar de eso, por lo general se contrata a los empleados locales para que administren el negocio, y las estrategias de mercado se diseñan para las características únicas de ese país. Por ejemplo, Nestlé es una empresa multidoméstica con base en Suiza con operaciones en casi todos los países del mundo. Sus gerentes hacen coincidir los productos de la empresa con sus consumidores; por ejemplo, en parte de Europa, Nestlé vende productos que no están disponibles en Estados Unidos o en Latinoamérica. Otro ejemplo es Frito-Lay, una división de PepsiCo, la cual comercializa una papa Dorito en el mercado británico que difiere tanto en sabor como en textura de la versión para Canadá y Estados Unidos. Muchas empresas de productos de consumo organizan sus negocios globales a través de dicho método, debido a que tienen que adaptar sus productos para cubrir las necesidades de los mercados locales.

Otro tipo de MNC es una **empresa global**, la cual centraliza su administración y otras decisiones en su país de origen. Este método de globalización refleja la postura etnocéntrica. Las empresas globales tratan al mercado mundial como un todo integrado y se enfocan en la necesidad de una eficiencia global. Aunque estas empresas pueden tener un gran número de acciones globales, las decisiones administrativas con implicaciones para toda la empresa se toman desde las oficinas centrales en el país de origen. Algunos ejemplos de empresas globales son Sony, Deutsche Bank AG, y Merrill Lynch.

Otras empresas utilizan estructuras que eliminan barreras geográficas artificiales. Con frecuencia, a este tipo de MNC se le llama **empresa transnacional** o **sin fronteras**, y refleja una postura geocéntrica.[23] Por ejemplo, IBM abandonó su estructura organizacional según el país, y se reorganizó en grupos industriales. Ford Motor Company persigue lo que llama el concepto One Ford que integra sus operaciones alrededor del mundo. Otra empresa, Thomson SA, que legalmente tiene su sede en Francia, tiene ocho ubicaciones importantes alrededor del mundo. El presidente expresó, "no queremos que la gente piense que radicamos en algún lugar en especial".[24] Los gerentes eligen este método para aumentar la eficiencia y la eficacia en un mercado global competitivo.[25]

CÓMO SE INTERNACIONALIZAN LAS EMPRESAS

Cuando las empresas se internacionalizan, suelen utilizar diferentes métodos (vea la figura 4-3). A primera vista, los gerentes podrían querer ingresar al mercado global con una inversión mínima. En este punto, querrían comenzar con un **sourcing global** o aprovisionamiento global (también llamado **outsourcing global**), esto significa la compra de materiales o trabajo alrededor del mundo basado en un menor costo. La meta es aprovechar costos más bajos

Figura 4–3

Cómo se vuelven globales las empresas

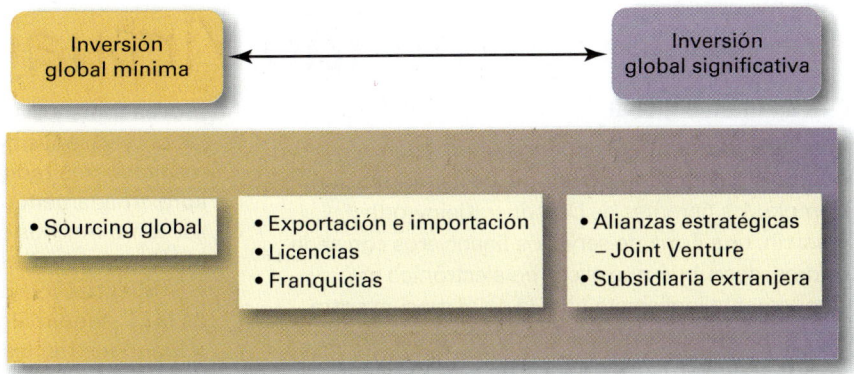

con el objeto de ser más competitivos. Por ejemplo, el Hospital General de Massachusetts utiliza radiólogos de la India para interpretar los escaneos de TC.[26] Aunque para muchas empresas el outsourcing global pudiera ser el primer paso para la internacionalización, con frecuencia siguen utilizando este método debido a las ventajas competitivas que ofrece. Sin embargo, cada etapa sucesiva de la internacionalización más allá del outsourcing global requiere mayor inversión, y por lo tanto implica mayor riesgo para la organización.

El siguiente paso en la internacionalización podría tener que ver con la **exportación** de los productos de la empresa hacia otros países; esto es, la fabricación local de los productos y su venta en el exterior. Además, una organización podría realizar **importaciones**, lo cual tiene que ver con la adquisición de productos elaborados en el exterior y vendidos de manera local. Por lo general, tanto la exportación como la importación suponen una inversión y riesgo mínimos; ésta es la razón de que los pequeños negocios utilicen estos métodos para que la empresa sea global.

Por último, los gerentes podrían utilizar **licencias** o **franquicias**, las cuales son métodos similares que involucran a una empresa que otorga a otra empresa el derecho de utilizar su nombre de marca, tecnología o especificaciones de producto, como respuesta a un pago o una cuota (por lo general basada en ventas). La única diferencia es que las licencias las utilizan primordialmente empresas de manufactura que fabrican o venden los productos de otra empresa, y las franquicias las utilizan sobre todo empresas de servicios que desean utilizar el nombre de otra empresa y sus métodos de operación. Por ejemplo, los consumidores en Nueva Delhi pueden disfrutar los sándwiches de Subway, los residentes de Hong Kong pueden cenar en Shakey's Pizza, y los malayos pueden consumir los deli sándwiches de Shlotzky, todo debido a las *franquicias* en estos países. Por otro lado, Anheuser-Busch InBev *licenció* el derecho de fabricar y comercializar su cerveza Budweiser a cerveceros como Kirin en Japón y Crown Beers en India.

Cuando una empresa ha realizado negocios internacionales durante un tiempo y ya ha ganado experiencia en los mercados internacionales, es posible que los gerentes decidan invertir de manera más directa. Una manera de hacerlo es a través de una **alianza estratégica**, la cual es una asociación entre una empresa o empresas extranjeras asociadas, en la que ambas comparten recursos y conocimientos sobre el desarrollo de nuevos productos o la construcción de lugares para la manufactura. Por ejemplo, Honda Motor Company y

---

empresas multinacionales (MNC)
Término general que hace referencia a cualquier tipo de empresa internacional que mantiene operaciones en diversos países.

empresa multidoméstica
Empresa internacional que descentraliza la administración y otras decisiones en el país local.

empresa global
Empresa internacional que centraliza la administración y otras decisiones en el país de origen.

organización transnacional (o sin fronteras)
Tipo de empresa internacional en la cual se eliminan las fronteras geográficas artificiales.

sourcing global (u outsourcing global)
Adquisición de materiales o trabajo alrededor del mundo, basada en el costo más bajo.

exportar
Fabricación de productos de manera local que se comercializan en el extranjero.

importar
Adquisición de productos en el extranjero que se comercializan de manera local.

licencia
Acuerdo en el cual una empresa da a otra empresa el derecho de fabricar o vender sus productos, mediante su tecnología o sus especificaciones de producto.

franquicia
Acuerdo en el cual una empresa da a otra empresa el derecho de utilizar su nombre y sus métodos de operación.

alianza estratégica
Asociación entre una empresa o empresas extranjeras, en la cual ambas comparten recursos y conocimientos sobre el desarrollo de nuevos productos o la construcción de lugares para la manufactura.

Cómo dirigir en un Mundo Virtual

La IT en un mundo global

Los administradores alrededor del mundo están explotando el poder de la tecnología de la información[27]. Por ejemplo, los gerentes de Dresdner Kleinworth Wasserstein, una firma de servicios financieros con sede en Londres, descubrió que el correo electrónico era extremadamente ineficiente para la colaboración entre los empleados. Comenzaron a utilizar **wikis** (software de servidor que permite a los usuarios crear y editar libremente contenido de una página Web por medio de los navegadores Web) y **blogs** (Web logs, o diarios en línea) como formas para que sus empleados creen, editen, comenten y revisen proyectos en tiempo real. Las ventajas: "el correo electrónico disminuyó 75 por ciento, se redujo el tiempo dedicado a las juntas, y los miembros del equipo son más productivos". La empresa sudcoreana Samsung Electronics utiliza enlaces en línea con los proveedores y distribuidores para ayudar a mejorar las proyecciones de demanda, lo cual ha tenido como resultado una reducción de los niveles de inventario de aproximadamente 80 días a 2 semanas. Estos ejemplos, así como muchos otros, muestran la importancia que puede tener la IT en las empresas globales.

Mientras los gerentes buscan explotar los beneficios de la IT, ¿tendrá algún efecto su ubicación geográfica? ¿Qué muestran las estadísticas respecto al uso de Internet? La siguiente tabla resume estas estadísticas de las regiones del mundo. ¿Está sorprendido de lo que muestran? Aunque no podemos concluir o incluso asumir que las empresas que se encuentran en los países que más utilizan Internet son más propensas al uso de la IT que otras, debemos tener en cuenta algunos factores relacionados con las innovaciones y las ideas, respecto al posible origen de la mejor y más eficiente forma de administrar la IT en el futuro.

Uso mundial de Internet y estadísticas de población

Regiones del mundo	Población (Est. de 2007)	% de la población mundial	Uso de Internet, datos más recientes	% de Población (penetración)	% uso mundial	Aumento en el uso 2000-2007
África	941,249,130	14.2%	44,361,940	4.7%	3.4%	882.7%
Asia	3,733,783,474	56.5%	510,478,743	13.7%	38.7%	346.6%
Europa	801,821,187	12.1%	348,125,847	43.4%	26.4%	231.2%
Medio Oriente	192,755,045	2.9%	33,510,500	17.4%	2.5%	920.2%
América del Norte	334,659,631	5.1%	238,015,529	71.1%	18.0%	120.2%
Latinoamérica/Caribe	569,133,474	8.6%	126,203,714	22.2%	9.6%	598.5%
Oceanía/Australia	33,569,718	0.5%	19,175,836	57.1%	1.5%	151.6%
Total mundial	6,606,971,659	100.0%	1,319,872,109	20.0%	100.0%	265.6%

Notas: (1) Las estadísticas de población y de uso de Internet son hasta el 31 de diciembre de 2007. (2) Las cifras demográficas (de población) están basadas en el U.S. Census Bureau. (3) La información respecto al uso de Internet proviene de datos publicados por Nielsen/NetRatings, la International Telecommunications Union, local NIC, y otras fuentes confiables.

Fuente: Internet World Stats, "Internet Usage Statistics: The Internet Big Picture", www.internetworldstats.com. Copyright © 2000-2008, Miniwatts Marketing Group.

General Electric hicieron equipo para producir un nuevo motor de propulsión. A un tipo específico de alianza estratégica, en la cual los socios forman una empresa separada e independiente para un propósito de negocio específico, se le llama **joint venture**. Por ejemplo, Hewlett-Packard ha tenido numerosas empresas conjuntas con diversos proveedores alrededor del mundo para desarrollar diversos componentes para sus equipos de cómputo. Estas asociaciones permiten a las empresas competir a nivel global de manera relativamente fácil.

Por último, los gerentes pueden elegir la inversión directa en un país extranjero mediante la instalación de una **subsidiaria extranjera** a manera de oficina separada e independiente. Es posible manejar esta subsidiaria como una empresa multidoméstica (con control local) o como una empresa global (con control centralizado). Como probablemente puede suponer, estas organizaciones involucran un gran compromiso de recursos y conllevan un gran riesgo. Por ejemplo, United Plastics Group, de Westmont, Illinois, construyó tres plantas para la inyección de moldes en Suzhou, China. Sin embargo, el vicepresidente ejecutivo de desarrollo de negocios de la empresa comenta que fue necesario ese nivel de inversión debido a que "cumplía con nuestras expectativas de ser un proveedor global para nuestras cuentas globales".[28]

El gigante de la comida rápida KFC, como muchas otras grandes franquicias, está abriendo más puntos de venta al otro lado del océano. En este proceso, la empresa hace modificaciones apropiadas en sus ofertas de menú, tales como la sustitución del jugo y la fruta por Coca Cola y papas a la francesa. Esta promoción en Shanghai consiste en tortas de huevo.

REPASO RÁPIDO:

OBJETIVO DE APRENDIZAJE 4.3

- Compare las empresas multinacional, multidoméstica, global y transnacional.

- Describa las diferentes formas en que una empresa se puede internacionalizar.

Vaya a la página 86 para ver qué tan bien maneja este material.

OBJETIVO DE
APRENDIZAJE 4.4 ▷ ADMINISTRACIÓN EN UN ENTORNO GLOBAL

Por un momento suponga que es un gerente que va a trabajar en una de las sucursales de una organización global en un país extranjero. Sabe que su entorno será diferente al de su hogar, pero ¿de qué manera? ¿qué debe tener en cuenta?

Cualquier gerente que se encuentre en un nuevo país enfrenta desafíos. En esta sección veremos algunos de estos desafíos. Aunque la explicación se presenta a través de la visión de un administrador de Estado Unidos, este panorama podría ser útil para cualquier gerente que dirige en un país extranjero, sin importar su país de origen.

ENTORNO POLÍTICO-LEGAL

Los gerentes estadounidenses están acostumbrados a un sistema político y legal estable. Los cambios son lentos y los procedimientos legales y políticos están bien establecidos. Las elecciones se llevan a cabo en intervalos regulares, incluso cuando el partido político en el poder cambia después de una elección, es poco probable que suceda algo radical. La estabilidad de las leyes hace posible predicciones acertadas. Sin embargo, esto ciertamente no sucede en todos los países. Los gerentes deben estar informados con respecto a las leyes específicas de los países con los que se hacen negocios.

Además, algunos países tienen entornos políticos de alto riesgo. La evaluación que realizó Aon Corporation con sede en Chicago sobre el riesgo político descubrió que los países donde se experimentan los mayores niveles de riesgo son Irán, Nigeria y Venezuela. Había un elevado nivel de riesgo en otros 13 países: China, India, México, Turquía, Arabia Saudita, Sudáfrica, Argentina, Tailandia, Colombia, Pakistán, Filipinas, Argelia y Egipto.[29] Los administradores de negocios en países con altos niveles de riesgo enfrentan una dramática incertidumbre. También la interferencia política es un hecho en algunas regiones,

¿Quiénes son?
CARA A CARA

CONSEJOS PARA ALGUIEN QUE TIENE POCA EXPERIENCIA MUNDIAL:
- Estudie otras culturas de negocios.
- Viaje con frecuencia.
- Observe comportamientos en otras naciones.

wikis
Software de servidor que permite a los usuarios crear y editar de manera libre contenido de una página Web por medio de un navegador Web.

blogs
Logs Web o diarios en línea.

joint venture
Tipo específico de alianza estratégica en la cual los socios acuerdan la formación de una empresa separada e independiente con un propósito específico de negocio.

subsidiaria extranjera
Inversión directa en un país extranjero que tiene que ver con el establecimiento de una instalación u oficina independiente.

Razonamiento crítico sobre *Ética*

Una encuesta publicada en noviembre de 2007 reportó que más de 80 por ciento de las empresas en Rusia utilizan software pirata. El estudio, auspiciado por Microsoft, indicaba que muchos gerentes rusos creían que la compra del software legal no era redituable. ¿Qué opina sobre esta situación? ¿Quién se ve afectado? ¿Ha utilizado alguna vez copias ilegales de software o le ha dado a amigos copias de software, música, o videojuegos? ¿Hay alguna diferencia? Explique sus respuestas.

especialmente en algunos países asiáticos. Por ejemplo, muchas empresas se han acercado con cautela para hacer negocios con China debido al control gubernamental. Sin embargo, cuando los consumidores chinos parecen tener más poder, esto parece estar cambiando.

El entorno político-legal de un país no tiene que ser riesgoso o inestable para que sea motivo de preocupación para los administradores. El simple hecho de que difiera del país de origen es importante. Los gerentes deben reconocer estas diferencias si tienen la esperanza de comprender las restricciones y las oportunidades existentes.

EL ENTORNO ECONÓMICO

Un gerente global debe estar consciente de los riesgos económicos al hacer negocios en otros países. Primero, es importante comprender el tipo de sistema económico de un país. Los dos tipos más importantes son la economía de libre mercado y la economía planeada. Una **economía de libre mercado** es aquella en la cual los recursos pertenecen y son controlados primordialmente por el sector privado. Una **economía planeada** es aquella en la cual las decisiones económicas se planean mediante un gobierno central. En realidad, ninguna economía es puramente de libre mercado o planeada. Por ejemplo, Estados Unidos y el Reino Unido se encuentran al final del espectro del libre mercado pero cuentan con algunos controles gubernamentales. Las economías de Vietnam y de Corea del Norte son más planeadas. China tiene también una economía más planeada, pero se mueve hacia una economía de mayor libertad de mercado. ¿Por qué los gerentes necesitan saber acerca del sistema económico de un país? Porque tiene el potencial de restringir las decisiones. Otros de los riesgos económicos que los administradores necesitan comprender incluyen tipos de cambio, tasas de inflación y diversas políticas de impuestos.

Las utilidades de una MNC pueden variar drásticamente de acuerdo con la fuerza de su moneda local y las monedas de los países con los que opera. Por ejemplo, el creciente valor del euro frente al dólar y al yen durante 2007 contribuyó a las grandes utilidades de empresas alemanas.[30] La revalorización del tipo de cambio puede afectar las decisiones de los gerentes y el nivel de utilidades de una empresa.

La inflación significa que los precios de los productos y servicios están aumentando; pero también afecta las tasas de interés, el tipo de cambio, el costo de vida y en general la confianza en el sistema político y económico de un país. Las tasas de inflación de un país pueden variar de forma importante, y en realidad así sucede.[31] La publicación *World Factbook* (libro mundial de datos) muestra tasas que van de un porcentaje negativo de 3.6 en Nauru hasta un gigantesco porcentaje positivo de 26,470 en Zimbabwe.[32] Los gerentes tienen que dar seguimiento a las tendencias de la inflación para que puedan prever posibles cambios en las políticas monetarias de un país y tomar buenas decisiones.

Por último, las políticas fiscales pueden ser una preocupación económica importante. Las leyes fiscales de algunos países son más restrictivas que las del país de origen de una MNC; otras son más indulgentes. Lo que es un hecho es que varían de un país a otro. Los gerentes necesitan información exacta sobre las reglas fiscales de los países en que operan para minimizar las obligaciones fiscales generales de un negocio.

EL ENTORNO CULTURAL

Dirigir la talentosa fuerza de trabajo global de hoy en día, no es sencillo.[33] Una compañía petrolera multinacional importante descubrió que la productividad de los empleados de una de sus plantas mexicanas era del 20 por ciento, y envió a un gerente de Estados Unidos a averiguar por qué. Después de platicar con varios empleados, el gerente descubrió que la empresa acostumbraba ofrecer una fiesta mensual para los empleados y sus familias en el área del estacionamiento. Otro gerente estadounidense había cancelado las fiestas, argumentando que representaban una pérdida de tiempo y dinero. El mensaje que estaban recibiendo los empleados era que a la empresa ya no le importaban sus familias. Cuando las fiestas se restablecieron, la productividad y el ánimo de los empleados mejoraron. En Hewlett-Packard se formó un equipo global de ingenieros estadounidenses y franceses para trabajar en un proyecto de software. Los ingenieros estadounidenses enviaban correos electrónicos largos y detallados a sus colegas en Francia. Los ingenieros franceses consideraban estos largos correos como condescendientes y respondían con correos rápidos y concisos. Esto hizo que los ingenieros norteamericanos pensaran que los franceses estaban ocultándoles algo. La situación se salió de control y afectó negativamente los resultados hasta que los miembros del equipo recibieron capacitación cultural.[34]

Como vimos en el capítulo 3, las organizaciones tienen diferentes culturas; las empresas también. La **cultura nacional** es el conjunto de valores y actitudes que comparten los individuos de un país específico, el cual define su comportamiento y creencias sobre lo que es importante.[35]

¿Qué es más importante para un gerente, la cultura nacional o la organizacional? Por ejemplo, ¿qué es más probable que reflejen las oficinas de IBM en Alemania, la cultura alemana o la cultura corporativa? Una investigación indica que la cultura nacional tiene un mayor efecto sobre los empleados que la cultura de la empresa.[36] Los empleados alemanes de una oficina de IBM en Munich tendrán mayor influencia de la cultura alemana que de la cultura de IBM. Esto significa que aunque la cultura organizacional pueda tener influencia sobre la práctica gerencial, la cultura nacional influirá todavía más.

Las diferencias legales, políticas y económicas entre los países son bastante obvias. Un gerente japonés que trabaja en Estados Unidos o un colega estadounidense que trabaja en Japón, pueden obtener información sobre las leyes o políticas fiscales sin demasiada dificultad. Obtener información sobre diferencias culturales no es tan sencillo. ¿Cuál es la razón principal? Para los nativos es difícil explicar las características culturales únicas de alguien más. Por ejemplo, si usted hubiera nacido y crecido en Estados Unidos, ¿cómo describiría la cultura estadounidense? En otras palabras, ¿cómo son los estadounidenses? Piénselo por un momento y vea con qué características de la figura 4-4 se identifica.

Figura 4–4

¿Cómo son los estadounidenses?

- Son muy *informales*. Tienden a tratar a la gente como iguales, incluso cuando existan grandes diferencias en edad o en condición social.
- Son *directos*. No hablan con rodeos. Para algunos extranjeros, esto puede parecer brusco o incluso grosero.
- Son *competitivos*. Algunos extranjeros consideran que los estadounidenses son autoritarios o dominantes.
- Son *triunfadores*. Les gusta estar al tanto de sus resultados, ya sea en el trabajo o en un juego. Enfatizan los logros.
- Son *independientes e individualistas*. Valoran mucho la libertad y piensan que los individuos pueden forjar y controlar su propio destino.
- Son *inquisitivos*. Hacen muchas preguntas, incluso de alguien que acaban de conocer. Algunas pueden parecer vagas ("¿qué tal?") o personales ("¿a qué se dedica?").
- *No les gusta el silencio*. Prefieren hablar sobre el clima que permanecer en silencio.
- *Valoran la puntualidad*. Llevan el registro de sus citas y viven de acuerdo con horarios y relojes.
- *Valoran la limpieza*. Algunas veces parecen obsesionados con bañarse, eliminar los olores corporales y utilizar ropa limpia.

Fuentes: Basado en M. Ernest (ed.), *Predeparture Orientation Handbook: For Foreign Students and Scholars Planning to Study in the United States* (Washington, DC: U.S. Information Agency, Bureau of Cultural Affairs, 1984), pp. 103-105; A. Bennett, "American Culture is Often a Puzzle for Foreign Managers in the U.S.", *Wall Street Journal*, 12 de febrero de 1986, p. 29; "Don't Think Our Way's the Only Way", *The Pryor Report*, febrero de 1988, p. 9, y B.J. Wattenberg, "The Attitudes Behind American Exceptionalism", *U.S. News & World Report*, 7 de agosto de 1989, p. 25.

economía de libre mercado
Sistema económico en el cual los recursos pertenecen y son controlados primordialmente por el sector privado.

economía planeada
Sistema económico en el cual todas las decisiones económicas son planeadas por un gobierno central.

cultura nacional
Conjunto de valores y actitudes que comparten los individuos de un país específico, el cual define su comportamiento y creencias sobre lo que es importante.

Figura 4–5

Las cinco dimensiones de la cultura nacional de Hofstede.

(1) *Individualismo*. La gente busca satisfacer sus propios intereses y los de su familia.
    Colectivismo. Las personas buscan pertenecer a grupos y que éstos las protejan.

Individualismo ←————————————————————→ Colectivismo
Estados Unidos, Canadá, Australia   Japón   México, Tailandia

(2) *Mucha distancia del poder*. Se aceptan muchas diferencias en el poder, y existe un gran respeto por quienes representan la autoridad.
    Poca distancia del poder. Se rechaza la desigualdad: los empleados no temen acercarse al jefe ni se sienten intimidados por él.

Mucha distancia ←————————————————————→ Poca distancia
del poder   del poder
México, Singapur, Francia   Italia, Japón   Estados Unidos, Suecia

(3) *Elevado rechazo a la incertidumbre*. Se sienten amenazados con la ambigüedad y experimentan altos niveles de ansiedad.
    Poco rechazo a la incertidumbre. Se sienten cómodos con los riesgos; tolerantes ante comportamientos y opiniones diferentes.

Elevado rechazo ←————————————————————→ Poco rechazo
a la incertidumbre   a la incertidumbre
Italia, México, Francia   Reino Unido   Canadá, Estados Unidos, Singapur

(4) *Logros.* Preponderan valores como la asertividad, la adquisición de bienes y dinero y la competencia.
    Procuración de relaciones. Preponderan valores como las relaciones y la preocupación por los demás.

Logros ←————————————————————→ Procuración de relaciones
Estados Unidos, Japón, México   Canadá, Grecia   Francia, Suecia

(5) *Orientación a largo plazo*. Las personas ven a futuro y valoran el ahorro y la persistencia.
    Orientación a corto plazo. Las personas valoran las tradiciones y el pasado.

Pensamiento ←————————————————————→ Pensamiento
a corto plazo   a largo plazo
Alemania, Australia, Estados Unidos, Canadá   China, Taiwán, Japón

¿Quiénes son?

CARA A CARA

SABER SOBRE LOS NEGOCIOS GLOBALES ES IMPORTANTE PORQUE:
Aumenta la creatividad y fortalece el pensamiento creativo.

LOS PROBLEMAS INTERCULTURALES SE MINIMIZAN SI:
Somos conscientes de las diferencias y alentamos el diálogo abierto entre los miembros del equipo sobre dichas diferencias.

Esquema de Hofstede para la evaluación de culturas. Geert Hofstede desarrolló uno de los enfoques más conocidos para ayudar a los gerentes a comprender las diferencias entre culturas nacionales. En su investigación encontró que los países varían en cinco dimensiones de cultura nacional. Estas dimensiones se describen en la figura 4-5, la cual también muestra algunos de los países caracterizados por dichas dimensiones.

Esquema GLOBE para la evaluación de culturas. El programa de investigación **GLOBE** (Global Leadership and Organizational Behavior Effectiveness) amplió el trabajo de Hofstede al investigar comportamientos interculturales de liderazgo. Proporciona a los gerentes información adicional para ayudarlos a identificar y manejar diferencias culturales. A partir de la información de más de 18,000 gerentes en 62 países, el equipo de investigación GLOBE (dirigido por Robert House) identificó nueve dimensiones en las que difieren las culturas nacionales.[37] Dos dimensiones (distancia del poder y rechazo a la incertidumbre) coinciden directamente con las de Hofstede; cuatro son parecidas (asertividad, que es similar a la de logros-procuración de relaciones; orientación humana, que es similar a la dimensión de procuración de relaciones; orientación al futuro, que se parece a la orientación de largo y corto plazos, y colectivismo institucional, que es similar al individualismo-colectivismo). Las otras tres (diferencia de género, colectivismo grupal y orientación al desempeño) ofrecen información adicional sobre la cultura de un país:

- **Distancia del poder.** Medida que aceptan los miembros de una sociedad con respecto a la desigualdad en la distribución del poder.
- **Rechazo a la incertidumbre.** Confianza de una sociedad en las normas y procedimientos sociales para aligerar lo impredecible de eventos futuros.
- **Asertividad.** Grado hasta el que una sociedad alienta a las personas para que sean fuertes, polémicas, asertivas y competitivas, en lugar de modestas y sensibles.
- **Orientación humana.** Grado hasta el que una sociedad alienta y recompensa a los individuos por ser justos, altruistas, generosos, comprensivos y amables con los demás.
- **Orientación al futuro.** Grado hasta el que una sociedad alienta y recompensa los comportamientos orientados hacia el futuro, como la planeación, inversión en el futuro y retrasar las gratificaciones.

- **Colectivismo institucional.** Grado hasta el que los individuos son alentados por instituciones sociales a integrarse a grupos de las empresas y de la sociedad.
- **Diferencia de género.** Grado hasta el que una sociedad amplía las diferencias de género, medido por el estatus y las responsabilidades que tienen las mujeres en la toma de decisiones.
- **Colectivismo grupal.** Grado hasta el que los miembros de una sociedad se enorgullecen de pertenecer a pequeños grupos, como sus familias, sus círculos de amistades cercanas y a las organizaciones en que trabajan.
- **Orientación al desempeño.** Grado hasta el que una sociedad alienta y recompensa a los miembros de un grupo para mejorar su desempeño y lograr la excelencia.

La figura 4-6 proporciona información sobre las diferentes calificaciones de diferentes países en cuanto a estas nueve dimensiones.

ADMINISTRACIÓN GLOBAL EN EL MUNDO ACTUAL

IRKUT, un fabricante ruso de jets, muy admirado por sus aeronaves militares Sukhoi, está fabricando aviones de pasajeros para vuelos nacionales e internacionales, pero podría descubrir que las demandas del mercado comercial son muy diferentes a las que está acostumbrado. Nissan Motor Company está exportando a China un número limitado de sus minivans Quest fabricadas en Estados Unidos; un movimiento que refleja qué tan profundamente los fabricantes de automóviles japoneses están integrados en la economía de Estados Unidos. Debido a los altos costos, el fabricante de juguetes danés

Figura 4–6

Lo más destacado de GLOBE

Dimensión	Países con baja calificación	Países con calificación regular	Países con alta calificación
Asertividad	Suecia	Egipto	España
	Nueva Zelanda	Irlanda	Estados Unidos
	Suiza	Filipinas	Grecia
Orientación al futuro	Rusia	Eslovenia	Dinamarca
	Argentina	Egipto	Canadá
	Polonia	Irlanda	Holanda
Diferencias de género	Suecia	Italia	Corea del Sur
	Dinamarca	Brasil	Egipto
	Eslovenia	Argentina	Marruecos
Rechazo a la incertidumbre	Rusia	Israel	Austria
	Hungría	Estados Unidos	Dinamarca
	Bolivia	México	Alemania
Distancia del poder	Dinamarca	Inglaterra	Rusia
	Holanda	Francia	España
	Sudáfrica	Brasil	Tailandia
Individualismo-colectivismo*	Dinamarca	Hong Kong	Grecia
	Singapur	Estados Unidos	Hungría
	Japón	Egipto	Alemania
Colectivismo grupal	Dinamarca	Japón	Egipto
	Suecia	Israel	China
	Nueva Zelanda	Qatar	Marruecos
Orientación al desempeño	Rusia	Suecia	Estados Unidos
	Argentina	Israel	Taiwán
	Grecia	España	Nueva Zelanda
Orientación humana	Alemania	Hong Kong	Indonesia
	España	Suecia	Egipto
	Francia	Taiwán	Malasia

*Una puntuación elevada es sinónimo de colectivismo.

Fuente: M. Javidan y R.J. House, "Cultural Acumen for the Global Manager: Lessons from Project GLOBE", *Organizational Dynamics*, Primavera de 2001, pp. 289-305. Derechos reservados © 2001. Reimpreso con la autorización de Elsevier.

Globe
Programa de investigación sobre el liderazgo global y eficacia en el comportamiento organizacional (Organizational Behavior Effectiveness), que estudia los comportamientos de liderazgo interculturales.

Lego Group, transfirió la producción de una fábrica en Suiza a una en la República Checa. En Bangalore, India, General Electric invirtió más de $80 millones en la creación de su centro de investigación más grande fuera de Estados Unidos, un movimiento riesgoso si se considera la frágil naturaleza de las relaciones entre India y Pakistán. La industria global de productos electrónicos debe cumplir con las reglas europeas llamadas RoHS (restricción de sustancias peligrosas), las cuales en su mayoría prohíben el uso de plomo, cadmio, mercurio y ciertos elementos resistentes al fuego en la mayoría de los productos eléctricos y electrónicos.[38] Hoy en día, hacer negocios globalmente ¡no es fácil! Los gerentes enfrentan retos importantes; retos que surgen de la apertura asociada con la globalización de diferencias culturales significativas.

La tendencia a globalizarse se ha esparcido. Los partidarios elogian los beneficios económicos y sociales que vienen con la globalización, aunque ésta ha generado retos que se deben a la apertura que se necesita para que funcione. Uno de dichos retos es la creciente amenaza del terrorismo, por medio de una verdadera red de terror global. La globalización quiere decir abrir el comercio y derribar las barreras geográficas que separan a los países, a pesar de que esta apertura signifique abrirse también a lo malo. Desde Filipinas y el Reino Unido, hasta Israel y Pakistán, las organizaciones y empleados enfrentan el riesgo de ataques terroristas. Otro reto de la apertura es la interdependencia económica de los países asociados. Si la economía de un país flaquea, potencialmente podría tener un efecto dominó sobre otros países con los que hace negocios. Sin embargo, hasta el momento, la economía mundial ha demostrado ser muy fuerte. Además, existen estructuras, como la Organización Mundial de Comercio y el Fondo Monetario Internacional, para aislar y tratar problemas potenciales.

Pero los gerentes no sólo deben estar preparados para enfrentar los retos de la apertura. Los problemas más serios de los gerentes reflejan las intensas y fundamentales diferencias culturales subyacentes, diferencias que incluyen tradiciones, historia, creencias religiosas y valores profundamente arraigados. La administración en tales entornos puede ser extremadamente complicada. Aunque la globalización ha sido muy elogiada por sus beneficios económicos, algunos piensan que la globalización es un simple eufemismo de "americanización"; es decir, la forma en que los valores culturales y la filosofía de negocios de Estados Unidos se apoderan lentamente del mundo.[39] Los defensores de la americanización esperan que otros vean qué tan progresiva, eficiente, industriosa y libre es la sociedad y los negocios estadounidenses, y quieren emular esa forma de hacer las cosas. Sin embargo, los críticos alegan que esta actitud de "el todopoderoso dólar americano queriendo dispersar la forma americana de hacer las cosas a todos los países"[40] ha generado muchos problemas. Aunque la historia está llena de conflictos entre civilizaciones, lo que resulta único sobre el periodo actual es la velocidad y facilidad con la que los malentendidos y desacuerdos pueden surgir y escalar. Internet, la televisión y otros medios, así como los viajes aéreos globales, han llevado lo mejor y lo peor del entretenimiento, productos y comportamiento estadounidense a todos los rincones del mundo. Para los que no gustan de lo que hacen, dicen o creen los estadounidenses, esto puede provocar resentimiento, disgusto, desconfianza e incluso un abierto odio.

Una administración exitosa en el entorno global actual requerirá una sensibilidad y comprensión increíbles. Los gerentes de cualquier país necesitarán estar conscientes de cómo sus decisiones y acciones serán vistas no sólo por aquellos que pudieran estar de acuerdo, sino más importante aún, por aquellos que pudieran discrepar. Tendrán que ajustar sus estilos de liderazgo y enfoques de administración para adecuarse a estos diversos puntos de vista. Aunque, como siempre, necesitarán hacerlo y aún así ser lo más eficientes y eficaces posible para lograr los objetivos de la organización.

REPASO RÁPIDO:
OBJETIVO DE APRENDIZAJE 4.4

- Explique cómo afecta el entorno político-legal y económico a los gerentes.
- Analice las dimensiones de Hofstede y las dimensiones GLOBE para valorar las culturas de los países.

- Describa los retos de hacer negocios globalmente en el mundo actual.

Vaya a la página 86 para ver qué tan bien maneja este material.

¿Quiénes son?

Mi turno

Arek Skuza

Presidente de DVC Partners
Varsovia, Polonia

Nuestra empresa ha desarrollado una metodología sencilla pero eficaz para evitar malentendidos culturales cuando se implantan nuevas estructuras internacionales:

- Obtenga información sobre lo que se hizo antes: estudie lecciones aprendidas.

- Encuentre similitudes con proyectos anteriores que podrían ser útiles para el proyecto actual.

- Hable con los gerentes locales.

- Prepare un programa piloto y pruébelo.

- Registre experiencias de prueba en un sistema corporativo de "lecciones aprendidas".

- Estudie los resultados y presente mejoras.

- Prepare un plan de acciones e impleméntelo.

- Describa experiencias posteriores a la implementación en un sistema corporativo de "lecciones aprendidas".

Yo diría que tal método podría funcionar para los gerentes de W,R, Grace & Company.

OBJETIVOS DE APRENDIZAJE
RESUMEN

4.1 ▷ ¿CUÁL ES SU PERSPECTIVA CON RESPECTO A LA GLOBALIZACIÓN?

- Defina provincialismo
- Compare las posturas etnocéntrica, policéntrica y geocéntrica en las empresas globales.

El provincialismo es una visión del mundo que sólo considera perspectivas y convicciones propias y no reconoce que otros tienen maneras diferentes de vivir y trabajar. Una postura etnocéntrica es la creencia provincial de que los mejores métodos y prácticas laborales son los del país de origen. Una postura policéntrica es la visión de que los gerentes del país local conocen los mejores métodos y prácticas laborales para operar sus negocios. Una postura geocéntrica es una visión con orientación mundial que se enfoca en el uso de los mejores métodos y personas alrededor del mundo.

4.2 ▷ COMPRENSIÓN DEL ENTORNO GLOBAL

- Describa el estado actual de la Unión Europea, el TLCAN, la ASEAN y otras alianzas comerciales regionales.
- Explique el papel de la OMC.

La Unión Europea agrupa a 27 países democráticos y 3 países se encuentran en espera de su membresía. Quince países han adoptado el euro y todos los nuevos países miembros deben hacerlo. El recién firmado Tratado de Lisboa da a la UE un marco legal común. El TLCAN sigue ayudando a Canadá, México y Estados Unidos a fortalecer su poder económico global. El TLCAC aún intenta despegar, al igual que el ALCA. Debido a los retrasos del TLCAC y el ALCA, es probable que el Mercosur (Mercado Común Sudamericano) adquiera importancia nuevamente. El ASEAN es una alianza comercial de 10 naciones del sureste asiático, una región que aún es importante en la economía global. La Unión Africana y la SAARC son relativamente nuevas, pero se seguirán viendo los beneficios de sus alianzas. Para contrarrestar algunos de los riesgos del comercio global, la Organización Mundial de Comercio (OMC) desempeña una función importante al dar seguimiento y promover las relaciones comerciales.

4.3 ▷ CÓMO HACER NEGOCIOS DE MANERA GLOBAL

- Compare las empresas multinacional, multidoméstica, global y transnacional.
- Describa las diferentes formas en las que una empresa se puede internacionalizar.

Una empresa multinacional es una compañía internacional que mantiene operaciones en diversos países. Una organización multidoméstica es una MNC que descentraliza la administración y otras decisiones en el país local (postura policéntrica). Una organización global es una MNC que centraliza la administración y otras decisiones en el país de origen (postura etnocéntrica). Una empresa transnacional (postura geocéntrica) es una MNC que ha eliminado las barreras geográficas artificiales y utiliza los mejores métodos y prácticas, sin importar de dónde provienen. El sourcing global o aprovisionamiento global se refiere a la adquisición de materiales o mano de obra de alrededor del mundo con el costo más bajo. Exportar es la fabricación de productos de manera local que se comercializan en el extranjero. Importar es la adquisición de productos fabricados en el extranjero y que se venden localmente. Las licencias las utilizan organizaciones manufactureras que producen o venden otros productos de la empresa y dan a esa organización el derecho de utilizar su marca, tecnología o especificaciones de productos. Las franquicias son parecidas a las licencias pero generalmente las utilizan organizaciones de servicios que quieren utilizar el nombre de otra empresa y sus métodos de operación. Una alianza estratégica global es una asociación entre una organización y socios comerciales extranjeros en la que comparten recursos y conocimientos para desarrollar nuevos productos o construir instalaciones. Una joint venture es un tipo específico de alianza estratégica en la que los socios acuerdan formar una organización separada e independiente para un propósito específico de negocio. Una subsidiaria extranjera es una inversión directa en un país extranjero que hace una empresa, estableciendo una oficina o instalaciones separadas e independientes.

4.4 ▷ LA ADMINISTRACIÓN EN UN ENTORNO GLOBAL

- Explique cómo afecta el entorno político-legal y económico a los gerentes.
- Analice las dimensiones de Hofstede y las dimensiones GLOBE para valorar las culturas de los países.
- Describa los retos de hacer negocios globalmente en el mundo actual.

Las leyes y la estabilidad política de un país son temas del entorno político/legal global con el que los gerentes deben familiarizarse. Asimismo, los gerentes deben conocer las condiciones económicas del país, como tipos de cambio, índices de inflación y políticas fiscales. Geer Hofstede identificó cinco dimensiones para evaluar la cultura de un país: individualismo-colectivismo, distancia del poder, rechazo a la incertidumbre, logros-procuración de relaciones y orientación de largo y corto plazos. Los estudios GLOBE identificaron nueve dimensiones para evaluar la cultura de los países: distancia del poder, rechazo a la incertidumbre, asertividad, orientación humana, orientación al futuro, colectivismo institucional, diferencias de género, colectivismo grupal y orientación al desempeño. Los principales desafíos al hacer negocios globalmente en el mundo de hoy en día involucran la apertura asociada con la globalización y las diferencias culturales significativas entre los países.

PENSEMOS EN CUESTIONES ADMINISTRATIVAS

1. ¿Cuáles son las implicaciones gerenciales de una organización sin fronteras?
2. El marco de trabajo GLOBE que presentamos en este capítulo ¿puede utilizarse para guiar a los gerentes de un hospital en Tailandia o una oficina de gobierno en Venezuela? Explique su respuesta.
3. Compare las ventajas y desventajas de los diferentes métodos para llegar a la globalización.
4. ¿Qué dificultades podría afrontar un gerente mexicano transferido a Estados Unidos para dirigir una planta de manufactura en Tucson, Arizona? ¿Sería lo mismo para un gerente estadounidense transferido a Guadalajara? Explique su respuesta.
5. ¿De qué modo cree que los factores globales han cambiado la forma en que las organizaciones seleccionan y capacitan a los gerentes?
6. ¿Cómo podría afectar una guerra continua contra el terrorismo a los gerentes estadounidenses y a las empresas que hacen negocios globalmente?
7. ¿Cómo podrían afectar las diferencias culturales de las dimensiones de Hofstede la forma en que los gerentes (a) utilizan grupos de trabajo, (b) llevan a cabo objetivos y planes, (c) recompensan un desempeño sobresaliente de los empleados, y (d) manejan los conflictos de los empleados?

SU TURNO de ser gerente

- Mencione dos ejemplos actuales sobre cada una de las formas en que una organización se vuelve internacional. Escriba un artículo breve que describa lo que hacen estas empresas.

- La compañía Kwintessential, establecida en el Reino Unido, en su sitio Web, www.kwintessential.co.uk/resources/culture-tests.html, tiene diversas "evaluaciones" sobre coincidencias culturales. Vaya al sitio Web y resuelva dos o tres de ellas. ¿Le sorprendió su puntuación? ¿Qué le dice dicha puntuación sobre sus coincidencias culturales?

- En el sitio Web de Kwintessential también encontrará una sección llamada Country Etiquette Guides (reglas de etiqueta del país). Elija dos países para estudiarlos (de diferentes regiones) y compárelos. ¿En qué se parecen? ¿En qué difieren? ¿Cómo ayudaría esta información a un gerente?

- Entreviste a dos o tres profesores o estudiantes de su escuela que sean de otros países. Pídales que le describan cómo es el mundo de negocios en su país. Escriba un artículo breve que describa lo que encontró.

- Genere una línea de tiempo que ilustre la historia de la Unión Europea y otra que ilustre la historia del TLC.

- Aproveche las oportunidades que pudiera tener de viajar a otros países, ya sea de forma personal o viajes patrocinados por la escuela.

- Suponga que se le envía al extranjero a una misión (usted elige el país). Investigue el entorno económico, político/legal y cultural de ese lugar. Escriba un resumen de sus hallazgos.

- Si aún no tiene su pasaporte, inicie el proceso para obtenerlo. (La cuota actual en Estados Unidos es $100.)

- Lecturas recomendadas por Steve y Mary: Nancy J. Adler, *International Dimensions of Organizational Behaviour*, 5ª edición (South-Western Publishing, 2008); Kenichi Ohmae, *The Next Global Stage* (Wharton School Publishing, 2005); John Hooker, *Working Across Cultures* (Stanford Business Books, 2003); y Thomas L. Friedman, *The Lexus and the Olive Tree* (Anchor Books, 2000).

- Si quiere prepararse mejor para trabajar en un entorno internacional, tome clases adicionales sobre administración internacional y negocios internacionales.

- Se le ha puesto a cargo de diseñar un programa para preparar a los gerentes de su empresa para desempeñar funciones en el extranjero. ¿Qué debería (y tendría que) incluir este programa? Sea específico, minucioso y creativo.

- Con sus propias palabras, escriba tres cosas que aprendió en este capítulo sobre ser un buen gerente.

- La autoevaluación puede resultar una poderosa herramienta de aprendizaje. Vaya a mymanagementlab y complete cualquiera de estos ejercicios: Am I Well-Suited for a Career as a Global Manager? (¿Estoy preparado para una carrera como gerente global?) y What Are My Attitudes Toward Workplace Diversity? (¿Cuál es mi posición con respecto a la diversidad en el centro de trabajo?). Con los resultados de sus evaluaciones, identifique fortalezas y debilidades personales. ¿Qué haría para reforzar sus fortalezas y mejorar sus debilidades?

 **PEARSON**
mymanagementlab   Para más recursos, visite www.mymanagementlab.com

CASO PRÁCTICO

Cómo aprender a amar la globalización

Léo Apotheker es lo que podríamos llamar un verdadero gerente global; habla alemán, francés e inglés con fluidez y puede conversar en hebreo. Como el segundo a cargo del gigante alemán de software SAP, Léo pasó 19 años en la sede de París de la empresa y ayudó a SAP a convertirse en un participante global dominante. Sin embargo, su aparente comodidad y familiaridad con diferentes escenarios globales no es compartido por todos en la compañía, en especial en la oficina central en Walldorf, Alemania. Ahí, la perspectiva global no ha sido fácilmente aceptada.

En 2002, los ejecutivos de SAP decidieron que era necesario hacer que la compañía fuera más global y emprendieron varias acciones para hacer que esto sucediera. Primero, contrataron miles de programadores en diversos lugares del extranjero, como Estados Unidos, China e India. De hecho, para 2005, la empresa tenía ocho laboratorios globales de software, cada uno con distintas áreas de especialidad. Grandes proyectos de software fueron divididos y enviados

Exterior del edificio de SAP (Firmensitz der SAP AG), una compañía alemana de software.

a unidades alrededor del mundo. Los empleados en India se especializaron en herramientas de análisis; los de Palo Alto, California, trabajaron en el *look and feel* (percepción y visualización) de los productos; y los programadores de Walldorf continuaron manejando la codificación de software específico. Además, el inglés se volvió el lenguaje oficial de las reuniones corporativas, incluso en las oficinas centrales. Por último, SAP comenzó a reclutar cientos de gerentes extranjeros, y la mitad de los puestos más altos de la compañía los ocupan ahora personas que no son alemanas. Los cambios no han sido sencillos. "Los recién llegados buscaron dar un ritmo más rápido y abierto a la cultura cerrada de SAP frente a influencias externas. Las tensiones resultantes muestran cómo las dificultades de la globalización van más allá de tratar con diferentes lenguajes y husos horarios".

En Walldorf, los empleados con antigüedad sintieron que la empresa estaba cambiando demasiado y muy rápidamente. Los veteranos desarrolladores de software objetaron la pérdida de autonomía y la notable americanización de la compañía. Uno de los desarrolladores que había estado en SAP durante sus 25 años de carrera dijo, "estábamos acostumbrados a ser los reyes aquí". Sin embargo, los empleados de los lugares recientemente añadidos se preocupaban porque la empresa no estaba cambiando lo suficiente. Los ejecutivos de nivel alto de SAP afirman, "lo que estamos haciendo para globalizar R&D es lo correcto y continuaremos".

Preguntas de análisis

1. ¿Qué actitud global piensa que caracterizaba a SAP antes de 2002? ¿Cómo lo sabe? ¿Qué actitud global piensa que la caracteriza actualmente? Explique su respuesta.

2. Investigue algunas cuestiones culturales en Alemania, Estados Unidos e India. Compare las características culturales de Alemania y Estados Unidos. ¿Qué semejanzas y diferencias hay? ¿Y entre Alemania e India?

¿Cómo podrían afectar estas diferencias culturales la situación de SAP?

3. ¿Qué podrían hacer los gerentes de SAP para apoyar, promover y fomentar las coincidencias culturales entre las diferentes posiciones globales? Explique su respuesta.

4. ¿Qué podrían aprender otros gerentes de las experiencias de SAP al entrar a la globalización?

Fuentes: L. Abboud, "SAP Appoints Co-CEO, Paving Way for Succession", *Wall Street Journal*, 3 de abril de 2008, p. B3; M. Schiessl, "SAP's Very Big Small Biz Challenge", *BusinessWeek* online, www.businessweek.com, 14 de septiembre de 2007; A. Ricadela, "SAP Reassures Silicon Valley, Post-Agassi", *BusinessWeek* online, 8 de junio de 2007; J. Ewing, "SAP's Tough Guy Ready to Rumble", *BusinessWeek* online, www.businessweek.com, 16 de mayo de 2007, y P. Dvorak y L. Abboud, "SAP's Plan to Globalize Hits Cultural Barriers", *Wall Street Journal*, 11 de mayo de 2007, pp. A1+.

Respuestas al cuestionario "Quién posee qué"

1. c. Reino Unido
   Ben & Jerry's Ice Cream fue comprado por Unilever, PLC en abril de 2000.

2. c. Estados Unidos
   La fábrica de jugos Lebedyansky fue adquirida por PepsiCo Inc. y Pepsi Bottling Group Inc. en marzo de 2008.

3. c. Estados Unidos
   Rajah Spices son productos de la división de salsas de Lea & Perrins, la cual fue adquirida por H.J. Heinz Company en junio de 2005.

4. b. India
   Tetley Tea es propiedad de Tata Tea Group, una subsidiaria del conglomerado hindú Tata Group.

5. d. El Reino Unido
   Skippy es un producto de BestFoods, la cual fue adquirida por Unilever PLC en 2000.

6. a. Japón
   Las tiendas 7-Eleven son propiedad del conglomerado japonés Seven & I Holdings.

7. b. México
   Grupo Bimbo, una de las panificadoras más grandes del mundo, compró en 2002 los derechos para producir y distribuir Boboli Pizza Crust.

8. c. Estados Unidos
   Las rasuradoras eléctricas Braun son parte de Global Gillette, la cual fue adquirida por Procter & Gamble Company en octubre de 2005.

9. c. Francia
   LMVH Moët Hennessy Louis Vuitton SA, el grupo de artículos de lujo más grande del mundo, es propietario de Sephora.

10. d. Suiza
    Nestlé SA, la compañía de alimentos y bebidas, adquirió Gerber Products Company en 2008.

11. c. Suiza
    Nestlé SA compró la productora de comidas congeladas Lean Cuisine en 2002.

12. d. El Reino Unido
    Cadbury Schweppes PLC es propietaria de los negocios Dr. Pepper/7-Up.

13. b. El Reino Unido
    Lipton Tea es un producto de BestFoods, el cual compró Unilever PLC en 2000.

14. a. India
    Tata Coffe, una división del conglomerado hindú Tata Group, adquirió Eight O'Clock Coffe en 2006.

15. a. Estados Unidos
    El gigante de productos de consumo Procter & Gamble compró la marca de lujo para cuidado del cabello a una firma de capital privado.

¿Quiénes son?

Conozca al gerente

Sally Yagan
Directora editorial
Pearson Education
Upper Saddle River, New Jersey

MI TRABAJO: Directora Editorial, publicaciones de Pearson para escuelas de negocios.

LA MEJOR PARTE DE MI TRABAJO: Transformar vidas a través de la educación. ¡Recibimos comentarios increíbles de personas cuyas vidas han cambiado al utilizar nuestros productos!

LA PEOR PARTE DE MI TRABAJO: Algunas veces, no importa cuánto intentemos, no podemos resolver todos los problemas.

EL MEJOR CONSEJO GERENCIAL RECIBIDO: Rodéate del mejor equipo posible y luego busca (y realmente escucha) sus observaciones.

A lo largo del capítulo sabrá más
sobre esta gerente real.

Capítulo 5

Responsabilidad social y ética administrativa

¿Qué tan importante es para las organizaciones y los gerentes ser socialmente responsables y éticos? En este capítulo veremos lo que significa ser socialmente responsable y ético, y el papel que tienen los gerentes en ambos puntos. Conforme lea y estudie este capítulo, concéntrese en los siguientes objetivos de aprendizaje.

OBJETIVOS DE APRENDIZAJE

El dilema de un gerente

Cortesía de REI/Matt Hagen Photography

La mayor parte de la gente esperaría que REI (Recreational Equipment, Inc.), un minorista de efectos personales y ropa de calle, se interesara fervientemente por el medio ambiente.[1] Durante mucho tiempo la empresa se ha comprometido con el trabajo comunitario para mantener limpios los parques y senderos. Sally Jewell, presidenta y directora de REI comenta, "Lo que estamos haciendo es importante para la salud del planeta a largo plazo y por lo tanto para la salud de nuestro negocio". En 2007 la empresa publicó su primer informe administrativo, el cual "dice a sus accionistas lo que se ha estado haciendo para abordar cuestiones ambientales y sociales y lo que se hará para mejorar". La compañía ha establecido algunos objetivos desafiantes sobre sustentabilidad ambiental. Cumplir con estos compromisos es difícil. Esto significa que los empleados tendrán que cambiar algunos de sus hábitos laborales, y cambiar no es sencillo en ninguna organización. También implica coordinar esfuerzos sustentables entre varias unidades de negocio de una empresa grande. Sin embargo, en lugar de desanimarse, REI se está enfocando en las cosas que puede hacer para marcar la diferencia. Póngase en el lugar de Sally, ¿cómo hace ella para equilibrar la responsabilidad social con un enfoque en las utilidades?

¿Usted qué haría?

Decidir qué tanto necesita una empresa ser socialmente responsable es tan sólo un ejemplo de los complicados temas de responsabilidad social y ética que los gerentes como Sally Jewell tienen que enfrentar cuando planean, organizan, dirigen y controlan. Cuando los gerentes dirigen, estos temas pueden, y lo hacen, influir en sus acciones.

OBJETIVO DE
APRENDIZAJE 5.1 ▷ ¿QUÉ ES RESPONSABILIDAD SOCIAL?

Al utilizar la tecnología digital y los sitios Web para compartir archivos, los usuarios de todo el mundo obtienen y comparten gratuitamente muchas de sus grabaciones favoritas de música y video. Las grandes compañías globales redujeron sus costos haciendo subcontrataciones en países donde los derechos humanos no son una prioridad, y lo justificaron con el argumento de crear trabajos y ayudar a fortalecer las economías locales. Los negocios que enfrentan un entorno industrial que cambió drásticamente ofrecen a los empleados convenios de retiro anticipado y liquidaciones. ¿Estas empresas son socialmente responsables? Con frecuencia los gerentes se enfrentan a decisiones que tienen una dimensión de responsabilidad social, como aquellas que involucran relaciones con los empleados, filantropía, definición de precios, preservación de recursos, calidad de productos y seguridad, y hacer negocios en países que menosprecian los derechos humanos. ¿Qué significa ser socialmente responsable?

OBLIGACIONES, SENSIBILIDAD Y RESPONSABILIDAD

El concepto de *responsabilidad social* se ha descrito de varias maneras. Por ejemplo, se ha dicho que se trata de "sólo conseguir utilidades", "ir más allá de sólo conseguir utilidades", "cualquier actividad corporativa discrecional que busque un mayor bienestar social", y "mejorar las condiciones sociales o ambientales".[2] Esto lo podremos comprender mejor, si comparamos dos conceptos similares: obligación social y sensibilidad social.[3] La **obligación social** es el compromiso de una empresa con acciones sociales, derivado de su obligación de satisfacer ciertas responsabilidades económicas y legales. La organización hace lo que está obligada a hacer y nada más. Esta idea refleja la **visión clásica** de responsabilidad social, la cual dice que la única responsabilidad social de la administración es maximizar las utilidades. El más franco defensor de este enfoque es el economista y premio Nobel Milton Friedman, quien argumentaba que la principal responsabilidad de los gerentes es operar el negocio en busca de los mejores intereses para los accionistas, cuyas principales preocupaciones son las financieras.[4] También dijo que cuando los gerentes deciden utilizar los recursos de la organización para el "bien social", aumentan los costos de hacer negocios, lo que tiene que reflejarse en los consumidores a través de precios más elevados, o absorbidos por los accionistas a través de menores dividendos. Es necesario que comprenda que Friedman no dice que las organizaciones no deben ser socialmente responsables, sino que su interpretación de responsabilidad social es maximizar las utilidades para los accionistas.

Los otros dos conceptos, sensibilidad social y responsabilidad social, reflejan la **visión socioeconómica**, la cual dice que la responsabilidad social de los gerentes va más allá de sólo conseguir utilidades, para incluir protección y mejorar el bienestar de la sociedad. Esta visión se basa en la creencia de que las corporaciones *no* son entidades independientes responsables únicamente con los accionistas, sino que tienen una obligación con toda la sociedad. Organizaciones de todo el mundo han adoptado esta visión, como muestra una encuesta reciente aplicada a ejecutivos globales, en la que 84 por ciento dijo que las empresas deben equilibrar las obligaciones hacia los accionistas con las obligaciones para el bienestar público.[5] ¿Pero en qué se diferencian estos dos conceptos?

Sensibilidad social significa que la empresa se compromete con acciones sociales en respuesta a ciertas necesidades populares. Los gerentes de estas compañías se guían por normas y valores sociales y toman decisiones prácticas, orientadas al mercado, relacionadas con sus acciones.[6] Por ejemplo, los gerentes de American Express Company identificaron tres temas, servicio comunitario, herencia cultural y los líderes del mañana, para guiarse al decidir a qué proyectos mundiales y organizaciones apoyar. Al decidir, los gerentes "responden" a lo que piensan que son necesidades sociales importantes.[7]

Una organización socialmente *responsable* ve las cosas de modo diferente; va más allá de lo que está obligada a hacer o elige hacerlo derivado de ciertas necesidades populares, y hace lo que puede para mejorar la sociedad porque es lo correcto. Nosotros definimos **responsabilidad social** como la intención de un negocio, más allá de sus obligaciones legales y económicas, para hacer las cosas correctas y actuar de modo que beneficie a la sociedad.[8] Nuestra definición asume que un negocio respeta la ley y cuida de sus accionistas, y añade un imperativo ético para hacer aquellas cosas que hacen mejor a una sociedad y no hace aquello que la perjudica. Como muestra la figura 5-1, una organización socialmente responsable hace lo correcto porque piensa que tiene una responsabilidad ética para hacerlo. Por ejemplo, Abt Electronics, en Glenview, Illinois, se describiría como una empresa socialmente responsable de acuerdo con nuestra definición. Como una de las tiendas minoristas de electrónicos más grandes de Estados Unidos, respondió al alza de los

Razonamiento crítico sobre Ética

En un esfuerzo para ser (o al menos para parecer) socialmente responsables, muchas organizaciones donan dinero a causas filantrópicas y de caridad. Además, muchas de ellas piden a sus empleados realizar donativos individuales a estas causas. Suponga que es gerente de un equipo de trabajo y sabe que varios de sus empleados no pueden pagar una cantidad en ese momento debido a problemas personales o financieros. Su supervisor también le ha dicho que el director revisará la lista de contribuyentes para ver quién y quién no está "apoyando estas causas importantes". ¿Usted qué haría? ¿Qué pautas éticas sugeriría para contribuciones individuales y organizacionales en una situación como ésta?

---

obligación social
Compromiso de una empresa con acciones sociales, derivado de su obligación de satisfacer ciertas responsabilidades económicas y legales.

visión clásica
Visión de que la única responsabilidad social de la administración es maximizar las utilidades.

visión socioeconómica
Visión de que la responsabilidad social de los gerentes va más allá de sólo conseguir utilidades e incluye la protección y el mejoramiento del bienestar de la sociedad.

sensibilidad social
Una empresa se compromete con acciones sociales en respuesta a ciertas necesidades populares.

responsabilidad social
Intención de un negocio, más allá de sus obligaciones legales y económicas, para hacer las cosas correctas y actuar de modo que beneficie a la sociedad.

Figura 5–1

Responsabilidad social frente a la sensibilidad social

	Responsabilidad social	**Sensibilidad social**
Consideración principal	Ética	Pragmática
Enfoque	Fines	Medios
Énfasis	Obligación	Sensibilidad
Marco de decisión	Largo plazo	Mediano y corto plazos

Fuente: Adaptado de S.L. Wartick y P.L. Cochran, "The Evolution of the Corporate Social Performance Model", *Academy of Management Review*, octubre de 1985, p. 766.

costos de energía y a las preocupaciones ambientales, apagando la luz con más frecuencia y reduciendo el aire acondicionado y la calefacción. Sin embargo, un miembro de la familia Abt dijo, "estas acciones no sólo trataban sobre costos, sino sobre hacer lo correcto. No sólo hacemos las cosas por cuestiones de dinero".[9]

Entonces, ¿cómo debemos considerar las acciones sociales de una organización? En Estados Unidos, un negocio que cumple con los estándares federales para el control de la contaminación o que no discrimina a los empleados de más de 40 años en decisiones de ascensos laborales, cumple con su obligación social, debido a que las leyes dictan estas acciones. Sin embargo, cuando proporciona instalaciones propias para guarderías para sus empleados o empaca sus productos utilizando papel reciclado, es sensible socialmente. ¿Por qué? Los padres que trabajan y los ambientalistas han expresado estas inquietudes sociales y han demandado tales acciones.

En el caso de muchos negocios, sus acciones sociales se consideran más como de sensibilidad social que de responsabilidad social (al menos de acuerdo con nuestra definición). Sin embargo, tales acciones siguen siendo buenas para la sociedad. Por ejemplo, Wal-Mart Stores patrocinó un programa para abordar un grave problema social, el hambre. Los clientes donaron dinero a America's Second Harvest mediante la compra de piezas de rompecabezas, y Wal-Mart igualó los primeros 5 millones de dólares alcanzados. Como parte de este programa la empresa pagó anuncios publicitarios en los principales diarios, en los que mostraba la palabra H_NGER con la línea, "El problema no puede resolverse sin ti".[10]

¿LAS ORGANIZACIONES DEBEN TENER PARTICIPACIÓN SOCIAL?

Más allá de cumplir con sus obligaciones sociales (lo cual *deben* hacer), ¿las empresas deben tener participación socialmente? Una forma de responder a esto es analizando argumentos a favor y en contra de la participación social. En la figura 5-2 planteamos varios puntos.[11]

Otra forma es analizar si la participación social afecta el desempeño económico de una empresa, de lo cual se han realizado diversos estudios.[12] Aunque la mayoría ha encontrado una pequeña relación positiva, no se puede generalizar, ya que los estudios no tienen medidas estandarizadas de responsabilidad social y desempeño económico.[13] Otro punto en estos estudios ha sido la causalidad: si un estudio muestra que la participación social y el desempeño económico están relacionados de manera positiva, esto no necesariamente significa que la participación social *ocasiona* un rendimiento económico mayor. Sólo podría significar que las utilidades elevadas de las empresas les permiten "darse el lujo" de tener participación social.[14] Dichas inquietudes metodológicas no pueden tomarse a la ligera. De hecho, un estudio encontró que si los análisis empíricos defectuosos de estos estudios se "corrigieran", la responsabilidad social tendría un efecto neutro sobre el desempeño financiero de una compañía.[15] Otro hallazgo fue que la participación en cuestiones sociales no relacionadas con las principales partes interesadas de la organización estaba asociada de forma negativa con el valor de las acciones.[16] Al volver a analizar diversos estudios se concluyó que los gerentes pueden (y deben) darse el lujo de ser socialmente responsables.[17]

Otra forma de considerar la participación social y el desempeño económico es analizar los fondos de inversión socialmente responsables (ISR), los cuales proporcionan una forma mediante la cual los inversionistas pueden apoyar a empresas socialmente responsables. (En www.socialfunds.com puede encontrar una lista de fondos ISR.) Por lo general estos fondos utilizan algún tipo de **filtrado social**; es decir, aplican criterios sociales y ambientales para tomar decisiones de inversión. Por ejemplo, los fondos ISR generalmente no se invierten en compañías que están relacionadas con licor, juego, tabaco, energía nuclear, armamento, fijación de precios o fraudes, o en empresas que tienen poca seguridad de productos, malas relaciones con los empleados o antecedentes ambientales. Los activos de estos fondos han crecido a más de 2.7 billones de dólares; aproximadamente 11 por ciento

Figura 5–2

Argumentos a favor y en contra de la responsabilidad social

A favor	En contra
Expectativas públicas La opinión pública ahora apoya a los negocios que persiguen metas económicas y sociales.	**Violación a la maximización de utilidades** Un negocio es socialmente responsable sólo cuando persigue sus intereses económicos.
Utilidades a largo plazo Las compañías socialmente responsables tienden a tener utilidades más seguras a largo plazo.	**Dilución de los fines** Perseguir objetivos sociales diluye el fin principal de la empresa, la productividad económica.
Obligación ética Las compañías deben ser socialmente responsables, ya que las acciones responsables son las correctas.	**Costos** Muchas acciones que resultan socialmente responsables no cubren sus costos y alguien debe pagar dichos costos.
Imagen pública Los negocios pueden crear una imagen pública favorable persiguiendo objetivos sociales.	**Demasiado poder** Las empresas ya tienen mucho poder, y si persiguen objetivos sociales tendrán aún más.
Mejor ambiente La participación de las empresas puede ayudar a resolver problemas sociales difíciles.	**Falta de habilidades** Los líderes de las empresas carecen de las habilidades necesarias para abordar cuestiones sociales.
Desaliento de nuevas reglas gubernamentales Al volverse socialmente responsables, los negocios pueden esperar menos regulación gubernamental.	**Falta de responsabilidad** No existen líneas directas de responsabilidad para acciones sociales.
Equilibrio de responsabilidad y poder Las compañías tienen mucho poder y se necesita una cantidad igualmente grande de responsabilidad para equilibrar dicho poder.	
Intereses de los accionistas La responsabilidad social a largo plazo mejorará el precio de las acciones de un negocio.	
Posesión de recursos Las empresas tienen los recursos para apoyar proyectos públicos y de asistencia que necesitan apoyo.	
Mejor prevenir que lamentar Los negocios deben abordar los problemas sociales antes de que se vuelvan graves y sea costoso corregirlos.	

Figura 5–3

Tendencias de la ISR

Inversión Socialmente Responsable en Estados Unidos • 1995-2007							
(En miles de millones)	**1995**	**1997**	**1999**	**2001**	**2003**	**2005**	**2007**
Filtrado social	$162	$529	$1,497	$2,010	$2,143	$1,685	$2,098
Apoyo de los accionistas	$473	$736	$922	$897	$448	$703	$739
Filtrado y accionistas	N/A	($84)	($265)	($592)	($441)	($117)	($151)
Inversión de la comunidad	$4	$4	$5	$8	$14	$20	$26
Total	$639	$1,185	$2,159	$2,323	$2,164	$2,290	$2,711

Fuente: Social Investment Forum Foundation.

Notas: El filtrado social incluye fondos filtrados social y ambientalmente y cuentas de activos separadas. Los activos traslapados incluidos en Filtrado y Apoyo de los accionistas se restan para evitar una doble contabilidad potencial. El seguimiento conjunto de Filtrado y Apoyo de los accionistas comenzó en 1997, por lo que no hay datos para 1995. También hay un potencial traslape de activos en las categorías de fondos filtrados relativamente pequeños correspondientes a Inversiones alternativas y Otros productos comunes; por lo tanto, estas categorías también se excluyen del universo ISR agregado en este reporte. Vea el capítulo II para obtener detalles.

filtrado social
Aplicación de criterios sociales y ambientales para tomar decisiones de inversión.

de los activos totales de los fondos manejados en Estados Unidos.[18] (La figura 5-3 muestra tendencias de la ISR). Pero más importante que la cantidad total invertida en estos fondos es que el Social Investment Forum reporta que el rendimiento de los fondos ISR es comparable con el de los fondos que no pertenecen a la ISR.[19]

Entonces, ¿qué podemos concluir sobre la participación social y el desempeño económico? Parece ser que las acciones sociales de una empresa *no lastiman* su desempeño económico. Dadas las presiones políticas y sociales para ser participativo socialmente, es probable que los gerentes deban tomar en cuenta las cuestiones y objetivos sociales cuando planeen, organicen, dirijan y controlen.

REPASO RÁPIDO:
OBJETIVO DE APRENDIZAJE 5.1

- Distinga entre obligación social, sensibilidad social y responsabilidad social.
- Analice si las organizaciones deben tener participación social.

- Describa a qué conclusión se puede llegar con respecto a la participación social y el desempeño económico.

Vaya a la página 113 para ver qué tan bien maneja este material.

OBJETIVO DE APRENDIZAJE 5.2 ▷ ADMINISTRACIÓN VERDE

La bolsa de plástico para hacer compras es un desagradable símbolo del consumismo estadounidense. Aproximadamente 110 mil millones (¡no es un error!) se utilizan cada año, y sólo alrededor de 2 por ciento se recicla. Las bolsas de plástico para compras pueden durar 1,000 años en los tiraderos. Estas bolsas se fabrican a partir del petróleo, y "nuestros hábitos para embolsar" requieren 1.6 mil millones galones cada año.[20] Pero la buena noticia es que las cosas están cambiando. ¡Volverse verde está de moda! Por ejemplo, IKEA intenta que sus clientes utilicen menos bolsas cobrándoles cinco centavos (los cuales se donan a American Forests) por cada bolsa utilizada. También redujo el precio de sus bolsas reutilizables más grandes de 99 a 59 centavos. Whole Foods Market está utilizando energía eólica para satisfacer sus necesidades de electricidad, lo que lo convierte en el corporativo más grande de Estados Unidos en utilizar energía renovable. En la sede del Reino Unido de Scottish Power la importancia de los objetivos de energía y ambientales resulta obvia, ya que cada división cuenta con un gerente de nivel alto para cumplir con dichos objetivos. En la sede de Tokio, Ricoh contrata personal que busque en la basura de la empresa para analizar qué podría reutilizarse o reciclarse; los empleados de la compañía tienen dos cestos, uno para reciclado y otro para basura. Si se encuentra un elemento reciclable en un cesto de basura, éste es devuelto al escritorio del infractor para que se deshaga de él adecuadamente. En la cafetería para empleados del Marriott International, los recipientes de plástico y papel han sido reemplazados por vajillas reales y compostables, recipientes con base de papa llamados SpudWare.[21]

Hasta finales de la década de 1960 pocas personas (y organizaciones) prestaban atención a las consecuencias ambientales de sus decisiones y acciones. Aunque algunos grupos se preocupaban por conservar los recursos naturales, casi la única referencia para salvar el ambiente era la ubicua petición impresa "Por favor no tire basura". Sin embargo, algunos desastres naturales llevaron un nuevo espíritu ambientalista a los individuos, grupos y organizaciones. Cada vez más gerentes consideran el efecto de sus organizaciones sobre el entorno natural; a esto le llamamos **administración verde**. ¿Qué necesitan saber los gerentes para ser verdes?

CÓMO SE VUELVEN VERDES LAS ORGANIZACIONES

Los gerentes y las organizaciones pueden hacer muchas cosas para proteger y preservar el medio ambiente.[22] Algunas no hacen más de lo que se les pide por ley, es decir, satisfacen su obligación social. Sin embargo, otras han cambiado radicalmente sus productos y sus procesos de producción. Por ejemplo, Fiji Water está utilizando fuentes de energía renovable, preservando los bosques y conservando el agua. El fabricante de alfombras Shaw Industries transforma sus residuos de alfombras y maderas en energía. Google e Intel se esfuerzan en que los fabricantes de computadoras y los clientes adopten tecnologías que reduzcan el consumo de energía. La sede parisina de TOTAL, SA, una de las empresas petroleras más

Figura 5–4

Enfoques verdes

Fuente: Basado en R.E. Freeman, J.Pierce, y R.Dodd, *Shades of Green: Business Ethics and the Environment* (Nueva York: Oxford University Press, 1995).

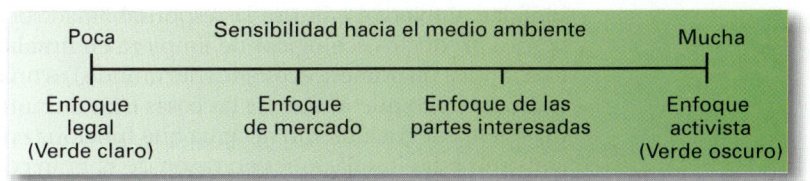

grandes del mundo, se está volviendo verde mediante la implementación de nuevas reglas más severas con respecto a la seguridad de sus buques petroleros, además de trabajar con grupos como Global Witness y Greenpeace. UPS, la empresa de entrega de paquetería más grande del mundo, ha hecho cosas que van desde modernizar sus aeronaves con tecnología avanzada y motores de combustible eficientes, desarrollar una red de cómputo que envíe eficientemente a su flota de camiones color café, hasta utilizar combustibles alternativos en dichos camiones. Aunque interesantes, estos ejemplos no nos dicen mucho sobre cómo las organizaciones se vuelven verdes. Un modelo utiliza términos de *tonos de verde* para describir los diferentes enfoques que las organizaciones pueden adoptar (vea la figura 5-4).[23]

El primer enfoque, el *legal* (o *verde claro*), es sólo hacer lo que se pide legalmente. En este enfoque, el cual ilustra la obligación social, las organizaciones muestran poca sensibilidad ambiental. Éstas obedecen las leyes, normas y reglamentaciones sin dificultad, y es el grado en que son verdes.

Cuando una organización se vuelve más sensible a cuestiones ambientales, puede adoptar el *enfoque de mercado* y responder a las preferencias ambientales de los clientes. Lo que los clientes pidan en términos de productos amigables con el ambiente, eso será lo que la organización proporcione. Por ejemplo, DuPont desarrolló un nuevo tipo de herbicida que ayudó a los agricultores de todo el mundo a reducir el uso anual de productos químicos en más de 45 millones de libras. Con el desarrollo de este producto la compañía respondió a las demandas de sus clientes (agricultores), quienes deseaban minimizar el uso de productos químicos en sus cultivos. Éste es un buen ejemplo de sensibilidad social, al igual que el siguiente enfoque.

En el *enfoque de las partes interesadas*, una organización trabaja para cumplir las demandas ambientales de varias partes interesadas, como empleados, proveedores o la comunidad. Por ejemplo, Hewlett-Packard tiene en curso diversos programas corporativos ambientales en su cadena de suministro (proveedores), diseño de productos y reciclado de productos (clientes y sociedad), y operaciones de trabajo (empleados y comunidad).

Por último, si una organización tiene un *enfoque activista* (o *verde oscuro*), busca formas de proteger los recursos naturales terrestres. El enfoque activista refleja el grado más alto de sen-

Subway ayuda a liderar el camino de las tiendas de alimentos al detalle, mientras se "vuelve verde". La cadena de sándwiches está buscando vías para reducir el uso del papel, como servir sus famosos subs con menos envolturas y en su lugar utilizar canastas fabricadas parcialmente con material reciclado para llevar la comida. También ha cambiado 100 por ciento a servilletas de papel reciclado, con lo cual la tienda estima estar salvando 147,000 árboles cada año.

administración verde
Forma de administración en la que los gerentes consideran el efecto de su organización sobre el medio ambiente.

sibilidad ambiental e ilustra la responsabilidad social. Por ejemplo, la empresa belga Ecover fabrica productos ecológicos de limpieza en instalaciones con prácticamente cero emisiones. Esta fábrica (la primera ecológica del mundo) es una maravilla de la ingeniería, con un enorme techo de pasto que mantiene las cosas frías durante el verano y cálidas durante el invierno, y un sistema de tratamiento de agua que funciona con energía solar y eólica. La empresa eligió construir estas instalaciones en razón de su gran compromiso con el ambiente.

EVALUACIÓN DE LAS ACCIONES DE UNA ADMINISTRACIÓN VERDE

Conforme las empresas se vuelven "más verdes", suelen liberar informes detallados sobre su desempeño ambiental. Alrededor de 1,500 empresas de todo el mundo informan voluntariamente de sus esfuerzos en promover la sustentabilidad ambiental, con las pautas desarrolladas por Global Reporting Initiative (GRI). Estos informes, los cuales puede encontrar en el sitio Web de GRI (www.globalreporting.org), describen las numerosas acciones de estas organizaciones.

Otra forma en que las organizaciones muestran su compromiso de ser verdes es buscar cumplir con los estándares desarrollados por la Organización Internacional para la Estandarización (ISO). Aunque ISO ha desarrollado más de 17,000 estándares internacionales, quizá sea más conocida por sus estándares ISO 9000 (administración de la calidad) e ISO 14000 (administración ambiental). Una compañía que desee obtener una certificación ISO 14000 debe desarrollar un sistema de administración total para cumplir con los desafíos ambientales. Esto significa que debe minimizar los efectos de sus actividades sobre el ambiente y mejorar continuamente su desempeño ambiental. Si una organización puede cumplir con estos estándares, puede afirmar que tiene la certificación ISO 14000, la cual han logrado empresas de 138 países. Además de sus estándares en administración ambiental, ISO está desarrollando estándares para responsabilidad social y para administración de la energía. Los correspondientes a la responsabilidad social (conocidos como ISO 26000) se publicarán en 2010 y serán voluntarios, lo que significa que las empresas no obtendrán ningún tipo de certificación por cumplir con los estándares; en el caso de los estándares de administración de energía no se ha anunciado fecha alguna, debido a que el comité para desarrollar dichos estándares se creó recientemente.[24]

La última forma de evaluar las acciones verdes de una empresa es por medio de la lista Global 100 de las empresas más sustentables del mundo (www.global100.org).[25] Para ser mencionada en esta lista, la cual se publica cada año en el renombrado Foro Económico Mundial en Davos, Suiza, una empresa debe haber mostrado una capacidad superior para manejar de forma eficaz factores ambientales y sociales. En 2008, el Reino Unido encabezó la lista con 23 empresas en Global 100; le siguen Estados Unidos con 19 y Japón con 13. Algunas empresas de la lista de 2008 son BASF (Alemania), Diageo PLC (Reino Unido), Mitsubishi (Japón), y Nike (Estados Unidos).

REPASO RÁPIDO:
OBJETIVO DE APRENDIZAJE 5.2

- Defina la administración verde.
- Describa cómo las organizaciones pueden volverse verdes.

- Explique cómo pueden evaluarse las acciones de una administración verde.

Vaya a la página 113 para ver qué tan bien maneja este material.

OBJETIVO DE
APRENDIZAJE 5.3 ▷ LOS GERENTES Y EL COMPORTAMIENTO ÉTICO

Dos semanas después de despedir a siete gerentes de nivel alto por fallar en el cumplimiento de los estándares de la compañía, Wal-Mart emitió una amplia política de ética para los empleados. Takafumi Horie, fundador de la compañía de Internet Livedoor con sede en Tokio, fue sentenciado a 2.5 años de prisión por violaciones a la seguridad. El ex presidente de WorldCom, Bernie Ebbers, está cumpliendo una sentencia de 25 años en prisión por fraude financiero, conspiración y falso testimonio. La empresa Gemological Institute of America, la cual evalúa diamantes para comerciantes independientes y grandes minoristas, despidió a cuatro empleados e hizo cambios en la administración de nivel alto después de que una investigación interna mostró que trabajadores de laboratorio aceptaron sobornos para inflar la calidad de los diamantes en los informes.[26] Cuando escucha sobre tales comportamientos, en especial después de la mala conducta financiera de alto perfil en Enron, WorldCom y otras empresas, podría concluir que las empresas no son éticas. Aunque ése no es el caso, los gerentes de todos los niveles y áreas, de empresas de todo tipo y tamaño, enfrentan cuestiones y dilemas de ética. Por ejemplo, ¿es ético que los representantes de ventas sobornen a un agente de compras para inducirlo a comprar? ¿Habría alguna diferencia si el soborno proviniera de la comisión del representante de ventas? ¿Es ético que alguien utilice el automóvil de la empresa para su uso personal? ¿Qué hay del uso del correo electrónico de la compañía para correspondencia personal o del uso del teléfono para hacer llamadas personales? ¿Y si a un subordinado suyo que trabajó todo el fin de semana en una situación de emergencia, le dijo que tomara dos días de descanso y que los reportara como "días de incapacidad", debido a que su empresa tiene una clara política que dice que el tiempo extra no se compensará por ninguna razón?[27] ¿Estaría esto bien? ¿Cómo manejaría esta situación? Cuando los gerentes planean, organizan, dirigen y controlan, deben considerar las dimensiones éticas.

¿Qué queremos decir con **ética**? La definimos como los principios, valores y creencias que definen las buenas y malas decisiones y comportamientos.[28] Muchas de las decisiones que toman los gerentes requieren considerar tanto el proceso como a quién afecta el resultado.[29] Para comprender mejor las cuestiones éticas involucradas en tales decisiones, veamos los factores que determinan si una persona actúa éticamente.

FACTORES QUE DETERMINAN COMPORTAMIENTOS ÉTICOS E INMORALES

Ya sea que alguien se comporte de forma ética o inmoral, cuando enfrenta un dilema de ética se ve influenciado por varias cosas: su etapa de desarrollo moral y otras variables moderadoras, como características individuales, el diseño estructural de la organización, la cultura de la compañía y la intensidad del problema de ética (vea la figura 5-5). Las personas que carecen de un fuerte sentido moral son menos propensas a hacer cosas incorrectas si están limitados por reglas, políticas, descripciones de puestos o normas culturales rígidas que desaprueban tales comportamientos. Por el contrario, los individuos que poseen un intenso sentido moral pueden ser corrompidos por una estructura y cultura organizacional que permite o fomenta las prácticas inmorales. Veamos con más detalle estos factores.

Etapa de desarrollo moral. Investigaciones confirman que existen tres niveles de desarrollo moral, cada uno con dos etapas.[30] En cada etapa sucesiva, el juicio moral de un individuo se vuelve menos dependiente de influencias externas y se interioriza más.

En el primer nivel, llamado *preconvencional*, la elección de una persona entre lo correcto y lo incorrecto se basa en consecuencias personales provenientes de fuentes externas, como castigos físicos, recompensas o intercambio de favores. En el segundo nivel, llamado *convencional*, las decisiones de ética se basan en mantener estándares esperados y cumplir con las expectativas de otros. En el nivel *de principios*, los individuos definen valores morales aparte de la autoridad de los grupos a los que pertenecen o de la sociedad en general. La figura 5-6 describe los tres niveles y las seis etapas.

Figura 5–5

Factores que determinan
comportamientos éticos
e inmorales

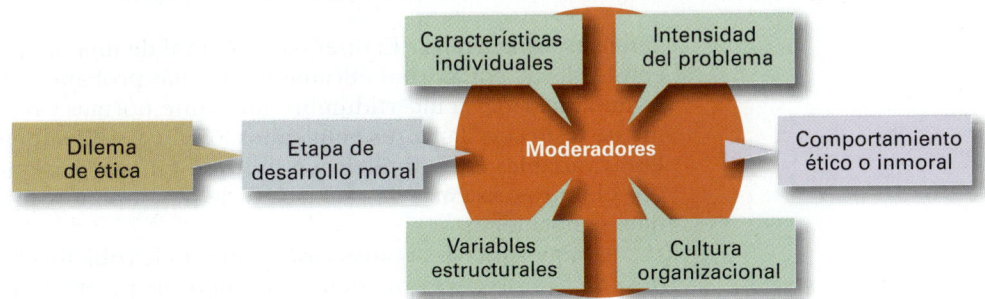

ética
Principios, valores y creencias que definen qué es un
comportamiento correcto y uno incorrecto.

Figura 5–6

Etapas del desarrollo moral

Fuente: Basado en L. Kohlberg, "Moral Stages and Moralization: The Cognitive-Development Approach", en T. Lickona (ed.), *Moral Development and Behavior: Theory, Research, and Social Issues* (New York: Holt, Rinehart & Winston, 1976), pp. 34-35.

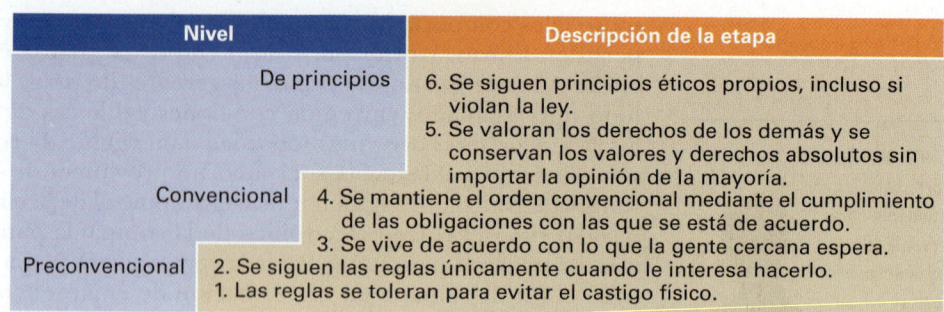

Nivel	Descripción de la etapa
De principios	6. Se siguen principios éticos propios, incluso si violan la ley.
	5. Se valoran los derechos de los demás y se conservan los valores y derechos absolutos sin importar la opinión de la mayoría.
Convencional	4. Se mantiene el orden convencional mediante el cumplimiento de las obligaciones con las que se está de acuerdo.
	3. Se vive de acuerdo con lo que la gente cercana espera.
Preconvencional	2. Se siguen las reglas únicamente cuando le interesa hacerlo.
	1. Las reglas se toleran para evitar el castigo físico.

¿Qué podemos concluir acerca del desarrollo moral?[31] Primero, la gente pasa en secuencia por las seis etapas. Segundo, no hay garantía de un desarrollo moral continuo. Tercero, la mayoría de los adultos se encuentran en la etapa 4: se limitan a obedecer las reglas y tenderán a comportarse éticamente, aunque por diferentes razones. Es probable que un gerente en la etapa 3 tome decisiones basándose en la aprobación de otros como él; un gerente en la etapa 4 intentará ser "un buen ciudadano corporativo", al tomar decisiones que respeten las reglas y procedimientos de la organización, y un gerente en la etapa 5 probablemente desafiará las prácticas organizacionales que considere erróneas.

Características individuales. Dos características individuales: valores y personalidad, desempeñan una función para determinar si una persona se comporta éticamente. Cada persona llega a una organización con un conjunto de **valores** personales relativamente afianzados, los cuales representan convicciones básicas sobre lo que es correcto e incorrecto. Nuestros valores se desarrollan desde de una edad temprana, de acuerdo con lo que vemos y escuchamos de nuestros padres, maestros, amigos y otros. Por lo tanto, los empleados de la misma empresa frecuentemente poseen valores muy diferentes.[32] Aunque los *valores* y la *etapa de desarrollo moral* pueden parecer similares, no lo son. Los valores son extensos y abarcan un amplio rango de temas; la etapa de desarrollo moral es una medida de la independencia de influencias externas.

Se ha encontrado que dos variables de personalidad influyen en las acciones de un individuo de acuerdo con sus creencias sobre los que es bueno o malo: la fuerza del ego y el locus de control. La **fuerza del ego** mide la fuerza de las convicciones de una persona. Es probable que las personas con una gran fortaleza de ego se resistan ante los impulsos de actuar inmoralmente y prefieran seguir sus convicciones. Es decir, es más probable que los individuos con gran fortaleza de ego hagan lo que piensan que es correcto y sean más consistentes con sus juicios morales y acciones que quienes tienen poca fortaleza de ego.

El **locus de control** es el grado en que la gente cree que controlan su propio destino. Las personas con un locus *interno* de control creen que controlan sus propios destinos. Es más probable que ellas enfrenten las consecuencias y confíen en sus propios estándares internos de lo bueno y lo malo para guiar su comportamiento. También es más probable que sean consistentes con sus juicios morales y acciones. Las personas con un locus *externo* piensan que lo que les ocurre se debe a la suerte o a la casualidad. Es menos probable que enfrenten las consecuencias de sus comportamientos, y es más probable que confíen en fuerzas externas.[33]

Variables estructurales. El diseño estructural de una organización puede influir en que sus empleados se comporten éticamente. Es más probable que las estructuras que minimizan la ambigüedad y la incertidumbre mediante normas y reglas formales, y las que continuamente les recuerdan a sus empleados lo que es ético, fomenten el comportamiento ético. Otras variables estructurales que influyen en las decisiones sobre cuestiones éticas incluyen objetivos, sistemas de evaluación de desempeño y procedimientos para la asignación de reconocimientos.

Aunque muchas organizaciones utilizan los objetivos para guiar y motivar a los empleados, dichos objetivos pueden crear algunos problemas inesperados. En un estudio se encontró que la gente que no logra los objetivos establecidos es más propensa a presentar un comportamiento no ético, sin importar si hay incentivos económicos de por medio. Los investigadores concluyeron que "establecer objetivos puede derivar en un comportamiento inmoral".[34] Ejemplos de tales comportamientos abundan; desde empresas que embarcan productos no terminados para lograr sus objetivos de ventas o compañías que "manejan las utilidades" para cumplir con las expectativas de los analistas financieros, hasta escuelas

que excluyen a ciertos grupos de estudiantes cuando informan resultados de exámenes estandarizados para hacer que su índice de "aprobación" luzca mejor.[35]

El sistema de evaluación de desempeño de una empresa también puede influir en el comportamiento ético. Algunos sistemas se enfocan exclusivamente en resultados, mientras que otros evalúan tanto los medios como los fines. Cuando los empleados son evaluados únicamente a través de resultados, pueden presionarse para hacer lo que sea necesario para tener buenos resultados y no les preocupa cómo lograrlo. La investigación sugiere que "el éxito puede utilizarse para justificar comportamientos inmorales".[36] Lo peligroso de tal razonamiento es que si los gerentes son indulgentes con los empleados exitosos que presentan comportamientos inmorales, otros empleados copiarán el comportamiento que ven.

Algo que está muy relacionado con el sistema de evaluación de la organización es la forma de asignar los reconocimientos. Cuanto más dependan los reconocimientos o castigos de los resultados a objetivos específicos, los empleados se sentirán más presionados a hacer lo que sea para lograr esas metas, tal vez hasta el punto de comprometer sus estándares éticos.

Cultura de la organización. Como muestra la figura 5-5, el contenido y la fortaleza de la cultura de una organización influyen en el comportamiento ético.[37] En el capítulo 3 aprendimos que la cultura de una organización consiste en valores compartidos entre la organización. Estos valores reflejan qué significa la organización y en lo que cree, y se genera un entorno que influye en el comportamiento de los empleados para que éste sea ético o inmoral. Cuando se trata de comportamiento ético, la cultura que más probablemente fomentará altos estándares éticos es la de gran tolerancia al riesgo, al control y al conflicto. Los empleados que se desenvuelven en una cultura como ésta son motivados para ser agresivos e innovadores, son conscientes de que las prácticas inmorales serán descubiertas y se sienten libres de intentar abiertamente las cosas que consideran irrealizables o personalmente indeseables.

Debido a que los valores compartidos pueden ser influencias poderosas, muchas empresas actualmente utilizan la **administración basada en valores**, según la cual los valores de la organización guían a los empleados en la forma en que realizan su trabajo. Por ejemplo, Timberland es un ejemplo de una empresa que utiliza la administración basada en valores. De acuerdo con la sencilla afirmación "Hazlo mejor", los empleados de Timberland saben lo que se espera y se valora: saben que necesitan encontrar la manera de "hacerlo mejor", ya sea con productos de calidad para los clientes, actividades de servicio comunitario, el diseño de programas de capacitación para los empleados, o imaginando las formas de hacer que los empaques de la empresa sean más amigables con el ambiente. Como dijo Jeffrey Swartz, su presidente, en el sitio Web de la empresa "todo lo que hacemos en Timberland surge de nuestra incesante búsqueda de nuevas formas de hacerlo mejor". Y Timberland no está sola en el uso de la administración basada en valores. Una encuesta aplicada a empresas globales arrojó que un gran número, más de 89 por ciento, dijo que habían escrito enunciados con sus valores corporativos.[38] Esta encuesta también arrojó que la mayoría de las compañías creían que sus valores influían en su reputación y en sus relaciones; las empresas con mejor desempeño relacionaron conscientemente los valores con la forma en que los empleados hacían su trabajo, y los gerentes de nivel alto eran fundamentales para reforzar la importancia de los valores a través de la organización.

Por lo tanto, los gerentes de una empresa desempeñan una función importante en cuanto a ética se refiere. Son responsables de crear un entorno que fomente el que los empleados adopten la cultura y los valores deseados cuando realicen su trabajo. De hecho, la investigación muestra que el comportamiento de los gerentes es la influencia individual más importante para que una persona decida comportarse ética o inmoralmente.[39] La gente quiere ver lo que hacen las personas con autoridad para utilizarlo como referencia en prácticas y expectativas aceptables.

Por último, como explicamos en el capítulo 3, una cultura fuerte ejerce más influencia sobre los empleados que una débil. Una cultura que es fuerte y tiene altos estándares éticos tiene una poderosa y positiva influencia sobre la decisión de actuar de manera ética o

valores
Convicciones básicas sobre lo que es correcto e incorrecto.

fuerza del ego
Medida de la fuerza de las convicciones de una persona.

locus de control
Atributo personal que mide el grado en que la gente cree que controla su propio destino.

administración basada en valores
Forma de administración en la que los valores de una organización guían a los empleados en la manera de hacer su trabajo.

inmoral. Por ejemplo, IBM tiene una cultura fuerte que durante mucho tiempo ha resaltado los negocios éticos con clientes, empleados, socios de negocios y comunidades.[40] Para reforzar la importancia del comportamiento ético, la empresa desarrolló un conjunto detallado y explícito de pautas sobre conducta y ética de negocios, así como las pautas para la penalización por violar las primeras: acciones disciplinarias, incluido el despido. Los gerentes de IBM refuerzan continuamente la importancia del comportamiento ético, y refuerzan el hecho de que las acciones y decisiones de una persona son importantes para la forma en que se visualiza a la organización.

Intensidad del problema. Un estudiante que nunca consideraría irrumpir en la oficina de un profesor para robar un examen de contabilidad, probablemente no pensaría dos veces en preguntarle a un amigo que tomó el mismo curso con el mismo profesor el semestre pasado las preguntas que aparecían en el examen. Asimismo, un gerente podría no preocuparse por llevar a casa algunos artículos de oficina, pero estar muy preocupado por la posible malversación de fondos en la empresa. Estos ejemplos ilustran el factor final que influye en el comportamiento ético: la intensidad del problema en sí.[41]

Como muestra la figura 5-7, seis características determinan la intensidad del problema o qué tan importante resulta un asunto de ética para una persona: magnitud del daño, consenso de lo malo, probabilidad de dañar, la inmediatez de las consecuencias, cercanía con las víctimas y la concentración de efectos. Estos factores sugieren que entre más grande es el número de personas dañadas, hay un mayor acuerdo en que la acción es incorrecta; cuanto mayor sea la probabilidad de que la acción ocasionará daños, más pronto se sentirán las consecuencias de la acción; y a mayor cercanía de las víctimas y más concentrado sea el efecto de la acción sobre ellas, mayor será la intensidad o importancia del problema. Cuando un asunto de ética es importante, es más probable que los empleados se comporten éticamente.

LA ÉTICA EN UN CONTEXTO INTERNACIONAL

¿Los estándares éticos son universales? Aunque existen algunas creencias morales comunes, las diferencias sociales y culturales entre los países son factores importantes que determinan los comportamientos ético e inmoral.[42] Por ejemplo, digamos que un gerente de una empresa soborna a varios funcionarios de nivel alto para garantizar un contrato gubernamental muy rentable. Aunque esta práctica de negocios es inmoral (e ilegal) en algún país pudiera ser aceptable.

¿Los empleados de Coca-Cola en Arabia Saudita deben apegarse a los estándares éticos de Estados Unidos, o deben seguir los estándares locales del comportamiento aceptable? Si Airbus (una empresa europea) paga una "comisión" a un intermediario para obtener un contrato importante con una aerolínea del Oriente Medio, ¿Boeing debe abstenerse de hacer lo mismo debido a que tales prácticas se consideran inapropiadas en Estados Unidos? (Observe que en el Reino Unido, la Law Commission, un organismo de asesora-

Figura 5–7

Intensidad del problema

miento gubernamental, ha expresado que sobornar a funcionarios de países extranjeros debe considerarse una ofensa criminal. Se decía que alegar una "costumbre local" no debe ser razón para aceptarlo.)[43]

En el caso de pagos para influir en funcionarios o políticos extranjeros, los gerentes estadounidenses se guían por la Ley de Prácticas Extranjeras Corruptas (FCPA), la cual marca como ilegal el hecho de corromper intencionalmente a un funcionario extranjero. Sin embargo, incluso esta ley no siempre reduce a blanco y negro los dilemas de ética. En algunos países, los salarios burocráticos gubernamentales son bajos debido a que la costumbre dicta que ellos reciben pequeños pagos de aquellos a quienes sirven. Los sobornos a estos burócratas "engrasan la maquinaria" y aseguran que las cosas se hagan. La FCPA no prohíbe expresamente los pequeños sobornos a empleados gubernamentales extranjeros cuyas tareas son principalmente administrativas o de papeleo, *cuando* tales pagos son una parte aceptada para hacer negocios en ese país. Cualquier acción diferente a ésta es ilegal. En 2007, el Departamento de Justicia de Estados Unidos ejerció 16 acciones de la FCPA en contra de empresas y 8 contra individuos.[44]

Es importante que los gerentes que trabajan en culturas extranjeras reconozcan las influencias sociales, culturales y político-legales sobre lo que es un comportamiento adecuado y aceptable.[45] Las empresas internacionales deben poner en claro sus pautas éticas para que los empleados sepan lo que se espera de ellos mientras trabajan en una posición extranjera, lo que añade otra dimensión al hacer juicios de ética.

Otra guía para ser ético en una empresa internacional es el Pacto Global (Global Compact), que es un documento creado por las Naciones Unidas que describe los principios para hacer negocios globalmente en materia de derechos humanos, laboral, ambiental y anticorrupción (vea la figura 5-8). "Más de 3,000 directores han firmado el Pacto, lo que lo hace la iniciativa de ciudadanía corporativa voluntaria más grande del mundo."[46] El objetivo del Pacto es una economía global más sustentable e incluyente. Las organizaciones que se comprometieron lo hicieron porque creen que la comunidad de negocios mundial desempeña una función importante para mejorar las condiciones económicas y sociales. Además, la Organización para la Cooperación Económica y el Desarrollo (OECD) ha hecho de la lucha contra los sobornos y la corrupción en las empresas internacionales una alta prioridad. El eje de sus esfuerzos es la Convención Antisoborno (o conjunto de reglas y pautas), que fue el primer instrumento global para combatir la corrupción en tratos de negocios internacionales. A la fecha se han conseguido logros importantes en la lucha contra la corrupción en los 37 países que la ratificaron.[47]

Figura 5–8

Diez principios de las Naciones Unidas

Derechos humanos

Principio 1:   Apoyar y respetar la protección de los derechos humanos internacionales dentro de su esfera de influencia.

Principio 2:   Garantizar que las empresas no sean cómplices de los abusos a los derechos humanos.

Estándares laborales

Principio 3:   Libertad de asociación y reconocimiento efectivo del derecho a la negociación colectiva.

Principio 4:   Eliminación de todas las formas de trabajo forzado y obligatorio.

Principio 5:   Abolición efectiva del trabajo infantil.

Principio 6:   Eliminación de toda discriminación relacionada con el empleo y la ocupación.

Medio ambiente

Principio 7:   Apoyar el enfoque preventivo ante los desafíos ambientales.

Principio 8:   Comprometerse con iniciativas que promuevan una mayor responsabilidad ambiental.

Principio 9:   Fomentar el desarrollo y difusión de tecnologías amigables con el medio ambiente.

Principio 10:   Las empresas deben trabajar contra la corrupción en todas sus formas, incluidos la extorsión y el soborno.

Fuente: Cortesía del Pacto Global de la Naciones Unidas.

REPASO RÁPIDO:
OBJETIVO DE APRENDIZAJE 5.3

- Defina qué es ética.
- Analice los factores que influyen en que una persona se comporte de manera ética o inmoral.

- Describa lo que los gerentes deben saber sobre ética internacional.

Vaya a la página 113 para ver qué tan bien maneja este material.

OBJETIVO DE
APRENDIZAJE 5.4 ▷ # FOMENTO DEL COMPORTAMIENTO ÉTICO

Los gerentes pueden hacer muchas cosas si realmente les interesa fomentar el comportamiento ético: contratar empleados con estándares éticos altos, establecer códigos de ética, predicar con el ejemplo, etcétera. Por sí mismas, tales acciones no tendrán mucho efecto, pero tener un programa integral de ética puede mejorar potencialmente el ambiente ético de una organización. Sin embargo, la variable clave es *potencialmente*. No hay garantía de que un programa de ética bien diseñado derive en el resultado deseado. Algunas veces los programas corporativos de ética son poco más que expresiones de relaciones públicas que hacen poco para influenciar a gerentes y empleados. Por ejemplo, Sears tuvo una larga historia de fomento de prácticas éticas de negocios a través de su Oficina de Ética y Prácticas de Negocios. Sin embargo, sus programas de ética no evitaron que sus gerentes intentaran ilegalmente cobrar a los titulares de cuentas declarados en bancarrota, o de manera rutinaria engañar a los clientes del centro de servicio automotriz con la idea de que necesitaban reparaciones innecesarias. Incluso Enron, con frecuencia conocido como "el ejemplo más patético" de las malas prácticas corporativas, en su Reporte Anual 2000 incluyó valores que cualquiera consideraría éticos; comunicación, respeto, integridad y excelencia. Aún así, la forma en que se comportaron los gerentes de nivel alto no refleja en absoluto dichos valores.[48] Veamos algunas maneras específicas en que los gerentes pueden fomentar el comportamiento ético y crear un programa integral de ética.

SELECCIÓN DE EMPLEADOS

El proceso de selección (entrevistas, pruebas, verificación de antecedentes, etcétera) debería considerarse como una oportunidad de aprender sobre el nivel de desarrollo moral, valores personales, fuerza del ego y locus de control de un individuo.[49] ¡Pero incluso un proceso de selección cuidadosamente diseñado no es infalible! Aun en las mejores circunstancias, se podría contratar a individuos con estándares dudosos del bien y el mal. Sin embargo, esto no debería ser un problema si existen otros controles de ética.

CÓDIGOS DE ÉTICA Y NORMAS DE DECISIÓN

George David, ex director y presidente de United Technologies Corporation (UTC) con sede en Harford, Connecticut, cree en el poder de un código de ética. Es por eso que UTC cuenta con uno que es bastante explícito y detallado. Los empleados conocen las expectativas de comportamiento, en especial cuando se trata de ética.[50] Sin embargo, esto no sucede en todas las organizaciones.

La incertidumbre de lo que es ético y lo que no lo es puede ser un problema para los empleados. Un **código de ética**, una declaración formal de los valores y reglas éticas de una organización que se espera sigan los empleados, es una opción popular para reducir esa ambigüedad. Investigaciones muestran que 97 por ciento de las organizaciones con más de 10,000 empleados tienen códigos de ética escritos. Incluso en organizaciones más pequeñas, cerca de 93 por ciento los tienen.[51] Los códigos de ética se están volviendo más populares globalmente. Una investigación realizada por el Institute for Global Ethics dice que valores compartidos como la honestidad, equidad, respeto, responsabilidad y solidaridad son bastante aceptados universalmente.[52] Además, una encuesta aplicada a empresas de 22 países arrojó que 78 por ciento han anunciado formalmente estándares y códigos de ética.[53]

¿Cómo debe ser un código de ética? Debe ser lo suficientemente específico para mostrar a los empleados el espíritu con el que se supone deben hacer las cosas, aunque lo bastante abierto para permitir la libertad de pensamiento. Un estudio aplicado a los códigos de ética de algunas empresas arrojó que su contenido tendía a caer en tres categorías, como muestra la figura 5-9.[54]

Figura 5–9

Códigos de ética

Grupo 1. Sea un miembro confiable de la organización

1. Cumpla con las normas de seguridad e higiene.
2. Muestre cortesía, respeto, honestidad y justicia.
3. En el trabajo están prohibidas las drogas y el alcohol.
4. Administre bien sus finanzas personales.
5. No se ausente y sea puntual.
6. Siga las pautas de los supervisores.
7. No utilice lenguaje abusivo.
8. Utilice atuendos de negocios.
9. En el trabajo están prohibidas las armas de fuego.

Grupo 2. No muestre comportamientos ilegales o inadecuados que dañen a la organización

1. Haga negocios que cumplan con los aspectos legales.
2. Están prohibidos los pagos con propósitos ilegales.
3. Están prohibidos los sobornos.
4. Evite actividades externas que obstaculicen sus obligaciones.
5. Mantenga la confidencialidad de los archivos.
6. Cumpla con las normas antimonopolio y comerciales.
7. Cumpla con todas las normas y controles contables.
8. No utilice las propiedades de la empresa para beneficio personal.
9. Los empleados son directamente responsables de los fondos de la compañía.
10. No propague información falsa o errónea.
11. Tome decisiones sin considerar beneficios personales.

Grupo 3. Compórtese bien con los clientes

1. Diga cosas verídicas cuando anuncie productos.
2. Realice las tareas que se le asignen con lo mejor de sus capacidades.
3. Proporcione productos y servicios de la más alta calidad.

Fuente: F.R. David, "An Empirical Study of Codes of Business Ethics: A Strategic Perspective", artículo presentado en la 48a Annual Academy of Management Conference, Anaheim, California, agosto de 1988.

Por desgracia, los códigos de ética no parecen funcionar muy bien, Un sondeo a empleados de empresas estadounidenses arrojó que 56 por ciento de los encuestados habían observado violaciones éticas o legales en los 12 meses anteriores, cosas como conflictos de intereses, comportamientos abusivos o intimidantes y mentiras hacia los empleados. De esos empleados, 42 por ciento no reportan las malas conductas observadas. Incluso en empresas con programas integrales de ética y obediencia, 29 por ciento falló en reportar malas conductas.[55] ¿Esto significa que no deben desarrollarse códigos de ética? No. Sin embargo, al hacerlo, los gerentes deben utilizar estas sugerencias:[56]

1. Los líderes de las organizaciones deben ser ejemplo de un comportamiento apropiado y recompensar a aquellos que actúen éticamente.
2. Todos los gerentes deben reafirmar continuamente la importancia del código de ética y disciplinar consistentemente a aquellos que lo rompan.
3. Las partes interesadas de la organización (empleados, clientes, etcétera) deben ser considerados cuando se desarrolle o mejore el código de ética.

código de ética
Declaración formal de los valores primarios y reglas éticas de una organización, que se espera cumplan sus empleados.

4. Los gerentes deben comunicar y reforzar con regularidad el código de ética.

5. Los gerentes deben utilizar el método de las 12 preguntas (vea la figura 5-10) para guiar a los empleados cuando enfrenten dilemas de ética.[57]

LIDERAZGO DE LA ALTA GERENCIA

Hacer negocios éticamente requiere un compromiso de los gerentes de nivel alto. ¿Por qué? Porque son los que sostienen los valores compartidos y establecen el ambiente cultural. Ellos son el modelo a seguir en términos de palabra y obra, aunque lo que *hacen* es mucho más importante que lo que *dicen*. Por ejemplo, si los gerentes de nivel alto toman recursos de la compañía para su uso personal, aumentan sus cuentas de gastos, o favorecen a sus amigos, lo que transmiten es que tal comportamiento es aceptable para todos los empleados.

Los gerentes de nivel alto también establecen el tono con sus prácticas de recompensas y castigos. Las elecciones de quién y qué se recompensa con aumentos de sueldo y ascensos, envían una fuerte señal a los empleados. Como dijimos antes, cuando un empleado es recompensado por lograr resultados notables de una forma cuestionable con respecto a la ética, esto indica a los demás que dichas formas son aceptables. Cuando un empleado hace algo inmoral, los gerentes deben castigar al infractor y hacer público el hecho, haciendo visible el resultado a todos los miembros de la organización. Esta práctica envía el mensaje de que comportarse mal tiene un precio, y que no es lo mejor para los intereses de los empleados actuar inmoralmente.

OBJETIVOS DE TRABAJO Y EVALUACIÓN DEL DESEMPEÑO

Empleados de tres oficinas del Servicio de Recaudación de Fondos de Estados Unidos fueron descubiertos en el baño desechando por los excusados declaraciones de impuestos y otros documentos relacionados. Cuando se les cuestionó, admitieron abiertamente el hecho, pero dieron una interesante explicación a su comportamiento. Los supervisores de los empleados los habían estado presionando para hacer más trabajo en menos tiempo. Se les dijo que si las pilas de declaraciones no se procesaban y salían de sus escritorios más rápidamente, sus evaluaciones de desempeño y aumentos salariales se verían afectados negativamente. Frustrados porque tenían menos recursos y un sistema de cómputo sobrecargado, los empleados decidieron "desechar" el trabajo de sus escritorios, aunque sabían que lo que hacían estaba mal. Esta historia ilustra qué tan poderosos pueden ser los objetivos no realistas y las evaluaciones de desempeño.[58] Bajo el estrés de objetivos no realistas, los empleados que en otras circunstancias serían éticos, pueden sentir que no tienen otra opción más que hacer lo necesario para cumplir esos objetivos. Además, el logro de objetivos generalmente es un asunto clave de las evaluaciones de desempeño. Si las evaluaciones sólo se centran en objetivos económicos, los fines comenzarán a justificar los medios.

Figura 5–10

Método de las 12 preguntas

1. ¿Definió el problema con exactitud?
2. ¿Cómo definiría el problema si estuviera del otro lado de la barrera?
3. En primer lugar, ¿cómo se dio esta situación?
4. ¿A quién y a qué le es leal como persona y como miembro de una empresa?
5. ¿Cuál es su intención al tomar esta decisión?
6. ¿Cómo se compara esta intención con los probables resultados?
7. ¿A quién podría afectar su decisión o acción?
8. ¿Puede analizar el problema con las partes afectadas, antes de tomar una decisión?
9. ¿Está seguro de que su postura será válida en el futuro como parece serlo ahora?
10. ¿Puede revelar sin remordimientos su decisión o acción a su jefe, a su director, a la junta directiva, a su familia, y a la sociedad como un todo?
11. ¿Cuál es el potencial simbólico de su acción, si ésta se entiende? ¿Si no se entiende?
12. ¿Bajo qué condiciones admitiría excepciones a su postura?

Fuente: Reimpreso con autorización de *Harvard Business Review*. Figura tomada de "Ethics Without the Sermon", por L.L. Nash. Noviembre-diciembre de 1981, p. 81. Copyright © 1981 por President and Fellows of Harvard College. Todos los derechos reservados.

Para fomentar el comportamiento ético, se deben evaluar tanto los fines como los medios. Por ejemplo, una revisión anual de los empleados llevada a cabo por los gerentes podría incluir una evaluación punto por punto sobre si sus decisiones estuvieron a la altura del código de ética de la compañía, así como qué tan bien cumplieron con los objetivos.

CAPACITACIÓN EN ÉTICA

Cada vez con más frecuencia las organizaciones ofrecen seminarios, talleres y programas de capacitación en ética similares para fomentar el comportamiento ético. Tales programas de capacitación no carecen de controversia; la principal preocupación es si la ética puede enseñarse. Los críticos resaltan que el esfuerzo es inútil debido a que la gente establece sus propios sistemas de valor cuando son jóvenes. Sin embargo, los partidarios apuntan que diversos estudios han mostrado que los valores pueden ser aprendidos después de la infancia. Además, citan evidencia que muestra que enseñar a resolver problemas de ética puede ser la diferencia en comportamientos éticos;[59] dicha capacitación ha aumentado el nivel de desarrollo moral de los individuos;[60] y que, si no se obtiene algo más, la capacitación en ética aumenta la conciencia sobre los problemas éticos en las empresas.[61]

¿Cómo se enseña la ética? Veamos un ejemplo que involucra al funcionario de defensa global Lockheed Martin, uno de los pioneros en el método basado en casos para la capacitación en ética.[62] Los empleados de Lockheed Martin toman cada año cursos de capacitación en ética guiados por sus gerentes. El enfoque principal de estos cursos cortos son las situaciones de casos específicos de Lockheed Martin, "elegidos por su importancia para problemas departamentales o de trabajos específicos". En cada departamento los equipos de empleados revisan y analizan los casos y luego aplican un "Medidor de ética" para "establecer si las decisiones reales fueron éticas, inmorales o intermedias". Por ejemplo, una de las posibles valoraciones del medidor de ética, "sobre hielo delgado", se explica como "rayando en lo inmoral y debe elevarse una bandera roja". Después de que los equipos aplican sus valoraciones, los gerentes dirigen las discusiones sobre dichas valoraciones y analizan "cuáles de los principios centrales éticos de Lockheed Martin se aplicaron o ignoraron en los casos". Además de su capacitación en ética, Lockheed Martin tiene un código de ética ampliamente utilizado, una línea directa a la que los empleados pueden llamar para asistencia sobre problemas de ética, y funcionarios de ética ubicados en las diversas unidades de negocios de la compañía.

AUDITORÍAS SOCIALES INDEPENDIENTES

El miedo a ser atrapado puede ser un importante elemento disuasorio para un comportamiento inmoral. Las auditorias sociales independientes, las cuales evalúan las decisiones y prácticas gerenciales en términos del código de ética de una organización, aumentan la

Green Mountain Coffee Roasters se enorgullece por realizar operaciones éticas de negocios. Sustentabilidad ética, excelencia personal, valorar las diferencias y ser "una fuerza para el bienestar mundial", se encuentran entre los principios que rigen a los empleados de Green Mountain para tomar decisiones de negocios cada día. Por ejemplo, la empresa se unió recientemente al Jane Goodall Institute para apoyar cafetales a pequeña escala en Tanzania, cerca del amenazado Gombe National Park, donde la Dra. Goodall dirigió sus conocidos estudios sobre primates. Los socios esperan dar a los cafetaleros un incentivo para restaurar los bosques, los cuales constituyen uno de los últimos hábitats de los chimpancés.

posibilidad de disuasión. Tales auditorías pueden ser evaluaciones regulares, o pueden ocurrir al azar, sin previo aviso. Es probable que un programa efectivo de ética necesite ambas. Para mantener la integridad, los auditores deben ser responsables ante la junta directiva de la empresa y presentarle directamente sus hallazgos. Este acuerdo da influencia a los auditores y reduce la posibilidad de que los auditados tomen represalias. Debido a que la ley Sarbanes-Oxley sujeta a las empresas a estándares más rigurosos de divulgación financiera y gobernabilidad corporativa, cada vez más organizaciones prefieren las auditorías sociales independientes. Como dijo el editor de la revista *Business Ethics*, "El debate ha cambiado de *si* ser ético a *cómo* ser ético".[63]

MECANISMOS DE PROTECCIÓN

Los empleados que enfrentan dilemas de ética necesitan mecanismos de protección para que puedan hacer lo correcto sin temor a reprimendas. Una organización puede designar consejeros sobre cuestiones de ética para los empleados que enfrentan un dilema. Estos consejeros también pueden proponer alternativas éticamente "correctas". Otras organizaciones han nombrado funcionarios de ética que diseñan, dirigen y modifican los programas de ética de la organización según se necesite.[64] La Ethics and Compliance Officer Association informa que cuenta con 1,300 miembros (incluidas más de la mitad de las 100 compañías de *Fortune*) y que abarca varios países, entre ellos Estados Unidos, Alemania, India, Japón y Canadá.[65]

REPASO RÁPIDO:

> **OBJETIVO DE APRENDIZAJE 5.4**
>
> - Describa el importante rol de los gerentes para fomentar un comportamiento ético.
>
> - Analice las formas específicas en que un gerente puede fomentar el comportamiento ético.

Vaya a la página 114 para ver qué tan bien maneja este material.

OBJETIVO DE
APRENDIZAJE 5.5 ▷ TEMAS DE RESPONSABILIDAD SOCIAL Y DE ÉTICA EN EL MUNDO ACTUAL

Los gerentes de hoy en día siguen enfrentando retos para ser socialmente responsables y éticos. A continuación examinaremos tres temas de actualidad: manejo de errores de ética e irresponsabilidad social, fomento del espíritu empresarial social y promoción de un cambio social positivo.

MANEJO DE ERRORES DE ÉTICA E IRRESPONSABILIDAD SOCIAL

A pesar del escándalo de los delitos cometidos en la época Enron, las prácticas irresponsables e inmorales de los gerentes de todo tipo de empresas no han desaparecido. Lo que resulta más alarmante es lo que ocurre en "las trincheras" de oficinas, almacenes y tiendas. Una encuesta arrojó que de casi 5,000 empleados, 45 por ciento admitió haberse quedado dormido en el trabajo; 22 por ciento dijo que había difundido un rumor sobre un compañero de trabajo; 18 por ciento dijo haber fisgoneado, y 2 por ciento dijo que había tomado el mérito por el trabajo de alguien más.[66]

Por desgracia, no sólo en el trabajo vemos tales comportamientos; predominan en toda la sociedad. Los estudios realizados por el Center for Academic Integrity mostraron que 26 por ciento de los estudiantes universitarios de especialidades de negocios admitió "haber hecho trampa" en los exámenes, y 54 por ciento admitió haberlo hecho en trabajos escritos. Pero los estudiantes de negocios no fueron los peores tramposos; esa distinción pertenece a las especialidades de periodismo, cuyo 27 por ciento dijo haber hecho trampa.[67] Y una encuesta realizada por Students in Free Enterprise (SIFE) arrojó que sólo 19 por ciento de los estudiantes reportaría a un compañero que hizo trampa.[68] Pero incluso más aterrador resulta que los adolescentes de hoy dicen que es "aceptable". En una encuesta, 23 por ciento dijo que pensaba que la violencia en contra de otra persona era aceptable hasta cierto punto.[69] ¿Qué nos dicen estas estadísticas sobre lo que los gerentes tendrán que enfrentar en el futuro? No es muy exagerado decir que las organi-

¿Quiénes son?
CARA A CARA

UN LÍDER ÉTICO ES:
Yo misma me apego a estándares elevados para ser ejemplo. La gente quiere a estar a la altura de las expectativas, y yo hago lo mejor que puedo para mantenerlas altas.

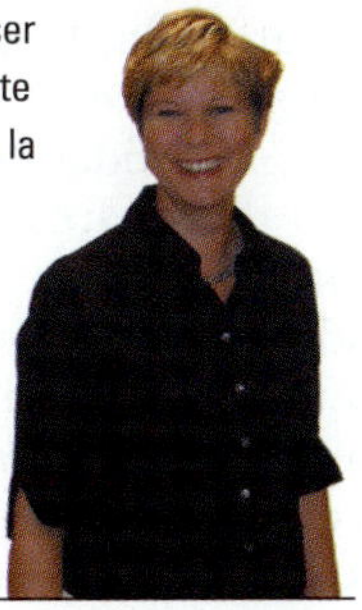

zaciones tendrán problemas para mantener estándares éticos elevados cuando sus futuros empleados aceptan tan fácilmente el comportamiento inmoral.

¿Qué pueden hacer los gerentes? Hay dos cosas que parecen particularmente importantes: el liderazgo ético y la protección para quienes reporten infractores.

Liderazgo ético. No mucho después de que Herb Baum se hiciera cargo de la presidencia de Dial Corporation, recibió una llamada de Reuben Mark, el presidente de su competidor, Colgate-Palmolive, quien le dijo que tenía una copia del plan estratégico de marketing de Dial, el cual había llegado a él a través de un ex vendedor de Dial que recientemente se había unido a Colgate-Palmolive. Mark le dijo a Baum que no lo había revisado, ni siquiera intentó verlo y que lo estaba devolviendo. Además, él mismo iba a tratar con el nuevo vendedor de la manera adecuada.[70] Como ilustra este ejemplo, los gerentes deben ejercer un liderazgo ético. Como dijimos, lo que *hacen* los gerentes tiene una fuerte influencia sobre las decisiones de los empleados para que se comporten éticamente o no. Cuando los gerentes hacen trampa, mienten, roban, manipulan, se aprovechan de las situaciones o de la gente, o tratan injustamente a los demás, ¿qué clase de señales están enviando a los empleados (o a otras partes interesadas)? Probablemente no el que quieren enviar. La figura 5-11 presenta algunas sugerencias sobre cómo los gerentes pueden ejercer un liderazgo ético.

Protección a empleados que denuncian problemas de ética. ¿Qué haría si viera a otros empleados haciendo algo ilegal, inmoral o sin ética? ¿Los denunciaría? Muchos de nosotros no lo haríamos, debido a los riesgos involucrados. Por eso es importante que los gerentes garanticen a los empleados que denuncien casos o problemas de ética, que no enfrentarán riesgos personales o profesionales. Estas personas, con frecuencia llamados **denunciantes**, pueden ser una parte clave del programa de ética de cualquier empresa. Una denunciante muy conocida de los últimos tiempos es Sherron Watkins, vicepresidenta de Enron, quien claramente expresó sus inquietudes sobre las prácticas contables de la empresa en una carta dirigida al presidente de la empresa Ken Lay. Su afirmación "Me siento sumamente nerviosa de que estallemos en una ola de escándalos contables", no pudo ser más profética.[71] Sin embargo, las encuestas arrojan que la mayoría de las personas que atestiguan malos comportamientos no los denuncian, y ésa es la postura que los gerentes deben manejar.[72] ¿Cómo pueden proteger a los empleados para que piensen que vale la pena denunciar si saben que ocurren situaciones inmorales o ilegales?

Una forma es establecer líneas telefónicas gratuitas para situaciones de ética. Por ejemplo, Dell tiene una línea ética a la que los empleados pueden llamar de forma anónima para reportar violaciones que la empresa entonces investigará.[73] Además, los gerentes deben crear una cultura donde las malas noticias puedan escucharse y actuar antes de que sea demasiado tarde. Michael Josephson, fundador del Instituto de Ética Josephson (www.josephsoninstitute.org) dijo, "Es absoluta e inequívocamente importante establecer una cultura en la que los empleados puedan quejarse y protestar, y que sean escuchados".[74] Incluso si los denunciantes tienen intereses personales en el asunto, es importante tomarlos con seriedad. Por último, la ley Sarbanes-Oxley ofrece cierta protección legal. Cualquier gerente que tome represalias contra empleados que hayan denunciado violaciones, enfrentará un duro castigo: 10 años de prisión.[75] Por desgracia, a pesar de esta protección, cientos de empleados que han denunciado y revelado malos manejos en sus organizaciones han sido despedidos de sus trabajos.[76] Entonces, en la actualidad, no es una solución perfecta, pero es un paso en la dirección correcta.

Figura 5–11

Cómo ser un líder ético

- Sea un buen modelo mediante la ética y la honestidad.
  - Siempre diga la verdad.
  - No esconda o manipule información.
  - Sea capaz de reconocer sus errores.
- Comparta sus valores personales, comunicándoselos con regularidad a los empleados.
- Resalte los valores compartidos importantes para la organización o el equipo,
- Utilice el sistema de reconocimientos para hacer responsable a todos de los valores.

denunciante
Persona que denuncia ante otras casos o problemas de ética.

FOMENTO DEL ESPÍRITU EMPRESARIAL SOCIAL

Los problemas sociales en todo el mundo son muchos, y las soluciones viables son pocas. Sin embargo, muchas personas y organizaciones intentan hacer algo. Por ejemplo, Teresa Fritschi, James Potemkin y Raquel Marchenese comparten un lazo en común, aun cuando no se conocen entre sí. Cada uno vende productos únicos hechos a mano, fabricados por artesanos de diferentes partes del mundo: Escocia, México, Guatemala, Pakistán, Perú. Inclusive comparten la apasionada idea sobre el comercio justo y por ello pagan a sus proveedores artesanos más de la tarifa establecida por su trabajo. Los partidarios del comercio justo pretenden "dar a los negocios o artistas en solitario o de lugares marginados del mundo, un precio más elevado por sus creaciones, así como una ruta más directa hacia los mercados lucrativos de América, Europa y Asia".[77] Cada uno de estos personajes también es un ejemplo de un **empresario social**, un individuo u organización que busca las oportunidades para mejorar la sociedad mediante enfoques prácticos, innovadores y sustentables.[78] "Lo que los empresarios de negocios son para la economía, los empresarios sociales son para el cambio social".[79] Los empresarios sociales quieren hacer del mundo un lugar mejor y enfocan sus esfuerzos a que eso ocurra. Por ejemplo, el International Senior Lawyers Project (Proyecto Internacional de Abogados Experimentados) sin fines de lucro hace coincidir a abogados estadounidenses experimentados con necesidades existentes en países en desarrollo. El grupo ha enseñado a abogados negros en Sudáfrica cómo ejercer el derecho comercial y ha brindado asistencia a defensores públicos en Bulgaria.[80] También, los empresarios sociales utilizan la creatividad y la inventiva para resolver problemas. Por ejemplo, el Program for Appropriate Technology in Health (Programa para Tecnología Apropiada en la Salud, PATH) es una organización internacional sin fines de lucro que utiliza tecnología de bajo costo para dar soluciones de salud a países pobres y en desarrollo. Por medio de su colaboración con grupos públicos y con negocios lucrativos, PATH ha desarrollado soluciones sencillas que salvan vidas, como equipos limpios para partos, equipos de pruebas de laboratorio del tamaño de tarjetas de crédito y jeringas desechables para vacunación que no pueden volver a utilizarse. Por los métodos innovadores de PATH para resolver problemas médicos globales, fue mencionada en la lista de Social Capitalists Award 2008.[81]

¿Qué podemos aprender de los empresarios sociales? Aunque muchas organizaciones se han comprometido a hacer negocios de forma ética y responsable, quizá haya algo más que pueden hacer, como demuestran los empresarios sociales. Tal vez, como en el caso de PATH, es sólo cuestión de que las organizaciones de negocios colaboren con grupos públicos o con organizaciones sin fines de lucro para resolver un problema social; o probablemente, como en el caso de Senior Lawyer Project, se trate de llevar la experiencia a donde se necesite; o tal vez de cultivar relaciones con individuos que apasionada y firmemente creen que tienen una idea que podría hacer del mundo un mejor lugar, y simplemente necesitan el apoyo empresarial para lograrlo.

NEGOCIOS QUE PROMUEVEN UN CAMBIO SOCIAL POSITIVO

Desde 1946, Target ha contribuido con 5 por ciento de sus utilidades anuales para ayudar a satisfacer las necesidades de la comunidad, una cantidad que suma casi $3 millones por semana. Y no está sola en esto. "Durante las dos últimas décadas, un mayor número de compañías, tanto dentro como fuera de Estados Unidos, se han comprometido en actividades que promueven un cambio social positivo".[82] Las empresas pueden hacer esto de dos formas: a través de filantropía corporativa y de empleados voluntarios.

Filantropía corporativa. La filantropía corporativa puede ser una forma efectiva para que las compañías aborden problemas sociales.[83] Por ejemplo, la campaña "rosa" contra el cáncer de mama y la campaña global roja contra el SIDA (iniciada por Bono) son formas en que las empresas apoyan causas sociales.[84] Muchas organizaciones además donan dinero a varias causas que les importan a sus empleados y clientes. En 2006 (las últimas cifras disponibles), los 15 donadores de efectivo más grandes, incluidos Wal-Mart, Bank of America, Target, entre otros, donaron un total de 2 mil millones de dólares.[85] Otros han creado sus propias fundaciones, a través de las cuales ayudan en diversos problemas sociales. Por ejemplo, la fundación de Google, llamada DotOrg por sus empleados, cuenta con casi 2 mil millones de dólares en activos, los cuales utilizará para apoyar a cinco áreas: sistemas de desarrollo para ayudar a predecir y prevenir pandemias, apoyar a los pobres con información sobre servicios públicos, creación de empleos mediante la inversión en pequeños y medianos negocios de países en desarrollo, apresurar la comercialización de automóviles plug-in, y hacer que la energía renovable sea más barata que el carbón.[86]

Esfuerzos de los empleados voluntarios. Las actividades voluntarias de los empleados son un medio popular para que los negocios se involucren en la promoción de un cambio social. Por ejemplo, el equipo de 11 ejecutivos Molson-Coors pasó un día completo en su retiro anual para construir una casa en Las Vegas con Habitat for Humanity (Hábitat para la humanidad). Los empleados de PricewaterhouseCoopers remodelaron una escuela abandonada en Newark, New Jersey. A cada empleado de Wachovia se le dan seis días libres al año con goce de sueldo para que realice actividades como voluntario en su comunidad. Otros negocios fomentan de varias maneras el que sus empleados sean voluntarios. El Committee Encouraging Corporate Philantropy (Comité para el Fomento de la Filantropía Corporativa) dice que más de 90 por ciento de sus miembros tenía programas de voluntariado, y casi la mitad fomentaba las actividades voluntarias mediante días libres con goce de sueldo o por medio de eventos.[87] Muchas empresas han descubierto que tales esfuerzos no sólo benefician a la comunidad sino que mejoran el desempeño laboral y la motivación de los empleados.

REPASO RÁPIDO:
OBJETIVO DE APRENDIZAJE 5.5

- Describa cómo pueden los gerentes manejar los errores de ética y la irresponsabilidad social.
- Explique el rol de los empresarios sociales.

- Analice cómo pueden las empresas promover un cambio social positivo.

Vaya a la página 114 para ver qué tan bien maneja este material.

empresario social
Individuo u organización que busca oportunidades para mejorar la sociedad por medio de enfoques prácticos, innovadores y sustentables.

¿Quiénes son?
Mi turno

Sally Yagan

Directora editorial
Pearson Education
Upper Saddle River, New Jersey

La responsabilidad social define todo lo que hacemos como individuos y como compañía.

Gran parte de nuestro negocio implica mantener la confianza del público: somos una empresa de tecnología educativa con la responsabilidad de servir al propósito del aprendizaje. Esto lo hacemos a través de los productos y servicios que ofrecemos, y de nuestro apoyo a proyectos de beneficencia de las comunidades en las que hacemos negocios. Por ejemplo, hemos donado millones para apoyar a programas de alfabetización para niños en riesgo; hemos colaborado con plantillas docentes para crear herramientas de aprendizaje en línea que han representado un salvavidas para estudiantes universitarios en problemas, y hemos aumentado nuestros esfuerzos para ser sensibles al ambiente y limitar el efecto de nuestros productos y colegas sobre el entorno.

Mis colegas y yo nos sentimos muy agradecidos de trabajar para una empresa como Pearson, que proactivamente busca maneras de ayudar a otros.

OBJETIVOS DE APRENDIZAJE
RESUMEN

5-1 ▷ ## ¿QUÉ ES RESPONSABILIDAD SOCIAL?

- Distinga entre obligación social, sensibilidad social y responsabilidad social.
- Analice si las organizaciones deben tener participación social.
- Describa a qué conclusión se puede llegar con respecto a la participación social y el desempeño económico.

La obligación social, la cual refleja la visión clásica de responsabilidad social, involucra el compromiso de una empresa en acciones sociales debido a su obligación de cumplir con ciertas responsabilidades económicas y legales. La sensibilidad social implica el compromiso de una empresa en acciones sociales en respuesta a alguna necesidad social. La responsabilidad social es la intención de una organización, más allá de sus obligaciones económicas y legales, para lograr objetivos de largo plazo que son buenos para la sociedad. Ambos reflejan la visión socioeconómica de responsabilidad social. Podemos determinar si las organizaciones deben tener participación social, si revisamos los argumentos a favor y en contra. Otras formas son evaluar el efecto de la participación social sobre el desempeño económico de una empresa y evaluar el rendimiento de los fondos ISR contra los fondos no ISR. De acuerdo con dicha información podemos concluir que, al parecer, una empresa que es socialmente responsable no daña su rendimiento económico.

5-2 ▷ ## ADMINISTRACIÓN VERDE

- Defina qué es la *administración verde*.
- Describa cómo las organizaciones pueden volverse verdes.
- Explique cómo pueden evaluarse las acciones de una administración verde.

Con la administración verde, los gerentes consideran el efecto de su organización sobre el medio ambiente. Las empresas pueden "volverse verdes" de diversas maneras. El enfoque del verde claro implica hacer lo que legalmente se requiere, que es la obligación social. Si se utiliza el enfoque de mercado, las organizaciones responden a las preferencias ambientales de sus clientes. Al utilizar el enfoque de las partes interesadas, las empresas responden a las demandas ambientales de varias partes interesadas. Tanto el enfoque de mercado como el de las partes interesadas pueden considerarse sensibles socialmente. El enfoque activista, o verde oscuro, implica que una organización busque caminos para respetar y preservar la Tierra y sus recursos naturales, lo cual puede considerarse como responsabilidad social.

Las acciones verdes pueden evaluarse mediante el análisis de los informes que guardan las empresas sobre su desempeño ambiental, buscando coincidencias con los estándares globales de administración ambiental (ISO 14000) y mediante la lista Global 100 de las empresas más sustentables del mundo.

5-3 ▷ ## LOS GERENTES Y EL COMPORTAMIENTO ÉTICO

- Defina qué es *ética*.
- Analice los factores que influyen en que una persona se comporte de manera ética o inmoral.
- Describa lo que los gerentes deben saber sobre ética internacional.

La ética se refiere a los principios, valores y creencias que definen las buenas y malas decisiones y comportamientos. Los factores que afectan los comportamientos ético e inmoral incluyen el nivel de desarrollo moral de la persona (preconvencional, convencional o de principios); características individuales (valores y variables de personalidad, fuerza del ego y locus de control); variables estructurales (diseño estructural, uso de objetivos, sistemas de reconocimiento por desempeño y procedimientos para la asignación de reconocimientos); cultura organizacional (valores compartidos y fuerza cultural), e intensidad del problema (magnitud del daño, consenso de lo malo, probabilidad de dañar, inmediatez de las consecuencias, proximidad con las víctimas y concentración del efecto).

Debido a que los estándares éticos no son universales, los gerentes deben saber lo que pueden o no hacer legalmente, de acuerdo con la Ley de Prácticas Extranjeras Corruptas. También es importante reconocer cualquier diferencia cultural para aclarar pautas éticas para empleados que trabajan en diferentes posiciones globales. Por último, los gerentes deben saber sobre los principios del Pacto Mundial y la Convención Antisoborno.

5-4 ▷ FOMENTO DEL COMPORTAMIENTO ÉTICO

- Describa el importante rol de los gerentes para fomentar un comportamiento ético.
- analice las formas específicas en que un gerente puede fomentar el comportamiento ético.

El comportamiento de los gerentes es la influencia individual más importante sobre la decisión de una persona para actuar ética o inmoralmente. Algunas formas específicas en que los gerentes pueden fomentar el comportamiento ético incluyen prestar atención a la selección de empleados, tener y utilizar un código de ética, reconocer el importante papel de liderazgo ético que desempeñan y cómo lo que hacen es mucho más importante que lo que dicen, asegurarse de que los objetivos y el proceso de *evaluación* de desempeño no recompensen el logro de objetivos si no se toma en cuenta cómo se lograron, utilizar capacitación en ética y auditorías sociales independientes, y establecer mecanismos de protección.

5-5 ▷ TEMAS DE RESPONSABILIDAD SOCIAL Y ÉTICA EN EL MUNDO ACTUAL

- Describa cómo pueden los gerentes manejar los errores de ética y la irresponsabilidad social.
- Explique el rol de los empresarios sociales.
- Analice cómo las empresas pueden promover un cambio social positivo.

Los gerentes pueden manejar los errores de ética y la irresponsabilidad social si son líderes éticos fuertes y protegen a los empleados que denuncian problemas de ética. El ejemplo que representan los gerentes tiene una fuerte influencia sobre si los empleados se comportan éticamente. Los líderes éticos también son honestos, comparten sus valores, resaltan valores compartidos importantes y utilizan el sistema de reconocimientos de forma adecuada. Los gerentes pueden proteger a los denunciantes (empleados que demuestran cuestiones o problemas de ética), al alentarlos a seguir adelante, al establecer líneas telefónicas éticas gratuitas y el establecer una cultura en la que los empleados puedan quejarse y hacerse escuchar sin temor a represalias. Los empresarios sociales desempeñan un papel importante en la solución de problemas sociales, ya que buscan oportunidades para mejorar a la sociedad mediante enfoques prácticos, innovadores y sustentables. Los empresarios sociales quieren hacer del mundo un mejor lugar y tienen una pasión que los impulsa para hacer que eso ocurra. Las empresas pueden promover un cambio social positivo a través de la filantropía corporativa y de las acciones de empleados voluntarios.

PENSEMOS EN CUESTIONES ADMINISTRATIVAS

1. ¿Para usted, de manera personal, qué significa la responsabilidad social? ¿*Usted* piensa que las organizaciones de negocios deben ser socialmente responsables? Explique sus respuestas.
2. ¿Cree que la administración basada en valores es una estratagema bien intencionada? Explique su respuesta.
3. Los programas para compartir archivos por Internet son populares entre estudiantes universitarios. Estos programas funcionan al permitir a usuarios no corporativos acceder a cualquier red local donde se ubiquen los archivos. Este tipo de programas tiende a saturar el ancho de banda y a reducir la capacidad del usuario local para acceder y utilizar una red local. ¿Qué responsabilidades éticas y sociales tiene una universidad en una situación como ésta? ¿Quién es responsable? ¿Qué les propondría a quienes toman decisiones en la universidad?
4. Mencione algunos problemas que podrían asociarse con la denuncia de irregularidades para (a) el denunciante y (b) la organización.
5. Describa las características y comportamientos de alguien que usted considere una persona ética. ¿Cómo podrían fomentarse los tipos de decisiones y acciones de esta persona en un centro de trabajo?
6. Esta pregunta se planteó en un artículo del ejemplar de *USA Today* publicado el 10 de octubre de 2006. ¿El capitalismo será la salvación del mundo o la causa de su desaparición? Analice.

SU TURNO *de ser gerente*

- Mencione cinco ejemplos de códigos de ética organizacional. Con los datos de la figura 5-9 describa qué contiene cada uno. Compare los ejemplos.

- Mediante los ejemplos de códigos de ética que mencionó, genere lo que piensa que sería un código de ética organizacional adecuado y efectivo. Además, genere su propio *código de ética personal* que pueda utilizar como una guía ante dilemas de ética.

- Comience una carpeta que contenga cada uno de los dilemas titulados "Razonamiento crítico sobre ética" que aparecen en cada capítulo. Escriba una respuesta a cada uno de los dilemas e incluya dichas respuestas en su carpeta.

- Aproveche las oportunidades de ser voluntario y asegúrese de incluirlas en su currículum. Si es posible, trate de hacer cosas como voluntario que mejoren sus habilidades gerenciales de planeación, organización, dirección y control.

- Visite el sitio Web de Global Reporting Initiative, www.globalreporting.org, y de la lista elija tres empresas que tengan informes indexados. Vea dichos informes y describa o evalúe lo que hay en ellos. Además, identifique las partes interesadas que podrían verse afectadas y cómo podrían verse afectadas por las acciones de la compañía.

- Investigue las actividades de administración verde que su escuela o empleador están llevando a cabo y escríbalas en una lista. Investigue acerca de ser verde. ¿Hay otras cosas que su escuela o empleador podrían hacer? Escriba un informe a su escuela o empleador, en el que describa cualquier sugerencia. (También busque formas en las que usted podría ser verde en su vida personal.)

- En el transcurso de dos semanas, vea qué "dilemas éticos" encuentra. Éstos podrían ser algunos que usted enfrenta o que enfrentan otros (amigos, colegas, otros estudiantes que platican en el corredor o antes de que inicien las clases, etcétera). Liste estos dilemas y piense lo que podría hacer si enfrentara cada uno de ellos.

- Entreviste dos gerentes distintos sobre cómo fomentan el comportamiento ético de sus empleados. Escriba sus comentarios y explique cómo estas ideas podrían ayudarle a ser un mejor gerente.

- Lecturas recomendadas por Steve y Mary: Bethany McLean y Peter Elkind, *The Smartest Guys in the Room: The Amazing Rise and Scandalous Fall of Enron* (Portfolio, 2003); Barbara Ley Toffler, *Final Accounting: Ambition, Greed and the Fall of Arthur Andersen* (Broadway Books, 2003); Joseph L. Badaracco, Jr., *Leading Quietly: An Unorthodox Guide to Doing the Right Thing* (Harvard Business School Press, 2002), y Kenneth Blanchard y Norman Vincent Peale, *The Power of Ethical Management* (Morrow, 1988).

- Si tiene la oportunidad, tome una clase de ética (negocios o administración) o de responsabilidad social, con frecuencia llamada negocios y sociedad, o ambas. Esto no sólo se verá bien en su currículum, sino que podría ayudarle cuando tenga que resolver algunos de los problemas difíciles que enfrentan los gerentes cuando se trata de ser ético y responsable.

- Con sus propias palabras, escriba tres cosas que aprendió en este capítulo sobre ser un buen gerente.

- La autoevaluación puede resultar una poderosa herramienta de aprendizaje. Vaya a mymanagementlab y complete estos ejercicios de autoevaluación: WhatDo I Value? (¿Qué valoro?), How Do My Ethics Rate? (¿Cuál es mi nivel de ética?), Do I Trust Others? (¿Confío en los demás?) y Do Others See Me as Trusting (¿Los demás me consideran confiable?) Con los resultados de sus evaluaciones, identifique fortalezas y debilidades personales. ¿Qué hará para reforzar sus fortalezas y superar sus debilidades?

PEARSON mymanagementlab™   Para más recursos, visite www.mymanagementlab.com

CASO PRÁCTICO

No sólo otra empresa de exteriores

Iniciamos el capítulo con una historia sobre una empresa de exteriores y lo finalizamos con una historia sobre otra. La empresa de la que hablamos ahora se encuentra en Portland, Oregon, fue la creación de un pequeño grupo de ejecutivos que abandonaron empleos muy demandantes en Patagonia, Nike y Adidas. Estas personas compartían la creencia de que "además de generar ganancias, las empresas tienen la misma responsabilidad de crear un cambio social y ambiental positivo". Al poner sus ideas en acción, el grupo formó Nau (expresión maorí que significa "Adelante, ¡Bienvenido!"). ¡Y Nau no es sólo otra empresa de exteriores!

Cuando decidieron qué iba a ser Nau y cómo iba a hacer negocios, los fundadores sabían que no querían hacer las cosas como siempre las habían hecho las empresas tradicionales. Su director, Chris Van Dyke, decía, "Comenzamos

Smith Rock State Park, Oregon.

con una pizarra virtual limpia. Creíamos que cada elemento operativo de nuestro negocio era una oportunidad de cambiar las ideas tradicionales de negocios, de integrar factores ambientales, sociales y económicos". Desde el diseño, las ventas y hasta las finanzas, Nau se rige por estos factores. Todo en las operaciones de Nau se aborda con un "filtro" de sustentabilidad y justicia social.

En el área de diseño, la empresa, en asociación con sus proveedores, desarrolló 24 de sus 32 telas para ser más sustentables y combinar el rendimiento y el atractivo visual. Cada proveedor, fabricante, e incluso Nau misma, están comprometidos con un código de conducta. Para garantizar que todas las partes se desenvuelven de acuerdo con los estándares, sus acciones son supervisadas por una empresa de auditoría e investigación independiente y sin fines de lucro. En el área de ventas, la forma en que la empresa comercializa sus productos también es única. Mediante un concepto que llama "Web-front", Nau ha combinado la eficiencia de la Web con la intimidad de una boutique tipo galería. En la "tienda", los clientes pueden probarse la ropa, pero utili-

zan sus quioscos para comprar desde la Web. Debido a que el inventario en la tienda es muy reducido, las tiendas son pequeñas (2,400 pies cuadrados, comparados con el estándar de 4,000 pies cuadrados de una tienda minorista de exteriores). Este enfoque ahorra gastos de operación porque se utilizan menos energía y menos materiales. Si es bueno para el planeta… es bueno para el negocio. Por último, Nau tiene un enfoque financiero único, al que llama "altruismo agresivo". La empresa ha comprometido 5 por ciento de sus ventas con organizaciones de beneficencia dedicadas a solucionar problemas ambientales y humanitarios cruciales. El "estándar filantrópico de oro" es 1 por ciento de las ventas, y el promedio entre todas las corporaciones es de 0.047 por ciento. Pero aunque la cantidad que da es inusual, lo que ocurre con el dinero de Nau es realmente excepcional: Nau pone en las manos de sus clientes la decisión de dar. Se les pide que ellos indiquen a qué "Socio para el Cambio" quieren que vaya su 5 por ciento. Con este proceso de "elección consciente", Nau está "invitando a sus clientes a que se atrevan a unir los puntos".

Preguntas de análisis

1. ¿Qué opina sobre el método de Nau para hacer negocios? ¿Es ético y responsable? Analice.

2. ¿El método de Nau tiene un atractivo limitado, o piensa que tiene la capacidad de perdurar? ¿Qué desventajas hay en lo que Nau hace?

3. ¿Es responsabilidad de una empresa hacer que sus clientes "unan los puntos" y que tomen decisiones sobre problemas sociales?

4. ¿Hay alguna lección para otras empresas? Analice.

Fuentes: El sitio Web de Nau, www.nau.com, y P. LaBarre, "Leap of Faith", *Fast Company*, junio de 2007, pp. 96-103

Parte Dos

Planeación

▷ Muchos han comentado la importancia de los planes y de la planeación, como demuestran las diversas menciones sobre el tema. Desde el notable filósofo chino Confucio, quien dijo, "Un hombre que no planea a futuro, encontrará problemas a su puerta", hasta el legendario entrenador de fútbol de Crimson Tide, Paul "Bear" Bryant, quien decía, "Ten un plan, síguelo y te sorprenderá qué tan exitoso puedes ser. La mayoría de las personas no tiene un plan, y por eso resulta sencillo vencerlas", vemos la importancia de la planeación. Los *grandes* gerentes necesitan aprender a planear y luego hacerlo. Como novelista, Richard Cushing dijo, "Siempre planea a futuro. No estaba lloviendo cuando Noé construyó el arca".

En la parte dos veremos la primera función administrativa, la planeación. El capítulo 6 presenta la toma de decisiones de los gerentes. En el capítulo 7 abordamos los elementos fundamentales de la planeación: objetivos y planes. En el 8 vemos un aspecto importante de la planeación, la administración estratégica.

No podemos evitar una mención más sobre la planeación, una de Benjamín Franklin: "Al fallar en la preparación, uno se prepara para fallar".

¿Quiénes son?
Conozca al gerente

Jonathan E. Carter
Gerente general
HBCU Connect.com
Gahanna, Ohio

MI TRABAJO: Gerente general de HBCU Connect, una empresa de publicidad basada en la Web, especializada en marketing multicultural y reclutamiento. Nuestra compañía patrocina la comunidad en línea más grande de alumnos y ex alumnos de escuelas y universidades que históricamente han sido para afroamericanos (HBCUs).

LA MEJOR PARTE DE MI TRABAJO: Involucrarme en proyectos de gran visibilidad. He podido trabajar con 100 empresas Fortune y he colaborado con muchísimas personas interesantes de todo el mundo.

LA PEOR PARTE DE MI TRABAJO: Ser responsable de las decisiones que tomo... decisiones que tienen consecuencias reales, y me responsabilizo por ellas.

EL MEJOR CONSEJO GERENCIAL RECIBIDO: "El negocio del negocio es el negocio". Dr. Lee Makamson.

Esto significa nunca olvidar lo fundamental. Al final del día será juzgado por las cosas que hizo de valor para la compañía.

A lo largo del capítulo sabrá más sobre este gerente real.

Capítulo 6

Los gerentes como tomadores de decisiones

Los gerentes toman decisiones, y quieren que dichas decisiones sean buenas. En este capítulo estudiaremos las etapas del proceso de toma de decisiones. También veremos los diversos factores que influyen en las decisiones de los gerentes. Conforme lea y estudie este capítulo, concéntrese en los siguientes objetivos de aprendizaje.

OBJETIVOS DE
APRENDIZAJE

El dilema de un gerente

Como presidente de GE Money China, Michael Barrett (izquierda) está acostumbrado a tomar decisiones.[1] Es responsable de administrar las inversiones de GE en Shenzhen Development Bank (SDB). Una característica de las instituciones financieras chinas es su *falta* de rapidez en el servicio al cliente. Michael decidió dirigir una "sesión de ejercicios" (un término de GE para reuniones de lluvia de ideas en las que se identifican ineficiencias de los procesos y procedimientos de trabajo) con algunos empleados de SDB. Durante estas reuniones se alienta a los empleados a compartir historias y a escribir ideas en el rotafolio. Sin embargo, los empleados de SDB no estaban acostumbrados a métodos interactivos de toma de decisiones como éste y las sesiones iniciaron lentamente. Para no desanimarse, Michael comenzó a anotar ideas en el rotafolio; pronto, los empleados chinos se abrieron. Su frustración más grande era el sistema bancario para la aprobación de tarjetas de crédito. Las formas de solicitud eran engorrosas y los retrasos eran comunes cuando el trabajo pasaba de un grupo a otro. Al final de la sesión, el grupo decidió modernizar la forma y asignar cada solicitud pendiente a un agente en particular. ¿Qué criterios de decisión podría utilizar Michael para evaluar la efectividad de estas decisiones?

¿Usted qué haría?

Como los gerentes de cualquier parte, Michael Barrett necesita tomar decisiones cuando dirige. La toma de decisiones es la esencia de la administración. Es lo que los gerentes hacen (o intentan evitar), y a todos les gustaría tomar buenas decisiones, ya que son juzgados a partir de los resultados de esas decisiones. En este capítulo analizaremos el concepto de la toma de decisiones y cómo lo hacen los gerentes.

OBJETIVO DE
APRENDIZAJE 6.1 ▷ ## EL PROCESO DE TOMA DE DECISIONES

Era el tipo de día que los gerentes de aerolíneas temen. Una ventisca sin precedentes subía por la Costa Este, cubriendo caminos, vías férreas y pistas de aeropuertos con casi 27 pulgadas de nieve. Una de las principales aerolíneas que tenía que lidiar con la tormenta, American Airlines, "tiene 85,000 empleados que ayudan a que los vuelos sean posibles y cuatro que los cancelan". Danny Burgin, quien trabaja en el centro de control de la empresa en Fort Worth, Texas, es uno de esos cuatro. Pero para fortuna de Danny, es sencillo lidiar con tormentas de nieve, ya que generalmente "son fáciles de predecir y el personal de la aerolínea puede trabajar en torno a ella con descongelantes y quitanieves". Pero aun así, esto no significa que las decisiones que tiene que tomar son sencillas, en especial cuando éstas afectan a cientos de vuelos y a miles de pasajeros.[2] Aunque la mayoría de las decisiones que toman los gerentes no incluyen el clima, puede ver que las decisiones tienen un rol importante en lo que una organización tiene que hacer o es capaz de hacer.

Los gerentes de todos niveles y de todas las áreas de las empresas toman **decisiones**. Es decir, hacen elecciones. Por ejemplo, los gerentes de nivel alto toman decisiones sobre los objetivos de su organización, dónde ubicar instalaciones de manufactura, o a qué nuevos mercados entrar. Los gerentes de niveles medio y bajo toman decisiones sobre programas de producción, problemas de calidad de producto, aumentos de sueldos y disciplina de empleados. La toma de decisiones no es algo que sólo hacen los gerentes; todos los miembros de una organización toman decisiones que afectan a sus trabajos y a la empresa para la que trabajan. Sin embargo, nuestro enfoque es en cómo los *gerentes* toman decisiones.

Aunque la toma de decisiones generalmente se describe como la elección entre alternativas, esa visión es demasiado simplista. ¿Por qué? Debido a que la toma de decisiones es un proceso, no es un simple acto de elegir entre alternativas.[3] Incluso ante algo tan simple como ir a almorzar, se hace más que sólo elegir hamburguesas o pizza. De acuerdo, no se invierte mucho tiempo en decidir sobre el almuerzo, pero pasa por el proceso cuando toma esa decisión. La figura 6-1 muestra las ocho etapas del proceso de toma de decisiones. Este proceso es tan importante en decisiones personales como en decisiones corporativas. Para ilustrar las etapas del proceso, utilicemos como ejemplo a un gerente que decide qué computadora portátil comprar.

ETAPA 1: IDENTIFICACIÓN DE UN PROBLEMA

Toda decisión inicia con un **problema**, una discrepancia entre una condición existente y una deseada.[4] Amanda es una gerente de ventas cuyos representantes necesitan computadoras portátiles nuevas, ya que las que tienen son obsoletas e inadecuadas para que realicen su trabajo. Para facilitar las cosas, suponga que no es barato añadir memoria a las

Figura 6–1

Proceso de toma de decisiones

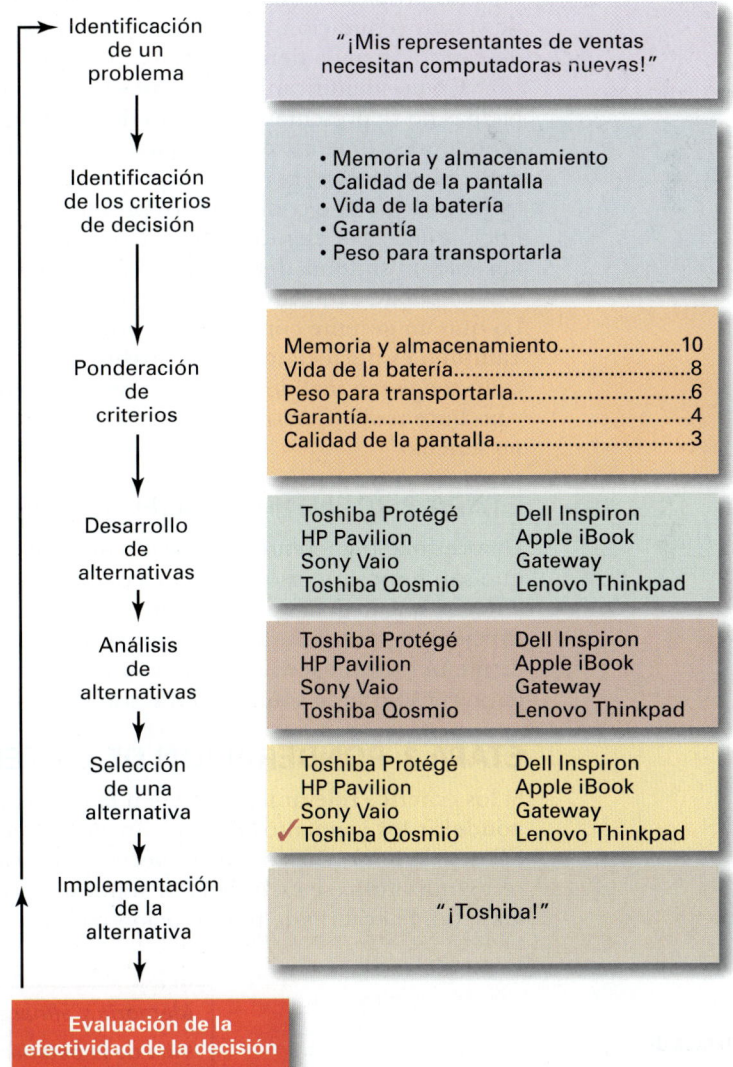

Elegir una computadora portátil nueva depende de los criterios específicos de decisión como precio, conveniencia, memoria y capacidad de almacenamiento, calidad de la pantalla, vida de la batería e incluso el peso para transportarla.

computadoras viejas y que es política de la compañía comprar, no arrendar. Ahora tenemos un problema, una diferencia entre las computadoras actuales de los representantes de ventas (condición existente) y su necesidad de tener unas más eficientes (condición deseada). Amanda tiene que tomar una decisión.

¿Cómo identifican los gerentes los problemas? En la realidad, la mayoría de los problemas no se presentan con luces de neón señalando que hay un "problema". Cuando sus vendedores comenzaron a quejarse de sus computadoras, fue muy claro para Amanda que algo debía hacerse, pero pocos problemas son tan obvios. Los gerentes también deben ser cautelosos para no confundir los problemas con los síntomas de un problema. ¿Una disminución del 5 por ciento en las ventas, es un problema? ¿O la disminución de las ventas es tan sólo un síntoma del problema real, como productos de baja calidad, precios elevados, o mala publicidad? Además, recuerde que la identificación de problemas es algo subjetivo. Lo que un gerente considera un problema, otro gerente podría considerar que no lo es. También es perfectamente probable que un gerente que resuelve el problema equivocado tenga tan mal desempeño como un gerente que ni siquiera reconoce un problema y no hace nada. Como puede ver, identificar problemas eficazmente es importante, pero no sencillo.[5]

ETAPA 2: IDENTIFICACIÓN DE LOS CRITERIOS DE DECISIÓN

Una vez que un gerente ha ubicado un problema, debe identificar los **criterios de decisión** que son importantes o relevantes para resolverlo. Cualquiera que tome decisiones tiene criterios que lo guían para decidir, incluso si no están explícitamente enunciados. En nuestro ejemplo, Amanda decide después de una cuidadosa consideración que las capacidades de memoria y almacenamiento, calidad de la pantalla, vida de la batería, garantía y el peso para transportar la computadora, son los criterios relevantes para su decisión.

ETAPA 3: PONDERACIÓN DE CRITERIOS

Si los criterios relevantes no tienen la misma importancia, el tomador de decisiones debe ponderar los elementos para priorizar correctamente y decidir. ¿Cómo? Una forma sencilla es darle al criterio más importante un valor de 10 y luego asignar ponderaciones al resto utilizando ese estándar. Por supuesto, podría utilizar cualquier número como el valor más alto. El criterio de ponderación para nuestro ejemplo aparece en la figura 6-2.

Figura 6–2

Criterios importantes de decisión

Memoria y almacenamiento	10
Vida de la batería	8
Peso para transportarla	6
Garantía	4
Calidad de la pantalla	3

Figura 6–3

Alternativas posibles

	Memoria y almacenamiento	Vida de la batería	Peso para transportarla	Garantía	Calidad de la pantalla
Toshiba Protégé	10	3	10	8	5
Dell Inspiron	8	7	7	8	7
HP Pavilion	8	5	7	10	10
Apple iBook	8	7	7	8	7
Sony Vaio	7	8	7	8	7
Gateway	8	3	6	10	8
Toshiba Qosmio	10	7	8	6	7
Lenovo Thinkpad	4	10	4	8	10

ETAPA 4: DESARROLLO DE ALTERNATIVAS

La cuarta etapa del proceso de toma de decisiones requiere que el tomador de decisiones liste alternativas viables que pudieran resolver el problema. Ésta es la etapa en la que un tomador de decisiones debe ser creativo. En este punto, las alternativas sólo se listan, no se evalúan. Nuestra gerente de ventas, Amanda, identifica ocho computadoras portátiles como posibles elecciones (vea la figura 6-3).

ETAPA 5: ANÁLISIS DE ALTERNATIVAS

Una vez identificadas las alternativas, quien toma las decisiones debe evaluar cada una. ¿Cómo? Por medio de los criterios establecidos en la etapa 2. La figura 6-3 muestra los valores calculados que Amanda dio a cada alternativa después de investigar cada elemento. Recuerde que estos datos representan una evaluación de las ocho alternativas utilizando los criterios de decisión pero *no* la ponderación. Cuando multiplica cada alternativa por el peso asignado, obtiene las alternativas ponderadas, como muestra la figura 6-4. El puntaje total para cada alternativa es entonces la suma de sus criterios ponderados.

Hay ocasiones en que quien toma las decisiones no tiene que pasar por esta etapa. Si una alternativa tiene el puntaje más alto en cada criterio, no sería necesario considerar los pesos, pues esa alternativa ya sería la mejor opción. O, si todos los pesos fueran iguales, podría evaluar una alternativa con sólo sumar los valores calculados para todos ellos (vea la figura 6-3). Por ejemplo, el puntaje para la Toshiba Protégé sería 36, y el puntaje para la Gateway sería 35.

ETAPA 6: SELECCIÓN DE UNA ALTERNATIVA

La sexta etapa del proceso de toma de decisiones es la elección de la mejor alternativa o de aquella con el total más elevado en la etapa 5. En nuestro ejemplo (vea la figura 6-4), Amanda elegiría la Toshiba Qosmio debido a su puntaje más elevado (249 en total).

ETAPA 7: IMPLEMENTACIÓN DE UNA ALTERNATIVA

En la etapa 7 del proceso de toma de decisiones, lleva la decisión a la acción al comunicarla a todos los afectados y al lograr que todos se comprometan con ella. Sabemos que si las personas que deben implementar una decisión participan en el proceso, es más probable que la

Figura 6–4

Evaluación de alternativas

	Memoria y almacenamiento	Vida de la batería	Peso para transportarla	Garantía	Calidad de la pantalla	Total
Toshiba Protégé	100	24	60	32	15	231
Dell Inspiron	80	56	42	32	21	231
HP Pavilion	80	40	42	40	30	232
Apple iBook	80	56	42	32	21	231
Sony Vaio	70	64	42	32	21	229
Gateway	80	24	36	40	24	204
Toshiba Qosmio	100	56	48	24	21	249
Lenovo Thinkpad	40	80	24	32	30	206

criterios de decisión
Criterios que definen lo que es importante o relevante para resolver un problema.

apoyen que si solamente se les dice qué hacer. Otra cosa que es probable que los gerentes tengan que hacer durante la implementación es reevaluar el ambiente por si existe algún cambio, en especial con respecto a decisiones de largo plazo. ¿Los criterios, alternativas y opciones aún son los mejores, o el entorno ha cambiado de tal forma que es necesario reevaluarlo?

ETAPA 8: EVALUACIÓN DE LA EFECTIVIDAD DE LA DECISIÓN

La última etapa del proceso de toma de decisiones involucra la evaluación del resultado de la decisión para ver si se resolvió el problema. Si la evaluación muestra que el problema aún existe, entonces el gerente necesita evaluar lo que salió mal. ¿Se definió incorrectamente el problema? ¿Se cometieron errores cuando se evaluaron las alternativas? ¿Se seleccionó la alternativa correcta pero se implementó deficientemente? Las respuestas podrían llevarlo a repetir una etapa anterior, o incluso podría ser necesario iniciar nuevamente todo el proceso.

REPASO RÁPIDO:

OBJETIVO DE APRENDIZAJE 6.1

- Defina qué es decisión.

- Describa las ocho etapas del proceso de toma de decisiones.

Vaya a la página 138 para ver qué tan bien maneja este material.

OBJETIVO DE
APRENDIZAJE 6.2 ▷ CÓMO TOMAN DECISIONES LOS GERENTES

Aunque cada persona en una organización toma decisiones, este proceso es particularmente importante para los gerentes. Como muestra la figura 6-5, forma parte de las cuatro funciones gerenciales. De hecho, por eso decimos que la toma de decisiones es la esencia de la administración.[6] Y es por eso que los gerentes, cuando planean, organizan, dirigen y controlan, se conocen como *tomadores de decisiones*.

El hecho de que casi todo lo que hace un gerente implique la toma de decisiones, no significa que las decisiones siempre se lleven mucho tiempo y que sean complejas o evidentes para un observador externo. Casi siempre la toma de decisiones es rutinaria. Todos los días del año usted decide lo que va a comer en la cena; no es mayor problema, lo ha decidido miles de veces antes. Es una decisión bastante simple y generalmente puede tomarse rápidamente. Éste es el tipo de decisión que casi olvida que *es* una decisión. Los gerentes diariamente toman docenas de decisiones de rutina; por ejemplo, qué empleado trabajará qué turno la próxima semana, qué información debe incluirse en un informe, o cómo resolver la queja de un cliente. Recuerde que aunque una decisión parezca sencilla o que un gerente la haya tomado muchas veces antes, aún es una decisión. Veamos tres perspectivas de cómo los gerentes toman decisiones.

TOMA DE DECISIONES: RACIONALIDAD

Cuando Hewlett-Packard (HP) compró Compaq, la empresa no investigó cómo consideraban los clientes los productos de Compaq hasta "meses después de que la entonces directora Carly Fiorina anunció públicamente la compra, y de manera privada advirtió a su equipo de administración de nivel alto que no quería escuchar ninguna inconformidad con respecto a la compra".[7] Para cuando la empresa descubrió que los clientes percibían los productos de Compaq como inferiores, exactamente lo opuesto a lo que los clientes piensan de los productos de HP, era demasiado tarde. El desempeño de HP se vio afectado y Fiorina perdió su trabajo.

Nosotros asumimos que la toma de decisiones de los gerentes será **racional**; es decir, asumimos que harán elecciones lógicas y consistentes para maximizar su valor.[8] Después de todo, los gerentes tienen toda clase de herramientas y técnicas que les ayudan a ser tomadores de decisiones racionales. (Vea "Cómo dirigir en un mundo virtual" en la página 131.) Pero el ejemplo de HP ilustra que los gerentes no siempre son racionales. ¿Qué significa ser un tomador de decisiones racional?

Supuestos de racionalidad. Un tomador de decisiones racional sería totalmente objetivo y lógico. El problema enfrentado sería evidente e inequívoco, y el tomador de decisiones tendría un objetivo claro y específico y conocería todas las alternativas y consecuencias posibles. Por último, tomar decisiones racionalmente daría pie de manera consistente a

¿Quiénes son?
CARA A CARA

TOMO LAS MEJORES DECISIONES CUANDO:
- Me tomo el tiempo para investigar.
- Consulto con alguien con experiencia.
- No adelanto conclusiones.
- Logro retroalimentarme de los resultados.

Figura 6–5

Decisiones que los gerentes
pueden tomar

Planear

- ¿Cuáles son los objetivos de largo plazo de la empresa?
- ¿Qué estrategias serán las mejores para lograr esos objetivos?
- ¿Cuáles deben ser los objetivos de corto plazo de la empresa?
- ¿Qué tan difíciles deben ser los objetivos individuales?

Organizar

- ¿Cuántos empleados debo tener que me reporten directamente?
- ¿Qué tan centralizada debe ser la empresa?
- ¿Cómo deben diseñarse los puestos?
- ¿Cuándo debe implementar la empresa una estructura diferente?

Dirigir

- ¿Cómo manejar a los empleados poco motivados?
- ¿Cuál es el estilo de liderazgo más efectivo en una situación dada?
- ¿Cómo un cambio específico afectará la productividad de los trabajadores?
- ¿Cuál es el momento adecuado para estimular conflictos?

Controlar

- ¿Qué actividades necesita controlar la empresa?
- ¿Cómo deben controlarse esas actividades?
- ¿Cuándo es importante una desviación en el desempeño?
- ¿Qué tipo de sistema de administración de información debe tener la empresa?

seleccionar la alternativa que maximiza la probabilidad de lograr ese objetivo. Estas suposiciones aplican para cualquier decisión personal o gerencial. Sin embargo, en el caso de decisiones gerenciales necesitamos agregar una suposición adicional: las decisiones se toman en busca de los mejores intereses de la organización. Estos supuestos de racionalidad no son muy realistas, pero el siguiente concepto puede ayudarnos a explicar cómo se toman la mayoría de las decisiones en las empresas.

TOMA DE DECISIONES: RACIONALIDAD LIMITADA

A pesar de las suposiciones no realistas, se espera que los gerentes sean racionales cuando toman decisiones.[9] Ellos comprenden que se espera que los "buenos" tomadores de decisiones hagan ciertas cosas y muestren el comportamiento de alguien que toma buenas decisiones cuando identifiquen problemas, consideren alternativas, reúnan información y actúen con decisión pero con prudencia. Cuando lo hacen, muestran a otros que son competentes y que sus decisiones son el resultado de una deliberación inteligente. Sin embargo, un enfoque más realista para describir cómo los gerentes toman decisiones es el concepto de **racionalidad limitada,** el cual dice que los gerentes toman decisiones racionalmente pero están limitados (acotados) por su capacidad de procesar información.[10] Debido a que no pueden analizar toda la información de todas las alternativas, los gerentes **satisfacen** en lugar de maximizar. Es decir, aceptan soluciones que son "lo suficientemente buenas". Son racionales dentro de los límites (cotos) de su capacidad de procesar información. Veamos un ejemplo.

Suponga que está cursando una especialización en finanzas y que después de la graduación quiere un empleo, de preferencia como planificador de finanzas personales, con un salario mínimo de $35,000 y que esté en un radio de 100 millas de su casa. Acepta un trabajo como analista de crédito empresarial, no exactamente como planificador de finanzas personales, pero aún en el campo de finanzas, en un banco que se encuentra a 50 millas de su casa, con un salario inicial de $34,000. Si hubiera hecho una búsqueda más exhaustiva, habría

---

toma de decisiones racional
Tipo de toma de decisiones en el que las elecciones son lógicas y consistentes y maximiza el valor.

racionalidad limitada
Toma de decisiones que es racional pero limitada por la capacidad de un individuo de procesar información.

satisfacer
Aceptar soluciones que son "suficientemente buenas".

encontrado un trabajo en planeación financiera en una compañía fiduciaria a solo 25 millas de su casa y con un salario inicial de $38,000. No se comportó como un tomador de decisiones perfectamente racional, ya que no maximizó su decisión al buscar todas las alternativas posibles y luego elegir la mejor. Sin embargo, como la primera oferta de empleo era satisfactoria (o "suficientemente buena"), al aceptarla actuó de manera racionalmente limitada.

La mayoría de las decisiones no coinciden con las suposiciones de la racionalidad perfecta, por lo que los gerentes buscan que sean satisfactorias. Sin embargo, recuerde que la toma de decisiones de los gerentes también se ve influenciada por la cultura de la empresa, las políticas internas, consideraciones de poder y un fenómeno llamado **intensificación del compromiso**, el cual es un aumento en el compromiso con una decisión anterior, a pesar de la evidencia de que tal vez no fue buena.[11] El desastre del transbordador espacial *Challenger* se utiliza frecuentemente como un ejemplo de la intensificación del compromiso. Los tomadores de decisiones eligieron lanzar el transbordador ese día, aunque la decisión fue cuestionada por varias personas que creían que no era bueno. ¿Por qué los tomadores de decisiones intensificarían el compromiso con una mala decisión? Debido a que no quieren admitir que su decisión inicial pudo haber sido un error. En lugar de buscar nuevas alternativas, simplemente intensifican su compromiso con la solución original.

TOMA DE DECISIONES: EL PAPEL DE LA INTUICIÓN

Cuando los gerentes del fabricante de engrapadoras Swingline vieron que la cuota de mercado de la empresa bajaba, utilizaron un método científico lógico para abordar el problema. Durante tres años, investigaron exhaustivamente a los usuarios de engrapadoras antes de decidir qué nuevos productos desarrollar. Sin embargo, en Accentra, Inc., su fundador Todd Moses utilizó un método de decisión más intuitivo para sacar su línea de engrapadoras únicas PaperPro.[12]

Como Todd Moses, otros gerentes con frecuencia utilizan su intuición para apoyar su toma de decisiones. La **toma de decisiones intuitiva** se basa en experiencia, sensaciones y opiniones acumuladas. Los investigadores que estudian a los gerentes cuando toman decisiones de forma intuitiva han identificado cinco aspectos diferentes de intuición, las cuales describimos en la figura 6-6.[13] ¿Qué tan común es la toma intuitiva de decisiones? Una encuesta arrojó que casi la mitad de los ejecutivos encuestados "utilizaban la intuición con más frecuencia que el análisis formal para dirigir sus empresas".[14]

La toma de decisiones intuitiva puede complementar tanto la toma racional como la limitada.[15] Antes que todo, un gerente que ha tenido experiencia con un tipo similar de problema o situación, frecuentemente puede actuar con rapidez con lo que parece ser información limitada gracias a la experiencia anterior. Además, un estudio reciente encontró que los individuos que experimentaron sensaciones y emociones intensas al

Figura 6–6   ¿Qué es la intuición?

Fuente: Basado en L.A. Burke y M.K. Miller, "Taking the Mystery Out of Intuitive Decision Making", *Academy of Management Executive*, octubre de 1999, pp. 91-99.

tomar decisiones, en realidad lograban un mejor desempeño, en especial cuando comprendían sus corazonadas al momento de tomar esas decisiones. La antigua creencia de que los gerentes deben ignorar las emociones cuando toman decisiones, puede no ser el mejor consejo.[16]

REPASO RÁPIDO:

OBJETIVO DE APRENDIZAJE 6.2

- Analice las suposiciones de la toma de decisiones racional.
- Describa los conceptos de racionalidad limitada, satisfacer e intensificación del compromiso.

- Explique la toma de decisiones intuitiva.

Vaya a la página 138 para ver qué tan bien maneja este material.

OBJETIVO DE

APRENDIZAJE 6.3 ▷ TIPOS DE DECISIONES Y CONDICIONES PARA LA TOMA DE DECISIONES

Los gerentes de restaurantes en Illinois toman decisiones de rutina cada semana sobre la compra de provisiones y la programación de los turnos de trabajo de los empleados. Esto es algo que han hecho muchas veces, pero ahora enfrentan un tipo diferente de decisión, uno que nunca han enfrentado: cómo adaptarse a la prohibición de fumar en el estado.

TIPOS DE DECISIONES

Los gerentes de todo tipo de organizaciones enfrentan distintos tipos de problemas y decisiones cuando realizan su trabajo. De acuerdo con la naturaleza del problema, un gerente puede tomar uno de dos tipos diferentes de decisiones.

Problemas estructurados y decisiones programadas. Algunos problemas son sencillos. El objetivo del tomador de decisiones es claro, el problema es conocido y la información sobre él se define y completa fácilmente. Algunos ejemplos incluyen cuando un cliente devuelve una compra a una tienda, un proveedor se retrasa con una entrega importante, la respuesta de un equipo de noticias a un evento de último minuto, o el manejo que da una universidad al intento de un estudiante de abandonar los estudios. Tales situaciones se conocen como **problemas estructurados**, ya que son sencillos, conocidos y se definen fácilmente. Por ejemplo, un mesero derrama una bebida sobre el abrigo de un cliente. El cliente se molesta y el gerente tiene que hacer algo. Debido a que no es algo inusual, tal vez exista alguna rutina estandarizada para manejarlo. Digamos, el gerente ofrece mandar lavar el abrigo a cuenta del restaurante. A esto le llamamos **decisión programada**, una decisión repetitiva que puede manejarse por medio de un método de rutina. Como el problema es estructurado, el gerente no tiene que molestarse en pasar por el proceso de toma de decisiones involucrado. Con este tipo de decisión, la etapa de "desarrollo de alternativas" del proceso de toma de decisiones o no existe o se le da poca atención. ¿Por qué? Debido a que una vez que se define el problema estructurado, la solución generalmente es muy evidente o al menos se reduce a unas cuantas alternativas que son conocidas y que han funcionado en el pasado. La bebida derramada sobre el abrigo del cliente no requiere que el gerente del restaurante identifique y pondere los criterios de decisión, o que desarrolle una larga lista de soluciones posibles. En cambio, el gerente confía en uno de los tres tipos de decisiones programadas: procedimiento, regla o política.

Un **procedimiento** es una serie de etapas secuenciales que utiliza un gerente para responder a un problema estructurado. La única dificultad es identificar el problema. Una vez que el problema es claro, lo es el procedimiento. Por ejemplo, digamos que un gerente

---

intensificación del compromiso
Un aumento en el compromiso con una decisión anterior, a pesar de la evidencia de que pudo haber estado mal.

toma de decisiones intuitiva
Toma de decisiones con base en experiencia, sensaciones y opiniones acumuladas.

problema estructurado
Problema sencillo, conocido y fácil de definir.

decisión programada
Decisión repetitiva que puede manejarse utilizando un método de rutina.

procedimiento
Serie de etapas secuenciales utilizadas para responder ante un problema bien estructurado.

de compras recibe la solicitud de 15 computadoras de mano de un gerente de almacén para los empleados de inventario. El gerente de compras sabe cómo tomar esta decisión, por medio del procedimiento de compras establecido.

Una **regla** es una afirmación explícita que le indica a un gerente lo que puede o no hacer. Las reglas se utilizan frecuentemente debido a que son sencillas de seguir y garantizan consistencia. Por ejemplo, las reglas sobre los retardos y el ausentismo permiten a los supervisores tomar decisiones disciplinarias rápida y justamente.

El tercer tipo de decisiones programadas son las **políticas**, las cuales son pautas para tomar una decisión. A diferencia de una regla, las políticas establecen parámetros generales para el tomador de decisiones, en lugar de establecer específicamente qué debe o no hacer. Por lo general, las políticas contienen un término ambiguo que permite la interpretación del tomador de decisiones. Aquí hay algunos ejemplos de políticas:

- El cliente siempre tiene preferencia y siempre debe estar *satisfecho*.
- Ascendemos *en la medida de lo posible*.
- Los salarios de los empleados deben ser *competitivos* con los estándares de la comunidad.

Observe que los términos, *satisfecho*, *en la medida de lo posible* y *competitivo* requieren una interpretación. Por ejemplo, la política de pagar sueldos competitivos no le dice al gerente de recursos de la empresa la cantidad exacta que debe pagar, pero le guía al tomar la decisión.

Problemas no estructurados y decisiones no programadas. No todos los problemas que enfrentan los gerentes pueden resolverse mediante decisiones programadas. Muchas situaciones organizacionales involucran **problemas no estructurados**, los cuales son problemas que son nuevos o inusuales y para los cuales la información es ambigua o incompleta. Construir o no una nueva fábrica en China es un ejemplo de un problema no estructurado. Entonces, también lo es el problema que enfrentan los gerentes de restaurantes en Illinois, quienes deben decidir cómo modificar sus negocios para cumplir con la nueva prohibición de fumar. Cuando los problemas son no estructurados, los gerentes deben confiar en la toma de decisiones no programada para desarrollar soluciones únicas. Las **decisiones no programadas** son únicas y no recurrentes, e involucran soluciones a la medida.

La figura 6-7 describe las diferencias entre decisiones programadas y no programadas. Los gerentes de nivel bajo en general confían en decisiones programadas (procedimientos, reglas y políticas) debido a que enfrentan problemas conocidos y repetitivos. Conforme los gerentes ascienden en la jerarquía de la organización, los problemas que enfrentan se vuelven menos estructurados. ¿Por qué? Porque los gerentes de nivel bajo manejan decisiones de rutina y dejan a los gerentes de niveles superiores lidiar con las decisiones inusuales o difíciles. Además los gerentes de nivel alto delegan decisiones rutinarias a sus subordinados para que ellos puedan lidiar con asuntos más difíciles.[17]

Mucha gente cree que China es el siguiente gran mercado para poderosos productos de marca, y Zong Qinghou, fundador del grupo chino de bebidas Wahaha, está listo. Pero las marcas son un concepto nuevo en los mercados chinos, y Zong prefiere su propia información de primera mano en cuanto a investigación de mercado. Él enfrentará muchas decisiones no programadas mientras intente mantener fuerte su marca en casa y en el extranjero.

Figura 6–7

Decisiones programadas frente a no programadas

Característica	Decisiones programadas	Decisiones no programadas
Tipo de problema	Estructurado	No estructurado
Nivel gerencial	Niveles inferiores	Niveles superiores
Frecuencia	Repetitiva, rutinaria	Nueva, inusual
Información	Fácilmente disponible	Ambigua o incompleta
Objetivos	Claros, específicos	Vagos
Marco de tiempo para la solución	Corto	Relativamente largo
La solución depende de	Procedimientos, reglas, políticas	Juicio y creatividad

Entonces, algunas decisiones gerenciales reales no son completamente programadas ni no programadas. La mayoría se encuentran en medio.

CONDICIONES PARA LA TOMA DE DECISIONES

Cuando toman decisiones, los gerentes pueden enfrentar tres condiciones distintas: certidumbre, riesgo e incertidumbre. Veamos las características de cada una.

Certidumbre. La situación ideal para la toma de decisiones es la **certidumbre**, la cual es una situación en la que un gerente puede tomar decisiones precisas debido a que conoce el resultado de cada alternativa. Por ejemplo, cuando el tesorero del estado de California decidió dónde depositar los fondos estatales excedentes, sabía exactamente la tasa de interés ofrecida por cada banco y la cantidad que se ganarían por los fondos. Tenía la certeza sobre los resultados de cada alternativa. Como puede imaginar, la mayoría de las decisiones gerenciales no son como ésta.

Riesgo. Una situación bastante más común que la toma de decisiones con certidumbre es una de **riesgo**, condiciones en las que el tomador de decisiones puede estimar la probabilidad de ciertos resultados. En situaciones de riesgo los gerentes tienen información histórica de experiencias personales o información secundaria que les permite asignar probabilidades a diferentes alternativas. Veamos un ejemplo.

Suponga que maneja una estación de esquí en Colorado, y está pensando en agregar otro telesquí. Es obvio que su decisión se verá influenciada por el ingreso adicional que ese nuevo telesquí generaría, lo cual depende de las nevadas. Usted cuenta con información climatológica bastante confiable sobre los niveles de nieve en su área durante los últimos

Razonamiento crítico sobre **Ética**

Las decisiones pueden crear dilemas éticos. Los miembros de la junta directiva de una secundaria en Minnesota aprendieron de una amenaza de violencia en la escuela un domingo por la tarde.[18] Después de investigar, encontraron que no tenía fundamento. Sin embargo, el domingo por la noche llegó a la administración otra amenaza. Para ese entonces, eran las 10:30 P.M. El director de la secundaria, el superintendente escolar y la mesa directiva decidieron cerrar la escuela el lunes y dijeron que se debía a que la cañería principal de agua se había roto. Para hacerse escuchar rápidamente, contactaron a los medios de comunicación. Cuando el segundo rumor también resultó falso, se informó al público que la escuela había cerrado debido a una amenaza de violencia, y no por la cañería rota. No sólo los medios se disgustaron, sino que algunos padres de familia pidieron la renuncia del superintendente. ¿Qué opina sobre esta situación? ¿Se tomó la decisión "correcta"? ¿Se pudo manejar mejor la situación? Analice.

regla
Afirmación explícita que le indica a un gerente lo que puede o no hacer.

políticas
Pautas para tomar decisiones.

problema no estructurado
Problema que es nuevo o inusual, y para el cual la información es ambigua o incompleta.

decisión no programada
Decisión única y no recurrente que requiere una solución a la medida.

certidumbre
Situación en la que un tomador de decisiones puede decidir con precisión debido a que conoce el resultado de cada alternativa.

riesgo
Situación en la que el tomador de decisiones puede estimar la probabilidad de ciertos resultados.

Figura 6–8

Valor esperado

Evento	Ingresos esperados	×	Probabilidad	=	Valor esperado de cada alternativa
Nevada intensa	$850,000		0.3		$255,000
Nevada normal	725,000		0.5		362,500
Nevada ligera	350,000		0.2		70,000
					$687,500

10 años; 3 años de intensas nevadas, 5 años de nevadas normales y 2 años de poca nieve. Además, cuenta con buena información sobre la cantidad de ingresos generados durante cada época de nevadas. Puede utilizar esta información para ayudarse a tomar una decisión mediante el cálculo del valor esperado (el rendimiento esperado de cada posible ingreso), el cual se obtiene multiplicando los ingresos esperados por las probabilidades de una nevada. El resultado es el ingreso promedio que puede esperar con el tiempo, si las probabilidades dadas persisten. Como muestra la figura 6-8, el ingreso esperado por adquirir un nuevo telesquí es $687,500. Por supuesto, que esto sea suficiente para justificar una decisión depende de los costos involucrados en generar ese ingreso.

Incertidumbre. ¿Qué pasa si usted enfrenta una decisión y no está seguro de los resultados y no puede incluso hacer estimaciones probabilísticas razonables? A esta condición la llamamos **incertidumbre**. Los gerentes enfrentan situaciones de toma de decisiones con incertidumbre. En estas condiciones, la elección de alternativas se ve influenciada por la cantidad limitada de información disponible y por la orientación psicológica del tomador de decisiones. Un gerente optimista tenderá por una opción *maximax* (maximizar el rendimiento máximo posible), y uno pesimista tenderá por una opción *maximin* (maximizar el rendimiento mínimo posible), y un gerente que desea reducir al mínimo sus "resultados inevitables" elegirá la opción *minimax*. Analicemos estos distintos enfoques de elección con un ejemplo.

Una gerente de marketing de Visa ha determinado cuatro estrategias posibles (E1, E2, E3 y E4) para promover la tarjeta Visa a lo largo de la región de la Costa Oeste de Estados Unidos. La gerente de marketing también sabe que su principal competidor, MasterCard, tiene tres acciones competitivas (AC1, AC2 y AC3) que está utilizando para promover su tarjeta en la misma región. En este ejemplo supondremos que la gerente de Visa no tiene conocimientos previos que le permitan determinar las probabilidades de éxito de ninguna de las cuatro estrategias, de modo que formula la matriz que aparece en la figura 6-9 para mostrar las distintas estrategias de Visa y las utilidades resultantes, según las medidas competitivas utilizadas por MasterCard.

En este ejemplo, si la gerente de Visa es optimista, elegirá la estrategia 4 (E4), ya que podría producir la ganancia más grande posible: $28 millones. Observe que esta opción maximiza la ganancia máxima posible (opción maximax).

Si la gerente es pesimista, asumirá que sólo puede ocurrir lo peor. El peor resultado de cada estrategia es el siguiente: E1 = $11 millones, E2 = $9 millones, E3 = $15 millones y E4 = $14 millones. Éstos son los rendimientos más pesimistas de cada estrategia. Si eligiera la opción *maximin*, maximizaría el rendimiento mínimo; en otras palabras, seleccionaría la E3 ($15 millones es el más grande de los rendimientos mínimos).

En el tercer enfoque, los gerentes reconocen que una vez que se toma una decisión, no necesariamente se obtendrá el rendimiento más rentable. Puede haber un "resultado inevitable" por las ganancias perdidas; un resultado inevitable se refiere a la cantidad de dinero que pudo haberse obtenido si se hubiera elegido una estrategia diferente. Los gerentes calculan el resultado inevitable restando de todos los rendimientos posibles

Figura 6–9

Matriz de rendimientos

(en millones de dólares) Estrategia de marketing de Visa	Respuesta de MasterCard		
	AC1	AC2	AC3
E$_1$	13	14	11
E$_2$	9	15	18
E$_3$	24	21	15
E$_4$	18	14	28

Figura 6–10

Matriz de resultados inevitables

(en millones de dólares) Estrategia de marketing de Visa	AC1	AC2	AC3
E_1	11	7	17
E_2	15	6	10
E_3	0	0	13

de cada categoría al rendimiento máximo posible para cada evento dado; en este caso, por cada acción de competencia. Para la gerente de Visa, el rendimiento más alto, cuando MasterCard realiza las acciones AC1, AC2 o AC3, es $24 millones, $21 millones o $28 millones, respectivamente (el número más alto de cada columna). Al restar los réditos de la figura 6-9 de estas cifras, se producen los resultados que aparecen en la figura 6-10.

Los resultados inevitables máximos son E1 = $17 millones, E2= $15 millones, E3 = $13 millones y E4 = $7 millones. La opción *minimax* minimiza el resultado inevitable máximo, por lo que la gerente de Visa elegiría E4. Al elegir esta opción ella nunca tendrá un resultado inevitable de más de $7 millones por rendimientos no obtenidos. Este resultado contrasta, por ejemplo, con el inevitable de $15 millones si ella hubiera elegido E2 y MasterCard hubiera tomado la acción AC1.

Aunque cuando es posible los gerentes intentan cuantificar una decisión por medio de rendimientos y matrices de resultados inevitables, con frecuencia la incertidumbre los obliga a confiar más en la intuición, creatividad, corazonadas y "presentimientos".

Cómo dirigir en un Mundo Virtual

Cómo tomar mejores decisiones con la IT

BudNet es "la joya de la corona del Rey de las cervezas". ¿Qué es esto? Es el sistema de información más poderoso y sofisticado de Anheuser-Busch (A-B). Cada noche la información se recolecta de los servidores de los distribuidores A-B. Cada mañana los gerentes pueden ver qué marcas se están vendiendo en cuáles paquetes, cuáles están utilizando qué material de promoción y cuáles tienen descuentos. De acuerdo con "docenas de analistas, veteranos de la industria de la cerveza y ejecutivos distribuidores… Anheuser ha creado una ciencia extremadamente precisa de la búsqueda de lo que los amantes de cerveza están comprando, así como cuándo, dónde y por qué". Toda esta información permite a los gerentes de A-B ajustar continuamente la producción y refinar las campañas de marketing.

La mayoría de las compañías se están "ahogando en información" y no saben cómo aprovecharla.[19] Sin embargo, como muestra este ejemplo, uno de los principales usos de la IT puede ser ayudar a los gerentes, y a otros empleados, a tomar mejores decisiones mediante la clasificación de toneladas de datos, búsqueda de tendencias, patrones y otros comportamientos. Como vimos en nuestra explicación de racionalidad limitada, la capacidad de una persona de procesar una enorme cantidad de información sería demasiado limitada. Entonces los gerentes utilizan la IT para ayudar a darle

sentido a toda esta información, para que puedan tomar mejores decisiones.

Otra forma en que la IT puede ayudar a los gerentes a tomar mejores decisiones es mediante herramientas de software que les ayuden a analizar información. Los consultores estiman que aproximadamente 75 por ciento de los gerentes dependen de herramientas personales de productividad, como hojas de cálculo, las cuales pueden utilizarse para reunir y reportar información que les ayude a tomar decisiones en su propia área de responsabilidad. Sin embargo, cuando cada uno de sus gerentes está utilizando sus propias herramientas de recolección de datos, no hay vinculación o colaboración con ellos. Entonces, en el nivel más amplio de la organización, existe el más sofisticado **software de administración de desempeño de negocios** (BPM), también algunas veces llamado software de administración de desempeño corporativo, para ayudar en la toma de decisiones. En un inicio se creyó que el BPM, el cual proporciona indicadores clave de rendimiento para ayudar a las empresas a dar seguimiento a la eficiencia de proyectos y empleados, era "la bala de plata que tenía el potencial de ayudar a los directores de empresas a controlar el desempeño de su organización en un mundo cada vez más volátil". Aunque el software BPM no ha respondido a tan majestuosas expectativas, conforme mejore se convertirá en una herramienta que los gerentes utilicen para ayudarse a tomar mejores decisiones.

incertidumbre
Situación en la que un tomador de decisiones no tiene certidumbre ni estimaciones probabilísticas razonables a la mano.

software de administración de desempeño de negocios (BPM)
Software de TI que proporciona indicadores clave de desempeño para ayudar a los gerentes a dar seguimiento a la eficiencia de proyectos y empleados. También se le conoce como software de administración de desempeño corporativo.

REPASO RÁPIDO:

OBJETIVO DE APRENDIZAJE 6.3

- Explique los dos tipos de problemas y decisiones.
- Compare las tres condiciones de toma de decisiones.

- Describa los métodos de decisión maximax, maximin y minimax.

Vaya a la página 138 para ver qué tan bien maneja este material.

OBJETIVO DE

APRENDIZAJE 6.4 ▷ ESTILOS DE TOMA DE DECISIONES

El puesto de William D. Perez como presidente de Nike duró un corto y turbulento periodo de 13 meses. Los analistas atribuyeron su abrupto despido a una diferencia en los métodos para tomar decisiones entre él y el cofundador Phil Knight. Perez tendía a confiar más en la información y en los hechos para tomar decisiones, mientras que Knight valoraba demasiado lo que siempre había hecho, confiar en su juicio y sensaciones para tomar decisiones.[20] Como muestra claramente este ejemplo, los gerentes tienen estilos diferentes cuando se trata de tomar decisiones.

PERFIL DEL ESTILO DE PENSAMIENTO LINEAL-NO LINEAL

Suponga que usted es un nuevo gerente. ¿Cómo tomará decisiones? Una investigación reciente realizada a cuatro grupos distintos de personas arrojó que la forma en que una persona aborda la toma de decisiones es probable que se vea afectada por su estilo de pensamiento.[21] Su estilo de pensamiento refleja dos cosas: (1) la fuente de información que tiende a utilizar (datos externos y hechos o fuentes internas, como sensaciones e intuición) y (2) cómo procesa esa información (lineal-racional, lógica, analítica; o no lineal-intuitiva, creativa). Estas cuatro dimensiones se dividen en dos estilos. El primero, el **estilo de pensamiento lineal**, se caracteriza por la preferencia de una persona por utilizar datos externos y hechos, y por procesar esta información a través de un pensamiento racional y lógico que guía sus decisiones y acciones. El segundo, el **estilo de pensamiento no lineal**, se caracteriza por una preferencia por fuentes de información internas (sensaciones e intuición) y por procesar esta información con intuiciones internas, sensaciones y corazonadas que guían sus decisiones y acciones. Revise nuevamente el ejemplo anterior de Nike y encontrará descritos ambos estilos.

Cómo manejar una fuerza de trabajo Diversa

El valor de la diversidad en la toma de decisiones

¿Ya decidió cuál va a ser su especialidad? ¿Cómo lo decidió? ¿Piensa que es una buena decisión? ¿Hay algo que pudo haber hecho diferente para asegurarse de que lo que decidió fue lo mejor?[22]

¡Tomar buenas decisiones es difícil! Los gerentes continuamente toman decisiones; por ejemplo, el desarrollo de nuevos productos, establecer objetivos semanales o mensuales, implementar una campaña publicitaria, reasignar un empleado a otro grupo de trabajo, resolver la queja de un cliente o comprar nuevas computadoras para los representantes de ventas. Una sugerencia importante para tomar mejores decisiones es aprovechar la diversidad del grupo de trabajo. Considerar la diversidad de los empleados puede resultar valioso para la toma de decisiones de los gerentes. ¿Por qué? La diversidad del personal puede ofrecer perspectivas frescas sobre los problemas; los empleados pueden dar diferentes interpretaciones para definir un problema y pueden estar más abiertos a intentar nuevas ideas. Distintos empleados pueden ser más creativos al generar alternativas y más flexibles para resolver problemas. Obtener información de fuentes diversas aumenta la probabilidad de generar soluciones creativas y únicas.

Aun cuando la diversidad en la toma de decisiones puede ser valiosa, tiene desventajas. La falta de una perspectiva común generalmente significa que se invierte más tiempo en discutir los asuntos. La comunicación puede ser un problema, en especial si existen barreras de lenguaje. Además, considerar diversas opiniones puede hacer que el proceso de toma de decisiones sea más complejo, confuso y ambiguo. Con varias perspectivas de la decisión puede ser difícil llegar a un acuerdo o acordar acciones específicas. A pesar de que estas desventajas son preocupaciones válidas, el valor de la diversidad en la toma de decisiones contrarresta las potenciales desventajas.

Ahora, sobre la decisión de su especialidad, ¿pidió su opinión a otras personas? ¿Pidió consejo a sus profesores, familiares, amigos o compañeros de trabajo? Considerar diversas perspectivas para una decisión importante como ésta podría ayudarle a tomar la mejor decisión. Los gerentes también deben considerar el valor que obtendrían de la diversidad de opiniones en la toma de decisiones.

Los gerentes necesitan reconocer que sus empleados pueden utilizar diferentes estilos de toma de decisiones. Algunos empleados pueden tomarse un tiempo para ponderar alternativas y depender en cómo se sienten al respecto, mientras que otros pueden depender de datos externos antes de tomar una decisión lógica. Esto no quiere decir que el método de una persona sea mejor que el de otra. Simplemente significa que sus estilos de toma de decisiones son diferentes. El cuadro de "Cómo manejar la diversidad en la fuerza de trabajo" aborda algunos de los temas asociados con la valoración de la diversidad en la toma de decisiones.

PREJUICIOS Y ERRORES EN LA TOMA DE DECISIONES

Cuando los gerentes toman decisiones no sólo utilizan su propio estilo, es posible que utilicen reglas empíricas o **heurísticas** para simplificar su toma de decisiones. La heurística puede resultar útil, ya que ayuda a darle sentido a información compleja, incierta y ambigua.[23] Aunque los gerentes pueden utilizar reglas empíricas, eso no significa que dichas reglas sean confiables. ¿Por qué? Porque pueden derivar en errores y prejuicios en el procesamiento y evaluación de la información. La figura 6-11 identifica 12 errores comunes de decisión y prejuicios que cometen los gerentes. Veamos cada uno.[24]

Cuando los tomadores de decisiones piensan que saben más sobre lo que hacen o mantienen visiones positivas no realistas de sí mismos y de su desempeño, cometen *errores de exceso de confianza*. El *error de la satisfacción inmediata* describe a los tomadores de decisiones que tienden a querer obtener beneficios inmediatos para evitar costos. Para estos individuos, las opciones que brindan resultados rápidos resultan más atractivas que aquellas que generan resultados a futuro. El *efecto ancla* describe la situación en que los tomadores de decisiones se obsesionan con información inicial como punto de partida y luego, una vez fija, se equivocan en ajustar adecuadamente información posterior. Las primeras impresiones, ideas, precios y estimaciones conllevan ponderaciones injustificadas comparadas con la información recibida posteriormente. Cuando los tomadores de decisiones organizan selectivamente e interpretan situaciones basadas en sus percepciones equivocadas, presentan un *prejuicio de percepción selectiva*. Esto influye en qué información toman en cuenta, en los problemas que identifican y en las alternativas que desarrollan. Los tomadores de decisiones que buscan información que reafirma sus decisiones anteriores y desechan información que contradice sus juicios previos presentan el *prejuicio de confirmación*. Estas personas tienden a aceptar literalmente la información que confirma sus ideas preconcebidas y son

Figura 6–11

Errores y prejuicios comunes en
la toma de decisiones

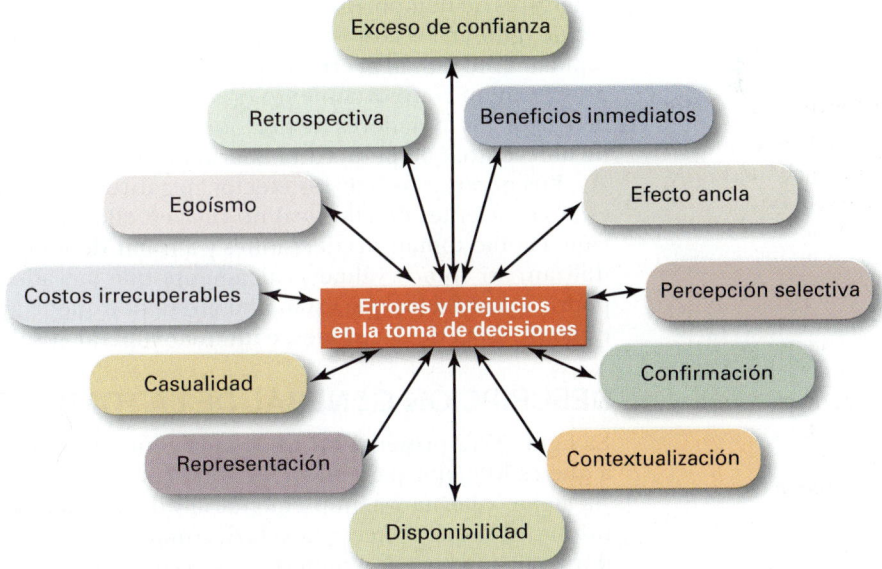

---

estilo de pensamiento lineal
Estilo para tomar decisiones, caracterizado por la preferencia de una persona a utilizar datos y hechos externos, y a procesar dicha información a través de un pensamiento lógico y racional.

estilo de pensamiento no lineal
Estilo para tomar decisiones caracterizado por la preferencia de una persona a utilizar fuentes de información internas, y a procesar dicha información a través de percepciones, sensaciones y corazonadas.

heurística
Reglas empíricas que utilizan los gerentes para simplificar la toma de decisiones.

Con frecuencia quienes eligen las agencias de publicidad son tomadores de decisiones con un enfoque no lineal. Los ejecutivos de marketing de Virgin Atlantic Airways vieron las presentaciones de cinco agencias, antes de elegir a Crispin Porter & Bogusky, una pequeña empresa cuya innovadora propuesta mostró la forma eficiente como la aerolínea podía gastar 15 millones de dólares de su presupuesto para publicidad. El equipo de marketing de Virgin tenía permitido un periodo de 10 semanas para tomar una decisión; sólo necesitaron 4 días. El equipo ganador aparece en esta fotografía con los aviones de papel que utilizaron en su lanzamiento.

críticos y escépticos con la información que pone en duda estas ideas. Cuando los tomadores de decisiones presentan el *prejuicio de contextualización*, resaltan ciertos aspectos de una situación y excluyen otros. Al prestar atención a aspectos específicos de una situación y resaltarlos, y al mismo tiempo minimizar u omitir otros, distorsionan lo que ven y crean puntos de referencia incorrectos. El *prejuicio de disponibilidad* ocasiona que los tomadores de decisiones tiendan a recordar los eventos más recientes y vívidos en su memoria. Este prejuicio distorsiona su capacidad de recordar eventos de manera objetiva y da como resultado juicios y estimaciones probabilísticas distorsionados. Cuando los tomadores de decisiones evalúan la posibilidad de un evento guiándose por el parecido con otro evento o series de eventos, cometen el *error de representación*. Los gerentes que cometen este error encuentran analogías y ven situaciones idénticas donde no existen. El *error de casualidad* ocurre cuando los tomadores de decisiones intentan darle sentido a eventos casuales; lo hacen debido a que la mayoría tiene problemas para lidiar con el azar, aunque los eventos casuales le ocurren a toda la gente y no hay algo que pueda hacerse para predecirlos. Cuando los tomadores de decisiones cometen el *error de los costos irrecuperables*, olvidan que las decisiones actuales no corrigen el pasado; de forma incorrecta se fijan en pérdidas anteriores de tiempo, dinero o esfuerzo en lugar de hacerlo en consecuencias a futuro. En vez de ignorar los costos irrecuperables, no los olvidan. Los tomadores de decisiones que rápidamente toman el crédito por sus triunfos y culpan a factores externos por los fracasos presentan un comportamiento *egoísta*. Por último, la *predisposición a la retrospectiva* es la tendencia de los tomadores de decisiones a creer falsamente, luego de que saben el resultado de un evento, que pudieron haberlo predicho acertadamente.

Los gerentes evitan los efectos negativos de estos prejuicios y errores de decisión al estar conscientes de ellos y al no caer en ellos. Los gerentes también deben prestar atención a cómo toman sus decisiones y a tratar de identificar la heurística que generalmente utilizan, así como evaluar críticamente qué tan adecuadas son. Por último, los gerentes podrían pedir a los que están a su alrededor que le ayuden a identificar debilidades en su estilo de toma de decisiones, e intentar superar sus debilidades.

DESCRIPCIÓN GENERAL DE LA TOMA DE DECISIONES GERENCIAL

La figura 6-12 presenta un panorama general de la toma de decisiones gerencial. Debido a que es lo mejor para ellos, los gerentes *desean* tomar buenas decisiones; es decir, elegir "la mejor" alternativa, implementarla y determinar si se resuelve el problema, lo cual es la razón por lo que se necesitaba la decisión. Su proceso de toma de decisiones se ve afectado por cuatro factores: el método para tomar decisiones, el tipo de problema, las condiciones de la toma de decisiones y su estilo para tomar decisiones. Además, ciertos errores y prejuicios pueden afectar el proceso. Cada factor es definitivo para determinar cómo un gerente toma una decisión. Entonces, ya sea que la decisión implique resolver los retrasos habituales de un empleado, resolver un problema de calidad de un producto o determinar si se entra a un nuevo mercado, recuerde que ésta ha sido definida tomando en cuenta diversos factores.

Figura 6–12   Panorama general de la toma de decisiones gerencial

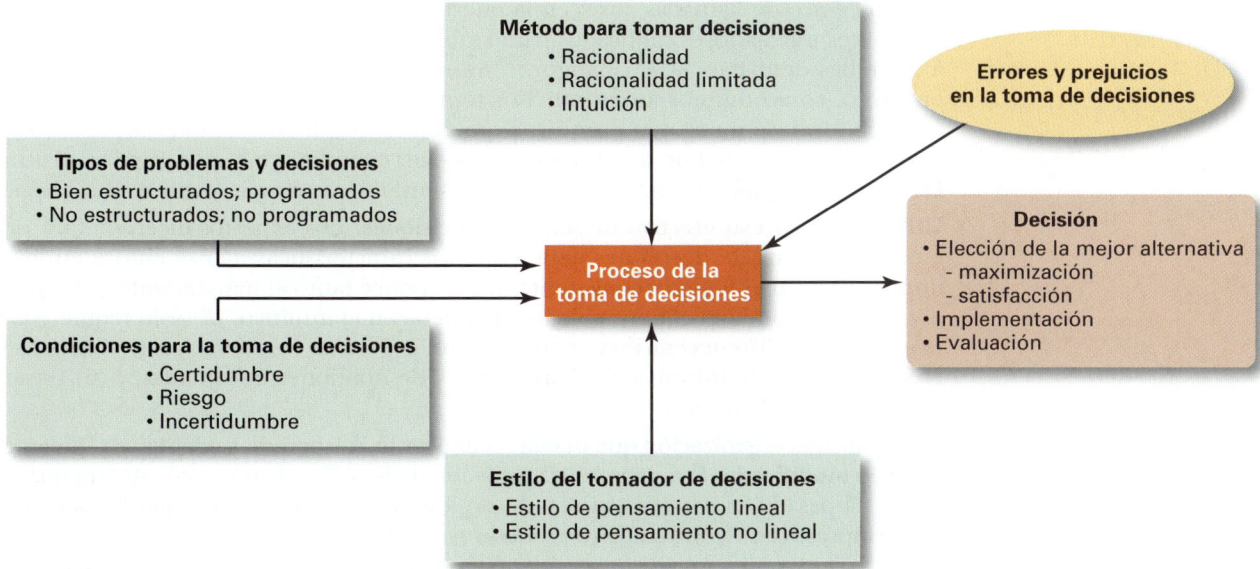

REPASO RÁPIDO:
OBJETIVO DE APRENDIZAJE 6.4

- Describa dos estilos de toma de decisiones.
- Analice los 12 prejuicios en la toma de decisiones.

- Explique el modelo gerencial de toma de decisiones.

Vaya a la página 138 para ver qué tan bien maneja este material.

OBJETIVO DE
APRENDIZAJE 6.5 ▷ TOMA DE DECISIONES EFICAZ EN EL MUNDO ACTUAL

Perl Carlsson, gerente de desarrollo de productos en IKEA, "pasa sus días creando cocinas estilo Volvo a precios estilo Yugo". Su trabajo es tomar los "problemas" identificados por el consejo de estrategias de producto de la empresa (un grupo de gerentes experimentados trotamundos que dan seguimiento a las tendencias de consumo y establecen prioridades de producto) y volverlos muebles que los clientes de todo el mundo quieran comprar. Un "problema" recientemente identificado por el consejo: la cocina ha reemplazado a la sala de estar como el centro de socialización y entretenimiento de la casa. Los clientes buscan cocinas que combinen comodidad y limpieza, y que al mismo tiempo les permita realizar sus aspiraciones de gourmet. Carlsson debe utilizar esta información para hacer que las cosas sucedan. Hay muchas decisiones por tomar, tanto programadas como no programadas, y el hecho de que IKEA sea una empresa global lo vuelve todavía más desafiante. En Asia, el confort significa pequeño, accesorios y espacios acogedores, mientras que en Norteamérica los clientes prefieren cristalería demasiado grande y refrigeradores gigantes. Su capacidad de tomar buenas decisiones rápidamente tiene implicaciones importantes en el éxito de IKEA.[25]

El mundo comercial de hoy en día gira en torno a la toma de decisiones, con frecuencia riesgosas, por lo general con información incompleta o inadecuada, y bajo una intensa presión de tiempo. La mayoría de los gerentes toman una decisión tras otra; y como si no fuera suficientemente difícil, ahora es más arriesgado que nunca. Las malas decisiones pueden costar millones. ¿Qué deben hacer los gerentes para tomar decisiones eficaces en un mundo que cambia rápidamente? Aquí le presentamos algunas pautas:

- **Comprender las diferencias culturales.** Todos los gerentes quieren tomar buenas decisiones. Sin embargo, ¿sólo existe una "mejor" manera mundial para tomar decisiones? O ¿la "mejor manera depende de los valores, creencias, actitudes y patrones de comportamiento de las personas involucradas"?[26]

- **Saber cuándo rendirse.** Cuando es evidente que una decisión no está funcionando, no tema bajar el interruptor. Por ejemplo, el presidente de L.L. Bean bajó el interruptor cuando construía un nuevo centro de llamadas en Waterville, Maine ("literalmente deteniendo a las excavadoras en el camino"), después de que T-Mobile dijo que estaba construyendo su propio centro de llamadas, justo en la puerta de al lado. Temía que la ciudad no tuviera suficientes trabajadores calificados para ambas compañías, por lo que decidió construirlo a 55 millas de distancia, en Bangor.[27] Supo cuándo era el momento de rendirse. Sin embargo, como dijimos antes, muchos tomadores de decisiones bloquean o distorsionan la información negativa porque no quieren creer que su decisión fue mala. Se apegan tanto a una decisión, que se rehúsan a reconocer cuando tienen que seguir con otra cosa. En el entorno dinámico actual, este tipo de pensamiento simplemente no funciona.

- **Utilizar un proceso efectivo de toma de decisiones.** Los expertos dicen que un proceso efectivo de toma de decisiones tiene estas seis características: (1) se enfoca en lo que es importante; (2) es lógico y consistente; (3) reconoce tanto el pensamiento subjetivo como el objetivo, y combina el pensamiento analítico con el intuitivo; (4) sólo requiere la información y el análisis necesarios para resolver un problema en particular; (5) fomenta y guía la acumulación de información importante y de opiniones informadas; y (6) es sencillo, confiable, fácil de utilizar y flexible.[28]

- **Construir una organización que pueda reconocer lo inesperado y adaptarse rápidamente al entorno modificado.** Esta sugerencia proviene de Karl Weick, un psicólogo organizacional, quien ha pasado su carrera estudiando organizaciones y cómo trabajan las personas.[29] A tales empresas las denomina *organizaciones muy confiables* y dice que comparten cinco hábitos. (1) *No se dejan engañar por su éxito.* Estas organizaciones se preocupan cuando fallan. Están alertas a la más pequeña desviación y reaccionan rápidamente ante cualquier cosa que no encaje con sus expectativas. Weick habla sobre aviadores de la marina que describen "premoniciones, presentimientos de que algo no está bien". Por lo general, estos presentimientos suelen ser acertados. De hecho, algo está mal. Las organizaciones deben crear entornos donde la gente se sienta segura de confiar en sus presentimientos. (2) *Confían en los expertos de primera línea.* Los trabajadores de primera línea (aquellos que interactúan diariamente con los clientes, productos, proveedores, etcétera), cuentan con conocimientos de primera mano de lo que puede y no hacerse, de lo que funcionará y lo que no. Obtienen sus contribuciones. Los dejan tomar decisiones. (3) *Dejan que las circunstancias inesperadas proporcionen la solución.* Uno de los trabajos más conocidos de Weick es su estudio sobre el incendio sucedido en 1949 en Mann Gulch, Montana, en el que murieron 13 bomberos. El suceso fue una trágica falla organizacional masiva. Sin embargo, la reacción del jefe ilustra cómo responden los tomadores de decisiones eficaces ante circunstancias inesperadas: cuando el fuego casi estaba encima de sus hombres, inventó el fuego de escape, un pequeño incendio que consumió todos los arbustos que rodeaban al equipo y dejó un área que el incendio más grande no pudo alcanzar. Su acción iba en contra de todo lo que les enseñan a los bomberos (es decir, ellos no inician incendios, los extinguen), pero en el momento fue la mejor decisión. (4) *Aceptan la complejidad.* Debido a que los negocios son complejos, estas organizaciones reconocen que "resulta complejo darle sentido a lo complejo". En lugar de simplificar la información, lo que pretendemos hacer instintivamente al enfrentar algo complejo, estas organizaciones buscan comprender el fondo de la situación. Se preguntan "por qué" y se siguen preguntando por qué conforme ahondan más en las causas del problema y las posibles soluciones. (5) Por último, *se anticipan pero también reconocen sus límites.* Estas organizaciones intentan anticiparse lo más posible, pero reconocen que no pueden anticiparse a todo. Como dice Weick, "no piensan y luego actúan, sino que piensan mientras actúan. Al hacer cosas, descubrirá lo que funciona y lo que no".

Tomar decisiones hoy en día, en un mundo que cambia rápidamente, no es fácil. Los gerentes exitosos necesitan buenas habilidades relacionadas con la toma de decisiones para planear, organizar, dirigir y controlar.

REPASO RÁPIDO:

OBJETIVO DE APRENDIZAJE 6.5

- Explique cómo pueden los gerentes tomar decisiones efectivas en el mundo actual.
- Mencione las seis características de un proceso de toma de decisiones efectivo.
- Mencione cinco hábitos de las organizaciones altamente confiables.

Vaya a la página 139 para ver qué tan bien maneja este material.

¿Quiénes son?

Mi turno

Jonathan E. Carter

Gerente general
HBCU Connect.Com
Gahanna, Ohio

El primer paso es identificar a todas las partes interesadas afectadas por el cambio. La implementación exitosa del nuevo proceso requerirá que los empleados, gerentes y clientes se ajusten a sus responsabilidades y expectativas, por lo que querrá considerar todos los puntos de vista. Por lo tanto, los criterios que él utilizaría para evaluar la efectividad de la decisión incluyen:

- La prioridad principal será el apoyo de la administración y los empleados. Cualquier tipo de cambio necesita tiempo, no se rinda.
- Otra prioridad será el rendimiento de la inversión, la cual debe ser buena debido a los bajos costos de procesar una nueva cuenta y al aumento en la satisfacción del cliente.
- La última prioridad debe ser costo y tiempo. ¿Qué recursos se necesitarán para llevar a cabo esta decisión? Michael necesitará dar seguimiento al tiempo de procesamiento y preparar al personal y a los equipos que no estén cumpliendo los nuevos objetivos. Por último, tal vez quiera identificar "las mejores prácticas"; los procesos que ayudan a los empleados a realizar su trabajo de la forma más eficaz.

Una última cosa que haría si fuera el director, sería investigar un poco más para asegurarme de que es un cambio factible. Incluso si el equipo coincidiera con la idea durante la sesión de estrategias, querría asegurarme de que no se sintieron presionados para apoyar a sus colegas.

OBJETIVOS DE APRENDIZAJE
RESUMEN

6.1 ▷ EL PROCESO DE TOMA DE DECISIONES

- Defina qué es decisión.
- Describa las ocho etapas del proceso de toma de decisiones.

Una decisión es una elección. El proceso de toma de decisiones consiste en ocho etapas: (1) identificación del problema, (2) identificación de los criterios de decisión, (3) ponderación de criterios, (4) desarrollo de alternativas, (5) análisis de alternativas, (6) selección de una alternativa, (7) implementación de la alternativa y (8) evaluación de la efectividad de la decisión.

6.2 ▷ CÓMO TOMAN DECISIONES LOS GERENTES

- Analice las suposiciones de la toma de decisiones racional.
- Describa los conceptos de racionalidad limitada, satisfacer e intensificación del compromiso.
- Explique la toma de decisiones intuitiva.

Los supuestos de racionalidad son los siguientes: el problema es evidente e inequívoco; se logrará un solo objetivo bien definido; todas las alternativas y consecuencias son conocidas; y la elección final maximizará los resultados. La racionalidad limitada dice que los gerentes toman decisiones racionales pero limitadas por su capacidad de procesar información. Los tomadores de decisiones intentan satisfacer cuando aceptan soluciones que son suficientemente buenas. La intensificación del compromiso es cuando los gerentes aumentan su compromiso con una decisión, incluso cuando es evidente que pudo ser una mala decisión. La toma de decisiones intuitiva es decidir con base en experiencia, sensaciones y opiniones acumuladas.

6.3 ▷ TIPOS DE DECISIONES Y CONDICIONES PARA LA TOMA DE DECISIONES

- Explique los dos tipos de problemas y decisiones.
- Compare las tres condiciones de toma de decisiones.
- Describa los métodos de decisión maximax, maximin y minimax.

Las decisiones programadas son decisiones repetitivas que pueden manejarse mediante un método de rutina y se utilizan cuando el problema por resolver es sencillo, conocido y fácilmente definido (estructurado). Las decisiones no programadas son decisiones únicas que requieren una solución a la medida y se utilizan cuando los problemas son nuevos o inusuales (no estructurados) y cuando la información de los problemas es ambigua o incompleta. La certidumbre es una situación en la que un gerente puede tomar decisiones precisas, debido a que todos los resultados son conocidos. El riesgo es una situación en la que un gerente puede estimar la probabilidad de ciertos resultados. La incertidumbre es una situación en la que un gerente no tiene certeza sobre los resultados e incluso no puede hacer estimaciones probabilísticas razonables. Cuando los tomadores de decisiones enfrentan incertidumbre, su orientación psicológica determina si elegirán una opción maximax (maximizar el rendimiento al máximo posible), una opción maximin (maximizar el rendimiento mínimo posible) o una opción minimax (reducir al mínimo los "resultados inevitables"; la cantidad de dinero que pudo obtenerse si se hubiera tomado otra decisión).

6.4 ▷ ESTILOS DE TOMA DE DECISIONES

- Describa dos estilos de toma de decisiones.
- Analice los 12 prejuicios en la toma de decisiones.
- Explique el modelo gerencial de toma de decisiones.

El estilo de pensamiento de una persona refleja dos cosas: la fuente de información que la persona tiende a utilizar (externa o interna) y cómo procesa dicha información (lineal o no lineal). Estas cuatro dimensiones se dividieron en dos estilos. El estilo de pensamiento lineal se caracteriza por la preferencia de una persona por utilizar información externa y procesarla a través del pensamiento racional y lógico. El estilo de pensamiento no lineal se caracteriza por una preferencia por fuentes internas y por procesar la información con intuición, sensaciones y corazonadas. Los 12 errores y prejuicios comunes en la toma de decisiones son el exceso de confianza, satisfacción inmediata, efecto ancla, percepción selectiva, confirmación, contextualización, disponibilidad, representación, casualidad, gastos realizados, prejuicios egoístas, y retrospectiva. El modelo gerencial de toma de decisiones explica cómo se utiliza el proceso de toma de decisiones para elegir las mejores alternativas a través de la maximización o satisfacción y luego implementar y evaluar la decisión. También ayuda a explicar qué factores afectan el proceso de toma de decisiones, incluido el método de toma de decisiones (racionalidad, racionalidad limitada, intuición), los tipos de problemas y decisiones (estructuradas y programadas o no estructuradas y no programadas), las condiciones de toma de decisiones (certidumbre, riesgo, incertidumbre) y el estilo del tomador de decisiones (lineal o no lineal).

6.5 ▷ ## TOMA EFECTIVA DE DECISIONES EN EL MUNDO ACTUAL

- Explique cómo pueden los gerentes tomar decisiones efectivas en el mundo actual.
- Mencione las seis características de un proceso de toma de decisiones efectivo.
- Mencione cinco hábitos de las organizaciones altamente confiables.

Los gerentes pueden tomar decisiones efectivas si comprenden las diferencias culturales al tomar decisiones, si saben cuándo es el momento de rendirse, si utilizan un proceso de toma de decisiones efectivo, y si construyen una organización que pueda prever lo inesperado y que se adapte rápidamente al entorno modificado. Las seis características de un proceso de toma de decisiones efectivo son (1) se enfoca en lo que es importante, (2) es lógico y consistente, (3) reconoce tanto el pensamiento subjetivo como el objetivo y combina los enfoques analítico e intuitivo, (4) solicita únicamente la información "suficiente" para resolver un problema, (5) fomenta y guía la recolección de información importante y opiniones informadas, y (6) es sencillo, confiable, fácil de utilizar y flexible. Los cinco hábitos de las organizaciones altamente confiables son (1) no dejarse engañar por sus éxitos, (2) confían en los expertos de primera línea, (3) dejan que circunstancias inesperadas proporcionen la solución, (4) aceptan la complejidad y (5) se anticipan pero también reconocen sus límites.

PENSEMOS EN CUESTIONES ADMINISTRATIVAS

1. ¿Por qué la toma de decisiones se suele describir como la esencia del trabajo de un gerente?
2. ¿Cómo podría influenciar la cultura de una organización la forma en que los gerentes toman decisiones?
3. Todos tenemos prejuicios con respecto a las decisiones que tomamos. ¿Cuáles serían las desventajas de tener prejuicios? ¿Podría tener ventajas en tener prejuicios? Explique. ¿Cuáles son las implicaciones para la toma de decisiones gerenciales?
4. ¿Se llamaría a sí mismo un pensador lineal o no lineal? ¿Cuáles son las implicaciones de elegir el tipo de organización en la que desea trabajar?
5. "Conforme los gerentes utilizan computadoras y herramientas de software con más frecuencia, son capaces de tomar decisiones más racionales". ¿Está de acuerdo con esta afirmación? ¿Por qué?
6. ¿Cómo pueden los gerentes combinar las pautas para tomar decisiones efectivas en el mundo actual con los modelos de racionalidad y racionalidad limitada para la toma de decisiones? ¿O no pueden hacerlo? Explique.
7. ¿Existe alguna diferencia entre buenas y malas decisiones? ¿Por qué los buenos gerentes algunas veces toman decisiones equivocadas? ¿Malas decisiones? ¿Cómo pueden mejorar sus habilidades para tomar decisiones?

SU TURNO *de ser gerente*

- Durante una semana, ponga atención a las decisiones que toma y a cómo lo hace. Describa cinco de esas decisiones, y tome como guía las etapas del proceso de toma de decisiones. Además, describa si utilizó fuentes de información externas o internas para ayudarse a tomar cada decisión y si piensa que fue más lineal o no lineal en su forma de procesar esa información.

- Cuando sienta que no tomó una buena decisión, evalúe cómo pudo haber tomado una mejor.

- Encuentre dos ejemplos de procedimientos, reglas y políticas. Lleve a clase sus ejemplos y prepárese para compartirlos.

- Escriba un procedimiento, una regla y una política para que su profesor los utilice en clase. Asegúrese de que cada uno sea claro y comprensible, y asegúrese de explicar cómo coincide con las características de un procedimiento, regla o política.

- Mencione tres ejemplos de decisiones gerenciales descritas en cualquiera de los periódicos de negocios más conocidos (*Wall Street Journal, BusinessWeek, Fortune,* etc.). Escriba un artículo en el que describa cada decisión y cualquier información relacionada, como qué llevó a la decisión, qué ocurrió como resultado de la decisión, etcétera. ¿Qué aprendió de estos ejemplos sobre la toma de decisiones?

- Entreviste a dos gerentes y pídales sugerencias sobre lo que se necesita para ser un buen tomador de decisiones. Escriba sus sugerencias y prepárese para presentarlas en clase.

- Lecturas sugeridas por Steve y Mary: Noel M. Tichy y Warren G. Bennis, *Judgement: How Winning Leaders Make Great Calls* (Portfolio, 2007); Gerd Gigerenzer, *Gut Feelings: The Intelligence of the Unconscious* (Viking, 2007); Stephen P. Robbins, *Decide & Conquer: Make Winning Decisions and Take Control of Your Life* (Financial Times Press, 2004), y John S. Hammond, Ralph L. Keeney, y Howard Raiffa, *Smart Choices: A Practical Guide to Making Better Decisions* (Harvard Business School Press, 1999).

- Haga una búsqueda en la Web con la frase "los 101 momentos más tontos en los negocios". Obtenga la versión más reciente de la lista de este fin de año. Elija tres ejemplos y describa qué ocurrió. ¿Cuál es su reacción ante cada ejemplo? ¿Cómo los gerentes pudieron tomar mejores decisiones?

- Con sus propias palabras escriba tres cosas que aprendió en este capítulo sobre ser un buen gerente.

- La autoevaluación puede resultar una poderosa herramienta de aprendizaje. Vaya a mymanagementlab y complete estos ejercicios de autoevaluación: How Well Do I Handle Ambiguity? (¿Qué tan bien manejo la ambigüedad?), How Well Do I Respond to Turbulent Change? (¿Qué tan bien respondo a cambios turbulentos?) y What´s My Decision-Making Style? (¿Cuál es mi estilo para tomar decisiones?). Con los resultados de sus evaluaciones, identifique fortalezas y debilidades personales. ¿Qué hará para reforzar sus fortalezas y superar sus debilidades?

Para más recursos, visite www.mymanagementlab.com

CASO PRÁCTICO

Diseñar por dinero

El diseño de grandes productos resulta absolutamente crítico para la mayoría de las empresas de productos de consumo. Pero, ¿cómo saben estas compañías cuándo una característica en el diseño tendrá resultado, en especial cuando cada dólar cuenta? ¿Cómo toman esas decisiones difíciles? Ése es el reto que enfrenta el jefe de diseño de Whirlpool, Chuck Jones. Él sabía que tenía que llegar con una mejor idea.

Chuck notó que todo el proceso de toma de decisiones relacionado con diseño necesitaba mejorarse, después de llegar de una reunión con todo el equipo de asignación de recursos de Whirlpool. Chuck quería agregar cierta ornamentación a un refrigerador KitchenAid que se estaba rediseñando, pero tendría que agregar aproximadamente $5 por costos adicionales. Cuando el equipo le pidió que estimara el rendimiento de la inversión (es decir, ¿daría resultados financieros el añadir este costo?), no pudo darles ninguna información. Su argumento de "confíen en mí, soy diseñador" no los convenció. Chuck decidió mejorar el enfoque para invertir en diseño.

Su primer paso fue investigar otras compañías "centradas en el diseño", como BMW, Nike y Nokia. Para su sorpresa, sólo algunas tenían un sistema para pronosticar el rendimiento del diseño. La mayoría de ellas simplemente basaban sus futuras inversiones en rendimientos anteriores.

Batidoras KitchenAids que aparecen en International Home and Housewares de McCormick Place en Chicago.

Chuck dijo, "ninguna se había preguntado realmente este asunto". Con tanta gente inteligente y talentosa en el campo, ¿por qué nadie había propuesto una buena forma de tomar esas decisiones? De acuerdo con dos profesores de contabilidad, una razón es la increíble dificultad de discernir la contribución de los diseños de todas las demás funciones de negocios (marketing, manufactura, distribución, etcétera). Incluso los profesionales del diseño no pudieron acordar la forma de abordar este problema. A pesar de los obstáculos, Chuck continuó buscando una manera objetiva de medir los beneficios del diseño.

Lo que al final concluyó fue que un enfoque en las preferencias del cliente funcionaría mejor que un enfoque en el rendimiento de los resultados finales. Si su equipo pudiera medir objetivamente lo que los clientes quieren de un producto y entonces satisfacer esas necesidades, la compañía podría notar los rendimientos financieros. El equipo de diseño de Chuck creó un proceso estandarizado para toda la compañía que ponía los prototipos de diseño al frente de los grupos de enfoque en el cliente y luego obtenía mediciones detalladas de sus preferencias con respecto a estética, artesanía, desempeño técnico, ergonomía y uso. Graficaron los resultados contra productos de la competencia y los propios productos de la compañía. Su método basado en métricas da a los tomadores de decisiones una línea de evidencia objetiva a partir de la cual tomar decisiones de inversión. Las decisiones de inversión en el diseño ahora se basan en hechos, no en opiniones. El "nuevo" método para tomar decisiones ha transformado la cultura de la empresa y ha generado diseños audaces debido a que los diseñadores ahora pueden crear un caso sólido para hacer esas inversiones.

Preguntas de análisis

1. ¿Caracterizaría las decisiones de diseño de productos como problemas estructurados o no estructurados?

2. Describa y evalúe el proceso por el que pasó Chuck para cambiar la forma en que se tomaban las decisiones de diseño. Describa y evalúe el nuevo proceso de decisiones de diseño.

3. ¿Qué criterios utilizó el equipo de diseño de Whirlpool para las decisiones de diseño? ¿Qué opina sobre lo que implican estos criterios?

Fuentes: B. Breen, "No accounting for Design", *Fast Company*, febrero de 2007, pp. 38-39, y R. Siegel, "Meet the Whilwind of Whirlpool", *BusinessWeek* online, www.businesweek.com, 11 de abril de 2006.

¿Quiénes son?

Conozca al gerente

Glenn Jones

Gerente de zona
Colgate Oral Pharmaceuticals
New York, New York

MI TRABAJO: Gerente de zona para Colgate Oral Pharmaceuticals.

LA MEJOR PARTE DE MI TRABAJO: Interactuar con la gente, las exposiciones comerciales y la incertidumbre.

LA PEOR PARTE DE MI TRABAJO: El papeleo.

EL MEJOR CONSEJO GERENCIAL RECIBIDO: Eres tan fuerte como tu eslabón más débil. Sé consciente de tus debilidades y trabaja para volverlas fortalezas.

A lo largo del capítulo sabrá más sobre este gerente real.

Capítulo 7

Fundamentos de la planeación

En este capítulo comenzamos nuestro estudio sobre la primera de las funciones de la administración: la planeación. Planear es importante debido a que se establece lo que hace una organización. Veremos cómo los gerentes fijan objetivos y cómo establecen planes. Conforme lea y estudie este capítulo, concéntrese en los siguientes objetivos de aprendizaje.

OBJETIVOS DE APRENDIZAJE

El dilema de un gerente

Así como en la historia de ficción *Alí Babá y los 40 ladrones*, en la que Alí Babá tuvo acceso a un tesoro, Alibaba.com con sede en Hong Kong da acceso a un importante tesoro para muchos negocios chinos.[1] Este tesoro (el acceso Web) es extremadamente importante en el entorno actual. Alibaba ofrece a las empresas soluciones de Internet sencillas y efectivas a través de sus tres mercados en línea. Por ejemplo, poco después de que se publicaron en el sitio Web de Alibaba los prototipos de una nueva motocicleta todo terreno, el fabricante de scooters Zhejiang Bifei tuvo compradores alemanes solicitando envíos. Guangdong Gemacki Appliance tuvo cerca de 200 compradores en Europa y el Oriente Medio... todo porque los clientes los encontraron en el sitio Web de Alibaba. Éstos son sólo algunos ejemplos de clientes con historias de éxito. Ahora, los gerentes de alto nivel de Alibaba han establecido algunos objetivos globales ambiciosos. Están considerando el mercado de algunos lugares como India, Corea del Sur y Taiwán. Como vicepresidenta de Alibaba.com, Trudy Dai es responsable de manejar las ventas y el servicio al cliente. ¿Qué tipos de planes podría necesitar para garantizar que las áreas de ventas y de servicio al cliente permanezcan sólidas mientras la empresa se expande?

Cortesía de Alibaba.com

¿Usted qué haría?

Podría pensar que la planeación no es algo importante para usted en este momento. Pero cuando piensa en el horario para su siguiente curso o cuando decide qué tiene que hacer para concluir a tiempo un proyecto de clase, está planeando. Planear es algo que todos los gerentes tienen que hacer, como Trudy Dai. Aunque lo que ellos planean y cómo lo hacen puede variar, aun es importante que lo hagan. En este capítulo presentamos los fundamentos: qué es planear, por qué los gerentes planean y cómo lo hacen.

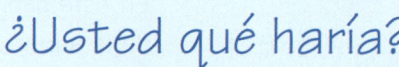

OBJETIVO DE
APRENDIZAJE 7.1 ▷ ## EL QUÉ Y EL POR QUÉ DE LA PLANEACIÓN

Boeing llamó a su nueva aeronave 787 el Dreamliner, pero el proyecto se volvió una pesadilla para los gerentes. El nuevo avión ha sido el producto más popular de la compañía, principalmente por sus innovaciones, en especial por su eficiencia en cuanto al combustible. Sin embargo, un mes antes de su fecha original de entrega, mayo de 2008, la empresa anunció otro retraso en la entrega (el tercero), el cual pospuso su debut otros 15 meses. La empresa admitió que el calendario del proyecto había sido demasiado ambicioso, aun cuando cada detalle había sido planeado meticulosamente.[2] ¿Qué sucede si los clientes de Boeing (las aerolíneas que ordenaron los jets) se cansan de esperar y cancelan sus pedidos? ¿Los gerentes pudieron haber planeado mejor?

¿QUÉ ES LA PLANEACIÓN?

Como dijimos en el capítulo 1, la **planeación** implica definir los objetivos de la organización, establecer estrategias para lograr dichos objetivos y desarrollar planes para integrar y coordinar actividades de trabajo. Tiene que ver tanto con los fines (qué) como con los medios (cómo).

Cuando utilizamos el término *planeación*, queremos decir planeación *formal*. En la planeación formal se definen los objetivos específicos durante un periodo específico. Estos objetivos se plantean por escrito y se comparten con los miembros de la organización para reducir la ambigüedad y crear una idea común de lo que tiene que hacerse. Por último, los planes específicos existen para lograr dichos objetivos.

¿POR QUÉ LOS GERENTES PLANEAN?

La planeación parece necesitar mucho esfuerzo. Entonces, ¿por qué los gerentes deben planear? Podemos darle al menos cuatro razones. Primero, la planeación *proporciona dirección* a los gerentes y también al resto de los empleados. Cuando los empleados saben lo que su empresa o equipo de trabajo intenta lograr y lo que ellos deben hacer para contribuir en el logro de los objetivos, pueden coordinar sus actividades, cooperar entre sí y hacer lo necesario para cumplir con los objetivos. Sin planeación, los departamentos e individuos podrían trabajar en objetivos diferentes y evitar que la organización logre sus objetivos con eficacia.

Luego, la planeación *reduce la incertidumbre*, ya que obliga a los gerentes a ver a futuro, a anticipar el cambio, a considerar el efecto del cambio y a desarrollar respuestas adecuadas. Aunque la planeación no eliminará la incertidumbre, los gerentes planean para que puedan responder con eficacia.

Además, la planeación *minimiza el desperdicio y la redundancia*. Cuando se coordinan las actividades laborales en torno a planes, las ineficiencias se vuelven obvias y pueden corregirse o eliminarse.

Por último, la planeación *establece los objetivos o los estándares utilizados para controlar*. Cuando los gerentes planean, desarrollan objetivos y planes. Cuando controlan, ven si los planes se han llevado a cabo y si se cumplieron los objetivos. Sin planeación, no habría objetivos con los cuales medir o evaluar el esfuerzo laboral.

PLANEACIÓN Y DESEMPEÑO

¿Vale la pena planear? Diversos estudios han analizado la relación entre la planeación y el desempeño.[3] Aunque la mayoría han mostrado en general relaciones positivas, no podemos decir que las organizaciones que planean formalmente *siempre* superan el desempeño de aquellas que no planean. ¿Qué *podemos* concluir?

Primero, en general, la planeación formal está asociada con resultados financieros positivos; utilidades más altas, rendimiento de activos más elevado, etcétera. Segundo, parece que hacer un buen trabajo de planeación e implementar esos planes tienen una función más importante en el alto desempeño que cuánta planeación se haya hecho. Después, en estudios donde la planeación formal no derivó en un mayor desempeño, con frecuencia el entorno externo fue el responsable. Cuando fuerzas externas, como regulaciones gubernamentales o sindicatos poderosos, restringen las opciones de los gerentes, ellos reducen el efecto que tiene la planeación sobre el desempeño de una organización. Por último, la relación planeación-desempeño parece estar influenciada por el marco de tiempo de la planeación. Parece que se necesitan al menos cuatro años de planeación formal antes de que ésta comience a afectar el desempeño.

O'Reilly Automotive Inc. en Springfield, Missouri, ha crecido de una sola tienda fundada en 1957 hasta más de 3,200 ubicaciones. Su equipo de administración, el cual aparece en la fotografía, intenta continuar con ese patrón de crecimiento con la mejor combinación posible de precio, calidad y servicio, y con salarios y prestaciones para atraer a la clase correcta de empleados. Lograr estos objetivos requerirá mucha planeación formal para dar dirección, minimizar el desperdicio y los errores, y establecer estándares de desempeño.

planeación
Definición de los objetivos de la organización, establecimiento de estrategias para lograr dichos objetivos y desarrollo de planes para integrar y coordinar actividades de trabajo.

REPASO RÁPIDO:
            OBJETIVO DE APRENDIZAJE 7.1

- Defina qué es planeación.
- Describa el propósito de la planeación.

- Explique qué estudios han mostrado la relación entre la planeación y el desempeño.

Vaya a la página 157 para ver qué tan bien maneja este material.

OBJETIVO DE
APRENDIZAJE 7.2 ▷ OBJETIVOS Y PLANES

A la planeación frecuentemente se le conoce como la función principal de la administración, ya que ésta sienta las bases de todas las demás cosas que hacen los gerentes cuando organizan, dirigen y controlan. Ésta involucra dos aspectos importantes: objetivos y planes.

Los **objetivos** (**metas**) son los resultados o propósitos deseados.[4] Éstos guían las decisiones de la administración y forman los criterios contra los cuales se miden los resultados. Es por esto que con frecuencia se les conoce como las bases de la planeación. Es necesario que conozca el objetivo deseado o resultado antes de poder establecer planes para lograrlo. Los **planes** son documentos que describen cómo se lograrán los objetivos. Por lo general incluyen asignaciones de recursos, programas y otras acciones necesarias para cumplir con los objetivos. Cuando los gerentes planean, desarrollan tanto objetivos como planes.

TIPOS DE OBJETIVOS

Podría parecer que las organizaciones tienen un solo objetivo: en el caso de las empresas, generar utilidades, y en el caso de organizaciones sin fines de lucro, cumplir las necesidades de algún grupo integrante. Sin embargo, el éxito de una organización no puede determinarse por medio de un solo objetivo. Si los gerentes enfatizan únicamente un objetivo, se ignoran otros objetivos necesarios para el éxito a largo plazo. Además, como explicamos en el capítulo 5, tener un solo objetivo, como las utilidades, puede dar como resultado comportamientos inmorales, ya que los gerentes y los empleados ignorarán otros aspectos de sus empleos para verse bien con respecto al objetivo medido.[5] En realidad, todas las organizaciones tienen varios objetivos. Por ejemplo, las empresas podrían querer aumentar su participación en el mercado, mantener a sus empleados entusiasmados con trabajar para la organización y a favor de prácticas ambientales más sustentables. Una iglesia podría proporcionar un lugar para prácticas religiosas y también actuar como un lugar para que sus miembros socialicen y ayuden económicamente a personas desfavorecidas de su comunidad.

La mayoría de los objetivos de las compañías pueden clasificarse como estratégicos o financieros. Los objetivos financieros se relacionan con el desempeño financiero de la organización, mientras que los objetivos estratégicos están relacionados con todas las demás áreas de desempeño de la organización. Por ejemplo, McDonalds establece que sus objetivos financieros son de 3 a 5 por ciento en promedio anual de ventas y de crecimiento en utilidades, 6 a 7 por ciento en promedio anual de crecimiento en ingresos de operación, y un retorno de la inversión entre 17 y 19 por ciento.[6] Un ejemplo de un objetivo estratégico sería la solicitud del presidente de Nissan por el superautomóvil de la compañía GT-R: iguala o supera el rendimiento del 911 Turbo de Porsche.[7]

Los objetivos aquí descritos son **objetivos establecidos**: declaraciones oficiales de lo que dice una organización que son sus objetivos, así como lo que quiere que las partes interesadas crean. Sin embargo, los objetivos establecidos (los cuales pueden encontrarse en los estatutos de una organización, en los informes anuales, en comunicados de relaciones públicas o en declaraciones públicas realizadas por gerentes) con frecuencia entran en conflicto y se ven influenciados por lo que diversas partes interesadas piensan que una organización debe hacer. Por ejemplo, el objetivo de Nike es "brindar inspiración e innovación a cada atleta". La visión de la compañía canadiense EnCana es "ser el punto de referencia mundial como compañía petrolera independiente de alto rendimiento". El objetivo de Winnebago es "mejorar continuamente los productos y servicios para satisfacer o superar las expectativas de los clientes". Y el objetivo de Deutsche Bank es "ser el proveedor líder mundial de soluciones financieras para clientes exigentes, creando un valor excepcional para sus accionistas y la gente".[8] Tales declaraciones son imprecisas y probablemente representan más las habilidades para las relaciones públicas de la administración que ideas significativas de lo que en realidad la organización intenta conseguir. Entonces, no debe sorprenderle descubrir que los objetivos establecidos de una empresa con frecuencia son irrelevantes para lo que en realidad sucede.[9]

¿Quiénes son?
CARA A CARA

IMPORTANCIA DE LOS OBJETIVOS:
¡Mucha! Mi compañía está orientada a los resultados, por lo que mi capacidad de lograr objetivos define mi éxito y mis recompensas.

Si usted quiere saber los **objetivos reales** de una organización, es decir los objetivos que la organización en realidad persigue, debe observar lo que sus miembros hacen. Las acciones definen prioridades. Por ejemplo, varias universidades dicen que su objetivo es limitar el tamaño de los grupos para facilitar la cercanía de los estudiantes con el profesorado e involucrar a los estudiantes, aunque comúnmente tienen clases ¡con más de 300 alumnos! Es importante saber que los objetivos reales y los establecidos pueden diferir para reconocer lo que de otro modo podría pensar que son inconsistencias.

TIPOS DE PLANES

Las formas más populares para describir los planes organizacionales son en términos de alcance (estratégicos contra operacionales), de tiempo (corto contra largo plazos), de especificidad (direccionales contra concretos) y frecuencia de uso (únicos contra permanentes). Como muestra la figura 7-1, estos tipos de planes no son independientes. Esto es, los planes estratégicos generalmente son de largo plazo, direccionales y únicos, mientras que los planes operacionales por lo general son de corto plazo, concretos y permanentes. ¿Qué incluye cada uno?

Los **planes estratégicos** son planes que se aplican a toda la organización y establecen sus objetivos generales. A los planes que abarcan un área operativa particular de la organización se les llama **planes operacionales**. Estos dos tipos de planes difieren en que los planes estratégicos son amplios, mientras que los operacionales son limitados.

El número de años utilizados para definir planes de corto y largo plazos ha disminuido considerablemente debido a la incertidumbre ambiental. El largo plazo se utiliza para definir cualquier periodo mayor a siete años. Intente imaginar lo que probablemente estará haciendo en siete años, y podrá comenzar a darse cuenta de lo difícil que resulta para los gerentes establecer planes tan a futuro. Nosotros definimos los **planes de largo plazo** como aquellos con un periodo mayor a tres años.[10] Los **planes de corto plazo** son aquellos que abarcan un año o menos. Cualquier periodo entre ambos sería un plan intermedio. Aunque estas clasificaciones de tiempo son bastante comunes, una organización puede utilizar cualquier marco de tiempo de planeación que desee.

Intuitivamente podría parecer que los planes específicos serían preferibles a los planes direccionales, o con poca dirección. Los **planes específicos** son planes claramente definidos y no dan lugar a interpretaciones. Tienen objetivos definidos claramente, por lo que no hay ambigüedad y no existen problemas de malas interpretaciones. Por ejemplo, un gerente que busca aumentar 8 por ciento los resultados de su unidad de trabajo en un

Figura 7–1   Tipos de planes

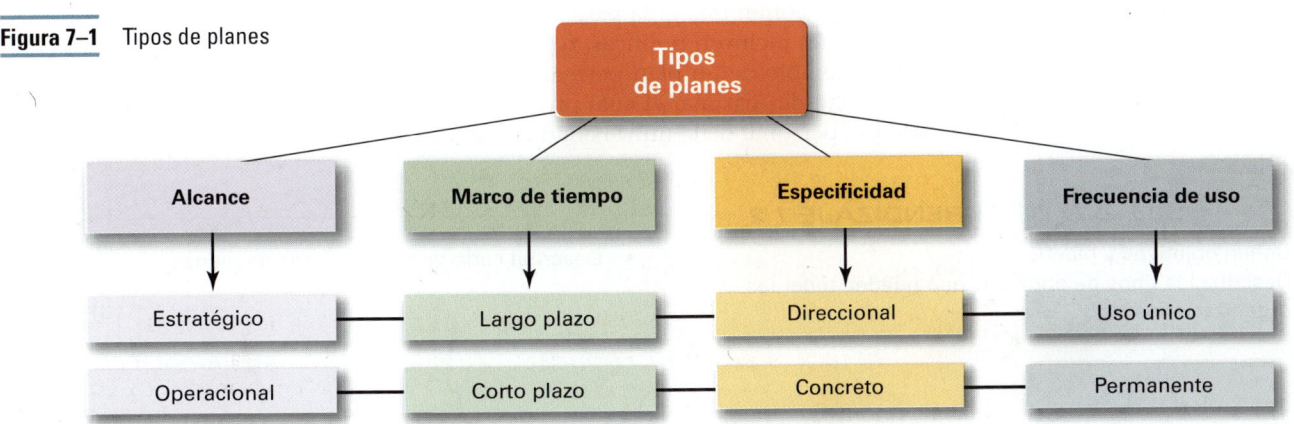

---

objetivos (metas)
Resultados deseados o propósitos.

planes
Documentos que describen cómo lograr los objetivos.

objetivos establecidos
Declaraciones oficiales de lo que dice una organización que son sus objetivos, así como lo que quiere que las partes interesadas crean.

objetivos reales
Objetivos que la organización en realidad persigue, y son definidos por las acciones de sus miembros.

planes estratégicos
Planes que se aplican a toda la organización y establecen sus objetivos generales.

planes operacionales
Planes que abarcan un área operativa de la organización.

planes de largo plazo
Planes con un marco de tiempo mayor a tres años.

planes de corto plazo
Planos que abarcan un año o menos.

planes específicos
Planes que están claramente definidos y que no dan lugar a interpretaciones.

Cuando los fundadores de Blue Man Group, un grupo de 3 hombres-compañía de performance, decidieron que estaban listos para ampliarse mediante la contratación de artistas que representaran los espectáculos de Blue Man en todo el país, estaban ansiosos por hacer que las representaciones fueran consistentes con su visión original. Finalmente se dieron cuenta que necesitaban un plan específico que guiara a los nuevos artistas que estaban incluyendo, por lo que se encerraron en un departamento y hablaron detalladamente sobre su visión creativa. ¿Cuál fue el resultado? Un manual de operaciones de 132 páginas que cuenta la historia del show Blue Man y que permite que otros lo produzcan. Irónicamente, al escribir el plan, aunque de cierta forma no es ortodoxo, los fundadores pudieron expresar ideales artísticos que han sido comprendidos por ellos, pero nunca establecidos.

periodo de 12 meses podría establecer procedimientos específicos, asignaciones de presupuestos y programas de actividades para lograr ese objetivo.

Sin embargo, cuando la incertidumbre es elevada y los gerentes deben ser flexibles para responder a cambios inesperados, los planes direccionales son preferibles. Los **planes direccionales** son planes flexibles que exponen pautas generales. Proporcionan un enfoque, pero no limitan a los gerentes con objetivos específicos o líneas de acción. Por ejemplo, Sylvia Rhone, presidenta de Motown Records, decía que tenía un objetivo sencillo: "firmar con grandes artistas".[11] Entonces, en lugar de crear un plan específico para producir y comercializar 10 álbumes con nuevos artistas este año, podría formular un plan direccional para utilizar una red de personas alrededor del mundo que le informara sobre nuevos y promisorios talentos que pudieran aumentar el número de artistas que tiene bajo contrato. Sin embargo, recuerde que la flexibilidad de los planes direccionales debe ponderarse contra la falta de claridad de planes específicos.

Algunos planes que desarrollan los gerentes se utilizan varias veces, mientras que otros se utilizan sólo una vez. Un **plan único** es un plan para una vez, el cual se diseña específicamente para satisfacer las necesidades de una situación única. Por ejemplo, cuando Wal-Mart decidió expandir el número de tiendas en China, los ejecutivos de nivel alto formularon un plan único como guía. En contraste, los **planes permanentes** son planes que se utilizan varias veces y que proporcionan una guía para las actividades que se realizan repetidamente. Los planes permanentes incluyen políticas, reglas y procedimientos, los cuales definimos en el capítulo 6. Un ejemplo de un plan permanente es la política de acoso sexual desarrollado por la Universidad de Arizona, el cual proporciona una guía para los administradores, el profesorado y el personal de la universidad cuando hacen planes de contratación.

REPASO RÁPIDO:
OBJETIVO DE APRENDIZAJE 7.2

- Defina objetivos y planes.
- Describa los tipos de objetivos que pueden tener las organizaciones.

- Describa cada uno de los tipos de planes.

Vaya a la página 157 para ver qué tan bien maneja este material.

OBJETIVO DE APRENDIZAJE 7.3 ▷ CÓMO ESTABLECER OBJETIVOS Y DESARROLLAR PLANES

Taylor Haines acaba de ser elegida presidenta de la fraternidad honoraria de su escuela de negocios y desea que la organización se involucre más activamente en la escuela de negocios. Francisco Garza se graduó en marketing y computación en el Tecnológico de Monterrey hace tres años y comenzó a trabajar para una empresa regional de servicios de consultoría. Recientemente fue ascendido a gerente de un equipo de 8 personas para el desarrollo de e-business, y espera fortalecer las contribuciones financieras del equipo hacia la compañía. ¿Qué deben hacer ahora Taylor y Francisco? Primero, necesitan establecer objetivos.

MÉTODOS PARA ESTABLECER OBJETIVOS

Como mencionamos anteriormente, los objetivos proporcionan la dirección para todas las decisiones y acciones gerenciales y forman los criterios contra los que se miden los logros. Todo lo que hacen los miembros de la organización debe estar orientado a lograr los objetivos. Los objetivos se pueden establecer ya sea a través de un proceso tradicional de establecimiento de objetivos o por medio de la administración por objetivos.

En el **establecimiento tradicional de objetivos**, los objetivos establecidos por los gerentes de nivel alto fluyen hacia abajo en la organización y se convierten en subobjetivos para cada área de la organización. Esta perspectiva tradicional asume que los gerentes de nivel alto saben qué es lo mejor, debido a que pueden ver la "perspectiva general". Y los objetivos que se pasan a cada nivel sucesivo guían a los empleados mientras trabajan para lograr los objetivos asignados. Si Taylor utilizara este método, vería cuáles objetivos establecieron tanto el decano o el director de la escuela de negocios y desarrollaría los objetivos para que su grupo contribuyera en el cumplimiento de dichos objetivos. O, por ejemplo, considere un negocio de manufactura. El presidente le dice al vicepresidente de producción qué es lo que espera de los costos de manufactura para el próximo año, y al vicepresidente de marketing le dice qué nivel de ventas espera alcanzar para el siguiente año. Estos objetivos se pasan al siguiente nivel organizacional y se escriben para reflejar las responsabilidades de dicho nivel, luego se pasan al siguiente nivel, y así sucesivamente. Después, en algún punto posterior, se evalúa el rendimiento para determinar si se lograron los objetivos asignados. O ésta es la manera en que se supone suceda. Pero en realidad, no siempre sucede así. Transformar los objetivos estratégicos en objetivos departamentales, de equipo, e individuales, puede ser un proceso difícil y frustrante.

Otro problema con el establecimiento tradicional de objetivos es que cuando los gerentes de nivel alto definen los objetivos de la organización en términos generales (como lograr ganancias "suficientes" o incrementar el "liderazgo del mercado"), estos objetivos ambiguos se tienen que hacer más específicos conforme fluyen hacia abajo a través de la organización. Los gerentes de cada nivel definen objetivos y aplican sus propias interpretaciones y prejuicios conforme los hacen más específicos. Sin embargo, lo que sucede con frecuencia es que se pierde claridad mientras los objetivos siguen su camino desde la cima de la organización hacia los niveles inferiores. La figura 7-2 muestra lo que puede suceder. Pero no tiene que ser de ese modo. Por ejemplo, en dj Ortopedics de México con sede en Tijuana, los equipos de empleados ven el efecto de su trabajo diario en los objetivos de la compañía. El gerente de recursos humanos, Joaquín Samaniego menciona, "Cuando la gente tiene una conexión directa con el resultado de su trabajo, cuando saben cada día qué es lo que se supone que deben hacer y cómo lograr sus objetivos, se crea una conexión estrecha con la compañía y su trabajo".[12]

Figura 7–2

Los inconvenientes del establecimiento tradicional de objetivos

Cuando la jerarquía de los objetivos de la organización *está* claramente definida, como en dj Orthopedics, se forma una red integrada de objetivos, o una **cadena de medios y fines**. Los objetivos de nivel alto (o fines) están ligados a objetivos de nivel bajo, los cuales sirven como medios para su cumplimiento. En otras palabras, los objetivos logrados en niveles bajos se convierten en medios para alcanzar los objetivos (fines) del siguiente nivel. Y el cumplimiento de los objetivos en ese nivel se convierte en el medio para lograr los objetivos en el siguiente nivel y hacia arriba a través de los diferentes niveles de la organización. Así es como se supone que trabaja el establecimiento tradicional de objetivos.

En lugar de utilizar el establecimiento tradicional de objetivos, muchas organizaciones utilizan la **administración por objetivos (APO)**, un proceso de establecimiento de acuerdos mutuos con respecto a los objetivos y el uso de dichos objetivos para evaluar el desempeño de los empleados. Si Francisco tuviera que emplear este método, se sentaría con cada uno de los miembros de su equipo a establecer objetivos y a revisar periódicamente el progreso para lograr dichos objetivos. Los programas APO tienen cuatro elementos: especificidad de objetivos, toma de decisiones por participación, un periodo de tiempo explícito, y retroalimentación sobre el desempeño.[13] En lugar de utilizar los objetivos para asegurarse de que los empleados están haciendo lo que se supone que deben hacer, la APO también utiliza los objetivos para motivar a los empleados. El atractivo es que la APO se enfoca en empleados que trabajan para lograr los objetivos que ellos ayudaron a establecer. La figura 7-3 muestra los pasos de un típico programa APO.

¿La APO funciona? Los estudios han mostrado que ésta puede aumentar el desempeño del empleado y la productividad de la organización. Por ejemplo, una revisión de los programas APO encontró mejoras en la productividad en la mayoría de ellos[14]. ¿Pero, es relevante la APO para las organizaciones actuales? Si se ve como una forma de establecer objetivos, entonces sí es relevante; investigaciones muestran que el establecimiento de objetivos puede ser un método eficaz para motivar a los empleados.[15]

Características de objetivos bien escritos. Los objetivos no se escriben de la misma manera. Algunos son mejores que otros, al dejar claro cuáles son los resultados deseados. Los gerentes deben poder plantear objetivos bien escritos. La figura 7-4 lista las características de un objetivo "bien escrito".[16]

Pasos para establecer objetivos. Los gerentes deben seguir cinco pasos cuando establezcan objetivos:

1. *Revisar la **misión** de la organización, o el propósito.* Una misión es una declaración amplia que proporciona una idea general de lo que los miembros de una organización piensan que es importante. Los gerentes deben revisar la misión antes de escribir objetivos, ya que los objetivos deben reflejar esa misión.

2. *Evaluar los recursos disponibles.* Usted no desea establecer objetivos que sean imposibles de lograr, dados los recursos disponibles. Aunque los objetivos deben ser desafiantes, deben ser realistas. Después de todo, si los recursos con que cuenta para trabajar no permitirán que logre un objetivo, sin importar cuánto lo intente, usted no debe establecer ese objetivo. Eso sería como si una persona con un ingreso anual de 50,000 dólares, sin otros recursos financieros, estableciera un objetivo de generar una cartera de inversión con un valor de un millón de dólares en tres años. Sin importar lo mucho que trabaje en ello, no ocurrirá.

3. *Determinar los objetivos individualmente o con información de otros.* Lo objetivos reflejan resultados deseados y deben ser congruentes con la misión de la organización y con los

Figura 7–3

Pasos de la APO

> 1. Se formulan los *objetivos generales y estrategias* de la organización.
> 2. Los objetivos principales se asignan a las *unidades divisionales y departamentales*.
> 3. Los gerentes de unidades *establecen objetivos específicos* para sus unidades *en colaboración* con sus propios gerentes.
> 4. Los objetivos específicos son establecidos en colaboración con *todos los miembros del departamento*.
> 5. Los gerentes y empleados especifican y acuerdan *planes de acción* que definen cómo se lograrán los objetivos.
> 6. Se *implementan* los planes de acción.
> 7. El progreso hacia los objetivos *se revisa periódicamente* y se da *retroalimentación*.
> 8. Se refuerza el logro exitoso de los objetivos mediante *recompensas basadas en el desempeño*.

Figura 7–4

Objetivos bien escritos

> • Están escritos en términos de resultados en lugar de acciones.
>
> • Son mensurables y cuantificables.
>
> • Son claros con respecto a un marco de tiempo.
>
> • Son desafiantes pero posibles.
>
> • Están por escrito.
>
> • Se comunican a todos los miembros de la organización que deban saberlos.

objetivos de otras áreas organizacionales. Estos objetivos deben ser mensurables y específicos, y no deben incluir un periodo para lograrlos.

4. ***Escribir los objetivos y comunicarlos a todos los que deban saberlos.*** Describir y comunicar los objetivos obliga a la gente a pensar en conjunto. Los objetivos escritos también se vuelven evidencia visible de la importancia de trabajar por algo.

5. ***Revisar los resultados y si los objetivos se están cumpliendo.*** Si los objetivos no se están cumpliendo, cámbielos según sea necesario.

Una vez que los objetivos se han establecido, escrito y comunicado, un gerente está listo para desarrollar los planes para lograr los objetivos.

DESARROLLO DE PLANES

El proceso de desarrollo de planes está influenciado por tres factores de contingencia y por el método de planeación seguido.

Factores de contingencia en la planeación. Vuelva a leer la historia que inicia este capítulo, "El dilema de un gerente". ¿Cómo sabe Trudy Dai qué tipos de planes desarrollar para guiar Alibaba? Hay tres factores de contingencia que afectan la elección de planes: nivel organizacional, grado de incertidumbre ambiental y duración de compromisos futuros.[17]

La figura 7-5 muestra la relación entre el nivel de un gerente en la organización y el tipo de planeación realizada. En su mayoría, los gerentes de nivel medio y bajo realizan planeación operacional, mientras que los gerentes de mayor nivel realizan planeación estratégica.

El segundo factor de contingencia es la incertidumbre ambiental. Cuando la incertidumbre es alta, los planes deben ser específicos pero flexibles. Los gerentes deben estar preparados para cambiar o corregir los planes conforme se implementan. En ocasiones, los gerentes incluso tienen que abandonar los planes.[18] Por ejemplo, en Continental Airlines, el ex presidente y su equipo de administración establecieron un objetivo específico que se enfocaba en lo que los clientes más querían (vuelos puntuales) para ayudar a la empresa a ser más competitiva en la altamente incierta industria de las aerolíneas. Debido al alto nivel de incertidumbre, el equipo de administración identificó un "destino pero no un plan de vuelo" y cambiaron los planes según lo necesario para lograr el objetivo de un servicio puntual.

Figura 7–5

Planeación y nivel organizacional

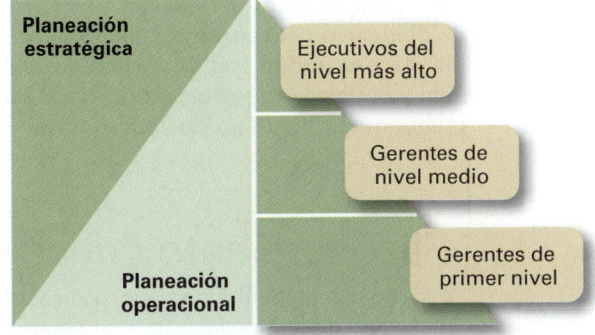

cadena de medios y fines
Red integrada de objetivos en los que el cumplimiento de objetivos en un nivel sirve como medio para lograr los objetivos, o fines, del siguiente nivel.

administración por objetivos (APO)
Proceso para establecer objetivos acordados mutuamente y para utilizar dichos objetivos para evaluar el desempeño de los empleados.

misión
Declaración del propósito de una organización.

El último factor de contingencia también está relacionado con el marco de tiempo de los planes. **El concepto de compromiso** dice que los planes deben extenderse lo suficiente para cumplir con los compromisos realizados cuando se desarrollaron los planes. Planear para un periodo demasiado largo o demasiado corto resulta ineficiente e ineficaz. Un ejemplo de la importancia del concepto de compromiso puede apreciarse en los centros de datos donde se alojan las computadoras de las empresas. Muchas de ellas han descubierto que sus "computadoras hambrientas de energía" generaron desafíos. Por ejemplo, en Pomona Valley Medical Center, la expansión de 30 a 70 servidores fue abrumadora. En Rackspace Ltd. con sede en San Antonio, la cual maneja servidores para sus clientes, las necesidades de electricidad se dispararon de 3 a 8 megawatts, lo que resultó en cuentas elevadísimas de electricidad. En el National Energy Research Computing Center del Energy Department, proporcionar la energía adecuada para su supercomputadora significó cavar en un estacionamiento, y abrir un hoyo en la pared de un sótano para instalar fuentes de energía del tamaño de locomotoras y unidades de aire acondicionado.[19] ¿Cómo ilustra esto el concepto del compromiso? Conforme las organizaciones expanden su tecnología de cómputo, se están "comprometiendo" con cualquier gasto futuro generado por ese plan. Tienen que vivir con la decisión y sus consecuencias, buenas y malas.

MÉTODOS DE PLANEACIÓN

Los funcionarios del gobierno federal, estatal y local están trabajando juntos en un plan para aumentar la población de salmón salvaje en el noreste de Estados Unidos. Los gerentes de la división Global Fleet Graphics de la Compañía 3M están desarrollando planes detallados para satisfacer la creciente demanda de los clientes y para lidiar con competidores cada vez más agresivos. Emilio Azcárraga Jean, presidente y director del Grupo Televisa, obtiene información de distintas personas antes de establecer los objetivos de la compañía, y luego entrega a los diversos ejecutivos la planeación para lograr los objetivos. En cada una de estas situaciones la planeación se hace de manera un poco distinta. *Cómo* planea una organización puede explicarse mejor si analizamos *quién* hace la planeación.

En el método tradicional, la planeación la realizan por completo los gerentes del nivel más alto, quienes frecuentemente son asistidos por un **departamento de planeación formal**, un grupo de especialistas en planeación cuya única responsabilidad es ayudar a escribir los diversos planes organizacionales. Con este método, los planes desarrollados por los gerentes del nivel más alto fluyen hacia abajo a los otros niveles de la organización, de forma muy parecida al método tradicional para establecimiento de objetivos. Conforme fluyen hacia abajo a través de la organización, los planes se diseñan según las necesidades particulares de cada nivel. Aunque este método plantea una planeación gerencial exhaustiva, sistemática y coordinada, con demasiada frecuencia se centra en desarrollar "el plan", una gruesa carpeta (o carpetas) llenas de información inútil que se queda en un estante y que nadie utiliza jamás para guiar o coordinar el trabajo. De hecho, en una encuesta aplicada a gerentes sobre los procesos de planeación organizacional de arriba hacia abajo, más del 75 por ciento dijo que el método de planeación de su empresa era insatisfactorio.[21] Una queja común fue que "los planes son documentos que uno prepara para el personal de planeación corporativa y luego se olvidan". Aunque muchas organizaciones utilizan la planeación tradicional de arriba hacia abajo, este método es efectivo sólo si los gerentes comprenden la importancia de crear documentos que los miembros de la organización realmente utilicen, no documentos que luzcan impresionantes pero que jamás se utilizan.

Razonamiento crítico sobre Ética

Cuando las compañías preparan planes para mantener a sus negocios operando si ocurre una pandemia de gripe aviar, están surgiendo temas espinosos. Por ejemplo, Procter & Gamble "preguntó a los médicos de su compañía si debían intentar asegurar una dotación privada del fármaco Tamiflu para la gripe aviar para su personal de Asia". El líder médico de la empresa en Asia meridional dijo, "¿qué tan ético sería si guardáramos provisiones a las que el público en general no tiene acceso, pero necesitan demasiado?"[20] ¿Qué opina? ¿Sería inmoral que una empresa protegiera a sus propios empleados? ¿Qué otras alternativas hay?

Otro método de planeación es involucrar en el proceso a más miembros de la organización. En este método, los planes no se transmiten de un nivel al siguiente, sino que son desarrollados por miembros de la organización en los distintos niveles y en las diversas unidades de trabajo para cumplir con sus necesidades específicas. Por ejemplo, en Dell, los empleados de producción, administración de suministros y administración de canales, se reúnen cada semana para hacer planes de acuerdo con la demanda y abastecimiento actual de productos. Además, los equipos de trabajo establecen sus propios calendarios diarios y dan seguimiento a su progreso según esos calendarios. Si un equipo se retrasa, sus miembros desarrollan planes de "recuperación" para intentar retomar el calendario.[22] Cuando los miembros de la organización se involucran más activamente en la planeación, ven que los planes son algo más que sólo algo escrito en papel. En realidad ven que los planes se utilizan para dirigir y coordinar el trabajo.

REPASO RÁPIDO:
OBJETIVO DE APRENDIZAJE 7.3

- Analice cómo funcionan el establecimiento tradicional de objetivos y la administración por objetivos (APO).
- Describa los objetivos bien escritos y explique cómo establecerlos.

- Explique los factores de contingencia que afectan la planeación.
- Describa los métodos de planeación.

—— Vaya a la página 157 para ver qué tan bien maneja este material.

OBJETIVO DE APRENDIZAJE 7.4 ▷ TEMAS CONTEMPORÁNEOS DE PLANEACIÓN

Concluimos este capítulo abordando dos temas contemporáneos de planeación. En específico analizaremos las críticas a la planeación y cómo los gerentes pueden planear eficazmente en entornos dinámicos.

CRÍTICAS A LA PLANEACIÓN

La planeación organizacional formal se hizo popular en la década de 1960, y aún lo es en la actualidad. Tiene sentido que una organización establezca metas y cierta dirección, pero los críticos han desafiado algunas de las suposiciones básicas de la planeación:

1. *La planeación puede generar rigidez.*[23] Los planes formales pueden encasillar a una organización en objetivos específicos por lograr dentro de periodos específicos. Cuando se establecieron estos objetivos, la suposición pudo haber sido que el entorno no cambiaría. Si esa suposición no es correcta, los gerentes que siguen un plan pueden tener problemas. En lugar de permanecer flexibles, incluso tal vez descartar el plan, los gerentes que continúan persiguiendo los objetivos originales podrían no ser capaces de arreglárselas con el entorno modificado. Permanecer "en curso" cuando el entorno está cambiando, puede ser una receta para el desastre.

2. *No es posible desarrollar planes para un entorno dinámico.*[24] Si una suposición básica de planeación (que el entorno no cambiará) es errónea, entonces ¿cómo se puede planear? El entorno actual de las empresas con frecuencia es aleatorio e impredecible. Administrar en esas condiciones requiere flexibilidad, y eso podría significar no estar atado a planes formales.

3. *Los planes formales no pueden sustituir la intuición y la creatividad.*[25] Con frecuencia, las organizaciones tienen éxito gracias a la visión innovadora de alguien, y los esfuerzos de planeación rutinarios pueden impedir tal visión. Por ejemplo, el rápido crecimiento de Apple Computer en las décadas de 1970 y 1980 se atribuyó en parte a los enfoques innovadores y creativos de su cofundador Steve Jobs. Cuando la compañía creció, Jobs sintió que necesitaba una administración más formal; un papel que no le gustaba desempeñar. Contrató un presidente que al final lo sacó de su propia compañía. Con la

---

concepto de compromiso
Concepto que dice que los planes deben extenderse lo suficiente para cumplir con los compromisos hechos cuando se desarrollaron los planes.

departamento de planeación formal
Grupo de especialistas en planeación cuya única responsabilidad es ayudar a escribir los planes de la organización.

partida de Jobs aumentó la formalidad de la organización, incluida una planeación detallada; las mismas cosas que Jobs despreciaba tanto, ya que sentía que coartaban la creatividad. A mediados de la década de 1990, Apple, una empresa líder, luchaba por sobrevivir. La situación se hizo tan mala que el presidente fue despedido y Jobs fue traído de vuelta en su lugar para que Apple retomara el camino. El renovado enfoque de la compañía en la creatividad, en 1998 dio pie al iMac, en 2001 al iPod, en 2002 a una imagen radicalmente nueva para el iMac, en 2003 al almacén de música en línea iTunes, en 2005 a un iPod para video y en 2007 al iPhone.

4. ***La planeación enfoca la atención de los gerentes en la competencia actual y no en la supervivencia a futuro.***[26] La planeación formal tiende a enfocarse en cómo capitalizar las oportunidades actuales de negocios dentro de una industria, pero podría no permitir a los gerentes considerar la creación o reinvención de una industria. Como consecuencia, los planes formales pueden dar como resultado errores muy costosos cuando otros competidores toman la batuta. Por otra parte, las empresas como Intel, General Electric, Nokia y Sony han encontrado el éxito forjando nuevas industrias.

5. ***La planeación formal refuerza el éxito, lo que puede llevar al fracaso.***[27] El éxito genera éxito. Ésta es una tradición estadounidense. Si algo no falla, no hay que arreglarlo, ¿verdad? Bueno, ¡tal vez no! De hecho, el éxito puede generar fracasos en un entorno incierto. Es difícil cambiar o descartar planes anteriores exitosos; no es fácil dejar la comodidad de lo que funciona por la ansiedad de lo desconocido. Los planes exitosos pueden dar un falso sentido de seguridad y generar más confianza en los planes formales de lo que está garantizado. Muchos gerentes no se enfrentarán a lo desconocido a menos que se vean forzados a hacerlo por los cambios en el entorno. Pero, para entonces ¡puede ser demasiado tarde!

6. ***Sólo planear no es suficiente.*** Para los gerentes, la sola planeación no es suficiente. ¡Tienen que poner manos a la obra![28] Cuando los ejecutivos del *Wall Street Journal* tuvieron que responder a una prolongada disminución de anunciantes; desarrollaron un plan para cumplir de la mejor manera ese objetivo, y luego comenzaron a trabajar en él. Una de las primeras cosas que hicieron fue cambiar el diseño del periódico; añadieron más color a sus páginas, rediseñaron sus tipos de letra e hicieron otros cambios de formato. Otra cosa que hicieron fue lanzar una edición sabatina. Luego, disminuyeron el tamaño físico del periódico.[29] Como muestra este ejemplo, sólo planear no hace que las cosas se hagan. Tener el plan de hacer suficiente dinero para que pueda retirarse a los 35 años de edad, no es suficiente. Tiene que poner el plan en marcha y hacerlo. Los gerentes necesitan planear, y también ver que el plan se lleve a cabo.

¿Qué tan válidas son estas críticas? ¿Los gerentes deben olvidarse de planear? ¡No! Aunque la planeación rígida e inflexible pueda originar estos problemas, los gerentes actuales pueden planear eficazmente si comprenden la planeación en entornos dinámicos e inciertos.

PLANEACIÓN EFICAZ EN ENTORNOS DINÁMICOS

El entorno externo cambia continuamente. Por ejemplo, la tecnología Wi-Fi ha revolucionado toda clase de industrias, desde aerolíneas hasta fabricantes de automóviles y supermercados. Las empresas están utilizando la Internet para el diseño de productos dirigidos al cliente. Se ha predicho que disminuirán las grandes cantidades que se gastan en comer fuera en lugar de hacerlo en casa. Los precios del petróleo crudo han tenido alzas sin precedentes. Los expertos creen que China e India están transformando la economía global del siglo XXI.

¿Cómo pueden los gerentes planear eficazmente cuando el entorno externo cambia continuamente? Ya analizamos los entornos inciertos como uno de los factores que afectan los tipos de planes que desarrollan los gerentes. Como los entornos dinámicos son más la regla que la excepción, veamos a gerentes que pueden planear eficazmente en tales entornos.

En un entorno incierto, los gerentes deben desarrollar planes que sean específicos pero flexibles. Aunque esto podría parecer contradictorio, no lo es. Para que sean útiles, los planes necesitan cierta especificidad, pero los planes no deben escribirse en piedra. Los gerentes deben reconocer que la planeación es un proceso continuo. Los planes sirven como un mapa, aunque el destino pueda cambiar debido a las condiciones dinámicas del mercado. Los gerentes deben estar preparados para cambiar direcciones si las condiciones ambientales lo justifican. Esta flexibilidad es particularmente importante cuando se implementan los planes. Los gerentes deben permanecer alertas ante cambios en el entorno que pudieran afectar la implementación, y responder según sea necesario. También recuerde que incluso si el entorno es altamente incierto, es importante continuar con la planeación formal para ver cualquier efecto en el desempeño de la organización. La persistencia en la planeación contribuye a mejoras significativas en el desempeño. ¿Por qué? Parece que, como con la mayoría de las actividades, los gerentes aprenden a planear y la calidad de su planeación mejora cuando lo siguen haciendo.[30]

Por último, favorecer la jerarquía de la organización ayuda a hacer que la planeación sea más eficaz en entornos dinámicos. Esto significa permitir que los niveles más bajos de la organización establezcan objetivos y desarrollen planes, ya que hay poco tiempo para que los objetivos y planes fluyan de arriba hacia abajo. Los gerentes deben enseñar a sus empleados cómo establecer objetivos y a planear, y después confiarles que lo hagan. En Bangalore, India, encontramos una empresa que comprende esto perfectamente. Hace tan sólo una década, Winpro Limited era "un conglomerado anónimo que vendía aceite de cocina y computadoras personales, principalmente en India". Hoy en día, es una compañía global que genera 3 mil millones de dólares anuales, y la mayoría de sus negocios (aproximadamente 90 por ciento) provienen de servicios de tecnología de la información (IT).[31] Accenture, EDS, IBM y las grandes empresas de contabilidad estadounidenses, conocen muy bien la amenaza competitiva que representa Winpro. Los empleados de Winpro no sólo son económicos, sino que son cultos y especializados, y desempeñan una función importante en la planeación de la compañía. Debido a que la industria de servicios de información cambia continuamente, se enseña a los empleados a analizar situaciones y a definir la escala y el alcance de los problemas de un cliente para ofrecerle las mejores soluciones. Estos empleados son los que tratan con los clientes, y es su responsabilidad establecer qué hacer y cómo hacerlo. Éste es un enfoque que posiciona a Winpro para triunfar, sin importar cómo cambia la industria.

REPASO RÁPIDO:
OBJETIVO DE APRENDIZAJE 7.4

- Explique las críticas a la planeación.

- Describa cómo los gerentes pueden planear eficazmente en el entorno dinámico actual.

Vaya a la página 157 para ver qué tan bien maneja este material.

¿Quiénes son?
Mi turno

Glenn Jones
**Gerente de zona
Colgate Oral Pharmaceuticals
New York, New York**

Para garantizar que las áreas de ventas y de servicio al cliente permanezcan sólidas, Trudy debe hacer planes que permitan a estas dos áreas adaptarse a los diferentes entornos que presentan los nuevos mercados. La investigación de mercado sería un componente clave para desarrollar estos planes. Por ejemplo, diferentes mercados pueden tener diferentes reglas y normas con respecto a las ventas. Las estrategias de ventas que funcionan en un mercado pueden ser ineficientes o ilegales en el otro. Además, mercados distintos presentan realidades diferentes cuando se trata de infraestructura, en particular cuando se relaciona con acceso a Internet, el cual es el alma de Alibaba.com. Por último, Trudy necesitaría un plan para capacitar al personal de ventas y de servicio al cliente en cuanto a costumbres y tradiciones de mercados diferentes. Ella necesita garantizar que se puedan comunicar eficaz y exitosamente con distintas bases de clientes.

OBJETIVOS DE APRENDIZAJE
RESUMEN

7.1 ▷ EL QUÉ Y EL POR QUÉ DE LA PLANEACIÓN

- Defina planeación.
- Describa el propósito de la planeación.
- Explique qué estudios han mostrado la relación entre la planeación y el desempeño.

La planeación implica definir los objetivos de una organización, establecer una estrategia global para lograr estos objetivos y desarrollar planes para las actividades laborales de la organización. Los cuatro propósitos de la planeación son dar dirección, reducir la incertidumbre, minimizar el desperdicio y la redundancia y establecer los objetivos o estándares utilizados en el control. Estudios de la relación planeación-desempeño han concluido que, en la mayoría de los casos, la planeación formal está asociada con desempeño financiero positivo; es más importante hacer un buen trabajo de planeación e implementar los planes, que hacer una planeación más exhaustiva; por lo general, el entorno externo es la razón por la cual las compañías que planean no logran altos niveles de desempeño, y la relación planeación-desempeño parece estar influenciada por el marco de tiempo de la planeación.

7.2 ▷ OBJETIVOS Y PLANES

- Defina objetivos y planes.
- Describa los tipos de objetivos que pueden tener las organizaciones.
- Describa cada uno de los tipos de planes.

Los objetivos son resultados deseados. Los planes son documentos que describen cómo se cumplirán los objetivos. Los objetivos pueden ser estratégicos o financieros, y pueden ser establecidos o reales. Los planes estratégicos se aplican a toda la organización, mientras que los planes operacionales abarcan un área funcional específica. Los planes de largo plazo son aquellos cuyo periodo es mayor a tres años. Los planes de corto plazo son los que abarcan un año o menos. Los planes específicos están claramente definidos y no dan pie a interpretaciones. Los planes direccionales son flexibles y establecen pautas generales. Un plan único es un plan de una sola vez, diseñado para satisfacer las necesidades de una situación única. Los planes permanentes son planes que se utilizan varias veces y proporcionan pautas para actividades que se realizan repetidamente.

7.3 ▷ CÓMO ESTABLECER OBJETIVOS Y DESARROLLAR PLANES

- Analice cómo funcionan el establecimiento tradicional de objetivos y la administración por objetivos (APO).
- Describa los objetivos bien escritos y explique cómo establecerlos.
- Analice los factores de contingencia que afectan la planeación.
- Describa los métodos de planeación.

En el establecimiento tradicional de objetivos, éstos se establecen en el más alto nivel de la organización y luego se transforman en subobjetivos para cada área de la organización. La administración por objetivos (APO) es un proceso para el establecimiento de acuerdos mutuos con respecto a los objetivos y el uso de dichos objetivos para evaluar el desempeño de los empleados. Los objetivos bien escritos tienen seis características: (1) escritos en términos de resultados, (2) mensurables y cuantificables, (3) claros con respecto al marco de tiempo, (4) desafiantes pero posibles, (5) descritos y (6) comunicados a todos los miembros de la organización que deban conocerlos. El establecimiento de objetivos implica estas etapas: revisar la misión de la organización, evaluar los recursos disponibles, determinar los objetivos de forma individual o con información de otros, describir los objetivos y comunicarlos a todos aquellos que deban conocerlos, así como revisar los resultados y cambiar los objetivos si es necesario. Los factores de contingencia que afectan la planeación incluyen el nivel del gerente en la empresa, el grado de incertidumbre ambiental y la duración de los compromisos futuros. Los dos principales métodos de planeación son el método tradicional y la APO. En el método tradicional, los gerentes de nivel alto desarrollan planes que fluyen hacia niveles más bajos de la organización; este método puede utilizar un departamento de planeación formal. La APO involucra a más miembros de la organización en el proceso de planeación.

7.4 ▷ TEMAS CONTEMPORÁNEOS DE PLANEACIÓN

- Explique las críticas a la planeación.
- Describa cómo los gerentes pueden planear eficazmente en el entorno dinámico actual.

Las principales críticas a la planeación son que (1) puede generar rigidez; (2) los planes no pueden desarrollarse para un entorno dinámico; (3) los planes formales no pueden reemplazar la intuición y la creatividad; (4) la planeación enfoca la atención de los gerentes en la competencia actual y no en el futuro; (5) la planeación formal refuerza el éxito, lo que puede llevar al fracaso, y (6) sólo planear no es suficiente. Estas críticas son válidas si la planeación es rígida e inflexible. Los gerentes pueden planear eficazmente en el entorno dinámico actual si utilizan planes específicos pero flexibles. También es importante fomentar la responsabilidad de establecer objetivos y desarrollar planes en los niveles más bajos de la organización.

PENSEMOS EN CUESTIONES ADMINISTRATIVAS

1. ¿La planeación se volverá más o menos importante para los gerentes del futuro? ¿Por qué?
2. Si la planeación es tan importante, ¿por qué algunos gerentes eligen no hacerlo? ¿Qué le diría a estos gerentes?
3. Explique cómo es que la planeación involucra tomar decisiones hoy que tendrán un efecto en el futuro.
4. ¿Cómo podría diferir la planeación en una organización sin fines de lucro, como la American Cancer Society, de la planeación en una empresa como Coca-Cola?
5. ¿Qué tipos de planeación lleva a cabo en su vida personal? Describa estos planes en términos de ser (a) estratégico y operacional, (b) de largo plazo o de corto plazo, y (c) específico o direccional.
6. El desaparecido Peter Drucker, un eminente autor de administración, planteó en 1954 el formato SMART para establecer objetivos: S(specific, específico), M(measurable, mensurable), A(attainable, posible), R(relevant, importante), y T(time bound, límite de tiempo). ¿En la actualidad, este formato aún es importante? Analice su respuesta.
7. Muchas empresas tienen el objetivo de volverse ambientalmente sustentables. Una de las acciones más importantes que pueden realizar es controlar el desperdicio de papel. Elija una compañía (de cualquier tipo y de cualquier tamaño) e imagine que se le ha dejado a cargo de crear un programa para controlar el desperdicio de papel en la empresa. Establezca objetivos y desarrolle planes. Prepare un informe para su jefe (en este caso su profesor), en el que describa estos objetivos y planes.

SU TURNO de ser gerente

- Practique el establecimiento de objetivos para varios aspectos de su vida personal, como los académicos, preparación de carrera, familia, pasatiempos, etcétera. Establezca al menos dos objetivos de corto plazo y al menos dos de largo plazo para cada área.

- Para los objetivos que ha establecido, escriba los planes para conseguirlos. Piense en términos de lo que tendrá que hacer para lograr cada uno. Por ejemplo, si uno de sus objetivos académicos es mejorar su promedio de calificaciones, ¿qué tendrá que hacer para conseguirlo?

- Escriba una declaración de misión personal. Aunque esto puede parecer sencillo, no será simple o fácil. Esperamos que sea algo que quiera mantener, utilizar y revisar cuando sea necesario... que será algo que le ayude a ser quien querría ser y a vivir la vida que quiere vivir. Comience investigando sus declaraciones sobre su misión personal. Existen extraordinarios recursos Web que pueden guiarle. ¡Buena suerte!

- Entreviste a tres gerentes sobre los tipos de planeación que realizan. Pídales sugerencias sobre cómo ser un mejor planificador. Escriba un informe que describa y compare sus hallazgos.

- Elija dos empresas, de preferencia de diferentes industrias. Investigue los sitios Web de ambas y encuentre ejemplos de objetivos que hayan establecido. (Tip: el informe anual de la compañía es un buen lugar para empezar.) Evalúe estos objetivos. ¿Están bien escritos? Vuelva a escribir aquellos que no presenten las características de los objetivos bien escritos, para que ahora lo estén.

- Lecturas sugeridas por Steve y Mary: Peter F. Drucker, *Management: Tasks, Responsibilities, Practices* (Harper Business, 1974); Peter F. Drucker, *The Executive in Action: Managing for Results* (Harper Business, 1967), y Peter F. Drucker, *The Practice of Management* (HarperCollins, 1954).

- ¿Qué se necesita para ser un buen planificador? Investíguelo. Como parte de su investigación, hable con profesores y otros profesionales. Haga una lista de sugerencias. Asegúrese de citar sus fuentes.

- Con sus propias palabras escriba tres cosas que aprendió en este capítulo sobre ser un buen gerente.

- La autoevaluación puede resultar una poderosa herramienta de aprendizaje. Vaya a mymanagementlab y complete estos ejercicios de autoevaluación: What's My Attitude Toward Achievement? (¿Cuál es mi actitud frente al éxito?), What Are My Course Performance Goals? (¿Cuáles son mis objetivos con respecto al desempeño en mi curso?), What Time of Day Am I Most Productive? ¿A qué hora del día soy más productivo?), y How Good Am I at Personal Planning? (¿Qué tan bueno soy en la planeación personal?) Con los resultados de sus evaluaciones, identifique fortalezas y debilidades personales. ¿Qué hará para reforzar sus fortalezas y superar sus debilidades?

Para más recursos, visite www.mymanagementlab.com

CASO
PRÁCTICO

Holograma de una tarjeta de crédito MasterCard.

Dominar el plan. . . no tiene precio

Cuando MasterCard se volvió una corporación pública en mayo de 2006, este acontecimiento significó el comienzo de una nueva forma de hacer las cosas para los 4,600 emplea-dos de la compañía en todo el mundo. Los ejecutivos de la compañía querían garantizar que todos los empleados com-prendieran lo que significaba el cambio y cómo MasterCard sería diferente después de la oferta pública inicial (IPO). Para hacerlo, decidieron ofrecer el "evento de aprendizaje más grande en la historia de la compañía".

Este evento de aprendizaje, apodado el Mapa hacia el Futuro (RoadMap to the Future), fue una serie de semina-rios intensivos de 4.5 horas realizado en 110 talleres de 36 ciudades, en un periodo de tres semanas. Rebecca Ray, la vicepresidenta de la empresa para aprendizaje global, fue la encargada del evento. Reconoció que para concluirlo de forma exitosa y eficaz requeriría una planeación seria y detallada. Docenas de especialistas en recursos huma-nos empresariales y cientos de gerentes locales de todo el mundo servirían como instructores. Serían quienes estarían frente a los empleados, enseñándoles lo que significa una empresa que cotiza en la bolsa y los cambios que debían esperar. Preparar a estos individuos para tan importante tarea requeriría un planeación importante. El objetivo de la capacitación era garantizar que todos los empleados com-prendieran la estrategia de negocios y cómo cambiaría MasterCard después de la IPO.

El programa de capacitación estaría sujeto a tres "mapas de aprendizaje" o temas. El primero, llamado "Universo de oportunidad", describiría el entorno compe-titivo de la compañía y los desafíos y oportunidades de la industria. El segundo, titulado "Cómo hacemos dinero", era para enfocarse en los modelos financieros de MasterCard y cómo introducirlo en la industria. El último, llamado "Nuevo clima, nueva cultura, nueva compañía", sería muy deta-llado sobre la estrategia de la empresa como una compañía pública y lo que se necesitaría para lograr con éxito dicha estrategia.

Preguntas de análisis

1. ¿Qué función piensa que los objetivos desempeña-rían en la planeación de este evento de capacitación? Mencione algunos objetivos que piensa podrían ser importantes. (Asegúrese de que estos objetivos tengan las características de los objetivos bien escritos.)

2. ¿Qué tipo de planes serían necesarios para realmente llevar a cabo el evento? (Por ejemplo, ¿estratégicos u operacionales, o ambos? ¿De corto o largo plazos, o ambos?) Explique por qué cree que estos planes serían importantes.

3. ¿Qué desafíos podrían existir para realizar tal evento? ¿Qué hay sobre realizar el evento en ubicaciones glo-bales diferentes en un corto periodo? ¿Cómo podrían prepararse mejor para tales desafíos?

4. ¿Qué le enseñó este caso sobre la planeación?

Fuentes: J. Gordon, "MasterCard's Master Plan", *Training*, octubre de 2007, pp. 58-62.

¿Quiénes son?
Conozca al gerente

Debbie Galonsky
Gerente corporativa de contabilidad
Agfa Graphic Systems
Newark, Delaware

MI TRABAJO: Gerente corporativa de contabilidad de Agfa Graphic Systems.

LA MEJOR PARTE DE MI TRABAJO: Mis clientes.

LA PEOR PARTE DE MI TRABAJO: Las políticas internas de la organización.

EL MEJOR CONSEJO GERENCIAL RECIBIDO: Trate siempre a las personas como quisiera que la trataran a usted.

A lo largo del capítulo sabrá más sobre esta gerente real.

Capítulo 8

Administración estratégica

En este capítulo veremos una parte importante de la planeación que realizan los gerentes: el desarrollo de estrategias organizacionales. Toda organización tiene estrategias para hacer lo que se debe hacer en el negocio. Los gerentes deben administrar dichas estrategias de manera efectiva. Conforme lea y estudie este capítulo, concéntrese en los siguientes objetivos de aprendizaje.

OBJETIVOS DE APRENDIZAJE

El dilema de un gerente

Como presidente de la compañía de bienes raíces líder en el mundo árabe, Mohamed Ali Alabbar tiene la meta de satisfacer las necesidades de vivienda de calidad y de otras propiedades de la región, así como en mercados crecientes como los de la India y Egipto[1]. Las villas y apartamentos construidos por su compañía, Emaar Properties PJSC, se han vendido rápidamente. La dulce combinación entre terrenos baratos y una fuerte demanda han provocado que tenga márgenes de ganancia muy altos. Elevada es también la descripción del proyecto más grande de Emaar hasta la fecha, el proyecto Burj en el centro de la ciudad; un desarrollo inmobiliario de $20 mil millones de dólares en el edificio más alto del mundo (2,300 pies de altura) y el centro comercial más grande del mundo (1,500 tiendas). Este desarrollo incluye también un área llamada "Old Town", de construcciones que muestran domos de colores que se asemejan a una ciudad árabe tradicional. Con el rápido crecimiento de la compañía (actualmente opera en 16 países) Mohamed ha descubierto que su mayor reto es la implementación de estrategias. Uno de sus ejecutivos más importantes dice, "Tenemos la visión y la estrategia. La pregunta es, ¿tenemos las habilidades dentro de la organización para ejecutarlas?" Póngase en los zapatos de Mohamed. ¿De qué manera le puede ayudar un análisis SWOT para que su compañía continúe su crecimiento?

¿Usted qué haría?

La importancia de tener buenas estrategias se puede ver al observar lo que Mohamed Ali Alabbar ha logrado con Emaar Properties. Al reconocer las oportunidades de bienes raíces y la formulación de estrategias efectivas para explotar estas oportunidades, su compañía se ha convertido en la líder del mundo árabe. Mientras continúa su expansión, la administración estratégica juega también un importante papel. Uno de los temas básicos de este capítulo es que las estrategias efectivas dan como resultado un alto rendimiento organizacional.

OBJETIVO DE
APRENDIZAJE 8.1 ▷ ## ADMINISTRACIÓN ESTRATÉGICA

Los operadores de casinos Frank y Lorenzo Fertitia compraron un club de pelea denominado Ultimate Fighting Championship y lo han convertido en un negocio multimillonario. Disney continúa capitalizando la franquicia *Toy Story* al abrir las atracciones Toy Story dentro de sus parques temáticos. Los precios de las gasolinas están forzando a Toyota a recortar la producción de sus SUV y camiones[2]. Éstas son solamente algunas de las noticias de negocios de una semana, y cada una habla de las estrategias de las compañías. La administración estratégica ocupa gran parte del tiempo de los gerentes. En esta sección veremos qué es la administración estratégica y por qué es importante.

¿QUÉ ES LA ADMINISTRACIÓN ESTRATÉGICA?

La industria de las tiendas de descuento es un buen punto para ver de qué se trata esto de la administración estratégica. Wal-Mart y el corporativo K-Mart (ahora parte de Sears Holdings) han competido por el dominio del mercado desde 1962, año en que ambas compañías fueron fundadas. Las dos cadenas tienen otras similitudes extraordinarias: la atmósfera de las tiendas, los nombres, los mercados que atienden y el propósito organizacional. Sin embargo, el rendimiento de Wal-Mart (financiero y de otros tipos) ha superado al de Kmart. Wal-Mart es la cadena de tiendas más grande, y Kmart fue la cadena minorista más grande en buscar el capítulo 11 de protección contra la bancarrota. ¿Por qué esta diferencia de rendimiento? Por estrategias y habilidades diferentes[3]. Wal-Mart ha tenido éxito gracias a la administración estratégica, mientras que Kmart ha tenido dificultades.

La **administración estratégica** es lo que hacen los gerentes para desarrollar las estrategias de la organización. Es una importante tarea que involucra todas las funciones básicas de la administración, como planeación, organización, dirección y control. ¿Qué son las **estrategias** de una organización? Son los planes respecto a la manera en que la organización hará cualquier cosa que sea necesario hacer en el negocio, cómo competir exitosamente, y cómo atraer y satisfacer a sus clientes con el objeto de lograr sus objetivos.[4]

Uno de los términos utilizados con frecuencia en la administración estratégica es el **modelo de negocio**, que es simplemente la manera en que la compañía va a ganar dinero. El modelo de negocio se enfoca en dos factores: (1) si los clientes valorarán lo que produce la compañía, y (2) si la compañía puede ganar dinero produciéndolo.[5] Por ejemplo, Dell fue pionero de un nuevo modelo de negocio para la venta directa de computadoras a los consumidores desde Internet, en lugar de venderlas a través de intermediarios, como todos los demás fabricantes. ¿Los clientes "valoraron" esto? ¡Por supuesto que sí! ¿Dell ganó dinero al hacerlo de esa manera? ¡Definitivamente! Al pensar en las estrategias, los gerentes necesitan pensar también en la viabilidad económica del modelo de negocio de la compañía.

¿POR QUÉ LA ADMINISTRACIÓN ESTRATÉGICA ES IMPORTANTE?

En el verano de 2002, *American Idol*, una copia de un programa de televisión británico, se convirtió en uno de los programas de televisión más importantes en la historia de la televisión de Estados Unidos. Siete temporadas más tarde, una gran audiencia todavía lo sintoniza (¡la coautora de este libro admite que es una fanática del programa!). El productor ejecutivo del programa dijo, "Si lo pensamos un poco, no hay razón alguna para que 'Idol' no tenga continuidad. Sólo veamos 'Price is right'. Ha estado al aire por más de 35 años".[6] Los gerentes detrás de *Idol* parecen comprender la importancia de la administración estratégica, debido a que desarrollan y explotan cada aspecto del negocio de *Idol*, el programa de televisión, la música, los conciertos, y todos los demás productos originales asociados.

¿Por qué es tan importante la administración estratégica? Por tres razones. La más significativa es que puede hacer la diferencia en qué tan bien se desenvuelve una organización. ¿Por qué algunos negocios tienen éxito mientras que otros fallan, aun cuando enfrentan las mismas condiciones del entorno? (recuerde nuestro ejemplo de Wal-Mart y de Kmart). Investigaciones han encontrado una relación generalmente positiva entre la planeación estratégica y el desempeño.[7] En otras palabras, al parecer, las organizaciones que utilizan la administración estratégica tienen niveles de desempeño más altos. ¡Y esto la hace muy importante para los gerentes!

Otra razón que la hace importante tiene que ver con el hecho de que los gerentes de una organización de cualquier tipo y tamaño enfrentan situaciones que cambian continuamente. Lidian con esta incertidumbre mediante el proceso de administración estratégica para analizar factores relevantes y decidir qué acciones tomar.

Por último, la administración estratégica es importante debido a que las organizaciones son diversas y complejas. Cada parte necesita trabajar para el logro de los objetivos de la organización; la administración estratégica ayuda a lograrlo. Por ejemplo, con más de 2.1 millones de empleados en todo el mundo, en varios departamentos, áreas funcionales y tiendas, Wal-Mart utiliza la administración estratégica para coordinar y enfocar los esfuerzos de los empleados en lo que es importante.

En la actualidad, tanto las organizaciones comerciales como las organizaciones sin fines de lucro utilizan la administración estratégica. Por ejemplo, el servicio postal de Estados Unidos (USPS) se encontró repentinamente librando batallas competitivas con las empresas de paquetería, los servicios de correo electrónico y los servicios privados de correo. Su director general utilizó la administración estratégica para idear una respuesta. De hecho, el USPS continúa utilizando la administración estratégica. Revise el *Strategic Transformation Plan 2006-2010*[8] de la organización. Aunque la administración estratégica en las organizaciones sin fines de lucro no ha sido tan investigada como en las organizaciones comerciales, sabemos que también es muy importante para ellas.

¿Quiénes son?
CARA A CARA

POR QUÉ LOS GERENTES DEBEN SABER SOBRE ADMINISTRACIÓN ESTRATÉGICA:

- Para entender la dirección que ha tomado su compañía y la forma en que logrará sus objetivos.
- Para saber cuál es el mensaje que su compañía quiere enviar a los clientes y a los competidores.

---

administración estratégica
Lo que hacen los gerentes para desarrollar las estrategias de una organización.

estrategias
Planes sobre la manera en que una organización hará lo que el negocio tiene que hacer, cómo competir con éxito, y como atraerá y satisfará a sus clientes para poder lograr sus objetivos.

modelo de negocio
Diseño sobre la forma en que una compañía va a ganar dinero.

REPASO RÁPIDO:
OBJETIVO DE APRENDIZAJE 8.1

- Defina administración estratégica, estrategia y modelo de negocio.
- Dé tres razones por las cuales la administración estratégica es importante.

Vaya a la página 178 para ver qué tan bien maneja este material.

OBJETIVO DE
APRENDIZAJE 8.2 ▷ # EL PROCESO DE ADMINISTRACIÓN ESTRATÉGICA

El **proceso de administración estratégica** (vea la figura 8-1) es un proceso de seis pasos, que abarca la planeación estratégica, la implementación y la evaluación. Aunque los cuatro primeros pasos describen la planeación que debe llevarse a cabo, la implementación y la evaluación también son importantes. Incluso las mejores estrategias pueden fallar si la administración no las implementa o evalúa apropiadamente.

PASO 1: IDENTIFICAR LA MISIÓN ACTUAL DE LA ORGANIZACIÓN, SUS OBJETIVOS Y ESTRATEGIAS

Toda organización requiere una **misión;** una declaración de su propósito. La definición de la misión obliga a los gerentes a identificar qué es lo que tiene que hacer una organización en el negocio. Por ejemplo, la misión de Avon es "Ser la compañía que mejor entiende y satisface las necesidades de producto, servicio y autorrealización de la mujer en un nivel global". La misión de Facebook es "Ser una herramienta social que lo conecte con la gente que lo rodea". La misión de la National Heart Foundation of Australia es "Reducir el sufrimiento y la muerte por ataque cardiaco y enfermedades de los vasos sanguíneos en Australia". Estas declaraciones proporcionan claves sobre lo que las organizaciones tienen como propósito. ¿Qué debe incluir una declaración de misión? La figura 8-2 describe algunos componentes comunes.

Para los gerentes también es importante identificar los objetivos globales y estrategias. ¿Por qué? Para que tengan una base para establecer si éstos se deben modificar.

PASO 2: REALIZAR UN ANÁLISIS EXTERNO

¿Qué efecto podrían tener las siguientes tendencias sobre un negocio?

- Dinamarca, Suecia y Suiza son líderes en la clasificación de las economías más avanzadas en cuanto a tecnología.
- Los investigadores que estudian el papel de los colegios y de las universidades dicen que "Los colegios y universidades tradicionales están condenados a desaparecer. La tecnología, el letargo y los costos astronómicos destruirán al modelo actual de educación superior para crear una oportunidad de mercado de $100 mil millones de dólares anuales para empresas e inversionistas".
- Las computadoras conectadas a la Web y otras herramientas digitales han acelerado la cantidad de multitareas electrónicas que se llevan a cabo, particularmente entre el

Figura 8–1   El proceso de la administración estratégica

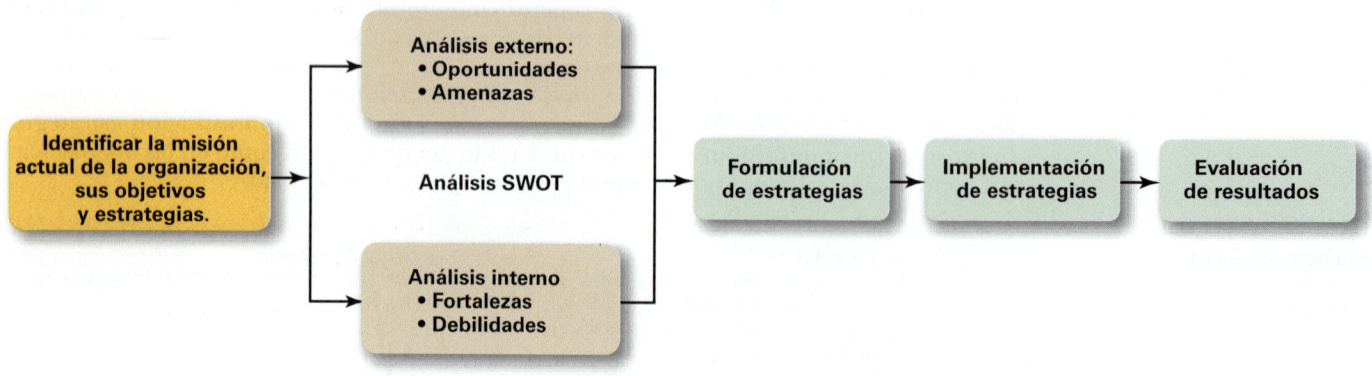

Figura 8–2

Componentes de una
declaración de misión

Clientes: ¿Quiénes son los clientes de la firma?

Mercados: ¿Dónde compite geográficamente la compañía?

Preocupación por la supervivencia, crecimiento y rentabilidad: ¿Está comprometida la empresa con su crecimiento y rentabilidad?

Filosofía: ¿Cuáles son las principales creencias, valores y prioridades éticas de la empresa?

Preocupación por la imagen pública: ¿Qué tan sensible es la empresa ante las preocupaciones sociales y ambientales?

Productos o servicios: ¿Cuáles son los productos y servicios más importantes de la firma?

Tecnología: ¿La compañía está actualizada tecnológicamente?

Autoimagen: ¿Cuál es la ventaja competitiva más importante y cuáles son sus habilidades principales?

Preocupación por los empleados: ¿Son los empleados un activo importante para la empresa?

Fuente: Basado en F. David, *Strategic Management*, 11a. ed. (Upper Saddle River, NJ: Prentice Hall, 2007), p. 70.

"Gen M" (el término utilizado para describir a los adolescentes jóvenes y a los adultos jóvenes que al parecer pueden hablar al mismo tiempo por celular, llevar a cabo varias conversaciones IM —mensajes instantáneos—, ver la televisión y hacer su tarea).[9]

En el capítulo 3 describimos el entorno externo como una restricción importante para las acciones del gerente. El análisis de dicho entorno es una etapa crítica del proceso de administración estratégica. Los gerentes hacen un análisis externo, de manera que saben, por ejemplo, qué hace la competencia, cuál legislación pendiente podría afectar a la organización, qué forma tiene la oferta laboral en los lugares donde opera. En un análisis externo, los gerentes deben examinar tanto entornos generales como específicos para revisar las tendencias y cambios.

Una vez que han analizado el entorno, los gerentes necesitan señalar las oportunidades que la organización puede explotar y las amenazas con las que se puede encontrar o enfrentar. Las **oportunidades** son tendencias positivas en el ambiente externo; las **amenazas** son tendencias negativas.

PASO 3: REALIZAR UN ANÁLISIS INTERNO

Ahora pasaremos al análisis interno, el cual proporciona información importante sobre los recursos y capacidades específicas de una organización. Los **recursos** de una organización son los activos (financieros, físicos, humanos e intangibles) que utiliza para desarrollar, manufacturar y entregar los productos a sus clientes. Son lo "que" la organización tiene. Por otro lado, las **capacidades** son las aptitudes y habilidades para realizar las actividades necesarias de un negocio ("cómo" se realiza un trabajo). Las capacidades que generan el mayor valor para la compañía se conocen como habilidades clave.[10] Tanto los recursos como las habilidades clave determinan las armas competitivas de la organización.

Después de completar un análisis interno, los gerentes deben ser capaces de identificar las fortalezas y debilidades de la organización. Se llama **fortaleza** a cualquier actividad que la organización realiza bien o cualquier recurso único. Las **debilidades** son actividades que la organización no realiza bien, o recursos que necesita pero que no posee.

A la combinación de los análisis interno y externo se le llama **análisis SWOT**, el cual es un análisis de las fortalezas, debilidades, oportunidades y amenazas de una organización.

---

proceso de administración estratégica
Proceso de seis pasos que involucra la planeación estratégica, la implementación y la evaluación.

misión
Declaración del propósito de una organización.

oportunidades
Tendencias positivas dentro de los factores externos del entorno.

amenazas
Tendencias negativas dentro de los factores externos del entorno.

recursos
Activos de una organización que se utilizan para desarrollar, fabricar y entregar productos a sus clientes.

capacidades
Destrezas y habilidades de una organización para realizar las actividades necesarias para su negocio.

habilidades clave
Capacidades que generan mayor valor en la organización y que determinan sus armas competitivas.

fortalezas
Cualquier actividad que una organización hace bien o cualquier recurso único con el que cuenta.

debilidades
Cualquier actividad que una organización no hace bien o recurso que necesita pero que no posee.

análisis SWOT
Análisis de las fortalezas, debilidades, oportunidades o amenazas de una organización.

Razonamiento crítico sobre Ética

¿Cuántos ingresos son demasiados? ¿Está bien que ExxonMobil haya generado 11.7 mil millones de dólares en el segundo trimestre de 2008 (un récord de todos los tiempos para una compañía estadounidense)? ¿Cuánto puede y debe ganar una compañía de modo ético? Como estudiante de negocios, ¿que piensa? ¿De qué manera explicaría esta situación a sus amigos que no son estudiantes de negocios?

¿Quiénes son?

CARA A CARA

¿POR QUÉ HACER UN ANÁLISIS SWOT?
He realizado muchos análisis SWOT. Son de gran ayuda para comprender las ventajas de su compañía frente a la competencia.

Después de completar el análisis SWOT, los gerentes están listos para formular las estrategias apropiadas, es decir, las estrategias que (1) explotan las fortalezas y las oportunidades externas de una organización, (2) amortiguan o protegen a la organización de amenazas externas, o (3) corrigen debilidades críticas.

PASO 4: FORMULACIÓN DE ESTRATEGIAS

Mientras los gerentes formulan estrategias, deben considerar las realidades del entorno externo y los recursos y capacidades disponibles, además del diseño de estrategias que ayudarán a la organización a lograr sus objetivos. Existen tres tipos principales de estrategias que formulan los gerentes: corporativas, de negocio y funcionales. En breve describiremos cada una.

PASO 5: IMPLEMENTACIÓN DE ESTRATEGIAS

Una vez que se han formulado las estrategias, éstas se deben implementar. No importa qué tan bien haya planeado una organización sus estrategias, el desempeño se verá dañado si las estrategias no se implementan de manera adecuada.

PASO 6: EVALUACIÓN DE RESULTADOS

El paso final del proceso de la administración estratégica es la evaluación de resultados. ¿Qué tan efectivas han sido las estrategias para ayudar a la organización a lograr sus objetivos? ¿Qué ajustes son necesarios? Después de establecer los resultados de estrategias previas y determinar que los cambios fueron necesarios, Anne Mulcahy, la presidenta de Xerox, realizó ajustes estratégicos para recuperar el mercado y mejorar los resultados de su compañía. La compañía recortó empleos, vendió activos y reorganizó su administración.

Cómo dirigir en un Mundo Virtual

El papel de la IT en la estrategia de la compañía

¿Qué tan importante es la tecnología de la información (IT) para la estrategia de un negocio? Revisaremos dos ejemplos que muestran qué tan importante puede ser. Harrah's Entertainment, la empresa de juegos más grande del mundo, es fanática en lo que se refiere al servicio al cliente, y por una buena razón. Una investigación sobre la compañía mostró que los clientes que estaban satisfechos con el servicio que recibieron en el casino Harrah's, aumentaron en 10 por ciento sus gastos de juego, y aquellos que estuvieron sumamente satisfechos incrementaron 24 por ciento sus gastos de juego. Harrah's descubrió esta importante conexión entre el servicio al cliente y los gastos, debido a su increíble y sofisticado sistema de información. Pero la IT de una organización no siempre tiene esa respuesta positiva, como se puede apreciar en el siguiente ejemplo. En la tienda principal de Prada en Manhattan, los diseñadores de la tienda buscaban una "experiencia de compras radicalmente nueva" que combinara "arquitectura de

vanguardia y servicios al cliente del siglo XXI". O al menos ésa era la estrategia. Prada invirtió casi una cuarta parte del presupuesto de la tienda en IT, incluidas redes inalámbricas enlazadas a una base de datos de inventario. La tienda contempló que el equipo de ventas utilizara los PDA en sus recorridos para verificar la existencia de un producto. Incluso los vestidores tendrían pantallas táctiles, de manera que los clientes pudieran verificar la mercancía. Pero la estrategia no funcionó como estaba planeada. La tecnología tampoco, y el equipo de ventas se vio sobrepasado al tratar de lidiar con multitudes y una tecnología que no funcionaba. En este caso, la inversión multimillonaria no fue la mejor estrategia.

¿Entonces, qué tan importante es la IT en la estrategia de la compañía? Sin duda, cuando un sistema de IT funciona como debe ser, es una herramienta y un activo maravilloso, como muestra el ejemplo de Harrah's. Sin embargo, como descubrió Prada de manera tan dolorosa, cuando un sistema de IT no funciona como debiera, se pueden generar muchos problemas.[11]

REPASO RÁPIDO:

OBJETIVO DE APRENDIZAJE 8.2

- Describa las seis etapas del proceso de administración estratégica.

- Defina SWOT (fortalezas, debilidades, oportunidades y amenazas).

Vaya a la página 178 para ver qué tan bien maneja este material.

OBJETIVO DE APRENDIZAJE 8.3 ▷ ESTRATEGIAS CORPORATIVAS

Como mencionamos anteriormente, las organizaciones utilizan tres tipos de estrategias: corporativas, de negocio y funcionales (vea la figura 8-3). Por lo general, los gerentes generales son los responsables de las estrategias corporativas, los gerentes de nivel medio lo son de las estrategias de competitividad, y los gerentes de nivel bajo de las estrategias funcionales. En esta sección veremos las estrategias corporativas.

¿QUÉ ES UNA ESTRATEGIA CORPORATIVA?

Una **estrategia corporativa** es aquella que especifica en cuáles negocios entrará la compañía o en cuáles desea entrar y qué es lo que desea hacer con dichos negocios. Se basa en la misión y en los objetivos de la organización y las funciones que desempeñará cada unidad de negocio de la organización. Por ejemplo, podemos apreciar ambos aspectos con PepsiCo. Su misión es "ser" la compañía más importante de productos de consumo, enfocada en productos comestibles y bebidas. PepsiCo persigue su objetivo mediante una estrategia corporativa que ha implementado en diferentes negocios, los cuales incluyen PepsiCo International, Frito-Lay North America, PepsiCo Beverages North America y Quaker Foods North America. La otra parte de la estrategia corporativa es que los gerentes generales decidan qué hacer con dichos negocios.

¿CUÁLES SON LOS TIPOS DE ESTRATEGIAS CORPORATIVAS?

Los tres tipos principales de estrategias corporativas son crecimiento, estabilidad y renovación. Veamos cada tipo:

Estrategias de crecimiento. Wal-Mart, el minorista más grande del mundo, sigue creciendo en el nivel internacional y en Estados Unidos. Mediante una **estrategia de crecimiento**, una organización expande el número de mercados atendidos o los productos ofertados, ya sea mediante su negocio actual o a través de nuevos negocios. Gracias a su estrategia de crecimiento, una organización puede aumentar sus ingresos, el número de empleados o su participación en el mercado. Las organizaciones crecen mediante la concentración, la integración vertical, la integración horizontal o la diversificación.

Una organización que crece por medio de la *concentración* se enfoca en su línea de negocio primordial e incrementa el número de productos ofertados o mercados atendidos en dicho

Figura 8–3   Tipos de estrategias organizacionales

---

estrategia corporativa
Estrategia de la organización que especifica en cuáles negocios entra una compañía o en cuáles negocios desea estar, y qué es lo que desea hacer con dichos negocios.

estrategia de crecimiento
Estrategia corporativa que se utiliza cuando una organización desea expandir el número de mercados a los que sirve o los productos que oferta, ya sea a través de sus negocios actuales o a través de negocios nuevos.

negocio primordial. Por ejemplo, Beckman Coulter, Inc., una organización con base en Fullerton, California, con ingresos anuales cercanos a los 2.8 mil millones de dólares, ha utilizado la concentración para convertirse en una de las compañías de equipos de diagnóstico e investigación médica más grandes del mundo. Otro ejemplo es Bose Corporation de Framingham, Massachusetts, la cual se enfoca en el desarrollo de productos innovadores de audio, y se ha convertido en uno de los fabricantes de bocinas para equipos domésticos, automóviles y mercados profesionales líderes a nivel mundial, con ventas anuales de más de 2 mil millones de dólares.

Es posible que una compañía elija crecer mediante la *integración vertical*, ya sea hacia atrás, hacia adelante, o ambas. En la integración vertical hacia atrás, una organización se convierte en su propio proveedor y así puede controlar sus entradas. Por ejemplo, eBay es propietario de un negocio de pagos en línea que le ayuda a proporcionar transacciones más seguras y controlar uno de sus procesos más críticos. En la integración vertical hacia delante, una organización se convierte en su propio distribuidor y es capaz de controlar sus salidas. Por ejemplo, Apple tiene más de 80 tiendas minoristas para la distribución de sus productos.

En la *integración horizontal*, una compañía crece combinándose con sus competidores. Por ejemplo, el gigante francés de los cosméticos L'Oreal adquirió The Body Shop. La integración horizontal se ha utilizado en muchas industrias durante los últimos años; servicios financieros, productos de consumo, aerolíneas, tiendas departamentales y software, entre otros. Por lo general, la U.S. Federal Trade Commission vigila de cerca estas combinaciones para ver si los consumidores pudieran ser dañados por la disminución de la competencia. Otros países podrían tener restricciones similares. Por ejemplo, los gerentes de Oracle Corporation tuvieron que obtener la aprobación de la Comisión Europea, o la "watchdog" de la Unión Europea, antes de poder adquirir a su rival de software de negocios PeopleSoft.

Por último, una organización puede crecer a través de la *diversificación*, ya sea relacionada o no relacionada. Con la diversificación relacionada, una compañía se combina con otras compañías de industrias diferentes, pero relacionadas. Por ejemplo, American Standard Co., con sede en Piscataway, New Jersey, participa en varios negocios, entre ellos los accesorios para baño, aire acondicionado y calentadores, partes para plomería y frenos neumáticos para camiones. Aunque esta mezcla de negocios parece dispar, la "estrategia" está formada por las técnicas de fabricación orientadas a la eficiencia, desarrolladas en su primer negocio, accesorios para baño, la cual ha transferido a todos los demás negocios. Con la diversificación no relacionada, una compañía se combina con firmas de industrias diferentes y no relacionadas. Por ejemplo, el grupo Tata, de la India, tiene negocios en las industrias química, de comunicaciones e IT; productos de consumo, energía, ingeniería, materiales y servicios. Ésta es una mezcla dispar, y en este caso no existe una estrategia de relación entre los negocios.

Estrategias de estabilidad. Mientras disminuyen las ventas de dulces y chocolates en Estados Unidos, Cadbury Schweppes, con casi la mitad de sus ventas de confitería provenientes del chocolate, mantiene las cosas tal como están. Una **estrategia de estabilidad** es una estrategia corporativa en la cual una organización sigue haciendo lo que hace. Ejemplos de esta estrategia son continuar con la atención a los mismos clientes mediante la oferta del mismo producto o servicio, mantener el mismo segmento de mercado y sostener las

Steven Shore (izquierda) y Barry Prevor (derecha, en camisa) de la tienda minorista Steve & Barry's impulsaron el crecimiento de su compañía a través de operaciones de bajo costo. Los dos presidentes ahorraron dinero en todo, desde una renta barata en centros comerciales medianos hambrientos de inquilinos, hasta grandes ahorros en la construcción de sus tiendas. Comprar directamente de fábricas al otro lado del océano también les permitió cortar gastos, así como la publicidad de boca en boca. Sin embargo, a pesar de su método de bajos costos, el difícil clima económico en 2008 obligó a la compañía a declararse en bancarrota. Un especialista en recuperaciones financieras compró la compañía y planea continuar con la operación de las 276 tiendas.

operaciones de negocio actuales de una organización. Con este tipo de estrategia, la organización no crece, pero tampoco decae.

Estrategias de renovación. En 2007, General Motors perdió 38.7 mil millones de dólares, Sprint-Nextel perdió 29.5 mil millones, y muchas compañías relacionadas con bienes raíces enfrentaron serios problemas financieros. Cuando una organización está en problemas, es necesario hacer algo. Los gerentes necesitan desarrollar estrategias llamadas **estrategias de renovación** que busquen detener la caída del desempeño. Existen dos tipos principales de estrategias de renovación: estrategias de reducción y estrategias de recuperación. Una *estrategia de reducción* es una estrategia de corta duración que se utiliza para problemas menores de desempeño. Este tipo de estrategia ayuda a una organización a estabilizar las operaciones, revitalizar los recursos y las capacidades de la organización, y prepararla para competir de nuevo. Cuando los problemas de una organización son más serios, se necesitan acciones más drásticas, como una *estrategia de recuperación*. Los gerentes realizan dos cosas tanto para la *estrategia de reducción*, como para la *estrategia de recuperación*: llevan a cabo operaciones de reducción de costos y de reestructuración de la organización. Sin embargo, en una estrategia de recuperación, estas medidas son más drásticas que en la estrategia de reducción.

¿CÓMO SE MANEJAN LAS ESTRATEGIAS CORPORATIVAS?

Cuando la estrategia corporativa de una organización abarca varios negocios, los gerentes pueden manejar este conjunto, o cartera de negocios, mediante una herramienta llamada matriz de cartera corporativa. Esta matriz proporciona un marco de trabajo para comprender distintos negocios, y ayuda a los gerentes a establecer prioridades para la asignación de recursos.[12] La primera matriz de cartera, la **matriz BCG**, fue desarrollada por el Boston Consulting Group e introduce el concepto de que es posible evaluar varios negocios de una organización por medio de una matriz de 2 X 2 (vea la figura 8-4) para identificar cuáles ofrecen un alto potencial y cuáles están drenando los recursos de una organización.[13] El eje horizontal representa el segmento de mercado (alto o bajo), y el eje vertical indica el crecimiento anticipado de mercado (alto o bajo). Una unidad de negocio se evalúa con el análisis SWOT y se coloca en una de las cuatro categorías.

¿Cuáles son las implicaciones estratégicas de utilizar la matriz BGC? Los perros deben venderse o liquidarse, dado que tienen una baja participación en mercados con un bajo potencial de crecimiento. Los gerentes deben "ordeñar" vacas en efectivo lo más que puedan, limitar cualquier nueva inversión en ellas, y utilizar el efectivo generado para invertir en estrellas y en signos de interrogación, los cuales tienen un fuerte potencial para aumentar su participación en el mercado. La fuerte inversión en estrellas ayudará a tomar ventaja del crecimiento del mercado y a mantener una alta participación en el mercado. Por supuesto, las estrellas ocuparán en algún momento el lugar de las vacas en efectivo, al madurar sus mercados y al disminuir el crecimiento de sus ventas. La decisión más difícil para los gerentes se relaciona con los signos de interrogación. Después de un cuidadoso análisis, algunas se venderán y otras se convertirán en estrellas.

Figura 8–4

Matriz BCG

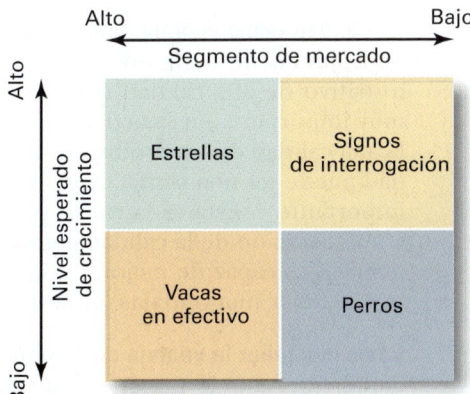

---

estrategia de estabilidad
Estrategia corporativa en la cual una organización continúa realizando lo que comúnmente hace.

estrategia de renovación
Estrategia corporativa para corregir la disminución del desempeño.

matriz BCG
Herramienta estratégica que orienta las decisiones de asignación de recursos sobre la base de participación en el mercado y el grado de crecimiento de las UEN.

REPASO RÁPIDO:
OBJETIVO DE APRENDIZAJE 8.3

- Describa los tres tipos más importantes de estrategias corporativas.

- Explique de qué manera se utiliza la matriz BCG para manejar las estrategias corporativas.

Vaya a la página 178 para ver qué tan bien maneja este material.

OBJETIVO DE
APRENDIZAJE 8.4 ▷ ESTRATEGIAS DE COMPETITIVIDAD

Una **estrategia de competitividad** es una estrategia para ver de qué forma una organización va a competir en sus negocios. Para una pequeña organización con una sola línea de negocios o para una gran organización que no se ha diversificado en mercados o productos diferentes, la estrategia de competitividad describe la forma en que competirá en su mercado principal o primario. Sin embargo, para organizaciones con múltiples negocios, cada negocio tiene su propia estrategia de competitividad que define sus ventajas competitivas, los productos o servicios que ofrecerá, los clientes a los que desea llegar, etcétera. Por ejemplo, la compañía francesa LVMH-Moët Hennesy Louis Vuitton SA tiene estrategias de competitividad diferentes para cada uno de sus negocios, los cuales incluyen modas Donna Karan, artículos de piel Louis Vuitton, perfumes Guerlain, relojes TAG Heuer, champaña Dom Perignon, y otros productos de lujo. Cuando una organización participa en varios negocios diferentes, por lo general, a los negocios individuales que son independientes y que tienen su propia estrategia de competitividad se les llama **unidades estratégicas de negocio (UEN)**.

EL PAPEL DE LA VENTAJA COMPETITIVA

Michelin ha desarrollado con maestría un complejo proceso tecnológico para la fabricación de llantas radiales de nivel superior. Coca-Cola ha creado la marca más poderosa en un nivel mundial, gracias al uso de sus capacidades especializadas de comercialización y mercadeo. Los hoteles Ritz-Carlton tienen la habilidad única de proporcionar servicio personalizado al cliente. Cada una de estas compañías ha creado una ventaja competitiva.[14]

El desarrollo de una estrategia de competitividad efectiva requiere la comprensión de la **ventaja competitiva**, que es lo que separa a una organización, esto es, su sello distintivo. Este sello distintivo proviene de las habilidades clave de la organización, debido a que la organización hace algo que las otras no hacen, o lo hace mejor que las otras. Por ejemplo, Southwest Airlines tiene una ventaja competitiva debido a sus habilidades para dar al pasajero lo que quiere, un servicio adecuado y barato. O bien, la ventaja competitiva puede provenir de los recursos de la empresa; es decir, la organización tiene algo que sus competidores no tienen. Por ejemplo, el vanguardista sistema de información de Wal-Mart le permite dar seguimiento y controlar los inventarios y las relaciones con los proveedores de modo más eficiente que sus competidores, lo que Wal-Mart ha convertido en una ventaja de costo.

La calidad como ventaja competitiva. Cuando W.K. Kellogg comenzó a producir su cereal de hojuelas de maíz en 1906, su meta era proporcionar a sus clientes un producto nutritivo de alta calidad que fuera agradable al gusto. Este énfasis en la calidad es aún muy importante en la actualidad. Cada empleado tiene la responsabilidad de mantener la alta calidad de los productos de Kellogg. Si se implementa de manera adecuada, la calidad puede ser una forma mediante la cual una organización crea una ventaja competitiva importante[15]. Ésta es la razón por la cual muchas organizaciones aplican conceptos de administración de la calidad como un intento por distinguirse de sus competidores. Si un negocio es capaz de mejorar continuamente la calidad y confiabilidad de sus productos, puede tener una ventaja competitiva permanente[16].

Cómo mantener la ventaja competitiva. Cada organización tiene recursos (activos) y capacidades (un método para llevar a cabo el trabajo). De modo que, ¿qué es lo que hace que una organización sea más exitosa que las otras? ¿Por qué algunos equipos profesionales de béisbol ganan campeonatos continuamente o atraen grandes multitudes? ¿Por qué los ingresos de algunas organizaciones crecen de manera continua? ¿Por qué algunos colegios, universidades o departamentos experimentan continuamente un crecimiento en su matrícula? ¿Por qué algunas compañías aparecen en la cima de las listas de clasificación de

En la fábrica de Luxottica en Agordo, Italia, los armazones de los anteojos de diseñador de marca se inspeccionan cuidadosamente para detectar ralladuras o imperfecciones antes de ser embarcados a las tiendas de todo el mundo. La calidad ha permanecido como una prioridad máxima en la compañía, incluso cuando ha crecido de manera dramática en los últimos años. El enfoque comienza con la fase de diseño y se extiende a todo el proceso de producción, 80 por ciento del cual se hace en Italia, en el corazón de las áreas montañosas donde los artesanos se han especializado en anteojos durante generaciones.

las "mejores", o las "más admiradas", o las "más rentables"? La respuesta es que no todas las organizaciones son capaces de explotar de manera efectiva sus recursos y de desarrollar las competencias clave que les proporcionen una ventaja competitiva. Y no es suficiente con sólo crear una ventaja competitiva. Una organización debe ser capaz de sostener dicha ventaja; esto es, debe ser capaz de mantenerla a pesar de las acciones de sus competidores o de los cambios evolutivos de la industria. ¡Pero eso no es algo fácil de hacer! Las inestabilidades del mercado, la nueva tecnología y otros cambios pueden poner en riesgo los intentos de los gerentes para crear una ventaja competitiva duradera y sostenible. Sin embargo, con el uso de la administración estratégica, los gerentes pueden colocar en mejor posición a sus organizaciones para obtener una ventaja competitiva sostenible. Muchas ideas importantes de la administración estratégica han provenido del trabajo de Michael Porter.[17] Una de sus contribuciones más importantes fue explicar cómo los gerentes pueden crear una ventaja competitiva sostenible. Una parte importante de hacer esto es un análisis de la industria, el cual se hace por medio del modelo de las cinco fuerzas.

Modelo de las cinco fuerzas. En cualquier industria, cinco fuerzas dictan las reglas de la competencia. Juntas, estas cinco fuerzas (vea la figura 8-5) determinan lo atractivo y rentable de la industria, las cuales evalúan los gerentes por medio de estos cinco factores:

1. *Amenaza de nuevas entradas.* ¿Qué tan probable es que nuevos competidores entren a la industria?

2. *Amenaza de sustitutos.* ¿Qué tan probable es que productos de otras industrias puedan ser sustituidos por los productos de nuestra industria?

3. *Poder de negociación de los compradores.* ¿Cuánto poder de negociación tienen los compradores (clientes)?

4. *Poder de negociación de los proveedores.* ¿Cuánto poder de negociación tienen los proveedores?

5. *Rivalidad actual.* ¿Qué tan intensa es la rivalidad entre los competidores de la industria actual?

ELECCIÓN DE UNA ESTRATEGIA DE COMPETITIVIDAD

Una vez que los gerentes han evaluado las cinco fuerzas y realizado un análisis SWOT, están listos para seleccionar una estrategia de competitividad apropiada, esto es, una que encaje con las fuerzas competitivas (recursos y capacidades) de la organización y de su industria. De acuerdo con Porter, ninguna firma puede ser exitosa al tratar de ser todas las cosas para toda la gente. Porter proponía que los gerentes seleccionaran una estrategia que diera a la organización una ventaja competitiva, ya sea por tener menores costos que todos los competidores de la industria o al ser significativamente diferente de sus competidores.

---

estrategia de competitividad
Estrategia de la organización para la forma en que la organización competirá en sus negocios.

unidades estratégicas de negocio (UEN)
Negocio individual de una organización que es independiente, y formula sus propias estrategias competitivas.

ventaja competitiva
Factor que distingue a una organización, su sello distintivo.

Figura 8–5

Modelo de las cinco fuerzas

Fuente: Basado en M. E. Porter, *Competitive Strategy: Techniques for Analyzing industries and Competitors* (Nueva York: The Free Press, 1980).

Cuando una organización compite con base en los menores costos en su industria, sigue una *estrategia de liderazgo en costos*. Un líder en costos bajos es muy eficiente. El gasto se mantiene al mínimo, y la firma hace todo lo posible para recortar gastos. En líderes de costos bajos no encontrará arte costoso o decoración de interiores en sus oficinas. Por ejemplo, en los cuarteles de Wal-Mart en Bentoville, Arkansas, el mobiliario de oficina es funcional, no elaborado; tal vez no es lo que usted esperaría del minorista más grande del mundo. Aunque un líder en costos bajos no hace mucho énfasis en "pequeñeces", su producto debe ser comparable en calidad con los que ofrecen los rivales, o al menos deben ser aceptables para los compradores.

Una compañía que compite mediante la oferta de productos únicos y que son altamente valorados por los consumidores, sigue una *estrategia de diferenciación*. Las diferencias en productos pudieran provenir de una calidad excepcional, un servicio extraordinario, un diseño innovador, capacidad tecnológica o una imagen de marca inusualmente positiva. En realidad, cualquier producto de consumo o servicio exitoso se puede identificar como un ejemplo de la estrategia de diferenciación; por ejemplo, Nordstrom se enfoca en el servicio al cliente, la compañía 3M en la calidad del producto y diseño innovador, Coach en el diseño y la imagen de marca, y Apple en el diseño de producto.

Mientras que la estrategia de liderazgo en costos y la estrategia de diferenciación apuntan a un mercado muy amplio, el tipo final de estrategia de competitividad, la *estrategia de enfoque*, tiene que ver con la ventaja de costo (enfoque de costo) o la ventaja de diferenciación (enfoque de diferenciación) en un segmento limitado o nicho. Los segmentos pueden estar basados en la variedad de un producto, tipo de consumidor, canal de distribución o ubicación geográfica. Por ejemplo, la danesa Bang & Olufsen, cuyos ingresos están sobre los $671 millones, se enfoca en las ventas de equipo de audio de alta definición. La factibilidad de una estrategia de enfoque depende del tamaño del segmento y de si una organización puede hacer dinero al atender a dicho segmento.

¿Qué sucede si una organización no puede desarrollar una ventaja en costo o por diferenciación? Porter llamó a eso estar *atorado en el medio* y advirtió que no es un buen lugar para estar.

Aunque Porter dijo que una organización tiene que perseguir ya sea los bajos costos o la ventaja de diferenciación para prevenir quedarse atorado en el medio, investigación más reciente ha mostrado que las organizaciones *pueden* perseguir tanto los costos bajos como la ventaja por diferenciación y lograr un alto desempeño.[18] ¡No es necesario decir que no es fácil conseguirlo! Una compañía debe mantener costos bajos *y* ser verdaderamente diferenciada. Pero compañías como FedEx, Intel y Coca-Cola han sido capaces de hacerlo.

Antes de dejar esta sección, queremos puntualizar el tipo final de estrategia organizacional, las **estrategias funcionales**, que son estrategias utilizadas por los distintos departamentos funcionales de una organización para apoyar a la estrategia de competitividad. Por ejemplo, cuando R.R. Donnelley & Sons Company, una impresora con sede en Chicago, quiso hacerse más competitiva e invirtió en métodos de impresión de alta tecnología, su departamento de comercialización tuvo que desarrollar nuevos planes de ventas y piezas promocionales; el departamento de producción tuvo que incorporar equipo digital en las plantas de impresión, y los recursos humanos tuvieron que actualizar su selección de empleados y programas de capacitación. En el presente libro no contemplamos las estrategias funcionales, dado que eso lo podrá cubrir en cursos adicionales de negocios.

REPASO RÁPIDO:
OBJETIVO DE APRENDIZAJE 8.4

- Describa el papel de la ventaja competitiva.
- Explique el modelo de las cinco fuerzas de Porter.

- Describa las tres estrategias competitivas de Porter.

Vaya a la página 178 para ver qué tan bien maneja este material.

OBJETIVO DE
APRENDIZAJE 8.5 ▷ # TEMAS CONTEMPORÁNEOS DE ADMINISTRACIÓN ESTRATÉGICA ACTUAL

No hay mejor ejemplo de los desafíos estratégicos que enfrentan los gerentes en el entorno actual de mercado que los de la industria de la música grabada. En 2007 de nuevo disminuyeron las ventas globales de la música grabada en casi 10 por ciento. Sin embargo, una esperanza es que las ventas de música digital aumentaran ligeramente, pero no lo suficiente para compensar la baja en las ventas de discos compactos. Además, la desenfrenada piratería global (según la IFPI, una organización que representa a la industria mundial de grabaciones, uno de cada tres discos de música que se venden a nivel mundial es una copia ilegal), la incertidumbre económica y la intensa competencia con otras formas de entretenimiento han devastado a la industria. Ésta continúa cambiando y los gerentes luchan por encontrar estrategias que les ayuden a que sus empresas tengan éxito en tal entorno.[19] Sin embargo, no sólo la industria de la música está lidiando con desafíos de estrategia. Los gerentes de todas partes enfrentan cada vez más la intensa competencia global y las expectativas de inversionistas y clientes con respecto a un alto desempeño. ¿Cómo han respondido a estas nuevas realidades? En esta sección veremos algunos temas contemporáneos de estrategia, incluida la necesidad de flexibilidad estratégica y cómo los gerentes diseñan estrategias para enfatizar el e-business, el servicio a clientes y la innovación.

NECESIDAD DE FLEXIBILIDAD ESTRATÉGICA

Jürgen Schrempp, ex presidente de Daimler AG, dijo "Mi principio siempre fue... avanza tan rápido como puedas y [si] cometes errores, tienes que corregirlos... Es mucho mejor avanzar rápido y cometer errores ocasionalmente, que hacerlo demasiado lento".[20] No se puede creer que los individuos inteligentes a los que se les paga mucho dinero por administrar empresas cometan errores cuando se trata de decisiones estratégicas, pero incluso cuando los gerentes utilizan el proceso de administración estratégica, no hay garantía de que las estrategias elegidas llevarán a resultados positivos. Al leer cualquiera de los diarios de negocios actuales, ¡con certeza confirmarían esta afirmación! Sin embargo, la clave es responder con rapidez cuando es obvio que una estrategia no está funcionando. En otras palabras, los gerentes necesitan **flexibilidad estratégica**; es decir, la capacidad de reconocer cambios externos importantes, para destinar recursos de manera rápida, y reconocer cuando una decisión estratégica no funciona. Dado el altamente incierto entorno que los gerentes enfrentan hoy en día, la flexibilidad estratégica parece del todo necesaria. La figura 8-6 proporciona sugerencias para desarrollar la flexibilidad estratégica.

NUEVAS DIRECCIONES EN LAS ESTRATEGIAS ORGANIZACIONALES

ESPN.com capta más de 16 millones de usuarios cada mes. ¡16 millones! Eso es casi el doble de la población de la ciudad de Nueva York. Su popular negocio en línea es tan sólo uno de los muchos negocios de ESPN. Fundada originalmente como un canal de televisión,

---

estrategias funcionales
Estrategias utilizadas por varios departamentos funcionales de una organización para apoyar la estrategia de competitividad de la empresa.

flexibilidad estratégica
Capacidad de reconocer cambios externos importantes para destinar recursos rápidamente, y reconocer cuando una decisión estratégica fue errónea.

Figura 8–6

Flexibilidad estratégica

> • Saber qué ocurre con las estrategias utilizadas en el momento, mediante el *seguimiento y medición de resultados*.
>
> • Fomentar en los empleados que sean abiertos para *revelar y compartir información negativa*.
>
> • *Obtener nuevas ideas y perspectivas de fuera* de la organización.
>
> • Contar con *múltiples alternativas* cuando se toman decisiones estratégicas.
>
> • *Aprender de los errores*.
>
> *Fuente:* Basada en K. Shimizu y M.A. Hitt, "Strategic Flexibility: Organizational Preparedness to Reverse Ineffective Strategic Decisions", *Academy of Management Executive*, noviembre de 2004, pp. 44-59.

ESPN está ahora en programación original, radio, online, en el mundo editorial, juegos, X Games, ESPY Awards, ESPN Zones y global.[21] El presidente de la compañía, George Bodenheimer, "dirige una de las franquicias más exitosas y envidiadas de la industria del entretenimiento", y es obvio que entiende cómo administrar exitosamente sus diversas estrategias, ¡en el entorno actual! Consideramos que tres estrategias son importantes en el entorno de hoy en día: e-business, servicio al cliente e innovación.

Estrategias e-business. Los gerentes utilizan estrategias e-business para desarrollar ventajas competitivas sostenibles.[22] Un líder de costos puede utilizar e-business para bajar los costos de varias maneras. Por ejemplo, podría utilizar ofertas y procesamiento de órdenes en línea para eliminar la necesidad de llamadas de ventas y para disminuir los gastos de la fuerza de ventas; podría utilizar sistemas de control de inventarios basados en Web que reducen costos de almacenamiento, o bien, utilizar pruebas y evaluaciones en línea para solicitantes de empleo.

En una estrategia de diferenciación se necesita ofrecer productos o servicios que los clientes perciban y valoren como únicos. Por ejemplo, una empresa podría utilizar sistemas de información basados en Internet para reducir los tiempos de respuesta a clientes, proporcionar respuestas en línea rápidas a solicitudes de servicio, o automatizar los sistemas de compras y pagos para que los clientes tengan informes detallados e historiales de compras.

Por último, debido a que una estrategia de enfoque apunta a un segmento de mercado estrecho con productos personalizados, se podría proporcionar salas de chat o foros de discusión para que los clientes interactúen con otras personas con intereses comunes, diseñar sitios Web para grupos específicos con intereses específicos, o utilizar sitios Web para realizar funciones estandarizadas de oficina como preparación de nóminas o presupuestos.

Investigaciones han mostrado que una estrategia importante e-business podría ser una estrategia virtual-tradicional (clicks and bricks). Una *empresa virtual-tradicional* es aquella que utiliza tanto sitios en línea (clics) como locales tradicionales (ladrillos).[23] Por ejemplo, Walgreen's estableció un sitio en línea para surtir recetas, pero alrededor de 90 por ciento de los clientes que hicieron pedidos en la Web prefirieron recoger sus pedidos en una tienda cercana en lugar de que se los llevaran a domicilio. Entonces, su estrategia virtual-tradicional ha funcionado bien.

Estrategias de servicio al cliente. Las empresas que enfatizan un excelente servicio al cliente, necesitan estrategias que cultiven esa atmósfera desde los niveles más altos hasta los más bajos. Tales estrategias implican dar a los clientes lo que desean, comunicarse eficazmente con ellos y contar con empleados que estén capacitados en el servicio al cliente. Primero veamos la estrategia de dar a los clientes lo que desean.

No debe sorprenderle que una estrategia importante de servicio al cliente sea darle a los clientes lo que desean, lo cual es un aspecto crucial de la estrategia global de marketing de una empresa. Por ejemplo, New Balance, fabricante de zapatos deportivos, da a sus clientes un producto en verdad único: zapatos de varios anchos. Ningún otro fabricante de zapatos deportivos tiene zapatos para pies delgados o anchos y en prácticamente cualquier tamaño.[24]

Contar con un sistema efectivo de comunicación con los clientes es una estrategia importante de servicio al cliente. Los gerentes deben saber qué ocurre con los clientes. Tienen que descubrir lo que les gusta y lo que no de sus experiencias al ir de compras; desde sus interacciones con el personal hasta sus experiencias con un producto o servicio. También es importante dejar que los clientes sepan lo que sucede con la compañía, y que podría afectar futuras decisiones de compra. Por ejemplo, el minorista Hot Topic es

fanático de la retroalimentación con los clientes, la cual obtiene en forma de "tarjetas de reportes" de los compradores. La presidenta de la compañía, Betsy McLaughlin, estudia minuciosamente más de 1,000 de ellas cada semana.[25]

Por último, la cultura de una organización es importante para brindar un excelente servicio al cliente. Por lo común, esto requiere que los empleados estén capacitados para proporcionar un excepcional servicio al cliente. Por ejemplo, Singapur Airlines es bien conocida por su trato al cliente. "En todo lo que respecta al cliente, ellos no escatiman", dice un analista ubicado en Singapur.[26] Se espera que los empleados "brinden un buen servicio", y que no tengan duda alguna sobre lo que se espera sobre cómo tratar a los clientes.

Estrategias de innovación. Cuando Procter & Gamble adquirió el negocio de alimento para mascotas Iams, llevó a cabo lo que siempre hace, utilizar a su renombrada división de investigación para buscar medios para transferir tecnología de sus otras divisiones para hacer nuevos productos.[27] Un resultado de esta combinación de divisiones fue un nuevo ingrediente antisarro de la pasta de dientes, el cual se incluyó en todos los alimentos secos para mascotas adultas. Como muestra este ejemplo, las estrategias de innovación no necesariamente se enfocan sólo en productos radicales y de avanzada. Pueden incluir la aplicación de tecnología existente a nuevos usos. Las organizaciones han utilizado con éxito ambos métodos.

¿Qué tipos de estrategias de innovación necesitan las organizaciones en el entorno actual? Las estrategias utilizadas deben reflejar la filosofía de innovación de una organización, la cual se forma por medio de dos decisiones estratégicas: énfasis en la innovación y en el momento de la innovación. Los gerentes primero deben decidir dónde se enfocarán sus esfuerzos de innovación. ¿La organización se enfocará en investigación científica básica, desarrollo de productos, o mejora de procesos? La investigación científica básica requiere la mayor asignación de recursos, ya que involucra trabajo detallado de investigación científica. En varias industrias (por ejemplo, de ingeniería genética, farmacéutica, tecnología de la información, o cosmética), la habilidad de una organización en investigación básica es la clave de una ventaja competitiva sostenible. Sin embargo, no todas las organizaciones requieren este extenso compromiso con la investigación científica para lograr niveles altos de desempeño. En cambio, muchas dependen de estrategias de desarrollo de productos. Aunque tal estrategia también requiere una inversión significativa de recursos, no es en áreas asociadas con la investigación científica. En su lugar, la organización toma tecnología existente y la mejora o la aplica de nuevas formas, como hizo Procter & Gamble cuando aplicó su conocimiento en antisarro para productos alimentarios para mascotas. Tanto la investigación científica como el desarrollo de productos pueden ayudar a una organización a lograr niveles altos de diferenciación, lo cual puede ser una fuente importante de ventaja competitiva.

Finalmente, el último enfoque estratégico de énfasis en la innovación se centra en el desarrollo de procesos. Por medio de esta estrategia, una organización busca formas de mejorar y aumentar sus procesos de trabajo. La organización innova con nuevas y mejoradas maneras para que los empleados hagan su trabajo en todas las áreas de la empresa. Esta estrategia de innovación puede llevar a una reducción de costos, lo cual por supuesto puede ser una fuente importante de ventaja competitiva.

Una vez que los gerentes determinan el centro de sus esfuerzos de innovación, deben decidir sobre una estrategia para determinar el momento de la innovación. Algunas organizaciones quieren ser las primeras en innovar, mientras que otras se conforman con seguir o copiar las innovaciones. Una organización que es la primera en llevar al mercado una innovación de producto o utilizar una nueva innovación de proceso se conoce como **pionera**. Ser pionera tiene ciertas ventajas y desventajas estratégicas, como muestra la figura 8-7. Algunas organizaciones prefieren esta ruta, con la esperanza de desarrollar una ventaja competitiva sostenible. Otros han desarrollado exitosamente una ventaja competitiva sostenible, siguiendo las tendencias de la industria. Dejan que las pioneras sienten las bases de las innovaciones y luego copian sus productos o procesos. El enfoque que elijan los gerentes depende de la filosofía de innovación de sus organizaciones y de los recursos y capacidades específicas.

pionera
Organización que es la primera en llevar al mercado una innovación de producto o en utilizar una nueva innovación de procesos.

Figura 8–7

Ventajas y desventajas de las pioneras

Ventajas	Desventajas
• Reputación de ser innovadoras y líderes de la industria.	• Incertidumbre sobre la dirección exacta que tomará la tecnología y el mercado.
• Beneficios en costos y aprendizaje.	• Riesgo de que los competidores imiten sus innovaciones.
• Control sobre recursos poco comunes y evitar que los competidores accedan a ellos.	• Riesgos financieros y estratégicos.
• Oportunidad de comenzar a relacionarse con el cliente y obtener su lealtad.	• Elevados costos de desarrollo.

REPASO RÁPIDO:
OBJETIVO DE APRENDIZAJE 8.5

- Explique por qué es importante la flexibilidad estratégica.
- Describa las estrategias e-business.

- Analice qué estrategias podrían utilizar las organizaciones para volverse más orientadas al cliente y ser más innovadoras.

Vaya a la página 178 para ver qué tan bien maneja este material.

¿Quiénes son?

Mi turno

Debbie Galonsky

Gerente corporativa de contabilidad
Agfa Graphic Systems
Newark, Delaware

Las *fortalezas* de la compañía de Mohamed son su reputación y su capacidad de completar grandes proyectos con gran éxito. Estos atributos la ayudaron a realizar su proyecto más grande hasta ahora, Downtown Burj. El modelo de la compañía para lograr el éxito aún está vigente, y la reputación de la empresa permitirá a Mohamed utilizar los recursos necesarios para formar un equipo que cumpla este desafío.

Él necesitará buscar *oportunidades* para asociarse con compañías locales que complementen la gran fuerza de trabajo existente y que brinden la experiencia necesaria para completar exitosamente este proyecto. Ésta será su tarea más importante (encontrar compañías con la misma calidad) y también su mayor desafío y riesgo si elige el socio equivocado.

La *amenaza* que enfrenta es tratar de desarrollar todas las habilidades que necesita internamente, aunque no se convirtió en el desarrollador estatal más grande al utilizar esta filosofía. Si administra de manera correcta, formará el equipo a través de socios o adquisiciones y aumentará la reputación de la compañía en mercados meta, lo que dará como resultado mayores ingresos y utilidades, el objetivo de todos los directores.

OBJETIVOS DE APRENDIZAJE
RESUMEN

8.1 ▷ ADMINISTRACIÓN ESTRATÉGICA

- Defina *administración estratégica*, *estrategia* y *modelo de negocio*.
- Dé tres razones por las cuales es importante la administración estratégica.

La administración estratégica es lo que hacen los gerentes para desarrollar las estrategias de una organización. Las estrategias son los planes de cómo hará la organización todo lo que requiera el negocio, cómo completará con éxito los planes y cómo atraerá y satisfará a sus clientes, para lograr sus objetivos. Un modelo de negocios es la forma en que una compañía generará dinero. La administración estratégica es importante por tres razones. Primero, marca la diferencia en qué tan bien se desempeñan las organizaciones. Segundo, es importante para ayudar a los gerentes a enfrentar situaciones que cambian continuamente. Por último, la administración estratégica ayuda a coordinar y a centrar los esfuerzos de los empleados en lo que es importante.

8.2 ▷ EL PROCESO DE ADMINISTRACIÓN ESTRATÉGICA

- Describa las seis etapas en el proceso de administración estratégica.
- Defina *SWOT* (*fortalezas*, *debilidades*, *oportunidades* y *amenazas*).

Los seis pasos del proceso de administración estratégica son (1) identificar la misión actual, objetivos y estrategias; (2) realizar un análisis externo; (3) hacer un análisis interno; (4) formular estrategias; (5) implementar estrategias, y (6) evaluar estrategias. Los pasos 2 y 3 se conocen colectivamente como análisis SWOT. Las fortalezas son todas las actividades que la organización hace bien, o recursos únicos con los que cuenta. Las debilidades son actividades que la organización no hace bien, o recursos que necesita pero que no tiene. Las oportunidades son tendencias positivas en el entorno externo. Las amenazas son tendencias negativas.

8.3 ▷ ESTRATEGIAS CORPORATIVAS

- Describa los tres tipos más importantes de estrategias corporativas.
- Explique de qué manera se utiliza la matriz BCG para administrar las estrategias corporativas.

Con una estrategia de crecimiento, una organización expande el número de mercados atendidos o productos ofertados, ya sea a través de negocios actuales o nuevos. Los tipos de estrategias de crecimiento incluyen concentración, integración vertical (hacia atrás y hacia delante), integración horizontal y diversificación (relacionada y no relacionada). Con una estrategia de estabilidad, una organización no realiza cambios importantes en lo que está haciendo. Las dos estrategias de renovación (reducción y recuperación) abordan las debilidades organizacionales que provocan que el desempeño disminuya. Utilizar la matriz BCG es una forma de analizar la cartera de negocios de la empresa, ya que se estudia la participación en el mercado de un negocio y su índice de crecimiento anticipado. Las cuatro categorías de la matriz BCG son vacas en efectivo, estrellas, signos de interrogación y perros.

8.4 ▷ ESTRATEGIAS DE COMPETITIVIDAD

- Describa el papel de la ventaja competitiva.
- Explique el modelo de las cinco fuerzas de Porter.
- Describa las tres estrategias competitivas de Porter.

La ventaja competitiva de una organización es lo que la separa de las demás, es su sello distintivo. La ventaja competitiva de una compañía se convierte en la base para elegir el negocio apropiado o la estrategia de competitividad. El modelo de las cinco fuerzas de Porter evalúa las cinco fuerzas competitivas que dictan las reglas de la competencia en la industria: la amenaza de nuevos competidores, la amenaza de sustitutos, poder de negociación de los compradores, poder de negociación de los proveedores y la rivalidad actual. Las tres estrategias de competitividad de Porter son el liderazgo en costos (competir sobre la base de tener los menores costos de la industria), diferenciación (competir sobre la base de tener productos únicos de un alto valor para los consumidores), y enfoque (competir sobre la base de un segmento limitado, ya sea con una ventaja en costos o una ventaja en diferenciación).

8.5 ▷ TEMAS CONTEMPORÁNEOS DE LA ADMINISTRACIÓN ESTRATÉGICA ACTUAL

- Explique por qué es importante la flexibilidad estratégica.
- Describa las estrategias e-business.
- Explique cuáles estrategias pueden utilizar las organizaciones para orientarse más al consumidor y ser más innovadoras.

La flexibilidad estratégica (esto es, la capacidad de reconocer cambios externos importantes para asignar recursos de manera rápida, y para reconocer cuando una decisión estratégica no está funcionando) es importante debido a que con frecuencia los gerentes enfrentan entornos altamente inciertos. Los gerentes pueden utilizar estrategias e-business para reducir costos, para diferenciar los productos y servicios de su firma, o para apuntar a (enfocarse en) grupos especiales de consumidores o reducir costos mediante la estandarización de ciertas funciones de oficina. Otra importante estrategia de e-business es la estrategia virtual-tradicional, la cual combina sitios en línea y locales tradicionales. Las estrategias que pueden utilizar los gerentes para orientarse más al cliente incluyen el dar a los clientes lo que quieren, comunicarse de manera efectiva con ellos y cultivar una cultura que haga énfasis en el servicio al cliente. Las estrategias que pueden utilizar los gerentes para volverse más innovadores incluyen la decisión de enfatizar la innovación de su organización (investigación científica básica, desarrollo de productos o desarrollo de procesos) y su oportunidad de innovación (ser el primero o un seguidor).

PENSEMOS EN CUESTIONES ADMINISTRATIVAS

1. Haga un análisis SWOT en una empresa local que conozca bien. ¿Cuáles, si las hay, son las ventajas competitivas con que cuenta la organización?
2. ¿Cómo difiere el proceso de formulación, implementación y evaluación de la estrategia para (a) empresas grandes, (b) empresas pequeñas, (c) organizaciones sin fines de lucro y (d) negocios globales?
3. "El concepto de ventaja competitiva es tan importante para las organizaciones sin fines de lucro como para las organizaciones comerciales". ¿Está usted de acuerdo o no con esta declaración? Explique; utilice ejemplos para demostrar su caso.
4. ¿Se deben incluir consideraciones éticas en el análisis del entorno interno y externo de una organización? ¿Por qué?
5. ¿Cómo podría ayudar la Internet a los gerentes cuando siguen los pasos del proceso de la administración estratégica?
6. Mencione cinco ejemplos de declaraciones de misión de empresas. Con las declaraciones de misión, describa qué tipos de estrategias corporativas y de negocios podría utilizar cada organización para cumplir con su declaración de misión. Explique su razonamiento para la elección de cada estrategia.

SU TURNO *de ser gerente*

- Haga un análisis SWOT personal. Evalúe sus fortalezas y debilidades personales (habilidades, talentos, capacidades). ¿En qué es bueno? ¿En qué no es tan bueno? ¿Qué es lo que disfruta hacer? ¿Qué es lo que no le gusta hacer? Luego, identifique las oportunidades de carrera y las amenazas, mediante la búsqueda de puestos de trabajo posibles en la industria en la que está interesado. Revise las tendencias y proyecciones. Puede consultar la información que proporciona el Bureau of Labor Statistics con respecto a posibles puestos de trabajo. Una vez que tenga toda esta información, escriba un plan de acción específico de carrera. Describa sus objetivos para cinco años de trabajo y lo que necesita para lograr esas metas.

- En periódicos actuales de negocios, busque dos ejemplos de cada una de las estrategias corporativas y de competitividad. Describa lo que hacen estos negocios y cómo representan una estrategia en particular.

- Elija cinco compañías de la última versión de la lista de "Most Admired Companies" de la revista *Fortune*. Investigue estas compañías e identifique, para cada una, su (a) declaración de misión, (b) metas estratégicas y (c) estrategias utilizadas.

- Lecturas sugeridas por Steve y Mary: Adrian Slywotzky y Richard Wise, *How to Grow When Markets Don't* (Warner Business Books, 2003); Jim Collins, *Good to Great: Why Some Companies Make the Leap... and Others Don't* (Harper Business, 2001); Michael E. Porter, *On Competition* (Harvard Business School Press, 1998); James C. Collins y Jerry I. Porras, *Built to Last: Successful Habits of Visionary Companies* (Harper Business, 1994), y Gary Hamel y C.K. Prahalad, *Competing for the future* (Harvard Business School Press, 1994).

- En la actualidad, las estrategias de servicio al cliente, e-business, y de innovación, son particularmente importantes para los gerentes. En el capítulo describimos formas específicas con las cuales las compañías pueden ejercer estas estrategias. Su tarea es elegir ya sea el servicio al cliente, el e-business o la innovación, y encontrar un ejemplo de cada uno de los métodos específicos en dicha categoría. Por ejemplo, si elige servicio al cliente, encuentre un ejemplo de (a) dar al cliente lo que quiere, (b) comunicarse de manera efectiva con el cliente y (c) capacitar a los empleados en el servicio al cliente. Escriba un reporte con la descripción de sus ejemplos.

- Con sus propias palabras, escriba tres cosas que aprendió en este capítulo sobre ser un buen gerente.

- La autoevaluación puede resultar una poderosa herramienta de aprendizaje. Vaya a mymanagementlab y complete cualquiera de estos ejercicios de autoevaluación: How well do I Handle Ambiguity? (¿Qué tan bien manejo la ambigüedad?), How Creative Am I? (¿Qué tan creativo soy?), How Well Do I Respond to Turbulent Change? (¿Qué tan bien respondo a un cambio turbulento?). Con los resultados de sus evaluaciones, identifique fortalezas y debilidades personales. ¿Qué hará para reforzar sus fortalezas y superar sus debilidades?

mymanagementlab   Para más recursos, visite www.mymanagementlab.com

CASO PRÁCTICO

Cómo sobrevivir en el negocio

Aunque el negocio de la música está en dificultades, Live Nation está bien asentado. Es el promotor de eventos y de música en vivo más grande del mundo, con más de 64 millones de personas que presencian aproximadamente 28,000 de tales eventos cada año. La empresa también posee la cadena de reuniones The House of Blues, donde los clientes pueden disfrutar distintos géneros de música en vivo. Su presidente, Michael Rapino, ha guiado a la compañía desde que se creó como un negocio independiente en 2005 a partir del gigante de radio Clear Channel Communications.

En su sitio Web, Live Nation se describe a sí mismo como el "futuro del negocio de la música". A través de conciertos en vivo, lugares de música y festivales, y el motor de búsqueda de conciertos más completo de la Web, Live Nation está revolucionando la industria de la música tanto en el escenario como en línea. Su estrategia es conectar a los artistas con los fans. Rapino no está satisfecho sólo con

dominar sólo el negocio de los conciertos. Aunque Live Nation continuará centrándose en sus activos de música en vivo, Rapino va tras los activos más importantes de las casas disqueras: las estrellas. Les ofrece una operación de evento por presentación que maneje todas sus necesidades musicales. Esa oferta es: "Nosotros ya manejamos sus giras. Por qué no dejarnos producir sus álbumes, vender sus productos, manejar su sitio Web y producir sus videos, así como una variedad de otros productos con los que aún no cuentan". En octubre de 2007, Rapino se hizo de un gran nombre al firmar uno de sus primeros tratos con Madonna, quien abandonó a su disquera de mucho tiempo, Warner Records, y firmó un contrato por 10 años, estimado en $120 millones de dólares con Live Nation para dejar que ésta maneje cada parte de su negocio, con excepción de las cuestiones editoriales. El representante de Madonna dijo, "Las disqueras están atascadas. Para que en la actualidad una compañía sea buena en el negocio de la música, tiene que serlo en todos los aspectos del negocio. Live Nation toma riesgos. Lleva la delantera". Live Nation ha firmado tratos similares con Shakira, Jay-Z y Nickelback, y espera añadir más superestrellas a su lista.

La clave de la estrategia de crecimiento de Live Nation es la capacidad de conectar a los millones de personas que asisten a sus espectáculos cada año. La valiosa base de datos de la compañía con la información de contacto de los fans, le brinda una manera eficiente de ofrecerles productos y servicios adicionales relacionados con la música. ¿Vivirá o morirá la estrategia de Rapino?

Preguntas de análisis

1. ¿Qué estrategia de crecimiento parece estar utilizando Live Nation? ¿Qué ventaja competitiva cree que tiene Live Nation?

2. ¿De qué forma le servirá el análisis SWOT a Mike Rapino?

3. Busque el informe anual más reciente de Live Nation, ¿Qué objetivos persigue la compañía? ¿Qué estrategias está utilizando? ¿Sus estrategias parecen estar ayudando a lograr estos objetivos?

4. ¿Qué opina de la dirección estratégica de Rapino para Live Nation?

Fuentes: Sitio de Live Nation, www.livenation.com, 28 de abril de 2008; E. Smith, "Live Nation Sings a New Tune", *Wall Street Journal*, 11 de julio de 2008, pp. B1+; B. Sisario, "Nickelback Signs Up with Live Nation", *New York Times online*, www.nytimes.com, 9 de julio de 2008; E. Smith, "Live Nation's Leaders Battle Over Strategy", *Wall Street Journal*, 12 de junio de 2008, p. B1; C. Robertson, "Live Nation Finds a Buyer for its Theater Business", *New York Times* online, www.nytimes.com, 25 de enero de 2008; P. Sloan, "Keep on Rocking in the Free World", *Fortune*, 10 de diciembre de 2007, pp. 156-160, y E. Smith, "Live Nation's New Act", *Wall Street Journal*, 30 de noviembre de 2007, pp. B1+.

Michael Rapino, presidente de Live Nation.

Parte Tres

Cómo organizar

▷ Organizar es una tarea importante de los gerentes que no siempre se entiende o aprecia. Sin embargo, una vez establecidos los objetivos y los planes de la empresa, la función de organizar pone en marcha el proceso de ver que dichos objetivos y planes se lleven a cabo. Cuando los gerentes organizan, definen qué trabajo necesita realizarse y crean una estructura que permite que esas actividades laborales se completen eficiente y eficazmente.

En la parte tres abordamos la función gerencial de organizar. El capítulo 9 presenta los conceptos de estructura y diseño organizacional. Cuando la estructura organizacional está definida, es el momento de encontrar a la gente que ocupe los puestos que se han creado. En el capítulo 10 explicamos la función de administración de recursos humanos. En el capítulo 11 nos enfocamos en los equipos de trabajo y la influencia que han tenido en la realización del trabajo y en las estructuras organizacionales. Por último, en el capítulo 12 vemos cómo el cambio organizacional y la innovación afectan la estructura y el diseño de una organización.

¿Quiénes son?

Conozca a los gerentes

Cindy Brewer

Gerente de desarrollo de personal
Sears Holding Corporation
Chicago, Illinois

MI TRABAJO: Soy responsable de toda la capacitación en mi empresa.

LA MEJOR PARTE DE MI TRABAJO: Hacer lo que me gusta, capacitar; la interacción con los asociados y ver su emoción cuando logran dominar lo que están aprendiendo.

LA PEOR PARTE DE MI TRABAJO: En realidad no hay una "peor" parte, aunque los cambios en la capacitación requieren actualizar o generar documentación, lo cual puede ser tedioso.

EL MEJOR CONSEJO GERENCIAL RECIBIDO: Di siempre la verdad y sé responsable.

Mark Stepowoy

Vicepresidente
American Residential Services LLC
Cleveland, Ohio

MI TRABAJO: Ayudo a los equipos de soporte, desarrollo y dirijo las sucursales de la región central, y también administro nuestra sucursal de Cleveland.

LA MEJOR PARTE DE MI TRABAJO: Ayudar a la gente a establecer y desarrollar objetivos personales.

LA PEOR PARTE DE MI TRABAJO: Despedir a un empleado por robar; esto sucedió hace 25 años, pero aún lo recuerdo.

EL MEJOR CONSEJO GERENCIAL RECIBIDO: No importa qué tan rápido corras, no tienes probabilidades de ganar la carrera si no sabes dónde está la meta. Asegúrate de saber lo que la empresa espera de ti.

A lo largo del capítulo sabrá más
sobre estos gerentes reales.

Capítulo 9

Estructura y diseño organizacional

Una vez que los gerentes terminaron con la planeación, ¿qué sigue? Éste es el momento en que los gerentes deben comenzar a "trabajar el plan". Y el primer paso para hacerlo implica diseñar una estructura organizacional adecuada. Este capítulo aborda las decisiones involucradas en el diseño de esta estructura. Conforme lea y estudie este capítulo, concéntrese en los siguientes objetivos de aprendizaje.

OBJETIVOS DE APRENDIZAJE

El dilema de un gerente

La compañía danesa Bang & Olufsen (B&O) es conocida globalmente por sus equipos vanguardistas de audio y video.[1] Muchos de sus increíblemente hermosos y artísticos productos (la mayoría fabricados en Dinamarca) forman parte de la colección del Museo de Arte Moderno de Nueva York. Sobra decir que el diseño de productos es muy importante para B&O. Sin embargo, lo que es incluso más exclusivo que sus productos futuristas, es el método de su presidente Torben Ballegaard Sørensen para el proceso de diseño. A diferencia del método convencional de diseño que sigue la mayoría de las empresas, en el que los empleados primero investigan el mercado de consumo y luego deciden la dirección del diseño, Sørensen utiliza diseñadores por contrato para crear los productos de la compañía y les ha dado el poder de vetar cualquier diseño que no les guste. Otorgar tales facultades a individuos que no son empleados atemorizaría a la mayoría de los gerentes. Sin embargo, a Sørensen le funciona bien. Este "modelo de negocios por ingenio depende de los instintos de un puñado de individuos creativos y estrafalarios, y de la habilidad de los ejecutivos para manejarlos" ¿Cómo podría Sørensen utilizar el diseño organizacional para garantizar que dicho método siga funcionando bien?

¿Usted qué haría?

Torben Ballegaard Sørensen comprende la importancia de la estructura y el diseño organizacional. Su método de otorgar facultades de decisión a los diseñadores por contrato que utiliza su empresa para crear productos innovadores es arriesgado. Sin embargo, parece que ha funcionado bien. Aunque este enfoque estructural puede no ser bueno para otros, ilustra la importancia de diseñar una estructura organizacional que ayude a lograr los objetivos organizacionales. En este capítulo veremos lo que esto involucra.

OBJETIVO DE
APRENDIZAJE 9.1 ▷ ## DISEÑO DE LA ESTRUCTURA ORGANIZACIONAL

A poca distancia del sur de McAlester, Oklahoma, los empleados de una gran fábrica hacen productos que deben ser perfectos. Estas personas "son tan buenas en lo que hacen, y lo han hecho por tanto tiempo, que tienen el 100 por ciento de participación en el mercado".[2] Ellos fabrican bombas para el ejército estadounidense, y para hacerlo requieren un entorno de trabajo que es una interesante combinación de trivialidad, estructura y disciplina, junto con altos niveles de riesgo y emoción. Aquí, el trabajo se hace eficiente y eficazmente. El trabajo también se hace con eficiencia y eficacia en Cisco Systems, aunque no de forma estructurada y formal. En Cisco, aproximadamente 70 por ciento de los empleados trabajan en su casa alrededor de 20 por ciento del tiempo.[3] Estas dos organizaciones consiguen hacer el trabajo necesario, aunque cada uno lo hace por medio de una estructura diferente.

Pocos temas de administración han experimentado tantos cambios en los últimos años como la estructura organizacional y el cómo organizar. Los gerentes están reevaluando los métodos tradicionales para encontrar nuevos diseños estructurales que ayuden y faciliten el trabajo de los empleados en la organización. En el capítulo 1 definimos la función de **organizar** como distribuir y estructurar el trabajo para cumplir con los objetivos de la organización. Éste es un proceso importante durante el cual los gerentes diseñan la estructura de una organización. La **estructura organizacional** es la distribución formal de

Figura 9–1

Propósitos de organizar

> • Dividir el trabajo a realizarse en tareas específicas y departamentos.
>
> • Asignar tareas y responsabilidades asociadas con puestos individuales.
>
> • Coordinar diversas tareas organizacionales.
>
> • Agrupar puestos en unidades.
>
> • Establecer relaciones entre individuos, grupos y departamentos.
>
> • Establecer líneas formales de autoridad.
>
> • Asignar y utilizar recursos de la organización.

los puestos de una organización. Esta estructura, la cual puede mostrarse visualmente en un **organigrama**, también tiene muchos propósitos (vea la figura 9-1). Cuando los gerentes crean o cambian la estructura, se involucran en el **diseño organizacional**, un proceso que implica decisiones con respecto a seis elementos clave: especialización del trabajo, departamentalización, cadena de mando, tramo de control, centralización y descentralización, y formalización.[4]

ESPECIALIZACIÓN DEL TRABAJO

En la fábrica de Wilson Sporting Goods en Ada, Ohio, los trabajadores producen todos los balones de fútbol que se utilizan en la National Football League y la mayoría de los que se usan en juegos de fútbol universitario y de preparatoria. Para cumplir con los objetivos diarios, los trabajadores se especializan en tareas laborales como moldeado, punteado y costura, colocación de cintas, etcétera.[5] Éste es un ejemplo de la **especialización del trabajo**, la cual consiste en dividir las actividades laborales en tareas separadas. Cada empleado se especializa en hacer una parte de una actividad en lugar de hacerla toda, para aumentar los resultados. También se le conoce como *división del trabajo*, un concepto que presentamos en el capítulo 2.

Visión actual. La mayoría de los gerentes consideran actualmente la especialización del trabajo como un mecanismo importante de la función de organizar, ya que ésta ayuda a los empleados a ser más eficientes. Por ejemplo, McDonald's utiliza una gran especialización del trabajo para preparar y entregar sus productos a los clientes de manera eficiente. Sin embargo, cuando se lleva al extremo, esta especialización puede ocasionar problemas como aburrimiento, fatiga, estrés, mala calidad, ausentismo, reducción del desempeño y aumento en la rotación del personal.[6] Por esta razón compañías como Avery-Dennison, Ford Australia, Hallmark y American Express utilizan una especialización mínima y en su lugar asignan a los empleados un rango más amplio de tareas.

DEPARTAMENTALIZACIÓN

¿Su universidad tiene un departamento de servicio a los estudiantes o un departamento de apoyo financiero? ¿Está siguiendo este curso a través de un departamento de administración? Una vez definido qué tareas se llevarán a cabo y quiénes las realizarán, es necesario agrupar las actividades laborales comunes para que el trabajo se realice de manera coordinada e integrada. La **departamentalización** es la forma en que se agrupan los puestos. Existen cinco formas comunes de departamentalización (vea la figura 9-2), aunque una organización puede utilizar su propia y exclusiva clasificación. Por lo general las grandes empresas combinan la mayoría o todas estas formas de departamentalización. Por ejemplo, una importante compañía japonesa de productos electrónicos organiza sus divisiones en líneas funcionales, sus unidades de manufactura en procesos, sus unidades de ventas en siete regiones geográficas, y sus regiones de ventas en cuatro agrupaciones de clientes.

---

organizar
Distribuir y estructurar el trabajo para conseguir los objetivos de la organización.

estructura organizacional
Distribución formal de puestos en una organización.

organigrama
Representación visual de la estructura de una organización.

diseño organizacional
Creación o cambio de la estructura de una organización.

especialización del trabajo
División de las actividades laborales en tareas separadas.

departamentalización
Base sobre la cual se agrupan los puestos.

Figura 9–2   Las cinco formas comunes de departamentalización

Departamentalización funcional - Agrupa los puestos de acuerdo con las funciones

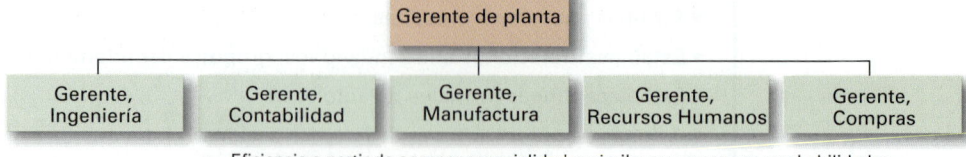

+ Eficiencia a partir de agrupar especialidades similares y personas con habilidades, conocimientos y orientaciones comunes
+ Coordinación dentro del área funcional
+ Alta especialización
- Mala comunicación entre áreas funcionales
- Visión limitada de los objetivos organizacionales

Departamentalización geográfica - Agrupa los puestos de acuerdo con la región geográfica

+ Mayor eficiencia y eficacia en el manejo de problemas específicos regionales
+ Satisface de mejor manera las necesidades de mercados geográficos únicos
- Duplicación de funciones
- Sensación de aislamiento de otras áreas organizacionales

Departamentalización por productos - Agrupa puestos por líneas de productos
Fuente: Bombardier Annual Report.

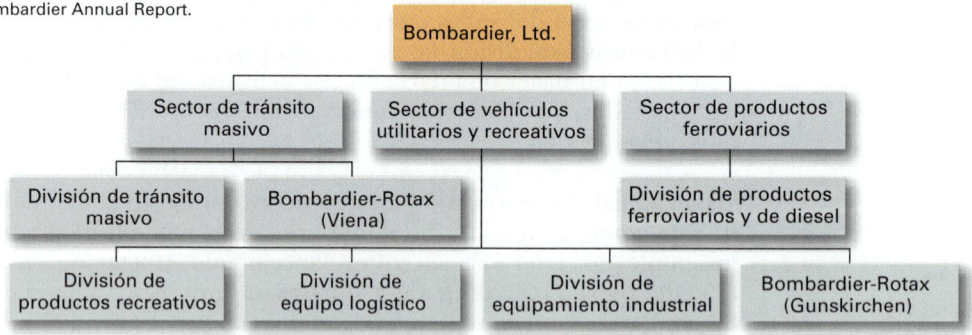

+ Permite la especialización en productos y servicios determinados
+ Los gerentes pueden volverse expertos en su industria
+ Cercanía a los clientes
- Duplicación de funciones
- Visión limitada de los objetivos organizacionales

Departamentalización por procesos - Agrupa los puestos con base en el flujo de productos o clientes

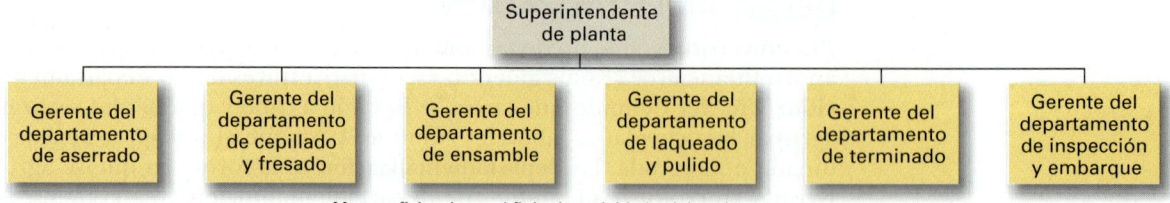

+ Mayor eficiencia en el flujo de actividades laborales
- Sólo puede utilizarse con ciertos tipos de productos

Departamentalización por clientes - Agrupa los puestos con base en clientes específicos y exclusivos con necesidades comunes

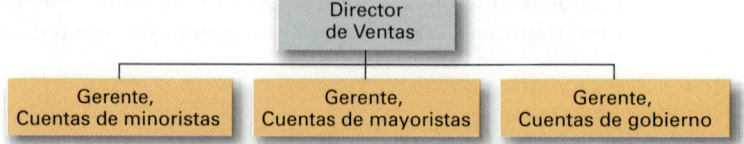

+ Las necesidades y problemas de los clientes pueden ser solucionados por especialistas
- Duplicación de funciones
- Visión limitada de los objetivos organizacionales

Visión actual. Una tendencia popular de departamentalización es el uso cada vez mayor de la departamentalización por clientes. Debido a que obtener y mantener clientes es esencial para lograr el éxito, este enfoque funciona bien porque enfatiza el seguimiento y la respuesta a los cambios de las necesidades del cliente. Otra tendencia popular es la de los **equipos interfuncionales**, los cuales son equipos de trabajo formados por individuos con varias especialidades funcionales. Por ejemplo, en la división de planeación y logística de materiales de Ford, un equipo interfuncional de empleados de las áreas de finanzas, compras, ingeniería y control de calidad de la compañía, así como representantes de proveedores externos de logística, han propuesto diversas ideas de mejoramiento.[7] En el capítulo 11 analizaremos con más detalle los equipos interfuncionales.

CADENA DE MANDO

La **cadena de mando** es la línea de autoridad que se extiende de los niveles más altos de la organización hacia los más bajos, lo cual especifica quién le reporta a quién. Los gerentes deben considerarla cuando organizan el trabajo, ya que esto ayuda a los empleados con preguntas como "¿a quién le reporto? o ¿con quién voy si tengo un problema?".

Para entender la cadena de mando, debe entender otros tres conceptos: autoridad, responsabilidad y unidad de mando. La **autoridad** se refiere a los derechos inherentes a una posición gerencial para decirle a la gente qué hacer y esperar que lo haga.[8] Los gerentes de la línea de mando tienen la autoridad de hacer su trabajo de coordinar y supervisar el trabajo de los demás. Cuando los gerentes asignan trabajo a los empleados, dichos empleados asumen una obligación para realizar cualquier tarea asignada. Esta obligación o expectativa de desempeño se conoce como **responsabilidad**. Por último, el principio de **unidad de mando** (uno de los 14 principios de administración de Fayol) establece que una persona debe reportarle sólo a un gerente. Sin la unidad de mando, las peticiones contradictorias de varios jefes pueden crear problemas, como le sucedió a Damian Birkel, un gerente de comercialización de la división Fuller Brands de CPAC, Inc. Resultó que le reportaba a dos jefes, uno que estaba a cargo del negocio de tiendas departamentales, y otro que se encargaba de las tiendas de descuento. Birkel intentó minimizar el conflicto e hizo una lista combinada de cosas por hacer que actualizaría y modificaría conforme cambiaran las tareas.[9]

Visión actual. Aunque los primeros teóricos (Fayol, Weber, Taylor y otros) creían que la cadena de mando, autoridad, responsabilidad y unidad de mando eran básicas, la época ha cambiado,[10] y estos conceptos son mucho menos importantes hoy en día. Por ejemplo, en la planta Michelin de Tours, Francia, los gerentes han reemplazado la cadena de mando de arriba hacia abajo por reuniones "en el nido", donde los empleados se juntan durante cinco minutos en intervalos regulares a lo largo del día en una columna del piso de la tienda y estudian tablas y gráficas sencillas para identificar cuellos de botella en la producción. En lugar de ser jefes, los gerentes de tienda son facilitadores.[11] Además, la tecnología de la información ha hecho que tales conceptos sean menos relevantes ahora. En cuestión de segundos los empleados pueden acceder a información que solía estar disponible sólo para los gerentes y pueden comunicarse con cualquier persona de la organización sin tener que pasar por la cadena de mando.

TRAMO DE CONTROL

¿A cuántos empleados puede dirigir un gerente de forma eficiente y eficaz? De eso trata el **tramo de control**. La visión tradicional era que los gerentes no podían, y no debían, supervisar directamente a más de cinco o seis subordinados. Determinar el tramo de control es importante debido a que, en gran medida, éste determina el número de niveles y gerentes de una organización; una consideración importante sobre qué tan eficiente será una empresa. Mientras todo lo demás permanezca igual, cuanto mayor sea el tramo, más eficiente resulta. He aquí por qué: suponga que dos organizaciones tienen aproximadamente 4,100

¿Quiénes son?
CARA A CARA

MI TRAMO DE CONTROL:
Ocho personas me reportan directamente a mí, lo cual es normal en nuestra organización.

equipos interfuncionales
Equipos de trabajo formados por individuos con varias especialidades funcionales.

cadena de mando
Línea de autoridad que se extiende de los niveles más altos de la organización hacia los más bajos, lo cual especifica quién le reporta a quién.

autoridad
Derechos inherentes a una posición gerencial para decirle a la gente qué hacer y esperar que lo haga.

responsabilidad
Obligación o expectativa de desempeño para realizar cualquier tarea asignada.

unidad de mando
Principio de administración que establece que una persona debe reportarle sólo a un gerente.

tramo de control
Cantidad de empleados que puede dirigir un gerente de forma eficiente y eficaz.

Figura 9–3

Comparación de tramos de control

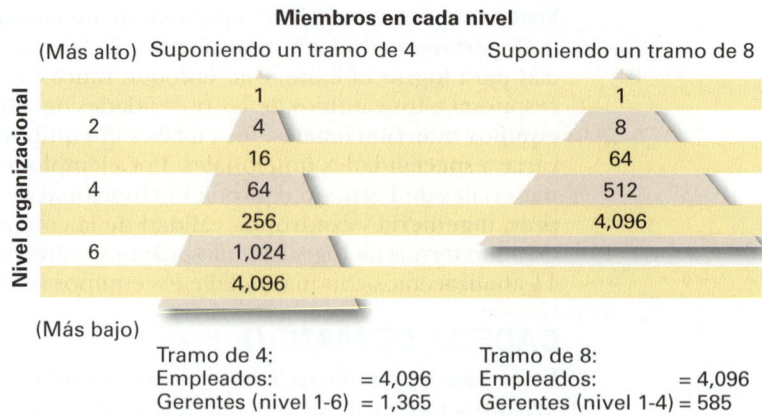

Miembros en cada nivel

Nivel organizacional	Suponiendo un tramo de 4	Suponiendo un tramo de 8
(Más alto)	1	1
2	4	8
	16	64
4	64	512
	256	4,096
6	1,024	
	4,096	
(Más bajo)		

Tramo de 4:		Tramo de 8:	
Empleados:	= 4,096	Empleados:	= 4,096
Gerentes (nivel 1-6)	= 1,365	Gerentes (nivel 1-4)	= 585

empleados. Como muestra la figura 9-3, si una organización tiene un tramo de cuatro y la otra una de ocho, la organización con mayor tramo tendrá dos niveles menos y aproximadamente 800 gerentes menos. Con un salario promedio por gerente de 24,000 dólares anuales, la organización con mayor tramo ahorrará ¡más de 33 millones de dólares por año! Obviamente, los tramos mayores son más eficientes en términos de costos. Sin embargo, en algún punto, los tramos más grandes pueden reducir la eficacia, si el desempeño de los empleados empeora debido a que los gerentes no tienen más tiempo para dirigir.

Visión actual. La visión contemporánea del tramo de control reconoce que no hay un número mágico. Muchos factores influyen en el número de empleados que un gerente puede manejar con eficiencia y eficacia. Estos factores incluyen las habilidades y capacidades del gerente y los empleados, así como las características del trabajo por realizar. Por ejemplo, los gerentes con empleados bien capacitados y experimentados pueden funcionar bien con un tramo mayor. Otras variables de contingencia que determinan el tramo apropiado incluyen similitud y complejidad de las tareas de los empleados, la proximidad física de los subordinados, el grado de estandarización de procedimientos, la sofisticación del sistema de información de la organización, la fortaleza de la cultura de la organización y el estilo preferido del gerente.[12]

La tendencia de los últimos años se ha dirigido hacia tramos de control mayores, lo cual es consistente con los esfuerzos de los gerentes de agilizar la toma de decisiones, aumentar la flexibilidad, acercarse más a los clientes, dar facultades de decisión a los empleados y reducir costos. Los gerentes están comenzando a reconocer que pueden manejar un tramo mayor cuando los empleados conocen bien sus tareas y entienden los procesos organizacionales. Por ejemplo, en la planta de galletas Gamesa de PepsiCo ubicada en México, ahora a cada gerente le reportan 56 empleados. Sin embargo, para garantizar que el desempeño no se vea afectado por estos tramos más grandes, a los empleados se les informa completamente de los objetivos y procesos de la compañía. Además, nuevos sistemas de pago recompensan la calidad, el servicio, la productividad y el trabajo en equipo.[13]

CENTRALIZACIÓN Y DESCENTRALIZACIÓN

La **centralización** es el grado en que la toma de decisiones se da en los niveles superiores de la organización. Si los gerentes de nivel alto toman decisiones clave con poca información proveniente de los niveles inferiores, entonces la organización está más centralizada. Por otra parte, cuanta más información proporcionan los empleados de niveles inferiores o de hecho tomen decisiones, más **descentralizada** está. Recuerde que la centralización-descentralización es relativa, no absoluta; es decir, una organización nunca es totalmente centralizada o descentralizada. La figura 9-4 lista algunos de los factores que afectan el uso de la centralización o descentralización de una organización.[14]

Visión actual. Conforme las organizaciones se vuelven más flexibles y sensibles a tendencias ambientales, hay un cambio hacia la toma de decisiones descentralizada. Esto también se conoce como **otorgamiento de facultades de decisión a los empleados**, lo cual significa dar a los empleados más autoridad (poder) para tomar decisiones. (En el capítulo 16 analizaremos más exhaustivamente este concepto, cuando veamos el tema de liderazgo.)

Figura 9–4

Centralización o descentralización

Más centralización	Más descentralización
• El entorno es estable.	• El entorno es complejo, incierto.
• Los gerentes de niveles inferiores no son tan capaces o experimentados en la toma de decisiones como los gerentes de nivel más alto.	• Los gerentes de niveles inferiores son capaces y experimentados en la toma de decisiones.
• Los gerentes de niveles inferiores no desean involucrarse en las decisiones.	• Los gerentes de niveles inferiores desean involucrarse en las decisiones.
• Las decisiones tienen relativamente poca importancia.	• Las decisiones son importantes.
• La organización enfrenta una crisis o el riesgo de un fracaso empresarial.	• La cultura corporativa es abierta para permitir que los gerentes opinen sobre lo que sucede.
• La compañía es grande.	• La compañía está geográficamente dispersa.
• La implementación eficaz de las estrategias de la compañía depende de que los gerentes no emitan opiniones sobre lo que sucede.	• La implementación eficaz de las estrategias de la empresa depende de que los gerentes participen y sean flexibles en la toma de decisiones.

Especialmente en grandes compañías, los gerentes de niveles inferiores "están más cerca de la acción" y por lo general tienen un conocimiento más detallado sobre los problemas y sobre cómo resolverlos, que los gerentes de niveles más altos. Por ejemplo, en Terex Corporation, el presidente Ron Defeo, un gran defensor de la administración descentralizada, les dice a sus gerentes que "tienen que dirigir la empresa que se les dio". ¡Y lo hacen! En 2007 la compañía generó ingresos por 9 mil millones de dólares con aproximadamente 21,000 empleados alrededor del mundo y un pequeño grupo de personal en las oficinas centrales del corporativo.[15] Como otro ejemplo, en Ternary Software Inc., los gerentes dirigen la empresa como una democracia y las decisiones tienen que ser unánimes. En una reunión reciente sobre un nuevo plan de incentivos para los empleados, uno de los programadores criticó lo que el presidente proponía. Después de un intenso debate, los asistentes votaron por manejar los incentivos de forma distinta.[16]

FORMALIZACIÓN

La **formalización** se refiere a qué tan estandarizados están los trabajos de una organización y hasta qué grado las reglas y procedimientos guían el comportamiento de los empleados. En organizaciones muy formalizadas hay descripciones explícitas, diversas reglas organizacionales y procedimientos claramente definidos que abarcan los procesos de trabajo. Los emplea-

Los empleados de Nordstrom son muy conocidos por su excepcional enfoque al cliente y por la libertad que tienen para ir más allá del llamado del deber para ayudar a sus clientes. Hace poco, un asesor de empresas llegó por la noche a una ciudad distante en la que iba a hacer una presentación a la mañana siguiente. Por desgracia, después de registrarse en su hotel, el hombre se dio cuenta que había olvidado empacar sus corbatas. Con la reunión programada para las 10 en punto, a las 9 de la mañana corrió a la tienda Nordstrom más cercana, pero se encontró con que aún estaba cerrada. Desesperado, alcanzó a ver a un empleado que llegaba a trabajar por una puerta lateral y le pidió ayuda. El empleado abrió las puertas más temprano y condujo al hombre al departamento de caballeros para que hiciera su compra. ¡Ése es un excepcional servicio al cliente!

centralización
Grado en el que la toma de decisiones se concentra en los niveles superiores de la organización.

descentralización
Grado en el que los empleados de niveles inferiores proporcionan información o, de hecho, toman decisiones.

otorgamiento de facultades de decisión a los empleados
Dar a los empleados más autoridad (poder) para tomar decisiones.

formalización
Qué tan estandarizados están los trabajos de una organización y hasta qué grado el comportamiento de los empleados es guiado por reglas y procedimientos.

dos son poco discretos con respecto a lo que se hace, cuándo se hace y cómo se hace. Sin embargo, cuando la formalización es baja, los empleados son más discretos sobre cómo hacen su trabajo.

Visión actual. Aunque se necesita cierta formalización para fines de consistencia y control, actualmente muchas organizaciones dependen menos de reglas estrictas y estandarizaciones para guiar y regular el comportamiento del personal. Por ejemplo, considere la siguiente situación:

> Son las 2:37 p.m. y un cliente de una gran cadena nacional de farmacias intenta dejar un rollo de película para que lo revelen el mismo día. La política de la farmacia dice que la película debe entregarse a las 2:00 p.m. para realizar este servicio. El empleado sabe que reglas como ésta deben cumplirse. A la vez, desea complacer al cliente y sabe que, de hecho, la película podría procesarse ese mismo día. Decide aceptar la película, y al hacerlo viola la política. Sólo espera que su gerente no lo descubra.[17]

¿El empleado actuó mal? "Rompió" la regla; pero al "romperla" en realidad aportó más ingresos y brindó un buen servicio al cliente.

Considerando que existen diversas situaciones en las que las reglas pueden resultar demasiado restrictivas, muchas organizaciones han dado a sus empleados cierta libertad, dejándoles la autonomía suficiente para tomar las decisiones que piensen que sean las mejores según las circunstancias. Esto no significa desechar todas las reglas organizacionales, ya que *habrá* reglas que son importantes y que los empleados deben respetar; dichas reglas deben ser explicadas de tal forma que los empleados comprendan por qué es importante que se apeguen a ellas. Sin embargo, en el caso de otras reglas, es posible que al personal se le dé alguna libertad.[18]

REPASO RÁPIDO:

OBJETIVO DE APRENDIZAJE 9.1

- Analice los enfoques tradicional y contemporáneo de la especialización del trabajo, cadena de mando y tramo de control.
- Describa cada una de las cinco formas de departamentalización.

- Distinga entre autoridad, responsabilidad y unidad de mando.
- Explique cómo se utiliza la centralización-descentralización y la formalización en el diseño organizacional.

Vaya a la página 200 para ver qué tan bien maneja este material.

OBJETIVO DE

APRENDIZAJE 9.2 ▷ ESTRUCTURAS MECANICISTAS Y ORGÁNICAS

Las organizaciones no tienen ni tendrán estructuras idénticas. Una empresa con 30 empleados no se verá igual que una con 30,000. Pero incluso organizaciones de tamaños similares no necesariamente tienen estructuras parecidas. Lo que funciona para una empresa podría no funcionar para otra. ¿Cómo deciden los gerentes qué diseño organizacional utilizar? Esa decisión depende con frecuencia de ciertos factores de contingencia. En esta sección veremos dos modelos genéricos de diseño organizacional y luego los factores de contingencia que favorecen a cada uno.

DOS MODELOS DE DISEÑO ORGANIZACIONAL

La figura 9-5 describe dos modelos organizacionales.[19] Uno es el de la **organización mecanicista,** estructura rígida y muy controlada, que se caracteriza por una gran especialización, departamentalización rígida, limitado tramo de control, alta formalización, una red de información limitada (en su mayor parte comunicación hacia abajo), y poca participación de los empleados de niveles inferiores en la toma de decisiones.

Las estructuras organizacionales mecanicistas se esfuerzan por alcanzar la eficiencia y dependen en gran medida de reglas, normas, tareas estandarizadas y controles similares. Este diseño trata de minimizar el efecto de la ambigüedad y personalidades y opiniones diferentes, ya que estas características humanas se consideran como ineficiencias e inconsistencias. Aunque ninguna organización es totalmente mecanicista, casi todas las que son grandes tienen algunas de estas características mecanicistas.

Figura 9–5

Organizaciones mecanicistas frente a orgánicas

Mecanicista	Orgánica
• Alta especialización	• Equipos interfuncionales
• Departamentalización rígida	• Equipos multijerárquicos
• Clara cadena de mando	• Libre flujo de información
• Tramos de control limitados	• Grandes tramos de control
• Centralización	• Descentralización
• Gran formalización	• Poca formalización

¿Quiénes son?

CARA A CARA

¿MECANICISTA U ORGÁNICA?
Definitivamente mecanicista. Somos una gran organización con múltiples divisiones.

El otro modelo de diseño organizacional es el de una **organización orgánica**, la cual es una estructura muy adaptable y flexible. Las organizaciones orgánicas pueden tener trabajos especializados, pero dichos trabajos no están estandarizados y pueden cambiar según se necesite. El trabajo se organiza frecuentemente en torno a equipos de empleados. El personal está muy capacitado; cuenta con autoridad para manejar varias actividades y problemas; requiere reglas formales mínimas, y poca supervisión directa. Por ejemplo, un rediseño organizacional en GlaxoSmithKline, una compañía farmacéutica con sede en Londres, transformó la compañía en una de estructura más orgánica. Antes de la reestructuración, una lenta burocracia obstaculizaba la investigación de productos. Las decisiones sobre en qué fármacos invertir las tomaba un comité de investigación y ejecutivos de desarrollo muy alejados de los laboratorios de investigación; un proceso muy largo, nada apropiado para una compañía que depende de grandes avances científicos. Ahora, los científicos de los laboratorios establecen las prioridades y asignan los recursos. El cambio "ha ayudado a producir un entorno emprendedor parecido a una organización de biotecnología más pequeña".[20]

¿Cuándo es preferible una estructura mecanicista y cuándo es más apropiada una orgánica? Veamos los principales factores de contingencia que influyen en esta elección.

FACTORES DE CONTINGENCIA

Pete Rahan, director del Departamento de Transporte de Missouri, durante su discurso anual sobre el estado del transporte decía a los legisladores estatales que en los próximos cinco años verían 866 proyectos por un total de 7 mil millones de dólares. Dijo, "soñamos en grande, y entregamos en grande. Se acabó la burocracia indecisa. Llegó una organización más ágil que logra que las cosas se hagan".[21] Los gerentes de nivel alto por lo general se esfuerzan demasiado en diseñar una estructura adecuada. De lo que depende esa estructura adecuada es de cuatro variables de contingencia: la estrategia de la organización, el tamaño, la tecnología y el grado de incertidumbre del entorno.

Estrategia y estructura. La estructura de una organización debe facilitar el logro de objetivos. Como los objetivos son una parte importante de las estrategias de una organización, sólo es lógico que la estrategia y la estructura estén muy relacionadas. Alfred Chandler fue el primero en investigar esta relación.[22] Estudió a varias compañías grandes de Estados Unidos y concluyó que los cambios en la estrategia corporativa originaban cambios en la estructura de la organización que apoyaban la estrategia.

Las investigaciones han mostrado que ciertos diseños estructurales funcionan mejor con distintas estrategias organizacionales.[23] Por ejemplo, la flexibilidad y el libre flujo de información de la estructura orgánica funciona bien cuando una organización busca innovaciones significativas y únicas. La organización mecanicista, con su eficiencia, estabilidad y estrechos controles, funciona mejor para compañías que quieren controlar de cerca los costos.

Tamaño y estructura. Hay bastantes pruebas de que el tamaño de una organización afecta su estructura.[24] Las grandes organizaciones (por lo general las que tienen más de 2,000 empleados) tienden a presentar mayor especialización, departamentalización, centralización y reglas y normas que las organizaciones pequeñas. Sin embargo, una vez que una organización rebasa cierto tamaño, éste tiene menor influencia sobre la estructura. ¿Por qué? Básicamente, una vez que hay alrededor de 2,000 empleados, la organización es de hecho mecanicista. Aumentar otros 500 empleados no afectará demasiado la estructura. Por otra parte, es probable que al agregar 500 empleados a una organización que sólo tiene 300, ésta se haga más mecanicista.

organización mecanicista
Diseño organizacional rígido y muy controlado.

organización orgánica
Diseño organizacional muy adaptable y flexible.

Figura 9–6

Hallazgos de Woodward sobre tecnología y estructura

	Producción de unidades	Producción masiva	Producción por procesos
Características estructurales:	Diferenciación vertical baja	Diferenciación vertical moderada	Diferenciación vertical alta
	Diferenciación horizontal baja	Diferenciación horizontal alta	Diferenciación horizontal baja
	Poca formalización	Alta formalización	Poca formalización
Estructura más efectiva:	Orgánica	Mecanicista	Orgánica

Tecnología y estructura. Toda organización utiliza alguna forma de tecnología para convertir sus insumos en productos. Por ejemplo, los trabajadores de Whirlpool en Manaus, Brasil, fabrican hornos de microondas y aparatos de aire acondicionado en una línea de ensamblaje estandarizada. Los empleados de FedEx Kinko's producen trabajos de diseño e impresión personalizados para clientes individuales. Y los empleados de Bayer en la planta de Karachi, Pakistán, generan productos farmacéuticos utilizando una línea de producción de flujo continuo.

La investigación inicial del efecto de la tecnología sobre la estructura puede adjudicarse a Joan Woodward, quien estudió pequeñas empresas manufactureras del sur de Inglaterra para determinar el grado de relación entre los elementos de diseño estructural y el éxito de una organización.[25] Woodward no pudo encontrar un patrón consistente hasta que dividió las empresas en tres categorías distintas de tecnología que tenían niveles crecientes de complejidad y sofisticación. La primera categoría, la **producción de unidades**, describió la producción de elementos en unidades o pequeños lotes. La segunda categoría, la **producción masiva**, describió la manufactura de grandes lotes. Por último, el tercero y tecnológicamente más complejo grupo, la **producción por procesos**, incluyó la producción por procesos continuos. La figura 9-6 muestra un resumen de los hallazgos de Woodward.

Otros estudios también han mostrado que las organizaciones adaptan sus estructuras a su tecnología, según lo rutinaria que sea su tecnología para transformar insumos en productos.[26] En general, cuanto más rutinaria es la tecnología, más mecanicista es la estructura, y es más probable que las organizaciones con tecnología menos rutinaria tengan estructuras orgánicas.[27]

Incertidumbre del entorno y estructura. Algunas organizaciones enfrentan entornos sencillos y estables, con poca incertidumbre, mientras que otros enfrentan entornos dinámicos y complejos con demasiada incertidumbre. Los gerentes tratan de minimizar la incertidumbre del entorno, mediante ajustes a la estructura de la organización.[28] En entornos sencillos y estables, los diseños mecanicistas pueden ser más efectivos. Por otra parte, a mayor incertidumbre, la organización necesita más la flexibilidad de un diseño orgánico. Por ejemplo, la naturaleza incierta de la industria del petróleo implica que las compañías petroleras necesitan ser flexibles. Poco después de haber sido nombrado presidente del Royal Dutch Shell PLC, Jeroen van der Veer modernizó la estructura corporativa para contrarrestar parte de la volatilidad de la industria. Algo que hizo fue eliminar los procesos demasiado analíticos y engorrosos de la compañía para hacer tratos con los países de la OPEP y otros productores de petróleo importantes.[29]

Visión actual. La evidencia de la relación entorno-estructura ayuda a explicar por qué tantos gerentes actuales están reestructurando sus organizaciones para que sean delgadas, rápidas y flexibles. La competencia global, la acelerada innovación de productos por parte de los competidores y las crecientes demandas de los clientes por mejor calidad y entregas más rápidas son ejemplos de fuerzas ambientales dinámicas. Las organizaciones mecanicistas no están equipadas para responder al rápido cambio ambiental y a la incertidumbre del entorno. Como resultado, muchas organizaciones se están volviendo más orgánicas.

REPASO RÁPIDO:
OBJETIVO DE APRENDIZAJE 9.2

- Compare las organizaciones mecanicistas y orgánicas.

- Explique los factores de contingencia que afectan el diseño organizacional.

Vaya a la página 200 para ver qué tan bien maneja este material.

OBJETIVO DE
APRENDIZAJE 9.3 ▷ DISEÑOS ORGANIZACIONALES COMUNES

Para tomar decisiones estructurales, los gerentes tienen algunos diseños comunes de dónde elegir: los tradicionales y otros más contemporáneos.

DISEÑOS ORGANIZACIONALES TRADICIONALES

Cuando diseñan una estructura, los gerentes pueden elegir uno de los diseños organizacionales tradicionales. Estas estructuras tienden a ser mecanicistas por naturaleza (la figura 9-7 muestra un resumen de las fortalezas y debilidades de cada uno).

Estructura simple. La mayoría de las compañías comienzan como iniciativas emprendedoras con una **estructura simple**, la cual es un diseño organizacional con una departamentalización baja, amplios tramos de control, autoridad centralizada en una sola persona y poca formalización.[30] Sin embargo, conforme aumentan los empleados, la mayoría de las compañías no siguen con estructuras simples. La estructura tiende a volverse más especializada y formalizada. Se establecen reglas y normas, el trabajo se vuelve especializado, se crean departamentos, aumentan los niveles gerenciales y la organización es cada vez más burocrática. En este punto, los gerentes podrían elegir una estructura funcional o una divisional.

Estructura funcional. Una **estructura funcional** es un diseño organizacional que agrupa especialidades ocupacionales similares o relacionadas. Podemos considerar esta estructura como una departamentalización funcional aplicada a toda una organización.

Estructura divisional. La **estructura divisional** es una estructura organizacional formada por unidades o divisiones de negocios separadas.[31] En esta estructura cada división tiene autonomía limitada, con un gerente divisional que tiene autoridad sobre su unidad y es responsable de su desempeño. Sin embargo, en el caso de estructuras divisionales la corporación matriz generalmente actúa como un supervisor externo que coordina y controla las diversas divisiones, y suele proporcionar servicios de apoyo tales como servicios financieros y legales. Por ejemplo, Wal-Mart tiene dos divisiones: la de menudeo (tiendas Wal-Mart, International, Sam's Club y otras) y la de soporte (centros de distribución).

Figura 9–7

Diseños organizacionales tradicionales

Estructura simple

- Fortalezas: rápida; flexible; económica; responsabilidades claras.
- Debilidades: no es adecuada cuando una organización crece; depender de una sola persona es arriesgado.

Estructura funcional

- Fortalezas: ventajas de ahorro de costos derivados de la especialización (economías de escala, duplicación mínima de personal y equipo); los empleados se agrupan con otros que desempeñan tareas similares.
- Debilidades: la búsqueda de objetivos funcionales puede ocasionar que los gerentes pierdan de vista lo que es mejor para toda la organización; los especialistas funcionales se aíslan y tienen poco conocimiento de lo que otras unidades hacen.

Estructura divisional

- Fortalezas: se enfoca en resultados; los gerentes divisionales son responsables de lo que ocurre con sus productos y servicios.
- Debilidades: la duplicación de actividades y recursos aumenta los costos y reduce la eficiencia.

---

producción de unidades
Producción de elementos en unidades o pequeños lotes.

producción masiva
Producción de elementos en lotes grandes.

producción por procesos
Producción de elementos en procesos continuos.

estructura simple
Diseño organizacional con poca departamentalización, amplios tramos de control, autoridad centralizada y poca formalización.

estructura funcional
Diseño organizacional que agrupa especialidades ocupacionales similares o relacionadas.

estructura divisional
Estructura organizacional formada por unidades o divisiones separadas y semiautónomas.

Razonamiento crítico sobre Ética

Para responder a las demandas de los clientes y lograr ventas adicionales, muchos restaurantes de comida rápida ahora abren más temprano y cierran más tarde. Sin embargo, esta decisión puede estar generando consecuencias indeseables, como la de que la muerte de empleados ha aumentado desde que los restaurantes permanecen abiertos más tiempo. Un profesor de justicia penal dijo, "algunas cadenas de comida rápida han lanzado menús especiales para después de media noche, pero lo que realmente necesitan son menús especiales de seguridad nocturna". ¿Usted qué opina? ¿Las empresas están arriesgando la vida de los empleados (frecuentemente, jóvenes que trabajan en el turno de la noche)? ¿Éste es un problema de ética?

Fuente: B. Horovitz, "Late shift Proves Deadly to More Fast-Food Workers", *USA Today,* 13 de diciembre de 2007, p. 1B+.

DISEÑOS ORGANIZACIONALES CONTEMPORÁNEOS

Los gerentes descubren que en ocasiones los diseños tradicionales no son adecuados para el entorno actual, cada vez más dinámico y complejo. En su lugar, las organizaciones necesitan ser delgadas, flexibles e innovadoras; es decir, necesitan ser más orgánicas. Entonces, los gerentes están encontrando formas creativas para estructurar y organizar el trabajo.[32] (Vea la figura 9-8, la cual muestra un resumen de estos diseños.)

Estructuras de equipo. Larry Page y Sergey Brin, cofundadores de Google, han creado una estructura corporativa que "aborda la mayoría de los grandes proyectos con pequeños y muy específicos equipos".[33] Una **estructura de equipo** es aquella en la que toda la organización está formada por equipos de trabajo que hacen el trabajo de la empresa.[34] En esta estructura, el otorgamiento de facultades de decisión a los empleados es crucial, ya que no existe una línea de autoridad gerencial de arriba hacia abajo. En su lugar, los equipos de empleados diseñan y hacen el trabajo de la forma en que creen que es mejor, pero también son responsables de los resultados del desempeño laboral en sus respectivas áreas.

Figura 9–8

Diseños organizacionales contemporáneos

Estructura de equipo

- Qué es: Una estructura en la que toda la organización está formada por grupos o equipos de trabajo.

- Ventajas: Los empleados están más involucrados y tienen más autoridad. Reducción de barreras entre áreas funcionales.

- Desventajas: No hay una cadena de mando clara. Presión sobre el desempeño de los equipos.

Estructura matricial y de proyectos

- Qué es: La estructura matricial es aquella que asigna especialistas de distintas áreas funcionales a determinados proyectos, pero luego regresan a sus áreas, cuando el proyecto ha concluido. La de proyectos es una estructura en la que los empleados trabajan continuamente en proyectos. Cuando un proyecto termina, los empleados se mueven al siguiente proyecto.

- Ventajas: Diseño fluido y flexible que puede responder a cambios del entorno. Toma de decisiones rápida.

- Desventajas: Complejidad para asignar personas a los proyectos. Conflictos de tareas y de personalidad.

Estructura sin límites

- Qué es: Una estructura que no está definida o restringida por límites artificiales horizontales, verticales o externos; incluye tipos de organizaciones *virtuales* y *de red*.

- Ventajas: Muy flexible y receptiva. Utiliza el talento dondequiera que se encuentre.

- Desventajas: Falta de control. Dificultades de comunicación.

En organizaciones grandes, la estructura de equipo complementa lo que típicamente es una estructura funcional o divisional. Esto permite a la organización tener la eficiencia de una burocracia y al mismo tiempo la flexibilidad que proporcionan los equipos. Por ejemplo, empresas como Amazon, Boeing, Hewlett-Packard, Louis Vuitton, Motorola y Xerox utilizan ampliamente equipos de empleados para mejorar la productividad.

Estructuras matricial y de proyectos. Además de la estructura de equipos, otros diseños contemporáneos populares son las estructuras matriciales y de proyectos. En el caso de la **estructura matricial**, las especialidades de los distintos departamentos funcionales trabajan en proyectos que son dirigidos por un gerente de proyecto. Un aspecto único de este diseño es que crea una *cadena de mando dual* en la cual los empleados tienen dos gerentes; el gerente del área funcional y el gerente de producto o de proyecto, quienes comparten la autoridad. El gerente de proyecto tiene la autoridad sobre los miembros funcionales que forman parte de su equipo de proyecto en áreas relacionadas con los objetivos del proyecto. Sin embargo, por lo general las decisiones sobre ascensos, recomendaciones de salarios y revisiones anuales son responsabilidad del gerente funcional. Para trabajar eficazmente, ambos gerentes tienen que comunicarse regularmente, coordinar las exigencias de trabajo de los empleados y resolver juntos los conflictos.

Muchas organizaciones utilizan una **estructura de proyectos**, en la cual los empleados trabajan continuamente en proyectos. A diferencia de una estructura matricial, una estructura de proyectos no tiene departamentos formales a donde los empleados regresen cuando terminan un proyecto. En su lugar, los empleados llevan sus habilidades y capacidades específicas, así como su experiencia, hacia otros proyectos. Además, todo el trabajo de las estructuras de proyectos lo realizan equipos de empleados. Por ejemplo, en la compañía de diseño IDEO, se forman equipos de proyectos, se separan y se vuelven a formar, según lo requiera el trabajo. Los empleados "se juntan" en un equipo de proyecto porque aportan las habilidades y capacidades necesarias a ese proyecto. Sin embargo, una vez que un proyecto concluye, se mueven al siguiente.[35]

Las estructuras de proyecto son diseños organizacionales flexibles. No hay departamentalización o una jerarquía organizacional rígida que retrase la toma de decisiones o el inicio de actividades. En esta estructura los gerentes se desempeñan como facilitadores, mentores y orientadores. Eliminan o minimizan los obstáculos organizacionales, y garantizan que los equipos tengan los recursos necesarios para realizar su trabajo de manera eficiente y eficaz.

La organización sin límites. Otro diseño organizacional contemporáneo es el de la **organización sin límites**, el cual representa a una organización cuyo diseño no está definido o restringido por límites horizontales, verticales o externos, impuestos por una estructura predefinida.[36] El ex presidente de GE, Jack Welch, acuñó el término porque quería eliminar los límites verticales y horizontales de GE y echar por tierra las barreras externas entre la empresa y sus clientes y proveedores. Aunque la idea de eliminar límites puede parecer extraña, muchas de las organizaciones más exitosas de hoy en día han descubierto que pueden operar con mayor eficiencia si son flexibles y *no* estructuradas; la estructura ideal para ellos es *no* tener una estructura rígida, limitada y predefinida.[37]

¿Qué queremos decir con *límites*? Hay dos tipos: (1) los *internos*, que son los límites horizontales impuestos por la especialización del trabajo y la departamentalización, y los verticales que separan a los empleados en niveles y jerarquías organizacionales; y (2) los *externos*, que son los límites que separan a la organización de sus clientes, proveedores y otras partes interesadas. Para minimizar o eliminar estos límites, los gerentes pueden utilizar diseños estructurales virtuales o de red.

Una **organización virtual** consiste en un pequeño grupo de empleados de tiempo completo y especialistas que son contratados según las necesidades de los proyectos.[38] Un ejemplo es StrawberryFrog, una agencia de publicidad global con oficinas en Ámsterdam y Nueva York. Esta empresa hace su trabajo con un pequeño grupo de personal adminis-

---

estructura de equipo
Estructura organizacional según la cual toda la organización está formada por grupos o equipos de trabajo.

estructura matricial
Estructura organizacional que asigna especialistas de distintos departamentos funcionales a uno o más proyectos.

estructura de proyectos
Estructura organizacional en la que los empleados trabajan continuamente en proyectos.

organización sin límites
Organización cuyo diseño no está definido o restringido por límites horizontales, verticales y externos, impuestos por una estructura predefinida.

organización virtual
Organización que consiste en un pequeño grupo de empleados de tiempo completo y especialistas que son contratados temporalmente según las necesidades de los proyectos.

Bill Green, quien aparece en la fotografía en una conferencia de prensa en Mumbai, India, es el presidente de Accenture, Ltd., una empresa de consultoría internacional que también es una organización virtual. Green no cuenta con una oficina permanente y la empresa no tiene una sede de operaciones o sucursales. Sus ejecutivos de nivel alto se encuentran dispersos alrededor del mundo y muchos de sus empleados pasan sus días viajando o trabajando en las oficinas de sus clientes. La cultura de la compañía está en constante movimiento y sus gerentes crecen por el contacto personal con los clientes. "Nosotros no vamos hacia la cafetera del vestíbulo, le preguntamos a alguien cómo estuvo su fin de semana y luego le hacemos una pregunta de negocios", dice Green, quien acumula cientos de miles de millas de vuelo en un año normal. "Nos pasamos el tiempo en los países donde están nuestros clientes, lo que es más importante si se dirige una compañía global".

trativo pero tiene una red global de profesionales independientes que son asignados para trabajar con los clientes. Al contar con estos profesionales independientes la empresa disfruta de una red de talentos sin toda la sobrecarga y complejidad estructural innecesaria.[39] La inspiración de este enfoque estructural proviene de la industria cinematográfica. Ahí, las personas son en esencia "agentes libres" y se mueven de un proyecto a otro aplicando sus habilidades (dirección, selección de talentos, vestuario, maquillaje, diseño de escenarios, etcétera) según se necesite.

Otra opción estructural para los gerentes que quieren minimizar o eliminar los límites organizacionales es una **organización de red**, en la cual una empresa utiliza a sus propios empleados para realizar ciertas actividades laborales y utiliza redes de proveedores externos para proporcionar otros componentes necesarios de producto o procesos de trabajo.[40] Tal forma organizacional a veces se conoce como *organización modular* entre las empresas manufactureras.[41] Este enfoque estructural permite a las organizaciones concentrarse en lo que hacen mejor, y delegar a otras compañías las actividades que éstas hacen mejor. Muchas empresas utilizan actualmente dicho enfoque para ciertas actividades de la organización. Por ejemplo, el corporativo de desarrollo de aviones Boeing 787 dirige a miles de empleados y aproximadamente a 100 proveedores en más de 100 países diferentes.[42] La empresa de origen sueco Ericsson contrata la manufactura e incluso parte de su investigación y desarrollo a contratistas más eficientes en costos de Nueva Delhi, Singapur, California y de otras partes del mundo.[43] En Penske Truck Leasing, se han asignado a contratistas de México e India docenas de procesos de negocios como la obtención de permisos y derechos, la captura de información de las bitácoras de los conductores y el procesamiento de información para declaraciones de impuestos y contabilidad.[44]

DESAFÍOS ACTUALES DEL DISEÑO ORGANIZACIONAL

Mientras los gerentes buscan los mejores diseños organizacionales para ayudar a sus empleados a desempeñar su trabajo de manera eficiente y eficaz, enfrentan ciertos desafíos. Éstos incluyen mantener a los empleados comunicados, construir una organización que aprenda y manejar problemas estructurales globales.

Comunicación con los empleados. Muchos conceptos de diseño organizacional se desarrollaron durante el siglo XX, cuando las tareas laborales eran bastante predecibles y constantes, la mayoría de los trabajos eran de tiempo completo y continuaban indefinidamente, y el trabajo se hacía en el centro de negocios bajo la supervisión de un gerente.[45] Esto ya no sucede así en muchas organizaciones actuales, como vio en nuestra explicación anterior sobre organizaciones virtuales y de red. Un desafío importante de diseño estructural que enfrentan los gerentes es encontrar la forma de mantener comunicados con la empresa a empleados muy móviles y muy dispersos. El cuadro "Cómo dirigir en un mundo virtual" describe las maneras en que la tecnología de la información puede ayudar.

Cómo dirigir en un Mundo Virtual

El efecto de la IT sobre el diseño organizacional

Es justo decir que el mundo laboral nunca será como fue hace 10 años. La IT ha abierto nuevas posibilidades para que los empleados hagan su trabajo desde lugares remotos como la Patagonia o en el centro de Seattle. Aunque las organizaciones siempre han tenido empleados que viajan a las oficinas distantes del corporativo para encargarse de los negocios, estos empleados ya no tienen que encontrar el teléfono público más cercano o esperar a volver a "la oficina" para saber qué problemas han surgido. Ahora, la computación y la comunicación móvil han proporcionado a las empresas y a los empleados mecanismos para estar conectados y ser más productivos.[46] Veamos algunas de las tecnologías que están cambiando la forma de trabajar:

- Los dispositivos portátiles que permiten a un empleado acceder a correo electrónico, calendarios y contactos, pueden utilizarse en cualquier lugar donde haya una red inalámbrica. Estos dispositivos pueden utilizarse para entrar a las bases de datos corporativas y a las intranets de la empresa.
- Los empleados pueden tener videoconferencias a través de redes de banda ancha y cámaras Web.

- Muchas empresas dan a sus empleados claves de autenticación con códigos de encriptación que cambian constantemente y que les permiten entrar a la red corporativa para acceder al correo electrónico y a la información de la empresa desde cualquier computadora que esté conectada a la Internet.
- Los teléfonos celulares cambian sin problema entre redes de celulares y conexiones corporativas Wi-Fi.

El problema más importante de hacer el trabajo en cualquier parte y en cualquier momento es la seguridad. Las empresas deben proteger la información importante y delicada. Sin embargo, el software y otros dispositivos neutralizantes han minimizado considerablemente los problemas de seguridad. Incluso los proveedores de seguros se sienten mejor al proporcionar a sus empleados acceso a la información. Por ejemplo, Health Net Inc. proporcionó BlackBerrys a muchos de sus gerentes para que puedan acceder a los registros de los clientes desde cualquier parte. Como dijo el presidente de una empresa de tecnología, "Las empresas ahora pueden comenzar a pensar en [aplicaciones de] innovación que pueden crear y entregar a sus empleados en cualquier parte".

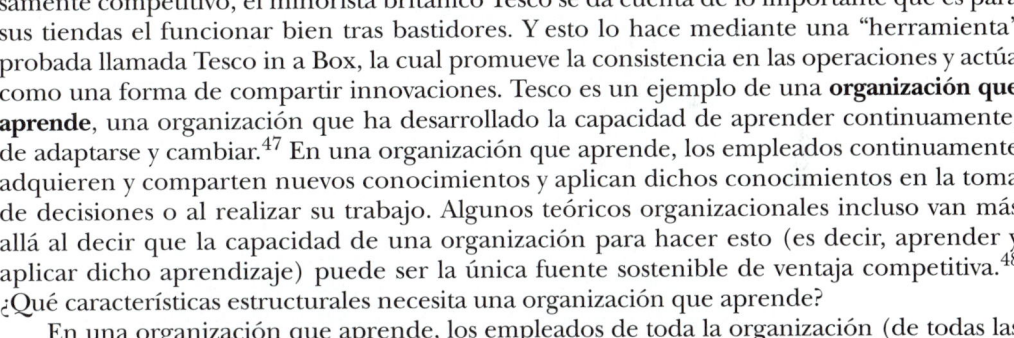

¿Quiénes son?
CARA A CARA

DIRECCIÓN A DISTANCIA:
Cuento con personal que se reporta conmigo y que se encuentra a cientos de millas de distancia. Hago que esto funcione invirtiendo el tiempo suficiente para seleccionar a estos individuos, de tal forma que cuento con personas que comparten mi filosofía básica de negocios y con quienes puedo comunicarme fácilmente.

Construcción de una organización que aprende. Al hacer negocios en un entorno global intensamente competitivo, el minorista británico Tesco se da cuenta de lo importante que es para sus tiendas el funcionar bien tras bastidores. Y esto lo hace mediante una "herramienta" probada llamada Tesco in a Box, la cual promueve la consistencia en las operaciones y actúa como una forma de compartir innovaciones. Tesco es un ejemplo de una **organización que aprende**, una organización que ha desarrollado la capacidad de aprender continuamente, de adaptarse y cambiar.[47] En una organización que aprende, los empleados continuamente adquieren y comparten nuevos conocimientos y aplican dichos conocimientos en la toma de decisiones o al realizar su trabajo. Algunos teóricos organizacionales incluso van más allá al decir que la capacidad de una organización para hacer esto (es decir, aprender y aplicar dicho aprendizaje) puede ser la única fuente sostenible de ventaja competitiva.[48] ¿Qué características estructurales necesita una organización que aprende?

En una organización que aprende, los empleados de toda la organización (de todas las especialidades funcionales e incluso de distintos niveles organizacionales) deben compartir información y colaborar en actividades laborales. Esto requiere barreras estructurales y físicas mínimas. En un entorno sin límites, los empleados trabajan juntos y colaboran en hacer el trabajo de la organización de la mejor manera posible y aprenden uno de otro. Por último, debido a la necesidad de colaboración, los equipos de trabajo con autoridad tienden a ser una característica importante del diseño estructural de una organización que aprende. Estos equipos toman decisiones sobre lo que se necesita para realizar el trabajo o para resolver problemas. Con empleados y equipos con autoridad, hay muy poca necesidad de "jefes" para dirigir y controlar. En su lugar, los gerentes están para facilitar, apoyar y defender.

Manejo de problemas estructurales globales. ¿Existen diferencias globales en las estructuras organizacionales? ¿Las organizaciones australianas son como las estadounidenses? ¿Las

---

organización de red
Organización que utiliza a sus propios empleados para realizar ciertas actividades laborales y redes de proveedores externos para proporcionar otros componentes de productos o procesos de trabajo necesarios.

organización que aprende
Organización que ha desarrollado la capacidad de aprender continuamente, de adaptarse y cambiar.

organizaciones alemanas están estructuradas como las francesas o las mexicanas? Dada la naturaleza global del entorno corporativo actual, éste es un tema con el que los gerentes deben estar familiarizados. Los investigadores han concluido que las estructuras y estrategias de las organizaciones alrededor del mundo son similares, "mientras el comportamiento entre ellas sea mantener su singularidad cultural".[49] ¿Qué significa esto para diseñar estructuras eficientes y eficaces? Al diseñar o cambiar la estructura, podría necesitarse que los gerentes consideraran las implicaciones culturales de ciertos elementos de diseño. Por ejemplo, un estudio mostró que la formalización (reglas y mecanismos burocráticos) pueden ser más importantes en países menos desarrollados económicamente y menos importantes en países más desarrollados de manera económica, donde los empleados pueden tener niveles más altos de educación y habilidades profesionales.[50] Otros elementos de diseño estructural podrían también verse afectados por diferencias culturales.

Una última reflexión. No importa cuál diseño estructural elijan los gerentes para sus organizaciones, éste debe ayudar a los empleados a hacer su trabajo de la mejor forma posible (lo más eficiente y eficaz que se pueda). La estructura debe apoyar y ayudar a los miembros de la organización cuando realicen el trabajo de la empresa. Después de todo, la estructura es simplemente un medio para llegar a un fin.

REPASO RÁPIDO:
OBJETIVO DE APRENDIZAJE 9.3

- Compare los tres diseños de organización tradicional.
- Describa los diseños organizacionales contemporáneos.

- Analice los desafíos de diseño organizacional que enfrentan los gerentes hoy en día.

Vaya a la página 200 para ver qué tan bien maneja este material.

¿Quiénes son?

Nuestro turno

Cindy Brewer

Gerente de desarrollo de personal
Sears Holding Corporation
Chicago, Illinois

Sørensen ya utiliza muchos aspectos de una organización orgánica, incluidos individuos altamente capacitados, asociados con mucha autoridad y una dirección y supervisión limitada. Él debe continuar utilizando todo esto para ser más orgánico. Esto generará una estructura que permitirá que la empresa sea lo suficientemente flexible para cambiar junto con los caprichos creativos de los empleados.

Mark Stepowoy

Vicepresidente
American Residential Services LLC
Cleveland, Ohio

B&O es claramente una organización centrada en el diseño. Para apoyar lo que supongo es una inusual pero bien entendida declaración de misión, el Sr. Sørensen podría considerar lo siguiente:

- Utilizar una estructura orgánica, ya que estos equipos de diseño no van a funcionar bien con una letanía de reglas y estructuras.
- Utilizar una estructura más mecanicista con el equipo de producción para garantizar un equipo consistente y de alta calidad.
- Para conciliar las necesidades únicas y opuestas de cada grupo, considerar un diseño organizacional de matriz en el que los gerentes de proyectos salgan del departamento de diseño y puedan garantizar que los productos sigan centrados en el diseño hasta el final.
- Mantener a los empleados de ambos grupos físicamente separados, para conservar sus culturas únicas.

OBJETIVOS DE APRENDIZAJE
RESUMEN

9.1 ▷ DISEÑO DE LA ESTRUCTURA ORGANIZACIONAL

- Analice los enfoques tradicional y contemporáneo de la especialización del trabajo, cadena de mando y tramo de control.
- Describa cada una de las cinco formas de departamentalización.
- Diferencie autoridad, responsabilidad y unidad de mando.
- Explique cómo se utiliza la centralización-descentralización y la formalización en el diseño organizacional.

De manera tradicional, la especialización del trabajo se consideraba como una forma de dividir las actividades laborales en tareas separadas. La visión actual es que la especialización del trabajo es un mecanismo importante para organizar, pero puede generar problemas. La cadena de mando y los conceptos subyacentes (autoridad, responsabilidad y unidad de mando) se consideraban formas importantes de mantener el control en las organizaciones. La visión contemporánea es que éstos son menos relevantes en las organizaciones actuales. La visión tradicional del tramo de control era que los gerentes debían supervisar directamente a no más de cinco o seis individuos. La visión contemporánea es que el tramo de control depende de las habilidades y capacidades del gerente y de los empleados, así como de las características de la situación.

Las diferentes formas de departamentalización son las siguientes: *funcional*, la cual agrupa a los puestos según las funciones desempeñadas; *por productos*, agrupa a los puestos por líneas de productos; *geográfica*, agrupa a los puestos por región geográfica; *por procesos*, que agrupa los puestos según un flujo de productos o clientes, y *por clientes*, la cual agrupa los puestos por grupos específicos y únicos de clientes.

La autoridad se refiere a los derechos inherentes a una posición gerencial para decirle a la gente qué hacer y lo que se espera que haga. Responsabilidad es la obligación o expectativa de desempeñar tareas asignadas. La unidad de mando establece que una persona debe reportarle a un solo gerente.

La centralización-descentralización es una decisión estructural sobre quién toma decisiones, los gerentes de nivel alto o los empleados de nivel bajo. La formalización tiene que ver con el uso de estándares y reglas estrictas para generar consistencia y control.

9.2 ▷ ESTRUCTURAS MECANICISTAS Y ORGÁNICAS

- Compare las organizaciones mecanicistas y orgánicas.
- Explique los factores de contingencia que afectan el diseño organizacional.

Una organización mecanicista es una estructura rígida y muy controlada. Una organización orgánica es muy adaptable y flexible.

La estructura de una organización debe apoyar su estrategia. Si la estrategia cambia, la estructura debe cambiar también. El tamaño de una organización puede afectar su estructura hasta cierto punto. Una vez que la organización alcanza cierto tamaño (generalmente 2,000 empleados), es casi mecanicista. La tecnología de una organización también puede afectar su estructura. Una estructura orgánica es más efectiva con tecnología de producción de unidades y de producción por procesos. Una estructura mecanicista es más efectiva con tecnología de producción masiva. Cuanto más incierto es el entorno de una organización, más necesaria resulta la flexibilidad de un diseño orgánico.

9.3 ▷ DISEÑOS ORGANIZACIONALES COMUNES

- Compare los tres diseños de organización tradicional.
- Describa los diseños organizacionales contemporáneos.
- Analice los desafíos de diseño organizacional que enfrentan los gerentes hoy en día.

Una estructura simple es la que cuenta con poca departamentalización, amplios tramos de control, autoridad centralizada en una sola persona y poca formalización. Una estructura funcional agrupa especialidades ocupacionales similares o relacionadas. Una estructura divisional está formada por unidades o divisiones de negocios separadas. En una estructura de equipo, toda la organización está formada por equipos de trabajo. En la estructura matricial, los especialistas de distintos departamentos funcionales trabajan en uno o más proyectos, dirigidos por gerentes de proyecto. Una estructura de proyecto es aquella en la que los empleados trabajan continuamente en proyectos. Una organización virtual consiste en un pequeño grupo de empleados de tiempo completo y especialistas externos contratados temporalmente según lo necesiten los proyectos. Una organización de red es aquella que utiliza a sus propios empleados para realizar ciertas actividades y acude a redes de proveedores externos para brindar componentes de productos o procesos de trabajo.

Los gerentes de hoy en día enfrentan tres desafíos organizacionales: mantener a los empleados comunicados, construir una organización que aprenda y manejar problemas estructurales globales.

PENSEMOS EN CUESTIONES ADMINISTRATIVAS

1. ¿La estructura de una organización puede ser modificada rápidamente? ¿Por qué? ¿Debe cambiar rápidamente? Explique su respuesta.
2. ¿Usted preferiría trabajar en una organización mecanicista o en una orgánica? ¿Por qué?
3. ¿Qué tipo de habilidades necesitaría un gerente para trabajar eficazmente en una estructura de proyectos? ¿En una organización sin límites? ¿En una organización que aprende?
4. La organización sin límites tiene el potencial de crear un cambio importante en la forma en que trabajamos. ¿Está de acuerdo con esto? Explique su respuesta.
5. Con tecnología de información avanzada disponible, la cual permite que las organizaciones hagan el trabajo en cualquier parte y en cualquier momento, ¿la de organizar todavía es una función gerencial importante? ¿Por qué?
6. Los investigadores ahora dicen que los esfuerzos por simplificar las tareas laborales en realidad tienen resultados negativos, tanto para las compañías como para sus empleados. ¿Está de acuerdo? ¿Por qué?

SU TURNO de ser gerente

- Encuentre tres ejemplos distintos de organigramas empresariales. En un informe describa cada uno de ellos. Intente descifrar cómo utilizó la organización los elementos de diseño organizacional, en especial la departamentalización, la cadena de mando, la centralización-descentralización y la formalización.

- Entreviste al menos a 10 gerentes acerca de cuántos empleados supervisan. También pregúnteles si piensan que podrían supervisar a mas empleados o si creen que la cantidad que supervisan es demasiado grande. Elabore una gráfica de los resultados de sus entrevistas y redacte un informe en el que describa lo que encontró. Escriba algunas conclusiones sobre el tramo de control.

- Bosqueje el organigrama de una organización con la que esté familiarizado (en la que trabaja, una organización estudiantil a la que pertenezca, su colegio o universidad, etcétera). Tenga el cuidado de mostrar los departamentos (o grupos) y en especial de obtener la cadena de mando correcta. Prepárese para exponer su organigrama en clase.

- Por medio del organigrama empresarial que acaba de crear, rediseñe la estructura de la organización. ¿Qué cambios estructurales podría hacer para que esta empresa fuera más eficiente y eficaz? Escriba un informe en el que describa lo que usted haría y por qué. Asegúrese de incluir un ejemplo del organigrama empresarial original así como un organigrama de su propuesta para la estructura organizacional.

- Lecturas sugeridas por Steve y Mary: Gary Hamel, *The Future of Management* (Harvard Business School Press, 2007); Thomas Friedman, *The World Is Flat 3.0* (Picador, 2007); Harold J. Leavitt, *Top Down: Why Hierarchies Are Here to Stay and How to Manage Them More Effectively* (Harvard Business School Press, 2005); y Thomas W. Malone, *The Future of Work* (Harvard Business School Press, 2004).

- Elija uno de los tres temas abordados en la sección que trata sobre los desafíos actuales del diseño organizacional. Investigue sobre este tema y escriba un artículo sobre él. Enfóquese en encontrar información y ejemplos actuales de empresas que enfrentan estos problemas.

- Con sus propias palabras, escriba tres cosas que aprendió en este capítulo sobre ser un buen gerente.

- La autoevaluación puede resultar una poderosa herramienta de aprendizaje. Vaya a mymanagementlab y complete estos ejercicios de autoevaluación: How Well Do I Handle Ambiguity? (¿Qué tan bueno soy para manejar la ambigüedad?), What Type of Organizational Structure Do I Prefer? (¿Qué tipo de estructura organizacional prefiero?), How Good Am I at Playing Politics? (¿Qué tan bueno soy en jugar a la política?), y How Willing Am I to Delegate? (¿Qué tan dispuesto estoy a delegar?). Con los resultados de sus evaluaciones, identifique fortalezas y debilidades personales. ¿Qué hará para reforzar sus fortalezas y superar sus debilidades?

PEARSON
Para más recursos, visite www.mymanagementlab.com

CASO
PRÁCTICO

Un nuevo tipo de estructura

Admítalo. Algunas veces los proyectos en los que está trabajando (escolares, laborales, o ambos) pueden ser bastante aburridos y monótonos. ¿No sería agradable tener un botón mágico el cual pudiera oprimir para hacer que alguien más hiciera las cosas aburridas y tardadas? En Pfizer, tal botón es una realidad para muchos empleados.

Como compañía farmacéutica global, Pfizer continuamente busca formas para ser más eficiente y eficaz. El director en jefe de eficacia organizacional de la empresa, Jordan Cohen, descubrió que "el personal con maestría en administración de empresas de Harvard que contratamos para desarrollar estrategias e innovar estaba, por el contrario, googleando y haciendo diapositivas en Power Point". De hecho, estudios internos condujeron al alarmante hallazgo de cuánto tiempo desperdiciaba su talentoso personal en tareas triviales. El empleado promedio de Pfizer pasaba entre 20 y 40 por ciento de su tiempo en trabajo de apoyo (creación de documentos, escritura de notas, investigación, manipulación de datos, programación de reuniones) y sólo entre 60 y 80 por ciento en trabajo de conocimiento (estrategia, innovación, creación de redes, colaboración, razonamiento crítico). Y el problema no se presentaba sólo en niveles bajos. Incluso los empleados de nivel alto se veían afectados. Fue entonces cuando Cohen comenzó a buscar soluciones. La solución que eligió resultó ser la subcontratación de empresas de procesos de conocimiento con sede en la India.

Las pruebas iniciales para subcontratar las tareas de apoyo no salieron bien en absoluto. Sin embargo, Cohen continuó afinando el proceso hasta que todo funcionó. Ahora los empleados de Pfizer pueden hacer clic en el botón OOF (Oficina del Futuro) de Microsoft Outlook, y se conectan con una compañía subcontratada, donde un solo trabajador en la India recibe la solicitud y la asigna a un equipo. El líder del equipo llama al empleado para aclarar la solicitud. El líder del equipo envía luego un correo electrónico especificando los costos del trabajo solicitado. En este punto, el empleado de Pfizer puede decir sí o no. Cohen dice que los beneficios del OOF son inesperados. El tiempo consumido en el aná-

Jordan Cohen, director en jefe de eficacia organizacional de Pfizer.

lisis de información se ha reducido, en ocasiones hasta la mitad. Los beneficios financieros también son impresionantes. Y los empleados de Pfizer lo aman. Cohen dice, "Es muy asombroso. Me pregunto qué hacían antes".

Preguntas de análisis

1. Describa y evalúe lo que Pfizer está haciendo.

2. ¿Qué implicaciones estructurales (buenas y malas) tiene este enfoque? (Piénselo en términos de los seis elementos de diseño organizacional).

3. ¿Cree que este diseño funcionaría en otro tipo de organizaciones? ¿Por qué?

4. ¿Qué papel cree que tiene la estructura organizacional en la eficiencia y eficacia de una organización? Explique su respuesta.

Cortesía de Mark Mahaney.

¿Quiénes son?

Conozca a los gerentes

Jose Quirarte

Reclutador de RH
Harrah's Entertainment
Council Bluffs, Iowa

MI TRABAJO: Soy el responsable de encontrar e incorporar los mejores talentos de la zona a la compañía de casinos más grande del mundo.

LA MEJOR PARTE DE MI TRABAJO: Trabajar con gente de diferentes áreas.

LA PEOR PARTE DE MI TRABAJO: Decirle a alguien que no ha sido seleccionado para desarrollarse laboralmente en nuestra compañía.

EL MEJOR CONSEJO GERENCIAL RECIBIDO: Sólo debes entrevistarte una vez con una compañía.

Tracy Tunwall

Facultad de negocios
Mount Mercy College
Cedar Rapids, Iowa

MI TRABAJO: Actualmente soy miembro de la facultad, pero en fecha reciente fui vicepresidenta de recursos humanos en Frontier Natural Products, en Norway, Iowa.

LA MEJOR PARTE DE MI TRABAJO: Tener un gran efecto sobre mucha gente.

LA PEOR PARTE DE MI TRABAJO: Trabajar con compañías que no entienden el impacto de los recursos humanos, especialmente en esta economía que se basa en el conocimiento.

EL MEJOR CONSEJO GERENCIAL RECIBIDO: Para llegar a donde quieres estar, haz algo que temes. ¡Salte de tu zona de confort!

A lo largo del capítulo sabrá más sobre estos gerentes reales.

Capítulo 10

Administración de recursos humanos

Una vez definida la estructura de una organización, es hora de encontrar a la gente que ocupará los puestos que se crearon. Aquí es donde entra la administración de recursos humanos. Se trata de una importante tarea que tiene que ver con conseguir el número correcto de personas adecuadas en el lugar apropiado y en el momento oportuno. Conforme lea y estudie este capítulo, concéntrese en los siguientes objetivos de aprendizaje.

OBJETIVOS DE APRENDIZAJE

El dilema de un gerente

Como muchas otras compañías que se apoyaron en centros de atención telefónica para reducir costos, 1-800-FLOWERS.com, un negocio de regalos en línea, llevó esos trabajos al extranjero.[1] Cuando los clientes comenzaron a quejarse del mal servicio, muchas compañías regresaron los trabajos a Estados Unidos, pero eligieron ubicarse en pequeñas ciudades donde los salarios eran menores y había menos competencia por los empleados. 1-800-FLOWERS fue una de esas compañías. Sin embargo, se percató de que esta estrategia no funcionaba según lo planeado, y la compañía se enfrentó a un nuevo problema: una gran rotación de personal en una población pequeña para contratar reemplazos. Denise Thompson, una ejecutiva de RH de 1-800-FLOWERS, dijo "La gente intentaba, ingresaba al trabajo, y si no era de su agrado, lo dejaba... sentíamos como si ya hubiéramos empleado a todos en el pueblo". El problema se agravó durante los periodos vacacionales; los gerentes del servicio telefónico realmente sufrían para encontrar suficientes empleados para manejar el volumen de llamadas de los clientes. Thompson se dio cuenta de que la compañía tenía que modificar el modelo de su plantilla de personal para tratar de eliminar la enorme rotación.

Póngase en su lugar. ¿Qué puede hacer Denise para garantizar que 1-800-FLOWERS tenga suficientes empleados calificados para ocupar estos puestos?

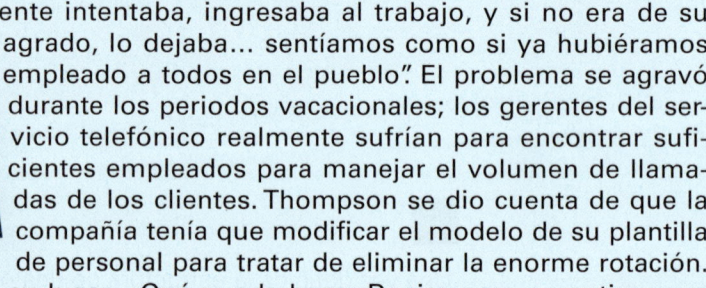

¿Usted qué haría?

Denise Thompson comprende claramente que la calidad de una organización depende en gran medida de la calidad de la gente que se contrata y se mantiene. Como muchos otros gerentes de hoy en día, ella enfrenta un importante desafío en la administración de recursos humanos (ARH): asegurarse de que su compañía tenga una fuerza laboral de calidad. Obtener y mantener empleados competentes es crítico para el éxito de toda organización, ya sea que recién comience o que haya estado en el negocio por años. Si una organización no toma con seriedad sus responsabilidades en la administración de recursos humanos, podrían tener problemas de desempeño. Por lo tanto, parte del trabajo de cualquier gerente al organizar es la ARH. Todos los gerentes se involucran con algunas actividades de la administración de recursos humanos, como la entrevista de candidatos, la orientación a los nuevos empleados y la evaluación del desempeño de sus empleados, incluso si existe un departamento separado para la administración de recursos humanos.

OBJETIVO DE
APRENDIZAJE 10.1 ▷ ## EL PROCESO DE LA ADMINISTRACIÓN DE RECURSOS HUMANOS

"En L'Oreal, el éxito comienza con su gente. Nuestra gente es nuestro activo más preciado. El respeto por la gente, sus ideas y diferencias, es la única vía para un crecimiento sostenible a largo plazo".[2] Como en L´Oreal, muchas otras organizaciones profesan que su gente es el activo más importante, y reconocen el importante papel que juegan los empleados en el éxito de una organización.

¿POR QUÉ ES IMPORTANTE LA ADMINISTRACIÓN DE RECURSOS HUMANOS?

La administración de recursos humanos es importante por tres razones. Primera, puede ser una importante fuente de ventajas competitivas, como se ha concluido en varios estudios.[3]

Y esto es cierto para organizaciones de todo el mundo, no solamente de Estados Unidos. El Human Capital Index, un estudio integral de más de 2,000 compañías globales, concluyó que los departamentos de RH orientados a la gente generan un valor para la organización al crear un valor superior a los accionistas.[4]

Segundo, la administración de recursos humanos es una parte importante de las estrategias de la organización. Lograr un éxito competitivo a través de la gente significa que los gerentes deben modificar su manera de pensar con respecto a sus empleados y a la forma en que ven la relación de trabajo. Deben trabajar con las personas y tratarlas como compañeros, no solamente como costos a eliminar o reducir. Esto es lo que hacen las organizaciones orientadas a la gente, como Southwest Airlines y W.L. Gore.

Por último, se ha descubierto que la manera en que una organización trata a su gente afecta en gran manera su desempeño.[5] Por ejemplo, un estudio reportó que al mejorar significativamente las prácticas laborales se podía incrementar el valor de mercado hasta 30 por ciento.[6] Otro estudio que dio seguimiento al promedio de recuperación anual de las acciones de las compañías en la lista de "100 Best Companies to Work For" de *Fortune*, descubrió que estas compañías superaban el S&P 500 en periodos de 10, 5, 3 y 1 año.[7] A las prácticas laborales que llevaron a mejorar tanto el desempeño laboral individual como organizacional se les conoce como **prácticas laborales de alto rendimiento** (vea los ejemplos que aparecen en la figura 10-1). El denominador común entre estas prácticas parece ser un compromiso para mejorar el conocimiento, las habilidades y capacidades de los empleados de una organización; incrementar su motivación; disminuir la holgazanería en el trabajo y mejorar la retención de los empleados de calidad, así como promover que los de bajo desempeño se vayan.

Incluso si una organización no utiliza prácticas laborales de alto rendimiento, existen actividades específicas en la administración de recursos humanos que se deben llevar a cabo para garantizar que la organización cuente con personal calificado para realizar el trabajo que debe hacerse (actividades que comprenden el proceso de la administración de recursos humanos). La figura 10-2 muestra las ocho actividades de este proceso. Las primeras tres actividades aseguran la identificación y selección de los empleados competentes, las dos siguientes proporcionan a los empleados el conocimiento actualizado y las habilidades necesarias, y las tres últimas aseguran que la organización retenga a los empleados más competentes y de alta calidad. Antes de analizar detalladamente estas actividades, es necesario revisar los factores externos que afectan al proceso de la administración de recursos humanos.

FACTORES EXTERNOS QUE AFECTAN AL PROCESO DE LA ADMINISTRACIÓN DE RECURSOS HUMANOS

Todo el proceso de administración de RH está influenciado por el entorno externo. Entre los factores que más influyen están los sindicatos, las leyes y regulaciones gubernamentales, y las tendencias demográficas.

Sindicatos Un **sindicato** es una organización que representa a los trabajadores y busca proteger sus intereses a través de la negociación colectiva. En las organizaciones sindicalizadas, muchas decisiones de la administración de RH las dictan las negociaciones colectivas, las cuales por lo general definen asuntos como las fuentes de reclutamiento, los criterios de contratación, las promociones y despidos, la elegibilidad de capacitación y las prácticas

Figura 10–1

Prácticas laborales de alto rendimiento

- Equipos autodirigidos.
- Toma de decisiones descentralizada.
- Programas de capacitación para desarrollar conocimiento, habilidades y capacidades.
- Asignación flexible de posiciones.
- Comunicación abierta.
- Compensación basada en desempeño.
- Empleos basados en el perfil persona-trabajo y persona-organización.

Fuente: Basado en W.R. Evans y W.D. Davis, "High-Performance Work Systems and Organizational Performance: The Mediating Role of Internal Social Structure", *Journal of Management*, octubre de 2005, p.760.

prácticas laborales de alto rendimiento
Prácticas laborales que promueven tanto el alto desempeño individual como el alto desempeño organizacional.

sindicato
Organización que representa a los trabajadores y busca proteger sus intereses a través de la negociación colectiva.

Figura 10–2 Proceso de la administración de RH

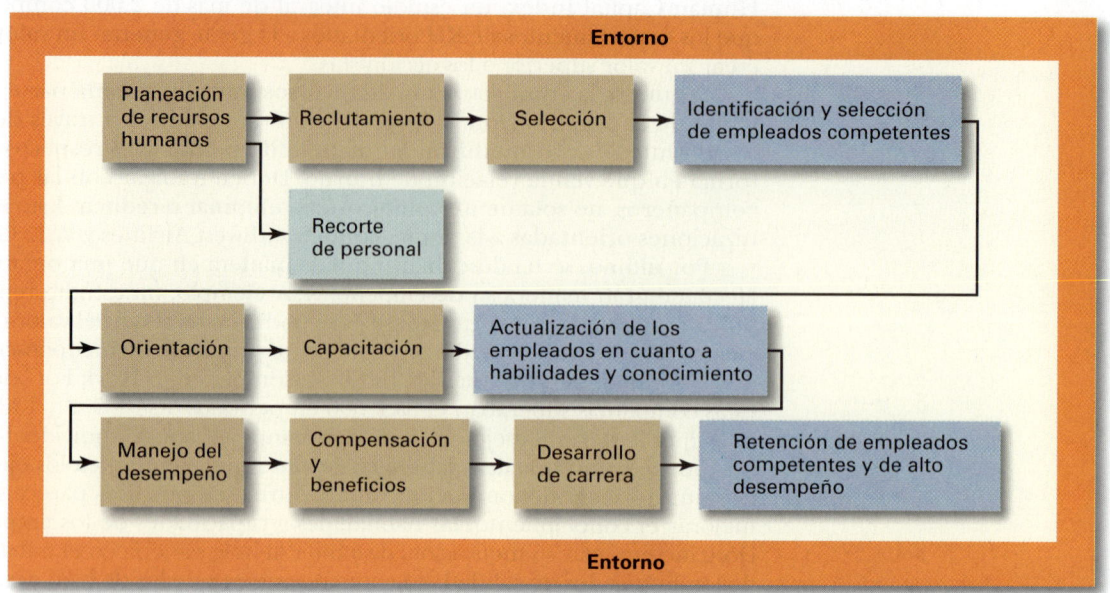

disciplinarias. Aproximadamente 12.1 por ciento de la fuerza laboral en Estados Unidos no está sindicalizada, pero el porcentaje es mayor en otros países excepto en Francia, donde sólo 9.6 por ciento de los trabajadores no está sindicalizado. Por ejemplo, en Japón, alrededor de 19.6 por ciento de la fuerza laboral pertenece a algún sindicato; en Alemania, 27 por ciento; en Dinamarca, 75 por ciento; en Australia, 22.7 por ciento; en Canadá, 30 por ciento, y en México, 19 por ciento.[8] Aun cuando los sindicatos pueden afectar las prácticas de la administración de RH de una organización, las legislaciones gubernamentales son la restricción más importante del entorno, especialmente en Norteamérica.

Layes gubernamentales 33.5 millones de dólares. Éste es el monto que las tiendas Wal-Mart acordaron pagar en salarios más intereses para cumplir con una demanda federal que acusó a la compañía de violar las leyes con respecto a horas extras laboradas.[9] Las prácticas de la administración de RH de una organización se ven afectadas por las leyes de un país. (Vea en la figura 10-3 algunas leyes importantes que afectan al proceso de la administración de RH.) Por ejemplo, las decisiones sobre quién será contratado o cuáles empleados serán seleccionados para el programa de capacitación o cuál será la compensación del empleado sin importar raza, sexo, religión, edad, color, nacionalidad de origen o discapacidad. Pueden ocurrir excepciones sólo en circunstancias especiales. Por ejemplo, el departamento de bomberos de una comunidad puede negar el empleo a un candidato a bombero que está confinado a una silla de ruedas; pero si el mismo individuo aplica para un trabajo de escritorio, como una posición de despachador, la discapacidad no se puede utilizar como una razón para negar el empleo. Sin embargo, rara vez los problemas son tan claros. Por ejemplo, las leyes del empleo protegen a la mayoría de los empleados cuyas creencias religiosas requieren un estilo específico para vestir (togas, camisas largas, pelo largo, etcétera). Sin embargo, si el estilo específico de vestir pudiera ser peligroso o inseguro en el área laboral (como en la operación de maquinaria), una compañía podría negar la contratación a una persona que no adoptaría un código de vestimenta más seguro.[10]

Tratar de equilibrar los "se debe" y los "no se debe" de muchas de las leyes, con frecuencia cae dentro del dominio de la **acción afirmativa**. A través de los programas de acción afirmativa, una organización busca activamente mejorar el estatus de los miembros de grupos protegidos. Sin embargo, los gerentes en Estados Unidos no tienen total libertad de elegir a quién contratar, promover o despedir, y tampoco tienen la libertad de tratar a los empleados de la manera que quieran. Aunque las leyes han ayudado a reducir la discriminación en el empleo y las prácticas injustas, al mismo tiempo han reducido la discrecionalidad de los gerentes con respecto a las decisiones de la administración de RH. Debido a que las demandas laborales apuntan cada vez más hacia los supervisores, así como a sus organizaciones, los gerentes deben saber qué es lo que pueden y lo que no pueden hacer, de acuerdo con la ley.[11] Además, es importante que los gerentes en otros países estén familiarizados con las leyes específicas que aplican en ese lugar.

Figura 10–3   Las leyes más importantes que afectan la administración de RH

Año	Ley o regulación	Descripción
1963	Equal Pay Act (Ley de pago equitativo)	Prohíbe pagar de manera diferente por el mismo trabajo, según el género.
1964	Civil Rights Act, Title VII (Ley de Derechos Civiles, Título VII) (enmendada en 1972)	Prohíbe la discriminación por raza, color, religión, origen nacional o género.
1967	Age Discrimination in Employment Act (Ley contra la discriminación en el trabajo por cuestiones de edad) (enmendada en 1978)	Prohíbe la discriminación en contra de los empleados mayores de 40 años.
1973	Vocational Rehabilitation Act (Ley de rehabilitación vocacional)	Prohíbe la discriminación por cuestiones de discapacidades físicas o mentales.
1974	Privacy Act (Ley de privacidad)	Brinda a los empleados el derecho legal de revisar los expedientes personales y cartas de referencia.
1978	Mandatory Retirement Act (Ley de retiro obligatorio)	Prohíbe el retiro forzado de la mayoría de los empleados.
1986	Immigration Reform and Control (Ley de reforma y control de inmigración)	Prohíbe el empleo ilícito de individuos que se encuentran ilegalmente en el país y las prácticas desleales de empleo relacionadas con inmigración.
1988	Worker Adjustment and Retraining Notification Act (Ley de adaptación del trabajador y de notificación de reentrenamiento)	Exige que los empleadores con más de 100 empleados proporcionen 60 días de notificación antes de un despido masivo o el cierre de una instalación.
1990	Americans with Disabilities Act (Ley de estadounidenses con discapacidades)	Prohíbe la discriminación en contra de las personas que tienen discapacidades o enfermedades crónicas; también obliga a ubicaciones razonables para estas personas.
1991	Civil Rights Act of 1991 (Ley de derechos civiles de 1991)	Reafirma y ajusta la prohibición de la discriminación y brinda a los individuos el derecho de demandar por daños punitivos.
1993	Family and Medical Leave Act (Ley de permisos médicos individuales y familiares)	Brinda a los empleados que laboran en organizaciones con 50 o más empleados hasta 12 semanas de licencia sin goce de sueldo cada año, por razones médicas o familiares.
1996	Health Insurance Portability and Accountability Act (Ley de transferencia y responsabilidad del seguro médico)	Permite la transferencia del seguro médico de los empleados de un empleador a otro.
2004	Fair Pay Overtime Iniciative (Iniciativa de pago justo sobre horas extras)	Fortalece la protección del pago por horas extras para muchos trabajadores.

Tendencias demográficas Las estadísticas son claras: para 2010, más de la mitad de los trabajadores en Estados Unidos tendrán una edad superior a 40 años; en 2014, aproximadamente 78 millones de los baby boomers estarán en el rango de edades de 50 a 68 años; para el final de esta década, más de 40 por ciento de la fuerza laboral de Estados unidos alcanzará la edad promedio de retiro, aunque muchos de los elegibles para el retiro no lo harán; los hispanos son el grupo étnico más grande en Estados Unidos, y la generación Y es el segmento con más rápido crecimiento en la fuerza laboral, entre 14 y 21 por ciento.[12] Éstas y otras tendencias demográficas son importantes debido al efecto que tienen en las prácticas presentes y futuras de la administración de RH.

REPASO RÁPIDO:
OBJETIVO DE APRENDIZAJE 10.1

- Explique por qué es importante el proceso de la administración de RH.

- Analice los factores ambientales que afectan de manera más directa al proceso de RH.

Vaya a la página 226 para ver qué tan bien maneja este material.

OBJETIVO DE
APRENDIZAJE 10.2 ▷ IDENTIFICACIÓN Y SELECCIÓN DE EMPLEADOS COMPETENTES

Toda organización necesita gente para que realice el trabajo que la empresa tiene que hacer. ¿Cómo consigue la organización a esa gente? Y lo más importante, ¿qué pueden

acción afirmativa
Programas organizacionales que mejoran el estatus de los miembros de grupos protegidos.

hacer para obtener gente competente y talentosa? La primera fase del proceso de la administración de RH tiene que ver con tres tareas: planeación de recursos humanos, reclutamiento y reducción de personal, y selección.

PLANEACIÓN DE RECURSOS HUMANOS

La **planeación de recursos humanos** es el proceso mediante el cual los gerentes se aseguran de contar con el número correcto de personas adecuadas, en los lugares apropiados y en los momentos oportunos. A través de la planeación, las organizaciones evitan la escasez o abundancia repentina de personal.[13] La planeación de RH supone dos pasos: (1) la evaluación de los recursos humanos actuales y (2) el cumplimiento de las futuras necesidades de RH.

Evaluación actual Los gerentes comienzan la planeación de RH con un inventario de los empleados actuales. Por lo general, el inventario incluye información sobre los empleados como nombre, educación, capacitación, empleo anterior, idiomas que hablan, habilidades especiales y capacidades especializadas. Sofisticadas bases de datos hacen que la obtención y el mantenimiento de esta información sea muy sencillo. Por ejemplo, Stephanie Cox, directora de personal de Schlumberger para Norte y Sudamérica, utiliza un programa de planeación de la compañía llamado PeopleMatch para poder identificar al talento gerencial. Suponga que necesita un gerente para Brasil y escribe los requisitos: alguien dispuesto a reubicarse, que hable portugués y que sea un empleado de alto potencial. En un minuto aparecen 31 nombres de posibles candidatos.[14] Esto es lo que debe hacer una buena planeación de RH: ayudar a los gerentes a identificar la gente que necesitan.

Una parte importante de la evaluación actual es el **análisis de puestos**, una evaluación que define el puesto y el comportamiento necesario para realizarlo. Por ejemplo, ¿cuáles son las actividades de un contador de nivel 3 que trabaja para Kodak?, ¿cuáles son los conocimientos, habilidades y capacidades mínimos necesarios para realizar este trabajo en forma adecuada?, ¿de qué manera se comparan estos requerimientos con los de un contador de nivel 2 o con los de un gerente de contabilidad? La información para un análisis de puestos se obtiene directamente al observar a los individuos en el trabajo, por entrevistas individuales o en grupo, pedir a los empleados que respondan un cuestionario o registrar sus actividades diarias; o bien, hacer que "expertos" en dicho puesto (por lo general los gerentes) identifiquen las características específicas del puesto.

Por medio de la información del análisis de puestos, los gerentes desarrollan o revisan la descripción y las especificaciones del puesto. Una **descripción de puestos** es un documento escrito que delinea el puesto, por lo general el contenido, el ambiente y las condiciones del empleo. La **especificación de puestos** establece las cualidades mínimas que debe poseer una persona para realizar el trabajo con éxito. Identifica el conocimiento, las habilidades y las aptitudes necesarias para realizar el trabajo de manera efectiva. Tanto la descripción como la especificación de puestos son documentos importantes cuando los gerentes reclutan y seleccionan empleados.

Cumplimiento de necesidades futuras de RH. Las necesidades futuras de HR se determinan mediante la misión y las estrategias de la organización. La necesidad de empleados resulta de la demanda de productos o servicios de la organización. Por ejemplo, la expansión de Corning hacia países en desarrollo se hizo más lenta debido a la falta de empleados calificados. Para continuar con su estrategia de crecimiento, tenía que planear la forma de encontrar empleados calificados.[15]

PriceWaterhouseCoopers, una de las firmas de contabilidad más grandes del mundo, ha desarrollado un sitio Web para reclutar a un grupo muy específico de gente, el mercado estudiantil menor de 22 años. Ubicado en www.pwc.tv, el sitio interactivo incluye videos de becarios y asociados hablando de sus trabajos y ofrece consejos y tips laborales. La firma, votada como el "empleador ideal" por más de 9,000 estudiantes universitarios, está comprometida con el reclutamiento en el mercado universitario y eligió la Web como el medio para la campaña, debido a que es "radio, TV, periódico, entretenimiento e información, todo en uno".

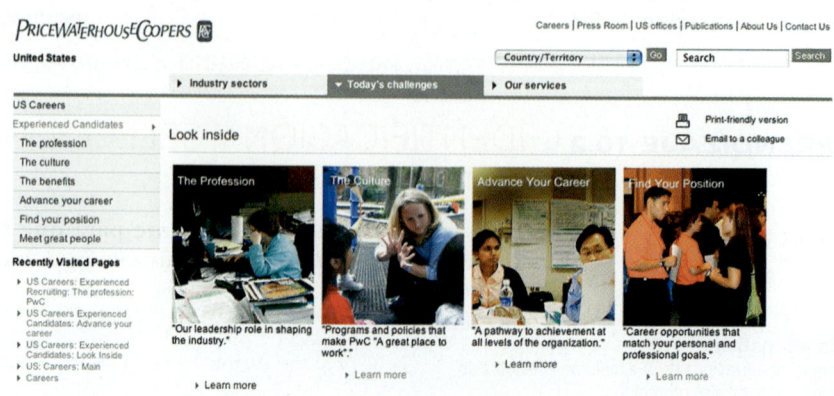

Luego de evaluar las capacidades actuales y las necesidades futuras, los gerentes pueden estimar en qué áreas de la organización habrá exceso o carencia de personal. Es cuando están listos para proceder al siguiente paso en el proeso de la administración de RH.

RECLUTAMIENTO Y REDUCCIÓN DE PERSONAL

Si hay vacantes de empleo, los gerentes deben utilizar la información obtenida durante el análisis de puestos para que los guíe durante el **reclutamiento**; es decir, localizar, identificar y atraer a los candidatos más capaces.[16] Por otro lado, si la planeación de HR muestra un excedente de empleados, es posible que los gerentes deseen reducir la fuerza de trabajo de la organización a través de la **reducción de personal**.[17]

Reclutamiento Algunas organizaciones tienen métodos interesantes para buscar empleados. Por ejemplo, un equipo de reclutamiento de Southwest Airlines distribuyó en ferias de empleo bolsas para mareos con la frase "¿Enfermo por su trabajo?".[18] Para encontrar candidatos de ingeniería y ciencias de la computación, Google promueve los Google Games, y dedica un día a las competencias entre equipos de estudiantes dentro de las instalaciones de la compañía.[19] La firma de contabilidad Deloitte & Touche creó su Festival de Cine Deloitte para solicitar filmes producidos por empleados sobre la "vida" en Deloitte, a fin de utilizarlos en el reclutamiento en las universidades.[20] La figura 10-4 explica diferentes métodos de reclutamiento que los gerentes pueden utilizar para encontrar potenciales candidatos laborales.[21]

Aunque el reclutamiento en línea es popular y permite a las organizaciones identificar a los candidatos sin costo y de manera rápida, es posible que la calidad del candidato no sea tan buena como cuando se utilizan otras fuentes. La investigación ha demostrado que las referencias laborales por lo general identifican a los mejores candidatos.[22] ¿Por qué? Porque los empleados actuales conocen tanto el trabajo como a la persona recomendada, y tienden a dar referencias de los candidatos que están bien calificados. Además, sienten que su propia reputación está en riesgo, por lo que solamente recomiendan a aquellos en quienes confían que no los harán quedar mal.

Reducción de personal Además del reclutamiento, otro método para controlar la fuerza laboral es la reducción de personal, la cual no es una tarea placentera para los gerentes. En la figura 10-5 aparecen las opciones para reducción de personal. Aunque es posible despedir a los empleados, puede haber mejores opciones. Sin embargo, no importa cómo lo haga, nunca es fácil reducir la fuerza laboral de una organización.

SELECCIÓN

Una vez que tenga un grupo de candidatos, el siguiente paso en el proceso de la administración de RH es la **selección**, la exposición de los candidatos al puesto para determinar

Figura 10–4

Fuentes de reclutamiento

Fuente	Ventajas	Desventajas
Internet	Llega a un gran número de personas; es posible obtener retroalimentación inmediata.	Genera muchos candidatos no calificados.
Referencias laborales.	Conocimiento sobre la organización proporcionada por los empleados actuales; puede generar candidatos fuertes debido a que las buenas referencias se reflejan en el que recomienda.	Podría no aumentar la diversidad y mezcla de empleados.
Sitio Web de la compañía.	Amplia distribución; se puede dirigir a grupos específicos.	Genera muchos candidatos no calificados.
Reclutamiento universitario.	Genera un número centralizado de candidatos.	Limitado a puestos de nivel básico.
Organizaciones profesionales de reclutamiento.	Buen conocimiento de los desafíos de la industria y de sus requerimientos.	Poco compromiso con una organización en especial.

planeación de recursos humanos
Método de planeación para garantizar que la organización tiene el número correcto y el tipo adecuado de gente capaz en los lugares apropiados y en el momento oportuno.

análisis de puestos
Evaluación que define los puestos y los comportamientos necesarios para llevar a cabo el trabajo.

descripción de puestos
Documento escrito del puesto.

especificación de puestos
Documento escrito de las cualidades mínimas que debe poseer una persona para realizar con éxito el trabajo del puesto.

reclutamiento
Localización, identificación y atracción de los candidatos capaces.

Reducción de personal
Recorte de la fuerza laboral de la empresa.

selección
Evaluación de los candidatos al puesto para garantizar la contratación de los más adecuados.

Figura 10–5

Opciones de reducción de personal

Opción	Descripción
Despido. (Firing)	Terminación de empleo no voluntaria.
Despido temporal. (Layoffs)	Terminación de empleo involuntaria temporal; puede extenderse por varios días o incluso años.
Congelamiento de plazas.	No se ocupan los puestos generados por renuncias voluntarias o retiros normales.
Transferencias	Movimiento de los empleados, ya sea lateralmente o hacia abajo; por lo general no reduce costos, pero puede reducir el desequilibrio de la demanda de la fuerza laboral.
Semana laboral reducida.	Los empleados trabajan menos horas por semana, comparten las actividades, o realizan sus trabajos en tiempo parcial.
Retiros anticipados.	Proporciona incentivos a los empleados de mayor edad y con más antigüedad para que se retiren antes de su fecha normal de retiro.
Compartición de actividades.	Hace que los empleados compartan una plaza de tiempo completo.

quién es el más calificado para el trabajo. Los gerentes necesitan seleccionar cuidadosamente, ya que los errores de selección pueden tener importantes implicaciones. Por ejemplo, un conductor de Fresh Direct, una tienda virtual de comestibles que entrega alimentos a muchísimas casas particulares de neoyorquinos, fue demandado, y después encontrado culpable de acechar y acosar a clientes del género femenino.[23] En T-Mobile, el mal servicio al cliente provocó que ocupara el último lugar en la lista de la encuesta de satisfacción al cliente de J.D. Power. El primer paso de una revisión total del área de servicio al cliente fue la modernización de las prácticas de contratación de la compañía para incrementar las posibilidades de contratar empleados que fueran buenos en el servicio al cliente.[24]

¿Qué es la selección? La selección tiene que ver con predecir cuáles candidatos tendrán éxito si son contratados. Por ejemplo, en la contratación para un puesto de ventas, el proceso de selección debiera predecir cuáles candidatos generarán un alto volumen de ventas. Como es posible apreciar en la figura 10-6, cualquier decisión respecto a la selección puede dar como resultado cuatro posibles salidas, dos correctas y dos incorrectas.

Una decisión es correcta cuando se predice que el candidato va a tener éxito y se prueba que tuvo éxito en el puesto, o cuando se predice que el candidato no tendrá éxito y no fue contratado. En el primer caso la organización contrató con éxito; en el segundo no contrató con éxito.

Los problemas aparecen cuando se cometen errores al rechazar candidatos que hubiesen tenido un desempeño exitoso en el puesto (errores de rechazo), o al aceptar a aquellos que finalmente tienen un pobre desempeño (errores de aceptación). Estos problemas pueden ser importantes. Dadas las leyes y regulaciones actuales sobre RH, los errores de rechazo pueden ser más costosos que las evaluaciones adicionales necesarias para encontrar candidatos apropiados. ¿Por qué? Porque pueden exponer a la organización a cargos de discriminación, especialmente si se rechaza de manera desproporcionada a candidatos procedentes de grupos protegidos. Por otra parte, los costos de errores de aceptación incluyen el costo de capacitación del empleado, las utilidades perdidas debido a la incompetencia de los empleados, el costo de la ruptura y los costos subsecuentes de reclutamientos y evaluaciones posteriores. El énfasis principal en cualquier actividad de selección debe ser reducir la probabilidad de cometer errores de rechazo o de aceptación, y aumentar la probabilidad de tomar decisiones correctas. Los gerentes hacen esto mediante procesos de selección que son válidos y confiables.

Figura 10–6

Resultados de la decisión de selección

		Decisión de selección	
		Aceptar	**Rechazar**
Desempeño laboral posterior	**Con éxito**	Decisión correcta	Error de rechazo
	Sin éxito	Error de aceptación	Decisión correcta

Validez y confiabilidad Para que un mecanismo de selección sea válido debe existir una relación probada entre el mecanismo de selección y algunos criterios relevantes. Las leyes federales de empleo prohíben a los gerentes utilizar el puntaje obtenido en pruebas como mecanismo de selección de empleados, a menos que exista una clara evidencia de que, una vez en el puesto, los individuos con el puntaje más alto en las pruebas superen a los de menor puntaje. Es problema de los gerentes demostrar que cualquier mecanismo de selección que utilicen para diferenciar a los candidatos esté relacionado de forma válida con el desempeño en el puesto.

Un mecanismo de selección válido mide lo mismo de manera consistente. En una prueba confiable, el puntaje debe permanecer consistente en el tiempo, si se asume que las características a medir también son estables. Ningún mecanismo de selección se puede aplicar si no es confiable. El uso de un mecanismo de selección no confiable sería como pesarse a sí mismo cada día con una escala errática. Si la escala no es confiable, varía entre, digamos, 5 y 10 por ciento cada vez que uno se sube a la báscula; los resultados no tendrán gran validez.

Tipos de herramientas de selección Las herramientas de selección más conocidas incluyen los formatos de solicitud, pruebas escritas de simulación del desempeño, entrevistas, investigaciones de empleos anteriores y, en algunos casos, exámenes físicos. La figura 10-7 muestra las fortalezas y debilidades de cada una.[25] Debido a que muchas herramientas de selección tienen un valor limitado para la toma de decisiones de selección, los gerentes utilizan herramientas que predigan de manera efectiva el desempeño en un puesto específico.

Proyección realista del puesto Una cosa que los gerentes deben observar cuidadosamente es la forma en que retratan a su organización y el trabajo que hará el candidato. Si sólo les dicen a los candidatos las cosas buenas, es muy probable que tengan una fuerza laboral

Figura 10–7

Herramientas de selección

Formas de solicitud

- Utilizadas casi de manera universal.
- Más útil para la obtención de información.
- Pueden predecir el desempeño en el puesto, pero no es fácil crear una que lo haga.

Pruebas escritas

- Deben estar relacionadas con el puesto.
- Incluyen pruebas de inteligencia, aptitud, personalidad e intereses.
- Son populares (por ejemplo, tests de personalidad; tests de aptitud).
- Relativamente buenas para predecir puestos de supervisión.

Pruebas de simulación del desempeño

- Utilizan el comportamiento actual del puesto.
- Muestreo del trabajo; los candidatos son evaluados en tareas relacionadas con el puesto; apropiado para rutinas de trabajo estandarizadas.
- Evaluación centralizada; simulación de trabajos; apropiada para la evaluación del potencial gerencial.

Entrevistas

- Se utilizan casi universalmente.
- Es necesario saber qué se puede preguntar y qué no.
- Pueden ser útiles para puestos gerenciales.

Investigación de antecedentes

- Si se utiliza para verificar los datos de la solicitud, es una fuente valiosa de información.
- Si se usa para verificar las referencias, no es una fuente valiosa de información.

Exámenes físicos

- Se aplican para puestos que tienen requerimientos físicos específicos.
- En su mayoría se utilizan para propósitos de seguros.

Razonamiento crítico sobre Ética

Lo que diga en línea *puede* resultarle contraproducente. Las organizaciones utilizan Google, MySpace y Facebook para verificar a los candidatos y a los empleados actuales. Un estudio de Vault.com descubrió que 44 por ciento de los empleadores utilizan sitios de redes sociales para examinar los perfiles de trabajo de los candidatos, y 39 por ciento ha revisado el perfil de un empleado actual. De hecho, algunas organizaciones ven a Google como una manera de evadir la "ley de discriminación, dado que los empleadores pueden obtener toda clase de información, parte de ella por una cuota nominal, que de manera legal se encuentra en entrevistas: su edad, su estado civil, travesuras de fraternidad, cosas que escribió en la universidad, afiliaciones políticas y otras cosas".Y para aquellos individuos que gustan de despotricar y criticar a los empleadores, esto podría tener consecuencias. Algunos individuos ya han eliminado sus perfiles de Facebook debido a que los empleadores buscan este tipo de información.[27] ¿Qué piensa sobre lo que hacen estos empleadores?, ¿qué puntos positivos y negativos tiene este comportamiento?, ¿cuáles son las implicaciones éticas?, ¿qué lineamientos sugeriría para el proceso de selección de las organizaciones?

insatisfecha y propensa a una alta rotación.[26] Cuando un candidato recibe información demasiado exagerada, pueden suceder cosas negativas. Primero, es probable que los candidatos que se ajustan no terminen el proceso de selección. Segundo, la información exagerada construye expectativas que no son realistas, de manera que los nuevos empleados estarán pronto insatisfechos y dejarán la organización. Tercero, las nuevas contrataciones se desilusionarán y estarán menos comprometidas con la organización cuando enfrenten la cruda realidad del puesto. Además, estos individuos podrían sentir que fueron engañados durante el proceso de contratación, y luego tornarse en empleados problemáticos.

Para aumentar la satisfacción del empleado y reducir la rotación de personal, los gerentes deben considerar el uso de una **sinopsis de trabajo realista (STR)**, la cual incluye tanto la información positiva como la negativa del puesto y de la compañía. Por ejemplo, además de los comentarios positivos, que por lo general se expresan durante una entrevista, se le podría indicar al candidato que existen límites para hablar con los compañeros de trabajo durante las horas laborales, que la promoción laboral es poco probable, o que las horas de trabajo son erráticas y que los empleados deben trabajar los fines de semana. Las investigaciones indican que aquellos candidatos que reciben una STR tienen expectativas más realistas respecto a los puestos que van a ocupar, y son más capaces de arreglárselas con los elementos frustrantes que los candidatos que sólo reciben información exagerada.

REPASO RÁPIDO:
OBJETIVO DE APRENDIZAJE 10.2

- Defina *análisis de puestos, descripción de puestos* y *especificación de puestos*.
- Analice las fuentes más importantes de potenciales candidatos a un puesto.

- Describa los diferentes mecanismos de selección y cuáles funcionan mejor para diferentes puestos.
- Explique por qué es importante una proyección realista del puesto.

Vaya a la página 226 para ver qué tan bien maneja este material.

OBJETIVO DE
APRENDIZAJE 10.3 ▷ CÓMO BRINDAR A LOS EMPLEADOS EL CONOCIMIENTO Y LAS HABILIDADES NECESARIAS

¿Participó en algún tipo organizado de "introducción a la vida universitaria" cuando comenzó la universidad? Si es así, es probable que le hayan informado respecto a las reglas de la escuela y los procedimientos para actividades como la solicitud de ayuda financiera, cambiar un cheque o registrarse a las clases; probablemente también le presentaron a algunos de los administradores de la escuela. Una persona que comienza en un nuevo puesto necesita el mismo tipo de introducción a su trabajo y a la organización. A esta introducción se le llama **orientación**.

Existen dos tipos de orientación. La *orientación sobre la unidad de trabajo* familiariza al empleado con las metas de la unidad de trabajo, clarifica la manera en que su trabajo contribuye con las metas de la unidad, e incluye una presentación con sus nuevos compañeros. La *orientación organizacional* informa a un empleado nuevo respecto de las metas de la compañía, su historia, filosofía, procedimientos, y reglas. Debe incluir también importantes políticas de RH y tal vez incluso un recorrido por las instalaciones.

Muchas organizaciones tienen programas formales de orientación, y otras utilizan un método más informal, en el cual el gerente asigna al nuevo empleado a un miembro con experiencia del grupo, quien presenta al recién contratado a los compañeros y le muestra dónde se localizan las cosas importantes. Luego están también los programas intensivos de orientación como el de Randstad USA, una compañía de reclutamiento de personal con sede en Atlanta. El programa de 16 semanas de la compañía cubre todo, desde la cultura de la compañía hasta la capacitación para el trabajo en el puesto. El ejecutivo encargado del desarrollo de curriculum dice, "Es un proceso muy definido. No se trata solamente de lo que las nuevas contrataciones deben aprender a hacer, sino también respecto a lo que los gerentes deben hacer".[28] Y los gerentes tienen una obligación de integrar eficiente y efectivamente a cualquier nuevo empleado dentro de la organización. Deben discutir de manera abierta las obligaciones de la empresa y del empleado.[29] Es del mayor interés tanto de la organización como del empleado la integración al trabajo lo más pronto posible. La orientación exitosa da como resultado una transición de afuera hacia dentro que hace que el empleado se sienta cómodo e integrado, reduce la posibilidad de un bajo desempeño, así como la probabilidad de una renuncia sorpresiva a solamente una o dos semanas de haber iniciado en el puesto.

CAPACITACIÓN DE LOS EMPLEADOS

Todo lo que los empleados de los restaurantes Ruth's Chris House necesitan saber lo pueden encontrar en tarjetas de 4 X 8½ pulgadas. Ya sea un recipiente para un pay de crema de plátano con caramelo o la forma de responder a los clientes, todo está en las tarjetas. Dado que las tarjetas para todos los trabajos están disponibles, los empleados conocen el comportamiento y las habilidades necesarias para obtener una promoción. Éste es un método único para la capacitación del empleado, y al parecer funciona. Desde que se implementó el sistema de tarjetas ha disminuido la rotación del personal, algo que no es fácil de lograr en la industria restaurantera.[30]

La capacitación de los empleados es una importante actividad de la administración de RH. Si el trabajo demanda un cambio, las habilidades del empleado deben cambiar. Se ha estimado que las firmas de negocios en Estados Unidos gastan más de 58.5 mil millones de

Infosys Technologies, la compañía de software con mayor crecimiento de la India, creó Infosys University, uno de los centros de capacitación más grandes del mundo, para entrenar a los nuevos empleados que la compañía contrata cada año. En las instalaciones de 120 millones de dólares parecidas a un campus, está prohibido el alcohol y ofrece solamente dormitorios para estudiantes del mismo sexo; pero tiene tres salas de cine, una alberca y gimnasio, y docenas de instructores, así como cursos en línea para enseñar a los candidatos todo, desde habilidades técnicas y trabajo en equipo, hasta la comunicación interpersonal y la etiqueta corporativa. Dice su presidente, Nandan Nilekani, "Las compañías no han invertido lo suficiente en la gente. En lugar de entrenarlos, los dejan ir. Nuestra gente es nuestro capital. Cuanto más invirtamos en ellos, más efectivos serán".

proyección realista del puesto (PRP)
Vista previa de un puesto que proporciona información tanto positiva como negativa acerca del trabajo y de la compañía.

orientación
Educación que introduce a un nuevo empleado a su puesto y a la organización.

Figura 10–8

Tipos de capacitación

Tipo	Incluye
General	Habilidades de comunicación, aplicación y programación de sistemas de cómputo, servicio al cliente, desarrollo ejecutivo, habilidades gerenciales y desarrollo, crecimiento personal, ventas, habilidades de supervisión, y habilidades tecnológicas y de conocimiento.
Específica	Habilidades básicas de trabajo/vida, creatividad, educación del cliente, concientización de la diversidad cultural, escritura de recuperación, manejo del cambio, liderazgo, conocimiento del producto, habilidades para hablar y presentaciones en público, seguridad, ética, acoso sexual, creación de equipos, aceptación y otros.

Fuente: Basado en "2005 Industry Report-Types of Trainning", *Training,* diciembre de 2005, p. 22.

dólares anuales en capacitación formal para el empleado.[31] Por supuesto, los gerentes son responsables de la decisión del tipo de capacitación que requieren los empleados, cuándo lo necesitan, y qué forma debe tomar la capacitación.

Tipos de capacitación La figura 10-8 describe los tipos más importantes de capacitación que proporcionan las organizaciones. Algunos de ellos incluyen capacitación profesional específica de la industria, habilidades gerenciales y de supervisión, información obligatoria y de conformidad (tales como la información acerca del acoso sexual, seguridad, etcétera), y la capacitación para servicio al cliente.[32] Para muchas organizaciones, la capacitación en habilidades interpersonales del empleado (comunicación, solución de conflictos, trabajo en equipo, servicio al cliente, y otros) es de alta prioridad. Por ejemplo, el director de capacitación y desarrollo de Boston Pizza International con base en Vancouver decía, "Nuestra gente conoce el concepto de Boston Pizza; tiene todas las habilidades técnicas. Lo que le falta son las habilidades interpersonales".[33] De modo que la compañía inauguró el Boston Pizza College, un programa de capacitación que utiliza un sistema de aprendizaje basado en la práctica y en escenarios para muchas de las habilidades interpersonales.

Métodos de capacitación Aunque la capacitación de los empleados se puede realizar de manera tradicional, muchas organizaciones se apoyan cada vez más en métodos de capacitación basados en la tecnología, debido a su accesibilidad, costo y capacidad para proporcionar información. La figura 10-9 proporciona las descripciones de los distintos tipos de capacitación tradicionales y basados en tecnología que pueden utilizar los gerentes. De todos estos métodos de capacitación, los expertos creen que las organizaciones se apoyarán cada vez más en las aplicaciones de capacitación en línea para proporcionar información y para desarrollar las habilidades de los empleados.

Figura 10–9

Métodos de capacitación

Métodos tradicionales de capacitación

En el trabajo. Los empleados aprenden cómo hacer las tareas simplemente llevándolas a cabo, por lo general después de una introducción inicial a la tarea.

Rotación de puestos. Los empleados trabajan en diferentes puestos dentro de un área en particular, lo que los expone a distintas tareas.

Mentoreo y entrenamiento. Los empleados trabajan con un empleado experimentado (mentor) quien les proporciona información, soporte y aliento; en algunas industrias se les llama aprendices.

Ejercicios de experiencia. Los empleados juegan un papel en simulaciones, o en otros tipos de capacitación cara a cara.

Manuales/Cuadernos de trabajo. Los empleados utilizan manuales y cuadernos de trabajo para obtener la información.

Conferencias en el salón de clase. Los empleados asisten a conferencias diseñadas para transmitirles información específica.

Métodos de capacitación basados en la tecnología

CD-ROM/DVD/cintas de video/cintas de audio/podcasts. Los empleados escuchan o ven medios seleccionados para transmitir información o demostrar ciertas técnicas.

Videoconferencias/teleconferencias/TV vía satélite. Los empleados atienden o participan mientras se transmite la información o se demuestran ciertas técnicas.

Aprendizaje en línea. Capacitación basada en Internet, donde los empleados participan en simulaciones multimedia o en otros módulos interactivos.

REPASO RÁPIDO:
OBJETIVO DE APRENDIZAJE 10.3

• Explique por qué la orientación es tan importante.

• Describa los diferentes tipos de capacitación y la forma en que se puede proporcionar cada tipo de capacitación.

Vaya a la página 226 para ver qué tan bien maneja este material.

OBJETIVO DE
APRENDIZAJE 10.4 ▷

CÓMO RETENER A LOS EMPLEADOS COMPETENTES Y DE ALTO DESEMPEÑO

¿Quiénes son?
CARA A CARA

EL PROBLEMA MÁS DESAFIANTE DE LA ADMINISTRACIÓN DE RH:
Alta rotación en un departamento.

¿CÓMO MANEJARLA?
Hice el trabajo yo misma y después de consultar con los gerentes de departamento,
creamos un mejor programa de capacitación para el puesto.

Cuando una organización ha invertido una cantidad de dinero significativa en el reclutamiento, selección, orientación y capacitación de los empleados, los quiere conservar, ¡especialmente a aquellos empleados competentes y de alto desempeño! Dos actividades de la administración de RH que juegan un papel importante en la retención de estos empleados son el manejo del desempeño del empleado y el desarrollo de un programa apropiado de compensación y beneficios.

MANEJO DEL DESEMPEÑO DE LOS EMPLEADOS

Los gerentes necesitan saber si los empleados realizan su trabajo de modo eficiente y efectivo o si es necesaria una mejora. Esto es lo que hace el **sistema de manejo del desempeño**: establece los estándares de desempeño utilizados para evaluar el desempeño del empleado. ¿De qué manera evalúan los gerentes el desempeño de los empleados? Aquí es donde entran los diferentes métodos de evaluación del desempeño.

Métodos de evaluación del desempeño Más de 70% por ciento de los gerentes tienen problemas para hacer una revisión crítica del desempeño de un empleado de bajo desempeño.[34] Evaluar el desempeño de alguien nunca es una tarea fácil, especialmente con empleados que no hacen bien su trabajo, pero los gerentes pueden hacer mejor esta labor mediante cualquiera de los siete métodos de evaluación de desempeño. En la figura 10-10 aparece una descripción de estos métodos, junto con sus ventajas y desventajas.

COMPENSACIÓN Y BENEFICIOS

Los ejecutivos en Discovery Communications Inc. tenían un problema moral en sus manos. Muchos de los empleados con mayor desempeño de la compañía tenían los mismos salarios que los de menor desempeño, y el programa de compensación de la compañía no permitía aumentos de sueldo a empleados que tuvieran el mismo puesto. La única forma en que los gerentes podían recompensar a los empleados de mayor desempeño era mediante la entrega de un bono o promoverlos a otro puesto. Los ejecutivos descubrieron que no solamente era injusto, sino también contraproducente. De manera que eliminaron el programa.[35]

La mayoría de nosotros espera recibir la compensación apropiada de nuestros empleadores. El desarrollo de un sistema de compensación efectivo y apropiado es una parte importante del proceso de la administración de RH.[36] Puede ayudar a atraer y retener a individuos competentes y talentosos que ayuden a la organización a lograr su misión y sus metas. Además, se ha demostrado que el sistema de compensación de una organización tiene efecto en el desempeño estratégico.[37]

Los gerentes deben desarrollar un sistema de compensación que refleje la naturaleza cambiante del puesto y del espacio de trabajo a fin de mantener motivada a la gente. La compensación de la organización puede incluir muchos tipos diferentes de incentivos, como sueldos y salarios base, sueldos y salarios adicionales, pagos como incentivos y otros beneficios y servicios. Algunas organizaciones ofrecen a los empleados algunos inusuales, pero populares, beneficios. Por ejemplo, en Timberland, los empleados reciben un subsidio de 3,000 dólares para comprar un automóvil híbrido. En Worthington Industries, los cortes de pelo dentro de las instalaciones cuestan solamente 4 dólares. Y en J.M Smucker, los empleados obtienen el reembolso del 100 por ciento en cursos, sin límites.[38]

¿Cómo determinan los gerentes a quién se le paga qué? Existen muchos factores que influyen en los paquetes de compensación y beneficios que reciben los diferentes emplea-

sistema de manejo del desempeño
Sistema que establece los estándares utilizados para evaluar el desempeño del empleado.

Figura 10–10

Métodos de evaluación
del desempeño

Ensayo escrito

El evaluador escribe una descripción de las fortalezas y debilidades del empleado,
desempeño en el pasado y potencial; proporciona sugerencias para mejorar.
+ Fácil de utilizar.
– Es más bien una medida de la habilidad de escritura del evaluador que del desempeño
laboral del empleado.

Incidentes críticos

El evaluador se enfoca en comportamientos críticos que separan el desempeño efectivo del
inefectivo.
+ Ejemplos ricos; basados en el comportamiento.
– Consumen mucho tiempo, no se puede cuantificar.

Escalas gráficas de calificación

Método popular que lista un conjunto de factores de desempeño y una escala incremental; el
evaluador registra la lista y clasifica a los empleados en cada factor.
+ Proporciona datos cuantitativos; no requiere mucho tiempo.
– No proporciona información a detalle sobre el comportamiento en el puesto.

Escalas de calificación basadas en el comportamiento (BARS)

Popular método que combina elementos de un incidente crítico y escalas gráficas
de calificación; el evaluador utiliza una escala de calificación, pero son ejemplos de
comportamiento normal en el puesto.
+ Se enfoca en comportamientos específicos y medibles en el puesto.
– Requieren mucho tiempo, son difíciles de desarrollar.

Comparaciones multipersonales

Los empleados se clasifican en comparación con otros del mismo grupo de trabajo.
+ Compara a los empleados entre sí
– Difícil con un gran número de empleados; implica aspectos legales.

Administración por objetivos (MBO)

Se evalúa qué tan bien cumplen objetivos específicos los empleados
+ Se enfoca en objetivos; orientado a resultados.
– Consume mucho tiempo.

Evaluación de 360 grados

Utiliza la retroalimentación de supervisores, empleados y compañeros.
+ Riguroso.
– Consume mucho tiempo.

Figura 10–11

¿Qué determina el pago
y los beneficios?

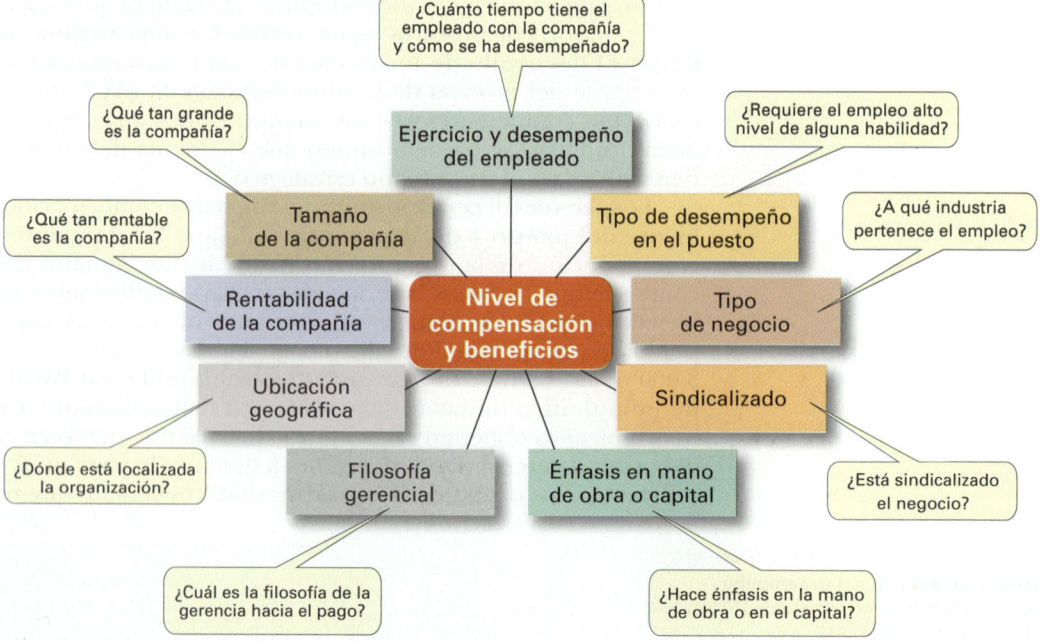

Cómo dirigir en un Mundo Virtual

RH e IT

Los RH se han digitalizado.[42] Mediante software que automatiza muchos de los procesos básicos asociados con el reclutamiento, selección, orientación, capacitación, evaluación del desempeño, y el almacenamiento y recuperación de la información del empleado, los departamentos de RH han recortado costos y optimizado los servicios. El área principal donde la IT ha tenido un efecto significativo es en la capacitación. En una encuesta llevada a cabo por la American Society for Training and Development, 95 por ciento de las compañías que lo respondieron reportaron el uso de alguna forma de aprendizaje en línea. El uso de la tecnología para distribuir el conocimiento necesario, las habilidades y capacidades ha tenido muchos beneficios. Como dijo un investigador, "El propósito más importante de la capacitación en línea no es reducir el costo de la capacitación, sino mejorar la manera en que su organización hace negocios". Y en muchos casos, ¡parece hacer exactamente eso! Por ejemplo, cuando Hewlett-Packard se dio cuenta de cómo se afectaba su servicio al cliente debido a una marca de capacitación en línea y otros métodos de instrucción, en lugar de tener solamente capacitación en un salón de clase, descubrió que los "representantes de ventas eran capaces de responder más rápido y con más precisión, y mejorar las relaciones entre el proveedor y el servicio al cliente". Por su parte, Unilever encontró que después de dar cursos en línea para los empleados de ventas, las ventas se incrementaron en muchos millones de dólares.

¿Quiénes son?
CARA A CARA

¿SE DEBEN AUTOMATIZAR LOS PROCESOS DE RH?
Lo correcto es automatizar un proceso de RH que tenga sentido. Debe tener cuidado de automatizar solamente hasta el punto en el que pueda mantener el control sobre sus procesos. Los reportes deben ser confiables.

dos. La figura 10-11 resume estos factores, los cuales se basan en el puesto, el negocio o en la industria. Sin embargo, muchas organizaciones utilizan métodos alternativos para determinar la compensación, que comprenden el pago basado en las habilidades y el pago variable.

Los sistemas de **pago basados en las habilidades** recompensan a los empleados por las habilidades laborales y las competencias que demuestran. Bajo este sistema de pago, el título del puesto de un empleado no define su categoría de pago; lo hacen las habilidades.[39] La investigación ha mostrado que estos tipos de sistemas de pago tienden a tener más éxito en las organizaciones de manufactura que en las de servicio y en las que realizan innovaciones tecnológicas.[40] Por otra parte, muchas organizaciones utilizan sistemas de **pagos variables**, donde la compensación individual está condicionada al desempeño; 90 por ciento de las organizaciones en Estados Unidos utilizan planes de pagos variables, y 81 por ciento de las empresas canadienses y taiwanesas lo hacen.[41] En el capítulo 15 explicaremos con detalle los sistemas variables de pago, y su relación con la motivación del empleado.

Aunque muchos factores influyen en el diseño del sistema de compensación de una organización, la flexibilidad es una consideración clave. El método tradicional de pago tuvo un periodo estable cuando el pago a un empleado estaba determinado mayormente por la antigüedad y el nivel del puesto. Dados los entornos dinámicos que enfrentan las organizaciones actuales, la tendencia es hacer sistemas de pago más flexibles y reducir el número de niveles de pago. Sin embargo, cualquiera que sea el método que asuman los gerentes, deben establecer un sistema de compensaciones justo, equitativo y motivante, que permita a las organizaciones reclutar y mantener una fuerza de trabajo talentosa y capaz.

REPASO RÁPIDO:
OBJETIVO DE APRENDIZAJE 10.4

- Defina los diferentes métodos de evaluación del desempeño.
- Liste los factores que influencian la compensación y los beneficios.

- Describa los sistemas de pago basados en habilidades y variables.

Vaya a la página 226 para ver qué tan bien maneja este material.

OBJETIVO DE APRENDIZAJE 10.5 ▷ TEMAS CONTEMPORÁNEOS DE LA ADMINISTRACIÓN DE RECURSOS HUMANOS

Concluiremos este capítulo con la revisión de algunas cuestiones contemporáneas de RH que enfrentan los gerentes de hoy en día: el recorte de personal, la diversidad de la fuerza laboral, manejo del acoso sexual, manejo del equilibrio trabajo-vida y el control de costos de RH.

---

pago basado en las habilidades
Sistema que premia a los empleados por las habilidades para el trabajo que demuestren.

pago variable
Sistema de pago en el cual la compensación de los individuos está condicionada a su desempeño.

MANEJO DEL RECORTE DE PERSONAL

El **recorte de personal (downsizing)** es la eliminación de puestos de trabajo dentro de una organización. Cuando una organización tiene demasiados empleados, lo cual puede suceder cuando una organización enfrenta la reducción del segmento de mercado, ha crecido demasiado agresivamente, o ha sido administrada de manera deficiente, una opción para aumentar los ingresos es eliminar parte del exceso de empleados. Muchas compañías reconocidas han recortado personal, entre ellas Boeing, Volkswagen, McDonald's, Dell, General Motors, Unisys, Siemens, Merck y Washington Mutual.[43] ¿Cómo pueden manejar los gerentes la reducción de personal de la mejor manera? Son de esperarse interrupciones en el área de trabajo y en la vida personal de los empleados. Estrés, frustración, ansiedad y enfado son reacciones típicas, tanto en los individuos despedidos como en los sobrevivientes. La figura 10-12 muestra algunas de las formas en que los gerentes pueden reducir este trauma.[44]

MANEJO DE LA DIVERSIDAD DE LA FUERZA LABORAL

En varias partes de este libro hemos analizado la cambiante estructura de la fuerza laboral y hemos proporcionado detalles respecto del "manejo de la diversidad en la fuerza laboral" en distintos capítulos. En esta sección analizaremos cómo es que la diversidad en la fuerza laboral ha afectado directamente las actividades de la administración de RH.

Reclutamiento Para mejorar la diversidad de la fuerza laboral, los gerentes necesitan ampliar su red de reclutamiento. Por ejemplo, la popular práctica de apoyarse en la referencia laboral de los empleados como una fuente de empleados tiende a producir candidatos similares a los empleados actualmente. Una compañía con base en Colorado aprovecha lo anterior para su reclutamiento de empleados diversos. La experiencia positiva de contratar a un empleado con deficiencia auditiva condujo a la contratación de otros empleados con deficiencia auditiva a través de las referencias laborales. Pero no todas las organizaciones tienen esta opción. De modo que los gerentes deben buscar a los candidatos en lugares donde tal vez no han buscado antes; por ejemplo, redes de empleo para mujeres, clubs para mayores de 50, bancos laborales urbanos, centros de capacitación para individuos con discapacidad, periódicos étnicos y organizaciones para los derechos de los homosexuales. Tal reclutamiento no tradicional debe permitir a la organización ampliar su banco con candidatos diversos.

Selección Cuando existe un conjunto de candidatos diversos, los gerentes deben asegurarse de que el proceso de selección no sea discriminatorio. Más aún, los candidatos necesitan sentirse cómodos con la cultura organizacional y deben estar conscientes del deseo de la gerencia para ajustarse a sus necesidades. Por ejemplo, el esfuerzo de Microsoft para contratar un alto porcentaje de candidatos del sexo femenino, especialmente para puestos técnicos, y para asegurarse de que esas mujeres tengan una experiencia exitosa una vez que ocupan el puesto.[45]

Orientación y capacitación Con frecuencia, la transición de afuera hacia adentro es más desafiante para las mujeres y las minorías, que para los hombres blancos estadounidenses. Muchas organizaciones ofrecen talleres para generar conciencia en la diversidad laboral. Por ejemplo, en una planta de manufactura de Kraft, los gerentes desarrollaron un ambicioso

Figura 10–12

Consejos para el manejo de recortes de personal

- Comunicarse abierta y honestamente:
  - Informar lo más pronto posible a quienes se despedirá
  - Indicar a los empleados sobrevivientes las nuevas metas y expectativas
  - Explicar el efecto de los despidos
- Seguir toda regla o regulación respecto a pagos y beneficios por despido
- Proporcionar apoyo y orientación a los empleados sobrevivientes
- Reasignar roles de acuerdo a los talentos y antecedentes individuales
- Enfocarse en levantar la moral:
  - Ofrecer apoyo individual
  - Continuar la comunicación, especialmente personal
  - Permanecer involucrado y disponible

programa de diversidad que reflejó el creciente valor que la organización ha dado a la incorporación de perspectivas acerca de la diversidad. Entre otras cosas, capacitaron a más de la mitad de los empleados de la planta en aspectos de diversidad.[46]

MANEJO DEL ACOSO SEXUAL

El acoso sexual es un serio problema tanto en las organizaciones del sector público como del sector privado. Durante 2007 se presentaron más de 12,500 quejas ante la Equal Employment Opportunity Commission (EEOC). Aunque la mayoría de las quejas son presentadas por mujeres, en 2007 el porcentaje de cargos presentados por hombres alcanzó el nivel más alto de 16 por ciento.[47] Los costos del acoso sexual son altos. Casi todas las compañías de Estados Unidos listadas en *Fortune* 500 han tenido quejas interpuestas por empleados, y al menos un tercio han sido demandadas.[48] Los acuerdos han promediado más de 15 millones de dólares.[49] Además, se estima que el acoso sexual le cuesta a una "típica compañía de *Fortune* 500, 6.7 millones de dólares cada año por ausentismo, baja productividad y rotación de personal".[50]

El acoso sexual no es un problema que se presenta únicamente en Estados Unidos; es un problema global. Por ejemplo, los datos recabados por la Comisión Europea arrojaron que entre 30 y el 50 por ciento de las empleadas de los países de la Unión Europea han sufrido alguna forma de acoso sexual.[51] Se han levantado cargos por acoso sexual contra empleadores de otros países, como Japón, Australia, Nueva Zelanda y México.[52]

Aunque los debates sobre los casos de acoso sexual con frecuencia se han centrado en las grandes sumas otorgadas por las cortes, hay otras preocupaciones para los empleadores. El acoso sexual genera un ambiente de trabajo desagradable y mina la capacidad de los empleados para realizar su trabajo.

El **acoso sexual** se define como cualquier acción o actividad de naturaleza sexual que afecta explícita o implícitamente el empleo de un individuo, su desempeño o su entorno de trabajo. Esto puede suceder entre empleados del sexo opuesto o del mismo sexo.

Muchos problemas asociados con el acoso sexual tienen que ver con la determinación exacta de lo que constituye un comportamiento ilegal. El EEOC define el acoso sexual como "aproximaciones sexuales desagradables, solicitud de favores sexuales y otras conductas físicas y verbales de naturaleza sexual, constituyen acoso sexual cuando dicha conducta afecta explícita o implícitamente el empleo de un individuo, interfiere de manera no razonable con el desempeño laboral de un individuo, o crea un ambiente intimidante, hostil u ofensivo".[53] Para muchas organizaciones, el problema se centra en el entorno hostil u ofensivo. Los gerentes deben estar atentos a lo que constituye dicho ambiente. Otra cosa que los gerentes deben comprender es que la víctima no necesariamente tiene que ser la persona acosada, sino cualquiera que se vea afectado por la conducta ofensiva.[54] La clave es estar compenetrado con lo que tiene incómodos a los empleados, y si no lo sabemos, ¡debemos preguntar![55]

¿Qué puede hacer una organización para protegerse a sí misma contra las demandas de acoso sexual?[56] Las cortes quieren saber dos cosas: Primero, ¿sabía la organización, o debiera saber del comportamiento señalado? Y segundo, ¿qué hicieron los gerentes para detenerlo? Con el incremento en número y el monto en dólares de las multas en contra de las organizaciones, es vital que se instruya a todos los empleados sobre asuntos de acoso sexual. Además, las organizaciones necesitan asegurarse de que no se tomarán acciones de venganza (como el recorte de horas o la asignación de horas de trabajo continuo sin un descanso intermedio) en contra de alguna persona que haya presentado cargos de acoso, especialmente a la luz de una norma de la Suprema Corte de Estados Unidos que ha ampliado la definición de lo que constituye una acción de venganza.[57] Un área final de interés que queremos explicar en términos de acoso sexual es el de los romances en el lugar de trabajo.

Romances en el lugar de trabajo ¿Alguna vez a invitado a salir a alguien de su trabajo? Si no es así, ¿alguna vez se ha sentido atraído hacia alguien en su lugar de trabajo y pensado en buscar una relación? Esas situaciones son más comunes de lo que usted pudiera piensa: 40 por ciento de los empleados entrevistados por el *Wall Street Journal* dijeron haber tenido un romance de oficina.[58] Y otra encuesta descubrió que 43 por ciento de los hombres solteros y 28 por ciento de las mujeres solteras dijeron estar abiertas a citarse con un compañero de oficina.[59] El entorno

recorte de personal (downsizing)
Eliminación planeada de trabajos en una organización.

acoso sexual
Cualquier acción o actividad de naturaleza sexual que afecta explícita o implícitamente el empleo de un individuo, desempeño o entorno de trabajo.

en las organizaciones actuales, con equipos de trabajo mixtos en género y las largas horas de trabajo, hacen probable esta situación. "La gente se da cuenta de que pasará largas horas en el trabajo; es casi inevitable que esto suceda", dice un director de encuestas.[60] Pero los romances en la oficina pueden potencialmente convertirse en grandes problemas para las organizaciones.[61] Además de los conflictos y la venganza entre compañeros de trabajo que deciden dejar de salir o de romper su relación de romance, problemas más serios parecen surgir debido a las potenciales acusaciones de acoso sexual, especialmente con relaciones entre un supervisor y su subordinado. El estándar utilizado en las cortes judiciales ha sido que la conducta sexual en la oficina es un acoso sexual *si no es* concensuado. Si es concensuado, podría aún ser inapropiado, pero por lo general no es ilegal. Sin embargo, una resolución especial surgida en la suprema corte de California relativa especialmente a la relación supervisor-subordinado que se sale de control no es cosa menor. Dicha ley establece que "los romances en el lugar de trabajo completamente concensuados pueden crear un entorno hostil para otros dentro del área de trabajo".[62]

¿Qué deben hacer los gerentes respecto a los romances en la oficina? Es importante tener algún tipo de política respecto a las citas, en particular en términos de la educación de los empleados respecto a un potencial acoso sexual. Sin embargo, debido a la responsabilidad potencial, es en especial seria cuando se refiere a las relaciones supervisor-subordinado, se requiere un método proactivo en términos de la desmotivación de dicha relación y quizá incluso requerir al supervisor que reporte cualquier relación de ese tipo al departamento de RH. En algún punto, la organización pudiera incluso considerar la prohibición de tal relación, aunque una prohibición abierta pudiera ser difícil de poner en práctica.

MANEJO DEL EQUILIBRIO TRABAJO-VIDA

Los gerentes reconocen que los empleados no dejan de lado a sus familias y sus vidas personales cuando llegan a trabajar. Aunque los gerentes no pueden ser comprensivos con cada detalle de la vida familiar de los empleados, las organizaciones se compenetran más con el hecho de que los empleados tienen hijos enfermos, padres de edad avanzada que necesitan cuidados especiales, y otros problemas familiares que pudieran requerir acuerdos especiales. En respuesta, muchas organizaciones ofrecen **beneficios amigables con la familia**, los cuales se ajustan a los requerimientos para el equilibrio trabajo-vida. Han introducido programas como el cuidado infantil en sitio, campamentos de verano, horarios flexibles, trabajo compartido, tiempo libre para actividades escolares, telecomunicaciones, y empleos de tiempo parcial. Los conflictos trabajo-vida son tan relevantes para trabajadores hombres con niños y mujeres sin niños como lo son para empleadas mujeres con niños. Las pesadas cargas de trabajo y las necesidades cada vez mayores para viajar han hecho difícil a empleados satisfacer con malabarismos tanto las responsabilidades del trabajo como las familiares. Una encuesta de *Fortune* descubrió que 84 por ciento de los ejecutivos varones encuestados comentaron que "les gustaría tener opciones que les permitieran realizar sus aspiraciones profesionales y tener más tiempo para las cosas ajenas al trabajo".[63] Además, 87 por ciento de estos ejecutivos creen que cualquier compañía que reestructure los trabajos gerenciales de nivel alto, de modo que incrementen su productividad y dejen más espacio disponible para la vida fuera de la oficina, tendrían una ventaja competitiva para atraer empleados talentosos. En particular, los empleados más jóvenes,

Mientras algunas compañías están descubriendo más formas para liberar a sus empleados de sus oficinas físicas y dejarlos que se mantengan en contacto digitalmente desde casa, cerca de 80 por ciento de las firmas alrededor del país permiten a los padres llevar a sus bebés a la oficina. Allie Hewlett se desempeña como gerente de nómina para una agencia de publicidad en Austin, Texas, cuya hija Scout tiene 7 meses de edad. Su compañía ha decidido que aunque pudiera haber algunas interrupciones en el trabajo con los bebés presentes, los beneficios obtenidos al ayudar a sus empleados en su equilibrio trabajo-vida valen la pena.

ponen en alta prioridad a la familia y en baja prioridad al trabajo y están en busca de organizaciones que les den mayor flexibilidad en el trabajo.[64]

Los lugares de trabajo progresistas actuales se tienen que adaptar a las variables necesidades de una fuerza laboral diversa. ¿Cómo? Con una amplia variedad de opciones de horario y beneficios que permita a los empleados mayor flexibilidad en el trabajo y que puedan equilibrar mejor o integrar su trabajo y vida personal. A pesar de estos esfuerzos por parte de las organizaciones, los programas trabajo-vida pueden mejorarse. Una encuesta mostró que más de 31 por ciento de los trabajadores varones con educación universitaria invierten 50 o más horas por semana en el trabajo (hasta 22 por ciento en 1980) y que aproximadamente 40 por ciento de los adultos en Estados Unidos obtienen menos de 7 horas de sueño durante la semana laboral (hasta 34 en 2001).[65] ¿Y qué con las mujeres? Otra encuesta mostró que el porcentaje de mujeres en Estados Unidos que trabaja más de 40 horas por semana o más, se ha incrementado. A propósito, esta misma encuesta mostró que el porcentaje de mujeres europeas que trabajan 40 horas semanales o más ha declinado.[66] Otras encuestas relacionadas con el lugar de trabajo muestran aun elevados niveles de estrés en los empleados debido a conflictos trabajo-vida. Y grandes grupos de mujeres y minorías trabajadoras permanecen sin empleo o subempleados debido a responsabilidades familiares y prejuicios en el trabajo.[67] ¿Entonces qué pueden hacer los gerentes?

Las investigaciones sobre el equilibrio trabajo-vida han mostrado que existen resultados positivos cuando los individuos son capaces de combinar los papeles en la familia y en el trabajo.[68] Como observó un participante, "Creo que ser madre y ser paciente con otras personas y verlas crecer me ha permitido ser un mejor gerente. Estoy mejor preparada para ser paciente con las demás personas y dejarlas crecer y desarrollarse de manera que sea bueno para ellos".[69] Además, los individuos que cuentan con un lugar de trabajo amigable con la familia parecen estar más satisfechos en su trabajo.[70] Esto parece fortalecer la idea de que las organizaciones se benefician de la creación de un lugar de trabajo en el cual es posible el equilibrio trabajo-vida. Y los beneficios son también financieros. Investigaciones han demostrado una relación significativa y positiva entre las iniciativas trabajo-vida y el precio de las acciones de una organización.[71] Sin embargo, los gerentes necesitan comprender que la gente difiere en sus preferencias en cuanto a la programación y opciones de beneficios de trabajo-vida.[72] Algunos prefieren iniciativas organizacionales que *dividan* mejor el trabajo de su vida personal, y otros prefieren programas que faciliten la *integración*. Por ejemplo, el segmento de horarios flexibles debido a que permiten a los empleados programar sus horas de trabajo de manera que sea menos probable que entre en conflicto con sus responsabilidades personales. Por otro lado, el servicio de guardería integra los límites entre las responsabilidades del trabajo y la familia. La gente que prefiere la segmentación tiene más probabilidades de quedar satisfecha y comprometida con sus trabajos cuando se les ofrecen opciones como el horario flexible, el tiempo compartido y el trabajo compartido. Le gente que prefiere la integración tiene más probabilidades de responder positivamente a las opciones como guardería en sitio, gimnasio y días de campo familiares patrocinados por la compañía.

CONTROL DE COSTOS DE RH

Los costos de RH aumentan con gran rapidez, especialmente los costos de los servicios médicos y las pensiones de los empleados. Las organizaciones están en busca de formas de control para estos costos.

Costo de los servicios médicos de los empleados Los empleadores en Aetna pueden ganar incentivos financieros por hasta 345 dólares anuales gracias a su participación en el control de peso y clases de *fitness*. Alrededor de 80 por ciento de los empleados en Fairview Health Services en Minneapolis participan en un programa integral de manejo de salud. Los empleados de King County en Seattle obtienen descuentos en los seguros si no fuman, no tienen sobrepeso y no corren cuando manejan. En Alaska Airlines, los empleados deben acatar la política antitabaco, y las nuevas contrataciones deben someterse a un examen de orina para probar que están libres de tabaco.[73] Todos estos ejemplos muestran cómo las compañías tratan de controlar los altos costos de la seguridad médica. Desde 2002, los costos de los servicios médicos han aumentado en promedio un 15 por ciento anual, y se espera que se dupliquen para el año 2016 de los 2.2 billones de dólares invertidos en 2007.[74] Y los fumadores

beneficios amigables con la familia
Beneficios que se ajustan a los requerimientos de los
empleados para el equilibrio trabajo-vida.

en las compañías crecen a niveles aún mayores: cuestan alrededor de 25 por ciento más que los no fumadores en términos de servicios médicos.[75] Sin embargo, el costo de servicios médicos más alto para las compañías es la obesidad, la cual cuesta a las organizaciones un estimado de 45 mil millones de dólares anuales en gastos médicos y ausentismo.[76] Un estudio de organizaciones de manufactura descubrió que el presentismo, el cual se define como la presencia del empleado en el trabajo, pero con un desempeño menor a su capacidad real, fue 1.8 por ciento más alto para los trabajadores con obesidad de moderada a severa que para los demás empleados.[77] La razón de esta pérdida de productividad se debe al resultado de la reducción de la movilidad debido al tamaño del cuerpo o a problemas de dolor como la artritis. ¿Hay dudas de por qué las compañías buscan más maneras de controlar los costos de los servicios médicos?

¿Cómo pueden las organizaciones controlar sus costos en servicios médicos? Primero, muchas organizaciones brindan oportunidades para los empleados como guías para llevar una vida saludable. Desde incentivos financieros hasta apoyo de la compañía en programas de salud y bienestar, la meta es evitar el alza de los costos en los servicios médicos. Cerca de 41 por ciento de las compañías utilizan algún tipo de incentivo positivo encaminado a fomentar el comportamiento saludable, hasta un 34 por ciento en 1996.[78] Otro estudio reciente indica que cerca de 90 por ciento de las compañías encuestadas planean promover de forma muy intensa estilos de vida saludables para sus empleados durante los próximos tres o cinco años.[79] Muchos han iniciado más pronto: Google, Yamaha Corporation of America, Caterpillar y otros colocan comida saludable en los módulos de café, en las cafeterías y en máquinas expendedoras; proveen entregas de fruta fresca orgánica, e imponen "cargos por calorías" en alimentos que engordan.[80] En el caso de los fumadores, algunas compañías han tomado una posición más agresiva al incrementar el monto que pagan los fumadores por el seguro médico o despidiéndolos si se rehúsan a dejar de fumar.

Costos de plan de pensiones de los empleados Además de los servicios médicos, otra área en la que las organizaciones buscan controlar los costos es en el plan de pensiones de los empleados. Las pensiones corporativas han existido desde el siglo XIX.[81] Pero los días en que las compañías podían dar a cada empleado una pensión integral que proporcionara el retiro garantizado han cambiado. Los compromisos de las pensiones se han convertido en una carga que las compañías no pueden asumir. De hecho, el sistema de pensión corporativa se ha descrito como "fundamentalmente desaparecido".[82] No sólo las compañías con problemas económicos han eliminado los planes de pensiones de los empleados. Muchas compañías de relativo prestigio (por ejemplo, NCR, FedEx, Lockheed Martin y Motorola) ya no proporcionan pensiones. Incluso IBM, la cual cerró su plan de pensiones a las nuevas contrataciones a partir de diciembre de 2004, informó a sus empleados que los beneficios de sus pensiones serían congelados.[83] Desde luego, el problema de las pensiones afecta directamente las decisiones de RH. Por un lado, las organizaciones desean atraer empleados talentosos y capaces mediante el ofrecimiento de atractivos beneficios tales como las pensiones. Pero por otro lado, las organizaciones tienen que valorarlo con el costo de proporcionar estos beneficios.

REPASO RÁPIDO:
OBJETIVO DE APRENDIZAJE 10.5

- Explique cómo pueden manejar los gerentes el recorte de personal.
- Analice la forma en que los gerentes pueden manejar la diversidad de la fuerza laboral.
- Explique qué es el acoso sexual y qué deben hacer los gerentes al respecto.

- Describa cómo lidian las organizaciones con los problemas relacionados con el equilibrio trabajo-vida.
- Analice de qué manera las organizaciones controlan los costos de RH.

Vaya a la página 227 para ver qué tan bien maneja este material.

¿Quiénes son?
Nuestro turno

Jose Quirarte

**Reclutador de RH
Harrah's Entertainment
Council Bluffs, Iowa**

Una cosa que Denise debe hacer es evaluar continuamente los esfuerzos de reclutamiento. Verificarla es el distintivo de reclutamiento de la compañía para revisar si la estrategia actual aún funciona para los buscadores de empleo actuales. El método de reclutamiento tiene que ver con el conocimiento de lo que su negocio ofrece a la fuerza laboral y la forma en que su negocio es apreciado en la comunidad, debido a que vender su marca en el entorno actual es más difícil que nunca.

Además, yo reclutaría talento por medio de un método llamado *búsqueda directa*, que consiste en ir a los negocios y las organizaciones locales para adquirir el mejor talento de todas las fuentes, no solamente en las ferias de empleo o con los anuncios clasificados.

Por último, recomendaría la realización de proyecciones realistas para permitir que los candidatos observen y comprendan lo que implica en realidad el trabajo.

Tracy K. Tunwall

**Facultad de negocios
Mount Mercy College
Cedar Rapids, Iowa**

Si suponemos que la compañía no desea reubicar su centro de atención telefónica, tendrá que adaptarse a las necesidades de los empleados en esa localidad. Primero, los gerentes deben llevar a cabo extensas entrevistas para determinar por qué se retira los empleados y enfocarse en las cosas que pueden cambiar.

Segundo, los gerentes debieran poner atención a lo que sucede en el mercado externo. ¿Abandonan los empleados por otro empleador en el área? ¿Ese empleador ofrece algo más atractivo? Ese "algo" pudiera no ser necesariamente dinero; pudieran ser beneficios, horarios flexibles, reconocimiento, etcétera.

Por último, una vez que estas preguntas sean respondidas, es necesario hacer un gran esfuerzo de relaciones públicas. Si los gerentes hacen cambios, deben hacerlo público.

OBJETIVOS DE APRENDIZAJE
RESUMEN

10.1 ▷ EL PROCESO DE LA ADMINISTRACIÓN DE RECURSOS HUMANOS

- Explique por qué es importante el proceso de la administración de RH.
- Analice los factores ambientales que afectan de manera más directa al proceso de RH.

La administración de RH es importante por tres razones. Primero, puede ser una fuente importante de ventajas competitivas. Segundo, es una parte importante de las estrategias organizacionales. Por último, se ha descubierto que la forma en que las organizaciones tratan a sus empleados afecta significativamente al desempeño organizacional.

Los factores externos que más directamente afectan el proceso de la administración de RH son los sindicatos, las leyes gubernamentales y las tendencias demográficas.

10.2 ▷ IDENTIFICACIÓN Y SELECCIÓN DE EMPLEADOS COMPETENTES

- Defina *análisis de puestos*, *descripción de puestos* y *especificación de puestos*.
- Analice las fuentes más importantes de potenciales candidatos a un puesto.
- Describa los diferentes mecanismos de selección y cuál funciona mejor para diferentes puestos.
- Explique por qué es importante una proyección realista del puesto.

El análisis de puestos es la evaluación que define un puesto y el comportamiento necesario para llevarlo a cabo. La descripción de puestos es un documento escrito que describe un puesto; por lo general incluye el contenido del puesto, el entorno y las condiciones del empleo. Una especificación de puestos es un documento escrito que puntualiza las calificaciones mínimas que debe poseer una persona para desempeñar con éxito el puesto en cuestión.

Las fuentes más importantes para candidatos potenciales a un puesto incluyen Internet, referencias laborales, sitios Web de la compañía, reclutamiento en universidades y organizaciones profesionales de reclutamiento.

Los diferentes mecanismos de selección incluyen formas de solicitud (utilizadas en su mayoría para obtener información del empleado), evaluaciones escritas (deben estar relacionadas con el puesto), simulación del puesto (apropiados para trabajos no gerenciales o trabajos rutinarios), centros de evaluación (más apropiados para gerentes de alto nivel), entrevistas (de amplia uso, pero más apropiadas para puestos gerenciales, especialmente para gerentes de alto nivel), investigación de antecedentes (útil para verificar datos de la solicitud, pero las verificaciones de referencias por lo general son inútiles) y exámenes físicos (útiles para trabajos que tienen que ver con ciertos requerimientos físicos y para propósitos de los seguros).

Una proyección realista del puesto es importante, debido a que le da al candidato expectativas reales respecto del trabajo. Esto, en cambio, debe incrementar la satisfacción del puesto del empleado y reducir la rotación.

10.3 ▷ CÓMO BRINDAR A LOS EMPLEADOS EL CONOCIMIENTO Y LAS HABILIDADES NECESARIAS

- Explique por qué la orientación es importante.
- Describa los diferentes tipos de capacitación y la forma en que se puede proporcionar cada tipo de capacitación.

La orientación es importante debido a que hace más fácil la transición de afuera hacia adentro y hace que el nuevo empleado se sienta cómodo y bien adaptado; reduce la probabilidad de un mal desempeño y de una renuncia temprana y sorpresiva.

Los dos tipos de capacitación son general (incluye habilidades de comunicación, habilidades de cómputo, servicio al cliente, crecimiento personal, etcétera) y específica (incluye habilidades básicas de vida y trabajo, educación del cliente, conciencia de la diversidad cultural, manejo del cambio, etcétera). Esta capacitación se puede proporcionar por medio de métodos de capacitación (en el trabajo, rotación de puestos, mentor y entrenador, ejercicios experimentales, manuales y cuadernos de trabajo, así como instrucción en el salón de clase) o uso de métodos basados en la tecnología (CDs/DVDs/videocintas/audiocintas, videoconferencias o teleconferencias, o aprendizaje en línea).

10.4 ▷ CÓMO RETENER A LOS EMPLEADOS COMPETENTES Y DE ALTO DESEMPEÑO

- Defina los diferentes métodos de evaluación del desempeño.
- Liste los factores que influencian la compensación y los beneficios.
- Describa los sistemas de pago basados en habilidades y variables.

Los diferentes métodos de evaluación de desempeño son ensayos escritos, incidentes críticos, escalas gráficas de clasificación, BARS, comparaciones multipersonales, MBO y evaluaciones de 360 grados.

Los factores que influyen en la compensación y los beneficios de los empleados incluyen el ejercicio y el desempeño del empleado, tipo de trabajo realizado, tipo de negocio/industria, sindicalización, basado en mano de obra o en capital, filosofía gerencial, ubicación geográfica, rentabilidad de la compañía y tamaño de la compañía.

Los sistemas de pago basados en las habilidades recompensan a los empleados por las habilidades y competencias que demuestran en el trabajo. En un sistema de pago variable, la compensación de un empleado depende de su desempeño.

10.5 ▷ TEMAS CONTEMPORÁNEOS DE LA ADMINISTRACIÓN DE RECURSOS HUMANOS

- Explique cómo los gerentes pueden manejar el recorte de personal.
- Analice la forma en que los gerentes pueden manejar la diversidad de la fuerza laboral.
- Explique qué es el acoso sexual y qué deben hacer los gerentes al respecto.
- Describa cómo lidian las organizaciones con los problemas relacionados con el equilibrio trabajo-vida.
- Debata de qué manera las organizaciones controlan los costos de RH.

Los gerentes pueden manejar el recorte de personal mediante una comunicación abierta y honesta, de acuerdo con las leyes apropiadas respecto a la suspensión del pago y de los beneficios, dar apoyo y consejo a los empleados sobrevivientes, con la reasignación de roles según el talento y antecedentes de los individuos, atención en la estimulación de la moral, y tener un plan para los espacios vacíos en la oficina.

Los gerentes deben manejar la diversidad de la fuerza de trabajo al poner atención en el reclutamiento de empleados diversos, y asegurándose de que no haya discriminación en el proceso de selección; luego, asegurarse de que el proceso de transición de afuera hacia adentro sea sólido.

El acoso sexual es cualquier acción o actividad de naturaleza sexual no deseada que afecta explícita o implícitamente el empleo de los individuos, su desempeño o el ambiente de trabajo. Los gerentes deben estar alertas de lo que constituye un ambiente de trabajo hostil u ofensivo, educar a los empleados respecto al acoso sexual, y asegurarse de que no se tomen acciones de venganza en contra de cualquier persona que denuncie actos de acoso. Además, para los romances se podría contar con una política en el lugar de trabajo.

Actualmente las organizaciones lidian con problemas para el equilibrio trabajo-vida al ofrecer beneficios en pro de la familia, tales como el cuidado de infantes en sitio, horario flexible y telecomunicaciones. Los gerentes requieren comprender que la gente prefiere programas que dividan el trabajo y la vida personal, mientras que otros prefieren programas que integren su trabajo y su vida personal.

Las organizaciones controlan los costos de RH mediante el manejo de los costos de los seguros médicos del empleado a través de iniciativas de la salud (promueven el comportamiento saludable y penalizan el comportamiento no saludable) y controlar los planes de pensión de los empleados mediante su eliminación o limitaciones severas.

PENSEMOS EN CUESTIONES ADMINISTRATIVAS

1. ¿Cómo afecta la administración de RH a todos los gerentes?
2. ¿Debe un empleador tener el derecho de elegir a sus empleados sin la interferencia gubernamental? Fundamente su postura.
3. Algunos críticos alegan que los departamentos corporativos de RH han renunciado a su verdadera utilidad y no están ahí para ayudar a los empleados sino para proteger a la organización contra problemas legales. ¿Usted qué piensa? ¿Cuáles son los beneficios que tiene un proceso normal de administración de RH? ¿Cuáles son las desventajas?
4. Los estudios muestran que los salarios de las mujeres aún están por debajo del de los hombres, y que incluso con las leyes y regulaciones para la igualdad de oportunidades, a las mujeres se les paga cerca de 76 por ciento de lo que se le paga a los hombres. ¿De qué manera diseñaría un sistema de compensación que atacara este problema?
5. ¿Cuáles son las desventajas, si la hay, que ve usted en la implementación de beneficios flexibles? (Considere esta situación desde la perspectiva de la organización y desde la perspectiva de un empleado.)
6. ¿Cuáles son las ventajas y las desventajas de la proyección realista del puesto? (Considere esta pregunta desde la perspectiva de la organización y desde la perspectiva de un empleado.)
7. Desde su punto de vista, ¿qué constituye el acoso sexual? Describa de qué manera las compañías pueden minimizar el acoso sexual en el lugar de trabajo.
8. Vaya al sitio Web de la Society for Human Resource Management (www.shrm.org) y busque la sección HR News. Elija un reportaje y léalo. (Nota: Algunos de éstos están disponibles solamente para sus miembros, pero otros están disponibles para cualquier visitante). Escriba un resumen de la información. Al final de su resumen, exponga las implicaciones del tema para los gerentes.

SU TURNO *de ser gerente*

- Utilice Internet para investigar cinco compañías diferentes que sean de su interés y compruebe lo que mencionan respecto a las carreras o a sus empleados. Incluya esta información en un reporte en forma de boletín. Prepárese para hacer una presentación a la clase acerca de sus descubrimientos.

- Trabaje en su *Curriculum vitae*. Si no tiene uno, investigue qué debería tener un buen currículum. Si ya cuenta con uno, asegúrese de que proporciona la información específica que describe explícitamente sus habilidades laborales y experiencia, en lugar de frases sin relevancia como: *orientado a resultados*.

- Si actualmente trabaja, observe qué tipo de actividades de administración de RH realizan sus gerentes (como entrevistas o evaluación de desempeño). Pregúnteles qué han descubierto que resulte efectivo para reclutar y mantener a los buenos empleados. ¿Qué no ha sido efectivo? ¿Qué puede aprender de esto? Si no trabaja actualmente, entreviste a tres gerentes diferentes acerca de cuáles actividades de la administración de RH realizan y cuáles han descubierto que son efectivas y no efectivas.

- Investigue la carrera de su elección, descubra qué necesitará para tener éxito en esa carrera en términos de educación, habilidades, experiencia, etcétera. Escriba una guía personal de carrera que detalle dicha información.

- Complete los módulos Skill building Interviewing and Valuing Diversity que se encuentran en mymanagementlab. Su profesor le dirá lo que necesita hacer con esta información.

- Lecturas sugeridas por Steve y Mary: Thomas W. Malone, *The Future of Work* (Harvard Business School Press, 2004); Charles A. O'Reilly III y Jeffrey Pfeffer, *Hidden Value* (Harvard Business School Press, 2000); Jeffrey Pfeffer, *The Human Equation* (Harvard Business School Press, 1998); Richard W. Judy y Carol D'Amico, *Workforce 2020* (Hudson Institute, 1997), y Robert Johansen y Rob Swigart, *Upsizing the Individual in the Downsized Organization* (Addison-Wesley, 1996).

- Elija uno de los cinco temas de la sección "Temas contemporáneos de la administración de recursos humanos". Investigue el tema y escriba un documento sobre él. Enfóquese en la localización de información y en ejemplos actuales de compañías que lidian con estos problemas.

- En sus propias palabras, escriba tres cosas que haya aprendido en este capítulo para ser un buen gerente.

- La autoevaluación puede resultar una poderosa herramienta de aprendizaje. Vaya a mymanagementlab y complete estos ejercicios de autoevaluación: How Good Am I at Giving Feedback? (¿Qué tan bueno soy para dar retroalimentación?), How Satisfied Am I with My Job? (¿Qué tan satisfecho estoy con mi trabajo?), Am I Exeriencing Work-Family conflict? (¿Estoy experimentando un conflicto familia-trabajo?), y What Are My Attitudes Toward Workplace Diversity? (¿Cuáles son mis actitudes respecto a la diversidad en el lugar de trabajo?). Con los resultados de sus evaluaciones, identifique las fortalezas y debilidades personales. ¿Qué hará para reforzar sus fortalezas y superar sus debilidades?

 Para más recursos, visite www.mymanagementlab.com

CASO PRÁCTICO

Atrapado

Como muchas compañías actuales, Scott's Miracle-Gro enfrenta el dilema de persuadir a los empleados para hacerse mejor cargo de sí mismos sin disminuir la moral del empleado o ser golpeado con demandas. Una de las prioridades de la compañía es buscar o llevar el registro y modificar el comportamiento del empleado. Pero algunas veces esto puede ser un arma de doble filo.

Jim Hagedorn, presidente de Scott's Miracle-Gro Co.

El presidente de Scott's Miracle-Gro Co, Jim Hagedorn (en la foto), reconoce que el programa de bienestar de su compañía es controversial. En 2000, como muchos otros presidentes, vio cómo los costos del seguro médico de su compañía se elevaban como un cohete. No se apreciaba ayuda ni del gobierno ni de la industria de seguros médicos, y los empleados de la compañía estaban, decía, "de juerga con el seguro médico". En febrero de 2003, las primas del seguro médico de los trabajadores se duplicaron, y la moral se derrumbó. Acorde a su estilo de decirlo como es, Hagedorn confrontó el problema ante los empleados. Quería que supieran a qué se enfrentaban: 20 por ciento de las ganancias netas se iban al seguro médico. La evaluación de riesgo de salud mostró que la mitad de los 6,000 empleados tenían sobrepeso o eran mórbidamente obesos y una cuarta parte de los empleados fumaban. Después de ver el programa nocturno de CNN una noche en el cual un doctor argumentaba que los empleadores necesitaban tomar en serio la obesidad de los empleados, el cigarro y la diabetes, Hagedorn sabía qué era lo que debía hacer. A pesar de la hora, llamó de inmediato a su jefe de HR y le dijo que quería eliminar el tabaquismo y la obesidad.

Cumplir esta orden no es algo fácil. El departamento legal estaba preocupado de que el plan pudiera violar leyes federales. Otros consejeros le dijeron a Hagedorn que no lo hiciera o que iba demasiado rápido. Pero no fue fácil disuadirlo. Encontró una firma de abogados que le ayudó a determinar que en 21 estados (incluso la sede de la compañía en Ohio), no era ilegal contratar y despedir gente con base en sus hábitos de fumar. Hagedorn implementó también un programa de bienestar en toda la compañía pero se dio cuenta de que necesitaba un tercero para llevarlo a cabo de modo que los gerentes no pudieran discriminar a los empleados, basados en su salud.

Actualmente, los empleados de Scott's Miracle-Gro son invitados a tomar exhaustivas evaluaciones de salud y riesgo. Aquellos que no pagan $40 adicionales al mes por prima de seguro. A cada empleado que se descubre con riesgo moderado o alto, se le asignado a trabajar con un instructor de salud. Aquellos que no cumplen pagan $67 adicionales por mes por arriba de los $40. Muchos empleados consideraron esta política intrusiva, pero Hagedorn no ha cedido. Es firme en cuanto a disminuir los costos del servicio médico y hacer que los empleados tengan toda la ayuda que necesitan para estar sanos y vivir saludablemente. Un empleado que fue despedido en su cumpleaños 30 debido a que falló un examen de consumo de drogas por uso de nicotina demandó a la compañía. (La demanda sigue en curso en el sistema de justicia). Sin embargo, otro empleado al que su entrenador de salud le ordenó que fuera al médico salvó su vida, pues los cirujanos descubrieron que tenía un bloqueo de 95 por ciento en una arteria del corazón, que lo hubiese matado en cinco días si no se le hubieran insertado catéteres.

Preguntas de análisis

1. ¿Qué piensa acerca del método de Hagedorn para controlar los costos de servicio médico de sus empleados? ¿Está de acuerdo con él? ¿Por qué?

2. ¿Qué beneficios y desventajas existen en este tipo de programa de bienestar para (a) los empleados y (b) la compañía?

3. Investigue los programas de bienestar de las compañías. ¿Qué tipo de cosas hacen las compañías para fomentar el bienestar de los empleados? ¿Existe alguna cosa que haya encontrado que pudiera recomendar para que Hagedorn la implemente? Descríbala.

Fuentes: M.Freudenheim, "Seeking Saving, Employe Help Smokers Quit", *New York Times* online, www.nytimes.com, 26 de octubre de 2007, y M. Conlin, "Get Healthy or Else", *BusinessWeek*, 26 de febrero de 2007, pp. 58-69.

¿Quiénes son?

Conozca a los gerentes

Karen Ellifritz

Directora ejecutiva, Soporte financiero
The Reybold Group
Newark, Delaware

MI TRABAJO: Como muchas otras personas en pequeñas empresas, realizo diversas tareas: finanzas, soporte de IT, administración de sistemas y asistente ejecutiva del Director de operaciones.

LA MEJOR PARTE DE MI TRABAJO: Su evolución continua, junto con la dirección ejecutiva, lo que da lugar a mi creatividad.

LA PEOR PARTE DE MI TRABAJO: Lo mismo que la mejor parte: en ocasiones, la incertidumbre permanente puede ser abrumadora.

EL MEJOR CONSEJO GERENCIAL RECIBIDO: Escrito por Stephen Covey: "Primero busca comprender, y luego ser comprendida". Esta sencilla afirmación me cambió para siempre y también mi estilo de liderazgo.

George Frasher

Propietario y administrador
Frasher's Steakhouse and Lounge
Scottsdale, Arizona

MI TRABAJO: Propietario y administrador del restaurante.

LA MEJOR PARTE DE MI TRABAJO: Las personas: el personal y los clientes.

LA PEOR PARTE DE MI TRABAJO: El interminable papeleo.

EL MEJOR CONSEJO GERENCIAL RECIBIDO: Trata a los demás como quieras que te traten. Sé consistente y justo.

A lo largo del capítulo sabrá más sobre estos gerentes reales.

Capítulo 11

Manejo de equipos

Pocas tendencias han tenido tanta influencia sobre la forma en que se trabaja en las organizaciones como el manejo de equipos de trabajo. Las empresas cada vez con mayor frecuencia estructuran el trabajo por medio de equipos, en lugar de hacerlo de manera individual. Los gerentes necesitan entender lo que influye en el desempeño y satisfacción de los equipos. Conforme lea y estudie este capítulo, concéntrese en los siguientes objetivos de aprendizaje.

OBJETIVOS DE APRENDIZAJE

El dilema de un gerente

La teoría de la administración indica que comparado con un individuo, un grupo diverso de personas será más creativo debido a que los miembros de un equipo aportarán una variedad de ideas, perspectivas y enfoques al grupo.[1] Esta información podría ser importante para una compañía como Google; no sólo la innovación es importante para el éxito de la empresa, sino que los equipos son una forma de vida en Google. Como dice en el sitio Web de la compañía, "los googleros prosperan en pequeños equipos y en entornos dinámicos". Si la teoría de la administración sobre equipos es correcta, entonces el centro R&D de Google en India debe destacar en innovación. ¿Por qué? Porque ahí uno se encuentra con una gran diversidad, aunque todos los empleados son originarios de la India. Entre estos googleros se encuentran indios, sijes, hindúes, musulmanes, budistas, cristianos y janistas, que hablan inglés, hindú, tamil, bengalí y más de las 22 lenguas oficialmente reconocidas en India. Una habilidad que Google busca cuando hace contrataciones es la capacidad de trabajar como miembro de un equipo. Suponga que es gerente del centro Hyderabad de Google, en el cual se requiere mantener la capacidad de innovación de su equipo cuando se unen nuevos diseñadores al grupo.

¿Usted qué haría?

Es probable que tenga mucha experiencia en trabajo en grupos; tal vez en equipos de proyectos escolares, con un equipo deportivo, en un comité para recaudación de fondos, o incluso en un equipo de ventas del trabajo. Los equipos de trabajo son una de las realidades, y desafíos, de la administración en el entorno global y dinámico actual. Muchas organizaciones han dado el paso hacia la reestructuración del trabajo en torno a equipos en vez de individuos. ¿Por qué? ¿Cómo son estos equipos? Y así como Google enfrenta el desafío en la India, ¿cómo pueden los gerentes formar equipos eficaces? Éstas son algunas de las preguntas que responderemos en este capítulo. Sin embargo, antes de que podamos comprender el concepto de equipo, primero necesitamos entender lo esencial sobre grupos y comportamiento de grupo.

OBJETIVO DE
APRENDIZAJE 11.1 ▷ GRUPOS Y DESARROLLO DE GRUPOS

Cada persona del grupo desempeñó su función: El Observador, El Observador de Tiro, El Gorila y El Jugador Principal. Por más de 10 años, este grupo (ex alumnos del MIT, quienes fueron miembros del club secreto Black Jack) utilizó sus extraordinarias habilidades matemáticas, su formación experta, trabajo en equipo y habilidades interpersonales para tomar millones de dólares de algunos de los casinos más importantes de Estados Unidos.[2] Aunque la mayoría de los grupos no se forman con propósitos deshonestos como los anteriores, el éxito de este grupo en su tarea fue impresionante. Los gerentes querrían que también sus grupos fueran exitosos en sus tareas. El primer paso es comprender qué es un grupo y cómo se desarrollan.

Figura 11–1

Ejemplos de grupos de trabajo formales

- *Grupos de mando.* Grupos determinados por el organigrama de la organización y formados por individuos que le reportan directamente a un gerente determinado.

- *Grupos de tarea.* Grupos formados por individuos que se juntan para realizar una tarea de trabajo específica; con frecuencia su existencia es temporal, debido a que, una vez que se completa la tarea, el grupo se desintegra.

- *Equipos multifuncionales.* Grupos que juntan el conocimiento y las habilidades de individuos de diversas áreas de trabajo o grupos cuyos miembros han sido capacitados para realizar el trabajo de otros.

- *Equipos autodirigidos.* Grupos que son básicamente independientes y que, además de sus propias tareas, se encargan de tareas gerenciales como contratación, planeación y programación, y de la evaluación del desempeño.

¿QUÉ ES UN GRUPO?

Un **grupo** se define como dos o más individuos interdependientes que interactúan para lograr objetivos específicos. Los *grupos formales* son grupos de trabajo, definidos por la estructura de una organización y con asignaciones de trabajo y tareas específicas dirigidas a cumplir los objetivos organizacionales. La figura 11-1 presenta algunos ejemplos. Los *grupos informales* son grupos sociales. Estos grupos se presentan de manera natural en el centro de trabajo y se forman en torno a amistades e intereses comunes. Por ejemplo, cinco empleados de distintos departamentos que regularmente comen juntos, forman un grupo informal.

ETAPAS DEL DESARROLLO DE GRUPOS

Investigaciones han mostrado que los grupos se desarrollan en cinco etapas.[3] Como muestra la figura 11-2, estas cinco etapas son *formación, tormenta, normalización, desempeño* y *terminación.*

La etapa de **formación** tiene dos fases. La primera se presenta cuando se unen personas al grupo. En un grupo formal, las personas se unen por una asignación de trabajo. Después de que se juntan, comienza la segunda fase: definición del propósito del grupo, la estructura y el liderazgo. Esta fase implica mucha incertidumbre mientras los miembros "prueban las aguas" para determinar qué tipos de comportamiento son aceptables. Esta etapa se completa cuando los miembros comienzan a pensar por sí mismos como parte de un grupo.

Figura 11–2

Etapas del desarrollo de grupos

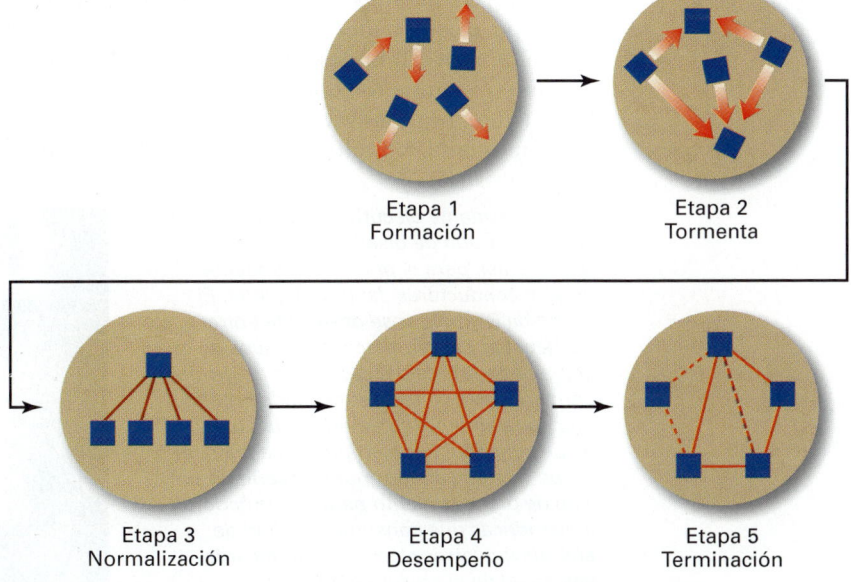

Etapa 1
Formación

Etapa 2
Tormenta

Etapa 3
Normalización

Etapa 4
Desempeño

Etapa 5
Terminación

grupo
Dos o más individuos interdependientes que interactúan para lograr objetivos específicos.

etapa de formación
Primera etapa del desarrollo de un grupo, en la cual las personas se unen al grupo y luego definen su objetivo, estructura y liderazgo.

La etapa de **tormenta** tiene este nombre debido a los conflictos internos que se presentan al decidir quién controlará al grupo y lo que éste tiene que hacer. Cuando se completa esta etapa, hay una jerarquía de liderazgo y acuerdo relativamente clara sobre la dirección del grupo.

La etapa de **normalización** es aquella en la que se desarrollan relaciones cercanas y el grupo demuestra cohesión. Ahora existe un fuerte sentido de grupo y camaradería. Esta etapa se completa cuando la estructura del grupo se solidifica y el grupo ha asimilado un conjunto de expectativas comunes (o normas) relacionadas con el comportamiento de sus miembros.

La cuarta etapa del desarrollo de grupos es la de **desempeño**. La estructura del grupo está definida y es aceptada por los miembros del grupo. Sus esfuerzos han pasado de conocer y entender a cada uno, a trabajar en la tarea del grupo. Ésta es la última etapa de desarrollo de grupos de trabajo permanentes. Sin embargo, en el caso de grupos temporales (equipos de proyecto, fuerzas de tarea, o grupos similares que tienen una tarea limitada por hacer) la etapa final es la de **terminación**. En esta etapa, el grupo se prepara para desintegrarse. La atención se centra en concluir las tareas, más que en el desempeño. Los miembros del grupo reaccionan de distintas maneras. Algunos están optimistas, muy contentos por los logros del grupo. Otros pueden estar tristes por la pérdida de amistades y camaradería.

Es probable que muchos de ustedes hayan experimentado estas etapas, si trabajaron con un grupo para un proyecto escolar. Los miembros de un grupo son seleccionados o asignados y luego se conocen por primera vez. Hay un periodo de "sondeo" para ver qué hará el grupo y cómo lo hará. Esto generalmente se presenta después de una lucha por el control: ¿quién va a estar a cargo? Cuando este asunto se resuelve y se acuerda una "jerarquía", el grupo identifica el trabajo específico que tiene que hacerse, quién hará cada parte y las fechas en que debe estar terminado el trabajo. Se establecen expectativas generales. Estas decisiones forman la base de lo que se espera que sea un esfuerzo coordinado de grupo que culmina con un proyecto bien hecho. Cuando el proyecto se termina y entrega, el grupo se desintegra. Por supuesto, algunos grupos no van mucho más allá de las etapas de formación y tormenta. Estos grupos podrían tener serios conflictos interpersonales, los cuales se reflejan en un trabajo decepcionante y bajas calificaciones.

¿Un grupo se vuelve más eficaz conforme pasa por las primeras cuatro etapas? Algunos investigadores afirman que sí, pero esto no es tan simple.[4] Por lo general esa suposición puede ser cierta, pero lo que hace que un grupo sea eficaz es un tema complejo. En determinadas condiciones, altos niveles de conflicto conducen a altos niveles de desempeño de grupo. Puede haber situaciones en las que los grupos que se encuentran en la etapa de tormenta superan el desempeño de aquellos que se encuentran en las etapas de normalización o desempeño. Además, los grupos no siempre pasan en secuencia de una etapa a la siguiente. Algunas veces los grupos se encuentran en la etapa de tormenta y desempeño al mismo tiempo. Incluso, en ocasiones los grupos retroceden a etapas anteriores. Por lo

El vicepresidente ejecutivo Dadi Perlmutter dirige un grupo de diseño de chips en Haifa, Israel, para el principal fabricante de semiconductores del mundo, Intel. El grupo de Perlmutter se desarrolla entre los debates y confrontaciones típicos de la etapa de tormenta del desarrollo de grupos, pero consigue el tipo de resultados reales que generalmente caracteriza a la etapa de desempeño. Por ejemplo, hace poco, el grupo resultó ganador por el diseño de un chip de procesamiento para computadoras inalámbricas que consume la mitad de energía que otros chips, sin sacrificar la velocidad de procesamiento.

tanto, no es prudente asumir que todos los grupos siguen precisamente este proceso o que la de desempeño siempre es la mejor etapa. Es preferible pensar en este modelo como un marco general que resalta el hecho de que los grupos son entidades dinámicas y que los gerentes necesitan conocer la etapa en que se encuentra el grupo, para que puedan entender los problemas y asuntos que más probablemente surgirán.

REPASO RÁPIDO:

OBJETIVO DE APRENDIZAJE 11.1

- Describa los diferentes tipos de grupos.
- Describa las cinco etapas del desarrollo de grupos.

Vaya a la página 252 para ver qué tan bien maneja este material.

OBJETIVO DE APRENDIZAJE 11.2 ▷ DESEMPEÑO Y SATISFACCIÓN DE UN GRUPO DE TRABAJO

Muchas personas lo consideran como el "grupo" más exitoso de nuestro tiempo. ¿A quién? A los Beatles. "Los Beatles fueron grandes artistas y animadores, pero en muchos aspectos eran cuatro tipos normales que, como grupo, encontraron la manera de lograr un éxito financiero y artístico extraordinario, y la pasaron muy bien mientras lo hacían. Todo equipo de negocios puede aprender de su historia".[5]

¿Por qué algunos grupos *son* más exitosos que otros? ¿Por qué algunos grupos logran altos niveles de desempeño y grandes niveles de satisfacción en sus miembros, y otros no? Las respuestas son complejas, pero incluyen variables como las habilidades de los miembros del grupo, el tamaño del grupo, el nivel de conflicto y las presiones internas sobre los miembros para formar las normas del grupo. La figura 11-3 presenta los factores más importantes que determinan el desempeño y la satisfacción del grupo.[6] Veamos cada uno de ellos.

CONDICIONES EXTERNAS IMPUESTAS AL GRUPO

Un grupo de trabajo se ve afectado por las condiciones externas que se le imponen. Éstas incluyen la estrategia de la organización, las relaciones de autoridad, reglas formales y normatividad, disponibilidad de recursos, criterios de selección de empleados, sistema de administración del desempeño y cultura, y la distribución física general del espacio de trabajo del grupo. Por ejemplo, algunos grupos cuentan con herramientas y equipos modernos y de alta calidad para hacer su trabajo, mientras que otros no. O la organización puede estar tras una estrategia de disminución de costos o de mejoramiento de calidad, lo cual afectará lo que hace un grupo y cómo lo hace.

RECURSOS DE LOS MIEMBROS DE UN GRUPO

El potencial de desempeño de un grupo depende en gran medida de los recursos que cada individuo aporta. Estos recursos incluyen conocimiento, habilidades, capacidades y rasgos de personalidad, los cuales determinan lo que los miembros pueden hacer y qué

Figura 11–3

Modelo de desempeño y satisfacción de grupo

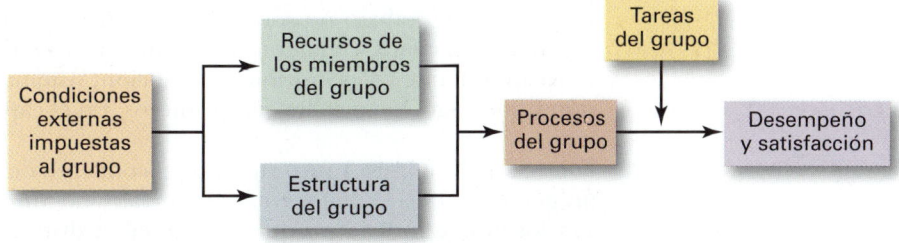

---

etapa de tormenta
Segunda etapa del desarrollo de grupos, la cual se caracteriza por los conflictos al interior del grupo.

etapa de normalización
Tercera etapa del desarrollo de grupos, la cual se caracteriza por relaciones estrechas y cohesión.

etapa de desempeño
Cuarta etapa del desarrollo de grupos, cuando éstos son totalmente funcionales y trabajan en sus tareas.

etapa de terminación
Etapa final del desarrollo de grupos temporales, durante la cual los miembros del grupo se centran en concluir las actividades más que en el desempeño.

Cómo manejar una fuerza de trabajo Diversa

El desafío de manejar equipos diversos

Manejar equipos formados por personas que son parecidas no siempre es sencillo. Pero incluya miembros diversos, y esto puede resultar ¡todavía más desafiante! Sin embargo, los beneficios de las perspectivas, habilidades y capacidades de miembros diversos valen la pena.[9] Cuatro factores interpersonales son importantes para enfrentar el reto de coordinar un equipo de trabajo diverso: comprensión, empatía, tolerancia y comunicación.

Usted sabe que las personas no son iguales, pero necesitan que se les trate con justicia y equidad. Las diferencias (culturales, físicas u otras) pueden ocasionar que las personas se comporten de distintas maneras. Es necesario que comprenda y acepte estas diferencias, y fomente que todo miembro del equipo haga lo mismo.

La empatía está bastante relacionada con la comprensión. Como líder de un equipo, se requiere que trate de entender las perspectivas de los demás. Póngase en su lugar y anime a los miembros del equipo a entender también la empatía. Por ejemplo, suponga que una mujer asiática se une a un equipo de hombres caucásicos e hispanos. Pueden hacerla sentir bienvenida y cómoda si identifican cómo podría sentirse. ¿Está emocionada o decepcionada por su nueva asignación laboral? ¿Cuáles fueron sus experiencias laborales anteriores? ¿Cómo pueden ayudarla a sentirse más cómoda? Si sienten empatía por ella, los miembros actuales del equipo podrán trabajar juntos como un grupo eficaz.

La tolerancia es otra consideración interpersonal importante. El solo hecho de que entienda que las personas son diferentes y que sienta empatía por ellas, no significa que será más sencillo aceptar distintas perspectivas o comportamientos. Pero es importante ser tolerante y tener una mentalidad abierta con respecto a los distintos valores, actitudes y comportamientos.

Por último, la comunicación abierta y bilateral es importante para manejar un equipo diverso. Los problemas de diversidad pueden intensificarse si las personas temen o no tienen confianza de expresar abiertamente problemas que les conciernen. Si una persona quiere saber si cierto comportamiento es ofensivo para alguien más, es mejor preguntar. Del mismo modo, una persona que se siente ofendida por el comportamiento de otra, debe expresarlo y pedirle a esa persona que no lo haga más. Tales intercambios de comunicación pueden ser positivos cuando se manejan de manera no amenazante, sencilla y amigable.

tan eficazmente pueden desempeñarse en un grupo. Las habilidades interpersonales (especialmente manejo y solución de conflictos, solución de problemas de colaboración y comunicación) surgen de manera consistente como algo importante para que los grupos de trabajo se desempeñen bien.[7]

Los rasgos de personalidad también afectan el desempeño del grupo debido a que influyen demasiado en cómo interactuará un individuo con otros miembros del grupo. Investigaciones han mostrado que los rasgos considerados como positivos en nuestra cultura (sociabilidad, autoconfianza e independencia) tienden a relacionarse positivamente con la productividad y el ánimo del grupo. En contraste, las características de una personalidad negativa (autoritarismo, dominio y falta de originalidad) tienden a relacionarse de manera negativa con la productividad y el ánimo del grupo.[8]

ESTRUCTURA DE GRUPO

Los grupos de trabajo no son multitudes desorganizadas. Tienen una estructura interna que define el comportamiento de los miembros e influye en el desempeño del grupo. La estructura define roles, normas, aceptación, sistemas de estatus, tamaño del grupo, cohesión y liderazgo. Veamos los seis primeros. En el capítulo 16 abordaremos el liderazgo.

Roles. En el capítulo 1 introdujimos el concepto de roles, cuando analizamos lo que hace un gerente. (Recuerde los roles gerenciales de Mintzberg.) Por supuesto, los gerentes no son los únicos individuos que desempeñan distintos roles en una organización. El concepto de roles se aplica a todos los empleados y también a su vida fuera de la organización. (Piense en los distintos roles que usted desempeña: estudiante, hermano, empleado, esposo, etcétera).

Un **rol** se refiere a los patrones de comportamientos esperados de alguien que ocupa una posición dada en una unidad social. En un grupo, se espera que los individuos hagan ciertas cosas por su posición (rol) en el grupo. Por lo general, estos roles están orientados a que el trabajo se haga o a mantener contentos a los miembros del grupo.[10] Piense en los grupos a que ha pertenecido y en los roles que desempeñó. ¿Trataba continuamente de mantener al grupo enfocado en realizar su trabajo? Si la respuesta es sí, desempeñaba un rol de cumplimiento de tareas. O bien, ¿se concentraba más en que los miembros del grupo tuvieran la oportunidad de expresar sus ideas y en que estuvieran satisfechos con la experiencia? Si así era, desempeñaba un rol para la satisfacción de los miembros del grupo. Ambos roles son importantes para que el grupo tenga la capacidad de funcionar eficiente y eficazmente.

Un problema que surge es que los individuos desempeñan varios roles y los ajustan al grupo a que pertenecen en ese momento. Derivado de las distintas expectativas de estos roles, los empleados enfrentan *conflictos de roles*.

Normas. Todos los grupos tienen **normas**, las cuales son estándares o expectativas aceptados y compartidos por los miembros de un grupo. Las normas dictan cosas como niveles de resultados laborales, ausentismo, puntualidad y grado de socialización en el trabajo.

Por ejemplo, las normas dictan el "ritual de llegada" entre los auxiliares administrativos de Coleman Trust Inc., donde el día laboral comienza a las 8 A.M. Por lo general, la mayoría de los empleados llegan unos minutos antes, cuelgan sus abrigos y colocan sus bolsos y otros objetos personales en sus escritorios, para que todos los demás sepan que están "en el trabajo". Luego se dirigen al salón de descanso para tomar café y charlar. A cualquiera que rompa esta norma y comience a trabajar a las 8 A.M. se le presiona para que se comporte de tal forma que cumpla con el estándar del grupo.

Aunque un grupo tiene su propio conjunto único de normas, las normas organizacionales comunes se enfocan en el esfuerzo y desempeño, la vestimenta y la lealtad. Las normas más extendidas son aquellas que se relacionan con el esfuerzo laboral y el desempeño. Por lo común, los grupos de trabajo aconsejan explícitamente a sus miembros qué tan duro trabajar, el nivel de resultados, cuándo parecer ocupado, cuándo es aceptable holgazanear, etcétera. Estas normas influyen en gran manera en el desempeño individual de los empleados; son tan poderosas que no se puede predecir el desempeño de alguien, basándose únicamente en su capacidad y motivación personal. Las normas de vestimenta suelen dictar lo que es aceptable utilizar en el trabajo. Si la norma es la vestimenta formal, cualquiera que vista casual puede enfrentar una presión sutil para que se adapte. Por último, las normas de lealtad influirán para que los individuos trabajen hasta tarde, en fines de semana, o que se muden a lugares en los que preferirían no vivir.

Algo negativo sobre las normas de grupo es que formar parte de uno puede aumentar las acciones antisociales de un individuo. Si las normas del grupo incluyen la tolerancia de comportamientos anormales, es más probable que alguien que de manera normal no presentaría tales comportamientos sí lo haga. Por ejemplo, un estudio descubrió que quienes trabajaban en un grupo eran más propensos a mentir, engañar y robar, que los que trabajaban solos.[11] ¿Por qué? Porque los grupos brindan anonimato, lo que genera en los individuos (quienes de otra forma temerían ser atrapados) un falso sentido de seguridad.

Aceptación. Debido a que los individuos quieren ser aceptados por los grupos a que pertenecen, son susceptibles a ceder ante presiones para adaptarse. Los primeros experimentos realizados por Solomon Asch demostraron el efecto que la aceptación tiene sobre el juicio y actitud de un individuo.[12] En estos experimentos, se pidió a grupos de siete u ocho personas que compararan dos tarjetas sostenidas por el experimentador. Una tarjeta tenía tres líneas de distintas longitudes, y la otra tenía una línea de la misma longitud que una de las tres líneas de la otra tarjeta (vea la figura 11-4). Cada miembro del grupo debía decir en voz alta cuál de las tres líneas coincidía con la línea que estaba sola en la otra tarjeta. Asch quería ver qué ocurriría si los miembros comenzaban a dar respuestas incorrectas. ¿Las presiones para que coincidieran ocasionarían que los individuos dieran respuestas incorrectas sólo para ser consistentes con los demás? El experimento estaba "arreglado" de tal manera que todos los miembros, excepto uno (el sujeto incauto), sabían que debían comenzar a dar respuestas obviamente incorrectas después de una o dos rondas. Después de muchos experimentos y pruebas, el sujeto incauto coincidió en más de un tercio de las ocasiones.

¿Estas conclusiones aún son válidas? Las investigaciones muestran que los niveles de aceptación han bajado desde la época de los estudios de Asch. Sin embargo, los gerentes no pueden ignorar el factor de aceptación debido a que éste aún puede ser una fuerza

---

rol
Patrones de comportamientos esperados de alguien que ocupa una posición dada en una unidad social.

normas
Estándares o expectativas aceptados y compartidos por los miembros de un grupo.

Figura 11–4

Ejemplos de las tarjetas de Asch

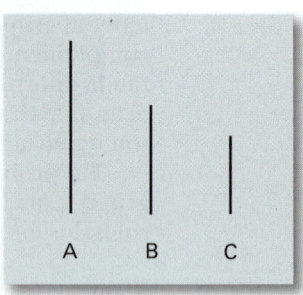

poderosa en los grupos.[13] Con frecuencia, los miembros de un grupo quieren ser considerados como parte del grupo y evitan ser visiblemente distintos. Las personas tienden a encontrar más agradable coincidir que estar en contra; incluso si esto último pudiera mejorar la eficacia del grupo. Por lo tanto, nos ajustamos. Pero la conformidad puede ir demasiado lejos, en especial cuando la opinión de un individuo difiere significativamente de las del resto del grupo. Cuando esto ocurre, el grupo suele ejercer una presión intensa sobre el individuo para que ajuste su opinión con la de los demás, un fenómeno conocido como **pensamiento de grupo**. El pensamiento de grupo parece presentarse cuando hay una identidad grupal clara, los miembros tienen una imagen positiva que quieren proteger, y el grupo percibe una amenaza colectiva a esta imagen positiva.[14]

Sistemas de estatus. Los sistemas de estatus son un factor importante para entender el concepto de grupos. El **estatus** es un grado de prestigio, posición o rango dentro de un grupo. Desde que los investigadores comenzaron a dar seguimiento a los grupos, encontraron jerarquías de estatus. El estatus puede ser un motivador importante de consecuencias conductuales, en especial cuando los individuos ven disparidades en cómo perciben su estatus y cómo lo perciben los demás.

El estatus puede ser conferido informalmente mediante características como la educación, edad, capacidad o experiencia. Cualquier cosa puede tener un valor de estatus, si otros en el grupo lo consideran así. Por supuesto, sólo porque el estatus sea una cuestión informal no significa que es poco importante, o que es difícil determinar quién lo tiene o quién no. Los miembros del grupo no tienen problemas para ubicar a las personas en categorías de estatus, y por lo general coinciden con lo que es un estatus alto o bajo.

El estatus también se confiere formalmente, y es importante que los empleados crean que el sistema de estatus formal de la organización es congruente; es decir, que hay consistencia entre el rango percibido de un individuo y los símbolos de estatus recibidos por parte de la organización. Por ejemplo, una incongruencia de estatus ocurriría si un supervisor ganara menos que sus subordinados, si una oficina agradable fuera ocupada por

Razonamiento crítico sobre Ética

Le han contratado como practicante durante el verano en el departamento de planeación de eventos de una empresa de relaciones públicas de Dallas. Después de trabajar ahí durante un mes, concluye que la actitud en la oficina es de "todo se vale". Los empleados saben que los supervisores no los castigarán por ignorar las reglas de la empresa. Por ejemplo, los empleados entregan reportes de gastos, pero el proceso es una broma. Nadie entrega recibos para comprobar reembolsos y nunca se dice algo. De hecho, cuando trató de entregar sus recibos con su reporte de gastos, se le dijo "nadie más entrega recibos, y en realidad usted tampoco tiene que hacerlo". Aunque el manual del empleado dice que se necesitan recibos para los reembolsos, usted sabe que ningún cheque de gastos ha sido negado por no entregar un recibo. Además, sus compañeros de trabajo utilizan los teléfonos de la compañía para llamadas de larga distancia personales, aunque eso también está prohibido en el manual, y uno de los empleados permanentes le dijo "ayúdate" con el papel, plumas o lápices que necesites aquí o en tu casa. ¿Cuáles son las normas de este grupo? Suponga que usted fuera el supervisor de esta área, ¿Qué haría para cambiar las normas?

una persona con una posición de menor nivel, o si a gerentes de división se les pagaran membresías para un club campestre y al vicepresidente no. Los empleados esperan que las "cosas" que recibe un individuo sean congruentes con su estatus. Cuando no es así, los empleados pueden cuestionar la autoridad de sus gerentes y quizá no les motiven las oportunidades de ascenso laboral.

Tamaño del grupo. ¿Cuál es el tamaño adecuado de un grupo? En Amazon, los equipos de trabajo tienen una autonomía considerable para innovar e investigar sus ideas. Jeff Bezos, fundador y presidente, utiliza una filosofía de "dos pizzas"; es decir, un equipo debe ser lo bastante pequeño que pueda alimentarse con dos pizzas. Por lo general, esta filosofía de "dos pizzas" limita a los grupos a cinco o siete personas; por supuesto, según el apetito de los miembros del equipo.[15]

El tamaño del grupo afecta el desempeño y la satisfacción, pero el efecto depende de lo que se supone que el grupo debe hacer.[16] Por ejemplo, investigaciones indican que los grupos pequeños son más rápidos para concluir las tareas que los grandes. Sin embargo, en el caso de grupos que se ocupan de solucionar problemas, los grupos grandes de manera consistente obtienen mejores resultados que los pequeños. ¿Qué significa esto en términos de números específicos? Los grupos grandes (de doce o más miembros) son buenos para obtener información diversa. Por lo tanto, si el objetivo de un grupo es encontrar hechos, un grupo más grande debe ser más eficaz. Por otra parte, los grupos pequeños (de cinco o siete miembros) son mejores en hacer algo productivo con tales hechos.

Un hallazgo importante relacionado con el tamaño de un grupo tiene que ver con la **holgazanería social**, la cual es la tendencia de un individuo a hacer menos esfuerzo cuando trabaja colectivamente que cuando trabaja de manera individual.[17] La holgazanería social puede presentarse debido a que la gente piensa que otros miembros del grupo no están haciendo su mejor esfuerzo. Además, la relación entre la contribución individual y el resultado grupal frecuentemente no es clara. Por lo tanto, los individuos pueden volverse "polizones" y depender de los esfuerzos del grupo, debido a que los individuos creen que su contribución individual no puede medirse.

Las implicaciones de la holgazanería social son importantes. Cuando los gerentes utilizan grupos, deben encontrar una manera para identificar el esfuerzo individual. Si no lo hacen, la productividad grupal y la satisfacción individual pueden disminuir.[18]

Cohesión del grupo. La cohesión es importante porque se ha descubierto que está relacionada con la productividad grupal. Los grupos en que hay muchos desacuerdos internos y falta de cooperación, son menos efectivos para concluir sus tareas que aquellos en los cuales los miembros coinciden, cooperan y se aceptan entre sí. La investigación en esta área se ha enfocado en la **cohesión del grupo**, o el grado en que los miembros se identifican con el grupo y comparten sus objetivos.[19]

Las investigaciones han demostrado que por lo general los grupos con mucha cohesión son más efectivos que los que tienen poca.[20] Sin embargo, la relación entre cohesión y eficacia es compleja. Una variable clave de moderación es el grado en que la actitud del grupo se alinea con sus objetivos o con los de la organización[21] (vea la figura 11-5). Cuanta más cohesión hay en un grupo, sus miembros alcanzarán mejor sus metas. Si éstas son deseables (por ejemplo altos resultados, trabajo de calidad, cooperación con individuos fuera del grupo) un grupo cohesivo es más productivo que uno con menos cohesión. Sin embargo, si la cohesión es alta y las actitudes son desfavorables, la productividad disminuye. Si la cohesión es baja pero los objetivos son respaldados, la productividad aumenta, pero no tanto como cuando la cohesión y el respaldo son altos. Cuando la cohesión es baja y los objetivos no son respaldados, no hay un efecto importante en la productividad.

pensamiento de grupo
Fenómeno en el que un grupo ejerce una presión intensa sobre un individuo para alinear su opinión con la de los demás.

estatus
Grado de prestigio, posición o rango dentro de un grupo.

holgazanería social
Tendencia de los individuos a esforzarse menos cuando trabajan colectivamente que cuando lo hacen de manera individual.

cohesión del grupo
Grado en el que los miembros de un grupo se aceptan entre sí y comparten los objetivos del grupo.

Figura 11–5

Cohesión del grupo y
productividad

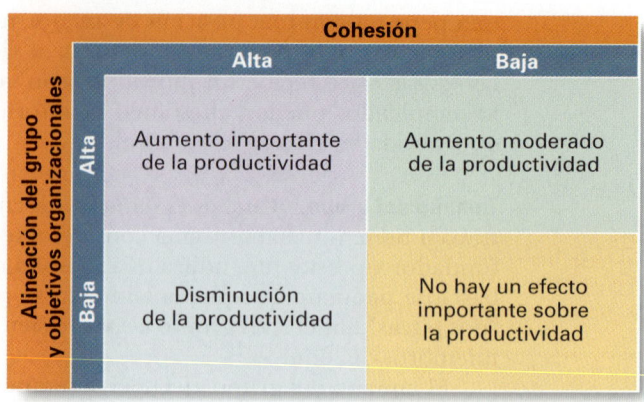

		Cohesión	
		Alta	**Baja**
Alineación del grupo y objetivos organizacionales	**Alta**	Aumento importante de la productividad	Aumento moderado de la productividad
	Baja	Disminución de la productividad	No hay un efecto importante sobre la productividad

PROCESOS DE GRUPO

Además de los recursos de los miembros de un grupo y su estructura, otro factor que determina el desempeño y satisfacción grupal tiene que ver con los procesos que suceden dentro de un grupo de trabajo, como la comunicación, la toma de decisiones y el manejo de conflictos. Estos procesos son importantes para comprender a los grupos de trabajo debido a que influyen positiva o negativamente en el desempeño y satisfacción. Un ejemplo de un factor de proceso positivo es la sinergia de cuatro personas en un equipo de investigación de mercado, que tienen la capacidad de generar bastantes más ideas de las que podrían producir los miembros individualmente. Sin embargo, el grupo también puede verse afectado por factores de procesos negativos, como la holgazanería social, altos niveles de conflicto o mala comunicación, los cuales pueden entorpecer la eficacia del grupo. Veremos dos procesos de grupo importantes: la toma de decisiones en grupo y el manejo de conflictos.

Toma de decisiones en grupo. Es rara la organización que no utiliza comités, fuerzas de tarea, comisiones de revisión, equipos de estudio y otros grupos similares para tomar decisiones. Estudios muestran que los gerentes pueden pasar más de 30 horas a la semana en reuniones de grupo.[23] Sin duda, gran parte de ese tiempo se dedica al planteamiento de problemas, desarrollo de soluciones y a determinar cómo implementar las soluciones. De hecho, es posible que a los grupos le sean asignados cualquiera de los ocho pasos del proceso de toma de decisiones (vea el capítulo 6 para revisar estos pasos).

Cómo dirigir en un Mundo Virtual

La IT y los grupos

Los grupos de trabajo necesitan información para realizar su trabajo. Con grupos de trabajo que con frecuencia no sólo están a algunos pasos sino a continentes de distancia, es importante encontrar una manera para que los miembros de un grupo se comuniquen y colaboren. Ahí es donde entra la IT. La tecnología ha permitido una mayor comunicación en línea y la colaboración dentro de grupos de todos tipos.[22]

La idea de una colaboración asistida por medio de tecnología se originó con los motores de búsqueda en línea. La Internet por sí misma fue un intento de grupos de científicos e investigadores por compartir información. Luego, conforme se subía a la Web más y más información, los usuarios dependían de varios motores de búsqueda que les ayudaran a encontrar información. Hoy en día conocemos muchos ejemplos de tecnología de colaboración, como páginas wiki, blogs y juegos de realidad virtual de múltiples jugadores.

En la actualidad, las herramientas de colaboración en línea han brindado a los grupos de trabajo formas eficaces para hacer su trabajo. Por ejemplo, los ingenieros de Toyota utilizan herramientas de colaboración para comunicación con el fin de compartir mejoras de procesos e innovaciones. Han desarrollado "una fuente propia de conocimiento común ampliamente diseminado, lo que lleva a la innovación a una velocidad que muy pocos sistemas corporativos pueden igualar". Y no hay discusión con respecto al éxito que Toyota ha alcanzado. Los gerentes de todas partes deben conocer el poder de la IT para ayudar a los grupos de trabajo a mejorar la forma en que hacen su trabajo.

¿Qué ventajas tienen las decisiones de grupo sobre las decisiones individuales? Una es que los grupos generan información y conocimiento más completos. Brindan una diversidad de experiencia y perspectivas al proceso de decisión que un individuo no puede. Además, los grupos generan alternativas más diversas porque tienen más información y más diversa. La otra, que los grupos aumentan la aceptación de una solución. Los miembros de un grupo están renuentes a rechazar o minar una decisión que ayudaron a desarrollar. Por último, los grupos aumentan la legitimidad. Las decisiones tomadas por grupos pueden percibirse como más legítimas que las decisiones tomadas por una sola persona.

Las decisiones de grupo también tienen desventajas. Una es que los grupos casi siempre necesitan más tiempo para llegar a una solución que un solo individuo. Otra es que una minoría dominante que se expresa puede influir de manera importante en la decisión final de un grupo. Además, el pensamiento de grupo puede minar el pensamiento crítico y dañar la calidad de la decisión final.[24] Por último, en un grupo, los miembros comparten la responsabilidad, pero la responsabilidad de un solo individuo es ambigua.

Determinar si los grupos son eficaces en la toma de decisiones depende de los criterios utilizados para evaluar la eficacia.[25] Si la precisión, creatividad y grado de aceptación son importantes, entonces una decisión de grupo puede ser lo mejor. Sin embargo, si la rapidez y la eficiencia son lo importante, una decisión individual sería lo mejor. Además, la eficacia en las decisiones se ve influenciada por el tamaño del grupo. Aunque un grupo más grande proporciona una representación más diversa, también necesita más coordinación y tiempo para que los miembros contribuyan con sus ideas. La evidencia indica que grupos de cinco, y en menor medida de siete, son los más eficaces en la toma de decisiones.[26] Tener un número impar en el grupo ayuda a evitar puntos muertos en las decisiones. Además, estos grupos son lo bastante grandes para que sus miembros intercambien roles y se retiren de puestos desfavorables, pero aún lo bastante pequeños para que los miembros más callados participen activamente en los debates.

¿Qué técnicas pueden utilizar los gerentes para ayudar a los grupos a tomar decisiones más creativas? La figura 11-6 describe tres posibilidades.

Manejo de conflictos. Además de la toma de decisiones, otro proceso de grupo importante es cómo maneja un grupo los conflictos. Cuando un grupo desempeña sus tareas asignadas, inevitablemente surgen desacuerdos. El **conflicto** es *percibido* como las diferencias incompatibles que dan como resultado cierta forma de interferencia u oposición. El que las diferencias sean reales, es irrelevante. Si la gente de un grupo percibe que existen diferencias, entonces hay un conflicto.

Tres distintos puntos de vista han evolucionado con respecto al conflicto.[27] El **conflicto desde el punto de vista tradicional** se refiere a que todo conflicto debe evitarse; eso indica un problema dentro del grupo. Otro enfoque, el del **conflicto desde el punto de vista de**

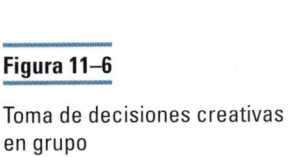
Figura 11–6

Toma de decisiones creativas en grupo

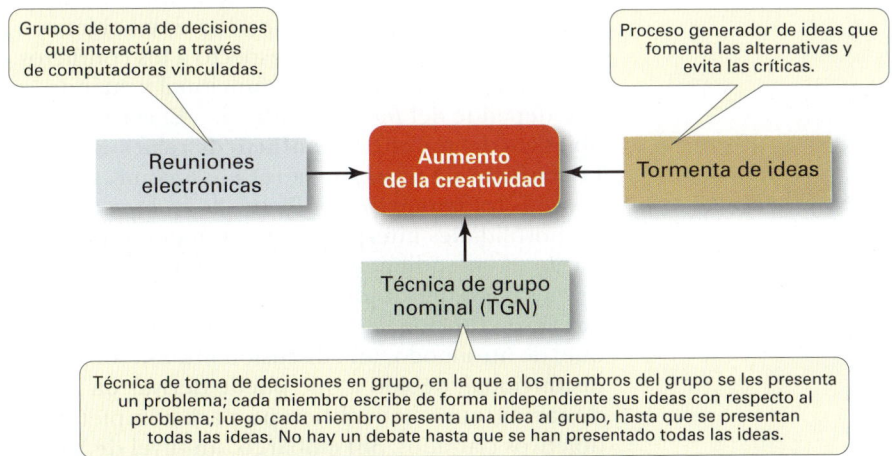

---

conflicto
Percepción de diferencias incompatibles que resultan en interferencia u oposición.

conflicto desde el punto de vista tradicional
Visión de que todo conflicto es malo y debe evitarse.

conflicto desde el punto de vista de las relaciones humanas
Visión de que el conflicto es un resultado natural e inevitable de cualquier grupo.

Figura 11–7

Conflicto y desempeño de grupo

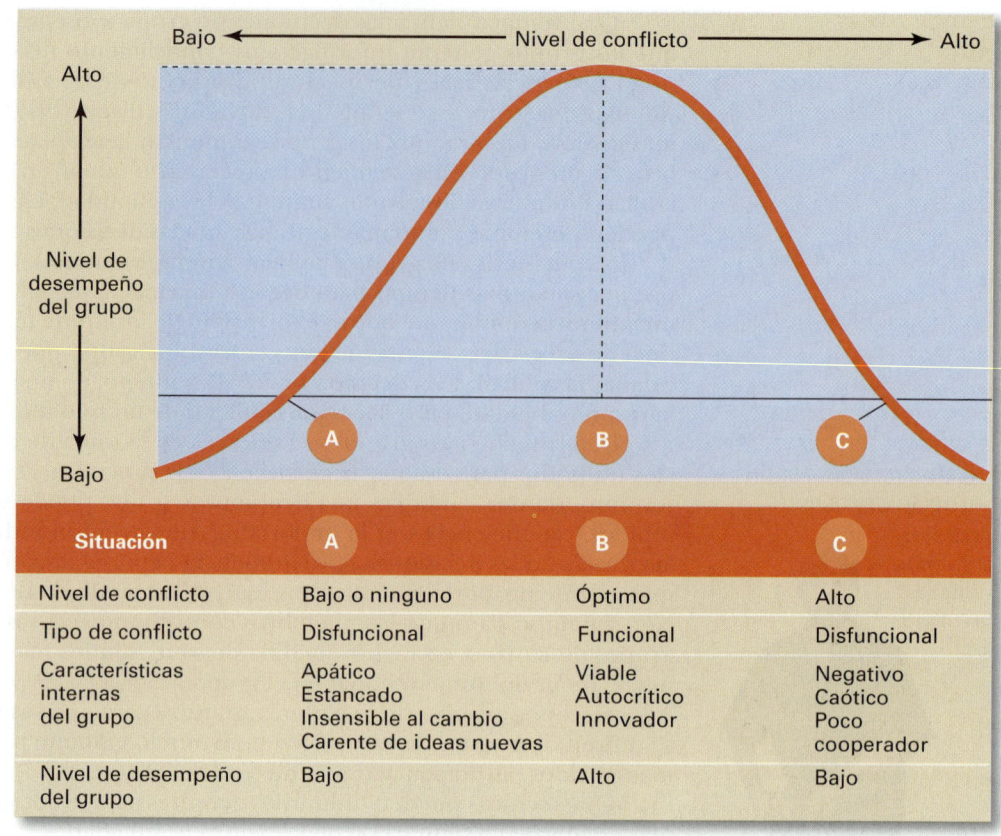

Situación	A	B	C
Nivel de conflicto	Bajo o ninguno	Óptimo	Alto
Tipo de conflicto	Disfuncional	Funcional	Disfuncional
Características internas del grupo	Apático Estancado Insensible al cambio Carente de ideas nuevas	Viable Autocrítico Innovador	Negativo Caótico Poco cooperador
Nivel de desempeño del grupo	Bajo	Alto	Bajo

las relaciones humanas, se refiere a que el conflicto es un resultado natural e inevitable de cualquier grupo y no necesariamente es negativo, pero tiene el potencial de ser una fuerza positiva que contribuye al desempeño de un grupo. El tercero y más reciente enfoque es el del **conflicto desde el punto de vista de interacción**, el cual propone que el conflicto puede ser no sólo una fuerza positiva en un grupo, sino que determinado conflicto es *absolutamente necesario* para que un grupo se desempeñe de manera eficaz.

El punto de vista interaccionista no indica que todos los conflictos sean buenos. Algunos, como los **conflictos funcionales**, son constructivos, respaldan los objetivos del grupo de trabajo y mejoran su desempeño. Otros, los **conflictos disfuncionales**, son destructivos y evitan que un grupo logre sus objetivos. La figura 11-7 ilustra los desafíos que enfrentan los gerentes con respecto a los conflictos.

¿Cuándo un conflicto es funcional y cuándo es disfuncional? Investigaciones indican que depende del *tipo* de conflicto.[28] El **conflicto de tareas** se relaciona con el contenido y objetivos del trabajo. El **conflicto de relaciones** se centra en las relaciones interpersonales. El **conflicto de procesos** se refiere a cómo se lleva a cabo el trabajo. Las investigaciones han mostrado que los conflictos de *relación* casi siempre son disfuncionales debido a que las hostilidades interpersonales aumentan el enfrentamiento de personalidades y disminuyen el entendimiento mutuo, de modo que las tareas no se hacen. Por otra parte, los niveles bajos del conflicto de procesos y los niveles de bajos a moderados del conflicto de tareas son funcionales. Para que un conflicto de *procesos* sea productivo debe ser mínimo ya que, de otro modo, una discusión intensa sobre quién debe hacer qué cosa puede volverlo disfuncional, debido a que puede derivar en incertidumbre con respecto a la asignación de tareas, aumentar el tiempo para completarlas y llevar a los miembros a trabajar en objetivos cruzados. Sin embargo, un nivel de bajo a moderado de conflicto de *tareas* tiene consistentemente un efecto positivo sobre el desempeño del grupo, ya que estimula el debate de ideas que ayudan a los grupos a ser más innovadores.[29] Debido a que aún no tenemos un instrumento sofisticado de medición para evaluar si los niveles de conflicto son óptimos, demasiado elevados, o demasiado bajos, un gerente debe intentar juzgarlos de manera inteligente.

Figura 11–8

Técnicas de manejo de conflictos

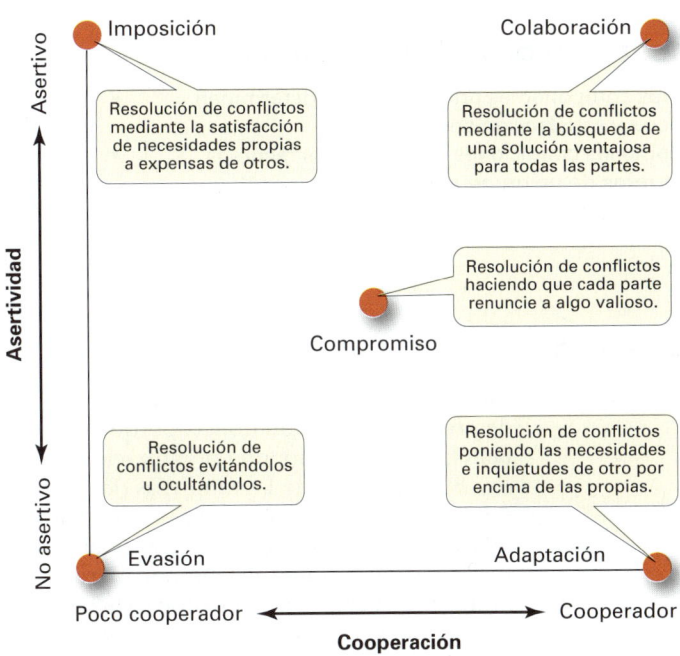

Cuando los niveles de conflicto en un grupo son demasiado elevados, los gerentes pueden elegir entre cinco opciones de manejo de conflictos: evasión, adaptación, imposición, compromiso y colaboración.[30] (Vea la figura 11-8 para las descripciones de estas técnicas.) Recuerde que ninguna opción es ideal para toda situación. Cuál enfoque utilizar depende de las circunstancias.

TAREAS DE GRUPO

En el Centro Médico de la Universidad Hackensack en Nueva Jersey, las revisiones diarias de cada paciente en todas las unidades de enfermería son llevadas a cabo por equipos multidisciplinarios de enfermeras, manejadores de casos, trabajadoras sociales y un médico residente. Estos equipos realizan tareas como prescripción de medicamentos y recomiendan que los pacientes sean dados de alta. Los equipos de empleados de Lockheed Martin en Nueva York fabrican productos complejos, como sistemas de radar basados en tierra, mediante la aplicación continua de técnicas de mejoramiento de la calidad. Las seis personas del grupo Skinny Improv en Springfield, Missouri, representan su exclusiva comedia cada fin de semana en un lugar del centro.[31] Cada uno de estos grupos tiene un tipo distinto de tarea por cumplir.

Como muestra el modelo de desempeño y/o satisfacción de grupo (figura 11-3), el efecto de los procesos de grupo sobre el desempeño y satisfacción de sus miembros cambia de acuerdo con la tarea que el grupo está realizando. De manera más específica, la *complejidad* e *interdependencia* de las tareas influye en la eficacia de un grupo.[32]

Las tareas son simples o complejas; las simples son rutinarias y estandarizadas, las complejas suelen ser nuevas o no rutinarias. Al parecer, cuanto más compleja es una tarea, el grupo se beneficia más de los debates sobre métodos de trabajo alternos. Los miembros de un grupo no necesitan debatir sobre tales alternativas para una tarea simple, y pueden confiar en los procedimientos de operación estándar. Del mismo modo, si hay un alto grado de interdependencia entre las tareas que los miembros del grupo deben realizar, necesitarán mayor interacción. Por lo tanto, la comunicación eficaz y el control de conflictos son lo más importante para el desempeño del grupo cuando las tareas son complejas e interdependientes.

---

conflicto desde el punto de vista de interacción
Visión de que se necesita algo de conflicto para que un grupo se desempeñe eficazmente.

conflictos funcionales
Conflictos que respaldan los objetivos de un grupo y mejoran su desempeño.

conflictos disfuncionales
Conflictos que evitan que un grupo logre sus objetivos.

conflicto de tareas
Conflictos sobre el contenido y objetivos de trabajo.

conflicto de relaciones
Conflictos basados en relaciones interpersonales.

conflicto de procesos
Conflictos sobre cómo hacer el trabajo.

REPASO RÁPIDO:

OBJETIVO DE APRENDIZAJE 11.2

- Mencione los componentes principales que determinan el desempeño y satisfacción de un grupo.
- Describa cómo las condiciones externas y los recursos de los miembros de un grupo afectan el desempeño y satisfacción grupal.

- Explique cómo influye la estructura de grupo sobre el desempeño y la satisfacción de grupo.
- Describa cómo los procesos y tareas de grupo influyen en el desempeño y satisfacción de grupo.

Vaya a la página 252 para ver qué tan bien maneja este material.

OBJETIVO DE

APRENDIZAJE 11.3 ▷ CÓMO CONVERTIR UN GRUPO EN UN EQUIPO EFICAZ

Cuando compañías como W.L. Gore, Volvo y Kraft Foods introdujeron equipos a sus procesos de producción, fueron noticia porque nadie más lo estaba haciendo. Hoy en día sucede exactamente lo contrario; una organización que *no* utilizara equipos sería noticia. Se estima que casi 80 por ciento de las empresas de *Fortune* 500 tienen al menos a la mitad de sus empleados en equipos. Inclusive, más de 70 por ciento de las manufactureras de Estados Unidos utilizan equipos de trabajo.[33] Es probable que los equipos sigan siendo populares. ¿Por qué? Investigaciones sugieren que por lo general los equipos tienen mejor desempeño que los individuos cuando las tareas que se han de realizar requieren de múltiples habilidades, juicio y experiencia.[34] Las organizaciones están utilizando estructuras basadas en equipos, debido a que han descubierto que los equipos son más flexibles y sensibles ante eventos cambiantes que los departamentos tradicionales u otros grupos de trabajo permanentes. Los equipos tienen la capacidad de integrarse rápidamente, desplegarse, volver a enfocarse y desintegrarse. En esta sección explicaremos lo que es un equipo de trabajo, los distintos tipos de equipos que las organizaciones podrían utilizar, y cómo desarrollar y manejar equipos de trabajo.

¿QUÉ ES UN EQUIPO DE TRABAJO?

La mayoría de ustedes seguramente sabe de equipos, especialmente si han visto o participado en deportes organizados. Los *equipos* de trabajo difieren de los *grupos* de trabajo y tienen sus propias características únicas (vea la figura 11-9). Los grupos de trabajo interactúan básicamente para compartir información y para tomar decisiones que ayuden a cada miembro a hacer su trabajo de manera más eficiente y eficaz. No hay necesidad u oportunidad para que los grupos de trabajo se involucren en un trabajo colectivo que requiere un esfuerzo conjunto. Por otra parte, los **equipos de trabajo** son grupos cuyos miembros trabajan intensamente en un objetivo común y específico, y utilizan su sinergia positiva, responsabilidad individual y mutua, junto con sus habilidades complementarias.

TIPOS DE EQUIPOS DE TRABAJO

Los equipos pueden hacer muchas cosas, desde diseñar productos, prestar servicios, negociar acuerdos, coordinar proyectos, dar consejos e incluso tomar decisiones.[35] Por ejemplo, en las instalaciones de Rockwell Automation de North Carolina, se utilizan equipos

Figura 11–9

Grupos *versus* equipos

Equipos de trabajo	Grupos de trabajo
• El rol de liderazgo es compartido.	• Hay un líder a cargo.
• Responsabilidad por uno mismo y por el equipo.	• Responsabilidad sólo por sí mismo.
• El equipo crea un propósito específico.	• El propósito es tan amplio como el propósito organizacional.
• El trabajo se hace de manera colectiva.	• El trabajo se hace de manera individual.
• Las reuniones se caracterizan por debates abiertos y por colaborar en la solución de problemas.	• Las reuniones se caracterizan por la eficacia; no hay debates abiertos ni colaboración.
• El desempeño se mide directamente al evaluar de manera colectiva el trabajo resultante.	• El desempeño se mide indirectamente de acuerdo con su influencia sobre otros.
• El trabajo se decide y se realiza en conjunto.	• El trabajo lo decide el líder del grupo y lo delega a miembros individuales del grupo.

Fuente: J.R. Katzenbach y D.K. Smith, "The Wisdom of Teams", *Harvard Business Review*, julio-agosto de 2005, p. 161.

en proyectos de optimización de procesos de trabajo. En Acxiom Corporation con sede en Arkansas, un equipo de profesionales en recursos humanos planeó e implementó un cambio cultural. Y durante la carrera NASCAR de cada fin de semana del verano usted puede ver equipos de trabajo en acción durante las paradas de los pilotos en los pits.[36] Los cuatro tipos más comunes de equipos de trabajo son los equipos de solución de problemas, los equipos de trabajo autodirigidos, los equipos multifuncionales y los equipos virtuales.

Cuando los equipos de trabajo comenzaron a hacerse populares, la mayoría eran **equipos de solución de problemas**, los cuales son equipos del mismo departamento o área funcional, involucrados en esfuerzos para mejorar las actividades laborales o para solucionar problemas específicos. Los miembros comparten ideas u ofrecen sugerencias sobre cómo mejorar procesos y métodos de trabajo. Sin embargo, estos equipos rara vez tienen la autoridad de implementar cualquiera de las acciones sugeridas.

Aunque los equipos de solución de problemas fueron útiles, no llegaron demasiado lejos para lograr que los empleados se involucraran en decisiones y procesos relacionados con el trabajo. Esto originó otro tipo de equipo, el **equipo de trabajo autodirigido**, el cual es un grupo formal de empleados que operan sin un gerente y que son responsables de un proceso de trabajo completo o de un segmento. Un equipo autodirigido es responsable de lograr que el trabajo se haga *y* de manejarse a sí mismo. Por lo general esto incluye la planeación y programación del trabajo, la asignación de tareas a los miembros, el control colectivo del ritmo de trabajo, la toma de decisiones de operación, y de encargarse de los problemas. Por ejemplo, los equipos de Corning no tienen supervisores de turno, de modo que trabajan de cerca con otras divisiones de manufactura para resolver problemas de la línea de producción y coordinar tiempos límite y de entrega. Los equipos tienen la autoridad de tomar e implementar decisiones, terminar proyectos y abordar problemas.[37] Otras organizaciones, como Xerox, Boeing, PepsiCo y Hewlett-Packard también utilizan equipos autodirigidos. Se estima que aproximadamente 30 por ciento de los empleadores de Estados Unidos ahora utilizan este tipo de equipos; entre las grandes empresas, el número está quizá cercano a 50 por ciento.[38] La mayoría de las organizaciones que utilizan equipos autodirigidos los consideran eficaces.[39]

El tercer tipo de equipo es el **equipo multifuncional**, el cual presentamos en el capítulo 9 y que definimos como un equipo de trabajo formado por individuos de varias especialidades. Muchas organizaciones utilizan equipos multifuncionales; por ejemplo, ArcelorMittal, la compañía acerera más grande del mundo, utiliza equipos multifuncionales de científicos, gerentes de planta y personal de ventas para revisar y dar seguimiento a las innovaciones de productos.[40] El concepto de equipos multifuncionales incluso se está aplicando en el cuidado de la salud. Por ejemplo, en el hospital Suburban de Bethesda, Maryland, los equipos de la unidad de cuidados intensivo (UCI) están formados por un médico con capacitación en medicina de cuidados intensivos, un farmacéutico, un trabajador social, un nutricionista, la jefa de enfermeras de UCI, un terapeuta respiratorio y un capellán, que se reúnen diariamente con la enfermera de cabecera de cada paciente para analizar y debatir el mejor curso de tratamiento. El hospital atribuye a este enfoque de cuidado en equipo la disminución de errores, la reducción del tiempo que los pacientes pasan en la UCI y la mejoría en la comunicación entre familiares y personal médico.[41]

El último tipo de equipo es el **equipo virtual**, el cual utiliza la tecnología para vincular físicamente a miembros dispersos para lograr un objetivo común. Por ejemplo, un equipo virtual de Boeing-Rocketdyne desempeñó un papel crucial en el desarrollo de un producto radicalmente nuevo.[42] Otra compañía, Decision Lens, utiliza un entorno de equipo virtual para generar y evaluar ideas creativas.[43] En un equipo virtual, los miembros colaboran en línea con herramientas como redes de área amplia, videoconferencias, fax, correo electrónico o sitios Web en los que el equipo puede mantener conferencias en línea.[44]

equipos de trabajo
Grupos cuyos miembros trabajan intensamente en un objetivo específico común, utilizan su sinergia positiva, responsabilidad individual y mutua, así como habilidades complementarias.

equipos de solución de problemas
Equipo del mismo departamento o área funcional que está involucrado en esfuerzos para mejorar las actividades laborales o en resolver problemas específicos.

equipo de trabajo autodirigido
Tipo de equipo de trabajo que opera sin un gerente y es responsable de un proceso de trabajo completo o de un segmento.

equipo multifuncional
Equipo de trabajo formado por individuos de varias especialidades.

equipo virtual
Tipo de equipo de trabajo que utiliza la tecnología para vincular físicamente a miembros dispersos, para lograr un objetivo común.

Los equipos virtuales pueden hacer todas las cosas que otros equipos pueden, como compartir información, tomar decisiones y completar tareas; sin embargo, carecen del debate normal cara a cara. Es por eso que los equipos virtuales tienden a estar más orientados a tareas, sobre todo si los miembros del equipo nunca se conocen en persona.

FORMACIÓN DE EQUIPOS DE TRABAJO EFICACES

Los equipos no siempre son eficaces. No siempre logran altos niveles de desempeño. Sin embargo, investigaciones sobre equipos proporcionan ideas sobre las características típicamente asociadas con equipos eficaces.[45] Estas características aparecen en la figura 11-10.

Objetivos claros. Un equipo con alto desempeño tiene un entendimiento claro del objetivo por lograr. Los miembros están comprometidos con los objetivos del equipo, saben lo que se espera que logren y comprenden cómo trabajarán juntos para conseguirlo.

Habilidades importantes. Los equipos eficaces están formados por individuos competentes que tienen las habilidades técnicas e interpersonales necesarias para lograr los objetivos deseados mientras trabajan juntos. Este último punto es importante debido a que no todo el que es técnicamente competente tiene las habilidades interpersonales para trabajar bien como miembro de un equipo.

Confianza mutua. Los equipos eficaces se caracterizan por una gran confianza mutua entre sus miembros. Es decir, los miembros creen en la capacidad, el carácter y la integridad de los demás. Pero como probablemente sepa de las relaciones personales, la confianza es frágil. Para conservar la confianza, los gerentes necesitan prestar mucha atención.

Compromiso unificado. El compromiso unificado se caracteriza por la dedicación a los objetivos del equipo y por la disposición a dedicar enormes cantidades de energía para conseguirlos. Los miembros de un equipo eficaz muestran una gran lealtad y dedicación al equipo, y están dispuestos a hacer lo necesario para ayudar a que su equipo tenga éxito.

Buena comunicación. No sorprende que los equipos eficaces se caractericen por una buena comunicación. Los miembros transmiten mensajes de manera verbal y no verbal entre sí de formas que son comprendidas rápida y claramente. Además, la retroalimentación ayuda a guiar a los miembros del equipo y a corregir malentendidos. Como una pareja que ha estado junta por muchos años, los miembros de equipos de alto desempeño son capaces de compartir ideas y sentimientos de manera rápida y eficaz.

Figura 11–10

Características de los equipos eficaces

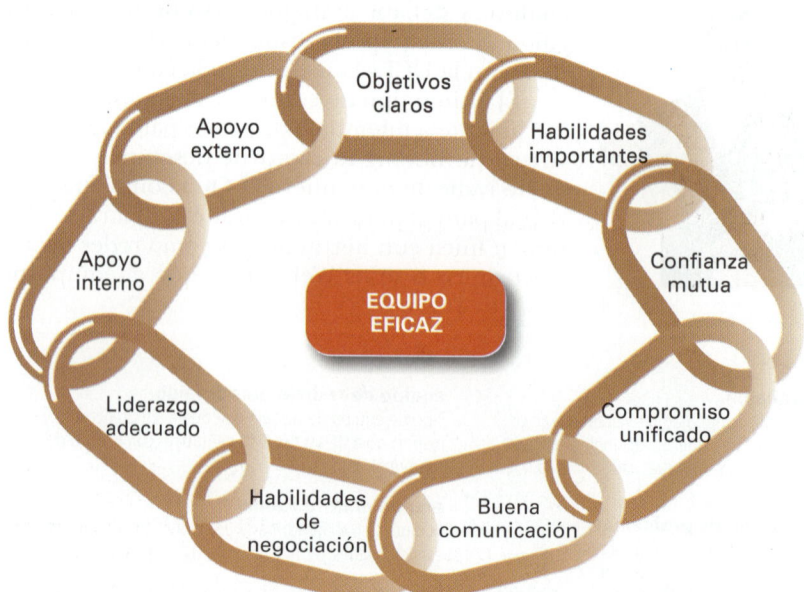

Todo el trabajo que los empleados hacen en Whole Foods Market se basa en equipos de trabajo. Las características de equipos eficaces como habilidades laborales, compromiso, confianza, comunicación y capacitación, y apoyo eficaz, son importantes para hacer que este tipo de estructura tenga éxito y que contribuya al rápido crecimiento de las tiendas de alimentos orgánicos.

Habilidades de negociación. Los equipos eficaces continuamente hacen ajustes de quién hace qué. Esta flexibilidad requiere que los miembros del equipo posean habilidades de negociación. Como los problemas y las relaciones cambian con regularidad en los equipos, los miembros deben ser capaces de confrontar y reconciliar sus diferencias.

Liderazgo adecuado. Los líderes eficaces pueden motivar a un equipo para que los sigan a través de las situaciones más difíciles. ¿Cómo? Mediante objetivos claros, la demostración de que el cambio es posible si se supera la inercia, al aumentar la autoconfianza de los miembros del equipo y al ayudarlos a darse cuenta de todo su potencial. Con mayor frecuencia, los líderes de equipos eficaces actúan como capacitadores y facilitadores. Guían y apoyan al equipo, pero no lo controlan.

Apoyo interno y externo. La condición final necesaria para un equipo eficaz es un clima de apoyo. Internamente, el equipo debe contar con una infraestructura sólida, lo que significa capacitación adecuada, un sistema de medición claro y razonable que los miembros del equipo puedan utilizar para evaluar su desempeño global, un programa de incentivos que reconozca y recompense las actividades del equipo y un sistema de recursos humanos de apoyo. La infraestructura correcta debe apoyar a los miembros y reforzar comportamientos que deriven elevados niveles de desempeño. Externamente, los gerentes deben proporcionar al equipo los recursos necesarios para lograr que el trabajo se haga.

REPASO RÁPIDO:
OBJETIVO DE APRENDIZAJE 11.3

- Compare grupos y equipos.
- Describa los cuatro tipos más comunes de equipos.

- Mencione las características de los equipos eficaces.

Vaya a la página 252 para ver qué tan bien maneja este material.

OBJETIVO DE
APRENDIZAJE 11.4 ▷ DESAFÍOS ACTUALES DEL MANEJO DE EQUIPOS

Pocas tendencias han influido tanto en la forma de realizar el trabajo como en el uso de los equipos de trabajo. El cambio del trabajo solitario al trabajo en equipo requiere que los empleados cooperen entre sí, compartan información, confronten diferencias y dejen a un lado intereses personales por el bien del equipo. Los gerentes pueden formar equipos eficaces si comprenden qué cosas influyen en el desempeño y la satisfacción. Sin embargo, los gerentes también enfrentan algunos desafíos en el manejo de equipos, en especial los asociados con el manejo de equipos globales y con la comprensión de redes organizacionales sociales.

MANEJO DE EQUIPOS GLOBALES

Dos características de las organizaciones actuales son obvias: son globales, y cada vez con más frecuencia el trabajo se hace en equipo. Esto significa que es probable que los gerentes tengan que lidiar con equipos globales. ¿Qué sabemos acerca del manejo de equipos globales? Sabemos que existen tanto ventajas como desventajas (vea la figura 11-11). Con nuestro modelo de grupo como marco de trabajo, podemos ver algunos de los problemas asociados con el manejo de los equipos globales.

Recursos de los miembros de un grupo en equipos globales. En las organizaciones globales, la comprensión de las relaciones entre el desempeño del grupo y los recursos de los miembros es en especial desafiante dadas las características culturales únicas representadas por los miembros de un equipo global. Además de reconocer el conocimiento, habilidades, destrezas y personalidad de los miembros del equipo, los gerentes deben estar familiarizados y comprender claramente las características culturales de los grupos y de los miembros de los grupos que manejan.[46] Por ejemplo, ¿el equipo global pertenece a una cultura en la cual la resistencia a la incertidumbre es alta? Si es así, los miembros no se sentirán bien al tener que lidiar con tareas impredecibles y ambiguas. Además, como los gerentes trabajan con equipos globales, necesitan estar conscientes de poder crear estereotipos, lo que generaría problemas.

Estructura del grupo. Algunas de las áreas estructurales donde vemos diferencias en el manejo de equipos globales incluyen la conformidad, el estatus, la holgazanería social y la cohesión.

¿Los hallazgos sobre la conformidad se pueden generalizar a través de las distintas culturas? Investigaciones sugieren que los descubrimientos de Asch están limitados culturalmente.[47] Por ejemplo, como era de esperarse, la conformidad con respecto a las normas sociales tiende a ser más alta en culturas colectivistas que en culturas individualistas. Sin embargo, a pesar de esto, las tendencias de pensamiento de grupo tienden a ser menos problemáticas en equipos globales, ya que es menos probable que sus miembros se sientan presionados a aceptar ideas, conclusiones y decisiones de grupo.[48]

Además, la importancia del estatus varía entre las culturas; por ejemplo, la francesa es extremadamente consciente respecto al estatus. Incluso, los países difieren en el criterio que confiere el estatus, como en Latinoamérica y Asia, por ejemplo, donde el estatus tiende a provenir de la posición familiar y de los roles formales propios de las organizaciones. Por el contrario, mientras que el estatus es importante en países como Estados Unidos o Australia, tiende a ser menos "frontal" y a basarse en logros más que en títulos o en el historial familiar. Los gerentes deben entender quién y qué tiene estatus al interactuar con personas de una cultura diferente de la propia. Un gerente estadounidense que no entiende que el tamaño de la oficina no es una medida de la posición de un ejecutivo japonés, o que falla al no comprender la importancia que los británicos le dan a la genealogía familiar y a la clase social, tiene más probabilidades de ofender a otros aun cuando ésta no sea su intención y reducir su eficacia interpersonal.

La holgazanería social es de origen occidental. Es consistente con las culturas individualistas, como la de Estados Unidos y Canadá, las cuales están dominadas por intereses individuales. No es consistente con sociedades colectivistas, en las cuales a los individuos

Figura 11–11

Equipos globales

Desventajas	Ventajas
• Desagrado de los miembros del equipo.	• Mayor diversidad de ideas.
• Miembros del equipo recelosos.	• Pensamiento de grupo limitado.
• Estereotipos.	• Aumento en la atención para comprender otras ideas, perspectivas, etcétera.
• Problemas de comunicación.	
• Estrés y tensión.	

Fuente: Basado en N. Adler, *International Dimensions in Organizational Behavior*, 4a. ed., (Cincinnati, OH: South-western Publishing, 2002), pp. 141-147.

los motivan las metas del grupo. Por ejemplo, en estudios de comparación entre emplea-dos de Estados Unidos con empleados de la República Popular China y de Israel (ambas sociedades colectivistas), los chinos y los israelíes mostraron que no son propensos a la hol-gazanería social. De hecho, se desempeñan mejor en grupo que al trabajar en solitario.[49]

La cohesión es otro elemento estructural de grupo con el que los gerentes pueden enfrentar desafíos especiales. En un grupo con cohesión, los miembros están unidos y "actúan como uno solo". Existe un gran trato de camaradería, y la identidad del grupo es grande. Sin embargo, en términos globales, la cohesión suele ser más difícil de lograr debido a niveles más altos de "desconfianza, falta de comunicación, y estrés".[50]

Procesos de grupo. Los procesos que utilizan los equipos globales para realizar su trabajo pueden ser en particular desafiantes para los gerentes. Por alguna razón, los problemas de comunicación suelen surgir ya que no todos los miembros del equipo tienen un domi-nio fluido del lenguaje de trabajo. Esto puede originar imprecisiones, malos entendidos e ineficiencias.[51] Sin embargo, las investigaciones han demostrado que un equipo global multicultural es más capaz de capitalizar la diversidad de ideas representadas si se utiliza una amplia gama de información.[52]

El manejo de conflictos en los equipos globales no es fácil, en especial si se trata de equipos virtuales. Los conflictos pueden interferir con la forma en que el equipo utiliza la información. Sin embargo, las investigaciones han demostrado que en las culturas colecti-vistas, el estilo colaborador del manejo de conflictos puede ser muy eficaz.[53]

El rol del gerente. A pesar de los desafíos asociados con el manejo de equipos globales, hay cosas que los gerentes pueden hacer para proveer a un grupo con un entorno en el cual la eficiencia y la eficacia sean mayores.[54] Primero, debido a que las habilidades de comu-nicación son vitales, los gerentes se deben enfocar en el desarrollo de dichas capacidades. Además, como mencionamos anteriormente, los gerentes deben considerar las diferencias culturales al momento de decidir qué tipo de equipo global utilizar. Por ejemplo, la evi-dencia indica que los equipos autodirigidos no han funcionado bien en México, debido en gran parte a la baja tolerancia a la ambigüedad y la incertidumbre, y el fuerte respeto de los empleados por las estructuras jerárquicas.[55] Por último, es vital que los gerentes sean sensibles ante las diferencias únicas de cada miembro de un equipo global. Pero tam-bién es importante que los miembros del equipo sean sensibles entre sí.

COMPRENSIÓN DE LAS REDES SOCIALES

No podemos concluir el capítulo sobre el manejo de equipos, sin dejar de revisar los patro-nes de las conexiones informales entre individuos que pertenecen a grupos, es decir, toda la **estructura de la red social**.[56] ¿Qué sucede realmente *dentro* de los grupos? ¿*Cómo* se rela-cionan los miembros de grupos entre sí, y cómo se realiza el trabajo?

Los gerentes necesitan comprender las redes sociales y las relaciones sociales de los grupos de trabajo. ¿Por qué? Porque las relaciones sociales informales de un grupo pue-den ayudar u obstaculizar su eficacia. Por ejemplo, investigaciones acerca de las redes sociales han demostrado que cuando las personas necesitan ayuda para llevar a cabo una tarea, eligen a un colega amigable en lugar de alguien que pudiera tener mayor capaci-dad.[57] Otra revisión reciente de equipos de estudios mostró que los equipos que cuentan con altos niveles de conexiones interpersonales realmente cumplen mejor sus metas y están más determinados a permanecer juntos.[58] Las organizaciones comienzan a recono-cer los beneficios prácticos de conocer las redes sociales dentro de los equipos. Por ejem-plo, cuando Ken Loughridge, gerente de IT en MWH Global, fue transferido de Cheshire, Inglaterra, a Nueva Zelanda, tenía un "mapa" de las relaciones y conexiones informales de los empleados de la compañía de IT. Este mapa se había creado unos meses antes mediante los resultados de una encuesta que preguntaba a los empleados "a quién consul-taban con mayor frecuencia, a quién escuchaban por su conocimiento, e incluso quiénes aumentaron o disminuyeron sus niveles de energía". Este mapa no solamente le ayudó

estructura de la red social
Los patrones de las conexiones informales entre individuos que pertenecen a un grupo.

a identificar a los expertos técnicos bien relacionados, sino que le permitió minimizar problemas potenciales cuando un gerente clave en la región de Asia dejó la compañía debido a que Loughridge sabía quiénes eran los contactos más cercanos de esta persona. Loughridge comentó, "es como colocarse en la cima de una colina donde es posible ver dónde hay un hervidero de actividad. Realmente me ayudó a comprender quiénes eran los jugadores".[59]

REPASO RÁPIDO:
OBJETIVO DE APRENDIZAJE 11.4

- Analice los desafíos de manejar equipos globales.

- Explique el rol de las redes informales (sociales) en el manejo de equipos.

Vaya a la página 253 para ver qué tan bien maneja este material.

¿Quiénes son?

Nuestro turno

Karen V. Ellifritz
Directora ejecutiva, Soporte financiero
The Reybold Group
Newark, Delaware

La experiencia me ha enseñado que la motivación genuina proviene desde dentro; vivimos según lo que esperamos de *nosotros mismos*. Aquí les presento una plantilla que sé que funciona:

- Tenga una declaración de misión para el equipo, la cual defina exactamente lo que debe lograrse, y un conjunto específico de reglas.
- Contrate cuidadosamente. Busque personas que complementen las fortalezas y debilidades del equipo.
- Comuníquese… especialmente cuando un nuevo diseñador se una al grupo. Inclusive, una breve "reunión" diaria puede ser útil para evaluar el progreso y la carga de trabajo.
- Pague según el desempeño. Los aumentos al salario base y los bonos deben decidirse en 50 por ciento para el equipo y el otro 50 de manera individual. Reconozca la contribución *del equipo* a la organización.
- Recuerde que las *personas* son la compañía. Asegúrese de que cada miembro del equipo tenga las herramientas, la capacitación y el apoyo necesarios para lograr los objetivos. Asegúrese de dar el respeto, reconocimiento y recompensas adecuadas. Piense y compórtese como un líder.

George Frasher
Propietario y administrador
Frasher's Steakhouse and Lounge
Scottsdale, Arizona

- Haga una serie de preguntas a los nuevos colaboradores para que tenga una nueva y distinta perspectiva de ellos.
- Explique lo que hacemos en nuestras instalaciones y cómo nos gusta que los diseñadores innoven, y vea si tienen una perspectiva diferente sobre la misma serie de preguntas.
- Por último, explíqueles cuál será su rol como miembros del equipo.

OBJETIVOS DE APRENDIZAJE
RESUMEN

11.1 ▷ GRUPOS Y DESARROLLO DE GRUPOS

- Describa los diferentes tipos de grupos.
- Describa las cinco etapas del desarrollo de grupos.

Un grupo lo conforman dos o más individuos interdependientes que interactúan y se juntan para lograr objetivos específicos. Los grupos formales son grupos de trabajo definidos por la estructura de una organización y que tienen asignaciones laborales y tareas específicas dirigidas a cumplir con los objetivos de la organización. Los grupos informales son grupos sociales.

La etapa de formación del desarrollo de un grupo consta de dos fases: reunir al grupo y definir el propósito, estructura y liderazgo del grupo. La etapa de tormenta implica conflicto al interior del grupo sobre quién controlará y lo que hará el grupo. En la etapa de normalización, las relaciones cercanas y la cohesión se desarrolla conforme se determinan las normas. Durante la etapa de desempeño, los miembros del grupo comienzan a trabajar en la tarea del grupo. En la etapa determinación, el grupo se prepara para desintegrarse.

11.2 ▷ DESEMPEÑO Y SATISFACCIÓN DE UN GRUPO DE TRABAJO

- Mencione los componentes principales que determinan el desempeño y satisfacción de un grupo.
- Describa cómo las condiciones externas y los recursos de los miembros de un grupo afectan el desempeño y satisfacción grupal.
- Analice cómo influye la estructura de grupo sobre el desempeño y la satisfacción de grupo.
- Describa cómo influyen los procesos y tareas de grupo en el desempeño y satisfacción del grupo.

Los componentes principales que determinan el desempeño y satisfacción de grupo son las condiciones externas, los recursos de los miembros del grupo, la estructura grupal, los procesos de grupo y las tareas grupales.

Las condiciones externas, como la disponibilidad de recursos y objetivos organizacionales, afectan a los grupos de trabajo. Los recursos de los miembros del grupo (conocimiento, habilidades, capacidades y rasgos de personalidad) pueden influir en lo que los miembros pueden hacer y qué tan eficazmente se desempeñarán en un grupo.

Los roles de grupo por lo general implican lograr que el grupo haga el trabajo o mantener contentos a sus miembros. Las normas de grupo son influencias poderosas para el desempeño de una persona y factores que dictan cuestiones como niveles de resultados laborales, ausentismo y puntualidad. Las presiones de aceptación pueden influir de manera importante el juicio y actitud de las personas. Si se llevan al extremo, el pensamiento de grupo puede ser un problema. Los sistemas de estatus pueden ser motivadores importantes con consecuencias conductuales individuales, en especial si hay incongruencias de estatus. Qué tamaño de grupo es el más eficaz y eficiente depende de la tarea que el grupo tiene que llevar a cabo. La cohesión puede afectar la productividad del grupo de manera positiva o negativa.

La toma de decisiones y el manejo de conflictos son procesos de grupo importantes que desempeñan una función en el desempeño y la satisfacción. Si la precisión, creatividad y grado de aceptación son importantes, una decisión de grupo puede ser lo mejor. Los conflictos de relación casi siempre son disfuncionales. Una comunicación eficaz y el control de conflictos son muy importantes para el desempeño grupal cuando las tareas son complejas e interdependientes.

11.3 ▷ CÓMO CONVERTIR UN GRUPO EN UN EQUIPO EFICAZ

- Compare grupos y equipos.
- Describa los cuatro tipos más comunes de equipos.
- Enliste las características de los equipos eficaces.

Los grupos de trabajo tienen las siguientes características: un líder fuerte y claramente centrado; responsabilidad individual; un propósito que es el mismo que la misión organizacional en el sentido más amplio; un producto de trabajo individual; reuniones eficientes; la eficacia se mide por la influencia sobre otros; y la capacidad de debatir, decidir y delegar juntos. Los equipos tienen las siguientes características: roles de liderazgo compartido; responsabilidad individual y mutua; propósito específico de equipo; productos de trabajo colectivo; reuniones con debates abiertos y solución activa de problemas; el desempeño se mide directamente por los productos del trabajo colectivo, y la capacidad de debatir, decidir y hacer trabajo real.

Un equipo de solución de problemas es el que se centra en mejorar las actividades laborales o en solucionar problemas específicos. Un equipo de trabajo autodirigido es responsable de un proceso de trabajo completo o de un segmento, y se dirige a sí mismo. Un equipo multifuncional está formado por individuos de varias especialidades. Un equipo virtual utiliza la tecnología para vincular físicamente a miembros dispersos, para lograr un objetivo común.

Las características de un equipo eficaz incluyen objetivos claros, habilidades importantes, confianza mutua, compromiso unificado, buena comunicación, habilidades de negociación, liderazgo adecuado y respaldo interno y externo.

11.4 ▷ DESAFÍOS ACTUALES DEL MANEJO DE EQUIPOS

- Analice los desafíos de manejar equipos globales.
- Explique el rol de las redes informales (sociales) en el manejo de equipos.

Los desafíos de manejar equipos globales pueden apreciarse en los recursos de los miembros del grupo, sobre todo en las características culturales diversas; la estructura de grupo, en especial aceptación, estatus, holgazanería social y cohesión; en los procesos de grupo, en particular con la comunicación y el manejo de conflictos, y en el rol del gerente para hacer que todo funcione.

Los gerentes deben comprender los patrones de las conexiones informales entre individuos dentro de los grupos debido a que estas relaciones sociales informales pueden ayudar o entorpecer la eficacia del grupo.

PENSEMOS EN CUESTIONES ADMINISTRATIVAS

1. Piense en un grupo al que pertenezca (o que haya pertenecido). Esquematice su desarrollo a través de las etapas de desarrollo de grupo que aparecen en la figura 11-2. ¿Qué tan parecido fue su desarrollo con respecto al modelo de desarrollo de grupos? ¿Cómo podría utilizarse el modelo de desarrollo de grupos para mejorar la eficacia de ese grupo?

2. ¿Cómo cree que los teóricos de la administración científica reaccionarían ante el aumento de confianza de las organizaciones en los equipos? ¿Cómo reaccionarían los teóricos de la ciencia conductual?

3. ¿Cómo explica la popularidad de los equipos de trabajo en Estados Unidos, cuando la cultura estadounidense da un alto valor al individualismo y al esfuerzo individual?

4. ¿Por qué un gerente querría simular conflictos en un grupo o equipo? ¿Cómo podría simularse un conflicto?

5. Un estudio de 20 años realizado en la Universidad de Stanford arrojó que una cualidad de los ejecutivos sobresalientes era la capacidad de funcionar bien como miembro de un equipo. ¿Cree que cualquiera debe poder ser parte de un equipo, dadas las tendencias que estamos viendo sobre el uso de equipos? Analice su respuesta.

6. "Para tener un equipo exitoso, primero encuentre un gran líder". ¿Qué opina sobre esta afirmación? ¿Está de acuerdo? ¿Por qué?

SU TURNO de ser gerente

- ¿Qué rasgos cree que deben tener los buenos miembros de un equipo? Investigue para responder a esta pregunta y escriba un reporte que detalle sus hallazgos utilizando un formato de lista con viñetas.

- Seleccione dos de las características de los equipos eficaces que aparecen en la lista de la figura 11-10 y desarrolle un ejercicio de formación de un equipo con cada una de las características que le ayudarán a un grupo a mejorar esa característica. Sea creativo. Escriba un reporte que describa su ejercicio y asegúrese de explicar como ayudará al grupo a mejorar o a desarrollar esa característica.

- Complete los módulos de desarrollo de habilidades Developing Trust (Desarrollo de confianza), Creating Effective Teams (Creación de equipos eficaces), y Running Productive Meetings (Dirección de reuniones productivas) que se encuentran en mymanagementlab. Su profesor le dirá lo que tiene que hacer con esta información.

- Seleccione un grupo al que pertenezca. Escriba un reporte que describa lo siguiente sobre el grupo: etapa del desarrollo del grupo, tipos de papeles que desempeñan los miembros del grupo, normas del grupo, problemas de aceptación del grupo, sistema de estatus, tamaño del grupo, qué tan eficaz/eficiente es, y la cohesión del grupo.

- Con los datos del mismo grupo, describa cómo se toman las decisiones. ¿El proceso es eficaz? ¿Es eficiente? Describa los tipos de conflictos que aparecen con mayor frecuencia (de relación, de procesos, o de tareas) y la forma en que se manejan. Agregue esta información a su reporte en la estructura del grupo.

- Cuando trabaje en grupo (cualquier grupo al que haya sido asignado o al que pertenezca), ponga especial atención a lo que sucede en el grupo al completar las tareas. ¿De qué forma afecta la estructura del grupo al éxito para completar sus tareas? ¿Qué hay respecto a sus procesos?

- Lecturas sugeridas por Steve y Mary: Tom Rath, *Vital Friends* (Gallup Press, 2006); Jon R. Katzenbach y Douglas K. Smith, *The Wisdom of Teams: Creating the High Performance Organization* (McGraw-Hill, 2005); Patrick Lencioni, *Overcoming the 5 Dysfunctions of a Team* (Jossey-Bass, 2005); Ben Mezrich, *Bringing Down the House: The Inside Story of Six MIT Students Who Took Vegas for Millions* (The Free Press, 2002); Jon R. Katzenbach y Douglas K. Smith, *The Discipline of Teams* (Wiley, 2001), y Jean Lipman-Blumen y Harold J. Leavitt, *Hot Groups* (Oxford, 1999).

- Investigue sobre la tormenta de ideas y escriba un reporte a su profesor en el que explique qué es, y mencione sugerencias para hacerla una herramienta de utilidad durante la toma de decisiones de un grupo.

- Con sus propias palabras, escriba tres cosas que aprendió en este capítulo sobre ser un buen gerente.

- La autoevaluación puede resultar una poderosa herramienta de aprendizaje. Vaya a mymanagementlab y complete estos ejercicios de autoevaluación: Do I Trust Others? (¿Confío en los demás?) Do Others See Me As Trusting? (¿Los demás me perciben como alguien confiable?), How Good Am I at Building and Leading a Team? (¿Qué tan bueno soy para formar y dirigir un equipo?), What's My Preferred Conflict-Handling Style? (¿Cuál es mi estilo preferido para manejar conflictos?). Con los resultados de sus evaluaciones, identifique fortalezas y debilidades personales. ¿Qué hará para reforzar sus fortalezas y superar sus debilidades?

PEARSON mymanagementlab   Para más recursos, visite www.mymanagementlab.com

CASO PRÁCTICO

La mezcla

¿De qué manera combinaría dos compañías de alimentos empacados, ambas con muy buen posicionamiento de sus respectivas marcas, y haría que la nueva compañía funcione? Ese es el reto que enfrentaron los gerentes de General Mills cuando adquirieron Pillsbury. El gerente de capacitación Kevin Wilde (de pie a la izquierda de la fotografía) comentó, "obtengamos lo mejor de las áreas de comercialización de nuestras organizaciones, y no nos detengamos ahí". Entonces decidieron identificar, compartir e integrar las mejores prácticas de ambas compañías. Los equipos de empleados tuvieron un papel preponderante en la forma en que la compañía lo llevó a cabo.

Se creó y lanzó un programa intensivo de capacitación llamado Brand Champions. El programa fue diseñado no solamente para los especialistas en comercialización, sino para todos los empleados de diferentes áreas funcionales que trabajaban en marcas particulares. Estos equipos multifuncionales tomaron el entrenamiento interno como un grupo unificado. De acuerdo con uno de los desarrolladores del programa (Beth Gunderson, en la foto aparece sentada), los beneficios específicos de la inclusión de estos equipos pronto se hizo evidente. "Por ejemplo, una persona de recursos humanos hacía una pregunta provocativa precisamente porque no era especialista en comercialización. Y usted veía la cara de los especialistas: ¡Ups!, nunca había pensado en eso". Eso ayudó a los empleados a entender y apreciar perspectivas diferentes.

Otro beneficio de la inclusión de personas de diferentes departamentos fue la mejora de la comunicación dentro de la compañía. La gente no se pasaba el tiempo refunfuñando sobre lo que hacían otros departamentos. Los empleados comenzaron a entender cómo trabajaban las demás áreas fun-

Kevin Wilde, Ami Anderson, y Beth Gunderson, de General Mills.

cionales y por qué su contribución era importante para el éxito de la compañía.

El programa de entrenamiento ha tenido tanto éxito que ahora las plantas de producción de General Mills han solicitado mini versiones del curso. "Quieren entender el lenguaje que hablan los especialistas en comercialización y por qué las cosas se hacen como se hacen". Oh... y éste es otro ejemplo de lo exitoso que ha sido el programa. Betty Crocker es muy conocida por la variedad de pastelería empacada y no tanto por sus mezclas de galletas. Inspirada por las ideas del grupo, el equipo de mezclas de galletas decidió ir tras los maestros panaderos (gente que prepara desde cero y no a partir de una mezcla empacada). Como dijo una persona, estamos "contratando a la abuela". Se reformularon las mezclas de galletas, y ahora la marca representa 90 por ciento de la categoría de mezcla de galletas en seco.

Preguntas de análisis

1. ¿Qué beneficios generaron los equipos multifuncionales para General Mills?

2. ¿Cuáles serían los desafíos de crear un equipo multifuncional efectivo? ¿De qué manera lidian los gerentes con estos desafíos?

3. Analice de qué manera cada componente del modelo desempeño/satisfacción de grupo (vea la figura 11-3) podría afectar a estos equipos.

4. Explique la forma en que cada una de las características de un equipo eficaz (vea la figura 11-10) sería importante para un equipo multidisciplinarlo.

Fuentes: L. Gratton y T.J. Erickson, "8 Ways to Build Collaborative Teams", *Harvard Business Review*, noviembre de 2007, pp. 100-109, y J. Gordon, "Building Brand Champions", *Training*, enero/febrero de 2007, pp. 14-17.

¿Quiénes son?
Conozca al gerente

Dr. Enrique Nuñez
Profesor adjunto/Asesor de innovación
Saint Peter's College/Morphos Quantify
Nutley, New Jersey

MI TRABAJO: Tengo dos trabajos; como fundador de Morphos Quantify, actúo como asesor de innovación de organizaciones multinacionales. También soy profesor universitario de cursos de innovación, empresariado y estrategia.

LA MEJOR PARTE DE MI TRABAJO: Cuando veo encenderse el foco en la cabeza de la gente; ese momento del "¡ajá!", ya sea en estudiantes o clientes.

LA PEOR PARTE DE MI TRABAJO: Lidiar con personas que se niegan a considerar incluso el cambio más pequeño.

EL MEJOR CONSEJO GERENCIAL RECIBIDO: Una cita de Albert Einstein que leí en la universidad: "Los grandes espíritus siempre se han enfrentado a la violenta oposición de las mentes mediocres".

A lo largo del capítulo sabrá más
sobre este gerente real.

Capítulo 12

Manejo del cambio y la innovación

El cambio es una constante para las organizaciones y, por lo tanto, para los gerentes. Como el cambio no puede ser eliminado, los gerentes deben aprender cómo manejarlo exitosamente. Debido a que la innovación suele estar muy relacionada con los esfuerzos de cambio, los gerentes también deben saber cómo manejarla bien. Conforme lea y estudie este capítulo, concéntrese en los siguientes objetivos de aprendizaje.

OBJETIVOS DE APRENDIZAJE

El dilema de un gerente

Tal vez nunca haya escuchado de Nottingham-Spirk Design Associates,[1] pero es muy probable que haya utilizado alguno de sus 464 productos patentados (el SpinBrush de Crest, aspiradoras Dirt Devil, y la lata de pintura preparada Sherwin-Williams, entre otros). Las oficinas centrales se encuentran en un templo renovado de Cleveland, y éstas ejemplifican lo que la empresa hace mejor: encontrar belleza y calidad, y mejorarlas. El cofundador John Nottingham (de pie en la fotografía) comenta, "La innovación es la habilidad clave que las compañías estadounidenses deben tener para superar a sus competidores". El enfoque de la compañía con respecto a la innovación es un proceso deliberado que depende de dos tipos de reuniones que se llevan a cabo en una sala de conferencias con 8 o 10 diseñadores sentados alrededor de una mesa. En la sesión de "controversia", los diseñadores generan tantas ideas como se les ocurra. Al final de la sesión, las paredes se cubren con papelitos que contienen garabatos y bosquejos. Luego, en la sesión de "convergencia", se opina sobre las ideas. Después, todos al mismo tiempo levantan una tarjeta que dice GUAU, BIEN, o A QUIÉN LE IMPORTA. Es muy importante que todos los diseñadores de la empresa sean innovadores. ¿Cómo puede John garantizar que la creatividad y la innovación continúen floreciendo en su organización?

¿Usted qué haría?

Los desafíos gerenciales que enfrenta John Nottingham con respecto a fomentar la creatividad y la innovación entre todos sus empleados no son únicos. Las grandes empresas y los pequeños negocios, colegios y universidades, gobiernos estatales y municipales, e incluso la milicia, están obligados a ser innovadores. Aunque la innovación siempre ha sido parte del trabajo de los gerentes, en los últimos años se ha vuelto especialmente importante. En este capítulo veremos por qué es importante la innovación y cómo pueden manejarla los gerentes. Debido a que la innovación suele estar muy relacionada con los esfuerzos de cambio de una organización, comenzaremos por analizar el cambio y cómo lo manejan los gerentes.

OBJETIVO DE
APRENDIZAJE 12.1 ▷ EL PROCESO DE CAMBIO

Jim Zawacki, presidente de GR Spring & Stamping Inc., un proveedor de productos y grabados en metal de Grand Rapids, Michigan, es como muchos otros gerentes actuales que están tomando medidas para hacer que sus centros de trabajo sean más eficientes y flexibles. ¿Por qué? En el caso de Zawacki, por la amenaza de perder trabajos de manufactura por causa de países que pagan bajos salarios, como China.[2] Zawacki está haciendo lo que todos los gerentes deben hacer: ¡cambiar!

Figura 12–1

Fuerzas externas e internas para el cambio

Externas

- Cambios en las necesidades y gustos del cliente.
- Nuevas leyes gubernamentales.
- Cambios en la tecnología.
- Cambios económicos.

Internas

- Nueva estrategia organizacional.
- Cambio en la composición de la fuerza de trabajo.
- Equipo nuevo.
- Cambios en las actitudes de los empleados.

Si no fuera por el cambio, el trabajo de un gerente sería relativamente sencillo. La planeación sería simple, ya que el futuro no sería diferente al presente. El problema de un diseño organizacional eficaz también estaría resuelto, ya que el entorno no sería incierto y no habría necesidad de rediseñar la estructura. Del mismo modo, la toma de decisiones sería drásticamente racionalizada, ya que el resultado de cada alternativa podría predecirse casi con precisión determinada. Pero esto no es lo que sucede. El cambio es una realidad organizacional.[3] Las organizaciones enfrentan el cambio porque los factores externos e internos generan la necesidad de cambiar (vea la figura 12-1). Cuando los gerentes reconocen que el cambio es necesario, ¿qué sigue? ¿Cómo responden ante ello?

DOS PUNTOS DE VISTA SOBRE EL PROCESO DE CAMBIO

Podemos utilizar dos metáforas muy distintas para describir el proceso de cambio.[4] Una de ellas visualiza a la organización como un gran barco que cruza por un mar en calma. El capitán del barco y la tripulación saben exactamente hacia dónde se dirigen porque han realizado ese viaje muchas otras veces. El cambio se presenta en forma de una tormenta ocasional, una breve distracción en un viaje de otro modo tranquilo y predecible. En la metáfora de las aguas tranquilas, el cambio es considerado como un trastorno ocasional en el curso normal de sucesos. En el caso de la otra metáfora, la organización se visualiza como una pequeña balsa que navega por un río embravecido con rápidos ininterrumpidos. A bordo de la balsa hay media docena de personas que nunca antes han trabajado juntas, que desconocen por completo el río, que están inseguras de su destino último y quienes (como si las cosas no fueran ya bastante malas) viajan de noche. En la metáfora de las aguas turbulentas, el cambio es esperado, y manejarlo es un proceso continuo. Estas dos metáforas presentan enfoques muy distintos para entender y responder al cambio. Veamos más detalladamente cada una de ellas.

Metáfora de las aguas tranquilas. Hasta finales de la década de 1980, la metáfora de las aguas tranquilas describía bastante bien la situación que enfrentaban los gerentes. El proceso de cambio de tres etapas de Kurt Lewin la ilustra mejor (vea la figura 12-2).[5]

De acuerdo con Lewin, el cambio exitoso puede ser planeado y requiere *descongelar* el *status quo*, *cambiar* a un nuevo estado, y *recongelar* el *status quo* para que el cambio sea permanente. El *status quo* es considerado como el equilibrio. Para alejarse de este equilibrio,

Figura 12–2

El proceso de cambio de tres etapas

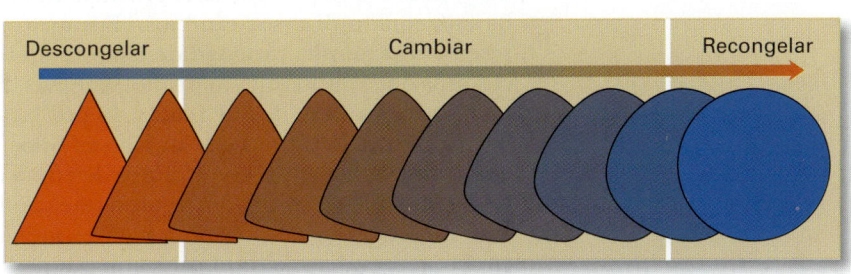

Descongelar | Cambiar | Recongelar

es necesario descongelar, lo cual puede pensarse como una preparación para el cambio necesario. Esto puede hacerse si se aumentan las *fuerzas impulsoras*, las cuales obligan al cambio; o se disminuyen las *fuerzas limitantes*, que se resisten al cambio; o bien, se combinan los dos métodos.

Una vez que se descongela, el cambio puede implementarse. Sin embargo, el solo hecho de implantar el cambio no garantiza que perdurará. La nueva situación se debe *recongelar* para que pueda mantenerse con el tiempo. A menos que esta última etapa se lleve a cabo, existe una gran probabilidad de que los empleados vuelvan al estado de equilibrio anterior; es decir, a la antigua forma de hacer las cosas. Entonces, el objetivo de recongelar es estabilizar la nueva situación, mediante el refuerzo de los nuevos comportamientos.

El proceso de las tres etapas de Lewin trata el cambio como un alejamiento del estado de equilibrio actual de la empresa. Se trata de un escenario de aguas tranquilas donde un trastorno ocasional (una "tormenta") implica cambiar para lidiar con dicho trastorno. Sin embargo, una vez que se ha atendido, las cosas pueden continuar. Este tipo de entorno no es el que la mayoría de los gerentes enfrenta.

Metáfora de las aguas turbulentas. Susan Whiting es presidenta de Nielsen Media Research, una empresa mejor conocida por sus índices de audiencia en televisión, los cuales frecuentemente se utilizan para determinar cuánto pagan los anunciantes por anuncios de TV. Sin embargo, el negocio de la investigación de medios no es lo que solía ser, ya que Internet, video on demand, teléfonos celulares, iPods, grabadoras de video digital y otras tecnologías cambiantes, han hecho que la recolección de información sea más complicada. Whiting comenta, "Si observa una semana típica mía, verá una combinación de tratar de dirigir una compañía en cambio en una industria en cambio".[6] Ésa es una descripción bastante precisa de cómo es el cambio en la metáfora de las aguas turbulentas. También coincide con un mundo que cada vez está más dominado por la información, las ideas y el conocimiento.[7]

Para tener una idea sobre cómo podría ser el cambio en un ambiente de aguas turbulentas, imagine que asiste a una universidad que tiene el siguiente entorno: cursos que varían en duración. Cuando se inscribe, usted no sabe cuánto durará un curso; podría durar desde 2 hasta 30 semanas. Además, el profesor puede finalizar un curso en cualquier momento, sin previo aviso. Si esto no es lo bastante desafiante, la duración de las clases varía cada vez que se imparten: algunas veces dura 20 minutos y otras hasta 3 horas. Y el horario de la siguiente clase lo establece el profesor durante ésta. Hay una cosa más: todos los exámenes son sorpresa, por lo que debe estar preparado en cualquier momento. Para tener éxito en este tipo de entornos, tendría que responder rápidamente a las condiciones cambiantes. Los estudiantes que son demasiado estructurados o que se sienten incómodos ante el cambio, no tendrán éxito.

Cada vez con mayor frecuencia, los gerentes reconocen que su trabajo es mucho más parecido a lo que un estudiante enfrentaría en una universidad como ésta. La estabilidad y previsibilidad de la metáfora de las aguas tranquilas no existe. Los trastornos al *status quo* no son ocasionales y temporales, ni les sigue un retorno a las aguas tranquilas. Muchos gerentes nunca salen de los rápidos; como Susan Whiting, constantemente se enfrentan al cambio.

¿La metáfora de las aguas turbulentas es una exageración? ¡Probablemente no! Aunque en las industrias de alta tecnología sería de esperarse un entorno caótico y dinámico, también las empresas que no son de alta tecnología enfrentan un cambio constante. Considere el caso de Electrolux, una compañía sueca de aparatos electrodomésticos. Podría pensar que la industria de los electrodomésticos no es en absoluto difícil (después de todo, la mayoría de los hogares necesitan los productos, los cuales son poco complicados), pero esa impresión sería errónea. El director ejecutivo de Electrolux, Hans Straberg, ha enfrentado diversos cambios.[8] Primero, el desafío de desarrollar productos que interesen a una amplia variedad de clientes globales. Luego, el desafío de alternativas menos costosas que inundan el mercado. Además, Electrolux enfrenta una intensa competencia en Estados Unidos, donde realiza 40 por ciento de sus ventas. Debido a que alrededor de 80 por ciento de la fuerza de trabajo en Suecia pertenece a un sindicato, ahí las compañías enfrentan expectativas en términos de cómo tratar a los empleados. Sin embargo, Straberg reconoció que su compañía tendría que cambiar si quería sobrevivir y prosperar. Algo que hizo fue llevar la producción a lugares menos costosos en Asia y Europa del Este. Luego, para comprender mejor el pensamiento de los clientes de hoy en día, la compañía realizó

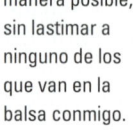

entrevistas exhaustivas a 160,000 clientes de todo el mundo. Por medio de la información obtenida, un grupo de empleados de Electrolux se reunió en Estocolmo para una sesión de tormenta de ideas de una semana para decidir qué nuevos productos desarrollar. Por último, para acelerar el proceso de desarrollo de nuevos productos, Straberg eliminó las divisiones estructurales entre departamentos. Diseñadores, ingenieros y vendedores tienen que trabajar juntos para generar ideas. Estos cambios eran esenciales si Electrolux quería sobrevivir al entorno de aguas turbulentas en el que opera.

En la actualidad, cualquier organización que trate el cambio como un trastorno ocasional en un mundo que no es tranquilo y estable, corre un gran riesgo. Demasiadas cosas están cambiando muy rápidamente, como para que una organización o sus gerentes sean indiferentes. Ya no hay una manera tradicional de hacer negocios, y los gerentes deben estar preparados para manejar eficiente y eficazmente los cambios que enfrenta su organización o su área de trabajo.

REPASO RÁPIDO:
OBJETIVO DE APRENDIZAJE 12.1

- Explique el modelo de las tres etapas del proceso de cambio de Lewin.
- Compare las metáforas de cambio de las aguas tranquilas y las turbulentas.

Vaya a la página 275 para ver qué tan bien maneja este material.

OBJETIVO DE APRENDIZAJE 12.2 ▷ TIPOS DE CAMBIO ORGANIZACIONAL

Los gerentes de Hallmark, la compañía de tarjetas de felicitación más grande del mundo, saben que debido a que los valores culturales y los estilos de vida de la gente cambian, también cambia el tipo de tarjetas que los clientes buscan. Algunas de las nuevas tendencias de consumo que identificaron incluyen "de mí para nosotros" (las decisiones que tomamos, inevitablemente afectan a alguien más), "grandes expectativas; no" (lo que comenzó como un deseo por mejorar y mejorar, y más y más, derivará en expectativas irreales), y "¡ésta es *mi* película!" (un profundo egoísmo que va en aumento).[9] Para ajustarse a estas tendencias, los gerentes de Hallmark podrían necesitar un cambio en los productos de la compañía, en publicidad, e incluso tal vez en sus prácticas de RH.

¿QUÉ ES EL CAMBIO ORGANIZACIONAL?

La mayoría de los gerentes, en un punto o en otro, tendrán que cambiar algunas cosas en sus centros de trabajo. Nosotros clasificamos estos cambios como **cambio organizacional**, el cual es cualquier modificación de personal, estructura o tecnología. Los cambios organizacionales suelen requerir que alguien actúe como catalizador y asuma la responsabilidad de manejar el proceso de cambio; es decir, un **agente de cambio**. Un agente de cambio podría ser un gerente dentro de la organización o algún otro empleado; por ejemplo, un especialista en cambios perteneciente al departamento de RH o incluso un consultor externo. Para cambios importantes, por lo general una organización contrata consultores externos que les brinden consejo y apoyo. Como los consultores son externos, tienen una perspectiva objetiva que las personas de adentro pueden no tener. Sin embargo, los consultores externos tienen una comprensión limitada de la historia, cultura, procedimientos de operación y del personal de la organización. También es más probable que inicien un cambio drástico, debido a que no tienen que vivir con las repercusiones después de implementado el cambio. Por el contrario, los gerentes internos pueden ser más cuidadosos, aunque tal vez demasiado, debido a que deben vivir con las consecuencias de sus decisiones.

TIPOS DE CAMBIO

Los gerentes podrían realizar tres tipos principales de cambio: cambios en la estructura, en la tecnología y en el personal (vea la figura 12-3). Los cambios en la *estructura* incluyen cualesquier cambios en variables estructurales como relaciones de autoridad, mecanismos

cambio organizacional
Cualquier modificación de personal, estructura o tecnología en una organización.

agente de cambio
Alguien que actúa como catalizador y asume la responsabilidad de manejar el proceso de cambio.

Figura 12–3

Tres tipos de cambio

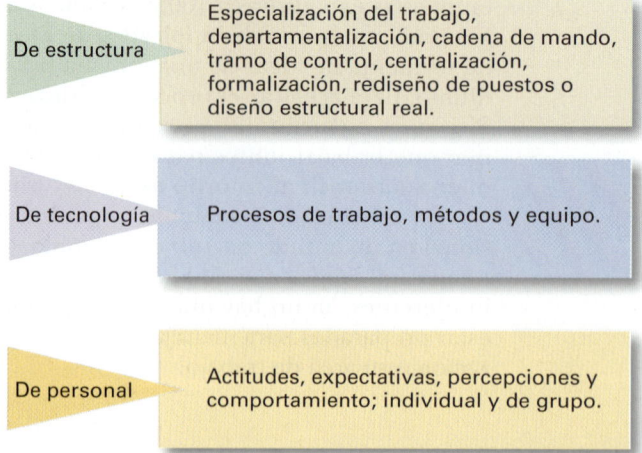

De estructura — Especialización del trabajo, departamentalización, cadena de mando, tramo de control, centralización, formalización, rediseño de puestos o diseño estructural real.

De tecnología — Procesos de trabajo, métodos y equipo.

De personal — Actitudes, expectativas, percepciones y comportamiento; individual y de grupo.

de coordinación, otorgamiento de facultades de decisión a los empleados o rediseño de puestos. Los cambios de *tecnología* abarcan las modificaciones en la forma en que se desempeña el trabajo o los métodos y equipos utilizados. Los cambios en el *personal* se refieren a cambios en actitud, expectativas, percepciones y comportamiento de individuos o grupos.

Cambios en la estructura. Con frecuencia, cambiar las condiciones o cambiar las estrategias puede dar como resultado cambios en la estructura organizacional. La estructura de una organización está definida por su especialización en el trabajo, departamentalización, cadena de mando, tramo de control, centralización y descentralización, y formalización; los gerentes pueden modificar uno o más de estos *componentes estructurales*. Por ejemplo, las responsabilidades departamentales podrían combinarse, los niveles organizacionales eliminarse, o hacer más grande el tramo de control para volver más delgada y menos burocrática a la organización. Podrían implementarse más reglas y procedimientos para aumentar la estandarización. O podría aumentarse la descentralización para que la toma de decisiones fuera más rápida.

Otra opción sería realizar cambios más importantes en el *diseño estructural* real. Por ejemplo, cuando Hewlett-Packard compró Compaq Computer, las divisiones de producto se redujeron, combinaron y ampliaron. Los cambios de diseño estructural también podrían incluir cambiar de una estructura funcional a una estructura de producto o la creación de un diseño de estructura de proyecto. Por ejemplo, Avery-Dennis Corporation modernizó su estructura funcional tradicional en un nuevo diseño que organiza el trabajo en equipos multifuncionales.

Cambios en la tecnología. Los gerentes pueden cambiar la tecnología utilizada para convertir insumos en productos. Casi todos los primeros estudios sobre administración abordaron los cambios en tecnología. La administración científica implementó cambios que aumentarían la eficiencia de la producción. Hoy en día, los cambios tecnológicos por lo general significan la introducción de nuevo equipo, herramientas o métodos, automatización o computarización.

Los factores competitivos o nuevas innovaciones en una industria suelen necesitar que los gerentes introduzcan *nuevo equipo, herramientas* o *métodos de operación*. Por ejemplo, las compañías mineras de Nueva Gales del Sur, Australia, actualizaron sus métodos operacionales, instalaron equipo más eficiente para el manejo del carbón e hicieron cambios en las prácticas de trabajo para ser más productivas.

La *automatización* es un cambio tecnológico que sustituye ciertas tareas realizadas por personas, por tareas realizadas por máquinas. La automatización ha sido introducida en organizaciones como el Servicio Postal de Estados Unidos, donde se utilizan clasificadores automáticos de correo, y en líneas de ensamble de automóviles, en los cuales se programan robots para que realicen trabajos que los empleados solían desempeñar.

El cambio tecnológico más visible ha surgido de la *computarización*. La mayoría de las organizaciones tienen sistemas sofisticados de información. Por ejemplo, los supermercados y otras tiendas departamentales utilizan escáneres vinculados a computadoras que proporcionan información inmediata del inventario. Además, la mayoría de las oficinas están computarizadas. En BP p.l.c., los empleados tuvieron que aprender a lidiar con la

Cuando el Dr. George Saleh cambió su práctica médica a un sistema digital sin papel, los resultados iniciales fueron caóticos mientras él y su personal aprendían a trabajar con el nuevo software, por ejemplo, a capturar la información del paciente en una pantalla con menús desplegables, en lugar de un portapapeles. Sin embargo, después de unos meses, Saleh se vio atendiendo a la misma cantidad de pacientes en menos tiempo, lo que redujo sus gastos secretariales y las compañías de seguros le hacían los reembolsos en cuestión de días en lugar de en meses. Puede acceder a los expedientes de sus pacientes desde su casa o desde el hospital, buscar en su base de datos de pacientes y ver quién está tomando cuál medicamento, y dedicar tiempo a hacer preguntas importantes a sus pacientes sobre abuso conyugal o disfunción sexual. El nuevo sistema "me ha vuelto un mejor médico", comenta Saleh. "Cambió mi forma diaria de trabajar".

visibilidad y responsabilidad personal relacionadas con la implementación de un sistema de información en toda la empresa. La naturaleza integradora de este sistema significaba que lo que cualquier empleado hiciera en su computadora, automáticamente afectaba a otros sistemas de cómputo de la red interna.[10] Benetton Group SpA utiliza computadoras para vincular sus plantas de manufactura fuera de Treviso, Italia, con los diversos puntos de venta de la empresa y un almacén altamente automatizado.[11]

Cambios en el personal. Este tipo de cambios comprende cambiar actitudes, expectativas, percepciones y comportamientos, pero no es sencillo de hacerlos. El **desarrollo organizacional (DO)** es el término utilizado para describir métodos de cambio que se centran en la gente y en la naturaleza y calidad de las relaciones laborales interpersonales.[12]

Figura 12–4

Técnicas populares de DO

Método para cambiar el comportamiento a través de interacciones grupales no estructuradas.

Técnica para evaluar actitudes y percepciones, al identificar discrepancias entre ellas y resolver las diferencias por medio de la información arrojada por encuestas en grupos de retroalimentación.

Actividades que ayudan a los miembros del equipo a aprender cómo piensa y trabaja cada uno de sus miembros.

RELACIONES LABORALES INTERPERSONALES MÁS EFECTIVAS

Capacitación sobre sensibilidad

Retroalimentación por encuestas

Formación de equipos

Consulta de procesos

Desarrollo intergrupal

Un consultor externo ayuda al gerente a entender cómo afectan los procesos interpersonales la forma en que se realiza el trabajo.

Cambio de actitudes, estereotipos y percepciones que los grupos de trabajo tienen unos sobre otros.

desarrollo organizacional (DO)
Métodos de cambio que se centran en la gente y en la naturaleza y calidad de las relaciones laborales interpersonales.

Las técnicas más populares de DO aparecen en la figura 12.4. Cada una pretende lograr cambios en el personal de la organización y hacer que trabajen mejor juntos. Por ejemplo, los ejecutivos de Scotiabank, uno de los cinco bancos canadienses más grandes, sabían que el éxito de una nueva estrategia de ventas y servicio al cliente dependía de cambiar las actitudes y comportamiento de los empleados. Los gerentes emplearon distintas técnicas de DO durante el cambio estratégico, como la formación de equipos, retroalimentación por medio de encuestas y desarrollo intergrupal. Un indicador de qué tanto funcionaban estas técnicas para hacer que la gente cambiara, fue que cada sucursal en Canadá implementó la nueva estrategia a tiempo o antes de lo programado.[13]

Mucho de lo que sabemos de las prácticas de DO ha surgido de investigaciones norteamericanas. Sin embargo, los gerentes deben reconocer que aunque puede haber algunas similitudes en los tipos de técnicas de DO utilizadas, algunas técnicas que funcionan en organizaciones estadounidenses pueden no ser adecuadas para organizaciones o divisiones organizacionales ubicadas en otros países.[14] Por ejemplo, un estudio de intervenciones de DO mostró que "la retroalimentación derivada de calificaciones diversas [encuestas] como se practica en Estados Unidos, no se aplica en Taiwán" debido a que el valor cultural de "salvar la dignidad es simplemente más importante que el valor de recibir retroalimentación de los subordinados".[15] ¿Cuál es la lección para los gerentes? Antes de aplicar las técnicas que por lo general utilizan para implementar cambios conductuales, en especial en distintos países, los gerentes deben asegurarse de que han tomado en cuenta las características culturales y si dichas técnicas "tienen sentido en la cultura local".

REPASO RÁPIDO:

OBJETIVO DE APRENDIZAJE 12.2

- Defina *cambio organizacional*.

- Describa cómo pueden los gerentes cambiar la estructura, la tecnología y a las personas.

Vaya a la página 275 para ver qué tan bien maneja este material

OBJETIVO DE
APRENDIZAJE 12.3 ▷ MANEJO DE LA RESISTENCIA AL CAMBIO

¿Quiénes son?

CARA A CARA

MANEJO LA RESISTENCIA AL CAMBIO POR MEDIO DE:
Mucha comunicación; equipos de personal con diversas personalidades; fomento de la experimentación, y recompenso a las personas de acuerdo con sus méritos.

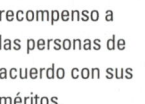

Siempre que el jefe de personal del SAS Institute daba un discurso sobre cómo ganarse la lealtad de los empleados, no pasaba mucho tiempo sin que alguien de la audiencia levantara la mano y diera excusas sobre por qué eso no era posible.[16] El cambio puede representar una amenaza para la gente de una organización. Las empresas pueden generar una inercia que motive a la gente a resistirse a cambiar su *status quo*, incluso si el cambio pudiera ser benéfico. ¿Por qué las personas se resisten al cambio, y qué puede hacerse para minimizar su resistencia?

¿POR QUÉ LA GENTE SE RESISTE AL CAMBIO?

Con frecuencia se dice que la mayoría de las personas odia cualquier tipo de cambio que no suene en sus bolsillos. La resistencia al cambio está bien documentada.[17] ¿Por qué la gente *se resiste* al cambio? Las razones principales incluyen incertidumbre, hábitos, inquietudes sobre pérdidas personales y la creencia de que el cambio no es bueno para la organización.[18]

El cambio sustituye lo conocido por lo incierto. No importa cuánto le disguste asistir a la universidad, pero al menos sabe lo que se espera de usted. Cuando salga de la escuela hacia el mundo de un trabajo de tiempo completo, cambiará lo conocido por lo desconocido. Los empleados de las organizaciones enfrentan una incertidumbre parecida. Por ejemplo, cuando los métodos de control de calidad basados en modelos estadísticos se introducen en plantas de manufactura, muchos inspectores de control de calidad tienen que aprender los nuevos métodos. Algunos podrían temer no ser capaces de hacerlo y desarrollar actitudes negativas frente al cambio, o comportarse de manera deficiente si tienen que utilizar los nuevos métodos.

Otra causa de resistencia es que hacemos las cosas por hábito. Si usted es como la mayoría de las personas, es probable que cuando se dirige día a día a la escuela o al trabajo tome el mismo camino. Somos criaturas de costumbres. La vida es bastante compleja; no queremos tener que considerar todo el rango de opciones para los cientos de decisiones que tomamos cada día. Para lidiar con esta complejidad, dependemos de hábitos o respuestas programadas. Pero cuando nos confrontan con el cambio, nuestra tendencia a responder de la forma acostumbrada se vuelve una fuente de resistencia.

Figura 12–5 Cómo reducir la resistencia al cambio

(1) Educación y comunicación

- Comuníquese con los empleados para ayudarles a ver la lógica del cambio.
- Eduque a los empleados a través de explicaciones uno a uno, memoranda, reuniones de grupo o informes.
- Son adecuadas si la fuente de la resistencia es una mala comunicación o falta de información.
- Debe haber confianza mutua y credibilidad entre gerentes y empleados.

(2) Participación

- Permita que aquellos que se oponen al cambio participen en la decisión.
- Asuma que tienen la experiencia para hacer contribuciones significativas.
- La participación puede reducir la resistencia, lograr que se comprometan si ven que el cambio funciona, y aumentar la calidad de la decisión de cambio.

(3) Facilitación y apoyo

- Brinde apoyos como asesoramiento o terapia a los empleados, capacitación para nuevas habilidades, o permisos cortos con goce de sueldo para ausentarse.
- Puede llevarse mucho tiempo y resultar costoso.

(4 y 5) Manipulación y cooptación

- La manipulación consiste en intentos encubiertos de influir, como cambiar o distorsionar hechos, retener información perjudicial, o generar falsos rumores.
- La cooptación es una forma de manipulación y participación.
- Son formas sencillas y económicas de ganarse el apoyo de quienes se resisten.
- Puede fallar rotundamente si a quienes van dirigidas se sienten engañados.

(6) Selección de personas que aceptan el cambio

- La capacidad de aceptar y adaptarse fácilmente al cambio está relacionada con la personalidad.
- Seleccione personas que están dispuestas a experimentar, que tienen una actitud positiva frente al cambio, que están dispuestas a tomar riesgos, y que son flexibles en su comportamiento.

(7) Coerción

- Uso directo de amenazas o de la fuerza.
- Forma sencilla y económica de obtener apoyo.
- Puede ser ilegal. Incluso la coerción legal puede percibirse como intimidación.

La tercera causa de resistencia es el temor a perder algo que ya poseemos. El cambio amenaza la inversión que usted ya ha hecho en el *status quo*. Cuanto más grande es la inversión de las personas en el sistema actual, más se resisten al cambio. ¿Por qué? Porque temen perder el estatus, dinero, autoridad, amistades, conveniencias personales, u otros beneficios económicos que valoran. Esto ayuda a explicar por qué los empleados de más edad tienden a ofrecer más resistencia al cambio que los trabajadores jóvenes, pues por lo general los empleados mayores han invertido más en el sistema actual y, por lo tanto, tienen más que perder en el cambio.

Una última causa de resistencia es la creencia de una persona de que el cambio es incompatible con los objetivos e intereses de la organización. Por ejemplo, es de esperarse que un empleado que cree que una propuesta para un nuevo procedimiento de trabajo reducirá la calidad del producto, pueda resistirse al cambio. En realidad, este tipo de resistencia puede resultar benéfica para la organización, si se expresa de manera positiva.

TÉCNICAS PARA REDUCIR LA RESISTENCIA AL CAMBIO

Cuando los gerentes ven la resistencia al cambio como disfuncional, pueden utilizar cualquiera de las siete acciones para lidiar con la resistencia.[19] Estas siete acciones se describen en la figura 12-5. Los gerentes deben considerar estas técnicas como herramientas y, de acuerdo con el tipo y fuente de la resistencia, utilizar la más adecuada.

REPASO RÁPIDO:
OBJETIVO DE APRENDIZAJE 12.3

- Explique por qué la gente se resiste al cambio.

- Describa las técnicas para reducir la resistencia al cambio.

Vaya a la página 275 para ver qué tan bien maneja este material.

OBJETIVO DE
APRENDIZAJE 12.4 ▷TEMAS CONTEMPORÁNEOS SOBRE EL MANEJO DEL CAMBIO

Los principales problemas actuales relacionados con el cambio (cultura organizacional, manejo del estrés en los empleados, y hacer que el cambio se dé exitosamente) son inquietudes importantes para los gerentes. Veamos con más detalle estos temas.

CAMBIOS EN LA CULTURA ORGANIZACIONAL

Cuando el ex presidente de 3M Company, W. James McNerney, Jr., llegó a la compañía, llevó a la empresa métodos gerenciales de su antiguo empleador, General Electric. Pronto descubrió que lo que era rutinario en GE, era insólito en 3M. Por ejemplo, él era el único que se presentaba a las reuniones sin corbata. Su estilo franco, realista y perspicaz de hacer preguntas tomó desprevenidos a muchos gerentes de 3M. McNerney pronto se dio cuenta de que antes de intentar cualquier cambio organizacional necesario, tendría que enfrentar cuestiones culturales.[20] El hecho de que la cultura de una organización esté formada por características relativamente estables y permanentes, tiende a volverla muy resistente al cambio.[21] Una cultura necesita mucho tiempo para formarse, y una vez establecida, tiende a arraigarse. Las culturas fuertes son particularmente resistentes al cambio, debido a que los empleados se han comprometido demasiado con ellas. Por ejemplo, no pasó mucho tiempo para que Lou Gerstner, quien fuera presidente de IBM de 1993 a 2002, descubriera el poder de una cultura fuerte. Gerstner, la primera persona externa a la empresa en dirigir IBM, necesitaba examinar a la empresa, enferma y limitada por sus tradiciones, si ésta quería recuperar su posición dominante en la industria de la computación. Sin embargo, lograr esto en una organización orgullosa de sí misma por su antigua cultura era el desafío más grande de Gerstner, quien comentaba: "durante la década que pasé en IBM, pude darme cuenta que la cultura no sólo es un aspecto del juego: *es* el juego."[22] Con el tiempo, si una cultura se vuelve perjudicial, es poco lo que un gerente pueda hacer para cambiarla, especialmente en el corto plazo. Incluso bajo las condiciones más favorables, los cambios culturales tienen que visualizarse en términos de años, no semanas ni meses.

Comprensión de los factores situacionales. ¿Qué "condiciones favorables" facilitan el cambio cultural? Uno es que *ocurra una crisis drástica*, como un revés financiero inesperado, la pérdida de un cliente importante, o una innovación tecnológica importante de un competidor. Una sacudida como éstas puede debilitar el *status quo* y hacer que las personas comiencen a pensar en la importancia de la cultura actual. O que *el liderazgo cambie de manos*. Un nuevo liderazgo de alto nivel puede proporcionar un conjunto alterno de valores clave y podría ser percibido como más capaz de responder ante la crisis que los antiguos líderes. Otra "condición favorable" es *que la organización sea joven y pequeña*. Cuanto más joven sea la organización, menos arraigada estará su cultura, y será más sencillo para los gerentes comunicar los nuevos valores en una organización pequeña que en una grande. Por último, que *la cultura sea débil*. Las culturas débiles son más receptivas al cambio que las fuertes.[23]

Cómo lograr cambios en la cultura. Si las condiciones son correctas, ¿cómo pueden los gerentes cambiar la cultura? Ninguna acción aislada tendrá el efecto necesario para cambiar algo que está arraigado y que es muy valorado. Los gerentes necesitan una estrategia para manejar el cambio cultural, como muestra la figura 12-6. Estas sugerencias se centran en acciones específicas que los gerentes pueden considerar. Sin embargo, seguirlas no garantiza que los esfuerzos para un cambio cultural tengan éxito. Los miembros de una organización no dejan ir rápidamente los valores que comprenden y que les han funcionado bien en el pasado. El cambio, si sucede, será lento. Además, los gerentes deben estar atentos para evitar cualquier retorno a las viejas tradiciones conocidas.

Figura 12–6

Cambio cultural

- *Ponga el ejemplo a través del comportamiento gerencial*; en especial, los gerentes de nivel alto deben ser modelos positivos.
- Genere *nuevas historias, símbolos y rituales* para reemplazar los que actualmente están vigentes.
- Seleccione, promueva y apoye a los empleados que adopten los *nuevos valores*.
- *Rediseñe los procesos de socialización* para ajustarlos con los nuevos valores.
- Para fomentar la aceptación de los nuevos valores, *modifique el sistema de recompensas*.
- Sustituya las normas no escritas por *expectativas claramente especificadas*.
- *Reestructure radicalmente las subculturas actuales* mediante transferencias de puestos, rotación de puestos y/o despidos.
- Esfuércese por obtener el consenso a través de la *participación de los empleados* y la creación de un entorno con un alto nivel de confianza.

Cómo manejar una fuerza de trabajo Diversa

La paradoja de la diversidad

Cuando las organizaciones introducen individuos diversos en su cultura, se crea una paradoja.[24] Los gerentes quieren que los nuevos empleados acepten los valores culturales centrales de la organización para que no tengan dificultades en adaptarse o en ser aceptados. Al mismo tiempo, los gerentes quieren reconocer, adoptar y apoyar las perspectivas e ideas diversas que los nuevos empleados traen consigo al centro de trabajo.

Las culturas organizacionales fuertes presionan a los empleados para que se adapten, y el rango de valores y comportamientos aceptables es limitado; he ahí la paradoja. Las organizaciones contratan individuos diversos por sus fortalezas únicas, aunque es probable que sus fortalezas y comportamientos diversos se reduzcan en culturas fuertes, cuando intentan adaptarse.

El desafío del gerente es equilibrar dos objetivos en conflicto: fomentar que los empleados acepten los valores dominantes de la organización y que acepten las diferencias. Cuando se hacen cambios en la cultura de una organización, los gerentes deben recordar la importancia de mantener viva la diversidad.

ESTRÉS EN LOS EMPLEADOS

Como estudiante es probable que haya experimentado estrés derivado de proyectos escolares, exámenes e incluso por hacer malabares entre el trabajo y la escuela. Luego está el estrés asociado con obtener un empleo decente después de graduarse. Pero incluso después de haber obtenido ese trabajo, es probable que el estrés no desaparezca. Para muchos empleados, el cambio organizacional provoca estrés. Debido al entorno incierto caracterizado por presiones de tiempo, aumento de cargas de trabajo, fusiones y reestructuraciones, un gran número de empleados están sobrecargados y estresados.[25] De hecho, según la encuesta que revise, el número de empleados que experimentan estrés laboral en Estados Unidos varía entre 40 y 80 por ciento.[26] Sin embargo, el estrés laboral no es un problema exclusivamente estadounidense. Estudios globales indican que casi 50 por ciento de los trabajadores encuestados en 16 países europeos dijeron que el estrés y la responsabilidad laboral habían aumentado de manera significativa durante un periodo de cinco años; 35 por ciento de los trabajadores canadienses encuestados mencionó que estaban bajo un elevado estrés laboral; en Australia, los casos de estrés ocupacional se elevaron 21 por ciento en un periodo de un año; más de 57 por ciento de los empleados japoneses sufren de estés relacionado con el trabajo; casi 83 por ciento de los trabajadores de un centro de llamadas en India padecen trastornos del sueño, y un estudio sobre estrés en China mostró que los gerentes estaban experimentando más estrés.[27] Otro estudio interesante encontró que el estrés era la causa más importante para que la gente renunciara a su trabajo. Sin embargo, sorprendentemente los empleadores no se daban cuenta; antes bien, decían que el estrés no estaba entre las cinco razones principales para que la gente renunciara, y en cambio creían que los salarios bajos eran la razón principal.[28]

¿Qué es el estrés? El **estrés** es la reacción adversa de la gente ante una presión excesiva debida a exigencias extraordinarias, restricciones u oportunidades.[29] El estrés no siempre es malo. Aunque frecuentemente se plantea en un contexto negativo, éste puede ser positivo, en especial cuando representa un beneficio potencial. Por ejemplo, el estrés funcional ayuda a un atleta, a un actor o a un empleado a desempeñarse a su más alto nivel en momentos cruciales.

Sin embargo, con mayor frecuencia el estrés se asocia con restricciones y exigencias. Una restricción evita que usted haga algo que desea; las exigencias se refieren a la pérdida de algo deseado. Cuando presenta un examen en la escuela o tiene una evaluación anual de desempeño en el trabajo, siente estrés porque se confronta con oportunidades, restricciones y exigencias. Una buena evaluación de desempeño puede derivar en un ascenso, mayores responsabilidades y un mejor salario. Pero una mala evaluación puede evitar el ascenso, y una evaluación extremadamente mala puede provocar que lo despidan.

estrés
Reacción adversa de la gente ante una presión excesiva debida a exigencias extraordinarias, restricciones u oportunidades.

Algo más para entender el estrés es que, sólo porque las condiciones sean las propicias para que surja, no significa que así será. Se necesitan dos condiciones para que el estrés *potencial* se vuelva estrés *real*.[30] Primero, debe haber incertidumbre sobre el resultado y, segundo, el resultado debe ser importante.

¿Qué ocasiona el estrés? El estrés puede ser ocasionado por factores personales y factores relacionados con el trabajo. Resulta claro que un cambio de cualquier tipo (personal o laboral) tiene el potencial de ocasionar estrés, debido a que involucra exigencias, restricciones u oportunidades. Como los cambios organizacionales suelen crear un clima de incertidumbre en torno a cuestiones que son importantes para los empleados, no es sorprendente que el cambio sea un estresante significativo.

¿Cuáles son los síntomas del estrés? El estrés se presenta de diversas maneras. Por ejemplo, un empleado que está experimentando mucho estrés puede deprimirse, estar propenso a tener accidentes o discusiones; puede tener dificultad para tomar decisiones de rutina o distraerse fácilmente, etcétera. Como muestra la figura 12-7, los síntomas del estrés pueden agruparse en tres categorías generales: físicos, psicológicos y conductuales. Todos ellos pueden afectar significativamente el trabajo de un empleado.

Japón ha atestiguado un fenómeno de estrés llamado karoshi, el cual se traduce literalmente como "muerte por sobrecarga de trabajo". A finales de la década de 1980, "varios ejecutivos japoneses de altos niveles, incluso en la flor de la edad, murieron de manera repentina sin presentar síntoma alguno de enfermedad".[31] Conforme la inquietud pública aumentaba, incluso el Ministerio del Trabajo Japonés se involucró, y ahora publica estadísticas sobre el número de muertes por karoshi. Se teme que conforme las compañías multinacionales japonesas expandan sus operaciones hacia China, Corea y Taiwán, también lo haga la cultura de karoshi.

¿Cómo reducir el estrés? Como dijimos antes, no todo el estrés es disfuncional. Debido a que el estrés no puede ser eliminado totalmente de la vida de una persona, los gerentes quieren reducir el estrés que conduce a un comportamiento laboral disfuncional. ¿Cómo? Pueden hacerlo si controlan ciertos factores organizacionales para reducir el estrés relacionado con el trabajo y, hasta cierto punto, brindar apoyo para el estrés personal.

Lo que los gerentes pueden hacer en términos de factores relacionados con el trabajo, comienza con la selección de empleados. Los gerentes deben asegurarse de que las capacidades de un empleado coinciden con los requerimientos del puesto. Por lo general, cuando los empleados se ven sobrepasados, sus niveles de estrés son altos. Una proyección realista del puesto durante el proceso de selección puede minimizar el estrés, a través de la reducción de la ambigüedad sobre las expectativas del puesto. Mejorar la comunicación organizacional mantendrá el estrés inducido por la ambigüedad en un nivel mínimo. Del mismo modo, un programa de planeación de desempeño como la APO puede clarificar las responsabilidades del puesto, proveer objetivos claros de desempeño y reducir la ambigüedad a través de la retroalimentación. El rediseño de puestos también puede ayudar a reducir el estrés. Si se descubre que el estrés es ocasionado por aburrimiento o por sobrecarga de trabajo, es necesario rediseñar los puestos para aumentar el desafío o para reducir la carga de trabajo. Los rediseños que aumentan las oportunidades de que los empleados participen en la toma de decisiones y que obtengan apoyo social también

¿Quiénes son?
CARA A CARA

ASÍ MANEJAMOS EL ESTRÉS:
Hablamos abiertamente sobre los cambios, procuramos una cultura que no penalice los errores, nos aseguramos de divertirnos cada día (nuestras batallas con pistolas de agua son legendarias).

Figura 12–7

Síntomas de estrés

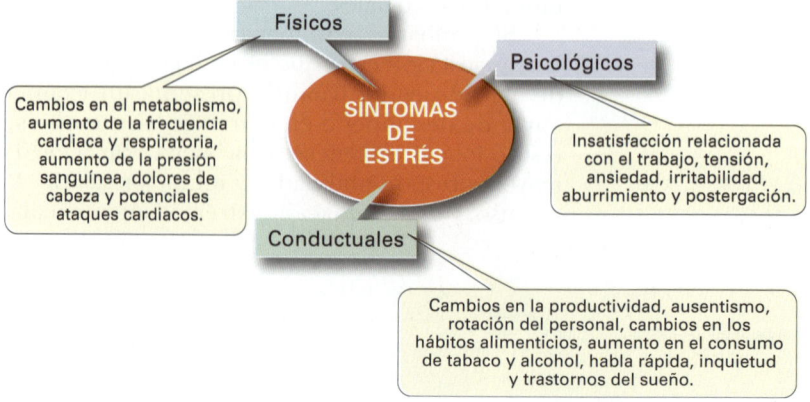

Razonamiento crítico sobre Ética

Una de cada cinco compañías ofrece algún tipo de programa para el manejo del estrés[34]. Aunque estos programas están disponibles, muchos empleados pudieran elegir no participar en ellos. ¿Por qué? Muchos empleados se resisten a pedir ayuda, especialmente si una fuente importante de dicho estrés es la inseguridad en el trabajo. Después de todo, aún existe un estigma asociado con el estrés. Los empleados no quieren ser percibidos como incapaces de manejar los requerimientos de su trabajo. Aunque pudieran necesitar más que nunca del manejo de estrés, pocos empleados quieren admitir que están estresados. ¿Qué se puede hacer respecto a esta paradoja? ¿Tienen las organizaciones una responsabilidad ética para ayudar a los empleados a lidiar con el estrés?

han demostrado que reducen el estrés.[32] Por ejemplo, en GlaxoSmithKline, un fabricante inglés de productos farmacéuticos, un programa de flexibilidad en equipos en los que los empleados pueden cambiar asignaciones, según la carga de trabajo y tiempos de entrega de las personas, ha ayudado a reducir 60 por ciento el estrés relacionado con el trabajo.[33]

El estrés en la vida personal del empleado da lugar a dos problemas. Primero, es difícil para un gerente controlarlo de manera directa. Segundo, existen consideraciones éticas. Específicamente, ¿tiene un gerente el derecho de inmiscuirse, incluso de una manera sutil, en la vida personal de un empleado? Si un gerente cree que es ético y que el empleado es receptivo, existen un par de métodos que el gerente puede considerar. La *consejería* de los empleados puede proporcionar alivio al estrés. Con frecuencia los empleados quieren hablar con alguien acerca de sus problemas, y la organización (a través de sus gerentes, consejeros de recursos humanos internos, o ayuda profesional gratuita o a bajo costo) puede cubrir esta necesidad. Compañías como Citicorp, AT&T, y Johnson & Johnson, proporcionan extensos servicios de consulta para sus empleados. Un *programa de manejo del tiempo* para los empleados cuyas vidas personales sufren por la falta de planeación puede ayudarles a establecer sus prioridades.[35] Otros métodos son los *programas de bienestar* patrocinados por el gobierno. Por ejemplo, Wellmark Blue Cross/Blue Shield of Des Moines, en Iowa, ofrece a los empleados una instalación para la salud y actitud en el lugar de trabajo, el cual está abierto seis días de la semana. Los empleados de Cianbro, una compañía contratista en general localizada en el noreste de Estados Unidos, proporciona un programa de bienestar dirigido a las demandas únicas del entorno de la construcción.[36] Y en la firma de software Analytical Graphics, los empleados pueden aprovechar las clases de yoga o Pilates para aliviar el estrés.[37]

CÓMO HACER QUE EL CAMBIO SE DÉ EXITOSAMENTE

El cambio organizacional es un desafío permanente al cual se enfrentan los gerentes en Estados Unidos y en todo el mundo. En un estudio global acerca de los cambios organizacionales en más de 2000 organizaciones de Europa, Japón, Estados Unidos y el Reino Unido, 82 por ciento de los encuestados habían implementado cambios importantes en los sistemas de información, 74 por ciento habían creado servicios horizontales de intercambio de información, 65 por ciento habían descentralizado sus decisiones de operación[38]. Cada uno de estos cambios importantes acarrean cambios adicionales en la estructura, la tecnología y la gente. Cuando son necesarios los cambios, ¿quién los hace posibles?, ¿quién los administra? Aunque usted pudiera pensar que se trata solamente de los gerentes de nivel alto, en realidad *todos* los gerentes de la organización están involucrados en el proceso de cambio.

Incluso con el involucramiento de los gerentes a todos los niveles, los esfuerzos de cambio no siempre funcionan como debieran. De hecho, un estudio global del cambio organizacional concluyó que "cientos de gerentes de marca de compañías de Estados Unidos y Europa están satisfechos con sus habilidades de operación... [pero] insatisfechos con su habilidad para implementar el cambio".[39] ¿Cómo pueden los gerentes hacer que el cambio ocurra satisfactoriamente? Pueden (1) hacer que el cambio organizacional sea posible, (2) entender su propio papel en el proceso, y (3) dar a los empleados individuales un papel en el proceso de cambio. Revisemos cada una de estas sugerencias.

En una industria donde el crecimiento se torna más lento y los competidores se hacen más fuertes, United Parcel Service (UPS) prospera. ¿Cómo? ¡Adopta el cambio! Los gerentes invirtieron una década en la creación de nuevos negocios de logística a nivel global debido a que anticiparon el bajo crecimiento de la demanda de mensajería local.

Figura 12–8

Organizaciones con capacidad de cambio

- *Enlazan el presente con el futuro.* Piensan en el trabajo como algo más que una extensión del pasado, consideran las oportunidades y problemas futuros y los toman en cuenta en las decisiones actuales.
- *Hacen del aprendizaje un modo de vida.* Las organizaciones amigables con el cambio son excelentes para compartir el conocimiento y para la administración.
- *Apoyan y promueven activamente las mejoras y los cambios día a día.* El cambio exitoso puede provenir tanto de un cambio pequeño, como de los cambios grandes.
- *Aseguran distintos equipos.* La diversidad asegura que las cosas no se harán de la manera en que se hacían siempre.
- *Alientan a los disidentes.* Dado que sus ideas y métodos están fuera de lo común, los disidentes pueden ayudar a provocar un cambio radical.
- *Protegen contra rupturas.* Las organizaciones amigables con el cambio han encontrado formas para protegerse en contra de ideas que provocan ruptura.
- *Integran tecnología.* Utilizan la tecnología para la implementación de los cambios.
- *Construyen y se basan en la confianza.* Es más probable que la gente apoye los cambios cuando la cultura de la organización se basa en la confianza y los gerentes tienen credibilidad e integridad.

Fuente: Basado en P.A. McLagan, "La organización con capacidad de cambio", *T&D*, enero de 2003, pp. 50-59.

Y continúan con los esfuerzos de cambio a fin de explotar nuevas oportunidades.[40] UPS es lo que llamamos una *organización con capacidad de cambio*. ¿Qué se necesita para ser una *organización con capacidad de cambio?* En la figura 12-8 se resumen esas características.

El segundo componente para llevar a cabo el cambio exitosamente es que los gerentes reconozcan su propio importante papel en el proceso. Los gerentes pueden, y lo hacen, actuar como agentes de cambio. Pero su papel en el proceso de cambio incluye más que ser un catalizador para el cambio; deben también ser líderes del cambio. Cuando los miembros de una organización se resisten al cambio, es responsabilidad de los gerentes dirigir los esfuerzos para el cambio. Pero incluso cuando no hay resistencia al cambio, alguien tiene que asumir el liderato. Ese alguien es el gerente.

El aspecto final para que el cambio suceda exitosamente gira en torno a hacer que todos los miembros de la organización se involucren. El cambio organizacional exitoso no es trabajo de una sola persona. Los empleados individuales son una importante fuente de recursos para identificar y dirigir los problemas en el cambio. "Si desarrolla un programa para el cambio y simplemente se lo plantea a su gente con un 'Tomen, implementen esto', es poco probable que funcione. Pero cuando la gente ayuda a construir algo, lo apoyarán y lo harán funcionar".[41] Los gerentes tienen que impulsar a los empleados a ser agentes de cambio, para buscar mejoras constantes y cambios que individuos y equipos puedan llevar a cabo. Por ejemplo, un estudio acerca del cambio organizacional descubrió que 77 por ciento de los cambios en el nivel del grupo de trabajo eran reacciones a problemas específicos y comunes o a sugerencias de gente fuera del grupo de trabajo; 68 por ciento de esos cambios ocurría en el transcurso del trabajo diario.[42]

REPASO RÁPIDO:

OBJETIVO DE APRENDIZAJE 12.4

- Explique por qué el cambio de la cultura organizacional es tan difícil y cómo lo pueden lograr los gerentes.
- Describa el estrés de un empleado y la forma en que los gerentes pueden ayudar a los empleados a lidiar con el estrés.

- Analice qué se necesita para que el cambio suceda exitosamente.

Vaya a la página 275 para ver qué tan bien maneja este material

OBJETIVO DE APRENDIZAJE 12.5 ▷ ESTIMULACIÓN DE LA INNOVACIÓN

"La forma en que usted prosperará en este entorno es mediante la innovación; innovar en tecnología, innovar en estrategias, innovar en modelos de negocio"[43]. Éste es el mensaje que el presidente de IBM, Sam Palmisano expresó ante una audiencia de ejecutivos en una conferencia sobre innovación y liderazgo. ¡Y cuán cierto es! El éxito en los negocios de hoy requiere innovación. Tal es la cruda realidad que enfrentan los gerentes actuales. En el dinámico y caótico mundo de la competencia global, las organizaciones deben crear nuevos productos y servicios y adoptar tecnología de punta si es que van a competir exitosamente.[44]

¿Qué compañías le vienen a la mente cuando piensa en innovadores exitosos? Tal vez Sony Corporation, con sus MiniDisks, PlayStations, mascotas robot de Aibo, cámaras digitales Cyber-Shot, y las cámaras de video MiniDv Handycam. Quizá Toyota, con sus continuos avances en productos y diseños de manufactura. (En la figura 12-9 aparece una lista de compañías que operan alrededor del mundo y son identificadas como las más innovadoras en una encuesta del *BusinessWeek*). ¿Cuál es el secreto para el éxito de estos campeones innovadores? ¿Qué pueden hacer otros gerentes para que sus organizaciones sean más innovadoras? En las siguientes páginas, trataremos de responder a estas preguntas mientras explicamos los factores detrás de la innovación.

CREATIVIDAD *VERSUS* INNOVACIÓN

La **creatividad** hace referencia a la habilidad de combinar ideas de manera única o llevar a cabo asociaciones inusuales entre las ideas.[45] Una organización creativa desarrolla formas únicas de trabajo o soluciones nuevas para los problemas. Pero la creatividad por sí misma no es suficiente. Los resultados del proceso creativo necesitan convertirse en productos útiles o métodos de trabajo, lo cual se define como **innovación**. De esta manera, una organización innovadora se caracteriza por su habilidad para canalizar la creatividad hacia resultados útiles. Cuando los gerentes hablan acerca de cambiar una organización para hacerla más creativa, por lo general significa que desean estimular y cultivar la innovación.

CÓMO ESTIMULAR Y CULTIVAR LA INNOVACIÓN

El modelo de sistemas nos puede ayudar a entender de qué forma las organizaciones se hacen más innovadoras[46]. Como puede ver en la figura 12-10, obtener los resultados deseados (productos innovadores y métodos de trabajo) tiene que ver con las aportaciones de transformación. Estas aportaciones incluyen gente y grupos creativos dentro de la organización. Pero tener gente creativa no es suficiente. Es necesario un entorno adecuado para ayudar a las aportaciones de transformación en productos innovadores o en métodos de trabajo. Este entorno "adecuado" (esto es, un entorno que estimula la innovación) incluye tres variables: estructura de la organización, cultura y las prácticas de recursos humanos (vea la figura 12-11).

Variables estructurales. La investigación del efecto de las variables estructurales respecto a la innovación muestra cinco aspectos.[47] Primero, una estructura de tipo orgánico influye positivamente en la innovación. Debido a que esta estructura tiene una baja formalización y

Figura 12–9   Compañías más innovadoras del mundo

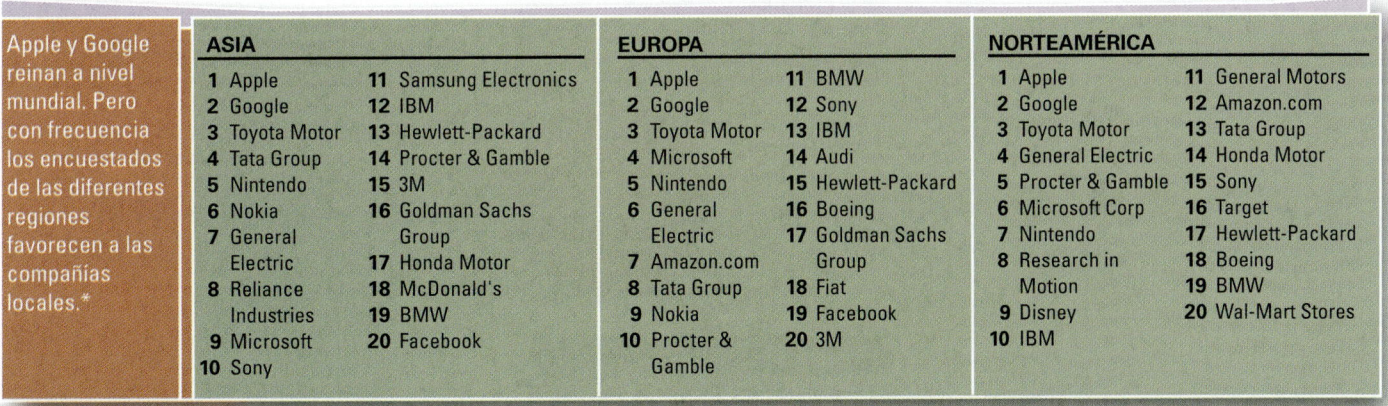

Apple y Google reinan a nivel mundial. Pero con frecuencia los encuestados de las diferentes regiones favorecen a las compañías locales.*

ASIA

1 Apple	11 Samsung Electronics
2 Google	12 IBM
3 Toyota Motor	13 Hewlett-Packard
4 Tata Group	14 Procter & Gamble
5 Nintendo	15 3M
6 Nokia	16 Goldman Sachs Group
7 General Electric	17 Honda Motor
8 Reliance Industries	18 McDonald's
9 Microsoft	19 BMW
10 Sony	20 Facebook

EUROPA

1 Apple	11 BMW
2 Google	12 Sony
3 Toyota Motor	13 IBM
4 Microsoft	14 Audi
5 Nintendo	15 Hewlett-Packard
6 General Electric	16 Boeing
7 Amazon.com	17 Goldman Sachs Group
8 Tata Group	18 Fiat
9 Nokia	19 Facebook
10 Procter & Gamble	20 3M

NORTEAMÉRICA

1 Apple	11 General Motors
2 Google	12 Amazon.com
3 Toyota Motor	13 Tata Group
4 General Electric	14 Honda Motor
5 Procter & Gamble	15 Sony
6 Microsoft Corp	16 Target
7 Nintendo	17 Hewlett-Packard
8 Research in Motion	18 Boeing
9 Disney	19 BMW
10 IBM	20 Wal-Mart Stores

Fuente: "The World's Most Innovative Companies by Region", *BusinessWeek*, **BusinessWeekOnline**, 15 de abril de 2008, businessweek.com.

creatividad
Habilidad de combinar ideas de manera única o llevar a cabo asociaciones inusuales entre ideas.

innovación
Proceso de transformar ideas creativas en productos útiles o métodos de trabajo.

Figura 12–10

Visión de sistemas de innovación

Fuente: Adaptado de R.W. Woodman, J.E. Sawyer y R.W. Griffin, "Toward a Theory of Organizational Creativity", *Academy of Management Review,* abril de 1993, p.309.

Aportaciones	Transformación	Resultados
Individuos creativos, grupos, organizaciones	Entorno creativo, proceso, situación	Productos innovadores, métodos de trabajo

una especialización de trabajo, facilita la flexibilidad y el intercambio de ideas críticas para la innovación. Segundo, la disponibilidad de recursos plenos proporciona un bloque de construcción básico para la innovación. Con abundancia de recursos, los gerentes pueden solventar la compra de innovaciones, y el costo de la institución de innovaciones, e incluso pueden absorber las fallas. Tercero, la comunicación frecuente entre las unidades organizacionales ayuda a romper las barreras de la innovación.[48] Los equipos multifuncionales, fuerzas de tarea, y otros como los diseños organizacionales, facilitan la interacción a lo largo de las líneas departamentales y tienen un gran uso en organizaciones innovadoras. Cuarto, las organizaciones innovadoras tratan de minimizar presiones extremas de tiempo en actividades creativas, a pesar de las demandas en los ambientes del tipo de aguas turbulentas. Aunque las presiones de tiempo pudieran estimular a las personas a trabajar más duro y hacerlas sentir más creativas, estudios muestran que estas presiones en realidad hacen que sean menos creativas.[49] Por último, los estudios han mostrado que el desempeño creativo de un empleado se estimula cuando la estructura de una organización apoya de manera explícita la creatividad. Los tipos benéficos de estimulación incluyen cosas como el impulso, la comunicación abierta, la disposición para escuchar y la retroalimentación útil[50].

Variables culturales. "Lanzar el conejo" es parte del argot utilizado por el equipo de desarrollo de producto en la compañía de juguetes Mattel. Hace referencia a una lección de malabarismo en la cual los miembros del equipo aprenden a hacer malabares con dos bolas y un conejo relleno. La mayoría de las personas aprenden fácilmente a hacer malabares con dos bolas pero no pueden hacerlo con un tercer objeto. La creatividad, como los malabares, consiste en dejarlo ir, esto es, en "lanzar el conejo". Y para Mattel, tener una cultura donde a la gente se le conmina a "lanzar el conejo" es importante para sus continuas innovaciones de producto.[51]

Figura 12–11

Variables de la innovación

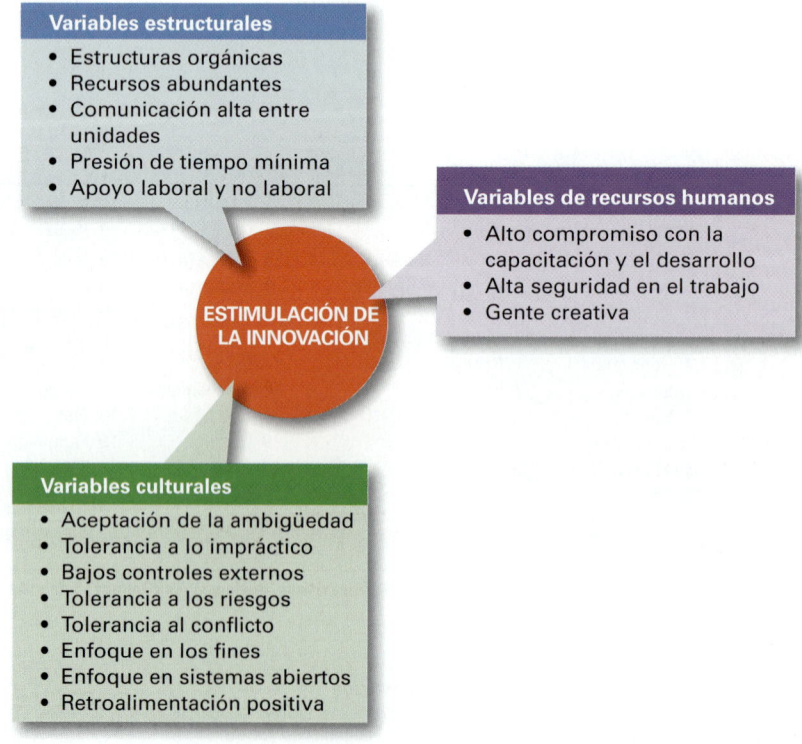

Las organizaciones innovadoras suelen tener culturas parecidas.[52] Promueven la experimentación, recompensan tanto los éxitos como las fallas, y celebran los errores. Es muy probable que una organización innovadora haga lo siguiente:

- *Aceptar la ambigüedad.* Mucho énfasis en la objetividad y las restricciones de especificidad en la creatividad.

- *Tolerar lo impráctico.* A las personas que ofrecen respuestas imprácticas, incluso tontas, a las preguntas qué tal si, no se les reprime. Lo que en principio parece impráctico podría originar soluciones innovadoras.

- *Mantener al mínimo los controles externos.* Reglas, regulaciones, políticas y controles organizacionales similares, se mantienen a un mínimo.

- *Tolerar el riesgo.* Se anima a los empleados a experimentar sin miedo a las consecuencias de fallar. Los errores se tratan como oportunidades de aprendizaje.

- *Tolerar el conflicto.* Se promueve la diversidad de opiniones. No se asume que la armonía y los acuerdos entre individuos o unidades sean prueba de alto desempeño.

- *Centrarse en los fines y no en los medios.* Las metas son claras, y se motiva a los individuos a que consideren rutas alternativas hacia el cumplimiento de las metas. Enfocarse en las metas indica que pueden existir distintas respuestas para cualquier problema dado.

- *Utilizar un estilo de sistema abierto.* Los gerentes dan seguimiento cercano al entorno y responden a los cambios en el momento en que ocurren. Por ejemplo, en Starbucks, el desarrollo de producto depende de "viajes de campo inspiradores para revisar a los clientes y sus tendencias". Michelle Gass, ahora la vicepresidenta de estrategia global, "llevó a su equipo a Paris, Düsseldorf y Londres para visitar los Starbuck locales y otros restaurantes para obtener una mejor idea de las culturas locales, comportamiento y modas". Comenta, "Uno regresa lleno de ideas diferentes y diferentes formas de pensar respecto de las cosas que de otra manera tendría que haber leído en una revista o a través del correo electrónico".[53]

- *Proporcionar una retroalimentación positiva.* Los gerentes proporcionan retroalimentación positiva, apoyo y soporte, de manera que los empleados sienten que sus ideas creativas reciben atención. Por ejemplo, en Research in Motion, Mike Lazaridis, presidente y director adjunto dice, "Creo que aquí tenemos una cultura de innovación, y [los ingenieros] un acceso absoluto a mí. Vivo tratando de promover la innovación".[54]

Variables de recursos humanos. Las organizaciones innovadoras promueven activamente el entrenamiento y el desarrollo de sus miembros de manera que su conocimiento permanece actualizado; ofrece a sus empleados alta seguridad en el trabajo para reducir el temor a ser despedido por cometer errores, y estimula a los individuos para que se conviertan en **campeones de ideas**. Apoyan las nuevas ideas de manera activa y entusiasta, así como su crecimiento, superan la resistencia y se aseguran de que se implementen las innovaciones. La investigación ha demostrado que los campeones de ideas tienen una característica de personalidad común: son extremadamente seguros de sí mismos, persistentes, tienen una gran energía y tendencia a asumir riesgos. También despliegan características asociadas con el liderazgo dinámico: inspiran y energizan a otros con su visión del potencial de una innovación y a través de su poderosa convicción personal en su misión. Son también buenos para obtener el compromiso de otros de apoyar su misión. Además, los campeones de ideas tienen puestos que cuentan con una considerable discreción para la toma de decisiones. Esta autonomía les ayuda a introducir e implementar las innovaciones dentro de las organizaciones.[55]

REPASO RÁPIDO:
OBJETIVO DE APRENDIZAJE 12.5

- Explique de qué manera la creatividad y la innovación difieren entre sí.

- Describa las variables estructurales, culturales y de recursos humanos necesarias para la innovación

Vaya a la página 276 para ver qué tan bien maneja este material.

campeón de ideas
Individuo que apoya de manera activa y entusiasta nuevas ideas, construye apoyos, se sobrepone a la resistencia y se asegura de implementar la innovación.

¿Quiénes son?

Mi turno

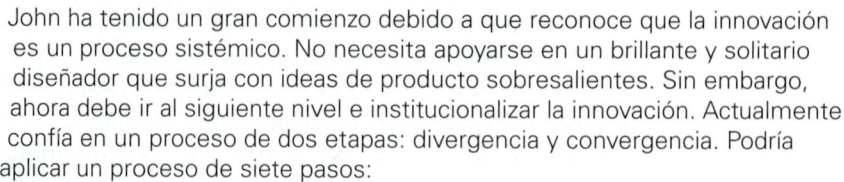

Dr. Enrique Nuñez

Profesor adjunto/Asesor de innovación
Saint Peter's College/Morphos Quantity Nutley, New Jersey

John ha tenido un gran comienzo debido a que reconoce que la innovación es un proceso sistémico. No necesita apoyarse en un brillante y solitario diseñador que surja con ideas de producto sobresalientes. Sin embargo, ahora debe ir al siguiente nivel e institucionalizar la innovación. Actualmente confía en un proceso de dos etapas: divergencia y convergencia. Podría aplicar un proceso de siete pasos:

- Determinar cómo proporcionar "valor" a los clientes.
- Identificar las oportunidades.
- Establecer objetivos.
- Generar ideas específicas.
- Desarrollar grupos de ideas que reflejen resultados tangibles que los clientes obtengan al utilizar los productos.
- Clasificar las ideas de acuerdo con las metas establecidas.
- Analizar los recursos para implementar el grupo de ideas con el puntaje más alto.

OBJETIVOS DE APRENDIZAJE
RESUMEN

12.1 ▷ EL PROCESO DE CAMBIO

- Explique el proceso de cambio de tres etapas de Lewin.
- Compare las metáforas de cambio de las aguas tranquilas y las turbulentas.

La metáfora de las aguas tranquilas indica que el cambio es un trastorno ocasional en la ocurrencia normal de eventos y que se puede planear y manejar en el momento en que sucede. En la metáfora de las aguas turbulentas, el cambio es constante y su manejo es un proceso continuo.

El modelo de tres etapas de Lewin propone que el cambio se puede manejar si se descongela el *status quo* (comportamientos antiguos), se cambia al nuevo estado y se recongelan los nuevos comportamientos.

12.2 ▷ TIPOS DE CAMBIO ORGANIZACIONAL

- Defina el *cambio organizacional*.
- Describa cómo los gerentes pueden cambiar la estructura, la tecnología y las personas.

El cambio organizacional es cualquier modificación de personal, estructura, o tecnología. Con frecuencia, el hacer cambios requiere un agente de cambio que actúe como catalizador y guía para el proceso de cambio.

El cambio de estructura tiene que ver con cualquier cambio en los componentes estructurales o en el diseño estructural. El cambio de tecnología tiene que ver con la introducción de nuevo equipo, herramientas o métodos, automatización o computarización. El cambio en el personal tiene que ver con el cambio de actitudes, expectativas, percepciones y comportamientos.

12.3 ▷ MANEJO DE LA RESISTENCIA AL CAMBIO

- Explique por qué la gente se resiste al cambio.
- Describa las técnicas para reducir la resistencia al cambio.

La gente se resiste al cambio debido a la incertidumbre, al hábito, a la preocupación relacionada con las pérdidas personales y a la creencia de que un cambio no es bueno para la organización.

Las técnicas para reducir la resistencia al cambio incluyen educación y comunicación (educar y comunicar a los empleados sobre la necesidad de un cambio), participación (permitir a los empleados participar en el proceso de cambio), facilitación y apoyo (dar a los empleados el apoyo que necesitan para implementar el cambio), negociación (intercambiar algo de valor para reducir la resistencia), manipulación y cooptación (uso de acciones negativas para influenciar) y coerción (uso directo de amenazas o de la fuerza).

12.4 ▷ TEMAS CONTEMPORÁNEOS
SOBRE EL MANEJO DEL CAMBIO

- Explique por qué el cambio de la cultura organizacional es tan difícil y cómo lo pueden lograr los gerentes.
- Describa el estrés de un empleado y la forma en que los gerentes pueden ayudar a los empleados a lidiar con el estrés.
- Analice qué se necesita para hacer que el cambio suceda exitosamente.

Los valores compartidos que comprenden la cultura de una organización son relativamente estables, lo que hace que el cambio sea difícil. Los gerentes pueden propiciar el cambio si desempeñan un papel de modelo positivo; si crean nuevas historias, símbolos y rituales; seleccionan, promueven y apoyan a los empleados que adoptan nuevos valores; rediseñan los procesos de socialización; cambian el sistema de compensaciones; especifican claramente las expectativas; reestructuran radicalmente las subculturas actuales y hacen que los empleados participen en el cambio.

El estrés es la reacción adversa que presenta la gente debido a la presión excesiva a la que se le somete por exigencias extraordinarias, restricciones u oportunidades. Para ayudar a los empleados a lidiar con el estrés, los gerentes pueden atacar los factores relacionados con el trabajo. Para ello deben asegurarse de que las habilidades del empleado coincidan con los requerimientos del puesto, que mejoran las comunicaciones dentro de la organización, utilizar un programa de planeación de desempeño, o rediseñar los puestos. Atacar los factores de estrés laboral es complicado, pero los gerentes ofrecen consejo a los empleados, programas de manejo del tiempo y programas de bienestar.

Para que el cambio se dé de manera exitosa es necesario enfocarse en hacer posible el cambio dentro de la organización, asegurarse de que los gerentes entienden su propio rol en el proceso, y dar a cada empleado un papel en el proceso.

12.5 ▷ ESTIMULACIÓN DE LA INNOVACIÓN

- Explique de qué manera la creatividad y la innovación difieren entre sí.
- Describa las variables estructurales, culturales y de recursos humanos necesarias para la innovación.

La creatividad es la habilidad de combinar ideas de manera única o de hacer asociaciones inusuales entre las ideas. La innovación es la transformación del resultado de un proceso creativo en productos útiles o métodos de trabajo.

Las variables estructurales importantes incluyen una estructura de tipo orgánico, recursos abundantes, comunicación frecuente entre las unidades organizacionales, mínima presión de tiempo, y apoyo. Las variables culturales importantes incluyen la aceptación de la ambigüedad, la tolerancia a lo impráctico, el mantenimiento de los controles externos al mínimo, tolerancia al riesgo, tolerancia al conflicto, enfoque en los fines y no en los medios, uso de un enfoque de sistema abierto y proveer retroalimentación positiva. Las variables importantes de recursos humanos incluyen tener un alto compromiso con el entrenamiento y el desarrollo, tener alta seguridad en el trabajo y promover en los individuos la idea de los campeones.

PENSEMOS EN CUESTIONES ADMINISTRATIVAS

1. ¿Puede un empleado de nivel bajo ser un agente de cambio? Explique su respuesta.
2. La innovación implica permitir a la gente que cometa errores. Sin embargo, estar mal muchas veces puede ser desastroso para su carrera. ¿Está de acuerdo? ¿Por qué? ¿Cuáles son las implicaciones de procurar la innovación?
3. ¿Cómo se relacionan las oportunidades, restricciones y exigencias con el estrés? Escriba un ejemplo de cada una.
4. Con frecuencia, el cambio planeado es el mejor método que pueden adoptar las organizaciones. ¿Puede el cambio no planeado ser efectivo? Explique su respuesta.
5. Por lo general, las organizaciones tienen límites en cuanto a la cantidad de cambios que pueden absorber. Como gerente, ¿qué señales buscaría que pudieran sugerir que su organización ha excedido su capacidad de cambio?

SU TURNO de ser gerente

- Responsabilícese por su propia trayectoria de carrera. No dependa de que su empleador le brinde oportunidades de desarrollo y capacitación. Ahora mismo regístrese en actividades que le ayuden a mejorar sus habilidades (talleres, seminarios, cursos de educación continua, etcétera).

- Preste atención a la forma en que maneja el cambio. Trate de dilucidar por qué se resiste a ciertos cambios y a otros no.

- Observe cómo manejan otros el cambio. Cuando sus amigos o miembros de la familia se resisten al cambio, practique el uso de distintos métodos para manejar esta resistencia al cambio.

- Cuando experimente estrés disfuncional, escriba las causas de su estrés, ¿cuáles son los síntomas del estrés que presenta, y cómo lidia con él? Mantenga esta información en un diario y evalúe qué tan bien funcionan sus reductores de estrés y de qué manera podría manejarlo mejor. Su meta es llegar a un punto en el que reconozca que está estresado y que puede llevar a cabo acciones positivas para lidiar con él.

- Investigue sobre cómo ser una persona más creativa. Escriba sus sugerencias en una lista con viñetas y prepárese para presentar su información en clase.

- Complete los módulos de desarrollo de habilidades Managing Resistance to Change (Manejo de la resistencia al cambio) y Solving Problems Creatively (Solución creativa de problemas), que se encuentran en mymanagementlab.

- Elija dos organizaciones con las que esté familiarizado y evalúe si enfrentan entornos de aguas tranquilas o de aguas turbulentas. Escriba un pequeño reporte, describa estas organizaciones y su evaluación del entorno de cambio que enfrenta cada una. Asegúrese de explicar su elección del entorno de cambio.

- Lecturas sugeridas por Steve y Mary: Malcolm Gladwell, *Blink* (Little, Brown, 2005); Peter Senge y otros, *Presence* (Doubleday, 2004); Tom Peters, *Re-Imagine!* (Dorling Kindersely, 2003); John P. Kotter y Dan S. Cohen, *The Heart of Change* (Harvard Business School Press, 2002); Malcolm Gladwell, *The Tipping Point* (Back Bay Books, 2002); Tom Kelly, *The Art of Innovation* (Doubleday, 2001) y Ian Morrison, *The Second Curve* (Ballantine Books, 1996).

- Elija una organización con la cual esté familiarizado (empleador, organización estudiantil, negocio familiar, etcétera). Describa su cultura (valores y creencias compartidas). Seleccione dos de sus valores y/o creencias y describa de qué manera los cambiaría. Escriba esta información en un reporte.

- Con sus propias palabras, escriba tres cosas que aprendió en este capítulo sobre ser un buen gerente.

- La autoevaluación puede resultar una poderosa herramienta de aprendizaje. Vaya a mymanagementlab y complete estos ejercicios de autoevaluación: How Well Do I Handle Ambiguity? (¿Qué tan bien manejo la ambigüedad?), How Creative Am I? (¿Qué tan creativo soy?), How Well Do I Respond to Turbulent Change? (¿Qué tan bien respondo ante cambios turbulentos?), How Stressful Is My Life? (¿Qué tan estresante es mi vida?), Am I Burned Out? (¿Estoy agobiado?). Con los resultados de sus evaluaciones, identifique fortalezas y debilidades personales. ¿Qué hará para reforzar sus fortalezas y superar sus debilidades?

Para más recursos, visite www.mymanagementlab.com

CASO PRÁCTICO

Ese toque especial

Starwood es una de las compañías hoteleras y de centros recreativos más grandes del mundo. Sus reconocidas marcas exclusivas y de lujo incluyen Four Points, Sheraton, Westin, St. Regis y W. Hotels. En una industria que depende enormemente de atraer y conservar al cliente, Starwood sabe que tiene que ser innovadora. En 2006, la cadena Westin de la compañía visualizó una oportunidad de mercado cuando en una encuesta se descubrió que 34 por ciento de los viajeros frecuentes se sentían solos y lejos de casa. El reto era ser innovador y encontrar formas de explotar esa oportunidad. De nuevo, al mostrar su disposición para ser diferentes, la compañía implementó un método inusual.

En lugar de contratar a los consultores acostumbrados, el equipo gerencial de Starwood eligió Six Sigma, un proceso de calidad gerencial mejor conocido por aumentar la eficiencia y reducir los defectos de un producto. Muchas compañías han tenido grandes éxitos con Six Sigma, pero con frecuencia se le describe como un asesino de la creatividad. "Combinar la creatividad y la eficiencia es una maniobra gerencial delicada que pocas compañías de servicios pueden llevar a cabo". Pero esa reputación no detuvo a los gerentes de Starwood. Algo que tenían a su favor era que la compañía ya tenía una fuerte cultura creativa. En la década de 1990 desarrollaron sus populares hoteles W como una marca de moda y de gran energía, y captaron gran atención y clientes que buscaban una moderna experiencia.

Actualmente, Starwood utiliza Six Sigma para visualizar proyectos para sus propiedades alrededor del mundo. Desde el lanzamiento del proyecto en 2001, se ha entrenado a 150 empleados como "black belts" y a 2,700 como "green belts" en el arte de Six Sigma. Estos empleados se ubican en su

Starwood Hotels

mayoría en los hoteles; los black belts coordinan los proyectos y los green belts cuidan de los detalles. Los especialistas de Six Sigma ayudaron a los empleados del hotel a encontrar formas para cumplir con sus metas. De hecho, casi 100 por ciento de las ideas creativas provienen del personal interno.

El proceso de innovación de Starwood comienza con los equipos hoteleros, quienes "lanzan" una nueva idea al grupo Six Sigma. Un consejo Six Sigma (compuesto por 13 personas) evalúa los méritos de las ideas, basándose en las metas y los beneficios resultantes. Si el consejo aprueba el proyecto, se instruye a los especialistas en Six Sigma para que apoyen a los equipos hoteleros a sacarlo adelante.

Preguntas de análisis

1. Haga una breve investigación sobre Six Sigma. Explique qué es. ¿Piensa que es justificada su fama de "asesino de la creatividad"? ¿Por qué?

2. ¿Qué indica esto con respecto a lo logrado por Starwood con el programa Six Sigma? ¿Qué podrían aprender otras compañías a partir de la experiencia de Starwood?

3. ¿Qué tan importante cree que sea tener una cultura de creatividad? Explique su respuesta. Si una compañía no tiene dicha cultura, ¿qué pueden hacer los gerentes?

4. ¿Qué más podría hacer Starwood para promover la creatividad y la innovación?

5. ¿Cree que el entorno de la industria hotelera es de aguas tranquilas o de aguas turbulentas? Explique su respuesta.

Fuentes: S. A. Ante, "Rubbing Customers the Right Way", *BusinessWeek*, 8 de octubre de 2007, pp. 88-89; S. A. Ante, "Six Sigma Kick-Stars Starwoods", *BusinessWeek* online, www.businessweek.com, 30 de agosto de 2007, y R. Jana, "Starwood Hotels Explore Second Life First", *BusinessWeek* online, www.businessweek.com, 23 de agosto de 2006.

Parte Cuatro

Dirección

▷ Después de que se ha contratado y presentado a alguien que va a trabajar en una organización, los gerentes deben supervisar y coordinar su trabajo para que se persigan y alcancen las metas organizacionales. Ésta es la función de dirección propia de la gerencia. Es una función importante ya que involucra a la gente de una organización. Sin embargo, precisamente porque involucra a personas, puede ser muy desafiante. Administrar personal de manera exitosa requiere entender sus actitudes, comportamientos, personalidades, motivación, etcétera. Además, se necesitan líneas de comunicación efectivas y eficientes. En ocasiones, es sumamente complicado entender cómo se comportan las personas y por qué hacen tal o cual cosa.

En la Parte cuatro estudiaremos la función gerencial de la dirección. El capítulo 13 contiene información importante que le ayudará a comenzar a entender la compleja naturaleza del comportamiento individual en las organizaciones. En el capítulo 14 analizaremos las formas en que se comunican los gerentes con los empleados, y algunas de las situaciones que pueden presentarse. Todo gerente procura que sus empleados den su máximo esfuerzo, por lo que el capítulo 15 nos muestra un enfoque total sobre cómo y por qué se motivan las personas. Por último, en el capítulo 16 veremos al gerente desde la perspectiva del liderazgo; después de todo, los gerentes necesitan ser grandes líderes además de grandes administradores.

¿Quiénes son?

Conozca a los gerentes

Dana Murray

**Directora de Instalaciones y construcción
Bookmans Entertainment Exchange
Tucson, Arizona**

MI TRABAJO: Trabajo para Bookmans, una cadena minorista que se especializa en libros, música y videos usados.

LA MEJOR PARTE DE MI TRABAJO: Salir de la oficina y pasar tiempo en las tiendas.

LA PEOR PARTE DE MI TRABAJO: Realmente no existe una peor parte. La parte *más difícil* es tratar con consultores y contratistas externos.

EL MEJOR CONSEJO GERENCIAL RECIBIDO: Si alguien no escucha lo que dices, es tu responsabilidad buscar la forma de hacerte escuchar.

Rick Howell

**Director
Howell Management Consultants
Vancouver, Washington**

MI TRABAJO: Soy consultor gerencial y antes de eso trabajé en el área de Recursos humanos.

LA MEJOR PARTE DE MI TRABAJO: Trabajar con diversas organizaciones.

LA PEOR PARTE DE MI TRABAJO: Las incontables horas que paso trabajando solo en mi computadora.

EL MEJOR CONSEJO GERENCIAL RECIBIDO: Enfócate en una perspectiva "global". Piensa en las ramificaciones de las ideas.

A lo largo del capítulo sabrá más
sobre estos gerentes reales.

Capítulo 13

Cómo entender el comportamiento individual

¿Alguna vez se ha preguntado por qué las personas a su alrededor se comportan de cierta manera? Cada una tiene diferentes comportamientos, e incluso la misma persona puede conducirse de una manera un día y de otra completamente diferente al otro. Los gerentes necesitan entender el comportamiento individual. Conforme lea y estudie este capítulo, concéntrese en los siguientes objetivos de aprendizaje.

OBJETIVOS DE
APRENDIZAJE

El dilema de un gerente

Como muchas otras revueltas, comenzó con algo simple.[1] En Microsoft, se trató de las toallas que habían desaparecido. Para los empleados que se transportaban en bicicleta al trabajo en el clima lluvioso de Seattle, las toallas proporcionadas por la empresa se habían convertido en un derecho. Sin embargo, un día, cuando los empleados llegaron al trabajo, las toallas habían desaparecido... retiradas sin aviso alguno del área de casilleros en el estacionamiento subterráneo de la compañía. El gerente de recursos humanos de la compañía pensó que retirar las toallas, como una medida para ahorrar costos, "no sería un problema". Pero lo fue. Empleados iracundos iniciaron una guerra en las pizarras de anuncios electrónicos y en los boletines electrónicos de la compañía. Uno de los anuncios decía furiosamente, "Es un día oscuro y horrible a la manera de Microsoft. Hazte un favor y mantente alejado." La intensidad de los comentarios escandalizó a los directivos. El escándalo de las toallas, junto con un precio de las acciones que languidecía y un poco de la "envidia Google", indicaban un serio problema de estado de ánimo. Lisa Brummel, exitosa gerente de desarrollo de productos de Microsoft sin experiencia alguna en el área de recursos humanos, fue llamada a convertirse en la nueva jefa de RH. Su mandato: Mejorar el estado de ánimo. Póngase en su lugar...

¿Usted qué haría?

¡Vaya que Lisa Brummel tenía un desafío frente a sí! Al igual que ella, muchos otros gerentes quieren atraer y retener empleados con la actitud y la personalidad correctas. Quieren personas que se presenten a trabajar y que lo hagan arduamente, que tengan una buena relación con sus compañeros de trabajo y con los clientes, que tengan buenas actitudes y que muestren otros comportamientos laborales adecuados. Pero como usted quizá ya se ha dado cuenta, las personas no siempre se comportan como el empleado "ideal". Escriben comentarios críticos en los boletines electrónicos. Se quejan de las toallas faltantes. Las personas muestran diferentes comportamientos e incluso la misma persona puede comportarse de una manera un día y de forma completamente diferente al otro. Por ejemplo, ¿no ha visto usted a miembros de su familia, amigos o compañeros de trabajo, comportarse de tal forma que le hacen preguntarse: ¿Por qué hicieron eso?

OBJETIVO DE APRENDIZAJE 13.1 ▷ ENFOQUE Y OBJETIVOS DEL COMPORTAMIENTO ORGANIZACIONAL

El material en éste y en los próximos tres capítulos concierne al campo de estudio conocido como *comportamiento organizacional (CO)*. Aunque se aboca al **comportamiento**, es decir, las acciones de las personas, el **comportamiento organizacional** (CO) es el estudio de las acciones de las personas en el trabajo.

Uno de los retos para entender el comportamiento organizacional es que se enfoca a situaciones que no son obvias. Como un iceberg, el CO posee una dimensión visible pequeña y una porción oculta mucho más grande (vea la figura 13-1). Lo que vemos al analizar una organización son sus aspectos visibles: estrategias, metas, políticas y procedimientos, estructura, tecnología, relaciones de autoridad formales y cadena de mando. Pero bajo la superficie están otros elementos que los gerentes necesitan entender, elementos

Figura 13–1

La organización como un
iceberg

Aspectos visibles
Estrategias
Objetivos
Políticas y procedimientos
Estructura
Tecnología
Autoridad formal
Cadena de mando

Aspectos Ocultos
Actitudes
Percepciones
Normas grupales
Interacciones informales
Conflictos interpersonales e intergrupales

que también influyen en la forma en que los empleados se comportan en el trabajo. Como le mostraremos, el CO proporciona a los gerentes considerables puntos de vista sobre estos aspectos importantes, pero ocultos, de la organización. Por ejemplo, Tony Levitan, fundador y anterior presidente de EGreetings (que ahora forma parte de AG Interactive), aprendió de la manera difícil acerca del poder de los elementos conductuales. Cuando intentó "limpiar" el sitio de tarjetas de felicitación en línea de la compañía para una posible sociedad con Hallmark, sus empleados se rebelaron. Inmediatamente se dio cuenta de que no debía haber tomado una decisión tan grande de modo unilateral sin consultar a su personal, y revirtió el paso que había dado.[2]

ENFOQUE DEL COMPORTAMIENTO ORGANIZACIONAL

El comportamiento organizacional se centra en tres áreas importantes. Primero, el CO considera el *comportamiento individual*. Basándose sobre todo en contribuciones por parte de psicólogos, esta área incluye cuestiones como actitudes, la personalidad, la percepción, el aprendizaje y la motivación. Segundo, el CO se enfoca en el *comportamiento del grupo*, que incluye normas, roles, crecimiento del equipo, liderazgo y conflicto. Nuestro conocimiento sobre los grupos viene básicamente del trabajo de sociólogos y psicólogos sociales. Por último, el CO también examina los aspectos *organizacionales* que incluyen estructura, cultura y políticas, y prácticas de recursos humanos. Hemos tratado los aspectos grupal y organizacional en capítulos anteriores. En este capítulo examinaremos el comportamiento individual.

METAS DEL COMPORTAMIENTO ORGANIZACIONAL

Las metas del CO son *explicar*, *predecir* e *influir* el comportamiento. Los gerentes necesitan tener la capacidad de *explicar* por qué los empleados caen en algunos comportamientos y no en otros, *predecir* cómo responderán los empleados a diversas acciones y decisiones, e *influir* la forma de conducirse de los empleados.

¿Cuáles comportamientos de los empleados nos interesa explicar, predecir e influir? Se han identificado seis importantes: productividad del empleado, ausentismo, rotación, comportamiento de ciudadanía organizacional (CCO), satisfacción laboral y el mal comportamiento en el lugar de trabajo. La **productividad del empleado** es una medida de desempeño, tanto de la eficiencia como de la efectividad. Los gerentes desean saber qué factores influirán en la eficiencia y la efectividad de los empleados. El **ausentismo** es la falta de asistencia al trabajo. Es difícil que el trabajo se haga si los empleados no se presentan a laborar. Los estudios han mostrado que las ausencias no programadas cuestan a las compañías alrededor de $660 dólares por empleado por año.[3] Aunque no se puede eliminar el ausentismo en su totalidad, los niveles demasiado elevados tienen un impacto directo e inmediato en el funcionamiento de la organización.

comportamiento
Manera de actuar de las personas.

comportamiento organizacional (CO)
Estudio de las acciones de las personas en el trabajo.

productividad del empleado
Medida de desempeño, tanto de la eficiencia como de la efectividad.

ausentismo
Falta de asistencia al trabajo.

La **rotación** es el retiro permanente voluntario o involuntario de una organización. Puede ser un problema porque lleva a un incremento en los costos de reclutamiento, selección y capacitación, así como en las rupturas laborales. Como pasa con el ausentismo, los gerentes no pueden eliminar la rotación por completo, pero desean minimizarla, especialmente entre los empleados de alto rendimiento. El **comportamiento de ciudadanía organizacional** (CCO) es aquel comportamiento discrecional que no forma parte de los requerimientos formales del empleo pero que promueve el funcionamiento efectivo de la organización.[4] Algunos ejemplos de un buen CCO son ayudar a otros dentro del equipo de trabajo, ofrecerse como voluntario para realizar otras actividades relacionadas con el trabajo, evitar conflictos innecesarios y hacer comentarios constructivos sobre el grupo de trabajo y la organización. Las organizaciones necesitan individuos que hagan más que lo que sus puestos requieren y hay evidencia que indica que las organizaciones que cuentan con este tipo de empleados se desempeñan mucho mejor que aquellas que carecen de ellos.[5] Sin embargo, existen algunas desventajas del CCO: los empleados pueden tener una sobrecarga de trabajo, padecer estrés y presentar conflictos entre su trabajo y su familia.[6] La **satisfacción laboral** se refiere a la actitud general de un empleado hacia su empleo. Aunque la satisfacción laboral es una actitud más que un comportamiento, es un resultado que concierne a muchos gerentes ya que es más probable que un empleado satisfecho, a diferencia de uno insatisfecho, se presente a laborar, tenga niveles de desempeño más elevados y permanezca en la organización. El **mal comportamiento en el lugar de trabajo** es cualquier comportamiento intencional del empleado que sea potencialmente dañino para la organización o para las personas de la organización. El mal comportamiento en el lugar de trabajo se presenta en las organizaciones de cuatro maneras: perversión, agresión, comportamiento antisocial y violencia.[7] Estos comportamientos pueden ir desde poner música a un volumen muy alto para irritar a los compañeros de trabajo, hasta la agresión verbal y al sabotaje del trabajo, lo cual puede crear caos en cualquier organización. En las siguientes páginas veremos cómo el estudio de los cuatro factores psicológicos, actitudes, personalidad, percepción y aprendizaje, pueden ayudar a predecir y a explicar estos comportamientos de los empleados.

REPASO RÁPIDO:
OBJETIVO DE APRENDIZAJE 13.1

- Explique por qué el concepto de que una organización se asemeja a un iceberg es importante.
- Describa el enfoque y los objetivos del CO.

- Defina los seis comportamientos importantes de los empleados.

Vaya a la página 307 para ver qué tan bien maneja este material.

OBJETIVO DE APRENDIZAJE 13.2 ▷ ACTITUDES Y DESEMPEÑO LABORAL

Las **actitudes** son declaraciones evaluadoras, favorables o desfavorables, respecto de objetos, personas o acontecimientos. Reflejan lo que siente un individuo en relación a algo. Cuando alguien dice, "Me agrada mi trabajo", está expresando una actitud hacia su empleo.

Una actitud se compone de tres elementos: conocimiento, afecto y comportamiento.[8] El **componente cognoscitivo** de una actitud se refiere a las creencias, opiniones, conocimiento o información con que cuenta una persona; por ejemplo, la creencia de que "la discriminación está mal". El **componente afectivo** de una actitud es la parte emocional o sentimental de una actitud. Con nuestro ejemplo, este componente se reflejaría por el enunciado "No me agrada Pat porque discrimina a las minorías". Por último, el afecto puede llevar a resultados conductuales. El **componente de comportamiento** de una actitud se refiere a una intención de comportarse de cierta forma hacia alguien o algo. Para seguir con nuestro ejemplo, podría elegir evitar a Pat debido a mis sentimientos hacia él. Entender que las actitudes se componen de tres elementos ayuda a demostrar su complejidad. Pero tenga presente que el término *actitud* por lo común se refiere sólo al componente afectivo.

Naturalmente, los gerentes no tienen interés en todas y cada una de las actitudes de un empleado. En particular les interesan las actitudes relacionadas con el trabajo. Las tres más conocidas son la satisfacción laboral, la participación en el trabajo y el compromiso organizacional. Un nuevo concepto que también está despertando un amplio interés es el compromiso del empleado.[9]

SATISFACCIÓN LABORAL

Conforme a nuestra definición anterior, la satisfacción laboral se refiere a la actitud general de una persona hacia su empleo. Una persona con un alto nivel de satisfacción laboral tiene una actitud positiva hacia su empleo. Una persona insatisfecha tiene una actitud negativa. Cuando las personas hablan de las actitudes de los empleados, usualmente se refieren a la satisfacción laboral.

¿Qué tan satisfechos están los empleados? Los estudios sobre trabajadores estadounidenses en los últimos 30 años generalmente indican que la mayoría de ellos se sentían satisfechos en sus empleos. Sin embargo, desde la década de 1990, ese número ha ido disminuyendo. Un estudio realizado en 1995 mostró que 60% de los estadounidenses estaban satisfechos con sus empleos. Para 2007, ese porcentaje había disminuido a menos de 50%.[10] Aunque la satisfacción laboral tiende a incrementarse a medida que el sueldo aumenta, sólo 52 por ciento de las personas que ganan más de $50,000 dólares están satisfechas con sus empleos.[11] Si bien es posible que un mejor sueldo se traduzca en una mayor satisfacción laboral, una explicación alternativa para la diferencia en los niveles de satisfacción es que un sueldo mayor refleja los diferentes tipos de empleos. Por lo general, los empleos que más pagan requieren habilidades más avanzadas, conllevan mayores responsabilidades, son más estimulantes e implican más retos, y permiten que los trabajadores tengan mayor control. Es probable que los reportes de mayor satisfacción laboral entre los niveles de mejor sueldo reflejen esos factores en vez del salario.

¿Qué hay de los niveles de satisfacción laboral en otros países? Las encuestas de trabajadores europeos muestran algunas variaciones regionales.[12] Por ejemplo, solamente 68 por ciento de los trabajadores escandinavos, 67 por ciento de los italianos y 53 por ciento de los suizos, reportan estar satisfechos con sus empleos. Otras cifras de Europa son algo más elevadas: 80 por ciento de los trabajadores en Francia, 73 por ciento de los alemanes y 72 por ciento de los de Gran Bretaña, dicen que están satisfechos con sus empleos.[13] Por otra parte, 60 por ciento de los trabajadores canadienses reportan estar satisfechos con sus empleos, al igual que 61 por ciento de los empleados de Asia-Pacífico.[14]

Satisfacción y productividad. Después de los Estudios de Hawthorne (capítulo 2), los gerentes creyeron que los trabajadores felices eran trabajadores productivos. Como no ha sido fácil determinar si la satisfacción laboral desencadenó la productividad laboral o viceversa, algunos investigadores de administración creyeron que esta convicción era errada por lo general. No obstante, podemos decir con cierta seguridad que la correlación entre satisfacción y productividad es bastante fuerte.[15] También, las organizaciones con el mayor número de empleados satisfechos tienden a ser más efectivas que las organizaciones con el menor número de empleados satisfechos.[16]

Satisfacción y ausentismo. Aunque las investigaciones muestran que los empleados satisfechos tienen niveles más bajos de ausentismo que los empleados insatisfechos, la correlación no es sólida.[17] Si bien tiene sentido que es más probable que los empleados insatisfechos falten al trabajo, existen otros factores que afectan la relación. Por ejemplo, las organizaciones que ofrecen la prestación de licencia por enfermedad alientan a todos sus empleados, incluso a aquéllos altamente satisfechos, a tomarse esos días de "licencia". Supongamos que su trabajo no es monótono y usted lo encuentra satisfactorio, aun así usted quizá se tome un día de "licencia" para disfrutar de un fin de semana de tres días o para jugar al golf en un tibio día de primavera, siempre que tomarse esos días no resulte en un castigo.

Satisfacción y rotación. Las investigaciones acerca de la relación entre satisfacción y rotación son más contundentes que las otras investigaciones mencionadas hasta ahora. Los

---

rotación
Retiro permanente voluntario o involuntario de una organización.

comportamiento de ciudadanía organizacional (CCO)
Comportamiento discrecional que no forma parte de los requerimientos formales del empleo, pero que promueve el funcionamiento efectivo de la organización.

satisfacción laboral
Actitud general de un empleado hacia su empleo.

mal comportamiento en el lugar de trabajo
Cualquier comportamiento intencional del empleado que sea potencialmente dañino para la organización o las personas dentro de la misma.

actitudes
Declaraciones evaluadoras, favorables o desfavorables, respecto de objetos, personas o acontecimientos.

componente cognoscitivo
Parte de una actitud que está hecha de las creencias, opiniones, conocimiento o información con que cuenta una persona.

componente afectivo
Parte emocional o sentimental de una actitud.

componente de comportamiento
Parte de una actitud que se refiere a una intención de comportarse de cierta forma hacia alguien o algo.

Best Buy cuenta con su propio equipo de representantes de servicio al cliente, los empleados de una antigua compañía independiente conocida como el Escuadrón técnico y que Best Buy adquirió en 2002. Los equipos de técnicos de alta tecnología operan en todas las tiendas estadounidenses y canadienses, ayudan a los clientes a solucionar problemas relacionados con sus computadoras personales y otros electrónicos. También hacen visitas a domicilio. Además de la capacitación estándar de Best Buy, que abunda en el servicio al cliente, los miembros del Escuadrón técnico toman capacitación técnica adicional y más exámenes. Todo esto para mejorar la satisfacción de los técnicos, que de acuerdo con las investigaciones, tiene un efecto positivo en la satisfacción del cliente

empleados satisfechos tienen niveles menores de rotación, mientras que los empleados insatisfechos tienen niveles más elevados de rotación.[18] Aunque factores como las condiciones del mercado laboral, las expectativas sobre las oportunidades de otros empleos y la duración del empleo en la organización, también afectan la decisión de un empleado de retirarse.[19] Las investigaciones indican que el nivel de satisfacción es menos importante a la hora de predecir la rotación de los empleados destacados, ya que la organización normalmente hace todo lo posible por conservarlos (por ejemplo, aumentos de sueldo, elogios, oportunidades de ascenso).[20]

Satisfacción laboral y satisfacción del cliente. ¿La satisfacción laboral está relacionada con los resultados positivos de la clientela? Para los empleados de primera línea que están en contacto con los clientes, la respuesta es "sí". Los empleados satisfechos aumentan la satisfacción y la lealtad del cliente.[21] ¿Por qué? En las compañías de servicio, la retención y deserción de clientes dependen por mucho de la manera en que los empleados de primera línea tratan a los clientes. Los empleados satisfechos tienden a ser más amigables, alegres y receptivos, cualidades que los clientes aprecian. Y dado que los empleados satisfechos normalmente no dejan sus empleos, es más probable que los clientes se encuentren con caras familiares y reciban un servicio experimentado. Estas cualidades ayudan a construir la satisfacción y lealtad de los clientes. No obstante, la relación también parece darse al contrario: los clientes insatisfechos pueden incrementar la insatisfacción laboral de un empleado. Los empleados que están en contacto con los clientes reportan que los clientes que son groseros, desconsiderados o intransigentes afectan negativamente su satisfacción laboral.[22]

Al parecer, muchas compañías entienden esta relación. Los negocios orientados al servicio como L.L. Bean, Southwest Airlines y Starbucks se obsesionan por complacer a sus clientes. También se ocupan de construir la satisfacción de sus empleados, ya que reconocen que los empleados satisfechos contribuirán en gran medida a su meta de tener clientes felices. Estas compañías buscan contratar empleados alegres y amigables, los capacitan en el servicio al cliente, recompensan el servicio al cliente, ofrecen ambientes de trabajo positivos y constantemente siguen la satisfacción de sus empleados a través de encuestas de actitud.

Satisfacción laboral y CCO. Parece lógico asumir que la satisfacción laboral debe ser un factor determinante del CCO de un empleado.[23] Los empleados satisfechos serían quienes hablaran positivamente de una compañía, ayudaran a otros y sobrepasaran las expectativas normales de su trabajo. Las investigaciones muestran que existe una relación general entre la satisfacción laboral y el CCO.[24] Pero esa relación se templa con las percepciones de imparcialidad.[25] Básicamente, si no siente que su supervisor, los procedimientos organizacionales o las políticas de pago son justos, su satisfacción laboral tiende a verse significativamente afectada. Sin embargo, cuando percibe que estas cuestiones son justas, usted confía más en su empleador y está más dispuesto a adoptar de manera voluntaria comportamientos que van más allá de los requerimientos de su empleo. Otro factor que influye en el CCO individual es el tipo de comportamiento de ciudadanía que presenta el grupo de trabajo de una persona. En un equipo de trabajo con un CCO grupal bajo, cualquiera que se comprometa con el

CCO tendrá índices de desempeño por arriba del promedio. Una explicación posible sería que la persona trataría de encontrar la manera de "sobresalir" del grupo.[26] Sin importar por qué suceda, el punto es que el CCO puede tener efectos positivos para las organizaciones.

Satisfacción laboral y mal comportamiento en el trabajo. Cuando los empleados no están satisfechos con sus empleos, responden de alguna manera. Pero no es sencillo predecir *cómo* responderán. Una persona puede renunciar; otra quizá emplee horas de trabajo en juegos de computadora, y otra más puede abusar verbalmente de un compañero de trabajo. Si los gerentes quieren controlar las consecuencias indeseables de la insatisfacción laboral, deben atacar el problema (insatisfacción laboral) en vez de tratar de controlar las diferentes respuestas de los empleados.

Otras tres actitudes relacionadas con el trabajo que necesitamos investigar son la participación en el trabajo, el compromiso organizacional y el compromiso del empleado.

PARTICIPACIÓN EN EL TRABAJO Y COMPROMISO ORGANIZACIONAL

La **participación en el trabajo** es el grado en que un empleado se identifica con su trabajo, participa activamente en él y considera que su desempeño laboral es importante para su propia valía.[27] Los empleados con un nivel alto de participación en el trabajo se identifican y ocupan del tipo de trabajo que llevan a cabo. Su actitud positiva los lleva a contribuir a su trabajo de formas positivas. Se ha encontrado que los altos niveles de participación en el trabajo se relacionan con bajo ausentismo, tasas de renuncia más bajas y un mayor compromiso de los empleados con su trabajo.[28]

El **compromiso organizacional** es el grado en que un empleado se identifica con una organización en particular y sus metas y deseos, a fin de mantener su pertenencia a esa organización.[29] Mientras que la participación en el trabajo significa identificarse con su empleo, el compromiso organizacional significa identificarse con su organización empleadora. Las investigaciones indican que el compromiso organizacional también contribuye a disminuir los niveles de ausentismo y rotación, y es, de hecho, un mejor indicador de la rotación que la satisfacción laboral.[30] ¿Por qué? Probablemente porque es una respuesta más global y duradera hacia la organización que la satisfacción con un empleo en particular.[31] Sin embargo, el compromiso organizacional es una actitud respecto del trabajo menos importante de lo que alguna vez lo fue. Por lo general, los empleados no se quedan en una sola compañía la mayor parte de su carrera y la relación que tienen con su empleador ha cambiado considerablemente.[32] Aunque el compromiso de *un empleado hacia una organización* puede no ser tan importante como lo fue alguna vez, las investigaciones sobre el **apoyo organizacional percibido**, la creencia general de los empleados de que su compañía valora su contribución y se preocupa por su bienestar, muestran que el compromiso de *la organización hacia un empleado* puede ser benéfico. Los niveles altos de apoyo organizacional percibido llevan a un incremento en la satisfacción laboral y a una menor rotación.[33]

COMPROMISO DEL EMPLEADO

Un negociante de bajo nivel empleado por la Société Générale, un enorme banco francés, perdió miles de millones de dólares en operaciones deshonestas, y nadie reportó ningún comportamiento sospechoso. Una investigación interna evidenció que otros empleados no habían alertado a sus supervisores sobre los movimientos sospechosos.[34] La indiferencia de los empleados puede tener consecuencias graves.

Los gerentes quieren que sus empleados estén conectados con, satisfechos con y entusiastas sobre sus trabajos. Este concepto se conoce como **compromiso del empleado**.[35] Los empleados altamente comprometidos están apasionados y profundamente conectados con

---

participación en el trabajo
Grado en que un empleado se identifica con su trabajo, participa activamente en él y considera que su desempeño laboral es importante para su propia valía.

compromiso organizacional
Grado en el que un empleado se identifica con una organización en particular y sus metas y deseos, a fin de mantener su pertenencia a esa organización.

apoyo organizacional percibido
Creencia general de los empleados de que su compañía valora su contribución y se preocupa por su bienestar.

compromiso del empleado
Empleados que están conectados con, satisfechos con y entusiastas sobre sus trabajos.

Figura 13–2 Factores clave del compromiso del empleado

Globalmente, el respeto se ubica en el lugar número 1 de los factores que contribuyen al compromiso del empleado

	GLOBAL	CHINA	FRANCIA	ALEMANIA	INDIA	JAPÓN	RU	EUA
Respeto	125	121	133	129	104	90	144	122
Tipo de trabajo	112	75	138	113	116	107	122	112
Equilibrio trabajo-vida	112	98	133	106	97	119	119	111
Provee un buen servicio al cliente	108	108	110	108	103	79	122	107
Salario base	108	113	110	105	103	140	117	114
Personas con las que trabaja	107	96	105	131	98	107	120	104
Prestaciones	94	127	81	110	94	75	76	112
Potencial de carrera a largo plazo	92	91	89	77	108	94	88	92
Aprendizaje y desarrollo	91	83	67	80	98	86	85	82
Trabajo flexible	87	85	77	92	80	88	83	88
Oportunidades de ascenso	85	92	79	83	113	92	68	80
Salario variable/bonos	80	111	77	65	86	123	56	75

Nota: las puntuaciones que se aproximan a 100 son de mediana importancia, las puntuaciones por debajo de 100 son menos importantes, y las puntuaciones por arriba de 100 son más importantes.

Fuente: Mercer; *IndustryWeek*, abril de 2008, p. 24

su trabajo. Los empleados no comprometidos "firman su salida" y no se interesan. Llegan al trabajo pero no tienen energía ni pasión por él. La figura 13-2 enlista los factores clave del compromiso encontrados en un estudio global de más de 12,000 empleados.

Existen beneficios que resultan de contar con empleados altamente comprometidos. Primero, este tipo de los empleados tienen 2 y media veces más probabilidades de sobresalir que sus compañeros menos comprometidos. Además, las compañías con empleados altamente comprometidos tienen índices de retención más altos, lo que les ayuda a mantener los costos de reclutamiento y capacitación bajos. Ambos resultados: mejor desempeño y costos más bajos, contribuyen a un desempeño financiero superior.[36]

ACTITUDES Y CONGRUENCIA

¿Alguna vez ha notado que las personas cambian lo que dicen para no contradecir lo que hacen? Quizá una de sus amigas le ha dicho en varias ocasiones que piensa que unirse a una hermandad es una parte importante de la vida universitaria. Pero hace intentos por entrar a una y no es aceptada. De pronto, dice que la vida en una hermandad no es tan grandiosa después de todo.

La investigación generalmente ha concluido que las personas buscan congruencia entre sus actitudes y entre sus actitudes y su comportamiento.[37] Esto significa que las personas intentan reconciliar diferentes actitudes y alinear sus actitudes y su comportamiento para así parecer racionales y consistentes. Cuando existe una inconsistencia, los individuos hacen lo posible por volverla consistente y modifican las actitudes, alteran el comportamiento, o racionalizan la inconsistencia.

Por ejemplo, un reclutador de R&S Information Services que visita los campus universitarios para promover las ventajas de R&S como un buen lugar para trabajar, sería incongruente si personalmente creyera que en R&S hay malas condiciones de trabajo y pocas oportunidades de ascenso. Este reclutador podría, con el tiempo, encontrarse que sus actitudes hacia R&S se vuelven más positivas. Podría incluso convencerse a sí mismo al hablar constantemente de los beneficios de trabajar para la compañía. Otra alternativa sería que el reclutador se volviera abiertamente negativo sobre R&S y las oportunidades dentro de la compañía para los prospectos solicitantes. El entusiasmo original que pudo haber tenido el reclutador disminuiría y lo podría reemplazar un descarado cinismo hacia la compañía. Por último, el reclutador podría admitir que R&S es un mal lugar para trabajar, pero como profesional podría darse cuenta de que su obligación es presentar los aspectos positivos de trabajar para la compañía. Incluso podría racionalizar que no hay un lugar de trabajo perfecto y que su trabajo es presentar una imagen favorable de la compañía, no presentar ambos lados.

TEORÍA DE LA DISONANCIA COGNOSCITIVA

¿Podemos suponer, a partir del principio de congruencia, que el comportamiento de un individuo siempre se puede predecir si conocemos su actitud hacia alguna cuestión? La respuesta no es tan fácil como un "sí" o un "no". ¿Por qué? Por la teoría de la disonancia cognoscitiva.

La teoría de la disonancia cognoscitiva explica la relación entre actitudes y comportamiento.[38] La **disonancia cognoscitiva** es cualquier incompatibilidad o incongruencia entre las actitudes o entre el comportamiento y las actitudes. La teoría argumenta que la incongruencia es molesta y que los individuos hacen intentos por reducir la molestia y, por ende, la disonancia.

Claro que nadie puede evitar la disonancia. Quizá usted sepa que debe limpiar sus dientes con hilo dental todos los días, pero no lo hace. Hay incongruencia entre la actitud y el comportamiento. ¿Cómo manejan las personas la disonancia cognoscitiva? La teoría propone que la fuerza con que intentamos reducir la disonancia está determinada por tres factores: (1) la *importancia* de los factores que crean la disonancia, (2) el grado de *influencia* que el individuo cree que tiene sobre esos factores, y (3) las *recompensas* que pueden estar implicadas en la disonancia.

Si los factores que causan la disonancia no son particularmente importantes, la presión para corregir la disonancia será menor. Sin embargo, si dichos factores son importantes, las personas pueden cambiar su comportamiento, concluir que el comportamiento disonante no es tan importante, cambiar su actitud o identificar los factores compatibles que sean mayores que los disonantes.

Cuánto creen que pueden influir los individuos en los factores también afecta su reacción con la disonancia. Si perciben que la disonancia es algo sobre lo que no tienen opción, no serán receptivos hacia cambiar su actitud y no sentirán que necesiten hacerlo. Si, por ejemplo, se requiriera que el comportamiento que produce la disonancia fuera un resultado de una orden de la gerencia, la presión por reducir la disonancia sería menor que si el comportamiento se hubiera dado voluntariamente. Aunque la disonancia existe, se puede racionalizar y justificar por la necesidad de seguir las órdenes del gerente; es decir, la persona no tiene ni opción ni control.

Por último, las recompensas influyen el grado en que los individuos están motivados a reducir la disonancia. La combinación de alta disonancia y altas recompensas tiende a reducir el desasosiego y motiva a las personas a creer que hay congruencia.

ENCUESTAS DE ACTITUD

Muchas organizaciones encuestan regularmente a sus empleados sobre sus actitudes.[39] La figura 13-3 muestra un ejemplo de una encuesta de actitud. Por lo común, las **encuestas de actitud** presentan a los empleados una serie de enunciados o preguntas relacionadas a cómo se sienten sobre sus trabajos, grupos de trabajo, supervisores o la organización. Idealmente, los conceptos están diseñados para obtener la información específica que los gerentes desean. Para obtener la puntuación se suman las respuestas de cada concepto en el cuestio-

¿Quiénes son?

CARA A CARA

¿SON ÚTILES LAS ENCUESTAS DE EMPLEADOS?
Las encuestas de empleados pueden proporcionar excelente información. Pero si no se va a tomar alguna acción respecto de dichos datos, es mejor no llevar a cabo las encuestas. Hacer preguntas crea la expectativa de que se compartirán los resultados y se tomarán acciones.

Figura 13–3

Ejemplo de una encuesta de empleados

Para medir las actitudes de los empleados, algunos restaurantes de KFC y Long John Silver les piden a sus empleados que reaccionen a enunciados como:

- Mi restaurante es un gran lugar para trabajar.
- Las personas en mi equipo colaboran, aun cuando no sea su trabajo.
- Estoy informado sobre si estoy haciendo un buen trabajo o no.
- Entiendo las prestaciones a que tengo derecho como empleado.

Fuente: Yum Brands, Inc., basado en E. White, "How Surveying Workers Can Pay Off," *Wall Street Journal*, 18 de junio de 2007, p. B3.

---

disonancia cognoscitiva
Cualquier incompatibilidad o incongruencia entre las actitudes o entre el comportamiento y las actitudes.

encuestas de actitud
Encuestas que intentan obtener respuestas de los empleados a través de preguntas relacionadas a cómo se sienten sobre sus trabajos, grupos de trabajo, supervisores o la organización.

nario. Estas puntuaciones pueden promediarse por grupos de trabajo, departamentos, divisiones, o toda la organización. Por ejemplo, la compañía de energía más grande operada por el gobierno de Estados Unidos, Tennessee Valley Authority, emitió un "Índice de salud cultural" para medir las actitudes de los empleados. La organización observó que las unidades de negocios con puntuaciones elevadas en las encuestas de actitud también eran las de más alto desempeño. En cuanto a las compañías con un bajo desempeño, habían aparecido muestras de problemas potenciales en las encuestas de actitud.[40]

Encuestar regularmente las actitudes de los empleados provee a los gerentes con retroalimentación valiosa sobre la manera en que los empleados perciben sus condiciones de empleo. Las políticas y prácticas que los gerentes ven como objetivas y justas pueden no ser vistas de la misma manera por los empleados. El uso regular de las encuestas de actitud puede alertar oportunamente a los gerentes sobre los problemas potenciales y las intenciones de los empleados para que se puedan tomar acciones que prevengan repercusiones.[41]

IMPLICACIONES PARA LOS GERENTES

Los gerentes deben interesarse por las actitudes de sus empleados ya que éstas influyen en su comportamiento. Los empleados satisfechos y comprometidos, por decir algo, tienen índices por debajo del promedio de rotación y ausentismo. Si los gerentes desean mantener las renuncias y el ausentismo en un nivel bajo, especialmente entre sus empleados más productivos, tomarán acciones que generen actitudes positivas hacia el trabajo.

Los empleados satisfechos también se desempeñan mejor en el trabajo. Los gerentes deben enfocarse en factores que se ha demostrado llevan a altos niveles de satisfacción laboral: ofrecer un trabajo desafiante e interesante, recompensar de manera equitativa y crear condiciones de trabajo agradables, y buenos colegas.[42] Estos factores tienden a ayudar a que los empleados sean más productivos.

Los gerentes también deben encuestar a los empleados sobre sus actitudes. Como lo dice un estudio, "Una medición sólida de la actitud general hacia el trabajo es una de las informaciones más útiles sobre sus empleados con que puede contar una organización".[43]

Por último, los gerentes deben saber que los empleados tratarán de reducir la disonancia. Si se les solicita hacer algo que para ellos sea incongruente o que se contraponga a sus actitudes, los gerentes deben recordar que la presión para reducir la disonancia no es tan fuerte cuando el empleado percibe que la disonancia fue impuesta externamente y es incontrolable. También se reduce cuando las recompensas son suficientes para compensar la disonancia. Por tanto, el gerente puede recurrir a fuerzas externas como competidores, clientes u otros factores, a la hora de explicar la necesidad de llevar a cabo algún trabajo sobre el que el individuo tenga alguna disonancia. O bien, el gerente puede proporcionarle al empleado las recompensas que desea.

REPASO RÁPIDO:
OBJETIVO DE APRENDIZAJE 13.2

- Describa los tres componentes de una actitud.
- Explique las cuatro actitudes relacionadas con el trabajo.
- Describa el impacto que tiene la satisfacción laboral en el comportamiento del empleado.

- Analice cómo los individuos reconcilian las inconsistencias entre las actitudes y el comportamiento.

Vaya a la página 307 para ver qué tan bien maneja este material.

OBJETIVO DE
APRENDIZAJE 13.3 ▷ PERSONALIDAD

"Enfrentémoslo, tener citas es una molestia. Hubo un tiempo en el que pensábamos que la computadora facilitaría todo... Pero la mayoría de nosotros aprendimos, de la manera difícil, que encontrar a alguien que compartiera nuestro amor de cine negro y bandas desconocidas no hace una unión perfecta".[44] Con estudios profundos de personalidad y perfiles, Chemistry.com trata de mejorar el proceso de citas.

Personalidad. Todos tenemos una. Algunos somos tranquilos y pasivos; otros somos escandalosos y agresivos. Cuando describimos a las personas mediante términos como *tranquilo, pasivo, escandaloso, agresivo, ambicioso, extrovertido, leal, tenso* o *sociable*, estamos describiendo sus personalidades. La **personalidad** de un individuo es una combinación única de patrones emocionales, de pensamiento y conductuales, que afectan la manera en que una persona reacciona a situaciones e interactúa con otros. La personalidad se describe más bien en términos de rasgos medibles que demuestra una persona. Nos interesa tratar la personalidad porque, como en el caso de las actitudes, también afecta el cómo y el por qué la gente se conduce de tal o cual manera.

A través de los años, los investigadores han tratado de identificar los rasgos que mejor describan la personalidad. Los dos enfoques mejor conocidos son el Indicador de tipo Myers-Briggs (MBTI®) y el modelo de los cinco grandes.

MBTI®

Uno de los enfoques más empleados para la clasificación de los rasgos de la personalidad es el MBTI®. Esta evaluación de personalidad consta de más de 100 preguntas que se relacionan con la manera en que las personas actúan o sienten en diferentes situaciones.[45] La forma en que responda a estas preguntas le colocará en uno u otro extremo de cuatro dimensiones:

1. *Interacción social: extrovertido o introvertido (E o I)*. Un extrovertido es aquel que es abierto, dominante y a menudo agresivo, y que desea cambiar al mundo. Los extrovertidos necesitan un ambiente de trabajo variado y orientado a la acción, que les permita estar con otros y que les dé diversas experiencias. Un individuo tímido y retraído y que se enfoca en entender al mundo, se describe como un introvertido. Los introvertidos prefieren un ambiente de trabajo que sea tranquilo y concentrado, que les permita estar solos, y que les dé la oportunidad de explorar a profundidad un conjunto limitado de experiencias.

2. *Preferencia para reunir datos: racional o intuitivo (S o N, por sus siglas en inglés)*. Al tipo sensato, racional, le desagradan los problemas nuevos a menos que haya formas estándar de resolverlos; prefiere una rutina establecida y tiene una gran necesidad de finalizar cosas; muestra paciencia con los detalles rutinarios, y tiende a ser bueno en cuanto a trabajo de precisión. Por otra parte, el tipo intuitivo es aquel que gusta de resolver problemas nuevos, le desagrada hacer lo mismo una y otra vez, saca conclusiones, es impaciente con los detalles rutinarios y le disgusta consumir tiempo en la precisión.

3. *Preferencia para tomar decisiones: sensible o pensante (F o T, por sus siglas en inglés)*. Los individuos del tipo sensible están al tanto de las demás personas y sus sentimientos; les gusta la armonía; necesitan de elogios ocasionales; les disgusta decir cosas desagradables a otras personas, son comprensivos y se relacionan bien con la mayoría de las personas. Los del tipo pensante son indiferentes y no les conciernen los sentimientos de los demás; les gusta el análisis y poner las cosas en un orden lógico; son capaces de reprender a las personas y despedirlos cuando es necesario; pueden parecer duros de corazón, y tienden a relacionarse bien solamente con personas de otros tipos pensantes.

4. *Estilo de toma de decisiones: perceptivo o crítico (P o J, por sus siglas en inglés)*. Las personas del tipo perceptivo son curiosas, espontáneas, flexibles, adaptables y tolerantes. Se enfocan en comenzar una tarea, posponen decisiones y quieren saber todo sobre dicha tarea antes de comenzarla. Los individuos críticos son buenos planeadores, decididos, resueltos y exigentes. Se abocan a terminar una tarea, toman decisiones rápidamente y sólo quieren saber lo necesario para realizar dicha tarea.

La combinación de estas preferencias da como resultado las descripciones de 16 tipos de personalidad. La figura 13-4 resume algunas de ellas.

Más de dos millones de personas toman el MBTI® cada año sólo en Estados Unidos. Algunas organizaciones que lo han utilizado son Apple, AT&T, GE, 3M, hospitales, instituciones educativas, e incluso las Fuerzas Armadas de Estados Unidos. No hay una evidencia concreta de que MBTI® sea una medición válida de la personalidad, pero eso no parece desalentar su amplio uso.

personalidad
Combinación única de patrones emocionales, de pensamiento y conductuales, que afectan la manera en que una persona reacciona ante situaciones e interactúa con otros.

Figura 13–4

Ejemplos de tipos de personalidad según el MBTI®

Tipo	Descripción
INFJ (introvertido, intuitivo, sensible, crítico)	Discretamente enérgico, concienzudo e interesado en los demás. Este tipo de personas logran el éxito por medio de la perseverancia, la originalidad y el deseo de hacer cualquier cosa que se necesite o desee. Son a menudo muy respetados por sus principios inflexibles.
ESTP (extrovertido, racional, pensante, perceptivo)	Franco y, en ocasiones, insensible. Estas personas son prácticas y no se preocupan ni se apresuran. Disfrutan cualquier cosa que se presente. Trabajan mejor con cosas reales que se puedan armar o desarmar.
ISFP (introvertido, racional, sensible, perceptivo)	Sensibles, amables, modestos, tímidos y discretamente amistosos. A estas personas les disgustan mucho los desacuerdos y los tratan de evitar. Son seguidores leales y a menudo se toman con tranquilidad llevar a cabo las cosas.
ENTJ (extrovertido, intuitivo, pensante, crítico)	Cálidos, amistosos, ingenuos y decididos; por lo general, también son diestros en cualquier cosa en que se requieran razonamiento y plática inteligente, pero en ocasiones sobreestiman sus capacidades de hacer.

Fuente: Basado en I. Briggs-Myers, *Introduction to Type*, Palo Alto, CA: Consulting Psychologists Press, 1980, pp. 7-8.

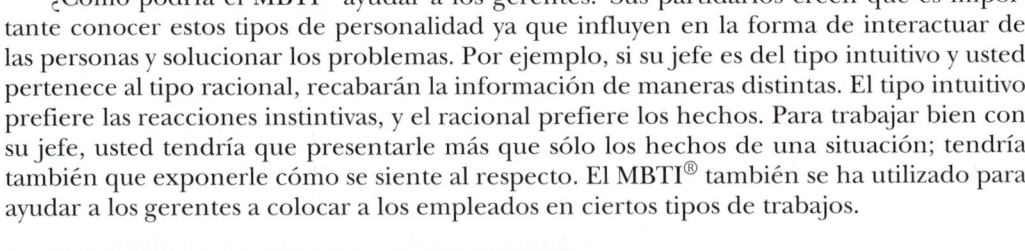

¿Quiénes son?
CARA A CARA

LOS "PROBLEMAS" DE PERSONALIDAD A QUE ME HE ENFRENTADO:
A una de mis empleadas le gustaba que las cosas se hicieran de cierta manera, y cuando se hacían cambios a la mitad del proyecto, golpeaba el piso con sus pies, hacía ruidos desaprobatorios y salía del lugar. Después de algunas veces me di cuenta que el "problema" no era de la empleada... su personalidad simplemente no encajaba con nuestra cultura corporativa; tuve que despedirla.

¿Cómo podría el MBTI® ayudar a los gerentes? Sus partidarios creen que es importante conocer estos tipos de personalidad ya que influyen en la forma de interactuar de las personas y solucionar los problemas. Por ejemplo, si su jefe es del tipo intuitivo y usted pertenece al tipo racional, recabarán la información de maneras distintas. El tipo intuitivo prefiere las reacciones instintivas, y el racional prefiere los hechos. Para trabajar bien con su jefe, usted tendría que presentarle más que sólo los hechos de una situación; tendría también que exponerle cómo se siente al respecto. El MBTI® también se ha utilizado para ayudar a los gerentes a colocar a los empleados en ciertos tipos de trabajos.

EL MODELO DE LOS CINCO GRANDES

En años recientes, las investigaciones han mostrado que hay cinco dimensiones básicas de la personalidad sobre todas las demás y engloban la mayoría de las variantes importantes de la personalidad humana.[46] Los cinco rasgos de la personalidad en el **modelo de los cinco grandes** son:

1. *Extroversión.* El grado en que alguien es sociable, conversador y firme.
2. *Amabilidad.* El grado en que alguien es bondadoso, cooperador y confiable.
3. *Escrupulosidad.* El grado en que alguien es responsable, digno de confianza, persistente y orientado hacia el logro.
4. *Estabilidad emocional.* El grado en que alguien es tranquilo, entusiasta y seguro (positivo) o tenso, nervioso, depresivo e inseguro (negativo).
5. *Apertura a la experiencia.* El grado en que alguien es imaginativo, artísticamente sensible e intelectual.

El modelo de los cinco grandes proporciona más que un esquema de personalidades. Las investigaciones han demostrado que existen relaciones importantes entre estas dimensiones de personalidad y el desempeño laboral. Por ejemplo, un estudio examinó cinco categorías de ocupaciones: *profesionistas* (como ingenieros, arquitectos y abogados), *policías, gerentes, agentes de ventas,* y *empleados parcialmente capacitados y capacitados*.[47] Los resultados mostraron que la escrupulosidad predecía el desempeño laboral para los cinco grupos ocupacionales. Las predicciones para las otras dimensiones de personalidad dependían de la situación y del grupo ocupacional. Por ejemplo, la extroversión predecía el desempeño en puestos gerenciales y de ventas, ocupaciones en las cuales se necesita un nivel alto de interacción social. La apertura a la experiencia fue importante al predecir el nivel de competencia en la capacitación. Irónicamente, la seguridad emocional no estuvo relacionada de manera positiva con el desempeño laboral en ninguna de las ocupaciones.

MÁS ELEMENTOS SOBRE LA PERSONALIDAD

Aunque los rasgos en el modelo de los cinco grandes son altamente relevantes para comprender el comportamiento, no son las únicas características que pueden describir la personalidad de una persona. Existen otros cinco rasgos de personalidad que son poderosos vaticinadores del comportamiento en las organizaciones:

1. *Locus de control.* Algunas personas piensan que controlan su propio devenir. Otros se ven a sí mismos como peones; creen que lo que les sucede en la vida se debe a la suerte o a la casualidad. El **locus de control** en el primer caso es *interno*; estas personas creen que controlan su propio destino. El locus de control en el segundo caso es *externo*; estas personas creen que su vida la controlan fuerzas externas.[48] Los estudios indican que los empleados que son externos están menos satisfechos con sus empleos, más distanciados del entorno laboral y menos involucrados en sus trabajos que los que obtienen una calificación alta en el enfoque interno.[49] Un gerente puede también esperar que los externos culpen de una evaluación de desempeño deficiente a los prejuicios de su jefe, sus compañeros u otros acontecimientos fuera de su control; los internos explicarían la misma evaluación en términos de sus propias acciones.

2. *Maquiavelismo.* La segunda característica se llama **maquiavelismo (Maq)**, por Nicolás Maquiavelo, quien, en el siglo XVI, escribió sobre la adquisición y manipulación del poder. Un individuo con un alto grado de maquiavelismo es pragmático, mantiene una distancia emocional y cree que el fin justifica los medios.[50] El lema "Si funciona, utilízalo" coincide con una perspectiva alta en Maq. ¿Las personas altamente Maq hacen buenos empleados? Eso depende del tipo de trabajo y si considera los factores éticos al evaluar el desempeño. En trabajos que requieren habilidades para la negociación (como un gerente de compras) o que ofrecen recompensas interesantes por la excelencia (como un agente de ventas que trabaja por comisiones), los individuos altamente Maq son productivos.

3. *Autoestima.* Las personas difieren en cuanto al grado de aceptación o no aceptación de sí mismas, un rasgo llamado **autoestima**.[51] Los estudios sobre la autoestima ofrecen algunas consideraciones interesantes acerca del comportamiento. Por ejemplo, la autoestima está directamente ligada a las expectativas de éxito. Quienes tienen una autoestima alta creen que poseen la habilidad que necesitan para triunfar en el trabajo. Los individuos con autoestima alta tienden a tomar más riesgos en la elección del empleo y son más proclives a elegir trabajos poco convencionales que las personas de baja autoestima.

   El descubrimiento más común acerca de la autoestima es que las personas con baja autoestima son más susceptibles a la influencia externa que las personas con alta autoestima. Quienes tienen una autoestima baja dependen de recibir evaluaciones positivas de los demás. Como resultado, tienden más a buscar la aprobación de los demás y están más propensos a ajustarse a las creencias y comportamientos de aquellos a quienes respetan que a los individuos con una autoestima alta. En puestos gerenciales, quienes tienen una baja autoestima tienden a estar preocupados por complacer a los demás y, por ende, son menos propensos a tomar posturas impopulares que quienes tienen una autoestima alta. Por último, se ha demostrado que la autoestima se relaciona con la satisfacción laboral. Diversos estudios confirman que las personas con alta autoestima están más satisfechos con sus empleos que las personas de baja autoestima.

4. *Autovigilancia.* El concepto de **autovigilancia** se refiere a la habilidad de una persona para ajustar su comportamiento a los factores situacionales externos.[52] Los individuos que tienen un nivel alto de autovigilancia muestran una adaptabilidad considerable para ajustar su comportamiento. Son extremadamente sensibles a señales externas y puede comportarse de manera diferente en situaciones diferentes. Las personas altas en autovigilancia son capaces de presentar contradicciones sorprendentes entre su perso-

---

modelo de los cinco grandes
Modelo de rasgos de personalidad que examina la extroversión, amabilidad, escrupulosidad, estabilidad emocional y apertura a la experiencia.

locus de control
Grado en que una persona cree que tiene el control de su propio destino.

maquiavelismo
Medida del grado en que las personas son pragmáticas, mantienen distancia emocional y creen que el fin justifica los medios.

autoestima
Grado de aceptación o no aceptación de un individuo hacia sí mismo.

autovigilancia
Rasgo de la personalidad que mide la habilidad de ajustar el comportamiento a los factores situacionales externos.

Naguib Sawiris es un tomador de riesgos que toma decisiones rápidamente. Es el presidente de Orascom Telecom Holding, una de las compañías de telecomunicaciones más grandes y diversificadas del mundo, con operaciones, en su mayoría, en Oriente Medio, África y sur de Asia. Con base en El Cairo, frecuentemente la compañía se centra en áreas "difíciles y primitivas" para desarrollar su negocio de teléfonos móviles, como Argelia, Túnez, Pakistán, Congo, Zimbabwe, Bangladesh e Irak. Sawiris dice, "No le tememos a las misiones difíciles". Tampoco el mismo Sawiris.

nalidad pública y la privada. Los individuos con una autovigilancia baja no pueden ajustar su comportamiento. Tienden a mostrar su verdadera disposición y actitudes en cada situación y hay una gran congruencia conductual entre quiénes son y lo que hacen.

Las investigaciones acerca de la autovigilancia muestran que los individuos con una alta autovigilancia ponen más atención al comportamiento de los demás y son más flexibles que los de una autovigilancia baja.[53] Además, los gerentes con una autovigilancia alta tienden a ser más móviles en su carrera, a recibir más promociones (tanto internas como interorganizacionales) y le gusta ocupar posiciones centrales en una organización.[54] Alguien con una autovigilancia elevada es capaz de mostrar diferentes "caras" a diferentes públicos, un rasgo importante para los gerentes que deben jugar roles distintos, o incluso contradictorios.

5. ***Toma de riesgos.*** Las personas difieren en su disposición a tomar riesgos. Se ha demostrado que las diferencias en la propensión a asumir o evitar el riesgo afectan el tiempo que tardan los gerentes en tomar decisiones y la cantidad de información que requieren antes de hacer su elección. Por ejemplo, en un estudio en el cual los gerentes hicieron ejercicios simulados que requerían que tomaran decisiones de contratación, los gerentes con un nivel alto de toma de riesgos tardaron menos tiempo en tomar las decisiones y usaron menos información al hacer su elección que los gerentes con un bajo nivel de toma de riesgos.[55] Curiosamente, la precisión de las decisiones fue igual en ambos grupos. Para maximizar la efectividad organizacional, los gerentes deben tratar de alinear la propensión de toma de riesgos de los empleados a las demandas específicas del empleo.

Otros rasgos de la personalidad. Se deben mencionar otros rasgos de la personalidad. Uno es la **personalidad tipo A**, que describe a alguien que continua y agresivamente lucha por lograr más y más en menos y menos tiempo.[56] En la cultura norteamericana, la personalidad tipo A se valora en alto grado. Los tipo A se presionan constantemente sobre los tiempos y los plazos y tienen niveles de estrés de moderados a elevados. Estos individuos acentúan la cantidad más que la calidad. Por otra parte, los tipo B no se dejan llevar por el deseo de lograr más y más. No sienten urgencia por el tiempo y pueden relajarse sin sentir culpa.

Otro rasgo interesante que ha sido bastante estudiado es la **personalidad proactiva**, la cual describe a las personas que identifican las oportunidades, muestran iniciativa, toman acciones y perseveran hasta que ocurre un cambio importante. No es de sorprender que los estudios muestren que los proactivos muestran muchos comportamientos deseables que las organizaciones quieren.[57] Por ejemplo, se les considera líderes y actúan como agentes de cambio en las compañías; cuestionan el *status quo* de las cosas; tienen habilidades emprendedoras y alcanzan el éxito profesional más que otras personas.

TIPOS DE PERSONALIDAD EN LAS DIFERENTES CULTURAS

¿Los esquemas de personalidad, como el modelo de los cinco grandes, traspasan las culturas? ¿Las dimensiones, como el locus de control, son importantes en todas las culturas? Trataremos de responder estas preguntas.

Los cinco factores de la personalidad estudiados en el modelo de los cinco grandes aparecen casi en todos los estudios transculturales.[58] Esto incluye una gran variedad de culturas diversas como China, Israel, Alemania, Japón, España, Nigeria, Noruega, Pakistán y Estados Unidos. Las diferencias radican en el énfasis que se da a las dimensiones. Los chinos, por ejemplo, utilizan la categoría de escrupulosidad más a menudo y usan menos la categoría de amabilidad que los estadounidenses. Pero hay coincidencias sorprendentes, sobre todo entre los individuos de países desarrollados. Como ejemplo, una extensa revisión de los estudios que comprenden a personas de la Comunidad Europea reveló que la escrupulosidad era un factor de predicción válido del desempeño en los trabajos y los grupos ocupacionales.[59] Esto es exactamente lo que los estudios de Estados Unidos han encontrado.

Sabemos que, ciertamente, no hay tipos de personalidad comunes a un país dado. Usted puede, por ejemplo, encontrar tomadores de riesgo con niveles altos y bajos en casi cualquier cultura. Aun así, la cultura de un país influye en las características *dominantes* de su gente. Podemos ver este efecto de la cultura nacional al estudiar uno de los rasgos de personalidad que hemos analizado: locus de control.

Las culturas nacionales difieren en cuanto al grado en que las personas creen que controlan su ambiente. Por ejemplo, los norteamericanos creen que pueden dominar su entorno; otras sociedades, como las de los países del Medio Oriente, creen que la vida está básicamente predeterminada. Observe lo cercano de esta distinción al concepto de locus de control interno y externo. En base a esta característica cultural en particular, debemos esperar una proporción mayor de internos en las fuerzas laborales de Estados Unidos y Canadá que en las de Arabia Saudita e Irán.

Como hemos visto a lo largo de esta sección, los rasgos de personalidad influyen en el comportamiento de los empleados. Para los gerentes globales, entender la manera en que difieren los rasgos de la personalidad adquiere mayor importancia cuando se ven desde la perspectiva de la cultura nacional.

LAS EMOCIONES Y LA INTELIGENCIA EMOCIONAL

"Tratar de venderle un vestido a una futura novia ansiosa" puede ser una experiencia bastante estresante para el vendedor. Para ayudar a sus empleados a permanecer "alegres", David's Bridal, una cadena de más de 270 tiendas, se apoyó en la investigación sobre las emociones felices. Ahora, cuando "se encuentra frente a una novia indecisa", el vendedor hace uso de sus técnicas de manejo de emociones y sabe cómo concentrarse en "cosas que les brinden alegría".[60]

No podemos concluir el tema de la personalidad sin considerar otro aspecto conductual importante, las emociones, en especial porque la forma en que respondemos emocionalmente y la forma en la que manejamos nuestras emociones puede deberse a que son funciones de nuestra personalidad. Las **emociones** son sentimientos intensos que están dirigidos a alguien o a algo. Se enfocan en el objeto; es decir, las emociones son reacciones ante un objeto.[61] Por ejemplo, cuando un colega lo critica por la forma en que le habló a un cliente, quizá se enoje con él. Es decir, muestra una emoción (ira) hacia un objeto en particular (su compañero). Ya que todos los días los empleados traen consigo al trabajo un componente emocional, los gerentes necesitan entender el rol que juegan las emociones en el comportamiento de los empleados.[62]

¿Cuántas emociones existen? Aunque podría quizá nombrar varias docenas, los estudios han identificado seis emociones universales: ira, miedo, tristeza, felicidad, disgusto y sorpresa.[63] ¿Estas emociones salen a la luz en el trabajo? ¡Absolutamente! Me *enojo* después de recibir una evaluación de desempeño deficiente. Le *temo* a ser despedido como resultado del recorte de personal de la compañía. Estoy *triste* porque uno de mis compañeros se va a trabajar a otra ciudad. Estoy *feliz* después de haber sido elegido como el empleado del mes. Me *disgusta* la manera en que mi supervisor trata a las mujeres de mi equipo. Y me *sorprende* darme cuenta de que la gerencia planea una reestructuración completa del programa de pensiones de la compañía.

La gente responde de manera distinta a estímulos emocionales idénticos. En algunos casos, esto se puede atribuir a la personalidad de un individuo ya que las personas pueden

---

personalidad tipo A
Alguien que continuamente y agresivamente lucha por lograr más y más en menos y menos tiempo

personalidad proactiva
Personas que identifican las oportunidades, muestran iniciativa, toman acciones y perseveran hasta que ocurre un cambio importante.

emociones
Sentimientos intensos que están dirigidos a alguien o a algo.

variar su habilidad para expresar emociones. Por ejemplo, usted indudablemente conoce a personas que casi nunca muestran sus sentimientos. Rara vez se enfadan o muestran enojo. Por otro lado, quizá también conozca a personas que parecen estar en una montaña rusa emocional. Cuando están felices, están extasiados; si están tristes, están muy deprimidos. Y dos personas pueden estar en la misma situación exactamente, pero uno muestra entusiasmo y alegría, y el otro permanece calmado.

No obstante, en otros momentos la manera en que las personas responden emocionalmente es un resultado de los requerimientos de su trabajo. Los trabajos tienen diferentes exigencias en cuanto a qué tipos de emociones y cuánta emoción necesita manifestarse. Por ejemplo, se espera que los controladores aéreos, las enfermeras de las salas de emergencias y los jueces permanezcan calmados y controlados, aun en situaciones estresantes. Por otra parte, los comentaristas deportivos y los abogados litigantes deben ser capaces de alterar su intensidad emocional según se requiera.

Una parte de la investigación sobre las emociones que nos proporciona datos interesantes sobre la personalidad es la **inteligencia emocional (IE)**, que es la capacidad de notar y manejar las manifestaciones y la información emocional.[64] Se compone de cinco dimensiones:

1. *Autoconciencia.* La capacidad de estar conscientes de lo que sentimos.
2. *Autocontrol.* La capacidad de manejar nuestras propias emociones e impulsos.
3. *Automotivación.* La capacidad de persistir ante los obstáculos y fracasos.
4. *Empatía.* La capacidad de sentir lo que otros sienten.
5. *Habilidades sociales.* La habilidad de manejar las emociones de otros.

Se ha demostrado que la IE se relaciona de manera positiva con el desempeño laboral en todos los niveles. Para citar un ejemplo, un estudio observó las características de los ingenieros de Lucent Technologies que sus colegas habían catalogado como estrellas. Los investigadores concluyeron que las estrellas se relacionaban mejor con los demás. Es decir, fue IE, no la inteligencia académica, lo que caracterizaba un buen desempeño. Un estudio de los reclutadores de la fuerza aérea generó datos similares. Los mejores reclutadores presentaban altos niveles de IE. A pesar de estos descubrimientos, la IE ha sido un tema controvertido en el CO. Sus partidarios dicen que la IE tiene un atractivo intuitivo y predice comportamientos importantes.[65] Los críticos dicen que la IE es vaga, no se puede medir y su validez es cuestionable.[66] Algo que podemos concluir respecto de la IE es que parece ser relevante en cuanto al éxito en trabajos en los que se exige un alto grado de interacción social.

IMPLICACIONES PARA LOS GERENTES

Más de 62 por ciento de las compañías están utilizando tests de personalidad al momento de reclutar y contratar.[67] Y justo ahí es donde probablemente radique el valor de entender las diferencias de personalidad. Es más probable que los gerentes tengan empleados con un alto desempeño y satisfechos si se toman el tiempo de adecuar las personalidades a los trabajos. La mejor teoría de adecuación personalidad-trabajo documentada la desarrolló el psicólogo John Holland.[68] Su teoría declara que la satisfacción de un empleado con su trabajo, así como su probabilidad de dejar ese empleo, dependen del grado en que la personalidad del individuo se ajuste al ambiente laboral. Holland identificó seis tipos básicos de personalidad, como se muestra en la figura 13-5.

La teoría de Holland propone que la satisfacción es mayor y la rotación menor cuando personalidad y ocupación son compatibles. Los individuos sociales deben estar en los trabajos de "gente", y así sucesivamente. Los puntos clave de esta teoría son que (1) parece que existen diferencias intrínsecas en la personalidad entre los individuos, (2) hay diferentes tipos de trabajo y (3) las personas en ambientes laborales compatibles con su tipo de personalidad debieran estar más satisfechas y menos propensas a renunciar voluntariamente que las que se encuentran en trabajos incongruentes.

Además, existen otros beneficios al entender la personalidad. Reconocer que las personas ven la solución de problemas, la toma de decisiones y las interacciones laborales de forma distinta, ayuda al gerente a entender mejor por qué a cierto empleado le molesta tomar decisiones apresuradas mientras que otro insiste en reunir la mayor información posible antes de atacar el problema. O, por poner un ejemplo, los gerentes pueden esperar que los individuos con un locus de control externo estén menos satisfechos con sus trabajos que los internos y también que estén menos dispuestos a aceptar la responsabilidad de sus acciones.

Figura 13–5

Tipología personalidad-
ocupaciones de Holland

Tipo	Características de la personalidad	Ejemplos de ocupaciones
Realista. Prefiere las actividades físicas que requieren destrezas, fuerza y coordinación.	Tímido, íntegro, persistente, estable, adaptable, práctico.	Mecánico, operador de taladro, trabajador de línea de ensamblaje, granjero.
Investigador. Prefiere actividades que requieran pensar, organizar y comprender.	Analítico, original, curioso, independiente.	Biólogo, economista, matemático, periodista.
Social. Prefiere actividades que impliquen ayudar y desarrollar a otros.	Sociable, amistoso, cooperador, comprensivo.	Trabajador social, profesor, consejero, psicólogo clínico.
Convencional. Prefiere las actividades reglamentadas, metódicas y precisas.	Adaptable, eficiente, práctico, poco imaginativo, inflexible.	Contador, gerente corporativo, cajero bancario, archivista.
Emprendedor. Prefiere actividades verbales en las cuales haya oportunidades de influir en otros y obtener poder.	Seguro de sí mismo, ambicioso, enérgico, dominante.	Abogado, vendedor de bienes raíces, especialista en relaciones públicas, gerente de una empresa pequeña.
Artístico. Prefiere las actividades ambiguas y poco sistemáticas que permitan la expresión creativa.	Imaginativo, desordenado, idealista, emotivo, poco práctico.	Pintor, músico, escritor, decorador de interiores.

Fuente: Basado en J.L. Holland, *Making Vocational Choices: A Theory of Vocational Personalities and Work Environments* (Odessa, FL: Psychological Assessment Resources, 1997).

Por último, ser un gerente exitoso y lograr metas significa trabajar bien con otros dentro y fuera de la organización. Para trabajar efectivamente juntos, las personas necesitan entenderse. Esta comprensión se da, al menos en parte, por la apreciación de los rasgos de personalidad y las emociones.

REPASO RÁPIDO:
OBJETIVO DE APRENDIZAJE 13.3

- Compare el MBTI® con el modelo de los cinco grandes.
- Describa otros cinco rasgos de personalidad que ayuden a explicar el comportamiento individual en las organizaciones.

- Explique cómo afectan al comportamiento las emociones y la inteligencia emocional.

Vaya a la página 307 para ver qué tan bien maneja este material.

OBJETIVO DE
APRENDIZAJE 13.4 ▷ PERCEPCIÓN

Nadia Aman, Mirza Baig, M. Yusuf Mohamed y Ammar Barhouty, tienen tres cosas en común: todos son jóvenes, musulmanes, y trabajan para el gobierno federal de Estados Unidos. Desde el 11 de septiembre, sus vidas han cambiado, en particular debido a los estereotipos que sus compañeros y el público tienen sobre los musulmanes.[69]

La **percepción** es un proceso mediante el cual damos significado a nuestro entorno al organizar e interpretar impresiones sensoriales. La investigación sobre la percepción arroja de manera constante datos que demuestran que los individuos pueden ver lo mismo pero percibirlo de manera distinta. Cierto gerente, por ejemplo, puede interpretar el hecho de que su asistente suela tardar varios días en tomar decisiones importantes como evidencia de que la asistente es lenta, desorganizada y tiene miedo de tomar decisiones. Otro gerente con la misma asistente, podría interpretar la misma tendencia como evidencia de que la asistente es reflexiva, concienzuda y prudente. Probablemente el primer gerente evaluaría a su asistente de manera negativa, en tanto que el segundo gerente la evaluaría

inteligencia emocional (IE)
Capacidad de notar y manejar las manifestaciones y la información emocional.

percepción
Proceso mediante el cual damos significado a nuestro entorno al organizar e interpretar impresiones sensoriales.

positivamente. El punto es que ninguno de nosotros vemos la realidad. Interpretamos lo que vemos y lo llamamos realidad. Y, claro, como se muestra en el ejemplo, nos conducimos de acuerdo con nuestras percepciones.

FACTORES QUE INFLUYEN EN LA PERCEPCIÓN

¿Cómo se explica el hecho de que diferentes personas puedan percibir la misma cosa de manera distinta? Hay una serie de factores que moldean y a veces distorsionan la percepción. Estos factores se encuentran en la *persona que percibe*, en el *objetivo* o en la *situación* en que ocurre la percepción.

Cuando una persona ve un objeto e intenta interpretar lo que ve, las características personales del individuo influyen en la interpretación de manera importante. Estas características personales incluyen actitudes, personalidad, motivos, intereses, experiencias o expectativas.

Las características del objeto que se está observando también pueden afectar lo que se percibe. Las personas escandalosas destacan más que las calmadas en un grupo; así sucede también con las personas extremadamente atractivas o poco atractivas. La relación de un objetivo con sus antecedentes también influye en la percepción, así como nuestra tendencia a agrupar las cosas parecidas en una misma categoría. Puede experimentar estas tendencias si observa los ejemplos de percepción visual que aparecen en la figura 13-6. Note cómo lo que está mirando cambia al observar cada ejemplo de manera diferente.

Por último, el contexto en que vemos los objetos o acontecimientos también es importante. El tiempo en que se ve un objeto o acontecimiento puede influir en la percepción, así como el lugar, la luz, el calor, el color y muchos más factores situacionales.

TEORÍA DE LA ATRIBUCIÓN

Muchas de las investigaciones sobre la percepción están dirigidas a los objetos inanimados. Sin embargo, a los gerentes les interesan las personas. Nuestras percepciones de las personas difieren de nuestras percepciones de objetos inanimados porque hacemos inferencias sobre los comportamientos de las personas que no hacemos sobre los objetos. Los objetos no tienen creencias, motivos o intenciones; las personas sí. El resultado es que cuando observamos el comportamiento de un individuo, tratamos de desarrollar explicaciones de por qué se conducen de ciertas maneras. Nuestra percepción y nuestro juicio de las acciones de una persona tienen la influencia de nuestras suposiciones sobre esa persona.

La **teoría de la atribución** se desarrolló para explicar cómo juzgamos a las personas de formas distintas, dependiendo de qué significado le atribuimos a cierto comportamiento.[70] De hecho, la teoría sugiere que cuando observamos el comportamiento de un individuo tratamos de determinar si fue causado interna o externamente. Los comportamientos causados de manera interna son aquellos que se cree están bajo el control del individuo. Los causados externamente resultan de los factores exteriores; es decir, la persona es forzada a mostrar ese comportamiento debido a la situación. Pero esa resolución depende de tres factores: distintividad, consenso y consistencia.

La *distintividad* se refiere a los diferentes comportamientos que manifiesta un individuo en situaciones distintas. ¿El empleado que llegó tarde hoy es la misma persona de la

Figura 13–6

¿Qué ve?

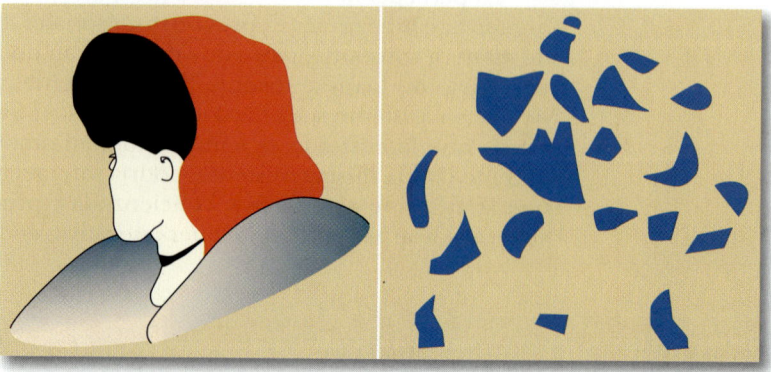

¿Una mujer vieja o una mujer joven?   ¿Un caballero en un caballo?

que algunos empleados se están quejando por ser un "holgazán"? Lo que queremos saber es si este comportamiento es inusual. Si es inusual, el observador quizá atribuya el comportamiento a factores externos, algo fuera del control de la persona. Sin embargo, si el comportamiento no es inusual, probablemente será juzgado como interno.

Si todos responden de la misma manera a una situación similar, podemos decir que el comportamiento da un *consenso*. Los retardos de un empleado se ajustarían a este criterio si todos los empleados que toman la misma ruta para ir al trabajo llegaran tarde también. Desde una perspectiva de atribución, si el consenso es alto, es probable que le dé una atribución externa al retardo del empleado; es decir, algún factor externo, quizá la construcción de carreteras o un accidente de tránsito, causó el comportamiento. Sin embargo, si otros empleados que toman la misma ruta llegaron a tiempo, usted concluiría que la causa del comportamiento es interna.

Por último, un observador busca la *consistencia* en las acciones de una persona. ¿La persona se conduce de esa manera regular y sistemáticamente? ¿La persona responde de la misma manera con el paso del tiempo? Llegar a trabajar 10 minutos tarde no se percibe de la misma manera si, para un empleado, representa algo inusual (no ha llegado tarde en meses), y para otro empleado es parte de un patrón rutinario (llega tarde dos o tres veces cada semana). Cuanto más constante sea el comportamiento, más se inclinará el observador por atribuirlo a causas internas. La figura 13-7 resume los elementos clave de la teoría de la atribución.

Un descubrimiento interesante de la teoría de la atribución es que los errores o sesgos distorsionan nuestras atribuciones. Por ejemplo, hay evidencia sustancial que sostiene el hecho de que cuando emitimos juicios sobre el comportamiento de otras personas, tenemos la tendencia de *sub*estimar la influencia de factores externos y *sobr*estimar la influencia de factores internos o personales.[71] Esta tendencia se conoce como el **error de atribución fundamental** y puede ser la explicación de por qué un gerente de ventas quizá atribuya el desempeño deficiente de su agente de ventas a la pereza, en vez de a la innovadora línea de productos introducida por un competidor. Hay también una tendencia a atribuir nuestros propios éxitos a factores internos como la habilidad o el esfuerzo, y a ver como causa de nuestro fracaso personal a factores externos, como la suerte. Esta tendencia se llama **sesgo en beneficio propio** e indica que los empleados distorsionan la retroalimentación que se les da en sus evaluaciones de desempeño, dependiendo de si es positiva o negativa.

¿Estos errores o sesgos que distorsionan las atribuciones son universales en las diferentes culturas? No podemos decirlo con certeza, pero la evidencia preliminar indica algunas diferencias culturales.[72]

Por ejemplo, un estudio realizado con gerentes coreanos demostró que, contrario al sesgo en beneficio propio, ellos tendían a aceptar la responsabilidad del fracaso del equipo "porque no fui un líder capaz", en vez de atribuírselo a los miembros del grupo.[73]

Figura 13–7

Teoría de la atribución

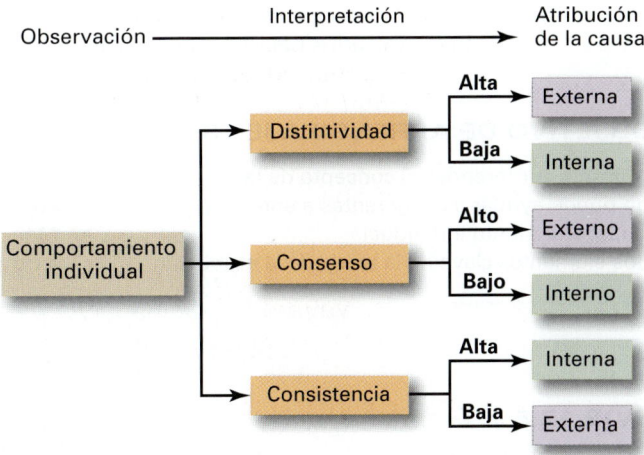

teoría de la atribución
Teoría que se desarrolló para explicar cómo juzgamos a las personas de formas distintas, dependiendo de qué significado le atribuimos a cierto comportamiento.

error de atribución fundamental
Tendencia de subestimar la influencia de factores externos y sobreestimar la influencia de factores internos cuando emitimos juicios sobre el comportamiento de otros.

sesgo en beneficio propio
Tendencia de que los individuos atribuyan sus éxitos a factores internos y vean como la causa de sus fallas a factores externos.

La teoría de la atribución se desarrolló en gran parte en base a experimentos con estadounidenses y europeos. Pero el estudio de los coreanos indica tener cuidado al hacer predicciones de la teoría de la atribución en las sociedades no occidentales, especialmente en países con fuertes tradiciones colectivistas.

PROCEDIMIENTOS PARA JUZGAR A LOS DEMÁS

Percibir e interpretar el comportamiento de la gente representa mucho trabajo, por lo que utilizamos procedimientos que permitan hacer la tarea más manejable. Estas técnicas pueden resultar valiosas porque nos permiten llegar a percepciones precisas de manera rápida, además de proporcionarnos datos válidos para hacer predicciones. Sin embargo, no son perfectas. Pueden causarnos, y nos causan, problemas.

Es fácil juzgar a los demás si suponemos que son parecidos a nosotros. En la **similitud asumida**, o el efecto "como yo", la percepción del observador sobre los demás se ve más influida por las características propias del observador que por las de la persona observada. Por ejemplo, si desea retos y responsabilidades en su trabajo, dará por sentado que los demás desean lo mismo. Las personas que suponen que otros son como ellos pueden, por supuesto, estar en lo correcto, pero no siempre.

Cuando juzgamos a alguien en base a nuestra percepción de un grupo al que esa persona pertenece, estamos utilizando el procedimiento conocido como **estereotipar**. Un ejemplo de estereotipar es decir, "Las personas casadas son empleados más estables que las solteras". Debido a que un estereotipo se basa en los hechos, puede producir juicios precisos. No obstante, muchos estereotipos no son fácticos y distorsionan nuestro juicio.[74]

Cuando nos formamos una impresión general acerca de una persona en base a una sola característica, como la inteligencia, la sociabilidad o la apariencia, nos estamos dejando influir por el **efecto de halo**. Este efecto ocurre frecuentemente cuando los estudiantes evalúan a sus maestros. Los estudiantes pueden aislar un único rasgo, como el entusiasmo, y sustentar su evaluación completa en la percepción de ese rasgo en particular. Un maestro puede ser callado, seguro, culto y estar altamente calificado, pero si su estilo de enseñanza dentro del aula carece de entusiasmo, puede obtener calificaciones más bajas en muchas otras características.

IMPLICACIONES PARA LOS GERENTES

Los gerentes necesitan reconocer que los empleados reaccionan a las percepciones, no a la realidad. Entonces, si la evaluación de un gerente sobre el desempeño de un empleado es de hecho objetiva e imparcial, o si los niveles de salarios de la organización están entre los más altos de la comunidad, es menos relevante que lo que los empleados perciben que son. Si los individuos perciben que las evaluaciones son tendenciosas o los sueldos son bajos, se comportarán como si esas condiciones existieran verdaderamente. Los empleados organizan e interpretan lo que ven, por lo que siempre existe un potencial para la distorsión de la percepción. El mensaje es claro: poner mucha atención a la manera en que los empleados perciben tanto a sus empleos como a las acciones de la gerencia.

¿Quiénes son?
CARA A CARA

¿EL MAYOR RETO EN CUANTO AL COMPORTAMIENTO DE LOS EMPLEADOS?
La apatía. Los empleados que no están comprometidos consumen a una compañía. La única cura es hacer que se involucren.

REPASO RÁPIDO:
OBJETIVO DE APRENDIZAJE 13.4

- Explique por qué comprender el concepto de la percepción puede ayudar a los gerentes a entender mejor el comportamiento individual.
- Describa los elementos clave de la teoría de la atribución.

- Analice el error de atribución fundamental y el sesgo en beneficio propio.
- Mencione tres procedimientos que se usan para juzgar a otras personas.

Vaya a la página 308 para ver qué tan bien maneja este material.

OBJETIVO DE
APRENDIZAJE 13.5 ▷ APRENDIZAJE

El último concepto sobre el comportamiento individual que estudiaremos es el aprendizaje. Se incluye por la obvia razón de que casi todo el comportamiento es aprendido. Si queremos explicar, predecir e influir en el comportamiento, necesitamos entender cómo aprenden las personas.

La definición de *aprendizaje* que dan los psicólogos es mucho más amplia que el punto de vista de una persona promedio, que se limita a "lo que hacemos en la escuela".

El aprendizaje ocurre todo el tiempo, ya que continuamente aprendemos de nuestras experiencias. Una definición viable de **aprendizaje** es cualquier cambio relativamente permanente en el comportamiento, que se da como resultado de una experiencia. Hay dos teorías del aprendizaje que nos ayudan a entender cómo y por qué se da el comportamiento individual: el condicionamiento operante y el aprendizaje social.

CONDICIONAMIENTO OPERANTE

El **condicionamiento operante** sostiene que el comportamiento está relacionado a sus consecuencias. Las personas aprenden a comportarse para obtener lo que desean o evitar lo que no desean. El comportamiento operante es un comportamiento voluntario o aprendido, no un comportamiento reflexivo e innato. La tendencia a repetir el comportamiento aprendido tiene que ver con el refuerzo o la falta de refuerzo que se da a causa del comportamiento. El refuerzo fortalece un comportamiento e incrementa la probabilidad de que éste se repita. La falta de refuerzo debilita un comportamiento y reduce la probabilidad de que se repita.

La investigación de B.F. Skinner nos amplió la visión del condicionamiento operante.[75] Se supone que el comportamiento se determine desde afuera, es decir, se *aprenda*, y no desde adentro, es decir, que sea reflexivo o innato. Skinner sostenía que las personas manifiestan comportamientos deseables si se les refuerza de manera positiva por hacerlo, y que las recompensas son más efectivas si siguen inmediatamente a la respuesta deseada. Además, es menos probable que el comportamiento que no se recompensa o que se castiga se repita.

Puede ver ejemplos de condicionamiento operante por todas partes. Cualquier situación en la cual esté explícitamente establecido o sugerido de manera implícita que el refuerzo (recompensa) está sujeto a alguna acción de su parte es un ejemplo de condicionamiento operante. Su maestro dice que si quiere una nota alta en este curso, debe desempeñarse bien en las pruebas y dar las respuestas correctas. Un agente de ventas que trabaja por comisiones sabe que lograr una ganancia considerable depende de generar buenas ventas en su territorio. Por supuesto, la relación entre comportamiento y refuerzo también puede enseñarle a un individuo a conducirse de maneras que irían en contra de los intereses de la organización. Suponga que su jefe le dice que si trabaja tiempo extra durante la próxima temporada alta de tres semanas, se le compensará por ello en la siguiente evaluación de desempeño. Entonces, cuando llega el momento de la evaluación de desempeño, su jefe no le ofrece un refuerzo positivo (como por ayudar cuando lo necesitaron). ¿Qué hará la próxima vez que su jefe le pida que trabaje tiempo extra? Es probable que se niegue a hacerlo. Su comportamiento puede explicarse por el condicionamiento operante: si un comportamiento no se refuerza positivamente, la probabilidad de que éste se repita se reduce.

APRENDIZAJE SOCIAL

Aproximadamente 60 por ciento de los Radio City Rockettes han bailado en las temporadas anteriores. Los veteranos ayudan a los de recién ingreso con el "estilo Rockette", dónde colocar las manos, cómo sostenerse de las manos, cómo mantener elevado su nivel de energía, etcétera.[76] Como los Rockettes bien lo saben, las personas también pueden aprender al observar lo que sucede con otras personas, escuchar lo que les dicen, y por las experiencias directas. Mucho de lo que hemos aprendido nos viene de observar a otros (modelos), padres, maestros, compañeros, actores de la televisión y del cine, gerentes, etcétera. Esta perspectiva de que podemos aprender tanto por la observación, como por la experiencia directa se conoce como **teoría del aprendizaje social**.

La influencia de otros es fundamental para la visión del aprendizaje social. Qué tanto influyen estos modelos sobre un individuo, se determina mediante cuatro procesos:

1. *Procesos de atención.* Las personas aprenden de un modelo sólo cuando reconocen y ponen atención a sus características más sobresalientes. Tendemos a recibir la influencia

---

similitud asumida
Suposición de que los demás son como nosotros.

estereotipar
Juzgar a una persona en base a la propia percepción de un grupo al que él o ella pertenecen.

efecto de halo
Impresión general acerca de una persona en base a una sola característica.

aprendizaje
Cambio relativamente permanente en el comportamiento que se da como resultado de una experiencia.

condicionamiento operante
Teoría del aprendizaje que sostiene que el comportamiento está relacionado a sus consecuencias.

teoría del aprendizaje social
Teoría que sostiene que las personas pueden aprender mediante la observación y la experiencia directa.

de modelos que son atractivos, de presencia reiterada, porque se les considera importantes, o porque se parecen a nosotros.

2. *Procesos de retención.* La influencia de un modelo dependerá de qué tan bien recuerda el individuo la acción del modelo, incluso después de que el modelo ya no esté.

3. *Procesos de reproducción motora.* Después de que una persona ha visto el nuevo comportamiento del modelo, la observación se puede convertir en acción. Entonces, este proceso demuestra que en realidad el individuo puede llevar a cabo las actividades del modelo.

4. *Procesos de refuerzo.* Los individuos se sentirán motivados a exhibir el comportamiento del modelo si se les proporcionan incentivos o recompensas. Los comportamientos reforzados recibirán más atención, se aprenderán mejor y se presentarán más a menudo.

MOLDEADO: UNA HERRAMIENTA GERENCIAL

Dado que el aprendizaje se lleva a cabo en el trabajo así como antes de éste, los gerentes se preocupan por cómo enseñar a sus empleados a comportarse de formas que beneficien a la organización. Por lo tanto, a menudo los gerentes intentan "moldear" a los individuos guiando su aprendizaje en etapas graduadas. Esto se conoce como **moldear el comportamiento**.

Considere una situación en la cual el comportamiento de un empleado es considerablemente diferente al requerido por el gerente. Si el gerente reforzara al individuo solamente cuando mostrara respuestas deseables, habría muy poco refuerzo. Moldear ofrece un enfoque lógico hacia el logro del comportamiento deseado. Moldeamos el comportamiento mediante el refuerzo sistemático en cada paso que el individuo da para acercarse al comportamiento deseado. Si un empleado que crónicamente se retrasa media hora llega solamente 20 minutos tarde, podemos reforzar la mejoría. El refuerzo se incrementaría a medida que el empleado se acercara al comportamiento deseado.

Existen cuatro formas de moldear el comportamiento: refuerzo positivo, refuerzo negativo, castigo y extinción. Un comportamiento seguido de algo placentero, como elogiar a un empleado por hacer un buen trabajo, se llama *refuerzo positivo*. El refuerzo positivo incrementa la probabilidad de que el comportamiento deseado se repita. Recompensar una respuesta mediante la eliminación o el retiro de algo desagradable es un *refuerzo negativo*. Un gerente que dice "No te descontaré tu pago si comienzas a trabajar a tiempo" está utilizando un refuerzo negativo. El comportamiento deseado (llegar al trabajo a tiempo) es alentado por el retiro de algo desagradable (el descuento de su sueldo). Por otra parte, el *castigo* penaliza el comportamiento indeseable y lo elimina. Suspender a un empleado por dos días sin derecho a sueldo por sus continuos retardos es un ejemplo de castigo. Por último, eliminar cualquier refuerzo que mantenga el comportamiento se conoce como *extinción*. Cuando no se refuerza un comportamiento, éste desaparece gradualmente. En las juntas, los gerentes que deseen desalentar a los empleados que suelen hacer preguntas irrelevantes o que distraen la atención, pueden eliminar este comportamiento si los ignoran cuando levantan la mano para hablar. El comportamiento desaparecerá rápidamente.

Tanto el refuerzo positivo como el negativo dan como resultado el aprendizaje. Fortalecen el comportamiento deseado, e incrementan la probabilidad de que el comportamiento deseado se repita. Tanto el castigo como la extinción también dan como resultado el aprendizaje, pero mediante el debilitamiento de un comportamiento indeseable y la disminución de su frecuencia.

IMPLICACIONES PARA LOS GERENTES

Los empleados aprenderán en el trabajo. ¿Los gerentes manejarán el aprendizaje de los empleados a través de las recompensas que asignen y los ejemplos que den, o permitirán que ocurra al azar? Si se recompensa a los empleados poco rentables con aumentos de sueldo y ascensos, la razón para que cambien su comportamiento será muy pobre. De hecho, los empleados productivos que ven recompensado el trabajo mediocre pueden cambiar su comportamiento. Si los gerentes quieren el comportamiento A pero recompensan el comportamiento B, no deberían sorprenderse si los empleados aprenden a manifestar el comportamiento B. De igual forma, los gerentes deben esperar que los empleados los vean como modelos. Los gerentes que constantemente llegan tarde a trabajar o se toman dos horas de comida, o toman los artículos de oficina para su uso personal, deben saber que los empleados recibirán el mensaje que están enviando y moldeen su comportamiento para parecerse a ellos.

REPASO RÁPIDO:
OBJETIVO DE APRENDIZAJE 13.5

- Explique cómo ayuda a los gerentes el condicionamiento operante.
- Describa las implicaciones de la teoría del aprendizaje social.

- Analice cómo puede un gerente moldear el comportamiento.

Vaya a la página 308 para ver qué tan bien maneja este material.

OBJETIVO DE
APRENDIZAJE 13.6 ▷ ## SITUACIÓN ACTUAL DEL COMPORTAMIENTO ORGANIZACIONAL

En este punto, quizá usted sepa bien por qué los gerentes necesitan entender cómo y por qué se comportan de cierta manera. Concluimos este capítulo estudiando dos situaciones de CO que tienen gran influencia en el trabajo del gerente de hoy.

MANEJO DE LAS DIFERENCIAS GENERACIONALES

Son jóvenes, listos y descarados. Usan chancletas para el trabajo y escuchan sus iPods en su escritorio. Desean trabajar pero no desean hacer del trabajo su vida. Ésta es la generación Y; hay aproximadamente 70 millones de ellos, muchos de los cuales están en el inicio de sus carreras, y toman su lugar en un ambiente laboral cada día más multigeneracional.[77]

Exactamente, ¿quiénes son la generación Y? No hay un consenso sobre el marco de tiempo que comprende la generación Y (Gen Y), pero la mayoría de las definiciones incluyen a los individuos nacidos entre 1982 y 1997. Algo es seguro: traen consigo nuevas actitudes al lugar de trabajo. Los Gen Yers (como se les llama en inglés) han crecido con un sorprendente cúmulo de experiencias y oportunidades. Y quieren que su vida laboral les provea eso también, como se muestra en la figura 13-8. Por ejemplo, Stella Kenyi, quien está apasionadamente interesada en el desarrollo internacional, fue enviada por su empleador, National Rural Electric Cooperative Association, a Yai (Sudán), a realizar encuestas sobre el uso de la energía.[78] En el corporativo de Best Buy, Beth Trippie, especialista en planificación, siente que mientras se den los resultados, ¿por qué debería importar cómo se hace el trabajo? Dice, "Constantemente estoy jugando videojuegos, hablando por teléfono, haciendo el trabajo, y la cuestión es que todo se hace, y se hace bien".[79] Por su parte, Katie Patterson, ejecutiva de cuentas de Atlanta, dice, "Estamos dispuestos y sin miedo a desafiar el *status quo*. Un ambiente en el que la creatividad y el libre pensamiento se vean como algo positivo es atractivo para las personas de mi edad. Somos muy independientes y expertos en tecnología".[80]

Anna Stassen ha llevado la vida típica de una Gen Y. "En la preparatoria hice de todo, consejo estudiantil, golf, voleibol, teatro, coro... En los últimos dos años he corrido un maratón, me lancé en paracaídas, fui a un campamento de surf, aprendí a disparar un revólver. Una vez que termino una cosa, la borro de mi lista y busco algo nuevo." Sobre sus jefes en la agencia de publicidad Fallon Worldwide, dice, "No tengo tiempo de sentirme intimidada. No es que sea irrespetuosa; tener miedo es sólo un desperdicio de energía." Los gerentes de Gen Y, como Anna, necesitan entender cómo son estos jóvenes empleados.

moldear el comportamiento
Proceso de guiar el aprendizaje en pasos graduados, mediante el uso o no uso del refuerzo.

Figura 13–8

Trabajadores de la generación Y

Trabajadores de la generación Y

Altas expectativas sobre sí mismos
Se enfocan en trabajar más rápido y mejor que otros trabajadores.

Altas expectativas sobre los empleadores
Desean gerentes justos y directos que estén altamente interesados en su desarrollo profesional.

Aprendizaje continuo
Buscan desafíos creativos y ven a sus colegas como vastos recursos de los cuales obtener conocimiento.

Responsabilidad inmediata
Quieren impactar desde el primer día.

Orientados a metas
Quieren metas pequeñas con plazos rigurosos para poder acumular su cartera de tareas.

Fuente: Bruce Tulgan de Rainmaker Thinking. Usado con licencia.

Manejo de los desafíos gerenciales. Dirigir a trabajadores de la generación Y presenta más retos únicos. Pueden surgir conflictos y resentimiento sobre asuntos como la apariencia, la tecnología y el estilo gerencial.

¿Qué tan flexible debe ser una organización en términos de la vestimenta "apropiada" para la oficina? Puede depender del tipo de trabajo que se realiza y el tamaño de la organización. En muchas organizaciones son aceptables los jeans, las camisetas y las chancletas. Sin embargo, en otros entornos se espera que los empleados se vistan de manera más convencional. Pero aun en esas compañías más conservadoras, una posible solución para dar cabida a la vestimenta más casual preferida por la generación Y es ser más flexibles en cuanto a lo que es aceptable. Por ejemplo, la pauta puede ser que cuando la persona no está interactuando con alguien externo a la organización, puede usar vestimenta más casual (con algunas restricciones).

¿Qué hay sobre la tecnología? Ésta es una generación que ha vivido gran parte de su vida con cajeros automáticos, reproductores de DVD, teléfonos celulares, correo electrónico, mensajes de texto, computadoras portátiles e Internet. Cuando no cuentan con la información que necesitan, simplemente dan algunos teclazos para conseguirla. Al haber crecido con la tecnología, los Gen Yers tienden a sentirse totalmente cómodos con ella. Se sienten bastante bien con el hecho de encontrarse virtualmente para solucionar algún problema, en tanto que los que nacieron en la década de 1960 esperan que los problemas importantes se resuelvan en juntas de trabajo con personas. La generación de los Baby boomers se queja de la incapacidad de los primeros para concentrarse en una tarea, mientras que los *Gen Yers* no ven nada de malo en realizar muchas tareas al mismo tiempo. Nuevamente, la flexibilidad de ambas partes es la clave.

Por último, ¿cómo manejar a los Gen Yers? Como en el comercial que decía "Éste no es el auto de tu papá", podemos decir que "ésta no es la manera de dirigir de tu papá o tu mamá". Los empleados de la generación Y quieren jefes de mente abierta; expertos en su campo, aun cuando no sean expertos en tecnología; organizados; maestros; instructores y mentores; no autoritarios ni paternalistas; respetuosos de su generación; comprensivos ante su necesidad de equilibrio entre el trabajo y su vida; que los retroalimenten constantemente; que se comuniquen de manera gráfica y convincente, y que provean experiencias de aprendizaje estimulantes y novedosas.[81]

Los empleados de la generación Y tienen mucho que ofrecer a las organizaciones en cuanto a su conocimiento, pasión y habilidades. No obstante, los gerentes tienen que

Razonamiento crítico sobre Ética

Nuevas pruebas científicas indican que la genética de un individuo puede ser responsable, al menos en parte, de la obesidad, las adicciones y hasta los comportamientos peligrosos. Algunas personas pueden sentirse liberadas por la idea de que sus rasgos negativos no son enteramente su culpa. Otros pueden sentirse deprimidos ante la idea de que sus logros pueden deberse a sus genes y no a su esfuerzo. Si algunos comportamientos negativos se deben a la genética, ¿qué papel juega la responsabilidad personal? ¿Cuáles son las implicaciones éticas de estos descubrimientos? ¿Qué efecto podrían tener a la larga estos descubrimientos sobre las organizaciones que quieren controlar el comportamiento negativo en el lugar de trabajo?

reconocer y entender los comportamientos de este grupo para poder crear un ambiente en el cual se pueda llevar a cabo el trabajo de manera eficiente, efectiva y sin conflictos perjudiciales.

MANEJO DEL COMPORTAMIENTO NEGATIVO EN EL LUGAR DE TRABAJO

Jerry se da cuenta de que el nivel de aceite de su carretilla elevadora es bajo pero sigue conduciéndola hasta que se sobrecalienta y no se puede usar. Después de resistir 11 meses de insultos y malos tratos por parte del supervisor, María renuncia a su empleo. Una oficinista azota su teclado y después maldice en voz alta cada vez que su computadora se bloquea. Mala educación, hostilidad, agresión y otras formas de negatividad en el lugar de trabajo se han vuelto muy comunes en las organizaciones de hoy. En una encuesta realizada a empleados de Estados unidos, 10 por ciento dijeron que eran testigos de algún tipo de mala educación en su lugar de trabajo diariamente, y 20 por ciento dijeron que ellos personalmente eran los blancos directos de la incivilidad en el trabajo al menos una vez por semana. En una encuesta con empleados canadienses, 25 por ciento reportaron ser testigos de incivilidad todos los días, y 50 por ciento dijeron que eran los blancos directos al menos una vez por semana.[82] Y se calcula que la negatividad cuesta a la economía de Estados Unidos aproximadamente $300 mil millones de dólares al año.[83] ¿Qué pueden hacer los gerentes para manejar el comportamiento negativo en el lugar de trabajo?

Lo principal es reconocer que existe. Pretender que el comportamiento negativo no existe, o ignorarlo, solamente confundirá a los empleados sobre lo que es comportamiento aceptable. Aunque los investigadores siguen debatiendo sobre las acciones preventivas o de respuesta ante los comportamientos negativos, en realidad ambas se necesitan.[84] Prevenir los comportamientos negativos al seleccionar cuidadosamente a los empleados potenciales y analizarlos respecto de ciertos rasgos de personalidad, así responder inmediata y decididamente a los comportamientos negativos, puede ser el camino hacia el manejo de este tipo de comportamientos en el lugar de trabajo. Pero también es importante poner atención a las actitudes de los empleados, ya que la negatividad saldrá a la luz ahí también. Como dijimos anteriormente, cuando los empleados están insatisfechos con su trabajo, *responderán* de alguna forma.

REPASO RÁPIDO:
OBJETIVO DE APRENDIZAJE 13.6

- Describa los retos a los que se enfrentan los gerentes cuando manejan a trabajadores de la generación Y.

- Explique lo que pueden hacer los gerentes para atacar el mal comportamiento en el lugar de trabajo.

Vaya a la página 308 para ver qué tan bien maneja este material.

¿Quiénes son?

Nuestro turno

Dana Murray

Directora de Instalaciones y construcción
Bookmans Entertainment Exchange
Tucson, Arizona

Las toallas eran un síntoma de un problema mayor. ¿Podría ser falta de comunicación? ¿La alta dirección está fuera de contacto con la realidad? ¿Los empleados se sienten abandonados?

Creo que lo primero que debe hacer el nuevo jefe de RH es entender el problema. *Escuche*. Hable con los empleados, haga encuestas, lea los boletines electrónicos, pida retroalimentación tanto de la dirección como de los empleados. El objetivo debe ser utilizar esta información para tomar acciones que resuelvan el problema. No pasará de la noche a la mañana, pero el proceso completo debe ser transparente para que todos los involucrados puedan ver que se están tomando acciones para hacer las cosas bien. Es en especial importante para la alta dirección escuchar la retroalimentación y utilizarla para tomar mejores decisiones y comunicarlas.

Rick Howell

Director
Howell Management Consultants
Vancouver, Washington

Desafortunadamente, la baja moral de los empleados es común en muchos negocios. Y mejorar la moral a menudo toma más tiempo que la caída. Trate de no hacer suposiciones sobre lo que está mal. Descúbralo hablando con los empleados, uno a uno, en grupos, o a través de una encuesta.

Lisa necesita reunirse con los empleados afectados para demostrarles que se interesa por sus preocupaciones y los escucha. Después debe hacer que los empleados le ayuden a reducir los costos al tiempo que satisfacen su necesidad de "acicalarse" antes del trabajo. Quizá esto es lo que se debería haber hecho desde un principio. A menudo, las suposiciones sobre lo que a los empleados les agrada o desagrada, o lo que quieren o no quieren, son peligrosas. Es mejor enterarse y después hacer a los empleados partícipes de la decisión. Normalmente, esta participación genera alguna aceptación y minimiza cualquier deterioro en el estado de ánimo.

OBJETIVOS DE APRENDIZAJE
RESUMEN

13.1 ▷ ENFOQUE Y OBJETIVOS DEL COMPORTAMIENTO ORGANIZACIONAL

- Explique por qué el concepto de que una organización se asemeja a un iceberg es importante.
- Describa el enfoque y los objetivos del CO.
- Defina los seis comportamientos importantes de los empleados.

Como con un iceberg, muchos elementos organizacionales ocultos (actitudes, percepciones, normas, etcétera) hacen de la comprensión del comportamiento individual un desafío.

El CO se enfoca en tres áreas: el comportamiento individual, el comportamiento grupal y los aspectos organizacionales. Los objetivos del CO son explicar, predecir e influir en el comportamiento.

La productividad del empleado es una medida de desempeño tanto de la eficiencia como de la efectividad. El ausentismo es no presentarse a laborar. La rotación es el retiro permanente voluntario o involuntario de una organización. El comportamiento de ciudadanía organizacional (CCO) es un comportamiento discrecional que no es parte de los requerimientos formales del trabajo de un empleado, pero que promueve el funcionamiento efectivo de una organización. La satisfacción en el trabajo es la actitud general de un individuo hacia su trabajo. El mal comportamiento en el lugar de trabajo es el comportamiento intencional del empleado potencialmente dañino para la organización o para las personas dentro de la organización.

13.2 ▷ ACTITUDES Y DESEMPEÑO LABORAL

- Describa los tres componentes de una actitud.
- Explique las cuatro actitudes relacionadas con el trabajo.
- Describa el efecto de la satisfacción laboral en el comportamiento del empleado.
- Analice cómo los individuos reconcilian las inconsistencias entre las actitudes y el comportamiento.

El componente cognoscitivo de una actitud se refiere a las creencias, opiniones, conocimiento o información con que cuenta una persona. El componente afectivo es la parte emocional o sentimental de una actitud. El componente de comportamiento se refiere a una intención de comportarse de cierta forma hacia alguien o algo.

La satisfacción laboral se refiere a la actitud general de una persona hacia su empleo. La participación en el trabajo es el grado en que un empleado se identifica con su trabajo, participa activamente en él y considera que su desempeño laboral es importante para su propia valía. El compromiso organizacional es el grado en que un empleado se identifica con una organización en particular y sus metas y deseos, a fin de mantener su pertenencia a esa organización. El compromiso del empleado significa que los empleados estén conectados con, satisfechos con y entusiastas sobre sus trabajos.

La satisfacción laboral influye positivamente la productividad, reduce los niveles de ausentismo y los índices de rotación, promueve la satisfacción positiva del cliente, y de manera moderada el CCO, y ayuda a minimizar el mal comportamiento en el lugar de trabajo.

Los individuos tratan de reconciliar las inconsistencias de actitud y comportamiento y alteran sus actitudes y su comportamiento, o racionalizan la inconsistencia.

13.3 ▷ PERSONALIDAD

- Compare el MBTI® con el modelo de los cinco grandes.
- Describa otros cinco rasgos de personalidad que ayuden a explicar el comportamiento individual en las organizaciones.
- Explique cómo afectan las emociones y la inteligencia emocional el comportamiento.

El MBTI® mide cuatro dimensiones: interacción social, preferencia para reunir datos, preferencia para tomar decisiones y estilo de toma de decisiones. El modelo de los cinco grandes consta de cinco rasgos de personalidad: extroversión, amabilidad, escrupulosidad, estabilidad emocional y apertura a la experiencia.

Otros cinco rasgos de la personalidad que pueden ayudar a explicar el comportamiento individual en las organizaciones son el locus de control, el maquiavelismo, la autoestima, la autovigilancia y toma de riesgos.

La manera en que una persona responde de manera emocional y la manera en que maneja sus emociones es una función de la personalidad; una persona que es emocionalmente inteligente tiene la habilidad de notar y manejar las manifestaciones y la información emocional.

13.4 ▷ PERCEPCIÓN

- Explique por qué entender el concepto de la percepción puede ayudar a los gerentes a comprender mejor el comportamiento individual.
- Describa los elementos clave de la teoría de la atribución.
- Analice el error de atribución fundamental y el sesgo en beneficio propio.
- Mencione tres procedimientos que se utilizan para juzgar a otras personas.

La percepción es la manera en que damos significado a nuestro entorno al organizar e interpretar impresiones sensoriales. Los gerentes necesitan entender la percepción ya que las personas se conducen de acuerdo con sus percepciones.

La teoría de la atribución depende de tres factores. La distintividad se refiere a si un individuo manifiesta comportamientos diferentes en situaciones diferentes (si el comportamiento es inusual). El consenso se refiere a si otros ante la misma situación responden de la misma manera. La consistencia es cuando la persona manifiesta el comportamiento de manera regular y consistente. Estos tres factores ayudan a los gerentes a determinar si el comportamiento del empleado se debe atribuir a causas externas o internas.

El error de atribución fundamental es la tendencia a subestimar la influencia de factores externos y sobreestimar la influencia de factores internos. El sesgo en beneficio propio es la tendencia a atribuir nuestros propios éxitos a factores internos y a culpar de nuestros fracasos personales a factores externos.

Tres procedimientos que se utilizan al juzgar a los demás son la similitud asumida, los estereotipos y el efecto de halo.

13.5 ▷ APRENDIZAJE

- Explique cómo ayuda a los gerentes el condicionamiento operante.
- Describa las implicaciones de la teoría del aprendizaje social.
- Analice cómo puede un gerente moldear el comportamiento.

El condicionamiento operante sostiene que el comportamiento está relacionado con sus consecuencias. Los gerentes lo pueden utilizar para explicar, predecir e influir en el comportamiento.

La teoría del aprendizaje social dice que los individuos aprenden al observar lo que le sucede a otras personas y al experimentar algo de manera directa.

Los gerentes pueden moldear el comportamiento mediante el uso del refuerzo positivo (refuerzan un comportamiento deseado al otorgar algo agradable), del refuerzo negativo (refuerzan una respuesta deseada al retirar algo desagradable), el castigo (eliminan el comportamiento indeseable y aplican penalizaciones) o la extinción (no refuerzan un comportamiento y así lo eliminan).

13.6 ▷ SITUACIÓN ACTUAL DEL COMPORTAMIENTO ORGANIZACIONAL

- Describa los retos a que se enfrentan los gerentes cuando manejan a trabajadores de la generación Y.
- Explique lo que pueden hacer los gerentes para atacar el mal comportamiento en el lugar de trabajo.

Los empleados de la generación Y traen consigo nuevas actitudes al lugar de trabajo. Los principales retos de dirigirlos tienen que ver con cuestiones como la apariencia, la tecnología y el estilo gerencial.

El mal comportamiento en el trabajo puede manejarse si se reconoce que existe, se analiza cuidadosamente a los empleados potenciales en busca de posibles tendencias negativas y, lo más importante, se presta atención a las actitudes de los empleados a través de encuestas acerca de la satisfacción y la insatisfacción laboral.

PENSEMOS EN CUESTIONES ADMINISTRATIVAS

1. ¿La importancia de saber sobre CO difiere en base al nivel del gerente en la organización? Si es así, ¿de qué forma? Si no es así, ¿por qué no? Sea específico.
2. "En lugar de preocuparse por la satisfacción laboral, las compañías deberían estar tratando de crear entornos que faciliten el desempeño". ¿Qué cree usted que signifique este enunciado? Explique. ¿Cuál es su reacción ante este enunciado? ¿Está de acuerdo? ¿En desacuerdo? ¿Por qué?
3. "Cada vez más compañías están convencidas de que la habilidad de las personas de entender y manejar sus emociones mejora su desempeño, su colaboración con los compañeros y la interacción con los clientes". ¿Cuáles son las implicaciones de este enunciado para los gerentes?
4. ¿Qué predicciones conductuales haría si supiera que un empleado tiene tendencias a (a) un locus de control externo, (b) una puntuación Maq baja, (c) baja autoestima o (d) alta autovigilancia?
5. "Los gerentes nunca deben recurrir a la disciplina con un empleado problema". ¿Está de acuerdo o en desacuerdo? Debata.

6. Una encuesta de Gallup Organization muestra que muchos trabajadores prefieren tener un jefe que se interese por puntuaciones aun más altas que las del dinero o las prestaciones. ¿Cómo deben los gerentes interpretar esta información? ¿Cuáles son las implicaciones?

7. Las encuestas indican que durante el primer año del empleado, su nivel de satisfacción hacia el empleador es aproximadamente 69 por ciento. No obstante, para los empleados con dos a cinco años de experiencia, ese nivel de satisfacción hacia el empleador se reduce a 53 por ciento.[85] ¿Por qué cree que esta cifra descienda? ¿Qué podrían hacer los gerentes para mantener el alto nivel de satisfacción?

SU TURNO de ser gerente

- Por una semana, ponga mucha atención a cómo se comportan las personas a su alrededor, sobre todo las personas cercanas a usted (compañeros de habitación, hermanos, pareja, colegas, etcétera). Use lo aprendido sobre las actitudes, la personalidad, la percepción y el aprendizaje para entender y explicar cómo y por qué se comportan de esa manera. Escriba en un diario sus observaciones y sus explicaciones.

- Escriba tres actitudes propias. Identifique los componentes cognoscitivo, afectivo y de comportamiento de dichas actitudes.

- Haga una encuesta entre 15 empleados (en su centro de trabajo o en alguna oficina del campus). Asegúrese de obtener un permiso antes de llevar a cabo su encuesta. Pregunte a los empleados qué comportamientos groseros o negativos han visto en el trabajo. Reúna sus datos en un reporte y prepárese para discutirlos en clase. Si usted fuera el gerente en este lugar de trabajo, ¿cómo manejaría este comportamiento?

- Si nunca ha hecho un test de personalidad o de compatibilidad profesional, contacte al centro examinador de su escuela para preguntar si puede hacer uno. Cuando obtenga los resultados, evalúe lo que pretende que sea su opción de carrera. ¿Ha elegido una carrera que se "ajuste" a su personalidad? ¿Cuáles son las implicaciones?

- Complete el módulo de desarrollo de habilidades que se encuentra en mymanagementlab. Su profesor le dirá qué hacer.

- ¿Alguna vez ha escuchado hablar de la "regla del mesero"? Mucha gente de negocios piensa que la manera de tratar a los trabajadores de servicio dice mucho sobre su carácter y actitudes. ¿Qué cree que significa? ¿Concuerda con esta idea? ¿Por qué sí o por qué no? ¿Cómo se evaluaría en base a la "regla del mesero"?

- Nos guste o no, cada uno de nosotros moldea continuamente el comportamiento de quienes nos rodean. Por una semana, registre cuántas veces usó refuerzo positivo, refuerzo negativo, castigo o extinción para moldear los comportamientos. Al final de la semana vea sus resultados. ¿Cuál fue el que utilizó más? ¿Qué trataba de hacer; es decir, qué comportamientos estaba tratando de moldear? ¿Sus intentos tuvieron éxito? Evalúe. ¿Qué podría haber hecho de otra manera si estuviera tratado de cambiar el comportamiento de alguien?

- Haga una encuesta de satisfacción laboral para un negocio con el que está familiarizado.

- Ahora haga una búsqueda en la red y encuentre encuestas de satisfacción laboral. Encuentre una o dos muestras. Escriba un reporte que describa, compare y evalúe los ejemplos que encontró y la encuesta que creó.

- Steve y Mary recomiendan estas lecturas: Yoav Vardi y Ely Weitz, *Misbehavior in Organizations* (Lawrence Erlbaum Associates, 2004); Murray R. Barrick y A. M. Ryan (eds.), *Personality and Work* (Jossey-Bass, 2003); Daniel Goleman, *Destructive Emotions: How Can We Overcome Then?* (Bantam, 2003); L. Thomson, *Personality Type: An Owner's Manual* (Shambhala, 1998), y Daniel Goleman, *Working with Emotional Intelligence* (Bantam, 1998).

- Entreviste a 10 Gen Yers. Hágales tres preguntas: (1) ¿Qué vestimenta cree que es apropiada para la oficina? (2) ¿Qué tanto sabe del uso de la tecnología y qué tipos de tecnología le sirven más? (3) ¿Cómo cree que sería el jefe "ideal"? Reúna sus resultados en un reporte con sus datos y resuma sus descubrimientos en un formato de lista con viñetas.

- En sus propias palabras, escriba tres cosas que aprendió en este capítulo sobre ser un buen gerente.

- La autoevaluación puede resultar una poderosa herramienta de aprendizaje. Vaya a mymanagementlab y complete estos ejercicios de autoevaluación: What´s My Basic Personality? (¿Cuál es mi personalidad básica?), What´s My Jungian 16-Type Personality? (¿Cuál es mi personalidad jungiana? (observe que ésta es una versión miniatura del MBTI®), Am I a Type A? (¿Soy Tipo A?), How Involved Am I in My Job? (¿Qué tan involucrado estoy con mi trabajo?), How Satisfied Am I with My Job? (¿Qué tan satisfecho estoy con mi trabajo?), What´s My Emotional Intelligence Score? (¿Cuál es mi puntuación de inteligencia emocional?), y How Committed Am I to My Organization? (¿Qué tan comprometido estoy con mi organización?). Con los resultados de sus evaluaciones, identifique fortalezas y debilidades personales. ¿Qué hará para reforzar sus fortalezas y mejorar sus debilidades?

Para más recursos, visite www.mymanagementlab.com

CASO PRÁCTICO

Parejas disparejas

Uno de 29 y otro de 68. ¿Qué tanto podrían tener en común y ¿qué podrían aprender uno del otro? En la oficina de Manhattan de Randstad, estas parejas de empleados son comunes. Una pareja de colegas de este tipo se sienta a unos cuantos centímetros de distancia, uno frente al otro. "Escuchan cada llamada que el otro realiza. Leen cada correo electrónico que el otro envía o recibe. Algunas veces terminan la oración del otro".

Randstad, una compañía holandesa, ha estado utilizando esta idea de emparejar desde su fundación hace 40 años. El lema de su fundador era "Nadie debe estar solo". La intención original era impulsar la productividad al hacer que los agentes de ventas compartieran un trabajo y se repartieran las responsabilidades. Hoy en día, estos socios en la oficina central tienen un acuerdo en el que uno permanece en la oficina mientras el otro visita a los clientes, la semana siguiente, intercambian lugares. La compañía trajo esta nueva forma de trabajar a Estados Unidos a finales de la década de 1990, pero hasta 2005 la compañía comenzó a reclutar nuevos empleados, la gran mayoría en edades de 20 años. "Como estos Gen Yers necesitan mucha atención en el lugar de trabajo, los ejecutivos de Randstad pensaron que si compartían un empleo con alguien cuyo éxito dependiera del propio, era seguro que obtendrían toda la ayuda que requirieran".

Randstad no sólo forma parejas de personas y se sienta a esperar a que funcione. Busca a personas que trabajen bien con los demás y realiza extensivas entrevistas y pide a los solicitantes que sean la sombra de uno de los agentes de ventas por medio día. "Una pregunta que Randstad hace es: ¿Cuál es su momento más memorable en algún equipo? Si responden:

Randstad, agencia de empleo temporal.

'Cuando yo hice la anotación ganadora', en ese momento se termina la negociación. Todo en nuestra organización se basa en el equipo y en el grupo". Cuando un empleado nuevo tiene como compañero a uno experimentado, ambos tienen que hacer algunos ajustes. Uno de los elementos más interesantes del programa de Randstad es que ninguno es "el jefe". Y se espera que aprendan uno del otro.

Preguntas de análisis

1. ¿Qué piensa de la idea de formar parejas de empleados de Randstad? ¿Se sentiría cómodo con esa forma de trabajar? ¿Por qué sí o por qué no?

2. ¿Qué rasgos de personalidad serían más necesarios para esta forma de trabajar? ¿Por qué?

3. ¿A qué tipo de situaciones se enfrentarían un empleado Gen Y y alguien mayor y más experimentado a la hora de trabajar tan cercanamente? ¿Cómo podrían dos personas en ese acuerdo de trabajo tan estrecho solventar esos problemas?

4. Diseñe una encuesta de actitud para los empleados de Randstad.

Fuente: S. Berfield, "Bridging the Generation Gap," *BusinessWeek*, 17 de septiembre de 2007, pp. 60-61.

¿Quiénes son?

Conozca a los gerentes

Dan Roselli

Presidente y fundador
Red F Marketing
Charlotte, North Carolina

MI TRABAJO: Cofundador y presidente de una compañía de estrategias de marketing.

LA MEJOR PARTE DE MI TRABAJO: Poder controlar nuestra cultura corporativa.

LA PEOR PARTE DE MI TRABAJO: Nunca poder dejar de trabajar.

EL MEJOR CONSEJO GERENCIAL RECIBIDO: Nada es tan bueno o tan malo como parece.

William Lucci

Director de Educación continua y para adultos
Rutland City Public Schools
Stafford Technical Center Poultney, Vermont

MI TRABAJO: Director de educación continua y para adultos.

LA MEJOR PARTE DE MI TRABAJO: Desarrollar sociedades de educación y capacitación.

LA PEOR PARTE DE MI TRABAJO: Manejar la dinámica de muchos participantes.

EL MEJOR CONSEJO GERENCIAL RECIBIDO: De mi actual jefe, Lyle Jepson: aplicar cantidades iguales de presión y elogios; es decir, encontrar un equilibrio entre motivar y recompensar a quienes diriges.

A lo largo del capítulo sabrá más sobre estos gerentes reales.

Capítulo 14

Los gerentes y la comunicación

Sin comunicación no se lograría nada en las organizaciones. A los gerentes les conciernen dos tipos de comunicación: interpersonal y organizacional. En este capítulo examinaremos ambas, así como el papel que desempeñan en la habilidad del gerente de ser eficiente y efectivo. Conforme lea y estudie este capítulo, concéntrese en los siguientes objetivos de aprendizaje.

OBJETIVOS DE APRENDIZAJE

El dilema de un gerente

Durante 2008, todos los usuarios corporativos de correo electrónico enviaron o recibieron más de 150 mensajes por día.[1] Los cálculos indican que para 2011 ese número estará por arriba de 225. Otro estudio reveló que una tercera parte de los usuarios de correo electrónico se estresan por el alto volumen de correos que reciben. Aunque en otros tiempos se imaginó como un ahorrador de tiempo, ¡ahora la bandeja de entrada se ha convertido en una carga¡ El presidente de U.S. Cellular, Jay Ellison, pensó que así era e hizo algo al respecto. Impuso la regla del "viernes sin correo electrónico", una estrategia que están implementando más compañías cada día. Aunque por lo común la mayoría de las prohibiciones permiten enviar correos electrónicos a los clientes y responder a situaciones urgentes, la intención es reducir los correos electrónicos internos de rutina que consumen tiempo y saturan el sistema. Los límites también apuntan a promover el contacto cara a cara y por teléfono con los compañeros de trabajo y los clientes. Ellison también esperaba que la medida diera a sus empleados un pequeño respiro de la avalancha de correos electrónicos que reciben. No obstante, lo que obtuvo fue una rebelión. Un empleado lo confrontó diciendo que Ellison no entendía la cantidad de trabajo que tenía que hacerse y lo fácil que era si se utilizaba el correo electrónico. Suponga que está en la misma posición que Ellison. ¿La prohibición debe continuar o eliminarse? ¿Usted qué haría?

Cortesía de U.S. Cellular.

¿Usted qué haría?

Jay Ellison entiende tanto la importancia como las desventajas de la comunicación. La comunicación entre gerentes y empleados es importante porque proporciona la información necesaria para hacer el trabajo en las organizaciones. Por tanto, no hay duda de que la comunicación está conectada básicamente con el desempeño gerencial.[2]

OBJETIVO DE APRENDIZAJE 14.1 ▷ NATURALEZA Y FUNCIÓN DE LA COMUNICACIÓN

A diferencia del personaje que interpreta Bill Murray en *El día de la marmota*, Neal L. Patterson, presidente de Cerner Corporation, una compañía de desarrollo de software para el cuidado personal, ubicada en la ciudad de Kansas, probablemente desearía *poder* repetir un día. Molesto por el hecho de que pareciera que los empleados no estaban trabajando suficientes horas, envió un correo electrónico acalorado y emocional a aproximadamente 400 gerentes de la compañía que decía, en parte:

> Muchos de nuestros EMPLEADOS de la ciudad de Kansas están laborando menos de 40 horas. El estacionamiento está casi vacío a las 8 de la mañana así como a las 5 de la tarde. Como gerentes, ustedes no saben lo que sus EMPLEADOS están haciendo o no les INTERESA. Han creado expectativas sobre el esfuerzo laboral que han permitido que esto suceda dentro de Cerner, lo que ha dado como resultado un ambiente laboral malsano. En todo caso, ustedes tienen un problema y ustedes lo solucionarán o yo los reemplazaré... Yo los responsabilizaré de esta situación. Ustedes han permitido que las cosas lleguen a este punto. Tienen dos semanas. Tictac.[3]

Aunque el correo electrónico debía ser sólo para los gerentes de la compañía, se filtró y colocó en un foro de discusión en Internet. El tono del correo electrónico sorprendió a los analistas de la industria, a los inversionistas y, por supuesto, a los gerentes y empleados de Cerner. El precio de las acciones de la compañía cayó 22 por ciento en los siguientes tres días. Patterson se disculpó con sus empleados y admitió, "encendí un fósforo y comencé una tormenta de fuego". Éste es un buen ejemplo de por qué es importante que los gerentes entiendan el efecto de la comunicación.

La importancia de la comunicación efectiva para los gerentes nunca se enfatiza demasiado por una razón específica: todo lo que hace un gerente se relaciona con la comunicación. No *algunas* cosas, sino ¡todo! Un gerente no puede tomar una decisión si no tiene información. Esa información tiene que comunicarse. Una vez que se ha tomado una decisión, también se debe comunicar. De otra forma nadie sabría que se tomó dicha decisión. La mejor idea, la sugerencia más creativa, el mejor plan o el plan laboral rediseñado más efectivo, no pueden tomar forma sin la comunicación.

¿QUÉ ES LA COMUNICACIÓN?

Comunicación es la transferencia y la comprensión de significados. Observe el énfasis que se da a la *transferencia* de significado; esto quiere decir que si no se han transmitido la información o las ideas, la comunicación no se ha llevado a cabo. Un orador que nadie escucha o un escritor que nadie lee, no se ha comunicado. Lo que es más importante, la comunicación involucra la *comprensión* del significado. Para que la comunicación sea exitosa, se debe impartir y entender el significado. Una carta escrita en español dirigida a una persona que no lea español no se puede considerar comunicación hasta que es traducida a un idioma que la persona lea y entienda. La comunicación perfecta, si existiera, ocurriría si la persona recibiera y entendiera un pensamiento o idea exactamente cómo lo previó el emisor.

Otro punto que hay que tener en mente es que la *buena* comunicación a menudo se define de manera errónea por parte del comunicador como el *consentimiento* del mensaje y no la comprensión clara del mismo.[4] Si alguien está en desacuerdo con nosotros, asumimos que la persona no entendió del todo nuestra postura. En otras palabras, muchos de nosotros definimos la buena comunicación como lograr que alguien acepte nuestros puntos de vista. Pero usted puede entender claramente lo que alguien quiere decir y sólo *no* estar de acuerdo con lo que la persona dice.

Lo último que queremos señalar sobre la comunicación es que ésta engloba tanto la **comunicación interpersonal**, la comunicación entre dos o más personas, y la **comunicación organizacional**, todos los patrones, redes y sistemas de comunicación en una organización. Ambos tipos son importantes para los gerentes.

FUNCIONES DE LA COMUNICACIÓN

J.W. (Bill) Marriott, presidente de Marriott International, recibió el reconocimiento Excellence in Communication Leadership (EXCEL) en 2008 por parte de la International Association of Business Communicators. De acuerdo con el presidente, "El comité de

La buena comunicación se caracteriza por la comprensión del significado del emisor, no necesariamente por el consentimiento entre las partes. En el Hospital Parkland Memorial, en Dallas, que atiende más partos que cualquier otro hospital en el país, hay 50 médicos, 40 parteras y 100 enfermeras que se comunican a toda hora y no sólo en persona, como se muestra en esta estación de enfermeras. Las enfermeras en turno llevan consigo radios para asegurarse de que la comunicación sea permanente sin importar dónde estén.

---

comunicación
Transferencia y comprensión de significados.

comunicación interpersonal
Comunicación entre dos o más personas.

comunicación organizacional
Todos los patrones, redes y sistemas de comunicación en una organización.

premiación estaba muy impresionado con Bill Marriott y su compromiso personal con las comunicaciones en la compañía que lleva su nombre. Marriott International cuenta con un programa de comunicaciones respetado y bien documentado, y Bill demuestra su compromiso personal todos los días, desde la participación tradicional de los empleados al inspeccionar 250 propiedades Marriott cada año, hasta la adopción de nuevas herramientas de comunicación como el blogging (comunicación en línea a sitios web que contienen información de uno o varios autores)".[5]

A lo largo de Marriott y otras organizaciones, la comunicación desempeña cuatro funciones principales: control, motivación, expresión emocional e información.[6] Cada función es igualmente importante.

La comunicación actúa para *controlar* el comportamiento del empleado de muchas maneras. Como sabemos por el capítulo 9, las organizaciones tienen jerarquías de autoridad y procedimientos formales que los empleados deben observar. Por ejemplo, cuando se solicita que los empleados comuniquen cualquier inconformidad a su gerente inmediato, que sigan la descripción de su puesto o que observen las políticas de la compañía, se está usando la comunicación para controlar. La información informal también controla el comportamiento. Cuando un grupo de trabajo se burla de uno de sus miembros porque trabaja demasiado y de esta manera ignora las normas, esas personas están controlando de manera informal el comportamiento de ese empleado.

La comunicación *motiva* ya que aclara a los empleados lo que se debe hacer, qué tan bien lo están haciendo y lo que se puede hacer para mejorar el desempeño si es que no está en el nivel idóneo. Como los empleados establecen metas específicas, trabajan en pos de esas metas y reciben retroalimentación sobre el progreso de las mismas, se requiere la comunicación.

Para muchos empleados, su grupo de trabajo es una fuente primaria de interacción social. La comunicación que se da dentro del grupo es un mecanismo fundamental por el cual los miembros comparten frustraciones y sentimientos de satisfacción. La comunicación, por lo tanto, proporciona un alivio para la *expresión emocional* de los sentimientos y para satisfacer las necesidades sociales.

Por último, los individuos y los grupos necesitan información para que se hagan las cosas en las organizaciones. La comunicación proporciona esa *información*.

REPASO RÁPIDO:
OBJETIVO DE APRENDIZAJE 14.1

- Defina comunicación, comunicación interpersonal y comunicación organizacional.

- Analice las funciones de la comunicación.

Vaya a la página 334 para ver qué tan bien maneja este material.

OBJETIVO DE
APRENDIZAJE 14.2 ▷ MÉTODOS DE COMUNICACIÓN INTERPERSONAL

Antes de que la comunicación se lleve a cabo, debe haber un propósito, expresado como un **mensaje** que debe transmitirse. Pasa entre una fuente (el emisor) y un receptor. El mensaje se convierte en una forma simbólica (llamada **codificación**) y pasa a través de un medio (**canal**) al receptor, que a su vez traduce el mensaje del emisor (lo que se denomina **decodificación**). El resultado es la transferencia de significado de una persona a otra.[7]

La figura 14-1 ilustra los siete elementos del **proceso de comunicación interpersonal**. Observe que el proceso como tal está sujeto al **ruido**, que consiste en alteraciones que interfieren con la transmisión, recepción o retroalimentación del mensaje. Algunos ejemplos comunes de ruido son una escritura ininteligible, estática telefónica, falta de atención por parte del receptor y sonidos de fondo de alguna maquinaria o personas. No obstante, cualquier cosa que interfiera con la comprensión puede ser ruido, y el ruido puede crear distorsión en cualquier punto del proceso de comunicación.

Figura 14–1

El proceso de la comunicación interpersonal

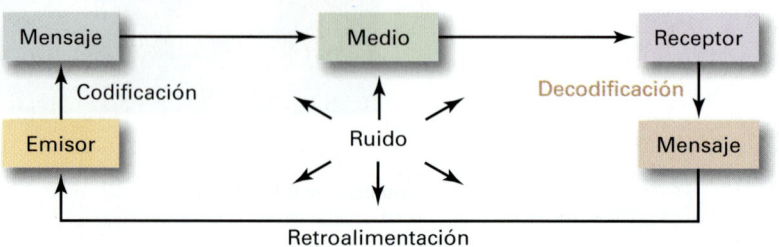

¿Quiénes son?

CARA A CARA

¿CÓMO NOS COMUNICAMOS EN MI COMPAÑÍA?
Reuniones semanales por equipos cada lunes por la mañana; reuniones y evaluaciones trimestrales del equipo; comidas semestrales con cada uno de los empleados en grupos pequeños, y encuestas semestrales a los empleados.

MÉTODOS PARA COMUNICARSE INTERPERSONALMENTE

Digamos que usted necesita comunicarle a sus empleados la nueva póliza de la compañía relacionada con el acoso sexual; o desea felicitar a una de sus trabajadoras por el tiempo extra que trabajó en ayudar a su equipo a completar la orden de uno de los clientes; o debe hablar con uno de sus empleados acerca de los cambios en su trabajo, o quizá le gustaría recibir retroalimentación de sus empleados acerca del presupuesto que propuso para el próximo año. En cada una de estas situaciones, ¿cómo se comunicaría? Los gerentes cuentan con una amplia gama de métodos de comunicación de donde escoger y pueden basarse en 12 preguntas para evaluar dichos métodos:[8]

1. *Retroalimentación.* ¿Qué tan rápidamente puede el receptor responder el mensaje?

2. *Capacidad de complejidad.* ¿Puede el método procesar mensajes complejos de forma efectiva?

3. *Potencial de amplitud.* ¿Cuántos mensajes diferentes se pueden transmitir con este método?

4. *Confidencialidad.* ¿Pueden los comunicadores estar razonablemente seguros de que sus mensajes los recibirán sólo las personas a que están dirigidos?

5. *Facilidad de codificación.* ¿Pueden los emisores utilizar este canal fácil y rápidamente?

6. *Facilidad de decodificación.* ¿Pueden los receptores decodificar mensajes fácil y rápidamente?

7. *Limitación en tiempo y espacio.* ¿Emisores y receptores necesitan comunicarse al mismo tiempo y en el mismo espacio?

8. *Costo.* ¿Cuánto cuesta utilizar este método?

9. *Calidez interpersonal.* ¿Qué tan bien expresa este método la calidez interpersonal?

10. *Formalidad.* ¿Este método cuenta con la cantidad requerida de formalidad?

11. *Capacidad de detección.* ¿Este método permite buscar o detectar fácilmente el mensaje para obtener información importante?

12. *Tiempo de consumo.* ¿El emisor o el receptor tienen el máximo control sobre el mensaje?

La figura 14-2 proporciona una comparación de diversos métodos de comunicación. El método que finalmente elige un gerente debe reflejar las necesidades del emisor, los atributos del mensaje, los atributos del canal y las necesidades del receptor. Por ejemplo, si usted necesita comunicarle a una empleada los cambios que se harán a su trabajo, la comunicación cara a cara sería una mejor elección que un memorándum, ya que podrá resolver cualquier duda o inquietud que ella pudiera tener.

Una parte importante de la comunicación interpersonal es la **comunicación no verbal**, es decir, la comunicación que se transmite sin palabras. Algunas de las comunicaciones más importantes no se dan verbalmente o por escrito. Cuando un catedrático da una clase, no necesita palabras que le digan que sus alumnos ya no están prestando atención cuando comienzan a leer un diario en plena clase. De igual forma, cuando comienzan a guardar su libro, papeles y cuadernos, el mensaje es claro: se acabó el tiempo de la clase. El tamaño de la oficina de una persona o la ropa que viste también transmite mensajes a los demás. Aunque éstas son todas formas de comunicación no verbal, los tipos más conocidos son el lenguaje corporal y la entonación verbal.

El **lenguaje corporal** incluye gestos, expresiones faciales y otros movimientos corporales que expresan un significado. Una persona con el ceño fruncido "dice" algo diferente de una persona que sonríe. Los movimientos de manos, las expresiones faciales y otros ademanes pueden comunicar emociones o temperamentos como agresión, miedo, timidez, arrogancia, alegría e ira.

---

mensaje
Propósito que debe comunicarse.

codificación
Conversión de un mensaje a símbolos.

canal
Medio por el cual viaja un mensaje.

decodificación
Retranscripción del mensaje de un emisor.

proceso de la comunicación interpersonal
Siete elementos involucrados en la transferencia de significado de una persona a otra.

ruido
Cualquier alteración que interfiera con la transmisión, recepción o retroalimentación de un mensaje.

comunicación no verbal
Comunicación transmitida sin palabras.

lenguaje corporal
Gestos, configuraciones faciales y otros movimientos corporales que expresan algún significado.

Figura 14–2 Comparación de los métodos de comunicación

Canal	Potencial de retro-alimentación	Capacidad de complejidad	Potencial de amplitud	Confidencialidad	Facilidad de codificación	Facilidad de tiempo de decodificación	Limitación de espacio	Costo	Calidez personal	Formalidad	Capacidad de detección	Tiempo de consumo
Cara a cara	1	1	1	1	1	1	1	2	1	4	4	E/R
Telefónica	1	4	2	2	1	1	3	3	2	4	4	E/R
Reuniones de grupo	2	2	2	4	2	2	1	1	2	3	4	E/R
Presentaciones formales	4	2	2	4	3	2	1	1	3	3	5	Emisor
Memoranda	4	4	2	3	4	3	5	3	5	2	1	Receptor
Correo postal	5	3	3	2	4	3	5	3	4	1	1	Receptor
Fax	3	4	2	4	3	3	5	3	3	3	1	Receptor
Publicaciones	5	4	2	5	5	3	5	2	4	1	1	Receptor
Boletines	4	5	1	5	3	2	2	4	5	3	1	Receptor
Cintas de audio/video	4	4	3	5	4	2	3	2	3	3	5	Receptor
Líneas de apoyo	2	5	2	2	3	1	4	2	3	3	4	Receptor
Correo electrónico	3	4	1	2	3	2	4	2	4	3	4	E/R
Conferencias por computadora	1	2	2	4	3	2	3	2	3	3	4	Receptor
Correo de voz	2	4	2	1	2	1	5	3	2	4	4	Receptor
Teleconferencias	2	3	2	5	2	2	2	2	3	3	5	E/R
Videoconferencias	3	3	2	4	2	2	2	1	2	3	5	E/R

Nota: los índices están en una escala de 1 a 5 donde 1 = alto y 5 = bajo. El tiempo de consumo se refiere a la persona que controla la recepción de la comunicación. E/R significa que el emisor y el receptor comparten el control.

Fuente: P.G. Clampitt, *Communicating for Managerial Effectiveness* (Newbury Park, CA: Sage Publications, 1991), p. 136.

Conocer el significado detrás de los movimientos corporales de alguien y aprender cómo representar su mejor lenguaje corporal, puede ayudarle personal y profesionalmente.[9]

La **entonación verbal** es el énfasis que una persona da a las palabras o frases para trasmitir un significado. Para ilustrar la manera en que la entonación puede cambiar el significado de un mensaje, suponga que un alumno le hace una pregunta a un profesor. El profesor responde, "¿Qué quieres decir con eso?" La reacción del alumno variará dependiendo del tono de la respuesta del profesor. Un tono vocal suave y tranquilo expresa interés y crea un significado diferente de uno que es abrasivo y pone énfasis en decir la última palabra. La mayoría veríamos la primera entonación como proveniente de alguien interesado sinceramente en aclarar la preocupación del alumno, en tanto que la segunda sugiere que la persona es defensiva o agresiva.

Los gerentes necesitan recordar que cuando se comunican, el componente no verbal por lo común tiene el mayor impacto. No es *lo que* uno dice sino *cómo* lo dice.

REPASO RÁPIDO:
OBJETIVO DE APRENDIZAJE 14.2

- Explique los componentes en el proceso de comunicación.
- Analice los criterios que los gerentes pueden utilizar para evaluar los diversos métodos de comunicación.

- Enliste los métodos de comunicación que los gerentes pueden utilizar.

Vaya a la página 334 para ver qué tan bien maneja este material.

OBJETIVO DE
APRENDIZAJE 14.3 ▷ COMUNICACIÓN INTERPERSONAL EFECTIVA

Los gerentes se enfrentan a barreras que pueden distorsionar el proceso de comunicación interpersonal. Analicemos estas barreras de la comunicación efectiva.

BARRERAS DE LA COMUNICACIÓN

Filtrado. La barrera del **filtrado** es la manipulación deliberada de la información para hacerla parecer más favorable al receptor. Por ejemplo, se filtra la información cuando una persona le dice a su gerente lo que éste quiere oír; o si los emisores condensan la información que se está comunicando hacia arriba a través de los niveles organizacionales, se filtra la información.

Filtrar o moldear información para hacer que se vea mejor ante el receptor puede no siempre ser intencional. Para John Seral, vicepresidente y jefe de información de GE Energy, el problema fue que cuando el presidente preguntó cómo se veía el trimestre, obtuvo una respuesta diferente dependiendo de a quién le preguntaba. Seral resolvió el problema construyendo una base de datos continuamente actualizada de la información financiera más importante de la compañía que da acceso instantáneo, no sólo al presidente sino a 300 gerentes de la compañía, a las cifras de ventas y operaciones en sus computadoras personales y Blackberrys. En vez de que docenas de analistas recopilen la información, los nuevos sistemas requieren de sólo seis.

---

entonación verbal
Énfasis que una persona da a las palabras o frases para trasmitir un significado.

filtrado
Manipulación deliberada de la información para hacerla parecer más favorable al receptor.

La cantidad de filtrado que ocurre tiende a darse en función del número de niveles jerárquicos en la organización y la cultura organizacional; más niveles implican más oportunidades de filtrado. Como las organizaciones hacen mayor uso del trabajo colaborativo y cooperativo, el filtrado de información puede convertirse en un problema menor. Además, el correo electrónico reduce el filtrado porque la comunicación es más directa. Por último, la cultura de una organización promueve o desalienta el filtrado en base al tipo de comportamiento que recompensa. Si las recompensas organizacionales enfatizan el estilo y la apariencia, los gerentes estarán motivados a filtrar las comunicaciones en su favor.

Emociones. La forma de sentir de un receptor al momento de recibir un mensaje influye en la manera en que lo interpreta. Las emociones extremas tienden a dificultar la comunicación efectiva. En dichos casos, a menudo descartamos nuestros procesos racionales y objetivos de pensamiento y los sustituimos por juicios emocionales.

Sobrecarga de información. Cierto gerente de marketing sale a un viaje de negocios de una semana a España, donde no tiene acceso a su correo electrónico y, a su retorno, se encuentra con 1000 mensajes. No es posible leer y responderlos todos y cada uno de los mensajes sin enfrentar una **sobrecarga de información**, la cual se presenta cuando

Cómo manejar una fuerza de trabajo Diversa

Estilos de comunicación de hombres y mujeres

"¡Usted no entiende lo que estoy diciendo y nunca escucha!"; "Está haciendo una tormenta en un vaso de agua." ¿Ha empleado frases como éstas con amigos del sexo opuesto? ¡La mayoría de nosotros lo hemos hecho! Las investigaciones muestran, al igual que la experiencia personal, que los hombres y las mujeres se comunican de formas diferentes.[10]

Deborah Tannen ha estudiado las formas de comunicación entre los hombres y las mujeres, y reporta algunas diferencias interesantes. La esencia de su investigación es que los hombres utilizan la charla para enfatizar el estatus, en tanto que las mujeres lo hacen para crear una conexión. Sostiene que la comunicación entre los sexos puede ser un continuo acto de hacer malabares con nuestras necesidades opuestas de intimidad, lo que sugiere familiaridad y comunión, e independencia, para enfatizar la separación y las diferencias. Entonces, ¡no debe sorprendernos que surjan problemas de comunicación! Las mujeres hablan y oyen un lenguaje de conexión e intimidad. Los hombres oyen y hablan un lenguaje de estatus e independencia. Para muchos hombres, las conversaciones son meramente una forma de preservar la independencia y mantener el estatus en un orden social jerárquico. Pero para muchas mujeres las conversaciones son negociaciones para la intimidad y se utilizan para buscar apoyo y confirmación. Veamos algunos ejemplos de lo que Tannen describió.

Los hombres frecuentemente se quejan de que las mujeres hablan y hablan de sus problemas. Sin embargo, las mujeres critican a los hombres por no escuchar. Lo que sucede es que cuando un hombre oye a una mujer hablar de un problema, él ofrece soluciones para reafirmar su deseo de independencia y control.

Por el contrario, muchas mujeres ven la conversación sobre un problema como una forma de promover la familiaridad. La mujer habla sobre un problema para obtener apoyo y conexión, no para obtener el consejo del hombre.

He aquí otro ejemplo: Los hombres suelen ser más directos que las mujeres en la charla. Un hombre podría decir, "Creo que estás equivocada en ese punto". Una mujer probablemente diría, "¿Has leído el reporte del departamento de marketing al respecto?". La implicación en el comentario de la mujer es que el reporte señalará el error. A menudo, los hombres malinterpretan la tortuosidad de las mujeres como algo "encubierto" o "bajo", pero las mujeres no están tan preocupadas como los hombres por el estatus y la independencia que la franqueza suele crear.

Por último, los hombres critican con frecuencia a las mujeres por parecer que se están disculpando todo el tiempo. Los hombres tienden a ver la frase "Lo siento" como un signo de debilidad, ya que el significado que dan a la frase es que la mujer está aceptando la culpa, cuando quizá él sepa que ella no es culpable. La mujer también sabe que ella no tiene la culpa. Aun así, normalmente dice "Lo siento" para expresar arrepentimiento: "Sé que debes sentirte mal al respecto, y yo también".

¿Cómo pueden manejarse estas diferencias en los estilos de comunicación? Procurar que las diferencias de género no se conviertan en barreras persistentes para la comunicación efectiva requiere aceptación, comprensión y compromiso para comunicarse adecuadamente entre sí. Tanto hombres como mujeres necesitan reconocer que existen diferencias en los estilos de comunicación; que un estilo no es mejor que el otro, y que se necesita hacer un verdadero esfuerzo para "hablar" entre sí de manera exitosa.

la información excede la capacidad de procesamiento de una persona. Los empleados de hoy a menudo se quejan de la sobrecarga de información. Las estadísticas muestran que el usuario promedio de correo electrónico de negocios dedica 107 minutos al día al correo electrónico, alrededor de 25 por ciento de un día de trabajo. Otras estadísticas muestran que los empleados envían y reciben un promedio de 150 mensajes de correo electrónico al día. Y el número mundial de mensajes de correo electrónico enviados diariamente se acerca a 97.3 mil millones.[11] Las exigencias de mantenerse al día con el correo electrónico, los mensajes de texto, las llamadas telefónicas, los faxes, las reuniones y la lectura profesional crean una avalancha de datos. ¿Qué sucede cuando los individuos tienen más información de la que pueden procesar? Tienden a ignorar, pasar por alto, olvidar o seleccionar la información. O bien, pueden dejar de comunicarse. En cualquiera de los casos, el resultado es información perdida y comunicación ineficiente.

Actitud defensiva. Cuando las personas sienten que se les está amenazando, tienden a reaccionar de formas que dificultan la comunicación efectiva y reducen su habilidad de lograr un mutuo entendimiento. Se tornan defensivos, atacan verbalmente a otros, hacen comentarios sarcásticos, son extremadamente críticos o cuestionan las razones de los demás.[12]

Lenguaje. Tanto la autora y periodista conservadora Ann Coulter como el rapero Nelly hablan inglés, pero el lenguaje que cada uno utiliza es en gran medida diferente. Las palabras pueden significar cosas diferentes a personas diferentes. La edad, la educación y los antecedentes culturales son tres de las variables más obvias que influyen en el lenguaje que una persona usa y las definiciones que da a las palabras.

En una organización, los empleados vienen de orígenes diversos y tienen diferentes patrones de discurso. Aun los empleados que trabajan para la misma organización pero en departamentos diferentes tienen diferente **jerga**, es decir, terminología especializada o lenguaje técnico que los miembros de un grupo utilizan para comunicarse entre ellos.

Cultura nacional. Por razones tecnológicas y culturales, los chinos desaprueban el correo de voz.[13] Esto ilustra que las diferencias en la comunicación pueden surgir a partir de la cultura nacional así como de los diferentes lenguajes. Por ejemplo, comparemos países que aprecian el individualismo (como Estados Unidos) y países que enfatizan el colectivismo (como Japón).[14]

En un país individualista como Estados Unidos, la comunicación es en cierto modo formal y claramente detallada. Los gerentes se apoyan en reportes, memoranda y otros tipos formales de comunicación. En un país colectivista como Japón, existe más contacto personal y se promueve la comunicación cara a cara. Un gerente japonés consulta exhaustivamente los asuntos con los subordinados antes de escribir un documento formal para destacar el acuerdo a que se llegó.

FORMAS DE SUPERAR LAS BARRERAS DE LA COMUNICACIÓN

En promedio, un individuo debe escuchar la nueva información siete veces antes de entenderla verdaderamente.[15] A la luz de este hecho y las barreras antes mencionadas, ¿qué pueden hacer los gerentes para ser unos comunicadores más efectivos?

Utilizar la retroalimentación. Muchos problemas de comunicación pueden atribuirse directamente a los malentendidos y las imprecisiones. Estos problemas ocurren con menos frecuencia si el gerente obtiene retroalimentación, verbal y no verbal.

Un gerente pude hacer preguntas sobre un mensaje para determinar si se recibió y se entendió de la manera que estaba planeado. O bien, el gerente puede pedir al receptor

---

sobrecarga de información
Situación en la cual la información excede la capacidad de procesamiento de una persona.

jerga
Terminología especializada o lenguaje técnico que los miembros de un grupo utilizan para comunicarse entre ellos.

que repita el mensaje en sus propias palabras. Si el gerente escucha lo que se trataba de decir, seguramente el entendimiento y la precisión mejorarán. La retroalimentación puede también ser más sutil; los comentarios generales dan a un gerente una idea de la reacción del receptor ante el mensaje.

La retroalimentación no tiene que ser verbal. Supongamos que un gerente envía correos electrónicos con la información de un nuevo reporte mensual de ventas que todos los representantes necesitan completar y algunos de ellos no lo entregan; el gerente de ventas ha recibido retroalimentación que sugiere que necesita aclarar el comunicado inicial. De igual forma, los gerentes pueden buscar señales no verbales para saber si alguien está recibiendo el mensaje.

Simplificar el lenguaje. Ya que el lenguaje puede ser una barrera, los gerentes deben tomar en cuenta a quién se dirigirá el mensaje y adaptar el lenguaje a esas personas. Recuerde que la comunicación efectiva se logra cuando un mensaje se recibe y se *entiende*. Esto es, por ejemplo, que el administrador de un hospital siempre debe tratar de comunicarse en términos claros y de fácil comprensión, así como utilizar un lenguaje adaptado a los diferentes grupos de empleados. Los mensajes dirigidos al personal de cirugía deben ser intencionadamente distintos de los enviados a los empleados de oficina. La jerga puede facilitar el entendimiento si se usa dentro de un grupo que sabe lo que significa, pero puede causar problemas cuando se usa con personas que no lo entienden.

Escuchar activamente. Cuando alguien habla, nosotros oímos. Pero, a menudo, no escuchamos. Escuchar es una búsqueda activa de significado, en tanto que oír es pasivo. Al escuchar, el receptor ayuda a la comunicación.

Muchos de nosotros somos malos oyentes. ¿Por qué? Porque es difícil, y la mayoría preferiría hablar. Escuchar es, de hecho, más cansado que hablar. A diferencia de escuchar, **escuchar activamente**, que significa escuchar para entender el significado completo sin hacer juicios o interpretaciones prematuras, exige una concentración total. La persona promedio normalmente habla a una velocidad de 125 a 200 palabras por minuto. Sin embargo, el oyente promedio puede abarcar hasta 400 palabras por minuto.[16] La diferencia deja al cerebro con mucho tiempo muerto y muchas oportunidades para que la mente divague.

La capacidad de escuchar activamente mejora si se desarrolla empatía con el emisor, es decir, si nos ponemos en la posición del emisor. Como los emisores difieren en actitudes, intereses, necesidades y expectativas, la empatía facilita la comprensión del contenido real de un mensaje. Un oyente empático se reserva su juicio sobre el contenido del mensaje y escucha cuidadosamente lo que se está diciendo. El objetivo es mejorar nuestra habilidad para obtener el significado completo de una comunicación sin distorsionarlo mediante juicios o interpretaciones. En la figura 14-3 se enlistan otros comportamientos específicos presentes en los oyentes activos.

Figura 14–3

Comportamientos de los oyentes activos

Fuente: Basado en P.L. Hunsaker, *Training in Management Skills* (Upper Saddle River, NJ: Prentice Hall, 2001).

Limitar las emociones. Sería ingenuo pensar que los gerentes siempre se comunican de manera racional. Sabemos que las emociones pueden nublar y distorsionar la comunicación. Un gerente molesto puede malinterpretar un mensaje entrante y no comunicar sus mensajes de salida con claridad y precisión. ¿Qué se puede hacer? La respuesta más simple es calmarse y controlar las emociones antes de comunicarse.

Vigilar las señales no verbales. Las acciones dicen más que mil palabras, por lo que es importante asegurarse que sus acciones concuerden con, y refuercen, las palabras que las acompañan. Un comunicador efectivo cuida sus señales no verbales para asegurarse de que transmitan el mensaje deseado.

REPASO RÁPIDO:
OBJETIVO DE APRENDIZAJE 14.3

- Explique las barreras de la comunicación interpersonal efectiva.
- Analice algunas de las formas para superar las barreras de la comunicación interpersonal efectiva.

Vaya a la página 334 para ver qué tan bien maneja este material.

OBJETIVO DE APRENDIZAJE 14.4 ▷ COMUNICACIÓN ORGANIZACIONAL

Entender la comunicación gerencial no es posible sin examinar la comunicación organizacional. En esta sección estudiaremos varios aspectos importantes de la comunicación organizacional, como el debate entre la comunicación formal y la informal, los patrones de flujo de la comunicación y las redes formales e informales de la comunicación.

COMUNICACIÓN FORMAL *VERSUS* COMUNICACIÓN INFORMAL

La comunicación dentro de una organización se define como formal o informal. La **comunicación formal** es aquella que tiene lugar por los acuerdos de trabajo organizacionales prescritos. Por ejemplo, cuando un gerente le pide a un empleado que complete una tarea, ésa es comunicación formal; también lo es cuando un empleado le comunica un problema a su gerente.

La **comunicación informal** es comunicación organizacional no definida por la jerarquía estructural de la organización. Cuando los empleados hablan entre sí en el comedor, caminan por los pasillos o se ejercitan en el gimnasio de la empresa, están manteniendo una comunicación informal. Los empleados forman amistades y se comunican unos con otros. El sistema de comunicación informal cumple con dos propósitos en las organizaciones: (1) permite que los empleados satisfagan su necesidad de interacción social y (2) mejora el desempeño de una organización ya que crea canales alternativos de comunicación que son, a menudo, más rápidos y más eficientes.

DIRECCIÓN DEL FLUJO DE LA COMUNICACIÓN

Veamos las maneras en que puede fluir la comunicación organizacional: hacia abajo, hacia arriba, horizontal o diagonalmente.

Comunicación hacia abajo. Todas las mañanas y a menudo varias veces al día, los gerentes de las instalaciones de entrega de paquetes de UPS reúnen a los trabajadores para juntas obligatorias que duran precisamente 3 minutos cada una. Durante esos 180 segundos, los gerentes transmiten anuncios de la compañía y revisan información local como las condiciones del tránsito o las quejas de los clientes. Después, cada junta termina con un consejo

---

escuchar activamente
Escuchar para entender el significado completo sin hacer juicios o interpretaciones prematuras.

comunicación formal
Comunicación que tiene lugar por los acuerdos de trabajo organizacionales prescritos.

comunicación informal
Comunicación no definida por la estructura jerárquica de la organización.

sobre seguridad. Las reuniones de 3 minutos han sido tan exitosas que muchos de los empleados administrativos de la compañía están usando la idea.[17] Ésta es la **comunicación hacia abajo**, que es cualquier comunicación que fluye de un gerente a los empleados. Se usa para informar, dirigir, coordinar y evaluar a los empleados. Cuando los gerentes establecen las metas de sus empleados utilizan la comunicación hacia abajo; también cuando dan a sus empleados las descripciones de sus puestos, les informan políticas y procedimientos organizacionales, señalan algunos problemas que requieren ser atendidos o evalúan el desempeño de los empleados. La comunicación hacia abajo puede tener lugar a través de cualquiera de los métodos de comunicación descritos con anterioridad.

Comunicación hacia arriba. Los gerentes dependen de sus empleados para obtener información. Por ejemplo, los reportes se entregan a los gerentes para informarles sobre el progreso hacia las metas o para reportar problemas. La **comunicación hacia arriba** es comunicación que fluye de los empleados a los gerentes. Mantiene a los gerentes alerta de cómo se sienten los empleados acerca de sus empleos, sus compañeros de trabajo y la organización en general. Los gerentes también dependen de la comunicación hacia arriba para las ideas de cómo se pueden mejorar las cosas. Algunos ejemplos de comunicación hacia arriba incluyen los reportes de desempeño preparados por los empleados, los mensajes de los empleados en los buzones de sugerencias, las encuestas de actitud para los empleados, los procedimientos conciliatorios, las discusiones gerente-empleado y las sesiones informales de grupo en las que los empleados tienen la oportunidad de discutir los problemas con su gerente o con los representantes de los niveles más altos de la gerencia.

Cuánta comunicación hacia arriba haya depende de la cultura organizacional. Si los gerentes han creado un clima de confianza y respeto y cuentan con un modelo participativo de toma de decisiones o de otorgamiento de facultades de decisión, habrá mucha comunicación hacia arriba ya que los empleados proveen sus ideas para las decisiones. En un ambiente altamente estructurado y autoritario, la comunicación hacia arriba también se da, pero es limitada.

Comunicación horizontal. La comunicación que se da entre los empleados en un mismo nivel organizacional se llama **comunicación horizontal**. En el ambiente dinámico de hoy, frecuentemente se necesitan las comunicaciones horizontales para ahorrar tiempo y facilitar la coordinación. Los equipos multifunciones, por citar un ejemplo, dependen mucho de este tipo de interacción de comunicación. Sin embargo, pueden surgir conflictos si los empleados no mantienen a sus gerentes informados acerca de las decisiones o acciones que han tomado.

Comunicación diagonal. La **comunicación diagonal** es aquella que cruza las áreas de trabajo y los niveles organizacionales. Cuando un analista de crédito se comunica directamente con el gerente regional de marketing para hablar sobre el problema de un cliente (observe la diferencia entre los departamentos y en los niveles organizacionales) se dice que se está llevando a cabo una comunicación diagonal. Debido a su eficiencia y velocidad, la comunicación diagonal puede ser benéfica. El incremento en el uso del correo electrónico facilita la comunicación diagonal. En muchas organizaciones, cualquier empleado puede comunicarse vía correo electrónico con cualquier otro empleado, sin importar el área de trabajo o el nivel dentro de la organización, aun con los altos directivos. En muchas organizaciones los presidentes han adoptado una política de "bandeja de entrada abierta". Por ejemplo, William H. Swanson, presidente de la compañía contratista de la defensa Raytheon Company, calcula que ha recibido y respondido 150,000 correos electrónicos de los empleados. Y Henry McKinnell, Jr., anterior presidente de Pfizer, dice que los aproximadamente 75 correos electrónicos internos que recibía todos los días eran una "avenida de comunicación que de otra manera no podía tener".[18] No obstante, la comunicación diagonal también tiene el potencial de crear problemas si los empleados no mantienen informados a sus gerentes.

REDES DE COMUNICACIÓN ORGANIZACIONAL

Los flujos, vertical y horizontal de la comunicación organizacional se pueden combinar y crear una variedad de patrones llamados **redes de comunicación**. La figura 14-4 ilustra tres redes de comunicación comunes.

Figura 14–4

Redes de comunicación
organizacional

Criterios	Cadena	Rueda	Todo canal
Velocidad	Moderada	Alta	Alta
Precisión	Alta	Alta	Moderada
Presencia del líder	Moderada	Alta	Ninguna
Satisfacción de los miembros	Moderada	Baja	Alta

Tipos de redes de comunicación. En una red tipo *cadena*, la comunicación fluye de acuerdo con la cadena formal de mando, tanto hacia abajo como hacia arriba. Una red tipo *rueda* representa la comunicación que fluye entre un líder claramente identificable y fuerte, y otras personas en un grupo o equipo de trabajo. El líder hace las veces de eje a través del cual pasa toda la comunicación. Finalmente, en la red tipo *todo canal*, la comunicación fluye libremente entre todos los miembros de un equipo de trabajo.

El tipo de red que usted debe emplear dependerá de su objetivo. La figura 14-4 también resume la efectividad de cada red según cuatro criterios: velocidad, precisión, la probabilidad de que emerja un líder y la importancia de la satisfacción de los miembros. Hay una observación: Ninguna red por separado es la mejor para todas las situaciones.

Radiopasillo. No podemos terminar nuestro análisis de redes de comunicación sin tocar el tema del **radiopasillo**, la red informal de comunicación organizacional. El radiopasillo está presente en casi toda organización. ¿Es una fuente importante de información? ¡Por supuesto! Una encuesta reportó que 63 por ciento de los empleados dicen que se enteran de asuntos importantes mediante los rumores o los chismes en el radiopasillo antes de algún comunicado oficial.[19]

Ciertamente, el radiopasillo es una parte importante de cualquier red de comunicación y merece la pena su comprensión.[20] Dado que actúa como un sistema de filtrado y de retroalimentación, destaca aquellos asuntos desconcertantes que los empleados consideran importantes. Es más, desde la perspectiva gerencial, *es* posible analizar lo que está sucediendo en el radiopasillo; es decir, qué información está fluyendo, cómo parece estar fluyendo y qué individuos parecen ser los conductos de la información importante. Estar alerta del flujo y los patrones del radiopasillo permite a los gerentes identificar asuntos que tienen que ver con los empleados y, por ende, utilizar el radiopasillo para diseminar información importante. Como el radiopasillo no puede eliminarse, los gerentes deben "manejarlo" como una red importante de información.

Los rumores que fluyen en el radiopasillo tampoco pueden ser eliminados por completo. Sin embargo, los gerentes pueden minimizar las consecuencias negativas de los mismos. ¿Cómo? Con una comunicación abierta, completa y honesta con los empleados, particularmente en escenarios en que a los empleados podrían no agradarles las decisiones gerenciales propuestas o reales. La comunicación abierta y honesta tiene beneficios positivos para una organización. Un estudio hecho por Watson Wyatt Worldwide concluyó que

---

comunicación hacia abajo
Comunicación que fluye hacia abajo de un gerente a los empleados.

comunicación hacia arriba
Comunicación que fluye hacia arriba de los empleados a los gerentes.

comunicación horizontal
Comunicación que se da entre los empleados en un mismo nivel organizacional.

comunicación diagonal
Comunicación que cruza las áreas de trabajo y los niveles organizacionales.

redes de comunicación
Variedad de patrones de los flujos, vertical y horizontal, de la comunicación organizacional.

radiopasillo
Red informal de comunicación organizacional.

la comunicación efectiva "conecta a los empleados con el negocio, refuerza la visión de la organización, promueve la mejoría de los procesos, facilita el cambio e impulsa los resultados del negocio, ya que cambia el comportamiento de los empleados". Para compañías de una comunicación efectiva, los rendimientos totales de los accionistas fueron 91 por ciento más altos en un periodo de cinco años que para las compañías de una comunicación menos efectiva. Este estudio también reveló que las compañías consideradas comunicadoras altamente efectivas reportaron niveles de compromiso por parte de sus empleados cuatro veces más altos que las compañías que se comunicaban de forma menos efectiva.[21]

REPASO RÁPIDO:
OBJETIVO DE APRENDIZAJE 14.4

- Compare entre la comunicación formal y la informal.
- Explique el flujo de comunicación en una organización.
- Describa las tres redes comunes de comunicación.

- Analice la manera en que los gerentes deben manejar el radiopasillo.

Vaya a la página 334 para ver qué tan bien maneja este material.

OBJETIVO DE APRENDIZAJE 14.5 ▷ TECNOLOGÍA DE LA INFORMACIÓN Y COMUNICACIÓN

La tecnología está cambiando nuestra forma de vivir y trabajar. Considere los siguientes cuatro ejemplos; los empleados, gerentes, amas de casa y adolescentes japoneses utilizan teléfonos Web interactivos inalámbricos para enviar correo electrónico, navegar en la red, intercambiar fotos y jugar juegos de computadora. En DreamWorks Animation, un sofisticado sistema de videoconferencias permite a los animadores en tres lugares distintos editar películas en conjunto. Varios miles de empleados en Ford usan sólo teléfonos celulares, ninguna línea terrestre, en el trabajo. Una reciente encuesta de empleados mostró que 93 por ciento de los encuestados usan Internet en el trabajo.[22]

¡El mundo de la comunicación no es lo que era antes! Aunque la cambiante tecnología ha sido una fuente importante de incertidumbre ambiental a la que se enfrentan las organizaciones, estos mismos cambios tecnológicos han permitido que los gerentes coordinen el trabajo de los empleados de forma más eficiente y efectiva. La tecnología de la información (IT) ahora toca casi todos los aspectos de los negocios de casi todas las compañías. Las implicaciones por la manera de comunicarse de los gerentes son profundas.

CÓMO AFECTA LA TECNOLOGÍA A LA COMUNICACIÓN GERENCIAL

La tecnología de la información ha cambiado radicalmente la manera en que se comunican los miembros de una organización. Por ejemplo, ha mejorado notablemente la habilidad de un gerente de monitorear el desempeño individual y en equipo, ha permitido que los empleados cuenten con información más completa para tomar decisiones más rápidamente y ha proporcionado a los empleados más oportunidades para colaborar y compartir información. Además la IT ha hecho posible que las personas de las organizaciones estén completamente disponibles, a cualquier hora, sin importar dónde se encuentren. Los empleados no tienen que estar en su escritorio con la computadora encendida para comunicarse con otros en la organización. Dos desarrollos de la IT que son especialmente importantes para la comunicación gerencial son los sistemas en red y las capacidades inalámbricas.

Sistemas en red. En un sistema en red, las computadoras de una organización están conectadas. Los miembros de la organización pueden comunicarse entre sí y accesar a la información, ya sea que estén en el corredor, al otro lado de la ciudad o al otro lado del mundo. En este capítulo no examinaremos la mecánica de cómo trabaja un sistema en red sino sus aplicaciones de comunicación, como correo electrónico, mensajes instantáneos, boletines electrónicos y wikis, correo de voz, fax, teleconferencias, videoconferencias e intranets.

Capacidades inalámbricas. En Starbucks Corporation ubicada en Seattle, la tecnología móvil proporciona a los gerentes de distrito más tiempo para ir a las tiendas de la compañía. Un ejecutivo de la compañía comenta, "Éstas son las personas más importantes en la compañía.

Razonamiento crítico sobre Ética

De acuerdo con la encuesta realizada por Harris Interactive, 69 por ciento de los empleados pasan tiempo en sitios Web que no están relacionados con su trabajo y 55 por ciento envían y reciben correos electrónicos personales en el trabajo. Los empleados jóvenes son más propensos a utilizar las computadoras de su empleador por razones personales: 77 por ciento de los trabajadores de entre 18 y 34 años entran a Internet por razones personales y 72 por ciento leen sus cuentas personales de correo electrónico en el trabajo. Una encuesta de Salary.com y AOL reveló que la navegación personal era el método principal de holgazanear en el trabajo. Además, las historias graciosas, los chistes y las imágenes viajan de la bandeja de entrada de un empleado a otra, y otra, y así sucesivamente. Durante los días festivos, la distracción favorita fue un juego de boliche de elfos enviado por correo electrónico.

Aunque éstas pueden parecer actividades divertidas e inofensivas, se estima que estas distracciones tecnológicas cuestan a los negocios más de $54 mil millones al año. Hay un alto costo en dinero asociado con el uso de Internet en horas laborales debido a otras razones diferentes al trabajo, pero ¿existe algún beneficio psicológico que se pueda obtener al permitir que los empleados hagan algo para aliviar el estrés de los empleos con un alto nivel de presión? ¿Qué implicaciones éticas están asociadas con el amplio acceso a Internet en el trabajo, tanto para los empleados como para las organizaciones?[23]

Cada uno tiene entre 8 y 10 tiendas a las que dan servicio. Y si bien su trabajo principal es fuera de la oficina, y en esas tiendas, aun así deben mantenerse conectados".[24] Como muestra este ejemplo, la tecnología de la comunicación inalámbrica tiene la capacidad para mejorar el trabajo de gerentes y empleados. Es más, se puede obtener acceso a Internet a través de Wi-Fi y WiMAX, que son sitios en los que los usuarios obtienen acceso inalámbrico. La cantidad de sitios como éstos continúa creciendo. Las encuestas muestran que los aeropuertos son los sitios más comunes en los que las personas usan el Wi-Fi público, los hoteles ocupan la segunda posición y las cafeterías y cafés ocupan el tercer lugar. También, Londres es el primer lugar en el número total de sesiones Wi-Fi, pero Ámsterdam fue la primera ciudad en Europa con una red WiMAX móvil.[25] Como hay más de 50 millones de trabajadores "móviles" en Estados Unidos, los teléfonos inteligentes, las computadoras portátiles y otros aparatos de comunicación de bolsillo han generado una nueva manera de que los gerentes se mantengan en contacto. Y el número de usuarios de comunicación móvil sigue creciendo.[26] Los empleados no tienen que estar en sus escritorios para comunicarse con otras personas de la organización. A medida que la tecnología inalámbrica mejore, veremos a más miembros de las organizaciones usándola como una forma de colaborar y compartir información.

La tecnología no siempre reduce la comunicación cara a cara. Para hacer el contacto entre empleados más fácil en su centro telefónico y en su departamento de sistemas informáticos, ASB Bank, un banco neozelandés, adoptó una distribución que abarca a cinco áreas en tres pisos diferentes. Hay un área que simula un parque en el centro, un café, un campo de minigolf, una sala de televisión y un área para hacer parrilladas; todo esto ayuda a que la gente se reúna. Desde que cambiaron al nuevo diseño, los gerentes del banco han notado que el volumen de correos electrónicos entre departamentos ha disminuido, lo que indica que la gente se está comunicando en persona con más frecuencia.

CÓMO AFECTA LA TECNOLOGÍA DE LA INFORMACIÓN A LAS ORGANIZACIONES

Monsanto Company deseaba incrementar la visibilidad de algunos proyectos y fortalecer sus argumentos respecto de las cosechas obtenidas por bioingeniería. Con el método YouTube, la compañía envió camarógrafos a Filipinas, Australia y otros países a filmar testimoniales de los granjeros que utilizaban los productos de Monsanto en el cultivo de las cosechas de bioingeniería. Los videos se agregaron al sitio Web de la compañía, el cual ahora atrae a más de 15000 visitantes al mes. El gerente de relaciones públicas a cargo del proyecto dijo, "Cuando la gente involucrada relata cómo ha cambiado su vida y uno de hecho lo ve, es más convincente".[27] Ése es el poder de la tecnología de la información en el trabajo. Los empleados, ya sea que trabajen en equipo o individualmente, necesitan información para tomar decisiones y hacer su trabajo. Es claro que la tecnología *puede* afectar considerablemente la manera en que los miembros de una organización se comunican, comparten información y hacen su labor.

La comunicación y el intercambio de información entre los miembros organizacionales ya no se ven restringidas por la geografía o el tiempo. El trabajo colaborativo entre los individuos, la distribución de la información y la integración de las decisiones y el trabajo a través de toda una organización tienen el potencial de incrementar la eficiencia y eficacia organizacional. Y aun cuando los beneficios de la IT son obvios, los gerentes no deben olvidarse de los obstáculos psicológicos.[28] Por ejemplo, ¿cuál es el costo psicológico de que un empleado esté siempre accesible? ¿Habrá más presión para que los empleados "estén" aun en sus horas libres? ¿Qué tan importante es para los empleados separar su vida laboral y su vida personal? No hay respuestas sencillas a estas preguntas y los gerentes tendrán que enfrentar estas cuestiones, muchas de las cuales hemos tratado en nuestros centros de trabajo virtuales a lo largo del libro.

REPASO RÁPIDO:
OBJETIVO DE APRENDIZAJE 14.5

- Describa la manera en que la tecnología afecta la comunicación gerencial.

- Explique cómo afecta la tecnología de la información a las organizaciones.

Vaya a la página 335 para ver qué tan bien maneja este material.

OBJETIVO DE
APRENDIZAJE 14.6 ▷ SITUACIÓN ACTUAL DE LA COMUNICACIÓN EN LAS ORGANIZACIONES

"Comidas de diagnóstico". Eso es lo que los gerentes de las oficinas de Citibank en toda Malasia utilizaron para tratar los agobiantes problemas de una baja lealtad por parte de los clientes y una baja moral en el personal, además de un incremento en la rotación de empleados. Al conectarse con los empleados y escuchar sus preocupaciones, es decir, "diagnosticarlos", en un entorno de comida informal, los gerentes pudieron hacer los cambios que elevaron la lealtad de los clientes y la moral de los empleados 50 por ciento y redujeron la rotación a casi cero.[29]

Ser un comunicador efectivo en las organizaciones de hoy significa estar conectado con todas las partes interesadas, pero más con los empleados y con los clientes. En esta sección examinaremos cuatro asuntos de comunicación de especial relevancia a los gerentes de hoy: manejo de la comunicación en un mundo de Internet, manejo de los recursos de conocimiento de la organización, comunicación con clientes y uso políticamente correcto de la comunicación.

MANEJO DE LA COMUNICACIÓN EN UN MUNDO DE INTERNET

Como nuestra sección "El dilema de un gerente" señala, el correo electrónico puede consumir a los empleados, pero no siempre es fácil para ellos dejarlo. Pero el correo electrónico es sólo uno de los retos de comunicación en este mundo de Internet. Una encuesta reciente reveló que 20 por ciento de los empleados en las grandes compañías dicen que hacen contribuciones regulares a los boletines electrónicos, las redes sociales, los wikis y otros servicios de la red.[30] Los gerentes están aprendiendo, de la manera difícil a veces, que toda esta nueva tecnología ha creado retos de comunicación especiales. Los dos principales son (1) los asuntos legales y de seguridad, y (2) la falta de interacción personal.

Asuntos legales y de seguridad. Chevron pagó $2.2 millones para solucionar una demanda por acoso sexual que provino de unas bromas inapropiadas que algunos empleados enviaron por correo electrónico. La firma británica Norwich Union tuvo que pagar £450,000 en un acuerdo fuera de la corte después de que un empleado envió un correo que declaraba que la competencia, Western Provident Association, estaba en dificultades financieras. Whole Food Market tuvo que ser investigada por el gobierno y su tribunal después de que su presidente, John P. Mackey, utilizara un seudónimo para subir comentarios en un boletín electrónico (blog) y atacara al rival de la compañía, Wild Oats Markets.[31]

Aunque el correo electrónico, los blogs y otras formas de comunicación en línea son vías rápidas y fáciles para comunicarse, los gerentes necesitan estar conscientes de los problemas legales que pueden resultar de un uso inapropiado. La información electrónica es potencialmente admisible en la corte. Por ejemplo, durante el juicio de Enron, los fiscales presentaron como evidencia correos y otros documentos electrónicos que aseguraron mostraban que los acusados defraudaban a los inversionistas. Un experto comenta, "Hoy en día, el correo electrónico y los mensajes instantáneos son el equivalente electrónico de la evidencia de ADN".[32]

Los problemas legales no son la única preocupación; los problemas de seguridad también son importantes. Una encuesta que trataba sobre el correo electrónico de salida y la seguridad del contenido descubrió que 26 por ciento de las compañías encuestadas veían que sus negocios habían sido afectados por la exposición de información delicada o comprometedora.[33] Los gerentes necesitan asegurarse de que la información confidencial permanezca confidencial. Los correos electrónicos de los empleados y los blogs no deben comunicar, inadvertida o deliberadamente, información confidencial. Los sistemas de cómputo y de correo electrónico de una corporación deben estar protegidos contra los hackers (personas que intentan accesar a los sistemas de cómputo sin una autorización) y contra el spam (correo basura). Éstos son asuntos que deben considerarse si se desea obtener todos los beneficios de la tecnología de la comunicación.

Interacción personal. Otro reto en materia de comunicación planteado por la era de Internet es la falta de interacción personal.[34] Aun cuando dos personas se comuniquen cara a cara, la comprensión no siempre se logra. No obstante, puede ser en particular desafiante alcanzar la comprensión y colaboración para llevar a cabo el trabajo cuando la comunicación se da en un ambiente virtual. En respuesta, algunas compañías han prohibido el correo electrónico en ciertos días, como hemos visto. Otras se han conformado con alentar a los empleados a colaborar más en persona. Aun así, hay situaciones y momentos en los que la interacción personal no es físicamente posible, como cuando sus colegas trabajan al otro lado del continente o incluso al otro lado del mundo. En esos casos, el uso de software de colaboración en tiempo real (como los wikis privados, los blogs, los sistemas de mensajería instantánea y otros tipos de software grupal) puede ser una mejor opción de comunicación que enviar un correo electrónico y esperar una respuesta.[35] En vez de combatirlo, algunas compañías están alentando a sus empleados a utilizar el poder de las redes sociales para colaborar en el trabajo y construir conexiones fuertes. Esto es especialmente atractivo para los empleados jóvenes, quienes se sienten más cómodos con estos medios de comunicación. Algunas compañías incluso han creado sus propias redes sociales. Por ejemplo, los empleados de Starcom MediaVest Group se conectan a SMG Connected para encontrar perfiles de colegas con la descripción de sus trabajos, enlistan las marcas que admiran y describen sus valores. Un vicepresidente de la compañía comenta, "Proporcionar a nuestros empleados una manera de conectarse a Internet en todo el mundo fue sensato, ya que de cualquier modo ya lo hacían".[36]

MANEJO DE LOS RECURSOS DE CONOCIMIENTO DE LA ORGANIZACIÓN

Kara Johnson es experta en materiales en la compañía de diseño de productos IDEO. Para facilitar la tarea de encontrar materiales adecuados, está construyendo una biblioteca maestra de muestras relacionadas con una base de datos en la que se explican sus propiedades y procesos de manufactura.[37] Lo que hace es manejar el conocimiento y les facilita el aprendizaje a las demás personas de IDEO para que se beneficien de su conocimiento. Es eso lo que los gerentes de hoy necesitan hacer con los recursos de conocimiento de la organización, que sea sencillo para los empleados comunicarse y compartir su conocimiento para que aprendan unos de otros diferentes formas de hacer su trabajo de manera más efectiva y eficiente. Una forma de que las organizaciones pueden lograr esto es construir bases de datos de información en línea que los empleados puedan consultar. Por ejemplo, Wiliam Wrigley Jr. Co. lanzó un sitio Web interactivo que permite que los agentes de ventas tengan acceso a los datos de marketing y otra información sobre los productos. Los agentes de ventas pueden consultar a los expertos de la compañía acerca de los productos o buscar un banco de conocimiento en línea. En su primer año, Wrigley calcula que el sitio redujo el tiempo de investigación de la fuerza de ventas aproximadamente 15,000 horas, haciendo que la gente de ventas sea más eficiente y efectiva.[38] Éste es un ejemplo que demuestra cómo pueden usar los gerentes las herramientas de comunicación para manejar este valioso recurso organizacional llamado conocimiento.

Además de bases de datos de información en línea en las que se comparte el conocimiento, algunos expertos en el manejo del conocimiento sugieren que las organizaciones crean **comunidades de práctica**, que son "grupos de personas que comparten una inquietud, un conjunto de problemas o una pasión sobre un tema, y quienes profundizan su conocimiento y experiencia en esa área al interactuar continuamente".[39] Las claves para lograr que esas comunidades funcionen son que el grupo se reúna regularmente y que también utilice sus intercambios de información para mejorar de alguna manera. Por ejemplo, los técnicos en reparación de Xerox cuentan "historias de guerra" para comunicar sus experiencias y ayudar a otros a resolver problemas difíciles a la hora de reparar máquinas.[40] Para hacer que estas comunidades de práctica funcionen, es importante mantener interacciones humanas sólidas a través de la comunicación; los sitios Web interactivos, el correo electrónico y las videoconferencias son herramientas esenciales. Además, estos grupos se enfrentan a los mismos problemas de comunicación que los individuos, filtrado, emociones, actitud defensiva, sobre documentación, etcétera. Sin embargo, los grupos pueden resolver estos asuntos si se enfocan en las sugerencias analizadas anteriormente.

EL PAPEL DE LA COMUNICACIÓN EN EL SERVICIO AL CLIENTE

Usted ha sido cliente muchas veces; de hecho, quizá se halle en situaciones relacionadas con el servicio al cliente varias veces en un día. Entonces, ¿qué tiene que ver esto con la comunicación? Como ha de suponerse, ¡mucho! *Qué* comunicación se lleve a cabo y *cómo* se lleve a cabo pueden tener un impacto considerable en la satisfacción de un cliente con el servicio y en la probabilidad de convertirse en un cliente cautivo. Los gerentes en las compañías de servicio necesitan asegurarse de que los empleados que interactúan con clientes se estén comunicando de manera apropiada y efectiva con esos clientes. ¿Cómo? Primero reconociendo los tres componentes en cualquier proceso de prestación de servicios: el cliente, la organización de servicio y el proveedor de servicio.[41] Cada uno juega un rol en el funcionamiento de la comunicación. Obviamente, los gerentes no tienen mucho control sobre qué y cómo se comunica el cliente, pero pueden influir en las otras dos.

Una organización con una sólida cultura de servicio valora el cuidado que da a sus clientes, como entender sus necesidades, cubrir esas necesidades y dar seguimiento para asegurarse que sean cubiertas de manera satisfactoria. Cada una de estas actividades tiene que ver con la comunicación, ya sea cara a cara, por teléfono o correo electrónico, o a través de otros canales. También, la comunicación es parte de las estrategias específicas de servicio al cliente que la organización persigue. Una estrategia que muchas compañías de servicio utilizan es la personalización. Por ejemplo, en los hoteles Ritz-Carlton, los clientes reciben más que una cama y una habitación limpias. Los clientes que se han hospedado en alguna de sus locaciones anteriormente y que han expresado que hay algunos artículos que para ellos son importantes, como más almohadas, chocolate caliente o cierta marca de champú, encuentran esos artículos esperando en su habitación a su llegada. La base de datos del hotel permite que el servicio sea personalizado de acuerdo con las expectativas de los clientes. Es más, todos los empleados deben comunicar cualquier información relacionada con la prestación del servicio. Por ejemplo, si una camarista oye por casualidad a unos clientes que hablan sobre celebrar su aniversario, él o ella debe transmitir esta información para que se prepare algo especial para la ocasión.[42] La comunicación desempeña un papel importante en la estrategia de personalización del hotel.

La comunicación también es importante para los prestadores de servicio independientes o para los empleados de contacto. La calidad de la interacción interpersonal entre un cliente y un empleado de contacto influye en la satisfacción del cliente.[43] Esto es particularmente cierto cuando el encuentro de servicio no cumple las expectativas. Las personas de primera línea que están involucradas con dichos "encuentros de servicio críticos" a menudo son las primeras en enterarse o notar las fallas en el servicio. Ellas deben decidir *cómo* y *qué* comunicar en estas instancias. Su habilidad para escuchar activamente y comunicarse de manera adecuada con los clientes tiene un impacto importante en si la situación se resuelve a satisfacción del cliente o se sale de control. Otra inquietud respecto de la comunicación para el prestador de servicio individual es asegurarse de que posee la información necesaria para tratar con los clientes de manera eficiente y efectiva. Si un prestador de servicios no tiene la información personalmente, debe haber alguna forma de obtener la información de manera fácil y oportuna.[44]

COMUNICACIÓN POLÍTICAMENTE CORRECTA

Sears dice a sus empleados que utilicen frases como "una persona con una discapacidad" en vez de "una persona discapacitada" cuando se refieran a personas con discapacidades. La compañía también sugiere que a la hora de tratar con una persona en silla de ruedas por más de algunos minutos, el empleado debe sentarse para estar al nivel de la vista del cliente y así lograr un entorno más cómodo para todos.[45] Estas sugerencias, incluidas en un folleto para el empleado que habla sobre la asistencia hacia los clientes con discapacidad, refleja la importancia de la comunicación políticamente correcta. La manera en que se comunica con alguien que no es como usted, los términos que usa al hablarle a un cliente del sexo femenino o las palabras que utiliza para describir a un colega que está en silla de ruedas puede significar la diferencia entre perder a un cliente, a un empleado, una demanda, una queja por acoso o un empleo.[46]

La mayoría estamos conscientes de cómo se ha modificado nuestro vocabulario para reflejar una propiedad política. Por ejemplo, casi todos evitamos utilizar palabras como *minusválido, ciego* y *anciano*, en vez de esos términos utilizamos otros como *persona con capacidades diferentes, persona con deficiencia visual* o *persona mayor* o *de la tercera edad*. Debemos ser sensibles a los sentimientos de los demás. Ciertas palabras estereotipan, intimidan e insultan a otros. Con una fuerza de trabajo cada vez más diversa, debemos ser susceptibles a la manera en que las palabras podrían ofender a otras personas. Si bien hace complicado nuestro vocabulario y dificulta la forma en que las personas se comunican, es algo que los gerentes no pueden ignorar.

Las palabras son el medio principal por el que se comunican las personas. Cuando eliminamos palabras que son políticamente incorrectas, reducimos nuestras opciones para transmitir los mensajes de manera más clara y precisa. En la mayoría de los casos, cuanto más extenso sea el vocabulario utilizado por el emisor y el receptor, más oportunidad habrá de transmitir los mensajes. Si eliminamos determinadas palabras de nuestro vocabulario, dificultamos la tarea de comunicarnos con precisión. Cuando reemplazamos estas palabras por otras nuevas cuyos significados se entienden menos, reducimos la probabilidad de que nuestros mensajes se reciban como lo planeamos.

Debemos cuidar que nuestra elección de palabras no ofenda a los demás. Pero necesitamos reconocer que el lenguaje políticamente correcto restringe la claridad de la comunicación. Nada sugiere que esta creciente ambigüedad en la comunicación vaya a disminuir en el futuro cercano. Éste es sólo un reto más para los gerentes.

comunidades de práctica
Grupos de personas que comparten una inquietud, un conjunto de problemas o una pasión sobre un tema, y quienes profundizan su conocimiento y experiencia en esa área al interactuar continuamente.

REPASO RÁPIDO:

OBJETIVO DE APRENDIZAJE 14.6

- Analice los retos de manejar la comunicación en un mundo de Internet.
- Explique cómo pueden las organizaciones manejar el conocimiento.

- Describa por qué la comunicación con los clientes es un asunto gerencial importante.
- Explique la manera en que la política correcta está afectando la comunicación.

Vaya a la página 335 para ver qué tan bien maneja este material.

¿Quiénes son?

Nuestro turno

Dan Roselli

Presidente y Fundador
Red F Marketing
Charlotte, North Carolina

La prohibición debe terminar, pero ya ha cumplido su propósito. En una organización del tamaño de U.S. Cellular, retirar una herramienta de comunicación tan importante como el correo electrónico 20 por ciento de la semana laboral simplemente no es práctico. Pero, en mi opinión, la prohibición ya ha concienciado a los empleados sobre los peligros del abuso de una herramienta de comunicación y los efectos negativos que puede tener. Estaría muy sorprendido si el protocolo de correo electrónico no mejorara drásticamente después del experimento de Ellison. También daría seguimiento, a través de un recordatorio, a toda la compañía sobre el protocolo apropiado de correo electrónico, pero haría que los desarrollaran los empleados de la organización y no la gerencia. Sé que cada vez que trato de cambiar la cultura, tiene más poder ser capaz de decir, "ustedes pensaron en esto amigos... no fui yo sentado en una montaña ideando locuras".

William Lucci

Director de Educación continua y para adultos
Rutland City Public Schools
Stafford Technical Center Poultney, Vermont

Todos nos hemos vuelto cada vez más dependientes del correo electrónico. Como el número de correos producidos crece exponencialmente, nos enfrentamos a un dilema desconcertante: ¿Cómo aprendemos a utilizar con más eficiencia una herramienta diseñada en sus principios para que la comunicación fuera más eficiente pero que se ha convertido en exactamente lo opuesto?

Los gerentes y líderes más famosos del mundo saben que todavía no existe un sustituto para la atención personal de la comunicación cara a cara, o para el correo postal, o para las llamadas telefónicas sin correo de voz. Ésas son oportunidades de oro para mostrar a los empleados, clientes y otros que la comunicación no siempre se trata de eficiencia.

La decisión de Ellison de retirar el correo electrónico por un día completo pareciera un poco drástica y yo podría sugerirle un enfoque más razonable, como pedir a sus trabajadores que se tomen una hora al día para comunicarse dentro de la oficina sin recurrir al correo electrónico. Esto podría crear las oportunidades de comunicarse mediante el contacto cara a cara o una llamada telefónica. Desenganche lentamente a los empleados del correo electrónico, y creo que el dolor que sientan por separarse de él será muy poco o ninguno.

OBJETIVOS DE APRENDIZAJE
RESUMEN

14.1 ▷ NATURALEZA Y FUNCIÓN DE LA COMUNICACIÓN

- Defina *comunicación, comunicación interpersonal* y *comunicación organizacional*.
- Discuta las funciones de la comunicación.

La comunicación es la transferencia y comprensión del significado. La comunicación interpersonal es la comunicación entre dos o más personas. La comunicación organizacional son todos los patrones, redes y sistemas de comunicación dentro de una organización.

Las funciones de la comunicación incluyen controlar el comportamiento de los empleados, motivarlos, proporcionar un escape para la expresión emocional de los sentimientos y la satisfacción de las necesidades sociales, así como darles información.

14.2 ▷ MÉTODOS DE COMUNICACIÓN INTERPERSONAL

- Explique los componentes en el proceso de comunicación.
- Analice los criterios que los gerentes pueden utilizar para evaluar los diversos métodos de comunicación.
- Enliste los métodos de comunicación que los gerentes pueden utilizar.

Hay siete elementos en el proceso de comunicación. Primero, hay un emisor que tiene un mensaje. Un mensaje es un propósito que debe comunicarse. La codificación es convertir un mensaje en símbolos. Un canal es el medio a través del cual viaja el mensaje. La decodificación es cuando el receptor traduce el mensaje de un emisor. Por último, está la retroalimentación.

Los gerentes pueden evaluar los diversos métodos de comunicación de acuerdo con su retroalimentación, capacidad de complejidad, potencial de amplitud, confidencialidad, facilidad de codificación, facilidad de decodificación, limitación en tiempo y espacio, costo, calidez interpersonal, formalidad, capacidad de detección y tiempo de consumo.

Los métodos de comunicación incluyen la comunicación cara a cara, por vía telefónica, reuniones de grupo, presentaciones formales, memoranda, el correo tradicional, faxes, las publicaciones para empleados, paneles de anuncios, otras publicaciones de la compañía, las cintas de audio y video, líneas de acceso directo, correo electrónico, las conferencias por computadora, el correo de voz, las teleconferencias y las videoconferencias.

14.3 ▷ COMUNICACIÓN INTERPERSONAL EFECTIVA

- Explique las barreras de la comunicación interpersonal efectiva.
- Analice algunas de las formas para superar las barreras de la comunicación interpersonal efectiva.

Entre las barreras de la comunicación efectiva están el filtrado, las emociones, la sobrecarga de información, la actitud defensiva, el lenguaje y la cultura nacional.

Los gerentes pueden superar estas barreras mediante la retroalimentación, por la simplificación del lenguaje, escuchar activamente, limitar las emociones y vigilar las señales no verbales.

14.4 ▷ COMUNICACIÓN ORGANIZACIONAL

- Compare entre la comunicación formal y la informal.
- Explique el flujo de comunicación en una organización.
- Describa las tres redes comunes de comunicación.
- Analice la manera en que los gerentes deben manejar el radiopasillo.

La comunicación formal es aquella que tiene lugar por los acuerdos de trabajo organizacionales prescritos. La comunicación informal no está definida por la estructura jerárquica de la organización.

La comunicación en una organización puede fluir hacia abajo, hacia arriba, horizontal y diagonalmente.

Los tres tipos de redes de comunicación son la cadena, en la que la comunicación fluye de acuerdo con la cadena formal de mando; la rueda, en la cual la comunicación fluye entre un líder claramente identificable y fuerte y los demás dentro de un equipo de trabajo, y la red tipo todo canal, en la cual la comunicación fluye libremente entre todos los miembros de un equipo de trabajo.

Los gerentes deben manejar el radiopasillo como una importante red de comunicación. Pueden minimizar las consecuencias negativas de los rumores al comunicarse con los empleados de manera abierta, total y honesta.

14.5 ▷ TECNOLOGÍA DE LA INFORMACIÓN Y COMUNICACIÓN

- Describa cómo afecta la tecnología la comunicación gerencial.
- Explique cómo afecta la tecnología de la información a las organizaciones.

La tecnología ha cambiado radicalmente la forma de comunicarse de los miembros de una organización. Mejora la habilidad del gerente para monitorear el desempeño; da información más completa a los empleados para que tomen decisiones más rápidamente; ha provisto a los empleados con más oportunidades de colaborar y compartir información, y ha hecho posible que la gente esté totalmente accesible, a cualquier hora y en cualquier lugar.

La IT afecta a las organizaciones, ya que impacta la forma en que los miembros de la misma se comunican, comparten información y hacen su trabajo.

14.6 ▷ SITUACIÓN ACTUAL DE LA COMUNICACIÓN EN LAS ORGANIZACIONES

- Analice los retos de manejar la comunicación en un mundo de Internet.
- Explique cómo pueden las organizaciones manejar el conocimiento.
- Describa por qué la comunicación con los clientes es un asunto gerencial importante.
- Explique la manera en que la política correcta está afectando la comunicación.

Los dos retos principales en el manejo de la comunicación en un mundo de Internet son los asuntos legales y de seguridad, y la falta de interacción personal.

Las organizaciones pueden manejar el conocimiento al facilitar que los empleados se comuniquen y compartan su conocimiento para así aprender unos de otros sobre otras maneras de hacer su trabajo de manera más efectiva y eficiente. Una forma de hacerlo es a través de bases de datos de información en línea y otra es mediante comunidades de práctica.

Comunicarse con los clientes es una cuestión gerencial importante porque el *tipo* de comunicación que se lleva a cabo y la *manera* en que se lleva a cabo pueden afectar considerablemente la satisfacción de un cliente con el servicio así como la probabilidad de que se convierta en un cliente cautivo.

La política correcta afecta la comunicación ya que a veces restringe la claridad de la misma. No obstante, los gerentes deben vigilar que su elección de palabras no ofenda a los demás.

PENSEMOS EN CUESTIONES ADMINISTRATIVAS

1. ¿Por qué comunicación efectiva no es sinónimo de *acuerdo*?
2. ¿Qué cree que sea más importante para un gerente: hablar correctamente o escuchar activamente? ¿Por qué?
3. "La comunicación ineficaz es culpa del emisor". ¿Está usted de acuerdo o en desacuerdo con este enunciado? Analice.
4. ¿De qué manera podrían utilizar los gerentes el radiopasillo en su propio beneficio?
5. ¿La tecnología de la información está ayudando a los gerentes a ser más efectivos y eficientes? Explique su respuesta.
6. Un estudio reciente mostró que 28 por ciento de la información en el día de un trabajador se desperdicia entre interrupciones que se dan por situaciones que no son urgentes ni importantes, como correos electrónicos innecesarios, y el tiempo que toma volver a concentrarse.[47] ¿Le sorprende esta estadística? ¿Cuáles son las implicaciones gerenciales?

SU TURNO *de ser gerente*

- Investigue las características de un buen comunicador. ¿Cuáles son? Ahora, practique ser un buen comunicador, como emisor y como receptor.

- Por un día, lleve un registro de los tipos de comunicación que vea (la figura 14-2 le proporciona una lista de los diferentes tipos). ¿Cuál utiliza con más frecuencia? ¿Menos frecuentemente? ¿Su elección de métodos de comunicación fue efectiva? ¿Por qué sí o por qué no? ¿Podrían haber mejorado? ¿Cómo?

- Por un día, registre la comunicación no verbal que observe en otras personas. ¿Qué tipos observó? ¿La comunicación no verbal coincidió siempre con la comunicación verbal que se estaba llevando a cabo? Describa.

- Investigue los nuevos tipos de aparatos de IT. En un reporte, describa estos aparatos (por lo menos tres) y su aplicabilidad a los empleados y las organizaciones. Asegúrese de observar los aspectos positivos y los negativos.

- Complete el módulo referente a escuchar activamente que se encuentra en mymanagementlab. Su profesor le indicará lo que debe hacer.

- Encueste a cinco gerentes diferentes y obtenga su consejo sobre cómo ser un buen comunicador. Escriba esta información en un formato de lista con viñetas y prepárese para presentarla a su clase.

- Lecturas sugeridas por Steve y Mary: Phillip G. Clampitt, *Communicating for Managerial Effectiveness*, 3a. edición (Sage Publications, 2005); John Baldoni, *Great Communication Secrets of Great Leaders* (McGraw-Hill, 2003); Robert Mai y Alan Akerson, *The Leader as Communicator* (AMACOM, 2003); Boyd Clarke, *The Leader's Voice: How Communication Can Inspire Action and Get Results!* (Select Books, 2002), y Jo-Ellan Dimitrius y Mark Mazzarella, *Reading People* (Random House, 1998).

- Encueste a 10 empleados de oficina. Pregúnteles (1) ¿cuántos mensajes de correo electrónico reciben al día, en promedio?; (2) ¿cuántas veces al día revisan su correo electrónico?; y (3) si piensan que una prohibición sobre los mensajes de correo electrónico un día a la semana sería una buena idea y por qué sí o por qué no. Transfiera esta información a un reporte.

- Elija uno de los cuatro temas tratados en la sección "Situación actual de la comunicación en las organizaciones" e investigue más al respecto. Escriba sus hallazgos en una lista con viñetas y esté preparado para analizarlos en clase. ¡Asegúrese de citar sus fuentes!

- En sus propias palabras, escriba tres cosas que haya aprendido en este capítulo sobre ser un buen gerente.

- La autoevaluación puede resultar una poderosa herramienta de aprendizaje. Vaya a mymanagementlab y complete estos ejercicios de autoevaluación: What's My Face-to-Face Communication Style? (¿Cuál es mi estilo de comunicación cara a cara?), How Good Are My Listening Skills? (¿Qué tan buena es mi habilidad para escuchar?), How Good Am I at Giving Performance Feedback? (¿Qué tan bueno soy para dar retroalimentación sobre el desempeño?). Con los resultados de sus evaluaciones, identifique fortalezas y debilidades personales. ¿Qué hará para reforzar sus fortalezas y mejorar sus debilidades?

PEARSON **mymanagementlab™**   Para más recursos, visite www.mymanagementlab.com

CASO
PRÁCTICO

Chicas chismosas

¿Cuántas veces al día participa en un rumor... ya sea como emisor o como receptor? Aunque quizá piense que los rumores son inofensivos, pueden tener consecuencias muy serias. Así fue para cuatro ex empleadas de Hooksett, New Hampshire, que fueron despedidas por el concejo municipal por rumorar sobre su jefe. Aprendieron, a través de su error, que los rumores pueden costarle el empleo.

Las empleadas fueron despedidas porque una de ellas había utilizado términos peyorativos para describir al administrador y por haber dicho que sostenía una relación sentimental con una subordinada. Las cuatro mujeres reconocieron que sentían resentimiento hacia la subordinada, la cual trabajaba en un puesto creado especialmente y recibía un sueldo mayor al de dos de ellas, a pesar de tener menos experiencia y antigüedad.

A pesar de una apelación por su destitución, el concejo municipal de Hooksett no cambió el veredicto y declaró,

Ex empleadas del ayuntamiento de Hooksett, NH, de izquierda a derecha, Sandra Piper, Joann Drewniak, Jessica Skorupski y Michelle Bonsteel.

"Estas empleadas no representan los mejores intereses de la ciudad de Hooksett y los falsos rumores, chismes y comentarios despectivos han contribuido a un ambiente de trabajo negativo y al descontento entre los demás trabajadores". A pesar de haber atraído la atención de los medios nacionales y de una petición firmada por 419 residentes, que pedían que fueran reinstaladas, el consejo municipal ha permanecido inamovible en su decisión. El abogado de las cuatro mujeres argüía que sus clientes "cuestionaban legítimamente el comportamiento de su supervisor y el que la subordinada tuviera un trato preferencial. Llamarle rumorar le resta valor a la situación. Puede haber sido una conversación frívola, no particularmente considerada, pero no había intención de hacer daño".

Preguntas de análisis

1. ¿Qué piensa de esta situación? ¿Está de acuerdo con la decisión del concejo municipal sobre despedir y negarse a reinstalar a las empleadas?

2. En una encuesta reciente, 60 por ciento de las personas encuestadas indicaron que el mayor motivo de queja que tienen sobre sus empleos son los rumores. Investigue el tema de los rumores y/o chismes en el lugar de trabajo. ¿Los rumores en el lugar de trabajo siempre son malos? Debata. ¿Podrían en algún momento ser útiles para los gerentes?

3. En retrospectiva, ¿qué otra cosa diferente podrían haber hecho estas cuatro mujeres?

4. ¿Qué implicaciones puede considerar para los gerentes y la comunicación a partir de esta historia?

Fuentes: J. McGregor, "Mining the Office Chatter", *BusinessWeek*, 19 de mayo de 2008, p. 54; E. Zimmerman, "Gossip is Information by Another Name", *New York Times* en línea, www.nytimes.com, 3 de febrero de 2008; A. Fisher, "Harmless Office Chitchat or Poisonous Gossip?", *CNNMoney.com*, 12 de noviembre de 2007; S. Armour, "Did You Hear the Story About Office Gossip?", *USA Today*, 10 de septiembre de 2007, pp. 1B+; "Women Lose Jobs over Office Scuttlebutt", *AARP Bulletin*, julio-agosto de 2007, p. 11; G. Cuyler, "Hooksett 4 to Seek Judge's Aid in Getting Jobs Back", *New Hampshire Union Leader*, 25 de junio de 2007, y P.B. Erickson, "Drawing the Line Between Gossip, Watercooler Chat," *NewsOK.com*, 15 de junio de 2005.

¿Quiénes son?

Conozca al gerente

Traci D. Hart

Gerente de Ventas y Servicios al cliente, Centro telefónico Replacements Ltd.
Greensboro, North Carolina

MI TRABAJO: Gerente de ventas y Servicios al cliente en un centro telefónico.

LA MEJOR PARTE DE MI TRABAJO: Mi trabajo me permite ser creativa diariamente.

LA PEOR PARTE DE MI TRABAJO: Cada día se presentan retos únicos con conflicto de prioridades. No todos los días son sensacionales.

EL MEJOR CONSEJO GERENCIAL RECIBIDO: Procura contratar personas que aporten diferentes fortalezas o habilidades que complementen las tuyas.

A lo largo del capítulo sabrá más sobre esta gerente real.

Capítulo 15

Cómo motivar a los empleados

Motivar y recompensar a los empleados es una de las actividades más importantes y desafiantes que los gerentes llevan a cabo. Para lograr que los empleados pongan su máximo empeño en el trabajo, los gerentes necesitan saber la forma y la razón de su motivación. Esto es lo que examinaremos en este capítulo. Conforme lea y estudie este capítulo, enfóquese en los siguientes objetivos de aprendizaje.

OBJETIVOS DE APRENDIZAJE

El dilema de un gerente

T-Mobile cuenta con un arma secreta que ha resultado ser muy efectiva en una industria altamente competitiva.[1] Su nombre es Sue Nokes y es la jefe del departamento de operaciones y servicio al cliente. En este puesto tiene a su cargo 15,000 empleados en Estados Unidos, que, al parecer, la aman. Su personalidad, según la describen, es una loca combinación de Rosie O'Donnell, Evita Perón y la tía Mame. Una de las cosas que impulsan a Nokes es su eterna creencia de que hacer feliz a un cliente es mucho más fácil cuando los empleados de verdad disfrutan su trabajo y sienten que lo que hacen realmente importa. Trabaja muy duro para infundir esta idea en sus empleados. Una de sus habilidades más importantes es la capacidad de escuchar. De hecho, apenas fue contratada inició una campaña para escuchar. Preguntaba de qué se quejaban los clientes y qué mejoras deseaban ver los empleados. Ahora, cuando visita los centros telefónicos de la compañía, siempre hace dos preguntas: ¿Qué hay de bueno?, y ¿Qué hay de malo? Entonces, escucha, y es brutalmente honesta con los empleados en cuanto a lo que está ocurriendo. Póngase en su situación. ¿Qué más podría hacer para lograr que los empleados se interesaran por los clientes?

¿Usted qué haría?

Los gerentes exitosos, incluyendo a Sue Nokes, entienden que lo que les motiva personalmente puede tener muy poco o ningún efecto en absoluto en los demás. Sólo porque *usted* está motivado por ser parte de un equipo de trabajo unido, no asuma que todos los demás lo estarán. O sólo porque *usted* está motivado por su empleo no significa que todos los demás lo estén. Los gerentes efectivos que logran que sus empleados den su máximo esfuerzo conocen la forma y las razones por las que esos empleados están motivados y confeccionan prácticas motivacionales para satisfacer sus necesidades y deseos.

OBJETIVO DE
APRENDIZAJE 15.1 ▷ ¿QUÉ ES LA MOTIVACIÓN?

Neil Lebovits, presidente de Ajilon, una compañía con base en New Jersey, que provee de personal, enfrentó serios problemas con los empleados.[2] La rotación era elevada y la moral baja. Lo más grave fue cuando ofreció una fiesta al salir del trabajo y sólo 5 de 50 empleados se tomaron la molestia de asistir. Lebovits quería mejorar el espíritu de los empleados, pero como muchos otros gerentes, no contaba con los recursos para otorgar grandes aumentos de sueldo. Por lo que intentó varias cosas diferentes que no costarían mucho dinero. Comenzó un programa interno de capacitación sobre los diferentes temas en que los empleados habían mostrado interés. Inició conferencias telefónicas mensuales con cada uno de los empleados para discutir las decisiones gerenciales punto por punto. Estableció una dirección de correo electrónico que los empleados podían utilizar para proponer ideas, y respondió a cada uno de ellos. A cada empleado le otorgó tres días de asueto (*YDO, Your Day Off*) al año sin preguntar para qué los tomarían. Después de haber implementado estos cambios, la moral del personal se elevó vertiginosamente. Los empleados incluso enviaron notas entusiastas a Lebovits en las que decían que se sentían energizados.

Neil Lebovits es un buen motivador. Como él, todos los otros gerentes necesitan tener la capacidad de motivar a sus empleados. Eso requiere entender qué es motivación.

Comencemos por señalar lo que no es motivación. ¿Por qué? Porque muchas personas, incorrectamente, ven la motivación como un rasgo personal; es decir, piensan que algunas personas están motivadas y otras no. Nuestro conocimiento sobre motivación nos dice que no podemos etiquetar a las personas de esa forma ya que los individuos difieren en cuanto a su impulso motivacional y por lo general su motivación varía de una situación a otra. Por ejemplo, probablemente en algunas clases usted esté más motivado que en otras.

La **motivación** se refiere al proceso mediante el cual los esfuerzos de una persona se ven energizados, dirigidos y sostenidos hacia el logro de una meta.[3] Esta definición tiene tres elementos clave: energía, dirección y perseverancia.[4]

El elemento *energía* es una medida de intensidad o impulso. Una persona motivada pone mayor empeño y trabaja duro. Sin embargo, también debe considerarse la calidad del esfuerzo. Los niveles altos de empeño no necesariamente llevan a un desempeño laboral favorable a menos que sea canalizado en una *dirección* que beneficie a la organización. El esfuerzo dirigido de manera consistente hacia las metas de la organización es la clase de empeño que queremos de nuestros empleados. Por último, la motivación incluye una dimensión de *perseverancia*. Queremos empleados que perseveren en dar su mayor esfuerzo para alcanzar esas metas.

Promover altos niveles de motivación en el desempeño laboral es un asunto organizacional importante, y los gerentes siguen buscando las respuestas. Por ejemplo, una encuesta reciente de Gallup reveló que a una vasta mayoría de los empleados en Estados Unidos, algo así como 73 por ciento, no les entusiasmaba su trabajo. Como declararon los investigadores, "Estos empleados —básicamente— ya se han ido. Los días de trabajo les pasan inadvertidos, aportan tiempo pero no energía o pasión a su trabajo".[5] Por tanto, no debe sorprendernos que tanto gerentes como investigadores quieran entender y explicar la motivación de los empleados.

REPASO RÁPIDO:
OBJETIVO DE APRENDIZAJE 15.1

- Defina el concepto de motivación.
- Explique los tres elementos clave de la motivación.

Vaya a la página 363 para ver qué tan bien maneja este material.

OBJETIVO DE APRENDIZAJE 15.2 ▷ **PRIMERAS TEORÍAS SOBRE LA MOTIVACIÓN**

Comenzamos por examinar cuatro de las primeras teorías sobre la motivación: *Teoría de la jerarquía de las necesidades de Maslow*, *Teoría X y Teoría Y de McGregor*, *Teoría de los dos factores de Herzberg*, y *Teoría de las tres necesidades de McClelland*. Aunque se han desarrollado explicaciones más válidas acerca de la motivación, estas primeras teorías son importantes porque representan los cimientos a partir de los cuales se desarrollaron teorías contemporáneas sobre la motivación y porque muchos gerentes practicantes todavía las utilizan.

TEORÍA DE LA JERARQUÍA DE LAS NECESIDADES DE MASLOW

Tener un automóvil para llegar a sus labores es una necesidad para muchos trabajadores. Cuando dos empleados importantes de Vurv Technology en Jacksonville, Florida, tuvieron dificultades para llegar al trabajo, el dueño, Derek Mercer, decidió comprar dos automóviles usados para esos empleados. Dijo, "Sentí que eran empleados buenos y valiosos para la compañía". Uno de los empleados que recibió automóvil dijo, "No era el mejor automóvil. Ni era el más bonito. Pero ciertamente me hizo feliz. Las semanas de 80 horas que trabajamos después de eso se hicieron nada. Fue dar y recibir. Yo estaba dando y la compañía, definitivamente, me estaba dando algo a cambio".[6] Derek Mercer entiende las necesidades de los empleados y su efecto en la motivación. La primera teoría de la motivación que analizaremos trata sobre las necesidades de los empleados.

motivación
Proceso por el cual los esfuerzos de una persona se energizan, dirigen y sostienen hacia el logro de una meta.

La teoría más conocida acerca de la motivación es probablemente la **teoría de la jerarquía de las necesidades**[7] de Abraham Maslow, psicólogo que propuso que dentro de cada persona existe una jerarquía de cinco necesidades:

1. **Necesidades fisiológicas.** Las necesidades de una persona de comida, bebida, refugio, sexo, y otros requerimientos físicos.

2. **Necesidades de seguridad.** Las necesidades de una persona de seguridad y protección ante el daño físico y emocional, así como la seguridad de que las necesidades físicas se seguirán cubriendo.

3. **Necesidades sociales.** Las necesidades de una persona de afecto, pertenencia, aceptación y amistad.

4. **Necesidades de estima.** Las necesidades de una persona de factores internos de estima, como el respeto por sí mismo, la autonomía y el logro, y los factores externos de estima, como el estatus, el reconocimiento y la atención.

5. **Necesidades de autorrealización.** Las necesidades de una persona de crecimiento, de lograr su potencial y de realización personal; la motivación para convertirse en lo que uno tiene la capacidad de llegar a ser.

Maslow argumentaba que cada nivel en la jerarquía de necesidades debe satisfacerse por completo antes de que la siguiente necesidad se vuelva dominante. Un individuo sube en la jerarquía de necesidades de un nivel al otro. (Vea la figura 15-1.) Además, Maslow separó las cinco necesidades en niveles superiores e inferiores. Consideró las necesidades fisiológicas y de seguridad como *necesidades de orden inferior* y las sociales, de estima y de autorrealización como *necesidades de orden superior*. Las necesidades de orden inferior se satisfacen externamente, en tanto que las necesidades de orden superior se satisfacen de manera interna.

¿Cómo explica la motivación la teoría de Maslow? Los gerentes utilizan la jerarquía de Maslow para motivar a los empleados a hacer cosas que satisfagan sus necesidades. Pero la teoría también dice que una vez que una necesidad se satisface por completo, un individuo no está motivado para satisfacer esa necesidad. Por lo tanto, para motivar a alguien, necesita entender en qué nivel de necesidad dentro de la jerarquía se encuentra esa persona y concentrarse en satisfacer las necesidades de ese nivel o sobre ese nivel.

La teoría de la jerarquía de las necesidades de Maslow fue bastante aceptada durante las décadas de 1960 y 1970, en especial entre los gerentes practicantes, quizá porque era intuitivamente lógica y fácil de entender. Pero Maslow no dio soporte empírico alguno a su teoría, y diversos estudios que intentaron validarla no lo consiguieron.[8]

TEORÍA X Y TEORÍA Y DE McGREGOR

Douglas McGregor es mejor conocido por proponer dos supuestos sobre la naturaleza humana: la Teoría X y la Teoría Y.[9] De manera muy simple, la **Teoría X** es una visión negativa de las personas, la cual asume que los trabajadores tienen pocas ambiciones, les disgusta su empleo, quieren evitar las responsabilidades y necesitan ser controlados de cerca para trabajar efectivamente. La **Teoría Y** es una visión positiva que supone que los empleados disfrutan el trabajo, buscan y aceptan las responsabilidades, y utilizan su autodirección. McGregor creía que los supuestos de la Teoría Y debían guiar la práctica gerencial y proponía que la participación en la toma de decisiones, los trabajos de responsabilidad y desafíos, así como las buenas relaciones en el grupo, maximizarían la motivación de los empleados.

Desafortunadamente, no hay pruebas que confirmen que alguno de los conjuntos de supuestos sea válido o que ser un gerente de la Teoría Y sea la única manera de motivar a

Figura 15–1

Jerarquía de las necesidades de Maslow

los empleados. Por ejemplo, a Jen-Hsun Huang, fundador de Nvidia Corporation, innovadores y exitosos fabricantes de microchips, se le conoce por usar abrazos tranquilizantes y amor firme cuando motiva a sus empleados. Pero tiene poca tolerancia para los errores. "En una legendaria reunión, se dice que atacó severamente a un equipo de proyecto por su tendencia a repetir sus errores. '¿Son tontos?' preguntó a los desconcertados empleados. 'Porque si son tontos, solamente pónganse de pie y digan que son tontos'".[10] Su mensaje, pronunciado en el clásico estilo de la Teoría X, fue que si uno necesitaba ayuda debía pedirla. Es una propuesta dura, pero en este caso, funcionó.

TEORÍA DE LOS DOS FACTORES DE HERZBERG

Frederick Herzberg, en su **teoría de los dos factores** (también llamada teoría de la motivación e higiene) propone que los factores intrínsecos están relacionados con la satisfacción laboral, en tanto que los factores extrínsecos están asociados a la insatisfacción laboral.[11] Herzberg quería saber cuándo la gente se sentía excepcionalmente bien (satisfecha) o mal (insatisfecha) en sus puestos. (La figura 15-2 muestra estos resultados.) Concluyó que las respuestas de las personas cuando se sentían bien acerca de su empleo eran muy diferentes de las que daban cuando se sentían mal. Ciertas características estaban consistentemente relacionadas con la satisfacción laboral (los factores del extremo izquierdo de la figura), y otras se relacionaban con la insatisfacción laboral (los factores del extremo derecho de la figura). Cuando las personas se sentían bien en cuanto a sus trabajos, tendían a citar factores intrínsecos propios del puesto mismo, como el logro, el reconocimiento y la responsabilidad. Por otra parte, cuando se sentían insatisfechas, tendían a citar factores extrínsecos que se presentaban a partir del contexto laboral, como las políticas y la administración, la supervisión, las relaciones interpersonales y las condiciones laborales de la compañía.

Además, Herzberg creía que los datos sugerían que lo opuesto a satisfacción no era insatisfacción, como se solía creer. Eliminar las características insatisfactorias de un empleo no necesariamente haría ese empleo más satisfactorio (o motivante). Como se muestra en la figura 15-3, Herzberg propuso que existía un rango dual: Lo opuesto a "satisfacción" es "no satisfacción", y lo opuesto a "insatisfacción" es "no insatisfacción".

Nuevamente, Herzberg creía que los factores que llevaban a la satisfacción laboral eran distintos de aquellos que llevaban a la insatisfacción laboral. Por tanto, los gerentes que buscaban eliminar los factores que generaban insatisfacción laboral podían evitar que

Figura 15–2

Teoría de los dos factores de Herzberg

Motivadores	Factores de higiene
• Logro • Reconocimiento • El trabajo en sí mismo • Responsabilidad • Avance • Crecimiento	• Supervisión • Políticas de la compañía • Relación con el supervisor • Condiciones laborales • Salario • Relación con los colegas • Vida personal • Relación con los subordinados • Estatus • Seguridad
Extremadamente satisfecho	Neutral	Extremadamente insatisfecho

teoría de la jerarquía de las necesidades
Teoría de Maslow de que existe una jerarquía de cinco necesidades humanas: fisiológicas, de seguridad, sociales, de estima y de autorrealización.

necesidades fisiológicas
Necesidades de una persona de comida, bebida, refugio, sexo y otros requerimientos físicos.

necesidades de seguridad
Necesidades de una persona de seguridad y protección ante el daño físico y emocional.

necesidades sociales
Necesidades de una persona de afecto, pertenencia, aceptación y amistad.

necesidades de estima
Necesidades de una persona de factores internos de estima, tales como el respeto por sí mismo, la autonomía y el logro, y los factores externos de estima, como el estatus, el reconocimiento y la atención.

necesidades de autorrealización
Necesidades de una persona de crecimiento, de lograr su potencial y de realización personal; la motivación para convertirse en lo que uno tiene la capacidad de llegar a ser.

Teoría Y
Propone que los empleados son creativos, disfrutan su trabajo, buscan las responsabilidades y pueden hacer uso de su autodirección.

Teoría X
Propone que a los empleados les disgusta su trabajo, son flojos, evitan las responsabilidades y deben ser coaccionados para desempeñarse.

Teoría de los dos factores
Teoría de la motivación de Herzberg que propone que los factores intrínsecos están relacionados con la satisfacción laboral y la motivación, en tanto que los factores extrínsecos están asociados a la insatisfacción laboral.

Figura 15–3

Visiones contrastantes sobre la satisfacción-insatisfacción

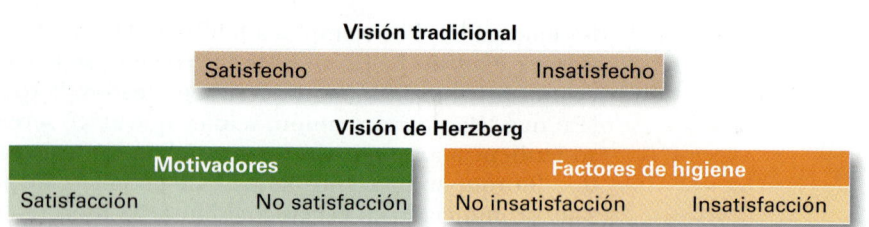

las personas estuvieran insatisfechas pero no necesariamente les motivaba. Llamó **factores de higiene** a los factores extrínsecos que generaban insatisfacción laboral. Cuando estos factores son adecuados, las personas no se sienten insatisfechas, pero tampoco se sienten satisfechas (o motivadas). Para motivar a las personas, Herzberg sugirió enfatizar los **motivadores**, es decir, los factores intrínsecos relacionados con el trabajo mismo.

La teoría de los dos factores fue muy aceptada desde la segunda mitad de la década de 1960 hasta los primeros años de la década de 1980, a pesar de las críticas a los procedimientos y metodología de Herzberg. Aunque algunos críticos sugirieron que esta teoría era demasiado simplista, ha influido en cómo diseñamos los puestos en la actualidad.

TEORÍA DE LAS TRES NECESIDADES DE McCLELLAND

David McClelland y sus colegas propusieron la **teoría de las tres necesidades**, que sostiene que hay tres necesidades adquiridas (no innatas) que son motivadores importantes en el trabajo.[12] Estas tres necesidades son la **necesidad de logros (nAch)**, la cual es la motivación para triunfar y sobresalir en relación con un conjunto de estándares; la **necesidad de poder (nPow)**, que es la necesidad de hacer que otros se comporten de manera diferente a la que se hubieran conducido en otras circunstancias, y la **necesidad de afiliación (nAff)**, la cual es el deseo de relaciones interpersonales cercanas y de amistad. De estas tres necesidades, la que se ha investigado más a fondo es la necesidad de logros.

Las personas que tienen una gran necesidad de logros se esfuerzan por alcanzar el logro personal en vez de las trampas y recompensas del éxito. Tienen el deseo de hacer algo mejor o de manera más eficiente que antes.[13] Prefieren trabajos que ofrezcan una responsabilidad personal de encontrar las soluciones a los problemas, en los cuales puedan recibir retroalimentación rápida y clara sobre su desempeño para saber si están mejorando, y en los cuales puedan establecer metas moderadamente desafiantes. Los grandes realizadores evitan aquellas tareas que perciben como muy sencillas o muy difíciles. También, una alta necesidad de logro no lleva de manera necesaria a ser un buen gerente, en especial en las grandes organizaciones. Eso se debe a que los grandes realizadores se enfocan en sus *propios* logros, en tanto que los buenos gerentes hacen hincapié en ayudar a *otros* a lograr sus metas.[14] McClelland demostró que se puede enseñar a los empleados a estimular su necesidad de logro al estar en situaciones en las cuales tengan responsabilidades personales, retroalimentación y riesgos moderados.[15]

No se han estudiado las otras dos necesidades de esta teoría tan exhaustivamente como la necesidad de logro. Sin embargo, sí sabemos que los mejores gerentes tienden a tener una alta necesidad de poder y una baja necesidad de afiliación.[16]

Estas tres necesidades se pueden medir usando una prueba proyectiva (conocida como la Prueba de Apercepción Temática [TAT]), en la cual los individuos reaccionan ante un conjunto de imágenes. Después de que una persona ve brevemente cada imagen, escribe una historia basada en la imagen. (Vea la figura 15-4 para algunos ejemplos.) Después, intérpretes capacitados determinan los niveles de nAch, nPow y nAff de los individuos, a partir de las historias escritas.

REPASO RÁPIDO:

OBJETIVO DE APRENDIZAJE 15.2

- Describa cómo puede utilizarse la jerarquía de necesidades de Maslow para motivar.
- Analice cómo abordan la motivación los gerentes de la Teoría X y la Teoría Y.

- Explique la teoría de los dos factores de Herzberg.
- Describa la teoría de las tres necesidades.

Vaya a la página 364 para ver qué tan bien maneja este material

Figura 15–4 Imágenes de la Prueba de Apercepción Temática

nAch: Indicada por alguien en la historia que desea desempeñar o hacer algo mejor.
nAff: Indicada por alguien en la historia que desea estar con alguien más y disfrutar de una amistad mutua.
nPow: Indicada por alguien en la historia que desea tener un impacto o dejar una buena impresión en las demás personas de la historia.

OBJETIVO DE
APRENDIZAJE 15.3 ▷ TEORÍAS CONTEMPORÁNEAS SOBRE LA MOTIVACIÓN

Las teorías que veremos en esta sección representan explicaciones actuales de la motivación de los empleados. Aunque estas teorías quizá no sean tan conocidas como las que acabamos de examinar, están apoyadas por la investigación.[17] Estos enfoques contemporáneos sobre la motivación son la teoría del establecimiento de metas, la teoría del refuerzo, la teoría del diseño de puestos, la teoría de la equidad y la teoría de las expectativas.

TEORÍA DEL ESTABLECIMIENTO DE METAS

En la división de investigación de Wyeth, el vicepresidente ejecutivo Robert Ruffolo estableció a los científicos cuotas desafiantes sobre los nuevos productos a fin de generar mayor eficiencia en el proceso de innovación. Y condicionó los bonos al cumplimiento de esas metas.[18] Antes de presentar una asignación o un proyecto de clase importantes, ¿algún maestro le ha alentado a que "Sólo haga lo mejor posible"? ¿Qué significa el vago enunciado de "haga lo mejor posible"? ¿Su desempeño en el proyecto habría sido mejor si ese maestro le hubiera dicho que necesitaba una puntuación de 93 por ciento para mantener su A en la clase? Las investigaciones acerca de la teoría del establecimiento de metas tratan estos asuntos; los descubrimientos, como usted verá, son impresionantes en términos del efecto de la especificación, el desafío y la retroalimentación de las metas sobre el desempeño.[19]

Hay suficiente trabajo de investigación de respaldo para la **teoría del establecimiento de metas**, que indica que las metas específicas mejoran el desempeño y las metas difíciles, cuando se aceptan, dan como resultado un desempeño mejor que el que se obtiene con las metas fáciles. ¿Qué nos dice la teoría del establecimiento de metas?

---

factores de higiene
Factores que eliminan la insatisfacción laboral, pero que no motivan.

motivadores
Factores que hacen que la satisfacción laboral y la motivación crezcan.

teoría de las tres necesidades
Teoría de la motivación de McClelland que sostiene que hay tres necesidades adquiridas (no innatas) que son motivadores importantes en el trabajo: logros, poder y afiliación.

necesidad de logros (nAch)
Motivación para triunfar y sobresalir en relación con un conjunto de estándares.

necesidad de poder (nPow)
Necesidad de hacer que otros se comporten de manera diferente a la que se hubieran conducido en otras circunstancias.

necesidad de afiliación (nAff)
Deseo de relaciones interpersonales cercanas y de amistad.

teoría del establecimiento de metas
Proposición de que las metas específicas mejoran el desempeño y las metas difíciles, cuando se aceptan, dan como resultado un desempeño mejor que el que se obtiene con las metas fáciles.

Primero, trabajar hacia una meta es una fuente principal de motivación en el empleo. Estudios en el establecimiento de metas han demostrado que las metas específicas y desafiantes son fuerzas motivadoras superiores.[20] Dichas metas producen un resultado más grande que la meta generalizada "haga lo mejor posible". La especificación de la meta en sí actúa como un estímulo interno. Por ejemplo, cuando un representante de ventas se compromete a hacer ocho visitas de ventas diariamente, esta intención le da una meta específica que alcanzar.

No es una contradicción que la teoría del establecimiento de metas diga que las metas *difíciles* maximizan la motivación, en tanto que la motivación por logros (de la teoría de las tres necesidades) se ve estimulada por metas *moderadamente desafiantes*.[21] Primero, la teoría del establecimiento de metas habla de la gente en general, mientras que las conclusiones de la motivación por logros se basa en personas con un nivel elevado de nAch. Dado de que no más de 10 o 20 por ciento de los norteamericanos son grandes realizadores (una proporción que muy probablemente sea menor en países subdesarrollados), aun así se recomiendan metas difíciles para la mayoría de los empleados. Segundo, las conclusiones de la teoría del establecimiento de metas aplican a quienes aceptan y se comprometen con las metas. Las metas difíciles resultarán en un alto desempeño *sólo* si se aceptan.

Seguimos, ¿los empleados se esforzarán más si tienen la oportunidad de participar en el establecimiento de las metas? No siempre. En algunos casos, las metas establecidas en conjunto provocan un desempeño superior; en otros casos, los individuos de desempeñan mejor cuando su gerente les asigna las metas. Sin embargo, quizá sea preferible la participación en vez de la asignación de metas cuando los empleados pudieran resistirse a aceptar retos difíciles.[22]

Por último, sabemos que las personas trabajarán mejor si obtienen retroalimentación acerca de su progreso hacia las metas porque ésta les ayuda a identificar las discrepancias entre lo que han hecho y lo que desean hacer. Pero no toda la retroalimentación es igualmente efectiva. Se ha demostrado que la autorretroalimentación, es decir, cuando un empleado monitorea su propio progreso, es un motivador más poderoso que la retroalimentación que viene de alguien más.[23]

Otras tres contingencias además de la retroalimentación influyen en la relación metas-desempeño: compromiso con las metas, autoeficacia adecuada y cultura nacional.

Primero, la teoría del establecimiento de metas supone que un individuo está comprometido con una meta. El compromiso es más probable cuando las metas se hacen públicas, cuando un individuo tiene un locus de control interno y cuando las metas las establece él mismo en vez de que se le asignen.[24]

Después, la **autoeficacia** se refiere a la creencia de un individuo de que es capaz de realizar una tarea.[25] Cuanto más alta sea su autoeficacia, mayor confianza tendrá en su habilidad para tener éxito en la tarea. Por eso, en situaciones difíciles, nos encontramos con que las personas con una baja autoeficacia tienden a reducir su esfuerzo o a darse por vencidos, mientras que quienes tienen una autoeficacia elevada intentarán dominar el

Mark Cuban, quien hizo una fortuna al vender su compañía Broadcast.com a Yahoo!, y dueño del equipo de la NBA, los Mavericks de Dallas, parece creer en la idea de que la gente se motiva cuando tiene metas difíciles. Cuando todos sus representantes de ventas alcanzaron sus cuotas, los recompensó diciéndoles, "Bien. Eso es lo que debían hacer".

Getty Images, Inc

reto.[26] Además, los individuos con una alta autoeficacia parecen responder a la retroalimentación negativa con mayor esfuerzo y motivación, y quienes tienen una baja autoeficacia tienden a reducir su empeño cuando reciben retroalimentación negativa.[27]

Por último, el valor de la teoría del establecimiento de metas reside en la cultura nacional. Está bien adaptado en los países norteamericanos porque sus ideas principales se ajustan razonablemente bien a esas culturas. Supone que los subordinados son bastante independientes (no tienen una puntuación elevada respecto de la distancia del poder), que las personas buscan metas desafiantes (baja puntuación en cuanto a la evasión de la incertidumbre), y que tanto gerentes como subordinados consideran que el desempeño es importante (alta puntuación en asertividad). No espere que la teoría del establecimiento de metas dé como resultado un alto desempeño laboral en países en los que las características culturales son diferentes.

La figura 15-5 resume las relaciones entre metas, motivación y desempeño. Nuestra conclusión es que la intención de trabajar hacia metas difíciles y específicas es una fuerza motivadora. Bajo las circunstancias adecuadas, puede llevar a un más alto desempeño. No obstante, no hay pruebas de que dichas metas estén asociadas a una mayor satisfacción laboral.[28]

TEORÍA DEL REFUERZO

La **teoría del refuerzo** dice que el comportamiento se da en función de sus consecuencias. Las consecuencias que siguen inmediatamente a un comportamiento y aumentan la probabilidad de que el comportamiento se repita se llaman **reforzadores**.

La teoría del refuerzo ignora los factores como las metas, las expectativas y las necesidades. En su lugar, se enfoca solamente a lo que le sucede a una persona cuando hace algo. Por ejemplo, Wal-Mart mejoró su programa de bonos para los empleados por horas. Los empleados que proporcionan un servicio sobresaliente al cliente reciben un bono en efectivo. Y todos los empleados por hora de Wal-Mart, de tiempo completo o medio tiempo, son elegibles para los bonos anuales "My$hare", los cuales se asignan de acuerdo con el desempeño de la tienda y se distribuyen trimestralmente para que se recompense a los empleados con más frecuencia.[29] La intención de la compañía es mantener motivada la fuerza laboral.

En el capítulo 13 mostramos la manera en la que los gerentes utilizan los reforzadores para moldear el comportamiento, pero se cree que el concepto también explica la motivación. De acuerdo con B.F. Skinner, es más probable que las personas adopten comportamientos deseables si se les recompensa por ello. Estas recompensas son más efectivas si siguen inmediatamente al comportamiento deseado; y el comportamiento que no se recompensa o que se castiga tiene menos probabilidades de repetirse.[30]

Con la teoría del refuerzo, los gerentes pueden influir en el comportamiento de los empleados si utilizan reforzadores positivos para las acciones que contribuyan a que la organización alcance sus objetivos. Los gerentes deben ignorar, no castigar, el comportamiento no deseable. Aun cuando el castigo elimina el comportamiento indeseable más rápidamente que

Figura 15–5

Teoría del establecimiento
de metas

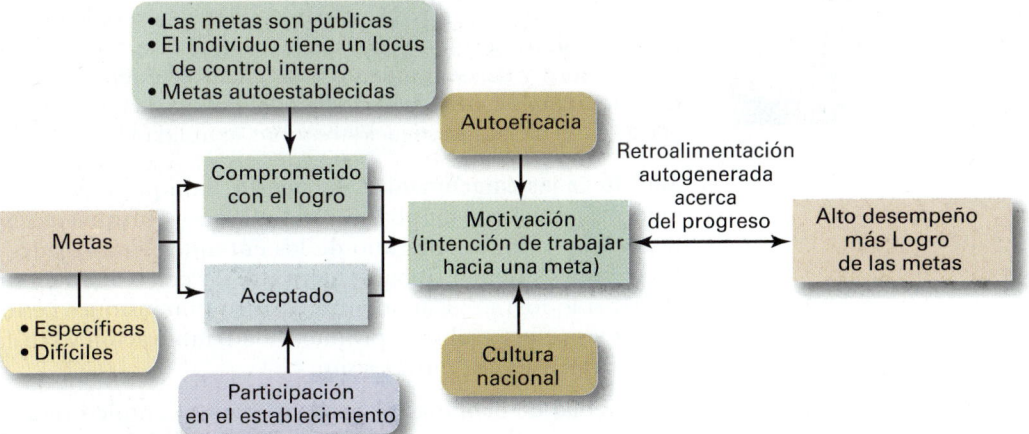

---

autoeficacia
Creencia de un individuo de que es capaz de realizar una tarea.

teoría del refuerzo
Teoría que propone que el comportamiento se da en función de sus consecuencias.

reforzadores
Consecuencias inmediatas de un comportamiento que aumentan la probabilidad de que el comportamiento se repita.

el no reforzamiento, su efecto es, a menudo, temporal. Incluso, puede tener efectos colaterales desagradables, como comportamientos disfuncionales, conflictos en el lugar de trabajo, ausentismo y rotación. Aunque el refuerzo es una influencia importante en el comportamiento laboral, no es la única explicación para las diferencias en la motivación de los empleados.[31]

TEORÍA DEL DISEÑO DE PUESTOS

Como los gerentes quieren motivar a los individuos en el trabajo, necesitamos ver las formas de diseñar puestos motivantes. Si presta atención a lo que es una organización y cómo funciona, encontrará que está compuesta por miles de tareas. Estas tareas, a su vez, se convierten en puestos. Utilizamos el término **diseño del puesto** para referirnos a la manera en que se combinan las tareas para conformar puestos completos. Los trabajos que la gente desempeña en una organización no deben evolucionar por casualidad. Los gerentes deben diseñar los trabajos deliberada y concienzudamente para que reflejen las demandas del entorno cambiante, la tecnología de la organización y las destrezas, habilidades y preferencias de los empleados.[32] Cuando los trabajos están diseñados de esta forma, los empleados se motivan a trabajar con más ahínco. Veamos algunas formas en que los gerentes pueden diseñar puestos motivantes.[33]

Ampliación del puesto. Como vimos en los capítulos 2 y 9, históricamente se ha utilizado el diseño del puesto para hacer que éstos sean más pequeños y más especializados. Es difícil motivar a los empleados cuando los trabajos son así. Un primer intento por superar los inconvenientes de la especialización del empleo involucraba expandir un empleo horizontalmente mediante la ampliación del **alcance del puesto**, es decir, la cantidad de tareas diferentes requeridas en un trabajo y la frecuencia en que éstas se repetían. Por ejemplo, el trabajo de un higienista dental podría ampliarse para que además de limpiar dientes se encargara de los registros de los pacientes, de completarlos cuando termine y desinfectar y guardar el instrumental. Este tipo de diseño del trabajo se conoce como **ampliación del puesto**.

La mayoría de los intentos de enriquecimiento del puesto enfocados solamente en aumentar la cantidad de tareas a realizar no parece que funcionen. Como dijo un empleado que experimentó este tipo de rediseño del trabajo, "Antes, tenía un pésimo trabajo. Ahora, gracias a la ampliación del puesto, ¡tengo tres pésimos trabajos!". No obstante, las investigaciones han demostrado que las actividades de ampliación del *conocimiento* (expansión del alcance del conocimiento utilizado en el empleo) conducen a una mayor satisfacción laboral, un mejor servicio al cliente y menos errores.[34]

Enriquecimiento del puesto. Otro enfoque acerca del diseño del puesto es la expansión vertical de un empleo mediante la inclusión de responsabilidades de planeación y evaluación, es decir, el **enriquecimiento del puesto**. El enriquecimiento del puesto aumenta la **profundidad del puesto**, que es el grado de control de los empleados sobre su trabajo. En otras palabras, los empleados tienen el poder de asumir algunas de las tareas que normalmente llevan a cabo sus gerentes. Así, un puesto enriquecido permite a los trabajadores desempeñar una actividad completa con más libertad, independencia y responsabilidad. Además, los trabajadores reciben retroalimentación para evaluar y corregir su propio desempeño. Por ejemplo, si un higienista dental tuviese un trabajo enriquecido, podría, además de limpiar dientes, programar citas (planeación) y dar seguimiento a los clientes (evaluación). Aun cuando el enriquecimiento del puesto puede mejorar la calidad del trabajo, la motivación y satisfacción de los empleados, la evidencia de las investigaciones sobre su utilidad no ha sido concluyente.[35]

Modelo de las características del puesto. Aunque muchas organizaciones han implementado programas de ampliación del puesto y enriquecimiento del puesto y han obtenido resultados variados, ninguno de los enfoques ha arrojado un esquema efectivo para que los gerentes diseñen trabajos motivantes. Pero el **modelo de las características del puesto (JCM)** sí lo logra.[36] Éste identifica cinco dimensiones centrales del trabajo, sus interrelaciones y su efecto sobre la productividad, motivación y satisfacción de los empleados. Estas cinco dimensiones centrales son:

1. **Variedad de habilidades**, grado al cual un empleo requiere varias actividades de modo que un empleado pueda utilizar diversas habilidades y talentos.
2. **Identidad de las tareas**, grado al cual un empleo requiere la terminación de un trabajo completo e identificable.
3. **Importancia de las tareas**, grado al cual un empleo tiene un impacto considerable en las vidas o trabajos de otras personas.

4. **Autonomía,** grado al cual un empleo proporciona considerable libertad, independencia y discreción a un individuo mediante la programación del trabajo y la demarcación de los procedimientos que deben usarse para llevarlo a cabo.

5. **Retroalimentación**, grado al cual el llevar a cabo las actividades requeridas en el empleo, da como resultado que un individuo obtenga información directa y clara acerca de la efectividad de su desempeño.

La figura 15-6 muestra el modelo de las características del puesto (JCM). Observe que las primeras tres dimensiones, variedad de habilidades, identidad de las tareas e importancia de las tareas, se combinan para crear un trabajo significativo. En otras palabras, si existen estas tres características en un puesto, podemos predecir que la persona percibirá su puesto como importante, preciado y valioso. Observe también que los puestos que tienen autonomía dan a la persona que los desempeña una sensación de responsabilidad personal por los resultados y que si un puesto proporciona retroalimentación, el empleado sabrá qué tan efectivamente está trabajando.

El modelo sugiere que los empleados tienden a estar motivados cuando *saben* (conocimiento de los resultados a través de la retroalimentación) que ellos *personalmente* (responsabilidad experimentada a través de la autonomía del trabajo) se desempeñaron bien en las tareas que *les interesan* (significado experimentado a través de la variedad de habilidades, la identidad de las tareas o la importancia de las mismas).[37] Cuanto más de estos tres elementos se incluyan en el diseño de un puesto, mayor será la motivación, el desempeño y la satisfacción del empleado y menor será el ausentismo y la probabilidad de que renuncie. Como muestra el modelo, los lazos entre las dimensiones del puesto y los resultados son moderados por la fuerza de la necesidad de crecimiento del empleado (el deseo que tiene la persona de estima y autorrealización). Los individuos que tienen una gran necesidad de crecimiento tienen más probabilidades de experimentar los estados psicológicos críticos y responder positivamente cuando sus puestos incluyen las dimensiones centrales, a diferencia de los que tienen una baja necesidad de crecimiento. Quizá esto explique la combinación de resultados con el enriquecimiento del puesto, es decir que los individuos que tienen una baja necesidad de crecimiento no siempre logran un alto nivel de desempeño o satisfacción aun cuando sus puestos se enriquezcan.

El modelo da a los gerentes lineamientos específicos para el diseño de un puesto. (Vea la figura 15-7.) Estas sugerencias especifican los tipos de cambios que más probablemente

Figura 15–6

Modelo de las características del puesto

Fuente: J.R. Hackman y J.L. Suttle, eds., *Improving Life at Work* (Glenview, IL: Scott, Foresman, 1977). Con autorización de los autores.

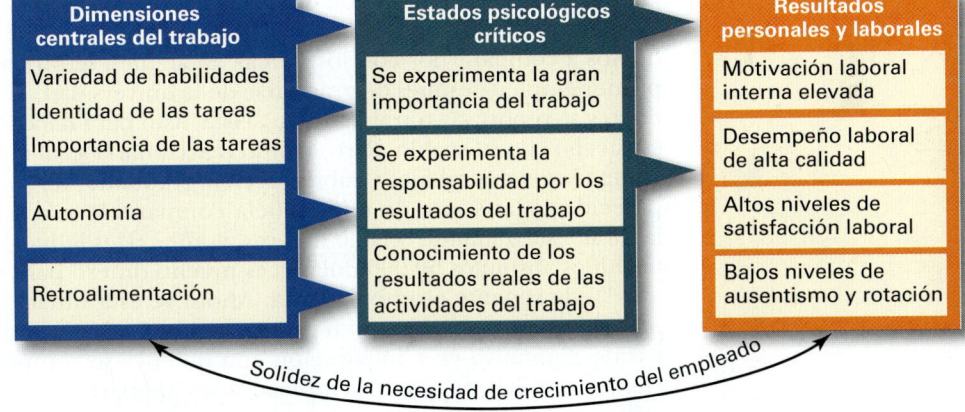

---

diseño del puesto
Forma en que se combinan las tareas para conformar un puesto.

alcance del puesto
Cantidad de tareas diferentes requeridas en un puesto y frecuencia con la que se repiten.

ampliación del puesto
Expansión horizontal de un puesto que se debe a la inclusión de responsabilidades de planeación y evaluación.

enriquecimiento del puesto
Expansión vertical de un puesto mediante la inclusión de responsabilidades de planeación y evaluación.

profundidad del puesto
Grado de control que los empleados tienen sobre su puesto.

modelo de características del puesto (JCM)
Marco para analizar y diseñar puestos, el cual identifica cinco dimensiones centrales del trabajo, sus interrelaciones y el efecto en los resultados.

variedad de habilidades
Grado al cual un puesto requiere varias actividades de modo que un empleado pueda utilizar diversas habilidades y talentos.

identidad de las tareas
Grado al cual un puesto requiere la terminación de un trabajo completo e identificable.

importancia de las tareas
Grado al que un puesto tiene un impacto considerable en las vidas o trabajos de otras personas.

autonomía
Grado al cual un puesto proporciona considerable libertad, independencia y discreción a un individuo mediante la programación del trabajo y la demarcación de los procedimientos que deben usarse para llevarlo a cabo.

retroalimentación
Grado al cual llevar a cabo las actividades requeridas en el puesto da como resultado que un individuo obtenga información directa y clara acerca de la efectividad de su desempeño.

Figura 15–7

Lineamientos para el rediseño
de un puesto

Fuente: J.R. Hackman y J.L. Suttle,
eds., *Improving Life at Work*
(Glenview, IL: Scott, Foresman, 1977).
Con autorización de los autores.

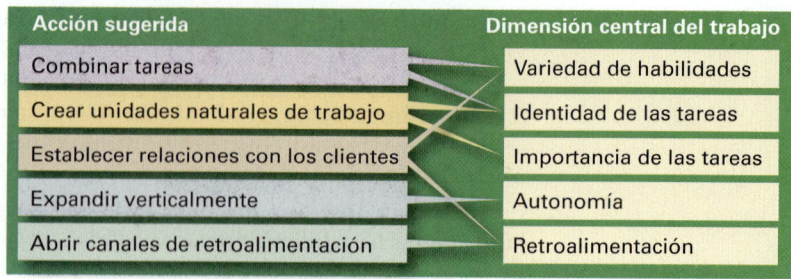

lleven a una mejoría en las cinco dimensiones centrales. Notará que dos de las sugerencias incorporan el la ampliación del puesto y el enriquecimiento del puesto, aunque las otras sugerencias son más que una expansión vertical y horizontal del trabajo.

1. ***Combinar tareas.*** Reúna tareas fragmentadas para formar un nuevo módulo de trabajo más grande (ampliación del puesto) y, de esta forma, incrementar la variedad de habilidades y la identidad de las tareas.

2. ***Crear unidades naturales de trabajo.*** Diseñe tareas que formen un todo identificable y significativo, para así incrementar el sentido de "propiedad" del empleado sobre su trabajo. Aliente a sus empleados a ver sus trabajos como significativos e importantes y no como irrelevantes y aburridos.

3. ***Establecer relaciones con los clientes (externos o internos).*** Cuando sea posible, establezca relaciones directas entre los trabajadores y sus clientes para incrementar la variedad de habilidades, la autonomía y la retroalimentación.

4. ***Expandir los puestos verticalmente.*** La expansión vertical da a los empleados responsabilidades y controles antes reservados para los gerentes, lo cual incrementa la autonomía del empleado.

5. ***Abrir canales de retroalimentación.*** La retroalimentación directa permite que los empleados sepan qué tan bien están desempeñando sus puestos y si su desempeño está mejorando.

TEORÍA DE LA EQUIDAD

¿Alguna vez se ha preguntado qué calificaciones obtiene la persona que está sentada junto a usted en un examen o una tarea? ¡La mayoría de las personas sí! Por ser humanos, tendemos a compararnos con los demás. Si alguien le ofreciera 50,000 dólares al año en su primer empleo después de graduarse de la universidad, probablemente aceptaría de inmediato y se reportaría a trabajar entusiasta, listo para hacer lo que se necesite, y ciertamente satisfecho con su sueldo. Pero, ¿cómo reaccionaría si, al mes, se enterara de que uno de sus compañeros de trabajo, también recién graduado, de su misma edad, con calificaciones parecidas a las suyas, de una escuela comparable a la suya, y con la misma experiencia laboral, está ganando 55,000 dólares al año? ¡Desde luego que se molestaría! Aunque en términos absolutos 50,000 dólares es mucho dinero para un recién graduado (¡y usted lo sabe!), de repente eso no importa. Ahora ve esta situación con base en lo que considera *justo*, lo que es *equitativo*. El término *equidad* está relacionado con el concepto de justicia y trato equitativo en comparación con quienes se comportan de igual manera. Hay suficientes pruebas de que los empleados se comparan con los demás y que las inequidades influyen en el empeño que ejercen los empleados.[38]

La **teoría de la equidad**, desarrollada por J. Stacey Adams, propone que los empleados comparan lo que obtienen por su trabajo (resultados) en relación con lo que contribuyen en él (insumos) y entonces comparan esa relación insumos-resultados con los de otros empleados (figura 15-8). Si un empleado percibe que son equiparables, no hay problema. Sin embargo, si la relación no fuera equiparable, el empleado sentirá que su compensación es insuficiente o excesiva. Cuando ocurren estas inequidades, los empleados intentan hacer algo al respecto.[39] El resultado puede ser una productividad más alta o más baja, resultados de calidad mejorada o reducida, incremento en el ausentismo o renuncia voluntaria.

El **referente**, es decir, la otra persona, sistema, o el individuo mismo contra quien se compara el empleado para evaluar la equidad, es una variable importante en la teoría de la equidad.[40] Cada una de las tres categorías de referentes es importante. La categoría de las "personas" incluye a otros individuos con puestos similares en la misma organización, pero

Figura 15–8

Teoría de la equidad

Comparación de la relación percibida[a]	Evaluación del empleado
$\dfrac{\text{Resultados A}}{\text{Insumos A}} < \dfrac{\text{Resultados B}}{\text{Insumos B}}$	Inequidad (compensación insuficiente)
$\dfrac{\text{Resultados A}}{\text{Insumos A}} = \dfrac{\text{Resultados B}}{\text{Insumos B}}$	Equidad
$\dfrac{\text{Resultados A}}{\text{Insumos A}} > \dfrac{\text{Resultados B}}{\text{Insumos B}}$	Inequidad (compensación excesiva)

[a]La persona A es el empleado, y la persona B es otro empleado importante o de referencia.

también incluye a los amigos, vecinos o colegas profesionales. Con base en lo que escuchan en el trabajo o lo que leen en los diarios y las publicaciones de la industria, los empleados comparan su sueldo con el de los demás. La categoría "sistema" incluye las políticas, procedimientos y distribución de paga dentro de la organización. La categoría "individuo" se refiere a la relación insumos-resultados que son únicas para el individuo. Refleja las experiencias y contactos personales del pasado y está influida por criterios como antiguos empleos o compromisos familiares.

Originalmente, la teoría de la equidad se enfocaba en la **justicia distributiva**, que es la imparcialidad percibida acerca de la cantidad y distribución de las recompensas entre los individuos. La investigación más reciente se ha enfocado en asuntos de **justicia en los procedimientos**, la cual se percibe imparcial respecto del proceso que se sigue para determinar las recompensas. Esta misma investigación muestra que la justicia distributiva tiene una mayor influencia en la satisfacción del empleado que la justicia en los procedimientos; pero la justicia en los procedimientos tiende a afectar el compromiso que un empleado tiene con la organización, la confianza de éste en su jefe y la intención de renunciar.[41] ¿Cuáles son las implicaciones para los gerentes? Deben considerar compartir abiertamente la información sobre cómo se toman las decisiones de distribución, seguir procedimientos consistentes e imparciales, y participar en prácticas similares para incrementar la percepción de la justicia en los procedimientos. Los empleados con una buena percepción de la justicia en los procedimientos, tienden a tener una opinión positiva de sus jefes y de la organización aun cuando estén insatisfechos con la paga, los ascensos, y otros resultados personales.

TEORÍA DE LAS EXPECTATIVAS

La explicación más integral sobre la motivación de los empleados es la **teoría de las expectativas**.[42] Aunque esta teoría tiene detractores,[43] la mayor parte de las pruebas de la investigación la sostiene.[44]

La teoría de las expectativas enuncia que un individuo tiende a actuar de cierta manera en base a la expectativa de que el acto estará acompañado de un resultado dado y en lo atractivo que pueda resultar para el individuo esta consecuencia. Incluye tres variables, o relaciones (Vea la figura 15-9):

1. La *expectativa*, o el *vínculo entre el esfuerzo y el desempeño*, es la probabilidad percibida por un individuo de que ejercer una cantidad dada de esfuerzo dará como resultado un cierto nivel de desempeño.

2. Los *medios*, o el *vínculo entre el desempeño y la recompensa*, es el grado al cual un individuo cree que desempeñarse a un nivel en particular es el medio para lograr el resultado deseado.

3. La *valencia*, o el *atractivo de la recompensa*, es la importancia que un individuo da al resultado o a la recompensa potencial que pueden lograrse en el trabajo. La valencia considera las metas y las necesidades del individuo.

---

teoría de la equidad
Teoría que propone que un empleado compara la relación de insumos y resultados de su empleo con el de otros empleados y corrige cualquier inequidad.

referentes
Personas, sistemas o los individuos mismos contra los que éstos se comparan para evaluar la equidad.

justicia distributiva
Equidad percibida de la cantidad y la asignación de las recompensas entre los individuos.

justicia en los procedimientos
Equidad percibida del proceso que se sigue para determinar la distribución de las recompensas.

teoría de las expectativas
Teoría de que un individuo tiende a actuar de cierta forma, con base en la expectativa de que al acto le seguirá un resultado dado y en el atractivo que tiene ese resultado para el individuo.

Figura 15–9

Modelo de las expectativas

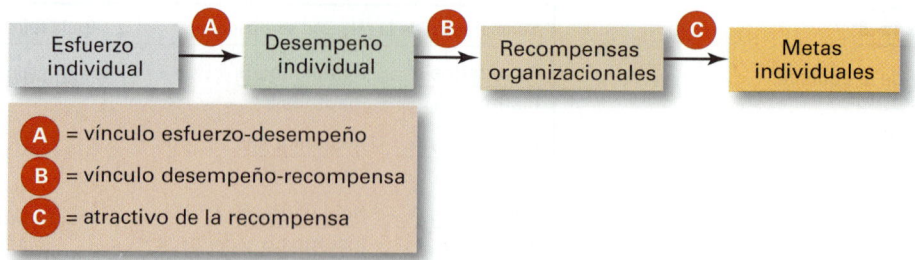

Esta explicación de motivación puede sonar complicada, pero en realidad no lo es. Se puede resumir en las preguntas ¿Qué tan duro tengo que trabajar para alcanzar un cierto nivel de desempeño, y, realmente puedo alcanzar ese nivel?, ¿qué beneficios me traerá desempeñarme a ese nivel?, ¿qué tan atractiva es la recompensa para mí, y, me ayuda a alcanzar mis propias metas personales? El que esté motivado a esforzarse al máximo (es decir, que trabaje muy duro) en cualquier momento depende de sus metas y su percepción de si se necesita un cierto nivel de desempeño para alcanzar esas metas. Veamos un ejemplo. Uno de los autores tuvo una alumna hace muchos años, la cual trabajaba para IBM como representante de ventas. Su "recompensa" favorita era que un jet corporativo de IBM los llevara a ella y a sus mejores clientes de Springfield, Missouri, a un fin de semana de golf en algún lugar divertido. Pero para obtener esa "recompensa" en particular, ella debía alcanzar un cierto nivel de desempeño, que implicaba exceder sus metas de ventas en un porcentaje determinado. Qué tan duro estaba dispuesta a trabajar (es decir, qué tan motivada estaba para esforzarse al máximo) dependía del nivel de desempeño con el que debía cumplir y la probabilidad de que si alcanzaba ese nivel de desempeño recibiría esa recompensa. Como "valoraba" esa recompensa, siempre trabajaba duro para exceder sus metas de ventas. Y la relación entre el desempeño y la recompensa era clara ya que la compañía siempre recompensaba su arduo trabajo y los logros de desempeño con la recompensa que ella valoraba (el acceso al jet corporativo).

La clave de la teoría de las expectativas es entender la meta de un individuo y la conexión entre el esfuerzo y el desempeño, entre el desempeño y las recompensas, y entre las recompensas y la satisfacción de metas individuales. La teoría hace hincapié en las recompensas, o premios. Como resultado, tenemos que creer que las recompensas que ofrece una organización van de la mano con lo que el individuo desea. La teoría de las expectativas reconoce que no existe un principio universal que explique lo que motiva a los individuos y, por lo tanto, pone énfasis en que los gerentes entiendan por qué los empleados ven ciertos resultados como atractivos o poco atractivos. Después de todo, queremos recompensar a los individuos con las cosas que valoran positivamente. También, la teoría de las expectativas resalta los comportamientos esperados. ¿Los empleados saben lo que se espera de ellos y cómo se les evaluará? Por último, la teoría tiene que ver con las percepciones. La realidad es irrelevante. Las percepciones de un individuo sobre el desempeño, la recompensa y los resultados de una meta, no los resultados en sí, determinan su motivación (nivel de esfuerzo).

INTEGRACIÓN DE LAS TEORÍAS CONTEMPORÁNEAS SOBRE LA MOTIVACIÓN

Muchas de las ideas relacionadas con las teorías acerca de la motivación son complementarias, y usted entenderá mejor cómo motivar a las personas si ve cómo se entrelazan las teorías.[45] La figura 15-10 presenta un modelo que integra mucho de lo que sabemos de motivación. Su fundamento básico es el modelo de las expectativas. Estudiemos el modelo empezando por la izquierda.

La casilla del esfuerzo individual tiene una flecha en dirección a su interior. Esta flecha fluye de las metas del individuo. En concordancia con la teoría del establecimiento de metas, este lazo entre metas y empeño pretende ilustrar que las metas dirigen el comportamiento. La teoría de las expectativas predice que un empleado ejercerá un alto nivel de empeño si percibe que hay una relación sólida entre esfuerzo y desempeño, desempeño y recompensas, y recompensas y satisfacción de las metas personales. Cada una de estas relaciones está, en consecuencia, influida por ciertos factores. Puede ver a partir del modelo que el nivel de desempeño individual se determina no sólo mediante el nivel del esfuerzo individual sino también por la habilidad del individuo para desempeñarse y por el hecho de que la organización tenga o no un sistema de evaluación de desempeño justo y objetivo. La relación entre

Figura 15–10

Integración de las teorías contemporáneas sobre la motivación

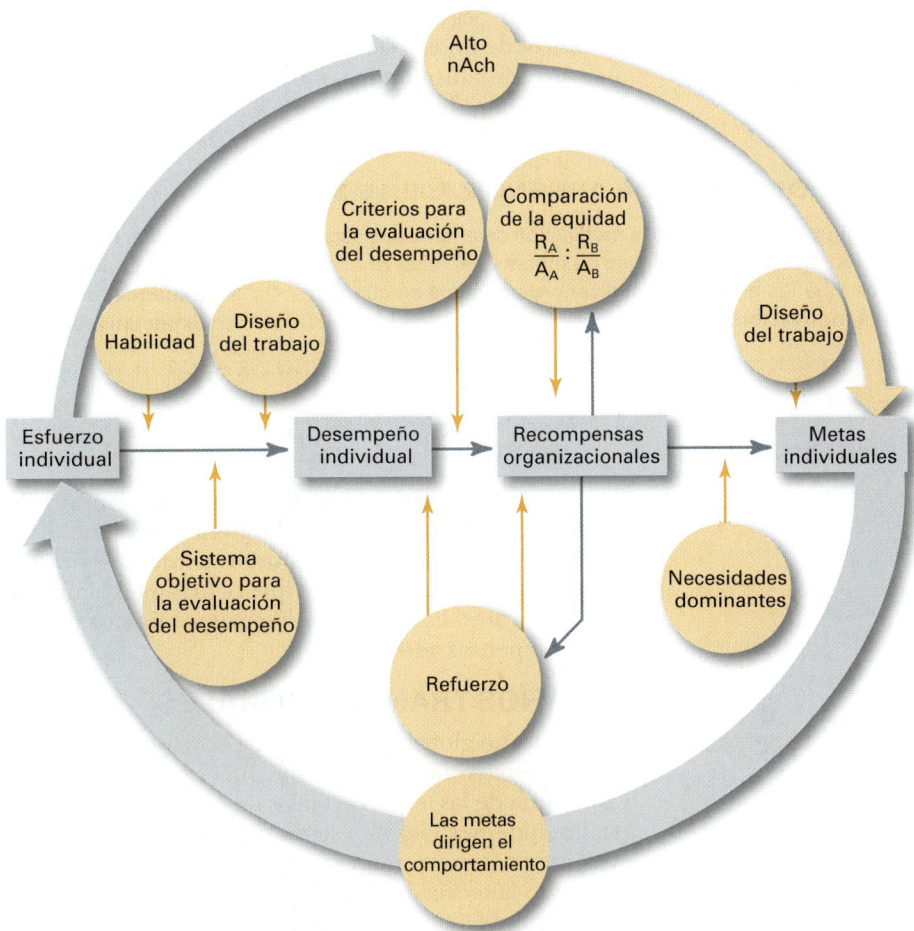

desempeño y recompensas será sólida si el individuo percibe que es el desempeño (no la antigüedad, el favoritismo, o algún otro criterio) lo que se recompensa. El vínculo final en la teoría de las expectativas es la relación entre recompensas y metas. Las tradicionales teorías de necesidades entran en juego en este punto. La motivación será tan alta como el grado en el cual las recompensas que un individuo reciba por su alto desempeño satisfagan las necesidades dominantes de acuerdo con sus metas individuales.

Un análisis más minucioso del modelo muestra que también considera las teorías de la necesidad de logro, la del refuerzo, la de la equidad y la del modelo de las características del puesto. El gran realizador no se motiva por la evaluación que haga la organización de su desempeño o por las recompensas organizacionales; de ahí el salto del esfuerzo a las metas personales para quienes tienen un nivel elevado de nAch. Recuerde que los grandes realizadores tienen un impulso interno, siempre y cuando los trabajos que llevan a cabo les den responsabilidad personal, retroalimentación y riesgos moderados. No se ocupan de los vínculos esfuerzo-desempeño, desempeño-recompensa o recompensas-metas.

En el modelo se puede ver la teoría del refuerzo al reconocer que las recompensas de la organización refuerzan el desempeño del individuo. Si los gerentes han diseñado un sistema de recompensas que los empleados vean como el "premio" al buen desempeño, las recompensas reforzarán y alentarán el buen desempeño continuado. Las recompensas también representan una parte importante de la teoría de la equidad. Los individuos comparan las recompensas (resultados) que han obtenido de los insumos o esfuerzos que han hecho contra la relación insumos-resultados de los demás empleados. Si existe alguna inequidad, puede haber una influencia sobre el esfuerzo ejercido.

Por último, el modelo de las características del puesto también está presente en este modelo integral. Las características de las tareas (diseño del puesto) influyen la motivación laboral en dos puntos. Primero, los puestos diseñados alrededor de las cinco dimensiones del puesto tienden a dar como resultado un desempeño más elevado, ya que el puesto en sí estimula la motivación del individuo; es decir, estos puestos refuerzan el vínculo entre el esfuerzo y el desempeño. Segundo, los puestos diseñados alrededor de las cinco dimensiones incrementan el control de un empleado sobre los elementos clave en su trabajo. Por lo tanto, los puestos que ofrecen autonomía, retroalimentación y características similares ayudan a satisfacer las metas individuales de los empleados que desean un mayor control sobre su trabajo.

REPASO RÁPIDO:
OBJETIVO DE APRENDIZAJE 15.3

- Explique cómo se define la motivación de empleados según las teorías de establecimiento de metas y del refuerzo.
- Describa los enfoques del diseño de puestos en cuanto a la motivación.

- Analice las implicaciones de la motivación de la teoría de la equidad.
- Explique los tres vínculos clave en la teoría de las expectativas y su papel en la motivación.

Vaya a la página 364 para ver qué tan bien maneja este material

OBJETIVO DE
APRENDIZAJE 15.4 ▷ TEMAS ACTUALES DE MOTIVACIÓN

Compreder y predecir la motivación de los empleados es una de las áreas más populares en la investigación gerencial. Le hemos presentado diversas teorías acerca de la motivación. Sin embargo, aun los estudios actuales sobre la motivación de los empleados están influidos por algunos asuntos que ocurren en el lugar de trabajo; por ejemplo, los desafíos transculturales, la motivación de grupos únicos de trabajadores y el diseño de programas de recompensas adecuados.

DESAFÍOS TRANSCULTURALES

En el entorno global de negocios de hoy, los gerentes no deben asumir automáticamente que los programas motivacionales que funcionan en una área geográfica van a funcionar en otras. La mayoría de las teorías actuales de motivación fueron desarrolladas en Estados Unidos, por estadounidenses y sobre estadounidenses.[46] Quizá la característica proestadounidense más evidente en estas teorías es el fuerte énfasis que se da al individualismo y al logro. Por ejemplo, tanto la teoría del establecimiento de metas como la de las expectativas hacen hincapié en el logro de metas así como en el pensamiento racional e individual. Veamos las teorías de la motivación para saber si existe alguna transferibilidad transcultural.

La jerarquía de las necesidades de Maslow argumenta que la gente comienza en el nivel psicológico y sube progresivamente en orden. Esta jerarquía, si es que tiene aplicación alguna, se ajusta a la cultura estadounidense. En países como Japón, Grecia y México, en los que las características de evasión de incertidumbre son fuertes, las necesidades de seguridad estarían en la posición más alta de la jerarquía de necesidades. En países con una puntuación elevada en alimentación y cuidados como Dinamarca, Suecia, Noruega, Holanda y Finlandia, sus necesidades sociales ocuparían el primer lugar.[47] Podríamos predecir, entonces, que el trabajo de grupo será más motivante cuando la cultura del país obtenga una puntuación elevada en el criterio de alimentación y cuidados.

Puede resultar difícil y hasta confuso aplicar teorías occidentales acerca de la motivación a empleados como Rina Masuda, de Sharp Corp. Masuda usa un cautín para reparar rápida y delicadamente chips de computadora diminutos, una tarea tan extraordinariamente precisa que ella se encuentra entre sólo unos cuantos miles de trabajadores honrados con el título de "súper técnicos", o supaa ginosha. Estos trabajadores reciben certificados e insignias, pero rara vez dinero. "La soldadura que hago a mano supera por mucho a cualquier cosa que las máquinas puedan hacer", dice Masuda, cuyo orgullo expresa la opinión popular de que el reconocimiento y el honor son suficientes.

Otro concepto de motivación que tiene un claro sesgo estadounidense es la necesidad de logro. La idea de que una alta necesidad de logro actúa como un motivador interno presupone dos características culturales: un deseo por aceptar un grado moderado de riesgos (lo que excluye a los países con fuertes características de evasión de incertidumbre), y una preocupación por el desempeño (lo cual aplica casi de manera exclusiva a los países con fuertes características de logros). Esta combinación se encuentra en los países angloamericanos como Estados Unidos, Canadá y gran Bretaña.[48] Por otra parte, estas características están relativamente ausentes en países como Chile y Portugal.

La teoría de la equidad es de alguna manera fuerte en Estados Unidos. No es de sorprenderse, dado que los sistemas de recompensa estilo Estados Unidos se basan en el supuesto de que los trabajadores son extremadamente sensibles a la equidad en la distribución de las recompensas. En Estados Unidos, la equidad debe enlazar pago y desempeño. Sin embargo, la evidencia reciente sugiere que en las culturas colectivistas, sobre todo en los antiguos países socialistas de Europa Central y Oriental, los empleados esperan que las recompensas reflejen sus necesidades individuales y su desempeño.[49] Es más, en concordancia con un legado de comunismo y economías planeadas centralmente, los empleados en las culturas colectivistas muestran una fuerte actitud de "derecho", es decir, esperan que los resultados sean mayores que sus insumos.[50] Estos descubrimientos sugieren que las prácticas de pago estilo Estados Unidos quizá deban ser modificadas en algunos países para que los empleados las perciban como justas.

A pesar de estas diferencias transculturales, existen algunas consistencias transculturales. Por ejemplo, el deseo de trabajos interesantes parece importante para casi todos los trabajadores, sin importar su cultura nacional. En un estudio de siete países, empleados de Bélgica, Gran Bretaña, Israel y Estados Unidos catalogaron el "trabajo interesante" como el número uno de entre 11 metas de trabajo. Ocupó el segundo o tercer puesto en Japón, Holanda y Alemania.[51] Asimismo, en un estudio que comparaba los resultados de las preferencias en el trabajo entre estudiantes graduados de Estados Unidos, Canadá, Australia y Singapur, el crecimiento, los logros y la responsabilidad empataron en el primer lugar.[52] Ambos estudios sugieren cierta universalidad en la importancia de los factores intrínsecos identificados por Herzberg en su teoría de los dos factores. Otro estudio reciente que examinaba las tendencias de motivación en el centro de trabajo en Japón también parece indicar que el modelo de Herzberg es aplicable a los empleados japoneses.[53]

MOTIVACIÓN DE GRUPOS ÚNICOS DE TRABAJADORES

¡Motivar empleados nunca ha sido fácil! Los empleados llegan a las organizaciones con diferentes necesidades, personalidades, destrezas, habilidades, intereses y aptitudes. Tienen expectativas diferentes de sus empleadores y diferentes puntos de vista de lo que piensan que sus empleadores tienen derecho a esperar de ellos. Y varían enormemente en cuanto a lo que desean de su trabajo. Por ejemplo, algunos empleados obtienen más satisfacción a partir de sus intereses y actividades personales y sólo desean un cheque semanal, nada más. No les interesa hacer su trabajo más desafiante o interesante, o "ganar" concursos de desempeño. Otros obtienen una gran cantidad de satisfacción en sus puestos y están motivados para hacer grandes esfuerzos. Dadas estas diferencias, ¿cómo pueden los gerentes hacer un trabajo efectivo al tratar de motivar a los grupos únicos de empleados en la fuerza laboral de hoy? Una cosa es entender los requerimientos motivacionales

Razonamiento crítico sobre Ética

Usted tendrá un jefe nuevo. Lo cual de suyo es bastante aterrador pero, ¿y si el jefe nuevo tuviera una pasión externa que los empleados tuvieran que apoyar? Por ejemplo, ¿qué pasaría si su nuevo jefe fuera un ardiente seguidor de los Boy Scouts de Estados Unidos y esperase que usted contribuyera con la organización? ¿Qué pasaría si conservara un registro de quién y quién no contribuyó? O, ¿qué pasaría si su nuevo jefe fuera un apasionado del chocolate y le dijera "Si usted desea permanecer en este departamento, tendrá que aprender a gustarle el chocolate"? O la obsesión podría ser por el golf, el tenis o la ópera. ¿Qué problemas éticos podrían surgir en estas situaciones para los gerentes y los empleados? ¿Cómo se deben manejar estas situaciones?

de estos grupos, incluyendo a los diversos empleados, profesionistas, trabajadores eventuales y a los empleados no muy capacitados que ganan el sueldo mínimo.

Motivación de una fuerza laboral diversa. Para maximizar la motivación entre la fuera laboral de hoy, los gerentes necesitan pensar en términos de *flexibilidad*. Por ejemplo, los estudios nos dicen que los hombres dan más importancia a tener autonomía en sus puestos que las mujeres. En contraste, la oportunidad de aprender, los horarios convenientes y flexibles, y las buenas relaciones interpersonales son más importantes para las mujeres.[54] Tener la oportunidad de ser independientes y de estar expuestos a experiencias diferentes es importante para los empleados Gen Y, en tanto que los trabajadores de más edad podrían estar más interesados en la oportunidad de un trabajo altamente estructurado.[55] Los gerentes necesitan reconocer que lo que motiva a una madre soltera con dos hijos dependientes que trabaja tiempo completo para mantener a su familia quizá sea muy distinto de lo que un empleado soltero de medio tiempo o de un empleado mayor que solamente trabaja para suplementar lo que recibe como pensión. Se necesita una gran variedad de recompensas para motivar a estos empleados con necesidades tan diversas. Muchos de los programas diseñados para balancear la vida laboral (Vea el capítulo 10) que las organizaciones han implementado son una respuesta a las variadas necesidades de una fuerza laboral diversa. Además, muchas organizaciones han desarrollado programas de horarios flexibles que reconocen las diferentes necesidades. Estos tipos de programas pueden adquirir aun mayor popularidad, ya que los empleadores buscan maneras de ayudar a los empleados a sobrellevar los altos precios del combustible. Por ejemplo, una **semana laboral comprimida** es una semana en la que los empleados trabajan más horas pero menos días a la semana. Lo más común son cuatro días de 10 horas por semana (una semana 4-40). Pero las organizaciones podrían diseñar cualquier horario que quisieran para acomodarse a las necesidades de los empleados. Otra alternativa es el **horario flexible** (también conocido como **flextime**), que es un sistema de horario en el que se requiere que los empleados laboren un número específico de horas cada semana pero tienen cierta libertad de variar esas horas. En un horario *flextime*, existen ciertas horas pico en las que todos los empleados deben estar en el trabajo, pero las horas de entrada, salida y comida, son flexibles. De acuerdo con una encuesta de Hewitt Associates, 75 por ciento de las grandes compañías ahora ofrece como prestación el horario *flextime*. Por otra parte, Watson Wyatt encuestó a compañías medianas y grandes y encontró que la prestación más comúnmente ofrecida era horarios laborales flexibles.[56]

En Gran Bretaña, McDonald's está experimentando un programa distinto, apodado el Contrato Familiar, para reducir el ausentismo y la rotación en algunos de sus restaurantes. En el Contrato Familiar, los empleados de la misma familia inmediata pueden cubrirse unos a otros en cualquier horario de trabajo sin previa autorización de su gerente.[57] Este tipo de programación de trabajo, que puede resultar efectiva para motivar a una fuerza laboral diversa, se conoce como **trabajo compartido**, práctica en la cual dos o más personas comparten un empleo de tiempo completo. Aunque algo como el Contrato Familiar de McDonald's podría ser apropiado para un trabajo en el que se no se requieran tantas aptitudes, otras organizaciones podrían ofrecer este tipo de beneficio a profesionistas que deseen trabajar pero no deseen las exigencias y problemas de un trabajo de tiempo completo. Por ejemplo, en las diferentes oficinas de Ernst & Young, los empleados pueden elegir de entre una gama de programas de horarios flexibles, incluso la participación del trabajo.

Otra alternativa que es posible gracias a la Tecnología de la información es el **trabajo a distancia**. En este caso, los empleados trabajan desde su hogar y están conectados al lugar de trabajo por medio de una computadora y un módem. Se calcula que alrededor de 12 por ciento (y quizá hasta 15 por ciento) de la fuerza laboral de Estados Unidos es parte de esta "fuerza laboral distribuida".[58] Por ejemplo, cerca de 40 por ciento de la fuerza laboral de IBM no cuenta con un espacio físico de oficina. La cantidad es todavía mayor en Sun Microsystems, donde casi 50 por ciento de los empleados trabajan fuera de las instalaciones.[59] Debido a que muchos trabajos se pueden hacer fuera de las oficinas, este enfoque podría acercarse al trabajo ideal para muchas personas, ya que no hay que transportarse, los horarios son flexibles, hay libertad para vestirse como uno desee, y hay pocas o ninguna interrupción por parte de los colegas. Sin embargo, no debe pasar por alto que no a todos los empleados les gusta la idea del trabajo a distancia. Algunos disfrutan las interacciones informales en el trabajo, ya que satisfacen sus necesidades sociales, además de ser una fuente de nuevas ideas.

¿Los horarios flexibles motivan a los empleados? Aunque estos programas parecen ser altamente motivacionales, se han encontrado relaciones positivas y negativas. Por ejemplo, un estudio reciente sobre el efecto del trabajo a distancia en la satisfacción laboral reveló que ésta aumentaba al principio a medida que la distancia aumentaba, pero conforme aumentaban las horas de trabajo a distancia, la satisfacción laboral comenzaba a nivelarse, disminuía ligeramente, y luego se estabilizaba.[60]

Motivación de los profesionistas. A diferencia de la generación pasada, es más probable que el empleado típico de hoy sea un profesionista que ostente un título universitario, y no un obrero de cuello azul. ¿Qué tipo de cuestiones deben tener en cuenta los gerentes a la hora de intentar motivar a un equipo de ingenieros del Centro de Desarrollo de Intel India, a los diseñadores de software en el Instituto SAS en Carolina del Norte, o a un grupo de consultores de Accenture en Singapur?

Los profesionistas son diferentes de los que no lo son.[62] Tienen un compromiso fuerte y a largo plazo hacia su campo de acción. Para mantenerse vigentes en su campo, deben actualizar sus conocimientos regularmente, y debido a su compromiso con la profesión, rara vez organizan su semana laboral de 8 AM a 5 PM cinco días a la semana.

¿Qué motiva a los profesionistas? Por lo general, el dinero y los ascensos ocupan posiciones bajas en su lista de prioridades. ¿Por qué? Los profesionistas tienden a estar bien pagados y disfrutan lo que hacen. En lugar de dar prioridad al dinero y a los ascensos, los profesionistas tienden a calificar más alto los desafíos del empleo. Les gusta atacar problemas y encontrar soluciones. Su recompensa más grande es el trabajo mismo. Los profesionistas también valoran el apoyo. Quieren que los demás piensen que lo que están llevando a cabo es importante. Quizá esto sea cierto para todos los empleados, pero los profesionistas tienden a convertir su trabajo en el interés central de su vida, en tanto que los no profesionistas por lo común tienen otros intereses aparte del trabajo que pueden compensar las necesidades no cubiertas en el empleo.

Cómo manejar una fuerza de trabajo Diversa

Desarrollo del potencial de los empleados: el resultado final de la diversidad

Uno de los objetivos más importantes para un gerente es ayudar a que sus empleados desarrollen su potencial.[61] Esto es particularmente importante cuando se manejan empleados talentosos y diversos que pueden aportar nuevas perspectivas e ideas al negocio, pero que pudieran pensar que el ambiente en el lugar de trabajo no es tan propicio como podría ser para aceptar y adoptar estas diferentes perspectivas. Por ejemplo, los gerentes de Bell Labs han trabajado muy duro para desarrollar un entorno en el que se alienten abiertamente las ideas de los diferentes empleados.

¿Qué pueden hacer los gerentes para asegurar que sus diferentes empleados tengan la oportunidad de desarrollar su potencial? Algo que pueden hacer es asegurarse de que existan diferentes modelos de conducta en las posiciones de liderazgo para que otros puedan ver que hay oportunidades de crecimiento y avance. Ofrecer oportunidades a los empleados motivados, talentosos, trabajadores y entusiastas para que sobresalgan en puestos de toma de decisiones,

puede ser un poderoso motivador para que otros empleados trabajen duro para desarrollar su propio potencial. Una herramienta poderosa puede ser un programa de tutoría en el que diferentes empleados tengan la oportunidad de trabajar de cerca con los líderes organizacionales. En Silicon Graphics, por ejemplo, los empleados nuevos se convierten en miembros de un grupo de tutoría llamado "Horizons". A través de este grupo de tutoría, los diferentes empleados tienen una oportunidad de observar y aprender de los tomadores de decisiones clave de la compañía.

Otra forma en que los gerentes pueden desarrollar el potencial de sus empleados es ofrecerles tareas desarrolladoras que les den una gran variedad de experiencias de aprendizaje en las diferentes áreas de la organización. Los empleados que tienen una oportunidad de aprender nuevos procesos y nueva tecnología tienen más probabilidades de sobresalir en su trabajo y permanecer en la compañía. Estos tipos de oportunidades de desarrollo son particularmente importantes porque dan poder a los empleados mediante herramientas que son críticas para el desarrollo profesional.

---

semana laboral comprimida
Semana laboral en la que los empleados trabajan más horas al día pero menos días a la semana.

horario de trabajo flexible (flextime)
Sistema de programación que requiere que los empleados trabajen cierto número de horas a la semana pero en el que tienen la libertad, con algunas limitaciones, de variar sus horas de trabajo.

trabajo compartido
Práctica en la cual dos o más personas comparten un empleo de tiempo completo.

trabajo a distancia
Enfoque laboral en el que los empleados trabajan en casa y están ligados a su lugar de trabajo a través de una computadora y un módem.

Motivación de trabajadores eventuales. Debido a que los trabajos de tiempo completo han sido eliminados por la reducción de personal y otros tipos de reestructuración de las organizaciones, el número de vacantes para un empleo de medio tiempo, y otras formas de trabajo temporal, ha aumentado. Los trabajadores eventuales no tienen la seguridad o la estabilidad de los empleados permanentes, y no se identifican con la organización o muestran el mismo nivel de compromiso que los empleados. Por lo común, los trabajadores temporales cuentan con muy pocas o ninguna prestación, como asistencia médica o pensiones.[63]

No hay una solución fácil para motivar a los empleados eventuales. Para ese pequeño grupo de individuos que prefieren la libertad de su estatus temporal, la falta de estabilidad puede no ser un problema. Además, quizá quienes prefieran esta temporalidad sean médicos, ingenieros, contadores o planeadores financieros con buenos ingresos, pero que no desean las demandas de un empleo de tiempo completo. Pero éstas son las excepciones. En su mayoría, los empleados temporales no son temporales por elección.

¿Qué podría motivar a los empleados temporales? Una respuesta obvia es la oportunidad de convertirse en un empleado permanente. En los casos en que se seleccionan empleados permanentes de entre un grupo de temporales, éstos trabajarán con ahínco para volverse permanentes. Una respuesta menos obvia es la oportunidad de capacitación. La habilidad de un empleado temporal de encontrar un nuevo empleo depende en gran medida de sus destrezas. Si un empleado ve que el trabajo que está llevando a cabo puede ayudarle a desarrollar destrezas comercializables, aumenta su motivación. Desde un punto de vista de equidad, cuando los temporales trabajan cerca de empleados permanentes que ganan más y tienen prestaciones por hacer el mismo trabajo, el desempeño de los eventuales tiende a verse afectado. Separar a estos empleados o quizá minimizar la interdependencia entre ellos puede ayudar a los gerentes a contrarrestar problemas potenciales.[64]

Motivación de empleados que están poco capacitados y que ganan el salario mínimo. Suponga que en su primer puesto gerencial después de graduarse, usted tiene la responsabilidad de administrar a un grupo de trabajo de empleados poco capacitados y que ganan el salario mínimo. Olvídese de ofrecer a estos empleados más dinero por sus altos niveles de desempeño: su compañía simplemente no puede enfrentar algo así. Además, estos empleados tienen una educación y destrezas limitadas. ¿Cuáles son sus opciones de motivación en este punto?

Una trampa en la que caemos a menudo es pensar que a las personas sólo se les motiva con dinero. Aunque el dinero es un motivador importante, no es la única recompensa que la gente busca y que los gerentes pueden usar. Para motivar a los empleados que tienen un salario mínimo, los gerentes podrían recurrir a los programas de reconocimiento. Muchos gerentes también reconocen el poder de los elogios, aunque estas "palmadas en la espalda" deben ser sinceras y por las razones correctas.

DISEÑO DE PROGRAMAS DE RECOMPENSAS ADECUADOS

Blue Cross de California, una de las compañías de seguros médicos más grandes del país, paga bonos a los doctores que dan servicio a sus miembros en base a la satisfacción de los pacientes y otros estándares de calidad. A los conductores de FedEx se les motiva mediante un sistema de pago que les recompensa por puntualidad y cantidad de entregas.[65] Los programas de recompensas tienen un gran poder para motivar el comportamiento apropiado de los empleados.

Administración a libro abierto. 24 horas después de que los gerentes de la división de trabajo pesado de Springfield Remanufacturing Company (SRC) se reúnan para discutir un documento financiero de varias hojas, cada uno de los empleados de la planta habrá visto la misma información. Si los empleados pueden cumplir las metas de embarque, todos compartirán un bono de fin de año.[66] Muchas compañías de tamaños diferentes abren los estados financieros (los "libros") e involucran a sus empleados en las decisiones de su compañía. Comparten esa información para que los empleados estén motivados a tomar mejores decisiones sobre su trabajo y puedan entender mejor las implicaciones de lo que hacen, cómo lo hacen, y el efecto en el resultado final. Este enfoque se conoce como **administración a libro abierto**, y muchas organizaciones están haciendo uso de él.[67] En Best Buy, las sesiones "Donas con Darren" (Darren Jackson es el director de finanzas de la compañía) se han vuelto tan populares que normalmente participan más de 600 empleados. Sus presentaciones incluyen los estados financieros de la compañía y principios de finanzas.[68]

El objetivo de la administración a libro abierto es hacer que los empleados piensen como dueños y vean el efecto de sus decisiones sobre los resultados financieros. Como muchos empleados no tienen el conocimiento o la preparación para entender los estados financieros, se les tiene que enseñar cómo leerlos y entenderlos. Una vez que los empleados tienen este conocimiento, los gerentes necesitan compartir los números con ellos con regularidad. Cuando comparten esta información, los empleados comienzan a ver la conexión entre sus esfuerzos, el nivel de desempeño y los resultados operacionales.

Programas de reconocimiento para los empleados. Estos programas consisten en dar atención personal y expresar interés, aprobación y aprecio por un trabajo bien realizado.[69] Pueden variar de forma. Por ejemplo, la agencia de servicios temporales Kelly Services introdujo una nueva versión de su sistema de incentivos de puntos para promover la productividad y la retención entre sus empleados. El programa llamado Kelly Kudos, da a los empleados más opciones de reconocimientos y les permite acumular puntos en un mayor lapso de tiempo. Está funcionando. Los participantes generan tres veces más ingresos y horas que los empleados que no reciben puntos.[70] Nichols Foods, un fabricante británico, cuenta con un amplio programa de reconocimiento. El pasillo principal del departamento de producción tiene "pizarras de fanfarroneo", en las que se anotan los logros de los equipos de empleados. Se otorgan reconocimientos mensuales a las personas que hayan sido nominadas por sus compañeros por su extraordinario empeño en el trabajo. Y los ganadores mensuales concursan por más reconocimientos en una junta externa de todos los empleados.[71] La mayoría de los gerentes utilizan un enfoque más informal. Por ejemplo, cuando Julia Stewart, actualmente presidenta y directora de IHOP Internacional, era presidenta de los restaurantes Applebee's, frecuentemente dejaba notas pegadas en los asientos de los empleados después de que todos se habían ido a casa.[72] Estas notas explicaban lo importante que Stewart pensaba que era el trabajo de esa persona y lo mucho que apreciaba la terminación de un proyecto. Stewart también recurría a los mensajes de voz dejados después del horario de trabajo para decirles a los empleados lo mucho que les agradecía por hacer bien su trabajo. Y el reconocimiento no sólo debe provenir de los gerentes. Aproximadamente 35 por ciento de las compañías alientan a los compañeros de trabajo a reconocer a sus colegas por sus esfuerzos sobresalientes.[73] Por ejemplo, los gerentes de Yum Brands, Inc. en Kentucky (la matriz de las cadenas de alimentos Taco bell, KFC y Pizza Hut) estaban buscando formas de reducir la rotación de empleados. Encontraron un exitoso programa de servicio al cliente que incluía el reconocimiento entre colegas en los restaurantes KFC de Australia. Los trabajadores recompensaban espontáneamente a sus compañeros de trabajo con "Tarjetas *champs*, un acrónimo por atributos como limpieza (*cleanliness*), hospitalidad (*hospitality*), y precisión (*accuracy*)". Yum implementó el programa en otros restaurantes en todo el mundo y atribuye al reconocimiento entre compañeros la reducción de la rotación entre los empleados por horas de 181 por ciento a 109 por ciento.[74]

Una reciente encuesta de compañías reveló que 84 por ciento contaba con un programa para reconocer los logros de los trabajadores.[75] ¿Y los empleados piensan que estos programas son importantes? ¡Por supuesto! En una encuesta realizada hace algunos años, se le preguntó a una amplia variedad de empleados cuál pensaban que era el motivador más poderoso en el lugar de trabajo. ¿Su respuesta? ¡Reconocimiento, reconocimiento, y más reconocimiento![76]

De acuerdo con la teoría del refuerzo, recompensar un comportamiento con un reconocimiento inmediatamente después de que ocurre alienta su repetición. Y el reconocimiento puede tomar muchas formas. Puede felicitar personalmente a un empleado en privado por un buen trabajo. Puede enviar una nota de su puño y letra o un correo electrónico reconociendo algo positivo que haya hecho un empleado. Para los empleados con una gran necesidad de aceptación social, puede reconocer públicamente sus logros. Para mejorar la cohesión y motivación de un grupo puede celebrar los logros de los equipos. Por ejemplo, puede hacer algo tan sencillo como organizar una fiesta con pizza para celebrar los logros de un equipo. Algunas de estas cosas pueden parecer simples, pero pueden hacer mucho para demostrar a los empleados que son valorados.

administración a libro abierto
Enfoque motivacional en el que se comparten con todos los empleados los estados financieros de una organización (los "libros").

programas de reconocimiento para los empleados
Programas que consisten en dar atención personal y expresar interés, aprobación y aprecio por un trabajo bien realizado.

Programas de pago por desempeño. He aquí una estadística que quizá le sorprenda: 40 por ciento de los empleados no distinguen un vínculo entre desempeño y paga.[77] Entonces, ¿qué es lo que las compañías en las que laboran estos empleados están pagando? Obviamente no están comunicando con claridad las expectativas de desempeño.[78] Los **programas de pago por desempeño** son planes de compensación variables que pagan a los empleados con base en una medida de desempeño.[79] Algunos ejemplos son los planes de pago por número de piezas, los planes de incentivos salariales, el reparto de utilidades y los bonos fijos. Lo que marca la diferencia entre estas formas de pago y los planes de compensación más tradicionales es que en vez de pagarle a la persona por su tiempo en el empleo, la paga se ajusta a alguna medida de desempeño. Estas medidas de desempeño pueden incluir conceptos como la productividad individual, la productividad en equipo o por grupos, la productividad por departamentos o el desempeño global de las ganancias de la compañía.

El pago por desempeño es probablemente más compatible con la teoría de las expectativas. Para que se maximice la motivación, los individuos deben percibir una fuerte relación entre su desempeño y las recompensas que reciben. Si las recompensas se basan sólo en factores no relacionados con el desempeño, como la antigüedad, el título, o los aumentos salariales generales, entonces los empleados tienden a reducir sus esfuerzos. Desde el punto de vista de la motivación, condicionar una parte o toda la paga de un empleado a una medida de desempeño, concentra su atención y empeño hacia la medida y entonces refuerza la continuación del esfuerzo con una recompensa. Si el desempeño del empleado, el equipo, o de la organización disminuye, también la recompensa. De tal suerte que existe un incentivo para mantener sólidos los esfuerzos y la motivación.

Los programas de pago por desempeño son bastante aceptados. Alrededor de 80 por ciento de las grandes compañías de Estados Unidos cuentan con alguna forma de plan de paga.[80] Estos tipos de planes también han sido implementados en otros países como Canadá y Japón. Aproximadamente 30 por ciento de las compañías canadienses y 22 por ciento de las japonesas cuentan con planes de pago por desempeño en toda la compañía.[81]

¿Los programas de pago por desempeño funcionan? En la mayoría de los casos, los estudios parecen indicar que sí. Por ejemplo, un estudio reveló que las compañías que hacían uso de programas de pago por desempeño eran mejores financieramente hablando.[82] Otro estudio demostró que los programas de pago por desempeño con incentivos basados en los resultados tenían un impacto positivo en las ventas, la satisfacción del cliente y las ganancias.[83] Si en una compañía hay equipos de trabajo, los gerentes deben considerar los incentivos basados en el desempeño de grupo que reforzarán el esfuerzo y compromiso del equipo. Pero ya sea que estos programas se basen en el desempeño individual o de grupo, los gerentes necesitan asegurar que sean específicos acerca de la relación entre la paga del individuo y el nivel de desempeño esperado. Los empleados deben entender claramente la manera en que su propio desempeño y el de la organización se traducen en más dinero en sus sueldos.[84]

Programas de compra de acciones. Alarmados por el excesivo paquete de compensación que se pagaba al presidente de Countrywide Financial, Angelo Mozilo, que era igual al 6 por ciento del ingreso neto de Countrywide, los accionistas exigieron a la junta directiva de la compañía que hiciera algo al respecto. Sin embargo, ésa era sólo una parte de los problemas a los que se enfrentaba Countrywide. Los esfuerzos por mantenerse en el mercado de vivienda estadounidense estaban creando mucha incertidumbre. Luego, la compañía fue demandada por al menos cinco estados por utilizar prácticas de mercadotecnia confusas y está "bajo el fuego de los abogados de vivienda, los miembros del Congreso y los accionistas por hacer préstamos inauditos a prestatarios, aun cuando la dirección ganó decenas de millones en utilidades de las acciones".[85] Todos estos factores ocasionaron que los resultados financieros de la compañía se debilitaran y llevaron a un voto por parte de los accionistas con el que aprobaban la venta de la compañía a Bank of America. Cuando los ejecutivos reciben su compensación en millones de dólares aun cuando el desempeño de su compañía esté padeciendo, no es de sorprenderse que los bonos ejecutivos y los programas de compra de acciones estén bajo fuego. Estas situaciones van en contra de toda creencia de que la paga debe ir de la mano del desempeño organizacional.

Las **opciones de compra de acciones** son instrumentos financieros que proporcionan a los empleados el derecho a adquirir acciones a un precio fijo. La idea original era convertir a los empleados en dueños y darles fuertes incentivos para que trabajaran duro para llevar a la compañía al éxito.[86] Si la compañía era exitosa, el valor de las acciones subía, haciendo valiosas las opciones de compra de acciones. En otras palabras, había un vínculo entre desempeño y recompensa. La popularidad de las opciones de compra de acciones como una herramienta de motivación y compensación creció inusitadamente durante el auge de las compañías dot.com en los últimos años la década de 1990. Como muchas compañías dot.com no podían pagar a los empleados sueldos acordes con el mercado, se ofrecían opciones de compra de acciones como incentivos de desempeño. Sin embargo, la sacudida entre las acciones de las compañías dot.com en 2000 y 2001 ilustró uno de los riesgos inherentes de la oferta de compra de acciones. Mientras el mercado estuviera creciendo, los empleados preferirían dejar un jugoso sueldo a cambio de opciones de compra de acciones. No obstante, cuando los precios de las acciones se hundieron, muchas personas que se habían unido y permanecido con una compañía dot.com por la oportunidad de hacerse ricos mediante las opciones de compra de acciones, se dieron cuenta de que sus acciones valían muy poco. Y el decadente mercado de acciones se convirtió en un poderoso desmotivador.

A pesar del riesgo de una potencial pérdida del valor y el abuso generalizado de las opciones de acciones, deben considerarse como parte de un programa motivacional global. Un programa de opciones de compra de acciones bien diseñado puede ser una poderosa herramienta motivacional para los empleados, pero con un sistema de recompensas apropiado y efectivo, necesita existir un claro vínculo entre el desempeño y la recompensa.[87]

REPASO RÁPIDO:
OBJETIVO DE APRENDIZAJE 15.4

- Describa los retos transculturales de la motivación.
- Analice los desafíos que enfrentan los gerentes para motivar a la fuerza laboral de hoy.

- Describa la administración a libro abierto, y los programas de reconocimiento de empleados, de pago por desempeño y de compra de acciones.

Vaya a la página 365 para ver qué tan bien maneja este material.

DE LA TEORÍA A LA PRÁCTICA; SUGERENCIAS PARA MOTIVAR A LOS EMPLEADOS

Hemos cubierto mucha información acerca de la motivación. Si es un gerente preocupado por motivar a sus empleados de manera efectiva y eficiente, ¿qué recomendaciones puede concluir a partir de las teorías presentadas en este capítulo? Aun cuando no hay un grupo de reglas sencillas y globales, las siguientes sugerencias abarcan lo que conocemos sobre la motivación de empleados.

Reconozca las diferencias individuales. Casi cualquier teoría contemporánea acerca de la motivación reconoce que los empleados no son idénticos. Tienen diferentes necesidades, actitudes, personalidad y otras variables individuales importantes.

Haga que coincidan personas y puestos. Hay muchas pruebas de los beneficios motivacionales al hacer que coincidan las personas y los puestos. Por ejemplo, los grandes realizadores deben tener trabajos que les permitan participar en el establecimiento de metas moderadamente desafiantes y que involucren autonomía y retroalimentación. También, tome en cuenta que no a todas las personas les motivan los puestos con mucha autonomía, variedad y responsabilidad.

Utilice metas. La literatura de la teoría del establecimiento de metas sugiere que los gerentes deben asegurarse de que los empleados cuenten con metas difíciles y específicas y retroalimentación sobre su progreso hacia el logro de esas metas. ¿Las metas deben ser establecidas por el gerente, o los empleados deben participar a la hora de establecerlas? La respuesta depende de su percepción de la aceptación de las metas y de la cultura de la organización. Si espera alguna resistencia a las metas, la participación deberá aumentar la aceptación. Si la participación no es parte de la cultura, utilice metas asignadas.

Asegúrese de que las metas parezcan alcanzables. Sin importar si las metas son alcanzables, los empleados que las ven como inalcanzables reducirán su esfuerzo porque no estarán seguros de para qué deben molestarse. Por tanto, los gerentes deben estar seguros de que los empleados confíen en que un enorme esfuerzo *puede* llevar a la realización de las metas de desempeño.

programas de pago por desempeño
Planes de compensación variables que pagan a los empleados con base en alguna medida de desempeño.

opciones de compra de acciones
Instrumentos financieros que proporcionan a los empleados el derecho a adquirir acciones a un precio fijo.

Individualice las recompensas. Como los empleados tienen diferentes necesidades, lo que actúa como un reforzador para uno puede no ser así para otro. Los gerentes deben utilizar sus conocimientos sobre las diferencias de los empleados para individualizar las recompensas que controlan, como paga, ascensos, reconocimiento, tareas deseables, autonomía y participación.

Vincule las recompensas y el desempeño. Los gerentes necesitan vincular las recompensas con el desempeño. Los factores de recompensa diferentes del desempeño sólo reforzarán esos otros factores. Las recompensas importantes como los aumentos de sueldo y los ascensos deben otorgarse por el cumplimiento de metas específicas. Los gerentes también deben buscar formas de aumentar la visibilidad de las recompensas, lo que las hace potencialmente más motivantes.

Verifique si el sistema es equitativo. Los empleados deben percibir que las recompensas o resultados son iguales a los insumos. En un primer nivel, la experiencia, la habilidad, el empeño y otros insumos obvios deben poder explicar las diferencias en el sueldo, la responsabilidad y otros resultados. Y recuerde que la equidad de una persona es la inequidad de otra, por lo que un sistema ideal de recompensas quizá deba evaluar los insumos de manera diferente para llegar a las recompensas apropiadas para cada puesto.

Utilice el reconocimiento. Reconozca el poder del reconocimiento. En una economía estancada donde la reducción de costos es tan común, usar el reconocimiento es un medio de bajo costo para recompensar a los empleados. Y es una recompensa que la mayoría de los empleados consideran valiosa.

Muestre atención e interés por sus empleados. Los empleados trabajan mejor para los gerentes que se interesan por ellos. Las investigaciones realizadas por Gallup con millones de empleados y decenas de miles de gerentes muestran de manera consistente esta sencilla verdad: las mejores organizaciones crean entornos laborales "comprensivos".[88] Cuando los gerentes se interesan por sus empleados, por lo común los resultados de desempeño se hacen presentes inmediatamente después.

No ignore el dinero. Es tan fácil dejarse atrapar en establecer metas, crear puestos interesantes y dar oportunidades de participación, que uno se olvida de que el dinero es la razón principal por la que la mayoría de las personas trabajan. De tal suerte que la asignación de los aumentos basados en el desempeño, los bonos por el trabajo a destajo y otros incentivos son importantes a la hora de determinar la motivación de los empleados. No estamos diciendo que los gerentes deben enfocarse exclusivamente en el dinero como una herramienta motivacional. Más bien, simplemente estamos enunciando lo obvio: si se elimina el dinero como un incentivo, las personas no se presentarán a trabajar. No se puede decir lo mismo de si se eliminan las metas, el trabajo enriquecido o la participación.

¿Quiénes son?

Mi turno

Traci D. Hart

Gerente de Ventas y Servicio al cliente, Centro telefónico Replacements Ltd.
Greensboro, North Carolina

Cuidar a los clientes requiere que los empleados de los centros telefónicos sientan que tienen el poder de hacer lo que sea para exceder las expectativas del cliente y crear una cultura de servicio al cliente. Una compañía puede lograr este objetivo si:

- Conecta el papel del empleado al panorama global.
- Invierte en capacitación: Competencia = Confianza = Satisfacción del cliente.
- Desarrolla un programa de tutoría; es decir, sigue de cerca a los empleados, cuenta con grupos de enfoque.
- Promueve un ambiente en el cual el empleado tenga la libertad de tomar decisiones y tome la responsabilidad sin miedo a las consecuencias.

OBJETIVOS DE APRENDIZAJE
RESUMEN

15.1 ▷ ¿QUÉ ES LA MOTIVACIÓN?

- Defina el concepto de motivación.
- Explique los tres elementos clave de la motivación.

La motivación es el proceso mediante el cual los esfuerzos de una persona se ven energizados, dirigidos y sostenidos hacia el logro de una meta.

El elemento energía es una medida de la intensidad o el impulso. El alto nivel de empeño necesita ser dirigido en formas que ayuden a la organización a alcanzar sus objetivos. Los empleados deben perseverar en esforzarse al máximo para alcanzar esos objetivos.

15.2 ▷ PRIMERAS TEORÍAS SOBRE LA MOTIVACIÓN

- Describa cómo puede utilizarse la jerarquía de las necesidades de Maslow para motivar.
- Analice la manera en que los gerentes de la Teoría X y la Teoría Y abordan la motivación.
- Explique la teoría de los dos factores de Herzberg.
- Analice la teoría de las tres necesidades.

Los individuos escalan la jerarquía de las cinco necesidades (fisiológicas, de seguridad, sociales, de estima y de autorrealización) a medida que las necesidades se satisfacen por completo. Una necesidad que ha sido satisfecha por completo ya no es una motivación.

Un gerente de la Teoría X cree que a las personas no les gusta trabajar o no buscan responsabilidades, por lo que deben ser amenazadas o coaccionadas para trabajar. Un gerente de la Teoría Y asume que a las personas les gusta trabajar y buscan responsabilidades, por lo que ejercerán su capacidad de auto-motivación y autodirección.

La teoría de los dos factores de Herzberg proponía que los factores intrínsecos asociados a la satisfacción laboral eran lo que motivaba a las personas. Además, proponía que los factores extrínsecos asociados a la insatisfacción laboral simplemente evitaban que las personas se sintieran insatisfechas.

La teoría de las tres necesidades proponía que tres necesidades adquiridas son motivos importantes en el trabajo: la necesidad de logros, la necesidad de afiliación y la necesidad de poder.

15.3 ▷ TEORÍAS CONTEMPORÁNEAS SOBRE LA MOTIVACIÓN

- Explique cómo se define la motivación de empleados según las teorías de establecimiento de metas y del refuerzo.
- Describa los enfoques del diseño de puestos en cuanto a la motivación.
- Analice las implicaciones de la motivación de la teoría de la equidad.
- Explique los tres vínculos clave en la teoría de las expectativas y su papel en la motivación

La teoría del establecimiento de metas sostiene que las metas específicas mejoran el desempeño y que las metas difíciles, cuando se aceptan, dan como resultado un mejor desempeño de lo que dan las metas fáciles. La teoría del establecimiento de metas dice que la intención de trabajar hacia una meta es una fuente importante de motivación en el trabajo; las metas difíciles específicas producen niveles de resultados más elevados que las metas generalizadas; la participación en el establecimiento de metas es probablemente preferible a la asignación de las mismas, pero no siempre; la retroalimentación guía y motiva el comportamiento, en especial la retroalimentación generada por uno mismo; y las contingencias que afectan el establecimiento de metas incluyen el compromiso con el objetivo, la autoeficacia y la cultura nacional. La teoría del refuerzo dice que el comportamiento se da en función de sus consecuencias. Para motivar, utilice reforzadores positivos para reforzar comportamientos deseables. Ignore el comportamiento indeseable en vez de castigarlo.

La ampliación del puesto se relaciona con la expansión horizontal del alcance del puesto al agregar más tareas o aumentar el número de veces que las tareas se realizan. El enriquecimiento del puesto tiene que ver con expandir verticalmente la profundidad del puesto al dar a los empleados más control sobre su empleo. El modelo de las características del puesto argumenta que se utilizan las cinco dimensiones centrales del puesto (variedad de habilidades, identidad de las tareas, importancia de las tareas, autonomía y retroalimentación) para diseñar trabajos motivantes.

La teoría de la equidad se enfoca en la manera en la que los empleados comparan sus relaciones insumos-resultados contra las de los demás. Una percepción de inequidad ocasionará que un empleado haga algo al respecto. La justicia en los procedimientos tiene una influencia mayor sobre la satisfacción del empleado que la justicia distributiva.

La teoría de las expectativas dice que un individuo tiende a actuar de cierta manera con base en la expectativa de que a la acción seguirá un resultado deseado. La expectativa es el vínculo esfuerzo-desempeño (¿Qué tanto esfuerzo necesito hacer para alcanzar cierto nivel de desempeño?); el medio es el vínculo desempeño-recompensa (¿Qué recompensa obtendré si alcanzo cierto nivel de desempeño?), y la valencia es el atractivo de la recompensa (¿La recompensa es algo que yo deseo?).

Aura María Moncada y Cía. Ltda.
L I B R E R I A

SERVICIO A DOMICILIO

NIT. 800.157.781 - 0 - REGIMEN COMUN

RESOLUCION DIAN No. 40000115773 FECHA: 2009/05/14 NUMERACION HABILITADA DEL CN 95001 AL CN 100000

Calle 36 No. 29-29 Teléfonos: 645 4692 - 645 5450 - 690 5370 Bucaramanga - Colombia

Agentes de retención en el impuesto sobre la venta de personas que pertenezcan al régimen simplificado

VENTAS MAYOR Y DETAL

Computación, Administración, Mercadotecnia, Ingenierías, Economía, Psicología, Medicina, Inglés, Contabilidad, Espirituales, Interés General

FECHA FACTURA			FACTURA DE VENTA	CN 96242
AÑO	MES	DIA		
10	02	13		

Vendido a: Diana Carolina Rangel. C. o NIT.

Dirección y Tel.: Cr 34 # 35-42. Ed. Lexus.

E-mail:

CANT.	A R T I C U L O	VR. TOTAL
1	Administración/Robbins/Pearson/FC-00206309/(1)	$95.000

Firma del Emisor

SUBTOTAL $	95.000
DCTO.	5.000
TOTAL $	90.000

LOS ALPES PJ PUBLICIDAD - PEDRO JOSE ALVAREZ SERRANO - NIT. 13.807.329-1

e-mail:auramariamoncadalibreria@intercable.net.co

15.4 ▷ TEMAS ACTUALES DE MOTIVACIÓN

- Describa los retos transculturales de la motivación.
- Analice los desafíos que enfrentan los gerentes para motivar a la fuerza laboral de hoy.
- Describa la administración a libro abierto, y los programas de reconocimiento de empleados, de pago por desempeño y de compra de acciones.

La mayoría de las teorías motivacionales se desarrollaron en Estados Unidos y tienen un sesgo estadounidense. Algunas de estas teorías (la jerarquía de las necesidades de Maslow, la necesidad de logro, y la teoría de la equidad) no funcionan bien en otras culturas. Sin embargo, el deseo de un trabajo interesante parece algo importante para todos los trabajadores, y los factores motivadores (intrínsecos) de Herzberg pueden ser universales.

Los gerentes se enfrentan a desafíos al motivar a grupos únicos de trabajadores. Una fuerza laboral diversa busca flexibilidad. Los profesionistas desean un desafío laboral y apoyo, y son motivados por el trabajo en sí. Los trabajadores eventuales desean la oportunidad de volverse permanentes o de recibir capacitación de habilidades. Los programas de reconocimiento y apreciación sincera por un trabajo bien realizado pueden usarse para motivar a los trabajadores menos capacitados y que ganan el salario mínimo.

Con la administración a libro abierto, los estados financieros (los "libros") se comparten con los empleados a los que se les ha enseñado lo que significan. Los programas de reconocimiento para empleados consisten en dar atención personal, aprobación y aprecio por un trabajo bien hecho. Los programas de pago por desempeño son planes de compensación variables que pagan a los empleados con base en una medida de desempeño. Se pueden establecer programas de compra de acciones para recompensar a los empleados por su desempeño.

PENSEMOS EN CUESTIONES ADMINISTRATIVAS

1. La mayoría tenemos que trabajar para vivir, y un empleo es una parte central de nuestras vidas. Entonces, ¿por qué los gerentes tienen que preocuparse tanto por los asuntos de motivación de empleados?
2. Describa una tarea que haya realizado recientemente para la que se haya esforzado mucho. Explique su comportamiento mediante cualquiera de los tres enfoques de motivación descritos en este capítulo.
3. Si tuviera que desarrollar un sistema de incentivos para una pequeña compañía que hace tortillas, ¿cuáles elementos de cuál enfoque o teoría de la motivación utilizaría? ¿Por qué? ¿Su elección sería la misma si fuese una compañía de diseño de software?
4. ¿Podrían los gerentes usar cualquiera de las teorías o enfoques sobre la motivación para alentar y apoyar los esfuerzos de la diversidad de la fuerza laboral? Explique.
5. Muchos expertos en el diseño de puestos que han estudiado la naturaleza cambiante del trabajo dicen que las personas trabajan mejor cuando están motivadas por un propósito y no por el deseo de dinero. ¿Está usted de acuerdo? Explique su postura.
6. "Demasiados gerentes en la actualidad han olvidado que el trabajo debe ser inspirador y divertido y están demasiado alejados de lo que hace productivas a las personas". ¿Cómo respondería a esta declaración?
7. ¿Puede un individuo estar demasiado motivado? Analice.
8. "Motivación significa simplemente cuidar a su gente". ¿Cómo respondería a este enunciado?

SU TURNO de ser gerente

- Un hábito que conviene adquirir si todavía no lo tiene, es establecer metas. Establezca metas para sí mismo de acuerdo con las sugerencias de la teoría del establecimiento de metas. Escríbalas y consérvelas en un cuaderno. Siga el curso de su progreso hacia el logro de esas metas.

- Preste atención a los momentos en que se sienta altamente motivado y a aquellos en los que no esté tan motivado. Escriba una descripción de estos momentos. ¿Cómo explica la diferencia en su nivel de motivación?

- Entreviste a tres gerentes acerca de cómo motivan a sus empleados. ¿Qué han descubierto que funciona mejor? Escriba sus resultados en un reporte y prepárese para presentarlos en clase.

- Con el modelo de características de un trabajo, rediseñe los siguientes puestos para que sean más motivantes: vendedor en una tienda minorista, revisor del contador en una compañía de servicios, y cajero en una tienda de descuento. En un reporte escrito, describa para cada empleo dos acciones específicas que propondría para cada una de las cinco dimensiones centrales del trabajo.

- Piense detenidamente acerca de lo que quiere del trabajo que obtenga después de la graduación. Haga una lista de lo que es importante para usted. ¿Está buscando un ambiente laboral agradable, un empleo desafiante, horarios flexibles, compañeros de trabajo divertidos, o algo más? Analice cómo descubrirá si un trabajo en particular le ayudará a conseguir todo eso.

- Lecturas sugeridas por Steve y Mary: Terry R. Bacon, *What People Want* (Davies-Black Publishing, 2006); Dennis W. Bakke, *Joy at Work* (PVG, 2005); Leon Martel, *High Performers* (Jossey-Bass, 2002); Jon R. Katzenbach, *Peak Performance* (Harvard Business School Press, 2000), y Steven Kerr (ed.), *Ultimate Rewards: What Really Motivates People to Achieve* (Harvard Business School Press, 1997).

- Encuentre cinco ejemplos diferentes de programas de reconocimiento para empleados. Podrían ser de organizaciones que usted conozca o de artículos que encuentre. Escriba un reporte en el que describa sus ejemplos y evalúa lo que piensa sobre los diferentes enfoques.

- Vaya al sitio Web de Great Place to Work Institute, www.greatplacetowork.com. ¿Qué dice sobre lo que hace que una empresa sea un gran lugar para trabajar? Después, localice las listas que ofrece el sitio de las mejores compañías para trabajar. Elija una compañía de cada una de las listas internacionales. Investigue cada compañía y describa lo que la hace un buen lugar para trabajar.

- Con sus propias palabras, escriba tres cosas que haya aprendido en este capítulo sobre ser un buen gerente.

- La autoevaluación puede resultar una poderosa herramienta de aprendizaje. Vaya a mymanagementlab y complete estos ejercicios de autoevaluación: What Motivates Me? (¿Qué me motiva?), What Are My Dominant Needs? (¿Cuáles son mis necesidades prioritarias?), What Rewards Do I Value Most? (¿Cuáles recompensas valoro más?), What's My View on the Nature of People? (¿Cuál es mi punto de vista sobre la naturaleza de la gente?), How Sensitive Am I to Equity Differences? (¿Qué tan sensible soy a las diferencias de equidad?), What's My Job's Motivating Potential? (¿Cuál es el potencial de motivación en mi trabajo?), Do I Want an Enriched Job? (¿Deseo un trabajo enriquecedor?), What Are My Course Performance Goals? (¿Cuáles son mis metas de desempeño?), How Confident Am I in My Ability to Succeed? (¿Qué tanto confío en mi habilidad para triunfar?), What's My Attitude Towards Achievement? (¿Cuál es mi actitud respecto de los logros?). Con los resultados de sus evaluaciones, identifique fortalezas y debilidades personales. ¿Qué hará para reforzar sus fortalezas y mejorar sus debilidades?

Para más recursos, visite www.mymanagementlab.com

CASO PRÁCTICO

Paraíso perdido... ¿o ganado?

Un masaje cada quince días, servicio de lavandería, piscina y spa, deliciosas comidas buffet gourmet gratis. ¿Qué más podría desear un empleado? Suena como el trabajo ideal, ¿no es cierto? Sin embargo, en Google, muchas personas están demostrando, con sus decisiones de dejar la compañía, que todos esos beneficios (y éstos son sólo algunos) no son suficientes para mantenerlas ahí. Como comentó un analista, "Sí, Google está ganando montañas de dinero. Sí, está plagado de gente inteligente. Sí, es un lugar maravilloso para trabajar. Entonces, ¿por qué tantas personas se están yendo?"

La revista *Fortune* ha nombrado a Google el "mejor lugar para trabajar" por dos años consecutivos, pero no se equivoque: los ejecutivos de Google tomaron la decisión de ofrecer todos esos fabulosos beneficios por varias razones: para atraer a los trabajadores con los mejores conocimientos

Empleados de Google revisan el programa de mapas de la compañía.

que fuera posible en un mercado despiadado e intensamente competitivo; para ayudar a los empleados a trabajar por largas horas sin tener que preocuparse por faenas personales fuera del trabajo; para mostrar a los empleados cuánto los valoraban, y para hacer que siguieran siendo Googlers (el nombre usado para los empleados) por muchos años. Pero, muchos Googlers han saltado del barco y han abandonado estas fantásticas prestaciones para seguir adelante por su cuenta.

Por ejemplo, Sean Knapp y dos compañeros, los hermanos Bismarck y Belsasar Lepe, tuvieron una idea sobre cómo manejar video en Web. Dejaron Google en abril de 2007, o como alguien dijo "se expulsaron ellos mismos del paraíso para iniciar su propia compañía". Cuando el trío salió de la compañía, Google quería ansiosamente que se quedaran, junto con su proyecto. Les ofreció un "cheque en blanco". Pero ellos se habían dado cuenta de que harían el trabajo duro y Google se apropiaría el producto. De modo que se retiraron, con el estímulo de su inicio.

Si éste fuera un caso aislado, se podría descartar fácilmente. Pero no lo es. Otros talentosos empleados de Google han hecho lo mismo. De hecho, tantos la han dejado que han formado un club informal de ex Googlers que se han convertido en empresarios.

Preguntas de análisis

1. ¿Cómo es trabajar para Google? (Tip: Vaya al sitio Web de Google y diríjase a About Google. Encuentre la sección Empleos en Google.) ¿Cuál es su evaluación del ambiente laboral de la compañía?

2. Google está haciendo mucho por sus empleados, pero obviamente no ha hecho lo suficiente para retener a varios de sus empleados más talentosos. Con lo que ha aprendido después de estudiar las diferentes teorías acerca de la motivación, ¿qué le dice esta situación sobre la motivación de los empleados?

3. ¿Cuál piensa que sea el mayor reto de Google para mantener a sus empleados motivados?

4. Si manejara un equipo de empleados de Google, ¿cómo los mantendría motivados?

Fuentes: A. Lashinsky, "Where Does Google Go Next?" *CNNMoney. com*, 12 de mayo de 2008; K. Hafner, "Google Options Make Masseuse a Millionaire", *New York Times online*, www.nytimes.com, 12 de noviembre de 2007; Q. Hardy, "Close to the Vest", *Forbes*, 2 de julio de 2007, pp. 40-42; K. J. Delaney, "Startups Make Inroads with Google's Work Force", *Wall Street Journal* online, www.wsj.com, 28 de junio de 2007, y "Perk Place: The Benefits Offered by Google and Others May Be Grand, but They're All Business", *Knowledge @ Wharton*, knowledge.wharton.upenn.edu, 21 de marzo de 2007.

¿Quiénes son?

Conozca al gerente

Sean Balke

Consultor senior
Allen, Gibbs & Houlik, L.C.
Wichita, Kansas

MI TRABAJO: Soy consultor de negocios y administración. Apoyo a las organizaciones con estrategias y tácticas que ayudan a maximizar el desempeño y la satisfacción de los empleados, lo que conduce a que los resultados finales sean mejores.

LA MEJOR PARTE DE MI TRABAJO: La oportunidad de atraer a los líderes de negocios a difíciles debates que no tendrán con nadie más. Implica un reto inmenso que cuando se cumple es intensamente gratificante.

LA PEOR PARTE DE MI TRABAJO: Ser testigo de las inevitables fallas de los líderes de negocios o de organizaciones enteras.

EL MEJOR CONSEJO GERENCIAL RECIBIDO: No se trata de ti. Ese consejo me ayudó a ver que la administración efectiva rara vez depende de tácticas represivas o que sirvan a intereses propios. En cambio, se trata de hacer lo que sea necesario para la gente y la situación.

A lo largo del capítulo sabrá más sobre este gerente real.

Capítulo 16

Los gerentes como líderes

Los líderes dentro de las organizaciones hacen que las cosas sucedan. Pero, ¿qué hace a los líderes diferentes de los no líderes? ¿Cuál es el estilo de liderazgo más apropiado? ¿Qué puede hacer usted para que lo vean como líder? Ésas son sólo algunas de las preguntas que trataremos de responder en este capítulo. Conforme lea y estudie este capítulo, enfóquese en los siguientes objetivos de aprendizaje.

OBJETIVOS DE APRENDIZAJE

El dilema de un gerente

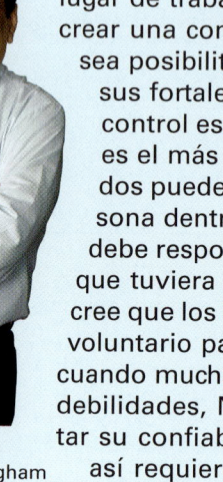

HCL Technologies está inmersa en la democracia más grande del mundo, por lo que es apropiado que la compañía con sede en Nueva Delhi esté intentando un experimento radical en la democracia en el lugar de trabajo.[1] Su presidente, Vineet Nayar, está comprometido a crear una compañía en la que el trabajo de los líderes de la misma sea posibilitar que la gente encuentre su propio destino al orientar sus fortalezas. Aunque cree que el enfoque dictatorial de orden y control es el estilo gerencial más sencillo, también piensa que no es el más productivo. En su democracia corporativa, los empleados pueden escribirle una "etiqueta de problema" a cualquier persona dentro de la compañía. Quien tenga etiquetas de problemas debe responder, de la misma manera en que trataría con un cliente que tuviera problemas y necesitara una respuesta. Nayar también cree que los líderes deben estar abiertos a la crítica. Se ofreció como voluntario para compartir sus debilidades con sus empleados. Aun cuando muchas personas dijeron que estaba loco por comunicar sus debilidades, Nayar creyó que era una buena manera de incrementar su confiabilidad como el líder de sus empleados. Un ambiente así requiere mucha confianza entre líderes y seguidores. ¿Cómo puede Nayar seguir construyendo esta confianza?

Cortesía de Citigate Cunningham para HCL

¿Usted qué haría?

Vineet Nayar es un buen ejemplo de lo que se necesita para ser un buen líder en las organizaciones de hoy en día. Ha creado un entorno en el cual los empleados sienten que son escuchados y que son dignos de confianza. Sin embargo, es importante que continúe con su labor de nutrir esta cultura y sea visto como un líder efectivo. ¿Por qué es tan importante el liderazgo? Porque los líderes dentro de las organizaciones hacen que las cosas sucedan.

OBJETIVO DE
APRENDIZAJE 16.1 ▷ ¿QUIÉNES SON LÍDERES, Y QUÉ ES EL LIDERAZGO?

Comencemos por aclarar quiénes son los líderes y qué es el liderazgo. Nuestra definición de un **líder** es alguien que puede influir en los demás y que posee autoridad gerencial. **Liderazgo** es lo que hacen los líderes. Es un proceso de guiar a un grupo e influir en él para que alcance sus metas.

¿Todos los gerentes son líderes? Dado que dirigir es una de las cuatro funciones gerenciales, idealmente todos los gerentes *deberían* ser líderes. De tal suerte que estudiaremos a los líderes y el liderazgo desde una perspectiva gerencial.[2] No obstante, aun cuando examinemos estos conceptos desde la perspectiva gerencial, estamos conscientes de que, a menudo, los grupos cuentan con líderes informales que emergen. Aunque estos líderes informales tengan la capacidad de influir en los demás, no han sido el centro de la investigación sobre liderazgo y no representan los tipos de líderes que estudiaremos en este capítulo.

Los líderes y el liderazgo, como la motivación, son temas de comportamiento organizacional de los cuales se ha investigado exhaustivamente. La mayor parte de esas investigaciones han estado dirigidas a responder la pregunta "¿Qué es un líder efectivo?" Comencemos nuestro estudio de liderazgo con el examen de algunas de las primeras teorías acerca del liderazgo que intentaron dar respuesta a esa pregunta.

REPASO RÁPIDO:
OBJETIVO DE APRENDIZAJE 16.1

• Defina líder y liderazgo.

• Explique por qué los gerentes deben ser líderes.

Vaya a la página 391 para ver qué tan bien maneja este material.

OBJETIVO DE
APRENDIZAJE 16.2 ▷ PRIMERAS TEORÍAS SOBRE EL LIDERAZGO

Las personas se han interesado por el liderazgo desde que comenzaron a agruparse para lograr objetivos. Sin embargo, no fue sino hasta la primera parte del siglo XX que los investigadores realmente comenzaron a estudiar el liderazgo. Estas primeras teorías acerca del liderazgo se concentraban en el *líder* (teorías de los rasgos) y en cómo el *líder interactuaba* con los miembros de su grupo (teorías del comportamiento).

TEORÍAS DE LOS RASGOS

Aun antes de la elección presidencial de 2008, Barack Obama había captado la atención de los analistas políticos y el público.[3] Ya lo habían comparado con populares personajes históricos como Abraham Lincoln y Martin Luther King, Jr. Muchos dicen que tiene lo que se necesita para ser una destacada figura política por características como el conocimiento de sí mismo, la claridad de su discurso y la habilidad de relacionarse con la gente. ¿Es Obama un líder? Las teorías de los rasgos del liderazgo responderían que sí con base en sus rasgos.

Las investigaciones sobre liderazgo en las décadas de 1920 y 1930 se enfocaban en aislar los rasgos de los líderes, es decir, las características que diferenciarían a los líderes de los no líderes. Algunos de los rasgos estudiados incluían estatura, apariencia, clase social, estabilidad emocional, fluidez de discurso y sociabilidad. A pesar de los mejores esfuerzos de los investigadores, fue imposible identificar un conjunto de rasgos que *siempre* diferenciara a un líder (la persona) de un no líder. Quizás era un tanto optimista pensar que podrían existir rasgos consistentes y únicos que aplicarían universalmente a todos los líderes efectivos, sin importar si estaban a cargo de Toyota Motor Corporation, el Ballet de Moscú, de Francia, de un colegiado local de Alfa Ji Omega, de Ted's Malibu Surf Shop, o de la Universidad de Oxford. Sin embargo, los intentos posteriores por identificar los rasgos normalmente asociados con el *liderazgo* (el proceso, no la persona) tuvieron más éxito. Los siete rasgos que están asociados con el liderazgo efectivo se describen brevemente en la figura 16-1.[4]

Los investigadores finalmente reconocieron que los rasgos por sí mismos no eran suficientes para identificar a los líderes efectivos porque las explicaciones basadas sólo en los rasgos ignoraban las interacciones de los líderes y los miembros de su grupo, así como los factores situacionales. Tener los rasgos apropiados sólo aumentaba la probabilidad de que un individuo fuera un líder efectivo. Por lo tanto, las investigaciones sobre liderazgo entre los últimos años de la década de 1940 hasta mediados de la década de 1960 se concentraban en los estilos de comportamiento preferidos que los líderes demostraban. Los investigadores se preguntaban si había algo único en lo que los líderes efectivos *hacían*, en otras palabras, su *comportamiento*.

TEORÍAS DEL COMPORTAMIENTO

Paul Johnston es presidente y gerente general de Agri-Mark Inc., una exitosa cooperativa de productos lácteos de Massachusetts. Johnston es un jefe autocrático, exigente, descrito como "directo, sarcástico, poco diplomático y duro". Por el contrario, Gerald Chamales, fundador y presidente de Rhinotek Computer Products, una fábrica de cartuchos de inyección de tinta y láser que se ubica en California, ha aprendido a aprovechar las pasiones y fortalezas de sus empleados y a obtener lo mejor de ellos. ¿Cómo? Los alienta a que participen y deja que descubran la mejor manera de hacer las cosas.[5] Éstas son dos compañías exitosas cuyos

¿Quiénes son?
CARA A CARA

RASGOS QUE LOS LÍDERES DEBEN POSEER:
Una voluntad férrea para ir constantemente en busca de objetivos en formas que inspiren a otros y que al final lleven a resultados grandiosos; una visión clara de los estándares esperados.

líder
Alguien que puede influir en los demás y que posee autoridad gerencial.

liderazgo
Proceso de guiar a un grupo e influir en él para que alcance sus metas.

Figura 16–1

Siete rasgos asociados con el liderazgo

1. *Impulso.* Los líderes muestran un elevado nivel de empeño. Tienen un deseo de logros relativamente alto, son ambiciosos, poseen mucha energía, son incansablemente perseverantes en sus actividades y toman la iniciativa.

2. Deseo de *dirigir.* Los líderes tienen un fuerte deseo de influir y guiar a otros. Demuestran su disposición de tomar responsabilidades.

3. *Honestidad e integridad.* Los líderes construyen relaciones de confianza con sus seguidores ya que son veraces y honestos, y muestran una elevada consistencia entre lo que dicen y lo que hacen.

4. *Confianza en sí mismos.* Los seguidores admiran a los líderes porque no dudan. Los líderes, por ende, necesitan demostrar confianza en sí mismos para así convencer a los seguidores de la rectitud de sus objetivos y decisiones.

5. *Inteligencia.* Los líderes necesitan ser lo suficientemente inteligentes para reunir, sintetizar e interpretar grandes cantidades de información, así como ser capaces de crear opiniones, resolver problemas y tomar decisiones correctas.

6. *Conocimiento relativo al trabajo.* Los líderes efectivos cuentan con un alto grado de conocimiento sobre la compañía, la industria y los aspectos técnicos. El conocimiento profundo permite que los líderes tomen decisiones bien informadas y que entiendan las implicaciones de las mismas.

7. *Extroversión.* Los líderes son personas enérgicas y vivaces. Son sociables, asertivos, y rara vez, callados o retraídos.

Fuentes: S.A. Kirkpatrick y E.A. Locke, "Leadership: Do Traits Really Matter?" *Academy of Management Executive,* mayo de 1991, pp. 48-60; y T.A. Judge, J.E. Bono, R. Ilies, y M.W. Gerhardt, "Personality and Leadership: A Qualitative and Quantitative Review", *Journal of Applied Psychology,* agosto de 2002, pp. 765-780.

líderes, como puede ver, se comportan de dos formas muy diferentes. ¿Qué sabemos sobre el comportamiento de un líder y cómo nos puede ayudar a entender qué es un líder efectivo?

Los investigadores esperaban que el enfoque de las **teorías del comportamiento** proporcionara respuestas más definitivas acerca de la naturaleza del liderazgo que las teorías de los rasgos. En la figura 16-2 se resumen los cuatro principales estudios de comportamiento del líder.

Estudios de University of Iowa. Los estudios de la universidad de Iowa exploraron tres estilos de liderazgo para encontrar cuál era el más efectivo.[6] El estilo **autocrático** describía a un líder que dictaba métodos laborales, tomaba decisiones unilaterales y limitaba la participación de los empleados. El estilo **democrático** describía a un líder que involucraba a los empleados en la toma de decisiones, delegaba autoridad y utilizaba la retroalimentación como una oportunidad para capacitar a los empleados. Por último, el estilo **liberal** describía a un líder que permitía que el grupo tomara las decisiones y completara el trabajo de la forma que considerara más adecuada. Los resultados de los investigadores parecían indicar que el estilo democrático contribuía tanto a la cantidad del trabajo como a la calidad del mismo. ¿Se había encontrado la respuesta a la pregunta sobre el estilo de liderazgo más efectivo? Desafortunadamente, no era tan simple. Estudios posteriores de los estilos autocrático y democrático arrojaron resultados mixtos. Por ejemplo, el estilo democrático a veces producía niveles de desempeño más altos que el estilo autocrático, pero en otras ocasiones, no era así. No obstante, cuando se usó una medida de satisfacción del empleado se encontraron resultados más congruentes. Los miembros del grupo se mostraban más satisfechos con un líder democrático que con uno autocrático.[7]

¡Ahora los líderes estaban ante un dilema! ¿Debían enfocarse en alcanzar un alto desempeño o una elevada satisfacción entre los empleados? Reconocer esta naturaleza dual del comportamiento de un líder, es decir, enfocarse en las tareas y enfocarse en las personas, también era una característica clave de los otros estudios de comportamiento.

Estudios de Ohio State. Estos estudios identificaron dos dimensiones importantes del comportamiento de un líder.[8] Empezaron con una lista de más de 1000 dimensiones conductuales, y finalmente los investigadores la redujeron a sólo 2, que representaban la mayor parte del comportamiento de liderazgo descrito por los miembros del grupo. La primera dimensión, llamada **estructura inicial**, se refería al grado al que un líder definía su función y las funciones de los miembros del grupo para alcanzar las metas. Incluía comportamientos que implica-

Figura 16–2

Teorías del comportamiento
del liderazgo

	Dimensión conductual	Conclusión
University of Iowa	*Estilo democrático:* involucra a los subordinados, delega autoridad y promueve la participación. *Estilo autocrático:* dicta los métodos de trabajo, centraliza la toma de decisiones y limita la participación. *Estilo liberal:* da al grupo la libertad de tomar decisiones y completar el trabajo.	El estilo de liderazgo democrático resultó más efectivo, aunque otros estudios demostraron resultados mixtos.
Ohio State	*Consideración:* es considerado hacia las ideas y los sentimientos de los seguidores. *Estructura inicial:* estructura el trabajo y trabaja en las relaciones para cumplir los objetivos laborales.	El líder alto-alto (alto en consideración y alto en estructura inicial) logró un alto nivel de desempeño y satisfacción de sus subordinados, pero no en todas las situaciones.
University of Michigan	*Orientado al empleado:* hace hincapié en las relaciones interpersonales y se hace cargo de las necesidades de los empleados. *Orientado a la producción:* hace hincapié en los aspectos técnicos y las tareas del trabajo.	Había una asociación entre los líderes orientados al empleado y los niveles elevados de productividad de grupo y satisfacción laboral.
Rejilla del liderazgo	*Interés por las personas:* preocupación del líder por los subordinados, medida en una escala de 1 a 9 (baja a alta). *Interés por la producción:* preocupación del líder por la realización del trabajo, medida en una escala de 1 a 9 (baja a alta).	Los líderes tuvieron un mejor desempeño con un estilo 9.9 (interés por la producción e interés por las personas).

ban intentos por organizar el trabajo, relaciones laborales y objetivos. La segunda dimensión, llamada **consideración**, se definía como el grado al que un líder hacía que las relaciones laborales se caracterizaran por la confianza mutua y el respeto por las ideas y sentimientos de los miembros del grupo. Un líder alto en consideración ayudaba a los miembros del grupo con los problemas personales, era amistoso y accesible, y trataba a todos los miembros del grupo como iguales. Mostraba interés (era considerado con) por la comodidad, el bienestar, el estatus y la satisfacción de sus seguidores. Las investigaciones demostraron que un líder alto en estructura inicial y consideración (un **líder alto-alto**) a veces alcanzaba un alto desempeño de tareas de grupo y una elevada satisfacción entre los miembros del grupo, pero no siempre.

Estudios de University of Michigan. Los estudios sobre liderazgo llevados a cabo en la universidad de Michigan casi al mismo tiempo que en Ohio State, también esperaban identificar las características conductuales de los líderes que estuvieran relacionadas con la efectividad del desempeño. El grupo de Michigan también halló dos dimensiones del

teorías del comportamiento
Teorías de liderazgo que identifican los comportamientos que diferencian a los líderes eficaces de los ineficaces.

estilo autocrático
Líder que dicta los métodos laborales, toma decisiones unilaterales y limita la participación de los empleados.

estilo democrático
Líder que involucra a los empleados en la toma de decisiones, delega autoridad y utiliza la retroalimentación como una oportunidad para capacitar a sus empleados.

estilo liberal
Líder que permite que el grupo tome decisiones y complete el trabajo de la forma que considere más adecuada.

estructura inicial
Grado al que un líder define su función y las funciones de los miembros del grupo para alcanzar las metas.

consideración
Grado al que un líder hace que las relaciones laborales se caractericen por la confianza mutua y el respeto por las ideas y sentimientos de los miembros del grupo.

líder alto-alto
Líder con niveles altos de estructura inicial y consideración.

comportamiento de liderazgo, las que identificaron como *orientado al empleado* y *orientado a la producción*.[9] Los líderes orientados al empleado se caracterizaban por hacer hincapié en las relaciones interpersonales. Los líderes orientados a la producción, por el contrario, tendían a enfatizar los aspectos de las tareas del trabajo. A diferencia de los otros estudios, los estudios de Michigan concluyeron que los líderes orientados al empleado alcanzaban niveles elevados de productividad y de satisfacción en el grupo.

Rejilla del liderazgo. Las dimensiones conductuales de los primeros estudios de liderazgo sentaron las bases para el desarrollo de una rejilla bidimensional para la apreciación de los estilos de liderazgo. Esta **rejilla del liderazgo** utilizaba las dimensiones conductuales "interés por las personas" e "interés por la producción" y evaluaba la forma en que el líder usaba estos comportamientos, con un valor en una escala de 1 (bajo) a 9 (alto).[10] Aunque la rejilla (mostrada en la figura 16-3) tenía 81 categorías potenciales que podían ajustarse al estilo de comportamiento de un líder, sólo se tomaron en cuenta cinco de ellas: administración empobrecida (1, 1), administración de tareas (9, 1), administración a la mitad del camino (5, 5), administración de club campestre (1, 9) y administración por equipos (9, 9). De estos cinco estilos, los investigadores concluyeron que los gerentes mostraban un mejor desempeño en el estilo 9, 9. Por desgracia, la rejilla no ofrecía ninguna explicación sobre lo que hacía que un líder fuera eficaz; sólo proporcionaba un marco para la conceptualización del estilo de liderazgo. De hecho, hay muy pocas pruebas que apoyen la conclusión de que un estilo 9, 9 sea el más efectivo en todas las situaciones.[11]

Figura 16–3   La rejilla del liderazgo

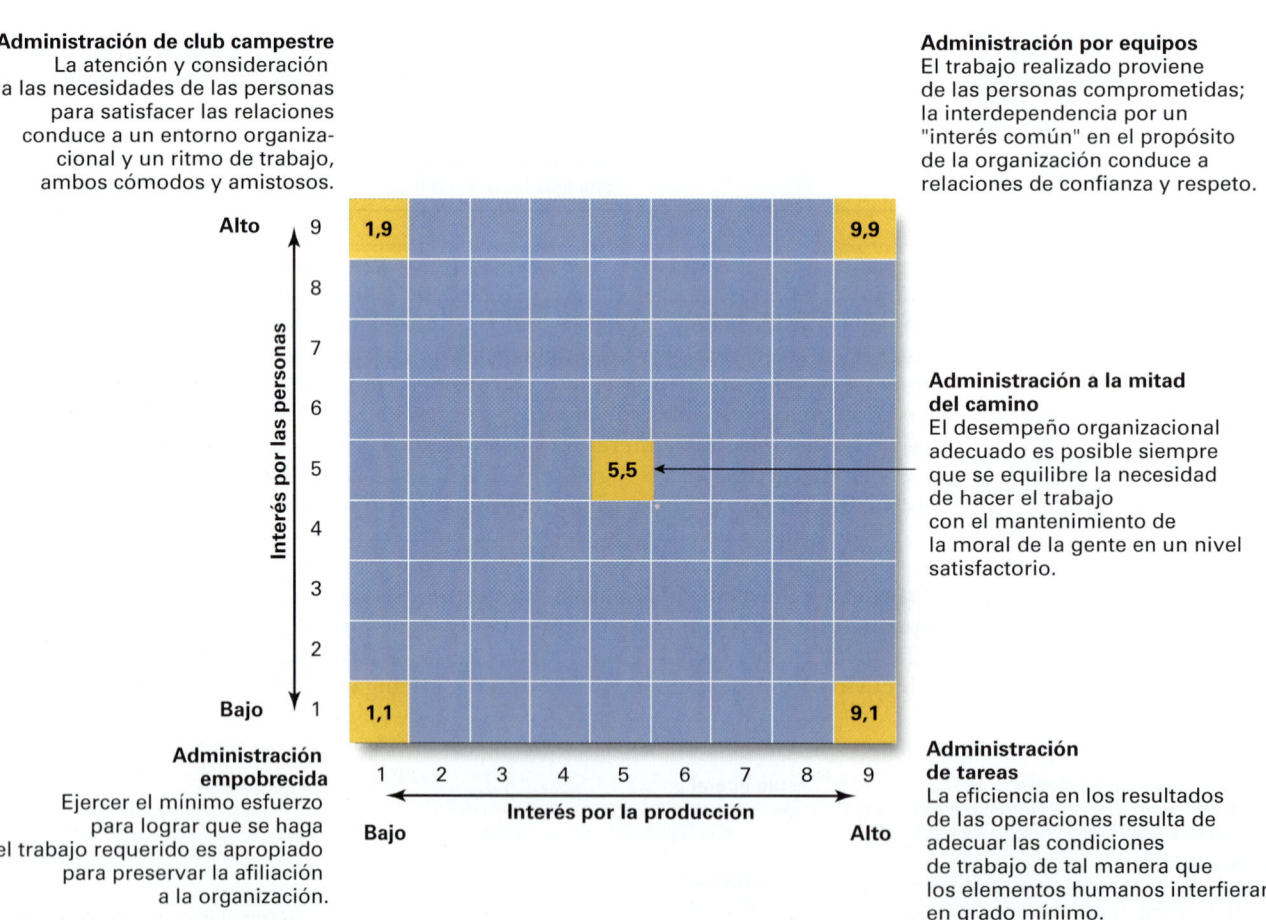

Administración de club campestre
La atención y consideración a las necesidades de las personas para satisfacer las relaciones conduce a un entorno organizacional y un ritmo de trabajo, ambos cómodos y amistosos.

Administración por equipos
El trabajo realizado proviene de las personas comprometidas; la interdependencia por un "interés común" en el propósito de la organización conduce a relaciones de confianza y respeto.

Administración a la mitad del camino
El desempeño organizacional adecuado es posible siempre que se equilibre la necesidad de hacer el trabajo con el mantenimiento de la moral de la gente en un nivel satisfactorio.

Administración empobrecida
Ejercer el mínimo esfuerzo para lograr que se haga el trabajo requerido es apropiado para preservar la afiliación a la organización.

Administración de tareas
La eficiencia en los resultados de las operaciones resulta de adecuar las condiciones de trabajo de tal manera que los elementos humanos interfieran en grado mínimo.

Los investigadores del liderazgo estaban descubriendo que predecir el éxito del liderazgo involucraba algo más complejo y no sólo aislar algunos rasgos o comportamientos deseables en un líder. Comenzaron por observar las influencias situacionales. Específicamente, ¿cuáles estilos podrían ajustarse a las diferentes situaciones, y cuáles eran estas diferentes situaciones?

REPASO RÁPIDO:
OBJETIVO DE APRENDIZAJE 16.2

• Analice qué investigación ha arrojado datos sobre los rasgos de liderazgo.

• Compare los resultados de las cuatro teorías del comportamiento del liderazgo.
• Explique la naturaleza dual del comportamiento de un líder.

Vaya a la página 391 para ver qué tan bien maneja este material.

OBJETIVO DE
APRENDIZAJE 16.3 ▷ TEORÍAS DE CONTINGENCIA SOBRE EL LIDERAZGO

"El mundo corporativo está lleno de historias de líderes que no consiguieron alcanzar la grandeza porque no lograron comprender el contexto en que laboraban".[12] En esta sección examinaremos tres teorías de contingencia: el modelo de Fiedler, la teoría del liderazgo situacional de Hersey y Blanchard, y la teoría de la ruta-meta. Cada una de estas teorías busca definir el estilo y la situación del liderazgo, e intenta responder a contingencias del tipo *si-entonces* (es decir, *si* es el contexto o situación, *entonces* es el mejor estilo de liderazgo que debe usarse).

EL MODELO DE FIEDLER

El primer modelo integral de contingencias para el liderazgo fue desarrollado por Fred Fiedler.[13] El **modelo de contingencia de Fiedler** proponía que el desempeño efectivo de un grupo dependía de hacer que coincidieran el estilo del líder y la cantidad de control e influencia en la situación. El modelo se basaba en la premisa de que un estilo de liderazgo determinado sería más efectivo en diferentes tipos de situaciones. Las claves eran (1) definir aquellos estilos de liderazgo y los diferentes tipos de situaciones, y después (2) identificar las combinaciones apropiadas de estilo y situación.

Fiedler proponía que un factor clave en el éxito del liderazgo era el estilo de liderazgo básico de cada individuo, ya sea que esté orientado a las tareas o a las relaciones. Para medir el estilo de un líder, Fiedler desarrolló el **cuestionario del compañero de trabajo menos preferido (LPC)**. Este cuestionario contenía 18 pares de adjetivos contrastantes, por ejemplo, agradable-desagradable, frío-cálido, aburrido-interesante y amistoso-poco amistoso. Los encuestados debían pensar en todos los compañeros de trabajo que habían tenido, describir a esa persona con quien les *agradaba menos* trabajar, y dar una calificación de 1 a 8 para cada uno de los pares de adjetivos. (El 8 siempre describía el adjetivo positivo del par y el 1 siempre describía el adjetivo negativo del par.)

Si el líder describía al compañero de trabajo menos preferido con términos relativamente positivos (en otras palabras, una puntuación LPC "alta", 64 puntos o más), entonces el encuestado estaba interesado principalmente en las buenas relaciones personales con sus compañeros, y el estilo se calificaba como *orientado a las relaciones*. Por el contrario, si el líder veía al compañero menos preferido en términos de alguna manera desfavorables (una puntuación LPC "baja", 57 puntos o menos), estaba interesado primordialmente en la productividad y en que se hiciera el trabajo; así, el estilo del individuo se calificaba como *orientado a las tareas*. Fiedler admitía que un número limitado de personas podían colocarse entre estos dos extremos y no tener un estilo de liderazgo bien definido. Otro punto importante es que Fiedler asumía que el estilo de liderazgo de una persona era fijo,

---

rejilla del liderazgo
Rejilla bidimensional para la apreciación de los estilos de liderazgo.

modelo de contingencia de Fiedler
Teoría de liderazgo que proponía que el desempeño efectivo de un grupo dependía de hacer que coincidieran el estilo del líder y la cantidad de control e influencia en la situación.

cuestionario del compañero de trabajo menos preferido (LPC)
Cuestionario para medir el estilo de un líder, ya sea que esté orientado a las tareas o a las relaciones.

sin importar la situación. En otras palabras, si la persona era un líder orientado a las relaciones, siempre sería así; y si era un líder orientado a las tareas, siempre sería así.

Después de haber evaluado el estilo de liderazgo de un individuo mediante el LPC, era momento de evaluar la situación para así poder empatar al líder con la situación. La investigación de Fiedler puso al descubierto tres dimensiones de contingencia que definían los factores situacionales clave en la efectividad de un líder:

- **Relaciones líder-miembros.** Grado de fe, confianza y respeto que los empleados sentían por su líder; calificadas como buenas o malas.

- **Estructura de las tareas.** Grado al que se formalizaban y estructuraban las funciones laborales; calificada como alta o baja.

- **Poder por posición.** Grado de influencia de un líder sobre actividades como la contratación, los despidos, la disciplina, los ascensos y los aumentos de sueldo; calificado como fuerte o débil.

Cada situación de liderazgo se evaluaba en términos de estas tres variables de contingencia, las cuales al ser combinadas producían ocho situaciones posibles que eran favorables o desfavorables para el líder. (Vea la parte inferior de la figura 16-4.) Las situaciones I, II y III se clasificaban como altamente favorables para el líder. Las situaciones IV, V y VI eran moderadamente favorables para el líder. Y las situaciones VII y VIII se describían como altamente desfavorables para el líder.

Una vez que Fiedler había descrito las variables del líder y las variables situacionales, tenía todo lo que necesitaba para definir las contingencias específicas para la efectividad del liderazgo. Para ello, estudió a 1200 grupos en los que comparó el estilo de liderazgo orientado a las relaciones contra el estilo de liderazgo orientado a las tareas en cada una de las ocho categorías situacionales. (Vea la parte superior de la figura 16-4, en la que el desempeño se encuentra en el eje vertical y lo favorable de la situación se encuentra en el eje horizontal.) Por otra parte, los líderes orientados a las relaciones se desempeñaban mejor en las situaciones moderadamente favorables.

Como Fiedler sostenía que el estilo de liderazgo de un individuo era fijo, había solamente dos formas de mejorar la efectividad de un líder. Primero, usted podría traer a un nuevo líder que encajara mejor en la situación. Por ejemplo, si la situación del grupo fuera altamente desfavorable pero tuviera a la cabeza a un líder orientado a las relaciones, el desempeño del grupo podría mejorar si reemplazara a esa persona por un líder orientado a las tareas. La segunda alternativa era cambiar la situación para que ésta se ajustara al líder.

Figura 16–4 El modelo de Fiedler

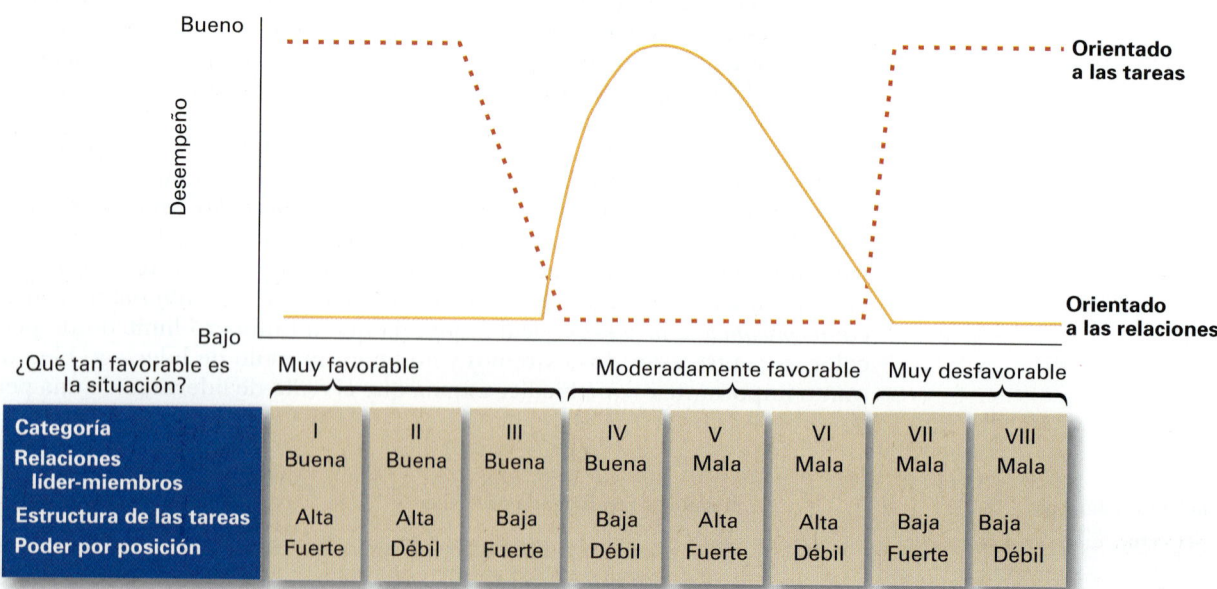

¿Quiénes son?

CARA A CARA

MI ESTILO DE LIDERAZGO SE
DESCRIBIRÍA COMO:
Colaboración agresiva. Hago lo mejor
posible para utilizar
las habilidades
de liderazgo
transformacional
combinado con
comportamien-
tos directivos y
participativos.

Esto podía lograrse si se reestructuraban las tareas; ya fuera que incrementara o redujera el poder del líder sobre factores como los aumentos de sueldo, los ascensos y las acciones disciplinarias; o bien, que mejorara las relaciones entre el líder y los miembros.

La investigación para verificar la validez del modelo de Fiedler ha arrojado importantes pruebas que lo apoyan.[14] No obstante, su teoría no estaba libre de críticas. La crítica más relevante es que probablemente no sea realista asumir que una persona no pueda cambiar su estilo de liderazgo para adaptarlo a la situación. Los líderes eficaces pueden cambiar, y cambian, sus estilos. Otra es que el LPC no era muy práctico. Por último, las variables de las situaciones eran difíciles de evaluar.[15] A pesar de sus defectos, el modelo de Fiedler demostró que un estilo de liderazgo efectivo necesitaba reflejar los factores situacionales.

TEORÍA DEL LIDERAZGO SITUACIONAL DE HERSEY Y BLANCHARD

Paul Hersey y Ken Blanchard desarrollaron una teoría de liderazgo que se ha ganado la aceptación de los especialistas en desarrollo gerencial.[16] Este modelo, llamado **teoría del liderazgo situacional (TLS)**, es una teoría de contingencia que se enfoca en la disposición de los seguidores. Antes de continuar, hay dos puntos que necesitamos aclarar: por qué una teoría de liderazgo se enfoca en los seguidores, y qué significa el término *disposición*.

El énfasis en los seguidores en cuanto a la efectividad del liderazgo refleja la realidad de que *son* los seguidores quienes aceptan o rechazan al líder. Sin importar lo que haga el líder, la efectividad del grupo depende de las acciones de los seguidores. Ésta es una dimensión importante que la mayoría de las teorías de liderazgo han pasado por alto o menoscabado. La **disposición**, como la definen Hersey y Blanchard, es el grado al que las personas tienen la habilidad y el deseo de realizar una tarea específica.

La TLS utiliza las mismas dos dimensiones de liderazgo que Fiedler identificó: los comportamientos respecto de las tareas y de las relaciones. Sin embargo, Hersey y Blanchard van más allá al calificar a cada uno como alto o bajo, y después combinarlos en cuatro estilos de liderazgo específicos:

- **Decir (alto respecto de las tareas-bajo respecto de las relaciones).** El líder define los roles e indica a cada quien qué, cómo, cuándo y dónde llevar a cabo las diferentes tareas.
- **Vender (alto respecto de las tareas-alto respecto de las relaciones).** El líder presta su comportamiento directivo y solidario.
- **Participar (bajo respecto de las tareas-alto respecto de las relaciones).** Líder y seguidores toman decisiones conjuntas; la función principal del líder es facilitar y comunicar.
- **Delegar (bajo respecto de las tareas-bajo respecto de las relaciones).** El líder proporciona poca dirección o apoyo.

El último componente en el modelo TLS son las cuatro etapas de la disposición de los seguidores:

- **R1** Estas personas son *incapaces y están poco dispuestas* a tomar la responsabilidad de hacer algo. Estos seguidores no son competentes ni seguros de sí mismos.
- **R2** Estas personas son *incapaces pero están dispuestas* a hacer las tareas necesarias. Estos seguidores están motivados pero carecen de las habilidades apropiadas.
- **R3** Estas personas son *capaces pero están poco dispuestas* a hacer lo que el líder desea. Estos seguidores son competentes pero no quieren hacer las cosas.
- **R4** Estas personas son *capaces y están dispuestas* a hacer lo que se les solicite.

Esencialmente, la teoría del liderazgo situacional ve la relación entre el líder y los seguidores como la de un padre y un hijo. Así como el padre necesita renunciar al control cuando su hijo se vuelve más maduro y responsable, así también deben hacer los líderes. A medida que los seguidores alcanzan niveles más altos de disposición, el líder responde no sólo con

---

relaciones líder-miembros
Contingencia situacional de Fiedler que describía el grado de fe, confianza y respeto que los empleados sentían por su líder.

estructura de las tareas
Contingencia situacional de Fiedler que describía el grado al que se formalizaban y estructuraban las funciones laborales.

poder por posición
Contingencia situacional de Fiedler que describía el grado de influencia de un líder sobre actividades como la contratación, los despidos, la disciplina, los ascensos y los aumentos de sueldo.

teoría del liderazgo situacional (TLS)
Teoría de contingencia de liderazgo que se enfoca en la disposición de los seguidores.

redisposición
Grado al que las personas tienen la habilidad y el deseo de realizar una tarea específica.

Kristen Cardwell es investigadora de enfermedades infecciosas en St. Jude's Children's Hospital en Memphis, Tennessee. Cardwell y otros investigadores médicos en el hospital poseen un alto nivel de disposición. Como empleados responsables, experimentados y maduros, tienen la capacidad y el deseo de llevar a cabo sus funciones bajo un liderazgo que les dé libertad para tomar e implementar decisiones. Esta relación entre el líder y los seguidores concuerda con la teoría del liderazgo situacional de Hersey y Blanchard.

menos control sobre sus actividades, sino que también reduce los comportamientos respecto de las relaciones. El modelo TLS dice que si los seguidores están en el nivel R1 (*incapaces y poco dispuestos* a llevar a cabo una tarea), el líder necesita utilizar el estilo decir y dar instrucciones claras y específicas; si los seguidores están en el nivel R2 (*incapaces y dispuestos*), el líder necesita utilizar el estilo vender y demostrar una marcada orientación a las tareas para compensar la falta de habilidad de los seguidores y una marcada orientación a las relaciones para hacer que los seguidores "compren" las ideas del líder; si los seguidores están en R3 (*capaces y poco dispuestos*), el líder necesita usar el estilo participar para ganarse su apoyo; y si los seguidores están en R4 (*capaces y dispuestos*), el líder no necesita hacer mucho y debe emplear el estilo delegar.

La teoría del liderazgo situacional tiene un atractivo intuitivo. Reconoce la importancia de los seguidores y se basa en la lógica de que los líderes pueden compensar las limitaciones de habilidad y motivación de sus seguidores. Sin embargo, las investigaciones para probar y apoyar la teoría han sido desalentadoras.[17] Las posibles explicaciones incluyen inconsistencias internas del modelo y problemas con la metodología de investigación. A pesar de su atractivo y amplia popularidad, debemos ser cautelosos y no muy entusiastas al recomendar la teoría del liderazgo situacional.

TEORÍA DE LA RUTA-META

Actualmente, uno de los enfoques más respetados para entender el liderazgo es la **teoría de la ruta-meta**, que sostiene que el trabajo de un líder es ayudar a los seguidores a alcanzar sus metas y proporcionar la dirección o el apoyo necesarios para asegurar que sus metas sean compatibles con las metas del grupo o la organización. Desarrollada por Robert House, la teoría de la ruta-meta toma elementos clave de la teoría de las expectativas de la motivación.[18] El término *ruta-meta* se deriva de la creencia de que los líderes eficaces aclaran la trayectoria para ayudar a sus seguidores a llegar desde donde están hasta el logro de sus objetivos laborales, y allanan el camino al reducir los obstáculos y riesgos.

House identificó cuatro comportamientos de liderazgo:

- **Líder directivo.** El líder permite que los subordinados sepan lo que se espera de ellos, programa el trabajo que debe hacerse, y proporciona una guía específica de como llevar a cabo las tareas.

- **Líder solidario.** El líder muestra interés por las necesidades de los seguidores y es amistoso.

- **Líder participativo.** El líder consulta con los miembros del equipo y usa sus sugerencias antes de tomar una decisión.

- **Líder orientado a los logros.** El líder establece objetivos desafiantes y espera que los seguidores se desempeñen a su más alto nivel.

A diferencia de la visión de Fiedler de que un líder no podía cambiar su comportamiento, House sostenía que los líderes eran flexibles y podían exteriorizar cualquiera o todos estos estilos de liderazgo, dependiendo de la situación.

Figura 16–5

Teoría de la ruta-meta

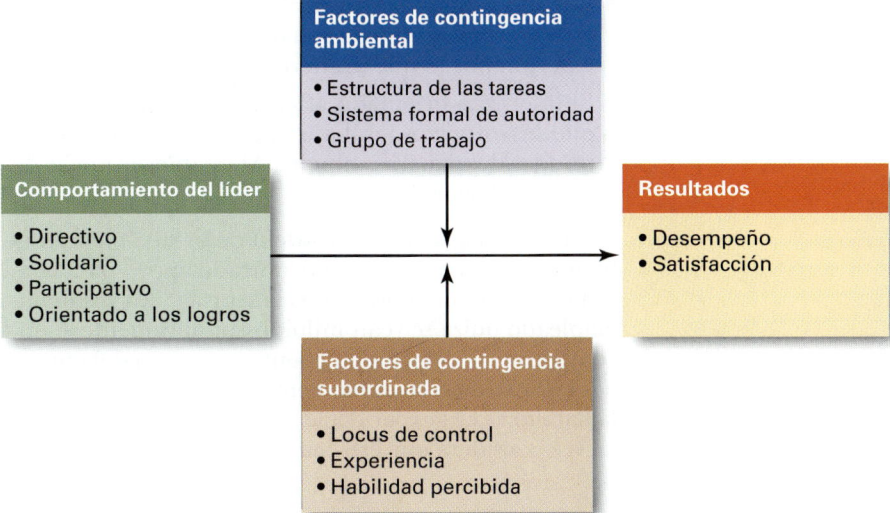

Como lo ilustra la figura 16-5, la teoría de la ruta-meta propone dos variables situacionales o de contingencia que moderan la relación comportamiento-resultado del liderazgo: las del *entorno* o *ambiente* que están fuera del control del seguidor (factores que incluyen la estructura de las tareas, el sistema formal de autoridad y el grupo de trabajo) y las que son parte de las características personales del *seguidor* (como el locus de control, la experiencia y la habilidad percibida). Los factores ambientales determinan el tipo de comportamiento del líder que se requiere si han de maximizarse los resultados de los subordinados; las características personales del seguidor determinan cómo deben interpretarse tanto el entorno como el comportamiento del líder. La teoría propone que el comportamiento de un líder no será eficaz si está de más en cuanto a lo que la estructura ambiental está proporcionando o si es incongruente con las características del seguidor. Por ejemplo, las siguientes son algunas predicciones de la teoría de la ruta-meta:

- El liderazgo directivo, cuando las tareas son ambiguas o estresantes, lleva a una satisfacción mayor que cuando éstas están estructuradas y bien planeadas. Los seguidores no están seguros de lo que tienen que hacer, por lo que el líder necesita dirigirlos de alguna manera.

- El liderazgo solidario da como resultado un alto nivel de desempeño laboral y satisfacción cuando los subordinados llevan a cabo tareas estructuradas. En esta situación, el líder sólo necesita apoyar a los seguidores, no decirles lo que tienen que hacer.

- Es probable que el liderazgo directivo se perciba como innecesario entre los subordinados con un alto nivel de habilidad percibida o con considerable experiencia. Estos seguidores son muy capaces, por lo que no necesitan un líder que les diga lo que deben hacer.

- Cuanto más claras y burocráticas sean las relaciones de autoridad formal, más deben mostrar los líderes su comportamiento solidario y menos su comportamiento directivo. La situación organizacional ha dictado la estructura de lo que se espera de los seguidores, por lo que la función del líder es simplemente apoyar.

- El liderazgo directivo fomenta la satisfacción de los empleados en caso de conflicto importante dentro de un grupo de trabajo. En esta situación, los seguidores necesitan un líder que se haga cargo.

- Los subordinados con un locus de control interno se sienten más satisfechos con un estilo participativo. Como estos seguidores creen que controlan lo que les sucede, prefieren participar en las decisiones.

teoría de la ruta-meta
Teoría acerca del liderazgo que sostiene que el trabajo de un líder es ayudar a los seguidores a alcanzar sus metas y proporcionar la dirección o el apoyo necesarios para asegurar que sus metas sean compatibles con las metas del grupo o la organización.

- Los subordinados con un locus de control externo se sienten más satisfechos con un estilo directivo. Estos seguidores creen que lo que les sucede es resultado del entorno exterior, por lo que prefieren a un líder que les diga qué hacer.

- El liderazgo orientado a los logros aumentará las expectativas de los subordinados de que sus esfuerzos los llevarán a un alto desempeño en caso de que las tareas estén estructuradas de manera ambigua. Al establecer metas desafiantes, los seguidores saben cuáles son las expectativas.

La investigación del modelo de la ruta-meta es normalmente alentadora. Aun cuando no todos los estudios han encontrado apoyo para el modelo, la mayoría de las pruebas apoyan la lógica que subyace tras la teoría.[19] En resumen, el desempeño y la satisfacción de un empleado quizá se vean influidos positivamente si un líder elige un estilo de liderazgo que compense los defectos en el entorno ya sea del empleado o del empleo. Sin embargo, si un líder desperdicia su tiempo en explicar tareas que ya están claras o a un empleado que tiene la habilidad y la experiencia para manejar esas tareas sin interferencia alguna, el empleado tal vez considere que ese comportamiento directivo es inútil, o incluso insultante.

REPASO RÁPIDO:
OBJETIVO DE APRENDIZAJE 16.3

- Explique el modelo del liderazgo de contingencia de Fiedler.
- Describa la teoría del liderazgo situacional.
- Analice la forma en que la teoría de la ruta-meta explica el liderazgo.

Vaya a la página 391 para ver qué tan bien maneja este material.

OBJETIVO DE APRENDIZAJE 16.4 ▷ ENFOQUES CONTEMPORÁNEOS DEL LIDERAZGO

¿Cuáles son las opiniones más recientes acerca del liderazgo? Hay tres que deseamos examinar: el liderazgo transformacional-transaccional, el liderazgo carismático-visionario y el liderazgo de equipos.

LIDERAZGO TRANSFORMACIONAL-TRANSACCIONAL

Muchas de las primeras teorías del liderazgo veían a los líderes como **líderes transaccionales**, es decir, líderes que guían principalmente por medio de intercambios sociales (o transacciones). Los líderes transaccionales guían o motivan a sus seguidores a trabajar hacia metas establecidas y otorgan recompensas a cambio de su productividad.[20] Pero existe otro tipo de líder, un **líder transformacional**, que estimula e inspira (transforma) a los seguidores a alcanzar resultados extraordinarios. Algunos ejemplos son Jim Goodnight del Instituto SAS, y Andrea Jung, de Avon. Ellos prestan atención a los intereses y necesidades de desarrollo de cada seguidor; cambian la percepción de los seguidores sobre algunas cuestiones y les ayudan a ver problemas añejos en formas nuevas; son, además, capaces de entusiasmar, despertar e inspirar a los seguidores a que hagan un esfuerzo mayor para lograr los objetivos del grupo.

Los liderazgos transaccional y transformacional no deben ser vistos como enfoques opuestos.[21] El liderazgo transformacional se desarrolla a partir del liderazgo transaccional. Asimismo, produce niveles de esfuerzo y desempeño laboral que van más allá de donde irían solamente con el enfoque transaccional. Es más, el liderazgo transformacional es más que carisma, ya que un líder transformacional intenta inculcar en sus seguidores la habilidad de cuestionar no sólo las opiniones establecidas, sino también las del líder.[22]

Las pruebas que apoyan la superioridad del liderazgo transformacional sobre el liderazgo transaccional son abrumadoramente impresionantes. Por ejemplo, los estudios que examinaban a gerentes de diferentes entornos, entre ellos la milicia y los negocios, encontraron que a los líderes transformacionales se les calificaba de más eficaces, con niveles de desempeño más elevados, más elegibles para ser ascendidos que sus colegas transaccionales, y más sensibles en el área interpersonal.[23] Además, las pruebas indican que el liderazgo transformacional está fuertemente correlacionado con tasas más bajas de rotación y niveles más altos de productividad, con la satisfacción laboral, la creatividad, el logro de objetivos y el bienestar de los seguidores.[24]

¿Quiénes son?
CARA A CARA

LO QUE HACE EXITOSO
A UN LÍDER ES:
La combinación de fuerza de voluntad y resolución, con la aplicación eficaz de las competencias de liderazgo que se necesitan en una situación dada.

Liderazgo carismático-visionario. Jeff Bezos, fundador y presidente de Amazon.com, emana energía, entusiasmo y empuje.[25] Es amante de la diversión (su legendaria risa ha sido descrita como una parvada de gansos canadienses que han consumido óxido nitroso) pero ha continuado con su visión de Amazon con mucha intensidad y ha demostrado la habilidad para inspirar a sus empleados en los buenos y malos momentos de una compañía que está en rápido crecimiento. Bezos es lo que llamamos un **líder carismático**, es decir, un líder entusiasta y seguro de sí mismo, cuya personalidad y acciones influyen en las personas para que se conduzcan de cierta forma.

Diversos autores han intentado identificar las características personales de los líderes carismáticos.[26] El análisis más completo identificó cinco de estas características: los líderes carismáticos tienen una visión, habilidad de comunicar esa visión, disposición de tomar riesgos para alcanzar esa visión, sensibilidad ante las limitaciones ambientales y las necesidades de los seguidores, y comportamientos que están fuera de lo común.[27]

Cada vez hay más pruebas de las impresionantes correlaciones entre el liderazgo carismático y los altos niveles de desempeño y satisfacción entre los seguidores.[28] Aunque un estudio reveló que los directores carismáticos no tenían un impacto sobre el desempeño organizacional posterior, se cree que el carisma es de todas formas una cualidad de liderazgo deseable.[29]

Si el carisma es deseable, ¿pueden las personas aprender a ser líderes carismáticos? O, ¿los líderes carismáticos nacen con sus cualidades? Aun cuando un número reducido de expertos todavía piensa que el carisma no se puede aprender, la mayoría cree que se puede capacitar a los individuos para que muestren estos comportamientos carismáticos.[30] Por ejemplo, los investigadores han tenido éxito al enseñar a los estudiantes universitarios a "ser" carismáticos. ¿Cómo? Los alumnos han aprendido a comunicar una meta de gran alcance y altas expectativas de desempeño, a demostrar confianza en la habilidad de los subordinados para cumplir esas expectativas, y a sentir empatía con las necesidades de sus subordinados; han aprendido a proyectar una presencia poderosa, confiada y dinámica, y han practicado un tono de voz cautivador y atractivo. Los investigadores también han capacitado a estudiantes líderes para que empleen comportamientos carismáticos no verbales, como inclinarse hacia el seguidor a la hora de comunicarse, mantener el contacto visual, y tener una postura relajada y expresiones faciales vivaces. En los grupos en que había líderes carismáticos "entrenados", los miembros tuvieron un mejor desempeño y ajuste de las tareas, así como un mejor acoplamiento con el líder y el grupo, a diferencia de los miembros que trabajaban en grupos guiados por líderes no carismáticos.

Una última cosa que debemos decir sobre el liderazgo carismático es que quizá no siempre sea necesario alcanzar altos niveles de desempeño laboral. El liderazgo carismático puede ser más apropiado cuando la tarea de los seguidores tiene un propósito ideológico o si el entorno implica un alto nivel de estrés e incertidumbre.[31] Esto podría explicar por qué, cuando aparecen los líderes carismáticos, surgen en la política, la religión o en tiempos de guerra; o cuando una compañía está en sus inicios o enfrenta una crisis de supervivencia. Por ejemplo, Martin Luther King, Jr. usó su carisma para dar lugar a la igualdad social mediante acciones no violentas, y Steve Jobs alcanzó una lealtad y un compromiso inquebrantables por parte del personal técnico de Apple, a principios de la década de 1980, al comunicarles su visión de que las computadoras personales cambiarían drásticamente la manera de vivir de las personas.

Aun cuando el término *visión* a menudo se relaciona con el liderazgo carismático, el **liderazgo visionario** es diferente porque es la habilidad de crear y comunicar una visión realista, creíble y atractiva del futuro, que mejora la situación actual.[32] Esta visión, si se elige e implementa apropiadamente, es tan energizante que "en efecto, arranca al futuro al dar lugar a que las habilidades, los talentos y los recursos lo hagan posible".[33]

La visión de una organización debe ofrecer imágenes claras y atractivas que saquen provecho de las emociones de las personas e inspiren entusiasmo por perseguir los objetivos de la organización. Debe poder generar posibilidades que sean inspiradoras y únicas y que

---

líderes transaccionales
Líderes que guían principalmente por medio de intercambios sociales (o transacciones).

líderes transformacionales
Líderes que estimulan e inspiran (transforman) a los seguidores a alcanzar resultados extraordinarios.

líderes carismáticos
Líderes entusiastas y seguros de sí mismos, cuya personalidad y acciones influyen en las personas para que se conduzcan de cierta forma.

liderazgo visionario
Habilidad de crear y comunicar una visión realista, creíble y atractiva del futuro, que mejora la situación actual.

Como presidente de MTV Networks (MTV), Judy McGrath tiene la oportunidad de tratar con personas como Rod Stewart, Bob Esponja Pantalones Cuadrados, Bono, Michael Stipe, Mariah Carey y John Legend. Hoy en día, MTV es una subsidiaria de 7 mil millones de dólares de Viacom que llega a más de 400 millones de hogares en casi 170 países. El reto de McGrath es mantener a sus empleados concentrados en asegurar que MTV siga siendo audaz y experimental. Por ser la líder de su equipo requiere aplicar su "hábil manejo del talento y el caos propios de una empresa creativa". Una de sus aptitudes de liderazgo más importante es su habilidad para escuchar a todas las personas de la organización, desde los internos hasta los directores. Un ejecutivo comenta, "la habilidad que posee Judy para concentrarse en las personas es intensa".

ofrezcan formas nuevas de hacer las cosas que sean claramente mejores para la organización y sus miembros. Las visiones que se comunican de manera clara y contienen imágenes poderosas se adoptan con facilidad. Por ejemplo, Michael Dell, de Dell Inc., creó una visión de un negocio que vende y entrega computadoras personales, hechas a la medida, directamente a los clientes en menos de una semana. La visión que algún día tuvo Mary Kay Ash de mujeres empresarias que vendieran productos que mejoraran la imagen de sí mismas le dio ímpetu a su compañía de cosméticos, Mary Kay Cosmetics.

Liderazgo de equipos. Como el liderazgo está cada día más presente en el contexto de equipo y más organizaciones están usando equipos de trabajo, la función del líder de guiar a los miembros de un equipo se ha vuelto cada día más importante. El rol de un líder de equipo *es* diferente de la función tradicional del liderazgo, como lo descubriera J.D. Bryant, supervisor de la planta en Dallas de Texas Instruments Forest Lane.[34] Un día estaba supervisando tranquilamente a un grupo de 15 ensambladores de tableros de circuitos. Al siguiente día le dijeron que la compañía iba a conformar equipos de empleados, y que debía convertirse en "facilitador". Dijo, "Se supone que les enseñe a los equipos todo lo que sé y que luego los deje tomar sus propias decisiones". Confundido por su nueva función, admitió, "No había un plan claro de lo que se suponía que debía hacer". ¿Qué *es* ser un buen líder?

Muchos líderes no están preparados para manejar el cambio hacia los equipos de empleados. Como observara un consultor, "Aun los gerentes más capaces tienen problemas para llevar a cabo la transición porque todas las cosas, como el mando y el control que antes les pedían que tuvieran, ahora no eran apropiadas. No hay razón para tener ninguna habilidad o idea de esto".[35] Este mismo consultor estimó que "probablemente 15 por ciento de los gerentes son líderes de equipo naturales; otro 15 por ciento nunca podría manejar un equipo porque iba en contra de su personalidad, es decir, son incapaces de cambiar su estilo dominante por el bien del equipo. Y también está ese enorme grupo en medio, el del liderazgo de equipo que no es algo natural en ellos pero que pueden aprenderlo".[36]

El reto para muchos gerentes es aprender cómo convertirse en un líder de equipo eficiente. Tienen que aprender habilidades como compartir pacientemente la información, ser capaces de confiar en otros y ceder la autoridad, ademas de tener claro cuándo intervenir. Inclusive, los líderes eficaces han llegado a dominar el difícil balance entre cuándo dejar solos a sus equipos y cuándo involucrarse. Los nuevos líderes de equipo querrían conservar demasiado control en un momento en el que los miembros del equipo necesiten más autonomía, o bien abandonar a sus equipos en momentos en que necesiten apoyo y ayuda.[37]

Un estudio sobre las organizaciones que se han reorganizado en equipos de empleados reveló ciertas responsabilidades comunes a todos los líderes. Éstas incluían capacitar, facilitar, manejar los problemas disciplinarios, revisar el desempeño de los equipos y los individuos, entrenamiento, y comunicación.[38] Sin embargo, una forma más significativa de describir el trabajo de un líder de equipo es enfocarse en dos prioridades: (1) manejar los límites externos del equipo y (2) facilitar el proceso del equipo.[39] Estas prioridades implican cuatro funciones de liderazgo específicas, como se muestran en la figura 16-6.

Figura 16–6

Roles del liderazgo de equipos

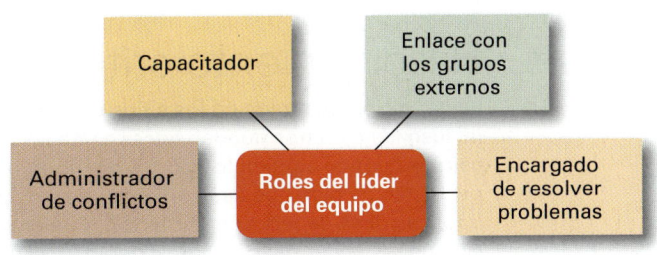

REPASO RÁPIDO:
OBJETIVO DE APRENDIZAJE 16.4

- Establezca las diferencias entre líderes transaccionales y transformacionales.
- Describa el liderazgo carismático y visionario.
- Analice las partes que comprende el liderazgo.

Vaya a la página 391 para ver qué tan bien maneja este material.

OBJETIVO DE APRENDIZAJE 16.5 ▷ **SITUACIONES DE LIDERAZGO EN EL SIGLO XXI**

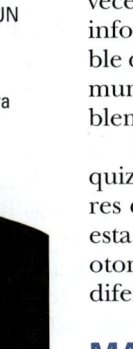

No es fácil ser un jefe de información (CIO) hoy en día. Esta persona, quien es responsable del manejo de las actividades de tecnología de la información de una compañía, enfrenta muchas presiones externas e internas. La tecnología continúa cambiando rápidamente, a veces parece que casi a diario. Los costos del negocio siguen en aumento. Rob Carter, jefe de información de FedEx, está en esta difícil situación de enfrentar tales cambios.[40] Es responsable de todos los sistemas de cómputo e información que dan soporte las 24 horas y en todo el mundo a los productos y servicios de FedEx. Si algo sale mal, ya sabe usted quién tendrá problemas. Sin embargo, Carter ha sido un líder eficaz en este entorno aparentemente caótico.

Para la mayoría de los líderes, administrar de manera efectiva en el entorno de hoy quizá no implique las difíciles circunstancias a que Carter se enfrenta. No obstante, los líderes del siglo XXI sí tienen que enfrentar algunas situaciones importantes de liderazgo. En esta sección examinaremos algunas de ellas: manejo del poder, desarrollo de la confianza, otorgamiento de facultades de decisión a los empleados, liderazgo en las diferentes culturas, diferencias de género en el liderazgo, y cómo convertirse en un líder eficaz.

MANEJO DEL PODER

¿De dónde sacan su poder los líderes, es decir, su capacidad de influir en las acciones o decisiones laborales? Se han identificado cinco fuentes del poder de un líder: legítimo, coercitivo, de recompensa, experto y referente.[41]

Poder legítimo y autoridad son lo mismo. El poder legítimo representa el poder que un líder tiene como resultado de su posición dentro de una organización. Aunque las personas en puestos de autoridad también tienden a tener poder de recompensa y coercitivo, su poder legítimo es más amplio que el poder de coaccionar y recompensar.

El **poder coercitivo** es el poder de un líder para castigar o controlar. Los seguidores reaccionan ante este poder por miedo a los resultados negativos que se pueden dar si no cumplen. Por lo común, los gerentes tienen un poder coercitivo, como la capacidad de suspender o degradar a los empleados, o de asignarles trabajos desagradables o indeseables.

El **poder de recompensa** es el poder para otorgar recompensas positivas. Éstas pueden ser cualquier cosa que una persona aprecie, como dinero, evaluaciones de desempeño favorables, ascensos, funciones interesantes, compañeros de trabajo amistosos y turnos laborales o territorios de ventas preferenciales.

El **poder experto** es el que se basa en la experiencia, en las habilidades especiales o en el conocimiento. Si un empleado tiene habilidades, conocimientos o experiencia importantes para un grupo de trabajo, su poder experto resalta.

---

poder legítimo
Poder que un líder tiene como resultado de su posición dentro de una organización.

poder coercitivo
Poder de un líder para castigar o controlar.

poder de recompensa
Poder de un líder para otorgar recompensas positivas.

poder experto
Poder basado en la experiencia, en las habilidades especiales o en el conocimiento.

Razonamiento crítico sobre Ética

La definición de *amigo* en los sitios sociales como Facebook y MySpace es tan amplia que incluso los extraños pueden hacer contacto con usted. Pero no es de extrañarse, ya que nada cambia cuando alguien lo hace. Sin embargo, ¿qué pasaría si su jefe, quien es mucho mayor que usted, le pide que sean amigos en estos sitios? ¿Qué pasa entonces? ¿Cuáles son las implicaciones de rechazar la oferta? ¿Cuáles son las implicaciones de aceptar la oferta? ¿Qué cuestiones éticas pueden surgir debido a esto? ¿Qué haría usted?

Por último el **poder referente** es el que surge por los recursos o rasgos personales deseables. Si yo admiro a alguien y quiero que me asocien con él (o ella), ese alguien puede ejercer poder sobre mí porque yo deseo complacerlo. El poder referente se desarrolla a partir de la admiración de otros y un deseo por ser como ellos.

Los líderes más efectivos recurren a formas diferentes de poder para afectar el comportamiento y el desempeño de sus seguidores. Por ejemplo, el comandante en jefe de uno de los modernos submarinos de Australia, el HMAS *Sheean*, emplea diferentes tipos de poder para manejar a su tripulación y su equipo. Da órdenes a la tripulación (legítimo), la elogia (recompensa), y disciplina a quienes cometen infracciones (coercitivo). Como el líder eficaz que es, también se esfuerza por tener poder experto (basado en su experiencia y conocimientos) y poder referente (basado en la admiración que le profieren) para influir en su tripulación.[42]

DESARROLLO DE LA CONFIANZA

En el entorno incierto de hoy, una consideración importante para los líderes es la construcción de la confianza y la credibilidad. La confianza puede ser extremadamente frágil. Antes de que podamos analizar las formas en que los líderes pueden construir la confianza y la credibilidad, tenemos que saber qué es confianza y qué es credibilidad, y por qué son tan importantes.

El componente principal de la credibilidad es la honestidad. Las encuestas muestran que la honestidad es la característica número uno de los líderes admirados. "La honestidad es absolutamente esencial para el liderazgo. Si las personas han de seguir a alguien por voluntad propia, ya sea al campo de batalla o a la sala de juntas, primero desean asegurarse de que la persona merece su confianza".[43] Además de ser honestos, los líderes creíbles son competentes e inspiradores. Son personalmente capaces de comunicar su seguridad y entusiasmo. Así, los seguidores juzgan la **credibilidad** de un líder en términos de su honestidad, competencia y habilidad para inspirar.

La confianza está estrechamente entrelazada con el concepto de credibilidad, y de hecho, los términos se suelen usar de manera indistinta. La **confianza** se define como la creencia en la integridad, el carácter y la habilidad de un líder. Los seguidores que confían en un líder están dispuestos a ser vulnerables a las acciones del líder porque confían en que nadie abusará de sus derechos e intereses.[44] Las investigaciones han identificado cinco dimensiones que forman el concepto de confianza:[45]

- **Integridad.** Honestidad y veracidad.
- **Competencia.** Conocimiento y habilidades técnicas e interpersonales.
- **Consistencia.** Fiabilidad, previsibilidad y buen juicio a la hora de manejar las situaciones.
- **Lealtad.** Disposición para proteger a una persona, física y emocionalmente.
- **Apertura.** Disposición para compartir de manera libre las ideas y la información.

De estas cinco dimensiones, la integridad parece ser la más importante cuando alguien evalúa la honradez de otra persona.[46] Anteriormente ya analizamos los conceptos de integridad y competencia como rasgos asociados con el liderazgo.

Los cambios en el lugar de trabajo han reforzado la importancia de esas cualidades de liderazgo. Por citar un ejemplo, la tendencia hacia el *empowerment* u otorgamiento de facultades de decisión (que analizaremos en breve) y los equipos autodirigidos, ha reducido muchos de los mecanismos de control tradicionales para monitorear a los empleados. Si un equipo de trabajo tiene la libertad de programar su propio trabajo, evaluar su propio desempeño, e incluso tomar sus propias decisiones de contratación, la confianza se vuelve algo crítico. Los empleados tienen que confiar en los gerentes para tratarlos justamente, y los gerentes deben confiar en los empleados para cumplir a plenitud con sus responsabilidades.

Los líderes también deben guiar a otros que quizá no estén en su grupo de trabajo inmediato o que incluso estén físicamente separados, es decir, miembros de equipos multifunciones o virtuales, individuos que trabajan para proveedores o clientes, y quizá hasta personas que representan a otras organizaciones mediante alianzas estratégicas. Estas situaciones no permiten a los líderes el lujo de echar mano de sus puestos formales para influir. Muchas de estas relaciones, de hecho, son inciertas y temporales. Por eso la habilidad de desarrollar la confianza rápidamente y de mantener esa confianza es crucial para el éxito de la relación.

¿Por qué es importante que los seguidores confíen en sus líderes? Las investigaciones han demostrado que la confianza en el liderazgo está estrechamente relacionada con los resultados laborales positivos, como el desempeño laboral, el comportamiento de ciudadanía organizacional, la satisfacción laboral y el compromiso organizacional.[47] Dada la importancia de la confianza para el liderazgo efectivo, ¿cómo pueden los líderes construir la confianza? La figura 16-7 enlista algunas sugerencias que ya han sido explicadas en el módulo de habilidades para el desarrollo de la confianza que se encuentra en mymanagementlab.[48]

Ahora, más que nunca, la efectividad gerencial y de liderazgo depende de la habilidad de ganarse la confianza de los seguidores.[49] Los recortes de personal, la distorsión financiera corporativa, y el aumento en el uso de empleados eventuales, han socavado la confianza de los empleados en sus líderes y debilitado la seguridad de los inversionistas, los proveedores y los clientes. Una encuesta reveló que sólo 39 por ciento de los empleados estadounidenses y 51 por ciento de los empleados canadienses confiaban en sus líderes ejecutivos.[50] Los líderes de hoy se enfrentan al reto de reconstruir y restaurar la confianza de sus empleados y de otras personas importantes para la organización.

EMPOWERMENT

Los empleados de las instalaciones de DuPont de Uberaba, Brasil, sembraron árboles para conmemorar el décimo aniversario de la planta. Aunque tenían muchas cosas que celebrar, una de las más importantes era que desde que la producción comenzó, la planta no había tenido ningún incidente ambiental y ninguna violación de seguridad. La razón principal de este logro era el programa *Safety Training Observation Program (STOP)*, un programa en el que los empleados tenían el poder de observarse unos a otros, corregir procedimientos impropios, y alentar los procedimientos de seguridad.[51]

Como lo hemos dicho en distintas ocasiones en este texto, los gerentes guían a sus empleados mediante el otorgamiento de facultades de decisión, o *empowerment*, lo cual consiste en dar a los empleados un tipo de poder de decisión a los trabajadores. Millones de empleados como individuos y equipos de empleados están tomando decisiones operacionales importantes que afectan directamente sus trabajos. Desarrollan presupuestos, programan cargas de trabajo, controlan inventarios, resuelven problemas de calidad y participan en actividades similares que hasta hace muy poco tiempo eran vistas sólo como parte del trabajo del gerente.[52] Por ejemplo, en The Container Store, cualquier empleado que reciba una petición de un cliente tiene autorización de hacerse cargo de ella. El copresidente de la compañía, Garret Boone dice, "A quien sea que contratemos, lo contratamos como líder. Cualquier persona en nuestra tienda puede tomar una acción que usted podría pensar que es una acción típicamente gerencial".[53]

Figura 16–7

Construcción de la confianza

> *Practique la apertura.*
> *Sea justo.*
> *Hable sobre sus sentimientos.*
> *Diga la verdad.*
> *Sea consistente.*
> *Cumpla sus promesas.*
> *Guarde las confidencias.*
> *Demuestre competencia.*

poder referente
Poder que surge por los recursos o rasgos personales deseables.

credibilidad
Grado al que los seguidores perciben a una persona en términos de su honestidad, competencia y habilidad para inspirar.

confianza
Creencia en la integridad, el carácter y la habilidad de un líder.

empowerment
Otorgamiento de facultades de decisión a los trabajadores.

Una razón por la que más compañías están otorgando facultades de decisión a los empleados es la necesidad de decisiones rápidas por parte de las personas que tienen más conocimientos sobre los asuntos, a menudo quienes están en los niveles más bajos de la organización. Si las organizaciones desean competir con éxito en una economía global dinámica, los empleados deben poder tomar decisiones e implementar cambios rápidamente. Otra razón por la cual más compañías están otorgando facultades de decisión a los empleados es que las reducciones organizacionales han dejado a muchos gerentes con tramos de control más grandes. A fin de cumplir con las exigencias laborales, los gerentes han tenido que otorgar facultades de decisión a su gente. Aun cuando el *empowerment* no es una respuesta universal, puede ser benéfico si los empleados cuentan con el conocimiento, las habilidades y la experiencia para hacer su trabajo de manera competente.

LIDERAZGO EN LAS DIFERENTES CULTURAS

Una conclusión general que surge de las investigaciones acerca del liderazgo es que los líderes efectivos no utilizan un solo estilo. Ajustan su estilo a la situación. Aunque no se haya mencionado explícitamente, la cultura nacional es ciertamente una variable situacional importante para determinar cuál estilo de liderazgo será el más efectivo. Lo que funciona en China puede no funcionar en Francia o Canadá. Por ejemplo, un estudio de los estilos de liderazgo asiáticos reveló que los gerentes asiáticos preferían a los líderes que eran competentes tomadores de decisiones, comunicadores efectivos y solidarios con los empleados.[54]

La cultura nacional afecta el estilo de liderazgo porque influye en la manera en que los seguidores responderán. Los líderes no pueden (ni deben) simplemente elegir sus estilos al azar. Están restringidos por las condiciones culturales que sus seguidores esperan. La figura 16-8 proporciona algunos resultados de ejemplos seleccionados de los estudios de liderazgo transcultural. Como la mayoría de las teorías acerca del liderazgo se desarrollaron en Estados Unidos, tienen un sesgo estadounidense. Hacen hincapié en las responsabilidades de los seguidores más que en sus derechos; presuponen la gratificación personal y no el compromiso con el deber o la motivación altruista; asumen la centralidad del trabajo y la orientación democrática de los valores, y acentúan la racionalidad en vez de la espiritualidad, la religión o la superstición.[55] Sin embargo, el programa de investigación GLOBE, presentado en el capítulo 4, es el estudio transcultural más exhaustivo e integral de liderazgo que alguna vez se haya llevado a cabo. El estudio GLOBE ha encontrado que existen algunos aspectos universales en el liderazgo. Específicamente, parece haber algunos elementos del liderazgo transformacional asociados al liderazgo efectivo, sin importar el país en que se encuentre el líder.[56] Éstos incluyen visión, previsión, estimulación, honradez, dinamismo, positivismo y proactividad. Los resultados llevaron a dos de los miembros del equipo GLOBE a concluir que "los subordinados de los líderes de negocios eficaces en cualquier país esperan que les proporcionen una visión poderosa y proactiva para guiar a la compañía al futuro,

Figura 16–8

Liderazgo transcultural

> - Se espera que los líderes coreanos muestren una actitud paternalista con sus empleados.
>
> - Los líderes árabes que muestran amabilidad o generosidad sin que se les solicite, son vistos como débiles por otros árabes.
>
> - Se espera que los líderes japoneses sean humildes y hablen con frecuencia.
>
> - Los líderes escandinavos y holandeses que distinguen a alguien en público, muy probablemente avergüencen a tales personas, en vez de motivarlas.
>
> - Se considera que los líderes eficaces de Malasia deban mostrar compasión y a la vez emplear un estilo más autocrático que participativo.
>
> - Los líderes alemanes eficaces se caracterizan por una elevada orientación al desempeño, baja compasión, baja autoprotección, baja orientación al equipo, alta autonomía y alta participación.
>
> ---
> *Fuentes:* Basado en J.C. Kennedy, "Leadership in Malaysia: Traditional Values, International Outlook", *Academy of Management Executive*, agosto de 2002, pp. 15-17; F.C. Brodbeck, M. Frese y M. Javidan, "Leadership Made in Germany: Low on Compassion. High on Performance", *Academy of Management Executive*, febrero de 2002, pp. 16-29; M.F. Peterson y J.G. Hunt. "International Perspectives on International Leadership", *Leadership Quarterly*, otoño de 1997, pp. 203-231; R.J. House y R.N. Aditya, The Social Scientific Study of Leadership: Quo Vadis?", *Journal of Management*, vol. 23 (3), 1997, p. 463, y R.J. House, "Leadership in the Twenty-First Century", en A. Howard, ed., *The Changing Nature of Work* (San Francisco: Jossey-Bass, 1995), p. 442.

habilidades motivacionales fuertes para estimular a todos los empleados a cumplir la visión, y excelentes habilidades de planeación para ayudar a implementar la visión".[57] Algunas personas sugieren que el atractivo universal de estas características del líder transformacional se debe a las presiones dirigidas a las tecnologías y las prácticas gerenciales comunes, como resultado de la competitividad global y las influencias multinacionales.

COMPRENSIÓN DE LAS DIFERENCIAS DE GÉNERO Y LIDERAZGO

Hubo un tiempo en que la pregunta "¿los hombres y las mujeres guían de maneras diferentes?" podía ser vista como un asunto puramente académico; interesante, pero no muy relevante. ¡Ese tiempo ciertamente ya ha pasado! Muchas mujeres ahora están en puestos de dirección, y muchas más en todo el mundo continúan uniéndose a las filas gerenciales. Las ideas equivocadas sobre la relación entre liderazgo y género pueden afectar de manera negativa la contratación, la evaluación de desempeño, los ascensos y otras decisiones de recursos humanos tanto para hombres como para mujeres. Por ejemplo, es evidente que un "buen" gerente todavía se percibe como predominantemente masculino.[58]

En años recientes se han realizado varios estudios que se enfocan en el género y el estilo de liderazgo. Esta conclusión general es que hombres y mujeres emplean estilos diferentes. Específicamente, las mujeres tienden a adoptar un estilo más democrático o participativo; son más proclives a alentar la participación, compartir el poder y la información, y hacer intentos por ampliar la autoestima de los seguidores. Guían mediante la inclusión y usan su carisma, experiencia, contactos y habilidades interpersonales para influir en otros. Las mujeres tienden a usar el liderazgo transformacional; motivan a otros a transformar sus intereses propios en objetivos organizacionales. Los hombres tienden más a utilizar un estilo directivo, de mando y control. Dependen de su autoridad para ejercer su influencia. Los hombres usan el liderazgo transaccional; dan recompensas por un buen trabajo y castigos por un mal trabajo.[59]

Existe un calificador interesante para los resultados que acabamos de mencionar. La tendencia de las líderes a ser más democráticas que los hombres disminuye cuando las mujeres se encuentran en trabajos dominados por varones. Al parecer, las normas de grupo y los estereotipos masculinos influyen en las mujeres, y en algunas situaciones éstas tienden a actuar más autocráticamente.[60]

Aunque es interesante ver cómo difieren los estilos de liderazgo femenino y masculino, una pregunta más importante es si difieren en efectividad. Aunque algunos investigadores han demostrado que hombres y mujeres tienden a ser igualmente efectivos como líderes [61], estudios posteriores han demostrado que las ejecutivas, cuando son evaluadas por sus colegas, empleados y jefes, obtienen una puntuación más alta que sus colegas varones en una gran variedad de medidas.[62] (Vea el resumen de la figura 16-9.) ¿Por qué? Una explicación posible es que en las organizaciones de hoy, la flexibilidad, el trabajo en equipo y el compañerismo, la confianza y el compartir la información, están reemplazando rápidamente las estructuras rígidas, el individualismo competitivo, el control y los secretos. En estos tipos de lugares de trabajo, los gerentes efectivos deben emplear comportamientos más sociales e interpersonales. Escuchan, motivan y proporcionan apoyo a su personal. Inspiran e influyen en vez de controlar. Y las mujeres parecen hacer todo eso mejor que los hombres.[63]

Indra Nooyi, graduada de Yale, quien solía tocar en una banda de rock de chicas en Chennai (India), es la inteligente e irreverente presidenta de Pepsico Inc. Llegó a PepsiCo como jefa de estrategia hace casi 15 años en un intento por ayudar a darle un giro a la compañía; desde entonces, ha ayudado a que la compañía duplique sus utilidades netas a más de 5.6 mil millones de dólares, mediante un enfoque en una mejor nutrición y la promoción de la diversidad en la fuerza laboral. "Indra puede motivar tan profundo y fuerte como nadie que yo haya conocido", comenta el anterior presidente, Roger Enrico, "pero puede hacerlo con corazón y humor". Nooyi todavía canta en la oficina y se sabe que anda descalza en el trabajo.

Figura 16–9

Dónde se desempeñan mejor las gerentes: tarjeta de puntuación

		HOMBRES	MUJERES
Ninguno de los cinco estudios se realizó para encontrar diferencias entre géneros. Se encontraron cuando se recababan y analizaban las evaluaciones de desempeño.			
Habilidad (Cada palomita denota el grupo que tuvo una mayor puntuación en el estudio respectivo)		HOMBRES	MUJERES
Motivar a los demás			✓ ✓ ✓ ✓ ✓
Fomentar la comunicación			✓ ✓ ✓ ✓ ✓*
Producir trabajo de alta calidad			✓ ✓ ✓ ✓
Planeación estratégica		✓ ✓	✓ ✓ ✓*
Escuchar a los demás			✓ ✓ ✓ ✓
Analizar las situaciones		✓ ✓	✓ ✓ ✓*

*En uno de los estudios, las puntuaciones de hombres y mujeres en estas categorías fueron estadísticamente equitativas.
Datos: Hagberg Consulting Group, Management Research Group, Lawrence A. Pfaff, Personnel Decisions International Inc., Advanced Teamware Inc.

Fuente: Where Do Female Managers Do Better, de R. Sharpe, "As Leaders, Women Rule", *Business Week*, 20 de noviembre de 2000, p. 75.

Aunque las mujeres parecen calificar muy alto en las aptitudes de liderazgo necesarias para tener éxito en el dinámico entorno global de hoy, no queremos caer en la misma trampa que los primeros investigadores, quienes trataban de encontrar "el mejor estilo de liderazgo" para todas las situaciones. Sabemos que no existe tal *mejor* estilo para todas las situaciones. En cambio, el estilo de liderazgo más efectivo depende de la situación. Así que aun cuando hombres y mujeres difieren en sus estilos de liderazgo, no debemos asumir que uno es siempre preferible al otro.

CÓMO CONVERTIRSE EN UN LÍDER EFECTIVO

Las organizaciones necesitan líderes eficaces. Dos cuestiones pertinentes para convertirse en un líder eficaz son la capacitación y reconocer que a veces ser un líder eficaz significa *no* liderar. Veamos estas cuestiones.

Capacitación para líderes. Las organizaciones de todo el mundo gastan miles de millones de dólares, yenes y euros en la capacitación y el desarrollo del liderazgo.[64] Estos esfuerzos pueden variar de forma, desde programas de liderazgo de 50,000 dólares ofrecidos por universidades como Harvard, hasta experiencias de navegación en la escuela Outward Bound. Aunque mucho del dinero gastado en la capacitación de líderes tuviera como resultado dudosos beneficios, nuestra revisión sugiere que existen algunas cosas que los gerentes pueden hacer para obtener el mayor efecto de dicha capacitación.[65]

Primero, reconozcamos lo obvio. Algunas personas no tienen lo que se necesita para ser un líder. Punto. Por ejemplo, es evidente que la capacitación de liderazgo tiene más posibilidades de éxito con individuos con un autocontrol elevado que con individuos con un autocontrol bajo. Dichos individuos tienen la flexibilidad de cambiar su comportamiento dependiendo de lo que requieran las diferentes situaciones. Además, las organizaciones pueden descubrir que los individuos con niveles más altos de un rasgo llamado *motivación para guiar* son más receptivos a las oportunidades de desarrollar el liderazgo.[66]

¿Qué tipos de cosas pueden aprender los individuos que puedan relacionarse con ser un líder más eficaz? Quizá sea un poco optimista pensar que se puede enseñar el concepto "visión-creación", pero las habilidades de implementación sí se pueden enseñar. Las personas pueden capacitarse para desarrollar "una comprensión de los temas de contenido importantes para las visiones efectivas".[67] También podemos enseñar habilidades como la construcción de la confianza y la tutoría. Y los líderes pueden aprender habilidades de análisis situacional. Pueden aprender cómo evaluar las situaciones, cómo modificarlas para que se ajusten a su estilo, y cómo evaluar cuáles comportamientos del líder podrían ser más efectivos en algunas situaciones dadas.

Sustitutos del liderazgo. A pesar de la creencia de que un estilo de liderazgo siempre será efectivo, sin importar la situación, el liderazgo quizá no siempre sea importante. Las investigaciones indican que, en algunas situaciones, el comportamiento que presente un líder es irrelevante. En otras palabras, ciertas variables individuales, laborales y organizacionales pueden actuar como "sustitutos del liderazgo", con lo que se niega la influencia del líder.[68]

Por ejemplo, las características de los seguidores como la experiencia, la capacitación, la orientación profesional y la necesidad de independencia pueden neutralizar el efecto del liderazgo. Estas características pueden reemplazar la necesidad de apoyo del empleado o la habilidad del líder para crear una estructura y reducir la ambigüedad de las tareas. Asimismo, los trabajos que son de forma inherente inequívocos o rutinarios o intrínsecamente satisfactorios, pueden exigir menos de la variable de liderazgo. Por último, estas características organizacionales como los objetivos establecidos de manera explícita, las reglas y los procedimientos rígidos, así como los grupos laborales cohesivos, pueden sustituir el liderazgo formal.

REPASO RÁPIDO:

OBJETIVO DE APRENDIZAJE 16.5

- Describa las cinco fuentes del poder de un líder.
- Analice las situaciones a que se enfrentan los líderes de hoy.

Vaya a la página 392 para ver qué tan bien maneja este material!

¿Quiénes son?

Mi turno

Sean Balke
Consultor senior
Allen, Gibbs, & Houlik, L. C.
Wichita, Kansas

La decisión de Nayar de compartir públicamente sus debilidades es un paso audaz hacia ser un modelo de conducta que desea que sus seguidores vean. Dice mucho más que un memorándum corporativo o un correo electrónico que ordena a sus empleados "estar abiertos a la crítica". Sus acciones dicen que cada persona en la compañía debe estar dispuesta a reconocer abiertamente sus debilidades, aceptar la crítica y trabajar para mejorar sus áreas de deficiencia... empezando por él.

Este gesto comunica a sus seguidores que él hace más que hablar, y que predica con el ejemplo.

Esto servirá como base para confiar en lo que Nayar diga en un futuro.

Lo que seguramente pasará después es que sus seguidores verán acciones que resulten de su retroalimentación. Nayar debe demostrar su habilidad para aceptar las críticas y usarlas productivamente en beneficio de la organización. Debe demostrarles que la crítica no sólo se puede manejar de manera constructiva, sino que puede dar resultados muy efectivos o "ganadores" para la compañía. ¡Vaya manera de construir la confianza con los empleados! Nayar seguirá construyendo la confianza al ser abierto y genuino con ellos en tanto que obtiene grandes resultados.

OBJETIVOS DE APRENDIZAJE
RESUMEN

16.1 ▷ ¿QUIÉNES SON LÍDERES, Y QUÉ ES EL LIDERAZGO?

- Defina líder y liderazgo.
- Explique por qué los gerentes deben ser líderes.

Un líder es alguien que puede influir en los demás y que posee autoridad gerencial. El liderazgo es el proceso de guiar a un grupo e influir en él para que alcance sus metas.

Los gerentes debieran ser líderes porque guiar es una de las cuatro funciones gerenciales.

16.2 ▷ PRIMERAS TEORÍAS SOBRE EL LIDERAZGO

- Analice cuál investigación ha arrojado datos sobre los rasgos de liderazgo.
- Contraste los resultados de las cuatro teorías del comportamiento del liderazgo.
- Explique la naturaleza dual del comportamiento de un líder.

Los primeros intentos por definir los rasgos de liderazgo fueron infructuosos aunque más adelante se encontraron siete rasgos asociados con el liderazgo.

Los estudios de la universidad de Iowa exploraron tres estilos de liderazgo. La única conclusión fue que los miembros de un grupo se sentían más satisfechos con un líder democrático que con un autocrático. Los estudios de Ohio State identificaron dos dimensiones del comportamiento de un líder: estructura inicial y consideración. Un líder con niveles altos de ambas dimensiones a veces lograba un alto nivel de desempeño de tareas y un alto nivel de satisfacción en los miembros del grupo, pero no siempre. Los estudios de la universidad de Michigan examinaron a los líderes orientados a los empleados y a los líderes orientados a la producción. Concluyeron que los líderes orientados a los empleados podían obtener altos niveles de productividad y satisfacción en los miembros del grupo. La rejilla del liderazgo examinó el interés de los gerentes en la producción y en las personas, e identificó cinco estilos de liderazgo. Aun cuando sugería que un líder alto en interés por la producción y alto en interés por las personas era mejor, no hubo alguna prueba sustancial para esa conclusión.

Como lo demostraron los estudios del comportamiento, el comportamiento de un líder tiene una naturaleza dual: un enfoque en las tareas y un enfoque en las personas.

16.3 ▷ TEORÍAS DE CONTINGENCIA SOBRE EL LIDERAZGO

- Explique el modelo del liderazgo de contingencia de Fiedler.
- Describa la teoría del liderazgo situacional.
- Analice la forma en que la teoría de la ruta-meta explica el liderazgo.

El modelo de Fiedler intentaba definir el mejor estilo que debía utilizarse en determinadas situaciones. Medía el estilo del líder, orientado a las relaciones u orientado a las tareas, con el cuestionario del compañero de trabajo menos preferido. Fiedler también suponía que el estilo de un líder estaba determinado. Medía tres dimensiones de contingencia: relaciones líder-miembros, estructura de las tareas y poder por posición. El modelo sugería que los líderes orientados a las tareas se desempeñaban mejor en situaciones muy favorables y muy desfavorables, y los líderes orientados a las relaciones se desempeñaban mejor en situaciones moderadamente favorables.

La teoría del liderazgo situacional de Hersey y Blanchard (TLS) se concentraba en la disposición de los seguidores. Incluye cuatro estilos de liderazgo: decir (alto respecto de las tareas-bajo respecto de las relaciones), vender (alto respecto de las tareas-alto respecto de las relaciones), participar (bajo respecto de las tareas-alto respecto de las relaciones), y delegar (bajo respecto de las tareas-bajo respecto de las relaciones). TLS también identificó cuatro etapas de disposición: incapaz y poco dispuesto (utiliza el estilo decir), incapaz pero dispuesto (utiliza el estilo vender), capaz pero poco dispuesto (utiliza el estilo participativo), y capaz y dispuesto (utiliza el estilo delegar).

El modelo de la ruta-meta desarrollado por Robert House identificaba cuatro comportamientos de liderazgo: directivo, solidario, participativo y orientado a los logros. Este modelo asume que un líder puede y debe tener la capacidad de usar cualquiera de estos estilos. Las dos variables de contingencia situacional radican en el entorno y en el seguidor. En esencia, el modelo de la ruta-meta sostiene que un líder debe proporcionar dirección y apoyo cuando sea necesario; es decir, el líder debe estructurar la ruta para que los seguidores puedan alcanzar sus objetivos.

16.4 ▷ ENFOQUES CONTEMPORÁNEOS DEL LIDERAZGO

- Establezca las diferencias entre líderes transaccionales y transformacionales.
- Describa el liderazgo carismático y visionario.
- Analice las partes que comprende el liderazgo.

Un líder transaccional intercambia recompensas por productividad, en tanto que un líder transformacional estimula e inspira a los seguidores para que alcancen los objetivos.

Un líder carismático es entusiasta y seguro de sí mismo y su personalidad y sus acciones influyen en las personas para que se conduzcan de cierta manera. Las personas pueden aprender a ser carismáticas. Un líder visionario es capaz de crear y comunicar una visión realista, creíble y atractiva del futuro.

Un líder de equipo tiene dos prioridades: manejar las barreras externas del equipo y facilitar el proceso del mismo. Los cuatro roles del líder son: enlace con los grupos externos, encargado de resolver problemas, administrador de conflictos y capacitador.

16.5 ▷ SITUACIONES DE LIDERAZGO EN EL SIGLO XXI

- Describa las cinco fuentes del poder de un líder.
- Analice las situaciones a que se enfrentan los líderes de hoy.

Las cinco fuentes del poder de un líder son: legítimo (autoridad o posición), coercitivo (castiga o controla), de recompensa (otorga recompensas positivas), experto (experiencia, habilidades o conocimientos especiales) y referente (recursos o rasgos deseables).

Los líderes de hoy se enfrentan a situaciones como manejar el poder, desarrollar la confianza, otorgar facultades de decisión a los empleados, el liderazgo en las diferentes culturas, entender las diferencias de género en el liderazgo y convertirse en un líder eficaz.

PENSEMOS EN CUESTIONES ADMINISTRATIVAS

1. ¿Qué tipos de poder tiene usted a su disposición? ¿Cuáles utiliza más? ¿Por qué?
2. ¿Piensa que la mayoría de los gerentes en la vida real usan un enfoque de contingencia para aumentar su efectividad de liderazgo? Analice.
3. Si le pregunta a la gente por qué un individuo en particular es un líder, tiende a describir a la persona en términos como *competente*, *consistente*, *seguro de sí mismo*, *inspira una visión compartida*, y *entusiasta*. ¿Cómo se ajustan estas descripciones a los conceptos de liderazgo presentados en este capítulo?
4. ¿Qué tipos de actividades en el campus podría llevar a cabo un estudiante universitario de tiempo completo que conduzca a la percepción de que es un líder carismático? De continuar con esas actividades, ¿qué podría hacer este alumno para mejorar esta percepción de ser carismático?
5. ¿Cree que la confianza evoluciona a partir de las características personales de un individuo, o a partir de situaciones específicas? Explique.
6. Un estudio reciente demostró que los presidentes de las compañías exitosas poseen rasgos personales duros, como perseverancia, eficiencia, atención al detalle y una tendencia a establecer altos estándares, y no fortalezas más indulgentes como trabajo en equipo, entusiasmo y flexibilidad.[69] ¿Qué piensa de esto? ¿Le sorprende? ¿Cómo explicaría esta situación a la luz de las teorías de liderazgo que se trataron en este capítulo?
7. ¿Que un líder sea eficaz tiene que ver con los seguidores? Discuta.
8. ¿Cómo pueden las organizaciones desarrollar líderes eficaces?

SU TURNO de ser gerente

- Piense en las diferentes organizaciones a que pertenece. Observe los diferentes estilos de liderazgo aplicados por los líderes en esas organizaciones. Escriba un reporte describiendo los estilos de liderazgo de estos individuos (sin nombres, por favor) y evalúe los estilos que se emplean.

- Escriba los nombres de tres personas que considere que son líderes efectivos. Haga una lista con viñetas de las características que muestran estos individuos y que crea que los hacen líderes efectivos.

- Piense en las veces que ha tenido que liderar. Describa lo que usted crea que es su estilo personal de liderazgo. ¿Qué podría hacer para mejorar su estilo de liderazgo? Piense en un plan de acción de los pasos que puede seguir. Ponga toda esta información en un documento breve.

- Los gerentes dicen que deben influir cada vez más para hacer que las cosas sucedan. Haga una lista con viñetas de las sugerencias que tenga sobre cómo mejorar sus habilidades para influir en los demás.

- ¿Se pueden enseñar habilidades de liderazgo a través de juegos en línea? Hay quien piensa que sí. Elija dos juegos en línea y describa (1) las bases del juego, en qué se basa y cómo se juega; (2) cómo avanzan los jugadores en el juego, y (3) cuáles habilidades de liderazgo pueden desarrollarse a través del juego y cómo.

- He aquí una lista de aptitudes de liderazgo: construir comunidades de empleados; construir equipos; capacitar a otros y motivar a otros; comunicar con impacto, confianza y energía, guiar mediante el ejemplo; tomar la delantera en los cambios; tomar decisiones; proporcionar dirección y enfoque, y apreciar la diversidad. Elija dos de estas aptitudes y desarrolle un ejercicio de capacitación que ayude a desarrollar o mejorar cada una de ellas.

- Lecturas sugeridas por Steve y Mary: Stephen M.R. Covey con Rebecca Merrell, *The Speed of Trust: The One Thing That Changes Everything* (The Free Press, 2006); Nancy S. Ahlrichs, *Manager of Choice* (Davies-Black Publishing, 2003); John H. Zenger y Joseph Folkman, *The Extraordinary Leader: Turning Good Managers into Great Leaders* (McGraw-Hill, 2002); Robert H. Rosen, *Leading People* (Viking Penguin Publishing, 1996); Margaret J. Wheatley, *Leadership and the New Science* (Berrett-Koehler Publishers, 1994); Max DePree, *Leadership Jazz* (Dell Publishing, 1992), y Max DePree, *Leadership Is an Art* (Dell Publishing, 1989).

- Elija uno de los temas de la sección "Situaciones de liderazgo en el siglo XXI". Investigue más sobre el tema y escriba sus resultados en una lista con viñetas. Prepárese para compartir esta información en clase. Asegúrese de citar sus fuentes.

- Hay dos módulos relevantes acerca de la edificación de las aptitudes de liderazgo en mymanagementlab: Choosing an Effective Leadership Style (Elección de un estilo efectivo de liderazgo) y Coaching. Complete estos módulos. Su profesor le dirá lo que debe hacer con ellos.

- Entreviste a tres gerentes acerca de lo que piensan que hace a un buen líder. Escriba sus descubrimientos en un reporte y prepárese para presentarlos a la clase.

- Con sus propias palabras, escriba tres cosas que haya aprendido en este capítulo sobre ser un buen gerente.

- La autoevaluación puede resultar una poderosa herramienta de aprendizaje. Vaya a mymanagementlab y complete estos ejercicios de autoevaluación: What's My Leadership Style? (¿Cuál es mi estilo de liderazgo?), How Charismatic Am I? (¿Qué tan carismático soy?), Do I Trust Others? (¿Confío en los demás?), Do Others See Me as Trusting? (¿Los demás me ven como alguien confiable?), y How Good Am I at Building and Leading a Team? (¿Qué tan bueno soy para construir y guiar a un equipo?) Con los resultados de sus evaluaciones, identifique fortalezas y debilidades personales. ¿Qué hará para reforzar sus fortalezas y mejorar sus debilidades?

 Para más recursos, visite www.mymanagementlab.com

CASO PRÁCTICO

Liderazgo radical

Muchos consideran a Ricardo Semler, presidente de Semco Group de Sao Paulo, Brasil, como alguien radical. Nunca ha sido el tipo de líder que la mayoría de las personas podrían esperar que estuviera a cargo de un negocio multimillonario. ¿Por qué? Semler rompe todas las "reglas" tradicionales del liderazgo. Es el verdadero líder antiintervención; ni siquiera tiene una oficina en la oficina central de la compañía. Como el "primer defensor y el más incansable evangelista" de la administración participativa, Semler dice que su filosofía es simple: trate a las personas como adultos y responderán como adultos.

Debajo del enfoque de administración participativa de Semler está la creencia de que "las organizaciones prospe-

ran más si los empleados tienen la encomienda de aplicar su creatividad e ingenuidad al servicio de toda la empresa, y de tomar decisiones importantes de acuerdo con el flujo de trabajo, posiblemente incluso la selección y elección de sus jefes". Y de acuerdo con Semler, su enfoque funciona... y funciona bien. ¿Pero, cómo funciona en realidad?

En Semco no encontrará la mayoría de las trampas que hay en las organizaciones y en la administración. No hay organigramas, planes a largo plazo, estatutos de los valores corporativos, código de vestimenta, reglas escritas, o manuales de políticas. Los empleados de la compañía deciden sus horarios y sus niveles de pago. Los subordinados deciden quiénes serán sus jefes, e incluso revisan el desempeño de

Ricardo Semler, presidente de Semco Group de Sao Paulo, Brasil.

sus jefes. Los empleados también eligen el liderazgo corporativo y deciden la mayor parte de las nuevas estrategias de la compañía. Cada persona, incluso Ricardo Semler, tiene un voto.

¿Por qué Semler decidió que esta forma de liderazgo radical era necesaria? ¿Funciona? Semler no ideó este autogobierno radical por algún motivo oculto. Por el contrario, pensó que era la única manera de construir una organización que fuera flexible y lo suficientemente resistente para florecer en tiempos caóticos y turbulentos. Sostiene que este enfoque ha permitido que Semco sobreviva a la naturaleza cambiante de la política y la economía brasileñas. Aun cuando el liderazgo político y la economía del país han ido de un extremo al otro, e incontables bancos y compañías brasileños han fracasado, Semco ha sobrevivido. Y no sólo sobrevivido, sino que también prosperado. Semler dice, "Si ve los números de Semco, hemos crecido 27.5 por ciento al año durante 14 años". Y Semler atribuye este hecho a la flexibilidad... de su compañía y, lo más importante, de sus empleados.

Preguntas de análisis

1. Describa el estilo de liderazgo de Ricardo Semler. ¿Cuáles cree que sean las ventajas y obstáculos de su estilo?

2. ¿Qué retos podría enfrentar un líder de radical antiintervención? ¿Cómo podrían manejarse esos desafíos?

3. ¿Cómo podrían identificarse los futuros líderes dentro de Semco? ¿Sería importante una capacitación de liderazgo en esta organización? Analice.

4. ¿Qué podrían otros negocios aprender del enfoque de liderazgo de Ricardo Semler?

Fuentes: L.M. Fisher, "Ricardo Semler Won't Take Control", *Strategy and Business*, invierno de 2005; pp. 78-88; R. Semler, *The Seven-Day Weekend: Changing the Way Work Works* (New York: Penguin Group, 2004); A.J. Vogl, "The Anti-CEO", *Across the Board*, mayo/junio de 2004, pp. 30-36; G. Colvin, "The Anti-Control Freak", *Fortune*, 26 de noviembre de 2001, p.22, y R. Semler, "Managing Without Managers", *Harvard Business Review*, septiembre/octubre de 1989, pp. 76-84.

Parte Cinco

Control

▷ Los gerentes deben establecer las metas y los planes, organizar y estructurar las actividades laborales, y desarrollar programas para incentivar y llevar a las personas a que den su mayor esfuerzo para alcanzar esas metas. Aun cuando los gerentes han realizado estas tareas, su trabajo no ha terminado. ¡Todo lo contrario! Los gerentes deben entonces monitorear las actividades para asegurarse de que se están llevando a cabo de acuerdo con lo planeado y corregir las desviaciones de consideración. Este proceso se llama *control*. Es el enlace final en el proceso de administración, y aunque el control ocurre al final del proceso, no por eso es menos importante que cualquiera otra de las funciones administrativas.

En la parte cinco examinaremos el proceso de control. En el capítulo 17 vemos los elementos fundamentales del control, que consiste en un proceso de tres pasos: medición, comparación y toma de acciones. El capítulo 18 presenta el concepto de administración de operaciones. Como el sistema de administración de operaciones de una organización es un control de la manera en que sus productos (bienes o servicios) se producen, es importante que los gerentes sepan sobre la administración de las operaciones.

¿Quiénes son?:

Conozca al gerente

Mike Stutzman

Socio de recursos humanos
Rockwell Collins
Cedar Rapids, Iowa

MI TRABAJO: Soy un socio de recursos humanos y mi trabajo es asociarme estratégicamente con ejecutivos mediante la aplicación de conceptos, ideas y estrategias de recursos humanos para ayudar a impactar sus resultados finales.

LA MEJOR PARTE DE MI TRABAJO: Aplicar cada aspecto de recursos humanos para ayudar a que el negocio tenga éxito.

LA PEOR PARTE DE MI TRABAJO: Desafiar a los líderes de alto rango a que vean más allá de los números y apliquen criterios humanos a la hora de tomar decisiones.

EL MEJOR CONSEJO GERENCIAL RECIBIDO: Tú solo no has logrado nada importante. La idea es que eres meramente una pieza, una persona. En el mundo de hoy, construir relaciones fuertes y colaborativas es la clave para lograr cualquier cosa importante.

A lo largo del capítulo sabrá más sobre este gerente real.

Capítulo 17

Introducción al control

Los gerentes deben monitorear si las metas establecidas como parte del proceso de planeación se están logrando de forma eficiente y efectiva. Eso es lo que hacen cuando controlan. Los controles apropiados pueden ayudar a los gerentes a detectar problemas en el desempeño y áreas de mejora. Conforme lea y estudie este capítulo, enfóquese en los siguientes objetivos de aprendizaje.

OBJETIVOS DE APRENDIZAJE

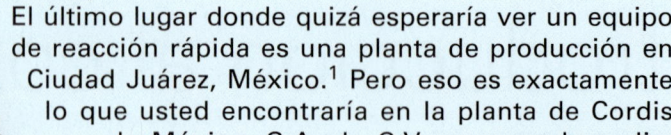

El dilema de un gerente

El último lugar donde quizá esperaría ver un equipo de reacción rápida es una planta de producción en Ciudad Juárez, México.[1] Pero eso es exactamente lo que usted encontraría en la planta de Cordis de México, S.A. de C.V., que produce dispositivos cardiovasculares y endovasculares. Los empleados de esta planta, que es parte de Cordis Corporation, una subsidiaria de Johnson & Johnson con base en Florida, hacen catéteres y endoprótesis para el tratamiento de diversos problemas del sistema circulatorio. El equipo de reacción rápida es un grupo de solución de problemas que entra en acción al escuchar la *Sinfonía Número 40* de Mozart en los altavoces. Cada vez que uno de los empleados de la línea de producción activa la música para alertar sobre un problema en la línea, el equipo corre hacia el área de trabajo para investigar lo que pasó y cómo puede corregirse rápidamente. Debido a que la demanda de los clientes es tan grande y la fabricación de los productos tan minuciosa, dichos paros en el trabajo deben ser atendidos de inmediato. Los gerentes de la plata de Cordis desean asegurarse de que el equipo de reacción rápida obtenga la información que necesita para hacer su trabajo tan rápido como sea posible.

¿Usted que haría?

La situación en la planta de Cordis ilustra lo importante que son los controles para los gerentes. El control "alerta" en este caso, la *Sinfonía Número 40* de Mozart, tiene una manera única de hacer que todos en la planta se percaten de que hay una situación que debe atenderse. Los gerentes de Cordis han encontrado algo que les funciona bien. Y eso es lo que todos los gerentes están buscando: controles apropiados que puedan ayudarles a señalar las fallas específicas en el desempeño y las áreas que pueden mejorarse.

OBJETIVO DE APRENDIZAJE 17.1 ▷ ¿QUÉ ES EL CONTROL Y POR QUÉ ES IMPORTANTE?

Un operador de una prensa en Denver Mint notó una falla en las monedas de veinticinco centavos del estado de Wisconsin que se estaban acuñando en una de sus cinco prensas. Detuvo la máquina para ir a comer. Cuando volvió, vio que la máquina estaba funcionando y asumió que alguien había cambiado el dado de la máquina. Pero después de una inspección de rutina dicho operador se dio cuenta de que no se había cambiado el dado. La prensa defectuosa habría estado funcionando por más de una hora, y miles de las monedas defectuosas estaban mezcladas ahora con monedas perfectas. Unas 50,000 monedas defectuosas entraron en circulación, desatando compras compulsivas entre los coleccionistas de monedas.[2] ¿Ve por qué el control es una función administrativa importante?

¿Qué es **control**? Es el proceso de monitoreo, comparación y corrección del desempeño laboral. Todos los gerentes deberían controlar, aun cuando piensen que sus unidades están trabajando según lo planeado; no pueden saber realmente cómo se están desempeñando las unidades a menos que hayan evaluado cuáles actividades se han realizado y hayan comparado el desempeño real contra el estándar deseado.[3] Los controles efectivos garantizan que las tareas se completen de tal manera que se logren los objetivos. La efectividad de los controles se determina si se sabe qué tanto ayudan a los empleados y los gerentes a alcanzar sus objetivos.[4]

¿Por qué es tan importante el control? Se puede planear, se puede crear una estructura organizacional para facilitar el logro eficiente de las metas y se puede motivar a los empleados mediante un liderazgo efectivo. Pero no hay garantía de que las actividades vayan como se planeó y que, de hecho, se estén logrando los objetivos para los que tanto empleados como gerentes están trabajando. De tal suerte que el control es importante porque ayuda a los gerentes a saber si se están cumpliendo las metas organizacionales, y de no ser así, las razones por las que no se están cumpliendo. El valor de la función de control se puede ver en tres áreas específicas: planeación, otorgamiento de facultad de decisión a los empleados y protección del lugar de trabajo.

En el capítulo 7 describimos los objetivos, que proveen dirección específica a los empleados y gerentes, como la base de la planeación. Sin embargo, solo anunciar las metas o hacer que los empleados acepten las metas, no garantiza que se hayan tomado las acciones necesarias para lograr esas metas. Como dice el viejo refrán, "Hasta los mejores planes a veces salen mal". Un gerente efectivo da seguimiento para asegurarse de que los empleados realmente estén haciendo lo que se supone que hagan, y de que se estén cumpliendo los objetivos. Como el último paso en el proceso de administración, el control representa el enlace crítico de vuelta a la planeación (véase la figura 17-1). Si los gerentes no controlan, no tienen forma de saber si se están llevando a cabo sus objetivos y planes y las acciones que se deben tomar en el futuro.

La segunda razón por la que el control es importante es el otorgamiento de facultades de decisión a los empleados. Muchos gerentes se niegan a facultar a sus empleados porque temen que algo salga mal y se les responsabilice por ello. Pero un sistema efectivo de control puede proporcionar información y retroalimentación sobre el desempeño de los empleados y minimizar el riesgo de problemas potenciales.

La razón final por la que controlan los gerentes es para proteger a la organización y sus recursos.[5] En el entorno de hoy existen más amenazas de desastres naturales, escándalos financieros, violencia en el lugar de trabajo, interrupciones en la cadena de suministros, violaciones de seguridad, y hasta posibles ataques terroristas. Los gerentes deben proteger los recursos organizacionales en caso de que cualquiera de los eventos antes mencionados ocurra. Los controles integrales y los planes de respaldo ayudarán a asegurar interrupciones laborales mínimas.

Figura 17–1

Enlace planeación-control

control
Proceso de monitoreo, comparación y corrección del desempeño laboral.

REPASO RÁPIDO:
OBJETIVO DE APRENDIZAJE 17.1

- Defina el concepto de control.
- Explique el vínculo entre planeación y control.

- Analice las razones por las que el control es importante.

Vaya a la página 420 para ver qué tan bien maneja este material.

OBJETIVO DE APRENDIZAJE 17.2 ▷ EL PROCESO DE CONTROL

Cuando Maggine Fuentes se unió a Core Systems en Painesville, Ohio, como gerente de Recursos Humanos, ella sabía que su prioridad más importante era reducir las lesiones sufridas por los empleados. El número de lesiones estaba "muy por encima del promedio de la industria". La alta frecuencia y la gravedad de las tasas de lesiones de la compañía no sólo afectaban la moral de los empleados sino que también daba como resultado días laborales perdidos y afectaba el balance final.[6] Maggine recurrió al proceso de control para cambiar esta situación.

El **proceso de control** es un proceso de tres pasos en el que se mide el desempeño real, se compara éste contra un estándar y se toman acciones administrativas para corregir cualquier desviación o para hacerse cargo de los estándares inadecuados (vea la figura 17-2). El proceso de control da por hecho que ya existen estándares de desempeño, y así es. Son los objetivos específicos creados durante el proceso de planeación.

PASO 1: MEDICIÓN

Para determinar lo que es el desempeño real, un gerente debe primero obtener información al respecto. Por lo tanto, el primer paso en el control es la medición.

Cómo medimos. Los cuatro enfoques que los gerentes utilizan para medir y reportar el desempeño real son las observaciones personales, los reportes estadísticos, los reportes orales y los reportes escritos. La figura 17-3 resume las ventajas y defectos de cada enfoque. La mayoría de los gerentes utiliza una combinación de estos enfoques.

Qué medimos. Lo que se mide es probablemente más importante para el proceso de control que la forma en que se mide. ¿Por qué? Porque seleccionar criterios equivocados puede crear serios problemas. Además, *lo que* se mide a menudo determina lo que los empleados harán.[7] ¿Qué criterios de control podrían utilizar los gerentes?

Algunos de los criterios de control pueden ser empleados para cualquier situación administrativa. Por ejemplo, todos los gerentes tratan con personas, por lo que se pueden medir criterios como las tasas de satisfacción, rotación y ausentismo. Mantener los costos dentro del presupuesto es también una medida de control bastante común. Otros criterios de control deberían reconocer las diferentes actividades que supervisan los gerentes. Por ejemplo, un gerente de una pizzería podría utilizar mediciones como el número de pizzas entregadas por día, el tiempo promedio de entrega, o el número de cupones canjeados. Un gerente de una

Figura 17–2

El proceso de control

Figura 17–3

Fuentes de información para la medición del desempeño

	Ventajas	Desventajas
Observaciones personales	• Obtener información de primera mano. • La información no se filtra. • Cobertura intensiva de las actividades laborales.	• Sujetas a sesgos personales. • Consumen mucho tiempo. • Molestas.
Reportes estadísticos	• Fáciles de visualizar. • Efectivos para mostrar las relaciones.	• Proporcionan información limitada. • Ignoran los factores subjetivos.
Reportes orales	• Forma rápida de obtener información. • Permiten la retroalimentación verbal y no verbal.	• La información se filtra. • La información no se puede documentar.
Reportes escritos	• Integrales. • Formales. • Fáciles de archivar y recuperar.	• Toma más tiempo prepararlos.

agencia gubernamental podría medir el número de solicitudes mecanografiadas por día, las peticiones de clientes completadas por hora, o el tiempo promedio para procesar el papeleo.

La mayoría de las actividades laborales se pueden expresar en términos cuantificables, pero cuando esto no es posible, los gerentes deben recurrir a mediciones subjetivas. Aunque estas medidas pueden tener limitaciones, tenerlas es mejor que no contar con estándar alguno y no llevar a cabo ningún tipo de control.

PASO 2: COMPARACIÓN

El paso de comparación determina la variación entre el desempeño real y un estándar. Aun cuando se puede esperar alguna variación en el desempeño en todas las actividades, es crítico determinar un **rango de variación** aceptable (vea la figura 17-4). Las desviaciones fuera de este rango requieren de atención. Trabajemos mediante un ejemplo.

Chris Tanner es gerente de ventas de Green Earth Gardening Supply, un distribuidor de plantas y semillas de especialidad en el Pacífico del Noroeste. Chris prepara un reporte durante la primera semana de cada mes que describe las ventas del mes anterior, clasificadas por línea de productos. La figura 17-5 muestra los objetivos de ventas (estándar) y las ventas reales para el mes de junio. Después de ver los números, ¿debería Chris preocuparse? Las ventas fueron un poco más altas que lo planeado originalmente pero, ¿significa eso que no hubo desviaciones importantes? Eso depende de lo que Chris crea que es *importante*, es decir, fuera del rango de variación aceptable. Aun cuando el desempeño general fue

Figura 17–4

Rango de variación aceptable

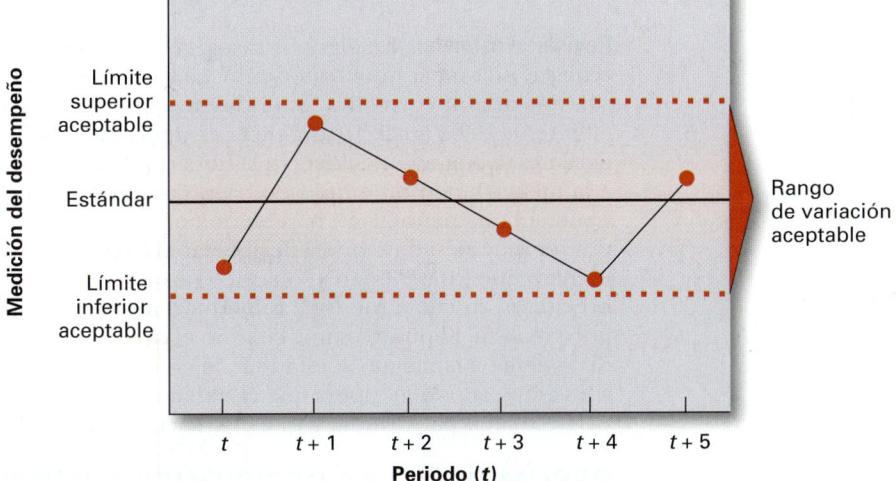

proceso de control
Proceso de tres pasos en el que se mide el desempeño real, se compara éste contra un estándar y se toman acciones administrativas para corregir cualquier desviación o para hacerse cargo de los estándares inadecuados.

rango de variación
Parámetros aceptables de varianza entre el desempeño real y un estándar.

Figura 17–5

Ejemplo para determinar una variación aceptable

Green Earth Gardening Supply - *Ventas de junio*			
Producto	**Estándar**	**Real**	**Por encima de (por debajo de)**
Plantas vegetales	1,075	913	(162)
Flores perennes	630	634	4
Flores anuales	800	912	112
Hierbas	160	140	(20)
Bulbos florecientes	170	286	116
Arbustos florecientes	225	220	(5)
Semillas de reliquia	540	672	132
Total	3,600	3,777	177

bastante favorable, algunas líneas de productos necesitan un escrutinio más minucioso. Por ejemplo, si las ventas de las semillas de reliquia, los bulbos florecientes y las flores anuales continúan por arriba de lo esperado, Chris podría tener que ordenar más producto de los viveros para cubrir la demanda de los clientes. Como las ventas de las plantas vegetales estuvieron 15 por ciento por debajo de la meta, Chris necesitaría hacerles una promoción. Como se muestra en este ejemplo, tanto una varianza más alta como una varianza más baja pueden requerir atención por parte del gerente, que es el tercer paso en el proceso de control.

PASO 3: TOMA DE ACCIONES ADMINISTRATIVAS

Los gerentes pueden elegir de entre tres cursos de acción posibles: no hacer nada, corregir el desempeño real, o revisar el estándar. El término "no hacer nada" se explica solo, examinemos los otros dos.

Corregir el desempeño real. Dependiendo de cuál sea el problema, un gerente podría llevar a cabo diferentes acciones correctivas. Por ejemplo, si el trabajo insatisfactorio es la razón para las variaciones en el desempeño, el gerente podría corregirlo mediante la implementación de programas de capacitación, la toma de acciones disciplinarias, cambios en las prácticas de compensación, etcétera. Una decisión que debe tomar un gerente es la de tomar una **acción correctiva inmediata**, la cual corrige los problemas en el momento para que el desempeño retome su curso, o utilizar una **acción correctiva básica**, la cual analiza cómo y por qué se desvió el desempeño antes de corregir la fuente de la desviación. No es raro que los gerentes racionalicen que no tienen tiempo para encontrar la fuente de un problema (acción correctiva básica) y continúen "apagando incendios" por siempre con la acción correctiva inmediata. Los gerentes eficaces analizan las desviaciones, y si los beneficios lo justifican, se toman el tiempo para señalar y corregir las causas de la varianza.

Revisar el estándar. En algunos casos, la varianza puede ser el resultado de un estándar poco realista, una meta muy baja o muy alta. En este caso, el estándar, no el desempeño, necesita una acción correctiva. Si el desempeño sobrepasa consistentemente la meta, entonces el gerente debe analizar si la meta es demasiado fácil y necesita elevarse. Por otra parte, los gerentes deben tener cuidado a la hora de revisar un estándar descendente. Es natural culpar a la meta cuando un empleado o un equipo no la alcanzan. Por ejemplo, los alumnos que obtienen una puntuación baja en una prueba a menudo atacan los estándares de calificación por ser muy elevados; en vez de aceptar el hecho de que su desempeño fue inadecuado, argumentan que los estándares son poco razonables. Asimismo, los representantes de ventas que no cubren su cuota mensual a menudo desean culpar a lo que ellos consideran una cuota poco realista. El punto es que cuando el desempeño no es el adecuado, no debe culpar inmediatamente a la meta o al estándar. Si cree que el estándar es realista, justo y alcanzable, diga a los empleados que espera que el trabajo futuro mejore y después tome las acciones correctivas necesarias para ayudar a que esto suceda.

RESUMEN DE LAS DECISIONES ADMINISTRATIVAS

La figura 17-6 resume las decisiones que toma un gerente a la hora de controlar. Los estándares son metas que se desarrollaron durante el proceso de planeación. Estas metas sientan las bases para el proceso de control, que involucra la medición del desempeño real y la comparación del mismo contra el estándar. Dependiendo de los resultados, la decisión de un gerente es no hacer nada, corregir el desempeño, o revisar el estándar.

Figura 17–6

Decisiones administrativas
en el proceso de control

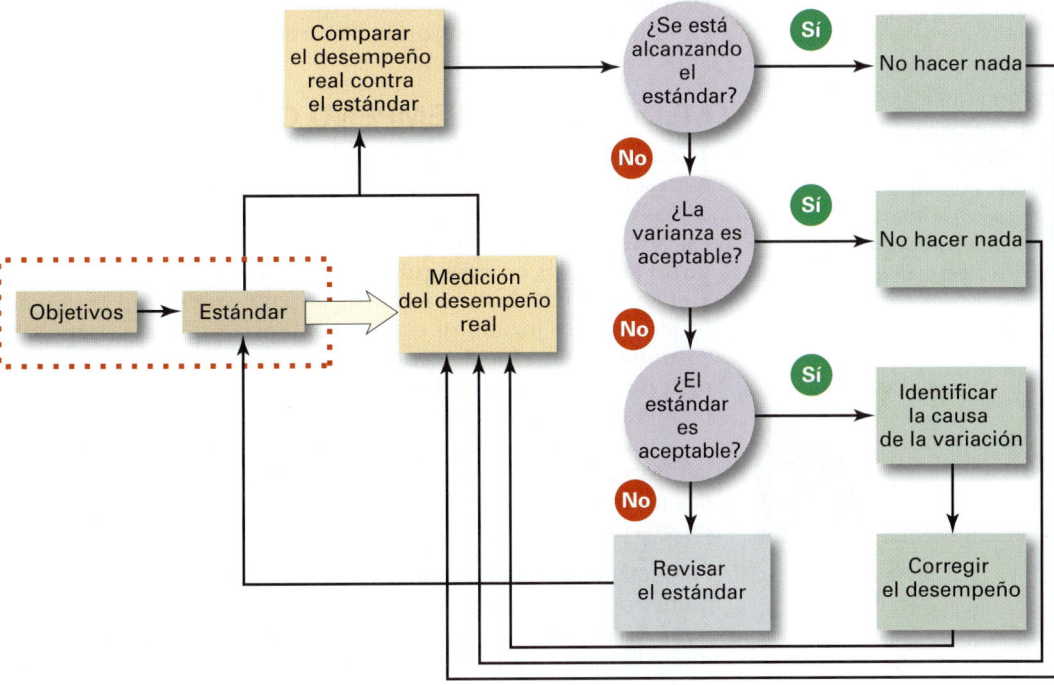

REPASO RÁPIDO:

OBJETIVO DE APRENDIZAJE 17.2

- Describa los tres pasos en el proceso de control.
- Explique los tres cursos de acción que pueden tomar los gerentes a la hora de controlar.

Vaya a la página 420 para ver qué tan bien maneja este material.

OBJETIVO DE
APRENDIZAJE 17.3 ▷ CONTROL PARA EL DESEMPEÑO ORGANIZACIONAL

Efectividad de costos. El tiempo que los clientes esperan. La satisfacción del cliente por el servicio proporcionado. Éstos son sólo algunos de los indicadores importantes de desempeño que los ejecutivos en la intensamente competitiva industria de los centros de atención telefónica miden. Para tomar buenas decisiones, los gerentes en esta industria quieren y necesitan este tipo de información para poder administrar el desempeño organizacional. Los gerentes en todos los tipos de negocios tienen la responsabilidad de administrar el desempeño organizacional.

¿QUÉ ES DESEMPEÑO ORGANIZACIONAL?

¿En qué piensa cuando escucha la palabra *desempeño*? ¿En un concierto de verano de una orquesta de la comunidad? ¿En un atleta olímpico luchando por llegar a la meta en una carrera muy cerrada? ¿En un representante de Southwest Airlines en Ft. Myers, Florida, que hace que los pasajeros aborden lo más rápidamente posible para cumplir con la meta de la compañía de reacondicionamiento de la nave, que es de 20 minutos? **Desempeño** es todo esto. Es el resultado final de una actividad. Ya sea que dicha actividad represente horas de práctica intensa antes de un concierto, o de una carrera, o llevar a cabo las responsabilidades laborales tan eficiente y eficazmente como sea posible, el desempeño es lo que resulta de esa actividad.

Los gerentes se preocupan por el **desempeño organizacional**, es decir los resultados acumulados de todas las actividades laborales dentro de la organización. Es un concepto multifacético, pero los gerentes necesitan entender los factores que contribuyen al desempeño organizacional.

acción correctiva inmediata
Acción correctiva que trata los problemas en el momento para que el desempeño retome su curso.

acción correctiva básica
Acción correctiva que analiza cómo y por qué se desvió el desempeño antes de corregir la fuente de la desviación.

desempeño
Resultado final de una actividad.

desempeño organizacional
Resultados acumulados de todas las actividades laborales dentro de la organización.

Después de todo, no es probable que quieran (o pretendan) que su desempeño sea mediocre. Ellos *quieren* que sus organizaciones, unidades de trabajo o grupos de trabajo alcancen altos niveles de desempeño.

MEDIDAS DE DESEMPEÑO ORGANIZACIONAL

Theo Epstein, vicepresidente ejecutivo y gerente general de los Medias Rojas de Boston, usa estadísticas poco convencionales para evaluar el desempeño de sus jugadores en lugar de los viejos estándares, como el promedio de bateo, cuadrangulares y carreras producidas. Estas "nuevas" medidas de desempeño incluyen el porcentaje en base, los lanzamientos por turno al bat, los cuadrangulares por turno al bat y el porcentaje en base más bases totales.[8] Mediante el uso de estas estadísticas para predecir el desempeño futuro, Epstein ha identificado algunos jugadores estrellas potenciales y los ha contratado por sólo una fracción del costo de un jugador de renombre. Su equipo gerencial está definiendo nuevas estadísticas para medir el efecto de las habilidades defensivas de los jugadores. Como gerente, Epstein ha identificado las medidas de desempeño que son más importantes para sus decisiones.

Al igual que Epstein, todos los demás gerentes deben saber cuáles medidas les darán la información que necesitan sobre el desempeño organizacional. Comúnmente, las medidas utilizadas incluyen la productividad organizacional, la efectividad organizacional y los rangos de la industria.

Productividad organizacional. Al hablar de **productividad** nos referimos a la cantidad de bienes o servicios producidos dividida entre los insumos necesarios para generar ese resultado. Las organizaciones y las unidades de trabajo desean ser productivas. Quieren producir la mayor cantidad de bienes y servicios con los menos insumos. La producción se mide por las ganancias que recibe una organización cuando se venden los bienes (precio de venta multiplicado por el número vendido). Los insumos se miden por los costos de adquirir y transformar los recursos en resultados.

La gerencia quiere aumentar la proporción de la producción en relación con los insumos. Desde luego, la manera más fácil de lograrlo es aumentar los precios de la producción. Pero en el entorno competitivo de hoy, ésa puede no ser una opción. La única otra opción, entonces, es reducir los insumos. ¿Cómo? Con más eficiencia en el desempeño del trabajo y de este modo reduciendo los gastos de la organización.

Efectividad organizacional. Por otra parte, la **efectividad organizacional** es una medida de la idoneidad de las metas organizacionales y de qué tan bien se están cumpliendo dichas metas. Eso es lo esencial para los gerentes, y es lo que da la pauta para las decisiones administrativas al momento de diseñar las estrategias y las actividades laborales y de coordinar el trabajo de los empleados.

Cómo manejar una fuerza de trabajo Diversa

Campeones de la diversidad

Las compañías estadounidenses progresan en el manejo de la diversidad. Aun cuando todavía les falta mucho camino por recorrer, algunas compañías hacen su mayor esfuerzo para incluir a empleados diversos como participantes activos en sus negocios.[9] Cada año, *DiversityInc* identifica a las 50 compañías más diversas. Las compañías que aparecen en la lista dan muestras de fortalezas consistentes en las cuatro áreas de las medidas de la encuesta: compromiso por parte de la dirección, capital humano, comunicaciones corporativas y organizacionales, y diversidad de proveedores. Cada una ha hecho un fuerte compromiso con la diversidad a todos los niveles organizacionales y en cada aspecto, desde las nuevas contrataciones hasta los proveedores, e incluso las causas de caridad que apoyan. ¿Quiénes son algunos de estos campeones de la diversidad, y qué están haciendo? Veamos algunos ejemplos.

Verizon Communications ha ocupado el primer lugar de la lista por dos años consecutivos. Sus fortalezas incluyen un fuerte compromiso con la diversidad por parte de su presidente, que se reúne regularmente con los grupos de recursos de empleados de la compañía. También revisa personalmente el tablero de control trimestral de diversidad de los 17 indicadores clave. De hecho, 39 por ciento de los gerentes de Verizon son afroamericanos, asiáticos, latinos o nativos estadounidenses.

La compañía Coca-Cola ocupa el segundo lugar de la lista. 33 por ciento de la gerencia está ocupada por afroamericanos, latinos, asiáticos o nativos estadounidenses. Aun más impresionante es el hecho de que 40 por ciento de los gerentes que son ascendidos vengan de estos grupos.

Finalmente, PricewaterhouseCoopers (PWC) es el número 4 en la lista. Lleva la delantera en encontrar formas innovadoras y valiosas de retener y promover el talento. Algunos de sus programas incluyen apoyos médicos y económicos, incapacidades por alguna enfermedad en la familia, cierres por vacaciones en toda la compañía y reembolso por cuidado infantil imprevisto.

Figura 17–7

Clasificaciones populares
de industrias y empresas

Fortune (www.fortune.com)	**IndustryWeek (www.industryweek.com)**
Fortune 500	*IndustryWeek* 1000
Los 25 empleadores más importantes	*IndustryWeek* U.S. 500
Las empresas más admiradas	Las 50 mejores fábricas
Las 100 mejores compañías para trabajar	Las mejores plantas *IndustryWeek*
Los 101 momentos más tontos en los negocios	
Global 500	
Las mejores compañías para los líderes	
Las 100 compañías con el crecimiento más rápido	
BusinessWeek (www.businessweek.com)	**Índices de satisfacción del cliente**
Las compañías más innovadoras del mundo	Índice de satisfacción del cliente estadouni-
BusinessWeek 50	dense - Facultad de Negocios de la
Los mejores programas de maestría en	Universidad de Michigan
administración de negocios (MBA) Campeones	Asociación de Medición de la Satisfacción
en servicio al cliente	del Cliente
Forbes (www.forbes.com)	
Forbes 500	
Las 200 mejores pequeñas empresas	
Las 400 mejores grandes empresas	
Las compañías privadas más grandes	
Las 2000 compañías más grandes del mundo	
Las compañías globales de alto desempeño	

Clasificaciones de la industria y las compañías. Examinar las clasificaciones es una manera de los gerentes de medir el desempeño organizacional. Y no hay escasez de clasificaciones, como se muestra en la figura 17-7. Las clasificaciones se determinan por medidas específicas de desempeño, que son diferentes para cada lista. Por ejemplo, *Fortune* elige a las compañías que deben aparecer en su lista "Best Companies to Work For" (Las mejores compañías para trabajar) luego de examinar las respuestas que dan miles de empleados seleccionados al azar en un cuestionario llamado "The Great Place to Work Trust Index" (El índice de confianza del mejor lugar para trabajar); materiales que completan miles de gerentes de empresas, incluyendo una auditoría de cultura corporativa creada por el Great Place to Work Institute; y un cuestionario de recursos humanos diseñado por Hewitt Associates. Dichas clasificaciones proporcionan a los gerentes (y a otros) un indicador de qué tan bien está trabajando una compañía en comparación con otras.

REPASO RÁPIDO:
OBJETIVO DE APRENDIZAJE 17.3

- Defina desempeño organizacional.

- Describa tres medidas de desempeño organizacional que se usen frecuentemente.

Vaya a la página 420 para ver qué tan bien maneja este material.

OBJETIVO DE
APRENDIZAJE 17.4 ▷ ## HERRAMIENTAS PARA MEDIR EL DESEMPEÑO ORGANIZACIONAL

Los gerentes de la cadena de restaurantes Applebee's Neighborhood Grill & Bar juegan con sus propias reglas. Su filosofía es: Más rápido es mejor, entra en un vecindario antes que la competencia y mantén las cosas en movimiento al dar a los clientes una experiencia conveniente.[10] Dado su enfoque de negocios, ¿qué tipo de herramientas necesitarían los gerentes de Applebee's para monitorear y medir el desempeño?

Todos los gerentes necesitan herramientas apropiadas para monitorear y medir el desempeño organizacional. Antes de describir algunos tipos específicos de herramientas de control, examinemos los conceptos de control preventivo, control concurrente y control de retroalimentación.

---

productividad
La cantidad de bienes o servicios producidos dividida entre los insumos necesarios para generar ese resultado.

efectividad organizacional
Medida de la idoneidad de las metas organizacionales y de qué tan bien se están cumpliendo dichas metas.

Figura 17–8

Tipos de control

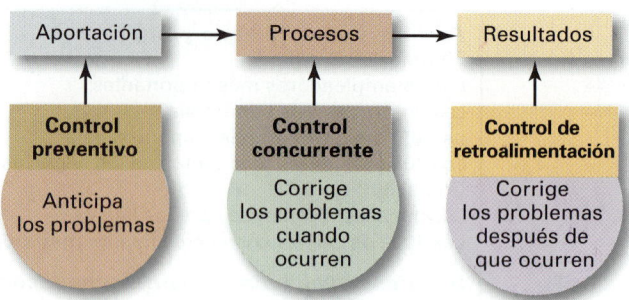

CONTROL PREVENTIVO, CONTROL CONCURRENTE Y CONTROL DE RETROALIMENTACIÓN

Los gerentes pueden implementar controles *antes* de que comience una actividad, *durante* el tiempo en que se desarrolla una actividad, y *después* de que se ha completado una actividad. El primer tipo se llama control preventivo; el segundo, control concurrente, y el último, control de retroalimentación (vea la figura 17-8).

Control preventivo. El tipo de control más deseable, el **control preventivo** previene problemas porque se da antes de la actividad real.[11] Por ejemplo, cuando McDonald's abrió su primer restaurante en Moscú, envió expertos en control de calidad de la compañía para ayudar a los granjeros rusos a aprender técnicas para cultivar papas de alta calidad y para ayudar a los panaderos a aprender procesos para hornear panes de alta calidad. ¿Por qué? McDonald's exige calidad de producto sin importar la ubicación geográfica. La compañía quiere que una hamburguesa con queso en Moscú sepa igual que una en Omaha. Otro ejemplo de control preventivo son los programas de mantenimiento preventivo de las aeronaves que llevan a cabo las principales aerolíneas. Éstos están diseñados para detectar y, con suerte, prevenir daños estructurales que puedan resultar en un accidente.

La clave para el control preventivo es tomar acción administrativa *antes* de que el problema ocurra. De esa manera, se pueden prevenir los problemas en vez de corregirlos después de haber causado cualquier daño, como productos de baja calidad, clientes insatisfechos, pérdidas en las ganancias y otros. Sin embargo, el control preventivo requiere información oportuna y precisa que no siempre es fácil de conseguir. Por lo que a menudo los gerentes terminar por utilizar los otros dos tipos de control.

Control concurrente. Como su nombre lo indica, el **control concurrente** se da mientras una actividad está en progreso. Por ejemplo, Nicholas Fox es director de administración de productos de negocios de Google. Él y su equipo supervisan de cerca uno de los negocios más rentables de Google, los anuncios en línea. Examinan "la cantidad de búsquedas, el ritmo al que los usuarios acceden a los anuncios, las ganancias que esto genera; todo se registra hora tras hora, se compara contra los datos de la semana anterior y se grafica".[12] Si detectan algo que no está funcionando bien, lo arreglan.

La forma de control concurrente mejor conocida es la supervisión directa. Otro término para ésta es **administración de corredor**, que describe a un gerente que está en el área laboral, e interactúa directamente con los empleados. Por ejemplo, el director de Nvidia, Jen-Hsun Huang, demolió su cubículo y lo reemplazó por una mesa de conferencias a fin de estar disponible para los empleados en todo momento y discutir lo que esté sucediendo.[13] Incluso el director de GE, Jeff Immelt, dedica 60 por ciento de su semana laboral a viajar y hablar con los empleados, y visitar las diferentes plantas de la compañía.[14] Todos los gerentes pueden obtener beneficios del control concurrente porque ayuda a corregir problemas antes de que se vuelvan demasiado costosos.

Control de retroalimentación. El tipo de control más popular reside en la retroalimentación. En el **control de retroalimentación** el control se da *después* de que la actividad se ha realizado. Por ejemplo, Denver Mint descubrió las monedas defectuosas de Wisconsin con el control de retroalimentación. El daño ya había ocurrido, aunque la compañía corrigió el problema cuando se descubrió. Y ése es el mayor problema con este tipo de control. Para cuando un gerente tiene la información, los problemas ya han ocurrido, lo que da como resultado desperdicios o daños. Sin embargo, en muchas áreas laborales (por ejemplo, en las áreas financieras), la retroalimentación es el único tipo de control viable.

El control de retroalimentación tiene dos ventajas.[15] Primero, la retroalimentación proporciona a los gerentes información importante acerca de qué tan efectivos han sido sus esfuerzos de planeación. La retroalimentación que muestra poca variación entre el estándar y el desempeño real indica que la planeación es adecuada en general. Si la desviación es considerable, un gerente puede utilizar esa información para formular nuevos planes. Segundo, la retroalimentación puede aumentar la motivación. Las personas desean saber qué tan bien están trabajando, y la retroalimentación proporciona esa información.

Ahora veamos algunas herramientas de control específicas que pueden utilizar los gerentes.

CONTROLES FINANCIEROS

Todo negocio desea tener utilidades. Para alcanzar esta meta, los gerentes necesitan controles financieros. Por ejemplo, podrían analizar estados de ingresos trimestrales en busca de gastos excesivos. Y podrían calcular razones financieras para asegurarse de que haya suficiente efectivo disponible para cubrir los gastos en que se incurre, de que los niveles de deuda no se hayan elevado demasiado, o de que los recursos se utilizan de manera productiva.

Medidas de control financiero tradicionales. Las medidas financieras tradicionales que los gerentes pueden usar incluyen el análisis de indicadores y el análisis del presupuesto. La figura 17-9 resume algunas de las razones financieras más populares. Las razones de liqui-

Figura 17–9

Razones financieras populares

Objetivo	Razón	Cálculo	Significado
Liquidez	Circulante o capital de trabajo	$\dfrac{\text{Activo circulante}}{\text{Pasivo circulante}}$	Evalúa la capacidad de la organización para cumplir con sus obligaciones a corto plazo.
	Prueba del ácido	$\dfrac{\text{Activo circulante} - \text{Inventarios}}{\text{Pasivo circulante}}$	Evalúa la liquidez con mayor precisión cuando los inventarios rotan lentamente o son difíciles de vender.
Apalancamiento	Grado de obligación	$\dfrac{\text{Pasivo total}}{\text{Activo total}}$	Cuanto más alta la razón, la compañía estará más apalancada.
	Cobertura financiera	$\dfrac{\text{Utilidad antes de intereses e impuestos}}{\text{Costos financieros}}$	Mide el número de veces que la organización puede cumplir sus gastos por intereses.
Actividad	Rotación de inventarios	$\dfrac{\text{Ventas}}{\text{Inventario}}$	Cuanto más alta la razón, con más eficiencia se utilizarán los activos de inventario.
	Rotación del activo	$\dfrac{\text{Ventas}}{\text{Activo total}}$	Cuantos menos activos se utilicen para alcanzar un nivel de ventas dado, con más eficiencia utilizará la gerencia el total de los activos de la organización.
Rentabilidad	Margen de utilidad de ventas	$\dfrac{\text{Utilidad neta después de impuestos}}{\text{Ventas totales}}$	Identifica las utilidades que se están generando.
	Rendimiento sobre la inversión	$\dfrac{\text{Utilidad neta después de impuestos}}{\text{Activo total}}$	Mide la eficacia de los activos para generar ganancias.

control preventivo
Control que se da antes de la actividad real.

control concurrente
Control que se da mientras una actividad está en progreso.

Administración de corredor
Término que describe a un gerente que está en el área laboral e interactúa directamente con los empleados.

control de retroalimentación
Control que se da después de que la actividad se ha realizado.

dez miden la habilidad de una organización para cubrir sus obligaciones. La razón de apalancamiento examina el uso de la deuda de una compañía para financiar sus activos y si una organización es capaz de cubrir los pagos de intereses sobre la deuda. Las razones de actividad evalúan qué tan eficientemente utiliza sus activos una compañía. Por último, las razones de rentabilidad miden qué tan eficiente y eficazmente está utilizando sus activos la compañía para generar ganancias. Éstos se calculan en base a la información seleccionada de los dos principales estados inancieros de la organización (la hoja de balance y el estado de ingresos), que se expresan en porcentajes o razones. (Como quizá haya estudiado estos indicadores en otros cursos de contabilidad o finanzas, o los estudiará en el futuro, no daremos detalles de cómo se calculan. Los mencionamos para recordarle que los gerentes utilizan dichas razones como herramientas internas de control).

Los presupuestos son herramientas de planeación y control. (Vea el apéndice B para más información sobre presupuestos). Cuando se formula un presupuesto es una herramienta de planeación, porque indica cuáles actividades laborales son importantes y qué y cuántos recursos deben asignarse a esas actividades. Pero los presupuestos también se usan como controles porque proporcionan a los gerentes estándares cuantitativos contra los cuales medir y comparar el consumo de recursos. Si las desviaciones son lo suficientemente considerables para requerir acción, un gerente examina lo que ha sucedido y trata de descubrir el por qué. Con esta información, se pueden tomar las acciones necesarias. Por ejemplo, digamos que usted utiliza un presupuesto personal para monitorear y controlar sus gastos mensuales. Si descubre que en cierto mes sus gastos misceláneos fueron más elevados de lo que había presupuestado, puede reducir el gasto en otra área o trabajar horas extra para ganar más dinero.

Administración de los ingresos. Una práctica que ha sido muy escudriñada es la administración de los ingresos. Cuando las compañías "administran" los ingresos, "cronometran" los ingresos y los gastos para aumentar los resultados financieros actuales, lo que da una imagen poco realista del desempeño financiero de la organización. Por ejemplo, muchas organizaciones han utilizado programas de compensación diferida para sus altos ejecutivos. Como la compensación diferida no tiene que contar como un gasto actual (aunque normalmente hay una pequeña referencia al respecto inserta en las notas al pie de los estados financieros), los ingresos se ven mejor en el presente. El problema es que éstos pueden sumar una enorme deuda financiera en el futuro. Por ejemplo, en Wyeth Pharmaceuticals, los ejecutivos de la compañía tuvieron la oportunidad de participar en un programa de jubilación que les permitía reservar, antes de impuestos, hasta 100 por ciento de su compensación en efectivo. Wyeth les garantizó un rendimiento de 10 por ciento sobre este pago diferido.[16] No es necesario mencionar que este programa generó preocupación ética importante e incertidumbre financiera. Las nuevas leyes y reglamentos ahora requieren que las compañías aclaren su información financiera, lo que reduce la tentación de administrar los ingresos.

ENFOQUE DEL TABLERO DE CONTROL BALANCEADO

Los gerentes pueden emplear el enfoque del tablero de **control balanceado** para evaluar el desempeño organizacional desde más que solo una perspectiva financiera.[17] Un tablero de control balanceado normalmente considera cuatro áreas que contribuyen al desempeño de una compañía: finanzas, clientes, procesos internos y recursos de personal/innovación/crecimiento. Conforme a este enfoque, los gerentes deben desarrollar metas en cada una de las cuatro áreas y después medir si se están cumpliendo.

Aunque un tablero de control balanceado tiene sentido, los gerentes tienden a enfocarse en áreas que impulsan el éxito de su organización y utilizan tableros que reflejan esas estrategias.[18] A guisa de ejemplo, si las estrategias se centran en los clientes, entonces el área de los clientes recibirá más atención que las otras tres áreas. Pero no se puede concentrar en medir sólo un área de desempeño porque las otras se ven afectadas también. Por ejemplo, en IBM Global Services de Houston, los gerentes desarrollaron un tablero de control en torno a una estrategia primordial de satisfacción del cliente. Sin embargo, las otras áreas (finanzas, procesos internos, y personal/innovación/crecimiento) soportan esa estrategia central. El gerente de división la describió de la siguiente manera: "La parte de procesos internos de nuestro negocio está directamente relacionada con la respuesta oportuna a nuestros clientes, y el aspecto de aprendizaje e innovación es crítico para nosotros ya que lo que le estamos vendiendo a nuestros clientes es nuestra experiencia. Claro que lo exitosos que seamos en ese tipo de cosas afectará nuestro componente financiero".[19]

CONTROLES DE INFORMACIÓN

Una computadora que contenía información personal (números de seguridad social, fechas de nacimiento, etc.). de aproximadamente 26.5 millones de veteranos militares fue robada de la residencia de un empleado del Departamento de Asuntos de Veteranos, quien se había llevado la computadora a su casa sin autorización. Aunque al fin se recuperó la computadora sin ninguna pérdida en la información personal, la situación podría haber sido desastrosa para un gran número de personas.[20] ¡Los controles de información son necesarios! Los gerentes manejan los controles de información de dos maneras: (1) como herramientas para ayudarles a controlar otras actividades organizacionales y (2) como áreas organizacionales que necesitan controlar.

¿Cómo se utiliza la información en el control? Los gerentes necesitan la información correcta en el momento oportuno y en la cantidad exacta para monitorear y medir las actividades y el desempeño organizacionales.

Al medir el desempeño real, los gerentes necesitan información sobre lo que está ocurriendo dentro de su área de responsabilidad y acerca de los estándares para poder comparar el desempeño real con el estándar. También recurren a la información que les ayude a determinar si las desviaciones son aceptables. Finalmente, utilizan la información para desarrollar cursos de acción apropiados. ¡La información *es* importante! La mayoría de las herramientas de información que utilizan los gerentes provienen del sistema de información administrativa de la organización.

Un **sistema de información administrativa (SIA)** es un sistema utilizado para proveer regularmente a los gerentes con la información necesaria. En teoría, un SIA puede ser manual o computarizado, aunque la mayoría de las organizaciones han cambiado a las aplicaciones computacionales. El término *sistema* en SIA implica orden, disposición y propósito. Es más, un SIA se concentra específicamente en dar a los gerentes la *información* (datos procesados y analizados), no solamente *datos* (hechos crudos, sin analizar). Una biblioteca es una buena analogía: aun cuando puede contener millones de volúmenes, una biblioteca no le sirve de nada si no puede encontrar rápidamente lo que busca. Es por eso que los bibliotecarios pasan mucho tiempo catalogando las colecciones de libros de una biblioteca y asegurándose de que los materiales se devuelvan a su ubicación propia. Las organizaciones de hoy son como bibliotecas bien abastecidas. No hay falta de datos. Pero sí hay una inhabilidad para procesar los datos para que la información precisa esté disponible para la persona adecuada con la oportunidad requerida. Un SIA compila datos y los convierte en información relevante para que los gerentes la utilicen.

Control de la información. Pareciera que cada semana hay otra noticia sobre violaciones a la seguridad de la información. Una encuesta reciente reveló que 85 por ciento de los profesionales de privacidad y seguridad admitían que había ocurrido una violación de datos dentro de sus organizaciones en el último año.[21] Como la información es muy importante para todo lo que hace una organización, los gerentes deben tener controles integrales y

Razonamiento crítico sobre Ética

Duplicar software para compañeros de trabajo y amigos es una práctica común, pero en Estados Unidos el software está protegido por las leyes de derechos de autor. La reproducción ilegal se castiga como daños civiles con multas de hasta 100 mil dólares y penas criminales que incluyen multas y encarcelamiento hasta por cinco años.

¿Reproducir software protegido es una práctica aceptable bajo alguna circunstancia? Explique. ¿Está mal que los empleados de un negocio pirateen software pero permisible para estudiantes universitarios que no pueden pagar su propio software? Como gerente, ¿qué tipos de lineamientos éticos podría establecer para el uso de software? ¿Qué pasaría si fuese un gerente en otro país donde la piratería de software es una práctica aceptable?

---

tablero de control balanceado
Herramienta de control para evaluar el desempeño organizacional desde más que sólo una perspectiva financiera.

sistema de información administrativa (SIA)
Sistema utilizado para proveer regularmente a los gerentes con la información necesaria.

seguros para proteger la información. Estos controles pueden ir desde la encriptación de datos a firewalls del sistema para respaldo de datos, así como otras técnicas.[22] Los problemas pueden estar escondidos en lugares que una compañía que quizá ni siquiera haya considerado, como los motores de búsqueda. Se ha encontrado información organizacional delicada, difamatoria, confidencial o vergonzosa en resultados de buscadores. Por ejemplo, en una búsqueda de Google aparecieron detalles sobre los gastos mensuales y los salarios de los empleados que se encontraban en el sitio Web de la Sociedad Espeleológica Nacional.[23] Los equipos como las computadoras portátiles y los RFID (identificación de radio frecuencia) son vulnerables a virus y piratería informática. No necesitamos decir que los controles de información deben ser monitoreados con regularidad para garantizar que se han tomado todas las medidas precautorias para proteger la información importante.

BENCHMARKING DE LAS MEJORES PRÁCTICAS

Los gerentes de diferentes industrias como el cuidado de la salud, la educación y los servicios financieros están descubriendo lo que los fabricantes han sabido desde hace mucho tiempo, como son los beneficios del **benchmarking**, que es la búsqueda de las mejores prácticas entre los competidores o no competidores que los lleva a un desempeño superior. El objetivo del benchmarking es identificar diversos **patrones de referencia**, que son estándares de excelencia contra los cuales medir y comparar. Por ejemplo, la Asociación Médica Americana desarrolló más de 100 medidas estándar de desempeño para mejorar la atención médica. Carlos Ghosn, director de Nissan, tomó como patrón de referencia las operaciones de Wal-Mart en compras, transportación y logística.[24] En esencia, benchmarking significa aprender de otros. Como una herramienta para monitorear y medir el desempeño organizacional, el benchmarking puede usarse para identificar las fallas específicas en el desempeño y las áreas de mejora potenciales.

Las mejores prácticas no se encuentran solamente en el exterior. A veces, las mejores prácticas pueden encontrarse dentro de la organización y sólo necesitan compartirse. Un área fértil en la cual encontrar buenas ideas para mejorar el desempeño es el buzón de sugerencias de los empleados. Cuando un empleado tiene una idea sobre una nueva manera o una manera mejor de hacer algo, puede ponerla por escrito y colocarla en el buzón. Sin embargo, los buzones de sugerencias han sido considerados por mucho tiempo como una pérdida de tiempo. Las caricaturas han censurado la futilidad de que los empleados pongan sus ideas en el buzón de sugerencias porque éstas a menudo se quedan ahí hasta que alguien decide vaciar el buzón. Pero no tiene que ser así. Las investigaciones demuestran que las mejores prácticas frecuentemente ya existen dentro de una organización pero que por lo común pasan desapercibidas.[25] En el entorno actual, las organizaciones que buscan altos niveles de desempeño no pueden darse el lujo de ignorar esa información tan valiosa. Algunas compañías lo están entendiendo. Por ejemplo, Toyota Motor Corporation desarrolló un sistema de revisión de sugerencias para ordenar por prioridad las mejores prácticas con base en el efecto potencial, los beneficios y la dificultad de su implementación. Los gerentes de la central eléctrica de Ameren Corporation utilizaron un benchmarking interno para poder identificar las fallas y oportunidades de desempeño.[26] La figura 17-10 proporciona algunas sugerencias para el benchmarking interno.

Southwest Airlines se autodenomina "ante todo, una organización de servicio al cliente. Simplemente usamos aeronaves para entregar este producto". Producir servicios de alta calidad en la industria de las líneas aéreas significa, entre otras cosas, estar a tiempo, por lo que Southwest imitó a los equipos de carreras de Indy500 en busca de formas más rápidas de reacondicionar los aviones (limpieza, aprovisionamiento de combustible, etcétera) en los diferentes lugares a donde vuela. Aquí, un mecánico reabastece de combustible una de las aeronaves de la compañía en Love Field, Dallas.

Figura 17-10

Sugerencias para el
benchmarking interno

1. *Relacionar las mejores prácticas con las estrategias y las metas.* Las estrategias y metas de la organización deben dictar qué tipos de mejores prácticas serían las más valiosas para los demás dentro de la organización.

2. *Identificar las mejores prácticas en toda la organización.* Las organizaciones deben tener una manera de descubrir qué prácticas han tenido éxito en las diferentes áreas y unidades de trabajo.

3. *Desarrollar sistemas de recompensa y reconocimiento de las mejores prácticas.* Los individuos deben recibir un incentivo para compartir su conocimiento. El sistema de recompensa debe incluirse en la cultura de la compañía.

4. *Comunicar las mejores prácticas dentro de la organización.* Una vez que se han identificado las mejores prácticas, esa información necesita ser compartida con las demás personas de la organización.

5. *Crear un sistema para compartir el conocimiento de las mejores prácticas.* Debe haber un mecanismo formal para que los miembros de la organización continúen compartiendo sus ideas y mejores prácticas.

6. *Fomentar continuamente las mejores prácticas.* Crear una cultura organizacional que refuerce una actitud de "podemos aprender de todos" y haga hincapié en compartir la información.

Fuente: Basado en "Extracting Diamonds in the Rough", de T. Leahy, *Business Finance*, agosto de 2000, pp. 33-37.

REPASO RÁPIDO:
OBJETIVO DE APRENDIZAJE 17.4

- Compare los controles preventivo, concurrente y de retroalimentación.
- Explique los tipos de controles financieros y de información que pueden utilizar los gerentes.

- Describa cómo se usan los tableros de control balanceados y el benchmarking en el control.

Vaya a la página 420 para ver qué tan bien maneja este material.

OBJETIVO DE
APRENDIZAJE 17.5 ▷ TEMAS CONTEMPORÁNEOS DE CONTROL

Los empleados de Integrated Information Systems Inc. no lo pensaron dos veces cuando se trató de intercambiar música digital mediante un servidor dedicado de la oficina. Al igual que apostar en deportes colegiales y profesionales, era técnicamente ilegal pero no dañaba a nadie, o eso pensaban los empleados. Pero después de que la compañía tuvo que pagar un millón de dólares a Recording Industry Association of America, los gerentes se lamentaron por no haber controlado mejor la situación.[27] El control es una función administrativa importante. Examinaremos cuatro situaciones relativas al control a las que tienen que enfrentarse los gerentes hoy en día: las diferencias transculturales, los desafíos en el lugar de trabajo, las interacciones con los clientes y el gobierno corporativo.

CÓMO AJUSTAR LOS CONTROLES PARA LAS DIFERENCIAS TRANSCULTURALES

Los conceptos de control objeto de nuestro análisis son apropiados para una organización cuyas unidades de trabajo no estén geográficamente separadas o que comprendan niveles culturales distintos. Incluso las técnicas de control pueden ser muy diferentes en los diversos países. Las diferencias radican principalmente en los pasos de la medición y la acción correctiva en el proceso de control. En una compañía global, los gerentes foráneos de operaciones tienden a estar menos controlados por la oficina central sólo porque la distancia no permite que los directivos supervisen el trabajo de manera directa. Ya que la distancia crea una tendencia a formalizar los controles, las organizaciones globales a menudo recurren a extensos reportes, que en su mayoría son electrónicos.

El impacto de la tecnología sobre el control también se ve cuando se comparan naciones tecnológicamente avanzadas contra aquellas que no lo son tanto. Los gerentes en países

benchmarking
Búsqueda de las mejores prácticas entre los competidores o no competidores que los lleva a un desempeño superior.

patrón de referencia
Estándar de excelencia contra los cuales medir y comparar.

donde la tecnología es más avanzada utilizan dispositivos de control indirecto como reportes y análisis generados por computadora, además de reglas estandarizadas y supervisión directa para garantizar que las actividades laborales se están llevando a cabo de acuerdo con el plan. Sin embargo, en los países menos avanzados tecnológicamente, los gerentes tienden a la supervisión directa y un proceso de toma de decisiones muy centralizado.

Los gerentes en el extranjero también necesitan estar consciente de las restricciones sobre las acciones correctivas que tomen. Las leyes de algunos países prohíben cerrar instalaciones, despedir empleados, sacar dinero del país o formar un nuevo equipo de gerentes extranjeros.

Por último, otro desafío para los gerentes globales al recabar datos para la medición y comparación es la equivalencia. Por ejemplo, una compañía que fabrica ropa en Camboya podría elaborar los mismos productos en una planta en Escocia. Sin embargo, la labor en la planta camboyana podría ser más intensa que en su contraparte escocesa para aprovechar los bajos costos de mano de obra en Camboya. Esto hace que sea complicado comparar, por ejemplo, los costos de mano de obra por unidad.

DESAFÍOS EN EL LUGAR DE TRABAJO

Los centros de trabajo actuales representan desafíos de control importantes para los gerentes. Desde el monitoreo del uso que dan los empleados a los equipos de cómputo en el trabajo, hasta la protección del punto de trabajo de empleados molestos que intenten causar daños, los gerentes necesitan controles para garantizar que el trabajo puede hacerse de manera eficaz y efectiva de acuerdo con lo planeado.

Privacidad en el lugar de trabajo. ¿Usted cree que tiene derecho a la privacidad en su trabajo? ¿Qué puede descubrir su empleador sobre usted y su trabajo? ¡Se sorprendería de las respuestas! Los empleadores pueden (y lo hacen), entre otras cosas, leer sus mensajes de correo electrónico (aun los marcados como "personales" o "confidenciales"), intervenir su teléfono, monitorear su trabajo mediante una computadora, guardar y revisar archivos de computadora, monitorearle en el baño o en el vestidor, y rastrear su localización en un vehículo de la compañía. Y estas acciones no son poco comunes. De hecho, aproximadamente 26 por ciento de las compañías han despedido a trabajadores por el mal uso de Internet, otro 25 por ciento por el del correo electrónico y 6 por ciento por el uso impropio de los teléfonos de la oficina.[28]

¿Por qué los gerentes creen que necesitan monitorear las actividades de los empleados? Una razón importante es que los empleados son contratados para trabajar, no para navegar en la Web, examinar los precios de las acciones, ver videos en línea, jugar baseball virtual o comprar regalos para sus familiares o amigos. Se piensa que la navegación recreacional en la Web cuesta, anualmente, miles de millones de dólares en productividad laboral perdida. De hecho, una encuesta de los empleadores estadounidenses mostró que 87 por ciento de los empleados navegan en sitios no relacionados con sus funciones mientras están en el centro de trabajo y más de la mitad pasa su tiempo navegando en sitios de interés personal todos los días.[29] Ver videos en línea se ha convertido en un problema que va en aumento no sólo por el tiempo que los empleados desperdician, sino también porque obstruyen las ya saturadas redes de trabajo de la compañías.[30] (Vea la figura 17-11 para una lista de los 10 sitios de videos más importantes en Internet vistos en el trabajo). Todas estas acciones no relacionadas con el trabajo suman costos importantes para los negocios.

Otra razón por la que los gerentes monitorean el correo electrónico de los empleados y el uso que dan al equipo de cómputo es que no quieren ser demandados por crear un ambiente laboral hostil debido a mensajes ofensivos o imágenes inapropiadas que aparezcan en la pantalla de un colaborador. Los asuntos de acoso racial o sexual son una razón por la que las compañías quizá quieran monitorear o mantener copias de respaldo de todo el correo electrónico. Los registros electrónicos pueden ayudar a establecer lo que en realidad sucedió en una situación dada para que los gerentes puedan reaccionar rápidamente.[31]

Por último, los gerentes desean garantizar que los secretos de la compañía no se están filtrando.[32] Además del uso común del correo electrónico y del equipo de cómputo, las compañías monitorean la mensajería instantánea y prohíben los teléfonos con cámara en la oficina. Los gerentes necesitan estar seguros de que los empleados no pasan, aun sin pretenderlo, información a otros que pudieran usar esa información para dañar a la compañía.

Debido a los costos potencialmente considerables y dado el hecho de que muchos empleados ahora vinculan computadoras, muchas compañías cuentan con políticas de monitoreo en el lugar de trabajo. Dichas políticas deben controlar el comportamiento de los empleados sin ser humillantes y los empleados deben estar informados acerca de las mismas.

Figura 17–11

Los sitios de videos más importantes en Internet vistos en el trabajo

Fuente: Bobby White, "The New Workplace Rules: No Video Watching", *Wall Street Journal*, 4 de marzo de 2008, p. 83.

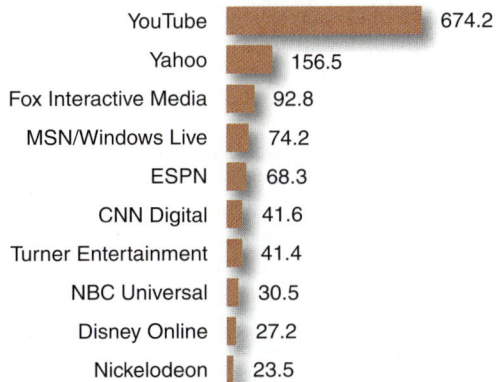

Los 10 empresas más importantes de videos en Internet vistos en el trabajo en enero 2008, en millones de visitas

YouTube	674.2
Yahoo	156.5
Fox Interactive Media	92.8
MSN/Windows Live	74.2
ESPN	68.3
CNN Digital	41.6
Turner Entertainment	41.4
NBC Universal	30.5
Disney Online	27.2
Nickelodeon	23.5

Robos por empleados. Quizá se sorprenda por el hecho de que 85 por ciento de los robos y fraudes dentro de las organizaciones los cometen los empleados, no gente ajena a la compañía.[33] Y es un problema muy costoso, estimado en aproximadamente 4500 dólares por trabajador por año.[34]

El **robo por empleados** se define como la sustracción no autorizada de la propiedad de la compañía por parte de algún empleado para su uso personal.[35] Puede ir desde el desfalco a la malversación de reportes de gastos y a la sustracción de equipo, refacciones, software o material de oficina de las instalaciones de la compañía. Aun cuando los negocios minoristas han enfrentado pérdidas importantes debido al robo por empleados, los controles financieros laxos en las compañías nuevas o pequeñas y la fácil accesibilidad a la tecnología de la información han hecho del robo por empleados un problema creciente en todo tipo y tamaño de compañías. Es un asunto de control del que los gerentes necesitan saber y estar preparados para manejarlo.[36]

¿Por qué roban los empleados? La respuesta depende de a quién se le pregunte.[37] Los expertos de varios campos, como seguridad industrial, criminología y psicología clínica, tienen diferentes perspectivas. La gente de seguridad industrial propone que las personas roban porque la oportunidad se presenta debido a controles laxos y circunstancias favorables. Los criminólogos dicen que es porque la gente tiene presiones de orden financiero (como problemas económicos personales) o presiones por algún vicio (como deudas de juego). Y los psicólogos clínicos sugieren que las personas roban porque pueden pensar que lo que están haciendo es un comportamiento correcto y apropiado ("todos lo hacen", "lo veían venir", "esta compañía gana suficiente dinero y ni lo van a notar", "me lo merezco por todo lo que trabajo y aguanto", etcétera).[38] Aunque cada enfoque proporciona elementos irrefutables sobre el robo por empleados y ha contribuido en los intentos por detenerlo, desafortunadamente, los empleados siguen robando. ¿Qué pueden hacer los gerentes?

El concepto de control preventivo, concurrente o de retroalimentación es útil para identificar medidas para detener o reducir el robo por empleados.[39] La figura 17-12 resume algunas posibles acciones administrativas.

Violencia en el lugar de trabajo. El 25 de junio de 2008, en Henderson, Kentucky, un empleado de una planta de plásticos regresó horas después de haber discutido con su supervisor por no utilizar los lentes de seguridad y por haber usado su teléfono celular mientras trabajaba en la línea de ensamblaje. Mató a su supervisor, a otros cuatro compañeros de trabajo y a sí mismo. El 30 de enero de 2006, una antigua empleada que había sido removida de su cargo en una oficina postal de Santa Bárbara, California, por "comportamiento extraño", volvió y mató a cinco trabajadores, hirió gravemente a otro y luego se suicidó. El 26 de enero de 2005, un trabajador de una planta de Jeep en Toledo, Ohio, que un día antes se había reunido con los gerentes de la planta por algunos problemas en su trabajo, entró y mató a un supervisor e hirió a otros dos trabajadores antes de suicidarse. Durante abril de 2003 en Indianápolis, un empleado de un restaurante Boston Market mató a un gerente fuera del horario de trabajo porque el gerente

robo por empleados
Sustracción no autorizada de la propiedad de la compañía por parte de algún empleado para su uso personal.

Figura 17–12

Control del robo por empleados

Preventivo	Concurrente	Retroalimentación
Hacer una cuidadosa evaluación antes de la contratación.	Tratar a los empleados con respeto y dignidad.	Asegurarse de que los empleados sepan cuando ha ocurrido un robo o un fraude, sin dar nombres sino sólo dar a saber a la gente que esto no es aceptable.
Establecer políticas específicas que definan los procedimientos de robo y fraude.	Comunicar abiertamente los costos por robos.	Utilizar los servicios de investigadores profesionales.
Involucrar a los empleados en la elaboración de las políticas.	Dar a conocer a los empleados de manera regular sus logros en la prevención de robos y fraudes.	Rediseñar las medidas de control.
Educar y capacitar a los empleados acerca de las políticas.	Utilizar equipo de video para la vigilancia si las condiciones lo justifican.	Evaluar la cultura de su organización y las relaciones entre gerentes y empleados.
Hacer una revisión profesional de los controles de seguridad interna.	Instalar opciones de seguridad en computadoras, teléfonos y correo electrónico. Utilizar líneas de atención corporativas para reportar incidencias. Dar buen ejemplo.	

Fuentes: Basado en A.H. Bell y D.M. Smith, "Protecting the Company Against Theft and Fraud", *Workforce* en línea (www.workforce.com), 3 de diciembre de 2000; J.D. Hansen, "To Catch a Thief", *Journal of Accountancy*, marzo de 2000, pp. 43-46, y J. Greenberg, "The Cognitive Geometry of Employee Theft", en S.B. Bacharach, A. O'Leary-Kelly, J.M. Collins y R.W. Griffin, eds., *Dysfunctional Behavior in Organizations: Nonviolent and Deviant Behavior* (Stamford, CT: JAI Press, 1998), pp. 147-193.

había rechazado sus insinuaciones sexuales. En julio de 2003, un empleado de una planta de ensamblaje de aeronaves en Meridian, Mississippi, abandonó una clase obligatoria sobre ética y respeto en el centro de trabajo, volvió con armas de fuego y municiones y le disparó a 14 de sus compañeros de trabajo, en consecuencia, mató a cinco, y después se suicidó.[40] ¿La violencia en el lugar de trabajo es realmente un asunto que deban manejar los gerentes? Sí. A pesar de estos ejemplos, por fortuna, el número de homicidios en el lugar de trabajo ha disminuido.[41] Sin embargo, el Instituto Nacional de Seguridad y Salud Ocupacional de Estados Unidos dice que cada año, cerca de dos millones de trabajadores estadounidenses son víctimas de alguna forma de violencia en el lugar de trabajo. En una semana promedio, un empleado es asesinado y por lo menos 25 son gravemente heridos en ataques violentos por parte de compañeros de trabajo actuales o anteriores. Y en una encuesta del Departamento de Empleo, 58 por ciento de las compañías reportó que los gerentes recibían amenazas verbales de los trabajadores.[42]

La figura 17-13 describe los resultados de una encuesta de trabajadores y sus experiencias respecto de la furia en el trabajo. La ira, la furia y la violencia en el lugar de trabajo son intimidantes para los compañeros de trabajo y afectan negativamente su productividad. El costo anual para los negocios estadounidenses se estima entre 20 y 35 mil millones de dólares.[43] Y la furia en la oficina no es un problema único de Estados Unidos. En una encuesta sobre comportamiento agresivo en los centros de trabajo de Gran Bretaña, 18 por ciento de los gerentes dijeron haber experimentado personalmente acoso o intimidación verbal y 9 por ciento dijo que había sufrido ataques personales.[44]

¿Qué factores se cree que contribuyen a la violencia en el lugar de trabajo? Sin duda los empleados sienten estrés debido a los altos precios del combustible, la incertidumbre

Figura 17–13

Violencia en el lugar de trabajo

• Han sido testigos de gritos u otra forma de abuso verbal	42%
• Le han gritado a sus compañeros de trabajo	29%
• Han llorado por asuntos relacionados con el trabajo	23%
• Han visto a alguien dañar intencionalmente la maquinaria o el mobiliario	14%
• Han visto violencia física en el lugar de trabajo	10%
• Han golpeado a un colega	2%

Fuente: Integra Realty Resources, octubre-noviembre, encuesta de adultos de 18 años y más, en "Desk Rage", *BusinessWeek*, 20 de noviembre de 2000, p. 12.

laboral, el valor decreciente de las cuentas de pensiones, las largas horas, la carga excesiva de información, otras interrupciones diarias, los plazos poco realistas, y los gerentes poco comprometidos. Hasta el diseño de las oficinas, los pequeños cubículos en que los empleados trabajan entre el ruido y el alboroto de quienes los rodean han sido considerados como un factor que contribuye al problema.[45] Otros expertos han descrito ambientes de trabajo peligrosamente disfuncionales como los principales causantes del problema, entre los que se encuentran los siguientes:[46]

- El trabajo del empleado está dirigido por el tiempo, las cifras y las crisis.

- Cambios rápidos e impredecibles, en los que la inestabilidad y la incertidumbre afectan a los empleados.

- Estilo de comunicación destructivo, en el que los gerentes se comunican con estilos excesivamente agresivos, condescendientes, explosivos o pasivo-agresivos; burlas o acusaciones excesivas en el lugar de trabajo.

- Liderazgo autoritario combinado con una manera de pensar rígida y militar de los gerentes hacia los empleados en el que los empleados no tienen permitido desafiar las ideas, participar en la toma de decisiones o involucrarse en la formación de los equipos de trabajo.

- Actitud defensiva donde se proporciona una retroalimentación mínima o casi nula acerca del desempeño; sólo los números cuentan; y los gritos, la intimidación y la evasión son las formas preferidas de manejar el conflicto.

- Estándares dobles en cuanto a las políticas, los procedimientos y las oportunidades de capacitación para los gerentes y los empleados.

- Quejas no resueltas porque no hay mecanismos o sólo existen algunos mecanismos adversos para resolverlas y porque los individuos disfuncionales pueden estar protegidos o ser ignorados debido a reglas antiguas, disposiciones por contratos sindicales o renuencia a hacerse cargo de los problemas.

- Empleados emocionalmente perturbados y una falta de interés por parte de los gerentes de ayudar a estas personas.

- Trabajo repetitivo y aburrido, sin oportunidad alguna de hacer algo diferente o de que entre nuevo personal.

- Equipo defectuoso o inseguro, o capacitación deficiente, lo que evita que los empleados sean capaces de trabajar de manera eficaz y efectiva.

- Entorno laboral peligroso en términos de temperatura, calidad del aire, movimientos repetitivos, espacios superpoblados, niveles de ruido, tiempo extra excesivo, etcétera. Para minimizar costos, no se contrata a nuevos empleados cuando la carga de trabajo se vuelve excesiva, lo que resulta en expectativas y condiciones de trabajo potencialmente peligrosas.

- Cultura de violencia y un historial de violencia o abuso individual, patrones de comportamiento violentos o explosivos, o tolerancia al abuso del alcohol o las drogas en el trabajo.

Al leer esta lista usted seguramente desearía que los lugares de trabajo donde pasará su vida profesional no sean así. Sin embargo, las demandas competitivas de sobresalir en una economía global 24/7 presionan a las organizaciones y a los empleados de muchas maneras.

¿Qué pueden hacer los gerentes para evitar o reducir la posible violencia en los centros de trabajo? Una vez más, el concepto del control preventivo, concurrente y de retroalimentación puede ayudar a identificar las acciones que pueden tomar los gerentes.[47] La figura 17-14 resume varias sugerencias.

CONTROL DE LAS INTERACCIONES CON LOS CLIENTES

Cada mes, cada sucursal local de Enterprise Rent-a-Car conduce encuestas telefónicas con sus clientes.[48] Cada sucursal gana un lugar con base en el porcentaje de sus clientes que dicen que están "completamente satisfechos" con su última experiencia con Enterprise, un nivel de satisfacción conocido como "máximo nivel". El desempeño de máximo nivel es importante para Enterprise porque sólo los clientes del todo satisfechos tienden a ser clientes frecuentes. Y al usar este índice de calidad en el servicio, las carreras de los empleados y sus aspiraciones financieras se ligan a la meta organizacional de proporcionar un servicio consistentemente superior a cada cliente. Los gerentes de Enterprise Rent-a-Car entienden la conexión que hay entre empleados y clientes y la importancia de controlar las interacciones entre ellos.

Figura 17–14

Control de la violencia
en el lugar de trabajo

Preventivo	Concurrente	Retroalimentación
Asegurar el compromiso de la dirección a la creación de entornos laborales funcionales, no disfuncionales.	Aplicar la administración de corredor para identificar problemas potenciales; observar cómo se tratan y cómo interactúan los empleados unos con otros.	Comunicar abiertamente los incidentes y las medidas tomadas.
Proporcionar programas de asistencia a empleados para ayudarles con los problemas conductuales.	Permitir a los empleados o grupos de trabajo "quejarse" durante los periodos de cambios organizacionales importantes.	Investigar las incidencias y tomar las acciones apropiadas.
Hacer valer la política organizacional de que no se tolerará en el lugar de trabajo indicio alguno de furia, agresión o violencia.	Ser un buen ejemplo en su trato a los demás.	Revisar las políticas de la compañía y, de ser necesario, hacer los cambios correspondientes.
Hacer una cuidadosa selección antes de la contratación.	Utilizar líneas de atención corporativas o algún otro mecanismo para reportar e investigar las incidencias.	
Nunca ignorar las amenazas. Capacitar a los empleados sobre cómo evitar el peligro si surgiera la situación.	Intervenir de manera oportuna y decisiva. Buscar ayuda profesional y experta si surge la violencia.	
Comunicar claramente las políticas a los empleados.	Proporcionar el equipo y los procedimientos necesarios para el manejo de situaciones violentas (teléfonos celulares, sistemas de alarma, nombres o frases en clave, etcétera).	

Fuentes: Basado en M. Gorkin, "Five Strategies and Structures for Reducing Workplace Violence", *Workforce* online (www.workforce.com), 3 de diciembre de 2000; "Investigating Workplace Violence: Where Do You Start?", *Workforce* online (www.workforce.com), 3 de diciembre de 2000; "Ten Tips on Recognizing and Minimizing Violence", *Workforce* online (www.workforce.com), 3 de diciembre de 2000, y "Points to Cover in a Workplace Violence Policy", *Workforce* online (www.workforce.com), 3 de diciembre de 2000.

Quizá no exista una mejor área para observar la relación entre la planeación y el control que el servicio al cliente. Una compañía que proclama que el servicio al cliente es una de sus metas puede de manera rápida y clara ver si está alcanzando su meta al examinar qué tan satisfechos están los clientes con su servicio. ¿Cómo pueden los gerentes controlar las interacciones entre la meta y el resultado cuando se trata de los clientes? El concepto de una cadena de servicio y beneficio puede ayudar.[49]

Una **cadena de servicio y beneficio** es la secuencia de servicios de los empleados a los clientes para obtener una utilidad. De acuerdo con este concepto, la estrategia y el sistema de entrega del servicio de una compañía influyen en la manera en que los empleados tratan con los clientes; es decir, qué tan productivos son a la hora de proporcionar el servicio y la calidad de dicho servicio. El nivel de productividad de servicio del empleado y la calidad del servicio influyen las percepciones del cliente respecto del valor del servicio. Cuando el valor del servicio es alto, tiene un efecto positivo en la satisfacción del cliente, lo que lleva a la lealtad del cliente. Y la lealtad del cliente mejora el crecimiento de los ingresos y las utilidades de la organización.

¿Qué significa el concepto de cadena de servicio y beneficio para los gerentes? Los gerentes que deseen controlar las interacciones con los clientes deben trabajar en crear relaciones duraderas y mutuamente benéficas entre la compañía, los empleados y los clientes. ¿Cómo? Con un entorno laboral que permita a los empleados proveer un servicio con altos niveles de calidad y que los haga sentir que son capaces de proporcionar un servicio de alta calidad. En tal clima de servicio, los empleados están motivados a proveer un servicio superior. Los esfuerzos de los empleados para satisfacer a los clientes, junto con el valor del servicio proporcionado por la organización, mejoran la satisfacción del cliente. Y cuando los clientes reciben un alto valor de servicio, son leales, lo que al final mejora el crecimiento y rentabilidad de la compañía.

No hay un mejor ejemplo del concepto de **cadena de servicio y beneficio** en acción que Southwest Airlines, que es la aerolínea más rentable de Estados Unidos (en 2007 se cumplieron

Una de las muchas formas en las que LLBean controla las interacciones con sus clientes es la de proporcionar un sobresaliente servicio al cliente. El personal de las tiendas de la compañía y los telefonistas que toman las órdenes no sólo están capacitados para contestar todas las preguntas con una cortesía y eficacia excepcionales, sino que también cada artículo comprado, desde ropa hasta kayaks, está 100% garantizado. Al continuar con una tradición de servicio al cliente que tiene aproximadamente 100 años, LLBean promete aceptar devoluciones por reembolso o reemplazo de "cualquier compra hecha con nosotros en cualquier momento" si no fuera completa y totalmente satisfactoria.

35 años de rentabilidad constante). Sus clientes son extremadamente leales porque la estrategia operacional de la compañía (contratar, capacitar, recompensas y reconocimiento, trabajo en equipo, etcétera) está construida alrededor del servicio al cliente. Los empleados proporcionan sistemáticamente un sobresaliente valor de servicio a los clientes. Y al volver, los clientes de Southwest recompensan a la compañía. Es mediante el control eficaz y efectivo de estas interacciones con los clientes que compañías como Southwest y Enterprise han tenido éxito.

GOBIERNO CORPORATIVO

Aunque Andrew Fastow, antiguo director financiero de Enron quien se declarara culpable de fraude, tenía una personalidad atractiva y persuasiva, eso no bastó para justificar por qué la junta de directores de Enron ni siquiera sospechó de las cuestionables prácticas contables de la gerencia. La junta incluso permitió que Fastow estableciera sociedades fuera del balance general para su propio beneficio a costa de los accionistas de Enron.

El **gobierno corporativo**, el sistema utilizado para gobernar una corporación para que los intereses de los dueños de la misma estén protegidos, falló rotundamente en Enron, al igual que en muchas otras compañías envueltas en escándalos financieros. Tras estos escándalos, el gobierno corporativo se ha reformado. Dos áreas que se han reformado son el rol de las juntas directivas y los reportes financieros. Dichas reformas no se limitan a las compañías estadounidenses; los problemas de gobierno corporativo son globales.[50] Aproximadamente 75 por ciento de los ejecutivos de compañías de Estados Unidos y Europa Occidental esperan que sus juntas de directores desempeñen un rol más activo.[51]

El rol de las juntas de directores. El propósito original de una junta de directores era tener un grupo, independiente de la gerencia, que viera por los intereses de los accionistas, quienes no estaban involucrados en la administración cotidiana de la organización. Sin embargo, no siempre funcionó de esa manera. Los miembros de la junta a menudo llevaban una íntima relación con los gerentes, en la que cada uno cuidaba del otro. Este tipo de arreglo "favor con favor se paga" ha cambiado. El Acuerdo de Sarbanes-Oxley de 2002 exigió que los miembros de las juntas directivas de las compañías públicas en

cadena de servicio y beneficio
Secuencia de servicios de los empleados a los clientes para obtener una utilidad.

gobierno corporativo
Sistema utilizado para gobernar una corporación para que los intereses de los dueños de la misma estén protegidos.

Estados Unidos hicieran lo que su poder de decisión les permitiera y lo que se esperaba de ellos.[52] Para ayudar a las juntas directivas a lograr esto, los investigadores del Centro de Gobierno Corporativo en la Universidad Estatal de Kennesaw desarrollaron 13 principios de gobierno para las compañías públicas de Estados Unidos. (Vea una lista y el análisis de estos principios en www.kennesaw.edu/cgc/21stcentury_2007.pdf)

Reportes financieros y el comité de auditorías. Además de extender el rol de las juntas directivas, el Acuerdo Sarbanes-Oxley también exigía más divulgación y transparencia de la información financiera corporativa. De hecho, ahora se requiere que los gerentes de Estados Unidos certifiquen los resultados financieros de sus compañías. Dichos cambios han dado como resultado una mejor información; es decir, información que es más precisa y que refleja la condición financiera de una compañía. Para cumplir con sus responsabilidades de reportes financieros, los gerentes quizá quieran seguir los 15 principios también desarrollados por los investigadores del Centro de Gobierno Corporativo de la Universidad Estatal de Kennesaw, que también pueden encontrarse en www.kennesaw.edu/cgc/21stcentury_2007.pdf.

REPASO RÁPIDO:
OBJETIVO DE APRENDIZAJE 17.5

- Describa cómo quizá los gerentes deban ajustar los controles para adecuarse a las diferencias transculturales.
- Analice los asuntos en el lugar de trabajo y cómo podrían ser controlados.

- Explique por qué el control es importante para las interacciones con los clientes.
- Defina gobierno corporativo.

Vaya a la página 421 para ver qué tan bien maneja este material.

¿Quiénes son?:

Mi Turno

Mike Stutzman

**Socio de recursos humanos
Rockwell Collins
Cedar Rapids, Iowa**

El equipo de respuesta rápida debe concentrarse en tres diferentes estrategias: la preparación antes de la llamada, otorgar facultades de decisión a los empleados de la línea y mejorar la calidad de su información. Primero, y lo más importante, por sí mismos los trabajadores son el recurso más valioso y necesitan estar involucrados. Conocen la línea y los productos mejor que nadie.

Los trabajadores necesitan ser capacitados en técnicas y términos básicos de solución de problemas. De esta forma, pueden ayudar al equipo de respuesta de manera efectiva cuando llegue al trasmitirle datos vitales que el equipo necesita para resolver de forma rápida el problema. Segundo, los equipos de respuesta rápida altamente técnicos necesitan, por lo menos, entender el concepto de cada una de las estaciones a lo largo de la línea de producción. De esta forma pueden hacer preguntas inteligentes y acelerar sus investigaciones y evaluaciones generales. Por último, el tipo de señal que se envía o el sistema de comunicación disponible pueden utilizarse creativamente para mandar datos específicos relevantes. Saber con antelación el tipo de problema al que se enfrentan (hardware, software, suministros, fallas catastróficas, etcétera) puede aumentar de manera significativa las posibilidades de una solución rápida.

Además, saber con anticipación lo que no funciona y lo que sí funciona puede ayudar al equipo a pensar en posibles acciones para resolver el área problemática. El equipo debe contar con representantes de cada área funcional, como la técnica, la de liderazgo o la de la cadena de suministros, para ayudar a reducir la necesidad de comunicaciones múltiples y ayudar a facilitar el proceso.

OBJETIVOS DE APRENDIZAJE
RESUMEN

17.1 ▷ ¿QUÉ ES EL CONTROL Y POR QUÉ ES IMPORTANTE?

- Defina el concepto de *control*.
- Explique el enlace entre planeación y control.
- Analice las razones por las que el control es importante.

Controlar es el proceso de monitorear, comparar y corregir el desempeño laboral.

Como el paso final en el proceso administrativo, el control proporciona el enlace con la planeación. Si los gerentes no controlaran, no tendrían forma de saber si se están cumpliendo los objetivos.

El control es importante porque (1) ayuda a que el gerente sepa si se están alcanzando las metas y, de no ser así, la razón; (2) provee información y retroalimentación para que los gerentes se sientan cómodos al otorgar facultades de decisión a los empleados, y (3) ayuda a proteger a la organización y sus recursos.

17.2 ▷ EL PROCESO DE CONTROL

- Describa los tres pasos en el proceso de control.
- Explique los tres cursos de acción que pueden tomar los gerentes a la hora de controlar.

Los tres pasos en el proceso del control son la medición, la comparación y la toma de acciones. La medición tiene que ver con decidir cómo medir el desempeño real y qué medir. La comparación involucra observar la variación entre el desempeño real y el estándar (objetivo). Las desviaciones fuera de un rango aceptable de variación necesitarán atención.

Tomar acción puede significar no hacer nada, corregir el desempeño o revisar los estándares. No hacer nada se explica por sí solo. Corregir el desempeño puede requerir diferentes acciones correctivas, que pueden ser inmediatas o básicas. Revisar los estándares puede representar elevarlos o bajarlos.

17.3 ▷ CONTROL PARA EL DESEMPEÑO ORGANIZACIONAL

- Defina desempeño organizacional.
- Describa tres medidas de desempeño organizacional que se usen frecuentemente.

El desempeño organizacional es el cúmulo de resultados de las actividades laborales de una organización.

Tres medidas de desempeño organizacional usadas frecuentemente son (1) la productividad, que es el resultado de los bienes o servicios producidos entre los insumos necesarios para generar esa producción; (2) la efectividad, que es una medida de la propiedad de las metas organizacionales y qué tan bien se están alcanzando estas metas, y (3) las clasificaciones de la industria y las empresas recabadas por diversas publicaciones de negocios.

17.4 ▷ HERRAMIENTAS PARA MEDIR EL DESEMPEÑO ORGANIZACIONAL

- Compare los controles preventivo, concurrente y de retroalimentación.
- Explique los tipos de controles financieros y de información que pueden utilizar los gerentes.
- Describa cómo se usan los tableros de control balanceados y el benchmarking en el control.

Los controles preventivos se dan antes de que se realice una actividad laboral. Los controles concurrentes se dan mientras que una actividad se está realizando. Los controles de retroalimentación se dan una vez que se ha realizado una actividad laboral.

Los controles financieros que pueden utilizar los gerentes incluyen las razones financieras (por ejemplo, la liquidez, el apalancamiento, la actividad y la rentabilidad) y los presupuestos. Un control de información que los gerentes pueden utilizar es un sistema de información administrativa (SIA), que proporciona a los gerentes la información necesaria de manera regular. Otros controles de información integrales y seguros son la encriptación de datos, los firewalls de sistemas, los respaldos de datos y otros que protegen la información de la organización.

Los tableros de control balanceados son una forma de evaluar el desempeño de una organización en cuatro diferentes áreas y no sólo desde la perspectiva financiera. El benchmarking proporciona control al encontrar las mejores prácticas entre los competidores o no competidores y desde el interior de la organización en sí.

17.5 ▷ TEMAS CONTEMPORÁNEOS DE CONTROL

- Describa cómo quizá los gerentes deban ajustar los controles para adecuarse a las diferencias transculturales.
- Analice los asuntos en el lugar de trabajo y cómo podrían ser controlados.
- Explique por qué el control es importante para las interacciones con los clientes.
- Defina gobierno corporativo.

Ajustar los controles para adecuarse a las diferencias transculturales puede ser necesario principalmente en las áreas de medición y toma de acciones correctivas.

Los desafíos del lugar de trabajo incluyen la privacidad en el lugar de trabajo, el robo por empleados, y la violencia. Para cada uno de éstos, los gerentes deben contar con políticas para controlar las acciones inapropiadas y garantizar que el trabajo se esté realizando eficaz y efectivamente.

El control es importante para las interacciones con los clientes porque la productividad de servicio de los empleados y la calidad del servicio influyen las percepciones de los clientes del valor del servicio. Las organizaciones quieren relaciones duraderas y mutuamente benéficas entre sus empleados y clientes.

El gobierno corporativo es el sistema utilizado para gobernar una corporación para que los intereses de los dueños de la misma estén protegidos.

PENSEMOS EN CUESTIONES ADMINISTRATIVAS

1. En el capítulo 12 analizamos el proceso de cambio de las aguas turbulentas ¿Usted cree que sería posible establecer y mantener estándares y controles efectivos en este tipo de ambiente? Discuta.
2. ¿Cómo podría utilizar el concepto de control en su vida personal? Sea específico. (Piense en términos de controles preventivo, concurrente y de retroalimentación, así como en controles específicos para los diferentes aspectos de su vida como escuela, trabajo, relaciones familiares, amigos, pasatiempos, etcétera).
3. ¿En qué momento los dispositivos electrónicos de vigilancia como computadoras, cámaras de video y dispositivos de monitoreo telefónico sobrepasan la línea de los controles efectivos y se convierten en intrusiones a los derechos de los empleados?
4. "Cada empleado dentro de una organización juega un papel en el control de las actividades laborales". ¿Está de acuerdo con esta afirmación, o piensa que el control es algo de lo que únicamente los gerentes son responsables? Explique.
5. ¿Cuáles son algunas actividades laborales en las que el rango aceptable de variación puede ser más alto que el promedio? ¿Y más bajo que el promedio? (Tip: Piense en términos del resultado de las actividades laborales, a quién podría afectar y cómo podría afectar a esas personas).

SU TURNO de ser gerente

- Debe entregar un importante proyecto de clase en un mes. Identifique algunas medidas de desempeño que pueda utilizar para ayudarle a determinar si el proyecto va de acuerdo con el plan y se completará de manera eficiente (a tiempo) y efectiva (alta calidad).

- Haga una encuesta entre 30 personas acerca de si han sufrido las acciones violentas enlistadas en la figura 17-13. Registre sus hallazgos en una tabla. ¿Le sorprenden los resultados? Prepárese para presentarlos en clase.

- Imagine que es el gerente de un centro de atención telefónica de vacaciones de tiempo compartido. ¿Qué tipos de medidas de control utilizaría para ver qué tan eficiente y efectivo es un empleado? ¿Qué hay de las medidas para evaluar el centro de atención telefónica en su totalidad?

- Disciplinar a los empleados es una de las tareas que menos gustan a los gerentes, pero es algo que todos los gerentes tienen que hacer. Encueste a tres gerentes acerca de sus experiencias con la disciplina de los empleados. ¿Qué tipos de acciones de los empleados han ocasionado la necesidad de acciones disciplinarias? ¿Qué acciones disciplinarias han utilizado estos gerentes? ¿Qué piensan que es lo más difícil a la hora de disciplinar a los empleados? ¿Qué sugerencias tienen para disciplinar a los empleados?

- Lecturas sugeridas por Steve y Mary: Marcus Buckingham, *Go Put Your Strengths to Work* (The Free Press, 2007); W. Steven Brown, *13 Fatal Errors Managers Make and How You Can Avoid Them* (Berkley Business, 1987), y Peter F. Drucker, *Management: Tasks, Responsibilities, Practices* (Harper Business, 1974).

- Investigue "The Great Package Race". Redacte un reporte que describa lo que es y en qué forma significa un buen ejemplo de control organizacional.

- Encuentre las últimas estadísticas gubernamentales sobre las lesiones, las enfermedades y la mortalidad en el lugar de trabajo. Investigue formas en las que las organizaciones pueden controlar el número de incidentes de lesiones y mortalidad. Registre esta información en un reporte.

- Escriba tres cosas que haya aprendido en este capítulo sobre ser un buen gerente.

- La autoevaluación puede resultar una poderosa herramienta de aprendizaje. Vaya a mymanagementlab y complete estos ejercicios de autoevaluación: How Good Am I at Disciplining Others? (¿Qué tan bueno soy para disciplinar a otros?), How Willing Am I to Delegate? (¿Qué tan dispuesto estoy a delegar?), What Time of Day Am I Most Productive? (¿En qué momento del día soy más productivo?), How Good Am I at Giving Performance Feedback? (¿Qué tan bueno soy para dar retroalimentación acerca del desempeño?). Con los resultados de sus evaluaciones, identifique fortalezas y debilidades personales. ¿Qué hará para reforzar sus fortalezas y mejorar sus debilidades?

Para más recursos, visite www.mymanagementlab.com

CASO PRÁCTICO

Grandes errores en el manejo de equipaje

La terminal 5, construida por British Airways con un costo de 8.6 mil millones de dólares, es la instalación más moderna del aeropuerto de Heathrow. Hecha de vidrio, concreto y acero, es el edificio independiente más grande en el Reino Unido y cuenta con más de 10 millas de bandas para transportar el equipaje. En la inauguración de la terminal el 15 de marzo de 2000, la Reina Isabel II la llamó una "entrada del siglo XXI a Gran Bretaña". Desafortunadamente... ¡los elogios no duraron mucho! Después de dos décadas de planeación y 100 millones de horas de trabajo, la apertura no salió como se había planeado. Las interminables filas y los graves retrasos en el manejo de equipaje dieron como resultado numerosas cancelaciones de vuelos, dejando varados a muchos iracundos pasajeros. Los operadores aeroportuarios dijeron que los problemas habían sido desencadenados por fallas en el moderno sistema de manejo de equipaje.

Con sus sólidas características de automatización, la terminal 5 fue planeada para ayudar a descongestionar Heathrow y mejorar la experiencia de volar de los 30 millones de pasajeros que se esperaba pasaran por ahí anualmente. Con 96 escritorios de autorregistro, más de 90 depósitos para el chequeo rápido de equipaje, 54 escritorios estándar para registro, y más de 10 millas de bandas transportadoras que se suponía podrían procesar 12,000 valijas por hora, el diseño de la instalación parece no haber alcanzado esas metas.

Los problemas ocurrieron en las primeras horas de operación de la terminal. Los trabajadores, que presumiblemente no se daban abasto, no pudieron liberar el equipaje entrante lo bastante rápido. Muchos pasajeros que llegaban tuvieron que esperar más de una hora para recibir su equipaje. Hubo problemas para los pasajeros que salían también, ya que muchos trataron en vano de registrarse para sus vuelos. Los vuelos tuvieron permiso de salir sin carga. En un momento, el primer día, la aerolínea no tuvo otra opción que registrar sólo a quienes no tenían equipaje.

Los pasajeros ordenan su equipaje después de haber sido retrasados por una falla en el sistema de equipaje en el aeropuerto de Heathrow.

Y no ayudó que el sistema de bandas transportadoras se atascara. También aparecieron algunos problemas menores; algunas escaleras eléctricas descompuestas, secadores de manos que no funcionaban, una puerta que no funcionaba en la nueva estación del metro, y vendedores de boletos inexpertos que desconocían las tarifas entre Heathrow y diversas estaciones en la línea de Piccadilly. Al final del primer día de operaciones, el Departamento de Transporte de Gran Bretaña hizo un llamado público para que British Airways y el operador aeroportuario BAA "trabajaran con ahínco para resolver estos problemas y reducir las molestias para los pasajeros".

Quizá esté tentado a pensar que todo esto se hubiera podido prevenir si British Airways hubiera simplemente probado el sistema. Pero se hicieron pruebas de todos los sistemas "desde los sanitarios hasta el registro y los asientos" seis meses antes de la inauguración, incluyendo cuatro pruebas completas usando a 16,000 voluntarios.

Preguntas de análisis

1. ¿Qué tipo de control, preventivo, concurrente o de retroalimentación, cree que sería más importante en esta situación? Explique su elección.

2. ¿Cómo se podría haber utilizado la acción correctiva inmediata en esta situación? ¿Y la acción correctiva básica?

3. ¿Podrían haber sido más efectivos los controles de British Airways? ¿Cómo?

4. ¿Qué rol jugarían los controles de información en esta situación? ¿Los controles de interacción con los clientes? ¿El benchmarking?

Fuentes: K. Capell, "British Airways Hit by Heathrow Fiasco", BusinessWeek, 3 de abril de 2008, p. 6; The Associated Press, "Problems Continue at Heathrow's Terminal 5", International Herald Tribune online, www.iht.com, 31 de marzo de 2008; M. Scott, "New Heathrow Hub: Slick, But No Savior", BusinessWeek, 28 de marzo de 2008, p. 11, y G. Katz, "Flights Are Canceled, Baggage Stranded, as London's New Heathrow Terminal Opens", The Seattle Times online, seattletimes.nwsource.com, 27 de marzo de 2008.

¿Quiénes son?

Conozca al gerente

Debra Barnhart

Directora de educación física y servicios de apoyo
St. John's Health System
Springfield, Missouri

MI TRABAJO: Directora de educación física y servicios de apoyo.

LA MEJOR PARTE DE MI TRABAJO: El desafío intelectual y el ambiente universitario; la oportunidad de trabajar en una organización dedicada al cuidado de la salud que se centra en la calidad de la atención a los pacientes; el uso de la tecnología de la información para dar seguimiento a la calidad de las medidas de atención.

LA PEOR PARTE DE MI TRABAJO: Demasiadas horas.

EL MEJOR CONSEJO GERENCIAL RECIBIDO: Conserva el equilibrio. Recuerda que toda organización tiene el potencial de utilizarte como un lápiz.

A lo largo del capítulo sabrá más
sobre esta gerente real.

Capítulo 18

Administración de operaciones

Toda organización "produce" algo, ya sea un bien o un servicio. Este capítulo se centra en cómo las organizaciones hacen esto a través de un proceso llamado *administración de operaciones*. También veremos el importante rol que los gerentes desempeñan en la administración de dichas operaciones. Conforme lea y estudie este capítulo, concéntrese en los siguientes objetivos de aprendizaje.

OBJETIVOS DE
APRENDIZAJE

El dilema de un gerente

En Aìmere, Holanda, encontrará una tienda que ha dado un gran salto hacia el siglo XXI para vender un producto que ha existido por miles de años.[1] La librería Selexyz utiliza un sistema de administración de inventario, RFID (identificación por radiofrecuencia), que coloca etiquetas en cada artículo de sus repisas. Gracias a la tecnología inalámbrica RFID, los empleados ya no tienen que hacer el inventario a mano, ya no se pierden los libros, y los clientes pueden identificar fácilmente en segundos la ubicación exacta de cualquier libro de la tienda. Desde que se implementó el sistema, las ventas de la tienda han sido 25 por ciento más elevadas que las ventas promedio de la librería Selexyz, y la tienda es más eficiente. Se esperaba que las utilidades crecieran 40 por ciento. El director de IT de la compañía mencionó que antes de utilizar la RFID, "la gente tenía que buscar manualmente en cada caja, y cada búsqueda se llevaba de cinco a seis minutos por caja. Hoy en día, por medio de esta tecnología, el tiempo de búsqueda se redujo a menos de 10 segundos". Ahora, Boekhandels Groep Nederland, el minorista holandés que abrió las tiendas Selexyz, quiere implementar el sistema en los 42 puntos de venta Selexyz. Suponga que estuviera a cargo de hacer esto.

¿Usted qué haría?

Es probable que nunca haya pensado mucho en cómo las organizaciones "producen" los bienes y servicios que compra o utiliza. Pero éste es un proceso importante. Sin él, no tendría un automóvil, bocadillos de McDonald's, o incluso un camino de montaña en un parque local para disfrutar. Las organizaciones deben tener sistemas de operación bien estudiados y bien diseñados, sistemas de control organizacional y programas de calidad para sobrevivir en el entorno global actual que es cada vez más competitivo, y es responsabilidad de los gerentes manejar esos asuntos.

OBJETIVO DE
APRENDIZAJE 18.1 ▷ ## EL ROL DE LA ADMINISTRACIÓN DE OPERACIONES

Dentro de la fábrica de Intel de Nuevo México, la empleada Trish Roughgarden es conocida como una "semilla"; un título no oficial para los técnicos que transfieren el *know-how* de manufactura de una planta de Intel a otra.[2] Su trabajo es garantizar que esta fábrica funcione exactamente igual que una que se instaló anteriormente en Oregon. Cuando se inauguró otra planta en Irlanda, otras cientos de semillas copiaron las mismas técnicas. Las instalaciones de la compañía en Arizona también se beneficiaron de la "siembra". Lo que hacen las semillas es parte de una estrategia conocida como "Copiar exactamente", la cual implementó Intel después de que algunas variaciones frustrantes entre las fábricas afectaron la productividad y la calidad de los productos. Por la intensa competencia que existe en la industria de los fabricantes de chips, Intel sabe que la forma de manejar las operaciones es determinante para su éxito.

¿Qué es la **administración de operaciones**? El término se refiere al proceso de transformación que convierte los insumos en productos y servicios terminados. La figura 18-1 muestra este proceso de manera muy simplificada. El sistema toma los insumos (personal, tecnología, capital, equipo, materiales e información) y los transforma a través de diversos procesos, procedimientos, actividades laborales, etcétera, en productos y servicios terminados. Debido

Figura 18–1

El sistema de operaciones

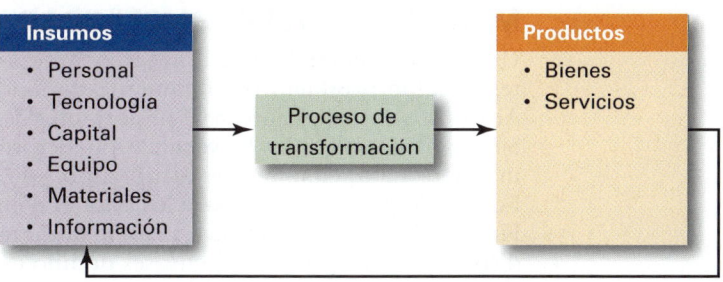

a que cada unidad de una organización produce algo, los gerentes deben estar familiarizados con los conceptos de administración de operaciones para lograr los objetivos de manera eficiente y eficaz.

La administración de operaciones es importante para las organizaciones por tres razones: abarca tanto servicios como manufactura, es importante para manejar eficiente y eficazmente la productividad, y desempeña un rol estratégico en el éxito competitivo de una organización. Veamos cada una de ellas.

SERVICIOS Y MANUFACTURA

Con un menú que ofrece más de 200 platillos, los restaurantes Cheesecake Factory dependen de un sistema de producción muy sincronizado. Un consultor de servicios de alimentos menciona que "Han evolucionado con este menú muy complejo combinado con una cocina altamente eficiente".[3]

Toda organización produce algo. Por desgracia, con frecuencia este hecho se pasa por alto, excepto en casos obvios como la manufactura de automóviles, teléfonos celulares o podadoras de césped. Después de todo, las **organizaciones de manufactura** producen bienes físicos. Es fácil ver el proceso de administración de operaciones (transformación) en este tipo de organizaciones, debido a que las materias primas se convierten en productos físicos reconocibles. Sin embargo, ese proceso de transformación no es del todo evidente en las **organizaciones de servicio**, ya que éstas producen resultados que no son físicos, sino en forma de servicios. Por ejemplo, los hospitales proporcionan servicios médicos y de cuidado de la salud que ayudan a la gente a manejar su salud personal, las aerolíneas proveen servicios de transporte que trasladan a la gente de una ubicación a otra, una línea de cruceros ofrece servicios vacacionales y de entretenimiento, las fuerzas militares proporcionan capacidad de defensa, y la lista sigue y sigue. Las organizaciones de servicios también transforman insumos en productos, aunque el proceso de transformación no se reconoce tan fácilmente como en el caso de las organizaciones de manufactura. Por ejemplo, considere una universidad. Los administradores juntan los insumos (profesores, libros, diarios académicos, materiales tecnológicos, computadoras, salones de clases, y recursos similares) para transformar a estudiantes "poco ilustrados" en individuos educados y capacitados que sean capaces de contribuir a la sociedad.

La razón por la que señalamos esto es que la economía de Estados Unidos, y en gran medida la economía mundial, está dominada por la creación y venta de servicios. La mayoría de los países desarrollados tienen economías que se basan sobre todo en servicios. Por ejemplo, en Estados Unidos, más de 78 por ciento de la actividad económica es de servicios, y en la Unión Europea es de casi 71 por ciento.[4] En países menos desarrollados el sector de servicios es menos importante. Por ejemplo, en Nigeria representa sólo 20 por ciento de la actividad económica; en Laos, sólo 26.5 por ciento, y en Vietnam, 38.2 por ciento.[5]

¿Quiénes son?
CARA A CARA

CÓMO SE ELABORA NUESTRO "PRODUCTO":
Principalmente a través de reuniones personales, o por vía telefónica con profesionales en el cuidado de la salud.

---

administración de operaciones
Proceso de transformación que convierte los insumos en productos y servicios terminados.

organizaciones de manufactura
Organizaciones que producen bienes físicos.

organizaciones de servicios
Organizaciones que producen productos que no son físicos, sino en forma de servicios.

MANEJO DE LA PRODUCTIVIDAD

Un avión comercial tiene aproximadamente 4 millones de piezas. Ensamblar eficientemente un producto tan finamente diseñado requiere una intensa atención. Boeing y Airbus, los dos fabricantes más importantes del mundo, han copiado las técnicas de Toyota. Sin embargo, no todas las técnicas pueden ser copiadas, ya que las aerolíneas demandan más personalización que los compradores de automóviles, y hay reglas de seguridad significativamente más rígidas para los aviones comerciales que para los automóviles.[6] En Evans Findings Company, ubicada en East Providence, Rhode Island, la cual fabrica los pequeños dispositivos de corte de los envases de hilo dental, un turno de producción funciona diariamente sin personal.[7] El objetivo de la compañía es hacer lo más posible sin trabajadores. Y no es porque a la empresa no le importen sus empleados, sino que, como muchos otros manufactureros estadounidenses, Evans necesitaba elevar la productividad para sobrevivir, especialmente frente a los competidores con bajos costos. Entonces, decidió "volver la mirada" hacia una manufactura en la que las máquinas están diseñadas para ser tan confiables que fabrican partes sin defectos por cuenta propia, sin personal que las opere.

Aunque la mayor parte de las organizaciones no fabrica productos que tengan 4 millones de partes y la mayoría no pueden funcionar sin personal, mejorar la productividad se ha vuelto un objetivo importante para prácticamente todas las organizaciones. Para los países, la alta productividad puede derivar en crecimiento y desarrollo económico. Los empleados pueden recibir sus salarios, y las utilidades de la compañía pueden aumentar sin causar inflación. En el caso de organizaciones individuales, un aumento en la productividad genera una estructura de costos más competitiva y la capacidad de ofrecer precios de mayor competitividad.

Durante la década pasada, los negocios estadounidenses hicieron mejoras importantes para aumentar su eficiencia. Por ejemplo, en las modernas instalaciones digitales de Latex Foam International ubicadas en Shelton, Connecticut, los ingenieros dan seguimiento a todas las operaciones de la fábrica. Ésta elevó su capacidad 50 por ciento en un espacio pequeño, pero con 30 por ciento de ganancia en eficiencia.[8] Y no sólo es en la manufactura donde las empresas buscan ganancias en productividad. La oficina de compras de Pella Corporation mejoró la productividad al reducir el tiempo de registro de las órdenes de compra de cualquier lugar de 50 a 86 por ciento, disminuir en 27 por ciento el procesamiento de comprobantes, y eliminar 14 sistemas financieros. Su departamento de tecnología de la información redujo a la mitad el tráfico de correos electrónicos e implementó mejoras de diseño laboral para usuarios que utilizan intensamente las PC, como los usuarios de los centros de atención telefónica. El departamento de recursos humanos redujo a 156.5 días el tiempo de procesamiento de registros de prestaciones, y el departamento de finanzas ahora necesita 2 días, en lugar de 6, para hacer su cierre mensual.[9]

Las organizaciones que esperan tener éxito mundial buscan la manera de mejorar la productividad. Por ejemplo, McDonald's Corporation redujo drásticamente el tiempo de cocción de sus papas a la francesa (65 segundos, comparados con los 210 que alguna vez se necesitaron), con lo que se ahorró tiempo y otros recursos.[10] El Canadian Imperial Bank of Commerce, con sede en Toronto, automatizó su función de compras, con lo que ahorra varios millones de dólares anuales.[11] Skoda, la compañía automotriz checa propiedad de la empresa alemana Volkswagen AG, mejoró su productividad a través de una reestructuración intensiva de su proceso de manufactura.[12]

La productividad es una combinación de variables de personal y operaciones. Para mejorar la productividad, los gerentes deben poner atención a ambas. El fallecido W. Edwards Deming, un reconocido experto en calidad, creía que los gerentes, y no los trabajadores, eran la fuente principal de un aumento en la productividad. Describió 14 puntos para mejorar el manejo de la productividad (vea la figura 18-2). Un análisis detallado a estas sugerencias revela la idea de Deming sobre la interacción entre el personal y las operaciones. La alta productividad no puede surgir únicamente de un buen "manejo de personal". Una organización realmente eficaz maximizará la productividad mediante una integración exitosa de la gente en todo el sistema de operaciones. Por ejemplo, en Simplex Nails Manufacturing, con sede en Americus, Georgia, los empleados fueron una parte integral de los esfuerzos en el tan necesario cambio de la compañía.[13] Algunos trabajadores de producción fueron reubicados, en un esfuerzo de la organización por limpiar toda la planta, lo cual liberó espacio. La fuerza de ventas de la compañía nuevamente recibió capacitación y se volvieron a enfocar en vender lo que los clientes deseaban, en lugar de vender lo que estaba en el inventario. Los resultados fueron notables: el inventario se redujo en más de 50 por ciento, la planta obtuvo 20 por ciento adicional de espacio, las órdenes se hicieron más congruentes, y el ánimo de los empleados mejoró. He aquí una empresa que reconoció la importante interacción entre el personal y el sistema de operaciones.

Figura 18–2

Sugerencias de Deming para mejorar la productividad

1. Planee el futuro de largo plazo.
2. Nunca sea complaciente con respecto a la calidad de su producto.
3. Establezca un control estadístico a sus procesos de producción y solicite a sus proveedores que también lo hagan.
4. Trate con los mejores proveedores y con la menor cantidad posible.
5. Averigüe si sus problemas se reducen a ciertas partes del proceso de producción o provienen de todo el proceso mismo.
6. Capacite a los trabajadores para las labores que les está pidiendo que desempeñen.
7. Eleve la calidad de sus supervisores de línea.
8. Elimine el miedo.
9. Fomente que los departamentos trabajen estrechamente entre sí, en lugar de concentrarse en diferencias departamentales o divisionales.
10. No adopte objetivos estrictamente numéricos.
11. Exija a sus empleados que hagan su trabajo con calidad.
12. Capacite a sus empleados para que entiendan los métodos estadísticos.
13. Capacite a sus empleados en nuevas habilidades, según se requiera.
14. Haga que los gerentes de nivel alto sean los responsables de implementar estos principios.

Fuente: W.E. Denning, "Improvement of Quality and Productivity Through Action by Management", *National Productivity Review*, invierno de 1981-1982, pp. 12-22. Con autorización. Copyright 1981 by Executive Enterprises, Inc. 22 West 21st St., New York, NY 10010-6904. Todos los derechos reservados.

EL ROL ESTRATÉGICO DE LA ADMINISTRACIÓN DE OPERACIONES

La manufactura moderna se originó hace más de 100 años en Estados Unidos, principalmente en las fábricas automotrices de Detroit. El éxito que experimentaron los fabricantes estadounidenses durante la Segunda Guerra Mundial llevó a los ejecutivos manufactureros a creer que los molestos problemas de producción se habían resuelto. Entonces, estos ejecutivos se enfocaron en mejorar otras áreas funcionales, como finanzas y marketing, y prestaron poca atención a la manufactura.

Sin embargo, como los ejecutivos estadounidenses descuidaron la producción, los gerentes de Japón, Alemania y otros países aprovecharon la oportunidad para desarrollar instalaciones modernas, basadas en computadoras y tecnológicamente avanzadas que integraron por completo las operaciones de manufactura en decisiones de planeación estratégica. El éxito de la competencia reajustó el liderazgo en el mundo de la manufactura. Los fabricantes estadounidenses pronto descubrieron que en el extranjero se producían bienes no sólo menos caros, sino también con mejor calidad. Por último, a finales de la década de 1970, los ejecutivos estadounidenses reconocieron que enfrentaban una verdadera crisis y respondieron. Realizaron fuertes inversiones para mejorar la tecnología de manufactura, aumentaron la autoridad corporativa y la visibilidad de los ejecutivos de manufactura, y comenzaron a incorporar requerimientos de producción existentes y futuros al plan estratégico general de la organización. Hoy en día, las organizaciones exitosas reconocen el importante rol que desempeña la administración de operaciones como parte de la estrategia general de la organización para establecer y mantener un liderazgo global.[14]

El rol estratégico de la administración de operaciones en el desempeño exitoso de una organización se aprecia claramente a medida que más organizaciones deciden manejar sus operaciones desde la perspectiva de la cadena de valor, la cual explicaremos a continuación.

REPASO RÁPIDO:

OBJETIVO DE APRENDIZAJE 18.1

- Defina la administración de operaciones.
- Compare las organizaciones de manufactura con las de servicios.

- Describa el rol de un gerente con respecto al mejoramiento de la productividad.
- Analice el rol estratégico de la administración de operaciones.

Vaya a la página 442 para ver qué tan bien maneja este material.

OBJETIVO DE
APRENDIZAJE 18.2 ▷

¿QUÉ ES LA ADMINISTRACIÓN DE LA CADENA DE VALOR Y POR QUÉ ES IMPORTANTE?

Son las 11 p.m. y lee un mensaje de texto de sus padres en el que le dicen que quieren regalarle una computadora portátil para su cumpleaños, y que debe hacer el pedido. Usted

entra al sitio Web de Dell y configura la computadora de sus sueños. Luego, hace clic en el botón de ordenar, y en tres o cuatro días la computadora soñada se le entrega a la puerta de su casa, fabricada con sus especificaciones exactas, y lista para configurarla y usarla de inmediato para escribir la tarea de administración que, de hecho, debe entregar al día siguiente. O bien, considere que la planta de manufactura de tomografías computarizadas de Siemens AG ha establecido sociedades con aproximadamente 30 proveedores. Estos proveedores son socios en el sentido más auténtico, ya que comparten la responsabilidad con la planta por el desempeño general de los procesos. Este arreglo ha permitido a Siemens eliminar todo el inventario almacenado, y ha reducido de 18 a 1 el número de veces que un documento cambia de manos cuando se hacen pedidos de partes. En la planta de Timken con sede en Canton, Ohio, las órdenes de compra electrónicas se envían al otro lado de la calle a una "ciudad proveedora", donde muchos de sus proveedores clave han establecido sus tiendas. El proceso se lleva milisegundos y cuesta menos de 50 centavos por orden de compra. Cuando Black & Decker amplió su línea de herramientas manuales para incluir una pistola para pegamento, subcontrató todo el diseño y la producción al fabricante líder en pistolas para pegamento. ¿Por qué? Porque Black & Decker comprendió que las pistolas para pegamento no requerían motores, lo cual era lo que Black & Decker hacía mejor.[15]

Como muestran estos ejemplos, es posible integrar estrechamente las actividades laborales entre muchos y distintos participantes. ¿Cómo? La respuesta yace en la administración de la cadena de valor. Los conceptos de la administración de la cadena de valor han transformado las estrategias de la administración de operaciones y cambiado a las organizaciones de todo el mundo en modelos de eficiencia y eficacia bien sincronizados y estratégicamente posicionados para aprovechar las oportunidades competitivas.

¿QUÉ ES LA ADMINISTRACIÓN DE LA CADENA DE VALOR?

Toda organización necesita clientes si quiere sobrevivir y prosperar. Incluso una organización sin fines de lucro debe tener "clientes" que utilicen sus servicios o compren sus productos. Los clientes quieren cierto tipo de valor de los bienes y servicios que compran o utilizan, y estos clientes deciden qué tiene valor. Las organizaciones deben proveer ese valor para atraer y mantener a los clientes. **Valor** se define como las características de desempeño, cualidades y atributos, y cualesquier otros aspectos de bienes y servicios por los cuales los clientes están dispuestos a entregar recursos (por lo general dinero). Por ejemplo, cuando compra un CD de Rihanna en Best Buy, un nuevo par de botas australianas de piel de cordero Ugg en el sitio Web de la empresa, una hamburguesa con tocino y queso de Wendy's en las instalaciones de autoservicio cercanas al campus, o se corta el cabello en la estética local, hace un intercambio (entrega) de dinero a cambio del valor que necesita o desea de estos productos, como tener música durante una noche de estudio, mantener sus pies calientes y a la moda durante la temporada de invierno, calmar rápidamente las punzadas del hambre porque su siguiente clase comienza en 15 minutos, o lucir arreglado profesionalmente para la entrevista de trabajo que tendrá la siguiente semana.

¿Cómo *se proporciona* valor a los clientes? Mediante la transformación de materias primas y otros recursos en algún producto o servicio que necesitan o desean los usuarios finales cuando lo quieren, donde lo quieren y como lo quieren. Sin embargo, ese acto aparentemente simple de transformar diversos recursos en algo que los clientes valoran y por el que están dispuestos a pagar, involucra una gran variedad de actividades laborales interrelacionadas que llevan a cabo diferentes participantes (proveedores, manufactureros, e incluso clientes); es decir, involucra la cadena de valor. La **cadena de valor** es la serie completa de actividades laborales de una organización que añaden valor a cada etapa, desde la materia prima hasta el producto terminado. En su totalidad, la cadena de valor puede abarcar desde los proveedores de los proveedores, hasta a los clientes de los clientes.[16]

La **administración de la cadena de valor** es el proceso de manejar la secuencia de actividades e información a lo largo de toda la cadena de valor. A diferencia de la administración de la cadena de suministro, la cual se orienta hacia el *interior* y se enfoca en el flujo eficiente de insumos (recursos) a la organización, la administración de la cadena de valor se orienta hacia el *exterior* y se enfoca tanto en los insumos como en los productos y servicios generados. Mientras que la administración de la cadena de suministro se orienta hacia la eficiencia (su objetivo es reducir costos y hacer más productiva a la organización), la administración de la cadena de valor se orienta hacia la eficacia e intenta crear el valor más alto para los clientes.[17]

OBJETIVO DE LA ADMINISTRACIÓN DE LA CADENA DE VALOR

¿Quién tiene el poder en la cadena de valor? ¿Lo tienen los proveedores que proporcionan los recursos y materiales necesarios? Después de todo, ellos tienen la capacidad de imponer precios y calidad. ¿Lo tiene el fabricante que reúne dichos recursos para generar un producto o servicio valioso? Sus contribuciones para la creación de un producto o servicio son muy obvias. ¿Lo tiene el distribuidor, quien se asegura que el producto o servicio esté disponible cuando y donde el cliente lo necesita? En realidad, ¡ninguno de ellos! En la administración de la cadena de valor, al final son los clientes los que tienen el poder.[18] Ellos son quienes definen qué es el valor y cómo se crea y se proporciona. Mediante la administración de la cadena de valor, los gerentes esperan encontrar una combinación única para ofrecer a los clientes soluciones que en verdad satisfagan sus necesidades propias rápidamente y a un precio que los competidores no puedan igualar.

Por lo tanto, el objetivo de la administración de la cadena de valor es crear una estrategia de cadena de valor que satisfaga y exceda las necesidades y deseos de los clientes, y que permita una integración completa y llana entre todos los miembros de la cadena. Una buena cadena de valor es aquella en la que la secuencia de participantes funciona como un equipo, cada uno agregando algún componente de valor al proceso general, por ejemplo, un ensamblaje más rápido, información más precisa, mejor respuesta y servicio al cliente, etcétera.[19] Cuanto mejor sea la colaboración entre los distintos participantes de la cadena, mejores serán las soluciones para el cliente. Cuando se genera valor para los clientes y se satisfacen sus necesidades y deseos, todos en la cadena se benefician. Por ejemplo, en Johnson Controls Inc., la administración de la cadena de valor comenzó al mejorar las relaciones con los proveedores externos y luego al mejorarlas con los proveedores externos y clientes. Al mejorar la experiencia de la compañía con la administración de la cadena de valor, también mejoró su relación con los clientes, y esto, al final, valdrá la pena para todos los socios de la cadena de valor.[20]

BENEFICIOS DE LA ADMINISTRACIÓN DE LA CADENA DE VALOR

Colaborar con socios externos e internos para crear y administrar una estrategia exitosa de cadena de valor requiere inversiones importantes de tiempo, esfuerzo y otros recursos, así como un serio compromiso por parte de todos los socios de la cadena. Entonces, ¿por qué los gerentes elegirían implementar la administración de la cadena de valor? Un estudio realizado a manufactureros arrojó cuatro beneficios importantes de la administración de la cadena de valor: mejoramiento en las adquisiciones, en la logística, en el desarrollo de productos y en la administración de las órdenes de los clientes.[21]

REPASO RÁPIDO:
OBJETIVO DE APRENDIZAJE 18.2
- Defina la cadena de valor y la administración de la cadena de valor.
- Describa el objetivo de la administración de la cadena de valor.
- Describa los beneficios de la administración de la cadena de valor.

Vaya a la página 442 para ver qué tan bien maneja este material.

OBJETIVO DE APRENDIZAJE 18.3 ▷ ADMINISTRACIÓN DE OPERACIONES A TRAVÉS DE LA ADMINISTRACIÓN DE LA CADENA DE VALOR

Manejar una organización desde la perspectiva de la cadena de valor no es sencillo. Los enfoques para dar a los clientes lo que desean, que pudieron haber funcionado en el pasado, tal vez ya no sean eficientes o eficaces. El entorno competitivo y dinámico actual demanda nuevas soluciones a las organizaciones globales. Comprender cómo y por qué el valor es definido por el mercado, ha llevado a algunas organizaciones a experimentar con un nuevo modelo de negocios, un concepto que presentamos en el capítulo 8. Por ejemplo, IKEA se transformó a sí misma al pasar del funcionamiento limitado de una pequeña

valor
Características de desempeño, cualidades y atributos, y cualesquier otros aspectos de bienes y servicios por los cuales los clientes están dispuestos a entregar recursos.

cadena de valor
Serie completa de actividades laborales de una organización que añaden valor a cada etapa, desde la materia prima hasta el producto terminado.

administración de la cadena de valor
Proceso de manejar la secuencia de actividades e información a lo largo de toda la cadena de valor.

empresa sueca de muebles de pedidos por correo a la empresa minorista de muebles más grande del mundo, reinventando la cadena de valor en dicha industria. La compañía ofrece a los clientes productos bien diseñados a precios sustancialmente más bajos que los regulares, a cambio de su disposición de ocuparse de ciertas tareas clave que los fabricantes y minoristas hacen tradicionalmente, como llevar los muebles a casa y armarlos.[22] La creación de un nuevo modelo de negocios por parte de la compañía y la disposición de abandonar viejos métodos y procesos han funcionado bien.

REQUISITOS DE LA ADMINISTRACIÓN DE LA CADENA DE VALOR

La figura 8-3 muestra los seis requisitos principales de una estrategia exitosa de la cadena de valor: coordinación y colaboración, inversión en tecnología, procesos organizacionales, liderazgo, empleados, y cultura y actitudes organizacionales.

Coordinación y colaboración. Para que la cadena de valor logre su objetivo de satisfacer y exceder las necesidades y deseos de los clientes, debe haber una relación de colaboración entre todos los participantes de la cadena.[23] Cada socio debe identificar cosas que probablemente ellos no valoran, pero que los clientes sí, y compartir información y ser flexibles en términos de quién hace qué en la cadena de valor, son pasos importantes para generar coordinación y colaboración. Para compartir información y analizarla es necesario que haya una comunicación abierta entre los diversos socios de la cadena de valor. Por ejemplo, Kraft Foods cree que una mejor comunicación con los clientes y proveedores ha facilitado la entrega puntual de bienes y servicios.[24]

Inversión en tecnología. La administración exitosa de la cadena de valor no es posible sin una inversión importante en tecnología de la información. Sin embargo, la recompensa a esta inversión es que la tecnología de la información puede utilizarse para reestructurar la cadena de valor para servir mejor a los usuarios finales. Por ejemplo, en las instalaciones de American Standard's Trane, una estrategia completa de IT a lo largo de su cadena de valor, la cual se ha extendido mundialmente, ha ayudado a que logren mejoras importantes en los procesos de trabajo.[25]

Procesos organizacionales. La administración de la cadena de valor cambia radicalmente los **procesos organizacionales**; es decir, la forma en que se hace el trabajo de la organización. Cuando los gerentes deciden administrar las operaciones a través de la administración de la cadena de valor, los antiguos procesos ya no son adecuados. Todos los procesos organizacionales deben ser evaluados exhaustivamente de principio a fin, para ver dónde se agrega valor. Las actividades que no agreguen valor deben eliminarse. Preguntas como "¿dónde puede apalancarse el conocimiento interno para mejorar el flujo de materiales e información?, ¿cómo podemos configurar mejor nuestro producto para satisfacer tanto a clientes como a proveedores?, ¿cómo puede mejorarse el flujo de materiales e información?, y ¿cómo podemos mejorar el servicio al cliente?, debieran responderse para cada uno de los procesos. Por ejemplo, cuando los gerentes de Deere and Company implementaron la administración de la cadena de valor, una evaluación completa de los procesos reveló que las actividades laborales tenían que sincronizarse mejor y que las interrelacio-

Figura 18–3

Requisitos de la administración de la cadena de valor

nes entre múltiples vínculos de la cadena de valor tenían que administrarse mejor. Por tanto, para hacer esto cambiaron diversos procesos de trabajo en todas las divisiones.[26] Podemos mencionar tres conclusiones importantes sobre los procesos organizacionales. Primero, es necesario y posible pronosticar mejor las demandas, gracias a los vínculos más estrechos con clientes y proveedores. Por ejemplo, en un esfuerzo por garantizar que Listerine estuviera en los anaqueles de las tiendas cuando los clientes quisieran (lo que se conoce en la industria de las tiendas minoristas como *tasa de reabastecimiento de producto*), Wal-Mart y Pfizer's Consumer Healthcare Group colaboraron para mejorar la información sobre el pronóstico de la demanda del producto. Por medio de sus esfuerzos mutuos, los socios aumentaron las ventas de Listerine en Wal-Mart, un excelente resultado tanto para el proveedor como para el minorista. Los clientes también se beneficiaron, ya que pudieron comprar el producto en el momento y lugar en que lo quisieron.

Segundo, es probable que ciertas funciones seleccionadas tengan que hacerse en colaboración con otros socios de la cadena de valor. Esta colaboración podría extenderse incluso a compartir empleados. Por ejemplo, Saint-Globain Performance Plastics coloca a sus propios empleados en instalaciones del cliente y recibe a empleados de proveedores y clientes para que trabajen en sus establecimientos.[27]

Por último, se necesitan nuevas mediciones para evaluar el desempeño de varias actividades a lo largo de la cadena de valor. Como el objetivo de la administración de la cadena de valor es satisfacer y exceder las necesidades y deseos de los clientes, los gerentes necesitan una mejor idea de qué tan bien se está creando y entregando este valor a los clientes. Por ejemplo, cuando Nestlé USA implementó la administración de la cadena de valor, rediseñó su sistema de métricas para enfocarse en un conjunto consistente de mediciones que incluían, por ejemplo, precisión de los pronósticos de demandas y planes de producción, entregas puntuales y niveles de servicio al cliente, que permitieron a la compañía identificar más rápidamente las áreas con problemas y tomar acciones para resolverlos.[28]

Liderazgo. La administración exitosa de la cadena de valor no es posible sin un liderazgo firme y comprometido. Desde los niveles organizacionales más altos hasta los más bajos, los gerentes deben apoyar, facilitar y promover la implementación y la práctica continua de la administración de la cadena de valor. Los gerentes deben comprometerse seriamente para identificar qué es el valor, cómo se proporciona dicho valor de la mejor forma, y qué tan exitosos han sido esos esfuerzos. Una cultura en la que todos los esfuerzos están enfocados en entregar un excelente valor al cliente no es posible sin un serio compromiso de parte de los líderes de la organización.

Peter Tan fue el Director de Marketing de UPS en el proyecto de las Olimpiadas de Beijing. Entre sus tareas estaba la de asegurarse de que la compañía tuviera a tiempo cada paquete y pieza de equipaje en el lugar correcto, algo que no era fácil si se considera que el gobierno chino reconstruía gran parte de la ciudad para las Olimpiadas. Tan estaba preparado. "Nuestro trabajo no era simplemente llevar cosas de un punto A a uno B", decía: "tuvimos que hacer el plano de toda la ciudad, incluir cada punto, cada colina, todos los semáforos, para determinar los tiempos de cada ruta. Todo tenía que estar sincronizado segundo a segundo. Ése era nuestro trabajo". Para hacer que el personal chino estuviera motivado, Tan les pidió que eligieran al equipo que querían patrocinar; ellos eligieron al equipo nacional chino femenil de voleibol.

procesos organizacionales
Forma en que se hace el trabajo de la organización.

También es importante que los gerentes expliquen las expectativas relacionadas con la aplicación de la administración de la cadena de valor en la organización. De forma ideal, esto comienza con una declaración de visión o misión que expresa el compromiso de la organización para identificar, captar y brindar el valor más alto posible a los clientes. Por ejemplo, cuando American Standard comenzó a utilizar la administración de la cadena de valor, su presidente sostuvo docenas de reuniones en todo Estados Unidos para explicar el nuevo entorno competitivo y por qué la compañía necesitaba crear mejores relaciones de trabajo con sus socios en la cadena de valor para satisfacer de mejor manera las necesidades de sus clientes.[29]

Entonces, los gerentes deben aclarar las expectativas relacionadas con el rol de cada empleado en la cadena de valor. Pero las expectativas claras no son importantes únicamente para los socios internos; ser claro con respecto a las expectativas también se extiende a los socios externos. Por ejemplo, los gerentes de American Standard establecieron condiciones claras para los proveedores y estaban preparados para cambiar a cualquiera que no pudiera cumplir con las condiciones, y así lo hicieron. Lo bueno del caso fue que los proveedores que cumplieron con las expectativas se beneficiaron de más negocios, y American Standard tuvo socios dispuestos a trabajar con ellos en la entrega de un mejor valor a los clientes.

Empleados y Recursos humanos. A partir de las explicaciones sobre las teorías de la administración que hemos dado a lo largo de este libro, sabemos que los empleados son el recurso más importante de una organización. Sin empleados no se producirían bienes o se darían servicios; de hecho, no existirían esfuerzos organizados en busca de objetivos comunes. No es de sorprender que los empleados desempeñen un rol importante en la administración de la cadena de valor. Los tres requisitos principales de los recursos humanos para la administración de la cadena de valor son enfoques flexibles para el diseño de puestos, procesos eficaces de contratación y capacitación continua.

Cómo dirigir en un Mundo Virtual

El rol de la IT en la administración de la cadena de valor

Debido a que la administración de la cadena de valor necesita mucha colaboración entre los socios, resulta muy importante obtener y compartir información.[30] Un tipo de IT que muchos socios de la cadena encuentran particularmente importante es RFID (identificación por radiofrecuencia). De hecho, Wal-Mart ha estado introduciendo paulatinamente un programa RFID para sus proveedores, quienes tienen que cumplir con los plazos de la compañía.

¿Qué es RFID? Es un método de identificación automática en el que la información puede almacenarse y recuperarse remotamente. Es parecido al antiguo código de barras, aunque más sofisticado. La información se almacena y se recupera de las etiquetas RFID (algunas veces llamadas *chips*), las cuales son como "pequeñas torres de radio o transpondedores que envían la información hacia un lector". Una etiqueta RFID *activa* tiene una pequeña batería que enciende los circuitos internos que almacenan y envían la información a una distancia considerable. Una etiqueta *pasiva* no tiene una fuente de energía interna y debe ser "activada" por un lector de etiquetas para enviar la información. Por lo general, un sistema RFID completo incluye etiquetas, lectores de etiquetas, servidores de computadoras y software.

¿Cuáles son los beneficios de RFID? La tecnología RFID tiene diversos beneficios. Primero, tiene el potencial de racionalizar la cadena de abastecimiento, eliminar el hurto y el desperdicio, y de resolver problemas de logística. Otro beneficio es que, a diferencia de los códigos de barras, las etiquetas RFID no tienen que estar en la línea de visión para ser leídas. (Piense en una tienda de comestibles donde los productos tienen que ser escaneados directa e individualmente por un láser.) Las etiquetas RFID pueden ser leídas a cierta distancia, incluso a través de cajas u otros materiales de empaque. Además, las etiquetas RFID pueden colocarse en cada elemento de un embarque para que los fabricantes, distribuidores, transportistas, minoristas y comercializadores puedan rastrear unidades individuales a través de cada etapa de la cadena de valor.

¿Cuáles son las desventajas de RFID? Las principales desventajas de la tecnología RFID son el costo de los chips, la falta de estandarización de los chips y las máquinas lectoras, el desafío de analizar las grandes cantidades de datos que produce RFID y las inquietudes de los clientes en cuanto a la privacidad.

¿Cómo utilizan RFID las organizaciones? Muchos hospitales están en fase de experimentación con RFID en brazaletes para pacientes, los cuales contienen información médica, y en el rastreo de médicos y enfermeras para que puedan ser localizados rápidamente en una emergencia. Los despachos de abogados, bibliotecas y centros de investigación están utilizando la RFID para dar seguimiento al movimiento de documentos, archivos y libros. Quizás una de las aplicaciones más raras sea la de la Universidad de California, donde se han insertado etiquetas RFID en cadáveres utilizados en investigación para impedir su venta ilegal con propósitos de lucro.

La flexibilidad es la clave para el diseño de puestos en la administración de la cadena de valor. El rol tradicional de los puestos funcionales, como marketing, ventas, cuentas por pagar, servicio al cliente, etcétera, no funcionan con la administración de la cadena de valor. En su lugar, los puestos deben diseñarse en torno a procesos de trabajo que generen y proporcionen valor a los clientes. Se necesitan puestos y empleados flexibles.

En una organización de cadena de valor, los empleados podrían ser asignados a equipos de trabajo que lleven a cabo procesos particulares y podría solicitárseles hacer distintas cosas en diferentes días, según las necesidades. En un entorno como éste, donde el valor al cliente se entrega de mejor forma por medio de relaciones de colaboración que pueden cambiar de acuerdo con las necesidades del cliente y en el que no hay procesos estandarizados o descripciones de puestos, la capacidad de un empleado de ser flexible es muy importante. Por lo tanto, el proceso de contratación de la organización debe diseñarse para identificar a los empleados que tengan la capacidad de aprender y adaptarse.

Por último, la necesidad de flexibilidad también hace necesario que exista una inversión importante en capacitación continua y constante de los empleados. Ya sea que la capacitación implique aprender a utilizar software de tecnología de información, a mejorar el flujo de materiales a lo largo de la cadena, a identificar actividades que agreguen valor, a tomar mejores decisiones con mayor rapidez, o a mejorar cualquier cantidad de otras actividades potenciales de trabajo, los gerentes deben garantizar que los empleados cuenten con el conocimiento y las herramientas necesarias para que desempeñen su trabajo eficiente y eficazmente.

Cultura y actitudes organizacionales. El último requisito de la administración de la cadena de valor es contar con una cultura y actitudes organizacionales de apoyo. A partir de nuestra amplia descripción de la administración de la cadena de valor, probablemente infiera el tipo de cultura organizacional que apoyará una implementación exitosa. Dichas actitudes culturales incluyen la participación, colaboración, apertura, flexibilidad, respeto mutuo y confianza. Y estas actitudes incluyen no sólo a los socios internos de la cadena de valor, sino que también se extiende a los socios externos.

OBSTÁCULOS A LA ADMINISTRACIÓN DE LA CADENA DE VALOR

Aunque los beneficios de la administración de la cadena de valor sean muchos, los gerentes deben sortear diversos obstáculos para manejar la cadena de valor, como las barreras organizacionales, las actitudes culturales, las capacidades requeridas y el personal (vea la figura 18-4).

Barreras organizacionales. Las barreras organizacionales se encuentran entre los obstáculos más difíciles de manejar. Estas barreras incluyen el rehusarse o resistirse a compartir información, la resistencia a cambiar el *status quo*, y asuntos de seguridad. Sin información compartida, la estrecha coordinación y colaboración resultan imposibles. La negativa o resistencia de los empleados a cambiar el *status quo* puede impedir los esfuerzos de la administración de la cadena de valor y evitar su implementación exitosa. Por último, como la administración de la cadena de valor depende en gran medida de una infraestructura importante de tecnología de la información, los quebrantos a la seguridad de sistemas e Internet son problemas que necesitan resolverse.

Actitudes culturales. Las actividades culturales sin apoyo, en especial la confianza y el control, pueden obstaculizar la administración de la cadena de valor. El tema de la confianza, tanto la pérdida como el exceso, es muy importante. Para ser eficaces, los socios de una cadena de valor deben confiar uno en el otro. Debe haber respeto mutuo por las actividades de cada socio y honestidad a lo largo de toda la cadena. Cuando esa confianza no existe, los socios se resistirán a compartir información, habilidades y procesos. Aunque demasiada confianza también puede representar un problema; cualquier organización es vulnerable al robo de **propiedad intelectual**, es decir, información patentada que es básica para el funcionamiento y competitividad eficiente y eficaz de la organización. Es necesario

---

RFID
Método de identificación automática en el que la información puede almacenarse y recuperarse remotamente.

propiedad intelectual
Información patentada que es básica para el funcionamiento y competitividad eficiente y eficaz de la organización.

Figura 18–4

Obstáculos a la administración
de la cadena de valor

que pueda confiar en sus socios de la cadena de valor para que los activos valiosos de su organización no se vean comprometidos.[31] Otra actividad cultural que puede ser un obstáculo es la creencia de que cuando una organización colabora con socios internos y externos, ya no controla su propio destino. Sin embargo, éste no es el caso. Incluso cuando es importante una intensa colaboración para la administración de la cadena de valor, las organizaciones siguen controlando las decisiones importantes como lo que los clientes valoran, cuánto valor desean y qué canales de distribución son importantes.[32]

Capacidades requeridas. Por nuestra explicación anterior sobre los requisitos para la implementación exitosa de la administración de la cadena de valor, sabemos que los socios de la cadena necesitan diversas capacidades. Muchas de éstas (coordinación y colaboración, la habilidad de configurar productos que satisfagan a clientes y proveedores y la habilidad de educar a los socios internos y externos) no son sencillas. Sin embargo, son esenciales para captar y aprovechar la cadena de valor. Muchas de las compañías que hemos descrito a lo largo de esta sección soportaron autoevaluaciones a menudo difíciles y críticas sobre sus capacidades y procesos, para volverse más eficientes y eficaces en la administración de sus cadenas de valor.

Personal. El obstáculo final para una administración exitosa de la cadena de valor puede ser el personal de una organización. Sin un compromiso incondicional de hacer lo que sea necesario, la administración de la cadena de valor no tendrá éxito. Si los empleados se rehúsan a ser flexibles en su trabajo (cómo y con quién trabajan), será difícil conseguir la colaboración y cooperación a lo largo de la cadena de valor.

Además, la administración de la cadena de valor necesita una enorme cantidad de tiempo y esfuerzo de parte de los empleados de la organización. Los gerentes deben motivar a sus empleados para obtener dichos elevados niveles de esfuerzo, lo cual no es algo sencillo de lograr.

Por último, un problema importante de recursos humanos es la falta de gerentes experimentados que puedan dirigir las iniciativas de la administración de la cadena de valor. La administración de la cadena de valor no está muy difundida, por lo que no hay muchos gerentes que la hayan implementado con éxito. Sin embargo, esto no ha evitado que las organizaciones progresistas busquen los beneficios que se obtienen de la administración de la cadena de valor.

REPASO RÁPIDO:

OBJETIVO DE APRENDIZAJE 18.3

- Analice los requisitos de una administración exitosa de la cadena de valor.

- Explique los obstáculos a la administración de la cadena de valor.

Vaya a la página 442 para ver qué tan bien maneja este material.

OBJETIVO DE
APRENDIZAJE 18.4 ▷ TEMAS CONTEMPORÁNEOS DE LA ADMINISTRACIÓN DE OPERACIONES

Rowe Furniture tiene un objetivo audaz: fabricar un sofá en 10 días. Esta compañía quiere "volverse tan eficiente en la fabricación de muebles, como Toyota al fabricar automóviles". Sin embargo, para lograr dicho objetivo necesita renovar su proceso de administración de operaciones para aprovechar la tecnología y mantener la calidad.[33] Las acciones de Rowe ilustran tres de los temas contemporáneos más importantes de la administración de operaciones: tecnología, iniciativas de calidad y objetivos, y personalización masiva.

EL ROL DE LA TECNOLOGÍA EN LA ADMINISTRACIÓN DE OPERACIONES

Como vimos en nuestra explicación anterior sobre la administración de la cadena de valor, el mercado competitivo actual ejerce una enorme presión sobre las organizaciones para que entreguen de manera puntual los productos y servicios que los clientes valoran. Las empresas inteligentes están buscando nuevas maneras de aprovechar la tecnología para mejorar la administración de operaciones. Muchas compañías de comida rápida compiten para ver quién puede dar el mejor y más rápido servicio para llevar a los clientes. Como el servicio para llevar ahora representa una gran parte de las ventas, una entrega más rápida y mejor puede ser un importante avance competitivo. Por ejemplo, Wendy's ha colocado algunos de sus menús en marquesinas y sustituido texto por fotografías. Otros utilizan pantallas de confirmación, una tecnología que ayudó a McDonald's a elevar la precisión en más de 11 por ciento. Y la tecnología utilizada por dos cadenas nacionales indica a los gerentes cuánto alimento necesitan preparar mediante el conteo de los automóviles en la línea de autoservicio, y cuánto preparar según la demanda de los productos en promoción y de los ya establecidos.[34]

Aunque las actividades de producción de una organización son guiadas por la aceptación de que el cliente es el rey, los gerentes necesitan ser todavía más sensibles. Por ejemplo, los gerentes de operaciones necesitan sistemas que puedan mostrar la capacidad disponible, el estado de los pedidos y la calidad de los productos mientras éstos están en el proceso de producción, y no solamente después de que han sido producidos. Para relacionarse más estrechamente con los clientes, la producción debe estar sincronizada con toda la empresa. Para evitar cuellos de botella y retrasos, la función de producción debe estar asociada por completo con todo el sistema de la empresa.

La tecnología hace que tan vasta colaboración sea posible, así como que las organizaciones puedan controlar costos, particularmente en las áreas de mantenimiento preventivo, diagnóstico remoto y ahorros en costos de servicios públicos. Por ejemplo, los nuevos equipos compatibles con Internet contienen servidores Web incluidos que pueden comunicarse proactivamente, esto es, si alguna parte de un equipo deja de funcionar o alcanza ciertos parámetros preestablecidos que indican que está a punto de estropearse, éste solicita ayuda. La tecnología puede hacer más que sólo sonar una alarma o encender un botón indicador. Por ejemplo, algunos dispositivos tienen la capacidad de enviar correos electrónicos o mensajes al localizador de un proveedor, al departamento de mantenimiento o a un contratista, en los que describen el problema específico y solicitan partes y servicio. ¿Qué tan conveniente es un control de mantenimiento vía electrónica como éste? Puede resultar muy valioso si evita que el equipo se estropee y los retrasos subsiguientes en la producción.

Los gerentes que entienden el poder de la tecnología para contribuir a un desempeño más eficiente y eficaz, saben que la administración de operaciones es más que la visión tradicional de simplemente fabricar el producto. En su lugar, se trata de enfatizar el trabajo conjunto con todas las funciones de negocios de la organización para encontrar soluciones a los problemas de los clientes.

INICIATIVAS DE CALIDAD

Los problemas de calidad son costosos. Por ejemplo, aunque Apple ha tenido un éxito fenomenal con su iPod, las baterías de las tres primeras versiones se agotaban después de 4 horas, en lugar de durar más de 12, como esperaban los compradores. El acuerdo de Apple con los consumidores costó cerca de 100 millones de dólares. En Schering-Plough, se descubrió que los problemas con los inhaladores y otros productos farmacéuticos se debían a fallas crónicas en el control de calidad, por los cuales la compañía terminó pagando una multa de 500 millones de dólares. Y en 2008 la industria automotriz gastó 14 mil millones de dólares para cubrir los costos de garantía y trabajos de reparación.[35]

Muchos expertos piensan que las organizaciones que no son capaces de fabricar productos de alta calidad no serán capaces de competir exitosamente en el mercado global. ¿Qué es calidad? Cuando considera que un producto o servicio tiene calidad, ¿qué significa? ¿Significa que el producto no se estropea o deja de funcionar? Es decir, ¿significa que es confiable? ¿Significa que el servicio se proporciona de la forma en que usted quiere? ¿Quiere decir que el producto hace lo que debe? O, ¿la calidad significa algo más?

Figura 18–5

Dimensiones de la calidad de
bienes y servicios

Dimensiones de la calidad de productos

1. Desempeño; características de operación.

2. Aspectos particulares; características especiales importantes.

3. Flexibilidad; satisfacer las especificaciones de operación durante un periodo específico.

4. Durabilidad; tiempo de uso antes de que disminuya el desempeño.

5. Conformidad; coincidencia con los estándares preestablecidos.

6. Capacidad de servicio; facilidad y velocidad para realizar reparaciones o dar servicio normal.

7. Estética; cómo luce y se siente un producto.

8. Calidad percibida; evaluación subjetiva de las características (imagen del producto).

Dimensiones de la calidad de servicios

1. Plazos; realizado en el tiempo prometido.

2. Cortesía; brindado con alegría.

3. Consistencia; brindar a todos los clientes experiencias similares en cada ocasión.

4. Conveniencia; accesibilidad para los clientes.

5. Exhaustividad; servicio completo, según lo requerido.

6. Exactitud; realizado correctamente en cada ocasión.

Fuentes: Adaptado de J.W. Dean, Jr., y J.R. Evans, *Total Quality: Management, Organization and Society* (St. Paul, MN: West Publishing Company, 1994); H.V. Roberts y B.F. Sergesketter, *Quality is Personal* (Nueva York: The Free Press, 1993); D. Garvin, *Managed Quality: The Strategic and Competitive Edge* (Nueva York: The Free Press, 1988); y M.A. Hitt, R.D. Ireland, y R.E. Hoskisson, *Strategic Management*, 4a.ed. (Cincinnati, OH: South-Western Publishing, 2001), p. 211.

La figura 18-5 presenta una descripción de varias dimensiones de calidad. En este caso, definimos la **calidad** como la habilidad de un producto o servicio de realizar de manera confiable lo que se supone debe hacer y satisfacer las expectativas del cliente.

¿Cómo se logra la calidad? Ése es un asunto que los gerentes deben abordar. Una buena manera de analizar las iniciativas de calidad es considerar las funciones gerenciales que deben realizarse (planeación, organización, dirección y control).

Planeación de la calidad. Los gerentes deben tener objetivos y estrategias para mejorar la calidad y planes para lograr dichos objetivos. Las metas pueden ayudar a enfocar la atención de todos en algún estándar de calidad objetivo. Por ejemplo, Caterpillar tiene el objetivo de aplicar técnicas para mejorar la calidad que ayuden a reducir costos.[36] Aunque este objetivo es específico y desafiante, los gerentes y empleados participan juntos en la búsqueda de estrategias bien diseñadas para lograr los objetivos, y están seguros de que pueden hacerlo.

Organización y liderazgo para lograr la calidad. Debido a que las iniciativas para mejorar la calidad son llevadas a cabo por empleados de la organización, es importante que los gerentes analicen cómo pueden organizarlos y dirigirlos de la mejor manera. Por ejemplo, en la planta de General Cable Corporation ubicada en Moosejaw, Saskatchewan, todo empleado recibe capacitación continua para garantizar la calidad. Además, el gerente de la planta cree de todo corazón en proporcionar la información necesaria a sus empleados para que hagan mejor su trabajo. Dice, "Dar información a la gente que opera las máquinas es primordial. Usted puede configurar la estructura de su celular, puede dar capacitación multidisciplinaria a su personal, puede utilizar herramientas de apoyo, pero si a la gente no le da la información para realizar las mejoras, no hay entusiasmo". Como podría esperar, esta empresa comparte información de producción y mediciones de desempeño financiero con todos los empleados.[37]

Las organizaciones que cuentan con amplios programas de mejoramiento de calidad exitosos tienden a confiar en dos enfoques importantes de personal: los equipos de trabajo multifuncionales y los equipos de trabajo autodirigidos. Como todos los empleados, desde los niveles más altos hasta los más bajos, deben participar en lograr la calidad de los productos, no es sorprendente que las organizaciones centradas en la calidad confíen en empleados bien capacitados, flexibles y con autoridad.

Control de la calidad. Las iniciativas para el mejoramiento de la calidad no serían posibles sin los medios para dar seguimiento y evaluar su progreso. Ya sea que tenga que ver con los estándares para el control de inventarios, el porcentaje de defectos, las materias primas, u otras áreas de la administración de operaciones, el control de calidad es importante. Por ejemplo, en la planta de Northrup Grumman Corporation en Rolling Meadows, Illinois, se han implementado muchos controles de calidad, como pruebas automatizadas e IT que integran el diseño de productos, la manufactura y registra las mejoras en la calidad del proceso. Además, se impulsa a los empleados a tomar decisiones relacionadas con la aceptación o el rechazo de los productos a lo largo del proceso de manufactura. El gerente de planta comenta, "Este método es útil para dar calidad al producto en lugar de inspeccionar la calidad del producto". Pero una de las cosas más importantes que hace la compañía es "ir a la guerra" con sus clientes (soldados que se preparan para la guerra o viven situaciones de combate real). De nuevo, el gerente de planta comenta, "Lo que nos distingue es que creemos que si podemos comprender la misión de nuestros clientes tan bien como ellos, los podemos ayudar a ser más eficaces. No esperamos a que el cliente nos pida hacer algo. Nosotros descubrimos qué es lo que nuestro cliente intenta hacer y luego desarrollamos soluciones".[38]

Estos tipos de historias de éxito sobre el mejoramiento de la calidad no están limitadas solamente a las operaciones en Estados Unidos. Por ejemplo, en una planta de Delphi en Matamoros, México, los empleados trabajaron duro para mejorar la calidad y avanzar a grandes pasos. Por ejemplo, el índice de rechazo del cliente de productos embarcados es ahora de 10 ppm (partes por millón), cuando era de 3000 ppm, una mejora casi de 300 por ciento.[39] Las iniciativas de calidad en muchas compañías Australianas, entre ellas Alcoa de Australia, Wormald Security, y Carlton y United Breweries, han provocado mejoras significativas en la calidad.[40] Y en Valeo Klimasystemme GmbH en Bad Rodach, Alemania, los equipos de ensamblado construyen distintos sistemas de control de clima para los automóviles novedosos de Alemania, entre ellos Mercedes y BMW. Las iniciativas de calidad de los equipos de empleados de Valeo han provocado importantes mejoras en distintos estándares de calidad.[41]

METAS DE CALIDAD

Para demostrar públicamente su compromiso con la calidad, muchas organizaciones alrededor del mundo se han planteado desafiantes objetivos de calidad; los dos más conocidos son ISO 9000 y Six Sigma.

ISO 9000. El estándar **ISO 9000** es una serie de estándares internacionales para la administración de la calidad establecida por la International Organization for Standarization (www.iso.org), la cual establece las bases uniformes de los procesos para garantizar que los productos se ajustan a las necesidades de los clientes. Estos estándares cubren todo, desde la revisión del contrato hasta el diseño del producto y su entrega. Los estándares ISO 9000 son reconocidos internacionalmente para la evaluación y comparación de las compañías en el mercado global. De hecho, este tipo de certificación puede ser un requisito previo para hacer negocios globales. Lograr la certificación ISO 9000 es una prueba de que el sistema de operaciones de calidad se encuentra en funcionamiento.

Una encuesta reciente sobre certificados en ISO 9000, disponible en 170 países, mostró que el número de sitios registrados a nivel mundial era de alrededor de 900,000, un incremento de 16 por ciento respecto del año anterior.[42]

Six Sigma. Motorola popularizó el uso de los rigurosos estándares de calidad hace más de 30 años, a través de un programa mejorado y de marca registrada llamado Six Sigma.[43] Es muy sencillo, **Six Sigma** es un estándar de calidad que establece una meta de no más de 3.4 defectos por millón de unidades o procedimientos. ¿Qué significa el nombre? *Sigma* es la letra griega que se utiliza en estadística para definir una desviación estándar a partir de la curva de campana. Cuanto más grande sea la sigma, menor será la desviación de la normal, esto es, menos defectos. En una sigma, dos tercios de aquello que se mide caen

¿Quiénes son?
CARA A CARA

CÓMO CONTROLAMOS LA CALIDAD: Utilizamos el método de mejora Six Sigma para enfocarnos en la mejora de la calidad de la atención clínica. Además, damos seguimiento e informamos sobre las mediciones de más de 200 indicadores.

---

calidad
Habilidad de un producto o servicio de realizar de manera confiable lo que se supone debe hacer y satisfacer las expectativas del cliente.

ISO 9000
Serie de estándares internacionales para la administración de la calidad que establecen bases uniformes de los procesos para garantizar que los productos se ajustan a las necesidades de los clientes.

Six Sigma
Estándar de calidad que establece una meta de no más de 3.4 defectos por millón de unidades o procedimientos.

dentro de la curva. Dos sigmas cubren cerca de 95 por ciento. A seis sigmas, usted está tan cerca como es posible de la eliminación de defectos.[44] ¡Se trata de una meta de calidad muy ambiciosa! Aunque Six Sigma es un estándar extremadamente difícil de lograr, muchos negocios basados en la calidad lo utilizan y se benefician de él. Por ejemplo, los ejecutivos de la compañía General Electric estiman que la compañía ha ahorrado millones en costos desde 1995.[45] Otras compañías muy conocidas emplean Six Sigma, entre ellas, ITT Industries, Dow Chemical, 3M Company, American Express, Sony Corporation, Nokia Corporation, y Johnson & Johnson. Aunque los fabricantes parecieran formar el grueso de los usuarios de Six Sigma, las compañías de servicio tales como las instituciones financieras, minoristas, y organizaciones de servicios médicos también lo aplican. ¿Cuál es el efecto que puede tener Six Sigma? Veamos un ejemplo.

A Wellmark Blue Cross & Blue Shield, una compañía de servicios de salud solía tomarle 65 días agregar un nuevo doctor a sus planes médicos. Gracias a Six Sigma, la compañía descubrió que la mitad de los procesos que utilizaban eran redundantes. Al eliminar esos pasos innecesarios, el trabajo ahora se realiza en 30 días o menos, y con menos personal. La compañía ha sido capaz también de reducir sus gastos administrativos en 3 millones de dólares por año, una cantidad que se traduce a los clientes en primas de seguro más bajas.[46]

Resumen de objetivos de calidad. Aunque para los gerentes lo importante es reconocer que muchos beneficios positivos provienen de la obtención del certificado ISO 9000 o de Six Sigma, el beneficio clave proviene de la labor de mejora de calidad por sí misma. En otras palabras, el objetivo de la certificación de la calidad debiera ser poner en marcha los procesos y un sistema de operación, en un punto que permita a las organizaciones satisfacer las necesidades de los clientes y a los empleados realizar sus trabajos con una alta calidad de manera consistente.

PERSONALIZACIÓN MASIVA

El término *personalización masiva* pareciera ser un contrasentido. Sin embargo, el concepto de diseño por pedido se está convirtiendo en un tema importante para los gerentes actuales. La **personalización masiva** proporciona a los clientes un producto cuando, donde, y como lo desean.[47] Compañías tan diversas como BMW, Ford, Levi Strauss, Wells Fargo, Mattel y Dell Computer están adoptando la personalización masiva para mantener o lograr una ventaja competitiva. La personalización masiva requiere técnicas de manufactura flexibles y un diálogo continuo con el cliente.[48] La tecnología desempeña un rol muy importante en ambas.

Con una manufactura flexible, las compañías tienen la capacidad de reajustar rápidamente las líneas de ensamble para fabricar productos por pedido. Al utilizar la tecnología, como el equipo de una fábrica controlado por computadora, intranets, robots industriales, lectores de códigos de barras, impresoras digitales y software de logística, las compañías pueden fabricar, ensamblar y embarcar de manera personalizada los productos con empaques personalizados para el cliente en periodos increíblemente cortos. Dell es un buen ejemplo de una compañía que utiliza técnicas flexibles de fabricación y tecnología para construir computadoras personalizadas de acuerdo con las especificaciones de los clientes.

La tecnología también es importante para un diálogo continuo con los clientes. Con el uso intenso de las bases de datos, las compañías pueden llevar el registro de lo que a los clientes les gusta y de lo que no les gusta. Internet ha hecho posible que las compañías tengan diálogos permanentes con los clientes para aprender y responder a sus preferencias exactas. Por ejemplo, en el sitio Web de Amazon, a los clientes se les da la bienvenida por su nombre y pueden obtener recomendaciones personalizadas de libros y de otros productos. La habilidad de personalizar productos según los deseos y las especificaciones del cliente inicia una importante relación entre la organización y el cliente. Si al cliente le gusta el producto y cree que la personalización produce valor, es más probable que se vuelva un cliente frecuente.

REPASO RÁPIDO:
OBJETIVO DE APRENDIZAJE 18.4

- Analice el rol de la tecnología en la manufactura.
- Explique qué son ISO 9000 y Six Sigma.

- Describa qué es la personalización masiva y de qué manera la administración de operaciones contribuye a lograrla.

Vaya a la página 442 para ver qué tan bien maneja este material.

¿Quiénes son?
Mi turno

Debra Barnhart
Directora de educación física y servicios de apoyo
St. John's Health System
Springfield, Missouri

Mi primer paso sería seleccionar un líder de proyecto que tuviera experiencia en la administración de proyectos y que le rindiera cuentas al gerente general. Esta persona tendría que formar un equipo con personal de la compañía para desarrollar una transformación de la tienda y el plan y la programación del proyecto de implementación de la RFID, y que utilizara lo aprendido de la primera instalación. Los miembros del equipo deben incluir personal del corporativo, gerentes de tienda, ventas, contabilidad, compras, servicios de información, marketing y recursos humanos, así como al fabricante de la RFID. El plan de proyecto debe incluir los siguientes elementos específicos:

- Establecer las métricas básicas de las tiendas para la transformación.
- Determinar los requerimientos de hardware, redes, software y capacitación.
- Estimar los costos de proyecto (conversión de hardware y de inventario).
- Seleccionar a los miembros del equipo para la transformación de la tienda, y al equipo de implementación de la RFID.
- Desarrollar un plan de comunicación.
- Desarrollar un plan de capacitación y educación y sus materiales.
- Establecer un programa de premios e incentivos.
- Establecer la programación para la conversión de la tienda y la implementación de la RFID.
- Seleccionar las métricas para dar seguimiento a los resultados de la transformación.
- Presentar a la gerencia general todos los presupuestos y la programación para su aprobación.
- Implementar los planes.

personalización masiva
Diseño por pedido que proporciona a los clientes un producto cuando, donde, y como lo desean.

OBJETIVOS DE APRENDIZAJE
RESUMEN

18.1 ▷ EL ROL DE LA ADMINISTRACIÓN DE OPERACIONES

- Defina la administración de operaciones.
- Compare las organizaciones de manufactura con las de servicios.
- Describa el rol de un gerente con respecto al mejoramiento de la productividad.
- Analice el rol estratégico de la administración de operaciones.

La administración de operaciones es el proceso de transformación que convierte los recursos en bienes y servicios terminados.

Las organizaciones de manufactura producen bienes físicos. Las organizaciones de servicio producen resultados no físicos en forma de servicios.

La productividad es una combinación de variables de personal y operaciones. Un gerente debe buscar la manera de integrar exitosamente a la gente en los sistemas generales de operación.

Las organizaciones deben reconocer el rol crucial que desempeña la administración de operaciones como parte de su estrategia general para lograr un desempeño exitoso.

18.2 ▷ ¿QUÉ ES LA ADMINISTRACIÓN DE LA CADENA DE VALOR Y POR QUÉ ES IMPORTANTE?

- Defina la *cadena de valor* y la *administración de la cadena de valor*.
- Describa el objetivo de la administración de la cadena de valor.
- Describa los beneficios de la administración de la cadena de valor.

La cadena de valor es la secuencia de actividades laborales de una organización que añaden valor a cada etapa, desde la materia prima hasta el producto terminado. La administración de la cadena de valor es el proceso de manejar la secuencia de actividades e información a lo largo de toda la cadena de producto.

El objetivo de la administración de la cadena de valor es crear una estrategia de valor que cumpla o exceda los requerimientos y deseos de los clientes, y permita una completa y transparente integración entre todos los miembros de la cadena.

La administración de la cadena de valor tiene cuatro beneficios: adquisiciones mejoradas, logística mejorada, desarrollo mejorado de productos y administración mejorada de los pedidos de los clientes.

18.3 ▷ ADMINISTRACIÓN DE OPERACIONES A TRAVÉS DE LA ADMINISTRACIÓN DE LA CADENA DE VALOR

- Analice los requisitos de una administración exitosa de la cadena de valor.
- Explique los obstáculos a la administración de la cadena de valor.

Los seis requisitos principales para la administración exitosa de la cadena de valor son la coordinación y la colaboración, la inversión en tecnología, los procesos organizacionales, el liderazgo, empleados o recursos humanos, y la cultura y actitudes organizacionales.

Los obstáculos a la administración de la cadena de valor incluyen las barreras organizacionales (el rechazo a compartir información, resistencia a cambiar el *status quo*, o problemas de seguridad), actitudes culturales sin apoyo, falta de capacidades necesarias y falta de disposición o incapacidad de los empleados.

18.4 ▷ TEMAS CONTEMPORÁNEOS DE LA ADMINISTRACIÓN DE OPERACIONES

- Analice el rol de la tecnología en la manufactura.
- Explique qué son ISO 9000 y Six Sigma.
- Describa qué es la personalización masiva y de qué manera la administración de operaciones contribuye a lograrla.

Las compañías buscan maneras de aprovechar la tecnología para mejorar su administración de operaciones a través de la extensa colaboración y control de costos.

ISO 9000 es una serie de estándares internacionales de control de calidad que establecen guías estandarizadas para garantizar que los procesos se ajusten a los requerimientos de los clientes. Six Sigma es un estándar de calidad que establece una meta de no más de 3.4 defectos por millón de unidades o procedimientos.

La personalización masiva proporciona a los clientes un producto cuando, donde, y como lo desean. Requiere técnicas flexibles de manufactura y del diálogo continuo con el cliente.

PENSEMOS EN CUESTIONES ADMINISTRATIVAS

1. Entre las organizaciones de manufactura y las de servicios, ¿cuáles cree que tienen mayores necesidades de administrar sus operaciones? Explique su respuesta.
2. ¿De qué manera se puede aplicar la administración de operaciones a otras funciones gerenciales además del control?
3. ¿Cómo podría utilizar los conceptos de la administración de la cadena de valor en su vida diaria?
4. ¿Qué es más crítico para el éxito de las organizaciones: la mejora continua o el control de la calidad? Fundamente su posición.
5. Elija una organización grande en la que esté interesado. Investigue esta compañía para descubrir qué tipos de estrategias de administración de operaciones utiliza. Enfóquese en describir lo que hace y que resulte inusual o efectivo, o ambos.

SU TURNO de ser gerente

- Seleccione una compañía con la que esté familiarizado y describa su cadena de valor. Sea lo más específico posible en su descripción. Evalúe la forma en que "utiliza" la cadena de valor para crear valor.

- Mencione tres ejemplos de productos con personalización masiva. Descríbalos. Luego intente describir lo que debe suceder "tras bambalinas" para poder crear estos productos. Enfóquese en los aspectos de la administración de operaciones.

- Entre al sitio Web de la International Organization for Standarization, en www.iso.org, y busque información acerca de los estándares ISO 9000. Redacte un reporte que describa los tipos de cosas que las organizaciones tienen que hacer para lograr la certificación ISO.

- Elija dos tareas que realice cada semana (por ejemplo, comprar provisiones, ser anfitrión de un juego de póquer, limpiar su habitación, limpiar su casa o apartamento, lavar la ropa). En cada caso, identifique de qué manera podría (1) ser más productivo al hacer dicha tarea y (2) obtener un resultado de alta calidad para dicha tarea.

- Entreviste a dos gerentes, de preferencia uno de una compañía de manufactura y el otro de una organización de servicios. Pregúnteles de qué manera administran las operaciones, en particular sobre la productividad y los resultados de calidad.

- Lecturas sugeridas por Steve y Mary: Sidney Finkelstein, *Why Smart Executives Fail and What You Can Learn from Their Mistakes* (Penguin, Portfolio, 2003); James L. Heskett, W. Earl Sasser, Jr., y Leonard A. Schlesinger, *The Value Profit Chain* (The Free Press, 2003); William Joyce, Nitin Nohria y Bruce Roberson, *What Really Works* (Harper Business, 2003), y Harvard Business Review's *Managing the Value* Chain (Harvard Business School Press, 2000).

- Vaya al sitio Web *IndustryWeek*, en www.industryweek.com, y revise los puntajes de *Industryweek* para las mejores plantas y las 50 mejores compañías de manufactura. ¿Cuáles son los criterios que se utilizan para seleccionar a las compañías de estas listas? Elija dos compañías de cada una de ellas y describa lo que hacen. Plantee esta información en un reporte escrito.

- Escriba sobre tres cosas que aprendió en este capítulo acerca de ser un buen gerente.

- La autoevaluación puede resultar una poderosa herramienta de aprendizaje. Vaya a mymanagementlab y complete el ejercicio de autoevaluación: What Time of Day Am I most Productive? (¿En qué momento del día soy más productivo?). Con los resultados de su evaluación, identifique fortalezas y debilidades personales. ¿Qué hará para reforzar sus fortalezas y superar sus debilidades?

CASO
PRÁCTICO

Un paseo tranquilo

Los grandes autobuses escolares amarillos son una vista común al comenzar y al finalizar el día escolar en muchas comunidades. Una compañía que fabrica estos autobuses es Blue Bird North Georgia. Los autobuses escolares son un producto en el cual la calidad es algo primordial. Después de todo, ¡ese autobús lleva una carga muy valiosa! Sin embargo, lograr una cultura organizacional dedicada a la calidad y a la manufactura eficiente no es algo fácil de lograr.

La planta de Blue Bird en Lafayette, Georgia, comenzó con su travesía "de esbeltez" en 2003; esto es, contar con un sistema esbelto y eficiente de operación. El gerente de ingeniería comentó, "La calidad era baja en todo momento. A la planta le faltaban sistemas estratégicos y procedimientos para controlar la calidad, los materiales, la producción, las finanzas y los recursos humanos". En 2003, con la nueva gerencia, Blue Bird actuó seriamente para atacar sus problemas de calidad e implementar programas específicos, entre ellos un comité para la revisión de materiales, un laboratorio de control de calidad con un sistema computarizado de administración de mantenimiento, un sistema para las sugerencias de los empleados, mesas redondas semanales de la gerencia, y un programa de fomento a la seguridad. Un colaborador clave para el éxito de la compañía es la medición. Blue Bird está decidido a medir todo. El gerente de producción comentó, "Si usted no mide algo, no sabrá qué tan bien lo está haciendo". ¿Qué tan efectivos han sido estos programas?

Hoy, el grado de rechazo del cliente es prácticamente cero, y las entregas puntuales de 100 por ciento. El director de calidad y de administración de riesgos comenta, "Hacerlo bien desde el principio ahorra muchísimo tiempo". La seguridad también ha mejorado. El grado de accidentes registrados estaba abajo de 65 por ciento y la pérdida de tiempo debido a lesiones estaba por debajo de 87 por ciento. Después de cuatro años de arduo trabajo, la compañía logró la certificación inicial ISO 9001-2000 en marzo de 2007, y en 2007 fue nombrada una de las mejores plantas por parte de *IndustryWeek*.

Un colorido autobús Blue Bird en la estación de autobuses de Ahuachapán en El Salvador, Centroamérica.

Preguntas de análisis

1. ¿Qué ha hecho exitosa a la iniciativa de calidad de Blue Bird? Analice en qué forma contribuyó cada uno de los programas que implementó la compañía para lo que es ahora.

2. ¿Cómo podrían ayudar los conceptos de la administración de la cadena de valor para que Blue Bird fuera aún más productiva? ¿Qué tendría que hacer la compañía para beneficiarse de la administración de su cadena de valor?

3. Investigue el concepto de *manufactura esbelta*. ¿Qué significa? ¿Cuáles son los beneficios que ofrece la "esbeltez"?

Fuentes: D. Blanchard, "Lean In For a Smooth Ride", *IndustryWeek*, enero de 2008, p. 38, y D. Blanchard, "Blue Bird North Georgia: IW Best Plants Profile 2007", www.industryweek.com, *1 de enero de 2008*.

Administración de compañías emprendedoras

EL CONTEXTO DEL ESPÍRITU EMPRENDEDOR

Russell Simmons es un emprendedor[1] que cofundó Def Jam Records debido a que grupos nuevos de artistas de hip-hop de Nueva York necesitaban una compañía discográfica, y las grandes compañías disqueras se negaban a darles oportunidad a artistas desconocidos. Def Jam era simplemente una parte de la corporación de Simmons, Rush Communications, la cual también incluía una empresa de administración; una firma de ropa llamada Phat Farm; una casa productora de películas; programas de televisión; una revista, y una agencia de publicidad. En 1999, Simmons vendió su parte de Def Jam a Universal Music Group, y en 2004 vendió Phat Farm. *USA Today* nombró a Simmons una de las 25 personas más influyentes, e *Inc.* Lo nombró uno de los 25 empresarios más fascinantes de Estados Unidos.

En este apéndice veremos las actividades de emprendedores como Russell Simmons. Comenzaremos analizando el contexto del espíritu emprendedor y luego lo analizaremos desde la perspectiva de las cuatro funciones gerenciales: planeación, organización, dirección y control.

¿Qué es el espíritu emprendedor?

El proceso de comenzar nuevos negocios, por lo general en respuesta a las oportunidades, es lo que se conoce como **espíritu emprendedor**. Los emprendedores buscan oportunidades al cambiar, revolucionar, transformar o introducir nuevos productos o servicios. Por ejemplo, Hong Liang Lu de UTStarcom sabía que menos de 10 por ciento de la población china era atendida con sistemas de telefonía de líneas terrestres y que el servicio era muy deficiente.[2] Decidió que la tecnología inalámbrica podría ser la respuesta. Ahora, su compañía de telefonía celular de bajo costo es un éxito en China, con más de 66 millones de suscriptores, y sigue en aumento. En busca de continuar con su éxito, la compañía de Lu se está introduciendo en otros mercados, como África, el sudeste de Asia, India y Panamá.

Mucha gente piensa que las compañías emprendedoras y las pequeñas empresas son lo mismo, pero no es así. Existen algunas diferencias clave entre ambas. Los emprendedores crean **compañías emprendedoras**; es decir, organizaciones que buscan oportunidades y se caracterizan por prácticas innovadoras y que consideran el crecimiento y la rentabilidad como sus objetivos principales. Por otra parte, una **pequeña empresa** es aquella cuya propiedad, operación y finanzas son independientes; tiene menos de 100 empleados; no necesariamente se compromete con prácticas nuevas o innovadoras, y tiene relativamente poco impacto en su industria.[3] Una pequeña empresa no necesariamente es emprendedora sólo porque es pequeña. Ser emprendedora significa que la empresa debe ser innovadora, en busca de oportunidades. Aunque las compañías emprendedoras pueden comenzar pequeñas, buscan su crecimiento. Algunas nuevas compañías pequeñas pueden crecer, pero muchas continúan siendo pequeñas empresas por elección o en forma predeterminada.

---

espíritu emprendedor
Proceso de comenzar nuevos negocios, por lo general en respuesta a las oportunidades.

compañías emprendedoras
Organizaciones que buscan oportunidades y se caracterizan por prácticas innovadoras, y consideran el crecimiento y la rentabilidad como sus objetivos principales.

pequeña empresa
Organización cuya propiedad, operación y finanzas son independientes; tiene menos de 100 empleados; no necesariamente se compromete con prácticas nuevas o innovadoras, y tiene relativamente poco impacto en su industria.

¿Por qué es importante el espíritu emprendedor?

El espíritu emprendedor es importante para cualquier sector industrial de Estados Unidos y de la mayoría de los demás países desarrollados.[4] Su importancia en Estados Unidos puede apreciarse en tres áreas: innovación, número de nuevos emprendimientos y creación de empleos.

Innovación. La innovación es un proceso de cambio, experimentación, transformación y revolución, y es un aspecto clave de la actividad emprendedora. El proceso de "destrucción creativa" que caracteriza a la innovación da pie a cambios tecnológicos y al aumento de empleos. Las compañías emprendedoras actúan como "agentes de cambio", ya que proporcionan una fuente esencial de ideas nuevas y únicas que, de otro modo, se desaprovecharían.[5] Las estadísticas respaldan lo anterior. Las nuevas pequeñas organizaciones generan 24 veces más innovaciones por cada dólar gastado en investigación y desarrollo que las organizaciones de *Fortune* 500, y representan más de 95 por ciento de los nuevos y "radicales" desarrollos de productos.[6] Además, la Oficina de Promoción de la Small Business Administration de Estados Unidos informa que las pequeñas compañías emprendedoras producen 13 o 14 veces más patentes por empleado que las grandes compañías de patente.[7] Ésta es una prueba más de la importancia de las pequeñas empresas para la innovación en Estados Unidos.

Número de nuevos emprendimientos. Debido a que todas las empresas, ya sea que encajen en la definición de compañías emprendedoras o no, en algún momento fueron emprendimientos, la manera más adecuada que tenemos para medir el importante papel del espíritu emprendedor es contabilizar el número de nuevas compañías durante un determinado periodo. La información recolectada por la Small Business Administration muestra que el número de nuevos emprendimientos ha aumentado cada año desde 2002. En 2006 se crearon aproximadamente 649,700 empresas.[8]

Creación de empleos. Este rubro es importante para la salud económica de largo plazo de las comunidades, regiones y naciones. Las cifras más recientes muestran que las pequeñas empresas generaron la mayoría de los nuevos empleos netos.[9] Las organizaciones pequeñas han estado creando empleados a un ritmo incluso casi tan rápido como se han reducido muchas de las corporaciones más grandes y conocidas del mundo. Estos hechos reflejan la importancia de las compañías emprendedoras como creadoras de empleos.

Espíritu emprendedor global. ¿Qué hay sobre la actividad emprendedora fuera de Estados Unidos? ¿Qué tipo de efecto ha tenido? Una evaluación anual del espíritu emprendedor global conocido como Global Entrepreneurship Monitor (GEM) estudia el efecto de la actividad emprendedora sobre el crecimiento económico de varios países. El informe GEM 2007 abarcó 42 países que fueron divididos en dos grupos: países con ingresos altos y países con ingresos medios y bajos. Los investigadores encontraron que en el grupo con altos ingresos, los niveles más elevados de actividad emprendedora en sus primeras etapas se encontraban en Islandia, Hong Kong y Estados Unidos. En el grupo de ingresos medios y bajos, los niveles más elevados de actividad emprendedora se encontraron en Tailandia, Perú y Colombia. El informe GEM concluyó que "la importancia del espíritu emprendedor para el desarrollo económico es ampliamente reconocido".[10]

El proceso emprendedor

Al comenzar y administrar sus compañías emprendedoras, los emprendedores deben enfocarse en cuatro etapas clave.

La primera es *explorar* el *contexto emprendedor.* El contexto incluye las realidades del entorno económico, político-legal, social y laboral actual. Es importante analizar cada uno de estos aspectos del contexto emprendedor, ya que éstos determinan las "reglas" del juego y cuáles decisiones y acciones tienen posibilidades de éxito. Además, es a través de la exploración del contexto que los emprendedores afrontan la siguiente etapa de suma importancia en el proceso emprendedor: la *identificación de oportunidades y de posibles ventajas competitivas.* Por nuestra definición del espíritu emprendedor sabemos que la búsqueda de oportunidades es un aspecto importante.

Una vez que los emprendedores han explorado el contexto emprendedor e identificado las oportunidades y las posibles ventajas competitivas, deben analizar los problemas relacionados con el hecho de realmente dar vida a una compañía emprendedora. Por lo tanto, la tercera etapa del proceso emprendedor es la del *comienzo de la compañía*. En esta fase están incluidos la investigación de factibilidad, la planeación, la organización y el lanzamiento de la compañía.

Por último, cuando la compañía está formada y trabajando, la cuarta y última etapa del proceso emprendedor es la de *administrar la compañía*, lo cual un emprendedor hace mediante la administración de procesos, de personal y del crecimiento. Explicaremos estas importantes etapas del proceso emprendedor mediante un análisis de lo que hacen los emprendedores.

¿Qué hacen los emprendedores?

Describir lo que hacen los emprendedores no es una tarea fácil o sencilla. No hay dos emprendedores que tengan actividades laborales exactamente iguales. En términos generales, los emprendedores crean algo nuevo, algo diferente; buscan el cambio, responden a él y lo aprovechan.[11]

En un principio, un emprendedor se encarga de evaluar el potencial de la compañía emprendedora y luego lidia con los problemas del emprendimiento. Al explorar el contexto emprendedor, un emprendedor comparte información, identifica oportunidades potenciales y determina posibles ventajas competitivas. Luego, armado con esa información, el emprendedor investiga la factibilidad de la compañía; ideas de negocios descubiertas, análisis de competidores y de opciones financieras.

Después de analizar el potencial de una compañía propuesta y de evaluar la posibilidad de que funcione con éxito, un emprendedor procede a planear la compañía. Esto incluye actividades como desarrollar una misión organizacional viable, investigar cuestiones de cultura organizacional y crear un plan de negocios bien estudiado. Cuando estas cuestiones de planeación están resueltas, el emprendedor debe pensar en la organización de la compañía, lo cual involucra la elección de una forma legal de organización de negocios, abordar otros asuntos legales como patentes o registro de investigaciones, y crear un diseño organizacional adecuado para estructurar cómo se realizará el trabajo.

Sólo después de que estas actividades de emprendimiento se han completado, el emprendedor está listo para realmente iniciar la compañía. Esto implica establecer objetivos y estrategias, así como los métodos de operaciones tecnológicas, planes de marketing, sistemas de información, sistemas de contabilidad financiera y sistemas de administración de flujo de efectivo.

Cuando la compañía emprendedora está lista y funcionando, la atención del emprendedor cambia hacia su administración. Una actividad importante de la administración de una compañía emprendedora es el manejo de los diversos procesos que forman parte de cualquier negocio: toma de decisiones, establecimiento de planes de acción, análisis de los entornos externo e interno, medición y evaluación del desempeño y realización de los cambios necesarios. Además, el emprendedor debe realizar actividades asociadas con la administración de personal, lo que implica la contratación, evaluación y capacitación, motivación, manejo de conflictos, delegación de tareas y ser un líder eficaz. Por último, el emprendedor debe administrar el crecimiento de la compañía, con actividades como desarrollar y diseñar estrategias de crecimiento, lidiar con crisis, estudiar diversas vías para el crecimiento financiero, dar un valor a la compañía y tal vez al final incluso salir de la compañía.

Responsabilidad social y problemas de ética que enfrentan los emprendedores

Conforme crean y administran sus compañías, los emprendedores se enfrentan con los problemas frecuentemente difíciles de responsabilidad social y ética. ¿Exactamente qué tan importantes son estos problemas para los emprendedores? La abrumadora mayoría de los encuestados (95 por ciento) en un estudio de pequeñas empresas coincidió con que desarrollar una reputación positiva y buenas relaciones en las comunidades donde hacen negocios resulta importante para lograr los objetivos de la empresa.[12] Sin embargo, a pesar de la importancia que estos individuos le dieron a la ciudadanía corporativa, más de la mitad carecía de programas formales para relacionarse con sus comunidades. De hecho, casi el 70 por ciento de los encuestados admitió que fallaron al no tomar en cuenta los objetivos de la comunidad en sus planes de negocios.

No obstante, hay algunos emprendedores que toman muy en serio sus responsabilidades sociales. Por ejemplo, Alicia Polak trabajaba en Wall Street ayudando a las compañías a cotizar en la bolsa. En 2004 fundó Khayelitsha Cookie Company en Khayelitsha, Sudáfrica, a 30 minutos de Cape Town. Hoy en día emplea a 11 mujeres de la empobrecida comunidad para hornear galletas y brownies que se venden en los principales hoteles, restaurantes y cafeterías de todo Sudáfrica. Polak comentó, "Mi motivación en esta compañía es que deseo que los cientos de miles de personas que viven en pobreza en Sudáfrica salgan de esas chozas. Quiero ayudar a cambiar sus vidas, por medio de esta compañía".[13]

Otros emprendedores han buscado oportunidades con productos y servicios que protegen el ambiente mundial. Por ejemplo, Univenture Inc. en Columbus, Ohio, fabrica cubiertas y empaques reciclables para medios de comunicación en disco. Sus productos son mejores para el ambiente que las cajas tradicionales en las que se empacan la mayoría de los discos compactos. Ross Youngs, fundador y presidente y director general comentó, "Nuestros productos no se rompen. Si alguien los desecha, es porque no los quieren. Espero que terminen en el bote de reciclado, ya que nuestros productos son reciclables".[14]

Las consideraciones éticas también desempeñan una función en las decisiones y acciones de los emprendedores. Ellos necesitan estar conscientes de las consecuencias éticas de lo que hacen. El ejemplo que dan, en particular a otros empleados, puede ser profundamente significativo e influirá en el comportamiento de los trabajadores.

Si la ética es importante, ¿qué tan bien manejan los emprendedores esta cuestión? Por desgracia, ¡no muy bien! En una encuesta aplicada a los empleados de empresas de diferentes tamaños, a quienes se les preguntó si creían que sus organizaciones eran muy éticas, 20 por ciento de los trabajadores de empresas con 99 empleados o menos, respondieron negativamente.[15]

REPASO RÁPIDO

- Mencione las diferencias entre compañías emprendedoras y pequeñas empresas.
- Explique por qué el espíritu emprendedor es importante en Estados Unidos y en el mundo.
- Describa las cuatro etapas clave del proceso emprendedor.

- Explique lo que hacen los emprendedores.
- Explique por qué la responsabilidad social y la ética son consideraciones importantes para los emprendedores.

PROBLEMAS DE ARRANQUE Y PLANEACIÓN DE UNA COMPAÑÍA EMPRENDEDORA

Aunque servir un plato de cereal puede parecer una tarea sencilla, incluso la persona más despierta y alerta por la mañana ha terminado con el cereal en el suelo en algún momento. Philippe Meert, un diseñador de productos en Erpe-Mere, Bélgica, ha ideado una mejor manera de servirlo. Meert percibió la oportunidad de corregir el innato fallo en el diseño de las cajas de cereal, y desarrolló el Cerealtop, una tapa plástica que cierra a presión una caja de cereal y lo canaliza hacia el plato.[16]

Lo primero que los emprendedores como Philippe Meert deben hacer es identificar oportunidades y posibles ventajas competitivas. Una vez hecho esto, están listos para comenzar la compañía, investigando su factibilidad y planeando su lanzamiento. En esta sección veremos estas cuestiones de arranque y planeación.

Identificación de oportunidades ambientales y ventajas competitivas

¿Qué tan importante es la habilidad de identificar oportunidades ambientales? Considere el hecho de que anualmente más de 4 millones de baby boomers cumplen 50 años. A comienzos de 2006, casi 8,000 baby boomers cumplieron 60; se proyecta que para 2030 más de 57.5 millones de baby boomers estarán vivos, lo cual los coloca en un rango de edades de 66 a 84 años. J. Raymond Elliott, presidente de Zimmer Holdings, está muy consciente de esta tendencia demográfica. ¿Por qué? Su compañía, la cual fabrica productos ortopédicos, incluidos implantes reconstructivos para la cadera, rodillas, hombros y codos, percibe oportunidades de mercado precisas.[17]

En 1994, cuando Jeff Bezos vio por primera vez que el uso de Internet estaba creciendo 2,300 por ciento mensual, supo que algo sensacional estaba ocurriendo. Comentó, "No había visto un crecimiento tan rápido fuera de una caja de Petri". Bezos estaba decidido a formar parte de eso. Renunció a su exitosa carrera como investigador del mercado de valores y gestor de fondos de cobertura en Wall Street, y enfocó su visión en la venta al por menor en línea, ahora Amazon.com.[18]

¿Qué habría hecho usted si hubiera visto ese tipo de número en alguna parte? ¿Lo habría ignorado? ¿Lo habría descartado por considerarlo cuestión de suerte? El aumento vertiginoso del uso de Internet que observó Bezos y el reconocimiento de la información demográfica de los baby boomers de Elliott de la empresa Zimmer Holdings son ejemplos claros de la identificación de oportunidades ambientales. Recuerde de nuestra exposición en el capítulo 8 que las oportunidades son tendencias positivas de factores ambientales externos. Estas tendencias proporcionan posibilidades únicas y claras para innovar y crear valor. Los emprendedores necesitan ser capaces de identificar los nichos de oportunidades que proporciona un contexto cambiante. Después de todo, "las organizaciones no ven las oportunidades, los individuos sí".[19] Y tienen que hacerlo muy rápido, en especial en entornos dinámicos, antes de que dichas oportunidades desaparezcan u otros las aprovechen.[20]

El fallecido Peter Drucker, un autor de administración muy conocido, identificó siete fuentes potenciales de oportunidades que los emprendedores podrían buscar en el contexto externo:[21]

1. *Lo inesperado.* Cuando hay situaciones imprevistas, es posible encontrar oportunidades. Un acontecimiento puede ser un éxito inesperado (noticias positivas) o un fracaso inesperado (malas noticias). De cualquier manera, puede haber oportunidades para que los emprendedores las busquen. Por ejemplo, el impresionante aumento en los precios del combustible ha demostrado ser una bonanza para las compañías que ofrecen soluciones. Por ejemplo, Jeff Pink, presidente de EV Rental Cars, utiliza únicamente vehículos híbridos. La tasa de utilización de la compañía (el porcentaje de días que un vehículo está afuera generando utilidades) es de aproximadamente 90 por ciento.[22] El aumento inesperado en los precios del combustible demostró ser una oportunidad para este emprendedor. Y para RSA Security, la oportunidad inesperada se presentó en la forma de identificación de robos. La compañía de Art Coviello desarrolló un software que ayuda a realizar transacciones en línea de forma más segura. Según él, "Hay muchos factores a favor de RSA, a saber, la necesidad de transacciones financieras más seguras y que puedan rastrearse en un mundo acosado por los fraudes en línea, e identificar al ladrón".[23]

2. *Lo incongruente.* Cuando algo es incongruente, hay inconsistencias e incompatibilidades en la forma en que aparece. Las cosas "deberían ser" de cierta manera, pero no lo son. Cuando el juicio normal sobre la forma en que deberían ser las cosas ya no es válido, por cualquier razón, es cuando se dan oportunidades que captar. Los emprendedores que están dispuestos a "pensar fuera de la caja", es decir, a pensar más allá de los enfoques tradicionales y convencionales, pueden encontrar nichos de rentabilidad potencial. Sigi Rabinowicz, fundador y presidente de Tefron, una firma israelí, reconoció incongruencias en la forma en que se fabricaba la lencería femenina. Sabía que era posible una mejor manera. Su compañía pasó más de una década adaptando un máquina circular de tejido de punto para medias, para hacer la ropa íntima prácticamente sin costuras.[24] Otro ejemplo de cómo es que las incongruencias pueden ser una fuente potencial de oportunidades de emprendimiento es Fred Smith, fundador de FedEx, quien en a principios de la década de 1970 ubicó las ineficiencias en la entrega de paquetes y documentos. Su enfoque era: ¿Por qué no?, ¿Quién dice que la entrega nocturna no es posible? Las incongruencias que Smith detectó llevaron a la creación de FedEx, una corporación que actualmente vale miles de millones de dólares.

3. *Las necesidades de proceso.* ¿Qué sucede cuando la tecnología no aparece de inmediato con el "gran descubrimiento" que fundamentalmente cambiará la propia naturaleza de algún producto o servicio? Lo que sucede es que pueden existir nichos de oportunidades de emprendimiento en las diversas etapas del proceso, conforme los investigadores y técnicos siguen trabajando para la monumental innovación. Como el salto total no ha sido posible, las oportunidades abundan en los pequeños pasos. Considere la industria de productos médicos como ejemplo. Aunque los investigadores aún no han descubierto una cura para el cáncer, se han creado muchas compañías emprendedoras exitosas de biotecnología conforme aumenta el conocimiento sobre una posible cura. La "gran innovación" aún no ha ocurrido, pero se han presentado diversas oportunidades de emprendimiento a lo largo del proceso de descubrimiento.

4. *Estructuras de industria y mercado.* Cuando los cambios en la tecnología modifican la estructura de una industria y el mercado, las firmas existentes pueden volverse obsoletas si no se sintonizan con los cambios o si no están dispuestas a cambiar. Incluso

los cambios en valores sociales y gustos del consumidor pueden modificar las estructuras de industrias y mercados. Estos mercados e industrias se vuelven objetivos abiertos para emprendedores ágiles e inteligentes. Por ejemplo, mientras trabajaba medio tiempo para un taller automotriz y terminaba su licenciatura en ingeniería, Joe Born se preguntó si el amortiguador de pintura industrial que se utilizaba para pulir la pintura de un automóvil podría utilizarse para suavizar los rayones de los CD. Lo probó en su CD favorito de Clint Black, el cual había arruinado, y el recién pulido CD se reprodujo sin problemas. Después de esta experiencia, Born dedicó casi cuatro años a perfeccionar su equipo de reparación de discos, el SkipDr.[25] Luego, hay un área completa de Internet, la cual proporciona diversos buenos ejemplos sobre industrias y mercados existentes que son desafiados por compañías emprendedoras advenedizas. Por ejemplo, eBay ha prosperado como un intermediario en línea entre compradores y vendedores. El presidente de eBay dice que el trabajo de la compañía es conectar a la gente, no venderles cosas. ¡Y conectarlas es lo que hace! La firma de subastas en línea tiene más de 275 millones de usuarios registrados.[26]

5. *Demografía.* Las características de la población mundial están cambiando. Estos cambios influyen en industrias y mercados, al modificarse el tipo y las cantidades de productos y servicios deseados y la capacidad de compra de los clientes. Aunque muchos de estos cambios son bastante predecibles si se permanece alerta ante las tendencias demográficas, otras no son tan obvias. De cualquier manera, puede haber oportunidades de emprendimiento importantes si se anticipa y se satisfacen las necesidades cambiantes de la población. Por ejemplo, Thay Thida fue una de las tres socias de Khmer Internet Development Services (KIDS) en Phnom Penh, Camboya. Ella y los cofundadores vieron la oportunidad de brindar el servicio de Internet a los camboyanos y obtuvieron ganancias de su compañía emprendedora.[27]

6. *Cambios en la percepción.* La percepción es la visión propia de la realidad. Cuando ocurren cambios en la percepción, los hechos no se modifican, pero su significado sí. Los cambios en la percepción suceden en el corazón del perfil psicográfico de la gente; lo que valoran, lo que creen y lo que les importa. Los cambios en estas actitudes y valores crean oportunidades de mercado potenciales para emprendedores atentos. Por ejemplo, piense en su percepción con respecto a los alimentos sanos. Como ha cambiado nuestra percepción sobre si ciertos grupos de alimentos son buenos para nosotros, ha habido oportunidades de productos y servicios para que los emprendedores las reconozcan y aprovechen. Por ejemplo, John Mackey inició Whole Foods Market en Austin, Texas, como un lugar para que los clientes compraran alimentos y otros artículos libres de pesticidas, conservadores, edulcorantes y crueldad. Ahora, como la cadena de alimentos naturales número uno en el mundo, la compañía emprendedora de Mackey consta de aproximadamente 275 tiendas en Estados Unidos, Canadá y el Reino Unido.[28] Michael y Ellen Diamant cambiaron la percepción de que los artículos de primera necesidad para bebés (bolsas para pañales, calentadores para biberones y botelleros) no podían estar a la moda. Su compañía de artículos para bebés, Skip Hop, ofrece productos caros que los nuevos padres cuidadosos del diseño han adoptado.[29]

7. *Conocimiento nuevo.* El conocimiento nuevo es una fuente importante de oportunidades de emprendimiento. Aunque no todas las innovaciones basadas en el conocimiento son significativas, el conocimiento nuevo ocupa un lugar bastante elevado en la lista de fuentes de oportunidades de emprendimiento. Sin embargo, se necesita algo más que sólo contar con conocimiento nuevo. Los emprendedores deben ser capaces de hacer algo con ese conocimiento y necesitan proteger información patentada importante de los competidores. Por ejemplo, los científicos franceses están utilizando conocimiento nuevo sobre textiles para desarrollar una amplia gama de productos innovadores para mantener a los usuarios saludables y con buen olor. Neyret, el fabricante parisino de lencería, innovó con productos de lencería tejidos con microcápsulas de perfume que permanecen en la tela durante aproximadamente 10 lavadas. Otra compañía francesa, Francital, desarrolló una tela tratada con productos químicos para absorber sudor y olores.[30]

Estar atentos a las oportunidades de emprendimiento es sólo una parte de los esfuerzos iniciales de un emprendedor. También debe entender la ventaja competitiva. Como explicamos en el capítulo 8, cuando una organización tiene una ventaja competitiva, tiene algo que otras no tienen, hace algo mejor que otras organizaciones, o hacen algo que otras no pueden. La ventaja competitiva es un ingrediente necesario para el éxito de largo plazo y la supervivencia de una compañía emprendedora. Obtener y mantener una ventaja competitiva es difícil. Sin embargo, es algo que los emprendedores deben considerar cuando investigan la factibilidad de una compañía.

Investigación de factibilidad de una compañía. Generación y evaluación de ideas

En un viaje a Nueva York, Miho Inagi probó por primera vez el sabor de las deliciosas rosquillas de la ciudad. Después de su gran experiencia palatina tuvo la idea de llevar las rosquillas a Japón. Cinco años después de su primer viaje a Nueva York y del subsecuente aprendizaje sobre el negocio de las rosquillas en Nueva York, Miho abrió Maruichi Bagel en Tokyo. Después del esfuerzo por establecer y hacer funcionar la tienda, tiene un grupo de clientes leales.[31]

Es importante que los emprendedores investiguen la factibilidad de la compañía mediante la generación y evaluación de ideas de negocio. Las compañías emprendedoras crecen por las ideas. La generación de ideas es un proceso creativo, de innovación. También es un proceso que lleva tiempo, no sólo en las primeras etapas de la compañía emprendedora, sino a lo largo de la vida de la empresa. ¿De dónde provienen las ideas?

Generación de ideas. Estudios sobre emprendedores han demostrado que las fuentes de sus ideas son únicas y variadas. Una encuesta arrojó que "trabajar en la misma industria" era la principal fuente de ideas para una compañía emprendedora (60 por ciento de los encuestados).[32] Otras fuentes incluyen intereses personales o pasatiempos, productos y servicios conocidos y desconocidos, y oportunidades en sectores ambientales externos (tecnológicos, socioculturales, demográficos, económicos o político-legales).

¿Qué deben buscar los emprendedores cuando investigan las fuentes de ideas? Aquellas limitaciones de lo que está actualmente disponible, enfoques nuevos y diferentes, avances y progresos, nichos no cubiertos, o tendencias y cambios. Por ejemplo, a John C. Diebel, fundador de Meade Instruments Corporation, un fabricante de telescopios de Irvine, California, se le ocurrió la idea de colocar accesorios computarizados a los modelos más baratos de la compañía para que los astrónomos principiantes pudieran introducir mediante un teclado las coordenadas de los planetas o estrellas que querían ver. Entonces el telescopio localizaría y se enfocaría automáticamente en los cuerpos celestes deseados. A los ingenieros de la compañía les llevó dos años descubrir cómo hacerlo, pero Meade ahora controla más de la mitad del mercado de la astronomía amateur.[33]

Evaluación de ideas. La evaluación de ideas emprendedoras implica consideraciones personales y de mercado. Cada una de estas evaluaciones proporcionará al emprendedor información clave de las ideas potenciales. La figura A-1 describe algunas de las preguntas que los emprendedores podrían hacerse mientras evalúan ideas potenciales.

Un método de evaluación más estructurado que probablemente querría utilizar un emprendedor es un **estudio de factibilidad**; un análisis de los diversos aspectos de una compañía emprendedora propuesta, diseñado para determinar su factibilidad. Un estudio de factibilidad bien preparado no sólo es una herramienta efectiva de evaluación para determinar si una idea emprendedora es potencialmente exitosa, sino que puede servir como base para todo plan de negocio importante.

Un estudio de factibilidad debe proporcionar descripciones de la mayoría de los elementos importantes de la compañía emprendedora y del análisis del emprendedor con respecto a la viabilidad de estos elementos. La figura A-2 proporciona las ideas generales de un posible método para un estudio de factibilidad. Sí, éste abarca mucho terreno e implica una cantidad importante de tiempo, energía y esfuerzo para preparar este estudio, pero el potencial de éxito a futuro del emprendedor vale esa inversión.

estudio de factibilidad
Análisis de los diversos aspectos de una compañía emprendedora propuesta, diseñado para determinar su factibilidad.

Figura A–1

Evaluación de ideas
potenciales

Consideraciones personales:	Consideraciones de mercado:
• ¿Cuenta con las capacidades para hacer lo que ha seleccionado?	• ¿Quiénes son los clientes potenciales para su idea: quiénes, dónde, cuántos?
• ¿Está listo para ser un emprendedor?	• ¿Qué características de producto, similares o únicas, tiene la idea propuesta, comparadas con las que actualmente están en el mercado?
• ¿Está preparado emocionalmente para lidiar con el estrés y los desafíos que implican ser un emprendedor?	
• ¿Está preparado para lidiar con el rechazo y el fracaso?	• ¿Cómo y dónde comprarán su producto los clientes potenciales?
• ¿Está listo para trabajar duramente?	• ¿Ha considerado cuestiones de precios y si el precio que establecerá le permitirá a su compañía sobrevivir y prosperar?
• ¿Tiene una imagen real del potencial de la compañía?	
• ¿Tiene la preparación sobre cuestiones financieras?	• ¿Ha considerado cómo tendrá que promover y publicitar el emprendimiento que se propone?
• ¿Está dispuesto y preparado para realizar continuamente análisis financieros y de otros tipos?	

Figura A–2

Estudio de factibilidad

A. Introducción, antecedentes históricos, descripción del producto o servicio:
1. Breve descripción de la compañía emprendedora propuesta.
2. Breve historia de la industria.
3. Información sobre la economía y tendencias importantes.
4. Estado actual del producto o servicio.
5. Cómo pretende producir el producto o servicio.
6. Complete la lista de bienes o servicios que va a proporcionar.
7. Fortalezas y debilidades del negocio.
8. Facilidad para entrar a la industria, incluido un análisis de los competidores.

B. Consideraciones contables:
1. Hoja de balance pro forma.
2. Estado pro forma de pérdidas y ganancias.
3. Análisis proyectado de flujo de efectivo.

C. Consideraciones administrativas:
1. Experiencia personal; fortalezas y debilidades.
2. Diseño organizacional propuesto.
3. Necesidades potenciales de personal.
4. Métodos de administración de inventario.
5. Cuestiones de producción y de administración de operaciones.
6. Necesidades de equipo.

D. Consideraciones de marketing:
1. Descripción detallada del producto.
2. Identificación del mercado meta (quién, dónde, cuánto).
3. Describa el lugar donde se distribuirá el producto (ubicación, tráfico, tamaño, canales, etcétera).
4. Determinación de precios (competencia, listas de precios, etcétera).
5. Planes de promoción (rol de ventas personales, publicidad, promoción de ventas, etcétera).

E. Consideraciones financieras:
1. Costos del emprendimiento.
2. Requerimientos de capital de trabajo.
3. Requerimientos de capital.
4. Préstamos; montos, tipo, condiciones.
5. Análisis de pérdidas y ganancias.
6. Garantías.
7. Referencias crediticias.
8. Financiamiento para equipo e instalaciones; costos y métodos.

F. Consideraciones legales:
1. Estructura del negocio propuesto (tipo; condiciones, términos, obligaciones, responsabilidades; necesidades de seguros; cuestiones de adquisiciones y sucesiones).
2. Contratos, licencias y otros documentos legales.

G. Consideraciones de impuestos: ventas-propiedad-empleados; federales, estatales y locales.

H. Apéndice: cuadros y/o gráficas, diagramas, diseños, currícula, etcétera.

Investigación de la factibilidad de una compañía. Investigación de competidores

Parte de la investigación de la factibilidad de una compañía es analizar a los competidores. ¿Qué querrían saber los emprendedores sobre sus competidores potenciales? Aquí presentamos algunas posibles preguntas:

¿Qué tipos de productos o servicios ofrecen los competidores?

¿Cuáles son las principales características de estos productos o servicios?

¿Cuáles son las fortalezas y debilidades de los productos de los competidores?

¿Cómo manejan los competidores el marketing, la fijación de precios y la distribución?

¿Qué intentan hacer los competidores de forma diferente a otras compañías?

¿Parecen tener éxito en ello? ¿Por qué?

¿En qué son buenos?

¿Qué ventajas competitivas parecen tener?

¿En qué no son tan buenos?

¿Qué desventajas competitivas parecen tener?

¿Qué tan grandes y rentables son estos competidores?

Por ejemplo, el presidente de The Children's Place analizó cuidadosamente a la competencia cuando llevó su cadena de tiendas de ropa infantil a un nivel nacional. Aunque enfrenta una dura competencia de compañías similares como GapKids, JCPenney y Gymboree, siente que el método de su compañía para fabricar y comercializar le dará un margen competitivo.[34]

Cuando un emprendedor tiene información sobre los competidores, debe evaluar cómo encajará la compañía emprendedora en su arena competitiva. ¿La compañía emprendedora será capaz de competir exitosamente? Este tipo de análisis de competidores llega a ser una parte importante del estudio de factibilidad y del plan de negocios. Si después de todo este análisis la situación luce prometedora, la parte final de la investigación de factibilidad de la compañía es considerar las distintas opciones de financiamiento. Esto no es la determinación final de cuántos fondos necesitará la compañía o de dónde provendrá este financiamiento, sino simplemente reunir información sobre diversas alternativas de financiamiento.

Investigación de la factibilidad de una compañía. Investigación sobre financiamiento

Obtener financiamiento no siempre es fácil. Por ejemplo, cuando William Carey propuso por primera vez construir un negocio de distribución de licores en Polonia, más de 20 bancos de inversión de Nueva York rechazaron financiar su idea. Carey recuerda, "Ellos no conocían Polonia, y el negocio era pequeño. Estábamos a punto de rendirnos". Entonces, un banco de inversión altamente especializado aceptó financiar la compañía. Hoy en día, la compañía de Carey (CEDC Central European Distribution) tiene más de 3,000 empleados e ingresos por ventas de más de 1.1 mil millones de dólares.[35]

Debido a que la mayoría de las compañías emprendedoras necesitarán fondos para iniciar, un emprendedor debe investigar las diversas opciones de financiamiento. La figura A-3 muestra algunas opciones de financiamiento disponibles para emprendedores.

Planeación de una compañía. Desarrollo de un plan de negocios

La planeación es importante para las compañías emprendedoras. Una vez que se ha investigado exhaustivamente la factibilidad de la compañía, el emprendedor debe considerar la planeación de la compañía. La cuestión más importante que el emprendedor hace al planear una compañía es desarrollar un **plan de negocios**, es decir, un documento escrito que resume una oportunidad de negocios y define y articula cómo se aprovechará la oportunidad identificada.

Para muchos futuros emprendedores, desarrollar y escribir un plan de negocios parece una tarea intimidante. Sin embargo, un buen plan de negocios es valioso. Éste reúne todos los elementos de la visión de un emprendedor en un solo documento coherente. El plan de negocios necesita una planeación cuidadosa y un pensamiento creativo. Si se hace bien,

plan de negocios
Documento escrito que resume una oportunidad de negocios y define y articula cómo se aprovechará la oportunidad identificada.

- Recursos personales del emprendedor (ahorros personales, crédito hipotecario, préstamos personales, tarjetas de crédito, etcétera).
- Instituciones financieras (bancos, instituciones de ahorro y préstamos, préstamo garantizado por el gobierno, uniones de crédito, etcétera).
- **Capitalistas de riesgo**; financiamiento por medio de capital externo, proporcionado por un fondo común administrado profesionalmente, formado con el dinero de inversionistas.
- **Ángeles de negocios**; inversionista privado (o grupo de inversionistas privados) que ofrece apoyo financiero a una compañía emprendedora a cambio de participación en la compañía.
- **Oferta pública inicial (IPO)**; primer registro público y venta de acciones de una compañía.
- Programas gubernamentales nacionales, estatales y locales para el desarrollo de empresas.
- Fuentes inusuales (programas de televisión, concursos, etcétera).

puede ser un documento convincente que tenga diversas funciones. Sirve como anteproyecto y guía para operar el negocio. Y el plan de negocios es un documento "vivo" que guía las decisiones y acciones a lo largo de la vida de la empresa, y no sólo en la etapa de emprendimiento.

Si un emprendedor ha completado el estudio de factibilidad, mucha de la información incluida en él se vuelve la base del plan de negocios. Un buen plan de negocios tiene seis secciones principales: resumen ejecutivo, análisis de oportunidades, análisis del contexto, descripción del negocio, datos financieros y proyecciones, y documentación de apoyo.

Resumen ejecutivo. El resumen ejecutivo es un compendio de puntos clave que el emprendedor quiere señalar con respecto a la compañía emprendedora propuesta. Éstos podrían incluir una breve declaración de misión; objetivos principales; una breve historia de la compañía emprendedora, tal vez en la forma de eventos cronológicos; personas importantes involucradas en la compañía; la naturaleza de la empresa; descripciones concisas del producto o servicio; explicaciones breves sobre el nicho de mercado, competidores y ventaja competitiva; estrategias propuestas, e información financiera clave seleccionada.

Análisis de oportunidades. En esta sección del plan de negocios, un emprendedor presenta los detalles de la oportunidad percibida. En esencia, esto significa (1) dimensionar el mercado mediante una descripción de la demografía del mercado objetivo, (2) describir y evaluar las tendencias de la industria y (3) identificar y evaluar a los competidores.

Análisis del contexto. Mientras que el análisis de oportunidades se enfoca en las oportunidades de una industria y un mercado específicos, el análisis de contexto considera una perspectiva mucho más amplia. Aquí, el emprendedor describe los cambios externos y las tendencias generales que se presentan en los entornos económico, político-legal, tecnológico y global.

Descripción de la empresa. En esta sección, el emprendedor describe cómo se organizará la compañía emprendedora, cómo iniciará y cómo se administrará. Esto incluye una descripción completa de la declaración de misión; una descripción de la cultura organizacional deseada; planes de marketing, entre ellos la estrategia global de marketing, la fijación de precios, tácticas de ventas, políticas de garantías de servicio y tácticas de publicidad y promoción; planes de desarrollo de productos, como una explicación del estado de desarrollo, tareas, dificultades y riesgos y costos anticipados; planes de operación, incluida una descripción de la ubicación geográfica propuesta, instalaciones y mejoras necesarias, equipo y flujo de trabajo; planes de recursos humanos, junto con una descripción de personas clave para la administración, composición de la mesa directiva, que comprende su experiencia y habilidades, necesidades actuales y futuras de personal, compensaciones y beneficios, y necesidades de capacitación, así como un programa general y cronológico de eventos.

Datos financieros y proyecciones. Todo plan de negocios eficaz contiene información financiera y proyecciones. Aunque los cálculos y la interpretación pueden resultar difíciles, son absolutamente cruciales. Ningún plan de negocios está completo sin información financiera. Los planes financieros deben abarcar al menos tres años y contener estados de ingresos proyectados, análisis pro forma de flujo de efectivo (mensual para el primer año y trimestral para los dos siguientes), estados financieros pro forma, análisis de riesgos y controles de costos. Si se espera adquirir equipo importante o realizar otras compras de bienes de capital, se debe hacer una lista de los artículos, costos y las garantías disponibles.

Todas las proyecciones financieras y análisis deben incluir notas aclaratorias, en especial donde la información parezca dudosa o contradictoria.

Documentación de apoyo. Un componente importante de un plan de negocios eficaz es la documentación de apoyo. Un emprendedor debe respaldar sus descripciones con cuadros, gráficas, tablas, fotografías u otras herramientas visuales. Además, puede ser importante incluir información (personal y relacionada con el trabajo) sobre los participantes clave en la compañía emprendedora.

Así como idear una compañía emprendedora lleva tiempo, también el escribir un buen plan de negocios. Para un emprendedor es importante que piense seriamente al estructurar el plan. No es sencillo crear el plan, pero el documento resultante debe ser provechoso para el emprendedor en sus esfuerzos de planeación actuales y futuros.

REPASO RÁPIDO

- Explique por qué las oportunidades son importantes para las compañías emprendedoras.
- Describa cada una de las siete fuentes de oportunidades potenciales.
- Explique por qué es importante para los emprendedores entender la ventaja competitiva.

- Mencione las opciones de financiamiento posibles para los emprendedores.
- Describa las seis secciones principales de un plan de negocios.

ELEMENTOS DE LA ORGANIZACIÓN DE UNA COMPAÑÍA EMPRENDEDORA

Donald Hannon, presidente de Graphic Laminating, Inc., en Solon, Ohio, rediseñó la estructura de su organización, y la transformó en una compañía de empleados facultados para tomar decisiones. Él quería disminuir la autoridad a lo largo de la organización, de tal manera que los empleados fueran responsables de sus propios esfuerzos. Una de las maneras en que hizo esto fue mediante la creación de equipos de empleados para manejar proyectos específicos. A los empleados con menos experiencia se les incluyó en equipos con empleados veteranos. Comenta, "Quiero construir un buen equipo y dar a la gente la capacidad de triunfar, Algunas veces eso significa darles la capacidad de cometer errores, y debo mantener eso en perspectiva. Cuanto más permitamos a las personas que sean más buenas en lo que hacen, serán mejores, y todos llegaremos a lo óptimo".[36]

Una vez que se han resuelto las cuestiones de arranque y de planeación de una compañía emprendedora, el emprendedor está listo para comenzar a organizar la compañía. Hay cinco asuntos de organización que el emprendedor debe abordar: la forma legal de la organización, el diseño y estructura organizacional, la administración de recursos humanos, cómo simular y hacer cambios, y la continua importancia de la innovación.

Formas legales de organización

La primera decisión de organización que un emprendedor debe tomar es una que resulta crucial: determinar la forma de la propiedad legal de la compañía. Los dos factores principales que afectan esta decisión son los impuestos y la responsabilidad legal. Un emprendedor quiere minimizar el efecto de estos dos factores. La elección correcta puede proteger al emprendedor de responsabilidades legales, así como ahorrarle dinero de impuestos, tanto en el corto como en el largo plazo.

¿Qué alternativas están disponibles? Existen tres formas básicas para organizar una compañía emprendedora: como propietario único, en sociedad o en corporación. Sin embargo, si incluye las variaciones de estas alternativas organizacionales básicas, llega a seis posibles opciones, cada una con consecuencias fiscales, problemas de responsabilidad, y ventajas y desventajas únicas: propietario único, sociedad general, sociedad de responsabilidad limitada (SRL), corporación C, corporación S y compañía de responsabilidad limitada (CRL). Analicemos brevemente cada una de ellas, así como sus ventajas y desventajas. (La figura A-4 resume la información básica sobre cada alternativa organizacional.)

---

capitalistas de riesgo
Individuos que dan financiamiento por medio de capital externo proporcionado por un fondo común administrado profesionalmente, formado con el dinero de inversionistas.

Ángeles de negocios
Inversionista privado (o grupo de inversionistas privados) que ofrece apoyo financiero a una compañía emprendedora a cambio de participación en la compañía.

oferta pública inicial
Primer registro público y venta de acciones de una compañía.

Figura A–4   Formas legales para la organización de una empresa

Estructura	Requisitos de propiedad	Trato fiscal	Responsabilidad	Ventajas	Desventajas
Propietario único	Un propietario	Los ingresos y las pérdidas "pasan" al propietario y son gravados con la tasa personal	Responsabilidad personal ilimitada	*Bajos costos de arranque* Liberación de la mayoría de los reglamentos *El propietario tiene control directo* Todas las utilidades pasan al propietario *Facilidad para dejar el negocio*	Responsabilidad personal ilimitada *Finanzas personales en riesgo* Pierde muchas deducciones fiscales empresariales *Responsabilidad total* Puede resultar más difícil conseguir financiamiento
Sociedad general	Dos o más propietarios	Los ingresos y las pérdidas "pasan" a los socios y son gravadas con la tasa personal; *flexibilidad en la distribución de utilidades-pérdidas para los socios*	Responsabilidad personal ilimitada	*De fácil formación* Talento agrupado *Recursos mancomunados* Es un poco más fácil acceder a financiamiento *Algunos beneficios fiscales*	Responsabilidad personal ilimitada *Autoridad y decisiones divididas* Susceptibilidad a conflictos *Continuidad en la transferencia de la propiedad*
Sociedad de responsabilidad limitada (SRL)	Dos o más propietarios	Los ingresos y las pérdidas "pasan" a los socios y son gravadas con la tasa personal; *flexibilidad en la distribución de utilidades-pérdidas para los socios*	Limitada, aunque uno de los socios debe mantener responsabilidad ilimitada	*Buena manera de conseguir capital de los socios limitados*	Los costos y la complejidad de formación pueden ser elevados *Los socios limitados no pueden participar en la administración de la empresa sin perder la protección de la responsabilidad*
Corporación C	Número ilimitado de accionistas; *no hay límites en los tipos de acciones o en los acuerdos de votación*	El ingreso por dividendos es gravado en niveles corporativos y de accionistas personales; *las pérdidas y deducciones son corporativas*	Limitada	*Responsabilidad limitada* Propiedad transferible *Existencia continua* Acceso más fácil a recursos	Resulta costoso establecerla *Muy reglamentada* Doble gravamen *Amplio mantenimiento de registros* Restricciones de constitución
Corporación S	Más de 75 accionistas; *no hay límites en los tipos de acciones o en los acuerdos de votación*	Los ingresos y las pérdidas "pasan" a los socios y son gravados con la tasa personal; *flexibilidad en la distribución de utilidades-pérdidas para los socios*	Limitada	*Fácil de formar* Disfruta de la protección de responsabilidad limitada y de los beneficios fiscales de una sociedad *Puede tener una entidad de exención fiscal como un accionista*	Debe cumplir con ciertos requisitos *Puede limitar opciones futuras de financiamiento*
Compañía de responsabilidad limitada (CRL)	Número ilimitado de "miembros"; *acuerdos flexibles de membresía para los derechos de voto e ingresos*	Los ingresos y las pérdidas "pasan" a los socios y son gravados con una tasa personal; *flexibilidad en la asignación de ganancias-pérdidas para los socios*	Limitada	*Mayor flexibilidad* No restringida por las reglamentaciones de las corporaciones C y S *Gravada como sociedad, no como corporación*	El costo por cambiar de otra forma a ésta puede ser elevado *Necesita asesoría legal y financiera para formar un acuerdo operativo*

Propietario único. Existe una forma legal de organización que se conoce como **propietario único** en la cual el propietario mantiene el control único y total del negocio y es personalmente responsable de las deudas del negocio. No existen más requisitos legales para establecer una propiedad única que contar con las licencias y permisos necesarios para el negocio. Para un propietario único, las ganancias y las pérdidas "pasan" al dueño y son gravadas con la tasa fiscal de ingreso personal del propietario. Sin embargo, la mayor desventaja es la responsabilidad personal ilimitada respecto a cualquier deuda del negocio.

Sociedad general. Por otra parte, una **asociación general** es una forma legal de organización en la cual dos o más propietarios de un negocio comparten la administración y el riesgo del negocio. Aunque es posible una sociedad sin un acuerdo por escrito, los problemas potenciales e inevitables que surgen en cualquier sociedad hacen muy recomendable tener un acuerdo de sociedad por escrito avalado por un asesor legal.

Sociedad de Responsabilidad Limitada (SRL). La forma legal de organización en la cual existen socios generales y socios limitados, se conoce como **sociedad de responsabilidad limitada (SRL)**. En realidad, los socios generales son los que operan y administran el negocio. Ellos son los que tienen responsabilidad ilimitada. En una SRL debe haber al menos un socio general. Sin embargo, puede haber cualquier cantidad de socios limitados. Por lo general, estos socios son inversionistas pasivos, aunque pueden hacer sugerencias de administración a los socios generales. Tienen también el derecho de vigilar el negocio y hacer copias de los registros del negocio. Los socios limitados tienen derecho a parte de las utilidades del negocio, de acuerdo con lo establecido en el acuerdo de sociedad, y su riesgo está limitado a la cantidad invertida en la SRL.

Corporación C. De los tres tipos básicos de propiedad, una corporación (también conocida como corporación C) es la forma más compleja de establecer y operar. Una **corporación** es una entidad legal de negocio que está separada de sus propietarios y sus gerentes. Muchas compañías emprendedoras están organizadas como **empresas estrechamente relacionadas**, las cuales, de manera muy sencilla, son corporaciones propiedad de un número limitado de personas que no comercia con acciones de manera pública. Mientras que las formas organizacionales de propietario único y de sociedad no existen de modo separado del emprendedor, la corporación sí. Una corporación funciona como una entidad legal diferente, y como tal puede hacer contratos, comprometerse con actividades de negocio, tener propiedades, demandar y ser demandado y, por supuesto, pagar impuestos. Una corporación debe operar de acuerdo con sus estatutos y las leyes del estado en que opera.

Corporación S. Un tipo especializado de corporación es la **corporación S** (también llamada corporación del subcapítulo S) que tiene las características normales de una corporación C, pero es único en que los propietarios son gravados como una sociedad, mientras se cumplan ciertos criterios. La corporación S ha sido un método clásico de organización para obtener la responsabilidad limitada de una estructura corporativa sin incurrir en impuestos corporativos. Sin embargo, esta forma legal de organización debe cumplir con ciertos criterios estrictos. Si se viola alguno de ellos, el estatus de S de una compañía termina automáticamente.

Compañía de Responsabilidad Limitada (LLC). Una forma de organización de negocio relativamente nueva son las **compañías de responsabilidad limitada (LLC)** que es un híbrido entre una sociedad y una corporación. Las LLC ofrecen la protección de responsabilidad de una corporación, los beneficios de impuestos de una sociedad, y las pocas restricciones de una corporación S. Sin embargo, la principal desventaja de este método es que su configuración es muy compleja y cara. Es de necesidad absoluta la asesoría legal y finan-

propietario único
Forma legal de organización en la cual el propietario mantiene el control único y total del negocio y es personalmente responsable de las deudas del negocio.

sociedad general
Forma legal de organización en la cual dos o más dueños de un negocio comparten la administración y el riesgo del negocio.

Sociedad de Responsabilidad Limitada (SRL)
Forma legal de organización en la cual existen socios generales y socios limitados.

corporación
Entidad legal de negocio que está separada de sus propietarios y sus gerentes.

empresas estrechamente relacionadas
Corporación propiedad de un número limitado de personas que no comercia con acciones de manera pública.

corporación S
Tipo especializado de corporación que tiene las características normales de una corporación C, pero es único en que los propietarios son gravados como una sociedad, mientras se cumplan ciertos criterios.

compañía de responsabilidad limitada (LLC)
Forma legal de organización de negocio que es un híbrido entre una sociedad y una corporación.

acuerdo de operación
Documento que esquematiza las disposiciones que regulan la forma en que una LLC hará negocios.

ciera para la formación del **acuerdo de operación** de una LLC, el cual es un documento que esquematiza las disposiciones que regulan la forma en que una LLC hará negocios.

Resumen de formas legales de las organizaciones. La decisión respecto a la organización de la forma legal para una compañía es muy importante debido a que puede tener consecuencias significativas en cuanto a impuestos y responsabilidades. Aunque es posible cambiar la forma legal de una organización, no es fácil hacer este tipo de cambio. Para elegir la mejor forma de organización, un emprendedor necesita pensar cuidadosamente sobre lo que es importante, sobre todo en las áreas de flexibilidad, impuestos, y el grado de responsabilidad personal.

Diseño y estructura organizacional

La elección de la estructura organizacional apropiada es una decisión importante al organizar una compañía emprendedora. En algún punto, los emprendedores exitosos se dan cuenta de que no pueden hacer todo ellos solos. Se necesita más gente. Entonces, el emprendedor debe decidir sobre el arreglo organizacional más apropiado para llevar cabo las actividades de la organización de la manera más eficaz y eficiente. Sin algún tipo personalizado de estructura organizacional, la compañía emprendedora podría encontrarse de pronto en una situación caótica.

En muchas compañías pequeñas, la estructura organizacional tiende a evolucionar con muy poca planeación deliberada e intencional. En la mayoría de los casos, la estructura puede ser muy sencilla, una persona hace lo que es necesario. Al crecer la compañía emprendedora y cuando el emprendedor se percata de la creciente dificultad para continuar por su cuenta, se atraen empleados para que lleven a cabo ciertas funciones o tareas que el emprendedor no puede efectuar. Con el crecimiento de la compañía, estos individuos tienden a realizar esas mismas funciones. Si la compañía continúa su crecimiento, cada una de estas áreas funcionales puede requerir gerentes y empleados.

Con la evolución a una estructura más planeada, el emprendedor se enfrenta a todo un nuevo conjunto de desafíos. De pronto, deben compartir la toma de decisiones y responsabilidad de operaciones. Por lo general ésta es una de las cosas más difíciles que debe hacer un emprendedor, dejarlo y permitir que alguien más tome las decisiones. *Después de todo,* el razonamiento es, *¿cómo puede alguien conocer este negocio tan bien como yo?* Además, lo que podría haber sido una atmósfera informal, ligera y flexible que funcionaba bien cuando la organización era pequeña, podría ya no ser eficaz. Muchos emprendedores están muy preocupados respecto al mantenimiento de un entorno "pequeño", incluso cuando la compañía crece y evoluciona en un arreglo más estructurado. Pero tener una organización estructurada no necesariamente significa renunciar a la flexibilidad, la adaptabilidad y a la libertad. De hecho, el diseño estructural podría ser tan fluido como el emprendedor se sienta cómodo y aún así tener la rigidez necesaria para que opere de manera eficiente.

Las decisiones de diseño organizacional en las compañías emprendedoras se mueven alrededor de seis elementos clave de las organizaciones estructurales explicadas en el capítulo 9: especialización del trabajo, departamentalización, cadena de mando, tramo de control, grado de centralización o descentralización, y grado de formalización. Las decisiones respecto a estos seis elementos determinarán si un emprendedor diseña una estructura organizacional orgánica (conceptos explicados también en el capítulo 9). ¿Cuándo serán preferibles cada uno de ellos? Una estructura mecanicista es preferible cuando la eficiencia de los costos es crítica para la ventaja competitiva de la compañía, cuando es importante un mayor control sobre las actividades de trabajo de los empleados, si la compañía elabora productos estandarizados de forma rutinaria, y cuando el ambiente externo es relativamente estable y cierto. Una estructura orgánica es más apropiada cuando la innovación es crítica para la ventaja competitiva de la organización, para organizaciones más pequeñas donde no son necesarios métodos rígidos para la división y coordinación del trabajo, si la organización elabora productos a la medida mediante un método flexible y donde el ambiente externo es dinámico, complejo e incierto.

Problemas relacionados con la administración de recursos humanos en compañías emprendedoras

Durante el crecimiento de la compañía emprendedora, será necesario contratar más personal para que lleve a cabo el creciente trabajo. Durante la contratación de los empleados, el emprendedor enfrenta ciertos problemas de Administración de Recursos Humanos

(ARH). Dos problemas de ARH que son particularmente importantes para los emprendedores son el reclutamiento de los empleados y su retención.

Reclutamiento de empleados. Un emprendedor quiere asegurarse de que la compañía cuenta con la gente necesaria para hacer el trabajo requerido. El reclutamiento de nuevos empleados es uno de los mayores retos que tienen que enfrentar los emprendedores. De hecho, la habilidad de las pequeñas firmas para reclutar con éxito a los empleados apropiados está catalogada con razón como uno de los factores que más influyen en el éxito de la organización.[37]

En particular, los emprendedores buscan gente con gran potencial que pueda desempeñar múltiples roles durante los distintos estados en el crecimiento de la compañía. Buscan individuos que encajen en la cultura emprendedora de la compañía, y que tengan una pasión por el negocio.[38] A diferencia de sus contrapartes corporativas, que con frecuencia se enfocan en ocupar un puesto haciendo coincidir a la persona con los requerimientos del puesto, los emprendedores buscan satisfacer las necesidades críticas de habilidades. Buscan personas que sean excepcionalmente capaces y automotivadas, flexibles y con múltiples habilidades, y que puedan ayudar el crecimiento de la compañía emprendedora. Mientras que los gerentes corporativos tienden a enfocarse en el uso de prácticas y técnicas tradicionales de ARH, los emprendedores están más preocupados en hacer coincidir las características de la persona con los valores y la cultura de la organización; es decir, se enfocan en hacer coincidir a la persona con la organización.[39]

Retención del empleado. Obtener gente competente y calificada para una compañía es sólo el primer paso de la administración efectiva de recursos humanos. Un emprendedor quiere mantener a la gente que ha contratado y capacitado. Sabrina Horn, presidente de The Horn Group, con base en San Francisco, comprende la importancia de contar con gente capaz y conservarla. En la frenética actividad de las intensas y competitivas relaciones públicas de la industria, Sabrina sabe que la pérdida de empleados talentosos puede dañar los servicios al cliente. Para combatir esto, ofrece a los empleados un amplio arreglo de atractivos beneficios, tales como aumentos anuales, reparto de utilidades, fondos fiduciarios para hijos de los empleados, sabáticos pagados, fondos para el desarrollo del personal, entre otros. Pero más importante aún, Horn reconoce que los empleados tienen una vida fuera de la oficina y los trata de acuerdo con ello. Este tipo de método de ARH ha mantenido a sus empleados leales y productivos.[40]

Un importante y único problema en la retención de los empleados con la que deben lidiar los emprendedores es la compensación. Mientras que es más probable que las organizaciones tradicionales vean la compensación desde la perspectiva de la recompensa monetaria (salario base, beneficios e incentivos), es más probable que las firmas emprendedoras más pequeñas vean la compensación desde una perspectiva total de recompensa. Para estas firmas, la compensación se acompaña de recompensa psicológica, oportunidades de aprendizaje y el reconocimiento además de las recompensas económicas (salario base e incentivos).[41]

De qué forma estimular y realizar cambios

Sabemos que los emprendedores enfrentan un cambio dinámico. Tanto las fuerzas externas como las internas (vea el capítulo 12) pudieran hacer necesaria la realización de cambios en la compañía emprendedora. Los emprendedores tienen que estar alerta a los problemas y a las oportunidades que pudieran crear la necesidad de cambio. De hecho, de los muchos sombreros que porta un emprendedor, el de agente de cambio pudiera ser uno de los más importantes.[42] Si los cambios son necesarios en una compañía emprendedora, con frecuencia es el emprendedor quien reconoce primero la necesidad de un cambio y actúa como un catalizador, entrenador, porrista y consultor en jefe del cambio. El cambio no es fácil en ninguna organización, pero puede ser particularmente desafiante para las compañías emprendedoras. Incluso si una persona se siente bien al tomar riesgos, como lo son por lo general los emprendedores, el cambio puede ser difícil. Por eso es importante para un emprendedor reconocer los papeles importantes que juegan en la estimulación e implementación del cambio. Por ejemplo, Jeff Fluhr, presidente de StubHub, Inc., está consciente del importante rol que juega en la estimulación e implementación de los cambios. Como un jugador líder en el mercado de reventa de boletos por Internet, Fluhr tuvo que buscar continuamente formas para mantener la competitividad de su compañía. Uno de los cambios fue la creación de un acuerdo de publicidad exclusivo con la National Hockey League para promover StubHub.com en NHL.com.[43] Actualmente StubHub es una división de eBay. Durante cualquier tipo de cambio organizacional, un emprendedor tendría que actuar como entrenador en jefe y como porrista. Debido a que cualquier tipo de cambio organizacional puede ser disruptivo y atemorizante, un emprendedor debe explicar el cambio a los empleados y estimular los esfuerzos de cambio mediante el apoyo a los empleados, provocar el ánimo por el cambio, organizarlos y motivarlos para que pongan su mejor esfuerzo.

Por último, es posible que un emprendedor tenga que guiar el proceso real de cambio durante la implementación de la estrategia, la tecnología, los productos, la estructura o la gente. En este rol, el emprendedor responde preguntas, hace sugerencias, obtiene los recursos requeridos, facilita el conflicto y hace lo que sea necesario para lograr que el cambio sea implementado.

La importancia de la innovación continua

En el caótico y dinámico mundo actual de la competencia global, las organizaciones deben innovar continuamente con nuevos productos y servicios si quieren competir con éxito. La innovación es una característica clave de las compañías emprendedoras y, de hecho, es lo que hace a una compañía "emprendedora".

¿Qué debe hacer un emprendedor para estimular la innovación en una compañía? Es crucial tener una cultura de apoyo a la innovación. ¿Cómo es dicha cultura?[44] Es aquella en la que los empleados perciben que el apoyo de la supervisión y los sistemas de compensación organizacional son consistentes con el compromiso para la innovación. En este tipo de cultura es importante también que los empleados no perciban la presión de sus cargas de trabajo como excesiva o poco razonable. Y las investigaciones han mostrado que las firmas con culturas de apoyo a la innovación tienden a ser más pequeñas, a tener menos prácticas formales de recursos humanos y tener menos abundancia de recursos.[45]

RESUMEN DE APRENDIZAJE

- Compare las seis diferentes formas legales de organización.
- Describa los problemas relacionados con el diseño organizacional que tienen que enfrentar los emprendedores al crecer la compañía.
- Analice los problemas únicos en la ARH que enfrentan los emprendedores.
- Describa cómo es una cultura de apoyo a la innovación.

LA PROBLEMÁTICA DE DIRIGIR UNA COMPAÑÍA EMPRENDEDORA

Los empleados en la compañía de diseño Liz Lange's tienen que ser flexibles. Muchos no tienen descripciones de puesto, y se espera que todos contribuyan con ideas y se hagan cargo de las actividades en todos los departamentos. Lange comenta, "La frase 'Ese no es mi trabajo' no tiene cabida aquí". En cambio, Lange es un líder que apoya y que da a sus empleados un margen de acción considerable.[46]

El liderazgo es una importante función de los emprendedores. Al crecer, y al integrarse nuevo personal, un emprendedor asume un nuevo papel, el de líder. En esta sección explicaremos qué es lo que está relacionado con la función de liderazgo. Primero, revisaremos las características personales únicas de los emprendedores. Luego, explicaremos el importante rol de los emprendedores en la motivación de los empleados a través de otorgar facultades de decisión y de la dirección de la compañía y de los equipos de empleados.

Características de personalidad de los emprendedores

Piense en alguien conocido y que sea un emprendedor. Quizá sea alguien a quien conoce personalmente o tal vez alguien como Bill Gates de Microsoft. ¿Cómo describiría la personalidad de esta persona? Una de las áreas más investigadas del espíritu emprendedor ha sido la búsqueda para determinar cuáles, si existen, son las características psicológicas que tienen en común los emprendedores; cuáles son los rasgos de personalidad de los emprendedores que pudieran distinguirlos de los no-emprendedores, y cuáles son los rasgos de los emprendedores que pudieran predecir quién será un emprendedor exitoso.

¿Existe una "personalidad emprendedora" clásica? Aunque tratar de señalar las características específicas de personalidad que comparten todos los emprendedores significa el mismo problema que la identificación de los rasgos del liderazgo, esto es, ser capaz de identificar los rasgos de personalidad que comparten *todos* los emprendedores, esto no ha detenido a los investigadores acerca del espíritu emprendedor para mencionar rasgos comunes.[47] Por ejemplo, una de las listas acerca de las características personales incluye lo siguiente: alto nivel de motivación, mucha autoconfianza, habilidad para comprometerse por largo tiempo, alto nivel de energía, persistencia en la solución de problemas, alto grado de iniciativa, capacidad para establecer metas y moderar la toma de riesgos.[48] Otra lista de las características de los empresarios "exitosos" incluye un alto nivel de energía, gran persistencia, ingenio, deseo y habilidad para autodirigirse y una relativa necesidad de autonomía.

Otro desarrollo para la definición de las características de la personalidad emprendedora fue el uso de la escala de personalidad proactiva para predecir la probabilidad de un individuo de perseguir compañías emprendedoras. En el capítulo 13 introdujimos el rasgo de **personalidad proactiva**. Recuerde que es un rasgo de personalidad que describe a los individuos que son más propensos que otros para llevar a cabo acciones para influir en su entorno, esto es, son más proactivos. Obviamente, un emprendedor es más propenso a exhibir proactividad cuando busca oportunidades y actúa para tomar ventaja de esas oportunidades.[49] Se ha encontrado que varios elementos en la escala de personalidad proactiva son buenos indicadores de la propensión de una persona a convertirse en emprendedor, como el ser de sexo masculino, la educación, tener un padre emprendedor y poseer una personalidad proactiva. Además, los estudios han mostrado que los emprendedores tienen mayor propensión al riesgo que los gerentes.[50] Sin embargo, esta propensión está moderada por la meta primaria del emprendedor. La propensión al riesgo es mayor en los emprendedores cuya principal meta es el crecimiento que para aquellos cuyo enfoque es producir ingresos familiares.

Motivación de los empleados a través del otorgamiento de facultades de decisión

En Sapient Corporation (creador de sistemas de software en Internet para e-commerce y automatización de tareas de back-office tales como facturación e inventarios), sus cofundadores Jerry Greenberg y J. Stuart Moore reconocieron que la motivación de los empleados era de importancia vital para el éxito rotundo de la compañía.[51] Diseñaron su organización de modo que los empleados individuales sean parte de un equipo específico de la industria que funciona en un proyecto completo en lugar de una pequeña pieza de ella. Su razonamiento era que la gente se suele sentir frustrada cuando realiza una pequeña parte del trabajo y nunca logra ver todo el trabajo de principio a fin. Se imaginaron que la gente sería más productiva si tuviera la oportunidad de participar en todas las fases de un proyecto.

Cuando usted está motivado para hacer algo, ¿no se siente con la suficiente energía y dispuesto a trabajar duro para hacer algo en lo que está motivado a hacer? ¿No sería grandioso si todos los empleados de la compañía estuvieran con energía, motivados y dispuestos a trabajar duro en sus funciones? Tener empleados motivados es una meta importante para cualquier emprendedor, y el otorgar facultades de decisión a los empleados es una herramienta motivacional importante que los emprendedores pueden utilizar.

Aunque no es fácil para los emprendedores hacerlo, dar a los empleados el poder de tomar decisiones y llevar a cabo acciones por su propia cuenta es un importante método motivacional. ¿Por qué? Porque las compañías emprendedoras exitosas deben ser rápidas y ágiles, listas para perseguir las oportunidades y dirigirse a nuevas direcciones. Los empleados con facultades para tomar decisiones pueden proporcionar flexibilidad y rapidez. Cuando los empleados cuentan con la facultad de tomar decisiones, con frecuencia despliegan una mayor motivación hacia el trabajo, mejor calidad de trabajo, mayor satisfacción laboral y menos rotación.

Por ejemplo, los empleados en Butler International, Inc., una firma de servicios de consultoría tecnológica con base en Montvale, New Jersey, trabaja en las locaciones del cliente. El presidente y director general Ed Kopko reconoce que los empleados deben tener la facultad de tomar decisiones para realizar sus actividades si quieren tener éxito[52]. Otra compañía emprendedora que mostró que el facultar para tomar decisiones a los empleados es un método motivacional muy poderoso en Stryker Instruments, de Kalamazoo, Michigan, una división de Stryker Corporation. Cada una de las unidades de producción de la compañía es responsable de su presupuesto de operación, de sus metas de reducción de costos, niveles de servicio al cliente, manejo de inventario, capacitación, planeación y

personalidad proactiva
Rasgo de personalidad que describe a los individuos que son más propensos que otros para llevar a cabo acciones para influir en su entorno.

pronóstico de la producción, compras, administración de recursos humanos, seguridad y solución de problemas. Además, los miembros de las unidades trabajan estrechamente con mercadotecnia, ventas e Investigación y Desarrollo (R&D) durante la introducción de un nuevo producto y los proyectos de mejora continua. Un supervisor de un grupo comenta, "Stryker me permite hacer lo que hago mejor y me recompensa por ese privilegio".[53]

Otorgar facultades de decisión (*empowerment*) es un concepto filosófico que los emprendedores deben asimilar, y no es un concepto sencillo. De hecho, para muchos emprendedores no lo es. Su vida está ligada al negocio. Lo crearon a partir de cero. Pero continuar el crecimiento de la compañía emprendedora en algún momento requiere delegar mayor responsabilidad sobre los empleados. ¿Cómo puede un emprendedor dar facultades de decisión a sus empleados? Para muchos emprendedores es un proceso gradual.

Los emprendedores pueden comenzar con la participación en la toma de decisiones en la cual los empleados proporcionan ideas para ella. Aunque hacer que los empleados participen en las decisiones no significa sumergirse por completo en la toma de decisiones de los empleados, al menos es una forma de comenzar a explorar el talento, las habilidades, el conocimiento y las capacidades del conjunto de los empleados.

Otra forma de dar facultades de decisión a los empleados es a través de la delegación, lo cual es el proceso de asignar a los empleados ciertas decisiones o actividades específicas. Al delegar decisiones y actividades, el emprendedor entrega la responsabilidad de llevarlas a cabo.

Cuando un emprendedor se siente bien con la idea de dar facultades de decisión al empleado, concederlas por completo a los empleados significa rediseñar sus puestos de manera que tengan libertad sobre la forma en que hacen su trabajo. Es dejar a los empleados que hagan su trabajo de manera efectiva y eficiente con el uso de su creatividad, imaginación, conocimiento y habilidades.

Si un emprendedor implementa adecuadamente el otorgamiento de facultades de decisión de los empleados, esto es, con el compromiso completo y total con el programa y con la capacitación adecuada de los empleados, los resultados pueden ser impresionantes para la compañía emprendedora y para los empleados que han recibido este otorgamiento de toma de decisiones. El negocio puede disfrutar ganancias significativas de productividad, mejoras en la calidad, clientes más satisfechos, incremento en la motivación de los empleados y mejora en la moral. Los empleados pueden disfrutar las oportunidades de realizar una mayor cantidad de trabajo que sea más interesante y desafiante.

Además, los empleados son motivados a tomar la iniciativa de identificar y resolver problemas y hacer su trabajo. Por ejemplo, en Mine Safety Appliances Companyen Pittsburgh, Pennsylvania, los empleados tienen la facultad de tomar decisiones para cambiar sus procesos de trabajo con el objeto de cumplir las desafiantes metas de mejora de calidad de la organización. Llegar a este punto tomó un tiempo inicial de 40 horas de instrucción en un salón de clase por empleado en áreas como dibujo de ingeniería, control estadístico del proceso, certificaciones de calidad e instrucciones laborales específicas. Sin embargo, el compromiso de la compañía para tener una fuerza laboral con facultades para tomar decisiones ha dado como resultado un incremento de 57 por ciento respecto a los cuatro últimos años y que 95 por ciento de los empleados de la compañía hayan logrado distintas certificaciones de habilidades.[54]

El emprendedor como líder

El último tema que analizaremos en esta sección es el rol del emprendedor como líder. En este rol, el emprendedor tiene ciertas responsabilidades de liderazgo en la compañía y en los equipos de trabajo.

Dirección de la compañía. El emprendedor exitoso de la actualidad debe ser como el líder de un ensamble de jazz, conocido por su improvisación, innovación y creatividad. Max DePree, anterior director de Herman Miller, Inc., un fabricante líder de mobiliario de oficina conocido por sus métodos de liderazgo innovadores, lo describió mejor en su libro *Leadership Jazz*: "Los líderes de una banda de jazz deben elegir la música, encontrar a los músicos adecuados, y ejecutar... en público. Pero el efecto de la ejecución dependerá de muchas cosas, el entorno, los voluntarios que tocan en la banda, la necesidad de que todos ejecuten como individuos y a la vez como un grupo, la dependencia absoluta del líder en los miembros de la banda, la necesidad de que los seguidores toquen bien... el líder de la banda de jazz tiene la maravillosa oportunidad de sacar lo mejor de los demás músicos. Tenemos mucho que aprender de los líderes de bandas de jazz, ya que el jazz combina, por ejemplo, la imprevisibilidad del futuro con las dotes de los individuos".[55]

La forma en que un emprendedor dirige la compañía debe parecerse al trabajo del líder de una banda de jazz, algo así como reflejar lo mejor de otros individuos, incluso con la imprevisibilidad de la situación. Una forma en la que el emprendedor hace esto es a través de la visión con que crea la organización. De hecho, la fuerza principal durante las primeras etapas de la compañía emprendedora suele ser el liderazgo visionario del emprendedor. La habilidad del emprendedor para articular una visión coherente, inspiradora y atractiva del futuro es una prueba clave de su liderazgo. Pero si un emprendedor puede hacer esto, los resultados pueden valer la pena. Un estudio que compara a las compañías visionarias con las no visionarias mostró que las compañías visionarias superaron en rendimiento a las no visionarias de una a seis veces, de acuerdo con los criterios financieros estándares, y sus inventarios superaron al mercado general hasta por quince veces.[56]

Dirección de equipos de trabajo de empleados. Como sabemos del capítulo 11, muchas organizaciones, emprendedoras y otras, utilizan equipos de trabajo de empleados para realizar las tareas de la organización, crear nuevas ideas y resolver problemas.

Los equipos de trabajo tienden a ser populares en las compañías emprendedoras. Un censo de *IndustryWeek* de los fabricantes mostró que cerca de 68 por ciento de los encuestados utilizaron equipos a distintos grados.[57] Los tres tipos más comunes de encuestados dijeron haber utilizado equipos con facultades para tomar decisiones (equipos que tienen la autoridad de planear e implementar mejoras a los procesos), equipos autodirigidos (equipos que son casi autónomos y responsables de muchas de las actividades gerenciales), y equipos multidisciplinarios (equipos de trabajo compuestos por individuos de varios especialistas que trabajan juntos en distintas tareas).

Estos emprendedores comentaron además que el desarrollo y el uso de equipos es necesario debido a que las demandas de tecnología y mercado los están forzando a elaborar sus productos más rápido, más barato y mejores. Tocar el juicio colectivo de los empleados de la compañía y otorgarles la facultad para tomar decisiones pudiera ser una de las mejores formas de adaptarse al cambio. Además, una cultura de equipo puede mejorar el entorno de trabajo y la moral por completo.

Sin embargo, para los esfuerzos del equipo, los emprendedores deben modificar del estilo tradicional de comando y control a un estilo de tutoría y colaboración. (Revise la explicación acerca de liderazgo del capítulo 16). Deben reconocer que los empleados individuales pueden entender el negocio y que sólo pueden innovar tan efectivamente como sean capaces. Por ejemplo, en Marque, Inc., de Goshen, Indiana, su presidente Scott Jessup reconoció que no era el tipo más listo de la compañía en términos de problemas de producción, pero era lo bastante inteligente para reconocer que si quería que su compañía expandiera su segmento de mercado en la fabricación de vehículos de emergencia equipados, era necesario alcanzar nuevos niveles de productividad. Así que formó un equipo multidisciplinario, incorporó a gente de producción, aseguramiento de calidad y fabricación que pudiera detectar los cuellos de botella en la producción y otros problemas y luego dio al equipo la autoridad para resolver las restricciones.[58]

RESUMEN DE APRENDIZAJE

- Explique qué muestran los estudios de personalidad respecto de los emprendedores.
- Analice de qué manera pueden los emprendedores dar facultades para tomar decisiones a los empleados.

- Explique de qué manera pueden ser efectivos los emprendedores para dirigir a sus equipos de trabajo.

PROBLEMAS CON EL CONTROL DE UNA COMPAÑÍA EMPRENDEDORA

Philip McCaleb aún se emociona al conducir las motonetas que hace Genuine Scooter Co, su compañía ubicada en Chicago. Sin embargo, al construir su negocio, McCaleb tuvo que reconocer sus propias limitaciones. Como un tipo de "ideas" (como se autodescribió) supo que necesitaría a alguien más que viniera y que se asegurara de que el producto final fuera lo que se suponía *que debía* ser, *donde* se suponía que debía estar, y *cuando* se suponía que debía estar.[59]

Los emprendedores deben buscar el control de las operaciones de la compañía con el objeto de que sobrevivan y prosperen tanto en el corto como en el largo plazo. Estos problemas únicos de control que enfrentan los emprendedores incluyen el manejo del crecimiento, el manejo de de las crisis, la salida de la compañía y el manejo de sus elecciones personales y desafíos en la vida.

Administración del crecimiento

El crecimiento es resultado lógico y deseable de las compañías emprendedoras. El crecimiento es lo que distingue a una compañía emprendedora. Las compañías emprendedoras persiguen el crecimiento.[60] El crecimiento lento puede ser éxito, pero también el crecimiento rápido.

Crecer exitosamente no ocurre al azar o por suerte. Por lo general la búsqueda exitosa de crecimiento requiere que un emprendedor controle todos los desafíos asociados con el crecimiento. Esto incluye la planeación, la organización y el control de crecimiento.

Planeación del crecimiento. Aunque pudiera parecer que hemos regresado a la explicación de los problemas de planeación en lugar de los problemas de control, en realidad el control está ligado estrechamente con la planeación, como sabemos de nuestra explicación en el capítulo 17 (vea la figura 17-1). Y la mejor estrategia de crecimiento es la mejor planeada.[61] De manera ideal, la decisión de crecer no surge de modo espontáneo, en cambio, es parte de las metas generales de crecimiento y el plan de la compañía. El crecimiento rápido sin planeación puede ser desastroso. Los emprendedores necesitan tener en cuenta las estrategias de crecimiento como parte de su planeación de negocio pero no pueden ser rígidos con esa planeación. Los planes deben ser lo suficientemente flexibles para explotar oportunidades inesperadas que surjan. Con los planes en su lugar, entonces, un emprendedor exitoso debe organizarse para el crecimiento.

Organización para el crecimiento. Los desafíos clave para que un emprendedor se organice para el crecimiento incluyen obtener capital, encontrar personal y el fortalecimiento de la cultura organizacional. Norbert Otto es el fundador de Sport Otto, un negocio en línea con sede en Alemania que ha vendido casi 2 millones de dólares en patines, esquís, snowboards y otros productos deportivos por medio de eBay. Conforme la compañía crece, Otto descubre que necesita estar más organizado.[62]

Tener suficiente capital es un desafío mayor para enfrentar el crecimiento de las compañías emprendedoras. El problema del dinero no parece desaparecer nunca, ¿o sí? Se requiere capital para poder crecer. Los procesos para encontrar capital y financiar el crecimiento son más del tipo utilizado para el financiamiento de la compañía. Con optimismo, en este punto la compañía tiene antecedentes exitosos para poder soportar el requerimiento. Si no, puede ser muy difícil adquirir el capital necesario. Por eso mencionamos anteriormente que la mejor estrategia de crecimiento es la planeada.

Cómo dirigir en un Mundo Virtual

IT para emprendedores

La IT presenta una gran cantidad de desafíos y oportunidades para los emprendedores. De acuerdo con una encuesta aplicada a propietarios de negocios, 53 por ciento citó la integración de diferentes aplicaciones y de diferentes sistemas de software como uno de los principales retos de la IT. Con frecuencia, estas herramientas IT (software y hardware) se adquirían por separado tan pronto como había fondos disponibles o cuando era necesario cambiarlas. Sin embargo, es difícil para los empleados compartir la información o realizar el trabajo cuando la información no está disponible debido a que se encuentra separada en diferentes aplicaciones o en hardware que no es compatible. Otro desafío similar de la IT al que se enfrentan los negocios pequeños es la integración de sitios Web con software de aplicaciones. Esto lo mencionó 47 por ciento de los encuestados. El resto de los desafíos de la IT mencionados por los encuestados fueron el crecimiento del sistema (45 por ciento), insuficiente plantilla de personal de TI (42 por ciento), y aplicaciones obsoletas (34 por ciento).

A pesar de estos desafíos, existen muchas herramientas de IT que pueden dar apoyo al negocio de un emprendedor. Una de las principales herramientas es la comercialización mediante correo electrónico, las cuales pueden una gran forma para las pequeñas empresas para mantener contacto con clientes actuales y potenciales. Y a pesar de los potenciales problemas de integración, existen otras herramientas de IT importantes, como los distintos tipos de software de aplicaciones de negocios disponibles. Este software permite llevar a cabo la planeación, organización, dirección y control de una compañía emprendedora de manera más eficiente y más efectiva.

Fuente: R. Breeden, *"Owners Want Software Programs Integrated,"* Wall Street Journal, *4 de abril de 2006, p. A16.*

Parte de esa planeación debe ser la forma en que se financiará el crecimiento. Por ejemplo, The Boston Beer Comany, la más grande productora de cerveza y productora de la cerveza Samuel Adams, creció con rapidez al enfocarse casi de manera exclusiva en incrementar la línea de producto de mayor venta. Sin embargo, la compañía estaba tan enfocada en incrementar el segmento de mercado, que tenía pocos controles financieros y una infraestructura financiera inadecuada. Durante los periodos de crecimiento, las dificultades en el flujo de efectivo forzaron al presidente de la compañía y al maestro cervecero Jim Koch a nadar sobre una gran cantidad de opciones poco usuales de financiamiento para la compañía. Sin embargo, cuando se incorporó un nuevo director de finanzas a la compañía, desarrolló una estructura financiera que le permitió a la compañía manejar su crecimiento de manera más eficiente y efectiva mediante la configuración de un plan para financiar el crecimiento.[63]

Otro problema importante que debe enfrentar una compañía emprendedora creciente es el de encontrar personal. Si una compañía crece con rapidez, este desafío pudiera intensificarse debido a restricciones de tiempo. Es importante planear tanto como sea posible el número y el tipo de empleados que se requieren para dar soporte al incremento en la carga de trabajo de la compañía. Inclusive se podría requerir dar capacitación y soporte adicional a los empleados para ayudarles a manejar las crecientes presiones asociadas con la creciente organización.

Finalmente, cuando una compañía está en crecimiento, es importante crear una cultura positiva, orientada al crecimiento, que mejore las oportunidades de lograr el éxito tanto de la organización como de los individuos. Esto puede en ocasiones resultar difícil, en particular cuando los cambios suceden muy rápido. Sin embargo, los valores, actitudes y creencias que se establecen y se refuerzan durante este tiempo son críticas para la continuidad de la compañía emprendedora y su éxito futuro. La figura A-5 lista algunas sugerencias que los emprendedores podrían utilizar para asegurar que la cultura de su compañía es aquella que comprende y soporta un clima en el cual el crecimiento de la organización se ve como deseable e importante. Mantener a los empleados enfocados y comprometidos con lo que hace la compañía es crítico para el éxito final de sus estrategias de crecimiento. Si los empleados no creen en la dirección que toma la compañía emprendedora, es poco probable que las estrategias de crecimiento tengan éxito.

Control del crecimiento. Otro reto que enfrentan las compañías emprendedoras es el refuerzo de sus controles organizacionales ya existentes. Mantener buenos registros financieros y controles financieros sobre el flujo de efectivo, inventario, datos del cliente, órdenes de venta, recibos, pagos y costos debe ser una prioridad de todo emprendedor, persiga o no el crecimiento. Sin embargo, es muy importante reforzar estos controles cuando la compañía emprendedora se está expandiendo. Todo es tan fácil como para dejarlo "ir" o para eliminarlo cuando existe la urgencia implacable de hacer que las cosas marchen. El crecimiento rápido, o incluso el crecimiento lento, no eliminan la necesidad de contar con los controles efectivos en el lugar. De hecho, es de particular importancia tener establecidos los procedimientos, protocolos y procesos, y utilizarlos. Incluso si no es posible

Figura A–5

Cómo lograr una cultura orientada al crecimiento

- Mantenga abiertas las líneas de comunicación, informe a los empleados acerca de los problemas más graves.
- Establezca la confianza, sea honesto, abierto y directo respecto a los desafíos y las recompensas de ser una organización en crecimiento.
- Sea un buen escucha; descubra qué es lo que los empleados piensan y sienten.
- Esté dispuesto a delegar responsabilidades.
- Sea flexible; esté dispuesto a modificar sus planes si es necesario.
- Proporcione retroalimentación de manera consistente y regular, y permita que los empleados conozcan los resultados, buenos y malos.
- Estimule las contribuciones de cada persona mediante el reconocimiento de los esfuerzos del empleado.
- Capacite de manera continua a los empleados para mejorar sus capacidades y habilidades.
- Mantenga el enfoque en la misión de la compañía incluso si ha crecido.
- Establezca y refuerce un espíritu de "nosotros" ya que una compañía con crecimiento exitoso aprovecha los esfuerzos coordinados de todos los empleados.

eliminar del todo las equivocaciones y las ineficiencias, un emprendedor debe al menos asegurarse de que se hagan todos los esfuerzos para lograr altos niveles de productividad y de efectividad en la organización. Por ejemplo, en Green Gear Cycling, su cofundador Alan Scholz reconoció la importancia de controlar el crecimiento. ¿Cómo? Mediante el seguimiento de una estrategia de "Clientes para toda la vida", lo cual significaba monitorear constantemente las relaciones con el cliente y orientar las decisiones de trabajo de la organización en torno a sus posibles efectos en los clientes. A través de este tipo de estrategia, Green Gear espera mantener a sus clientes de por vida. Esto es importante dado que la compañía calculó que mantener a un cliente de por vida tendría un valor de entre 10,000 y 25,000 dólares por cada cliente de por vida.[64]

Manejo de recesiones

El crecimiento de una organización es una meta importante y deseable en las compañías emprendedoras, ¿pero qué sucede cuando las cosas no funcionan de acuerdo con lo planeado, cuando las estrategias de crecimiento no dan los resultados esperados y, de hecho, dan como resultado la disminución del rendimiento? También existen desafíos relacionados con las recesiones.

A nadie le gusta fallar, especialmente a los emprendedores. Sin embargo, cuando una compañía emprendedora enfrenta tiempos difíciles, ¿qué se puede hacer? ¿Cómo se pueden manejar de manera exitosa las recesiones? El primer paso es reconocer que la crisis existe.

Reconocimiento de situaciones de crisis. Un emprendedor debe estar atento a los signos de alarma de problemas en el negocio. Algunas señales de una potencial declinación en el rendimiento incluyen el inadecuado o negativo flujo de efectivo, número excesivo de empleados, procedimientos administrativos innecesarios y engorrosos, miedo al conflicto y a la toma de riesgos, tolerancia a la incompetencia al trabajo, falta de claridad en la misión o en las metas, y pobre o ineficiente comunicación dentro de la organización.[65]

Otra perspectiva en el reconocimiento de la disminución del rendimiento es el **fenómeno de la "rana hervida"**, el cual tiene que ver con analizar situaciones sutiles de declinación.[66] La "rana hervida" es un experimento clásico de respuesta psicológica. En un caso, una rana que es arrojada dentro de un recipiente de agua hirviendo reacciona instantáneamente y salta fuera del recipiente. Pero en el segundo caso, una rana viva dentro de un recipiente con agua tibia que se calienta gradualmente hasta el punto de ebullición falla en su reacción y muere. Una firma pequeña puede ser particularmente vulnerable al fenómeno de la rana hervida debido a que es posible que el emprendedor no reconozca "el calentamiento del agua", es decir, una situación de declinación sutil. Cuando los cambios en el rendimiento son graduales, es posible que nunca ocurra una respuesta seria o que suceda demasiado tarde para solucionar la situación.

Entonces, ¿qué nos enseña el fenómeno de la rana hervida? Que los emprendedores necesitan estar atentos a las señales que el rendimiento de la compañía pudiera mostrar. No espere hasta que el agua haya llegado al punto de ebullición para reaccionar.

Cómo lidiar con recesiones, declinaciones y crisis. Aunque un emprendedor tiene la esperanza de no tener que lidiar con recesiones, declinaciones o crisis en la organización, pudiera darse un momento en el que hagan exactamente eso. Después de todo, a nadie le gusta pensar que las cosas van mal o que den un giro hacia algo peor. Pero eso es exactamente lo que debe hacer un emprendedor, pensar *antes* de que suceda. (Recuerde el control preventivo del capítulo 17).[67] Es importante tener un plan de actualización para cubrir las crisis, como señalar las rutas de salida de su casa en caso de un incendio. Un emprendedor desea estar preparado antes de que una emergencia golpee. Este plan debiera enfocarse en proporcionar detalles específicos para el control de los aspectos más fundamentales y críticos de la dirección de la compañía, flujo de efectivo, cuentas por cobrar, costos y deuda. Más allá de tener un plan para el control de los flujos hacia y desde la compañía, otras acciones involucrarían la identificación de estrategias específicas para el recorte de costos y la reestructuración de la compañía.

Conclusión de la compañía

Abandonar una compañía emprendedora pudiera parecer algo extraño para un emprendedor. Sin embargo, pudiera llegarse un punto en el cual el emprendedor decide que es tiempo de pasar a otra cosa. Esa decisión pudiera basarse en el hecho de que el emprendedor tiene la esperanza de capitalizar financieramente la inversión de la compañía, llamada **cosecha**, o en el hecho de que el emprendedor enfrenta serios problemas de rendimiento en la organización y quiere darla por terminada, o incluso por el deseo del emprendedor de enfocarse en otras empresas (personales o de negocio). Los problemas involucrados con la salida de la compañía incluyen la elección de la valuación de negocio apropiada y el conocimiento de lo que está relacionado en el proceso de venta del negocio.

Métodos de valuación del negocio. Por lo general, las técnicas de valuación caen dentro de tres categorías: (1) valuación de activos, (2) valuación de ingresos y (3) valuaciones de flujo de efectivo.[68] Establecer el valor de un negocio puede ser algo difícil. En muchos casos, el emprendedor ha sacrificado mucho por el negocio y lo ve como su "bebé". Calcular el valor del bebé basado en estándares objetivos como el flujo de efectivo o algunos múltiplos de las ganancias netas puede ser poco. Por esa razón, para un emprendedor que desea abandonar la compañía es importante obtener una evaluación completa preparada por profesionales.

Otras consideraciones importantes al concluir una compañía. Aunque la parte más dura de la preparación para la salida de una compañía es su valuación, se deben considerar también otros factores.[69] Esto incluye estar preparado, decidir quién venderá el negocio, considerar las implicaciones de impuestos, muestreo de los compradores potenciales y decidir si informar a los empleados antes o después de la venta. El proceso de salida de una compañía emprendedora se debe enfrentar con tanto cuidado como en el proceso de inicio. Si el emprendedor está vendiendo la compañía con una posición positiva, querrá conocer el valor generado en el negocio. Si se sale de la compañía debido a una declinación del rendimiento, el emprendedor desea maximizar el potencial de retorno.

Manejo de las elecciones y retos personales de vida

Ser un emprendedor es extremadamente excitante y satisfactorio pero muy demandante. Hay largas horas, exigencias muy complicadas y gran estrés. Pero existen también muchas recompensas por ser emprendedores. En esta sección veremos cómo pueden los emprendedores hacer este trabajo, es decir, cómo pueden equilibrar de manera exitosa y efectiva las demandas de su trabajo y de su vida personal.[70]

Los emprendedores son un grupo especial. Son enfocados, persistentes, trabajadores e inteligentes. Debido a que ponen mucho de sí mismos en el lanzamiento y crecimiento de sus compañías emprendedoras, muchos renuncian a su vida personal. Con frecuencia los emprendedores tienen que hacer el sacrificio de perseguir sus sueños emprendedores. Sin embargo, lo pueden hacer realidad. Pueden equilibrar su trabajo y su vida personal. ¿Pero cómo?

Una de las cosas más importantes que puede hacer un emprendedor es convertirse en un *buen administrador de tiempo*. Pueden priorizar lo que se debe hacer y utilizar una planeación (diaria, semanal, mensual) como apoyo para la programación de prioridades. A algunos emprendedores no les gusta tomarse el tiempo para planear o priorizar, o piensan que es una ridícula pérdida de tiempo. Sin embargo, la identificación de las tareas importantes y su distinción de aquellas que no lo son tanto, hace al emprendedor más eficiente y eficaz. Además, parte de ser un buen administrador del tiempo es la delegación de decisiones y de las acciones a empleados de confianza en las que el emprendedor no tiene que involucrarse personalmente. Aunque podría ser difícil deshacerse de algunas de las cosas que siempre hacen, los emprendedores que delegan de manera efectiva verán que su productividad personal se eleva.

Otra sugerencia para encontrar el equilibrio es buscar *consejo profesional* en áreas del negocio donde es necesario. Aunque los emprendedores pueden ser renuentes a gastar poco efectivo, el tiempo, la energía, y los problemas potenciales ahorrados a largo plazo bien valen la inversión. Los consultores profesionales competentes pueden proporcionar

---

fenómeno de la "rana hervida"
Perspectiva en el reconocimiento de la disminución del rendimiento que tiene que ver con analizar situaciones sutiles de declinación.

cosecha
Salida de una compañía cuando el emprendedor tiene la esperanza de capitalizar financieramente la inversión de la compañía.

información a los emprendedores para que tomen decisiones más inteligentes. Además, es importante *lidiar con los conflictos* cuando surgen. Esto incluye tanto los conflictos laborales como familiares. Si un emprendedor no lidia con los conflictos, es posible que se generen sentimientos negativos que provoquen problemas de comunicación. Cuando falla la comunicación, se puede perder información vital, y las personas (tanto empleados como familiares) podrían asumir lo peor. Se puede transformar en una pesadilla que se alimenta a sí misma. La mejor estrategia es lidiar con los conflictos en el momento en que surgen. Un emprendedor debe hablar, explicar, argumentar (si es necesario), pero no debe evitar el conflicto o pretender que no existe.

Otra sugerencia para lograr el equilibrio entre el trabajo y la vida personal es el desarrollo de una *red de amigos y parejas confiables*. Tener un grupo de gente con quien hablar es una buena forma para que un emprendedor pueda pensar en los problemas. El apoyo y la motivación que ofrecen estas personas puede ser una fuente invaluable de fuerza para un emprendedor.

Por último, un emprendedor necesita *reconocer cuando sus niveles de estrés son demasiado altos.* Los emprendedores *son* gente de metas. Les gusta hacer que las cosas sucedan. Se desarrollan en el trabajo duro. Pero tanto estrés puede provocar problemas físicos y emocionales importantes (como vimos en el capítulo 12). Los emprendedores tienen que aprender cuando el estrés los está sobrepasando para poder hacer algo al respecto. Después de todo, ¿cuál es el objeto de crecer y construir una próspera compañía emprendedora si usted no está ahí para disfrutarla?

REPASO RÁPIDO

- Describa de qué manera los emprendedores deben planear, organizar y controlar el crecimiento.
- Describa el fenómeno de la rana hervida y por qué es útil para los emprendedores.

- Analice los problemas que debe considerar un emprendedor al decidir cuándo salir de una compañía emprendedora.

Pensemos en cuestiones de emprendedores

1. ¿Cuál cree que sería la cosa más difícil de ser un emprendedor? ¿Cuál piensa que sería la más divertida?

2. ¿Cómo se relaciona el concepto de emprendedor social (vea el capítulo 5) con los emprendedores y las compañías emprendedoras?

3. ¿Un buen gerente también será un buen administrador? Debata.

4. ¿Por qué piensa que a muchos emprendedores les resulta difícil hacerse a un lado y dejar que otros manejen su negocio?

5. ¿Piensa usted que una persona puede ser capacitada para ser emprendedora? ¿Por qué sí o por qué no?

6. ¿Qué cree que significa ser una compañía emprendedora exitosa? ¿Y qué piensa de un emprendedor exitoso?

Apéndice B

Herramientas y técnicas de planeación

En este apéndice explicaremos tres categorías de herramientas y técnicas de planeación: técnicas para evaluación del entorno, técnicas para asignación de recursos y técnicas contemporáneas de planeación.

TÉCNICAS PARA EVALUACIÓN DEL ENTORNO

Leigh Knopf, ex director ejecutivo de planeación estratégica en el American Institute of Certified Public Accountants (AICPA), menciona que muchas de las grandes empresas de contabilidad han creado departamentos externos de análisis para "estudiar el amplio entorno en el que operan ellas y sus clientes". Estas organizaciones han reconocido que "lo que ocurre en India en el entorno actual, puede tener efecto sobre una empresa de contabilidad estadounidense establecida en Dakota del Norte".[1] Cuando describimos el proceso de administración estratégica en el capítulo 8, explicamos la importancia de evaluar el entorno de una organización. Existen tres técnicas que ayudan a los gerentes a hacerlo: la exploración del entorno, el pronóstico y el benchmarking.

Exploración del entorno

¿Qué tan importante es la exploración del entorno? Mientras daba un vistazo al sitio Web de la compañía competidora Google, Bill Gates encontró una página de reclutamiento con descripciones de todos los empleos disponibles. Lo que despertó su interés fue que muchos de los requisitos que aparecían en estos anuncios de empleo eran idénticos a los requisitos de empleo de Microsoft. Se preguntó por qué Google, una compañía de búsqueda en la Web, estaría publicando ofertas de trabajo para ingenieros de software con experiencia que "nada tenían que ver con búsqueda en la Web y todo que ver con el negocio central de Microsoft de diseño de sistemas operativos, optimización de compiladores y arquitectura de sistemas distribuidos". Gates envió por correo electrónico un mensaje urgente a algunos de sus más importantes ejecutivos, en el que decía que era mejor que Microsoft se mantuviera alerta porque parecía un hecho que Google se estaba preparando para transformarse en una compañía de software.[2]

¿Cómo pueden los gerentes darse cuenta de cambios importantes en el entorno, por ejemplo una nueva ley en Alemania que permite hacer compras de "artículos turísticos" en domingo; la creciente tendencia de falsificar productos de consumo en Sudáfrica; el precipitoso descenso de la población en edad de trabajar de Japón, Alemania, Italia y Rusia; o la disminución en el tamaño de las familias de México? Los gerentes de organizaciones pequeñas y grandes utilizan la **exploración del entorno**, que es el filtrado de grandes cantidades de información para anticipar e interpretar cambios en el entorno. Es probable que una exhaustiva exploración del entorno revele problemas e inquietudes que podrían afectar las actividades actuales o planeadas de una organización. Estudios han mostrado que las compañías que utilizan la exploración del entorno tienen un mejor desempeño.[3] Las organizaciones que no se preocupan por los cambios del entorno, ¡es probable que experimenten lo contrario!

Inteligencia competitiva. Un área de la exploración del entorno que está creciendo rápidamente es la **inteligencia competitiva**.[4] Esto se refiere a un proceso mediante el cual las organizaciones reúnen información sobre sus competidores y obtienen respuestas a preguntas como ¿quiénes son?, ¿qué hacen?, ¿cómo nos afectará lo que ellos hacen? Veamos un ejemplo sobre cómo una organización utilizó en su planeación la inteligencia competitiva. Dun &

---

exploración del entorno
Filtrado de grandes cantidades de información para anticipar e interpretar cambios en el entorno.

inteligencia competitiva
Proceso mediante el cual las organizaciones reúnen información sobre sus competidores.

Bradstreet (D&B), un proveedor líder de información de negocios, tiene una división activa de inteligencia de negocios. El gerente de la división recibió una llamada del subdirector de ventas de una de las zonas geográficas de la compañía. Esta persona había tenido una llamada de ventas con un cliente importante, y éste le mencionó de paso que otra compañía lo había visitado y que le hizo una presentación importante sobre sus servicios. Lo interesante fue que, aunque D&B tenía muchos competidores, esta compañía en particular no era uno de ellos. El gerente reunió a un equipo que examinó minuciosamente docenas de fuentes (servicios de investigación, Internet, contactos personales y otras fuentes externas) y rápidamente se convenció de que había algo, de que esta compañía estaba "apuntando sus armas directamente hacia nosotros". Los gerentes de D&B inmediatamente tomaron acciones para desarrollar planes para contraatacar este ataque competitivo.[5]

Los expertos en inteligencia competitiva sugieren que 80 por ciento de lo que los gerentes deben saber sobre sus competidores puede descubrirse a partir de sus propios empleados, proveedores y clientes.[6] La inteligencia competitiva no implica el espionaje. Los anuncios, materiales de promoción, comunicados de prensa, informes presentados a los organismos gubernamentales, informes anuales, avisos clasificados, informes periodísticos y estudios de la industria son ejemplos de fuentes accesibles de información. Asistir a exposiciones profesionales y cuestionar a la fuerza de ventas de la compañía pueden ser otras buenas fuentes de información sobre los competidores. Muchas firmas compran con regularidad los productos de sus competidores y ponen a sus propios ingenieros a estudiarlos (a través de un proceso llamado *ingeniería inversa*) para aprender sobre nuevas innovaciones técnicas. Además, la Internet ha abierto una diversidad de fuentes de inteligencia competitiva, ya que muchas páginas Web corporativas incluyen nueva información de productos y otros comunicados de prensa.

Los gerentes deben ser cuidadosos en la forma en que reúnen la información sobre sus competidores, para evitar cualquier preocupación relacionada con si es legal o ética. Por ejemplo, en Procter & Gamble, los ejecutivos contrataron a compañías de inteligencia competitiva para espiar a sus competidores en el negocio del cuidado del cabello. Al menos una de estas firmas se presentó engañosamente ante los empleados del competidor Unilever, se introdujo ilegalmente en la oficina central para el cuidado del cabello situada en Chicago, y hurgó en los contenedores de basura para obtener información. Cuando el presidente de Procter & Gamble se enteró, inmediatamente despidió a los individuos responsables y se disculpó con Unilever.[7] La inteligencia competitiva se convierte en espionaje industrial ilícito cuando implica el robo por cualquier medio de material patentado o de secretos comerciales. La Ley contra el Espionaje Económico califica como un crimen en Estados Unidos involucrarse en el espionaje económico o el robo de un secreto comercial.[8] Surgen decisiones difíciles relacionadas con la inteligencia competitiva debido a que frecuentemente existe una delgada línea entre lo que es considerado *legal y ético* y lo que se considera *legal pero inmoral*. Aunque el director de más alto nivel de una compañía de inteligencia competitiva sostenga que el 99.9 por ciento de la información reunida vía la inteligencia competitiva es legal, no hay duda de que ciertas personas o compañías harán cualquier cosa, incluso inmoral, para obtener información sobre sus competidores.[9]

Exploración global. Un tipo de exploración del entorno que es particularmente importante es la exploración global. Debido a que los mercados mundiales son complejos y dinámicos, los gerentes han ampliado el alcance de sus esfuerzos de exploración para obtener

Razonamiento crítico sobre Ética

Aquí presentamos algunas técnicas que se han sugerido para reunir información sobre los competidores: (1) Obtenga copias de demandas y juicios civiles que pudieran haberse interpuesto en contra de los competidores. Estos procedimientos judiciales son registros públicos y pueden dejar al descubierto detalles sorprendentes. (2) Llame al Better Business Bureau (o la oficina correspondiente en su país) y pregunte si sus competidores tienen demandas interpuestas, derivadas de quejas por productos fraudulentos o prácticas de negocios cuestionables. (3) Simule ser un periodista y llame a sus competidores para hacerles preguntas. (4) Obtenga copias de los boletines internos de sus competidores y léalos. (5) Compre una sola acción de los valores de sus competidores para que obtenga el informe anual y otra información que la compañía emita. (6) Envíe a alguien de su organización para que solicite un empleo con algún competidor y que esa persona haga preguntas específicas. (7) Escarbe en la basura de sus competidores.

¿Cuáles de estas técnicas, si es el caso, son inmorales? Defienda su posición. ¿Qué pautas éticas sugeriría para realizar actividades de inteligencia competitiva?

información vital sobre las fuerzas globales que podrían afectar a sus organizaciones.[10] Por supuesto, para los gerentes el valor de la exploración global depende en gran medida de la cantidad de actividades globales de la organización. Para una compañía que tiene intereses globales importantes, la exploración global puede resultar muy valiosa. Por ejemplo, Sealed Air Corporation de Saddle Brook, New Jersey (es probable que conozca su producto más popular, el Bubble Wrap, o burbujas de protección en embalajes), da seguimiento a los cambios demográficos globales. Esta compañía descubrió que cuando los países pasan de sociedades basadas en la agricultura a sociedades industrializadas, la población tiende a comer con más frecuencia fuera de su casa y a preferir alimentos preempacados, lo que significa más ventas de sus productos para el empaque de alimentos.[11]

Debido a que las fuentes que utilizan los gerentes para explorar el entorno nacional son demasiado limitadas para una exploración global, deben globalizar sus perspectivas. Por ejemplo, pueden suscribirse a servicios de información de recortes, los cuales revisan los periódicos del mundo y las publicaciones de negocios, y proporcionan resúmenes de la información deseada. Incluso, diversos servicios electrónicos proveen investigaciones temáticas y actualizaciones automáticas sobre áreas globales de especial interés para los gerentes.

Prónostico

La segunda técnica que los gerentes utilizan para evaluar el entorno es el pronóstico. El pronóstico es una parte importante de la planeación, y los gerentes necesitan pronósticos que les ayuden a predecir eventos futuros de manera efectiva y oportuna. La exploración del entorno establece las bases para los **pronósticos**, los cuales son predicciones de resultados. Prácticamente se puede pronosticar cualquier componente del entorno de una organización. Veamos cómo hacen los gerentes los pronósticos y qué tan efectivos resultan.

Técnicas de pronóstico. Las técnicas de pronóstico se dividen en dos categorías: cuantitativa y cualitativa. El **pronóstico cuantitativo** aplica un conjunto de reglas matemáticas a una serie de datos pasados para predecir resultados. Se prefieren estas técnicas cuando los gerentes tienen suficientes datos duros que se pueden utilizar. Por otra parte, el **pronóstico cualitativo** utiliza el juicio y las opiniones de individuos expertos para predecir resultados. Por lo común, las técnicas cualitativas se utilizan cuando los datos precisos son limitados o difíciles de obtener. La figura B-1 describe algunas técnicas populares de pronóstico.

Hoy en día, muchas organizaciones colaboran con los pronósticos, y utilizan un método conocido como CPRF, que significa planeación, pronóstico y reabastecimiento colaborativos.[12] El CPRF proporciona un marco para el flujo de información, bienes y servicios entre los minoristas y los fabricantes. Cada organización depende de sus propios datos para calcular un pronóstico de demanda para un producto particular. Si sus respectivos pronósticos difieren en cierta cantidad (digamos 10 por ciento), el minorista y el fabricante intercambian información y comentarios escritos hasta que llegan a un pronóstico más exacto. Dichos pronósticos colaborativos ayudan a ambas organizaciones a hacer un mejor trabajo de planeación.

Eficacia de los pronósticos. El objetivo de los pronósticos es brindar a los gerentes información que facilite la toma de decisiones. A pesar de la importancia de los pronósticos para la planeación, los gerentes han tenido resultados confusos.[13] Por ejemplo, antes de un fin de semana largo, en la fábrica de Procter & Gamble en Lima, Ohio, los gerentes se preparaban para cerrar temprano las instalaciones, de modo que no tuvieran que pagar a los empleados sólo por estar cruzados de brazos, y así darles un poco más de tiempo libre. Este movimiento parecía tener sentido, debido a que un análisis de órdenes de compra y tendencias históricas de ventas indicaba que la fábrica ya había producido suficientes botes de detergente Liquid Tide para satisfacer la demanda para el lavado durante los días festivos. Sin embargo, los gerentes se llevaron una sorpresa. Uno de los clientes minoristas más importantes de la compañía hizo una orden bastante grande (e imprevista). Fue necesario reabrir la planta, pagar tiempo extra a los empleados y programar embarques de emergencia para satisfacer la solicitud del minorista.[14] Como muestra este ejemplo, los pronósticos de los gerentes no siempre son exactos. En una encuesta aplicada a gerentes de finanzas en Estados Unidos, Reino Unido, Francia y Alemania, 84 por ciento de los encuestados dijo que sus pronósticos financieros eran imprecisos en 5 por ciento o más

Figura B–1

Técnicas de pronóstico

Técnica	Descripción	Aplicación
Cuantitativas		
Análisis de series de tiempo.	Ajusta una línea de tendencia a una ecuación matemática y la proyecta en el futuro por medio de esta ecuación.	Predecir las ventas del siguiente trimestre, con base en los datos de ventas de los cuatro años anteriores.
Modelos de regresión.	Predice una variable con base en otras variables conocidas o supuestas.	Buscar factores que predecirán un cierto nivel de ventas (por ejemplo, precio, gastos de publicidad).
Modelos econométricos.	Utilizan un conjunto de ecuaciones de regresión para simular segmentos de la economía.	Predecir cambios en las ventas automotrices como resultado de cambios en leyes fiscales.
Indicadores económicos.	Utilizan uno o más indicadores económicos para predecir el estado futuro de la economía.	Utilizar cambios en el PIB para predecir el ingreso discrecional.
Efecto de sustitución.	Utiliza una fórmula matemática para predecir cómo, cuándo y bajo qué circunstancias un nuevo producto o tecnología reemplazará a uno existente.	Predecir el efecto de los reproductores de DVD sobre las ventas de los reproductores de VHS.
Cualitativas		
Jurado de opinión.	Combina y promedia las opiniones de expertos.	Poner a votación a los gerentes de recursos humanos de la compañía para predecir las necesidades de reclutamiento de universitarios del siguiente año.
Composición de la fuerza de ventas.	Asocia estimaciones del personal de ventas con compras esperadas de los clientes.	Predecir las ventas de los láseres industriales del próximo año.
Evaluación de clientes.	Asocia estimaciones de compras de clientes establecidos.	Encuestar a los principales distribuidores de automóviles por fabricante, a fin de determinar los tipos y cantidades de los productos deseados.

y 54 por ciento mencionó una imprecisión de 10 por ciento o más.[15] Pero lo importante es tratar de hacer pronósticos lo más eficaces posible, ya que los estudios muestran que la habilidad de una compañía para hacer pronósticos puede representar una competencia distintiva.[16] Aquí presentamos algunas sugerencias para hacer pronósticos más eficaces:[17]

- Trate de entender que las técnicas de pronóstico son más precisas cuando el cambio del entorno no es tan rápido. Cuanto más dinámico es el entorno, mayor es la probabilidad de que los pronósticos de los gerentes sean ineficaces. Además, los pronósticos son relativamente ineficaces en la predicción de eventos no estacionales como recesiones, sucesos inusuales, operaciones suspendidas y las acciones y reacciones de los competidores.

- Utilice métodos sencillos de pronóstico. Éstos tienden a funcionar bien y con frecuencia mejor que los métodos complejos que erróneamente pueden confundir información aleatoria con información significativa. Por ejemplo, en Emerson Electric, situada en St. Louis, el presidente emérito Chuck Knight descubrió que los pronósticos desarrollados como parte del proceso de planeación de la compañía indicaban que la competencia ya no era solamente nacional, sino global. No utilizó ninguna técnica matemática compleja para llegar a esta conclusión, sino que confió en la información con la que ya contaba como parte del proceso de planeación de su compañía.

- Procure involucrar a más personas en el proceso. En las compañías de *Fortune* 100, no es raro tener de 1,000 a 5,000 gerentes que ofrecen información de pronósticos. Estos negocios han descubierto que cuanto más personas se involucren en el proceso, es más factible que mejoren la confiabilidad de los resultados.[18]

- Compare todo pronóstico "sin cambios". Un pronóstico sin cambios es acertado aproximadamente la mitad de las ocasiones.

- Utilice pronósticos *móviles* que consideran de 12 a 18 meses hacia delante, en lugar de utilizar un solo pronóstico estático. Este tipo de pronósticos puede ayudar a los gerentes a reconocer tendencias de mejor manera y ayudar a sus organizaciones a adaptarse mejor a entornos cambiantes.[19]

- No confíe en un solo método de pronóstico. Haga pronósticos con varios modelos y promédielos, en especial cuando haga pronósticos con rangos más amplios.

- No asuma que puede identificar exactamente puntos de inflexión en una tendencia. Lo que por lo general se percibe como un punto de inflexión significativo, con frecuencia resulta ser un simple evento aleatorio.

- Recuerde que hacer pronósticos *es* una habilidad gerencial y por lo tanto puede practicarse y mejorarse. El software de pronóstico ha hecho esta tarea de cierto modo menos desafiante desde el punto de vista matemático, aunque el "cálculo numérico" es tan sólo una pequeña parte de la actividad. Interpretar el pronóstico e incorporar esa información en las decisiones de planeación es el desafío que enfrentan los gerentes.

Benchmarking

Suponga que es un pianista o un gimnasta talentoso. Para mejorar quiere aprender del mejor, por lo que observa las técnicas y movimientos de músicos o atletas destacados mientras ejecutan. Esto es lo que involucra el **benchmarking**, la búsqueda de las mejores prácticas entre los competidores o no competidores que los llevan a su desempeño superior.[20] ¿El benchmarking funciona? Los estudios muestran que los usuarios han logrado 69 por ciento de crecimiento más rápido y 45 por ciento de mayor productividad.[21]

La idea básica detrás del benchmarking es que los gerentes pueden mejorar el desempeño si analizan y luego copian los métodos de los líderes en diversos campos. Organizaciones como Nissan, Payless Shoe Source, el ejército de Estados Unidos, General Mills, United Airlines y Volvo Construction Equipment, han utilizado el benchmarking como una herramienta para mejorar el desempeño. De hecho, algunas compañías han elegido algunos socios de benchmarking ¡bastante inusuales! IBM estudió los casinos de Las Vegas para encontrar maneras de desalentar el robo por parte de los empleados. Muchos hospitales han hecho benchmarking en sus procesos de admisión con respecto a los procesos de registro de los hoteles Marriot. Y Giordano Holdings Ltd., un fabricante y minorista del mercado de ropa casual con sede en Hong-Kong, tomó prestado su concepto de "buena calidad, buen precio" de Marks & Spencer, utilizó Limited Brands para hacer benchmarking con su sistema de información computarizada de puntos de venta, y modeló sus ofertas simplificadas de productos a partir del menú de McDonald's.[22]

¿Qué implica el benchmarking? La figura B-2 ilustra los cuatro pasos que por lo general se siguen en el benchmarking.

Figura B–2

Pasos del benchmarking

Fuente: Basado en Y.K. Shetty, "Aiming High: Competitive Benchmarking for Superior Performance", *Long Range Planning*, febrero de 1993, p. 42.

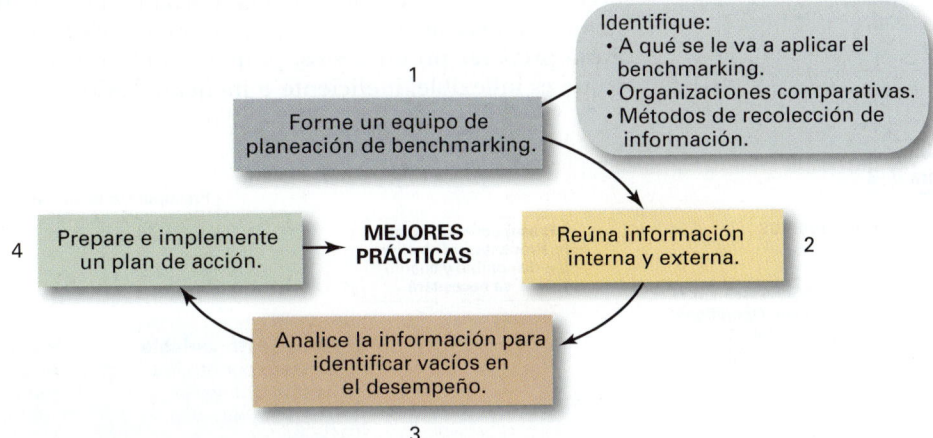

benchmarking
Búsqueda de las mejores prácticas entre los competidores o no competidores que los llevan a su desempeño superior.

TÉCNICAS PARA ASIGNACIÓN DE RECURSOS

Una vez que se han establecido los objetivos de una organización, es importante determinar cómo se lograrán dichos objetivos. Antes de que los gerentes puedan organizar y dirigir mientras se implementan los objetivos, deben tener **recursos**, los cuales son los activos de la organización (financieros, físicos, humanos e intangibles). ¿Cómo pueden los gerentes asignar estos recursos de manera efectiva y eficaz, para que los objetivos organizacionales se cumplan? Aunque los gerentes pueden elegir de una variedad de técnicas para la asignación de recursos (muchas de las cuales se abordan en cursos de contabilidad, finanzas y administración de operaciones), aquí explicaremos cuatro técnicas: presupuestación, calendarización, análisis de rentabilidad y programación lineal.

Presupuestación

La mayoría hemos tenido al menos cierta experiencia con presupuestos. Probablemente aprendió a muy temprana edad que a menos que distribuyera con cuidado sus "ingresos", su asignación semanal se acabaría en los "gastos" antes de terminar la semana.

Un **presupuesto** es un plan numérico para asignar recursos a actividades específicas. Por lo común, los gerentes preparan presupuestos para ingresos, gastos y grandes desembolsos de capital como en equipo. Sin embargo, no es raro que los presupuestos se utilicen para mejorar tiempos, espacios y en uso de recursos materiales. Este tipo de presupuestos sustituyen cantidades no monetarias por cantidades en dinero. Tales elementos como horas hombre, uso de capacidades o unidades de producción pueden presupuestarse para actividades diarias, semanales o mensuales. La figura B-3 describe los diferentes tipos de presupuestos que los gerentes pueden utilizar.

¿Por qué los presupuestos son tan populares? Quizá porque son aplicables a una amplia variedad de organizaciones y de actividades laborales dentro de las organizaciones. Vivimos en un mundo en el que casi todo se expresa en unidades monetarias. Dólares, rupias, pesos, euros, yuanes, yenes, y otros, se utilizan como unidades de medida comunes dentro de un país. Por tal razón los presupuestos monetarios son herramientas útiles para la asignación de recursos y para guiar el trabajo en departamentos tan diversos como manufactura y sistemas de información, o en diversos niveles de una organización. La presupuestación es una técnica de planeación que la mayoría de los gerentes utilizan, independientemente del nivel organizacional. Es una actividad gerencial importante debido a que obliga a una disciplina financiera y estructural a través de la organización. Sin embargo, a muchos gerentes no les gusta preparar presupuestos, ya que sienten que el proceso les quita demasiado tiempo, y que es inflexible, ineficiente e ineficaz.[23] ¿Cómo puede mejorarse el proceso de presu-

Figura B–3

Tipos de presupuestos

Fuente: Basado en R.S. Russell y B.W. Taylor III, *Production and Operations Management* (Upper Saddle River, NJ: Prentice Hall, 1995), p. 287.

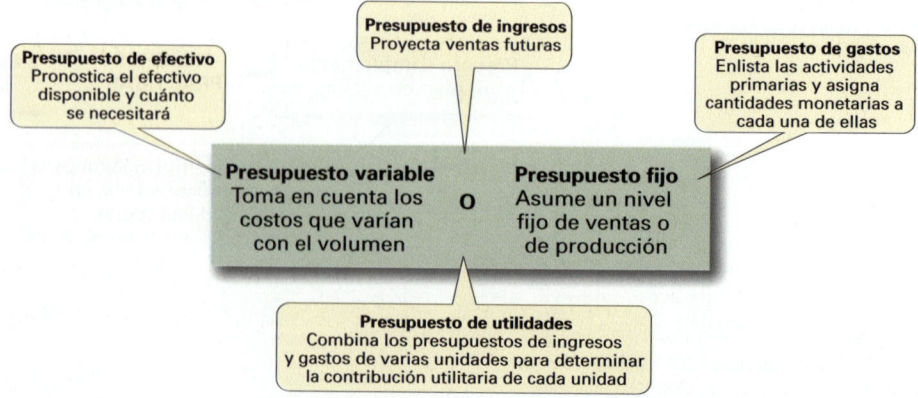

Presupuesto de efectivo
Pronostica el efectivo disponible y cuánto se necesitará

Presupuesto de ingresos
Proyecta ventas futuras

Presupuesto de gastos
Enlista las actividades primarias y asigna cantidades monetarias a cada una de ellas

Presupuesto variable
Toma en cuenta los costos que varían con el volumen

o

Presupuesto fijo
Asume un nivel fijo de ventas o de producción

Presupuesto de utilidades
Combina los presupuestos de ingresos y gastos de varias unidades para determinar la contribución utilitaria de cada unidad

Figura B–4

Cómo mejorar la
presupuestación

- • Colabore y comuníquese.
- • Sea flexible.
- • Los objetivos deben dirigir los presupuestos; los presupuestos no deben determinar los objetivos.
- • Coordine la presupuestación a través de la organización.
- • Utilice software de presupuestación-planeación cuando sea adecuado.
- • Recuerde que los presupuestos son herramientas.
- • Recuerde que las utilidades resultan de una administración inteligente, y no sólo porque usted las presupuestó.

puestación? La figura B-4 proporciona algunas sugerencias. Organizaciones como Texas Instruments, IKEA, Hendrick Motorsports, Volvo y Svenska Handelsbanken incorporaron varias de estas sugerencias cuando renovaron sus procesos de presupuestación.

Calendarización

Jackie es gerente de una tienda Chico's en San Francisco. Cada semana determina las horas de trabajo de los empleados y el área de trabajo en que laborará cada empleado. Si usted observó a cualquier otro grupo de supervisores o gerentes de departamento durante algunos días, seguramente los vio haciendo algo parecido a lo que Jackie hace, es decir, asignar recursos, detallar las actividades que se deben realizar, el orden en que deben hacerse, quién hará qué, y cuándo deben terminarse. Estos gerentes hacen una **calendarización**. En esta sección revisaremos algunas herramientas de calendarización, incluidas las gráficas de Gantt, gráficas de carga y análisis de redes de PERT.

Gráficas de Gantt. A principios del siglo XX Henry Gantt, un asociado de Frederick Taylor, el experto en administración científica, desarrolló la **gráfica de Gantt**. La idea detrás de una gráfica de Gantt es sencilla: de suyo, es una gráfica de barras con el tiempo en el eje horizontal y las actividades a programar sobre el eje vertical. Las barras muestran los resultados, tanto planeados como reales, dentro de un periodo dado. Una gráfica de Gantt muestra visualmente cuándo se supone que se deben llevar a cabo las tareas y compara eso con el progreso real de cada uno. Es una herramienta sencilla pero importante que permite a los gerentes detallar con facilidad lo que aún se debe llevar a cabo para completar una tarea o un proyecto, y para evaluar si una actividad se encuentra adelantada, en tiempo, o retrasada, de acuerdo con el calendario.

En la figura B-5 aparece una gráfica de Gantt simplificada para el desarrollo y producción de libros de un gerente de una compañía editorial. El tiempo se expresa en meses a lo largo de la gráfica. Las actividades más importantes están listadas en el lado izquierdo. La

Figura B–5

Una gráfica de Gantt

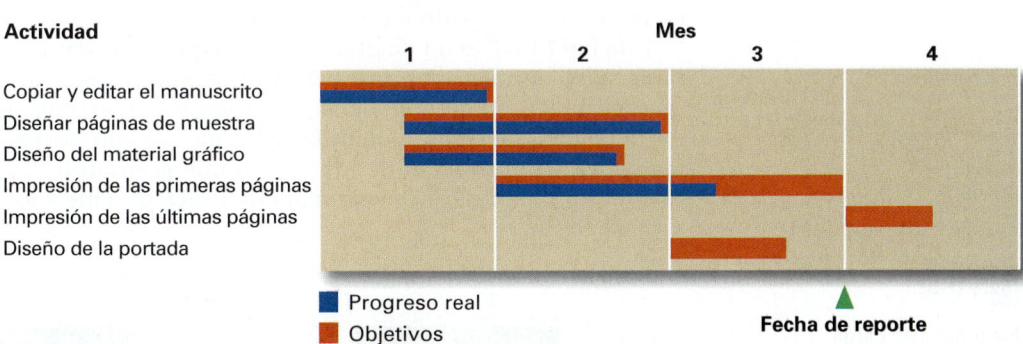

Actividad

Actividad	Mes 1	Mes 2	Mes 3	Mes 4
Copiar y editar el manuscrito				
Diseñar páginas de muestra				
Diseño del material gráfico				
Impresión de las primeras páginas				
Impresión de las últimas páginas				
Diseño de la portada				

■ Progreso real
■ Objetivos

Fecha de reporte

recursos
Activos de la organización (financieros, físicos, humanos e intangibles, y estructurales-culturales).

presupuesto
Plan numérico para asignar recursos a actividades específicas.

calendarización
Detalle de actividades que se deben realizar, el orden en que deben hacerse, quién hará qué y cuándo deben terminarse.

gráfica de Gantt
Gráfica de calendario, desarrollada por Henry Gantt, que muestra los resultados tanto reales como planeados dentro de un periodo dado.

planeación tiene que ver con la decisión de las actividades necesarias para la terminación del libro, el orden en el que se deben llevar a cabo las actividades, y el tiempo que se requiere para cada actividad. La barra que se coloca en el marco de tiempo refleja su secuencia de planeación. El sombreado representa el progreso real. La gráfica sirve también como una herramienta de control debido a que el gerente puede apreciar las desviaciones a partir del plan. En este ejemplo, tanto el diseño de la portada como la impresión de las primeras páginas se encuentran retrasados. El diseño de la portada está retrasado por casi tres semanas (observe que no hay avance real, mostrado por la línea azul, en la fecha de reporte), y la impresión está retrasada por dos semanas (observe que la fecha de reporte, el progreso real, representado por la línea azul, es de aproximadamente seis semanas; está fuera del objetivo de conclusión en dos meses). Dada esta información, el gerente podría tener que tomar una decisión para recuperar esas dos semanas perdidas o asegurarse de que no ocurran más retrasos. En este punto, el gerente podría esperar que el libro se publicara al menos con dos semanas de retraso respecto a lo planeado, si no se toma acción alguna.

Gráficas de carga. Una gráfica de Gantt modificada es una **gráfica de carga**. En lugar de enlistar las actividades en el eje vertical, una gráfica de carga enlista departamentos completos o recursos específicos. Este arreglo permite a los gerentes planear y controlar la capacidad de utilización. En otras palabras, las gráficas de carga programan la capacidad de las áreas de trabajo.

Por ejemplo, la figura B-6 muestra una gráfica de carga para seis editores de producción de la misma compañía editorial. Cada editor supervisa la producción y el diseño de varios libros. Al revisar una gráfica de carga, el editor ejecutivo, quien supervisa a los seis editores de producción, se puede dar cuenta quién tiene capacidad para tomar un nuevo libro. Si todos tienen el calendario completo, el editor ejecutivo podría decidir no aceptar proyectos nuevos, aceptar nuevos proyectos y retrasar otros, que los editores trabajen tiempo extra, o emplear más editores de producción. Como se puede ver en la figura, solamente Antonio y Mauricio tienen el calendario completo para los próximos seis meses. Los demás editores tienen algo de tiempo libre y podrían aceptar nuevos proyectos o estar disponibles para ayudar a otros editores que se encuentran retrasados.

Análisis de una red PERT. Las gráficas de Gantt y de carga son útiles mientras las actividades calendarizadas sean pocas en número e independientes entre sí. ¿Pero qué sucede si el gerente tiene que planear un proyecto grande, como la organización de departamentos, la implementación de un programa de reducción de costos, o el desarrollo de un nuevo producto que requiera información para la coordinación de comercialización, producción y diseño de producto? Dichos proyectos requieren la coordinación de cientos e incluso miles de actividades, algunas de las cuales se deben realizar de manera simultánea y otras no pueden comenzar sino hasta que sus actividades precedentes se hayan completado. Si construye un edificio, obviamente no puede comenzar a colocar las paredes sino hasta que termine de poner los cimientos. ¿De qué manera pueden los gerentes calendarizar un proyecto tan complejo? El programa de evaluación y técnica de revisión (PERT, por sus siglas en inglés) es apropiado para estos proyectos.

Una **red PERT** es un diagrama de flujo que representa la secuencia de actividades necesarias para completar un proyecto y el tiempo o costo asociado con cada actividad. Con una red PERT, un gerente debe pensar en lo que se debe hacer, determinar cuáles eventos dependen de otros, e identificar los puntos con problemas potenciales. PERT facilita también la comparación de los efectos que podrían tener acciones alternativas sobre el calendario y los costos. De esta manera, PERT permite a los gerentes registrar el progreso

Figura B–6

Una gráfica de carga

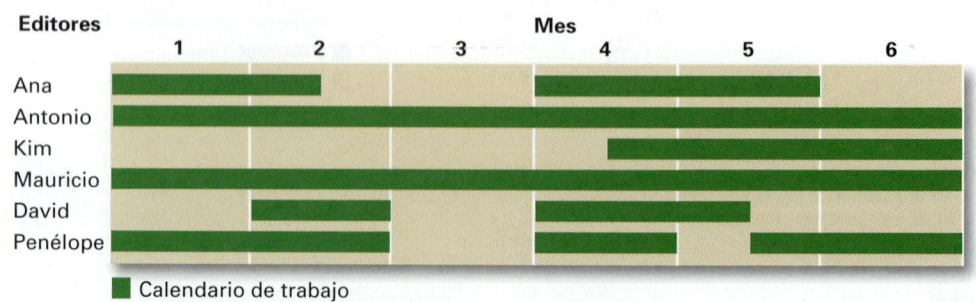

■ Calendario de trabajo

Figura B–7

Pasos para el desarrollo de una red PERT

1. *Identificar cada actividad significativa que se debe realizar para poder completar un proyecto.* El cumplimiento de cada actividad da como resultado un conjunto de eventos o resultados.

2. *Determinar el orden en el cual se deben completar estos eventos.*

3. *Diagramar el flujo de actividades desde el inicio hasta el final, identificar cada actividad y su relación con todas las demás actividades.* Utilice círculos para indicar eventos y flechas para representar a las actividades. Esto da como resultado un diagrama de flujo llamado red PERT.

4. *Calcular el tiempo estimado para completar cada actividad.* Esto se lleva a cabo mediante la media ponderada que utiliza una estimación *optimista* del tiempo (t_o) que tomaría bajo condiciones ideales, un estimado *probable* (t_m) del tiempo que normalmente tomaría y un estimado *pesimista* del tiempo (t_p) que representa el tiempo que tomaría una actividad bajo las peores condiciones posibles. Entonces, la fórmula para calcular el tiempo esperado (t_e) es

$$t_e = \frac{t_o + 4t_m + t_p}{6}$$

5. *Usar el diagrama de red que contiene los tiempos estimados de cada actividad, determinar un calendario de inicio y término de cada actividad y del proyecto completo.* Cualquier retardo que ocurra a lo largo de la ruta crítica requiere la mayor atención debido a que pueden retardar todo el proyecto.

de un proyecto, identificar posibles cuellos de botella y cambiar los recursos necesarios para mantener el proyecto en calendario.

Para entender cómo construir una red PERT, es necesario conocer cuatro términos. Los **eventos** son puntos terminales que representan la conclusión de actividades importantes. Las **actividades** representan el tiempo o los recursos necesarios para progresar de un evento a otro. El **tiempo de holgura** es la cantidad de tiempo que se puede retrasar una actividad individual sin retrasar todo el proyecto. La **ruta crítica** es la secuencia de actividades y eventos más larga o que toma más tiempo en una red PERT. Cualquier retraso en la terminación de eventos de la ruta crítica retrasaría la terminación del proyecto. En otras palabras, las actividades en la ruta crítica tienen un tiempo de holgura igual a cero.

El desarrollo de una red PERT requiere que un gerente identifique todas las actividades clave necesarias para completar un proyecto, clasificarlas en orden de ocurrencia y estimar cada terminación de actividad. En la figura B-7 se muestran los pasos de este proceso.

La mayoría de los proyectos PERT son complicados e incluyen numerosas actividades. Tales cálculos complicados se pueden llevar a cabo mediante software PERT especializado. Sin embargo, revisemos un ejemplo sencillo. Supongamos que es el superintendente en una compañía constructora y se le ha pedido que supervise la construcción de un edificio de oficinas. Debido a que en su negocio el tiempo en realidad es dinero, usted debe establecer

Figura B–8

Eventos y actividades en la construcción de un edificio de oficinas

Evento	Descripción	Tiempo esperado (en semanas)	Actividad anterior
A	Aprobación del diseño y obtención de los permisos	10	Ninguna
B	Cavado del estacionamiento subterráneo	6	A
C	Construcción del marco y revestimientos	14	B
D	Construcción del piso	6	C
E	Instalación de las ventanas	3	C
F	Colocación del techo	3	C
G	Instalación del cableado interno	5	D, E, F
H	Instalación del elevador	5	G
I	Colocación del recubrimiento	4	D
J	Colocación de puertas y ajuste decorativo interior	3	I,H
K	Entrega al grupo de administración del edificio	1	J

gráfica de carga
Gráfica de Gantt modificada que programa la capacidad en departamentos completos o en recursos específicos.

red PERT
Diagrama de flujo que representa la secuencia de actividades necesarias para completar un proyecto y el tiempo o costo asociado con cada uno.

eventos
Puntos terminales que representan la conclusión de actividades importantes dentro de una red PERT.

actividades
Tiempo o recursos necesarios para progresar de un evento a otro dentro de una red PERT.

tiempo de holgura
Cantidad de tiempo que se puede retrasar una actividad individual sin retrasar todo el proyecto.

ruta crítica
Secuencia más larga de actividades en una red PERT.

Figura B–9

Una red PERT para la
construcción de un edificio de
oficinas

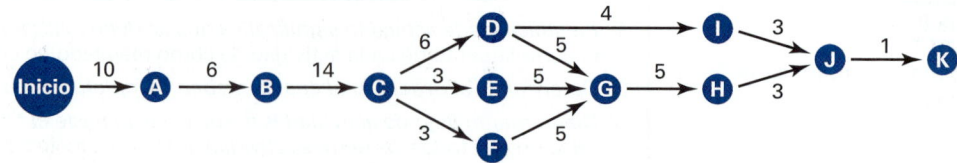

cuánto tiempo le llevará terminar el edificio. Ya determinó las actividades y eventos específicos. La figura B-8 esquematiza los eventos más importantes del proyecto de construcción
y su estimación de tiempo para cada una de ellas. En la figura B-9 aparece la red PERT real
basada en los datos de la figura B-8. Calculó también el tiempo de cada ruta de actividades:

> A-B-C-D-I-J-K (44 semanas)
> A-B-C-D-G-H-J-K (50 semanas)
> A-B-C-E-G-H-J-K (47 semanas)
> A-B-C-F-G-H-J-K (47 semanas)

Su red PERT muestra que si todo va según lo planeado, la conclusión total del proyecto
será de 50 semanas. Esto se calcula mediante el seguimiento de la ruta crítica del proyecto (la secuencia más larga de actividades), A-B-C-D-H-J-K, y la suma de sus tiempos. Sabe
que cada retraso en la conclusión de los eventos en esta ruta retrasará la conclusión de todo
el proyecto. Tomar seis semanas en lugar de cuatro para colocar el revestimiento y el recubri-
miento del piso (evento 1) no tendría efecto sobre la fecha final de conclusión del proyecto.
¿Por qué? Porque ese evento no se encuentra en la ruta crítica. Sin embargo, tomar siete
semanas en lugar de seis para cavar el estacionamiento subterráneo (evento B) retrasaría
al proyecto total. Un gerente que necesitara volver a ajustarse al calendario o recortar el
tiempo de 50 semanas, tiene que concentrarse en las actividades a lo largo de la ruta crítica
que se pudieran concluir con mayor rapidez. ¿Cómo podría el gerente hacer esto? Podría
determinar si cualquiera de las otras actividades, que *no* están en la ruta crítica, tiene tiempos
de holgura cuyos recursos pudieran transferirse hacia actividades *sobre* la ruta crítica.

Análisis de rentabilidad

Los gerentes de Glory Foods quieren saber cuántas unidades de sus vegetales sazonados en
lata se deben vender para que sean rentables, esto es, el punto en el cual el ingreso total
es suficiente para cubrir el total de los costos. El **análisis de rentabilidad** es una técnica de
asignación de recursos ampliamente utilizada que permite a los gerentes determinar el
punto de equilibrio.[24]

El análisis de rentabilidad es un cálculo sencillo pero muy importante para los gerentes,
debido a que establece la relación entre los ingresos, los costos y las utilidades. Para calcular el punto de equilibrio (*BE*), un gerente necesita saber el precio unitario del producto a
vender (*P*), el costo variable por unidad (*VC*), y los costos fijos totales (*TFC*). La rentabilidad de una organización se presenta cuando sus ingresos totales son suficientes para igualar a sus costos totales. Pero el costo total tiene dos partes: fijo y variable. Los *costos fijos* son
gastos que no se modifican sin importar el volumen. Ejemplos incluyen primas de seguro,
rentas e impuestos sobre propiedades. Los *costos variables* cambian en proporción con la
producción e incluyen la materia prima, los costos de fabricación y los costos de energía.

El punto de equilibrio se puede calcular gráficamente o con la siguiente fórmula:

$$BE = \frac{TFC}{P - VC}$$

Esta fórmula indica que (1) el ingreso total será igual al costo total cuando vendemos
unidades suficientes a un precio que cubre todos los costos unitarios variables, y (2) la
diferencia entre el precio y los costos variables, al multiplicarse por el número de unidades
vendidas, es igual a los costos fijos. Veamos un ejemplo.

Supongamos que el servicio de fotocopiado de Randy cobra 0.10 dólares por fotocopia.
Si los costos fijos son de 27,000 dólares por año y los costos variables son de 0.04 dólares por copia, Randy puede calcular su punto de equilibrio como sigue: 27,000 ÷ 4 (0.10
- 0.04) = 450,000 copias, o cuando los ingresos anuales son de 45,000 dólares (450,000
copias × 0.10). En la figura B-10 aparece gráficamente esta misma relación.

Figura B–10

Análisis de rentabilidad

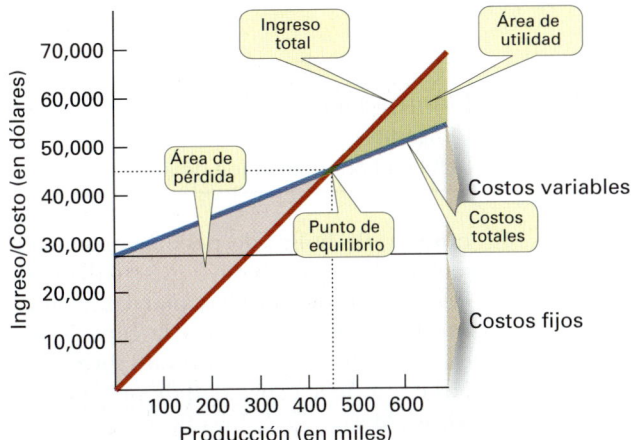

Como herramienta de planeación, el análisis de rentabilidad podría ayudarle a Randy a establecer su objetivo de ventas. Por ejemplo, podría determinar su objetivo de ganancia y luego calcular qué nivel de ventas se necesita para lograr ese objetivo. El análisis de rentabilidad también le diría a qué volumen debe incrementar para llegar al punto de equilibrio si actualmente está operando con pérdida, o hasta qué cantidad se puede permitir de pérdida y aún así mantener su punto de equlibrio.

Programación lineal

María Sánchez administra una planta de manufactura que produce dos tipos de productos de fragancias de manzanilla: velas de cera y pequeños pebetes que se venden en bolsas. El negocio es bueno, y puede vender todos los productos que produce. Éste es su problema: dado que las bolsas de pebetes y las velas de cera se fabrican en las mismas instalaciones, ¿cuántas piezas de cada producto se deben producir para maximizar las utilidades? María puede utilizar la **programación lineal** para solucionar su problema de asignación de recursos.

Aunque aquí se puede utilizar la programación lineal, no es posible aplicarla en todos los problemas de asignación de recursos debido a que requiere que haya recursos limitados, que el objetivo sea la optimización de resultados, que existan maneras alternativas de combinar los recursos para producir un número de mezclas de salida, y que se dé una relación lineal entre las variables (un cambio en una variable debe estar acompañado por un cambio exactamente proporcional en el otro).[25] Para el negocio de María, esa última condición se cumple si se requiere exactamente el doble de la cantidad de materia prima y de horas de trabajo para producir dos productos de una fragancia, que lo que le toma producir la otra.

¿Qué tipos de problemas se pueden resolver con la programación lineal? Algunas aplicaciones incluyen la selección de las rutas de transporte que minimizan los costos de embarque, la asignación de un limitado presupuesto para promoción entre distintas marcas de producto, realizar la asignación óptima de la gente a lo largo de los proyectos y determinar la cantidad a fabricar de cada producto con un número limitado de recursos. Volvamos al problema de María y veamos cómo una programación lineal puede ayudar a resolverlo. Por suerte, su problema es relativamente sencillo, de modo que tiene una pronta solución. Para los problemas complejos de programación lineal, los gerentes pueden utilizar programas de software diseñados específicamente para ayudar al desarrollo de soluciones de optimización.

Primero, es necesario establecer algunos hechos respecto al negocio de María, que ha calculado los márgenes de utilidad de sus productos de fragancias en 10 dólares por bolsa de pebetes y 18 dólares en las velas de cera. Estos números son la base para que María sea capaz de expresar su *función objetivo* como ganancia máxima = $10P + 18S$, donde P es el

Figura B–11

Datos de producción de los productos de esencias de manzanilla

Departamento	Número de horas requeridas (por unidad)		Capacidad mensual de producción (en horas)
	Bolsas de pebete	Velas con esencia	
Manufactura	2	4	1,200
Ensamble	2	2	900
Utilidad por unidad (en dólares)	10	18	

número de bolsas de pebetes producidas y S es el número de velas con esencia producidas. La función objetivo es sencillamente una ecuación matemática que puede predecir el resultado de todas las alternativas posibles. Además, María sabe cuánto tiempo tarda en producir una fragancia y la capacidad mensual de producción para la fabricación y el ensamblado (1,200 horas en fabricación y 900 horas en ensamble). (Vea la figura B-11). Las cifras de la capacidad de producción actúan como una *restricción* de la capacidad total. Ahora María puede establecer sus ecuaciones de restricción:

$$2P + 4S \leq 1,200$$

$$2P + 2S \leq 900$$

Por supuesto, María puede también establecer que $P \geq 0$ y $S \geq 0$ debido a que ninguna fragancia puede producir un volumen menor a cero.

En la figura B-12, María graficó su solución. El área sombreada representa las opciones en las que no se excede la capacidad de cada departamento. ¿Qué significa esto? Bien, primero revisemos la línea de restricción de fabricación, BE. Sabemos que la capacidad total de fabricación es de 1,200 horas; así, si María decide producir todas las bolsas de pebete, lo máximo que puede producir son 600 (1,200 horas ÷ 2 horas requeridas para producir una bolsa de pebete). Si decide producir todas las velas con esencia, el máximo que puede producir es de 300 (1,200 horas ÷ 4 horas necesarias para producir la vela con esencia). La otra restricción a que se enfrenta María es el ensamblado, representado por la línea DF. Si María decide producir todas las bolsas de pebete, lo máximo que puede ensamblar son 450 (900 horas de capacidad de producción ÷ 2 horas necesarias para ensamblar). Del mismo modo, si decide producir todas las velas con esencia, lo máximo que puede ensamblar también es de 450 debido a que las velas con esencia requieren también 2 horas de ensamblado. Las restricciones impuestas por estas limitaciones de capacidad establecen la *región de factibilidad* de María. Su asignación óptima de recursos estará definida en una de las esquinas dentro de la región de factibilidad. El punto C proporciona las ganancias máximas con las restricciones establecidas. ¿Cómo lo sabemos? En el punto A, las ganancias serán igual a 0 (sin producción de pebete como de velas con esencia). En el punto B, las ganancias serán de 5,400 dólares (300 velas con esencia X 18 de ganancia y 0 bolsas de pebete producidas = 5,400 dólares). En el punto D, los ingresos serán de 4,500 dólares (450 bolsas de pebete producidas × 10 dólares de ganancia y 0 velas con esencia producidas = 4,500 dólares). Sin embargo, en el punto C, las ganancias serán de 5,700 dólares (150 velas con esencia producidas × 18 dólares de ganancia y 300 bolsas de pebete producidas X 10 dólares de ganancia = 5,700 dólares).

Figura B–12

Solución gráfica al problema de programación lineal

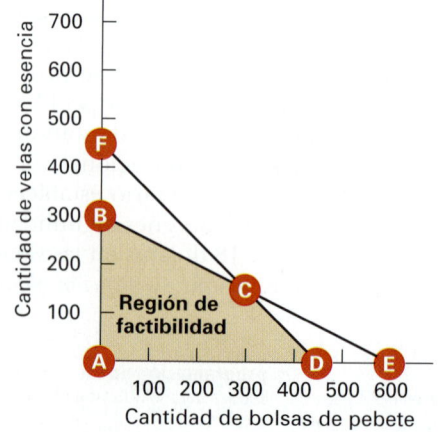

- Enliste las cuatro técnicas para la localización de recursos.
- Describa los diferentes tipos de presupuestos.
- Diga qué hace una gráfica de Gantt y una gráfica de carga.
- Describa cómo funciona el análisis PERT.

- Entienda de qué manera calcular el umbral de rentabilidad.
- Describa la manera en que los gerentes utilizan la programación lineal.

TÉCNICAS CONTEMPORÁNEAS DE PLANEACIÓN

Aplicaciones Wi-Fi y WiMAX. Registro de precios de petróleo. Pandemia de gripe aviar. Ataques químico-biológicos. Preocupaciones por la recesión y la inflación. Huracanes de categoría 4 o 5. Cambio de competencias. En la actualidad, los gerentes enfrentan los desafíos de la planeación en un entorno que es dinámico y complejo. Dos técnicas de planeación apropiadas para este tipo de entorno son la administración de proyectos y los escenarios. Ambas técnicas hacen énfasis en la *flexibilidad*, algo que es importante para que la planeación sea más efectiva y eficiente en este tipo de entorno organizacional.

Administración de proyectos

Diferentes tipos de organizaciones, desde fabricantes como Coleman y Boeing hasta firmas de diseño de software como SAS y Microsoft, llevan a cabo proyectos. Un **proyecto** es un conjunto de actividades que se llevan a cabo una sola vez y que tienen un tiempo de inicio y fin definido[26]. Los proyectos varían en tamaño y en tiempo, desde el túnel de tráfico "Big Dig" de Boston hasta las vacaciones formales de una hermandad. La **administración de proyectos** es la tarea de realizar las actividades de un proyecto en tiempo, con el presupuesto disponible, y de acuerdo con las especificaciones[27].

Cada vez más y más organizaciones utilizan la administración de proyectos debido a que el método encaja bien con la necesidad de flexibilidad y rapidez de respuesta para percibir las oportunidades del mercado. Con frecuencia, cuando las organizaciones emprenden proyectos que son únicos, tienen definición específica de tiempos, contienen tareas complejas interrelacionadas que requieren habilidades específicas, y son de naturaleza temporal, estos proyectos no encajan en los procedimientos estandarizados de planeación que guían a las demás rutinas de trabajo de la organización. En vez de eso, los gerentes pueden utilizar las técnicas de administración de proyectos para cumplir los objetivos de proyecto de manera efectiva y eficiente. ¿Qué involucra el proceso de administración de proyectos?

El proceso de la administración de proyecto. En un proyecto típico, el trabajo lo realiza un equipo de proyecto cuyos miembros son asignados al proyecto desde sus respectivas áreas de trabajo y reportan a un gerente de proyecto. El gerente de proyecto coordina las actividades de proyecto con otros departamentos. Cuando el equipo de proyecto cumple sus objetivos, se deshace, y los miembros se mueven hacia otros proyectos en sus respectivas áreas de trabajo.

En la figura B-13 aparecen las características esenciales del proceso de planeación de proyecto. El proceso comienza con la definición clara de sus objetivos. Este paso es necesario debido a que el gerente y los miembros del equipo necesitan saber qué esperar. Entonces, se deben identificar todas las actividades y recursos necesarios para el proyecto. ¿Qué materiales y trabajo se requieren para completar el proyecto? Esta etapa puede ser compleja y consumir mucho tiempo, en particular si el proyecto es único y los gerentes no cuentan con

Figura B–13   Proceso de planeación de proyecto

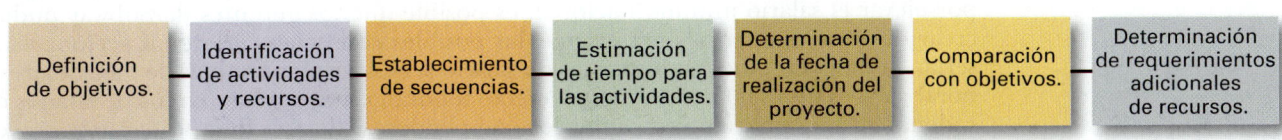

Fuente: Basado en R.S. Russell y B.W. Taylor III, *Production and Operations Management* (Upper Saddle River, NJ: Prentice-Hall, 1995), p. 287.

proyecto
Conjunto de actividades que se llevan a cabo una sola vez y que tienen un tiempo de inicio y fin definido.

administración de proyecto
Tarea de realizar las actividades de un proyecto en tiempo, con el presupuesto disponible, y de acuerdo con las especificaciones.

la historia o la experiencia en proyectos similares. Una vez identificadas las actividades, se debe determinar la secuencia de realización. ¿Qué actividades deben realizarse antes de que otras puedan comenzar? ¿Qué actividades se pueden llevar a cabo de manera simultánea? Con frecuencia en esta etapa se utilizan diagramas de flujo tales como una gráfica de Gantt, una gráfica de carga, o una red PERT. A continuación, se deben calendarizar las actividades del proyecto. Se crean las estimaciones de tiempo para cada una, y estas estimaciones se utilizan para desarrollar un calendario global del proyecto y una fecha de terminación. A continuación se compara la calendarización del proyecto con los objetivos, y se hacen los ajustes necesarios. Si el tiempo de realización del proyecto es demasiado largo, es posible que el gerente asigne más recursos a las actividades críticas a fin de llevarlas a cabo más rápidamente.

En la actualidad, el proceso de administración del proyecto puede llevarse a cabo en línea dada la disponibilidad de un número de paquetes basados en Web. Estos paquetes cubren aspectos que van desde la contabilidad del proyecto y la estimación de sus tiempos, así como el seguimiento de fallas.[28]

El rol del gerente de proyecto. La naturaleza temporal de los proyectos hace que su administración sea diferente de, digamos, una línea de producción o la preparación del cálculo de costos. La naturaleza de trabajo de única vez hace que los gerentes de proyecto sean el equivalente organizacional de un matón. Hay un trabajo que debe hacerse. Tiene que definirse, y a detalle. Y el gerente de proyecto es responsable de cómo se realice. En J.B. Hunt Transportation Services, el jefe de la gerencia de proyectos entrena a sus gerentes de proyectos tanto en habilidades técnicas como interpersonales, de modo que saben cómo "llevar un proyecto de manera efectiva".[29]

Incluso con la disponibilidad de sofisticados programas de calendarización computarizados y en línea, y otras herramientas de administración de proyectos, el rol del gerente de proyecto sigue siendo difícil debido a que maneja gente que por lo general sigue asignada en sus áreas permanentes de trabajo. La única influencia real que tienen los gerentes en el proyecto son sus habilidades de comunicación y su poder de convencimiento. Para empeorar el panorama, los miembros del equipo rara vez trabajan solamente en un proyecto. Por lo general se les asignan dos o tres proyectos al mismo tiempo. De manera que los gerentes de proyecto terminan compitiendo entre sí para ganar la atención de su proyecto en particular.

Planeación de escenarios

Durante la década de 1990, el negocio iba tan bien en Colgate-Palmolive que la preocupación de su presidente Reuben Mark era respecto a lo que "pudiera ir mal". Instaló un "sistema de alertas tempranas para detectar problemas antes de que estalle una crisis dentro de la compañía". Por ejemplo, un reporte en alerta roja previno a Mark de que "los oficiales en Baddi, India, tenían preguntas respecto a la forma de tratamiento de las aguas residuales". La respuesta de Mark fue asignar rápidamente un equipo de ingeniería para verificar y prevenir problemas potenciales.[30]

Sabemos ya qué tan importante es que los gerentes en la actualidad hagan lo que hace Mark Reuben, es decir, el registro y la evaluación de las tendencias y los cambios en los entornos externos. Al evaluar el entorno, es posible revelar problemas y preocupaciones que pudieran afectar la operación actual o planeada de su organización. No todas serán igualmente importantes, de manera que por lo general es necesario enfocarse en el conjunto limitado más importante y desarrollar escenarios basados en cada uno.

Un **escenario** es una visión consistente de lo que podría ser el futuro. El desarrollo de escenarios puede ser descrito también como *planeación de contingencias*, esto es, si esto es lo que sucede, éstas son las acciones que debemos realizar. Por ejemplo, si la exploración del entorno revela un creciente interés respecto a la decisión del congreso de Estados Unidos por elevar el salario mínimo nacional, es posible que los gerentes de Subway pudieran crear diversos escenarios para evaluar las posibles consecuencias de tal acción. ¿Cuáles serían las implicaciones en los costos de salario si el salario mínimo es de 9.00 dólares por hora? ¿Y si es de 10.00 dólares? ¿Qué efecto tendrán estos cambios en los resultados de la cadena? ¿Cómo podrían responder los competidores? Suposiciones diferentes provocan resultados diferentes. El propósito de la planeación de escenarios no es tratar de predecir el futuro, sino reducir la incertidumbre al simular situaciones potenciales en condiciones específicas diferentes.[31] Por ejemplo, Subway podría desarrollar un conjunto de escenarios que van del optimismo al pesimismo en términos del problema del salario mínimo. Luego, estarían preparados para implementar nuevas estrategias para obtener y mantener una ventaja competitiva. Un experto en planeación de escenarios comentó, "sólo el simple hecho de hacer escenarios provoca que los ejecutivos repiensen y clarifiquen la esencia del entorno de negocios de maneras en las que nunca lo han hecho antes".[32]

Aunque la planeación de escenarios es útil para anticipar eventos que *se pueden* prever, es difícil pronosticar eventos al azar, las sorpresas y aberraciones que no se pueden pronosticar. Por ejemplo, una ola de mortíferos y devastadores tornados en el suroeste de Missouri el 7 de enero de 2008, fue un escenario imposible de pronosticar. El plan de recuperación de desastres que se llevó a cabo después de la tormenta fue efectivo debido a que previamente se había experimentado este tipo de de escenario. Se había planeado ya una respuesta, y la gente sabía qué hacer. Pero el desafío de la planeación proviene de esos eventos totalmente aleatorios e inesperados. Por ejemplo, los ataques terroristas a Nueva York y Washington, DC, del 11 de septiembre, fueron aleatorios, inesperados y crearon conmoción en muchas organizaciones. La planeación de escenarios fue de poca utilidad debido a que nadie había imaginado este escenario. Tan difícil como pudiera parecer para los gerentes anticipar y lidiar con estos eventos aleatorios, no son totalmente vulnerables a las consecuencias. Una sugerencia que ha sido identificada por los expertos en riesgos y que es de particular importancia es tener instalado un sistema de alerta temprana. (Ideas parecidas son los sistemas de alerta temprana de tsunamis en el Pacífico y en Alaska, los cuales alertan a los oficiales de tsunamis potencialmente peligrosos y así tener tiempo para llevar a cabo determinadas acciones). Los indicadores de alerta temprana de las organizaciones pueden dar a los gerentes noticias de avanzada respecto a problemas y cambios potenciales, como en el caso de Reuben Mark en Colgate Palmolive, de manera que los gerentes puedan actuar. Luego, los gerentes necesitan tener las respuestas apropiadas (planes) en lugar de que ocurran estos eventos inesperados.

Los gerentes pueden utilizar herramientas y técnicas de planeación para prepararse confiablemente para el futuro. Pero deben recordar que todas las que se mencionan en este capítulo son solamente eso, herramientas, y nunca van a reemplazar a las habilidades y capacidades del gerente en el uso de la información obtenida para que sea más eficiente y efectivo.

REPASO RÁPIDO

- Explique por qué la flexibilidad es importante en las técnicas de planeación actuales.
- Describa qué es la administración de proyectos.

- Enliste los pasos de los procesos de planeación de proyectos.
- Analice por qué la planeación de escenarios es una herramienta importante de planeación.

Pensemos en cuestiones administrativas

1. "Desarrollar un conjunto de sofisticados escenarios para situaciones que pudieran nunca ocurrir, representa una pérdida de tiempo y de otros recursos". ¿Está de acuerdo con esta idea? Defienda su posición.

2. ¿Tienen alguna relevancia la intuición y la creatividad en las herramientas y técnicas cuantitativas de planeación? Explique su respuesta.

3. Con frecuencia, el *Wall Street Journal* y otros diarios de negocios publican informes de compañías que no han logrado sus metas o pronósticos de ingresos. ¿Cuáles son las razones por las cuales una compañía no cumple con sus pronósticos? ¿Qué sugerencias puede hacer para mejorar su efectividad con respecto a los pronósticos?

4. ¿De qué maneras es diferente la administración de un proyecto de la administración de un departamento o de otra área estructurada de trabajo? ¿De qué forma son iguales?

5. "La gente puede utilizar las estadísticas para comprobar todo aquello que desee comprobar". ¿Qué opina? ¿Cuáles son las implicaciones para los gerentes y cómo lo planean?

6. Predecir el futuro es muy difícil, pero eso no ha detenido a las compañías para que lo intenten. ¿De qué manera pueden los gerentes hacerlo menos difícil? ¿O, incluso, lo pueden hacer? Explique su respuesta.

7. ¿Cuáles podrían ser signos tempranos de alerta para (a) la entrada de un nuevo competidor en su mercado, (b) un paro de empleados, o (c) una nueva tecnología que pudiera modificar la demanda de su producto?

escenario
Visión consistente de lo que podría ser el futuro.

Notas finales

Capítulo 1

1. J. O'Donnell, "Wanted: Retail Managers", *USA Today*, 24 de diciembre de 2007, pp. 1B+; National Retail Federation information, www.nrf.com, 25 de enero de 2008, y "National Employment and Wage Data from the Occupational Employment Statistics Survey by Occupation", mayo de 2006, *Bureau of Labor Statistics News Release*.

2. D. Jones, "Female CEOs Make More Gains in 2007", *USA Today*, 3 de enero de 2008, p. 2B.

3. K.A. Tucker y V. Allman, "Don't Be a Cat-and-Mouse Manager", The Gallup Organization, http://gmj.gallup.com, 9 de septiembre de 2004.

4. "WorkUSA 2004/2005: Effective Employees Drive Financial Results", Watson Wyatt Worldwide, Washington, DC.

5. D.J. Campbell, "The Proactive Employee: Managing Workplace Initiative", *Academy of Management Executive*, agosto de 2000, pp. 52-66.

6. J.S. McClenahen, "Prairie Home Champion", *IndustryWeek*, octubre de 2005, pp. 45-47.

7. "GPS Systems Allowing Municipalities to Track Use and Misuse of Official Vehicles", *Ethics Newline*, www.globalethics.org/newsline, 20 de noviembre de 2007.

8. P. Panchak, "Sustaining Lean", *IndustryWeek*, octubre de 2005, pp. 48-50.

9. H. Fayol, *Industrial and General Administration* (París: Dunod, 1916).

10. Para una revisión más exhaustiva de esta pregunta, vea C.P. Hales, "What Do Managers Do?, A critical Review of the Evidence", *Journal of Management*, enero de 1986, pp. 88-115.

11. J.T. Straub, "Put on Your Manager's Hat", *USA Today* online, www.usatoday.com, 29 de octubre de 2002, y H. Mintzberg, *The Nature of Managerial Work* (New York: Harper & Row, 1973).

12. H. Mintzberg y J. Gosling, "Educating Managers Beyond Borders", *Academy of Management Learning and Education*, septiembre de 2002, pp. 64-76.

13. Vea, por ejemplo, M.J. Martinko y W.L. Gardner, "Structured Observation of Managerial Work: A replication and Synthesis", *Journal of Management Studies*, mayo de 1990, pp. 330-357; A.I. Kraut, P.R. Pedigo, D.D. McKenna, y M.D. Dunnette, "The Role of the Manager: What's Really Important in Different Management Jobs", *Academy of Management Executive*, noviembre de 1989, pp. 286-293, y C.M. Pavett y A.W. Lau, "Managerial Work: The Influence of Hierarchical Level and Functional Specialty", *Academy of Management Journal*, marzo de 1983, pp. 170-177.

14. Pavett y Lau, "Managerial Work".

15. S.J. Carroll y D.A. Gillen, "Are the Classical Management Functions in Describing Managerial Work?" *Academy of Management Review*, enero de 1987, p. 48.

16. E. White, "Firms Step Up Training for Front-Line Managers", *Wall Street Journal*, 27 de agosto de 2007, p. B3.

17. R.L. Katz, "Skills of an Effective Administrator", *Harvard Business Review*, septiembre-octubre de 1974, pp. 90-102.

18. W.C. Symonds, S. Baker, M. Arndt, y R.D. Hof, "The Future of Work", *BusinessWeek*, 22 de marzo de 2004, pp. 50-52.

19. T.J. Erickson, "Task, Not Time: Profile of a Gen Y Job", *Harvard Business Review*, febrero de 2008, p. 19.

20. C. Ansberry, "What's My Line?" Wall Street Journal, 22 de marzo de 2002, pp. A1+.

21. J. Fox, "A meditation on Risk", *Fortune*, 3 de octubre de 2005, pp. 50-62.

22. F.F. Reichheld, "Lead for Loyalty", *Harvard Business Review*, julio-agosto de 2001, p.76.

23. Citado en E. Naumann y D.W. Jackson, Jr., "One More Time: How Do You Satisfy Customers?" *Business Horizons*, mayo-junio de 1999, p.73.

24. Datos de *The World Factbook 2008*, www.cia.gov/library/publications/the-world-factbook/index.html, 22 de febrero de 2008, y K.A. Eddleston, D.L. Kidder, y B.E. Litzky, "Who's the Boss? Contending with Competing Expectations from Customers and Management", *Academy of Management Executive*, noviembre de 2002, pp. 85-95.

25. Vea, por ejemplo, B.A. Gutek, M. Groth, y B. Cherry, "Achieving Service Success Trhough Relationships and Enhanced Encounters", *Academy of Management Executive*, noviembre de 2002, pp. 132.144; Eddleston, Kidder, y Litzky, "Who's the Boss? Contending with Competing Expectations from Customers and Management"; S.D. Pugh, J. Dietz, J.W. Wiley, y S.M. Brooks, "Driving Service Effectiveness Through Employee-Customer Linkages", *Academy of Management Executive*, noviembre de 2002, pp. 73-84; S.D. Pugh, "Service with a Smile: Emotional Contagion in the Service Encounter", *Academy of Management Journal*, octubre de 2001, pp. 1018-1027; W.C. Tsai, "Determinants and Consequences of Employee Displayed Positive Emotions", *Journal of Management*, vol. 27 (4), 2001, pp. 497-512; Naumann y Jackson, Jr., "One more Time: How Do You Satisfy Customers?", y M. D. Hartline y O. C. Ferrell, "The Management of Customer-Contact Service Emplo-

yees; An Empirical Investigation", *Journal of Marketing*, octubre de 1996, pp. 52-70.

26. R. A. Hattori y J. Wycoff, "Innovation DNA", *Training and Development*, enero de 2002, p. 24.

27. R.A. Hattori, "Sometimes Innovation Starts with a Relationship", encontrado en Innovation Network, www.thinksmart.com, 14 de marzo de 2003.

28. R. Wagner, "One Store, One Team at Best Buy", *Gallup Brain*, http://gmj.gallup.com, 12 de agosto de 2004.

29. Q. Hardy, "Google Thinks Small", *Forbes*, 14 de noviembre de 2005, pp. 198-202.

30. J. Sandberg, "Down Over Moving Up: Some New Bosses Find They Hate Their Jobs", *Wall Street Journal*, 27 de julio de 2005, p. B1.

Capítulo 2

1. C. Steiner, "Man vs. Machine", *Forbes*, 24 de diciembre de 2007, pp. 104-109.

2. C.S. George, Jr., *The History of Management Thought*, 2a. ed. (Upper Saddle River, NJ: Prentice Hall, 1972), p. 4.

3. *Ibídem*, pp. 35-41.

4. F.W. Taylor, *Principles of Scientific Management* (New York: Harper, 1911), p.44. Para información adicional sobre Taylor, vea S. Wagner-Tsukamoto, "An Institutional Economic Reconstruction of Scientific Management: On the Lost Theoretical Logic of Taylorism", *Academy of Management Review*, enero de 2007, pp. 105-117: R. Kanigel, *The One Best Way: Frederick Winslow Taylor and the Enigma of Efficiency* (New York: Viking, 1997), y M. Banta, *Taylored Lives: Narrative Productions in the Age of Taylor, Veblen, and Ford* (Chicago: University of Chicago Press, 1993).

5. Vea por ejemplo, F.B. Gelbreth, Motion Study (New York: Van Nostrand, 1911), y F.B. Gelbreth y L.M. Gelbreth, *Fatigue Study* (New York: Sturgis and Walton, 1916).

6. H. Fayol, *Industrial and General Administration* (París: Dunod, 1916).

7. M. Weber, *The Theory of Social and Economic Organizations*, ed. T. Parsons, trad. A.M. Henderson y T. Parsons (New York: The free Press, 1974); y M. Lounsbury y E.J. Carberry, "From King to Court Jester? Weber´s Fall from Grace in Organizational Theory", *Organization Studies*, vol. 26 (4), 2005, pp. 501-525.

8. N. Zamiska, "Plane Geometry: Scientists Help Speed Boarding of Aircraft", *Wall Street Journal*, 2 de noviembre de 2005, pp. A1+.

9. "Face Recognition Software Raises Ethical Dilemma", *Ethics Newline*, 14 de mayo de 2007, y "New Airport Security Scanner Peers Underneath Clothes", 26 de febrero de 2007.

10. M. Barbaro, "A Long Line for a Shorter Wait at the Supermarket", *New York Times* online, www.nytimes.com, 23 de junio de 2007.

11. Vea, por ejemplo, J. Jusko, "Tried and True", *IW*, 6 de diciembre de 1999, pp. 78-84; T.A. Stewart, "A Conversation With Joseph Juran", *Fortune*, 11 de enero de 1999, pp. 168-170; J.R. Hackman y R. Wageman, "Total Quality Management: Empirical, Conceptual, and Practical Issues", *Administrative Science Quarterly*, junio de 1995, pp. 309-342; T.C. Powell, "Total Quality Management as Competitive Advantage: A Review and Empirical Study", *Strategic Management Journal*, enero de 1995, pp. 15-37; R.K. Reger, L.T. Gustafson, S.M. Demarie, y J.V. Mullane, "Reframing the Organization: Why Implementing Total Quality Is Easier Said Than Done", *Academy of Management Review*, julio de 1994, pp. 565-584; C.A. Reeves y D.A. Bednar, "Defining Quality: Alternatives and Implications", *Academy of Management Review*, julio de 1994, pp. 419-445; J.W. Dean, Jr., y D.E. Bowen, "Management Theory and Total Quality: Improving Research and Practice through Theory Development", *Academy of Management Review*, julio de 1994, pp. 392-418; B. Krone, "Total Quality Management: An American Odyssey", The Bureaucrat, otoño de 1990, pp. 35-38, y A. Gabor, *The Man Who Discovered Quality* (New York: Random House, 1990).

12. E. Mayo, *The Human Problems of an Industrial Civilization* (New York: Macmillan, 1933), y F.J. Roethlisberger y W.J. Dickson, *Management and the Worker* (Cambridge, MA: Harvard University Press, 1939).

13. Vea, por ejemplo, G.W. Yunker, "An explanation of Positive and Negative Hawthorne Effects: Evidence from the Relay Assembly Test Room and Bank Wiring Observation Room Studies", artículo presentado en la Academy of Management Annual Meeting, agosto de 1993, Atlanta; S.R. Jones, "Was There a Hawthorne Effect?" *American Sociological Review*, noviembre de 1992, pp. 451-468; S.R.G. Jones, "Worker Interdependence and Output: The Hawthorne Studies Reevaluated", *American Sociological Review*, abril de 1990, pp. 176-190; J.A. Sonnenfeld, "Shedding Light on the Hawthorne Studies", *Journal of Occupational Behavior*, abril de 1985, pp. 111-130; B. Rice, "The Hawthorne Defect: Persistence of a Flawed Theory", *Psychology Today*, febrero de 1982, pp. 70-74; R.H. Franke y J. Kaul, "The Hawthorne Experiments: First Statistical Interpretations", *American Sociological Review*, octubre de 1978, pp. 623-643, y A. Carey, "The Hawthorne Studies: A Radical Criticism", *American Sociological Review*, junio de 1967, pp. 403-416.

14. K.B. DeGreene, Sociotechnical Systems: *Factors in Analysis, Design, and Management* (Upper Saddle River, NJ: Prentice Hall, 1973), p.13.

15. La información de este cuadro provino de K. Fuson, "iPods Now Double as Study Aids", *USA Today*, 15 de marzo de 2006, p. 4D; P. Tyre, "Professor in Your

Pocket", *Newsweek*, 28 de noviembre de 2005; S. Hamm, "Motivating the Troops", *Business Week*, 21 de noviembre de 2005, pp. 88-103, P. Davidson, "Gadgets Rule on College Campuses", *USA Today*, 29 de marzo de 2005, pp. 1B+, y M.J. Tippins y R.S. Sohi, "IP Competency and Firm Performance: Is Organizational Learning a Missing Link?" *Strategic Management Journal*, agosto de 2003, pp. 745-761.

Capítulo 3

1. Whataburger, www.whataburger.com, 23 de enero de 2008, y J. Breal, "Secret Sauce", *Fast Company*, mayo de 2007, pp. 61-64.

2. B. McKay, "Cott Says Chief Will Be Leaving Amid Firm Woes", *Wall Street Journal*, 25 de marzo de 2008, p. B6.

3. P. Rozenzweig, "The Halo Effect and Other Managerial Delusions", *The McKinsey Quarterly* online, www.mckinseyquarterly.com, 9 de marzo de 2007.

4. Para los pormenores de la vista simbólica, vea "Why CEO Churn Is Healthy", *BusinessWeek*, 13 de noviembre de 2000, p. 230; S.M. Puffer y J.B. Weintrop, "Corporate Performance and CEO Turnover: The Role of Performance Expectations", *Administrative Science Quarterly*, marzo de 1991, pp. 1-19; C.R. Schwenk, "Illusions of Management Control? Effects of Self-Serving Attributions on Resource Commitments and Confidence in Management", *Human Relations*, abril de 1990, pp. 333-347; J.R. Meindl y S.B. Ehrlich, "The Romance of Leadership and the Evaluation of Organizational Performance", *Academy of Management Journal*, marzo de 1987, pp. 91-109; J.A. Byrne, "The Limits of Power", *BusinessWeek*, 23 de octubre de 1987, pp. 33-35; D.C. Hambrick y S. Finkelstein, "Managerial Discretion: A Bridge Between Polar Views of Organizational Outcomes", en L.L. Cummings y B.M. Staw (eds.), *Research in Organizational Behavior*, vol. 9 (Greenwich, CT: JAI Press, 1987), pp. 369-406, y J. Pfeffer, "Management as Symbolic Action: The Creation and Maintenance of Organizational Paradigms" en L.L. Cummings y B.M. Staw (eds.), *Research in Organizational Behavior*, vol. 3 (Greenwich, CT: JAI Press, 1981), pp. 1-52.

5. T.M. Hout, "Are Managers Obsolete?" Harvard Business Review, marzo-abril de 1999, pp. 161-168, y Pfeffer, "Management as Symbolic Action".

6. W.L. Gore & Associates, www.gore.com, 3 de marzo de 2008; "100 Best Companies to Work For", *Fortune*, 4 de febrero de 2008, pp. 75-94; E. Ruth, "Gore-Tex Maker Decides It's Time to Demand Some Attention", *USA Today*, 24 de octubre de 2007, p. 5B, y A. Deutschman, "The Fabric of Creativity", *Fast Company*, diciembre de 2004, pp. 54-62.

7. K. Shadur y M.A. Kienzle, "The Relationship Between Organizational Climate and Employee Perceptions of Involvement", *Group & Organization Management*, diciembre de 1999, pp. 479-503; M.J. Hatch, "The Dynamics of Organizational Culture", *Academy of Management Review*, octubre de 1993, pp. 657-693;

D.R. Denison, "What Is the Difference Between Organizational Culture and Organizational Climate? A Native's Point of View on a Decade of Paradigm Wars", artículo presentado en la Academy of Management Annual Meeting, Atlanta, GA, 1993, y L. Smircich, "Concepts of Culture and Organizational Analysis", *Administrative Science Quarterly*, septiembre de 1983, p. 339.

8. J.A. Chatman y K.A. Jehn, "Assessing the Relationship Between Industry Characteristics and Organizational Culture: How Different Can You Be?" *Academy of Management Journal*, junio de 1994, pp. 522-553, y C.A. O'Reilly III, J. Chatman, y D.F. Caldwell, "People and Organizational Culture: A Profile Comparison Approach to Assessing Person-Organization Fit", *Academy of Management Journal*, septiembre de 1991, pp. 487-516.

9. E.H. Schien, *Organizational Culture and Leadership* (San Francisco: Jossey-Bass, 1985), pp. 314-315.

10. A.E.M. Va Vianen, "Person-Organization Fit: The Match Between Newcomers' and Recruiters' Preferences for Organizational Cultures". *Personnel Psychology*, primavera de 2000, pp. 113-149; K. Shadur y M. A. Kienzle, *Group & Organization Management*; P. Lok y J. Crawford, "The Relationship Between Commitment and Organizational Culture, Sub-culture, and Leadership Style", *Leadership & Organization Development Journal*, vol. 20 (6/7), 1999, pp. 365-374; C. Vandenberghe, "Organizational Culture, Person-Culture Fit, and Turnover: A Replication in the Health Care Industry", *Journal of Organizational Behavior*, marzo de 1999, pp. 175-184, y C. Orphen, "The Effect of Organizational Cultural Norms on the Relationships between Personnel Practices and Employee Commitment", *Journal of Psychology*, septiembre de 1993, pp. 577-579.

11. Vea, por ejemplo, J.B. Sorensen, "The Strength of Corporate Culture and the Reliability of Firm Performance", *Administrative Science Quarterly*, vol. 47 (1), 2002, pp. 70-91; R. Goffee y G. Jones, "What Holds the Modern Company Together?" *Harvard Business Review*, noviembre-diciembre de 1996, pp. 133-148; Collins y Porras, "Building Your Company's Vision", *Harvard Business Review*, septiembre-octubre de 1996, pp. 65-77; J.C. Collins y J.I. Porras, *Built to Last* (New York: HarperBusiness, 1994); G.G. Gordon y N. DiTomaso, "Predicting Corporate Performance from Organizational Culture", *Journal of Management Studies*, noviembre de 1992, pp. 793-798; J.P. Kotter y J. L. Heskett, Corporate Culture and Performance (New York: The Free Press, 1992), pp. 15-27, y D.R. Denison, *Corporate Culture and Organizational Effectiveness* (New York: Wiley, 1990).

12. Sorensen, "The Strength of Corporate Culture and the Reliability of Firm Performance", y L.B. Rosenfeld, J.M. Richman, y S.K. May, "Information Adequacy, Job Satisfaction, and Organizational Culture in a Dispersed-Network Organization", *Journal of Applied Communication Research*, vol. 32, 2004, pp. 28-54.

13. R. Berner, "At Sears, a Great Communicator", *BusinessWeek*, 31 de octubre de 2005, pp. 50-52.

14. S.E. Ante, "The New Blue", *BusinessWeek*, 17 de marzo de 2003, p. 82.

15. P. Kafka, "Bean Counter", *Forbes*, 28 de febrero de 2005, pp. 78-80; A. Overholt, "Listening to Starbucks", *Fast Company*, julio de 2004, pp. 50-56; B. Filipczak, "Trained by Starbucks", *Training*, junio de 1995, pp. 73-79, y S. Gruner, "Lasting Impressions", *Inc.*, julio de 1998, p. 126.

16. P. Guber, "The Four Truths of the Storyteller", *Harvard Business Review*, diciembre de 2007, pp. 53-59, S. Denning, "Telling Tales", *Harvard Business Review*, mayo de 2004, pp. 122-129; T. Terez, "The Business of Storytelling", *Workforces*, mayo de 2002, pp. 22-24; J. Forman, "When Stories Create an Organization's Future", *Strategy & Business*, segundo trimestre de 1999, pp. 6-9; C.H. Deutsch, "The Parables of Corporate Culture", *New York Times*, 13 de octubre de 1991, p. F25, y D.M. Boje, "The Storytelling Organization: A study of Performance in an Office-Supply Firm", *Administrative Science Quarterly*, marzo de 1991, pp. 106-126.

17. E. Ransdell, "The Nike Story? Just Tell It!" *Fast Company*, enero-febrero de 2000, pp 44-46.

18. J. Unseem, "Jim McNerney Thinks He Can Turn 3M from a Good Company into a Great One—With a Little Help from His Former Employer, General Electric", *Fortune*, 12 de agosto de 2002, pp. 127-132.

19. Denning, "Telling Tales", y A.M. Pettigrew, "On Studying Organizational Cultures", *Administrative Science Quarterly*, diciembre de 1979, p. 576.

20. D. Drickhamer, "Straight to the Heart", *IndustryWeek*, octubre de 2003, pp. 36-38.

21. E.H. Schein, "Organizational Culture", *American Psychologist*, febrero de 1990, pp. 109-119.

22. M. Zagorski, "Here's the Drill", *Fast Company*, febrero de 2001, p. 58.

23. "Slogans That Work", *Forbes* online, www.forbes.com, 7 de enero de 2008.

24. A. Bryant, "The New Power Breakfast", *Newsweek*, 15 de mayo de 2000, p.52.

25. C. Palmeri, "The Fastest Drill in the West", *BusinessWeek*, 24 de octubre de 2005, pp. 86-88.

26. St. Luke's Web site, www.stlukes.co.uk; P. LaBarre, "Success: Here's the Inside Story", *Fast Company*, noviembre de 1999, pp. 128-132, y A. Law, *Creative Company: How St. Luke's Became "The Ad Agency to End all Ad Agencies"* (New York: Wiley, 1999).

27. W.M. Bulkeley, "A Data-Storage Titan Confronts Bias Claims", *Wall Street Journal*, 12 de septiembre de 2007, pp. A1+.

28. A. Raghavan, K. Kranhold, y A. Barrionuevo, "Full Speed Ahead: How Enron Bosses Created a Culture of Pushing Limits", *Wall Street Journal*, 26 de agosto de 2002, pp. A1+.

29. J.A. Byrne, *et al.*, "How to Fix Corporate Governance", *BusinessWeek*, 6 de mayo de 2002, pp. 68-78.

30. Vea M.W. Dickson, D.B. Smith, M.W. Grojean, y M. Ehrhart, "An Organizational Climate Regarding Ethics: The Outcome of Leader Values and the Practices That Reflect Them", *Leadership Quarterly*, verano de 2001, pp. 197-217; L.K. Trevino, "A cultural Perspective on Changing and Developing Organizational Ethics", en W.A. Pasmore y R.W. Woodman (eds.), *Research in Organizational Change and Development*, vol. 4 (Greenwich, CT: JAI Press, 1990), y B. Victor y J.B. Cullen, "The Organizational Bases of Ethical Work Climates", *Administrative Science Quarterly*, marzo de 1988, pp. 101-125.

31. J.A. Byrne, "After Enron: The Ideal Corporation", *BusinessWeek*, 26 de agosto de 2002, p. 74.

32. "The World's 50 Most Innovative Companies", *Fast Company*, marzo de 2008, p. 93; T. Kelley y J. Littman, *The Ten Faces of Innovation: IDEO's Strategies for Defeating the Devil's Advocate and Driving Creativity Throughout Your Organization* (New York: Currency, 2005); C. Fredman, "The IDEO Difference", *Hemispheres*, agosto de 2002, pp. 52-57, y T. Kelley y J. Littman, *The Art of Innovation* (New York: Currency, 2001).

33. D. Belkin, "Talent Scouts for Cirque du Soleil Walk a Tightrope", *Wall Street Journal*, 8-9 de septiembre de 2007, pp. A1+; L. Tischler, "Join the Circus", *Fast Company*, julio de 2005, pp. 52-58, y "Cirque du Soleil: Creating a Culture of Extraordinary Creativity", *Innovation Network*, www.thinksmart.com, 14 de marzo de 2003.

34. J. Yang y R.W. Ahrens, "Culture Spurs Innovation", *USA Today*, 25 de febrero de 2008, p. 1B.

35. L. Simpson, "Fostering Creativity", *Training*, diciembre de 2001, p.56.

36. L. Gary, "Simplify and Execute: Words to Live by in Times of Turbulence", *Harvard Management Update*, enero de 2003, p. 12.

37. Basado en J. McGregor, "Customer Service Champs", *BusinessWeek*, 3 de marzo de 2008, pp. 37-57; B. Schneider, *et al.*, "Understanding Organization-Customer Links in Service Settings", *Academy of Management Journal*, diciembre de 2006, pp. 1017-1032; B. A. Gutek, M. Groth, y B. Cherry, "Achieving Service Success Through Relationships and Enhanced Encounters", *Academy of Management Executive*, noviembre de 2002, pp. 132-144; K.A. Eddleston, D.L. Kidder, y B.E. Litzky, "Who's the Boss? Contending with Competing Expectations from customers and Management", *Academy of Management Executive*, noviembre de 2002, pp. 85-95; S.D. Pugh, J. Dietz, J.W. Wiley, y S.M. Brooks, "Driving Service Effectiveness Through Employee-Customer Linkages", *Academy of Management Executive*, noviembre de 2002, pp. 73-84; L.A. Bettencourt, K.P. Gwinner, y M.L. Mueter, "A Comparison of Attitude, Personality, and Knowledge Predictors of Service-Oriented Organizational Citizenship Behaviors", *Journal of Applied Psychology*, febrero de 2001, pp. 29-41; M.D. Hartline, J.G.

Maxham III, y D.O. McKee, "Corridors of Influence in the Dissemination of Customer-Oriented Strategy to Customer Contact Service Employees", *Journal of Marketing*, abril de 2000, pp. 35-50; M.L. Lengnick-Hall y C.A. Lengnick-Hall, "Expanding Customer Orientation in the HR Function", *Human Resource Management*, otoño de 1999, pp. 201-214; M.D. Hartline y O.C. Ferrell, "The Management of Customer-Contact Service Employees: An Empirical Investigation", *Journal of Marketing*, octubre de 1996, pp. 52-70, y M.J. Bitner, B.H. Booms, y L.A. Mohr, "Critical Service Encounters: The Employee's Viewpoint", Journal of Marketing, octubre de 1994, pp. 95-106.

38. Este cuadro está basado en Y. Cole, "Holding Managers Accountable for Diversity Success", *DiversityInc.* Edición especial de 2006, pp. 14-19; "Diversity Is Important to the Bottom Line", *HR Powerhouse*, www. hrpowerhouse.com, 21 de enero de 2006; P. Rosinski, *Coaching Across Cultures: New Tools for Leveraging National, Corporate, and Professional Differences* (London: Nicholas Brealey Publishing), 2003; "Diversity at the Forefront", *BusinessWeek*, 4 de noviembre de 2002, pp. 27-38; "Talking to Diversity Experts: Where Do We Go from Here?" *Fortune*, 30 de septiembre de 2002, pp. 157-172; "Keeping Your Edge: Managing a Diverse Corporate Culture", *Fortune*, 11 de junio de 2001, pp. S1-S18; "Diversity Today", *Fortune*, 12 de junio de 2000, pp. S1-S24; O.C. Richard, "Racial Diversity, Business Strategy, and Firm Performance: A Resource-Based View", *Academy of Management Journal*, abril de 2000, pp. 164-177; A. Markels, "How One Hotel Manages Staff's Diversity", *Wall Street Journal*, 20 de noviembre de 1996, pp. B1+; C.A. Deutsch, "Corporate Diversity in Practice", *New York Times*, 20 de noviembre de 1996, pp. C1+, y D.A. Thomas y R.J. Ely, "Making Differences Matter: A New Paradigm for Managing Diversity", *Harvard Business Review*, septiembre-octubre de 1996, pp. 79-90.

39. R.A. Giacalone y C.L. Jurkiewicz (eds.), *Handbook of Workplace Spirituality and Organizational Performance* (New York: M.E. Sharp), 2003.

40. M.B. Marklein, "Study: College Students Seeking Meaning of Life", *USA Today*, 22 de diciembre de 2007, p. 6C.

41. Esta sección está basada en D. Grant, "What Should a Science of Workplace Spiritually Study? The Case for a Relational Approach", Academy of Management Proceedings Best Conference Paper, agosto de 2005; C.D. Pielstick, "Teaching Spirituality Synchronicity in a Business Leadership Class", *Journal of Management Education*, febrero de 2005, pp. 153-168; H. Ashar y M. Lane-Maher, "Success and Spirituality in the New Business Paradigm", *Journal of Management Inquiry*, junio de 2004, pp. 249-260; G.A. Gull y J. Doh, "The 'Transmutation' of the Organization: Toward a More Spiritual Workplace", *Journal of Management Inquiry*, junio de 2004, pp. 128-139; K.C. Cash y G.R. Gray, "A Framework for Accommodating Religion and Spirituality in the Workplace", *Academy of Management Executive*, agosto de 2000, pp.

124-133; F. Wagner-Marsh y J. Conley, "The Fourth Wave: The Spiritually-Based Firm", *Journal of Organizational Change Management*, vol. 12 (3), 1999, pp. 292-302; E. H. Burack, "Spirituality in the Workplace", *Journal of Organizational Change Management*, vol. 12 (3), 1999, pp. 280-291; J. Milliman, J. Ferguson, D. Trickett, y B. Condemi, "Spirit and Community at Southwest Airlines: An Investigation of a Spiritual Values-Based Model", *Journal of Organizational Change Management*, vol. 12 (3), 1999, pp. 221-233, y I. A. Mitroffy E.A. Denton, *A Spiritual Audit of Corporate America: A Hard Look at Spiritually, Religion, and Values in the Workplace* (San Francisco: Jossey-Bass, 1999).

42. J. Reingold, "Walking the Walk", *Fast Company*, noviembre de 2005, p. 82.

43. Citado en F. Wagner Marsh y J. Conley, "The Fourth Wave", p. 295.

44. P. Paul, "A Holier Holiday Season", *American Demographics*, diciembre de 2001, pp. 41-45, y M. Conlin, "Religion in the Workplace: The Growing Presence of Spiritually in Corporate America", *BusinessWeek*, 1 de noviembre de 1999, pp. 151-158.

45. Citado en M. Conlin, "Religion in the Workplace", p. 153.

46. C.P. Neck y J.F. Milliman, "Thought Self-Leadership: Finding Spiritual Fulfilment in Organizational Life", *Journal of Managerial Psychology*, vol. 9 (8), 1994, p.9.

47. A.K. Miles, S. Sledge, y S. Coppage, "Linking Spirituality to Workplace Performance: A Qualitative Study of the Brazilian Condomble", artículo de la *Academy of Management Proceedings* Best *Conference*, agosto de 2005; J. Millman, A. Czaplewski, y J. Ferguson, "An Exploratory Empirical Assessment of the Relationship Between Spirituality and Employee Work Attitudes", artículo presentado en la Academy of Management, Washington, DC, agosto de 2001; P.H. Mirvis, "Soul Work in Organizations", *Organization Science*, vol. 8(2), 1997, p. 193; P. Leigh, "The New Spirit at Work", *Training and Development*, vol. 51 (3), 1997, p.26; E. Brandt, "Corporate Pioneers Explore Spiritual Peace", *HRMagazine*, vol. 41(4), 1996, p. 82, y D.W. McCormick, "Spirituality and Management", *Journal of Managerial Psychology*, vol. 9 (6), 1994, p.5.

48. D. Streitfeld, "A Global Need for Grain That Farms Can't Fill", *NewYorkTimes* online, www.nytimes.com, 8 de marzo de 2008; E. Weise, "The Shape of Lights to Come? Not Everyone's Buying It", *USA Today*, 28 de febrero de 2008, p. 1A+; y J.M. Manyika, R.P. Roberts, y K.L. Sprague, "Eight Business Technology Trends to Watch", *The McKinsey Quarterly* online, www.mckinseyquarterly.com, diciembre de 2007.

49. A. Martin, "Is It Healthy? Food Rating Systems Battle It Out", *New York Times* online, www.nytimes.com, 1 de diciembre de 2007.

50. Vea, por ejemplo, A.S. Hayes, "Layoffs Take Careful Planning to Avoid Losing the Suits That Are Apt to Follow", *Wall Street Journal*, 2 de noviembre de 1990, p. B1.

51. Una buena fuente de información sobre los factores político-legales en otros países es el Legal Information Institute de la universidad de Cornell, www.law.cornell.edu/world.

52. F. Hansen, "Mega Shifts Remake Marketing", *Business Finance*, marzo de 2003, p.9.

53. J.P. Walsh, "Book Review Essay: Taking Stock of Stakeholder Management", *Academy of Management Review*, abril de 2005, pp. 426-438; R.E. Freeman, A.C. Wicks, y B. Parmar, "Stakeholder Theory and 'The Corporate Objective Revisited'", *Organization Science*, 15, 2004, pp. 364-369; T. Donaldson y L.E. Preston, "The Stakeholder Theory of the Corporation: Concepts, Evidence, and Implications", *Academy of Management Review*, enero de 1995, pp. 65-91, y R.E. Freeman, *Strategic Management: A stakeholder Approach* (Boston: Pitman/Ballinger), 1984.

54. J.S. Harrison y C.H. St. John, "Managing and Partnering with External Stakeholders", *Academy of Management Institute*, mayo de 1996, pp. 46-60.

55. S.L. Berman, R.A. Phillips, y A.C. Wicks, "Resource Dependence, Managerial Discretion, and Stakeholder Performance", *Academy of Management Proceedings* Best Conference Paper, agosto de 2005; A.J. Hillman y G.D. Keim, "Shareholder Value, Stakeholder Management, and Social Issues: What's the Bottom Line?" *Strategic Management Journal*, marzo de 2001, pp. 125-139; J.S. Harrison y R.E. Freeman, "Stakeholders, Social Responsibility, and Performance: Empirical Evidence and Theoretical Perspectives", *Academy of Management Journal*, julio de 1999, pp. 479-487, y J. Kotter y J. Heskett, *Corporate Culture and Performance* (New York: The Free Press, 1992).

56. Harrison y St. John, "Managing and Partnering with External Stakeholders".

Capítulo 4

1. J. Katz, "Worlds of Difference", *IW*, diciembre de 2007, pp. 39-41.

2. G. Koretz, "Things Go Better with Multinationals-Except Jobs", BusinessWeek, 2 de mayo de 1994, p. 20.

3. La idea del cuestionario se adaptó de R.M. Hodgetts y F. Luthans, *International Management*, 2a. ed. (New York: McGraw-Hill, 1994).

4. Reuters Limited, USA Today online, www.usatoday.com, 21 de febrero de 2006, y "Learning the Lingo", *USA Today*, 26 de enero de 2006, p. 1A.

5. *Ibídem*.

6. N. Adler, *International Dimensions of Organizational Behavior*, 5a. ed. (Cincinnati: South-Western Publishing, 2008).

7. M.R.F. Ketz De Vries y E. Florent-Treacy, "Global Leadership from A to Z: Creating High Commitment Organizations", *Organizational Dynamics*, primavera de 2002, pp. 295-309; P.R. Harris y R.T. Moran, *Managing Cultural Difference*, 4a. ed. (Houston Gulf Publishing Co., 1996); R.T. Moran, P.R. Harris, y W.G. Stripp, *Developing the Global Organization: Strategies for Human Resource Professionals* (Houston: Gulf Publishing Co., 1993); Y. Wind, S.P. Douglas, y H.V. Perlmutter, "Guidelines for Developing International Marketing Strategies", *Journal of Marketing*, abril de 1973, pp. 14-23, y H.V. Perlmutter, "The Tortuous Evolution of the Multinational Corporation", *Columbia Journal of World Business*, enero-febrero de 1969, pp. 9-18.

8. A.K. Gupta y V. Govindarajan, "Cultivating a Global Mindset", *Academy of Management Executive*, febrero de 2002, pp. 117-118.

9. S. Kotkin, "The World as an Imperfect Globe", *New York Times* online, www.nytimes.com, 2 de diciembre de 2007.

10. Sitio Web Europa, http://europa.eu/index_en.htm.

11. *Ibídem*.

12. "Treaty of Lisbon", *Europa*, http://europa.eu/Lisbon-treaty/index_en.htm; N. Knox, "Leaders of Embattled EU Head to Washington", *USA Today*, 20 de junio de 2005, p. A8, y N. Knox, "European Union Struggles with Constitution Rejection", *USA Today*, 31 de mayo de 2005, p. A10.

13. "NAFTA Facts", Office of the United States Trade Representative, www.ustr.gov, octubre de 2007.

14. J. Lyons, "Costa Rica CAFTA Vote Bolsters U.S. Policy" *Wall Street Journal*, 9 de octubre de 2007, p. A2.

15. J. Forero, "U.S. and Colombia Reach Trade Deal After 2 Years of Talks", *New York Times* online, www.nytimes.com, 28 de febrero de 2006.

16. "Ministerial Declaration", Free Trade Area of The Americas, www.ftaa-alca.org, 23 de enero de 2006, y M. Moffett y J.D. McKinnon, "Failed Summit Casts Shadow on Global Trade Tasks", *Wall Street Journal*, 7 de noviembre de 2005, pp. A1+.

17. Información del sitio Web de ASEAN, www.asean-sec.org.

18. "2004-2007 Strategic Plan", Commission of the African Union, www.africa-union.org, y D. Kraft, "Leaders Question, Praise African Union", *Springfield, Missouri, News-Leader*, 10 de julio de 2002, p. 8A.

19. Sitio Web de SAARC, www.saarc-sec.org, y N. George, "South Asia Trade Zone in Works", *Springfield, Missouri, News-Leader*, 4 de enero de 2004, p. 1E+.

20. Esta sección está basada en materiales del sitio Web World Trade Organization, www.wto.org, y D.A. Irwin, "GATT Turns 60", *Wall Street Journal*, 9 de abril de 2007, p. A13.

21. P.J. Kiger, "How Deloitte Builds Global Expertise", *Workforce*, junio de 2002, p.62.

22. C.A. Barlett y S. Ghoshal, Managing Across Borders: *The Transnational Solution* 2a. ed. (Boston: Harvard

Business School Press), 2002, y N.J. Adler, *International Dimensions of Organizational Behavior*, 4a. ed. (Cincinnati, OH: South-Western Publishing, 2002), pp. 9-11.

23. P.F. Drucker, "The Global Economy and the Nation-State", *Foreign Affairs*, septiembre-octubre de 1997, pp. 159-171.

24. P. Dvorak, "Why Multiple Headquarters Multiply", *Wall Street Journal*, 19 de noviembre de 2007, pp. B1+.

25. D.A. Aaker, *Developing Business Strategies*, 5a. ed. (New York: John Wiley & Sons, 1998); y J.A. Byrne, *et al.*, "Borderless Management", *BusinessWeek*, 23 de mayo, 1994, pp. 24-26.

26. B. Davis, "Migration of Skilled Jobs Abroad Unsettles Global-Economy Fans", *Wall Street Journal*, 26 de enero de 2004, p. A1.

27. Este cuadro se basa en información de K. Bahadur, D. Desmet, y E. van Bommel, "Smart IT spending: Insights from European Banks", *The McKinsey Quarterly* online, www.mckinseyquarterly.com, enero de 2006, y S. Hamm, "Motivating the Troops", *BusinessWeek*, 21 de noviembre de 2005, pp. 88-103.

28. J. Teresko, "United Plastics Picks China's Silicon Valley", *IndustryWeek*, enero de 2003, p. 58.

29. T. Pincus, "Globalization vs. Political Risk", *Chicago Sun-Times*, 25 de febrero de 2008, p. 41.

30. M. Landler, "Germany's Export-Led Economy Finds Global Niche", *New York Times* online, www.nytimes.com, 13 de abril de 2007.

31. "Emerging Economies Are Following the Global Trend of Disinflation", *The Economist*, 19 de octubre de 2002, p.36.

32. Central Intelligence Agency, *World Factbook* (Washington, DC: Potomac Books), 2008. www.cia.gov/library/publications/the-world-factbook/index.html.

33. J. McGregor y S. Hamm, "Managing the Global Workforce", *BusinessWeek*, 28 de enero de 2008, pp. 34-51.

34. Estos ejemplos se tomaron de L. Khosla, "You Say Tomato", *Forbes*, 21 de mayo de 2001, p. 36, y T. Raphael, "Savvy Companies Build Bonds with Hispanic Employees", *Workforce*, septiembre de 2001, p.19.

35. Vea G. Hofstede, Culture's Consequences: International Differences in Work-Related Values, 2a. ed., (Thousand Oaks, CA: Sage Publications, 2001), pp. 9-15.

36. S. Bhaskaran y N. Sukumaran, "National Culture, Business Culture and Management Practices: Consequential Relationships?" *Cross Cultural Management: An International Journal*, vol. 14(7), 2007, pp. 54-76; G. Hofstede, *Cultural Consequences*, y G. Hofstede, "The Cultural Relativity of Organizational Practice and Theories", *Journal of International Business Studies*, otoño de 1983, pp. 75-89.

37. J.S. Chhokar, F.C. Brodbeck, y R.J. House, *Culture and Leadership Across the World: The GLOBE Book of in-Depth Studies of 25 Societies* (Philadelphia: Lawrence Erlbaum Associates) 2007, y R.J. House, *et al.*, *Culture Leadership, and Organizations: The GLOBE Study of 62 Societies* (Thousand Oaks, CA: Sage Publications), 2004.

38. Estos ejemplos se tomaron de J.M. Olsen, "Toy Maker Lego Moves Production to Czech Republic", *USA Today* online, www.usatoday.com, 1 de septiembre de 2005; M. Gunther, "Cops of the Global Village", *Fortune*, 27 de junio de 2005, pp. 158-166; J. Sapsford, "Nissan to Sell in China Minivans Made in the U.S.", *Wall Street Journal*, 17 de marzo de 2005, p. A14; D. Michaels, "Sukhoi Has the World in Its Sights", *Wall Street Journal*, 7 de agosto de 2003, p. A9, y J. Slater, "GE Takes Advantage of India's Talented Research Pool", *Wall Street Journal*, 26 de marzo de 2003, p. A10.

39. D. Yergin, "Globalization Opens Door to New Dangers", *USA Today*, 28 de mayo de 2003, p. 11A; K. Lowrey Miller, "Is it Globaloney?" *Newsweek*, 16 de diciembre de 2002, pp. E4-E8; L. Gomes, "Globalization Is Now a Two-Way Street-Good News for the U.S.", *Wall Street Journal*, 19 de diciembre de 2002, p. B1; J. Kurlantzick y J.T. Allen, "The Trouble with Globalism", *U.S. News & World Report*, 11 de febrero de 2002, pp. 38-41, y J. Guyon, "The American Way", *Fortune*, 26 de noviembre de 2001, pp. 114-120.

40. Guyon, "The American Way", p. 114.

Capítulo 5

1. B. Wingfield, "Q&A: REI's Sally Jewell on Green Business", *Forbes.com*, www.forbes.com, 29 de noviembre de 2007; A. Schultz, "The REI-ight Stuff", *CRO*, mayo/junio de 2007, pp. 28-33, y D. Buss, "REI-Working Out", *BusinessWeek* online, www.businessweek.com, 15 de noviembre de 2005.

2. M.L. Barnett, "Stakeholder Influence Capacity and the Variability of Financial Returns to Corporate Social Responsibility", *Academy of Management Review*, julio de 2007, pp. 794-816; A. Mackey, T.B. Mackey, y J.B. Barney, "Corporate Social Responsibility and Firm Performance: Investor Preferences and Corporate Strategies", *Academy of Management Review*, julio de 2007, pp. 817-835, y A.B. Carroll, "A Three-Dimensional Conceptual Model of Corporate Performance", *Academy of Management Review*, octubre de 1979, p. 499.

3. Vea K. Basu y G. Palazzo, "Corporate Social Performance: A Process Model of Sensemaking", *Academy of Management Review*, enero de 2008, pp. 122-136, y S.P. Sethi, "A conceptual Framework for Environmental Analysis of Social Issues and Evaluation of Business Response Patterns", *Academy of Management Review*, enero de 1979, pp. 68-74.

4. M. Friedman, *Capitalism and Freedom* (Chicago: University of Chicago Press, 1962), y M. Friedman, "The Social Responsibility of Business Is to Increase

Profits", *New York Times Magazine*, 13 de septiembre de 1970, p. 33.

5. S. Liebs, "Do Companies Do Good Well?", *CEO*, julio de 2007, p. 16.

6. Vea, por ejemplo, D.J. Wood, "Corporate Social Performance Revisited", *Academy of Management Review*, octubre de 1991, pp. 703-708, y S.L. Wartick y P.L. Cochran, "The evolution of the Corporate Social Performance Model", *Academy of Management Review*, octubre de 1985, p. 763.

7. Información tomada de "Giving Back", que se encuentra en el sitio Web de American Express, www.americanexpress.com, 28 de marzo de 2008.

8. Vea, por ejemplo, R.A. Buccholz, *Essentials of Public Policy for Management*, 2a. ed. (Upper Saddle River, NJ: Prentice Hall, 1990).

9. I. Brat, "The Extra Step", *Wall Street Journal*, 24 de marzo de 2008, p. R12.

10. Información del sitio Web de Wal-Mart, www.walmartstores.com, 16 de marzo de 2006, y un anuncio publicitario de *USA Today*, 6 de marzo de 2006, p. 5A.

11. Esta sección está basada en J.D. Margolis y J.P. Walsh, "Misery Loves Companies: Rethinking Social Initiatives by Business", *Administrative Science Quarterly*, vol. 48 (2), 2003, pp. 268-305; K. Davis y W.C. Frederick, *Business and Society: Management, Public Policy, Ethics*, 5a. ed. (New York: McGraw-hill, 1984), pp. 28-41, y R.J. Monsen, Jr., "The Social Attitudes of Management", en J.M. McGuire (ed.), *Contemporary Management: Issues and Views* (Upper Saddle River, NJ: Prentice Hall, 1974), p. 616.

12. Vea, por ejemplo, R. Trudel y J. Cotte, "Does Being Ethical Pay?" *Wall Street Journal*, 12 de mayo de 2008, p. R8; J.D. Margolis y H. Anger Elfenbein, "Do Well by Doing Good?, Don't Count on It", *Harvard Business Review*, enero de 2008, pp. 19-20; M.L. Barnett, "Stakeholder Influence Capacity and the Variability of Financial Returns to Corporate Social Responsibility", 2007; D.O. Neubaum y S.A. Zahra, "Institutional Ownership and Corporate Social Performance: The Moderating Effects of Investment Horizon, Activism, and Coordination", *Journal of Management*, febrero de 2006, pp. 108-131; B.A. Waddock y S.B. Graves, "The Corporate Social Performance-Financial Performance Link", *Strategic Management Journal*, abril de 1997, pp. 303-319; J.B. McGuire, A. Sundgren, y T. Schneeweis, "Corporate Social Responsibility and Firm Financial Performance", *Academy of Management Journal*, diciembre de 1988, pp. 854-872; K. Aupperle, A.B. Carroll, y J.D. Hatfield, "An Empirical Examination of the Relationship Between Corporate Social Responsibility and Profitability", *Academy of Management Journal*, junio de 1985, pp. 446-463, y P. Cochran y R.A. Wood, "Corporate Social Responsibility and Financial Performance", *Academy of Management Journal*, marzo de 1984, pp. 42-56.

13. Vea J. Surroca y J.A. Tribo, "The Corporate Social and Financial Performance Relationship: What's the Ultimate Determinant?", *Academy of Management Proceedings* Best Conference Paper, 2005; D.J. Wood y R.E. Jones, "Stakeholder Mismatching: A Theoretical Problem in Empirical Research on Corporate Social Performance", *International Journal of Organizational Analysis*, julio de 1995, pp. 229-267; R. Wolfe y K. Aupperle, "Introduction to Corporate Social Performance: Methods for Evaluating an Elusive Construct", pp. 265-268, en J.E. Post (ed.), *Research in Corporate Social Performance and Policy*, vol. 12, 1991, y A.A. Ullmann, "Data in Search of a Theory: A Critical Examination of the Relationships among Social Performance, Social Disclosure, and Economic Performance of U.S. Firms", *Academy of management Review*, julio de 1985, pp. 540-557.

14. B. Seifert, S.A. Morris, y B.R. Bartkus, "Having, Giving, and Getting: Slack Resources, Corporate Philanthropy, and Firm Financial Performance", *Business & Society*, junio de 2004, pp. 135-161, y McGuire, Sundgren, y Schneeweis, "Corporate Social Responsibility and Firm Financial Performance".

15. A. McWilliams y D. Siegel, "Corporate Social Responsibility and Financial Performance: Correlation or Misspecification?" *Strategic Management Journal*, junio de 2000, pp. 603-609.

16. A.J. Hillman y G.D. Keim, "Shareholder Value, Stakeholder Management, and Social Issues: What's the Bottom Line?", *Strategic Management Journal*, vol. 22, 2001, pp. 125–139.

17. M. Orlitzky, F.L. Schmidt, y S.L. Rynes, "Corporate Social and Financial Performance", *Organization Studies*, vol. 24 (3), 2003, pp. 403–441.

18. Social Investment Forum, *2007 Report on Socially Responsible Investing Trends in the United States: 12-Year Review*, www.socialinvest.org.

19. Social Investment Forum, *Socially Responsible Mutual Fund Charts: Financial Performance*, 29 de febrero de 2008, www.socialinvest.org.

20. T. Delis, "Bag Revolution", *Fortune*, 12 de mayo de 2008, pp. 18–19, y E. Royte, "Moneybags", *Fast Company*, octubre de 2007, p. 64.

21. M. Conlin, "Sorry, I Composted Your Memorandum", *BusinessWeek*, 18 de febrero de 2008, p. 60; CBS News Online, "Whole Foods Switching to Wind Power", www.cbsnews.com, 12 de enero de 2006; A. Aston y B. Helm, "Green Culture, Clean Strategies", *BusinessWeek*, 12 de diciembre de 2005, p. 64, y J. Esty "Never Say Never", *Fast Company*, julio de 2004, p. 34.

22. A. White, "The Greening of the Balance Sheet", *Harvard Business Review*, marzo de 2006, pp. 27–28; N. Guenster, J. Derwall, R. Bauer, y K. Koedijk, "The Economic Value of Eco-Efficiency", *Academy of Management Conference*, Honolulu, Hawaii, agosto de 2005; F. Bowen y S. Sharma, "Resourcing Corporate Environmental Strategy: Behavioral and Resource-Based Perspectives", *Academy of Management Conference*, agosto de 2005; M.P. Sharfman,

T.M. Shaft, y L. Tihanyi, "A Model of the Global and Institutional Antecedents of High-Level Corporate Environmental Performance", *Business & Society*, marzo de 2004, pp. 6–36; S.L. Hart y M.B. Milstein, "Creating Sustainable Value", *Academy of Management Executive*, mayo de 2003, pp. 56–67; K. Buysse y A. Verbeke, "Proactive Environmental Strategies: A Stakeholder Management Perspective", *Strategic Management Journal*, mayo de 2003, pp. 453–470; C. Marsden, "The New Corporate Citizenship of Big Business: Part of the Solution to Sustainability?" *Business & Society Review*, primavera de 2000, pp. 9–25; R. D. Klassen y D.C. Whybark, "The Impact of Environmental Technologies on Manufacturing Performance", *Academy of Management Journal*, diciembre de 1999, pp. 599–615; H. Bradbury y J.A. Clair, "Promoting Sustainable Organizations With Sweden's Natural Step", *Academy of Management Executive*, octubre de 1999, pp. 63–73; F.L. Reinhardt, "Bringing the Environment Down to Earth", *Harvard Business Review*, julio–agosto de 1999, pp. 149–157; I. Henriques y P. Sadorsky, "The Relationship Between Environmental Commitment and Managerial Perceptions of Stakeholder Importance", *Academy of Management Journal*, febrero de 1999, pp. 87–99, y M.A. Berry y D.A. Rondinelli, "Proactive Corporate Environmental Management: A New Industrial Revolution", *Academy of Management Executive*, mayo de 1998, pp. 38–50.

23. El concepto de tonos de verde se puede encontrar en R.E. Freeman, J. Pierce, y R. Dodd, *Shades of Green: Business Ethics and the Environment* (New York: Oxford University Press, 1995).

24. Información tomada del sitio Web de ISO, www. iso.org.

25. La lista Global 100 es un esfuerzo de colaboración de Corporate Knights Inc. e Innovest Strategic Value Advisors. Información proveniente del sitio Web de Global 100, www.global100.org.

26. C. Chandler, "Livedoor Slammed", *Fortune*, 20 de febrero de 2006, p. 25; "$64B Diamond Industry Rocked by Fraud", *CNNMoney*, cnnmoney.com, 20 de diciembre de 2005; D. Searcey, S. Young, y K. Scannell, "Ebbers Is Sentenced to 25 Years for $11 Billion WorldCom Fraud", *Wall Street Journal*, 14 de julio de 2005, p. A1+, y E.B. Smith, "Wal-Mart Sets New Policy on Ethics", *USA Today*, 28 de enero de 2005, p. 1B.

27. Este último ejemplo está basado en J.F. Viega, T.D. Golden, y K. Dechant, "Why Managers Bend Company Rules", *Academy of Management Executive*, mayo de 2004, pp. 84–90.

28. Davis y Frederick, *Business and Society*, p. 76.

29. F.D. Sturdivant, Business and Society: A Managerial Approach, 3a. ed. (Homewood, IL: Richard D. Irwin, 1985), p. 128.

30. L.K. Treviño, G.R. Weaver, y S.J. Reynolds, "Behavioral Ethics in Organizations: A Review", *Journal of Management*, diciembre de 2006, pp. 951–990;

T. Kelley, "To Do Right or Just to Be Legal", New York Times, 8 de febrero de 1998, p. BU12; J.W. Graham, "Leadership, Moral Development, and Citizenship Behavior", *Business Ethics Quarterly*, enero de 1995, pp. 43–54; L. Kohlberg, *Essays in Moral Development: The Psychology of Moral Development*, vol. 2 (New York: Harper & Row, 1984), y L. Kohlberg, *Essays in Moral Development: The Philosophy of Moral Development*, vol. 1 (New York: Harper & Row, 1981).

31. Vea, por ejemplo, J. Weber, "Managers' Moral Reasoning: Assessing Their Responses to Three Moral Dilemmas", *Human Relations*, julio de 1990, pp. 687–702.

32. W.C. Frederick y J. Weber, "The Value of Corporate Managers and Their Critics: An Empirical Description and Normative Implications", en W.C. Frederick y L.E. Preston (eds.), *Business Ethics: Research Issues and Empirical Studies* (Greenwich, CT: JAI Press, 1990), pp. 123–144, y J.H. Barnett y M.J. Karson, "Personal Values and Business Decisions: An Exploratory Investigation", *Journal of Business Ethics*, julio de 1987, pp. 371–382.

33. M.E. Baehr, J.W. Jones, y A.J. Nerad, "Psychological Correlates of Business Ethics Orientation in Executives", *Journal of Business and Psychology*, primavera de 1993, pp. 291–308, y L.K. Treviño y S.A. Youngblood, "Bad Apples in Bad Barrels: A Causal Analysis of Ethical Decision-Making Behavior", *Journal of Applied Psychology*, agosto de 1990, pp. 378–385.

34. M.E. Schweitzer, L. Ordonez, y B. Douma, "Goal Setting as a Motivator of Unethical Behavior", *Academy of Management Journal*, junio de 2004, pp. 422–432.

35. M.C. Jensen, "Corporate Budgeting Is Broken—Let's Fix It", *Harvard Business Review*, junio de 2001, pp. 94–101.

36. R.L. Cardy y T.T. Selvarajan, "Assessing Ethical Behavior Revisited: The Impact of Outcomes on Judgment Bias", artículo presentado en la Annual Meeting of the Academy of Management, Toronto, 2000.

37. G. Weaver, "Ethics and Employees: Making the Connection", *Academy of Management Executive*, mayo de 2004, pp. 121–125; V. Anand, B.E. Ashforth, y M. Joshi, "Business as Usual: The Acceptance and Perpetuation of Corruption in Organizations", *Academy of Management Executive*, mayo de 2004, pp. 39–53; J. Weber, L.B. Kurke, y D.W. Pentico, "Why Do Employees Steal?", *Business & Society*, septiembre de 2003, pp. 359–380; V. Arnold y J.C. Lampe, "Understanding the Factors Underlying Ethical Organizations: Enabling Continuous Ethical Improvement", *Journal of Applied Business Research*, verano de 1999, pp. 1–19; R.R. Sims, "The Challenge of Ethical Behavior in Organizations", *Journal of Business Ethics*, julio de 1992, pp. 505–513; J.B. Cullen, B. Victor, y C. Stephens, "An Ethical Weather Report: Assessing the Organization's Ethical Climate", *Organizational Dynamics*, otoño de 1989, pp. 50–62, y B. Victor y J.B.

Cullen, "The Organizational Bases of Ethical Work Climates", *Administrative Science Quarterly*, marzo de 1988, pp. 101–125.

38. P. Van Lee, L. Fabish y N. McCaw, "The Value of Corporate Values", *Strategy & Business*, verano de 2005, pp. 52–65.

39. G. Weaver, "Ethics and Employees: Making the Connection", mayo de 2004; G.R. Weaver, L.K. Treviño, y P.L. Cochran, "Integrated and Decoupled Corporate Social Performance: Management Commitments, External Pressures, and Corporate Ethics Practices", *Academy of Management Journal*, octubre de 1999, pp. 539–552; G.R. Weaver, L.K. Treviño, y P.L. Cochran, "Corporate Ethics Programs as Control Systems: Influences of Executive Commitment and Environmental Factors", *Academy of Management Journal*, febrero de 1999, pp. 41–57; R.B. Morgan, "Self- and Co-Worker Perceptions of Ethics and Their Relationships to Leadership and Salary", *Academy of Management Journal*, febrero de 1993, pp. 200–214, y B.Z. Posner y W.H. Schmidt, "Values and the American Manager: An Update", *California Management Review*, primavera de 1984, pp. 202–216.

40. IBM Corporate Responsibility Report, 2007, www.ibm.com, y A. Schultz, "Integrating IBM", *CRO Newsletter*, marzo/abril de 2007, pp. 16–21.

41. T. Barnett, "Dimensions of Moral Intensity and Ethical Decision Making: An Empirical Study", *Journal of Applied Social Psychology*, mayo de 2001, pp. 1038–1057, y T.M. Jones, "Ethical Decision Making by Individuals in Organizations: An Issue-Contingent Model", *Academy of Management Review*, abril de 1991, pp. 366–395.

42. W. Bailey y A. Spicer, "When Does National Identity Matter?, Convergence and Divergence in International Business Ethics", *Academy of Management Journal*, diciembre de 2007, pp. 1462–1480, y R.L. Sims, "Comparing Ethical Attitudes Across Cultures", *Cross Cultural Management: An International Journal*, vol. 13 (2), 2006, pp. 101–113.

43. "Legal Review of Overseas Bribery", *BBC News online*, http://news.bbc.co.uk, 29 de noviembre de 2007.

44. U.S. Department of Justice, *Fact Sheet*, 27 de marzo de 2008.

45. L. Paine, R. Deshpande, J.D. Margolis, y K.E. Bettcher, "Up to Code: Does Your Company's Conduct Meet World-Class Standards?" *Harvard Business Review*, diciembre de 2005, pp. 122–133; G.R. Simpson, "Global Heavyweights Vow 'Zero Tolerance' for Bribes", *Wall Street Journal*, 27 de enero de 2005, pp. A2+; A. Spicer, T.W. Dunfee, y W.J. Bailey, "Does National Context Matter in Ethical Decision Making? An Empirical Test of Integrative Social Contracts Theory", *Academy of Management Journal*, agosto de 2004, pp. 610–620; J. White y S. Taft, "Frameworks for Teaching and Learning Business Ethics Within the Global Context: Background of Ethical Theories", *Journal of Management Education*, agosto de 2004,

pp. 463–477; J. Guyon, "CEOs on Managing Globally", *Fortune*, 26 de julio de 2004, p. 169; A.B. Carroll, "Managing Ethically with Global Stakeholders: A Present and Future Challenge", *Academy of Management Executive*, mayo de 2004, pp. 114–120, y C.J. Robertson y W.F. Crittenden, "Mapping Moral Philosophies: Strategic Implications for Multinational Firms", *Strategic Management Journal*, abril de 2003, pp. 385–392.

46. "The New Social Steward", *Fortune*, Special Advertising Section, 12 de noviembre de 2007, pp. 57–63, y A. Savitz y M. Choi, "The Future of the Global Compact", *CRO Newsletter*, enero-febrero de 2007, pp. 47–48.

47. Organization for Economic Cooperation and Development, "About Bribery in International Business", www.oecd.org, 28 de marzo de 2008.

48. El ejemplo de Enron fue tomado de P.M. Lencioni, "Make Your Values Mean Something", *Harvard Business Review*, julio de 2002, p. 113; el ejemplo de Sears fue tomado de la serie de carteles llamados "Sears Ethics and Business Practices: A Century of Tradition", *Business Ethics*, mayo-junio de 1999, pp. 12–13, y B.J. Feder, "The Harder Side of Sears", *New York Times*, 20 de julio de 1997, pp. BU1+.

49. Treviño y Youngblood, "Bad Apples in Bad Barrels", p. 384.

50. J.L. Lunsford, "Transformer in Transition", *Wall Street Journal*, 17 de mayo de 2007, pp. B1+, y J.S. McClenahen, "UTC's Master of Principle", *IndustryWeek*, enero de 2003, pp. 30–36.

51. M. Weinstein, "Survey Says: Ethics Training Works", *Training*, noviembre de 2005, p. 15.

52. J.E. Fleming, "Codes of Ethics for Global Corporations", *Academy of Management News*, junio de 2005, p. 4.

53. "Global Ethics Codes Gain Importance as a Tool to Avoid Litigation and Fines", *Wall Street Journal*, 19 de agosto de 1999, p. A1, y J. Alexander, "On the Right Side", *World Business*, enero-febrero de 1997, pp. 38–41.

54. F.R. David, "An Empirical Study of Codes of Business Ethics: A Strategic Perspective", artículo presentado en la 48th Annual Academy of Management Conference, Anaheim, California, agosto de 1988.

55. *National Business Ethics Survey* (Arlington, VA: Ethics Resource Center, 2007).

56. La información sobre los códigos de conducta se tomaron del sitio Web de Center for Ethical Business Cultures, www.cebcglobal.org, 15 de febrero de 2006; Paine, *et al.*, "Up to Code: Does Your Company's Conduct Meet World-Class Standards", y A.K. Reichert y M.S. Webb, "Corporate Support for Ethical and Environmental Policies: A Financial Management Perspective", *Journal of Business Ethics*, mayo de 2000, pp. 53–64.

57. L. Nash, "Ethics Without the Sermon", Harvard Business Review, noviembre–diciembre de 1981, p. 81.

58. V. Wessler, "Integrity and Clogged Plumbing", *Straight to the Point*, otoño de 2002, pp. 1–2.

59. T.A. Gavin, "Ethics Education", *Internal Auditor*, abril de 1989, pp. 54–57.

60. L. Myyry y K. Helkama, "The Role of Value Priorities and Professional Ethics Training in Moral Sensitivity", *Journal of Moral Education*, vol. 31 (1), 2002, pp. 35–50, y W. Penn y B. D. Collier, "Current Research in Moral Development as a Decision Support System", *Journal of Business Ethics*, enero de 1985, pp. 131–136.

61. J.A. Byrne, "After Enron: The Ideal Corporation", *BusinessWeek*, 19 de agosto de 2002, pp. 68–71; D. Rice y C. Dreilinger, "Rights and Wrongs of Ethics Training", *Training & Development Journal*, mayo de 1990, pp. 103–109, y J. Weber, "Measuring the Impact of Teaching Ethics to Future Managers: A Review, Assessment, and Recommendations", *Journal of Business Ethics*, abril de 1990, pp. 182–190.

62. E. White, "What Would You Do? Ethics Courses Get Context", *Wall Street Journal*, 12 de junio de 2006, p. B3, y D. Zielinski, "The Right Direction: Can Ethics Training Save Your Company", *Training*, junio de 2005, pp. 27–32.

63. G. Farrell y J. O'Donnell, "Ethics Training As Taught by Ex-Cons: Crime Doesn't Pay", *USA Today*, 16 de noviembre de 2005, p. 1B+.

64. J. Weber, "The New Ethics Enforcers", *BusinessWeek*, 13 de febrero de 2006, pp. 76–77.

65. Sitio Web de The Ethics and Compliance Officer Association, www.theecoa.org, y K. Maher, "Global Companies Face Reality of Instituting Ethics Programs", *Wall Street Journal*, 9 de noviembre de 2004, p. B8.

66. Ethics Newsline, "Survey Reveals How Many Workers Commit Office Taboos", www.globalethics.org, 18 de septiembre de 2007.

67. H. Oh, "Biz Majors Get an F for Honesty", *BusinessWeek*, 6 de febrero de 2006, p. 14.

68. "Students Aren't Squealers", *USA Today*, 27 de marzo de 2003, p. 1D, y J. Merritt, "You Mean Cheating Is Wrong?", *BusinessWeek*, 9 de diciembre de 2002, p. 8.

69. J. Hyatt, "Unethical Behavior: Largely Unreported in Offices and Justified by Teens", *CRO Newsletter online*, www.thecro.com/enewsletter, 13 de febrero de 2008.

70. D. Lidsky, "Transparency: It's Not Just for Shrink Wrap Anymore", *Fast Company*, enero de 2005, p. 87.

71. W. Zellner, *et al.*, "A Hero—And a Smoking-Gun Letter", *BusinessWeek*, 28 de enero de 2002, pp. 34–35.

72. *National Business Ethics Survey* (Arlington, VA: Ethics Resource Centre, 2007).

73. S. Armour, "More Companies Urge Workers to Blow the Whistle", *USA Today*, 16 de diciembre de 2002, p. 1B.

74. J. Wiscombe, "Don't Fear Whistleblowers", *Workforce*, julio de 2002, pp. 26–27.

75. T. Reason, "Whistle Blowers: The Untouchables", *CFO*, marzo de 2003, p. 18, y C. Lachnit, "Muting the Whistle-Blower?", *Workforce*, septiembre de 2002, p. 18.

76. J. Hyatt, "Corporate Whistleblowers Might Need a Monetary Nudge, Researchers Suggest", *CRO Newsletter* online, www.thecro.com/enewsletter, 11 de abril de 2007; J. O'Donnell, "Blowing the Whistle Can Lead to Harsh Aftermath, Despite Law", *USA Today*, 1 de agosto de 2005, p. 2B, y D. Solomon, "For Financial Whistle-Blowers, New Shield Is an Imperfect One", *Wall Street Journal*, 4 de octubre de 2004, pp. A1+.

77. B. Dobbin, "Dealers Market Global Trade with Social Conscience", *The Associated Press*, (Springfield Missouri) News-Leader, 16 de febrero de 2005, p. 5B.

78. Esta definición está basada en P. Tracey y N. Phillips, "The Distinctive Challenge of Educating Social Entrepreneurs: A Postscript and Rejoinder to the Special Issue on Entrepreneurship Education", *Academy of Management Learning & Education*, junio de 2007, pp. 264–271; Schwab Foundation for Social Entrepreneurship, www.schwabfound.org, 20 de febrero de 2006, y J.G. Dees, J. Emerson, y P. Economy, *Strategic Tools for Social Entrepreneurs* (New York: John Wiley & Sons, Inc., 2002).

79. D. Bornstein, *How to Change the World: Social Entrepreneurs and the Power of New Ideas* (New York: Oxford University Press, 2004), cubierta interior.

80. K. Greene, "Tapping Talent, Experience of Those Age 60-Plus", *Wall Street Journal*, 29 de noviembre de 2005, p. B12.

81. K.H. Hammonds, "Now the Good News", *Fast Company*, diciembre de 2007/enero de 2008, pp. 110–121; C. Dahle, "Filling the Void", *Fast Company*, enero-febrero de 2006, pp. 54–57, y sitio web de PATH, www.path.org.

82. R.J. Bies, J.M. Bartunek, T.L. Fort, y M.N Zald, "Corporations as Social Change Agents: Individual, Interpersonal, Institutional, and Environmental Dynamics", *Academy of Management Review*, julio de 2007, pp. 788–793.

83. "The State of Corporate Philanthropy: A McKinsey Global Survey", *The McKinsey Quarterly* online, www.mckinseyquarterly.com, febrero de 2008.

84. R. Nixon, The Associated Press, "Bottom Line for (Red)", *New York Times* online, www.nytimes.com, 6 de febrero de 2008, y G. Mulvihill, "Despite Cause, Not Everyone Tickled Pink by Campaign", Springfield Missouri News-Leader, 15 de octubre de 2007, p. 2E.

85. C. Wilson, "How Companies Dig Deep", *BusinessWeek*, 26 de noviembre de 2007, pp. 52–54.

86. K.J. Delaney, "Google: From 'Don't Be Evil' to How to Do Good", *Wall Street Journal*, 18 de enero de

2008, pp. B1+; H. Rubin, "Google Offers a Map for Its Philanthropy", *New York Times* online, www.nytimes.com, 18 de enero de 2008, y K. Hafner, "Philanthropy Google's Way: Not the Usual", *New York Times* online, www.nytimes.com, 14 de septiembre de 2006.

87. Committee Encouraging Corporate Philanthropy, www.corporatephilanthropy.org, 7 de abril de 2008; "Investing in Society", *Leaders*, julio–septiembre de 2007, pp. 12+; M.C. White, "Doing Good on Company Time", *New York Times* online, www.nytimes.com, 8 de mayo de 2007, y M. Lowery, "How Volunteerism is Changing the Face of Philanthropy", *DiversityInc*, diciembre de 2006, pp. 45–47.

Capítulo 6

1. D. Durfee, "Give Them Credit", *CFO*, julio de 2007, pp. 50–57.

2. M. Trottman, "Choices in Stormy Weather", *Wall Street Journal*, 14 de febrero de 2006, p. B1+.

3. D.A. Garvin y M.A. Roberto, "What You Don't Know About Making Decisions", *Harvard Business Review*, septiembre de 2001, pp. 108–116.

4. W. Pounds, "The Process of Problem Finding", *Industrial Management Review*, otoño de 1969, pp. 1–19.

5. R.J. Volkema, "Problem Formulation: Its Portrayal in the Texts", *Organizational Behavior Teaching Review*, vol. 11 (3), 1986–1987, pp. 113–126.

6. T.A. Stewart, "Did You Ever Have to Make Up Your Mind?", *Harvard Business Review*, enero de 2006, p. 12, y E. Pooley, "Editor's Desk", *Fortune*, 27 de junio de 2005, p. 16.

7. J. Pfeffer y R.I. Sutton, "Why Managing by Facts Works", *Strategy & Business*, primavera de 2006, pp. 9–12.

8. Vea A. Langley, "In Search of Rationality: The Purposes Behind the Use of Formal Analysis in Organizations", *Administrative Science Quarterly*, diciembre de 1989, pp. 598–631, y H. A. Simon, "Rationality in Psychology and Economics", *Journal of Business*, octubre de 1986, pp. 209–224.

9. J.G. March, "Decision-Making Perspective: Decisions in Organizations and Theories of Choice", en A.H. Van de Ven y W.F. Joyce (eds.), *Perspectives on Organization Design and Behavior* (New York: Wiley-Interscience, 1981), pp. 232–233.

10. Vea D.R.A. Skidd, "Revisiting Bounded Rationality", *Journal of Management Inquiry*, diciembre de 1992, pp. 343–347; B.E. Kaufman, "A New Theory of Satisficing", Journal of Behavioral Economics, primavera de 1990, pp. 35–51, y N.M. Agnew y J.L. Brown, "Bounded Rationality: Fallible Decisions in Unbounded Decision Space", *Behavioral Science*, julio de 1986, pp. 148–161.

11. Vea, por ejemplo, G. McNamara, H. Moon, y P. Bromiley, "Banking on Commitment: Intended and Unintended Consequences of an Organization's Attempt to Attenuate Escalation of Commitment", *Academy of Management Journal*, abril de 2002, pp. 443–452; V.S. Rao y A. Monk, "The Effects of Individual Differences and Anonymity on Commitment to Decisions", *Journal of Social Psychology*, agosto de 1999, pp. 496–515; C.F. Camerer y R.A. Weber, "The Econometrics and Behavioral Economics of Escalation of Commitment: A Re-examination of Staw's Theory", *Journal of Economic Behavior and Organization*, mayo de 1999, pp. 59–82; D.R. Bobocel y J.P. Meyer, "Escalating Commitment to a Failing Course of Action: Separating the Roles of Choice and Justification", *Journal of Applied Psychology*, junio de 1994, pp. 360–363, y B.M. Staw, "The Escalation of Commitment to a Course of Action", *Academy of Management Review*, octubre de 1981, pp. 577–587.

12. W. Cole, "The Stapler Wars", *Time Inside Business*, abril de 2005, p. A5.

13. Vea, E. Dane y M.G. Pratt, "Exploring Intuition and Its Role in Managerial Decision Making", *Academy of Management Review*, enero de 2007, pp. 33–54; M.H. Bazerman y D. Chugh, "Decisions Without Blinders", *Harvard Business Review*, enero de 2006, pp. 88–97; C.C. Miller y R.D. Ireland, "Intuition in Strategic Decision Making: Friend or Foe in the Fast-Paced 21st. Century", *Academy of Management Executive*, febrero de 2005, pp. 19–30; E. Sadler-Smith y E. Shefy, "The Intuitive Executive: Understanding and Applying 'Gut Feel' in Decision-Making", *Academy of Management Executive*, noviembre de 2004, pp. 76–91; y L.A. Burke y M.K. Miller, "Taking the Mystery Out of Intuitive Decision Making", *Academy of Management Executive*, octubre de 1999, pp. 91–99.

14. Miller y Ireland, "Intuition in Strategic Decision Making: Friend or Foe", p. 20.

15. E. Sadler-Smith y E. Shefy, "Developing Intuitive Awareness in Management Education", *Academy of Management Learning & Education*, junio de 2007, pp. 186–205.

16. M.G. Seo y L. Feldman Barrett, "Being Emotional During Decision Making—Good or Bad? An Empirical Investigation", *Academy of Management Journal*, agosto de 2007, pp. 923–940.

17. K.R. Brousseau, M.J. Driver, G. Hourihan, y R. Larsson, "The Seasoned Executive's Decision-Making Style", *Harvard Business Review*, febrero de 2006, pp. 111–121.

18. R.M. Kidder, "Commentary: Hunt Down a Perpetrator or Hold to a Principle: A High School's Dilemma", *Ethics Newsline* online, http://ethicsnewsline.wordpress.com, 23 de octubre de 2006.

19. La información de este cuadro proviene de D. Jones y A. Shaw, "Slowing Momentum: Why BPM Isn't Keeping Pace with Its Potential", *BPM Magazine*, febrero de 2006, pp. 4–12; B. Violino, "IT Directions", *CFO*, enero de 2006, pp. 68–72; D. Weinberger, "Sorting Data to Suit Yourself", *Harvard Business Review*, marzo de 2005, pp. 16–18, y C. Winkler, "Getting a

Grip on Performance", *CFO-IT*, invierno de 2004, pp. 38–48.

20. S. Holmes, "Inside the Coup at Nike", *BusinessWeek*, 6 de febrero de 2006, pp. 34–37, y M. Barbaro, "Slightly Testy Nike Divorce Came Down to Data vs. Feel", *New York Times* online, www.nytimes.com, 28 de enero de 2006.

21. C.M. Vance, K.S. Groves, Y. Paik, y H. Kindler, "Understanding and Measuring Linear-NonLinear Thinking Style for Enhanced Management Education and Professional Practice", *Academy of Management Learning & Education*, junio de 2007, pp. 167–185.

22. La información de este cuadro proviene de N.J. Adler (ed.), *International Dimensions of Organizational Behavior*, 4a. ed. (Cincinnati, OH: South-Western Publishing, 2001); B.C. McDonald y D. Hutcheson, "Dealing with Diversity Is Key to Tapping Talent", *Atlanta Business Chronicle*, 18 de diciembre de 1998, pp. 45A+, y P.M. Elsass y L.M. Graves, "Demographic Diversity in Decision-Making Groups: The Experience of Women and People of Color", *Academy of Management Review*, octubre de 1997, pp. 946–973.

23. E. Teach, "Avoiding Decision Traps", *CFO*, junio de 2004, pp. 97–99, y D. Kahneman y A. Tversky, "Judgment Under Uncertainty: Heuristics and Biases", *Science*, vol. 185, 1974, pp. 1124–1131.

24. La información de esta sección proviene de S.P. Robbins, *Decide & Conquer* (Upper Saddle River, NJ: Financial Times/Prentice Hall), 2004.

25. L. Margonelli, "How Ikea Designs Its Sexy Price Tags", *Business 2.0*, octubre de 2002, p. 108.

26. P.C. Chu, E.E. Spires, y T. Sueyoshi, "Cross-Cultural Differences in Choice Behavior and Use of Decision Aids: A Comparison of Japan and the United States", *Organizational Behavior & Human Decision Processes*, vol. 77 (2), 1999, pp. 147–170.

27. S. Thurm, "Seldom-Used Executive Power: Reconsidering", *Wall Street Journal*, 6 de febrero de 2006, p. B3.

28. J.S. Hammond, R.L. Keeney, y H. Raiffa, *Smart Choices: A Practical Guide to Making Better Decisions* (Boston, MA: Harvard Business School Press, 1999), p. 4.

29. Esta explicación está basada en E.W. Ford, *et al.*, "Mitigating Risks, Visible Hands, Inevitable Disasters, and Soft Variables: Management Research That Matters", *Academy of Management Executive*, noviembre de 2005, pp. 24–38; K.H. Hammonds, "5 Habits of Highly Reliable Organizations: An Interview with Karl Weick", *Fast Company*, mayo de 2002, pp. 124–128; y K.E. Weick, "Drop Your Tools: An Allegory for Organizational Studies", *Administrative Science Quarterly*, vol. 41 (2), 1996, pp. 301–313.

Capítulo 7

1. Sitio Web de Alibaba Group, www.alibaba.com, 6 de febrero de 2008, y C. Chandler, "China's Web King", *Fortune*, 10 de diciembre de 2007, pp. 172–180.

2. J.L. Lunsford, "Boeing Delays Dreamliner Delivery Again", *Wall Street Journal*, 10 de abril de 2008, p. B3, y J. Teresko, "The Boeing 787: A Matter of Materials", *IndustryWeek*, diciembre de 2007, pp. 34–38.

3. Vea, por ejemplo, F. Delmar y S. Shane, "Does Business Planning Facilitate the Development of New Ventures?", *Strategic Management Journal*, diciembre de 2003, pp. 1165–1185; R.M. Grant, "Strategic Planning in a Turbulent Environment: Evidence from the Oil Majors", *Strategic Management Journal*, junio de 2003, pp. 491–517; P.J. Brews y M.R. Hunt, "Learning to Plan and Planning to Learn: Resolving the Planning School/Learning School Debate", *Strategic Management Journal*, diciembre de 1999, pp. 889–913; C.C. Miller y L.B. Cardinal, "Strategic Planning and Firm Performance: A Synthesis of More Than Two Decades of Research", *Academy of Management Journal*, marzo de 1994, pp. 1649–1685; N. Capon, J.U. Farley, y J.M. Hulbert, "Strategic Planning and Financial Performance: More Evidence", Journal of Management Studies, enero de 1994, pp. 22–38; D.K. Sinha, "The Contribution of Formal Planning to Decisions", *Strategic Management Journal*, octubre de 1990, pp. 479–492; J.A. Pearce II, E.B. Freeman, y R.B. Robinson, Jr., "The Tenuous Link Between Formal Strategic Planning and Financial Performance", *Academy of Management Review*, octubre de 1987, pp. 658–675; L.C. Rhyne, "Contrasting Planning Systems in High, Medium, and Low Performance Companies", *Journal of Management Studies*, julio de 1987, pp. 363–385, y J.A. Pearce II, K.K. Robbins, y R.B. Robinson, Jr., "The Impact of Grand Strategy and Planning Formality on Financial Performance", *Strategic Management Journal*, marzo–abril de 1987, pp. 125–134.

4. R. Molz, "How Leaders Use Goals", *Long Range Planning*, octubre de 1987, p. 91.

5. C. Hymowitz, "When Meeting Targets Becomes the Strategy, CEO Is on Wrong Path", *Wall Street Journal*, 8 de marzo de 2005, p. B1.

6. McDonald's, "Annual Report 2007", www.mcdonalds.com, 21 de abril de 2008.

7. S. Zesiger Callaway, "Mr. Ghosn Builds His Dream Car", *Fortune*, 4 de febrero de 2008, pp. 56–58.

8. Reportes anuales de Nike (2005), Winnebago (2005), y Deutsche Bank (2004) y EnCana Corporate Constitution 2004, www.encana.com.

9. Vea, por ejemplo, J. Pfeffer, *Organizational Design* (Arlington Heights, IL: AHM Publishing, 1978), pp. 5–12, y C.K. Warriner, "The Problem of Organizational Purpose", *Sociological Quarterly*, primavera de 1965, pp. 139–146.

10. J.D. Hunger y T.L. Wheelen, *Strategic Management and Business Policy*, 10a. ed. (Upper Saddle River, NJ: Prentice Hall, 2006).

11. J.L. Roberts, "Signed. Sealed. Delivered?", *Newsweek*, 20 de junio de 2005, pp. 44–46.

12. D. Drickhamer, "Braced for the Future", *Industry-Week*, octubre de 2004, pp. 51–52.

13. P.N. Romani, "MBO By Any Other Name Is Still MBO", *Supervision*, diciembre de 1997, pp. 6–8, y A.W. Schrader y G.T. Seward, "MBO Makes Dollar Sense", *Personnel Journal*, julio de 1989, pp. 32–37.

14. R. Rodgers y J.E. Hunter, "Impact of Management by Objectives on Organizational Productivity", *Journal of Applied Psychology*, abril de 1991, pp. 322–336.

15. G.P. Latham, "The Motivational Benefits of Goal-Setting", *Academy of Management Executive*, noviembre de 2004, pp. 126–129.

16. Para información adicional sobre los objetivos vea, por ejemplo, P. Drucker, *The Executive in Action* (New York: HarperCollins, 1996), pp. 207–214, y E.A. Locke y G.P. Latham, *A Theory of Goal Setting and Task Performance* (Upper Saddle River, NJ: Prentice Hall, 1990).

17. Muchos de estos factores se indicaron en R.K. Bresser y R.C. Bishop, "Dysfunctional Effects of Formal Planning: Two Theoretical Explanations", *Academy of Management Review*, octubre de 1983, pp. 588–599, y J.S. Armstrong, "The Value of Formal Planning for Strategic Decisions: Review of Empirical Research", *Strategic Management Journal*, julio–septiembre de 1982, pp. 197–211.

18. Brews y Hunt, "Learning to Plan and Planning to Learn: Resolving the Planning School/Learning School Debate".

19. S. Hamm, "It's Too Darn Hot", *BusinessWeek*, 31 de marzo de 2008, pp. 60–63, y D. Clark, "Power-Hungry Computers Put Data Centers in Bind", *Wall Street Journal*, 14 de noviembre de 2005, pp. A1+.

20. C. Prystay, M. Hiebert, y K. Linebaugh, "Companies Face Ethical Issues over Tamiflu", *Wall Street Journal*, 16 de enero de 2006, pp. B1+.

21. A. Campbell, "Tailored, Not Benchmarked: A Fresh Look at Corporate Planning", *Harvard Business Review*, marzo–abril de 1999, pp. 41–50.

22. J.H. Sheridan, "Focused on Flow", *IW*, 18 de octubre de 1999, pp. 46–51.

23. H. Mintzberg, *The Rise and Fall of Strategic Planning* (New York: The Free Press, 1994).

24. *Ibídem.*

25. *Ibídem.*

26. G. Hamel y C.K. Prahalad, *Competing for the Future* (Boston: Harvard Business School Press, 1994).

27. D. Miller, "The Architecture of Simplicity", *Academy of Management Review*, enero de 1993, pp. 116–138.

28. M.C. Mankins y R. Steele, "Stop Making Plans—Start Making Decisions", *Harvard Business Review*, enero de 2006, pp. 76–84; L. Bossidy y R. Charan, *Execution: The Discipline of Getting Things Done* (New York: Crown/Random House), 2002, y P. Roberts, "The Art of Getting Things Done", *Fast Company*, junio de 2000, p. 162.

29. Associated Press, "Dow Jones to Shrink 'Wall Street Journal,' Cut Some Data", *USA Today* online, www.usatoday.com, 12 de octubre de 2005.

30. Brews and Hunt, "Learning to Plan and Planning to Learn: Resolving the Planning School/Learning School Debate".

31. La información sobre Wipro Limited fue tomada de Hoover's online, www.hoovers.com, 21 de marzo de 2006; R. J. Newman, "Coming and Going", *U.S. News & World Report*, 23 de enero de 2006, pp. 50–52; T. Atlas, "Bangalore's Big Dreams", *U.S. News & World Report*, 2 de mayo de 2005, pp. 50–52, y K.H. Hammonds, "Smart, Determined, Ambitious, Cheap: The New Face of Global Competition", *Fast Company*, febrero de 2003, pp. 90–97.

Capítulo 8

1. S. Reed, "The Master Builder of the Middle East", *BusinessWeek*, 2 de julio de 2007, pp. 48–49.

2. Ejemplos de M. Miller, "Ultimate Cash Machine", *Forbes*, 5 de mayo de 2008, pp. 80–86; D. Welch, "What Could Dull Toyota's Edge", *BusinessWeek*, 28 de abril de 2008, p. 38, y R. Siklos, "Q&A with Bob Iger", *Fortune*, 28 de abril de 2008, pp. 90–94.

3. J.W. Dean, Jr., y M.P. Sharfman, "Does Decision Process Matter? A Study of Strategic Decision-Making Effectiveness", *Academy of Management Journal*, abril de 1996, pp. 368–396.

4. Basado en A.A. Thompson, Jr., A.J. Strickland III, y J.E. Gamble, *Crafting and Executing Strategy*, 14a. ed. (New York: McGraw-Hill Irwin), 2005.

5. J. Magretta, "Why Business Models Matter", *Harvard Business Review*, mayo de 2002, pp. 86–92.

6. Sitio Web de American Idol, www.americanidol.com, 24 de abril de 2008; D. Lieberman, "Fat Lady Hasn't Sung for 'Idol'", *USA Today*, 19 de mayo de 2008, p. 3B, y D.J. Lang, *Associated Press Springfield (Missouri) News-Leader*, 3 de mayo de 2008, p. 4C.

7. H.J. Cho y V. Pucik, "Relationship Between Innovativeness, Quality, Growth, Profitability, and Market Value", *Strategic Management Journal*, junio de 2005, pp. 555–575; W.F. Joyce, "What Really Works", *Organizational Dynamics*, mayo de 2005, pp. 118–129; M.A. Roberto, "Strategic Decision-Making Processes", *Group & Organization Management*, diciembre de 2004, pp. 625–658; A. Carmeli y A. Tischler, "The Relationships Between Intangible Organizational Elements and Organizational Performance", *Strategic Management Journal*, diciembre de 2004, pp. 1257–1278; D.J. Ketchen, C.C. Snow, y V.L. Street, "Improving Firm Performance by Matching Strategic Decision-Making Processes to Competitive Dynamics", *Academy of Management Executive*, noviembre de 2004, pp. 29–43; E.H. Bowman y C.E. Helfat, "Does Corporate Strategy Matter?", *Strategic Management Journal*, vol. 22, 2001, pp. 1–23; P.J. Brews y M.R. Hunt, "Learning to Plan and Planning to Learn: Resolving the Planning School-Learning School Debate", *Strategic Management Journal*, vol. 20,

1999, pp. 889–913; D.J. Ketchen, Jr., J.B. Thomas, y R.R. McDaniel, Jr., "Process, Content and Context; Synergistic Effects on Performance", *Journal of Management*, vol. 22 (2), 1996, pp. 231–257; C.C. Miller y L.B. Cardinal, "Strategic Planning and Firm Performance: A Synthesis of More Than Two Decades of Research", *Academy of Management Journal*, diciembre de 1994, pp. 1649–1665, y N. Capon, J.U. Farley, y J.M. Hulbert, "Strategic Planning and Financial Performance: More Evidence", *Journal of Management Studies*, enero de 1994, pp. 105–110.

8. U.S. Postal Service, *Strategic Transformation Plan 2006–2010*, www.usps.com/strategicplanning/.

9. Estos ejemplos provienen de S. Dutta e I. Mia, *The Global Information Technology Report 2007–2008*, World Economic Forum, www.weforum.org; J.D. Miller, "Which Colleges Will Make the Grade?", *Better Investing*, abril de 2006, p. 49, y W. Cole, S. Steptoe, y S.S. Dale, "The Multitasking Generation", *Time*, 27 de marzo de 2006, pp. 48–55.

10. C.K. Prahalad y G. Hamel, "The Core Competence of the Corporation", *Harvard Business Review*, mayo–junio de 1990, pp. 79–91.

11. La información en este cuadro proviene de D. McGinn, "From Harvard to Las Vegas", *Newsweek*, 18 de abril de 2005, pp. E8–E14; G. Lindsay, "Prada's High-Tech Misstep", *Business 2.0*, marzo de 2004, pp. 72–75; G. Loveman, "Diamonds in the Data Mine", *Harvard Business Review*, mayo de 2003, pp. 109–113, y L. Gary, "Simplify and Execute: Words to Live By in Times of Turbulence", *Harvard Management Update*, enero de 2003, p. 12.

12. H. Quarls, T. Pernsteiner, y K. Rangan, "Love Your Dogs", *Strategy & Business*, Primavera de 2006, pp. 58–65, y P. Haspeslagh, "Portfolio Planning: Uses and Limits", *Harvard Business Review*, enero–febrero de 1982, pp. 58–73.

13. *Perspective on Experience* (Boston: Boston Consulting Group, 1970).

14. Rumelt, "Towards a Strategic Theory of the Firm", en R. Lamb (ed.), *Competitive Strategic Management* (Upper Saddle River, NJ: Prentice Hall, 1984), pp. 556–570; M. E. Porter, *Competitive Advantage: Creating and Sustaining Superior Performance* (New York: The Free Press, 1985); J. Barney, "Firm Resources and Sustained Competitive Advantage", *Journal of Management*, vol. 17 (1), 1991, pp. 99–120; M.A. Peteraf, "The Cornerstones of Competitive Advantage: A Resource-Based View", *Strategic Management Journal*, marzo de 1993, pp. 179–191, y J. B. Barney, "Looking Inside for Competitive Advantage", *Academy of Management Executive*, noviembre de 1995, pp. 49–61.

15. N.A. Shepherd, "Competitive Advantage: Mapping Change and the Role of the Quality Manager of the Future", *Annual Quality Congress*, mayo de 1998, pp. 53–60; T.C. Powell, "Total Quality Management as Competitive Advantage: A Review and Empirical Study", *Strategic Management Journal*, enero

de 1995, pp. 15–37, y R.D. Spitzer, "TQM: The Only Source of Sustainable Competitive Advantage", *Quality Progress*, junio de 1993, pp. 59–64.

16. Vea R.J. Schonenberger, "Is Strategy Strategic? Impact of Total Quality Management on Strategy", *Academy of Management Executive*, agosto de 1992, pp. 80–87; C.A. Barclay, "Quality Strategy and TQM Policies: Empirical Evidence", *Management International Review*, Edición Especial 1993, pp. 87–98; R. Jacob, "TQM: More Than a Dying Fad?", *Fortune*, 18 de octubre de 1993, pp. 66–72; R. Krishnan, A.B. Shani, R.M. Grant, y R. Baer, "In Search of Quality Improvement Problems of Design and Implementation", *Academy of Management Executive*, noviembre de 1993, pp. 7–20; B. Voss, "Quality's Second Coming", *Journal of Business Strategy*, marzo–abril de 1994, pp. 42–46, y el número especial de la *Academy of Management Review*, dedicado a la administración de la calidad total, julio de 1994, pp. 390–584.

17. Vea, por ejemplo, M.E. Porter, *Competitive Strategy: Techniques for Analyzing Industries and Competitors* (New York: The Free Press, 1980); Porter, *Competitive Advantage: Creating and Sustaining Superior" Performance*; G.G. Dess y P.S. Davis, "Porter's (1980) Generic Strategies as Determinants of Strategic Group Membership and Organizational Performance", *Academy of Management Journal*, septiembre de 1984, pp. 467–488; G.G. Dess y P.S. Davis, "Porter's (1980) Generic Strategies and Performance: An Empirical Examination with American Data—Part I: Testing Porter", *Organization Studies*, vol. 1, 1986, pp. 37–55; G.G. Dess y P.S. Davis, "Porter's (1980) Generic Strategies and Performance: An Empirical Examination with American Data—Part II: Performance Implications", *Organization Studies*, vol. 3, 1986, pp. 255–261; M.E. Porter, "From Competitive Advantage to Corporate Strategy", *Harvard Business Review*, mayo–junio de 1987, pp. 43–59; A.I. Murray, "A Contingency View of Porter's 'Generic Strategies'", *Academy of Management Review*, julio de 1988, pp. 390–400; C.W.L. Hill, "Differentiation Versus Low Cost or Differentiation and Low Cost: A Contingency Framework", *Academy of Management Review*, julio de 1988, pp. 401–412; I. Bamberger, "Developing Competitive Advantage in Small and Medium-Sized Firms", *Long Range Planning*, octubre de 1989, pp. 80–88; D.F. Jennings y J.R. Lumpkin, "Insights Between Environmental Scanning Activities and Porter's Generic Strategies: An Empirical Analysis", *Strategic Management Journal*, vol. 18 (4), 1992, pp. 791–803; N. Argyres y A.M. McGahan, "An Interview with Michael Porter", *Academy of Management Executive*, mayo de 2002, pp. 43–52, y A. Brandenburger, "Porter's Added Value: High Indeed!", *Academy of Management Executive*, mayo de 2002, pp. 58–60.

18. Hill, "Differentiation Versus Low Cost or Differentiation and Low Cost"; R.E. White, "Organizing to Make Business Unit Strategies Work", en H.E. Glass (ed.), *Handbook of Business Strategy*, 2a. ed. (Boston: Warren Gorham and Lamont, 1991), pp. 24.1–24.14; D. Miller, "The Generic Strategy Trap", *Journal of*

Business Strategy, enero–febrero de 1991, pp. 37–41; S. Cappel, P. Wright, M. Kroll, y D. Wyld, "Competitive Strategies and Business Performance: An Empirical Study of Select Service Businesses", *International Journal of Management*, marzo de 1992, pp. 1–11, y J. W. Bachmann, "Competitive Strategy: It's O.K. to be Different", *Academy of Management Executive*, mayo de 2002, pp. 61–65.

19. Sitio Web de IFPI, www.ifpi.org, 28 de abril de 2008; sitio Web de la Recording Industry Association of America, www.riaa.com, 28 de abril de 2008, y E. Pfanner, "Music Industry Steps Up Search for Digital Revenue", *International Herald Tribune* online, www.iht.com, 24 de enero de 2008.

20. K. Shimizu y M.A. Hitt, "Strategic Flexibility: Organizational Preparedness to Reverse Ineffective Decisions", *Academy of Management Executive*, noviembre de 2004, p. 44.

21. T. Lowry, "ESPN's Cell-Phone Fumble", *BusinessWeek* online, www.businessweek.com, 30 de octubre de 2006, y T. Lowry, "In the Zone", *BusinessWeek*, 17 de octubre de 2005, pp. 66–77.

22. E. Kim, D. Nam, y J.L. Stimpert, "The Applicability of Porter's Generic Strategies in the Digital Age: Assumptions, Conjectures, and Suggestions", *Journal of Management*, vol. 30 (5), 2004, pp. 569–589; y G. T. Lumpkin, S.B. Droege, y G.G. Dess, "E-Commerce Strategies: Achieving Sustainable Competitive Advantage and Avoiding Pitfalls", *Organizational Dynamics*, primavera de 2002, pp. 325–340.

23. Kim, Nam, y Stimpert, "The Applicability of Porter's Generic Strategies in the Digital Age: Assumptions, Conjectures, and Suggestions".

24. J. Gaffney, "Shoe Fetish", *Business 2.0*, marzo de 2002, pp. 98–99.

25. "And the Winners Are...The 100 Best Companies to Work For", *Fortune*, 11 de enero de 2006, p. 89–113; K.L. Allers, "Retail's Rebel Yell", *Fortune*, 10 de noviembre de 2003, pp. 137–142, y M. Boyle, "Rapid Growth in Tough Times", *Fortune*, 2 de septiembre de 2002, p. 150.

26. J. Doebele, "The Engineer", *Forbes*, 9 de enero de 2006, pp. 122–124.

27. S. Ellison, "P&G to Unleash Dental Adult-Pet Food", *Wall Street Journal*, 12 de diciembre de 2002, p. B4.

Capítulo 9

1. J. Greene, "Where Designers Rule", *BusinessWeek*, 5 de noviembre de 2007, pp. 46–51.

2. B. Fenwick, "Oklahoma Factory Turns Out US Bombs Used in Iraq", *Planet Ark*, www.planetark.com, 4 de noviembre de 2003; A. Meyer, "Peeking Inside the Nation's Bomb Factory", *KFOR TV*, www.kfor.com, 27 de febrero de 2003; G. Tuchman, "Inside America's Bomb Factory", *CNN online*, cnn.usnews.com, 5 de diciembre de 2002, y C. Fishman, "Boomtown, U.S.A.", *Fast Company*, junio de 2002, pp. 106–114.

3. D. Hudepohl, "Finesse a Flexible Work Schedule", *Wall Street Journal*, 19 de febrero de 2008, p. B8.

4. Vea, por ejemplo, R.L. Daft, *Organization Theory and Design*, 9a. ed. (Mason, OH: South-Western Publishing), 2007.

5. M. Hiestand, "Making a Stamp on Football", *USA Today*, 25 de enero de 2005, pp. 1C+.

6. S.E. Humphrey, J.D. Nahrgang, y F.P. Morgeson, "Integrating Motivational, Social, and Contextual Work Design Features: A Meta-Analytic Summary and Theoretical Expansion of the Work Design Literature", *Journal of Applied Psychology*, septiembre de 2007, pp. 1332–1356.

7. D. Drickhamer, "Moving Man", *IW*, diciembre de 2002, pp. 44–46.

8. Para una explicación autorizada, vea W.A. Kahn y K.E. Kram, "Authority at Work: Internal Models and Their Organizational Consequences", *Academy of Management Review*, enero de 1994, pp. 17–50.

9. E.P. Gunn, "Who's the Boss?", *Smart Money*, abril de 2003, p. 121.

10. R. Ashkenas, "Simplicity-Minded Management", *Harvard Business Review*, diciembre de 2007, pp. 101–109, y P. Glader, "It's Not Easy Being Lean", *Wall Street Journal*, 19 de junio de 2006, pp. B1+.

11. R.C. Morais, "The Old Lady Is Burning Rubber", *Forbes*, 26 de noviembre de 2007, pp. 146–150.

12. D. Van Fleet, "Span of Management Research and Issues", *Academy of Management Journal*, septiembre de 1983, pp. 546–552.

13. G. Anders, "Overseeing More Employees—With Fewer Managers", *Wall Street Journal*, 24 de marzo de 2008, p. B6.

14. Vea, por ejemplo, H. Mintzberg, *Power In and Around Organizations* (Upper Saddle River, NJ: Prentice Hall, 1983), y J. Child, *Organization: A Guide to Problems and Practices* (London: Kaiser & Row, 1984).

15. P. Siekman, "Dig It!", *Fortune*, 3 de mayo de 2004, pp. 128[B]–128[L].

16. J. Badal, "Can a Company Be Run as a Democracy?", *Wall Street Journal*, 23 de abril de 2007, pp. B1+.

17. E.W. Morrison, "Doing the Job Well: An Investigation of Pro-Social Rule Breaking", *Journal of Management*, febrero de 2006, pp. 5–28.

18. *Ibídem*.

19. T. Burns y G.M. Stalker, *The Management of Innovation* (London: Tavistock, 1961), y D.A. Morand, "The Role of Behavioral Formality and Informality in the Enactment of Bureaucratic Versus Organic Organizations", *Academy of Management Review*, octubre de 1995, pp. 831–872.

20. J. Whalen, "Bureaucracy Buster? Glaxo Lets Scientists Choose Its New Drugs", *Wall Street Journal*, 27 de marzo de 2006, p. B1+.

21. J. Goodwin, "MoDOT Warns of Funding Drop", *Springfield (Missouri) News-Leader*, 8 de febrero de 2006, p. 1A.

22. A.D. Chandler, Jr., *Strategy and Structure: Chapters in the History of the Industrial Enterprise* (Cambridge, MA: MIT Press, 1962).

23. Vea, por ejemplo, L.L. Bryan y C.I. Joyce, "Better Strategy Through Organizational Design", *The McKinsey Quarterly*, no. 2, 2007, pp. 21–29; D. Jennings y S. Seaman, "High and Low Levels of Organizational Adaptation: An Empirical Analysis of Strategy, Structure, and Performance", *Strategic Management Journal*, julio de 1994, pp. 459–475; D.C. Galunic y K.M. Eisenhardt, "Renewing the Strategy–Structure–Performance Paradigm", en B.M. Staw y L.L. Cummings (eds.), *Research in Organizational Behavior*, vol. 16 (Greenwich, CT: JAI Press, 1994), pp. 215–255; R. Parthasarthy y S.P. Sethi, "Relating Strategy and Structure to Flexible Automation: A Test of Fit and Performance Implications", *Strategic Management Journal*, vol. 14 (6), 1993, pp. 529–549; H.A. Simon, "Strategy and Organizational Evolution", *Strategic Management Journal*, enero de 1993, pp. 131–142; H.L. Boschken, "Strategy and Structure: Re-conceiving the Relationship", *Journal of Management*, marzo de 1990, pp. 135–150; D. Miller, "The Structural and Environmental Correlates of Business Strategy", *Strategic Management Journal*, enero–febrero de 1987, pp. 55–76, y R.E. Miles y C.C. Snow, *Organizational Strategy, Structure, and Process* (New York: McGraw-Hill, 1978).

24. Vea, por ejemplo, P.M. Blau y R.A. Schoenherr, *The Structure of Organizations* (New York: Basic Books, 1971); D.S. Pugh, "The Aston Program of Research: Retrospect and Prospect", en A.H. Van de Ven y W.F. Joyce (eds.), *Perspectives on Organization Design and Behavior* (New York: John Wiley, 1981), pp. 135–166, y R.Z. Gooding y J.A. Wagner III, "A Meta-Analytic Review of the Relationship Between Size and Performance: The Productivity and Efficiency of Organizations and Their Subunits", *Administrative Science Quarterly*, diciembre de 1985, pp. 462–481.

25. J. Woodward, *Industrial Organization: Theory and Practice* (London: Oxford University Press, 1965).

26. Vea, por ejemplo, C. Perrow, "A Framework for the Comparative Analysis of Organizations", *American Sociological Review*, abril de 1967, pp. 194–208; J.D. Thompson, *Organizations in Action* (New York: McGraw-Hill, 1967); J. Hage y M. Aiken, "Routine Technology, Social Structure, and Organizational Goals", *Administrative Science Quarterly*, septiembre de 1969, pp. 366–377, y C.C. Miller, W.H. Glick, Y.D. Wang, y G. Huber, "Understanding Technology–Structure Relationships: Theory Development and Meta-Analytic Theory Testing", *Academy of Management Journal*, junio de 1991, pp. 370–399.

27. D.M. Rousseau y R.A. Cooke, "Technology and Structure: The Concrete, Abstract, and Activity Systems of Organizations", *Journal of Management*, otoño–invierno de 1984, pp. 345–361, y D. Gerwin, "Relationships Between Structure and Technology", en P.C. Nystrom y W.H. Starbuck (eds.), *Handbook of Organizational Design*, vol. 2 (New York: Oxford University Press, 1981), pp. 3–38.

28. S. Rausch y J. Birkinshaw, "Organizational Ambidexterity: Antecedents, Outcomes, and Moderators", *Journal of Management*, junio de 2008, pp. 375–409; M. Yasai-Ardekani, "Structural Adaptations to Environments", *Academy of Management Review*, enero de 1986, pp. 9–21; P. Lawrence y J.W. Lorsch, *Organization and Environment: Managing Differentiation and Integration* (Boston: Harvard Business School, Division of Research, 1967), y F.E. Emery y E. Trist, "The Causal Texture of Organizational Environments", *Human Relations*, febrero de 1965, pp. 21–32.

29. S. Reed, "He's Brave Enough to Shake Up Shell", *BusinessWeek*, 18 de julio de 2005, p. 53.

30. H. Mintzberg, *Structure in Fives: Designing Effective Organizations* (Upper Saddle River, NJ: Prentice Hall, 1983), p. 157.

31. R.J. Williams, J.J. Hoffman, y B.T. Lamont, "The Influence of Top Management Team Characteristics on M-Form Implementation Time", *Journal of Managerial Issues*, invierno de 1995, pp. 466–480.

32. Vea, por ejemplo, G.J. Castrogiovanni, "Organization Task Environments: Have They Changed Fundamentally Over Time?", *Journal of Management*, vol. 28 (2), 2002, pp. 129–150; D. F. Twomey, "Leadership, Organizational Design, and Competitiveness for the 21st Century", *Global Competitiveness*, 2002, pp. S31–S40; M. Hammer, "Processed Change: Michael Hammer Sees Process as 'The Clark Kent of Business Ideas' — A Concept That Has the Power to Change a Company's Organizational Design", *Journal of Business Strategy*, noviembre–diciembre de 2001, pp. 11–15; T. Clancy, "Radical Surgery: A View from the Operating Theater", *Academy of Management Executive*, febrero de 1994, pp. 73–78; I.I. Mitroff, R.O. Mason, y C.M. Pearson, "Radical Surgery: What Will Tomorrow's Organizations Look Like?", *Academy of Management Executive*, febrero de 1994, pp. 11–21, y R.E. Hoskisson, C.W.L. Hill, y H. Kim, "The Multidivisional Structure: Organizational Fossil or Source of Value?", *Journal of Management*, vol. 19 (2), 1993, pp. 269–298.

33. Q. Hardy, "Google Thinks Small", *Forbes*, 14 de noviembre de 2005, pp. 198–202.

34. Vea, por ejemplo, D.R. Denison, S.L. Hart, y J.A. Kahn, "From Chimneys to Cross-Functional Teams: Developing and Validating a Diagnostic Model", *Academy of Management Journal*, diciembre de 1996, pp. 1005–1023; D. Ray y H. Bronstein, *Teaming Up: Making the Transition to a Self-Directed Team-Based Organization* (New York: McGraw Hill, 1995); J.R. Katzenbach y D.K. Smith, *The Wisdom of Teams* (Boston: Harvard Business School Press, 1993); J.A. Byrne, "The Horizontal Corporation", *BusinessWeek*,

20 de diciembre de 1993, pp. 76–81; B. Dumaine, "Payoff from the New Management", *Fortune*, 13 de diciembre de 1993, pp. 103–110, y H. Rothman, "The Power of Empowerment", *Nation's Business*, junio de 1993, pp. 49–52.

35. P. Kaihla, "Best-Kept Secrets of the World's Best Companies", *Business 2.0*, abril de 2006, p. 83; C. Taylor, "School of Bright Ideas", *Time Inside Business*, abril de 2005, pp. A8–A12, y B. Nussbaum, "The Power of Design", *BusinessWeek*, 17 de mayo de 2004, pp. 86–94.

36. Vea, por ejemplo, G.G. Dess, A.M.A. Rasheed, K.J. McLaughlin, y R.L. Priem, "The New Corporate Architecture", *Academy of Management Executive*, agosto de 1995, pp. 7–20.

37. Para lecturas adicionales acerca de organizaciones sin límites, vea Rausch y Birkinshaw, "Organizational Ambidexterity: Antecedents, Outcomes, and Moderators"; M.F.R. Kets de Vries, "Leadership Group Coaching in Action: The Zen of Creating High Performance Teams", *Academy of Management Executive*, febrero de 2005, pp. 61–76; J. Child y R.G. McGrath, "Organizations Unfettered: Organizational Form in an Information-Intensive Economy", *Academy of Management Journal*, diciembre de 2001, pp. 1135–1148; M. Hammer y S. Stanton, "How Process Enterprises Really Work", *Harvard Business Review*, noviembre–diciembre de 1999, pp. 108–118; T. Zenger y W. Hesterly, "The Disaggregation of Corporations: Selective Intervention, High-Powered Incentives, and Modular Units", *Organization Science*, vol. 8, 1997, pp. 209–222; R. Ashkenas, D. Ulrich, T. Jick, y S. Kerr, *The Boundaryless Organization: Breaking the Chains of Organizational Structure* (San Francisco: Jossey-Bass, 1997); R.M. Hodgetts, "A Conversation with Steve Kerr", *Organizational Dynamics*, primavera de 1996, pp. 68–79, y J. Gebhardt, "The Boundaryless Organization", *Sloan Management Review*, invierno de 1996, pp. 117–119. Para otra perspectiva de las organizaciones sin límites, vea B. Victor, "The Dark Side of the New Organizational Forms: An Editorial Essay", *Organization Science*, noviembre de 1994, pp. 479–482.

38. Vea, por ejemplo, Y. Shin, "A Person–Environment Fit Model for Virtual Organizations", *Journal of Management*, diciembre de 2004, pp. 725–743; D. Lyons, "Smart and Smarter", *Forbes*, 18 de marzo de 2002, pp. 40–41; W.F. Cascio, "Managing a Virtual Workplace", *Academy of Management Executive*, agosto de 2000, pp. 81–90; G.G. Dess, A.M.A. Rasheed, K.J. McLaughlin, y R.L. Priem, "The New Corporate Architecture"; H. Chesbrough y D. Teece, "When is Virtual Virtuous: Organizing for Innovation", *Harvard Business Review*, enero–febrero de 1996, pp. 65–73, y W.H. Davidow y M.S. Malone, *The Virtual Corporation* (New York: HarperCollins, 1992).

39. "Could Your Brand Pass the Tee Shirt Test?", *Fortune*, 28 de mayo de 2007, p. 122; M. Maddever, "The New School: An Inconvenient Truth", *Strategy Magazine*, www.strategymag.com, abril de 2007;

K. Hugh, "Goodson Forecasts Future Shock", *ADWEEK*, www.adweek.com, 5 de marzo de 2007; J. Ewing, "Amsterdam's Red-Hot Ad Shops", *BusinessWeek*, 18 de diciembre de 2006, p. 52, y T. Howard, "StrawberryFrog Hops to a Different Drummer", *USA Today*, 10 de octubre de 2005, p. 4B.

40. R.E. Miles, *et al.*, "Organizing in the Knowledge Age: Anticipating the Cellular Form", *Academy of Management Executive*, noviembre de 1997, pp. 7–24; C. Jones, W. Hesterly, y S. Borgatti, "A General Theory of Network Governance: Exchange Conditions and Social Mechanisms", *Academy of Management Review*, octubre de 1997, pp. 911–945; R.E. Miles y C.C. Snow, "The New Network Firm: A Spherical Structure Built on Human Investment Philosophy", *Organizational Dynamics*, primavera de 1995, pp. 5–18, y R.E. Miles y C.C. Snow, "Causes of Failures in Network Organizations", *California Management Review*, vol. 34 (4), 1992, pp. 53–72.

41. G. Hoetker, "Do Modular Products Lead to Modular Organizations?", *Strategic Management Journal*, junio de 2006, pp. 501–518; C.H. Fine, "Are You Modular or Integral?", *Strategy & Business*, verano de 2005, pp. 44–51; D.A. Ketchen, Jr., y G.T.M. Hult, "To Be Modular or Not to Be? Some Answers to the Question", *Academy of Management Executive*, mayo de 2002, pp. 166–167; M.A. Schilling, "The Use of Modular Organizational Forms: An Industry-Level Analysis", *Academy of Management Journal*, diciembre de 2001, pp. 1149–1168; D. Lei, M.A. Hitt, y J.D. Goldhar, "Advanced Manufacturing Technology: Organizational Design and Strategic Flexibility", *Organization Studies*, vol. 17, 1996, pp. 501–523; R. Sanchez y J. Mahoney, "Modularity Flexibility and Knowledge Management in Product and Organization Design", *Strategic Management Journal*, vol. 17, 1996, pp. 63–76, y R. Sanchez, "Strategic Flexibility in Product Competition", *Strategic Management Journal*, vol. 16, 1995, pp. 135–159.

42. C. Hymowitz, "Have Advice, Will Travel", *Wall Street Journal*, 5 de junio de 2006, pp. B1+.

43. S. Reed, A. Reinhardt, y A. Sains, "Saving Ericsson", *BusinessWeek*, 11 de noviembre de 2002, pp. 64–68.

44. P. Engardio, "The Future of Outsourcing", *BusinessWeek*, 30 de enero de 2006, pp. 50–58.

45. C.E. Connelly y D.G. Gallagher, "Emerging Trends in Contingent Work Research", *Journal of Management*, noviembre de 2004, pp. 959–983.

46. La información de este cuadro proviene de R. Yu, "Work Away from Work Gets Easier with Technology", *USA Today*, 28 de noviembre de 2006, p. 8B; M. Weinstein, "Going Mobile", *Training*, septiembre de 2006, pp. 24–29; C. Cobbs, "Technology Helps Boost Multitasking", *Springfield* (Missouri) *News-Leader*, 15 de junio de 2006, p. 5B; C. Edwards, "Wherever You Go, You're On the Job", *BusinessWeek*, 20 de junio de 2005, pp. 87–90, y S.E. Ante, "The World Wide Work Space", *BusinessWeek*, 6 de junio de 2005, pp. 106–108.

47. P. Olson, "Tesco's Landing", *Forbes*, 4 de junio de 2007, pp. 116–118, y P.M. Senge, *The Fifth Discipline: The Art and Practice of Learning Organizations* (New York: Doubleday, 1990).

48. D.A. Garvin, A.C. Edmondson, y F. Gino, "Is Yours a Learning Organization?", *Harvard Business Review*, marzo de 2008, pp. 109–116; A.N. K. Chen y T.M. Edgington, "Assessing Value in Organizational Knowledge Creation: Considerations for Knowledge Workers", *MIS Quarterly*, junio de 2005, pp. 279–309; K.G. Smith, C.J. Collins, y K.D. Clark, "Existing Knowledge, Knowledge Creation Capability, and the Rate of New Product Introduction in High-Technology Firms", *Academy of Management Journal*, abril de 2005, pp. 346–357; R. Cross, A. Parker, L. Prusak, y S.P. Borgati, "Supporting Knowledge Creation and Sharing in Social Networks", *Organizational Dynamics*, otoño de 2001, pp. 100–120; M. Schulz, "The Uncertain Relevance of Newness: Organizational Learning and Knowledge Flows", *Academy of Management Journal*, agosto de 2001, pp. 661–681; G. Szulanski, "Exploring Internal Stickiness: Impediments to the Transfer of Best Practice within the Firm", *Strategic Management Journal*, edición especial de invierno, 1996, pp. 27–43, y J.M. Liedtka, "Collaborating Across Lines of Business for Competitive Advantage", *Academy of Management Executive*, abril de 1996, pp. 20–37.

49. N.M. Adler, *International Dimensions of Organizational Behavior*, 5a. ed. (Cincinnati, OH: South-Western Publishing), 2008, p. 62.

50. P.B. Smith y M.F. Peterson, "Demographic Effects on the Use of Vertical Sources of Guidance by Managers in Widely Differing Cultural Contexts", *International Journal of Cross Cultural Management*, abril de 2005, pp. 5–26.

Capítulo 10

1. E. White, "Call Centers in Small Towns Can Face Big Problems", *Wall Street Journal*, 22 de octubre de 2007, p. B3, y J. Gordon, "Growing Employees at 1-800-FLOWERS.com", *Training*, julio de 2006, pp. 16–20.

2. L'Oreal advertisement, *Diversity Inc.*, noviembre de 2006, p. 9.

3. A. Carmeli y J. Shaubroeck, "How Leveraging Human Resource Capital with Its Competitive Distinctiveness Enhances the Performance of Commercial and Public Organizations", *Human Resource Management*, invierno de 2005, pp. 391–412; L. Bassi y D. McMurrer, "How's Your Return on People?", *Harvard Business Review*, marzo de 2004, p. 18; C.J. Collins y K.D. Clark, "Strategic Human Resource Practices, Top Management Team Social Networks, and Firm Performance: The Role of Human Resource Practices in Creating Organizational Competitive Advantage", *Academy of Management Journal*, diciembre de 2003, pp. 740–751; J. Pfeffer, *The Human Equation* (Boston: Harvard Business School Press, 1998); J. Pfeffer, *Competitive Advantage Through People* (Boston: Harvard Business School Press, 1994); A.A. Lado y M.C. Wilson, "Human Resource Systems and Sustained Competitive Advantage", *Academy of Management Review*, octubre de 1994, pp. 699–727, y P.M. Wright y G.C. McMahan, "Theoretical Perspectives for Strategic Human Resource Management", *Journal of Management*, vol. 18 (1), 1992, pp. 295–320.

4. Watson Wyatt Worldwide, *Maximizing the Return on Your Human Capital Investment: The 2005 Watson Wyatt Human Capital Index® Report*, Washington, DC: Watson Wyatt Worldwide; Watson Wyatt Worldwide, *WorkAsia 2004/2005: A Study of Employee Attitudes in Asia*, Washington, DC: Watson Wyatt Worldwide, y Watson Wyatt Worldwide, *European Human Capital Index 2002*, Washington, DC: Watson Wyatt Worldwide.

5. Vea, por ejemplo, L. Sun, S. Aryee, y K.S. Law, "High-Performance Human Resource Practices, Citizenship Behavior, and Organizational Performance: A Relational Perspective", *Academy of Management Journal*, junio de 2007, pp. 558–577; Carmeli y Shaubroeck, "How Leveraging Human Resource Capital With Its Competitive Distinctiveness Enhances the Performance of Commercial and Public Organizations"; Y.Y. Kor y H. Leblebici, "How Do Interdependencies Among Human-Capital Deployment, Development, and Diversification Strategies Affect Firms' Financial Performance?", *Strategic Management Journal*, octubre de 2005, pp. 967–985; D.E. Bowen y C. Ostroff, "Understanding HRM–Firm Performance Linkages: The Role of the 'Strength' of the HRM System", *Academy of Management Review*, abril de 2004, pp. 203–221; A.S. Tsui, J.L. Pearce, L.W. Porter, y A.M. Tripoli, "Alternative Approaches to the Employee-Organization Relationship: Does Investment in Employees Pay Off?", *Academy of Management Journal*, octubre de 1997, pp. 1089–1121; M.A. Huselid, S.E. Jackson, y R.S. Schuler, "Technical and Strategic Human Resource Management Effectiveness as Determinants of Firm Performance", *Academy of Management Journal*, enero de 1997, pp. 171–188; J.T. Delaney y M.A. Huselid, "The Impact of Human Resource Management Practices on Perceptions of Organizational Performance", *Academy of Management Journal*, agosto de 1996, pp. 949–969; B. Becker y B. Gerhart, "The Impact of Human Resource Management on Organizational Performance: Progress and Prospects", *Academy of Management Journal*, agosto de 1996, pp. 779–801; M.J. Koch y R.G. McGrath, "Improving Labor Productivity: Human Resource Management Policies Do Matter", *Strategic Management Journal*, mayo de 1996, pp. 335–354, y M.A. Huselid, "The Impact of Human Resource Management Practices on Turnover, Productivity, and Corporate Financial Performance", *Academy of Management Journal*, junio de 1995, pp. 635–672.

6. "Human Capital a Key to Higher Market Value", *Business Finance*, diciembre de 1999, p. 15.

7. M. Boyle, "Happy People, Happy Returns", *Fortune*, 11 de enero de 2006, p. 100.

8. Bureau of Labor Statistics, *Union Members Summary 2007*, www.bls.gov, 25 de enero de 2008; J. Visser, "Union Membership Statistics in 24 Countries", *Monthly Labor Review*, enero de 2006, pp. 38–49; T. Fuller, "Workers and Bosses: Friends or Foes?", *International Herald Tribune* online, www.iht.com, 11 de enero de 2005; y U.S. Department of Labor, *Foreign Labor Trends—Mexico*, www.dol.gov, 2002.

9. S. Greenhouse, "Wal-Mart Settles U.S. Suit About Overtime", *New York Times* online, www.nytimes.com, 26 de enero de 2007.

10. P. Digh, "Religion in the Workplace", *HRMagazine*, diciembre de 1998, p. 88.

11. S. Armour, "Lawsuits Pin Target on Managers", *USA Today* online, www.usatoday.com, 1 de octubre 2002.

12. A. Aston, "That Wave of Retirees? Not So Big", *BusinessWeek*, 26 de mayo de 2008, p. 50; E. Frauenheim, "Face of the Future: The Aging Workforce", *Workforce Management*, 9 de octubre de 2006, pp. 1+; E. Blass, "Generation Y: They've Arrived at Work with a New Attitude", *USA Today*, 6 de noviembre de 2005, pp. 1A+; K. Greene, "Bye-Bye Boomers", *Wall Street Journal*, 20 de septiembre de 2005, pp. B1+; A. Fisher, "How to Battle the Coming Brain Drain", *Fortune*, 21 de marzo de 2005, pp. 121–128, y el sitio Web de la U.S. Census Bureau, www.census.gov.

13. J. Sullivan, "Workforce Planning: Why to Start Now", *Workforce*, septiembre de 2002, pp. 46–50.

14. N. Byrnes, "Star Search", *BusinessWeek*, 10 de octubre de 2005, pp. 68–78.

15. J.W. Boudreau y P.M. Ramstad, "Where's Your Pivotal Talent?", *Harvard Business Review*, abril de 2005, pp. 23–24.

16. A.S. Bargerstock y G. Swanson, "Four Ways to Build Cooperative Recruitment Alliances", *HRMagazine*, marzo de 1991, p. 49, y T.J. Bergmann y M.S. Taylor, "College Recruitment: What Attracts Students to Organizations?", *Personnel*, mayo–junio de 1984, pp. 34–46.

17. J.R. Gordon, *Human Resource Management: A Practical Approach* (Boston: Allyn & Bacon, 1986), p. 170.

18. J. Hitt, "Are Brands Out of Hand?", *Fast Company*, noviembre de 2000, p. 52.

19. M. Helft, "In Fierce Competition, Google Finds Novel Ways to Feed Hiring Machine", *New York Times* online, www.nytimes.com, 28 de mayo de 2007.

20. S. Burton y D. Warner, "The Future of Hiring—Top 5 Sources for Recruitment Today", *Workforce Vendor Directory 2002*, p. 75.

21. S. Leibs, "Online Talent Shopping", *CFO-IT*, otoño de 2005, p. 25.

22. Vea, por ejemplo, R.W. Griffeth, P.W. Hom, L.S. Fink, y D.J. Cohen, "Comparative Tests of Multivariate Models of Recruiting Sources Effects", *Journal of Management*, vol. 23 (1), 1997, pp. 19–36, y J.P. Kirnan, J.E. Farley, y K.F. Geisinger, "The Relationship Between Recruiting Source, Applicant Quality, and Hire Performance: An Analysis by Sex, Ethnicity, and Age", *Personnel Psychology*, verano de 1989, pp. 293–308.

23. J. McGregor, "Background Checks That Never End", *BusinessWeek*, 20 de marzo de 2006, p. 40.

24. A. Fisher, "For Happier Customers, Call HR", *Fortune*, 28 de noviembre de 2005, p. 272.

25. A.M. Ryan y R.E. Ployhart, "Applicants' Perceptions of Selection Procedures and Decisions: A Critical Review and Agenda for the Future", *Journal of Management*, vol. 26 (3), 2000, pp. 565–606; C. Fernandez-Araoz, "Hiring Without Firing", *Harvard Business Review*, julio–agosto de 1999, pp. 108–120; A.K. Korman, "The Prediction of Managerial Performance: A Review", *Personnel Psychology*, verano de 1986, pp. 295–322; G.C. Thornton, *Assessment Centers in Human Resource Management* (Reading, MA: Addison-Wesley, 1992); I.T. Robertson y R.S. Kandola, "Work Sample Tests: Validity, Adverse Impact, and Applicant Reaction", *Journal of Occupational Psychology*, vol. 55 (3), 1982, pp. 171–183; E.E. Ghiselli, "The Validity of Aptitude Tests in Personnel Selection", *Personnel Psychology*, invierno de 1973, p. 475; G. Grimsley y H.F. Jarrett, "The Relation of Managerial Achievement to Test Measures Obtained in the Employment Situation: Methodology and Results", *Personnel Psychology*, primavera de 1973, pp. 31–48; J.J. Asher, "The Biographical Item: Can It Be Improved?", *Personnel Psychology*, verano de 1972, p. 266, y G.W. England, *Development and Use of Weighted Application Blanks*, rev. ed. (Minneapolis: Industrial Relations Center, University of Minnesota, 1971).

26. Vea, por ejemplo, Y. Ganzach, A. Pazy, Y. Ohayun, y E. Brainin, "Social Exchange and Organizational Commitment: Decision-Making Training for Job Choice as an Alternative to the Realistic Job Preview", *Personnel Psychology*, otoño de 2002, pp. 613–637; B.M. Meglino, E.C. Ravlin, y A.S. DeNisi, "A Meta-Analytic Examination of Realistic Job Preview Effectiveness: A Test of Three Counterintuitive Propositions", *Human Resource Management Review*, vol. 10 (4), 2000, pp. 407–434; J.A. Breaugh y M. Starke, "Research on Employee Recruitment: So Many Studies, So Many Remaining Questions", *Journal of Management*, vol. 26 (3), 2000, pp. 405–434, y S.L. Premack y J.P. Wanous, "A Meta-Analysis of Realistic Job Preview Experiments", *Journal of Applied Psychology*, noviembre de 1985, pp. 706–720.

27. "Lawyers Warn Facebook a Risky Tool for Background", *Workforce Management*, www.workforce.com, 6 de mayo de 2008; M. Conlin, "You Are What You Post", *BusinessWeek*, 27 de marzo de 2006, pp. 52–53, y

J. Kornblum y M.B. Marklein, "What You Say Online Could Haunt You", *USA Today*, 8 de marzo de 2006, pp. 1A+.

28. K. Gustafson, "A Better Welcome Mat", *Training*, junio de 2005, pp. 34–41.

29. D.G. Allen, "Do Organizational Socialization Tactics Influence Newcomer Embeddedness and Turnover?", *Journal of Management*, abril de 2006, pp. 237–256; C.L. Cooper, "The Changing Psychological Contract at Work: Revisiting the Job Demands-Control Model", *Occupational and Environmental Medicine*, junio de 2002, p. 355; D.M. Rousseau y S.A. Tijoriwala, "Assessing Psychological Contracts: Issues, Alternatives and Measures", *Journal of Organizational Behavior*, vol. 19, 1998, pp. 679–695, y S.L. Robinson, M.S. Kraatz, y D.M. Rousseau, "Changing Obligations and the Psychological Contract: A Longitudinal Study", *Academy of Management Journal*, febrero de 1994, pp. 137–152.

30. T. Raphael, "It's All in the Cards", *Workforce*, septiembre de 2002, p. 18.

31. "2007 Industry Report", *Training*, noviembre-diciembre 2007, pp. 8–24.

32. *Ibídem*.

33. B. Hall, "The Top Training Priorities for 2003", *Training*, febrero de 2003, p. 40.

34. K. Sulkowicz, "Straight Talk at Review Time", *BusinessWeek*, 10 de septiembre de 2007, p. 16.

35. J.D. Glater, "Seasoning Compensation Stew", *New York Times*, 7 de marzo de 2001, pp. C1+.

36. Esta sección está basada en R.I. Henderson, *Compensation Management in a Knowledge-Based World*, 9a. ed. (Upper Saddle River, NJ: Prentice Hall, 2003).

37. M.P. Brown, M.C. Sturman, y M.J. Simmering, "Compensation Policy and Organizational Performance: The Efficiency, Operational and Financial Implications of Pay Levels and Pay Structure", *Academy of Management Journal*, diciembre de 2003, pp. 752–762; J.D. Shaw, N.P. Gupta, y J.E. Delery, "Pay Dispersion and Workforce Performance: Moderating Effects of Incentives and Interdependence", *Strategic Management Journal*, junio de 2002, pp. 491–512; E. Montemayor, "Congruence between Pay Policy and Competitive Strategy in High-Performing Firms", *Journal of Management*, vol. 22 (6), 1996, pp. 889–908, y L.R. Gomez-Mejia, "Structure and Process of Diversification, Compensation Strategy, and Firm Performance", *Strategic Management Journal*, vol. 13, 1992, pp. 381–397.

38. R. Levering y M. Moskowitz, "The 100 Best Companies to Work For—You Get What?", *Fortune*, 11 de enero de 2006, p. 106.

39. J.D. Shaw, N. Gupta, A. Mitra, y G.E. Ledford, Jr., "Success and Survival of Skill-Based Pay Plans", *Journal of Management*, febrero de 2005, pp. 28–49; C. Lee, K.S. Law, y P. Bobko, "The Importance of Justice Perceptions on Pay Effectiveness: A Two-Year Study of a Skill-Based Pay Plan", *Journal of Management*, vol. 26 (6), 1999, pp. 851–873; G.E. Ledford, "Paying for the Skills, Knowledge and Competencies of Knowledge Workers", *Compensation and Benefits Review*, julio–agosto de 1995, pp. 55–62, y E.E. Lawler III, G.E. Ledford, Jr., y L. Chang, "Who Uses Skill-Based Pay and Why", *Compensation and Benefits Review*, marzo–abril de 1993, p. 22.

40. Shaw, Gupta, Mitra, y Ledford, "Success and Survival of Skill-Based Pay Plans".

41. Hewitt Associates, *As Fixed Costs Increase, Employers Turn to Variable Pay Programs as Preferred Way to Reward Employees*, www.hewittassociates.com, 21 de agosto de 2007; Hewitt Associates, *Hewitt Study Shows Pay-for-Performance Plans Replacing Holiday Bonuses*, www.hewittassociates.com, 6 de diciembre de 2005; Hewitt Associates, *Salaries Continue to Rise in Asia Pacific*, Hewitt Annual Study Reports, www.hewittassociates.com, 23 de noviembre de 2005, y Hewitt Associates, *Hewitt Study Shows Base Pay Increases Flat for 2006 With Variable Pay Plans Picking Up the Slack*, www.hewittassociates.com, 31 de agosto de 2005.

42. La información de este cuadro proviene de R.E. DeRouin, B.A. Fritzsche, y E. Salas, "E-Learning in Organizations", *Journal of Management*, diciembre de 2005, pp. 920–940; K. O'Leonard, *HP Case Study: Flexible Solutions for Multi-Cultural Learners* (Oakland, CA: Bersin & Associates), 2004; S. Greengard, "The Dawn of Digital HR", *Business Finance*, octubre de 2003, pp. 55–59, y J. Hoekstra, "Three in One", *Online Learning*, vol. 5, 2001, pp. 28–32.

43. J.W. Peters, "GM Lays Off Hundreds of White-Collar Employees", *New York Times* online, www.nytimes.com, 29 de marzo de 2006; *The Associated Press*, "Washington Mutual to Cut 2,500 Jobs", *New York Times* online, www.nytimes.com, 16 de febrero de 2006; S. Power y N.E. Boudette, "Daimler to Cut Management by 20%", *Wall Street Journal*, 24 de enero de 2006, pp. A2+; Reuters, "Merck to Cut 7,000 Jobs, Close or Sell Five Plants", *USA Today*, 28 de noviembre de 2005, p. 3B, y L.T. Cullen, "Where Did Everyone Go?", *Time*, 18 de noviembre de 2002, pp. 64–66.

44. S. Berfield, "After the Layoff, the Redesign", *BusinessWeek*, 14 de abril de 2008, pp. 54–56; L. Uchitelle, "Retraining Laid-Off Workers, But for What?", *New York Times* online, www.nytimes.com, 26 de marzo de 2006; D. Tourish, N. Paulsen, E. Hobman, y P. Bordia, "The Downsides of Downsizing: Communication Processes and Information Needs in the Aftermath of a Workforce Reduction Strategy", *Management Communication Quarterly*, mayo de 2004, pp. 485–516; J. Brockner, *et al.*, "Perceived Control As an Antidote to the Negative Effects of Layoffs on Survivors' Organizational Commitment and Job Performance", *Administrative Science Quarterly*, 49, 2004, pp. 76–100, y

E. Krell, "Defusing Downsizing", *Business Finance*, diciembre de 2002, pp. 55–57.

45. "Bill Gates on Rewiring the Power Structure", *Working Woman*, abril de 1994, p. 62, y F. Moody, "Wonder Women in the Rude Boys' Paradise", *Fast Company online*, www.fastcompany.com, 17 de abril de 1997.

46. R. Leger, "Linked by Differences", *Springfield (Missouri) News-Leader*, 31 de diciembre de 1993, pp. B6+.

47. U.S. Equal Employment Opportunity Commission, *Sexual Harassment Charges: FY 1997–FY 2007*, www.eeoc.gov.

48. A. B. Fisher, "Sexual Harassment, What to Do", *Fortune*, 23 de agosto de 1993, pp. 84–88.

49. M. Velasquez, "Sexual Harassment Today: An Update—Looking Back and Looking Forward", *Diversity Training Group*, www.diversitydtg.com, 2004.

50. "Quick Takes: Sex Discrimination and Sexual Harassment", *Catalyst*, www.catalyst.org, 9 de noviembre de 2007; P.M. Buhler, "The Manager's Role in Preventing Sexual Harassment", *Supervision*, abril de 1999, p. 18, y "Cost of Sexual Harassment in the U.S.", *The Webb Report: A Newsletter on Sexual Harassment* (Seattle: Premier Publishing, Ltd.), enero de 1994, pp. 4–7 y abril de 1994, pp. 2–5.

51. Stop Violence Against Women, *Effects of Sexual Harassment*, www.stopvaw.org, 9 de mayo de 2007, y V. Di Martino, H. Hoel, y C.L. Cooper, "Preventing Violence and Harassment in the Workplace", *European Foundation for the Improvement of Living and Working Conditions*, 2003, p. 39.

52. The Associated Press, "Corruption, Sexual Harassment Charges Cloud Oxford Debating Club Presidential Election", *International Herald Tribune online*, www.iht.com, 6 de febrero de 2008; G.L. Maatman, Jr., "A Global View of Sexual Harassment: Global Human Resource Strategies", *HRMagazine*, julio de 2000, pp. 151–156, y W. Hardman y J. Heidelberg, "When Sexual Harassment Is a Foreign Affair", *Personnel Journal*, abril de 1996, pp. 91–97.

53. U.S. Equal Employment Opportunity Commission, *Sexual Harassment*, www.eeoc.gov.

54. *Ibídem*.

55. A. Fisher, "After All This Time, Why Don't People Know What Sexual Harassment Means?", *Fortune*, 12 de enero de 1998, p. 68; y A.R. Karr, "Companies Crack Down on the Increasing Sexual Harassment by E-Mail", *Wall Street Journal*, 21 de septiembre de 1999, p. A1.

56. Vea T.S. Bland y S.S. Stalcup, "Managing Harassment", *Human Resource Management*, primavera de 2001, pp. 51–61; K.A. Hess y D.R.M. Ehrens, "Sexual Harassment—Affirmative Defense to Employer Liability", *Benefits Quarterly*, 2do. trimestre de 1999, p. 57; J.A. Segal, "The Catch-22s of Remedying Sexual Harassment Complaints", *HRMagazine*, octubre de 1997, pp. 111–117; S.C. Bahls y J.E. Bahls, "Hand-off Policy", *Entrepreneur*, julio de 1997, pp. 74–76; J. A.

Segal, "Where Are We Now?", *HRMagazine*, octubre de 1996, pp. 69–73; B. McAfee y D.L. Deadrick, "Teach Employees to Just Say No", *HRMagazine*, febrero de 1996, pp. 86–89; G.D. Block, "Avoiding Liability for Sexual Harassment", *HRMagazine*, abril de 1995, pp. 91–97, y J.A. Segal, "Stop Making Plaintiffs' Lawyers Rich", *HRMagazine*, abril de 1995, pp. 31–35. Además, se debe notar que bajo el Título VII y la Ley de los Derechos Civiles de 1991, la máxima compensación que se puede otorgar es de 300,000 dólares. Sin embargo, muchos casos son tratados bajo las leyes estatales que permiten daños punitivos ilimitados, como los 7.1 millones de dólares que recibió Rena Weeks en el juicio que se basó en los estatutos de California.

57. S. Shellenbarger, "Supreme Court Takes on How Employers Handle Worker Harassment Complaints", *Wall Street Journal*, 13 de abril de 2006, p. D1.

58. S. Jayson, "Workplace Romance No Longer Gets the Kiss-off", *USA Today*, 9 de febrero de 2006, p. 9D.

59. J. Yang y V. Salazar, "Would You Date a Co-worker?", *USA Today*, 14 de febrero de 2008, p. 1B.

60. Jayson, "Workplace Romance No Longer Gets the Kiss-off".

61. R. Mano y Y. Gabriel, "Workplace Romances in Cold and Hot Organizational Climates: The Experience of Israel and Taiwan", *Human Relations*, enero de 2006, pp. 7–35; J.A. Segal, "Dangerous Liaisons", *HR Magazine*, diciembre de 2005, pp. 104–108; "Workplace Romance Can Create Unforeseen Issues for Employers", *HR Focus*, octubre de 2005, p. 2; C.A. Pierce y H. Aguinis, "Legal Standards, Ethical Standards, and Responses to Social-Sexual Conduct at Work", *Journal of Organizational Behavior*, septiembre de 2005, pp. 727–732, y C.A. Pierce, B.J. Broberg, J.R. McClure, y H. Aguinis, "Responding to Sexual Harassment Complaints: Effects of a Dissolved Workplace Romance on Decision-Making Standards", *Organizational Behavior and Human Decision Processes*, septiembre de 2004, pp. 66–82.

62. Segal, "Dangerous Liaisons".

63. J. Miller y M. Miller, "Get a Life!", *Fortune*, 28 de noviembre de 2005, pp. 108–124.

64. M. Elias, "The Family-First Generation", *USA Today*, 13 de diciembre de 2004, p. 5D.

65. M. Mandel, "The Real Reasons You're Working So Hard... and What You Can Do About It", *BusinessWeek*, 3 de octubre de 2005, pp. 60–67.

66. C. Farrell, "The Overworked, Networked Family", *BusinessWeek*, 3 de octubre de 2005, p. 68.

67. F. Hansen, "Truths and Myths about Work/Life Balance", *Workforce*, diciembre de 2002, pp. 34–39.

68. K. Palmer, "The New Mommy Track", *U.S. News & World Report*, 3 de septiembre de 2007, pp. 40–45, y J.H. Greenhaus y G.N. Powell, "When Work and Family Are Allies: A Theory of Work–Family Enrichment", *Academy of Management Review*, enero de 2006, pp. 72–92.

69. Greenhaus y Powell, "When Work and Family Are Allies: A Theory of Work–Family Enrichment", p. 73.

70. S. Shellenbarger, "What Makes a Company a Great Place to Work Today", *Wall Street Journal*, 4 de octubre de 2007, p. D1, y L.B. Hammer, *et al.*, "A Longitudinal Study of the Effects of Dual-Earner Couples' Utilization of Family-Friendly Workplace Supports on Work and Family Outcomes", *Journal of Applied Psychology*, julio de 2005, pp. 799–810.

71. M.M. Arthur, "Share Price Reactions to WorkFamily Initiatives: An Institutional Perspective", *Academy of Management Journal*, agosto de 2003, pp. 497–505.

72. N.P. Rothbard, T.L. Dumas, y K.W. Phillips, *The Long Arm of the Organization: Work–Family Policies and Employee Preferences for Segmentation*, artículo presentado en la 61a. Annual Academy of Management meeting, Washington, DC, agosto de 2001.

73. Estos ejemplos se tomaron de A. Zimmerman, R.G. Matthews, y K. Hudson, "Can Employers Alter Hiring Policies to Cut Health Costs?", *Wall Street Journal*, 27 de octubre de 2005, p. B1+; A. Fisher, "Helping Employees Stay Healthy", *Fortune*, 8 de agosto de 2005, p. 114; S. Armour, "Trend: You Smoke? You're Fired!", *USA Today*, 12 de mayo de 2005, p. 1A, y I. Mochari, "Belt-Tightening", *CFO Human Capital*, 2005, pp. 10–12.

74. L. Cornwell, "More Companies Penalize Workers with Health Risks", *The Associated Press, Springfield (Missouri) News-Leader*, 10 de septiembre de 2007, p. 10A, y Zimmerman, Matthews, y Hudson, "Can Employers Alter Hiring Policies to Cut Health Costs?".

75. B. Pyenson y K. Fitch, "Smoking May Be Hazardous to Your Bottom Line", *Workforce* online, www.workforce.com, diciembre de 2007, y L. Cornwell, "Companies Tack on Fees on Insurance for Smokers", *Springfield (Missouri) News-Leader*, 17 de febrero de 2006, p. 5B.

76. M. Scott, "Obesity More Costly to U.S. Companies Than Smoking, Alcoholism", *Workforce Management* online, www.workforce.com, 9 de abril de 2008.

77. "Obesity Weighs Down Production", *IndustryWeek*, marzo de 2008, pp. 22–23.

78. J. Appleby, "Companies Step Up Wellness Efforts", *USA Today*, 1 de agosto de 2005, pp. 1A+.

79. G. Kranz, "Prognosis Positive: Companies Aim to Get Workers Healthy", *Workforce Management* online, www.workforce.com, 15 de abril de 2008.

80. M. Conlin, "Hide the Doritos! Here Comes HR", *BusinessWeek*, 28 de abril de 2008, pp. 94–96.

81. J. Fox, "Good Riddance to Pensions", *CNN Money*, www.cnnmoney.com, 12 de enero de 2006.

82. M. Adams, "Broken Pension System in Crying Need of a Fix", *USA Today*, 15 de noviembre de 2005, p. 1B+.

83. J. Appleby, "Traditional Pensions Are Almost Gone. Is Employer-Provided Health Insurance Next?", *USA Today*, 13 de noviembre de 2007, pp.1A+; S. Kelly, "FedEx, Goodyear Make Big Pension Plan Changes", *Workforce Management* online, www.workforce.com, 1 de marzo de 2007; G. Colvin, "The End of a Dream", *Fortune* online, www.fortune.com, 22 de junio de 2006, y E. Porter y M. Williams Nash, "Benefits Go the Way of Pensions", *New York Times* online, www.nytimes.com, 9 de febrero de 2006; y Fox, "Good Riddance to Pensions".

Capítulo 11

1. Sitio Web Google, www.google.com, 13 de febrero de 2008, y S. Prasso, "Google Goes to India", *Fortune*, 29 de octubre de 2007, pp. 160–166.

2. B. Mezrich, *Bringing Down the House: The Inside Story of Six MIT Students Who Took Vegas for Millions* (New York: The Free Press, 2002). La película *21* fue un trabajo de ficción en 2008 basado en esta teoría.

3. B.W. Tuckman y M.C. Jensen, "Stages of Small-Group Development Revisited", *Group and Organizational Studies*, diciembre de 1977, pp. 419–427, y M.F. Maples, "Group Development: Extending Tuckman's Theory", *Journal for Specialists in Group Work*, otoño de 1988, pp. 17–23.

4. L.N. Jewell y H.J. Reitz, *Group Effectiveness in Organizations* (Glenview, IL: Scott Foresman, 1981), y M. Kaeter, "Repotting Mature Work Teams", *Training*, abril de 1994, pp. 54–56.

5. A. Sobel, "The Beatles Principles", *Strategy & Business*, primavera de 2006, p. 42.

6. Este modelo está basado en el trabajo de P.S. Goodman, E. Ravlin, y M. Schminke, "Understanding Groups in Organizations", en L.L. Cummings y B.M. Staw (eds.), *Research in Organizational Behavior*, vol. 9 (Greenwich, CT: JAI Press, 1987), pp. 124–128; J.R. Hackman, "The Design of Work Teams", en J. W. Lorsch (ed.), *Handbook of Organizational Behavior* (Upper Saddle River, NJ: Prentice Hall, 1987), pp. 315–342; G.R. Bushe y A.L. Johnson, "Contextual and Internal Variables Affecting Task Group Outcomes in Organizations", *Group and Organization Studies*, diciembre de 1989, pp. 462–482; M.A. Campion, C.J. Medsker, y A.C. Higgs, "Relations Between Work Group Characteristics and Effectiveness: Implications for Designing Effective Work Groups", *Personnel Psychology*, invierno de 1993, pp. 823–850; D.E. Hyatt y T.M. Ruddy, "An Examination of the Relationship Between Work Group Characteristics, and Performance: Once More into the Breach", *Personnel Psychology*, otoño de 1997, pp. 553–585, y P.E. Tesluk y J.E. Mathieu, "Overcoming Roadblocks to Effectiveness: Incorporating Management of Performance Barriers into Models of Work Group Effectiveness", *Journal of Applied Psychology*, abril de 1999, pp. 200–217.

7. G.L. Stewart, "A Meta-Analytic Review of Relationships Between Team Design Features and Team Performance", Journal of Management, febrero de 2006, pp. 29–54; T. Butler y J. Waldroop, "Understanding 'People' People", *Harvard Business Review*, junio de 2004, pp. 78–86; J.S. Bunderson, "Team Member Functional Background and Involvement in Management Teams: Direct Effects and the Moderating Role of Power Centralization", *Academy of Management Journal*, agosto de 2003, pp. 458–474, y M.J. Stevens y M.A. Campion, "The Knowledge, Skill, and Ability Requirements for Teamwork: Implications for Human Resource Management", *Journal of Management*, verano de 1994, pp. 503–530.

8. V.U. Druskat y S.B. Wolff, "The Link Between Emotions and Team Effectiveness: How Teams Engage Members and Build Effective Task Processes", *Academy of Management Proceedings*, en CD-ROM, 1999; D.C. Kinlaw, *Developing Superior Work Teams: Building Quality and the Competitive Edge* (San Diego: Lexington, 1991), y M.E. Shaw, *Contemporary Topics in Social Psychology* (Morristown, NJ: General Learning Press, 1976), pp. 350–351.

9. La información del cuadro proviene de L. Copeland, "Making the Most of Cultural Differences at the Workplace", *Personnel*, junio de 1988, pp. 52–60; C.R. Bantz, "Cultural Diversity and Group Cross-Cultural Team Research", *Journal of Applied Communication Research*, febrero de 1993, pp. 1–19; L. Strach y L. Wicander, "Fitting In: Issues of Tokenism and Conformity for Minority Women", *SAM Advanced Management Journal*, verano de 1993, pp. 22–25; M.L. Maznevski, "Understanding Our Differences: Performance in Decision-Making Groups with Diverse Members", *Human Relations*, mayo de 1994, pp. 531–552; F. Rice, "How to Make Diversity Pay", *Fortune*, 8 de agosto de 1994, pp. 78–86; J. Jusko, "Diversity Enhances Decision Making", *IndustryWeek*, 2 de abril de 2001, p. 9; K. Lovelace, D.L. Shapiro, y L.R. Weingart, "Maximizing Cross-Functional New Product Teams' Innovativeness and Constraint Adherence: A Conflict Communications Perspective", *Academy of Management Journal*, agosto de 2002, pp. 779–793; B.L. Kirkman, P.E. Tesluk, y B. Rosen, "The Impact of Demographic Heterogeneity and Team Leader-Team Member Demographic Fit on Team Empowerment and Effectiveness", *Group & Organization Management*, junio de 2004, pp. 334–368, y K.B. Dahlin, L.R. Weingart, y P.J. Hinds, "Team Diversity and Information Use", *Academy of Management Journal*, diciembre de 2005, pp. 1107–1123.

10. McMurry, Inc., "The Roles Your People Play", Managing People at Work, octubre de 2005, p. 4; G. Prince, "Recognizing Genuine Teamwork", *Supervisory Management*, abril de 1989, pp. 25–36; R.F. Bales, *SYMOLOG Case Study Kit*, (New York: The Free Press, 1980), y K. D. Benne y P. Sheats, "Functional Roles of Group Members", *Journal of Social Issues*, vol. 4, 1948, pp. 41–49.

11. A. Erez, H. Elms, y E. Fong, "Lying, Cheating, Stealing: Groups and the Ring of Gyges", artículo presentado en la Academy of Management Annual meeting, Honolulu, HI, 8 de agosto de 2005.

12. S.E. Asch, "Effects of Group Pressure upon the Modification and Distortion of Judgments", en H. Guetzkow (ed.), *Groups, Leadership and Men* (Pittsburgh: Carnegie Press, 1951), pp. 177–190, y S.E. Asch, "Studies of Independence and Conformity: A Minority of One Against a Unanimous Majority", *Psychological Monographs: General and Applied*, vol. 70 (9), 1956, pp. 1–70.

13. R. Bond y P.B. Smith, "Culture and Conformity: A Meta-Analysis of Studies Using Asch's [1952, 1956] Line Judgment Task", *Psychological Bulletin*, enero de 1996, pp. 111–137.

14. M.E. Turner y A.R. Pratkanis, "Mitigating Groupthink by Stimulating Constructive Conflict", en C. DeDreu y E. Van deVliert (eds.), *Using Conflict in Organizations* (London: Sage, 1997), pp. 53–71.

15. A. Deutschman, "Inside the Mind of Jeff Bezos", *Fast Company*, agosto de 2004, pp. 50–58.

16. Vea, por ejemplo, E.J. Thomas y C.F. Fink, "Effects of Group Size", *Psychological Bulletin*, julio de 1963, pp. 371–384, y M.E. Shaw, *Group Dynamics: The Psychology of Small Group Behavior*, 3a. ed. (New York: McGraw-Hill, 1981).

17. R.C. Liden, S.J. Wayne, R.A. Jaworski, y N. Bennett, "Social Loafing: A Field Investigation", *Journal of Management*, abril de 2004, pp. 285–304, y D.R. Comer, "A Model of Social Loafing in Real Work Groups", *Human Relations*, junio de 1995, pp. 647–667.

18. S.G. Harkins y K. Szymanski, "Social Loafing and Group Evaluation", *Journal of Personality and Social Psychology*, diciembre de 1989, pp. 934–941.

19. C.R. Evans y K.L. Dion, "Group Cohesion and Performance: A Meta-Analysis", *Small Group Research*, mayo de 1991, pp. 175–186; B. Mullen y C. Copper, "The Relation Between Group Cohesiveness and Performance: An Integration", *Psychological Bulletin*, marzo de 1994, pp. 210–227, y P.M. Podsakoff, S.B. MacKenzie, y M. Ahearne, "Moderating Effects of Goal Acceptance on the Relationship Between Group Cohesiveness and Productivity", *Journal of Applied Psychology*, diciembre de 1997, pp. 974–983.

20. Vea, por ejemplo, L. Berkowitz, "Group Standards, Cohesiveness, and Productivity", *Human Relations*, noviembre de 1954, pp. 509–519, y Mullen y Copper, "The Relation Between Group Cohesiveness and Performance: An Integration".

21. S.E. Seashore, Group Cohesiveness in the Industrial Work Group (Ann Arbor: University of Michigan, Survey Research Center, 1954).

22. La información de este cuadro proviene de P. Evans, "The Wiki Factor", *BizEd*, enero-febrero de 2006, pp. 28–32, y M. McCafferty, "A Human Inventory", *CFO*, abril de 2005, pp. 83–85.

23. C. Shaffran, "Mind Your Meeting: How to Become the Catalyst for Culture Change", *Communication World*, febrero–marzo de 2003, pp. 26–29.

24. I.L. Janis, *Victims of Groupthink* (Boston: Houghton Mifflin, 1972); R.J. Aldag y S. Riggs Fuller, "Beyond Fiasco: A Reappraisal of the Groupthink Phenomenon and a New Model of Group Decision Processes", *Psychological Bulletin*, mayo de 1993, pp. 533–552, y T. Kameda y S. Sugimori, "Psychological Entrapment in Group Decision Making: An Assigned Decision Rule and a Groupthink Phenomenon", *Journal of Personality and Social Psychology*, agosto de 1993, pp. 282–292.

25. Vea, por ejemplo, L.K. Michaelson, W.E. Watson, y R.H. Black, "A Realistic Test of Individual vs. Group Consensus Decision Making", *Journal of Applied Psychology*, vol. 74 (5), 1989, pp. 834–839; R.A. Henry, "Group Judgment Accuracy: Reliability and Validity of Postdiscussion Confidence Judgments", *Organizational Behavior and Human Decision Processes*, octubre de 1993, pp. 11–27; P.W. Paese, M.Bieser, y M.E. Tubbs, "Framing Effects and Choice Shifts in Group Decision making", *Organizational Behavior and Human Decision Processes*, octubre de 1993, pp. 149–165; N.J. Castellan, Jr. (ed.), *Individual and Group Decision Making* (Hillsdale, NJ: Lawrence Erlbaum Associates, 1993), y S.G. Straus y J.E. McGrath, "Does the Medium Matter? The Interaction of Task Type and Technology on Group Performance and Member Reactions", *Journal of Applied Psychology*, febrero de 1994, pp. 87–97.

26. E.J. Thomas y C.F. Fink, "Effects of Group Size", *Psychological Bulletin*, julio de 1963, pp. 371–384; F. A. Shull, A.L. Delbecq, y L.L. Cummings, *Organizational Decision Making* (New York: McGraw-Hill, 1970), p. 151; A.P. Hare, *Handbook of Small Group Research* (New York: The Free Press, 1976); M.E. Shaw, *Group Dynamics: The Psychology of Small Group Behavior*, 3a. ed. (New York: McGraw-Hill, 1981), y P. Yetton y P. Bottger, "The Relationships Among Group Size, Member Ability, Social Decision Schemes, and Performance", *Organizational Behavior and Human Performance*, octubre de 1983, pp. 145–159.

27. Esta sección es una adaptación de S.P. Robbins, *Managing Organizational Conflict: A Nontraditional Approach* (Upper Saddle River, NJ: Prentice Hall, 1974), pp. 11–14. Vea además D. Wagner-Johnson, "Managing Work Team Conflict: Assessment and Preventive Strategies", *Center for the Study of Work Teams*, University of North Texas, www.workteams. unt.edu/reports, 3 de noviembre de 2000, y M. Kennedy, "Managing Conflict in Work Teams", *Center for the Study of Work Teams*, University of North Texas, www.workteams.unt.edu/reports, 3 de noviembre de 2000.

28. Vea K.A. Jehn, "A Multimethod Examination of the Benefits and Detriments of Intragroup Conflict", *Administrative Science Quarterly*, junio de 1995, pp. 256–282; K.A. Jehn, "A Qualitative Analysis of Conflict Type and Dimensions in Organizational Groups", *Administrative Science Quarterly*, septiembre de 1997, pp. 530–557; K.A. Jehn, "Affective and Cognitive Conflict in Work Groups: Increasing Performance Through Value-Based Intragroup Conflict", en C. DeDreu y E. Van deVliert (eds.), *Using Conflict in Organizations* (London: Sage Publications, 1997), pp. 87–100; K.A. Jehn y E.A. Mannix, "The Dynamic Nature of Conflict: A Longitudinal Study of Intragroup Conflict and Group Performance", *Academy of Management Journal*, abril de 2001, pp. 238–251; C.K.W. DeDreu y A.E.M. Van Vianen, "Managing Relationship Conflict and the Effectiveness of Organizational Teams", *Journal of Organizational Behavior*, mayo de 2001, pp. 309–328, y J. Weiss y J. Hughes, "Want Collaboration? Accept—And Actively Manage—Conflict", *Harvard Business Review*, marzo de 2005, pp. 92–101.

29. C.K.W. DeDreu, "When Too Little or Too Much Hurts: Evidence for a Curvilinear Relationship Between Task Conflict and Innovation in Teams", *Journal of Management*, febrero de 2006, pp. 83–107.

30. K.W. Thomas, "Conflict and Negotiation Processes in Organizations", en M.D. Dunnette y L.M. Hough (eds.), *Handbook of Industrial and Organizational Psychology*, 2a. ed., vol. 3 (Palo Alto, CA: Consulting Psychologists Press, 1992), pp. 651–717.

31. K.E. Culp, "Improv Teaches Work Team Building", *Springfield (Missouri) News-Leader*, 9 de diciembre de 2005, p. 5B; T.J. Mullaney y A. Weintraub, "The Tech Guru: Dr. Gerard Burns", *BusinessWeek*, 28 de marzo de 2005, p. 84, y J. S. McClenahen, "Lean and Teams: More Than Blips", *IndustryWeek*, octubre de 2003, p. 63.

32. Vea, por ejemplo, J.R. Hackman y C.G. Morris, "Group Tasks, Group Interaction Process, and Group Performance Effectiveness: A Review and Proposed Integration", en L. Berkowitz (ed.), *Advances in Experimental Social Psychology* (New York: Academic Press, 1975), pp. 45–99; R. Saavedra, P.C. Earley, y L. Van Dyne, "Complex Interdependence in Task-Performing Groups", *Journal of Applied Psychology*, febrero de 1993, pp. 61–72; M.J. Waller, "Multiple-Task Performance in Groups", *Academy of Management Proceedings on Disk*, 1996, y K.A. Jehn, G.B. Northcraft, y M.A. Neale, "Why Differences Make a Difference: A Field Study of Diversity, Conflict, and Performance in Workgroups", *Administrative Science Quarterly*, diciembre de 1999, pp. 741–763.

33. Citado en T. Purdum, "Teaming, Take 2", *IndustryWeek*, mayo de 2005, p. 43, y C. Joinson, "Teams at Work", *HRMagazine*, mayo de 1999, p. 30.

34. Vea, por ejemplo, S.A. Mohrman, S.G. Cohen, y A.M. Mohrman, Jr., *Designing Team-Based Organizations* (San Francisco: Jossey-Bass, 1995); P. MacMillan, *The Performance Factor: Unlocking the Secrets of Teamwork* (Nashville, TN: Broadman & Holman, 2001), y E. Salas, C.A. Bowers, y E. Eden (eds.), *Improving Teamwork in Organizations: Applications of Resource Management Training* (Mahwah, NJ: Lawrence Erlbaum, 2002).

35. Vea, por ejemplo, E. Sunstrom, DeMeuse, y D. Futrell, "Work Teams: Applications and Effectiveness", *American Psychologist*, febrero de 1990, pp. 120–133.

36. J.S. McClenahen, "Bearing Necessities", *IndustryWeek*, octubre de 2004, pp. 63–65; P.J. Kiger, "Acxiom Rebuilds from Scratch", *Workforce*, diciembre de 2002, pp. 52–55, y T. Boles, "Viewpoint Leadership Lessons from NASCAR", *IndustryWeek* online, www.industryweek.com, 21 de mayo de 2002.

37. M. Cianni y D. Wanuck, "Individual Growth and Team Enhancement: Moving Toward a New Model of Career Development", *Academy of Management Executive*, febrero de 1997, pp. 105–115.

38. "Teams", *Training*, octubre de 1996, p. 69, y C. Joinson "Teams at Work", p. 30.

39. G.M. Spreitzer, S.G. Cohen, y G.E. Ledford, Jr., "Developing Effective Self-Managing Work Teams in Service Organizations", *Group & Organization Management*, septiembre de 1999, pp. 340–366.

40. "Meet the New Steel", *Fortune*, 1 de octubre de 2007, pp. 68–71.

41. J. Appleby y R. Davis, "Teamwork Used to Save Money; Now It Saves Lives", *USA Today* online, www.usatoday.com, 1 de marzo de 2001.

42. A. Malhotra, A. Majchrzak, R. Carman, y V. Lott, "Radical Innovation without Collocation: A Case Study at Boeing-Rocketdyne", *MIS Quarterly*, junio de 2001, pp. 229–249.

43. A. Stuart, "Virtual Agreement", *CFO*, noviembre de 2007, p. 24.

44. A. Malhotra, A. Majchrzak, y B. Rosen, "Leading Virtual Teams", *Academy of Management Perspectives*, febrero de 2007, pp. 60–70; B.L. Kirkman y J.E. Mathieu, "The Dimensions and Antecedents of Team Virtuality", *Journal of Management*, octubre de 2005, pp. 700–718; J. Gordon, "Do Your Virtual Teams Deliver Only Virtual Performance?", *Training*, junio de 2005, pp. 20–25; L.L. Martins, L.L. Gilson, y M.T. Maynard, "Virtual Teams: What Do We Know and Where Do We Go from Here?", *Journal of Management*, diciembre de 2004, pp. 805–835; S.A. Furst, M. Reeves, B. Rosen, y R.S. Blackburn, "Managing the Life Cycle of Virtual Teams", *Academy of Management Executive*, mayo de 2004, pp. 6–20; B.L. Kirkman, B. Rosen, P.E. Tesluk, y C.B. Gibson, "The Impact of Team Empowerment on Virtual Team Performance: The Moderating Role of Face-to-Face Interaction", *Academy of Management Journal*, abril de 2004, pp. 175–192; F. Keenan y S.E. Ante, "The New Teamwork", *BusinessWeek* e.biz, 18 de febrero de 2002, pp. EB12–EB16, y G. Imperato, "Real Tools for Virtual Teams", *Fast Company*, julio de 2000, pp. 378–387.

45. J. Mathieu, M. T. Maynard, T. Rapp, y L. Gilson, "Team Effectiveness 1997–2007: A Review of Recent Advancements and a Glimpse into the Future", *Journal of Management*, junio de 2008, pp. 410–476;

S.W. Lester, B.W. Meglino, y M.A. Korsgaard, "The Antecedents and Consequences of Group Potency: A Longitudinal Investigation of Newly Formed Work Groups", *Academy of Management Journal*, abril de 2002, pp. 352–368; M.A. Marks, M.J. Sabella, C.S. Burke, y S.J. Zaccaro, "The Impact of Cross-Training on Team Effectiveness", *Journal of Applied Psychology*, febrero de 2002, pp. 3–13; J.A. Colquitt, R.A. Noe, y C.L. Jackson, "Justice in Teams: Antecedents and Consequences of Procedural Justice Climate", *Personnel Psychology*, vol. 55, 2002, pp. 83–100; J.M. Phillips y E. A. Douthitt, "The Role of Justice in Team Member Satisfaction With the Leader and Attachment to the Team", *Journal of Applied Psychology*, abril de 2001, pp. 316–325; J.E. Mathieu, et al., "The Influence of Shared Mental Models on Team Process and Performance", *Journal of Applied Psychology*, abril de 2000, pp. 273–283; G.L. Stewart y M.R. Barrick, "Team Structure and Performance: Assessing the Mediating Role of Intrateam Process and the Moderating Role of Task Type", *Academy of Management Journal*, abril de 2000, pp. 135–148; J.D. Shaw, M.K. Duffy, y E.M. Stark, "Interdependence and Preference for Group Work: Main and Congruence Effects on the Satisfaction and Performance of Group Members", *Journal of Management*, vol. 26 (2), 2000, pp. 259–279; V.U. Druskat y S.B. Wolff, "The Link Between Emotions and Team Effectiveness: How Teams Engage Members and Build Effective Task Processes"; R. Forrester y A.B. Drexler, "A Model for Team-Based Organization Performance", *Academy of Management Executive*, agosto de 1999, pp. 36–49; A.R. Jassawalla y H.C. Sashittal, "Building Collaborative Cross-Functional New Product Teams", *Academy of Management Executive*, agosto de 1999, pp. 50–63, y G.R. Jones y G.M. George, "The Experience and Evolution of Trust: Implications for Cooperation and Teamwork", *Academy of Management Review*, julio de 1998, pp. 531–546.

46. B.L. Kirkman, C.B. Gibson, y D.L. Shapiro, "Exporting Teams: Enhancing the Implementation and Effectiveness of Work Teams in Global Affiliates", *Organizational Dynamics*, verano de 2001, pp. 12–29; J.W. Bing y C.M. Bing, "Helping Global Teams Compete", *Training & Development*, marzo de 2001, pp. 70–71; C.G. Andrews, "Factors That Impact Multi-Cultural Team Performance", *Center for the Study of Work Teams*, University of North Texas, www.workteams.unt.edu/reports/, 3 de noviembre de 2000; P. Christopher Earley y E. Mosakowski, "Creating Hybrid Team Cultures: An Empirical Test of Transnational Team Functioning", *Academy of Management Journal*, febrero de 2000, pp. 26–49; J. Tata, "The Cultural Context of Teams: An Integrative Model of National Culture, Work Team Characteristics, and Team Effectiveness", *Academy of Management Proceedings*, en CD-ROM, 1999; D.I. Jung, K. B. Baik, y J.J. Sosik, "A Longitudinal Investigation of Group Characteristics and Work Group Performance: A Cross-Cultural Comparison", *Academy of Management Proceedings*, en CD-ROM, 1999, y C.B. Gibson, "They Do What They Believe

They Can? Group-Efficacy Beliefs and Group Performance Across Tasks and Cultures", *Academy of Management Proceedings*, en CD-ROM, 1996.

47. Bond y Smith, "Culture and Conformity: A Meta-Analysis of Studies Using Asch's [1952, 1956] Line Judgment Task".

48. I.L. Janis, *Groupthink*, 2a. ed. (New York: Houghton Mifflin Company, 1982), p. 175.

49. Vea P.C. Earley, "Social Loafing and Collectivism: A Comparison of the United States and the People's Republic of China", *Administrative Science Quarterly*, diciembre de 1989, pp. 565–581, y P.C. Earley, "East Meets West Meets Mideast: Further Explorations of Collectivistic and Individualistic Work Groups", *Academy of Management Journal*, abril de 1993, pp. 319–348.

50. N.J. Adler, *International Dimensions of Organizational Behavior*, 4a. ed. (Cincinnati, OH: South-Western Publishing, 2002), p. 142.

51. K.B. Dahlin, L.R. Weingart, y P.J. Hinds, "Team Diversity and Information Use", *Academy of Management Journal*, diciembre de 2005, pp. 1107–1123.

52. Adler, *International Dimensions of Organizational Behavior*, p. 142.

53. S. Paul, I.M. Samarah, P. Seetharaman, y P.P. Mykytyn, "An Empirical Investigation of Collaborative Conflict Management Style in Group Support System-Based Global Virtual Teams", *Journal of Management Information Systems*, invierno de 2005, pp. 185–222.

54. S. Chang y P. Tharenou, "Competencies Needed for Managing a Multicultural Workgroup", *Asia Pacific Journal of Human Resources*, vol. 42 (1), 2004, pp. 57–74, y Adler, *International Dimensions of Organizational Behavior*, p. 153.

55. C.E. Nicholls, H.W. Lane, y M. Brehm Brechu, "Taking Self-Managed Teams to Mexico", *Academy of Management Executive*, agosto de 1999, pp. 15–27.

56. J. Reingold y J.L. Yang, "The Hidden Workplace: What's Your OQ?", *Fortune*, 23 de julio de 2007, pp. 98–106, y P. Balkundi y D.A. Harrison, "Ties, Leaders, and Time in Teams: Strong Inference About Network Structures' Effects on Team Viability and Performance", *Academy of Management Journal*, febrero de 2006, pp. 49–68.

57. T. Casciaro y M. S. Lobo, "Competent Jerks, Lovable Fools, and the Formation of Social Networks", *Harvard Business Review*, junio de 2005, pp. 92–99.

58. Balkundi y Harrison, "Ties, Leaders, and Time in Teams: Strong Inference About Network Structures' Effects on Team Viability and Performance".

59. J. McGregor, "The Office Chart That Really Counts", *BusinessWeek*, 27 de febrero de 2006, pp. 48–49.

Capítulo 12

1. A. Fisher, "Ideas Made Here", *Fortune*, 11 de junio de 2007, pp. 35–39; M. Lewis, Jr., "Wizards of Wal-Mart", *Inside Business*, marzo de 2007, pp. 34+; y L. Chamberlain, "A Resurgence in Cleveland", *New York Times* online, www.nytimes.com, 8 de noviembre de 2006.

2. J. Zawacki, *Saving Manufacturing Jobs in the U.S.*, Michigan Business Network www.mibiz.com, 31 de enero de 2006; J.S. McClenahen, "Waking Up to a New World", *IndustryWeek*, junio de 2003, pp. 22–26, y D.J. Klein y J. Zawacki, *It's Not Magic: The Rebirth of a Small Manufacturing Company* (East Lansing, MI: Michigan State University Press, 1999).

3. G. Nadler y W.J. Chandon, "Making Changes: The FIST Approach", *Journal of Management Inquiry*, septiembre de 2004, pp. 239–246, y C.R. Leana y B. Barry, "Stability and Change as Simultaneous Experiences in Organizational Life", *Academy of Management Review*, octubre de 2000, pp. 753–759.

4. La idea de estas metáforas proviene de J. E. Dutton, S.J. Ashford, R.M. O'Neill, y K.A. Lawrence, "Moves That Matter: Issue Selling and Organizational Change", *Academy of Management Journal*, agosto de 2001, pp. 716–736; B.H. Kemelgor, S.D. Johnson, y S. Srinivasan, "Forces Driving Organizational Change: A Business School Perspective", *Journal of Education for Business*, enero-febrero de 2000, pp. 133–137; G. Colvin, "When It Comes to Turbulence, CEOs Could Learn a Lot from Sailors", *Fortune*, 29 de marzo de 1999, pp. 194–196, y P.B. Vaill, *Managing as a Performing Art: New Ideas for a World of Chaotic Change* (San Francisco: Jossey-Bass, 1989).

5. K. Lewin, *Field Theory in Social Science* (New York: Harper & Row, 1951).

6. D. Lieberman, "Nielsen Media Has Cool Head at the Top", *USA Today*, 27 de marzo de 2006, p. 3B.

7. G. Hamel, "Take It Higher", *Fortune*, 5 de febrero de 2001, pp. 169–170.

8. A. Sains y S. Reed, "Electrolux Cleans Up", *BusinessWeek*, 27 de febrero de 2006, pp. 42–43.

9. Hallmark, *2008 and Beyond: Emerging and Evolving Trends*, www.hallmark.com.

10. J. Jesitus, "Change Management: Energy to the People", *IW*, 1 de septiembre de 1997, pp. 37, 40.

11. D. Lavin, "European Business Rushes to Automate", *Wall Street Journal*, 23 de julio de 1997, p. A14.

12. Vea, por ejemplo, B.B. Bunker, B.T. Alban, y R.J. Lewicki, "Ideas in Currency and OD Practice", *The Journal of Applied Behavioral Science*, diciembre de 2004, pp. 403–422; L.E. Greiner y T.G. Cummings, "Wanted: OD More Alive Than Dead!", *Journal of Applied Behavioral Science*, diciembre de 2004, pp. 374–391; S. Hicks, "What is Organization Development?", *Training & Development*, agosto de 2000, p. 65; W. Nicolay, "Response to Farias and Johnson's Commentary", *Journal of Applied Behavioral Science*, septiembre de 2000, p. 380–81; G. Farias, "Organizational Development and Change Management", *Journal of Applied Behavioral Science*, septiembre de 2000, pp. 376–379; N.A. Worren, K. Ruddle, y K.

Moore, "From Organizational Development to Change Management", *Journal of Applied Behavioral Science*, septiembre de 1999, pp. 273–286; W. L. French y C.H. Bell, Jr., *Organization Development: Behavioral Science Interventions for Organization Improvement*, 6a. ed. (Upper Saddle River, NJ: Prentice Hall, 1998); A.H. Church, W.W. Burke, y D.F. Van Eynde, "Values, Motives, and Interventions of Organization Development Practitioners", *Group & Organization Management*, marzo 1994, pp. 5–50, y T.C. Head y P. F. Sorensen, "Cultural Values and Organizational Development: A Seven-Country Study", *Leadership & Organization Development Journal*, marzo de 1993, pp. 3–7.

13. T. White, "Supporting Change: How Communicators at Scotiabank Turned Ideas into Action", *Communication World*, abril de 2002, pp. 22–24.

14. M. Javidan, P.W. Dorfman, M.S. deLuque, y R.J. House, "In the Eye of the Beholder: Cross-Cultural Lessons in Leadership from Project GLOBE", *Academy of Management Perspective*, febrero de 2006, pp. 67–90, y E. Fagenson-Eland, E.A. Ensher, y W. W. Burke, "Organization Development and Change Interventions: A Seven-Nation Comparison", *The Journal of Applied Behavioral Science*, diciembre de 2004, pp. 432–464.

15. Fagenson-Eland, Ensher, y Burke, "Organization Development and Change Interventions: A Seven-Nation Comparison", p. 461.

16. J. Pfeffer, "Breaking Through Excuses", *Business 2.0*, mayo de 2005, p. 76.

17. Vea, por ejemplo, A. Deutschman, "Making Change: Why Is It So Hard to Change Our Ways?", *Fast Company*, mayo de 2005, pp. 52–62; S.B. Silverman, C.E. Pogson, y A.B. Cober, "When Employees at Work Don't Get It: A Model for Enhancing Individual Employee Change in Response to Performance Feedback", *Academy of Management Executive*, mayo de 2005, pp. 135–147; C.E. Cunningham, *et al.*, "Readiness for Organizational Change: A Longitudinal Study of Workplace, Psychological and Behavioral Correlates", *Journal of Occupational and Organizational Psychology*, diciembre de 2002, pp. 377–392; M.A. Korsgaard, H.J. Sapienza, y D.M. Schweiger, "Beaten Before Begun: The Role of Procedural Justice in Planning Change", *Journal of Management*, vol. 28 (4), 2002, pp. 497–516; R. Kegan y L.L. Lahey, "The Real Reason People Won't Change", *Harvard Business Review*, noviembre de 2001, pp. 85–92; S.K. Piderit, "Rethinking Resistance and Recognizing Ambivalence: A Multidimensional View of Attitudes Toward an Organizational Change", *Academy of Management Review*, octubre de 2000, pp. 783–794; C.R. Wanberg y J.T. Banas, "Predictors and Outcomes of Openness to Changes in a Reorganizing Workplace", *Journal of Applied Psychology*, febrero de 2000, pp. 132–142; A.A. Armenakis y A.G. Bedeian, "Organizational Change: A Review of Theory and Research in the 1990s", *Journal of Management*, vol. 25 (3), 1999, pp. 293–315, y B.M. Staw, "Counterforces to

Change," en P.S. Goodman and Associates (eds.), *Change in Organizations* (San Francisco: Jossey-Bass, 1982), pp. 87–121.

18. A. Reichers, J.P. Wanous, y J.T. Austin, "Understanding and Managing Cynicism About Organizational Change", *Academy of Management Executive*, febrero de 1997, pp. 48–57; P. Strebel, "Why Do Employees Resist Change?", *Harvard Business Review*, mayo–junio de 1996, pp. 86–92, y J.P. Kotter y L.A. Schlesinger, "Choosing Strategies for Change", *Harvard Business Review*, marzo–abril de 1979, pp. 107–109.

19. S. Oreg, "Resistance to Change: Developing an Individual Differences Measure", *Journal of Applied Psychology*, agosto de 2003, pp. 680–693; J.A. LePine, J.A. Colquitt, y A. Erez, "Adaptability to Changing Task Contexts: Effects of General Cognitive Ability, Conscientiousness, and Openness to Experience", *Personnel Psychology*, otoño de 2000, pp. 563–593; Piderit, "Rethinking Resistance and Recognizing Ambivalence: A Multidimensional View of Attitudes Toward An Organizational Change"; K.W. Mossholder, R.P. Settoon, A.A. Armenakis, S.G. Harris, "Emotion During Organizational Transformations", *Group & Organization Management*, septiembre de 2000, pp. 220–243; J.P. Wanous, A.E. Reichers, y J.T. Austin, "Cynicism About Organizational Change", *Group & Organization Management*, junio de 2000, pp. 132–153; T.A. Judge, C.J. Thoresen, V. Pucki, y T.M. Welbourne, "Managerial Coping with Organizational Change: A Dispositional Perspective", *Journal of Applied Psychology*, febrero de 1999, pp. 107–122, y A. Sagie y M. Koslowsky, "Organizational Attitudes and Behaviors as a Function of Participation in Strategic and Tactical Change Decisions: An Application of Path-Goal Theory", *Journal of Organizational Behavior*, enero de 1994, pp. 37–47.

20. J. Useem, "Jim McNerney Thinks He Can Turn 3M from a Good Company into a Great One—With a Little Help from his Former Employer, General Electric", *Fortune*, 12 de agosto de 2002, pp. 127–132; y C. Hymowitz, "How Leader at 3M Got His Employees to Back Big Changes", *Wall Street Journal*, 23 de abril de 2002, p. B1.

21. Vea P. Anthony, *Managing Culture* (Philadelphia: Open University Press, 1994); P. Bate, *Strategies for Cultural Change* (Boston: Butterworth-Heinemann, 1994); C.G. Smith y R.P. Vecchio, "Organizational Culture and Strategic Management: Issues in the Strategic Management of Change", *Journal of Managerial Issues*, primavera de 1993, pp. 53–70; P.F. Drucker, "Don't Change Corporate Culture—Use It!", *Wall Street Journal*, 28 de marzo de 1991, p. A14, y T. H. Fitzgerald, "Can Change in Organizational Culture Really Be Managed?", *Organizational Dynamics*, otoño de 1988, pp. 5–15.

22. K. Maney, "Famously Gruff Gerstner Leaves IBM a Changed Man", *USA Today*, 11 de noviembre de 2002, pp. 1B+, y Louis V. Gerstner, *Who Says Elephants*

Can't Dance: Inside IBM's Historic Turnaround (New York: Harper Business, 2002).

23. Vea, por ejemplo, D.C. Hambrick y S. Finkelstein, "Managerial Discretion: A Bridge Between Polar Views of Organizational Outcomes", en L.L. Cummings y B.M. Staw (eds.), *Research in Organizational Behavior*, vol. 9 (Greenwich, CT: JAI Press, 1987), p. 384, y R.H. Kilmann, M.J. Saxton, y R. Serpa (eds.), *Gaining Control of the Corporate Culture* (San Francisco: Jossey-Bass, 1985).

24. La información de este recuadro proviene de C. Lindsay, "Paradoxes of Organizational Diversity: Living within the Paradoxes", en L.R. Jauch y J.L. Wall (eds.), *Proceedings of the 50th Academy of Management Conference*, San Francisco, 1990, pp. 374–378.

25. C. Daniels, "The Last Taboo", *Fortune*, 28 de octubre de 2002, pp. 137–144; J. Laabs, "Time-Starved Workers Rebel", *Workforce*, octubre de 2000, pp. 26–28; M.A. Verespej, "Stressed Out", *IndustryWeek*, 21 de febrero de 2000, pp. 30–34; y M.A. Cavanaugh, W.R. Boswell, M.V. Roehling, y J. W. Boudreau, "An Empirical Examination of Self-Reported Work Stress Among U.S. Managers", *Journal of Applied Psychology*, febrero de 2000, pp. 65–74.

26. American Institute of Stress, *Stress... At Work* [www.stress.org/job.htm], 2002–2003.

27. V.P. Sudhashree, K. Rohith, y K. Shrinivas, "Issues and Concerns of Health Among Call Center Employees", *Indian Journal of Occupational Environmental Medicine*, vol. 9 (3), 2005, pp. 129–132; E. Muehlchen, *An Ounce of Prevention Goes a Long Way*, www.wilsonbanwell.com, enero de 2004; UnionSafe, *Stressed Employees Worked to Death*, unionsafe.labor.net.au/news, 23 de agosto de 2003; O. Siu, "Occupational Stressors and Well-Being Among Chinese Employees: The Role of Organizational Commitment", *Applied Psychology: An International Review*, octubre de 2002, pp. 527–544; O. Siu, *et al.*, "Managerial Stress in Greater China: The Direct and Moderator Effects of Coping Strategies and Work Locus of Control", *Applied Psychology: An International Review*, octubre de 2002, pp. 608–632; A. Oswald, New Research Reveals Dramatic Rise in Stress Levels in Europe's Workplaces, University of Warwick press release, www.warwick.ac.uk/news/pr, 1999, e Y. Shimizu, S. Makino, y T. Takata, "Employee Stress Status During the Past Decade [1982–1992] Based on a Nation-Wide Survey Conducted by the Ministry of Labour in Japan", Japan Industrial Safety and Health Association, julio de 1997, pp. 441–450.

28. G. Kranz, "Job Stress Viewed Differently by Workers, Employers," Workforce Management online, www.workforce.com, enero de 15, 2008.

29. Adaptado del sitio Web de UK National Work-Stress Network, www.workstress.net.

30. R.S. Schuler, "Definition and Conceptualization of Stress in Organizations", *Organizational Behavior and Human Performance*, abril de 1980, p. 191.

31. "Jobs for Life", *The Economist* online, www.economist.com, 19 de diciembre de 2007, y B.L. de Mente, *Karoshi: Death from Overwork*, www.apmforum.com, mayo de 2002.

32. H. Benson, "Are You Working Too Hard?", *Harvard Business Review*, noviembre de 2005, pp. 53–58; B. Cryer, R. McCraty, y D. Childre, "Pull the Plug on Stress", *Harvard Business Review*, julio de 2003, pp. 102–107; C. Daniels, "The Last Taboo"; C.L. Cooper y S. Cartwright, "Healthy Mind, Healthy Organization—A Proactive Approach to Occupational Stress", *Human Relations*, abril de 1994, pp. 455–471; C.A. Heaney, *et al.*, "Industrial Relations, Worksite Stress Reduction and Employee Well-Being: A Participatory Action Research Investigation", *Journal of Organizational Behavior*, septiembre de 1993, pp. 495–510; C.D. Fisher, "Boredom at Work: A Neglected Concept", *Human Relations*, marzo de 1993, pp. 395–417, y S.E. Jackson, "Participation in Decision Making as a Strategy for Reducing Job-Related Strain", *Journal of Applied Psychology*, febrero de 1983, pp. 3–19.

33. C. Mamberto, "Companies Aim to Combat Job-Related Stress", *Wall Street Journal*, 13 de agosto de 2007, p. B6.

34. D. Cole, "The Big Chill", *US News & World Report*, 6 de diciembre de 2004, pp. EE2–EE5.

35. J. Goudreau, "Dispatches from the War on Stress", *BusinessWeek*, 6 de agosto de 2007, pp. 74–75.

36. Well Workplace 2008 Award Executive Summaries, *Wellmark Blue Cross/Blue Shield and Zimmer Holdings, Inc.*, www.welcoa.org.

37. Cole, "The Big Chill".

38. P.A. McLagan, "Change Leadership Today", *T&D*, noviembre de 2002, pp. 27–31.

39. *Ibídem*, p. 29.

40. C. Haddad, "UPS: Can It Keep Delivering?", *BusinessWeek* online, www.businessweek.com, primavera de 2003.

41. W. Pietersen, "The Mark Twain Dilemma: The Theory and Practice for Change Leadership", p. 35.

42. P.A. McLagan, "The Change-Capable Organization", *T&D*, enero de 2003, pp. 50–58.

43. J. McGregor, "The World's Most Innovative Companies", *BusinessWeek*, 24 de abril de 2006, p. 64.

44. J.E. Perry-Smith y C.E. Shalley, "The Social Side of Creativity: A Static and Dynamic Social Network Perspective", *Academy of Management Review*, enero de 2003, pp. 89–106, y P. K. Jagersma, "Innovate or Die: It's Not Easy, But It Is Possible to Enhance Your Organization's Ability to Innovate", *Journal of Business Strategy*, enero–febrero de 2003, pp. 25–28.

45. Estas definiciones están basadas en T.M. Amabile, *Creativity in Context* (Boulder, CO: Westview Press, 1996).

46. R.W. Woodman, J.E. Sawyer, y R.W. Griffin, "Toward a Theory of Organizational Creativity", *Academy of Management Review*, abril de 1993, pp. 293–321.

47. T.M. Egan, "Factors Influencing Individual Creativity in the Workplace: An Examination of Quantitative Empirical Research", *Advances in Developing Human Resources*, mayo de 2005, pp. 160–181; N. Madjar, G.R. Oldham, y M.G. Pratt, "There's No Place Like Home?, The Contributions of Work and Nonwork Creativity Support to Employees' Creative Performance", *Academy of Management Journal*, agosto de 2002, pp. 757–767; T.M. Amabile, C.N. Hadley, y S.J. Kramer, "Creativity Under the Gun", *Harvard Business Review*, agosto de 2002, pp. 52–61; J.B. Sorensen y T.E. Stuart, "Aging, Obsolescence, and Organizational Innovation", *Administrative Science Quarterly*, marzo de 2000, pp. 81–112; G.R. Oldham y A. Cummings, "Employee Creativity: Personal and Contextual Factors at Work", *Academy of Management Journal*, junio de 1996, pp. 607–634, y F. Damanpour, "Organizational Innovation: A Meta-Analysis of Effects of Determinants and Moderators", *Academy of Management Journal*, septiembre de 1991, pp. 555–590.

48. P.R. Monge, M.D. Cozzens, y N.S. Contractor, "Communication and Motivational Predictors of the Dynamics of Organizational Innovations", *Organization Science*, mayo de 1992, pp. 250–274.

49. Amabile, Hadley, y Kramer, "Creativity Under the Gun".

50. Madjar, Oldham, y Pratt, "There's No Place Like Home?, The Contributions of Work and Nonwork Creativity Support to Employees' Creative Performance".

51. C. Salter, "Mattel Learns to 'Throw the Bunny'", *Fast Company*, noviembre de 2002, p. 22.

52. Vea, por ejemplo, J.E. Perry-Smith, "Social Yet Creative: The Role of Social Relationships in Facilitating Individual Creativity", *Academy of Management Journal*, febrero de 2006, pp. 85–101; C.E. Shalley, J. Zhou, y G.R. Oldham, "The Effects of Personal and Contextual Characteristics on Creativity: Where Should We Go from Here?" *Journal of Management*, vol. 30 (6), 2004, pp. 933–958; Perry-Smith y Shalley, "The Social Side of Creativity: A Static and Dynamic Social Network Perspective"; J.M. George y J. Zhou, "When Openness to Experience and Conscientiousness are Related to Creative Behavior: An Interactional Approach", *Journal of Applied Psychology*, junio de 2001, pp. 513–524; J. Zhou, "Feedback Valence, Feedback Style, Task Autonomy, and Achievement Orientation: Interactive Effects on Creative Behavior", *Journal of Applied Psychology*, vol. 83, 1998, pp. 261–276; T.M. Amabile, *et al.*, "Assessing the Work Environment for Creativity", *Academy of Management Journal*, octubre de 1996, pp. 1154–1184; S. G. Scott y R. A. Bruce, "Determinants of Innovative People: A Path Model of Individual Innovation in the Workplace", *Academy of Management Journal*, junio de 1994, pp. 580–607; R. Moss Kanter, "When a Thousand Flowers Bloom: Structural, Collective, and Social Conditions for Innovation in Organization", en B.M. Staw y L.L. Cummings (eds.), *Research in Organizational Behavior*, vol. 10 (Greenwich, CT: JAI Press, 1988), pp. 169–211, y Amabile, *Creativity in Context*.

53. McGregor, "The World's Most Innovative Companies", p. 70.

54. *Ibídem*, p. 74.

55. J. Ramos, "Producing Change That Lasts", *Across the Board*, marzo de 1994, pp. 29–33; T. Stjernberg y A. Philips, "Organizational Innovations in a Long-Term Perspective: Legitimacy and Souls-of-Fire as Critical Factors of Change and Viability", *Human Relations*, octubre de 1993, pp. 1193–2023, y J. M. Howell and C. A. Higgins, "Champions of Change", *Business Quarterly*, primavera de 1990, pp. 31–32.

Capítulo 13

1. M. Conlin y J. Greene, "How to Make a Microserf Smile", *BusinessWeek*, 10 de septiembre de 2007, pp. 56–59.

2. K. O'Toole, "Cold-Calling Van Horne", *Stanford Business Magazine*, www.gsb.stanford.edu, mayo de 2005, y S. Orenstein, "Feeling Your Way to the Top", *Business 2.0*, junio de 2004, p. 146.

3. K.M. Kroll, "Absence-Minded", *CFO Human Capital*, 2006, pp. 12–14.

4. D.W. Organ, *Organizational Citizenship Behavior: The Good Soldier Syndrome* (Lexington, MA: Lexington Books, 1988), p. 4. También vea J.L. Lavell, D.E. Rupp, y J. Brockner, "Taking a Multifoci Approach to the Study of Justice, Social Exchange, and Citizenship Behavior: The Target Similarity Model", *Journal of Management*, diciembre de 2007, pp. 841–866, y J.A. LePine, A. Erez, y D.E. Johnson, "The Nature and Dimensionality of Organizational Citizenship Behavior: A Critical Review and Meta-Analysis", *Journal of Applied Psychology*, febrero de 2002, pp. 52–65.

5. R. Ilies, B.A. Scott, y T.A. Judge, "The Interactive Effects of Personal Traits and Experienced States on Intraindividual Patterns of Citizenship Behavior", *Academy of Management Journal*, junio de 2006, pp. 561–575; P. Cardona, B.S. Lawrence, y P.M. Bentler, "The Influence of Social and Work Exchange Relationships on Organizational Citizenship Behavior", Group & Organization Management, abril de 2004, pp. 219–247; M.C. Bolino y W. H. Turnley, "Going the Extra Mile: Cultivating and Managing Employee Citizenship Behavior", *Academy of Management Executive*, agosto de 2003, pp. 60–73; M.C. Bolino, W.H. Turnley, y J.J. Bloodgood, "Citizenship Behavior and the Creation of Social Capital in Organizations", *Academy of Management Review*, octubre de 2002, pp. 505–522, y P. M. Podsakoff, S. B. MacKenzie, J. B. Paine, D. G. Bachrach, "Organizational Citizenship Behaviors: A Critical Review of the Theoretical and Empirical Literature and Suggestions

for Future Research", *Journal of Management*, vol. 26 (3), 2000, pp. 543–548.

6. M.C. Bolino y W.H. Turnley, "The Personal Costs of Citizenship Behavior: The Relationship Between Individual Initiative and Role Overload, Job Stress, and Work–Family Conflict", *Journal of Applied Psychology*, julio de 2005, pp. 740–748.

7. Definición adaptada de R. W. Griffin e Y.P. Lopez, "Bad Behavior in Organizations: A Review and Typology for Future Research", *Journal of Management*, diciembre de 2005, pp. 988–1005.

8. S.J. Breckler, "Empirical Validation of Affect, Behavior, and Cognition as Distinct Components of Attitude", *Journal of Personality and Social Psychology*, mayo de 1984, pp. 1191–1205, y S.L. Crites, Jr., L.R. Fabrigar, y R.E. Petty, "Measuring the Affective and Cognitive Properties of Attitudes: Conceptual and Methodological Issues", *Personality and Social Psychology Bulletin*, diciembre de 1994, pp. 619–634.

9. D.R. May, R.L. Gilson, y L.M. Harter, "The Psychological Conditions of Meaningfulness, Safety and Availability and the Engagement of the Human Spirit at Work", *Journal of Occupational and Organizational Psychology*, marzo de 2004, pp. 11–37; R.T. Keller, "Job Involvement and Organizational Commitment as Longitudinal Predictors of Job Performance: A Study of Scientists and Engineers", *Journal of Applied Psychology*, agosto de 1997, pp. 539–545; W. Kahn, "Psychological Conditions of Personal Engagement and Disengagement at Work", *Academy of Management Journal*, diciembre de 1990, pp. 692–794, y P.P. Brooke, Jr., D.W. Russell, y J.L. Price, "Discriminant Validation of Measures of Job Satisfaction, Job Involvement, and Organizational Commitment", *Journal of Applied Psychology*, mayo de 1988, pp. 139–145.

10. The Conference Board, *U.S. Job Satisfaction Declines, The Conference Board Reports*, www.conference-board.org, 23 de febrero de 2007.

11. The Conference Board, *U.S. Job Satisfaction Keeps Falling, the Conference Board Reports Today*, www.conference-board.org, 28 de febrero de 2005.

12. A.B. Krueger, "Job Satisfaction Is Not Just a Matter of Dollars", *New York Times*, 8 de diciembre de 2005, p. C3.

13. Harris Interactive, *Six Nation Survey Finds Satisfaction with Current Job*, www.harrisinteractive.com, 9 de octubre de 2007, y SwissInfo, *Swiss Like Work, but Not Their Salaries*, www.swissinfo.org, 7 de junio de 2005.

14. Watson Wyatt Worldwide, *A Comparison of Attitudes Around the Globe*, www.watsonwyatt.com/research, 2006.

15. T.A. Judge, C.J. Thoresen, J.E. Bono, y G.K. Patton, "The Job Satisfaction–Job Performance Relationship: A Qualitative and Quantitative Review", *Psychological Bulletin*, mayo de 2001, pp. 376–407.

16. J.K. Harter, F.L. Schmidt, y T.L. Hayes, "Business-Unit-Level Relationship Between Employee Satisfaction, Employee Engagement, and Business Outcomes: A Meta-Analysis", *Journal of Applied Psychology*, abril de 2002, pp. 268–279; A.M. Ryan, M.J. Schmit, y R. Johnson, "Attitudes and Effectiveness: Examining Relations at an Organizational Level", *Personnel Psychology*, invierno de 1996, pp. 853–882, y C. Ostroff, "The Relationship Between Satisfaction, Attitudes, and Performance: An Organizational Level Analysis", *Journal of Applied Psychology*, diciembre de 1992, pp. 963–974.

17. E.A. Locke, "The Nature and Causes of Job Satisfaction", en M.D. Dunnette (ed.), *Handbook of Industrial and Organizational Psychology* (Chicago: Rand McNally, 1976), p. 1331; S.L. McShane, "Job Satisfaction and Absenteeism: A Meta-Analytic Re-examination", *Canadian Journal of Administrative Science*, junio de 1984, pp. 61–77; R.D. Hackett y R.M. Guion, "A Reevaluation of the Absenteeism–Job Satisfaction Relationship", *Organizational Behavior and Human Decision Processes*, junio de 1985, pp. 340–381; K.D. Scott y G.S. Taylor, "An Examination of Conflicting Findings on the Relationship Between Job Satisfaction and Absenteeism: A Meta-Analysis", *Academy of Management Journal*, septiembre de 1985, pp. 599–612; R.D. Hackett, Work Attitudes and Employee Absenteeism: A Synthesis of the Literature, artículo presentado en 1988 en la National Academy of Management Meeting, Anaheim, CA, agosto de 1988, y R. Steel y J.R. Rentsch, "Influence of Cumulation Strategies on the Long-Range Prediction of Absenteeism", *Academy of Management Journal*, diciembre de 1995, pp. 1616–1634.

18. P.W. Hom y R.W. Griffeth, *Employee Turnover* (Cincinnati, OH: South-Western Publishing, 1995); R.W. Griffeth, P.W. Hom, y S. Gaertner, "A Meta-Analysis of Antecedents and Correlates of Employee Turnover: Update, Moderator Tests, and Research Implications for the Next Millennium", *Journal of Management*, vol. 26 (3), 2000, p. 479, y P.W. Hom y A.J. Kinicki, "Toward a Greater Understanding of How Dissatisfaction Drives Employee Turnover", *Academy of Management Journal*, octubre de 2001, pp. 975–987.

19. Vea por ejemplo J.M. Carsten y P.E. Spector, "Unemployment, Job Satisfaction, and Employee Turnover: A Meta-Analytic Test of the Muchinsky Model", *Journal of Applied Psychology*, agosto de 1987, pp. 374–381, y C.L. Hulin, M. Roznowski, y D. Hachiya, "Alternative Opportunities and Withdrawal Decisions: Empirical and Theoretical Discrepancies and an Integration", *Psychological Bulletin*, julio de 1985, pp. 233–250.

20. T.A. Wright y D.G. Bonett, "Job Satisfaction and Psychological Well-Being as Nonadditive Predictors of Workplace Turnover", *Journal of Management*, abril de 2007, pp. 141–160, y D.G. Spencer y R.M. Steers, "Performance as a Moderator of the Job Satisfaction–Turnover Relationship", *Journal of Applied Psychology*, agosto de 1981, pp. 511–514.

21. Vea por ejemplo, X. Luo and C. Homburg, "Neglected Outcomes of Customer Satisfaction", *Journal of Marketing*, abril de 2007, pp. 133–149; P.B. Barger y A.A.

Grandey, "Service with a Smile and Encounter Satisfaction: Emotional Contagion and Appraisal Mechanisms", *Academy of Management Journal*, diciembre de 2006, pp. 1229–1238; C. Homburg y R.M. Stock, "The Link Between Salespeople's Job Satisfaction and Customer Satisfaction in a Business-to-Business Context: A Dyadic Analysis", *Journal of the Academy of Marketing Science*, primavera de 2004, pp. 144–158; Harter, Schmidt, y Hayes, "Business-Unit-Level Relationship Between Employee Satisfaction, Employee Engagement, and Business Outcomes: A Meta-Analysis"; J. Griffith, "Do Satisfied Employees Satisfy Customers? Support-Services Staff Morale and Satisfaction Among Public School Administrators, Students, and Parents", *Journal of Applied Social Psychology*, agosto de 2001, pp. 1627–1658; D.J. Koys, "The Effects of Employee Satisfaction, Organizational Citizenship Behavior, and Turnover on Organizational Effectiveness: A Unit-Level, Longitudinal Study", *Personnel Psychology*, Primavera de 2001, pp. 101–114; E. Naumann y D.W. Jackson, Jr., "One More Time: How Do You Satisfy Customers?" *Business Horizons*, mayo–junio de 1999, pp. 71–76; W.W. Tornow and J.W. Wiley, "Service Quality and Management Practices: A Look at Employee Attitudes, Customer Satisfaction, and Bottom-Line Consequences", *Human Resource Planning*, vol. 4 (2), 1991, pp. 105–116, y B. Schneider y D.E. Bowen, "Employee and Customer Perceptions of Service in Banks: Replication and Extension", *Journal of Applied Psychology*, agosto de 1985, pp. 423–433.

22. M.J. Bittner, B.H. Blooms, y L.A. Mohr, "Critical Service Encounters: The Employees' Viewpoint", *Journal of Marketing*, octubre de 1994, pp. 95–106.

23. Vea LePine, Erez, y Johnson, "The Nature and Dimensionality of Organizational Citizenship Behavior: A Critical Review and Meta-Analysis"; P. Podsakoff, S.B. Mackenzie, J.B. Paine, y D.G. Bachrach, "Organizational Citizenship Behaviors: A Critical Review of the Theoretical and Empirical Literature and Suggestions for Future Research", *Journal of Management*, mayo de 2000, pp. 513–563, y T.S. Bateman y D.W. Organ, "Job Satisfaction and the Good Soldier: The Relationship Between Affect and Employee 'Citizenship'", *Academy of Management Journal*, diciembre de 1983, pp. 587–595.

24. B.J. Hoffman, C.A. Blair, J.P. Maeriac, y D.J. Woehr, "Expanding the Criterion Domain? A Quantitative Review of the OCB Literature", *Journal of Applied Psychology*, vol. 92 (2), 2007, pp. 555–566; LePine, Erez, y Johnson, "The Nature and Dimensionality of Organizational Citizenship Behavior: A Critical Review and Meta-Analysis", y D.W. Organ y K. Ryan, "A Meta-Analytic Review of Attitudinal and Dispositional Predictors of Organizational Citizenship Behavior", *Personnel Psychology*, invierno de 1995, pp. 775–802.

25. N.A. Fassina, D.A. Jones, y K.L. Uggerslev, "Relationship Clean-up Time: Using Meta-Analysis and Path Analysis to Clarify Relationships Among Job Satisfaction, Perceived Fairness, and Citizenship Behaviors", *Journal of Management*, abril de 2008, pp. 161–188; M.A. Konovsky y D.W. Organ, "Dispositional and Contextual Determinants of Organizational Citizenship Behavior", *Journal of Organizational Behavior*, mayo de 1996, pp. 253–266; R.H. Moorman, "Relationship Between Organization Justice and Organizational Citizenship Behaviors: Do Fairness Perceptions Influence Employee Citizenship?" *Journal of Applied Psychology*, diciembre de 1991, pp. 845–855, y J. Fahr, P.M. Podsakoff y D.W. Organ, "Accounting for Organizational Citizenship Behavior: Leader Fairness and Task Scope versus Satisfaction", *Journal of Management*, diciembre de 1990, pp. 705–722.

26. W.H. Bommer, E.C. Dierdorff, y R.S. Rubin, "Does Prevalence Mitigate Relevance? The Moderating Effect of Group-Level OCB on Employee Performance", *Academy of Management Journal*, diciembre de 2007, pp. 1481–1494.

27. Vea, por ejemplo, S. Rabinowitz y D.T. Hall, "Organizational Research in Job Involvement", *Psychological Bulletin*, marzo de 1977, pp. 265–288; G.J. Blau, "A Multiple Study Investigation of the Dimensionality of Job Involvement", *Journal of Vocational Behavior*, agosto de 1985, pp. 19–36, y N.A. Jans, "Organizational Factors and Work Involvement", *Organizational Behavior and Human Decision Processes*, junio de 1985, pp. 382–396.

28. D.A. Harrison, D.A. Newman, y P.L. Roth, "How Important Are Job Attitudes? Meta-Analytic Comparisons of Integrative Behavioral Outcomes and Time Sequences", *Academy of Management Journal*, abril de 2006, pp. 305–325; G.J. Blau, "Job Involvement and Organizational Commitment as Interactive Predictors of Tardiness and Absenteeism", *Journal of Management*, invierno de 1986, pp. 577–584, y K. Boal y R. Cidambi, Attitudinal Correlates of Turnover and Absenteeism: A Meta-Analysis, artículo presentado en la reunión de la American Psychological Association, Toronto, 1984.

29. G.J. Blau y K. Boal, "Conceptualizing How Job Involvement and Organizational Commitment Affect Turnover and Absenteeism", *Academy of Management Review*, abril de 1987, p. 290.

30. Vea, por ejemplo, P.W. Hom, R. Katerberg, y C.L. Hulin, "Comparative Examination of Three Approaches to the Prediction of Turnover", *Journal of Applied Psychology*, junio de 1979, pp. 280–290; R.T. Mowday, L.W. Porter, y R.M. Steers, *Employee Organization Linkages: The Psychology of Commitment, Absenteeism, and Turnover* (New York: Academic Press, 1982); H. Angle y J. Perry, "Organizational Commitment: Individual and Organizational Influence", *Work and Occupations*, mayo de 1983, pp. 123–145, y J.L. Pierce y R.B. Dunham, "Organizational Commitment: Pre-employment Propensity and Initial Work Experiences", *Journal of Management*, primavera de 1987, pp. 163–178.

31. L.W. Porter, R.M. Steers, R.T. Mowday, y V. Boulian, "Organizational Commitment, Job Satisfaction, and Turnover among Psychiatric Technicians", *Journal of Applied Psychology*, octubre de 1974, pp. 603–609.

32. D.M. Rousseau, "Organizational Behavior in the New Organizational Era", en J.T. Spence, J.M. Darley, y D.J. Foss (eds.), *Annual Review of Psychology*, vol. 48 (Palo Alto, CA: Annual Reviews, 1997), p. 523.

33. P. Eder y R. Eisenberger, "Perceived Organizational Support: Reducing the Negative Influence of Coworker Withdrawal Behavior", *Journal of Management*, febrero de 2008, pp. 55–68; R. Eisenberger, *et al.*, "Perceived Supervisor Support: Contributions to Perceived Organizational Support and Employee Retention", *Journal of Applied Psychology*, junio de 2002, pp. 565–573; L. Rhoades y R. Eisenberger, "Perceived Organizational Support: A Review of the Literature", *Journal of Applied Psychology*, agosto de 2002, pp. 698–714; J.L. Kraimer y S.J. Wayne, "An Examination of Perceived Organizational Support as a Multidimensional Construct in the Context of an Expatriate Assignment" *Journal of Management*, vol. 30 (2), 2004, pp. 209–237; J.W. Bishop, K.D. Scott, J.G. Goldsby, y R. Cropanzano, "A Construct Validity Study of Commitment and Perceived Support Variables", *Group & Organization Management*, abril de 2005, pp. 153–180, y J.A.M. Coyle-Shapiro y N. Conway, "Exchange Relationships: Examining Psychological Contracts and Perceived Organizational Support", *Journal of Applied Psychology*, julio de 2005, pp. 774–781.

34. J. Marquez, "Disengaged Employees Can Spell Trouble at Any Company", *Workforce Management* online, www.workforce.com, 13 de mayo de 2008.

35. J. Smythe, "Engaging Employees to Drive Performance", *Communication World*, mayo-junio de 2008, pp. 20–22; A.B. Bakker y W.B. Schaufeli, "Positive Organizational Behavior: Engaged Employees in Flourishing Organizations", *Journal of Organizational Behavior*, febrero de 2008, pp. 147–154; U. Aggarwal, S. Datta, y S. Bhargava, "The Relationship Between Human Resource Practices, Psychological Contract, and Employee Engagement Implications for Managing Talent", *IIMB Management Review*, septiembre de 2007, pp. 313–325; M.C. Christian y J.E. Slaughter, "Work Engagement: A Meta-Analytic Review and Directions for Research in an Emerging Area", *AOM Proceedings*, agosto de 2007, pp. 1–6; C.H. Thomas, "A New Measurement Scale for Employee Engagement: Scale Development, Pilot Test, and Replication", AOM Proceedings, agosto de 2007, pp. 1–6; A.M. Saks, "Antecedents and Consequences of Employee Engagement", *Journal of Managerial Psychology*, vol. 21 (7), 2006, pp. 600–619, y A. Parsley, "Road Map for Employee Engagement", *Management Services*, primavera de 2006, pp. 10–11.

36. Watson Wyatt Worldwide, *Driving Employee Engagement in a Global Workforce*, www.watsonwyatt.com/research, 2007/2008, p. 2.

37. A.J. Elliott y P.G. Devine, "On the Motivational Nature of Cognitive Dissonance: Dissonance as Psychological Discomfort", *Journal of Personality and Social Psychology*, septiembre de 1994, pp. 382–394.

38. L. Festinger, *A Theory of Cognitive Dissonance* (Stanford, CA: Stanford University Press, 1957), y C. Crossen, "Cognitive Dissonance Became a Milestone in 1950s Psychology", *Wall Street Journal*, 4 de diciembre de 2006, p. B1.

39. Vea, por ejemplo, S.V. Falletta, "Organizational Intelligence Surveys", *T&D*, junio de 2008, p. 52–58; R. Fralicx, *et al.*, *Point of View: Using Employee Surveys to Drive Business Decisions*, Mercer Human Resource Consulting, 1 de julio de 2004; L. Simpson, "What's Going on in Your Company? If You Don't Ask, You'll Never Know", *Training*, junio de 2002, pp. 30–34, y B. Fishel, "A New Perspective: How to Get the Real Story from Attitude Surveys", *Training*, febrero de 1998, pp. 91–94.

40. A. Kover, "And the Survey Says..." *IndustryWeek*, septiembre de 2005, pp. 49–52.

41. Vea J. Welch y S. Welch, "Employee Polls: A Vote in Favor", *BusinessWeek*, 28 de enero de 2008, p. 90; E. White, "How Surveying Workers Can Pay Off", *Wall Street Journal*, 18 de junio de 2007, p. B3; Kover, "And the Survey Says..."; Fralicx, *et al.*, *Point of View: Using Employee Surveys to Drive Business Decisions*; y S. Shellenbarger, "Companies Are Finding It Really Pays to Be Nice to Employees", *Wall Street Journal*, 22 de julio de 1998, p. B1.

42. L. Saari y T.A. Judge, "Employee Attitudes and Job Satisfaction", *Human Resource Management*, invierno de 2004, pp. 395–407, y T.A. Judge y A.H. Church, "Job Satisfaction: Research and Practice", en C.L. Cooper y E.A. Locke (eds.), *Industrial and Organizational Psychology: Linking Theory with Practice* (Oxford, UK: Blackwell, 2000).

43. Harrison, Newman, y Roth, "How Important Are Job Attitudes? Meta-Analytic Comparisons of Integrative Behavioral Outcomes and Time Sequences", pp. 320–321.

44. C. Arnst, "Better Loving Through Chemistry", *BusinessWeek*, 24 de octubre de 2005, p. 48.

45. I. Briggs-Myers, *Introduction to Type* (Palo Alto, CA: Consulting Psychologists Press, 1980); W.L. Gardner y M.J. Martinko, "Using the Myers-Briggs Type Indicator to Study Managers: A Literature Review and Research Agenda", *Journal of Management*, vol. 22 (1), 1996, pp. 45–83, y N.L. Quenk, *Essentials of Myers-Briggs Type Indicator Assessment* (New York: Wiley, 2000).

46. J.M. Digman, "Personality Structure: Emergence of the Five-Factor Model", en M.R. Rosenweig y L.W. Porter (eds.), *Annual Review of Psychology*, vol. 41 (Palo Alto, CA: Annual Review, 1990), pp. 417–440; O.P. John, "The Big Five Factor Taxonomy: Dimensions of Personality in the Natural Language and in Questionnaires", en L.A. Pervin (ed.), *Handbook of*

Personality Theory and Research (New York: Guilford Press, 1990), pp. 66–100; M.K. Mount, M.R. Barrick, y J.P. Strauss, "Validity of Observer Ratings of the Big Five Personality Factors", *Journal of Applied Psychology*, abril de 1996, pp. 272–280; G.M. Hurtz y J.J. Donovan, "Personality and Job Performance: The Big Five Revisited", *Journal of Applied Psychology*, diciembre de 2000, pp. 869–879; T.A. Judge, D. Heller, y M.K. Mount, "Five-Factor Model of Personality and Job Satisfaction: A Meta-Analysis", *Journal of Applied Psychology*, junio de 2002, pp. 530–541, y C.G. DeYoung, L.C. Quilty, y J.B. Peterson, "Between Facets and Domains: 10 Aspects of the Big Five", *Journal of Personality and Social Psychology*, noviembre de 2007, pp. 880–896.

47. M.R. Barrick y M.K. Mount, "The Big Five Personality Dimensions and Job Performance: A Meta-Analysis", *Personnel Psychology*, vol. 44, 1991, pp. 1–26; A.J. Vinchur, J.S. Schippmann, F.S. Switzer III, y P.L. Roth, "A Meta-Analytic Review of Predictors of Job Performance for Salespeople", *Journal of Applied Psychology*, agosto de 1998, pp. 586–597; G.M. Hurtz y J.J. Donovan, "Personality and Job Performance Revisited", *Journal of Applied Psychology*, diciembre de 2000, pp. 869–879; T.A. Judge y J.E. Bono, "Relationship of Core Self-Evaluations Traits—Self Esteem, Generalized Self-Efficacy, Locus of Control, and Emotional Stability—With Job Satisfaction and Job Performance: A Meta-Analysis", *Journal of Applied Psychology*, febrero de 2001, pp. 80–92; Judge, Heller, y Mount, "Five-Factor Model of Personality and Job Satisfaction: A Meta-Analysis", y D.M. Higgins, J.B. Peterson, R.O. Pihl, y A.G.M. Lee, "Prefrontal Cognitive Ability, Intelligence, Big Five Personality, and the Prediction of Advanced Academic and Workplace Performance", *Journal of Personality and Social Psychology*, agosto de 2007, pp. 298–319.

48. J.B. Rotter, "Generalized Expectancies for Internal Versus External Control of Reinforcement", *Psychological Monographs*, vol. 80(609), 1966, pp. 1–28.

49. Vea, por ejemplo, D.W. Organ y C.N. Greene, "Role Ambiguity, Locus of Control, and Work Satisfaction", *Journal of Applied Psychology*, febrero de 1974, pp. 101–102, y T.R. Mitchell, C.M. Smyser, y S.E. Weed, "Locus of Control: Supervision and Work Satisfaction", *Academy of Management Journal*, septiembre de 1975, pp. 623–631.

50. R.G. Vleeming, "Machiavellianism: A Preliminary Review", *Psychological Reports*, febrero de 1979, pp. 295–310, y S.A. Snook, "Love and Fear and the Modern Boss", *Harvard Business Review*, enero de 2008, pp. 16–17.

51. Vea J. Brockner, *Self-Esteem at Work: Research, Theory, and Practice* (Lexington, MA: Lexington Books, 1988), capítulos 1–4, y N. Branden, *Self-Esteem at Work* (San Francisco: Jossey-Bass, 1998).

52. Vea M. Snyder, *Public Appearances/Private Realities: The Psychology of Self-Monitoring* (New York:

W.H. Freeman, 1987), y D.V. Day, D.J. Schleicher, A.L. Unckless, y N.J. Hiller, "Self-Monitoring Personality at Work: A Meta-Analytic Investigation of Construct Validity", *Journal of Applied Psychology*, abril de 2002, pp. 390–401.

53. Snyder, *Public Appearances/Private Realities*, y J.M. Jenkins, "Self-Monitoring and Turnover: The Impact of Personality on Intent to Leave", *Journal of Organizational Behavior*, enero de 1993, pp. 83–90.

54. M. Kilduff y D.V. Day, "Do Chameleons Get Ahead? The Effects of Self-Monitoring on Managerial Careers", *Academy of Management Journal*, agosto de 1994, pp. 1047–1060, y A. Mehra, M. Kilduff, y D.J. Brass, "The Social Networks of High and Low Self-Monitors: Implications for Workplace Performance", *Administrative Science Quarterly*, marzo de 2001, pp. 121–146.

55. N. Kogan y M.A. Wallach, "Group Risk Taking as a Function of Members' Anxiety and Defensiveness", *Journal of Personality*, marzo de 1967, pp. 50–63, y J.M. Howell y C.A. Higgins, "Champions of Technological Innovation", *Administrative Science Quarterly*, junio de 1990, pp. 317–341.

56. M. Friedman y R. H. Rosenman, *Type A Behavior and Your Heart* (New York: Alfred A. Knopf, 1974).

57. J.D. Kammeyer-Mueller y C.R. Wanberg, "Unwrapping the Organizational Entry Process: Disentangling Multiple Antecedents and Their Pathways to Adjustment", *Journal of Applied Psychology*, octubre de 2003, pp. 779–794; S.E. Seibert, M.L. Kraimer, y J.M. Crant, "What Do Proactive People Do? A Longitudinal Model Linking Proactive Personality and Career Success", *Personnel Psychology*, invierno de 2001, pp. 845–874; J.M. Crant, "Proactive Behavior in Organizations", *Journal of Management*, vol. 26 (3), 2000, pp. 435–462; J.M. Crant y T.S. Bateman, "Charismatic Leadership Viewed from Above: The Impact of Proactive Personality", *Journal of Organizational Behavior*, febrero de 2000, pp. 63–75; S.E. Seibert, J.M. Crant, y M.L. Kraimer, "Proactive Personality and Career Success", *Journal of Applied Psychology*, junio de 1999, pp. 416–427; R.C. Becherer y J.G. Maurer, "The Proactive Personality Disposition and Entrepreneurial Behavior Among Small Company Presidents", *Journal of Small Business Management*, enero de 1999, pp. 28–36, y T.S. Bateman y J.M. Crant, "The Proactive Component of Organizational Behavior: A Measure and Correlates", *Journal of Organizational Behavior*, marzo de 1993, pp. 103–118.

58. Vea, por ejemplo, G.W.M. Ip y M.H. Bond, "Culture, Values, and the Spontaneous Self-Concept", *Asian Journal of Psychology*, vol. 1, 1995, pp. 30–36; J.E. Williams, *et al.*, "Cross-Cultural Variation in the Importance of Psychological Characteristics: A Seven-Year Country Study", *International Journal of Psychology*, octubre de 1995, pp. 529–550; V. Benet y N.G. Walker, "The Big Seven Factor Model of Personality Description: Evidence for Its Cross-Cultural Generalizability in a Spanish Sample", *Journal of*

Personality and Social Psychology, octubre de 1995, pp. 701–718; R.R. McCrae y P.T. Costa, Jr., "Personality Trait Structure as a Human Universal", *American Psychologist*, 1997, pp. 509–516, y M.J. Schmit, J.A. Kihm, y C. Robie, "Development of a Global Measure of Personality", *Personnel Psychology*, primavera de 2000, pp. 153–193.

59. J.F. Salgado, "The Five Factor Model of Personality and Job Performance in the European Community", *Journal of Applied Psychology*, febrero de 1997, pp. 30–43. Nota: Este estudio abarcó las 15 naciones de la comunidad europea y no incluyó a los 10 países que se le unieron en 2004.

60. J. Zaslow, "Happiness Inc.", *Wall Street Journal*, 18 y 19 de marzo de 2006, pp. P1+.

61. N.H. Frijda, "Moods, Emotion Episodes, and Emotions", en M. Lewis y J.M. Havilland (eds.), *Handbook of Emotions* (New York: Guilford Press, 1993), pp. 381–403.

62. N.M. Ashkanasy y C.S. Daus, "Emotion in the Workplace: The New Challenge for Managers", *Academy of Management Executive*, febrero de 2002, pp. 76–86, y N.M. Ashkanasy, C.E.J. Hartel, y C.S. Daus, "Diversity and Emotions: The New Frontiers in Organizational Behavior Research", *Journal of Management*, vol. 28 (3), 2002, pp. 307–338.

63. H.M. Weiss y R. Cropanzano, "Affective Events Theory", en B.M. Staw y L.L. Cummings (eds.), *Research in Organizational Behavior*, vol. 18 (Greenwich, CT: JAI Press, 1996), pp. 20–22.

64. Esta sección se basó en D. Goleman, *Emotional Intelligence* (New York: Bantam, 1995); M. Davies, L. Stankov, y R.D. Roberts, "Emotional Intelligence: In Search of an Elusive Construct", *Journal of Personality and Social Psychology*, octubre de 1998, pp. 989–1015; D. Goleman, *Working with Emotional Intelligence* (New York: Bantam, 1999); R. Bar-On y J.D.A. Parker (eds.), *The Handbook of Emotional Intelligence: Theory, Development, Assessment, and Application at Home, School, and in the Workplace* (San Francisco: Jossey-Bass, 2000), y P.J. Jordan, N.M. Ashkanasy, y C.E.J. Hartel, "Emotional Intelligence as a Moderator of Emotional and Behavioral Reactions to Job Insecurity", *Academy of Management Review*, julio de 2002, pp. 361–372.

65. R.D. Shaffer y M.A. Shaffer, "Emotional Intelligence Abilities, Personality, and Workplace Performance", *Academy of Management Best Conference Paper— HR*, agosto de 2005; K.S. Law, C. Wong, y L.J. Song, "The Construct and Criterion Validity of Emotional Intelligence and Its Potential Utility for Management Studies", *Journal of Applied Psychology*, agosto de 2004, pp. 483–496; D.L. Van Rooy y C. Viswesvaran, "Emotional Intelligence: A Meta-Analytic Investigation of Predictive Validity and Nomological Net", *Journal of Vocational Behavior*, agosto de 2004, pp. 71–95; P.J. Jordan, N.M. Ashkanasy, y C.E.J. Hartel, "The Case for Emotional Intelligence in Organizational

Research", *Academy of Management Review*, abril de 2003, pp. 195–197; H.A. Elfenbein y N. Ambady, "Predicting Workplace Outcomes from the Ability to Eavesdrop on Feelings", *Journal of Applied Psychology*, octubre de 2002, pp. 963–971, y C. Cherniss, The Business Case for Emotional Intelligence, *Consortium for Research on Emotional Intelligence in Organizations*, www.eiconsortium.org, 1999.

66. F.J. Landy, "Some Historical and Scientific Issues Related to Research on Emotional Intelligence", *Journal of Organizational Behavior*, junio de 2005, pp. 411–424; E.A. Locke, "Why Emotional Intelligence Is an Invalid Concept", *Journal of Organizational Behavior*, junio de 2005, pp. 425–431; J.M. Conte, "A Review and Critique of Emotional Intelligence Measures", *Journal of Organizational Behavior*, junio de 2005, pp. 433–440; T. Becker, "Is Emotional Intelligence a Viable Concept?" *Academy of Management Review*, abril de 2003, pp. 192–195, y M. Davies, L. Stankov, y R.D. Roberts, "Emotional Intelligence: In Search of an Elusive Construct", *Journal of Personality and Social Psychology*, octubre de 1998, pp. 989–1015.

67. G. Kranz, "Organizations Look to Get Personal in '07", *Workforce Management* online, www.workforce.com, 19 de junio de 2007.

68. J.L. Holland, *Making Vocational Choices: A Theory of Vocational Personalities and Work Environments* (Odessa, FL: Psychological Assessment Resources, 1997).

69. R. Hampson, "Fear as Bad as After 9/11", *USA Today*, pp. 1A+; Council on American–Islamic Relations, *Arizona Muslims Accosted by "United 93" Viewers*, 2 de mayo de 2006; S. Miller, "Study Reveals Prevalent Anti-Muslim Stereotypes", *The (Illinois State University) Daily Vidette*, 29 de octubre de 2004, p. 1; B. Duncan, "Americans Buy into Muslim Stereotypes", *Aljazeera.net*, 13 de octubre de 2004, y C. Murphy, "Muslim U.W. Workers Hope to Break Image: Start of Ramadan Offers Chance to Reach Out in Faith", *Washington Post*, 6 de noviembre de 2002, p. B3.

70. Vea, por ejemplo, M.J. Martinko (ed.), *Attribution Theory: An Organizational Perspective* (Delray Beach, FL: St. Lucie Press, 1995); y H.H. Kelley, "Attribution in Social Interaction", en E. Jones *et al.* (eds.), *Attribution: Perceiving the Causes of Behavior* (Morristown, NJ: General Learning Press, 1972).

71. Vea A.G. Miller y T. Lawson, "The Effect of an Informational Option on the Fundamental Attribution Error", *Personality and Social Psychology Bulletin*, junio de 1989, pp. 194–204.

72. Vea, por ejemplo, G.R. Semin, "A Gloss on Attribution Theory", *British Journal of Social and Clinical Psychology*, noviembre de 1980, pp. 291–330, y M.W. Morris y K. Peng, "Culture and Cause: American and Chinese Attributions for Social and Physical Events", *Journal of Personality and Social Psychology*, diciembre de 1994, pp. 949–971.

73. S. Nam, *Cultural and Managerial Attributions for Group Performance*, tesis doctoral inédita, University of Oregon. Citada en R.M. Steers, S.J. Bischoff, y L.H. Higgins, "Cross-Cultural Management Research", *Journal of Management Inquiry*, diciembre de 1992, pp. 325–326.

74. Vea, por ejemplo, S.T. Fiske, "Social Cognition and Social Perception", *Annual Review of Psychology*, 1993, pp. 155–194; G.N. Powell e Y. Kido, "Managerial Stereotypes in a Global Economy: A Comparative Study of Japanese and American Business Students' Perspectives", *Psychological Reports*, febrero de 1994, pp. 219–226, y J.L. Hilton y W. von Hippel, "Stereotypes", en J.T. Spence, J.M. Darley, y D.J. Foss (eds.), *Annual Review of Psychology*, vol. 47 (Palo Alto, CA: Annual Reviews Inc., 1996), pp. 237–271.

75. B.F. Skinner, *Contingencies of Reinforcement* (East Norwalk, CT: Appleton-Century-Crofts, 1971).

76. A. Applebaum, "Linear Thinking", *Fast Company*, diciembre de 2004, p. 35.

77. S. Armour, "Generation Y: They've Arrived at Work with a New Attitude", *USA Today*, 6 de noviembre de 2005, pp. 1B+.

78. N. Ramachandran, "New Paths at Work", *U.S. News & World Report*, 20 de marzo de 2006, p. 47.

79. D. Sacks, "Scenes from the Culture Clash", *Fast Company*, enero-febrero de 2006, p. 75.

80. Armour, "Generation Y: They've Arrived at Work with a New Attitude", p. 2B.

81. Armour, "Generation Y: They've Arrived at Work with a New Attitude"; B. Moses, "The Challenges of Managing Gen Y", *The Globe and Mail*, 11 de marzo de 2005, p. C1; y C.A. Martin, Managing Generation Y (Amherst, MA: HRD Press, 2001).

82. C.M. Pearson y C.L. Porath, "On the Nature, Consequences, and Remedies of Workplace Incivility: No Time for Nice? Think Again", *Academy of Management Executive*, febrero de 2005, pp. 7–18.

83. J. Robison, "Be Nice: It's Good for Business", *Gallup Brain*, http://brain.gallup.com, 12 de agosto de 2004.

84. Y. Vardi y E. Weitz, *Misbehavior in Organizations* (Mahwah, NJ: Lawrence Erlbaum Associates, 2004), pp. 246–247.

85. "Q&A", *Training*, abril de 2007, p. 7.

Capítulo 14

1. S. Shellenbarger, "A Day Without Email Is Like..." *Wall Street Journal*, 11 de octubre de 2007, pp. D1+; M. Kessler, "Fridays Go from Casual to E-Mail-Free", *USA Today*, 5 de octubre de 2007, p. 1A; D. Beizer, "Email Is Dead", *Fast Company*, julio-agosto de 2007, p. 46; O. Malik, "Why Email Is Bankrupt", *Business 2.0*, julio de 2007, p. 46, y D. Brady, "*!#?@ the E-Mail. Can We Talk?" *BusinessWeek*, 4 de diciembre de 2006, p. 109.

2. P.G. Clampitt, *Communicating for Managerial Effectiveness*, 3a. ed. (Thousand Oaks, CA: Sage Publications, 2005); T. Dixon, *Communication, Organization, and Performance* (Norwood, NJ: Ablex Publishing Corporation, 1996), p. 281, y L.E. Penley, E.R. Alexander, I. Edward Jernigan, y C.I. Henwood, "Communication Abilities of Managers: The Relationship to Performance", *Journal of Management*, marzo de 1991, pp. 57–76.

3. "Electronic Invective Backfires", *Workforce*, junio de 2001, p. 20, y E. Wong, "A Stinging Office Memo Boomerangs", *New York Times*, 5 de abril de 2001, pp. C1+.

4. C.O. Kursh, "The Benefits of Poor Communication", *Psychoanalytic Review*, verano–otoño de 1971, pp. 189–208.

5. International Association of Business Communicators, "Excellence in Communication Leadership (EXCEL) Award", *News Release*, news.iabc.com, 2 de abril de 2008.

6. W.G. Scott y T.R. Mitchell, *Organization Theory: A Structural and Behavioral Analysis* (Homewood, IL: Richard D. Irwin, 1976).

7. D.K. Berlo, *The Process of Communication* (New York: Holt, Rinehart & Winston, 1960), pp. 30–32.

8. Clampitt, *Communicating for Managerial Effectiveness*.

9. A. Warfield, "Do You Speak Body Language?" *Training & Development*, abril de 2001, pp. 60–61; D. Zielinski, "Body Language Myths", *Presentations*, abril de 2001, pp. 36–42, y "Visual Cues Speak Loudly in Workplace", *Springfield (Missouri) News-Leader*, 21 de enero de 2001, p. 8B.

10. La información de este cuadro se tomó de J. Langdon, "Differences Between Males and Females at Work", *USA Today*, www.usatoday.com, 5 de febrero de 2001; J. Manion, "He Said, She Said", *Materials Management in Health Care*, noviembre de 1998, pp. 52–62; G. Franzwa y C. Lockhart, "The Social Origins and Maintenance of Gender Communication Styles, Personality Types, and Grid-Group Theory", *Sociological Perspectives*, vol. 41 (1), 1998, pp. 185–208, y D. Tannen, *Talking From 9 to 5: Women and Men in the Workplace* (New York: Avon Books, 1995).

11. Shellenbarger, "A Day Without Email Is Like..."; Kessler, "Fridays Go From Casual to E-Mail-Free"; Beizer, "Email Is Dead"; Malik, "Why Email Is Bankrupt"; Brady, "*!#?@ the E-Mail. Can We Talk?", y American Management Association, *E-Mail Rules, Policies, and Practices Survey*, www.amanet.org, 2003.

12. Berlo, *The Process of Communication*, p. 103.

13. R. Buckman, "Why the Chinese Hate to Use Voice Mail", *Wall Street Journal*, 1 de diciembre de 2005, p. B1+.

14. A. Mehrabian, "Communication Without Words", *Psychology Today*, septiembre de 1968, pp. 53–55.

15. L. Haggerman, "Strong, Efficient Leadership Minimizes Employee Problems", *Springfield (Missouri) Business Journal*, 9-15 de diciembre de 2002, p. 23.

16. Vea, por ejemplo, S.P. Robbins y P.L. Hunsaker, *Training in InterPersonal Skills*, 4a. ed. (Upper Saddle River, NJ: Prentice Hall, 2006); M. Young y J.E. Post, "Managing to Communicate, Communicating to Manage: How Leading Companies Communicate with Employees", *Organizational Dynamics*, verano de 1993, pp. 31–43; J.A. DeVito, *The Interpersonal Communication Book*, 6a. ed. (New York: HarperCollins, 1992), y A.G. Athos y J.J. Gabarro, *Interpersonal Behavior* (Upper Saddle River, NJ: Prentice Hall, 1978).

17. O. Thomas, "Best-Kept Secrets of the World's Best Companies: The Three Minute Huddle", *Business 2.0*, abril de 2006, p. 94.

18. J.S. Lublin, "The 'Open Inbox'", *Wall Street Journal*, 10 de octubre de 2005, pp. B1+.

19. Citado en "Shut Up and Listen", *Money*, noviembre de 2005, p. 27.

20. Vea, por ejemplo, D. Sagario y L. Ballard, "Workplace Gossip Can Threaten Your Office", *Springfield (Missouri) News-Leader*, 26 de septiembre de 2005, p. 5B; A. Bruzzese, "What to Do About Toxic Gossip", *USA Today* online, www.usatoday.com, 14 de marzo de 2001; N.B. Kurland y L.H. Pelled, "Passing the Word: Toward a Model of Gossip and Power in the Workplace", *Academy of Management Review*, abril de 2000, pp. 428–438; N. DiFonzo, P. Bordia, y R.L. Rosnow, "Reining in Rumors", *Organizational Dynamics*, verano de 1994, pp. 47–62; M. Noon y R. Delbridge, "News from Behind My Hand: Gossip in Organizations", *Organization Studies*, vol. 14 (1), 1993, pp. 23–26, y J.G. March y G. Sevon, "Gossip, Information and Decision Making", en J.G. March (ed.), *Decisions and Organizations* (Oxford, UK: Blackwell, 1988, pp. 429–442.

21. Watson Wyatt Worldwide, *Secrets of Top Performers: How Companies with Highly Effective Employee Communication Differentiate Themselves, 2007/2008 Communication ROI Study*. Washington, DC: Watson Wyatt Worldwide.

22. Estos ejemplos se tomaron de S. Kirsner, "Being There", *Fast Company*, enero-febrero de 2006, pp. 90–91; R. Breeden, "More Employees Are Using the Web at Work", *Wall Street Journal*, 10 de mayo de 2005, p. B4; C. Woodward, "Some Offices Opt for Cellphones Only", *USA Today*, 25 de enero de 2005, p. 1B, y J. Rohwer, "Today, Tokyo. Tomorrow, the World", *Fortune*, 18 de septiembre de 2000, pp. 140–152.

23. Basado en J.D. Copeland, "Personal Tasks at Work a Problem", *Springfield (Missouri) Business Journal*, 11–17 de junio de 2007, p. 51; E. Frauenheim, "Stop Reading This Headline and Get Back to Work", *CNET*, www.news.com, 13 de julio de 2005, y Breeden, "More Employees Are Using the Web at Work".

24. J. Karaian, "Where Wireless Works", *CFO*, mayo de 2003, pp. 81–83.

25. M. Broersma, "Amsterdam Switches on Europe's First Mobile WiMAX Network", *Computerworld*, www.computerworld.com, 18 de junio de 2008; S. Dean, "Wi-Fi Hotspot Usage: The Numbers Are Up... Way Up", *Web Worker Daily*, www.webworkerdaily.com, 19 de septiembre de 2007, y B. White, "Helpless, Hopeless, Wireless", *Wall Street Journal*, 26 de junio de 2007, pp. B1+.

26. S. Srivastava, "Doing More on the Go", *Wall Street Journal*, 12 de junio de 2007, p. B3.

27. B. White, "Firms Take a Cue from YouTube", *Wall Street Journal*, 2 de enero de 2007, p. B3.

28. K. Hafner, "For the Well Connected, All the World's an Office", *New York Times*, 30 de marzo de 2000, pp. D1+.

29. S. Luh, "Pulse Lunches at Asian Citibanks Feed Workers' Morale, Lower Job Turnover", *Wall Street Journal*, 22 de mayo de 2001, p. B11.

30. H. Green, "The Water Cooler Is Now on the Web", *BusinessWeek*, 1 de octubre de 2007, pp. 78–79.

31. The Associated Press, "Whole Foods Chief Apologizes for Posts", *New York Times* online, www.nytimes.com, 18 de julio de 2007; E. White, J. S. Lublin, y D. Kesmodel, "Executives Get the Blogging Bug", *Wall Street Journal*, 13 de julio de 2007, pp. B1+; C. Alldred, "U.K. Libel Case Slows E-Mail Delivery", *Business Insurance*, 4 de agosto de 1997, pp. 51–53, y T. Lewin, "Chevron Settles Sexual Harassment Charges", *New York Times* online, www.nytimes.com, 22 de febrero de 1995.

32. J. Eckberg, "E-mail: Messages Are Evidence", *Cincinnati Enquirer*, www.enquirer.com, 27 de julio de 2004.

33. M. Scott, "Worker E-Mail and Blog Misuse Seen as Growing Risk for Companies", *Workforce Management* online, www.workforce.com, 20 de julio de 2007.

34. K. Byron, "Carrying Too Heavy a Load? The Communication and Miscommunication of Emotion by E-mail", *Academy of Management Review*, abril de 2008, pp. 309–327.

35. J. Marquez, "Virtual Work Spaces Ease Collaboration, Debate Among Scattered Employees", *Workforce Management*, 22 de mayo de 2006, p. 38, y M. Conlin, "E-Mail Is So Five Minutes Ago", *BusinessWeek*, 28 de noviembre de 2005, pp. 111–112

36. H. Green, "The Water Cooler Is Now on the Web"; E. Frauenheim, "Starbucks Employees Carve Out Own Space", *Workforce Management*, 22 de octubre de 2007, p. 32, y S. H. Wildstrom, "Harnessing Social Networks", *BusinessWeek*, 23 de abril de 2007, p. 20.

37. J. Scanlon, "Woman of Substance", *Wired*, julio de 2002, p. 27.

38. H. Dolezalek, "Collaborating in Cyberspace", *Training*, abril de 2003, p. 33.

39. E. Wenger, R. McDermott, y W. Snyder, *Cultivating Communities of Practice: A Guide to Managing Knowledge* (Boston: Harvard Business School Press, 2002), p. 4.

40. *Ibídem*, p. 39.

41. B.A. Gutek, M. Groth, y B. Cherry, "Achieving Service Success Through Relationship and Enhanced Encounters", *Academy of Management Executive*, noviembre de 2002, pp. 132–144.

42. R.C. Ford y C.P. Heaton, "Lessons From Hospitality That Can Serve Anyone", *Organizational Dynamics*, verano de 2001, pp. 30–47.

43. M.J. Bitner, B.H. Booms, y L.A. Mohr, "Critical Service Encounters: The Employee's Viewpoint", *Journal of Marketing*, octubre de 1994, pp. 95–106.

44. S.D. Pugh, J. Dietz, J.W. Wiley, y S.M. Brooks, "Driving Service Effectiveness Through Employee–Customer Linkages", *Academy of Management Executive*, noviembre de 2002, pp. 73–84.

45. "Assisting Customers with Disabilities: A Summary of Policies and Guidelines Regarding the Assistance of Customers with Disabilities for the Sears Family of Companies", panfleto de Sears, Roebuck and Company, obtenido en la tienda Sears de Springfield, Missouri, 28 de mayo de 2003.

46. M.L. LaGanga, "Are There Words That Neither Offend Nor Bore?" *Los Angeles Times*, 18 de mayo de 1994, pp. 11–27, y J. Leo, "Language in the Dumps", *U.S. News & World Report*, 27 de julio de 1998, p. 16.

47. M. Richtel, "Lost in E-Mail, Tech Firms Face Self-Made Beast", *New York Times* online, www.nytimes.com, 14 de junio de 2008.

Capítulo 15

1. J. Reingold, "You Got Served", *Fortune*, 1 de octubre de 2007, pp. 55–58, y A. Fisher, "For Happier Customers, Call HR", *Fortune*, 28 de noviembre de 2005, p. 272.

2. C. Taylor, "Rallying the Troops", *Smart Money*, febrero de 2003, pp. 105–106.

3. R.M. Steers, R.T. Mowday, y D.L. Shapiro, "The Future of Work Motivation Theory", *Academy of Management Review*, julio de 2004, pp. 379–387.

4. N. Ellemers, D. De Gilder, y S.A. Haslam, "Motivating Individuals and Groups at Work: A Social Identity Perspective on Leadership and Group Performance", *Academy of Management Review*, julio de 2004, pp. 459–478.

5. J. Krueger y E. Killham, "At Work, Feeling Good Matters", *Gallup Management Journal*, http://gmj.gallup.com, 8 de diciembre de 2005.

6. M. Meece, "Using the Human Touch to Solve Workplace Problems", *New York Times* online, www.nytimes.com, 3 de abril de 2008.

7. A. Maslow, *Motivation and Personality* (New York: McGraw-Hill, 1954); A. Maslow, D.C. Stephens, y G. Heil, *Maslow on Management* (New York: Wiley, 1998); M.L. Ambrose y C.T. Kulik, "Old Friends, New Faces: Motivation Research in the 1990s", *Journal of Management*, vol. 25 (3), 1999, pp. 231–292, y "Dialogue", *Academy of Management Review*, octubre de 2000, pp. 696–701.

8. Vea, por ejemplo, D.T. Hall y K.E. Nongaim, "An Examination of Maslow's Need Hierarchy in an Organizational Setting", *Organizational Behavior and Human Performance*, febrero de 1968, pp. 12–35; E.E. Lawler III y J.L. Suttle, "A Causal Correlational Test of the Need Hierarchy Concept", *Organizational Behavior and Human Performance*, abril de 1972, pp. 265–287; R.M. Creech, "Employee Motivation", *Management Quarterly*, verano de 1995, pp. 33–39; J. Rowan, "Maslow Amended", *Journal of Humanistic Psychology*, Invierno de 1998, pp. 81–92; J. Rowan, "Ascent and Descent in Maslow's Theory", *Journal of Humanistic Psychology*, verano de 1999, pp. 125–133, y Ambrose and Kulik, "Old Friends, New Faces: Motivation Research in the 1990s".

9. D. McGregor, *The Human Side of Enterprise* (New York: McGraw-Hill, 1960). Para una descripción actualizada de las teorías X y Y, vea una edición comentada por *The Human Side of Enterprise* (McGraw-Hill, 2006), y G. Heil, W. Bennis, y D.C. Stephens, *Douglas McGregor, Revisited: Managing the Human Side of Enterprise* (New York: Wiley, 2000).

10. J.M. O'Brien, "The Next Intel", *Wired*, julio de 2002, pp. 100–107.

11. F. Herzberg, B. Mausner, y B. Snyderman, *The Motivation to Work* (New York: John Wiley, 1959); F. Herzberg, *The Managerial Choice: To Be Effective or to Be Human*, ed. rev. (Salt Lake City: Olympus, 1982); Creech, "Employee Motivation", y Ambrose and Kulik, "Old Friends, New Faces: Motivation Research in the 1990s".

12. D.C. McClelland, *The Achieving Society* (New York: Van Nostrand Reinhold, 1961); J.W. Atkinson y J. O. Raynor, *Motivation and Achievement* (Washington, DC: Winston, 1974); D.C. McClelland, *Power: The Inner Experience* (New York: Irvington, 1975), y M.J. Stahl, *Managerial and Technical Motivation: Assessing Needs for Achievement, Power, and Affiliation* (New York: Praeger, 1986).

13. McClelland, *The Achieving Society*.

14. McClelland, *Power: The Inner Experience*; D.C. McClelland y D.H. Burnham, "Power Is the Great Motivator", *Harvard Business Review*, marzo–abril de 1976, pp. 100–110.

15. D. Miron y D.C. McClelland, "The Impact of Achievement Motivation Training on Small Businesses",

California Management Review, verano de 1979, pp. 13–28.

16. "McClelland: An Advocate of Power", *International Management*, julio de 1975, pp. 27–29.

17. Steers, Mowday, y Shapiro, "The Future of Work Motivation Theory"; E.A. Locke y G.P. Latham, "What Should We Do About Motivation Theory? Six Recommendations for the Twenty-First Century", *Academy of Management Review*, julio de 2004, pp. 388–403, y Ambrose y Kulik, "Old Friends, New Faces: Motivation Research in the 1990s".

18. A. Barrett, "Cracking the Whip at Wyeth", *BusinessWeek*, 6 de febrero de 2006, pp. 70–71.

19. Ambrose and Kulik, "Old Friends, New Faces: Motivation Research in the 1990s".

20. J.C. Naylor y D.R. Ilgen, "Goal Setting: A Theoretical Analysis of a Motivational Technique", en B.M. Staw y L.L. Cummings (eds.), *Research in Organizational Behavior*, vol. 6 (Greenwich, CT: JAI Press, 1984), pp. 95–140; A.R. Pell, "Energize Your People", *Managers Magazine*, diciembre de 1992, pp. 28–29; E.A. Locke, "Facts and Fallacies About Goal Theory: Reply to Deci", *Psychological Science*, enero de 1993, pp. 63–64; M.E. Tubbs, "Commitment as a Moderator of the Goal–Performance Relation: A Case for Clearer Construct Definition", *Journal of Applied Psychology*, febrero de 1993, pp. 86–97; M.P. Collingwood, "Why Don't You Use the Research?" *Management Decision*, mayo de 1993, pp. 48–54; M.E. Tubbs, D.M. Boehne, y J.S. Dahl, "Expectancy, Valence, and Motivational Force Functions in Goal-Setting Research: An Empirical Test", *Journal of Applied Psychology*, junio de 1993, pp. 361–373; E.A. Locke, "Motivation Through Conscious Goal Setting", *Applied and Preventive Psychology*, vol. 5, 1996, pp. 117–124; Ambrose y Kulik, "Old Friends, New Faces: Motivation Research in the 1990s"; E.A. Locke y G.P. Latham, "Building a Practically Useful Theory of Goal Setting and Task Motivation: A 35-Year Odyssey", *American Psychologist*, septiembre de 2002, pp. 705–717; Y. Fried y L.H. Slowik, "Enriching Goal-Setting Theory with Time: An Integrated Approach", *Academy of Management Review*, julio de 2004, pp. 404–422, y G.P. Latham, "The Motivational Benefits of Goal-Setting", *Academy of Management Executive*, noviembre de 2004, pp. 126–129.

21. J.B. Miner, *Theories of Organizational Behavior* (Hinsdale, IL: Dryden Press, 1980), p. 65.

22. J.A. Wagner III, "Participation's Effects on Performance and Satisfaction: A Reconsideration of Research and Evidence", *Academy of Management Review*, abril de 1994, pp. 312–330; J. George-Falvey, "Effects of Task Complexity and Learning Stage on the Relationship between Participation in Goal Setting and Task Performance", *Academy of Management Proceedings*, en disco, 1996; T.D. Ludwig y E.S. Geller, "Assigned Versus Participative Goal Setting and Response Generalization: Managing Injury Control among Professional Pizza Deliverers", *Journal*

of Applied Psychology, abril de 1997, pp. 253–261, y S.G. Harkins y M.D. Lowe, "The Effects of Self-Set Goals on Task Performance", *Journal of Applied Social Psychology*, enero de 2000, pp. 1–40.

23. J.M. Ivancevich y J.T. McMahon, "The Effects of Goal Setting, External Feedback, and Self-Generated Feedback on Outcome Variables: A Field Experiment", *Academy of Management Journal*, junio de 1982, pp. 359–372; y Locke, "Motivation Through Conscious Goal Setting".

24. J.R. Hollenbeck, C.R. Williams, y H.J. Klein, "An Empirical Examination of the Antecedents of Commitment to Difficult Goals", *Journal of Applied Psychology*, febrero de 1989, pp. 18–23; también vea J.C. Wofford, V.L. Goodwin, y S. Premack, "Meta-Analysis of the Antecedents of Personal Goal Level and of the Antecedents and Consequences of Goal Commitment", *Journal of Management*, septiembre de 1992, pp. 595–615; Tubbs, "Commitment as a Moderator of the Goal–Performance Relation"; J.W. Smither, M. London, y R.R. Reilly, "Does Performance Improve Following Multisource Feedback? A Theoretical Model, Meta-Analysis, and Review of Empirical Findings", *Personnel Psychology*, primavera de 2005, pp. 171–203.

25. M.E. Gist, "Self-Efficacy: Implications for Organizational Behavior and Human Resource Management", *Academy of Management Review*, julio de 1987, pp. 472–485, y A. Bandura, *Self-Efficacy: The Exercise of Control* (New York: Freeman, 1997).

26. E.A. Locke, E. Frederick, C. Lee, y P. Bobko, "Effect of Self-Efficacy, Goals, and Task Strategies on Task Performance", *Journal of Applied Psychology*, mayo de 1984, pp. 241–251; M.E. Gist y T.R. Mitchell, "Self-Efficacy: A Theoretical Analysis of Its Determinants and Malleability", *Academy of Management Review*, abril de 1992, pp. 183–211; A.D. Stajkovic y F. Luthans, "Self-Efficacy and Work-Related Performance: A Meta-Analysis", *Psychological Bulletin*, septiembre de 1998, pp. 240–261, y A. Bandura, "Cultivate Self-Efficacy for Personal and Organizational Effectiveness", en E. Locke (ed.), *Handbook of Principles of Organizational Behavior* (Malden, MA: Blackwell, 2004), pp. 120–136.

27. A. Bandura y D. Cervone, "Differential Engagement in Self-Reactive Influences in Cognitively-Based Motivation", *Organizational Behavior and Human Decision Processes*, agosto de 1986, pp. 92–113, y R. Ilies y T.A. Judge, "Goal Regulation Across Time: The Effects of Feedback and Affect", *Journal of Applied Psychology*, mayo de 2005, pp. 453–467.

28. Vea J.C. Anderson y C.A. O'Reilly, "Effects of an Organizational Control System on Managerial Satisfaction and Performance", *Human Relations*, junio de 1981, pp. 491–501, y J.P. Meyer, B. Schacht-Cole, e I.R. Gellatly, "An Examination of the Cognitive Mechanisms by Which Assigned Goals Affect Task Performance and Reactions to Performance", *Journal of Applied Social Psychology*, vol. 18 (5), 1988, pp. 390–408.

29. K. Maher y K. Hudson, "Wal-Mart to Sweeten Bonus Plans for Staff", *Wall Street Journal*, 22 de marzo de 2007, p. A11, y Reuters, "Wal-Mart Workers to Get New Bonus Plan", *CNNMoney.com*, 22 de marzo de 2007.

30. B.F. Skinner, *Science and Human Behavior* (New York: The Free Press, 1953), y B.F. Skinner, *Beyond Freedom and Dignity* (New York: Knopf, 1972).

31. La misma información, por ejemplo, puede interpretarse en términos de establecimiento o de reforzamiento de objetivos, como se aprecia en E.A. Locke, "Latham vs. Komaki: A Tale of Two Paradigms", *Journal of Applied Psychology*, febrero de 1980, pp. 16–23. También vea Ambrose y Kulik, "Old Friends, New Faces: Motivation Research in the 1990s".

32. Vea, por ejemplo, R.W. Griffin, "Toward an Integrated Theory of Task Design", en L.L. Cummings y B.M. Staw (eds.), *Research in Organizational Behavior*, vol. 9 (Greenwich, CT: JAI Press, 1987), pp. 79–120; y M. Campion, "Interdisciplinary Approaches to Job Design: A Constructive Replication with Extensions", *Journal of Applied Psychology*, agosto de 1988, pp. 467–481.

33. S. Caudron, "The De-Jobbing of America", *IndustryWeek*, 5 de septiembre de 1994, pp. 31–36; W. Bridges, "The End of the Job", *Fortune*, 19 de septiembre de 1994, pp. 62–74, y K.H. Hammonds, K. Kelly, y K. Thurston, "Rethinking Work", *BusinessWeek*, 12 de octubre de 1994, pp. 75–87.

34. M.A. Campion y C.L. McClelland, "Follow-up and Extension of the Interdisciplinary Costs and Benefits of Enlarged Jobs", *Journal of Applied Psychology*, junio de 1993, pp. 339–351, y Ambrose and Kulik, "Old Friends, New Faces: Motivation Research in the 1990s".

35. Vea, por ejemplo, J.R. Hackman y G.R. Oldham, *Work Redesign* (Reading, MA: Addison-Wesley, 1980), y Miner, *Theories of Organizational Behavior*, pp. 231–266; R.W. Griffin, "Effects of Work Redesign on Employee Perceptions, Attitudes, and Behaviors: A Long-Term Investigation", *Academy of Management Journal*, junio de 1991, pp. 425–435; J.L. Cotton, *Employee Involvement* (Newbury Park, CA: Sage, 1993), pp. 141–172, y Ambrose and Kulik, "Old Friends, New Faces: Motivation Research in the 1990s".

36. J.R. Hackman y G.R. Oldham, "Development of the Job Diagnostic Survey", *Journal of Applied Psychology*, abril de 1975, pp. 159–170, y J.R. Hackman y G.R. Oldham, "Motivation Through the Design of Work: Test of a Theory", *Organizational Behavior and Human Performance*, agosto de 1976, pp. 250–279.

37. J.R. Hackman, "Work Design", en J.R. Hackman y J.L. Suttle (eds.), *Improving Life at Work* (Glenview, IL: Scott, Foresman, 1977), p. 129; y Ambrose y Kulik, "Old Friends, New Faces: Motivation Research in the 1990s".

38. J.S. Adams, "Inequity in Social Exchanges", en L. Berkowitz (ed.), *Advances in Experimental Social Psychology*, vol. 2 (New York: Academic Press, 1965), pp. 267–300, y Ambrose y Kulik, "Old Friends, New Faces: Motivation Research in the 1990s".

39. Vea, por ejemplo, P.S. Goodman y A. Friedman, "An Examination of Adams' Theory of Inequity", *Administrative Science Quarterly*, septiembre de 1971, pp. 271–288; M.R. Carrell, "A Longitudinal Field Assessment of Employee Perceptions of Equitable Treatment", *Organizational Behavior and Human Performance*, febrero de 1978, pp. 108–118; E. Walster, G.W. Walster, y W.G. Scott, *Equity: Theory and Research* (Boston: Allyn & Bacon, 1978); R.G. Lord y J.A. Hohenfeld, "Longitudinal Field Assessment of Equity Effects on the Performance of Major League Baseball Players", *Journal of Applied Psychology*, febrero de 1979, pp. 19–26; J.E. Dittrich y M.R. Carrell, "Organizational Equity Perceptions, Employee Job Satisfaction, and Departmental Absence and Turnover Rates", *Organizational Behavior and Human Performance*, agosto de 1979, pp. 29–40, y J. Greenberg, "Cognitive Reevaluation of Outcomes in Response to Underpayment Inequity", *Academy of Management Journal*, marzo de 1989, pp. 174–184.

40. P.S. Goodman, "An Examination of Referents Used in the Evaluation of Pay", *Organizational Behavior and Human Performance*, octubre de 1974, pp. 170–195; S. Ronen, "Equity Perception in Multiple Comparisons: A Field Study", *Human Relations*, abril de 1986, pp. 333–346; R.W. Scholl, E.A. Cooper, y J.F. McKenna, "Referent Selection in Determining Equity Perception: Differential Effects on Behavioral and Attitudinal Outcomes", *Personnel Psychology*, primavera de 1987, pp. 113–127, y C.T. Kulik y M.L. Ambrose, "Personal and Situational Determinants of Referent Choice", *Academy of Management Review*, abril de 1992, pp. 212–237.

41. Vea, por ejemplo, R.C. Dailey y D.J. Kirk, "Distributive and Procedural Justice as Antecedents of Job Dissatisfaction and Intent to Turnover", *Human Relations*, marzo de 1992, pp. 305–316; D.B. McFarlin y P.D. Sweeney, "Distributive and Procedural Justice as Predictors of Satisfaction with Personal and Organizational Outcomes", *Academy of Management Journal*, agosto de 1992, pp. 626–637; M.A. Konovsky, "Understanding Procedural Justice and Its Impact on Business Organizations", *Journal of Management*, vol. 26 (3), 2000, pp. 489–511; J.A. Colquitt, "Does the Justice of One Interact with the Justice of Many? Reactions to Procedural Justice in Teams", *Journal of Applied Psychology*, agosto de 2004, pp. 633–646; J. Brockner, "Why It's So Hard to Be Fair", *Harvard Business Review*, marzo de 2006, pp. 122–129, y B.M. Wiesenfeld, W.B. Swann, Jr., J. Brockner, y C.A. Bartel, "Is More Fairness Always Preferred? Self-Esteem Moderates Reactions to Procedural Justice", *Academy of Management Journal*, octubre de 2007, pp. 1235–1253.

42. V.H. Vroom, *Work and Motivation* (New York: John Wiley, 1964).

43. Vea, por ejemplo, H.G. Heneman III y D.P. Schwab, "Evaluation of Research on Expectancy Theory Prediction of Employee Performance", *Psychological Bulletin*, julio de 1972, pp. 1–9, y L. Reinharth y M. Wahba, "Expectancy Theory as a Predictor of Work Motivation, Effort Expenditure, and Job Performance", *Academy of Management Journal*, septiembre de 1975, pp. 502–537.

44. Vea, por ejemplo, V.H. Vroom, "Organizational Choice: A Study of Pre- and Postdecision Processes", *Organizational Behavior and Human Performance*, abril de 1966, pp. 212–225; L.W. Porter y E.E. Lawler III, *Managerial Attitudes and Performance* (Homewood, IL: Richard D. Irwin, 1968); W. Van Eerde y H. Thierry, "Vroom's Expectancy Models and Work-Related Criteria: A Meta-Analysis", *Journal of Applied Psychology*, octubre de 1996, pp. 575–586, y Ambrose y Kulik, "Old Friends, New Faces: Motivation Research in the 1990s".

45. Vea, por ejemplo, M. Siegall, "The Simplistic Five: An Integrative Framework for Teaching Motivation", *The Organizational Behavior Teaching Review*, vol. 12 (4), 1987–1988, pp. 141–143.

46. N.J. Adler con A. Gundersen, *International Dimensions of Organizational Behavior*, 5a. ed. (Cincinnati, OH: South-Western Publishing, 2008).

47. G. Hofstede, "Motivation, Leadership and Organization: Do American Theories Apply Abroad?" *Organizational Dynamics*, verano de 1980, p. 55.

48. *Ibídem*.

49. J.K. Giacobbe-Miller, D.J. Miller, y V.I. Victorov, "A Comparison of Russian and U.S. Pay Allocation Decisions, Distributive Justice Judgments and Productivity under Different Payment Conditions", *Personnel Psychology*, primavera de 1998, pp. 137–163.

50. S.L. Mueller y L.D. Clarke, "Political–Economic Context and Sensitivity to Equity: Differences Between the United States and the Transition Economies of Central and Eastern Europe", *Academy of Management Journal*, junio de 1998, pp. 319–329.

51. I. Harpaz, "The Importance of Work Goals: An International Perspective", *Journal of International Business Studies*, primer trimestre de 1990, pp. 75–93.

52. G.E. Popp, H.J. Davis, y T.T. Herbert, "An International Study of Intrinsic Motivation Composition", *Management International Review*, enero de 1986, pp. 28–35.

53. R.W. Brislin, *et al.*, "Evolving Perceptions of Japanese Workplace Motivation: An Employee–Manager Comparison", *International Journal of Cross-Cultural Management*, abril de 2005, pp. 87–104.

54. J.R. Billings y D.L. Sharpe, "Factors Influencing Flextime Usage Among Employed Married Women", *Consumer Interests Annual*, 1999, pp. 89–94, e I. Harpaz, "The Importance of Work Goals: An International Perspective", *Journal of International Business Studies*, primer trimestre de 1990, pp. 75–93.

55. N. Ramachandran, "New Paths at Work", U.S. News & World Report, 20 de marzo de 2006, p. 47; S. Armour, "Generation Y: They've Arrived at Work with a New Attitude", *USA Today*, 6 de noviembre de 2005, pp. B1+, y R. Kanfer y P.L. Ackerman, "Aging, Adult Development, and Work Motivation", *Academy of Management Review*, julio de 2004, pp. 440–458.

56. J. Sahadi, "Flex-time, Time Off—Who's Getting These Perks?" *CNNMoney.com*, 25 de junio de 2007.

57. M. Arndt, "The Family That Flips Together..." *BusinessWeek*, 17 de abril de 2006, p. 14.

58. M. Conlin, "The Easiest Commute of All", *BusinessWeek*, 12 de diciembre de 2005, pp. 78–80.

59. *Ibídem*.

60. T.D. Golden y J.F. Veiga, "The Impact of Extent of Telecommuting on Job Satisfaction: Resolving Inconsistent Findings", *Journal of Management*, abril de 2005, pp. 301–318.

61. La información de este cuadro se tomó de D. Jones, "Ford, Fannie Mae Tops in Diversity", *USA Today* online, www.usatoday.com, 7 de mayo de 2003; S.N. Mehta, "What Minority Employees Really Want", *Fortune*, 10 de julio de 2000, pp. 180–186; K.H. Hammonds, "Difference Is Power", *Fast Company*, julio de 2000, pp. 258–266; "Building a Competitive Workforce: Diversity, the Bottom Line", *Forbes*, 3 de abril de 2000, pp. 181–194, y "Diversity: Developing Tomorrow's Leadership Talent Today", *BusinessWeek*, 20 de diciembre de 1999, pp. 85–100.

62. Vea, por ejemplo, M. Alpert, "The Care and Feeding of Engineers", *Fortune*, 21 de septiembre de 1992, pp. 86–95; G. Poole, "How to Manage Your Nerds", *Forbes ASAP*, diciembre de 1994, pp. 132–136; T.J. Allen y R. Katz, "Managing Technical Professionals and Organizations: Improving and Sustaining the Performance of Organizations, Project Teams, and Individual Contributors", *Sloan Management Review*, verano de 2002, pp. S4–S5, y S.R. Barley y G. Kunda, "Contracting: A New Form of Professional Practice", *Academy of Management Perspectives*, febrero de 2006, pp. 45–66.

63. R.J. Bohner, Jr., y E.R. Salasko, "Beware the Legal Risks of Hiring Temps", *Workforce*, octubre de 2002, pp. 50–57.

64. J.P. Broschak y A. Davis-Blake, "Mixing Standard Work and Nonstandard Deals: The Consequences of Heterogeneity in Employment Arrangements", *Academy of Management Journal*, abril de 2006, pp. 371–393; M.L. Kraimer, S.J. Wayne, R.C. Liden, y R.T. Sparrowe, "The Role of Job Security in Understanding the Relationship Between Employees' Perceptions of Temporary Workers and Employees' Performance", *Journal of Applied Psychology*, marzo de 2005, pp. 389–398, y C.E. Connelly y D.G. Gallagher, "Emerging Trends in Contingent Work Research", *Journal of Management*, noviembre de 2004, pp. 959–983.

65. C. Haddad, "FedEx: Gaining on the Ground", *BusinessWeek*, 16 de diciembre de 2002, pp. 126–128, y L. Landro, "To Get Doctors to Do Better, Health Plans Try Cash Bonuses", *Wall Street Journal*, 17 de septiembre de 2004, pp. A1+.

66. K.E. Culp, "Playing Field Widens for Stack's Great Game", *Springfield (Missouri) News-Leader*, 9 de enero de 2005, pp. 1A+.

67. J. Case, "The Open-Book Revolution", *Inc.*, junio de 1995, pp. 26–50; J.P. Schuster, J. Carpenter, y M. P. Kane, *The Power of Open-Book Management* (New York: Wiley, 1996); J. Case, "Opening the Books", *Harvard Business Review*, marzo–abril de 1997, pp. 118–127, y D. Drickhamer, "Open Books to Elevate Performance", *IndustryWeek*, noviembre de 2002, p. 16.

68. L. DeMars, "Glazed Over in a Good Way", CFO, julio de 2007, p. 80.

69. F. Luthans y A.D. Stajkovic, "Provide Recognition for Performance Improvement", en E.A. Locke (ed.), *Principles of Organizational Behavior* (Oxford, UK: Blackwell, 2000), pp. 166–180.

70. C. Huff, "Recognition That Resonates", *Workforce Management* online, www.workforce.com, 1 de abril de 2008.

71. D. Drickhamer, "Best Plant Winners: Nichols Foods Ltd.", *IndustryWeek*, 1 de octubre de 2001, pp. 17–19.

72. M. Littman, "Best Bosses Tell All", *Working Woman*, octubre de 2000, p. 54, y Hoover's Web site, www.hoovers.com, 20 de junio de 2003.

73. E. White, "Praise from Peers Goes a Long Way", *Wall Street Journal*, 19 de diciembre de 2005, p. B3.

74. *Ibídem.*

75. K.J. Dunham, "Amid Sinking Workplace Morale, Employers Turn to Recognition", *Wall Street Journal*, 19 de noviembre de 2002, p. B8.

76. Citado en S. Caudron, "The Top 20 Ways to Motivate Employees", *IndustryWeek*, 3 de abril de 1995, pp. 15–16. También vea B. Nelson, "Try Praise", *Inc.*, septiembre de 1996, p. 115, y J. Wiscombe", "Rewards Get Results", *Workforce*, abril de 2002, pp. 42–48.

77. V.M. Barret, "Fight the Jerks", *Forbes*, 2 de julio de 2007, pp. 52–54.

78. E. White, "The Best vs. the Rest", *Wall Street Journal*, 30 de enero de 2006, pp. B1+.

79. R.K. Abbott, "Performance-Based Flex: A Tool for Managing Total Compensation Costs", *Compensation and Benefits Review*, marzo–abril de 1993, pp. 18–21; J.R. Schuster y P.K. Zingheim, "The New Variable Pay: Key Design Issues", *Compensation and Benefits Review*, marzo–abril de 1993, pp. 27–34; C.R. Williams y L.P. Livingstone, "Another Look at the Relationship Between Performance and Voluntary Turnover", *Academy of Management Journal*, abril de 1994, pp. 269–298; A.M. Dickinson y K.L. Gillette, "A Comparison of the Effects of Two Individual Monetary Incentive Systems on Productivity: Piece Rate Pay Versus Base Pay Plus Incentives", *Journal of Organizational Behavior Management*, primavera de 1994, pp. 3–82, y C.B. Cadsby, F. Song, y F. Tapon, "Sorting and Incentive Effects of Pay for Performance: An Experimental Investigation", *Academy of Management Journal*, abril de 2007, pp. 387–405.

80. E. White, "Employers Increasingly Favor Bonuses to Raises", *Wall Street Journal*, 28 de agosto de 2006, p. B3.

81. "More Than 20 Percent of Japanese Firms Use Pay Systems Based on Performance", *Manpower Argus*, mayo de 1998, p. 7, y E. Beauchesne, "Pay Bonuses Improve Productivity, Study Shows", *Vancouver Sun*, 13 de septiembre de 2002, p. D5.

82. H. Rheem, "Performance Management Programs", *Harvard Business Review*, septiembre–octubre de 1996, pp. 8–9; G. Sprinkle, "The Effect of Incentive Contracts on Learning and Performance", *Accounting Review*, julio de 2000, pp. 299–326, y "Do Incentive Awards Work?", *HRFocus*, octubre de 2000, pp. 1–3.

83. R.D. Banker, S.Y. Lee, G. Potter, y D. Srinivasan, "Contextual Analysis of Performance Impacts on Outcome-Based Incentive Compensation", *Academy of Management Journal*, agosto de 1996, pp. 920–948.

84. T. Reason, "Why Bonus Plans Fail", CFO, enero de 2003, p. 53, y "Has Pay for Performance Had Its Day?" *The McKinsey Quarterly*, no. 4, 2002, accesado desde el sitio Web de Forbes, www.forbes.com.

85. J.R. Hagerty y G.R. Simpson, "Countrywide CEO Helped Many Get Loans", *Wall Street Journal*, 27 de junio de 2008, p. A3; R. Simon, "Countrywide's Pressures Mount", *Wall Street Journal*, 26 de junio de 2007, p. A3; C. Palmeri, "At Countrywide's End, an Emotional CEO", *BusinessWeek* online, www.businessweek.com, 25 de junio de 2008; y "Shareholders Fight For Say on Countrywide CEO Angelo Mozilo's 'Godzilla-size' Pay", esop2007.wordpress.com, 9 de junio de 2006.

86. W.J. Duncan, "Stock Ownership and Work Motivation", *Organizational Dynamics*, verano de 2001, pp. 1–11.

87. P. Brandes, R. Dharwadkar, y G.V. Lemesis, "Effective Employee Stock Option Design: Reconciling Stakeholder, Strategic, and Motivational Factors", *Academy of Management Executive*, febrero de 2003, pp. 77–95, y J. Blasi, D. Kruse, y A. Bernstein, *In the Company of Owners: The Truth About Stock Options* (New York: Basic Books, 2003).

88. K.A. Tucker y V. Allman, "Don't Be a Cat-and-Mouse Manager", *Gallup Brain*, brain.gallup.com, 9 de septiembre de 2004.

Capítulo 16

1. "Management by Democracy", *USA Today*, 17 de diciembre de 2007, p. 2B, y L.A. Hill, T. Khanna, y E.A.

Stecker, *HCL Technologies (A)*, caso de estudio de Harvard Business School, agosto de 2007.

2. La mayoría de las investigaciones sobre liderazgo se han enfocado en las acciones y responsabilidades de los gerentes, y han extrapolado los resultados a los líderes y liderazgo en general.

3. P. Bacon, Jr., y M. Calabresi, "The Up-and-Comers", *Time Canada*, 24 de abril de 2006, p. 28; P. Bacon, Jr., "The Exquisite Dilemma of Being Obama", *Time*, 20 de febrero de 2006, pp. 24–28; A. Stephen, "10 People Who Will Change the World", *New Statesman*, 17 de octubre de 2005, pp. 18–20; "Ten to Watch", *Fortune*, 9 de septiembre de 2005, p. 282; P. Bacon, Jr., "Barack Obama", *Time*, 18 de abril de 2005, pp. 60–61, y A. Ripley, D.E. Thigpen, y J. McCabe, "Obama's Ascent", *Time*, 11 de noviembre de 2004, pp. 74–78.

4. Vea T.A. Judge, J.E. Bono, R. Ilies, y M.W. Gerhardt, "Personality and Leadership: A Qualitative and Quantitative Review", *Journal of Applied Psychology*, agosto de 2002, pp. 765–780, y S.A. Kirkpatrick y E.A. Locke, "Leadership: Do Traits Matter?" *Academy of Management Executive*, mayo de 1991, pp. 48–60.

5. C. Hymowitz, "Bosses Need to Learn Whether They Inspire, or Just Drive, Staffers", *Wall Street Journal*, 14 de agosto de 2001, p. B1, y P.C. Judge, "From Country Boys to Big Cheese", *Fast Company*, diciembre de 2001, pp. 38–40.

6. K. Lewin y R. Lippitt, "An Experimental Approach to the Study of Autocracy and Democracy: A Preliminary Note", *Sociometry*, vol. 1, 1938, pp. 292–300; K. Lewin, "Field Theory and Experiment in Social Psychology: Concepts and Methods", *American Journal of Sociology*, vol. 44, 1939, pp. 868–896; K. Lewin, R. Lippitt, y R.K. White, "Patterns of Aggressive Behavior in Experimentally Created Social Climates", *Journal of Social Psychology*. vol. 10, 1939, pp. 271–301, y R. Lippitt, "An Experimental Study of the Effect of Democratic and Authoritarian Group Atmospheres", *University of Iowa Studies in Child Welfare*, vol. 16, 1940, pp. 43–95.

7. B.M. Bass, *Stogdill's Handbook of Leadership* (New York: The Free Press, 1981), pp. 289–299.

8. R.M. Stogdill y A.E. Coons (eds.), *Leader Behavior: Its Description and Measurement*, Research Monograph No. 88 (Columbus: Ohio State University, Bureau of Business Research, 1951). Para una revisión actualizada de la literatura de investigación del Estado de Ohio, vea S. Kerr, C.A. Schriesheim, C.J. Murphy, y R.M. Stogdill, "Toward a Contingency Theory of Leadership Based upon the Consideration and Initiating Structure Literature", *Organizational Behavior and Human Performance*, agosto de 1974, pp. 62–82, y B.M. Fisher, "Consideration and Initiating Structure and Their Relationships with Leader Effectiveness: A Meta-Analysis", en F. Hoy (ed.), *Proceedings of the 48th Annual Academy of Management Conference*, Anaheim, CA, 1988, pp. 201–205.

9. R. Kahn y D. Katz, "Leadership Practices in Relation to Productivity and Morale", en D. Cartwright y A. Zander (eds.), *Group Dynamics: Research and Theory*, 2a. ed. (Elmsford, NY: Row, Paterson, 1960).

10. R.R. Blake y J.S. Mouton, *The Managerial Grid III* (Houston: Gulf Publishing, 1984).

11. L.L. Larson, J.G. Hunt, y R.N. Osborn, "The Great Hi-Hi Leader Behavior Myth: A Lesson from Occam's Razor", *Academy of Management Journal*, diciembre de 1976, pp. 628–641, y P.C. Nystrom, "Managers and the Hi-Hi Leader Myth", *Academy of Management Journal*, junio de 1978, pp. 325–331.

12. W.G. Bennis, "The Seven Ages of the Leader", *Harvard Business Review*, enero de 2004, p. 52.

13. F.E. Fiedler, *A Theory of Leadership Effectiveness* (New York: McGraw-Hill, 1967).

14. R. Ayman, M.M. Chemers, y F. Fiedler, "The Contingency Model of Leadership Effectiveness: Its Levels of Analysis", *Leadership Quarterly*, verano de 1995, pp. 147–167; C.A. Schriesheim, B.J. Tepper, y L.A. Tetrault, "Least Preferred Co-worker Score, Situational Control, and Leadership Effectiveness: A Meta-Analysis of Contingency Model Performance Predictions", *Journal of Applied Psychology*, agosto de 1994, pp. 561–573, y L.H. Peters, D.D. Hartke, y J.T. Pholmann, "Fiedler's Contingency Theory of Leadership: An Application of the Meta-Analysis Procedures of Schmidt and Hunter", *Psychological Bulletin*, marzo de 1985, pp. 274–285.

15. Vea E.H. Schein, *Organizational Psychology*, 3a. ed. (Upper Saddle River, NJ: Prentice Hall, 1980), pp. 116–117, y B. Kabanoff, "A Critique of Leader Match and Its Implications for Leadership Research", *Personnel Psychology*, invierno de 1981, pp. 749–764.

16. P. Hersey y K. Blanchard, "So You Want to Know Your Leadership Style?" *Training and Development Journal*, febrero de 1974, pp. 1–15, y P. Hersey y K.H. Blanchard, *Management of Organizational Behavior: Leading Human Resources*, 8a. ed. (Upper Saddle River, NJ: Prentice Hall, 2001).

17. Vea, por ejemplo, E.G. Ralph, "Developing Managers' Effectiveness: A Model with Potential", *Journal of Management Inquiry*, junio de 2004, pp. 152–163; C.L. Graeff, "Evolution of Situational Leadership Theory: A Critical Review", *Leadership Quarterly*, vol. 8 (2), 1997, pp. 153–170, y C. F. Fernandez and R. P. Vecchio, "Situational Leadership Theory Revisited: A Test of an Across-Jobs Perspective", *Leadership Quarterly*, vol. 8 (1), 1997, pp. 67–84.

18. R.J. House, "A Path–Goal Theory of Leader Effectiveness", *Administrative Science Quarterly*, septiembre de 1971, pp. 321–338; House y T.R. Mitchell, "Path–Goal Theory of Leadership", *Journal of Contemporary Business*, otoño de 1974, p. 86, y R.J. House, "Path–Goal Theory of Leadership: Lessons, Legacy, and a Reformulated Theory", *Leadership Quarterly*, otoño de 1996, pp. 323–352.

19. J.C. Wofford y L.Z. Liska, "Path–Goal Theories of Leadership: A Meta-Analysis", *Journal of Management*, invierno de 1993, pp. 857–876, y A. Sagie, y M. Koslowsky, "Organizational Attitudes and Behaviors as a Function of Participation in Strategic and Tactical Change Decisions: An Application of Path–Goal Theory", *Journal of Organizational Behavior*, enero de 1994, pp. 37–47.

20. B.M. Bass y R.E. Riggio, *Transformational Leadership*, 2a. ed. (Mahwah, NJ: Lawrence Erlbaum Associates, 2006), p. 3.

21. B.M. Bass, "Leadership: Good, Better, Best", *Organizational Dynamics*, invierno de 1985, pp. 26–40, y J. Seltzer y B.M. Bass, "Transformational Leadership: Beyond Initiation and Consideration", *Journal of Management*, diciembre de 1990, pp. 693–703.

22. B.J. Avolio y B.M. Bass, "Transformational Leadership, Charisma, and Beyond". Documento de trabajo, Facultad de Administración, State University of New York, Binghamton, 1985, p. 14.

23. R.S. Rubin, D.C. Munz, y W.H. Bommer, "Leading from Within: The Effects of Emotion Recognition and Personality on Transformational Leadership Behavior", *Academy of Management Journal*, octubre de 2005, pp. 845–858; T.A. Judge y J.E. Bono, "Five-Factor Model of Personality and Transformational Leadership", *Journal of Applied Psychology*, octubre de 2000, pp. 751–765; B.M. Bass y B. J. Avolio, "Developing Transformational Leadership: 1992 and Beyond", *Journal of European Industrial Training*, enero de 1990, p. 23, y J.J. Hater y B.M. Bass, "Supervisors' Evaluation and Subordinates' Perceptions of Transformational and Transactional Leadership", *Journal of Applied Psychology*, noviembre de 1988, pp. 695–702.

24. A.E. Colbert, A.L. Kristof-Brown, B.H. Bradley, y M.R. Barrick, "CEO Transformational Leadership: The Role of Goal Importance Congruence in Top Management Teams", *Academy of Management Journal*, febrero de 2008, pp. 81–96; R.F. Piccolo y J.A. Colquitt, "Transformational Leadership and Job Behaviors: The Mediating Role of Core Job Characteristics", *Academy of Management Journal*, abril de 2006, pp. 327–340; O. Epitropaki y R. Martin, "From Ideal to Real: A Longitudinal Study of the Role of Implicit Leadership Theories on Leader-Member Exchanges and Employee Outcomes", *Journal of Applied Psychology*, julio de 2005, pp. 659–676; J.E. Bono y T.A. Judge, "Self-Concordance at Work: Toward Understanding the Motivational Effects of Transformational Leaders", *Academy of Management Journal*, octubre de 2003, pp. 554–571; T. Dvir, D. Eden, B.J. Avolio, y B. Shamir, "Impact of Transformational Leadership on Follower Development and Performance: A Field Experiment", *Academy of Management Journal*, agosto de 2002, pp. 735–744; N. Sivasubramaniam, W.D. Murry, B.J. Avolio, y D.I. Jung, "A Longitudinal Model of the Effects of Team Leadership and Group Potency on Group Performance", *Group and Organization Management*, marzo de 2002, pp. 66–96; J.M. Howell y B.J. Avolio, "Transformational Leadership, Transactional Leadership, Locus of Control, and Support for Innovation: Key Predictors of Consolidated Business-Unit Performance", *Journal of Applied Psychology*, diciembre de 1993, pp. 891–911; R.T. Keller, "Transformational Leadership and the Performance of Research and Development Project Groups", *Journal of Management*, septiembre de 1992, pp. 489–501, y Bass and Avolio, "Developing Transformational Leadership: 1992 and Beyond".

25. F. Vogelstein, "Mighty Amazon", *Fortune*, 26 de mayo de 2003, pp. 60–74.

26. J.M. Crant y T.S. Bateman, "Charismatic Leadership Viewed from Above: The Impact of Proactive Personality", *Journal of Organizational Behavior*, febrero de 2000, pp. 63–75; G. Yukl y J.M. Howell, "Organizational and Contextual Influences on the Emergence and Effectiveness of Charismatic Leadership", *Leadership Quarterly*, verano de 1999, pp. 257–283, y J.A. Conger y R.N. Kanungo, "Behavioral Dimensions of Charismatic Leadership", en J.A. Conger, *et al.*, *Charismatic Leadership* (San Francisco: Jossey-Bass, 1988), pp. 78–97.

27. J.A. Conger y R.N. Kanungo, *Charismatic Leadership in Organizations* (Thousand Oaks, CA: Sage, 1998).

28. K.S. Groves, "Linking Leader Skills, Follower Attitudes, and Contextual Variables via an Integrated Model of Charismatic Leadership", *Journal of Management*, abril de 2005, pp. 255–277; J.J. Sosik, "The Role of Personal Values in the Charismatic Leadership of Corporate Managers: A Model and Preliminary Field Study", *Leadership Quarterly*, abril de 2005, pp. 221–244; A.H.B. deHoogh, *et al.*, "Leader Motives, Charismatic Leadership, and Subordinates' Work Attitudes in the Profit and Voluntary Sector", *Leadership Quarterly*, febrero de 2005, pp. 17–38; J.M. Howell y B. Shamir, "The Role of Followers in the Charismatic Leadership Process: Relationships and Their Consequences", *Academy of Management Review*, enero de 2005, pp. 96–112; J. Paul, *et al.*, "The Effects of Charismatic Leadership on Followers' Self-Concept Accessibility", *Journal of Applied Social Psychology*, septiembre de 2001, pp. 1821–1844; J.A. Conger, R.N. Kanungo, y S.T. Menon, "Charismatic Leadership and Follower Effects", *Journal of Organizational Behavior*, vol. 21, 2000, pp. 747–767; R.W. Rowden, "The Relationship Between Charismatic Leadership Behaviors and Organizational Commitment", *Leadership & Organization Development Journal*, enero de 2000, pp. 30–35; G.P. Shea y C.M. Howell, "Charismatic Leadership and Task Feedback: A Laboratory Study of Their Effects on Self-Efficacy", *Leadership Quarterly*, otoño de 1999, pp. 375–396; S.A. Kirkpatrick y E.A. Locke, "Direct and Indirect Effects of Three Core Charismatic Leadership Components on Performance and Attitudes", *Journal of Applied Psychology*, febrero de 1996, pp. 36–51; D.A. Waldman, B.M. Bass, y F.J. Yammarino, "Adding to Contingent–Reward Behavior: The Augmenting Effect of Charismatic Leadership", *Group & Organization Studies*, diciembre de 1990, pp. 381–394, y R.J. House, J. Woycke,

y E.M. Fodor, "Charismatic and Noncharismatic Leaders: Differences in Behavior and Effectiveness", en J.A. Conger, *et al., Charismatic Leadership* (San Francisco: Jossey-Bass, 1988), pp. 103-104.

29. B.R. Agle, N.J. Nagarajan, J.A. Sonnenfeld, y D. Srinivasan, "Does CEO Charisma Matter? An Empirical Analysis of the Relationships Among Organizational Performance, Environmental Uncertainty, and Top Management Team Perceptions of CEO Charisma", *Academy of Management Journal*, febrero de 2006, pp. 161-174.

30. R. Birchfield, "Creating Charismatic Leaders", *Management*, junio de 2000, pp. 30-31; S. Caudron, "Growing Charisma", *IndustryWeek*, 4 de mayo de 1998, pp. 54-55; y J.A. Conger y R.N. Kanungo, "Training Charismatic Leadership: A Risky and Critical Task", en J.A. Conger, *et al., Charismatic Leadership* (San Francisco: Jossey-Bass, 1988), pp. 309-323.

31. J.G. Hunt, K.B. Boal, y G.E. Dodge, "The Effects of Visionary and Crisis-Responsive Charisma on Followers: An Experimental Examination", *Leadership Quarterly*, otoño de 1999, pp. 423-448; R.J. House y R.N. Aditya, "The Social Scientific Study of Leadership: Quo Vadis?", *Journal of Management*, vol. 23 (3), 1997, pp. 316-323, y R.J. House, "A 1976 Theory of Charismatic Leadership", en J.G. Hunt y L. Larson (eds.), *Leadership: The Cutting Edge* (Carbondale, Illinois: Southern Illinois University Press), 1977, pp. 189-207.

32. Esta definición se basó en M. Sashkin, "The Visionary Leader", en J.A. Conger, *et al., Charismatic Leadership* (San Francisco: JosseyBass, 1988), pp. 124-125; B. Nanus, Visionary Leadership (New York: The Free Press, 1992), p. 8; N.H. Snyder y M. Graves, "Leadership and Vision", *Business Horizons*, enero–febrero de 1994, p. 1, y J. R. Lucas, "Anatomy of a Vision Statement", *Management Review*, febrero de 1998, pp. 22-26.

33. Nanus, *Visionary Leadership*, p. 8.

34. S. Caminiti, "What Team Leaders Need to Know", *Fortune*, 20 de febrero de 1995, pp. 93-100.

35. *Ibídem*, p. 93.

36. *Ibídem*, p. 100.

37. N. Steckler y N. Fondas, "Building Team Leader Effectiveness: A Diagnostic Tool", *Organizational Dynamics*, invierno de 1995, p. 20.

38. R.S. Wellins, W.C. Byham, y G.R. Dixon, *Inside Teams* (San Francisco: Jossey-Bass, 1994), p. 318.

39. Steckler y Fondas, "Building Team Leader Effectiveness: A Diagnostic Tool", p. 21.

40. G. Colvin, "The FedEx Edge", *Fortune*, 3 de abril de 2006, pp. 77-84.

41. Vea J.R.P. French, Jr., y B. Raven, "The Bases of Social Power", en D. Cartwright y A.F. Zander (eds.), *Group Dynamics: Research and Theory* (New York: Harper & Row, 1960), pp. 607-623; P.M. Podsakoff y C.A. Schriesheim, "Field Studies of French and Raven's Bases of Power: Critique, Reanalysis, and Suggestions for Future Research", *Psychological Bulletin*, mayo de 1985, pp. 387-411; R.K. Shukla, "Influence of Power Bases in Organizational Decision Making: A Contingency Model", *Decision Sciences*, julio de 1982, pp. 450-470; D.E. Frost y A.J. Stahelski, "The Systematic Measurement of French and Raven's Bases of Social Power in Workgroups", *Journal of Applied Social Psychology*, abril de 1988, pp. 375-389, y T.R. Hinkin y C.A. Schriesheim, "Development and Application of New Scales to Measure the French and Raven (1959) Bases of Social Power", *Journal of Applied Psychology*, agosto de 1989, pp. 561-567.

42. Vea el sitio de Royal Australian Navy, www.navy.gov.au.

43. J.M. Kouzes y B.Z. Posner, *Credibility: How Leaders Gain and Lose It, and Why People Demand It* (San Francisco: Jossey-Bass, 1993), p. 14.

44. Basado en F.D. Schoorman, R.C. Mayer, y J.H. Davis, "An Integrative Model of Organizational Trust: Past, Present, and Future", *Academy of Management Review*, abril de 2007, pp. 344-354; G.M. Spreitzer y A.K. Mishra, "Giving Up Control Without Losing Control", *Group & Organization Management*, junio de 1999, pp. 155-187; R.C. Mayer, J.H. Davis, y F. D. Schoorman, "An Integrative Model of Organizational Trust", *Academy of Management Review*, julio de 1995, p. 712, y L. T. Hosmer, "Trust: The Connecting Link between Organizational Theory and Philosophical Ethics", *Academy of Management Review*, abril de 1995, p. 393.

45. P.L. Schindler y C.C. Thomas, "The Structure of Interpersonal Trust in the Workplace", *Psychological Reports*, octubre de 1993, pp. 563-573.

46. H.H. Tan y C.S.F. Tan, "Toward the Differentiation of Trust in Supervisor and Trust in Organization", *Genetic, Social, and General Psychology Monographs*, mayo de 2000, pp. 241-260.

47. R.C. Mayer y M.B. Gavin, "Trust in Management and Performance: Who Minds the Shop While the Employees Watch the Boss?" *Academy of Management Journal*, octubre de 2005, pp. 874-888, y K.T. Dirks y D.L. Ferrin, "Trust in Leadership: Meta-Analytic Findings and Implications for Research and Practice", *Journal of Applied Psychology*, agosto de 2002, pp. 611-628.

48. Vea, por ejemplo, Dirks and Ferrin, "Trust in Leadership: Meta-Analytic Findings and Implications for Research and Practice"; J.K. Butler, Jr., "Toward Understanding and Measuring Conditions of Trust: Evolution of a Conditions of Trust Inventory", *Journal of Management*, septiembre de 1991, pp. 643-663, y F. Bartolome, "Nobody Trusts the Boss Completely—Now What?" *Harvard Business Review*, marzo–abril de 1989, pp. 135-142.

49. R. Zemke, "The Confidence Crisis", *Training*, junio de 2004, pp. 22-30; J.A. Byrne, "Restoring Trust in Corporate America", *BusinessWeek*, 24 de junio de

2002, pp. 30–35; S. Armour, "Employees' New Motto: Trust No One", *USA Today*, 5 de febrero de 2002, p. 1B; J. Scott, "Once Bitten, Twice Shy: A World of Eroding Trust", *New York Times*, 21 de abril de 2002, p. WK5; J. Brockner, *et al.*, "When Trust Matters: The Moderating Effect of Outcome Favorability", *Administrative Science Quarterly*, septiembre de 1997, p. 558, y J. Brockner, *et al.*, "When Trust Matters: The Moderating Effect of Outcome Favorability", *Administrative Science Quarterly*, septiembre de 1997, p. 558.

50. Watson Wyatt, "Weathering the Storm: A Study of Employee Attitudes and Opinions", *WorkUSA 2002 Study*, www.watsonwyatt.com.

51. T. Vinas, "DuPont: Safety Starts at the Top", *IndustryWeek*, julio de 2002, p. 55.

52. A. Srivastava, K.M. Bartol, y E.A. Locke, "Empowering Leadership in Management Teams: Effects on Knowledge Sharing, Efficacy, and Performance", *Academy of Management Journal*, diciembre de 2006, pp. 1239–1251; P.K. Mills y G.R. Ungson, "Reassessing the Limits of Structural Empowerment: Organizational Constitution and Trust as Controls", *Academy of Management Review*, enero de 2003, pp. 143–153; W.A. Rudolph y M. Sashkin, "Can Organizational Empowerment Work in Multinational Settings?" *Academy of Management Executive*, febrero de 2002, pp. 102–115; C. Gomez y B. Rosen, "The Leader–Member Link Between Managerial Trust and Employee Empowerment", *Group & Organization Management*, marzo de 2001, pp. 53–69; C. Robert y T.M. Probst, "Empowerment and Continuous Improvement in the United States, Mexico, Poland, and India", *Journal of Applied Psychology*, octubre de 2000, pp. 643–658; R.C. Herrenkohl, G.T. Judson, y J. A. Heffner, "Defining and Measuring Employee Empowerment", *Journal of Applied Behavioral Science*, septiembre de 1999, p. 373; R.C. Ford y M.D. Fottler, "Empowerment: A Matter of Degree", *Academy of Management Executive*, agosto de 1995, pp. 21–31, y W.A. Rudolph, "Navigating the Journey to Empowerment", *Organizational Dynamics*, primavera de 1995, pp. 19–32.

53. T.A. Stewart, "Just Think: No Permission Needed", *Fortune*, 8 de enero de 2001, pp. 190–192.

54. F.W. Swierczek, "Leadership and Culture: Comparing Asian Managers", *Leadership & Organization Development Journal*, diciembre de 1991, pp. 3–10.

55. R.J. House, "Leadership in the Twenty-First Century", en J.S. Chhokar, F.C. Brodbeck, y R.J. House (eds), *Culture & Leadership Across the World* (Mahwah, New Jersey: Lawrence Erlbaum Associates), 2007; M.F. Peterson y J.G. Hunt, "International Perspectives on International Leadership", *Leadership Quarterly*, otoño de 1997, pp. 203–231, y J.R. Schermerhorn y M. H. Bond, "Cross-Cultural Leadership in Collectivism and High Power Distance Settings", *Leadership & Organization Development Journal*, vol. 18 (4/5), 1997, pp. 187–193.

56. R.J. House, *et al.*, "Culture Specific and Cross-Culturally Generalizable Implicit Leadership Theories: Are the Attributes of Charismatic/Transformational Leadership Universally Endorsed?" *Leadership Quarterly*, verano de 1999, pp. 219–256, y D.E. Carl y M. Javidan, "Universality of Charismatic Leadership: A Multi-Nation Study", artículo presentado en la National Academy of Management Conference, Washington, DC, agosto de 2001.

57. D.E. Carl y M. Javidan, "Universality of Charismatic Leadership", p. 29.

58. G.N. Powell, D.A. Butterfield, y J.D. Parent, "Gender and Managerial Stereotypes: Have the Times Changed?" *Journal of Management*, vol. 28 (2), 2002, pp. 177–193.

59. Vea K.M. Bartol, D.C. Martin, y J.A. Kromkowski, "Leadership and the Glass Ceiling: Gender and Ethnic Influences on Leader Behaviors at Middle and Executive Managerial Levels", *Journal of Leadership & Organizational Studies*, invierno de 2003, pp. 8–19; A.H. Eagly y S.J. Karau, "Role Congruity Theory of Prejudice Toward Female Leaders", *Psychological Review*, julio de 2002, pp. 573–598; J. Becker, R.A. Ayman, y K. Korabik, "Discrepancies in Self/Subordinates' Perceptions of Leadership Behavior: Leader's Gender, Organizational Context, and Leader's Self-Monitoring", *Group & Organization Management*, junio de 2002, pp. 226–244; N.Z. Selter, "Gender Differences in Leadership: Current Social Issues and Future Organizational Implications", *Journal of Leadership Studies*, primavera de 2002, pp. 88–99; J.M. Norvilitis y H.M. Reid, "Evidence for an Association Between Gender-Role Identity and a Measure of Executive Function", *Psychological Reports*, febrero de 2002, pp. 35–45; W.H. Decker y D.M. Rotondo, "Relationships Among Gender, Type of Humor, and Perceived Leader Effectiveness", *Journal of Managerial Issues*, invierno de 2001, pp. 450–465; C.L. Ridgeway, "Gender, Status, and Leadership", *Journal of Social Issues*, invierno de 2001, pp. 637–655; M. Gardiner y M. Tiggemann, "Gender Differences in Leadership Style, Job Stress and Mental Health in Male- and Female-Dominated Industries", *Journal of Occupational and Organizational Psychology*, septiembre de 1999, pp. 301–315, y F.J. Yammarino, A.J. Dubinsky, L.B. Comer, y M.A. Jolson, "Women and Transformational and Contingent Reward Leadership: A Multiple-Levels-of-Analysis Perspective", *Academy of Management Journal*, febrero de 1997, pp. 205–222.

60. Gardiner y Tiggemann, "Gender Differences in Leadership Style, Job Stress and Mental Health in Male- and Female-Dominated Industries".

61. Norvilitis y Reid, "Evidence for an Association Between Gender-Role Identity and a Measure of Executive Function"; Decker and Rotondo, "Relationships Among Gender, Type of Humor, and Perceived Leader Effectiveness"; H. Aguinis y S.K.R. Adams, "Social-role Versus Structural Models of Gender and Influence Use in Organizations: A Strong Inference

Approach", *Group & Organization Management*, diciembre de 1998, pp. 414–446, y A.H. Eagly, S.J. Karau, y M.G. Makhijani, "Gender and the Effectiveness of Leaders: A Meta-Analysis", *Psychological Bulletin*, vol. 117, 1995, pp. 125–145.

62. Bartol, Martin, y Kromkowski, "Leadership and the Glass Ceiling: Gender and Ethnic Group Influences on Leader Behaviors at Middle and Executive Managerial Levels", y R. Sharpe, "As Leaders, Women Rule", *BusinessWeek*, 20 de noviembre de 2000, pp. 74–84.

63. Bartol, Martin, y Kromkowski, "Leadership and the Glass Ceiling: Gender and Ethnic Group Influences on Leader Behaviors at Middle and Executive Managerial Levels".

64. Vea, por ejemplo, R. Lofthouse, "Herding the Cats", *EuroBusiness*, febrero de 2001, pp. 64–65, y M. Delahoussaye, "Leadership in the 21st Century", *Training*, septiembre de 2001, pp. 60–72.

65. Vea, por ejemplo, A.A. Vicere, "Executive Education: The Leading Edge", *Organizational Dynamics*, otoño de 1996, pp. 67–81; J. Barling, T. Weber, y E.K. Kelloway, "Effects of Transformational Leadership Training on Attitudinal and Financial Outcomes: A Field Experiment", *Journal of Applied Psychology*, diciembre de 1996, pp. 827–832, y D.V. Day, "Leadership Development: A Review in Context", *Leadership Quarterly*, invierno de 2000, pp. 581–613.

66. K.Y. Chan y F. Drasgow, "Toward a Theory of Individual Differences and Leadership: Understanding the Motivation to Lead", *Journal of Applied Psychology*, junio de 2001, pp. 481–498.

67. M. Sashkin, "The Visionary Leader", en J.A. Conger *et al.*, *Charismatic Leadership* (San Francisco: Jossey-Bass, 1988), p. 150.

68. S. Kerr y J.M. Jermier, "Substitutes for Leadership: Their Meaning and Measurement", *Organizational Behavior and Human Performance*, diciembre de 1978, pp. 375–403; J.P. Howell, P.W. Dorfman, y S. Kerr, "Leadership and Substitutes for Leadership", *Journal of Applied Behavioral Science*, vol. 22 (1), 1986, pp. 29–46; J.P. Howell, *et al.*, "Substitutes for Leadership: Effective Alternatives to Ineffective Leadership", *Organizational Dynamics*, verano de 1990, pp. 21–38, y P.M. Podsakoff, B.P. Niehoff, S.B. MacKenzie, y M.L. Williams, "Do Substitutes for Leadership Really Substitute for Leadership? An Empirical Examination of Kerr and Jermier's Situational Leadership Model", *Organizational Behavior and Human Decision Processes*, febrero de 1993, pp. 1–44.

69. G. Anders, "Tough CEOs Often Most Successful, a Study Finds", *Wall Street Journal*, 19 de noviembre de 2007, p. B3.

Capítulo 17

1. J. Katz, "Empowered to Drive Production", *IndustryWeek*, octubre de 2006, p. 33.

2. B. Hagenbauh, "State Quarter's Extra Leaf Grew Out of Lunch Break", *USA Today*, 20 de enero de 2006, p. 1B.

3. K.A. Merchant, "The Control Function of Management", *Sloan Management Review*, verano de 1982, pp. 43–55.

4. E. Flamholtz, "Organizational Control Systems Managerial Tool", *California Management Review*, invierno de 1979, p. 55.

5. T. Vinas y J. Jusko, "5 Threats That Could Sink Your Company", *IndustryWeek*, septiembre de 2004, pp. 52–61; "Workplace Security: How Vulnerable Are You?" Sección especial del *Wall Street Journal*, 29 de septiembre de 2003, pp. R1–R8; P. Magnusson, "Your Jitters Are Their Lifeblood", *BusinessWeek*, 14 de abril de 2003, p. 41, y T. Purdum, "Preparing for the Worst", *IndustryWeek*, enero de 2003, pp. 53–55.

6. A. Dalton, "Rapid Recovery", *IndustryWeek*, marzo de 2005, pp. 70–71.

7. S. Kerr, "On the Folly of Rewarding A, While Hoping for B", *Academy of Management Journal*, diciembre de 1975, pp. 769–783.

8. M. Starr, "State-of-the-Art Stats", *Newsweek*, 24 de marzo de 2003, pp. 47–49.

9. La información de este cuadro proviene de Top 50 Companies for Diversity, *DiversityInc*, junio de 2008, pp. 48–122.

10. D. Twiddy, "Applebee's IHOP Deal Completed", *USA Today*, 30 de noviembre de 2007, p. 5B; J. Adamy, "A Shift in Dining Scene Nicks a Once-Hot Chain", *Wall Street Journal*, 29 de junio de 2007, pp. A1+, y R. Barker, "Applebee's Looks Appetizing", *BusinessWeek*, 19 de septiembre de 2005, p. 30.

11. H. Koontz y R.W. Bradspies, "Managing Through Feedforward Control", *Business Horizons*, junio de 1972, pp. 25–36.

12. M. Helft, "The Human Hands Behind the Google Money Machine", *New York Times* online, www.nytimes.com, 2 de junio de 2008.

13. B. Caulfield, "Shoot to Kill", *Forbes*, 7 de enero de 2008, pp. 92–96.

14. T. Laseter y L. Laseter, "See for Yourself", *Strategy+Business*, www.strategy-business.com, 29 de noviembre de 2007.

15. W.H. Newman, *Constructive Control: Design and Use of Control Systems* (Upper Saddle River, NJ: Prentice Hall, 1975), p. 33.

16. L. Pulliam Weston, "The Secret Pensions of Fat-Cat Executives", *MSN Money*, moneycentral.msn.com, 27 de mayo de 2006; M.V. Rafter, "IRS Advice to Large Companies: Hit the Books", *Workforce*, enero de 2005, pp. 60–612, y E.E. Schultz y T. Francis, "Buried Treasure: Well-Hidden Perk Means Big Money for Top Executives", *Wall Street Journal*, 11 de octubre de 2002, pp. A1+.

17. R.S. Kaplan y D.P. Norton, "How to Implement a New Strategy Without Disrupting Your Organization", *Harvard Business Review*, marzo de 2006, pp. 100–109; L. Bassi y D. McMurrer, "Developing Measurement Systems for Managers in the Knowledge Era", *Organizational Dynamics*, mayo de 2005, pp. 185–196; G.M.J. DeKoning, "Making the Balanced Scorecard Work (Part 2)", *Gallup Brain*, brain.gallup.com, 12 de agosto de 2004; G.J.J. DeKoning, "Making the Balanced Scorecard Work (Part 1)", *Gallup Brain*, brain.gallup.com, 8 de julio de 2004; K. Graham, "Balanced Scorecard", *New Zealand Management*, marzo de 2003, pp. 32–34; K. Ellis, "A Ticket to Ride: Balanced Scorecard", *Training*, abril de 2001, p. 50, y T. Leahy, "Tailoring the Balanced Scorecard", *Business Finance*, agosto de 2000, pp. 53–56.

18. Leahy, "Tailoring the Balanced Scorecard".

19. *Ibídem*.

20. D. Stout y T. Zeller, Jr., "Vast Data Cache About Veterans Has Been Stolen", *New York Times* online, www.nytimes.com, 23 de mayo de 2006.

21. Deloitte & Touche y el Ponemon Institute, "Research Report: Reportable and Multiple Privacy Breaches Rising at Alarming Rate", *Ethics Newsline* ethicsnewsline, wordpress.com, 1 de enero de 2008.

22. B. Grow, K. Epstein, y C.C. Tschang, "The New E-Spionage Threat", *BusinessWeek*, 21 de abril de 2008, pp. 32–41; S. Leibs, "Firewall of Silence", *CFO*, abril de 2008, pp. 31–35; J. Pereira, "How Credit-Card Data Went Out Wireless Door", *Wall Street Journal*, 4 de mayo de 2007, pp. A1+, y B. Stone, "Firms Fret as Office E-Mail Jumps Security Walls", *New York Times* online, www.nytimes.com, 11 de enero de 2007.

23. D. Whelan, "Google Me Not", *Forbes*, 16 de agosto de 2004, pp. 102–104.

24. R. Pear, "AMA to Develop Measure of Quality of Medical Care", *New York Times* online, www.nytimes.com, 21 de febrero de 2006, y A. Taylor III, "Double Duty", *Fortune*, 7 de marzo de 2005, pp. 104–110.

25. T. Leahy, "Extracting Diamonds in the Rough", *Business Finance*, agosto de 2000, pp. 33–37.

26. B. Bruzina, B. Jessop, R. Plourde, B. Whitlock, y L. Rubin, "Ameren Embraces Benchmarking As a Core Business Strategy", *Power Engineering*, noviembre de 2002, pp. 121–124.

27. J. Yaukey y C.L. Romero, "Arizona Firm Pays Big for Workers' Digital Downloads", Associated Press, *Springfield (Missouri) News-Leader*, 6 de mayo de 2002, p. 6B.

28. AMA/ePolicy Institute, "2005 Electronic Monitoring & Surveillance Survey", *American Management Association*, www.amanet.org.

29. S. Armour, "Companies Keep an Eye on Workers' Internet Use", *USA Today*, 21 de febrero de 2006, p. 2B.

30. B. White, "The New Workplace Rules: No Video-Watching", *Wall Street Journal*, 4 de marzo de 2008, pp. B1+.

31. P.W. Tam, E. White, N. Wingfield, y K. Maher, "Snooping E-Mail by Software Is Now a Workplace Norm", *Wall Street Journal*, 9 de marzo de 2005, pp. B1+; D. Hawkins, "Lawsuits Spur Rise in Employee Monitoring", *U.S. News & World Report*, 13 de agosto de 2001, p. 53, y L. Guernsey, "You've Got Inappropriate Mail", *New York Times*, 5 de abril de 2000, pp. C1+.

32. S. Armour, "More Companies Keep Track of Workers' E-Mail", *USA Today*, 13 de junio de 2005, p. 4B, y E. Bott, "Are You Safe? Privacy Special Report", *PC Computing*, marzo de 2000, pp. 87–88.

33. A.M. Bell y D.M. Smith, "Theft and Fraud May Be an Inside Job", *Workforce Management* online, www.workforce.com, 3 de diciembre de 2000.

34. C.C. Verschoor, "New Evidence of Benefits from Effective Ethics Systems", *Strategic Finance*, mayo de 2003, pp. 20–21, y E. Krell, "Will Forensic Accounting Go Mainstream?" *Business Finance*, octubre de 2002, pp. 30–34.

35. J. Greenberg, "The STEAL Motive: Managing the Social Determinants of Employee Theft", en R. Giacalone y J. Greenberg (eds.), *Antisocial Behavior in Organizations* (Newbury Park, CA: Sage, 1997), pp. 85–108.

36. B.E. Litzky, K.A. Eddleston, y D.L. Kidder, "The Good, the Bad, and the Misguided: How Managers Inadvertently Encourage Deviant Behaviors", *Academy of Management Perspective*, febrero de 2006, pp. 91–103; "Crime Spree", *BusinessWeek*, 9 de septiembre de 2002, p. 8; B.P. Niehoff y R. J. Paul, "Causes of Employee Theft and Strategies That HR Managers Can Use for Prevention", *Human Resource Management*, primavera de 2000, pp. 51–64, y G. Winter, "Taking at the Office Reaches New Heights: Employee Larceny Is Bigger and Bolder", *New York Times*, 12 de julio de 2000, pp. C1+.

37. Esta sección se basó en J. Greenberg, *Behavior in Organizations: Understanding and Managing the Human Side of Work*, 8a. ed. (Upper Saddle River, NJ: Prentice Hall, 2003), pp. 329–330.

38. A.H. Bell y D.M. Smith, "Why Some Employees Bite the Hand That Feeds Them", *Workforce Management* online, www.workforce.com, 3 de diciembre de 2000.

39. Litzky, Eddleston, y Kidder, "The Good, the Bad, and the Misguided"; A.H. Bell y D.M. Smith, "Protecting the Company Against Theft and Fraud", *Workforce Management* online, www.workforce.com, 3 de diciembre de 2000; J.D. Hansen, "To Catch a Thief", *Journal of Accountancy*, marzo de 2000, pp. 43–46, y J. Greenberg, "The Cognitive Geometry of Employee Theft", en *Dysfunctional Behavior in Organizations: Nonviolent and Deviant Behavior* (Stamford, CT: JAI Press, 1998), pp. 147–193.

40. R. Lenz, "Gunman Kills Five, Himself at Plant", *Springfield (Missouri) News-Leader*, 26 de junio de 2008, p. 6A; CBS News, *Former Postal Worker Kills 5, Herself*, www.cbsnews.com, 31 de enero de 2006; CBS News, *Autoworker's Grudge Turns Deadly*, www.cbsnews.com, 27 de enero de 2005; D. Sharp, "Gunman Just Hated a Lot of People", *USA Today*, 10 de julio de 2003, p. 3A, y M. Prince, "Violence in the Workplace on the Rise; Training, Zero Tolerance Can Prevent Aggression", *Business Insurance*, 12 de mayo de 2003, p. 1.

41. Occupational Health and Safety, *BLS: Workplace Homicides Drop to Lowest Number on Record*, www.ohsonline.com, 17 de agosto de 2007.

42. J. McCafferty, "Verbal Chills", *CFO*, junio de 2005, p. 17; S. Armour, "Managers Not Prepared for Workplace Violence", 15 de julio de 2004, pp. 1B+, y Occupational Safety and Health Administration, *Workplace Violence OSHA Fact Sheet*, U.S. Department of Labor, 2002.

43. "Ten Tips on Recognizing and Minimizing Violence", *Workforce Management* online, www.workforce.com, 3 de diciembre de 2000.

44. "Bullying Bosses Cause Work Rage Rise", *Management-Issues*, www.management-issues.com, 28 de enero de 2003.

45. R. McNatt, "Desk Rage", *BusinessWeek*, 27 de noviembre de 2000, p. 12.

46. M. Gorkin, "Key Components of a Dangerously Dysfunctional Work Environment", *Workforce Management* online, www.workforce.com, 3 de diciembre de 2000.

47. "Ten Tips on Recognizing and Minimizing Violence"; M. Gorkin, "Five Strategies and Structures for Reducing Workplace Violence", *Workforce Management* online www.workforce.com, 3 de diciembre de 2000; "Investigating Workplace Violence: Where Do You Start?" *Workforce Management* online, www.workforce.com, 3 de diciembre de 2000, y "Points to Cover in a Workplace Violence Policy", *Workforce Management* online www.workforce.com, 3 de diciembre de 2000.

48. A. Taylor, "Enterprise Asks What Customer's Thinking and Acts", *USA Today*, 22 de mayo de 2006, p. 6B, y A. Taylor, "Driving Customer Satisfaction", *Harvard Business Review*, julio de 2002, pp. 24–25.

49. S.D. Pugh, J. Dietz, J.W. Wiley, y S.M. Brooks, "Driving Service Effectiveness Through Employee–Customer Linkages", *Academy of Management Executive*, noviembre de 2002, pp. 73–84; J.L. Heskett, W.E. Sasser, y L.A. Schlesinger, *The Service Profit Chain* (New York: The Free Press, 1997), y J.L. Heskett, *et al.*, "Putting the Service Profit Chain to Work", *Harvard Business Review*, marzo–abril de 1994, pp. 164–170.

50. T. Buck y A. Shahrim, "The Translation of Corporate Governance Changes Across National Cultures: The Case of Germany", *Journal of International Business Studies*, enero de 2005, pp. 42–61, y "A Revolution Where Everyone Wins: Worldwide Movement to Improve Corporate-Governance Standards", *BusinessWeek*, 19 de mayo de 2003, p. 72.

51. J.S. McClenahen, "Executives Expect More Board Input", *IndustryWeek*, octubre de 2002, p. 12.

52. D. Salierno, "Boards Face Increased Responsibility", *Internal Auditor*, junio de 2003, pp. 14–15.

Capítulo 18

1. Caso de estudio de Boekhandels Groep Nederland, *Progress Software Company*, www.progress.com/realtime/docs/case_studies/selexyz_cs.pdf, 2007, y E. Schonfeld, "Tagged for Growth", *Business 2.0*, diciembre de 2006, pp. 58–61.

2. D. Clark, "Inside Intel, It's All Copying", *Wall Street Journal*, 28 de octubre de 2002, pp. B1+.

3. D. McGinn, "Faster Food", *Newsweek*, 19 de abril de 2004, pp. E20–E22.

4. U.S. Central Intelligence Agency, *World Factbook 2008*, www.cia.gov/library/publications.

5. *Ibídem*.

6. D. Michaels y J. L. Lunsford, "Streamlined Plane Making", *Wall Street Journal*, 1 de abril de 2005, pp. B1+.

7. T. Aeppel, "Workers Not Included", *Wall Street Journal*, 19 de noviembre de 2002, pp. B1+.

8. A. Aston y M. Arndt, "The Flexible Factory", *BusinessWeek*, 5 de mayo de 2003, pp. 90–91.

9. P. Panchak, "Pella Drives Lean Throughout the Enterprise", *IndustryWeek*, junio de 2003, pp. 74–77.

10. J. Ordonez, "McDonald's to Cut the Cooking Time of Its French Fries", *Wall Street Journal*, 19 de mayo de 2000, p. B2.

11. C. Fredman, "The Devil in the Details", *Executive Edge*, abril–mayo de 1999, pp. 36–39.

12. Información sobre new.skoda-auto.com/Documents/AnnualReports/skoda_auto_annual_report_2007_%20EN_FINAL.pdf, 8 de julio de 2008, y T. Mudd, "The Last Laugh", *IndustryWeek*, 18 de septiembre de 2000, pp. 38–44.

13. T. Vinas, "Little Things Mean a Lot", *IndustryWeek*, noviembre de 2002, p. 55.

14. P. Panchak, "Shaping the Future of Manufacturing", *IndustryWeek*, enero de 2005, pp. 38–44; M. Hammer, "Deep Change: How Operational Innovation Can Transform Your Company", *Harvard Business Review*, abril de 2004, pp. 84–94; S. Levy, "The Connected Company", *Newsweek*, 28 de abril de 2003, pp. 40–48, y J. Teresko, "Plant Floor Strategy", *IndustryWeek*, julio de 2002, pp. 26–32.

15. T. Laseter, K. Ramdas, y D. Swerdlow, "The Supply Side of Design and Development", *Strategy & Business*, verano de 2003, p. 23; J. Jusko, "Not All Dollars and Cents", *IndustryWeek*, abril de 2002, p. 58, y D.

Drickhamer, "Medical Marvel", *IndustryWeek*, marzo de 2002, pp. 47–49.

16. J.H. Sheridan, "Managing the Value Chain", *IndustryWeek*, 6 de septiembre de 1999, pp. 1–4.

17. *Ibídem*, p. 3.

18. J. Teresko, "Forward, March!", *IndustryWeek*, julio de 2004, pp. 43–48; D. Sharma, C. Lucier, y R. Molloy, "From Solutions to Symbiosis: Blending with Your Customers", Strategy + Business, segundo trimestre de 2002, pp. 38–48, y S. Leibs, "Getting Ready: Your Suppliers", *IndustryWeek*, 6 de septiembre de 1999.

19. D. Bartholomew, "The Infrastructure", *IndustryWeek*, 6 de septiembre de 1999, p. 1.

20. T. Stevens, "Integrated Product Development", *IndustryWeek*, junio de 2002, pp. 21–28.

21. T. Vinas, "A Map of the World: IW Value-Chain Survey", *IndustryWeek*, septiembre de 2005, pp. 27–34.

22. R. Normann y R. Ramirez, "From Value Chain to Value Constellation", *Harvard Business Review on Managing the Value Chain* (Boston: Harvard Business School Press, 2000), pp. 185–219.

23. J. Teresko, "The Tough Get Going", *IndustryWeek*, marzo de 2005, pp. 25–32; D.M. Lambert y A.M. Knemeyer, "We're in This Together", *Harvard Business Review*, diciembre de 2004, pp. 114–122, y V. G. Narayanan y A. Raman, "Aligning Incentives in Supply Chains", *Harvard Business Review*, noviembre de 2004, pp. 94–102.

24. D. Drickhamer, "Looking for Value", *IndustryWeek*, diciembre de 2002, pp. 41–43.

25. J. Teresko, "Tying IT Assets to Process Success", *IndustryWeek*, septiembre de 2005, p. 21.

26. Sheridan, "Managing the Value Chain", p. 3.

27. S. Leibs, "Getting Ready: Your Customers", *IndustryWeek*, 6 de septiembre de 1999, p. 1.

28. G. Taninecz, "Forging the Chain", *IndustryWeek*, 15 de mayo de 2000, pp. 40–46.

29. Leibs, "Getting Ready: Your Customers".

30. La información de este cuadro proviene de J. McPartlin, "Making Waves", *CFO-IT*, primavera de 2005, pp. 32–37.

31. ASIS International and Pinkerton, *Top Security Threats and Management Issues Facing Corporate America: 2003 Survey of Fortune 1000 Companies*, www.asisonline.org.

32. Sheridan, "Managing the Value Chain", p. 4.

33. R. Russell y B.W. Taylor, *Operations Management*, 5a. ed. (New York: Wiley, 2005); C. Liu-LienTan, "U.S. Response: Speedier Delivery", *Wall Street Journal*, 18 de noviembre de 2004, pp. D1+ y C. Salter, "When Couches Fly", *Fast Company*, julio de 2004, pp. 80–81.

34. S. Anderson, "Restaurants Gear Up for Window Wars", *Springfield (Missouri) News-Leader*, 27 de enero de 2006, p. 5B.

35. D. Bartholomew, "Quality Takes a Beating", *IndustryWeek*, marzo de 2006, pp. 46–54; J. Carey y M. Arndt, "Making Pills the Smart Way", *BusinessWeek*, 3 de mayo de 2004, pp. 102–103, y A. Barrett, "Schering's Dr. Feelbetter?" *BusinessWeek*, 23 de junio de 2003, pp. 55–56.

36. T. Vinas, "Six Sigma Rescue", *IndustryWeek*, marzo de 2004, p. 12.

37. J.S. McClenahen, "Prairie Home Companion", *IndustryWeek*, octubre de 2005, pp. 45–46.

38. T. Vinas, "Zeroing In on the Customer", *IndustryWeek*, octubre de 2004, pp. 61–62.

39. W. Royal, "Spotlight Shines on Maquiladora", *IndustryWeek*, 16 de octubre de 2000, pp. 91–92.

40. Vea B. Whitford y R. Andrew (eds.), *The Pursuit of Quality* (Perth, RU: Beaumont Publishing, 1994).

41. D. Drickhamer, "Road to Excellence", *IndustryWeek*, 16 de octubre de 2000, pp. 117–118.

42. Información proveniente de la International Organization for Standardization, *The ISO Survey—2006*, www.iso.org/iso/survey2006.pdf.

43. G. Hasek, "Merger Marries Quality Efforts", *IndustryWeek*, 21 de agosto de 2000, pp. 89–92.

44. M. Arndt, "Quality Isn't Just for Widgets", *BusinessWeek*, 22 de julio de 2002, pp. 72–73.

45. E. White, "Rethinking the Quality Improvement Program", *Wall Street Journal*, 19 de septiembre de 2005, p. B3.

46. Arndt, "Quality Isn't Just for Widgets".

47. S. McMurray, "Ford's F-150: Have It Your Way", *Business 2.0*, marzo de 2004, pp. 53–55; "Made-to-Fit Clothes Are on the Way", *USA Today*, julio de 2002, pp. 8–9, y L. Elliott, "Mass Customization Comes a Step Closer", *Design News*, 18 de febrero de 2002, p. 21.

48. E. Schonfeld, "The Customized, Digitized, Have-It-Your-Way Economy", *Fortune*, 28 de octubre de 1998, pp. 114–120.

Apéndice A

1. S. Page, "Top 25 Influential People", *USA Today*, 4 de septiembre de 2007, p. A10; S. Berfield, "Hip-Hop Nation", *BusinessWeek*, 13 de junio de 2005, p. 12; R. Kurtz, "Russell Simmons, Rush Communications", *Inc.*, abril de 2004, p. 137; J. Reingold, "Rush Hour", *Fast Company*, noviembre de 2003, pp. 68–80; S. Berfield, "The CEO of Hip Hop", *BusinessWeek*, 27 de octubre de 2003, pp. 90–98; J.L. Roberts, "Beyond Definition", *Newsweek*, 28 de julio de 2003, pp. 40–43, y C. Dugas, "Hip-hop Legend Far Surpassed Financial Goals", *USA Today*, 15 de mayo de 2003, p. 6B.

2. P. Burrows, "Ringing Off the Hook in China", *BusinessWeek*, 9 de junio de 2003, pp. 80–82.

3. J.W. Carland, F. Hoy, W.R. Boulton, y J.C. Carland, "Differentiating Entrepreneurs from Small Business

Owners: A Conceptualization", *Academy of Management Review*, vol. 9 (2), 1984, pp. 354–359.

4. J. McDowell, *Small Business Continues to Drive U.S. Economy*, Office of Advocacy, U.S. Small Business Administration, 3 de octubre de 2005, www.sba.gov.

5. P. Almeida y B. Kogut, "The Exploration of Technological Diversity and Geographic Localization in Innovation: Start-up Firms in the Semiconductor Industry", *Small Business Economics*, vol. 9 (1), 1997, pp. 21–31.

6. R.J. Arend, "Emergence of Entrepreneurs Following Exogenous Technological Change", *Strategic Management Journal*, vol. 20 (1), 1999, pp. 31–47.

7. U.S. Small Business Administration, Office of Advocacy, *Frequently Asked Questions*, www.sba.gov, 16 de abril de 2007.

8. U.S. Small Business Administration, Office of Advocacy, *The Small Business Economy: A Report to the President*, www.sba.gov/advo/research/sb_econ2007.pdf, diciembre de 2007.

9. *Ibídem*.

10. N. Bosma, K. Jones, E. Autio, y J. Levie, *Global Entrepreneurship Monitor: 2007 Executive Report*, www.gemconsortium.org, p. 12.

11. P.F. Drucker, *Innovation and Entrepreneurship: Practice and Principles* (New York: Harper & Row, 1985).

12. W. Royal, "Real Expectations", *IndustryWeek*, 4 de septiembre de 2000, pp. 31–34.

13. "Creating a Sustainable Business Among South Africa's Poor 'One Bite at a Time'", *Knowledge @ Wharton*, knowledge.wharton.upenn.edu, 13 de julio de 2006.

14. T. Purdum, "25 Growing Companies", *IndustryWeek*, 20 de noviembre de 2000, p. 82.

15. C. Sandlund, "Trust Is a Must", *Entrepreneur*, octubre de 2002, pp. 70–75.

16. B.I. Koerner, "Cereal in the Bowl, Not on the Floor", *New York Times* online, www.nytimes.com, 18 de junio de 2006.

17. "Facts for Features", *U.S. Census Bureau Newsroom*, 3 de enero de 2006; y M. Arndt, "Zimmer: Growing Older Gracefully", *BusinessWeek*, 9 de junio de 2003, pp. 82–84.

18. G.B. Knight, "How Wall Street Whiz Found a Niche Selling Books on the Internet", *Wall Street Journal*, 15 de mayo de 1996, pp. A1+.

19. N.F. Krueger, Jr., "The Cognitive Infrastructure of Opportunity Emergence", *Entrepreneurship Theory and Practice*, primavera de 2000, p. 6.

20. D.P. Forbes, "Managerial Determinants of Decision Speed in New Ventures", *Strategic Management Journal*, abril de 2005, pp. 355–366.

21. Drucker, *Innovation and Entrepreneurship*.

22. G. Bounds, "Hybrids Fuel Agency's Fast Ride", *Wall Street Journal*, 11 de julio de 2006, pp. B1+.

23. B. Bergstein, "RSA Security Finds Future in Threat of Identity Theft", *Springfield (Missouri) News-Leader*, 22 de agosto de 2005, p. 5B.

24. B. McClean, "This Entrepreneur Is Changing Underwear", *Fortune*, 18 de septiembre de 2000, p. 60.

25. S. Schubert, "The Ultimate Music Buff", *Business 2.0*, marzo de 2006, p. 64.

26. Últimas cifras sobre usuarios registrados tomadas de Hoover's, www.hoovers.com, 13 de julio de 2008; y A. Cohen, "eBay's Bid to Conquer All", *Time*, 5 de febrero de 2001, pp. 48–51.

27. S. McFarland, "Cambodia's Internet Service Is in Kids' Hands", *Wall Street Journal*, 15 de mayo de 2000, p. A9A.

28. Información sobre Whole Foods Market tomada de Hoover's, www.hoovers.com, el 13 de julio de 2008.

29. D. Fahmy, "Making Necessities Stylish and Getting a Higher Price", *New York Times* online, www.nytimes.com, 9 de marzo de 2006.

30. A. Eisenberg, "What's Next: New Fabrics Can Keep Wearers Healthy and Smelling Good", *New York Times*, 3 de febrero de 2000, pp. D1+.

31. A. Morse, "An Entrepreneur Finds Tokyo Shares Her Passion for Bagels", *Wall Street Journal*, 18 de octubre de 2005, pp. B1+.

32. S. Greco, "The Start-up Years", *Inc. 500*, 21 de octubre de 1997, p. 57.

33. T. Stevens, "Master of His Universe", *IndustryWeek*, 15 de enero de 2001, pp. 76–80, y R. Grover, "Back from a Black Hole", *BusinessWeek*, 29 de mayo de 2000, p. 186.

34. E. Neuborne, "Hey, Good-Looking", *BusinessWeek*, 29 de mayo de 2000, p. 192.

35. A. Barrett, B. Turek, y C. Faivre d'Arcier, "Bottoms Up—and Profits, Too", *BusinessWeek*, 12 de septiembre de 2005, pp. 80–82; y C. Hajim, "Growth in Surprising Places", *Fortune*, 5 de septiembre de 2005, sección extra.

36. J. Hovey, "25 Growing Companies", *IndustryWeek*, 20 de noviembre de 2000, p. 66.

37. I.O. Williamson, "Employer Legitimacy and Recruitment Success in Small Businesses", *Entrepreneurship Theory and Practice*, otoño de 2000, pp. 27–42.

38. R.L. Heneman, J.W. Tansky, y S.M. Camp, "Human Resource Management Practices in Small and Medium-Sized Enterprises: Unanswered Questions and Future Research Perspectives", *Entrepreneurship Theory and Practice*, otoño de 2000, pp. 11–26.

39. *Ibídem*.

40. "Best Employer", *Working Woman*, mayo de 1999, p. 54.

41. Heneman, Tansky, y Camp, "Human Resource Management Practices in Small and Medium-Sized Enterprises: Unanswered Questions and Future Research Perspectives".

42. Basado en G. Fuchsberg, "Small Firms Struggle With Latest Management Trends", *Wall Street Journal*, 26 de agosto de 1993, p. B2; M. Barrier, "Re-engineering Your Company", *Nation's Business*, febrero de 1994, pp. 16–22; J. Weiss, "Re-engineering the Small Business", *Small Business Reports*, mayo de 1994, pp. 37–43, y K. D. Godsey, "Back on Track", *Success*, mayo de 1997, pp. 52–54.

43. S. Stecklow, "StubHub's Ticket to Ride", *Wall Street Journal*, 17 de enero de 2006, pp. B1+.

44. G.N. Chandler, C. Keller, y D.W. Lyon, "Unraveling the Determinants and Consequences of an Innovation-Supportive Organizational Culture", *Entrepreneurship Theory and Practice*, otoño de 2000, pp. 59–76.

45. *Ibídem*.

46. P. Gogoi, "Pregnant with Possibility", *BusinessWeek*, 26 de diciembre de 2005, p. 50.

47. P.B. Robinson, D.V. Simpson, J.C. Huefner, y H.K. Hunt, "An Attitude Approach to the Prediction of Entrepreneurship", *Entrepreneurship Theory and Practice*, verano de 1991, pp. 13–31.

48. B.M. Davis, "Role of Venture Capital in the Economic Renaissance of an Area", en R.D. Hisrich (ed.), *Entrepreneurship, Intrapreneurship, and Venture Capital* (Lexington, MA: Lexington Books, 1986), pp. 107–18.

49. J.M. Crant, "The Proactive Personality Scale as Predictor of Entrepreneurial Intentions", *Journal of Small Business Management*, julio de 1996, pp. 42–49.

50. W.H. Stewart, "Risk Propensity Differences Between Entrepreneurs and Managers: A Meta-Analytic Review", *Journal of Applied Psychology*, febrero de 2001, pp. 145–153.

51. Información del sitio Web de Sapient, www.sapient.com, 7 de julio de 2003, y S. Herrera, "People Power", *Forbes*, 2 de noviembre de 1998, p. 212.

52. "Saluting the Global Awards Recipients of Arthur Andersen's Best Practices Awards 2000", *Fortune Online*, www.fortune.com, 16 de enero de 2001.

53. T. Purdum, "Winning with Empowerment", *IndustryWeek*, 16 de octubre de 2000, pp. 109–110.

54. La información financiera de la empresa proviene de Hoover's, www.hoovers.com, 13 de julio de 2006; y P. Strozniak, "Rescue Operation", *IndustryWeek*, 16 de octubre de 2000, pp. 103–104.

55. M. DePree, *Leadership Jazz* (New York: Currency Doubleday, 1992), pp. 8–9.

56. J.C. Collins y J.I. Porras, *Built to Last: Successful Habits of Visionary Companies* (New York: Harper Business, 1994).

57. P. Strozniak, "Teams at Work", *IndustryWeek*, 18 de septiembre de 2000, pp. 47–50.

58. *Ibídem*.

59. T. Siegel Bernard, "Scooter's Popularity Offers a Chance for Growth", *Wall Street Journal*, 20 de septiembre de 2005, p. B3.

60. G.R. Merz, P.B. Weber, y V.B. Laetz, "Linking Small Business Management with Entrepreneurial Growth", *Journal of Small Business Management*, octubre de 1994, pp. 48–60.

61. J. Bailey, "Growth Needs a Plan or Only Losses May Build", *Wall Street Journal*, 29 de octubre de 2002, p. B9, y L. Beresford, "Growing Up", *Entrepreneur*, julio de 1995, pp. 124–28.

62. R.D. Hof, "eBay's Rhine Gold", *BusinessWeek*, 3 de abril de 2006, pp. 44–45.

63. J. Summer, "More, Please!", *Business Finance*, julio de 2000, pp. 57–61.

64. T. Stevens, "Pedal Pushers", *IndustryWeek*, 17 de julio de 2000, pp. 46–52.

65. P. Lorange y R.T. Nelson, "How to Recognize—and Avoid—Organizational Decline", *Sloan Management Review*, primavera de 1987, pp. 41–48.

66. S.D. Chowdhury y J.R. Lange, "Crisis, Decline, and Turnaround: A Test of Competing Hypotheses for Short-Term Performance Improvement in Small Firms", *Journal of Small Business Management*, octubre de 1993, pp. 8–17.

67. C. Farrell, "How to Survive a Downturn", *BusinessWeek*, 28 de abril de 1997, pp. ENT4-ENT6.

68. R.W. Pricer y A.C. Johnson, "The Accuracy of Valuation Methods in Predicting the Selling Price of Small Firms", *Journal of Small Business Management*, octubre de 1997, pp. 24–35.

69. J. Bailey, "Selling the Firm and Letting Go of the Dream", *Wall Street Journal*, 10 de diciembre de 2002, p. B6; P. Hernan, "Finding the Exit", *IndustryWeek*, 17 de julio de 2000, pp. 55–61; D. Rodkin, "For Sale by Owner", *Entrepreneur*, enero de 1998, pp. 148–153; A. Livingston, "Avoiding Pitfalls When Selling a Business", *Nation's Business*, julio de 1998, pp. 25–26, y G. Gibbs Marullo, "Selling Your Business: A Preview of the Process", *Nation's Business*, agosto de 1998, pp. 25–26.

70. K. Stringer, "Time Out", *Wall Street Journal*, 27 de marzo de 2002, p. R14; T. Stevens, "Striking a Balance", *IndustryWeek*, 20 de noviembre de 2000, pp. 26–36, y S. Caudron, "Fit to Lead", *IndustryWeek*, 17 de julio de 2000, pp. 63–68.

Apéndice B

1. J. Trotsky, "The Futurists", *U.S. News & World Report*, 19 de abril de 2004, pp. EE4–EE6.

2. F. Vogelstein, "Search and Destroy", *Fortune*, 2 de mayo de 2005, pp. 73–82.

3. S.C. Jain, "Environmental Scanning in U.S. Corporations", *Long Range Planning*, abril de 1984, pp. 117–128; también vea L.M. Fuld, *Monitoring the Competition* (New York: John Wiley & Sons, 1988); E.H. Burack y N.J. Mathys, "Environmental Scanning Improves Strategic Planning", *Personnel Administrator*, abril de 1989, pp. 82–87; R. Subramanian, N. Fernandes, y E. Harper, "Environmental Scanning in U.S. Companies: Their Nature and Their Relationship to Performance", *Management International Review*, julio de 1993, pp. 271–286; B.K. Boyd y J. Fulk, "Executive Scanning and Perceived Uncertainty: A Multidimensional Model", *Journal of Management*, 22 (1), 1996, pp. 1–21; D.S. Elkenov, "Strategic Uncertainty and Environmental Scanning: The Case for Institutional Influences on Scanning Behavior", *Strategic Management Journal*, vol. 18, 1997, pp. 287–302; K. Kumar, R. Subramanian, y K. Strandholm, "Competitive Strategy, Environmental Scanning and Performance: A Context Specific Analysis of Their Relationship", *International Journal of Commerce and Management*, primavera de 2001, pp. 1–18; C.G. Wagner, "Top 10 Reasons to Watch Trends", *The Futurist*, marzo–abril de 2002, pp. 68–69, y V.K. Garg, B.A. Walters, y R.L. Priem, "Chief Executive Scanning Emphases, Environmental Dynamism, and Manufacturing Firm Performance", *Strategic Management Journal*, agosto de 2003, pp. 725–744.

4. B. Gilad, "The Role of Organized Competitive Intelligence in Corporate Strategy", *Columbia Journal of World Business*, invierno de 1989, pp. 29–35; L. Fuld, "A Recipe for Business Intelligence", *Journal of Business Strategy*, enero–febrero de 1991, pp. 12–17; J.P. Herring, "The Role of Intelligence in Formulating Strategy", *Journal of Business Strategy*, septiembre–octubre de 1992, pp. 54–60; K. Western, "Ethical Spying", *Business Ethics*, septiembre–octubre de 1995, pp. 22–23; D. Kinard, "Raising Your Competitive IQ: The Payoff of Paying Attention to Potential Competitors", *Association Management*, febrero de 2003, pp. 40–44; K. Girard, "Snooping on a Shoestring", *Business 2.0*, mayo de 2003, pp. 64–66; y "Know Your Enemy", *Business 2.0*, junio de 2004, p. 89.

5. C. Davis, "Get Smart", *Executive Edge*, octubre-noviembre de 1999, pp. 46–50.

6. B. Ettore, "Managing Competitive Intelligence", *Management Review*, octubre de 1995, pp. 15–19.

7. A. Serwer, "P&G's Covert Operation", *Fortune*, 17 de septiembre de 2001, pp. 42–44.

8. B. Rosner, "HR Should Get a Clue: Corporate Spying Is Real", *Workforce*, abril de 2001, pp. 72–75.

9. Western, "Ethical Spying".

10. W.H. Davidson, "The Role of Global Scanning in Business Planning", *Organizational Dynamics*, invierno de 1991, pp. 5–16.

11. T. Smart, "Air Supply", *U.S. News & World Report*, 28 de febrero de 2005, p. EE10.

12. "Is Supply Chain Collaboration Really Happening?" *ERI Journal*, www.eri.com, enero-febrero de 2006; L. Denend y H. Lee, "West Marine: Driving Growth Through Shipshape Supply Chain Management, A Case Study" *Stanford Graduate School of Business*, www.vics.org, 7 de abril de 2005; N. Nix, *et al.*, "Keys to Effective Supply Chain Collaboration: A Special Report from the Collaborative Practices Research Program", *Neeley School of Business, Texas Christian University*, www.vics.org, 15 de noviembre de 2004; Sitio web de Collaborative, Planning, Forecasting, and Replenishment Committee, www.cpfr.org, 20 de mayo de 2003, y J.W. Verity, "Clearing the Cobwebs from the Stockroom", *BusinessWeek*, 21 de octubre de 1996, p. 140.

13. Vea A.B. Fisher, "Is Long-Range Planning Worth It?", *Fortune*, 23 de abril de 1990, pp. 281–284; J.A. Fraser, "On Target", *Inc.*, abril de 1991, pp. 113–114; P. Schwartz, *The Art of the Long View* (New York: Doubleday/Currency, 1991); G. Hamel y C.K. Prahalad, "Competing for the Future", *Harvard Business Review*, julio–agosto de 1994, pp. 122–128; F. Elikai y W. Hall, Jr., "Managing and Improving the Forecasting Process", *Journal of Business Forecasting Methods & Systems*, primavera 1999, pp. 15–19; L. Lapide, "New Developments in Business Forecasting", *Journal of Business Forecasting Methods & Systems*, verano de 1999, pp. 13–14, y T. Leahy, "Building Better Forecasts", *Business Finance*, diciembre de 1999, pp. 10–12.

14. J. Goff, "Start with Demand", *CFO*, enero de 2005, pp. 53–57.

15. L. Brannen, "Upfront: Global Planning Perspectives", *Business Finance*, marzo de 2006, pp. 12+.

16. R. Durand, "Predicting a Firm's Forecasting Ability: The Roles of Organizational Illusion of Control and Organizational Attention", *Strategic Management Journal*, septiembre de 2003, pp. 821–838.

17. P.N. Pant y W.H. Starbuck, "Innocents in the Forest: Forecasting and Research Methods", *Journal of Management*, junio de 1990, pp. 433–460; Elikai y Hall, "Managing and Improving the Forecasting Process"; M.A. Giullian, M.D. Odom, y M.W. Totaro, "Developing Essential Skills for Success in the Business World: A Look at Forecasting", *Journal of Applied Business Research*, verano de 2000, pp. 51–65, y T. Leahy, "Turning Managers into Forecasters", *Business Finance*, agosto de 2002, pp. 37–40.

18. Leahy, "Turning Managers into Forecasters".

19. J. Hope, "Use a Rolling Forecast to Spot Trends", *Harvard Business School Working Knowledge*, hbswk.hbs.edu, 13 de marzo de 2006.

20. Esta sección se basó en Y.K. Shetty, "Benchmarking for Superior Performance", *Long Range Planning*, vol. 1, abril de 1993, pp. 39–44; G.H. Watson, "How Process Benchmarking Supports Corporate Strategy", *Planning Review*, enero–febrero de 1993, pp. 12–15; S. Greengard, "Discover Best Practices", *Personnel Journal*, noviembre de 1995, pp. 62–73; J. Martin, "Are You as Good as You Think You Are?", *Fortune*, 30 de septiem-

bre de 1996, pp. 142–152; R.L. Ackoff, "The Trouble with Benchmarking", *Across the Board*, enero de 2000, p. 13; V. Prabhu, D. Yarrow, y G. Gordon-Hart, "Best Practice and Performance Within Northeast Manufacturing", *Total Quality Management*, enero de 2000, pp. 113–121; "E-Benchmarking: The Latest E-Trend", *CFO*, marzo de 2000, p. 7; E. Krell, "Now Read This", *Business Finance*, mayo de 2000, pp. 97–103; y H. Johnson, "All in Favor Say Benchmark!", *Training*, agosto de 2004, pp. 30–34.

21. "Newswatch", *CFO*, julio de 2002, p. 26.

22. Los ejemplos de Benchmarking se tomaron de S. Carey, "Racing to Improve", *Wall Street Journal*, 24 de marzo de 2006, pp. B1+; D. Waller, "NASCAR: The Army's Unlikely Adviser", *Time*, 4 de julio de 2005, p. 19; A. Taylor, III, "Double Duty", *Fortune*, 7 de marzo de 2005, p. 108; P. Gogoi, "Thinking Outside the Cereal Box", *BusinessWeek*, 28 de julio de 2003, pp. 74–75; "Benchmarkers Make Strange Bedfellows", *IndustryWeek*, 15 de noviembre de 1993, p. 8; G. Fuchsberg, "Here's Help in Finding Corporate Role Models", *Wall Street Journal*, 1 de junio de 1993, p. B1, y A. Tanzer, "Studying at the Feet of the Masters", *Forbes*, 10 de mayo de 1993, pp. 43–44.

23. E. Krell, "The Case Against Budgeting", *Business Finance*, julio de 2003, pp. 20–25; J. Hope y R. Fraser, "Who Needs Budgets?", *Harvard Business Review*, febrero de 2003, pp. 108–115; T. Leahy, "The Top 10 Traps of Budgeting", *Business Finance*, noviembre de 2001, pp. 10–16; T. Leahy, "Necessary Evil", *Business Finance*, noviembre de 1999, pp. 41–45; J. Fanning, "Businesses Languishing in a Budget Comfort Zone?", *Management Accounting*, julio-agosto de 1999, p. 8; "Budgeting Processes: Inefficiency or Inadequate?", *Management Accounting*, febrero de 1999, p. 5; A. Kennedy y D. Dugdale, "Getting the Most from Budgeting", *Management Accounting*, febrero de 1999, pp. 22–24; G.J. Nolan, "The End of Traditional Budgeting", *Bank Accounting & Finance*, verano de 1998, pp. 29–36, y J. Mariotti, "Surviving the Dreaded Budget Process", *IndustryWeek*, 17 de agosto de 1998, p. 150.

24. Vea, por ejemplo, S. Stiansen, "Breaking Even", *Success*, noviembre de 1988, p. 16.

25. S.E. Barndt y D.W. Carvey, *Essentials of Operations Management* (Upper Saddle River, NJ: Prentice Hall, 1982), p. 134.

26. E.E. Adam, Jr., y R. J. Ebert, *Production and Operations Management*, 5a. ed. (Upper Saddle River, NJ: Prentice Hall, 1992), p. 333.

27. Vea, por ejemplo, C. Benko y F. W. McFarlan, *Connecting the Dots: Aligning Projects with Objectives in Unpredictable Times* (Boston: Harvard Business School Press, 2003); M.W. Lewis, M.A. Welsh, G.E. Dehler, y S.G. Green, "Product Development Tensions: Exploring Contrasting Styles of Project Management", *Academy of Management Journal*, junio de 2002, pp. 546–564; C.E. Gray y E.W. Larsen, *Project Management: The Managerial Process* (Columbus, OH: McGraw-Hill Higher Education, 2000), y J. Davidson Frame, *Project Management Competence: Building Key Skills for Individuals, Teams, and Organizations* (San Francisco: Jossey-Bass, 1999).

28. Para más información, vea el sitio Web Project Management Software Directory, infogoal.com/pmc/pmcswr.htm.

29. D. Zielinski, "Soft Skills, Hard Truth", *Training*, julio de 2005, pp. 19–23.

30. H. Collingwood, "Best Kept Secrets of the World's Best Companies: Secret 05, Bad News Folders", *Business 2.0*, abril de 2006, p. 84.

31. G. Colvin, "An Executive Risk Handbook", *Fortune*, 3 de octubre de 2005, pp. 69–70; A. Long y A. Weiss, "Using Scenario Planning to Manage Short-Term Uncertainty", *Outward Insights*, www.outwardinsights.com, 2005; B. Fiora, "Use Early Warning to Strengthen Scenario Planning", *Outward Insights*, www.outwardinsights.com, 2003; L. Fahey, "Scenario Learning", *Management Review*, marzo de 2000, pp. 29–34; S. Caudron, "Frontview Mirror", *Business Finance*, diciembre de 1999, pp. 24–30, y J.R. Garber, "What if...?", *Forbes*, 2 de noviembre de 1998, pp. 76–79.

32. Caudron, "Frontview Mirror", p. 30.

Índice de nombres

Índice de organizaciones

Glíndice

Créditos de las fotografías

Capítulo 1, página 4: USA Today; página 10: Photolibrary.com; página 13: Mark Harmel/Alamy Images, y página: 20 Jeff Minton Photography.

Capítulo 2, página 24: Stephen Webster/Worldwide Hideout, Inc.; página 26: S.C. Williams Library; página 28: UPI/Corbis/Bettmann; página 31: Debi Fox Photograph, Washington D.C./Claire's Stores, y página 41: Brian Harkin/Redux Pictures.

Capítulo 3, página 44: Matthewmahon Photo LLC; página 49: Dorling Kindersley/Dorling Kindersley Media Library, Steve Gorton/Dorling Kindersley Media Library, David Young-Wolff/PhotoEdit, Inc., Karl Feile/Getty Images, Inc-Hulton Archive Photos; página 54: Tony Avelar/AFP/Getty Images, Inc. AFP; página 60: Vario Images/GmbH & Co.KG/Alamy Images, y página 87: Toshifumi Kitamura/AFP/Getty Images.

Capítulo 4, página 70: Andrea Greenan/W.R. Grace & Co.; página 72: Cabrera Georges/Kempinski Hotels; página 79: Zhu Gang-Feature China/Newscom, y página 88: Vario Images/GmbH & Co. KG/Alamy Images.

Capítulo 5, página 92: Matt Hagen/Matt Hagen Photography; página 97: Clive Sawyer/Alamy Images; página 107: Toby Talbot/AP Wide World Photos, y página 118: D. Hurst/Alamy Images.

Capítulo 6, página 120: David Hartung/David Hartung Photography; página 122: Bill Aron/PhotoEdit, Inc.; página 128: Quentin Shih aka Shi Xiaofan; página 134: Brian Smith, y página 140: Jeff Haynes/AFP/ Getty Images, Inc. AFP.

Capítulo 7, página 144: Alibaba.com; página 145: O'Reilly Auto Parts; página 148: AP Wide World Photos, y página 159: PSL Images/Alamy Images.

Capítulo 8, página 162: Steve LaBadessa/Steve LaBadessa Photography; página 168: Ara Koopelian Photography; página 171: Dave Yoder/Polaris Images, y página 180: Steve Goldstein/The New York Times/Redux Pictures.

Capítulo 9, página 184: Nicky Bonne/Redux Pictures; página 189: Elaine Thomson/AP Wide World Photos; página 196: Gautam Singh/AP Wide World Photos, y página 202: Mark Mahaney/Mark Mahaney.

Capítulo 10, página 208: Helen King/CORBIS-NY; página 210: Price Waterhouse Cooper; página 215: Lynsey Addario/CORBIS-NY; página 222: Joel Salcido/Salcido Photography, y página 229: Tom Dodge, Columbus Dispatch/AP Wide World Photos.

Capítulo 11, página 232: Robyn Twomey/Robyn Twomey Photography; página 234: Micha Bar Am/Magnum Photos, Inc.; página 247: Mark Matson Photography, y página 254: Thomas Strand/Thomas Strand Studio.

Capítulo 12, página 258: Chris Mueller/Redux Pictures; página 263: Ron Berg Photography, y página 277: Helen Cathcart/Alamy Images.

Capítulo 13, página 282: Steve Ringman/Seattle Times/MCT/Newscom; página 286: Joshua Lutz/Redux Pictures; página 294: Thomas Hartwell/Redux Pictures; página 303: John Christenson Photography, y página 310: imagebroker/Alamy Images.

Capítulo 14, página 314: U.S. Cellular; página 315: Scogin Mayo Photography; página 319: Ann States Photography; página 327: Kim Christiansen Photography, y página 336: Cheryl Senter/AP Wide World Photos.

Capítulo 15, página 340: Newscom/SIPA Press; página 346: AFP Photo/Paul Buck/Getty Images, Inc. – Agence France Presse; página: 354: The Yomiuri Shimbun, y página 366: Marcio Jose Sanchez/AP Wide World Photos.

Capítulo 16, página 370: Sandy George/Citigate Cunningham for HCL; página 378: AP Wide World Photos; página 382: Frances M. Roberts/Newscom; página 387: Manish Swarup, y AP Wide World Photos; página 394: Paulo Fridman.

Capítulo 17, página 398: Newscom; página 410: Matt Slocum/AP Wide World Photos; página 417: Pat Wellenbach/AP Wide World Photos, y página 422: Steve Parsons/PA Wire URN, 5705238/AP Wide World Photos.

Capítulo 18, página 426: Frank van der Most; página 433: Tony Law/Redux Pictures, y página 444: Fabienne Fossez/Alamy Images.

AGO

EDITORIAL IMPRESORA APOLO S.A. DE C.V.
CENTENO No. 150-6
COL. GRANJAS ESMERALDA
09810 MÉXICO, D.F.

2009